O Voto Plural na Sociedade Anónima

O Voto Plural na Sociedade Anónima

2022

Jorge Brito Pereira

ALMEDINA

O VOTO PLURAL NA SOCIEDADE ANÓNIMA

AUTOR
Jorge Brito Pereira

EDITOR
EDIÇÕES ALMEDINA, S.A.
Avenida Emídio Navarro, 81, 3D
3000-151 Coimbra
Tel.: 239 851 904 • Fax: 239 851 901
www.almedina.net • editora@almedina.net

DESIGN DE CAPA
EDIÇÕES ALMEDINA, S.A.

PRÉ-IMPRESSÃO
EDIÇÕES ALMEDINA, SA

IMPRESSÃO E ACABAMENTO

Agosto, 2022

DEPÓSITO LEGAL
...

ALMEDINA | GRUPOALMEDINA

BIBLIOTECA NACIONAL DE PORTUGAL – CATALOGAÇÃO NA PUBLICAÇÃO

PEREIRA, Jorge Brito

O voto plural na sociedade anónima.
1ª ed. – (Teses de doutoramento)
ISBN 978-989-40-0780-7

CDU 347

Para a Marta, para o Francisco,
para a Mariana e para a Madalena.

Croesus, King of Lydia, was considered the richest man of his time. To this day Romance languages use the expression "rich as Croesus" to describe a person of excessive wealth. He was said to be visited by Solon, the Greek legislator known for his dignity, reserve, upright morals, humility, frugality, wisdom, intelligence, and courage. Solon did not display the smallest surprise at the wealth and splendor surrounding his host, nor the tiniest admiration for their owner. Croesus was so irked by the manifest lack of impression on the part of this illustrious visitor that he attempted to extract from him some acknowledgment. He asked him if he had known a happier man than him. Solon cited the life of a man who led a noble existence and died while in battle. Prodded for more, he gave similar examples of heroic but terminated lives, until Croesus, irate, asked him point-blank if he was not to be considered the happiest man of all. Solon answered: "The observation of the numerous misfortunes that attend all conditions forbids us to grow insolent upon our present enjoyments, or to admire a man's happiness that may yet, in course of time, suffer change. For the uncertain future has yet to come, with all variety of future; and him only to whom the divinity has [guaranteed] continued happiness until the end we may call happy."

Nassim Nicholas Taleb. Fooled by Randomness. The Hidden Role of Chance in Life and the Markets. Penguin. 2001

I haven't had an idea in a long time. And I'm not sure I ever had one. Now my friend Irving Leighton, the great Canadian writer, said, "Leonard's mind is unpolluted by a single idea." And he meant it as a kind of compliment. He's a close friend and he knows me, and it's true. I don't have ideas. I don't really speculate on things. I get opinions but I am really not attached to them. Most of them are tiresome., I have to trot them out in conversations from time to time just to cooperate in the social adventure. But I have a kind of amnesia and my ideas just kind of float above this profound disinterest in myself and other people. So, to find something that really touches and addresses my attention I have to do a lot of hard, manual work.

Entrevista a Leonard Cohen (1992). Paul Zollo. Songwriters on Songwriting. Capo Press. 2003

NOTA PRÉVIA E AGRADECIMENTOS

A tese de doutoramento em ciências jurídicas que agora se publica foi apresentada na Faculdade de Direito da Universidade Católica Portuguesa no dia 29 de outubro de 2021 e discutida no dia 6 de julho de 2022 perante um júri presidido pelo Professor Fernando Ferreira Pinto (em representação da Reitora da Universidade Católica) e ainda constituído pelos Senhores Professores Alexandre Soveral Martins (arguente), Pedro Maia (orientador), Ana Perestrelo de Oliveira, Rui Pinto Duarte (arguente), Paulo Olavo Cunha, Jorge Pereira da Silva e Daniela Farto Baptista.

A natureza e função de uma tese de doutoramento justificam que, sendo o caso de ser publicada, o texto corresponda, tão literalmente quanto razoável, àquele que foi apresentado, discutido e avaliado. Ocorreram, porém, razões especiais que me levaram a, entre a discussão e a publicação, ter introduzido um conjunto de alterações e atualizações que estão para além de uma revisão formal. Passo a explicar.

O primeiro projeto (completo) da tese foi concluído em fevereiro de 2021, quando o submeti ao Professor Pedro Maia para aquilo que pensávamos então ser uma avaliação final e global. Poucos dias depois, fui surpreendido com a informação (então ainda um rumor) de que o projeto de revisão do Código dos Valores Mobiliários que tinha sido preparado no âmbito da Comissão do Mercado de Valores Mobiliários e seria objeto de discussão em Conselho de Ministros, integrava uma regra que, no essencial, alterava para as sociedades cotadas (e apenas para as sociedades cotadas) a estatuição proibitiva sobre voto plural que estava intocada desde a versão original, de 1986, do Código das Sociedades Comerciais. Quando, a 13 de maio, o Governo aprovou em Conselho de Ministros a proposta de revisão do Código, depois tornada Proposta de Lei 94/XIV/2, e publicada em Diário da Assembleia da República (DAR, II série A, n.º 133, 2021.05.14), pude confirmar que, efetivamente, constava do articulado uma regra que consagrava a possibilidade de sociedades emitentes de ações admitidas à negociação em mercado regulamentado ou em sistema de negociação multilateral emitirem ações com direito especial ao voto plural, até ao limite de cinco votos por cada ação. Por diferentes palavras, a regra do Código das Sociedades Comerciais, que liminarmente proibia o voto plural nas sociedades anónimas, manteve-se intacta durante trinta e cinco anos, até ao preciso momento em que eu tinha acabado de escrever uma tese sobre o tema.

Esta (então) provável alteração legislativa (ainda dependente da intervenção da Assembleia da República), inesperada, pelo menos na forma que veio a revestir, e destituída de debate público, colocou-me perante uma opção difícil. As anormais circunstâncias do processo e o meu azarado *timing*, justificariam que, se assim o entendesse, entregasse a tese na forma em que a mesma se encontrava, até porque estaria conforme ao direito positivo em vigor no momento da entrega; sabendo, porém, que com toda a probabilidade o regime seria iminentemente alterado, o que faria com que uma tese que queria prospetiva e aberta ficasse desatualizada ainda antes da sua discussão. Podia, como alternativa, esperar pela conclusão do processo legislativo para então decidir o que fazer e, concretizando-se a alteração, para proceder às alterações impostas. Só que isso implicava atrasar a entrega da dissertação e, sobretudo, arriscar uma interrupção nos trabalhos com a qual, estando tão perto da linha de chegada depois de tantos anos, e sobretudo depois de algumas interrupções que se eternizaram e se transformaram em desistências, eu convivia muito mal[1]. Ou podia, como última alternativa, assumir que a regra projetada seria aprovada, explicar isso mesmo na introdução do texto, adaptando a tese, por antecipação, à provável nova realidade. Isto, claro, correndo o risco de o projeto, como tantas vezes acontece, ser alterado durante a tramitação do processo legislativo, ou até de a regra não ser aprovada. Optei por esta última alternativa e, por isso, adaptei os dois últimos capítulos da tese, que já estavam desenhados para um cenário de discussão

[1] Confirmando os meus receios, o processo legislativo só foi concluído no dia 31 de dezembro quando, com a aprovação da Lei nº 99-A/2001, foi alterado o Código dos Valores Mobiliários (e também o Regime Geral dos Organismos de Investimento Coletivo, o Estatuto da Ordem dos Revisores Oficiais de Contas, o Regime Jurídico da Supervisão de Auditoria, os estatutos da Comissão do Mercado de Valores Mobiliários, o Código da Insolvência e da Recuperação de Empresas, e demais legislação conexa.

sobre a admissão regulatória de voto plural, às regras então projetadas. A opção, afortunadamente, não correu mal, já que a nova regra do Código dos Valores Mobiliários, o art. 21º-D, assim como a generalidade das outras regras revistas, ficou inalterada desde a primeira versão até àquela aprovada pela Assembleia da República, em votação final global, no dia 11 de novembro.

Tendo o regime sido aprovado tal qual estava originalmente desenhado, não me pareceu agora, pelas mesmas razões, ter sentido publicar a tese com base no projeto, antes se impondo uma atualização das referências legais, as quais, claro, estão para além da regra do art. 21.º-D do Código dos Valores Mobiliários. Foi essa a principal razão para a revisão operada, já que isso implicou a atualização de vários trechos da tese: aqueles, precisamente, em que me referia ao projeto legislativo. Tendo feito essa alteração, aproveitei por fazer uma (limitada) atualização bibliográfica e ainda para alterar passagens menos claras que fui detetando, assim como para corrigir algumas incorreções e gralhas, em particular aquelas que me foram apontadas na discussão pública das provas e que, claro, agradeço.

Para aqueles que sejam dados a tarefas arqueológicas, ou que por outra razão pretendam conhecer o texto apresentado, notamos que o original da tese é público e que, com o título "A Dupla Face da Regulação do Voto Plural na Sociedade Anónima", está depositado para livre consulta na Universidade Católica Portuguesa.

*

Desempenho funções docentes há cerca de trinta anos. Se para muitos sou um advogado que mantém paralelas funções docentes, sei que para outros sou, ou fui, sobretudo, o professor que sabem também ser advogado. Isso honra-me. Sempre tive muito amor por essa faceta da minha vida profissional, aquela que mais me permite tocar na vida dos outros. Foi um caminho que iniciei no já distante ano de 1990, quando fui admitido como Monitor na Faculdade de Direito da Universidade de Lisboa tendo, logo no ano seguinte, prestado provas para Assistente-estagiário com um pequeno *paper* sobre contrato-promessa. Mantive funções docentes na Faculdade de Direito até 2003, tendo o meu caminho passado por cadeiras tão diferentes com o direito das obrigações, direito do trabalho, direito comercial e direito bancário; foi ainda na Faculdade de Direito que prestei as minhas provas de Mestrado, em 1997. Em 2003/2004 mudei-me de regresso para a Universidade Católica, onde me tinha licenciado, e na qual mantenho desde então funções docentes, hoje na licenciatura, no Mestrado de Direito e Gestão e no programa de LL.M. de International Business Law.

Nunca ter concluído, nestes mais de trinta anos ininterruptos de docência, a minha tese de doutoramento era, confesso, algo que me pesava como um objetivo que ficara por cumprir. Em 2008, naquela que acreditava já ser a vigésima quinta hora, iniciara a redação da minha tese, mas circunstâncias profissionais excecionais fizeram-me interromper o projeto, e depois dele desistir um ano depois. Honestamente, quando em 2015 completei o meu MBA (um programa em que muito aprendi e cujos ensinamentos estão, creio, abundantemente refletidos no texto desta tese), sentia que era uma forma de, para mim próprio, encerrar este tema para não mais o reabrir. Mas a verdade é que estes processos raramente correm como planeamos e, já em 2018, duas mãos amigas, a do Professor Duarte Pitta Ferraz e a do Professor Pedro Maia, acabaram por fazer renascer o projeto. O primeiro, ao desafiar a minha desistência e a lançar-me o repto, que nunca tinha ponderado até então, de prestar provas de doutoramento em economia. O segundo, ao convencer-me que não devia fazer nada disso, e devia antes ficar no caminho que já era o meu, trabalhando em ciências jurídicas e, desde logo, reabilitando o caminho que já tinha feito desde 2008.

Quiseram circunstâncias da mesma vida profissional que, no início de 2020, poucas semanas antes do início da pandemia, se tenha aberto uma porta para encerrar este processo. Já com bastante trabalho feito e, sobretudo, com uma maturidade diferente, escrevi esta tese, em dedicação quase exclusiva, entre fevereiro de 2020 e final de outubro de 2021. Ouço muitos relatos sobre as dificuldades e angústias do processo intelectual e emocional de escrita de uma tese. Devo dizer que a minha história foi completamente diferente. Foi um período agradável e feliz, pleno de realização profissional e pessoal. Agradeço à vida e ao destino ter-me encaminhado neste sentido. Bem sei que por vezes me encaminhou com menos jeitinho e carinho do que eu gostaria; mas a vida é mesmo assim.

*

Devo muitos agradecimentos.

Ao Professor Pedro Maia, antes de mais e antes de todos, pela inexcedível ajuda durante a orientação desta tese, devo um enorme agradecimento. O Professor Pedro Maia foi, ao longo de todo o processo e desde a primeira hora, um orientador exemplar e amigo, sempre presente e disponível, sempre crítico e entusiástico. Procurarei ajudar outros como ele me ajudou, sabendo que essa é a maior homenagem que lhe posso prestar. Agradeço aos demais membros do júri de doutoramento, sobretudo àqueles que tiveram as responsabilidades mais pesadas de arguição, o Professor Alexandre Soveral Martins e o Professor Rui Pinto Duarte, a pertinência das observações críticas apresentadas e, sobretudo, a forma como contribuíram para que o dia 6 de julho de 2022 tenha sido um dia muito feliz. Agradeço à Dra. Ana Rita Cernadas a ajuda prestada na montagem dos ficheiros Excel que suportam os dados empíricos constantes do ponto 6.3 desta dissertação. Agradeço ainda aos muitos Mestres com quem tive o enorme gosto de trabalhar ao longo dos anos, seja na Faculdade de Direito de Lisboa, seja na Universidade Católica, e que são parte essencial do amor que sempre tive à academia e à docência. Sabendo que não posso ser exaustivo, quero recordar aqueles ao lado de quem estive mais anos, e que por isso foram mais presentes: o Professor Menezes Cordeiro, de quem fui assistente durante mais de uma década, assim como o Professor Manuel Carneiro da Frada e o Professor Pedro Romano Martinez, que sempre me honraram com a sua amizade. Uma última palavra nesta sede para agradecer ao Professor Rui Medeiros, que me dirigiu o convite que me trouxe de volta à Universidade Católica, e sem o qual, estou certo, esta tese não existiria.

Sob o ponto de vista institucional, devo um reconhecido agradecimento à Faculdade de Direito da Universidade Católica Portuguesa, onde me licenciei, que me voltou a acolher há mais de 15 anos, onde venho desempenhando funções docentes, e que, aceitando as especialidades do meu processo, me permitiu avançar para a apresentação e discussão da tese num prazo muito curto. Esta é a minha casa e é muito bom quando, num momento tão importante, nos sentimos em casa. Dirijo este agradecimento através das pessoas dos dois Diretores da Escola de Lisboa da Faculdade de Direito que atravessaram este projeto e que, com paciência e amizade, aturaram as minhas ansiedades – o Professor Jorge Pereira da Silva e a Professora Ana Taveira da Fonseca. Ainda uma palavra para a ajuda inexcedível dada pelos funcionários da Biblioteca João Paulo II que, sobretudo durante os isolados tempos de pandemia, me foram digitalizando centenas de textos, assim permitindo que os trabalhos não fossem interrompidos. Uma palavra, por fim, para o *Max-Planck Institut für ausländisches und internationales Privatrecht* que me acolheu em duas estadias que me pareceram tão curtas como profícuas. O Max-Planck é uma grande instituição, com condições de trabalho excecionais, e só tenho pena de, sobretudo face aos tempos de pandemia que se viviam, não me ter sido possível alargar as estadias em Hamburgo.

Deixei para o fim os agradecimentos mais importantes, aqueles sem os quais nenhuma da felicidade que alimenta estas linhas existiria e, por isso, aqueles sem os quais nenhuma destas linhas existiria. O agradecimento à minha querida família, que, com uma paciência infinita, aturou os humores que inevitavelmente marcam um processo destes, nunca deixando de apoiar este meu projeto, e que está presente em cada uma das linhas escritas (mesmo nas longas notas de rodapé, que a Marta, sob fortes protestos, fazia o favor de rever). E o agradecimento aos meus queridos amigos, aqui incluindo, agora, os meus sócios e colegas de escritório, que sempre incentivaram este projeto, o alimentaram e me deram muita força. Devo-lhes, a todos, muito.

Agosto de 2022

Jorge Brito Pereira

RESUMO

A presente dissertação versa sobre a estipulação de voto plural na sociedade anónima – um dos temas centrais do *corporate governance* moderno é precisamente o papel, mais ou menos protagonista, dos acionistas na governação da sociedade anónima e, em particular, da sociedade cotada – e sobre a relevância que deve ser atribuída ao princípio *one share, one vote* num contexto de profundas alterações na forma como se organiza o governo societário moderno. Desde a aprovação do CSC, em 1986, que a estipulação de voto plural na sociedade anónima era entre nós proibida. Foi, no entanto, recentemente aprovada uma revisão do CVM que inclui uma regra habilitadora da emissão de ações de categoria especial com voto plural – até ao limite de cinco votos por ação – para as sociedades cotadas (ou para sociedades que estejam em processo de admissão à cotação). A introdução desta regra significa uma profunda modificação – embora não generalizável a todas as sociedades anónimas – da norma tradicional entre nós, assim aproximando o regime nacional de jurisdições como a norte-americana, a inglesa, a francesa e a italiana. Analisaremos neste trabalho como se desenvolveu cada um desses regimes e como deve, hoje, ser perspetivada a opção de cada um dos legisladores. De um dos lados da barricada estão aqueles que consideram que os sistemas de voto plural geram os incentivos errados de governo, nomeadamente ao nível da extração e apropriação de vantagens privadas de controlo, e induzem a formação de estruturas acionistas em que o *market for corporate control* não funciona adequadamente; de outro, estão aqueles que afirmam que se trata, antes de mais, de um tema de liberdade (que a geografia acaba por resolver, uma vez que, existindo jurisdições com maior liberdade que outras, ocorre um fenómeno natural de deslocalização para as primeiras, que, não acidentalmente, são na maior parte dos casos as que têm mercados mais profundos e eficientes) e de resposta a problemas sérios de governo societário, como sejam, por exemplo, aqueles causados por acionistas ativistas e investidores ancorados a estratégias muitas vezes oportunistas e de curto prazo, ao mesmo tempo que permitem criar maiorias estáveis, focadas em objetivos de médio e longo prazo, que se refletem em administrações também estáveis e alinhadas com a visão dos promotores. Trata-se de um debate que, no entanto, não é binário – há um espaço intermédio em que o voto plural pode ser regulado, os abusos podem ser prevenidos e, afinal, o voto plural pode ser o catalisador para um conjunto de consequências positivas, sem que estas importem, na mesma ou em maior medida, necessárias consequências negativas. Verificaremos que o legislador nacional nem sempre soube aprender com as lições da história na construção das soluções adotadas.

Palavras-Chave: *Voto plural, ações de lealdade, "uma ação, um voto", direito de voto dos acionistas, direitos dos acionistas, assembleia geral, corporate governance.*

ABSTRACT

This dissertation deals with multiple voting rights shares – one of the most important debates of modern corporate governance concerns the role of shareholders in the balance of power of joint-stock companies and of publicly traded companies – and with the relative relevance of the "one share, one vote" principle in a context where modern corporate governance is changing profoundly and dramatically. Since 1986, with the enactment of the Companies' Code, multiple voting rights shares were not allowed in Portugal for joint-stock companies. However, in the context of a recent global revision of the Securities' Code, the possibility of issuing multiple voting rights shares – with up to five votes per share – in the case of listed companies (or companies on the process for listing) was approved, hence changing radically the traditional rule, and therefore putting the Portuguese regime closer to countries such as the United States, United Kingdom, France, or Italy. An historical and critical analysis of the evolution of regulation in these systems is performed to put in perspective the option of each jurisdiction. On opposite sides of the fence, we have those that believe multiple voting rights create the wrong set of governance incentives, in particular on what concerns the extraction of private benefits of control, and contribute for the creation of legal structures and vehicles in which the market for control is highly inefficient, and those who believe this issue is above all a matter of economic and legal freedom (that geographic distance ends up solving in practical terms because of issues such as regulatory competition and the attraction of new investment by deeper and more liquid capital markets) and of response to important problems of corporate governance such as those caused by activist and opportunistic investors with short term strategies. Simultaneously, such solutions align the incentives for coherent majorities among shareholders, and stable boards of directors, focused on medium and long-term goals. We will reach the conclusion that this is a non-binary debate – there is room for a proper and articulated regulation of multiple voting rights shares, in a way that can prevent its abuses and promote multiple voting rights as a catalyst for several positive results without the symmetrical negative effects. However, the Portuguese regulator did not learn all lessons of history with the new regime.

Keywords: *Multiple voting rights shares, loyalty shares, "one share, one vote", shareholder voting rights, shareholder rights, shareholders meeting, corporate governance.*

I
Introdução

1. Introdução

1.1. O acionista e o poder de voto

I. Numa equação de expressão simples, afirma-se que uma sociedade comercial cria valor aplicando capital que gere *cash flows*[2] que excedam o custo do capital. Daqui decorre que, a não ser que o perfil de risco seja melhorado, e consequentemente o capital empregue tenha menos custo, nada criará valor se não aumentar os *cash flows* futuros. E também que a sociedade criará mais valor se crescer mantendo – ou, claro, aumentando – o retorno do capital

[2] Cabe fazer duas notas iniciais de estilo. Primeira, para reconhecer que na redação deste texto recorremos amiúde – porventura, por vezes, de forma esteticamente excessiva – a expressões em língua inglesa (e, em menor medida, a anglicismos). Isso resulta sobretudo do facto de, pelas matérias tratadas, usarmos conceitos que são mais correntes em língua inglesa do que em língua portuguesa e não tanto do facto de essas expressões não serem traduzíveis ou terem, apenas, traduções empobrecedoras. Expressões como *cash flow, corporate governance* ou *corporate finance,* dando meros exemplos, podem e devem ser traduzidas para português; mas isso não obsta a que as expressões inglesas mantenham mais capacidade expressiva. *Hedge fund* é um melhor exemplo da opção que tomámos, já que podendo ser traduzido como *fundo de retorno absoluto* (esta é a tradução mais exata, sendo que muitas vezes se traduz como *fundo de cobertura,* o que é demasiadamente literal e bastante equívoco), acaba por redundar numa expressão que tem menor valor expressivo; há muitos casos semelhantes. Segunda nota, para explicar que, na mesma linha, optámos por manter as citações – quer a reprodução de regras legais, quer as citações doutrinais – na língua original, apenas não o fazendo em citações muito curtas ou naqueles casos em que, por qualquer razão, a manutenção da redação original não tem especial valor expressivo.

investido; que criará mais valor se for capaz de o fazer rapidamente; que criará mais valor se for capaz de manter durante um longo período o *delta* do retorno do capital investido superior ao custo de capital (se o mantiver em níveis altos e, mais ainda, se o aumentar); e, por fim, que destruirá valor, em qualquer caso, se o retorno do capital for inferior ao seu custo.

Os dois elementos essenciais da equação de criação de valor[3] passam assim, sempre, pelas escolhas inerentes à definição dos investimentos que a empresa fará e, segundo, pelas escolhas inerentes à definição da estrutura de captação dos fundos que servirá o projeto empresarial. De forma simples: opções de investimento e de financiamento. Interessam para esta tese, em particular, as segundas.

Em regra, o modelamento do financiamento é um dado menos crítico, e por certo não tão cromático, na equação de criação de valor do que a opção de investimento. O *driver* de qualquer projeto empresarial é sempre uma opção de investimento e o financiamento é, em quase todos os casos, uma mera decorrência que serve os propósitos do primeiro – basta analisar um *business plan* para confirmar isso mesmo. Mas é, paradoxalmente, ao mesmo tempo, aquele que, pela sua natureza, interessa mais à arquitetura jus-societária e aquele que condiciona de modo mais marcante os elementos da organização empresarial[4].

---

[3] Estamos a simplificar os termos da questão a partir da proposta de Rappaport de avaliação financeira da empresa e de avaliação da *performance* por um modelo de *discounted cash flows*. A proposta assume que a medida de sucesso e insucesso do projeto empresarial passa pela criação de valor para o acionista – *"a fundamental fiduciary responsibility of corporate managers and boards of directors is to create economic value for their shareholders"*: Alfred Rappaport, "Selecting strategies that create shareholder value", *HBR* (1981) –, tese que, sob o ponto de vista de *corporate governance*, está, no essencial, ultrapassada nos dias que vivemos. Sem prejuízo do que antecede, o conceito de *shareholder value* influenciou decisivamente o *corporate governance* e o *corporate finance* nos últimos 40 anos – vd. Michael Metten, *Corporate Governance* (Leipzig: Springer, 2010), 155-175; Michael C Jensen, "Value maximization, stakeholder theory, and the corporate objective function", *JoACF* (2010). As finanças modernas ainda assentam os elementos essenciais da proposta de criação de valor em cinco blocos de informação desenvolvidos nos anos 50 e 60 do séc. XX – a teoria de eficiência dos mercados, a teoria do *portfolio*, o *capital asset pricing model*, a teoria de preço das opções e a teoria da agência –, muito embora alguns desses blocos tenham sofrido relevantes atualizações nas últimas décadas. Voltaremos a vários destes temas com maiores desenvolvimentos. A afirmação que é feita no texto assenta nesta formulação clássica. Vd. Michael C Jensen e Clifford W Smith, "The theory of corporate finance: a historical overview", in *The Modern Theory of Corporate Finance* (New York: McGraw-Hill, 1984).

[4] Esta íntima relação entre a estrutura de captação de recursos e a organização do *corporate governance* ficou dolorosamente revelada na estrutura de resgate da Lufthansa aprovada pelos seus órgãos sociais em junho de 2020. A Alemanha é (desde 1998, embora a regra proibitiva tenha raízes na reforma de 1937 e, sobretudo, na reforma de 1965) um dos países europeus que não permitem

O *corporate governance* e o *corporate finance* partilham fronteiras que, muitas vezes, são de difícil demarcação, com cruzamento dos seus territórios naturais[5]. Veja-se. A sociedade obtém capital para financiar a sua atividade, em particular, simplificando, pela retenção de resultados transitados, por contração de dívida e pela captação de capital junto dos sócios – *equity*[6]. Esta

a emissão de ações com voto plural (o § 12 (2) AktG é claro – "*Mehrstimmrechte sind unzulässig*"). Para evitar que o resgate tivesse um efeito dilutivo imediato na participação dos demais acionistas e na estrutura de controlo da sociedade, o que poderia ter sido assegurado por conversão de ações ordinárias em ações com voto plural (não se pretende afirmar que a admissibilidade legal de ações com voto plural teria levado o resgate da Lufthansa para esse caminho, o que está longe de ser exato, desde logo porque outros resgates, em jurisdições que aceitam o voto plural, não seguiram esse caminho; apenas que seria uma possibilidade e, sobretudo, pretende-se revelar esta íntima ligação entre a estrutura de capital e a arquitetura de governo societário), o resgate foi organizado com três tranches – a primeira, de apenas €300 milhões, para subscrever um aumento de capital de 20% do capital social; a segunda, de 5,7 mil milhões, para subscrever ações sem voto convertíveis, parte das quais asseguram um dividendo preferencial crescente entre 4% e 9,5% (em 2027); a terceira, de € 3 mil milhões, que corresponde a um empréstimo do banco de desenvolvimento público KfW. Embora de forma um pouco diferente, revelavam um problema semelhante as discussões sobre os cenários de recapitalização da TAP e a vontade publicamente manifestada pelos acionistas privados, que acabaram por abandonar o capital da companhia aérea, para que fosse encontrada uma alternativa ao aumento de capital com fundos públicos, que os diluiria irreversivelmente, como aliás veio a acontecer.

[5] Vd. Ana Perestrelo de Oliveira, *Manual de corporate finance* (Almedina, 2021), 19-30.

[6] Às opções de autofinanciamento chama-se muitas vezes *equity finance*; às opções de financiamento com recurso a capitais alheios chama-se *debt finance*. Não há sociedade sem contribuições dos sócios, ainda que estas possam ser desproporcionalmente limitadas face aos capitais alheios captados (no mínimo, corresponderão – quando este exista – ao capital social mínimo que, assim, acaba por funcionar como limite de seriedade/*Seriositätsschwelle* dos promotores, de onde se pode afirmar que o capital social é a primeira, mas não necessariamente a principal, forma de financiamento da sociedade – vd. Paulo de Tarso Domingues, *O financiamento societário pelos sócios (e o seu reverso)* (Almedina, 2021), 29). Existe muita literatura sobre a otimização da combinação de dívida e capitais próprios, que vai desde a formulação clássica do teorema de Miller-Modigliani, segundo o qual a estrutura de capital não é relevante para os numeradores da avaliação da empresa (e ainda que o custo de capital de um empresa aumenta linearmente em função do seu *ratio debt/equity*), até literatura, mais recente, que procura tal otimização por referência a elementos externos como, por exemplo, a fiscalidade, os custos de falência, as análise das empresas de *rating* e até as condicionantes macroeconómicas. A organização da estrutura de capital das sociedades é tradicionalmente explicada por duas teorias – a *trade-off theory*, que assume que as vantagens que resultam do aumento da dívida são ponderadas em função das respetivas desvantagens e que, portanto, o resultado final é o desenlace da ponderação de todos esses fatores pela administração; e a *pecking order theory*, que, com algumas variações, assume que, sendo as formas de financiamento sempre mais caras (sobretudo por causa da assimetria de informação que necessariamente existe entre quem está a providenciar os fundos e a administração e pelo aumento de custo do capital que essa assimetria gera), a empresa dará sempre prioridade à retenção de fundos gerados pela sua atividade (resultados transitados), a seguir dará prioridade a dívida e finalmente recorrerá a *equity*, sendo que em relação ao *equity* terá

última solução de financiamento é a mais estruturante, intangível e aquela que mais complexifica e estabiliza os laços jurídicos firmados. Os sócios investem, por subscrição ou aquisição, em capital social; ingressam numa específica e complexa posição jurídica perante a sociedade participada; esperam receber dividendos e, de igual modo, ambicionam ver a sua participação valorizada; e, não menos importante, votam em assembleia geral. Outros *stakeholders* – credores, trabalhadores, administradores e membros de outros órgãos sociais, fornecedores, clientes, assim como o Estado[7] – apresentam-se perante a sociedade numa posição que, em maior ou menor medida, tem relevância jurídica material; mas que não se compara, numa perspetiva de governo societário, à posição de socialidade do acionista que é, ela própria, fundacional – não apenas em sentido literal, quando este seja aplicável, mas também no sentido que é uma das poucas relações que se estabelecem com a sociedade que, mais do que por período indeterminado, não ficam sujeitas a renovação periódica (*Dauerrechtsverhältnis*).

---

os incentivos para, na medida do possível, baixar o custo de capital por exemplo através de uma política adequada de transparência). Por isso se fala em *pecking order, Hackordnung* ou *Hackliste.* Esta tese trata sobretudo de temas ligados às temáticas do *equity*, muito embora o chamado *debt governance* seja matéria muitas vezes presente; não poderia ser de outra forma, já que entre o acionista e o credor a diferença é, sobretudo, de estatuto jurídico da posição em que são investidos perante a sociedade. Vd. por todos Tim Koller, Marc Goedhart et al., *Valuation: measuring and managing the value of companies* (John Wiley, 2010), 489 e ss.; Eilís Ferran e Look Chan Ho, *Principles of corporate finance law* (Oxford UP, 2014), 54 e ss.; Troy A Paredes, "Blinded by the light: Information overload and its consequences for securities regulation", *Wash. ULQ* 81 (2003), 5-6; Sarah Jaeger, *Kapitalstrukturpolitik deutscher börsennotierter Aktiengesellschaften: eine empirische Analyse von Kapitalstrukturdeterminanten* (Leipzig: Springer, 2012), 13 e ss. e, sobretudo, 128 e ss.; Robert A Korajczyk e Amnon Levy, "Capital structure choice: macroeconomic conditions and financial constraints", *Journal of Financial Economics* (2003), 75-80. Entre nós e com uma análise sobre o impacto do regime fiscal português na estrutura do capital das sociedades (embora já algo desatualizada face, nomeadamente, à reforma do IRC de 2014), vd. Maria Amélia Barradas Carlos, "O factor fiscal e a escolha do modelo de financiamento das sociedades", *RDS* (2010). Vd. ainda Paulo de Tarso Domingues, *O financiamento societário pelos sócios (e o seu reverso)*, 15-27; Ana Perestrelo de Oliveira, *Manual de corporate finance*, 28-29; Inês Serrano Matos, "Debt finance: as obrigações como engodo do investidor e a informação externa como um meio de tutela daquele", *Revista de Concorrência e Regulação* (2015); Inês Serrano Matos, "Debt governance – O papel do credor activista", *DSR* (2015).

[7] As posições jurídicas dos diversos *stakeholders* perante a sociedade nem sempre apresentam diferenças tão marcadas, existindo várias posições que podem ser qualificadas de intermédias. Veja-se, por exemplo, a posição do acionista preferencial sem voto, a do titular de obrigações ou, mais ainda, do titular de obrigações convertíveis (sobretudo quando o direito de conversão está associado ao não pagamento pontual do cupão). A dogmática classifica os *stakeholders* em taxinomias várias que, geralmente, estão organizadas em função do tipo de interesse que relaciona a parte com a sociedade. Vd. por todos Michael Metten, *Corporate Governance*, 13-21.

O equilíbrio de poder entre os acionistas, o balanço a que deve obedecer a repartição de poder no colégio daqueles que subscreveram ou adquiriram participações de capital, tem sofrido significativas alterações de paradigma ao longo dos anos, muitas vezes transformando em proibições o que antes era o regime-regra, ou vice-versa. Hoje damos por adquirido que, na sociedade anónima, como regra, esse poder deve ser repartido em função do número de ações votantes de cada acionista; que deve haver alguma forma de proporção entre o capital detido e o poder de cada acionista, em termos tais que o sócio que tem mais risco tem mais poder e que o sócio que tem menos risco tem menos poder. Nem sempre assim foi, porém, e, pelo contrário, este encontro entre o participação no capital e o poder de voto é uma ideia que, além de ter, como comprovaremos, um conteúdo marcadamente formal, tem, na atual formulação, pouco mais de um século. Mais: nem sempre assim é. Há uma margem de liberdade na conformação estatutária dessa relação cujas fronteiras não são claras e que é influenciada por sedimentos diferentes de um percurso histórico com muitas *nuances* e geografias.

Essa é, afinal, a primeira leitura do tema desta tese – apurar até onde vai, e até onde deve ir, essa liberdade, sabendo-se que é função da arquitetura de *corporate governance* criar condições para, na medida do possível, alinhar os incentivos das partes relevantes e, dessa forma, contribuir para a obtenção de melhores resultados[8].

[8] Todo o debate sobre a arquitetura dos sistemas de *corporate governance* decorre sob a pressuposição que as sociedades comerciais que organizam o governo de forma mais eficiente terão mais sucesso na sua atividade do que aquelas que o organizam de forma menos eficiente. Não apenas por isto, mas também por isto, limita-se a liberdade dos acionistas e das demais partes envolvidas na construção das estruturas de governo societário, impondo-lhes regras e procedimentos, proibindo certas soluções e arquiteturas e, afinal, conduzindo-os de forma mais ou menos musculada na direção de realinhamento dos seus incentivos que, em cada momento, a lei considera ser a mais adequada e eficiente. Não há qualquer dúvida que a pressuposição segundo a qual há uma relação positiva entre bom governo e melhores resultados é intuitiva e pode, com alguma razoabilidade, sobretudo no médio e longo prazo, ser considerada plausível. O problema é, no entanto, claramente mais complexo e não pode ser visto de forma unidimensional, por diversas razões, de que destacaríamos duas. Por um lado, custa consensualizar o que se deve entender por *bom governo*. Por exemplo, uma parte significativa dos estudos empíricos realizados sobre este tema liga a ideia de *bom governo* à latitude de direitos que são atribuídos aos acionistas (o melhor exemplo disto é o estudo clássico – Paul Gompers, Joy Ishii et al., "Corporate governance and equity prices", *The QJE* (2003) – que constrói um *governance index*, que serviu de inspiração para vários outros estudos, com o qual são analisadas 1.500 sociedades cotadas, sendo que essa matriz se refere quase exclusivamente a temas de direitos dos acionistas). Esta ideia, além de ser demasiadamente simples para abordar um problema como este, tem uma geografia – a norte-americana – e um especial contexto histórico – que procura reforçar o papel dos acionistas face ao conselho de administração – como referências. Já outros,

II. O tema do voto plural está no coração de um dos mais intensos debates do *corporate governance* moderno – o papel, mais ou menos protagonista, dos acionistas na governação da sociedade anónima e, em particular, de forma parcialmente diferente, da sociedade cotada[9]. É um debate que ocorre a

procurando evitar esta crítica, usam conceitos de *bom governo* muito complexos e interdependentes, misturando os instrumentos jurídicos com os objetivos do sistema e acabando, por isso, por criar indicadores de desempenho com *metrização* e comparabilidade impossíveis. Vd., por exemplo, Helen Short, Kevin Keasey et al., "Corporate governance: From accountability to enterprise", *Accounting and Business Research* 29, no. 4 (1999), 338; Andrea Melis, *Creazione di valore e meccanismi di corporate governance* (Milano: Giuffrè, 2002), 141-156. É um problema muito semelhante àquele que a ciência política tem quando procura comparar quantitativamente opções de sistemas governativos. Vd. Francis Fukuyama, "What is governance?", *Center for Global Development* 26, no. 3 (2013). Não pode também deixar de ser salientado que os estudos empíricos disponíveis sobre o tema estão longe de ser inequívocos e, pelo contrário, são até parcialmente contraditórios. Por exemplo, Sanjai Bhagat e Brian Bolton, "Corporate governance and firm performance", *JCF* (2008); Lawrence D Brown e Marcus L Caylor, "Corporate governance and firm performance", *Available at SSRN 586423* (2004); Bengt Holmstrom e Steven N Kaplan, "The state of US corporate governance: What's right and what's wrong?", *JoACF* 15, no. 3 (2003); Andrea Beltratti e René M Stulz, "Why did some banks perform better during the credit crisis? A cross-country study of the impact of governance and regulation", (2009); Axel von Werder, "Ökonomische Grundfragen der Corporate Governance", in *Handbuch Corporate Governance* (Stuttgart: Schäffer-Poeschel, 2009); M Sinan Goktan, Robert Kieschnick et al., "Corporate governance and firm survival", *Financial Review* 53, no. 2 (2018); Noelia Romero Castro e Juan Piñeiro Chousa, "Prácticas de buen gobierno y creación de valor: retos para los administradores societarios", in *Actores, actuaciones y controles del buen gobierno societario y financiero* (Marcial Pons, 2018), 292-306. Não serão alheios à inconclusividade destas análises problemas metodológicos como a descrita dificuldade em definir o que é bom e mau *corporate governance*, mas também o facto de qualquer arquitetura de governo depender de um sistema complexo de peças com elevado grau de interação e dependência, não sendo possível avaliar cabalmente qual a contribuição de cada peça para o resultado obtido; e, claro, também a dificuldade em avaliar sinteticamente a razão da *performance* de uma dada empresa e, em particular, de determinar o que resulta da sua própria atuação e o que é induzido por fatores externos que, muitas vezes, está totalmente para além daquilo que é controlado pela unidade empresarial. Por fim, o tema, mesmo quando é objeto de métricas que lhe dão uma boa leitura, não deixa de funcionar como uma *self-fulfilling prophecy*, sobretudo quando a medida do sucesso ou insucesso é a variação da cotação de mercado das ações de cada sociedade objeto de amostra, isto quando vivemos num ambiente de investimento em que os acionistas institucionais ganham importância crescente. Ou seja, se os investidores institucionais são atraídos para sociedades com melhores práticas de governo e afastados de outras com piores práticas, a cotação das primeiras, e a das segundas, inversamente, refletirá sempre esse efeito na relação com os investidores, não tanto porque a sua *performance* tenha sido comparativamente melhor ou pior, mas porque a forma como a matriz de governo societário se adequa, ou afasta, do *mainstream* de entendimento, levará inelutavelmente a esse resultado.

[9] O legislador societário nacional tem vindo, nas últimas décadas, a criar sucessivas camadas de regulação no universo das sociedades comerciais e, em particular, no das sociedades anónimas, muitas vezes sem grande coerência ou visão sistemática. O regime geral das sociedades anónimas, constante do CSC, convive hoje com as regras, também constantes do CSC, sobre sociedades

vários níveis. Ocorre a um nível estritamente jurídico, sabendo-se que as diferenças de tratamento da posição dos acionistas[10] – e da sua relação com a administração e a atividade social – entre, por exemplo, os sistemas dos dois lados do Atlântico, são abissais e estão num momento de forte revisão. Ocorre também a montante, a um nível de ponderação de soluções de arquitetura de *corporate governance*, sendo questionado qual o nível de poder que deve ser dado aos acionistas como forma de melhor alinhar os incentivos das partes envolvidas e de corrigir as razões que levaram a várias ondas de escândalos financeiros de enorme magnitude nas últimas décadas. Mas é sobretudo um debate que é imposto por uma nova realidade, em que emergiram dois grupos de acionistas com um protagonismo, e empoderamento, únicos: referimo-nos, primeiro, àqueles acionistas que podemos de forma simplificadora designar como *insiders*, que estão na fundação de vários projetos empresariais e que são de tal forma a cara e a alma desses projetos que, mimeticamente, emprestam as suas caraterísticas idiossincráticas à estrutura empresarial, fazendo com

---

anónimas de grande dimensão, com o regime das sociedades emitentes de valores mobiliários admitidos à negociação em mercado regulamentado, constante do CVM, e ainda com o regime das entidades de interesse público (Regulamento UE n.º 537/2014 e RJSA). Naturalmente que muitas das referências gerais que faremos ao longo deste trabalho são aplicáveis a todas as sociedades comerciais. Saliente-se, no entanto, que assumimos como referência a sociedade anónima e, dentro do universo desta, dedicaremos especial atenção à sociedade anónima com uma estrutura acionista dispersa que, no direito português, podia, até à revisão do CVM operada pela Lei nº 99-A/2021, de 31 de dezembro, ser classificada a partir da qualificação de sociedade aberta ao investimento público e que, depois dessa revisão, será melhor classificada a partir da qualificação de sociedade cotada (em rigor, de sociedade emitente de ações admitidas à negociação em mercado regulamentado situado ou a funcionar em Portugal). É certo que as qualificações não eram coincidentes – nos termos do revogado art. 13º do CVM, nem todas as sociedades abertas eram sociedades cotadas e, face à realidade das sociedades de direito não português emitentes de ações admitidas à negociação em mercado regulamentado português, nem todas as sociedades cotadas eram qualificadas de sociedades abertas. Isto pelo menos para aqueles que entendessem que que o art. 13º não podia ser qualificado como uma norma de aplicação imediata; vd. Juliano Ferreira, "Sociedade com o Capital Aberto ao Investimento do Público: Relevância da Lei Pessoal na Aquisição e Perda da Qualidade de Sociedade Aberta", *RDS* (2017); Maria Helena Brito, "Sobre a aplicação no espaço do novo Código dos Valores Mobiliários", in *Direito dos Valores Mobiliários* (Almedina, 2000), 106-109. Sem prejuízo, havia uma inquestionável correspondência económica (não tanto jurídica) entre ambos os conceitos, não custando por isso, com a revogação do regime das sociedades abertas, fazermos a referência transitar diretamente para o universo das sociedades cotadas. Daí ainda que, apenas em função do contexto, usemos de forma indiferenciada expressões como sócio ou acionista, sociedade ou sociedade anónima, ações ou participação no capital social, etc.

[10] Numa expressão feliz (usada, no entanto, com um propósito diferente) de Alexandre Soveral Martins, "ser acionista nem sempre é o que era" – Alexandre de Soveral Martins, "A qualidade de acionista: acionista, não acionista, acionista assim-assim", *RLJ* (2020), 172.

que muitas vezes custe distinguir o que são sentimentos pelo fundador, tantas vezes erigido ao estatuto popular de estrela de *rock and roll*, e sentimentos pela sociedade e pelo seu projeto[11]; e referimo-nos aos investidores institucionais, com uma importância económica potenciada por alterações ocorridas nas últimas décadas, e que, numa nova dimensão de relação com os demais investidores, são capazes de marcar as agendas, em particular a agenda regulatória, como nunca.

O que se acaba de escrever é tão mais relevante quando vemos que, não coincidentemente, a popularidade da adoção de sistemas de voto plural nas últimas duas décadas ganhou contornos impressionantes, tendo sido implementadas estruturas deste tipo em sociedades como, por exemplo, a Google LLC (hoje Alphabet; 2004), LinkedIn Corporation (2011), Zynga (2011), Groupon (2011), Facebook (2012), Alibaba (2014), Snap (2017), ou até a "portuguesa" Farfetch (2018), entre muitas outras[12]/[13].

---

[11] Pensamos, claro, em personalidades e empresas como Jeff Bezos e a Amazon, Elon Musk e a Tesla e SpaceX, Bill Gates e a Microsoft, Mark Zuckerberg e a Facebook, Warren Buffett e a Berkshire Hathaway, Larry Ellison e a Oracle, Larry Page e Sergey Brin e a Google/Alphabet, ou Steve Jobs e a Apple. Esta relação dos fundadores com o projeto empresarial é criadora de novas variações, ainda mais específicas, de *riscos idiossincráticos* do investimento. É fácil exemplificar: a Amazon perdeu cerca de 60 mil milhões de capitalização bolsista quando Donald Trump atacou Jeff Bezos por causa das críticas feitas pelo Washington Post (controlado por Bezos) à administração americana; a cotação da Tesla entrou em enorme turbulência quando, há poucos anos, surgiram rumores de um *burnout* de Elon Musk, ao mesmo tempo que, em vários *fora* (nomeadamente em conferências com investidores), este denotava um comportamento bizarro. Os exemplos podiam ser facilmente multiplicados.

[12] A comparação entre IPO de empresas tecnológicas e não tecnológicas, nos Estados Unidos, no que respeita ao recurso a esta solução, é impressiva – em 2000, 7,3% dos IPO de tecnológicas e 5,8% de não tecnológicas recorreram a *dual class shares*; em 2005, os números passam para 20% e 11,3%; em 2010 passam para 6,1% (o número de IPO é pouco representativo); no ano seguinte salta para 13,9% e 20%; em 2015, 36,8% dos IPO de tecnológicas e 10% de não tecnológicas recorreram a *dual class shares*; em 2019, as percentagens são 38,2% e 15,8%. Vd. https://site.warrington.ufl.edu/ritter/files/2020/02/IPOs2019DualClass.pdf. Os últimos números estão disponíveis em Jay R Ritter, "Initial public offerings: Technology stock IPOs", *Warrington College of Business, The University of Florida* 3 (2021). Veja-se um outro exemplo revelador da importância do fenómeno. O expoente da chamada *big tech* é habitualmente referido pelo acrónimo GAFA – Google, Apple, Facebook, Amazon –, sendo que muitas vezes se refere o universo dos seus *challengers* pelo acrónimo NATU – Netflix, Airbnb, Tesla e Uber –, e o paralelo chinês pelo acrónimo BATX – Baidu, Alibaba, Tencet e Xiaomi. Destas doze empresas, apenas a Apple, a Amazon e a Uber não recorrem a este tipo de soluções (sendo que o caso da Alibaba, embora não equivalente tecnicamente, pode ser aproximado à estrutura de *dual class shares*).

[13] Começámos a escrever esta tese em 2009, há mais de dez anos, sendo então o objetivo trabalhar o tema mais geral da falta de proporcionalidade entre capital social e direito de voto. Cabe recordar

É um debate que, em vários momentos, se tornou fortemente polarizado e que, nos tempos que correm, por razões várias, ganhou novos contornos. De um dos lados da barricada estão aqueles que consideram que os sistemas de voto plural geram os incentivos errados de governo, nomeadamente ao nível da extração e apropriação de vantagens privadas de controlo, e induzem a formação de estruturas acionistas em que o *market for corporate control* funciona ineficientemente; de outro, estão aqueles que afirmam que se trata, antes de mais, de um problema de liberdade (que a geografia acaba por resolver, uma vez que, existindo jurisdições com maior liberdade que outras, acaba por haver um fenómeno natural de deslocalização para as primeiras que, não acidentalmente, são na maioria dos casos as que têm mercados mais profundos e eficientes) e de resposta a problemas sérios de governo societário como sejam, por exemplo, aqueles causadas por acionistas ativistas ancorados a estratégias muitas vezes oportunistas e de curto prazo, isto ao mesmo tempo que permitem criar maiorias estáveis, focadas em objetivos de médio e longo prazo, que se refletem em administrações também elas estáveis. Mesmo aqueles que procuram não se deixar polarizar no debate, não resistem a chamar a si próprios *"annoyingly objective and independent on these issues"*[14], como se a objetividade do observador científico fosse, num tema destes, tal qual amor clubístico, tarefa impossível.

---

que, após o *Action Plan on Company Law and Corporate Governance* de 2003, se iniciou na Europa um movimento altamente favorável à observância de maior proporcionalidade entre a participação no capital social e o controlo, que teve como expoente o processo protagonizado pelo Comissário Charlie McCreevy e o estudo do ISS de 2007. Ora, se é certo que uma década foi tempo suficiente para que os ventos mudassem radicalmente na forma de abordar este tema, o que me fez abandonar os planos originais, não é menos verdade que me fez manter a atenção sobre o que se passava. E era muito claro, desde há alguns anos, que algo especial estava a ocorrer no mundo do voto plural – cada vez mais sociedades emitentes, sobretudo tecnológicas, adotavam essa solução. E isto ocorria mesmo em sistemas como o norte-americano em que a popularidade da solução nada tinha que ver com alterações regulatórias, assim sendo revelado que um de dois fenómenos (ou ambos) estava a ocorrer – ou os acionistas promotores estavam dispostos a aceitar um desconto que antes não estavam dispostos a aceitar como forma de instalar uma solução de controlo não proporcional; ou os outros investidores, sobretudo os investidores institucionais, estavam a aceitar um desconto menor do que aquele que antes estava implícito como custo da consagração de uma solução de voto plural. Este alinhamento de interesses, e a vontade de o compreender, correspondeu à primeira interrogação de onde nasce esta tese.

[14] A citação é de John C. Coffee Jr. em artigo de opinião de 2018 publicado no blog da Faculdade de Direito de Columbia disponível em https://clsbluesky.law.columbia.edu/2018/11/19/dual-class-stock-the-shades-of-sunset/#_edn1.

Trata-se ainda de um debate com múltiplas e cruzadas perspetivas dos dois lados do Atlântico, que vão do *Stewardship Code* de 2010 e da Diretiva dos Acionistas II à tendência de reconcentração do capital e prevalência de investidores institucionais que surgem *in diferent shapes and forms*[15] na estrutura das grandes sociedades anónimas, tendência que se vai sentindo em todo o ocidente mas, sobretudo, nos mercados britânico e norte-americano; que vão do clássico problema de agência e das suas decorrências até aos temas de apropriação dos vários benefícios privados de controlo e, mais ainda, da forma como cada geografia, com as suas particularidades, lida com cada um destes problemas centrais; que vão das condicionantes que os acionistas promotores de um IPO ponderam na decisão da praça onde abrem o capital da sociedade participada até à forma como os modernos *hedge funds* constroem estratégias de *risk decoupling* e promovem comportamentos ativistas que têm mudado a gestão de várias sociedades.

Trata-se, por fim, de um debate que, da forma como é colocado, parece ser binário, dependendo da existência, ou inexistência, de uma regra proibitiva. Não é, no entanto, assim. Há mais mundo, e um mundo bastante mais equilibrado, para além da mera permissão ou proibição do voto plural. A história demonstra de forma inequívoca que as opções não são apenas as de permitir, sem limites ou condições, a estipulação de voto plural, assim abrindo as portas a todos os tipos de abusos propiciados pelo alinhamento de incentivos que resulta da regra permissiva, ou proibir tais estipulações.

Há um espaço intermédio em que o voto plural pode ser regulado, os abusos podem ser prevenidos e, afinal, o voto plural pode ser o catalisador para consequências positivas, sem que estas importem, na mesma ou em maior medida, consequências negativas[16].

---

[15] Usha Rodrigues, "Corporate Governance in an Age of Separation of Ownership from Ownership", *Minn. L. Rev.* 95 (2010), 1828.

[16] Analisaremos em detalhe o contexto histórico que conduziu à proibição generalizada do voto plural em diversas geografias; verificaremos também que cada ambiente de *corporate governance* deve preocupar-se em parametrizar as suas regras em função das específicas circunstâncias, sendo geralmente de nefastos efeitos as soluções *one size fits all*. Por isso, acreditamos que é melhor proibir o voto plural que o permitir em bases erradas e mal ponderadas; ou seja, cremos que uma intervenção deste tipo é delicada e deverá ser devidamente equilibrada. O que escreve Modesto Carvalhosa, em publicação recente, é bom exemplo do que queremos salientar. O voto plural é proibido no Brasil pelo § 2 do art. 110 da Lei das Sociedades Anónimas, tendo recentemente sido recusado um projeto de lei no Congresso Nacional Brasileiro para eliminar tal proibição para *companhias fechadas* e sido adotada uma Medida Provisória que exceciona da proibição as sociedades cotadas. Como bem explica o ilustre Professor, esse projeto recusado, "com redação simplória", esquecia totalmente

1.2. *As coordenadas da investigação*

I. Ponderam-se muitas vezes as vantagens e as desvantagens dos sistemas de voto plural[17] face aos sistemas que o proíbem, numa colocação binária do problema que em parte se confunde com o debate sobre o princípio *one share, one vote* e as suas exceções e que, com roupagens diferentes, nos acompanha há mais de um século[18].

Defende-se que a adoção de um sistema de voto plural incentiva a abertura do capital de mais sociedades. Trata-se de afirmação de fácil demonstração. Primeiro, porque os acionistas fundadores podem captar mais fundos, seja em sede de subscrição, seja em sede de venda, com *private placements*, com o IPO e com ofertas subsequentes, já que estarão em condições de oferecer mais ações à distribuição mantendo uma menor participação de controlo, o que gera um necessário incentivo acrescido para a abertura de capital. Segundo, porque terão menos receio de serem confrontados com a inevitabilidade

---

o ambiente em que se integra e isso acaba por ser a pior forma de atacar este problema. Modesto Carvalhosa, "Voto plural: evolução ou retrocesso", in *Diálogos com Coutinho de Abreu* (Almedina, 2020).

[17] Nas próximas linhas usaremos o conceito de voto plural em sentido estrito, ou seja, assumiremos que existe voto plural quando os estatutos atribuam mais votos a uma categoria de ações votantes que a outra ou outras categorias de ações votantes. Veremos de seguida que o conceito de voto plural é mais abrangente e integra outras tipologias, mas, para já, limitamo-nos a usar este conceito de trabalho.

[18] A atualidade do tema, que cremos, sem carência de mais demonstração, ser inegável, não é em nada prejudicada pela constatação de ser um tema que, nos seus problemas essenciais, nos acompanha há muito. Podiam ser usados muito exemplos, nomeadamente norte-americanos. Mas já Massonaud, em 1930, há quase um século, escrevia em França (i) que as ações com voto plural punham em causa o princípio da igualdade, mas que este princípio dificilmente podia ser compreendido como de ordem pública; (ii) que teriam efeitos, uns negativos e outros positivos, no mercado de concentrações de empresas; (iii) que eram especialmente favoráveis para os bancos que, com limitados investimentos, podiam tomar posições de vigilância sobre a gestão das empresas; (iv) e que podiam ter efeitos negativos sobre a gestão das sociedades porque os administradores teriam menos disciplina por estarem apoiados numa maioria estável que os suportaria, porque limitaria os poderes dos acionistas perante a administração, porque aumentaria o risco de cristalização dos Conselhos de Administração e porque poderia incentivar os administradores a assumirem demasiado risco. E que, por isto, caberia ao legislador optar entre uma solução de liberdade absoluta, de interdição absoluta ou de regulamentação. Com as inevitáveis alterações de linguagem e conceitos, é notável e impressionante assinalar o pouco que o debate mudou. Adrien Massonaud, *Les actions à vote privilégié en France et à l'étranger: Les avantages de leur réglementation* (Librairie Arthur Rousseau, 1930), 113-183. Nos anos 50 escreve, entre nós, Pinto Coelho, que o receio de abusos não é razão para que se recuse a consagração de um direito que, por várias razões, se justifica economicamente. Vd. José Gabriel Pinto Coelho, *Estudo sobre as acções de sociedades anónimas* (Coimbra, 1957), 158-159.

de perder o controlo para financiar a atividade da sociedade (ou, dito de outra forma, de se verem forçados a optar entre uma decisão conveniente de emissão de mais ações, diluindo a sua participação e, no limite, perdendo o controlo, e a manutenção da posição de controlo existente sem que, no entanto, a sociedade receba os recursos de que necessita), tornando por essa via a sociedade vulnerável a uma tomada de controlo hostil.

Claro que o que se acaba de escrever tem um contraponto direto. Ficando a posição controladora de alguns acionistas especialmente protegida, daqui podem resultar incentivos errados ao seu comportamento – a emancipação de um grupo de acionistas, normalmente os fundadores, sempre *insiders*, a uma classe de *nobreza* com privilégios de não acessíveis aos outros acionistas (independentemente do esforço financeiro que estejam dispostos a fazer) –, com custos, afinal, para a própria sociedade porque pode ficar imune ao funcionamento do *market for corporate control* e ao ativismo útil dos acionistas minoritários, assim eliminando do sistema de incentivos, para a administração, o efeito disciplinador que daí resulta. Além disso, porque os *insiders* ganham uma posição de voto que não tem proporcionalidade nos *cash flow rights*, daqui podem emergir incentivos à extração de vantagens privadas de controlo[19].

Afirma-se também que estes sistemas aumentam a liquidez no mercado. É, também aqui, uma consequência imediata do momento de partida da análise – se menos ações ficam retidas nas mãos dos acionistas fundadores/controladores para assegurar a manutenção desse controlo (tenha ele a medida que tiver, ou seja: esta conclusão tanto será aplicável ao caso em que o promotor reserva para si 50,01% dos votos, como para o caso em que reserva apenas 15% ou 20% dos votos), mais ações estarão então disponíveis em *free float* –, mas que, como é óbvio, nada nos diz sobre a dinâmica subsequente da estrutura acionista. As mesmas ações podem ser adquiridas por investidores interessados na visão de médio e longo prazo – e que, por isso mesmo, acabam por anular o efeito de liquidez gerado à partida.

E, de novo, tem o seu contraponto. Mais ações no mercado, maior liquidez, mas com o controlo fora do seu alcance potencial – essas ações permitirão

---

[19] O ISS, a propósito do IPO do Facebook, em *The Tragedy of the Dual Class Commons*, chama-lhe um "modelo de governo autocrático", fazendo a comparação com processos como o da Magna e o da Benihana (http://online.wsj.com/public/resources/documents/facebook0214.pdf). O mesmo ISS, fazendo a análise comparativa dos modelos de governo das sociedades representadas no S&P 500 após o IPO do Google, classificou esta sociedade num dos últimos lugares do escalonamento da qualidade de governo apenas por causa da estrutura de voto das ações emitidas.

quinhoar no sucesso ou insucesso do projeto empresarial, permitirão aceder a um conjunto de direitos e pretensões associados à posição de socialidade, mas nunca permitirão, a partir delas, construir uma alternativa de controlo que permita destituir ou eleger o órgão de administração, que ficará, assim, restrito à titularidade de um grupo com um tratamento privilegiado e não igualitário face aos demais acionistas – e, sobretudo, com uma menor proteção da posição dos acionistas minoritários que, correndo mal o projeto, se verão limitados às opções de permanecerem absolutamente subjugados à vontade de um acionista promotor sem qualquer hipótese, ou por vezes já sem vontade, de alterar o estado das coisas, ou de alienarem a sua posição no mercado. Daqui pode, claro, resultar a inevitabilidade de disporem da sua posição, transformando esta maior liquidez num maior desinteresse do mercado.

E daqui partimos para outra vantagem destes sistemas, particularmente relevante em mercados com grande dispersão do capital. É que a existência de um acionista de controlo, ou de um grupo de controlo, é normalmente geradora de valor para a sociedade, sobretudo nos primeiros anos posteriores à abertura de capital. Os casos mais claros em que isto acontece passam, atualmente, pelo mundo das empresas tecnológicas, muitas vezes marcadas pela visão idiossincrática de fundadores como Jobs, Gates, Bezos, Musk, Dorsay ou Zuckerberg[20]. Mais: a adoção de sistemas de voto plural – e dir-se-ia que,

---

[20] A história empresarial de Henry Ford dá-nos um exemplo excelente disto mesmo. Ford fundou a Detroit Automobile Company e abriu o capital a um conjunto de acionistas. Tensões relativas ao processo de produção e ao *design* final do carro, que Ford teimava em aperfeiçoar, complicaram a relação com os investidores e acabaram por conduzir ao insucesso do projeto. Na sua segunda tentativa, agora na Henry Ford Company, também controlada por um grupo de investidores, as tensões repetiram-se e a obstinação de Ford em não avançar imediatamente para a produção custou-lhe o cargo e a mudança do nome da sociedade para Cadillac Automobile Company (que, aliás, veio a produzir e comercializar o carro concebido por Ford). Só na sua terceira tentativa, com a Ford Motor Company, agora sem o controlo de investidores externos à gestão, Henry Ford levou adiante as suas ideias e encetou um dos mais extraordinários projetos empresariais da história. A estes benefícios privados do controlo, relativos ao valor retirado pelo empreendedor em função da prossecução da sua ideia de negócio, chama-se *benefícios privados idiossincráticos de controlo*. Vd. Alessio M Pacces, "Control matters: Law and economics of private benefits of control", *RILE* (2009), 10 e ss.; Zohar Goshen e Assaf Hamdani, "Corporate control and idiosyncratic vision", *Yale LJ* 125 (2015), 563 e ss. Os benefícios privados de controlo são compensados por uma relação com a sociedade e com o projeto que é tipicamente de médio e longo prazo e com níveis de fidelidade diferentes; este balanço será, pelo menos até certo ponto, favorável aos demais acionistas. No mesmo registo escrevem, 101 anos depois, os fundadores da Google, Larry Page e Sergey Brin, no respetivo prospeto de IPO – *"In the transition to public ownership, we have set up a corporate structure that will make it harder*

em geral, a adoção de todas as regras que promovam a formação de maiorias estáveis – permite melhor alinhar os interesses de médio e longo prazo da sociedade com os dos acionistas (em particular dos controladores) e, por esta via, é uma forma de combate ao designado *short termism*[21] e aos problemas e pressões que este tipo de visão induzem na administração da sociedade. Por esta via, a administração poderá ponderar com outra perspetiva projetos sem retorno imediato que visam o crescimento da sociedade – e os custos em investigação e desenvolvimento são disso o exemplo clássico –, sem a pressão tão forte da reação do mercado aos resultados trimestrais.

No contraponto, resulta claro que este alinhamento de interesses será francamente positivo se correr bem e francamente negativo se correr mal – como, de novo, sucede numa família real com um rei brilhante ou outro idiota. Pior: uma família real a quem são dados incentivos para a extração de vantagens privadas e que habita num sistema marcado por *lack of accountability*, sem a responsabilidade de sofrer, na proporção do seu controlo, as

---

for outside parties to take over or influence Google. This structure will also make it easier for our management team to follow the long term, innovative approach emphasized earlier". https://www.sec.gov/Archives/edgar/data/1288776/000119312504143377/d424b4.htm.

[21] Há uma irresistível e simplificadora tendência nos dias que vivemos para identificar como partes de um problema único, por um lado, o combate ao *short termism* e, por outro lado, o incentivo à lealdade dos acionistas como instrumento de realinhamento de interesses. Se o fizermos, parece óbvio que todos os incentivos que sejam oferecidos pelo sistema para que os acionistas mantenham as suas ações durante mais tempo – e estes, de forma simples, passam por instrumentos que facultem vantagens financeiras como o aumento do dividendo ou a redução de tributação por detenção prolongada de ações, por instrumentos que aumentem o seu poder no colégio acionista como as ações de lealdade, ou por instrumentos com ambos efeitos como os *loyalty warrants* – são instrumentos que servem os dois propósitos. Cabe, no entanto, assinalar desde já três diferentes notas. Primeiro, sendo certo que estes instrumentos incentivam os acionistas a manter as suas ações durante mais tempo, daqui não resulta necessariamente o aumento da sua lealdade e do seu alinhamento com a visão de médio e longo prazo da sociedade. Veremos que *there are more things in heaven and earth* e que o mundo é bastante mais complicado que isso. Segundo, alguns acionistas institucionais têm demonstrado grande indiferença a este tipo de incentivos, mantendo-se voluntariamente alheados destes mecanismos. Terceiro, se é certo que as ações de lealdade geram este efeito, já o que ocorre com as ações com voto plural em sentido estrito é diferente. Estas podem ser vistas como forma de alinhamento de interesses de acionistas controladores, mas não tanto como instrumento de combate ao *short termism* do universo dos acionistas. Vd., por exemplo, em termos não totalmente conformes com o que escrevemos, mas deixando claro como esta confusão entre combate ao *short termism* e fomento ao envolvimento e à lealdade dos acionistas influenciou determinantemente a legislação norte-americana nas últimas décadas (e continua a fazê-lo), Usha Rodrigues, "Corporate Governance in an Age of Separation of Ownership from Ownership"; Mark J Roe e Federico Cenzi Venezze, "Will Loyalty Shares Do Much for Corporate Short-Termism?", *Revue Trimestrielle de Droit Financier* (2021), 102-114.

consequências negativas das decisões nefastas que sejam tomadas. A história de Sumner Redstone, que nos anos 90 transformou a Viacom num projeto empresarial de sucesso ímpar (que absorveu a Paramount, CBS, MTV e Showtime) e que recentemente, em 2016, já com noventa e três anos de idade e depois de conseguir, durante mais de vinte e seis anos, resistir a várias investidas de outros acionistas, enfrentou uma ação judicial que visava afastá-lo da administração da sociedade, é provavelmente um gráfico exemplo do que acaba de se escrever[22].

Poderíamos facilmente perpetuar os termos deste debate. Taoisticamente, cada vantagem da adoção deste sistema tem, no seu contraponto, uma desvantagem. Como se coubesse à lei, e não aos acionistas, optar entre liquidez e acesso dos minoritários à posição de controlo, alinhamento dos interesses de médio e longo prazo e riscos de extração de vantagens privadas de controlo, interessamento do fundador na gestão e risco de este se perpetuar na sua posição, encapsulando a solução. Como se todos os casos de voto plural fossem semelhantes. Como se as geografias em que esses casos convivem produzissem resultados semelhantes. Como se os investidores não tivessem já hoje à sua disposição um espaço fortemente não regulado em que conseguem reproduzir os efeitos que resultam destas estruturas de voto plural.

II. A proibição do estabelecimento de voto plural nas sociedades anónimas, que vigorou entre nós, como regra geral, desde a entrada em vigor do

[22] Sumner Redstone, que faleceu no verão de 2020, afastou-se dos seus cargos sociais na sequência de um conjunto de exames psiquiátricos que atestavam as suas dificuldades de comunicação. No momento da sua morte ainda detinha mais de 70% dos votos na ViacomCBS. Vd. Lucian Arye Bebchuk e Kobi Kastiel, "The untenable case for perpetual dual-class stock", *Virginia LR* 103 (2017), 587 e ss. (com diversas referências para artigos da comunicação social com os detalhes do processo); Min Yan, "A control-accountability analysis of dual class share (DCS) structures", *Delaware Journal of Corporate Law* 45 (2020), 30-31. Os exemplos poderiam facilmente ser multiplicados. O processo ativista dos fundos Elliot e Singer no Twitter, já em 2020/2021, tentando ganhar nomeações para o conselho de administração e, sobretudo, visando substituir o CEO e fundador da empresa, Jack Dorsey que, em 2019, anunciou que passaria a desempenhar as suas funções em *part-time* (Dorsey é simultaneamente acionista controlador e CEO do Twitter e da Square, sendo que o valor do segundo investimento no seu *portfolio* é claramente superior) e que viveria metade do ano na Namíbia, é também uma forte ilustração do poder do voto plural perante conflitos acionistas. Pode ler-se uma boa descrição deste processo em https://www.bloomberg.com/news/articles/2020-02-29/singer-s-elliott-is-said-to-seek-to-replace-twitter-ceo-dorsey. Esta história está longe de ficar fechada, tendo tido outro episódio com a oferta apresentada por Elon Musk, em abril de 2022, para adquirir o controle do Twitter (com desfecho ainda imprevisível à data em que escrevemos).

CSC[23], era uma regra, cremos, sistematicamente incoerente, com uma eficácia duvidosa (e, por vezes, perversa), assentava em pressupostos incorretos e revelava uma desvantagem competitiva em mercados como o português. Tinha, sobretudo, uma explicação histórica e uma vocação aspiracional ou recomendatória. E daí não deveria passar. Esteve bem, por isso, o legislador nacional ao inverter a regra de proibição[24].

A proibição do voto plural emerge da afirmação segundo a qual, da mesma forma que nos sistemas democráticos, em regra, a cada cidadão adulto é concedido o direito de votar sem que esse direito dependa de outras condições, nomeadamente económicas ou literárias, nas sociedades anónimas, sendo estas pautadas, por um lado, por uma ideia de primazia dos acionistas e, por outro lado, pela intermediação do capital subscrito, esse direito deve estar associado ao número de ações detidas por cada acionista. É assim, diz-se, porque essa solução, por um lado, organiza o poder de forma mais justa, já que gera uma proporção entre o poder e o investimento e, por outro lado, corresponde à forma mais eficiente de o fazer e que melhor alinha os interesses das partes relevantes – que, por isso, melhor funciona para a própria sociedade. Dito de outra forma, que nas sociedades anónimas deve haver correspondência proporcional entre o risco de capital – o interesse económico que emerge da participação – assumido por cada acionista e o seu poder efetivo de voto no colégio de acionistas – aquilo a que habitualmente se designa de *one share, one vote*. E porque é assim, não devem as ações (votantes) emitidas por uma mesma sociedade atribuir direitos de voto desiguais.

É nosso firme entendimento que o princípio *one share, one vote* tem uma vocação aspiracional e recomendatória que não deve ser ignorada e que, pelo contrário, deve ser fomentada. Sob um ponto de vista de governo societário, numa análise binária e genérica, há boas razões para entender que é melhor que exista proporcionalidade entre interesse económico e direitos de voto do que não exista; que é melhor que exista mais proporcionalidade entre votos

---

[23] O sistema jurídico nacional teve, no que ao voto plural respeita, uma evolução bastante *sui generis* que lhe permitiu passar ao lado de décadas em que o instituto gozava de enorme popularidade na Europa continental e, em simultâneo, se prestava a significativos abusos. Não obstante, com a aprovação do CSC, acabou por ser influenciado pelos ventos proibicionistas que inspiraram muitos dos sistemas continentais a abolir o instituto. Descreveremos este percurso em maior detalhe.

[24] Não cabe antecipar conclusões. Diga-se, em todo o caso, que da mesma forma que merece o nosso aplauso a alteração da regra proibitiva, já nos merece as maiores reservas, primeiro, a limitação da permissão às sociedades cotadas e, segundo, algumas passagens do regime a que o voto plural ficou sujeito. Deixamos a nota apenas para que não se tresleia o que escrevemos.

e *cash flow rights* do que menos proporcionalidade[25]. Como verificaremos, a prossecução deste princípio é um fator que, na generalidade dos casos, convida a um melhor alinhamento de interesses dos acionistas com os interesses de médio e longo prazo da sociedade e, nessa medida, funciona como instrumento de melhor governo da sociedade; reduz os incentivos – ou pelo menos não cria novos incentivos – para a extração de benefícios privados de controlo pelos acionistas; não cria barreiras jurídicas à boa operacionalidade do *market for corporate control*; e, por tudo isto, é um bom princípio organizador do sistema de governo societário.

É, no entanto, também nosso entendimento que a vocação do princípio termina aí e que não se justifica, a partir da sua afirmação, como forma de garantir a sua operacionalidade, proibir o voto plural. O princípio assenta em pressupostos que não se verificam plenamente ou que não se verificam sempre, nomeadamente, desde logo, que os interesses dos acionistas são homogéneos ou, pelo menos, similares. Ora, nem os acionistas são iguais nem, menos ainda, os seus interesses são homogéneos ou similares. Diríamos mesmo que, muitas vezes, porventura a maior parte das vezes, bem pelo contrário, é a heterogeneidade de acionistas e de interesses que é caraterística da sociedade cotada; e ainda que os momentos em que estes interesses divergentes se parecem mais alinhar – por exemplo, nos casos de tentativa de aquisição do controlo por uma entidade terceira, de concorrência para aquisição do controlo ou em casos de propostas disruptivas de alteração de estatutos, cenários em que os acionistas se alinham em grupos com interesses confluentes em função do seu apoio ou oposição às propostas abertas – são a exceção e não a regra.

Veremos também que, se a afirmação da heterogeneidade dos acionistas já é verdadeira como regra geral, mais o é no mundo atual em que alguns investidores, com regras e estratégias próprias de cobertura de riscos que os afastam do modelo clássico do acionista que conduz a sua estratégia pela maximização do lucro da sociedade, vão ganhando importância relativa nas estruturas de capital das grandes sociedades anónimas[26]. Ao mesmo tempo

---

[25] Para que não haja dúvidas – a não proporcionalidade, assim como a menor proporcionalidade, também apresenta vantagens sob o ponto de vista de governo societário, desde logo porque induz uma diminuição do problema de agência em mercados com estruturas acionistas muito fragmentadas e aumenta a liquidez em mercados com a estrutura muito concentrada. Por isso fazemos a afirmação *numa análise binária*.

[26] Voltaremos, com bastante desenvolvimento, a este tema. Fica, por ora, apenas o registo de um evento contemporâneo com a escrita desta tese e que mostra bem o que queremos exprimir. Nassim

que confirmaremos que o princípio incorpora um leque tão grande de exceções – frequentemente instrumentalizadas pelo legislador a favor da posição, por vezes circunstancial, do Estado-acionista ou do Estado-regulador – que faz por vezes confundir o que é o princípio e o que é a exceção. Por fim, constataremos que o princípio *one share, one vote* permite tantas e tão variadas formas de desconstrução[27] económica que, na prática, pode facilmente ser virado do avesso; e pior: pode ser virado do avesso em áreas sem regulamentação e com limitados níveis de informação ao mercado.

Por tudo isto, teremos ocasião de verificar que o princípio *one share, one vote* não é, ao contrário do que se afirma habitualmente, um dos princípios estruturantes do direito societário moderno – até o pode ser na letra de algumas

Nicholas Taleb, o conhecido autor de obras como O Cisne Negro (Nassim Nicholas Taleb, *The black swan: The impact of the highly improbable* (Random House, 2007)), é fundador e/ou consultor de vários *hedge funds* – por exemplo, Empirica Capital LLC e outros fundos geridos pela Universa Investments – cuja lógica de investimento passa pela tomada de posições financeiras para cenários altamente improváveis. Com a crise gerada pela pandemia do corona vírus (covid-19) alguns destes fundos valorizaram em mais de 3.000% no período de um mês. Sucede que, ao contrário do que se poderia pensar, estes fundos não são normalmente participados por investidores que acreditam na probabilidade dos cenários (altamente improváveis) em que os fundos tomam posição, mas antes por investidores institucionais que fazem cobertura, parcial ou total, dos riscos inerentes a estes cenários. Ora, a aceitação de um cenário improvável por um investidor com estas caraterísticas, na tomada de decisões de investimento, não pode ser comparada à do acionista clássico. Da mesma forma que é diferente o acionista, tipicamente institucional, que cobre economicamente alguns dos seus riscos mantendo os votos. Ou até o acionista, tipicamente organismo de investimento coletivo, que tem uma política de investimento diversificada e que, por isso, procurando gerir um *portfolio* diversificado que crie *hedging* natural, pode até ter um retorno maior, pelo que ganha em outro investimento, se alguma sociedade participada tiver piores resultados. O problema está identificado há muito e, além dos problemas que gera em sede de governo societário, tem também relevantes implicações em sede de regulação da concorrência. Vd. por exemplo Dorothy S Lund, "The case against passive shareholder voting", *J. Corp. L.* 43 (2017), 496.

[27] Referimo-nos neste texto, por diversas vezes, à expressão *desconstrução (jurídica e económica) da regra de proporcionalidade.* Cabe ter presente que recorremos ao conceito de *desconstrução* de forma imprópria (desconstruir significa, em português, desfazer ou desmontar), e que está mais próxima da forma como o conceito é usado na crítica literária (e, a partir daí, na filosofia), ou seja, como estratégia de decomposição e reorganização. É a mesma forma como o conceito é usado em língua inglesa, em expressões como *equity deconstruction.* Por outro lado, as referências a desconstrução *económica* e *jurídica* visam apenas simplificar os conceitos para efeitos de apresentação. A desconstrução económica faz-se por recurso a instrumentos jurídicos de diferente natureza e todas as formas de desconstrução jurídica têm um impacto económico direto, nomeadamente na avaliação da participação. Outras referências, porventura mais expressivas, poderiam ter sido usadas como, por exemplo, desconstrução *externa* e *interna.* Entendemos, porém, que isso complicaria mais que simplificaria.

leis, mas, definitivamente, não o é na realidade económica dos mercados relevantes.

Daí o nosso entendimento de que a sustentação da proibição do voto plural, ainda que limitada às sociedades anónimas não cotadas, é sistematicamente incoerente. A proibição do voto plural convive com uma pluralidade de instrumentos jurídicos, cuja disponibilidade varia de jurisdição para jurisdição, que comprometem a regra de proporcionalidade e que, por vezes, são dotados de efeitos tão ou mais perniciosos que aqueles resultantes de um sistema de voto plural; habita um sistema jurídico sobre parametrização dos direitos de voto em que o espaço de liberdade deixado aos acionistas é bastante amplo; insere-se num ambiente em que diferentes acionistas suportaram custos diferentes para deter a sua posição e em que as próprias condições de emissão das ações pela sociedade são, com escassas limitações, muitas vezes profundamente diferentes, fazendo assim com que, perante a proibição de voto plural, não se permita ações com votos diferentes mas se admita, sem restrições, condições de acesso dos acionistas às ações que são totalmente diferentes; e, por fim, depende da pena de um legislador que, como tantos exemplos mostram, seja em Portugal seja em outras jurisdições, não hesita um segundo em alterar as regras do jogo do governo societário quando, com razões mais ou menos justificadas, tem um qualquer especial incentivo, mesmo de curto ou médio prazo e mesmo no seu interesse próprio, para o fazer.

Daqui decorre a afirmação segundo a qual esta regra de proibição é de eficácia duvidosa. Quando o agente económico tem à sua disposição tipologias próximas da sociedade anónima, que tratam o tema de forma tão diferente, como a sociedade em comandita por ações ou a sociedade por quotas, quando pode com tanta liberdade estabelecer ações especiais com privilégios de voto (ou outras fórmulas de desconstrução jurídica do princípio aceites, em concreto, pelo sistema jurídico), quando a inovação financeira nos disponibilizou, e a prática moderna vulgarizou, técnicas de *decoupling* de risco quase sem limitação e com custos viáveis, cabe perguntar qual o sentido real de uma proibição como esta. Na verdade, mais que ser de eficácia duvidosa, a regra de proibição é de eficácia perversa. Quando o sistema proíbe, renuncia a regular os vários e sérios problemas que o voto plural encerra; ignora-os. Quando deixa tantas janelas abertas para por aí entrar o que se queria deixar de fora da porta fechada, permite que o mesmo efeito económico seja criado num espaço selvagem.

E revela por fim uma desvantagem competitiva do regime nacional que pedia para ser corrigida, não apenas porque os espaços de liberdade ocupados em resultado da proibição do voto plural são eminentemente não regulados – e, repete-se, mais valia regular esses espaços de forma adequada e equilibrada –, mas também porque o mercado de capitais português é, já de si, estruturalmente débil, não sendo necessárias desvantagens adicionais face a alternativas de cotação que estão hoje à fácil disposição de qualquer sociedade que pretenda ver as suas ações admitidas à negociação num mercado regulado[28]. Vários mercados bastante mais ativos e profundos que o nosso – Itália ou Hong Kong, por exemplo – dão testemunho sobre como uma matéria destas pode efetivamente gerar uma desvantagem competitiva real[29].

---

[28] Num recente relatório da OCDE sobre a falta de competitividade do mercado nacional, redigido na sequência de um pedido de apoio da CMVM à Direção-Geral do Apoio às Reformas Estruturais, aponta-se a inexistência de ações com voto plural como uma das razões para a grande concentração acionista que se revela nas sociedades cotadas em Portugal. O relatório, a que nos passaremos a referir como o *OECD Capital Market Review of Portugal 2020*, está disponível em http://www.oecd.org/corporate/ca/OECD-Capital-Market-Review-Portugal-2020.pdf. É incontestável o efeito que este relatório, pelo menos como catalisador, teve na consagração da regra do CVM que passou a permitir o voto plural para as sociedades cotadas, como descreveremos. A eliminação da regra de proibição de voto plural para as sociedades cotadas reduz o *gap* regulatório. Mas não o anula.

[29] Os casos que estão na base da afirmação são, obviamente, os IPO da Fiat-Chrysler e da Alibaba (as duas ofertas ocorreram em 2014, com deslocalização daquelas que seriam as bolsas de valores "naturais", respetivamente Milão e Hong Kong, e com admissão à negociação na NYSE). Voltaremos a estes dois casos em maior detalhe. Podiam ser dados mais exemplos, como é o caso das sociedades "brasileiras" que se incorporaram em jurisdições de voto plural, como as Bermudas, e que depois são cotadas no Brasil através de *Brazilian Depositary Receipts* (vd. Gabriela M Engler Pinto, "Why they persist? An analysis of dual class structures and the unification process in the US and Brazil", *Revista Direito GV* 10 (2014), 26-27). Claro que se corre o risco de "tomar a nuvem por Juno", explicando opções que são tomadas por uma multiplicidade de fatores em função de uma específica razão de falta de competitividade regulatória. Veja-se a admissão à cotação da brasileira XP Investimentos na NYSE, e o debate causado no mercado brasileiro (Modesto Carvalhosa, "Voto plural: evolução ou retrocesso", 703-704). Existe múltipla literatura que estabelece a relação positiva entre a existência de mercados financeiros desenvolvidos (nomeadamente no que respeita à sua profundidade) e os índices de crescimento económico de um país. Vd. por todos Ross Levine e Sara Zervos, "Stock markets, banks, and economic growth", *AER* (1998); Robert G King e Ross Levine, "Finance and growth: Schumpeter might be right", *The QJE* 108, no. 3 (1993). A existência de mercados de capitais desenvolvidos resulta de um conjunto variado de fatores entre os quais, sem dúvida, se conta (sem querer entrar na questão da sua importância relativa) o sistema jurídico, em diversas variantes – na sua eficiência, na sua competitividade (nomeadamente ao nível fiscal, mas também no que respeita às regras de governo ou à liberdade oferecida aos promotores para estruturarem juridicamente a empresa da forma que assumam mais adequada), na proteção dada aos acionistas não controladores, etc. As reformas de sistema jurídico implicam sempre resistências, sobretudo daqueles que vivem dentro do sistema e não sentem a necessidade de reforma – é aquilo a que se chama *problema de Olson*, em homenagem ao economista que o descreveu já há algumas décadas (Mancur Olson, *The rise and decline of nations: Economic growth, stagflation, and social rigidities* (Yale

III. A permissão de emissão de ações com voto plural para sociedades cotadas[30], que acaba de ser prevista no âmbito da revisão do CVM, criando uma regra especial face ao que está disposto no CSC desde a sua versão original, surge no nosso sistema de forma algo surpreendente, não sendo fácil identificar o caminho que conduziu ao normativo e, sobretudo, à forma como o mesmo se encontra desenhado[31].

Apesar dos graves problemas sistémicos do mercado de capitais e da frágil capitalização do tecido empresarial nacional, o tema do voto plural mereceu nas últimas décadas, entre nós, pouca atenção por parte dos agentes do mercado, o que – apesar de ser inegável que o consenso sobre o diagnóstico

University Press, 2008 (primeira edição de 1982)). Não se exclui, obviamente, que a concorrência regulatória possa ter um efeito de *race to the bottom* (o problema da concorrência regulatória é sobretudo discutido a propósito do problema da *freedom of incorporation* e contrapõe aqueles que daí percebem um efeito de *race to the bottom* e aqueles que daí percebem um efeito de *race to the top;* o problema é vasto e não cabe ser agora desenvolvido, mas veja-se quanto ao primeiro grupo William L Cary, "Federalism and corporate law: reflections upon Delaware", *Yale LJ* 83, no. 4 (1974) e quanto ao segundo Ralph K Winter Jr, "State law, shareholder protection, and the theory of the corporation", *The Journal of Legal Studies* 6, no. 2 (1977)) e por isso, entendendo que este argumento é relevante, retiramos-lhe alguma materialidade. Sobre a relação entre regimes regulatórios e em particular sobre concorrência regulatória, vd. Ronald J Gilson, Henry Hansmann et al., "Regulatory dualism as a development strategy: corporate reform in Brazil, the United States, and the European Union", *Stanford Law Journal* 63 (2010); Alessio M Pacces, "Changing Perspectives on Corporate Law and Economics: An Introduction", in *Changing Perspectives on Corporate Law and Economics* (Elgar, 2010), 2-9; William J Carney, George B Shepherd et al., "Delaware corporate law: Failing law, failing markets", *The Law and Economics of Corporate Governance: Changing Perspectives* (2010); Roberta Romano, "Empowering investors: a market approach to securities regulation", *Yale LJ* 107, no. 8 (1998); entre nós, Madalena Perestrelo de Oliveira, *Tutela do investidor perante o emitente no mercado de capitais: um modelo dinâmico de proteção* (Almedina, 2021), 42-44.

[30] Em rigor, nos termos dos n.os 1 e 2 do art. 21-D do CVM a permissão de emissão de ações com voto plural aplica-se, primeiro, a sociedades emitentes de ações admitidas à negociação em mercado regulamentado ou em sistema de negociação multilateral e, segundo, a sociedades que condicionem a emissão ou a conversão em ações com aquele direito especial à admissão à negociação em mercado regulamentado ou em sistema de negociação multilateral das respetivas ações ordinárias. Referimo-nos no texto a sociedades cotadas apenas por facilidade de referência.

[31] Sabe-se que o primeiro anteprojeto de revisão do CVM proposto pela CMVM, enviado ao Governo em finais de 2019, não continha qualquer regra sobre voto plural. Foi já em 2020 que a CMVM solicitou ao Prof. José Ferreira Gomes que, num curto espaço de tempo, analisasse a proposta apresentada pela AEM e pelo relatório da OCDE, a que nos referimos adiante, de flexibilização das estruturas de voto. Na sequência dessa solicitação, foi preparada uma proposta de alteração do CSC e do CVM, com a revogação da proibição do voto plural. Esta proposta, no entanto, não foi atendida e a regra promovida pela CMVM, e que veio finalmente a ser aprovada, dela se afasta significativamente. Para desenvolvimentos, vd. José Ferreira Gomes, "Voto plural nas sociedades por quotas e anónimas: reflexões de política legislativa", *Revista de Direito Comercial* (2022), em especial 286-287.

desses problemas é inversamente proporcional ao consenso sobre a sua cura – é de difícil explicação. De facto, para além de alguns, importantes e interessantes, contributos da doutrina comercialista mais recente, que abordaremos com detalhe, o único movimento conhecido no sentido da alteração da regra proibitiva de voto plural foi dado pela AEM – Associação de Empresas Emitentes de Valores Cotados em Mercado há cerca de cinco anos, quando esta apresentou em diversos *fora*, em particular junto da CMVM, do Governo, do Fórum CMVM/PME e da Missão para a Capitalização das Empresas, uma proposta de regulamentação do voto plural[32].

A proposta passava, no essencial, pelos seguintes pontos: admissibilidade de consagração estatutária de uma categoria especial de ações com voto plural (com até 3 votos por ação); admissibilidade de consagração, para as ações admitidas à negociação em mercado regulamentado (ou sob condição dessa admissão), de uma majoração do voto (até 2 votos) para ações detidas há mais de dois anos de forma ininterrupta pelo seu titular – aquilo a que se chama habitualmente *ações de lealdade*[33]; a consagração de uma categoria especial de ações com voto plural, nas sociedades com títulos admitidos à negociação em mercado regulamentado, ficava dependente de deliberação aprovada em assembleia geral por uma maioria de três quartos dos votos emitidos e apenas podia ocorrer no caso de a sociedade designar um ou mais acionistas (ou uma terceira parte), que se disponibilizassem a adquirir as ações detidas por aqueles que votassem contra a alteração do contrato social[34]; a alteração

[32] O enquadramento da proposta e a sua fundamentação estão descritos em maior detalhe em Abel Sequeira Ferreira, José Pedro Fazenda Martins et al., "Breve nótula sobre duas propostas da AEM em matéria de voto dos acionistas", in *Acionistas e Governação das Sociedades* (Almedina, 2019), 171-191. O resumo que se faz da proposta da AEM não pretende ser exaustivo e parte dessa descrição da proposta.

[33] A expressão *ações de lealdade* é enganadora porque parece significar que estas ações são diferentes das demais e representam uma categoria especial; na verdade não é assim, já que *ações de lealdade* são, teoricamente, todas, porque todas, nos mesmos termos e condições, permitem a majoração do voto. Por essa razão, há quem prefira usar expressões como *time-phased voting stock* ou *tenure voting stock*, deslocando o centro explicativo para a forma como o voto é organizado e não o colocando nas caraterísticas (aparentemente genéticas) das ações. Apesar de a crítica ser válida, não deixaremos de usar a expressão *ações de lealdade*, que já é bastante comum.

[34] A solução proposta tem semelhanças claras com o agora revogado regime de perda da qualidade de sociedade aberta na sequência de deliberação da assembleia. Recorde-se que, nos termos do n.º 1 do art. 28º do CVM, a perda da qualidade de sociedade aberta podia ocorrer, primeiro, por concentração nas mãos de um acionista, em consequência de OPA, de mais de 90% dos direitos de voto (calculados nos termos do n.º 1 do artigo 20º do mesmo Código), segundo, por deliberação em assembleia geral da sociedade por uma maioria não inferior a 90% do capital social e, terceiro, quando

estatutária para previsão das ações de lealdade, relativamente a sociedade que já tenha ações admitidas em mercado regulamentado, ficava sujeita ao mesmo *quorum* deliberativo; se, por via da majoração de votos das ações de lealdade, o titular das ações ultrapassasse qualquer dos limiares relevantes para o efeito da obrigatoriedade de lançamento de OPA, o referido titular poderia optar por renunciar aos direitos de voto majorados.

Não há muita visibilidade sobre o destino desta proposta, sendo indesmentível, porém, que a mesma se afasta em vários traços essenciais da solução que acabou por constar do novo art. 21º-D do CVM.

Sabe-se também que, já em 2020, no âmbito da consulta sobre o anteprojeto de proposta de Lei de revisão do Código dos Valores Mobiliários, a AEM reiterou a sua defesa da admissibilidade de voto plural nas sociedades anónimas. Nesse momento, a AEM emitiu também o que então parecia ser uma posição subsidiária: que, aproveitando a oportunidade de revisão do CVM, o tema fosse pelo menos tratado no universo mais restrito das sociedades emitentes de ações admitidas à negociação em mercado regulamentado, sendo ponderado o alargamento às demais sociedades anónimas num momento ulterior[35].

---

tivesse decorrido um ano sobre a exclusão da negociação das ações em mercado regulamentado, fundada na falta de dispersão pelo público. No caso de a perda de qualidade de sociedade aberta resultar de deliberação da assembleia geral, dispunha o n.º 3 do art. 28º do CVM que a sociedade devia indicar um acionista que se obrigue a "adquirir, no prazo de três meses após o deferimento pela CMVM, os valores mobiliários pertencentes, nesta data, às pessoas que não tenham votado favoravelmente alguma das deliberações em assembleia". O regime que hoje pode ser considerado paralelo é o da exclusão voluntária de negociação, previsto no art. 251º-F do CVM. Vd. Manuel A Carneiro da Frada e Diogo Costa Gonçalves, "Perda da qualidade de sociedade aberta (delisting de ações) e tutela dos acionistas minoritários", *RDS* (2015), 53-83; Paulo Olavo Cunha, "A dissolução (voluntária): via (alternativa) para a perda da qualidade de "aberta" da sociedade anónima", in *20 Anos do Código dos Valores Mobiliários* (Almedina, 2021), 201-216; Hugo Luz dos Santos, "A perda da qualidade de sociedade aberta (delisting de participações sociais): a tutela dos sócios minoritários, o direito de propriedade, e o dever de lealdade dos administradores das sociedades comerciais (com uma breve paragem em Macau e em Hong Kong)", *RDS* (2016), 893-929.

[35] Este documento da AEM não está disponível no *site* – https://emitentes.pt/publicacoes-aem/ – e foi-nos facultado pela própria Associação. Trata-se de um documento de 12 de outubro de 2020 com a referência "Consulta informal do Ministério das Finanças sobre o Anteprojecto de Proposta de Lei que procede, entre outros, à revisão do Código dos Valores Mobiliários". Neste documento a AEM escreve – "atendendo ao panorama legislativo actual, em que estas figuras ainda não têm consagração legal, clara e expressa, em Portugal, propomos que se aproveite a oportunidade de revisão do CVM para tratar estes temas, tomando agora como paradigma as sociedades emitentes de acções admitidas à negociação em mercado regulamentado e ponderando mais tarde o alargamento do regime às sociedades anónimas em geral".

Há a referir a inegável influência na solução adotada que resultou do *OECD Capital Market Review of Portugal 2020*. Logo na primeira recomendação do documento ("promoção do acesso a fundos próprios através do mercado acionista") escreve-se: "o Governo também pode considerar quaisquer alterações ao Código das Sociedades que possam facilitar a cotação, incluindo a flexibilidade no que diz respeito às estruturas de voto para dar resposta às preocupações generalizadas dos proprietários e empreendedores portugueses no tocante à perda do controlo das suas empresas, como as ações de fidelidade"[36].

IV. O anteprojeto de Lei de Revisão do CVM fez um longo caminho de corredores ministeriais[37], até que foi aprovado em reunião do Conselho de Ministros de 13 de maio de 2021, logo enviado para a Assembleia da República como Proposta de Lei n.º 94/XIV/2ª e, finalmente, aprovado como Lei n.º 99-A/2021, de 31 de dezembro[38].

O documento, assim como a sua tramitação na Assembleia, confirma que recebeu uma explícita influência das conclusões do *OECD Capital Market Review of Portugal 2020* no que à consagração de uma regra de voto plural respeita, podendo por isso ser afirmado que, na aprovação da regra,

[36] A recomendação é desenvolvida em várias passagens do Relatório, em particular nestas duas – "*the government may also consider any changes in the Companies Code that may facilitate listing, including providing flexibility with respect to voting structures to address widespread concerns among Portuguese owners and entrepreneurs with respect to losing control of their companies, such as loyalty shares*" (p. 23); "*the high concentration in equity capital ownership may be linked to the limited availability of control enhancing mechanisms, such as multiple voting shares. In Portugal, for example, multiple voting shares is not allowed for listed companies*" (p. 108).

[37] A revisão do Código foi formalmente anunciada, como processo em curso, pela então Presidente do Conselho de Administração da CMVM, Gabriela Figueiredo Dias, em maio de 2019, por ocasião das comemorações dos 20 anos da aprovação do Código dos Valores Mobiliários. https://www.cmvm.pt/pt/Comunicados/Intervencoes-publicas/Pages/20190531a.aspx. Não sendo uma reprodução desse discurso, mas reiterando os pontos essenciais da mensagem então transmitida, vd. Gabriela Figueiredo Dias, *Prefácio a "20 anos do Código dos Valores Mobiliários"* (CMVM/Almedina, 2021), 5-13. No relatório da OCDE sobre a falta de competitividade do mercado nacional reitera-se a necessidade de revisão do Código.

[38] A Lei n.º 99-A/2021, de 31 de dezembro, não se limita a rever o CVM. Na verdade, para além desse documento, revê também o Código do Registo Comercial, o CIRE, o RGIC, o DL n.º 222/99, de 22 de junho, o DL n.º 40/2014, de 18 de março, os estatutos da CMVM, o Regime Geral dos OIC, o Estatuto da Ordem dos Revisores Oficiais de Contas, a Lei n.º 148/2015, de 9 de setembro, o RJSA e a Lei n.º 83/2017, de 18 de agosto. Não deixa de causar estranheza que, face ao alcance da revisão, o CSC tenha ficado intocado.

está presente, antes de mais, porventura determinantemente, uma razão pragmática de fomento da competitividade do mercado de capitais nacionais[39]. Primeiro, a Exposição de Motivos está alinhada com as conclusões do Relatório quando se escreve: "para melhorar a atratividade e competitividade do nosso mercado, prevê-se a possibilidade de emissão de ações com direito ao voto plural. Esta possibilidade constitui um instrumento adicional de promoção da dispersão do capital em mercado, à disposição das sociedades que já estão em mercado, mas também daquelas que pretendem ser admitidas pela primeira vez". Segundo, o mesmo acontece com o Parecer (na generalidade) da Comissão de Orçamento e Finanças: "cumpre ainda referir que a exposição de motivos da iniciativa é consistente com o diagnóstico sobre o mercado de capitais que é apresentado no relatório da OCDE – Capital market review of Portugal 2020: mobilising Portuguese capital markets for investment and growth – (...), assinalando a elevada dependência dos empréstimos bancários, o número decrescente de empresas cotadas, a ausência de novas cotações e a diminuta presença de investidores institucionais. Neste relatório são apresentadas várias recomendações das quais se destacam as seguintes: (...). As alterações previstas nesta proposta de lei, parecem ir ao encontro daquelas recomendações, destacando-se, na exposição de motivos, as seguintes (...) relativas ao CVM: (...) emissão de ações com direito ao voto plural".

O Projeto foi votado na generalidade no dia 9 de julho, sendo aprovado por maioria com os votos favoráveis dos Deputados eleitos pelo Partido Socialista e pelo Deputado da Iniciativa Liberal. No dia 12 de novembro de 2021, já depois da não aprovação do Orçamento do Estado de 2022 e do anúncio da dissolução da Assembleia da República, o diploma foi aprovado em votação final global, tendo de novo recebido os votos favoráveis dos Deputados eleitos pelo Partido Socialista, com as abstenções dos Deputados do PSD[40], CDS-PP,

[39] Cremos ser conclusão incontestável. Além das várias pistas retiradas da tramitação do diploma, isso mesmo era já antecipado em artigo de opinião da presidente da CMVM publicado em meados de 2020: "Sem querer antecipar a reflexão que, a seu tempo, as recomendações da OCDE merecerão, existem medidas e políticas públicas a requerer ponderação. Por exemplo, importa avaliar, no curto prazo, ajustamentos ao regime das ações preferenciais remíveis, de uso residual entre nós, ou a criação de ações com voto duplo, que permitam a entrada no capital de acionistas-financiadores com voto simples, reservando aos acionistas de longo prazo direitos de voto reforçados. Tal ajudaria a resolver o dilema da perda de controlo, ao mesmo tempo incentivando o investimento de longo prazo" (https://www.cmvm.pt/pt/Comunicados/Intervencoes-publicas/Pages/20200608p.aspx?v=).

[40] O voto contra do PSD foi acompanhado de uma declaração de voto enviada à Mesa, a qual, no entanto, ignora o tema do voto plural. O seu texto é o seguinte: "Com vista ao aumento da

PAN, CH, IL (aqui há uma alteração do sentido de voto) e da Deputada não inscrita Cristina Rodrigues, e com os votos contra dos Deputados do BE, PCP, PEV e da Deputada não inscrita Joacine Katar Moreira. Nada resultou dos debates ou da documentação da tramitação de aprovação disponível que nos possa auxiliar na tarefa de identificação da origem da regra plasmada no novo art. 21º-D do CVM[41].

competitividade e ao desenvolvimento do mercado de capitais português, promovendo a simplificação, a redução de encargos e das barreiras regulatórias e de previsibilidade na atuação do supervisor, objetivos com os quais o PSD se revê, o Governo apresentou a Proposta de Lei n.º 94/XIV/2.ª, que procede à revisão do Código dos Valores Mobiliários. Considerando: i) que as audições em sede de especialidade, nas quais foram efetuados importantes alertas, ocorreram até 12 de outubro; ii) que, no seguimento da não aprovação do Orçamento do Estado de 2022 a 27 de outubro, a 4 de novembro foi anunciada a dissolução da Assembleia da República; iii) e pese embora a pertinência da célere entrada em vigor das novas regras, não se pode deixar de registar que, oportunamente, o PSD defendeu que, perante a importância, abrangência, complexidade e implicações subjacentes às alterações introduzidas pela referida proposta em diversos códigos, estatutos e regimes, seria prudente que um processo legislativo desta natureza não tivesse uma conclusão precipitada. De notar que a proposta revê o Código dos Valores Mobiliários e os Estatutos da Comissão de Mercados e Valores Mobiliários, propondo também alterações ao Regime Jurídico da Supervisão de Auditoria, ao Regime Geral dos Organismos de Investimento Coletivo, ao Estatuto da Ordem dos Revisores Oficiais de Contas, ao Código da Insolvência e da Recuperação de Empresas e ao Código da Sociedades Comerciais. Diferentes partidos entenderam, no entanto, apesar dos nossos alertas e reservas, que o processo legislativo deveria prosseguir na especialidade. Nesse sentido, o PSD apresentou algumas propostas de alteração, com o propósito de salvaguardar/reforçar garantias dos investidores ou das contrapartes nos sistemas de intermediação, que eram fortemente penalizados com a proposta de lei do Governo. Com o contributo determinante do PSD não avançou a proposta do Governo que visava reduzir o volume de receitas dos mecanismos de indemnização dos investidores para favorecer as receitas próprias da CMVM ou que limitava a responsabilidade civil das entidades responsáveis, a par do BCE, pela gestão de plataformas de liquidação de operações. Notamos como fragilidades adicionais deste processo o facto de se estar a alterar o Código da Insolvência e da Recuperação de Empresas (CIRE), quando decorre um outro processo legislativo noutra comissão parlamentar que visa também alterar o CIRE. E, ainda, o facto de a solução da proposta de lei do Governo ter assentado numa opção legislativa de remissão, em vários momentos, para legislação europeia, ao invés de ser optado por densificação nacional em sede de lei, facto que pode dificultar a aplicação do Código agora alterado". Vd. Diário da Assembleia da República, I série, n.º 23, 2021.11.13 (38-39).

[41] Durante o debate na generalidade, apenas a intervenção do Secretário de Estado das Finanças se referiu (incidentalmente) ao voto plural, dizendo que a reforma "permite aos acionistas abrirem o capital sem perderem o controlo da empresa". Nenhuma das interpelações tocou no tema. De entre os muitos pareceres pedidos pela Comissão de Orçamento e Finanças, pronunciam-se sobre o tema do voto plural: a Euronext refere-se ao voto plural como "instrumentos de dinamização do mercado de capitais"; e o Parecer da Associação Portuguesa de Bancos menciona que "a previsão de ações com voto plural e da figura do certificado de legitimação deverá ser complementada com regras relativas ao *quorum* constitutivo e deliberativo da assembleia geral, à emissão de ações com

O conteúdo da regra que foi aprovada, no entanto, afasta-se significativamente daquilo que havia sido a proposta da AEM e, por estranho que pareça, afasta-se das próprias recomendações da OCDE (que, como salientámos, expressamente reconhece como inspiradoras e que consideramos, por isso mesmo, serem mais catalisadoras que inspiradoras). Sem prejuízo de uma análise mais fina, que realizaremos, salienta-se desde já: primeiro, nos termos dos números 1 e 2 do art. 21º-D, a possibilidade de emissão de ações com voto plural não é consagrada como uma solução geral, mas como uma regra especial que fica restrita às sociedades emitentes de ações admitidas à negociação em mercado regulamentado ou em sistema de negociação multilateral[42], e ainda a sociedades que condicionem a emissão ou a conversão em ações com aquele direito especial a essa admissão[43]; segundo, a regra do art. 21º-D consagra uma solução de voto plural *stricto sensu*, não abrindo, pelo menos na sua letra, a porta à adoção de soluções de majoração de voto[44]; terceiro, estas

direito ao voto plural e à conversão deste tipo de ações, e à transmissão da informação relevante para transferência de ações entre intermediários financeiros". Em nenhum dos demais Pareceres disponíveis no site da Assembleia da República se refere o tema da consagração de uma solução de voto plural para as sociedades cotadas, o que não deixa de ser surpreendente. A alteração da regra de voto plural não foi, de igual modo, tema da audição da Presidente do Conselho de Administração da CMVM (28 de setembro de 2021).

[42] Nos termos do n.º 1 do art. 200º do CVM "são sistemas de negociação multilateral os sistemas que têm essa qualidade e possibilitam o encontro de interesses relativos a instrumentos financeiros no sistema e de acordo com regras não discricionárias com vista à celebração de contratos sobre tais instrumentos, bem como os sistemas internos de encontro de ordens previstos na legislação da União Europeia". No caso português, o único sistema de negociação multilateral é o Euronext Access, gerido pela Euronext Lisbon, e que tem dois segmentos: (a) o Segmento Padrão e (b) o Euronext Access +. https://www.euronext.com/pt/regulamento/sistemas-de-negociacao-multilateral-geridos-pela-euronext.

[43] Recorde-se que a proposta da AEM não era restrita às sociedades cotadas, sendo que apenas no âmbito da consulta sobre o anteprojeto de proposta de Lei de Revisão do CVM, tal possibilidade foi admitida. Já o *OECD Capital Market Review of Portugal 2020*, apesar de estar funcionalmente dirigido à temática da revitalização do mercado de capitais nacionais, deixa claro em várias passagens que a abertura que propõe para a consagração de uma solução de voto plural passaria pela alteração da proibição da regra do CSC – veja-se, por exemplo, o que se escreve na página 15. O Relatório da OCDE, por outro lado, vai bem mais longe no seu alcance, visando objetivos mais gerais de modernização, simplificação e flexibilização.

[44] A proposta da AEM, recorde-se, pretendia consagrar a possibilidade de emissão de ações de categoria especial de ações com voto plural (até 3 votos por ação) e, para ações admitidas à negociação em mercado regulamentado (ou sob condição dessa admissão), pretendia consagrar a possibilidade de majoração do voto (até 2 votos) para ações detidas há mais de dois anos de forma ininterrupta pelo seu titular. Já o OECD *Capital Market Review of Portugal 2020*, apesar de tratar o tema de modo geral sob a motivação de flexibilização das regras sobre voto, não deixa de se referir expressamente

diferenças repercutem-se em várias matérias de conteúdo, como o limite de votos atribuíveis a cada ação, as regras de emissão e conversão e a solução consagrada no n.º 5 da nova regra segundo a qual o voto plural não pode ser exercido nas deliberações relativas a exclusão voluntária de negociação.

V. Com a aprovação da Lei de revisão do CVM, o nosso sistema jurídico passou a contar com duas regras de sentido absolutamente oposto no que à admissibilidade do voto plural respeita. Nos termos do n.º 5 do art. 384º do CSC, é proibido o estabelecimento de voto plural para a generalidade das sociedades anónimas. Nos termos do art. 21º-D do CVM, é permitido, em sociedades emitentes de ações admitidas à negociação em mercado regulamentado ou em sistema de negociação multilateral, e ainda naquelas que condicionem a emissão ou a conversão em ações com aquele direito especial a essa admissão, o estabelecimento de ações com voto plural, até ao limite de cinco votos por cada ação.

A primeira regra corresponde a uma formulação geral e a segunda a uma regra especial[45], pelo que a contradição, sob um ponto de vista sistemático, é apenas aparente. Claro que esta colocação formal do problema não explica, em si mesma, a diferença de tratamento do tema em função da existência, ou não existência, de cotação das ações; claro que menos explica que a proibição seja tão radical e definitiva no que tange à regra geral e, na regra especial, tratando-se de ações de categoria especial com voto plural (mas já não outras alternativas de formulação de voto plural como "ações de lealdade"), o sistema seja tão aberto e flexível. É esta dupla face da regulação do tema que gera interrogações de ordem diversa e que teremos ocasião de abordar nas suas componentes essenciais.

à possibilidade de emissão de ações de lealdade – "*the government may also consider any changes in the Companies Code that may facilitate listing, including providing flexibility with respect to voting structures to address widespread concerns among Portuguese owners and entrepreneurs with respect to losing control of their companies, such as loyalty shares*".

[45] A regra do CVM é especial face à regra do CSC porque consagra uma disciplina diferente para um círculo mais restrito de entidades permitindo, para as sociedades cotadas, o estabelecimento de ações de categoria especial com voto plural. Como é óbvio, não é da constatação que o conflito de normas está formalmente resolvido pelo sistema que podemos retirar que, argumentativamente, essa relação de especialidade se justifica. Vd. J Baptista Machado, *Introdução ao direito e ao discurso legitimador* (Almedina, 1989), 94-95; António Cortês, "Para uma metodologia jurídica integral", *Direito e Justiça* (2013), 45-46.

VI. Acreditamos que a adoção de um sistema de voto plural deve corresponder, antes de mais, a um espaço de liberdade dos acionistas, ocupado dentro de uma regulamentação que, com ponderação e equilíbrio, imponha os seus limites[46]. Nada obriga as sociedades comerciais a serem, até este ponto, "igualitárias", desde que respeitem as regras imperativas. Trata-se, para que dúvidas não existam, de um tema de política legislativa, já que parece difícil aceitar que existem razões que transformem uma das soluções – a da proporcionalidade perfeita ou a da liberdade irrestrita – num regime inevitável ou incontornável. Mas, ao mesmo tempo, não podemos tratar da mesma forma todos os casos de voto plural. Teremos ocasião de verificar que devem merecer tratamento diferente casos *extremos* em que os fundadores retêm o controlo da sociedade com participações inferiores a 10% e mesmo a 5% e casos em que as ações privilegiadas têm o dobro do voto das ações ordinárias; casos em que o privilégio do voto se extingue ao fim de algum tempo e casos em que o privilégio se mantém perpétuo.

Se é inegável que a discussão sobre este tema é global – convivem regimes como o alemão, que proíbe a adoção de sistemas de voto plural, com regimes historicamente muito liberais, como o norte-americano, e com outros intermédios como o nacional ou aquele que foi recentemente adotado em Hong Kong por pressão das circunstâncias vividas com alguns emitentes que se *deslocalizaram* para outras praças financeiras com um enquadramento mais liberal – são as circunstâncias concretas que ditam as vantagens e desvantagens de adoção de um regime deste tipo.

A partir deste ponto de vista, Portugal é um caso exemplar. A regulação do voto plural toca em pontos essenciais de regulamentação da sociedade

[46] Não se entra no debate mais geral sobre a legitimidade do sistema jus-societário em impor limites à liberdade contratual e, sobretudo, sobre o papel da legislação societária perante a vontade dos acionistas. Trata-se de debate que ocupa sobretudo o espaço norte-americano e que não é transponível, sem mais, para o espaço europeu. Vd., por exemplo, Frank H Easterbrook e Daniel R Fischel, "The corporate contract", *Columbia L.R* 89 (1989); Lucian Arye Bebchuk, "Limiting contractual freedom in corporate law: The desirable constraints on charter amendments", *Harvard Law Review* (1989). O tema é, numa formulação de princípio, pacífico entre nós, sendo geralmente aceite que o sistema jurídico impõe um enquadramento normativo dentro do qual, com maior ou menor liberdade (em função, sobretudo do interesse público, incluindo a segurança jurídica, e das externalidades da matéria regulada), os acionistas podem fazer as suas opções, muito embora se possam questionar – é o que ocorre em relação ao tema do voto plural, mas poderíamos somar vários outros exemplos tal como, por exemplo, o da estrutura orgânica da sociedade – as fronteiras entre o espaço de liberdade e o espaço de tipicidade. Por todos, vd. Paulo Olavo Cunha, *Direito das sociedades comerciais* (Almedina, 2019), 60 e ss.

anónima e, por isso, nunca pode ser vista como se de um problema isolado se tratasse. Em particular, sendo uma jurisdição com alta apropriação de vantagens privadas de controlo – voltaremos a este ponto com desenvolvimento –, com menor proteção dos acionistas minoritários e com um mercado pouco sofisticado e de limitada liquidez, não custa afirmar que a abertura de capital de uma sociedade com ações com voto plural terá um custo sistémico maior que em outras jurisdições com menor apropriação de vantagens de controlo, maior proteção dos minoritários e com mercados mais sofisticados, profundos líquidos. Mas ainda assim, cremos, cabe aos acionistas da sociedade tomarem essa decisão e assumirem o seu custo. E cabe ao sistema jurídico permitir que o façam com o equilíbrio de interesses conveniente.

VII. Esta tese nasce de vários momentos, dos quais destacaria dois.

O primeiro momento é o da assembleia geral (eletiva) do Millennium BCP de 15 de janeiro de 2008, a que compareci em representação de um acionista, e passa por um episódio que não resisto a relatar. Recordo que a reunião ocorreu na sequência de um período de grande turbulência que se viveu no Banco – em janeiro de 2005, surpreendentemente, Jorge Jardim Gonçalves afastou-se para o conselho geral e de supervisão do BCP e foi substituído no cargo de presidente da comissão executiva por Paulo Teixeira Pinto, até então secretário do conselho; pouco mais de dois anos depois, com um conselho de administração dividido, Teixeira Pinto afastou-se e foi substituído por um administrador com quem não estava alinhado, Filipe Pinhal; este, que já havia antes sido putativo candidato à sucessão de Jardim Gonçalves, ter-se-á afastado do Banco (por pressão do Banco de Portugal), não fazendo parte das listas para os órgãos sociais nessa reunião em janeiro de 2008; tudo fazendo com que, naquela assembleia, fossem apresentadas duas listas para o conselho de administração, uma liderada por Carlos Santos Ferreira e outra por Miguel Cadilhe.

Foi uma assembleia longa e vivamente participada, como, então, eram as assembleias do BCP. Uma guerra entre fações acionistas, com alguns blocos a consolidarem as suas posições, tinha feito com que, em junho de 2007, a cotação chegasse vertiginosamente aos € 4,3, perdendo sistematicamente valor depois dessa data. Ora, apesar dessas consolidações de posição e das alterações que induziam no equilíbrio de poderes, rapidamente se percebeu, pelas intervenções dos acionistas, que a maior parte dos presentes apoiava a lista liderada por Miguel Cadilhe; mas também se discerniu logo que os maiores acionistas, poucos, mas com participações significativas, apoiavam a lista encabeçada por Santos Ferreira. Depois de uma longa e árdua discussão, que passou pela própria forma de organizar a votação (secreta ou pública), os votos foram contados e, sem grande surpresa, a lista liderada por Santos Ferreira recolheu 97,7% dos votos emitidos, deixando para a lista de Miguel Cadilhe apenas 2,1%.

Nesta altura, um pequeno acionista que estava sentado ao meu lado e que tinha participado ativamente no debate, levantou-se, furioso, e terá dito algo como «é sempre assim; vimos aqui, discutimos e discutimos, mas no final quem tem mais ações acaba sempre por ganhar». E, sem dizer mais, saiu da sala a passo apressado e zangado.

Conto por vezes esta história nas minhas aulas – que tem a graça da *naïveté* pitoresca de um pequeno acionista que só face à contrariedade do resultado aceita e entende como o poder se distribui na sociedade anónima – para explicar a partir daí as regras de votação para a eleição do conselho de administração (que fui aprendendo serem menos intuitivas que parecem) e a fórmula, aparentemente banal, que nos diz que se um acionista investe mais, arrisca mais, tem mais votos, e se investe menos, arrisca menos, tem menos votos. Tudo isto levando à ululantemente óbvia conclusão que nos diz que se os acionistas que investiram mais, e que por isso são detentores de maior participação de capital, forem capazes de assegurar a maioria dos votos na assembleia eletiva, dominarão a deliberação de designação dos membros do conselho de administração e, assim, num efeito *winner takes it all*, elegerão todo, ou quase todo, o conselho de administração[47].

Mas lembro-me de ter saído da assembleia a perguntar-me se teria de ser assim. Poucos dias antes da assembleia tinha revisto o filme *A Beautiful Mind*, que conta a vida do matemático John Forbes Nash Jr. Seria certamente por isso que estaria mais suscetível aos temas da teoria dos jogos. A verdade é que numa eleição com dois candidatos, em que é no melhor interesse dos votantes

[47] Deparei recentemente com uma publicação no *site* www.esquerda.net, o canal de internet do Bloco de Esquerda, sobre a assembleia do BCP a que faço referência. O título é, não sem sombra de ironia, "Capital Esmaga Cadilhe no BCP" e o artigo debate-se com a (aparente) contradição de tantos apoiarem uma solução vencida e tão poucos terem sido capazes de impor uma solução vencedora. Diz a dado passo a publicação: "A assembleia durou sete horas. Segundo relato do Correio da Manhã, um silêncio pesado, apenas cortado por uma tímida salva de palmas dos apoiantes da lista vencedora, seguiu-se ao anúncio do resultado da votação. Isto porque este resultado não refletiu os presentes na sala, onde os votantes de Cadilhe (560) foram o dobro dos da lista vencedora (283)" – https://www.esquerda.net/content/capital-esmaga-cadilhe-no-bcp. Confesso que a minha memória da diferença de número de *cabeças* era ainda mais esmagadora.

eleger o melhor candidato, em que não existe acordo entre os votantes sobre qual é o melhor candidato, mas em que cada votante tem uma possibilidade superior a 50% de reconhecer quem é o melhor candidato; quantos mais votantes existirem, ou seja, quanto mais abrangente for o eleitorado, maior será a probabilidade de o melhor candidato ganhar[48]. O pequeno acionista tinha alguma razão *naïve* na indignação, mas, sobretudo, alinhava com a minha interrogação num ponto – qual a razão que faz com que o sistema de repartição dos votos tenha de ser o da participação no capital social? – o que equivale a perguntar qual a razão que justifica que a equação de repartição de poder entre os acionistas seja, de forma aparentemente radical, subtraída ao seu espaço de liberdade.

E é aqui que passamos para o segundo momento, embora anterior, do qual nasceu esta tese. Na cadeira de Direito Comercial, no quarto ano da licenciatura, a atenção dada ao tema do Direito das Sociedades, como era, infelizmente, a regra em várias Faculdades de Direito no país, acabava por ser marginal e resumiu-se, se a memória me não falha, a um exercício no último trimestre em que cada aluno fazia comentário a um artigo do (então) recentemente aprovado CSC. No meu caso, já não me recordo porque portas e travessas, fui calhar ao n.º 5 do art. 384º: "É proibido estabelecer no contrato

48 Descrevo, com alguma liberdade, os pressupostos do designado Teorema do Júri de Condorcet. É fácil exemplificar estes pressupostos. Se numa eleição há dois candidatos, Abel e Bento; se Abel é o melhor candidato e há uma probabilidade de 60% de ser honestamente reconhecido como tal (é fácil perceber que a *honestidade* da decisão, ou seja, os elementos comportamentais da decisão, é um dos fatores mais complexos de ponderar); então, um eleitorado com apenas um votante terá uma probabilidade de 60% de eleger Abel; um eleitorado com cinco votantes aumenta essa probabilidade para 68,5%; e quanto maior for o eleitorado, maior será a probabilidade de Abel ser eleito. O Teorema do Júri de Condorcet funciona hoje como base teórica para vários modelos de decisão, sobretudo naqueles casos em que é possível agregar opiniões alargadas de indivíduos com um nível de informação razoável sobre o objeto do voto (como é óbvio, se os participantes tiverem informação errada ou incompleta em termos tais que a hipótese de estarem certos seja inferior a 50%, o alargamento do júri amenta, em vez de diminuir, a probabilidade de o processo terminar com uma resposta errada). Vd. D. Austen-Smith e J. Banks, "Aggregation, Rationality and the Condorcet Jury Theorem", *The American Political Science Review* (1996); Dan Usher, *The Economics of Voting: Studies of self-interest, bargaining, duty and rights* (Routledge, 2015), 16 e ss.; James Surowiecki, *The wisdom of crowds* (Anchor, 2005). O Teorema do Júri de Condorcet é usado por muitos autores como um dos fundamentos teóricos para a compreensão do direito de voto dos acionistas e da forma como o mesmo deve ser concebido. Vd. por todos Zohar Goshen, "Voting (sincerely) in corporate law", *Theoretical inquiries in law* 2 (2001); Robert B Thompson e Paul H Edelman, "Corporate voting", *Vand. LR* 62 (2009); Laurent Bouton, Aniol Llorente-Saguer et al., "Voting in shareholders meetings", (2021), 2-5.

voto plural". Recordo-me de ter lido, para preparar o meu comentário, alguns autores norte-americanos (estávamos no final dos anos 80, período de explosão do *corporate finance* e de várias perspetivas do que veio a ser designado por período da *inovação financeira*[49]), mas rapidamente fui posto no meu lugar: nada do que tinha lido estar a fazer grande caminho nos Estados-Unidos teria sentido deste lado do Atlântico. E isso porque era uma trave estruturante do sistema que os votos atribuídos a cada acionista fossem proporcionais ao seu risco de capital[50], de onde emergia que a possibilidade de dispor

---

[49] Roberta Romano, num artigo que já é clássico, chama-lhe o momento da "revolução" do direito societário, aquele que permitiu passar do cenário de estagnação que se vivia nos anos 60, para uma das mais interdisciplinares e dinâmicas áreas de estudo do direito e da economia. Vd. Roberta Romano, "After the revolution in Corporate Law", *Journal of Legal Education* (2005).

[50] Usa-se muitas vezes a relação de proporção entre votos e investimento em lugar da relação entre votos e valor nominal da participação ou, por outra perspetiva, exposição ao risco de capital. Usaremos as duas expressões como equivalentes, muito embora só a primeira seja exata. Como o valor de subscrição ou de aquisição de capital é uma realidade dinâmica – que depende desde logo da própria valorização da sociedade em cada momento –, não faz qualquer sentido falar em proporção entre votos e investimento, já que o acionista A pode ter investido X para adquirir 10% dos votos, tendo o acionista B investido o mesmo X apenas por 8%; em termos próprios, a relação de proporção existe com o valor nominal (ou com a proporção de ações, no caso de ações sem valor nominal) do capital social. Quando se fala em risco de capital, estamos a comparar realidades semelhantes, pois embora os 10% de A e os 10% de B possam ter tido custos diferentes, o risco de desvalorização e o potencial de valorização que apresentam é, hoje, o mesmo (o que não significa que o prejuízo ou o lucro sejam iguais, já que estes dependerão sempre de uma comparação com o investimento). Mas ainda assim, a relação poder-risco tem especificidades que a tornam mais complexa, e o caso das ações com voto múltiplo é disso exemplo, já que estes instrumentos quebram a proporção com os *cash flow rights* (o que é fácil demonstrar, uma vez que o acionista com ações privilegiadas terá necessariamente mais votos no respetivo numerador que direitos ao dividendo no respetivo numerador, e aquele sem ações privilegiadas terá, equivalentemente, mais percentagem de direito ao dividendo que votos), e nesse sentido afetam a relação poder-risco, mas ao mesmo tempo geram interessamento diferente na *performance* da sociedade, já que as ações com voto múltiplo, passando normalmente por elas o controlo da sociedade, valem mais que as ordinárias (e neste sentido quem tem mais poder tem também mais risco). Note-se ainda que se fala muitas vezes da relação de proporção entre os votos e a contribuição do acionista para o capital social, o que, de novo, é incorreto. Na grande maioria dos casos, o investimento de cada acionista é feito por relação contratual com outros acionistas através de transações de compra e venda de ações, e não na relação com a sociedade através da contribuição para o capital social; a contribuição para o capital, a subscrição e realização original, estão no princípio de uma cadeia e somente por essa via (e apenas nesses casos) podem ser chamadas a esta proporção; e, aliás, mesmo tendo sido feito o investimento por contribuição para o capital, nada nos diz que os investimentos sejam proporcionais (seja porque as emissões foram feitas em momentos diferentes, seja porque foram feitas em condições diferentes). Deste modo, a proporção é sobretudo uma relação formal que se faz com o valor nominal das ações. Por fim, cabe assinalar que para que exista proporção entre votos e risco de capital não é necessário: primeiro, que

diferentemente ficava afastado do espaço de liberdade como consequência do princípio de tipicidade. Como me foi dito na altura, pouco tinha a comentar, já que a regra de proibição era um dado incontornável.

Como escreve Ferrer Correia[51], o "princípio da autonomia da vontade, dominante no âmbito dos contratos de natureza patrimonial, é substituído no domínio da constituição das sociedades comerciais por aqueloutro da tipicidade ou do "numerus clausus". Ao constituir uma sociedade („,), as partes têm de se conformar e eleger uma das formas tipificadas de esquemas sociais que a lei lhes oferece sem que, no essencial, o possam adaptar a quaisquer interesses ou circunstâncias da espécie concreta". A distribuição do poder entre os acionistas, não faria parte, salvo exceções, desse espaço de liberdade. E por isso restaria aos acionistas conformarem-se com as soluções oferecidas pela lei societária.

Já na altura me pareceu estranho que o princípio da autonomia da vontade estivesse, ou deve estar, arredado de um tema como a regulação do poder de voto; hoje sei que não está.

VIII. Esta tese foi organizada em cinco capítulos (após este capítulo introdutório e sem esquecer o capítulo de conclusões).

O trabalho que vamos apresentar situa-se na complexa e cada vez mais íntima confluência do direito das sociedades, mais em particular da regulação do governo societário, com as regras de direito financeiro institucional e de regulação dos instrumentos financeiros[52]. Ocupamo-nos de um problema

---

todas as ações tenham o mesmo valor nominal (caso o sistema aceite ações com diferentes valores nominais; no caso do direito português, o n.º 2 do art. 276º proíbe-o), desde que a proporção entre o valor nominal de cada ação e o poder de voto seja mantida; segundo, que as ações tenham valor nominal, desde que o poder de voto atribuído a cada ação emitida seja homogéneo. Voltaremos com maior desenvolvimento a todos estes temas. Pedro Maia, *Voto e corporate governance*, Um novo paradigma para a Sociedade Anónima, (Coimbra: Almedina, 2020), 209; Pedro Maia, "Corporate Governance em Portugal", in *Questões de direito societário em Portugal e no Brasil* (Almedina, 2012), 65-67; Paulo de Tarso Domingues, "As acções sem valor nominal", *DSR* (2010), 211-212; Massimo Bione, "Il principio della corrispondenza tra potere e rischio e le azioni a voto plurimo: noterelle sul tema", *Giur. Comm.* (2015), 272-273.

[51] António Ferrer Correia, *Lições de direito comercial* (Lex, 1994), 221.

[52] Vd. Filipe Cassiano dos Santos, *Estrutura associativa e participação societária capitalística* (Coimbra, 2006), 45-49. Estas fronteiras são, por natureza, fluidas e finas, e têm tendência para o serem cada vez mais, na medida em que o direito da bolsa se transmutou em direito do mercado de valores mobiliários, este em direito dos valores mobiliários e este em direito dos instrumentos financeiros. Existem, apesar disso, círculos de tutela diferentes, podendo ser dito que o direito das sociedades se centra sobretudo nos momentos *associativo* e *organizativo* e o direito dos instrumentos

que, se é certo que pode ser considerado como transversal a toda a regulação das sociedades comerciais, diz sobretudo respeito à sociedade anónima e, dentro deste universo, tem particularidades em função de temas como a sua dimensão, a dispersão do seu capital e a sua cotação. Trata-se, cabe assinalar, de uma das mais dinâmicas áreas do direito comercial moderno e essa dinâmica resulta, em parte, precisamente do facto de estarmos numa área de cruzamento de diversas fontes, problemas e perspetivas. Ora, como teremos ocasião de comprovar, não é possível entender essa regulação sem nos apercebermos, como ponto de partida, de diversas particularidades económicas e, em especial, das suas dinâmicas de mercado. É esse contexto – com especial enfoque nas alterações que o mesmo tem sofrido – que nos dará contributos relevantes para entender as alterações de popularidade que o instituto tem sofrido nas últimas décadas. Começaremos por aí, numa apresentação, contra todas as fortes tentações em contrário, breve, analisando o que designei por "contexto" e que é, no essencial, o tabuleiro institucional e geográfico dentro do qual trabalharemos.

Passamos de seguida a analisar o princípio *one share, one vote,* percebendo de onde o mesmo provém, qual o seu sentido final e as suas limitações. O debate sobre a proporcionalidade entre direitos de voto e *cash flow rights* representou um dos mais relevantes debates do *corporate governance* europeu na primeira década do século XXI – foi, aliás, o ponto de partida desta tese, então com outro foco, no já distante ano de 2006/2007. Se é certo que os termos em que o debate então se colocavam se devem considerar, no essencial, ultrapassados, esta fase do nosso trabalho servirá também, através da análise das exceções legalmente admitidas ao princípio, sabendo que as mesmas variam profundamente de jurisdição para jurisdição, para nos aproximarmos dos casos de desconstrução jurídica do princípio o que, de certa forma, nos levará a entender o alcance limitado do mesmo. O mais importante desafio deste capítulo passa por confirmar o alcance das exceções ao princípio e quais as limitações do mesmo, sobretudo procurando aferir até que ponto é que ele tem um sentido normativo justificador da proibição do voto plural.

Passaremos então para os casos daquilo que pode ser qualificado como a desconstrução económica da posição acionista. Pensamos, claro e antes de mais, nas chamadas estratégias de *risk decoupling* (que cobrem uma

financeiros no momento *patrimonial*. É um problema, em sistemas como o nosso, eminentemente teórico. Já não é assim em regimes como o norte-americano em que existem níveis diferentes de regulação.

pluralidade de cenários) que passam, em síntese, por duas tipologias diferentes, na relação entre risco e voto – aqueles casos em que se reduz, anula ou, até, inverte o risco económico inerente à participação, mantendo intacto o direito de voto correspondente à participação acionista formal; e aqueles casos em que o investidor preserva os direitos económicos inerentes à participação sem que tenha a propriedade formal das ações respetivas, ou seja, gerando uma situação em que os direitos económicos do investidor – a que propositadamente não chamamos de acionista – são proporcionalmente maiores que os seus direitos de voto. Mas, como teremos ocasião de verificar, os casos não ficam por aí, já que a prática económica permite-nos observar um conjunto de outras situações em que a posição clássica do acionista, e a ideia de que o seu poder de voto é proporcional ao risco de investimento, ficam comprometidas.

Já com estes dois caminhos feitos, entraremos no tema principal. Caberá então descrever os elementos essenciais de regulamentação que são suscitados pelo tema do voto plural e pela proibição vigente para a generalidade das sociedades anónimas, confrontar as várias experiências que convivem sobre esta matéria e delimitar os vários tipos de voto plural que se escondem sob esta designação única. Será o momento para usar de forma marcada as experiências de direito comparado, sendo que a este nível o regime norte-americano, pela sua história, experiência e importância é incontornável, enquanto recolhemos dados fundamentais da experiência de algumas das mais marcantes jurisdições europeias.

Por fim, avançaremos com a análise da regra permissiva do voto plural para sociedades cotadas constante do novo art. 23º-D do CVM, num diálogo com várias propostas sobre temas relacionados com a matéria do voto plural que, acreditamos, devem ser simultaneamente regulados para que o sistema funcione de forma harmoniosa, e numa constante ligação com o regime nacional e com regimes jurídicos que tomaram opções importantes e recentes nesta matéria, como é o caso do regime francês e o do italiano. Trata-se, afinal, de procurar aferir onde está o equilíbrio que deve acompanhar qualquer experiência de regulação nesta matéria, não deixando de fazer uma apreciação crítica das novas regras aplicáveis entre nós.

Terminaremos, como é de praxe, apresentando as principais conclusões da análise realizada.

2. O voto plural

I. A expressão "voto plural" refere-se a um conjunto de situações jurídicas em que, numa mesma sociedade, num mesmo momento, as ações votantes conferem poder de voto diferenciado[53].

Sabe-se que existem dois critérios principais para a atribuição e repartição do direito de voto entre os sócios – atribuição de um voto a cada sócio, a que nos referimos comummente como um sistema que atribui *um voto por cabeça*; e repartição do voto em função da fração de capital detida. O regime de atribuição de um voto a cada sócio tem uma lógica eminentemente personalística[54] e, por isso mesmo, é, ainda hoje, o regime regra nas sociedades em nome coletivo, como resulta do art. 190º do CSC. O regime de atribuição dos votos em função da fração de capital subscrita ou adquirida – que podemos chamar de regime capitalístico ou proporcional – é, por seu turno, o regime aplicável às sociedades por quotas (art. 250º do CSC) e às sociedades anónimas (art. 384º do CSC)[55]. Ora, trabalhando com o caso da sociedade anónima, estaremos perante uma situação de voto plural quando esta repartição não se

[53] Estamos a assumir, propositadamente, uma aproximação formal à ideia de voto plural – há voto plural quando uma sociedade anónima emite ações votantes com votos (material ou potencialmente) diferenciados (sejam diferenciados porque os votos nasceram diferenciados, seja porque, por qualquer razão, tipicamente pela produção de efeitos de um termo ou de uma condição, passaram a ser diferenciados) na proporção com o capital social; o conceito de voto plural não depende, assim, de uma aproximação substantiva que assuma a mera comparação da desproporção de direitos políticos e patrimoniais entre ações emitidas – em particular, não estamos perante um caso de voto plural se as ações emitidas atribuírem votos homogéneos, mas direitos patrimoniais diferenciados. Este conceito de voto plural, com que passaremos a trabalhar, não é também dependente da sua positividade – há sistemas que aceitam todas as estruturas de voto plural, há sistemas que aceitam apenas parte dessas estruturas (como é, hoje em dia, o caso do sistema português) e há sistemas que não aceitam qualquer das estruturas.

[54] O que pretendemos significar é que a regra valoriza mais a presença do sócio, daquele sócio, na sociedade, do que o montante com que o sócio contribuiu, e não que é indiferente à contribuição de capital. Por isso, atribui, em regra, um voto a cada sócio, não ligando o poder de voto ao contributo para o capital social.

[55] Anota-se desde já que o voto plural é permitido nas sociedades em nome coletivo (o art. 190º do CSC dispõe que é atribuído um voto a cada sócio "salvo se outro critério for determinado no contrato") e nas sociedades por quotas (o n.º 2 do art. 250º dispõe que o contrato de sociedade pode atribuir, como direito especial, "dois votos a cada cêntimo do valor nominal da quota ou quotas de sócios que, no total, não correspondam a mais de 20% do capital", quando, nos termos do n.º 1, em regra se conta "um voto por cada cêntimo do valor nominal da quota"). Já nas sociedades anónimas, fora dos casos previstos no CVM, o voto plural é expressamente proibido – número 5 do art. 384º do CSC.

faça linearmente em proporção com o valor nominal ou fracionário das ações votantes detidas, existindo (ou podendo vir a existir), por isso, numa mesma sociedade e num mesmo momento, sócios com uma fração do capital votante equivalente àquela detida por outros, mas a quem, por alguma razão, lhes são atribuídos mais votos[56].

II. Percebe-se facilmente que o conceito de voto plural vá bem para além do mero significado semântico, uma vez que não existe voto plural apenas pelo facto de as ações votantes (todas as ações votantes) atribuírem mais que um voto, quando isso seja feito em termos não desiguais ou proporcionais – isso fica claro da leitura do n.º 1 do art. 384º do CSC quando refere que, "na falta de diferente cláusula contratual, a cada ação corresponde um voto"[57]. O facto de estar previsto estatutariamente que, sendo isso

[56] Estamos propositadamente a direcionar o conceito para as sociedades anónimas. Sem prejuízo disso, o que se escreve é diretamente aplicável às sociedades por quotas. O n.º 2 do art. 250º do CSC vem prever um caso de voto plural no universo das sociedades por quotas, ao permitir que "o contrato social atribua, como direito especial, dois votos por cada cêntimo do valor nominal da quota ou quotas de sócios que, no total, não correspondam a mais de 20% do capital". Por outro lado, afastamo-nos propositadamente do universo das sociedades em nome coletivo, muito embora, teoricamente, o conceito também possa ser aplicável a estas – isto acontecerá se, em regra, for atribuído um voto a cada sócio, sendo atribuídos, excecionalmente, mais que um voto a sócios que se encontrem numa relação especial com a sociedade. Vd. Massimo Bione, "Voto capitario nella spa?", *Giur. Comm.* (2012), 625-639.

[57] Quando o n.º 1 do art. 384º do CSC se refere a "diferente cláusula contratual" está a admitir a hipótese de um voto corresponder a mais que uma ação, como resulta da limitação da alínea a) do n.º 2. Não é clara, no entanto, a admissibilidade, face ao art. 384º, da previsão estatutária que atribua mais que um voto a cada ação votante (mas os mesmos votos a cada uma das ações votantes), já que o n.º 2 do art. 384º não prevê esse cenário, excecionando apenas a hipótese simétrica de os estatutos fazerem corresponder um só voto a um certo número de ações e de estabelecerem que não são contados os votos acima de certo número "quando emitidos por um só acionista, em nome próprio ou em representação de outro". Não cumpre, nesta sede, entrar em grandes desenvolvimentos sobre a regra, que é aliás bastante complexa. Aceita-se que as duas exceções à regra do número um visem esgotar esse universo, até porque de outra forma se abririam possibilidades que estão para além daquilo que parece estar compreendido no sistema. Sem prejuízo, a regra sempre será merecedora de interpretação extensiva, sendo que a hipótese levantada nem incorpora, em rigor, uma exceção ao princípio de proporcionalidade. Fazendo um paralelo, é o mesmo que acontece com a generalidade das cláusulas de *voting cap* que estão consagradas entre nós e que, numa análise literal, não seriam lícitas, já que estão muito para além do universo da regra, que se refere a votos "emitidos por um só acionista, em nome próprio ou também como representante de outro", quando, como se sabe, se faz geralmente uma remissão para as regras de imputação do art. 20º do CVM. Sensivelmente no mesmo sentido (embora com outras referências para a interpretação extensiva), vd. Carlos Osório de Castro, "Participação no capital das sociedades anónimas e poder de influência", *RDES* XXXVI (1999),

admissível, cabe mais de um voto a cada ação votante não gera uma situação de voto plural porque, nesse caso, todas as ações conferem direitos de voto iguais.

Na mesma linha, o convívio numa sociedade de ações com direito de voto e de ações sem direito de voto não faz com que as primeiras possam ser consideradas ações com voto plural, muito embora, naturalmente, exista desigual atribuição de voto entre as ações emitidas, mas não entre as ações votantes. Em todas as sociedades anónimas existem ações com direito de voto[58]; já o mesmo não se pode dizer, obviamente, das ações sem voto, que são admitidas apenas por relação com as primeiras – e é apenas dentro do universo das primeiras, e de forma relativa, que o conceito de voto plural tem justificação. Não se nega, cabe salientar, que o tema do voto plural e o das ações sem voto tenham uma mesma raiz funcional e fundacional e que, por isso, exista uma forte proximidade entre ambos. Isso resulta desde logo do facto de, nos dois casos, ser quebrada a proporção entre, por um lado, a parcela do capital nominal detido e, por outro lado, os direitos de voto e os direitos patrimoniais. Por diferentes palavras, quer nas ações com voto plural, quer nas ações sem voto, estamos perante exceções ao princípio *one share, one vote*; são, de entre as exceções, duas daquelas com maior proximidade estrutural porque operam os seus específicos efeitos jurídicos diretamente na relação de proporção entre o capital social e os direitos de voto; mas, apesar disto, e sem prejuízo de o tópico das ações sem voto nos vir a ser útil nesta análise,

---

338-340. Sem prejuízo deste entendimento, cabe salientar que não vislumbramos a relevância prática que resultaria do estabelecimento de uma regra que atribuísse mais que um voto a cada ação (mas os mesmos votos a toda e cada uma das ações). Em sentido contrário, ou seja, entendendo que o n.º 1 do art. 384º conjugado com o n.º 5 do art. 384º não admite que a cada ação correspondam dois ou mais votos, vd. Jorge Manuel Coutinho de Abreu, *Código das Sociedades Comerciais em Comentário*, 2ª ed., Volume VI, (Coimbra: Almedina, 2019), 130 e ss. Mais em geral, sobre o sentido das exceções do n.º 2 do art. 384º, vd. Carlos Osório de Castro, "Participação no capital das sociedades anónimas e poder de influência", 335. Osório de Castro refere ainda no seu texto um Parecer (inédito) de Vasco Lobo Xavier que conclui que a enumeração dos desvios ao princípio de proporcionalidade capital-voto constantes do art. 384º é *esgotante*.

[58] O problema da sociedade sem ações votantes é próximo daquele que várias doutrinas abordam há mais de um século da sociedade sem sócios (a sociedade sem sócios, porque é a sociedade que fica titular de todo o seu capital social e a sociedade sem sócios, porque, por alguma razão, desapareceram todas as suas participações sociais). É diferente do problema da sociedade sem representação do capital. Não se justificam, cremos, desenvolvimentos. Vd., entre nós, recentemente, António Menezes Cordeiro, "Sociedades de ninguém e sociedades sem sócios", *RDS* (2019).

olhar para os temas como faces de uma mesma unidade seria empobrecedor para qualquer dos termos da relação[59].

Também não existe voto plural se forem estipulados direitos especiais que tenham por objeto o voto, desde que isso não implique uma atribuição quantitativa desigual de votos a diferentes ações votantes. Voltaremos a este tema com maior desenvolvimento, mas adiantamos desde já que, em nosso entender, a proibição do voto plural que hoje vigora para sociedades anónimas não cotadas não equivale a uma proibição generalizada de constituição de direitos especiais sobre o voto – bem pelo contrário, apenas se proíbe, em rigor, a atribuição de mais votos a determinadas ações votantes que a outras. Isto abre a porta para que, nos termos dos estatutos[60], possam ser criadas regras que prevejam direitos especiais de voto para, por exemplo, certa categoria de ações, em termos tais que específicas deliberações não sejam aprovadas, exclusivamente, através de regras de maioria (vd. o n.º 1 do art. 386º do CSC) sem que, no entanto, esses casos possam ser qualificados como voto plural[61] (muito embora a constituição destes direitos especiais possa ter um efeito equivalente, ou até mais impactante, àquele que é criado pela existência de voto plural).

---

[59] Isto mesmo fica claro quando verificamos, por referência ao sistema português, que os arts. 341º e seguintes do CSC permitem e regulam as ações preferenciais sem direito de voto, enquanto o n.º 5 do art. 384º proíbe expressamente o voto plural. Esta é, como salientado, a razão pela qual nos referimos sempre, na qualificação, a ações votantes.

[60] Usaremos as expressões *estatutos* e *contrato de sociedade* como sinónimas, como é comum entre nós, embora isso não seja exato. *Estatutos* será sinónimo de *contrato de sociedade* em sentido estrito; *contrato de sociedade* em sentido amplo, por seu turno, será sinónimo de título constitutivo (a expressão *contrato de sociedade* designa o negócio jurídico institutivo da sociedade e os seus estatutos). O CSC utiliza amiúde a expressão *contrato de sociedade* para se referir aos *estatutos* (na sua versão original, aliás, não usava sequer a expressão *estatutos*). Paulo Olavo Cunha, *Direito das sociedades comerciais*, 129; Rui Pinto Duarte, "(Uma) Introdução ao Direito das Sociedades", in *Escritos sobre Direito das Sociedades* (Coimbra, 2008), 15-19.

[61] Fora do tema estarão também todas aquelas situações em que as ações votantes conferem direitos de voto proporcionais, mas estes, por qualquer razão, não possam ser exercidos – é o que acontece, nos termos do art. 192º do CVM, ao acionista que incumpre o dever de lançamento de OPA (por referência às ações que excedam o limite a partir do qual o lançamento era devido), é o que acontece às ações próprias e àquelas detidas por sociedade dependente (quanto ao primeiro caso, vd. art. 324º do CSC e, quanto ao segundo, o art. 325º-A também do CSC), e é ainda o que acontece quando o acionista está em mora na realização da sua entrada (n.º 4 do art. 384º do CSC). Cfr. ainda os casos do n.º 3 do art. 485º do CSC e os casos de impedimento de voto. Em todos estes casos, os votos são repartidos de forma proporcional, existindo razões, a montante, que implicam restrições ao seu exercício.

Finalmente, também não existirá voto plural se, perante ações com direitos de voto homogéneos, as condições patrimoniais de emissão forem diferentes – porque uns acionistas subscreveram ações ao valor nominal e outros com ágio, porque uns acionistas subscreveram ações com um ágio e outros com diferente ágio, ou porque, em ações emitidas sem valor nominal, os acionistas subscreveram ações com valores de emissão distintos[62]. Voltaremos com desenvolvimento a este ponto, mas para já cabe reter que lidamos com critérios eminentemente formais que, por isso, não têm por necessariamente implícita uma natureza material de proporcionalidade explicativa.

Ações com voto plural são, então, ações votantes com direitos de voto desiguais. Isso pode ocorrer com diversas formulações.

III. Ocorrerá uma situação de voto plural quando os estatutos atribuam mais votos a uma categoria especial de ações votantes – *superior voting rights shares* – do que a outra ou outras categorias de ações votantes que são,

[62] O que é escrito é ainda mais claro quando diferentes acionistas adquiriram ações em condições diferentes, tendo por isso diferentes preços históricos, mas os mesmos direitos de voto. Este caso acaba, no entanto, por ter limitado relevo explicativo porque o preço de aquisição, sendo formado subsequentemente, relaciona o acionista transmitente e o acionista adquirente e não a sociedade com cada um dos acionistas. Por isso, nunca poderiam os termos e condições dessa transação secundária, externa à emitente, ser relevantes para efeitos de determinar o *quantum* dos direitos do acionista perante a sociedade. Focando-nos então no âmbito relacional que é relevante – o da sociedade emitente e do acionista subscritor – cabe assinalar que a existência de ágios diferentes, de condições de emissão diferentes, pode gerar enormes distorções às condições de acesso de cada acionista aos mesmos direitos de voto (o que, materialmente, afeta a proporção entre poder e exposição ao risco, mas, formalmente, não o faz, como já vimos, por ser mantida a proporcionalidade). Isto é tanto mais verdade quando temos em atenção que o sistema não cuida de limitar o ágio ou *sobrepreço* de emissão de ações, o que não deixa de se entender – o pagamento de um ágio (sendo o caso) excessivo é algo que contende apenas com os direitos e interesses do subscritor e da sociedade, correspondendo, assim, a um espaço de liberdade que em nada prejudica terceiros (ao contrário do que aconteceria na hipótese contrária de o valor de subscrição afetar a garantia de capital por ser inferior ao valor nominal da participação ou do que aconteceria se esse ágio fosse distribuído pelos sócios e não apropriado pela sociedade, o que o n.º 2 do art. 295 vem prevenir). Não se afasta que, em concreto, a imposição de um ágio injustificado, da mesma forma que a não imposição de ágio quando este se justifique, possam gerar uma deliberação abusiva nos termos da alínea b) do n.º 1 do art. 58º do CSC. Por fim, não se levanta a hipótese de conviverem ações com e sem valor nominal porque tal hipótese está afastada pelo nosso sistema – nos termos dos n.ºs 1 e 2 do art 276º as ações das sociedades anónimas podem ser ações com ou sem valor nominal, sendo que na mesma sociedade não podem coexistir ações com e sem valor nominal.

assim, com todas as consequências que daí decorrem, infungíveis com as primeiras[63].

Esta, pode-se dizer, corresponde à formulação mais tradicional das ações com voto plural e passa pela existência de mais que uma categoria de ações e, por isso, serão neste texto referidas como situações de voto plural em sentido estrito. São, por referência, as estruturas de *dual-class shares* que tanta popularidade têm em ordenamentos como o norte-americano. Pode-se mesmo dizer que quando o n.º 5 do art. 384º do CSC proíbe genericamente a constituição de voto plural está, sobretudo, a tomar por referência estas ações de categoria especial com voto aumentado; e pode-se também dizer que quando o novo art. 21º-D do CVM permite a emissão de ações com voto plural para as sociedades emitentes de ações admitidas à negociação em mercado regulamentado é a estas ações de categoria especial que se está diretamente a referir. De igual modo, quando o art. 531º do CSC dispõe que os direitos de voto plural constituídos antes da entrada em vigor do código se mantêm, podendo, no entanto, ser extintos ou limitados por deliberação dos sócios tomada nos termos previstos para a alteração do contrato de sociedade, está, de igual modo, a tomar estas ações com voto plural em sentido estrito por referência.

Mas as ações com voto plural em sentido estrito não esgotam o universo das ações votantes com voto desigual, já que em outros casos a atribuição do voto plural não resulta da ação em si, mas antes da relação do acionista com a ação detida. É o que acontece com as tradicionalmente designadas *ações de lealdade*, em que todas as ações conferem votos equivalentes, sendo, portanto, fungíveis, ganhando, no entanto, votos suplementares em certas e determinadas condições, tipicamente após o decurso de um período de

[63] O mesmo acontecerá quando os estatutos atribuírem menos votos por ação a uma categoria de ações *(fractional rights shares)* do que a outra ou outras categorias de ações votantes. A diferença é sobretudo semântica, tendo, no entanto, impacto na regulação da arquitetura de governo societário. Na economia do CSC, parece assumir-se que existe sempre um conteúdo *normal* ou *ordinário* inerente à posição do acionista, correspondente ao padrão de direitos e obrigações que a lei estabelece em geral para as ações, e que este conteúdo corresponderá ao que se designa por ações ordinárias. O n.º 3 do art. 289º do CSC parece significar isso mesmo. A ser assim, as ações com voto plural serão, face a estas, ações privilegiadas. Já se assumirmos que o conceito de ação ordinária é sobretudo um conceito de relação com a conformação legal supletiva (podendo uma ação estar mais próxima, ou menos próxima, desse padrão de normalidade legal), já não caberá falar em ações ordinárias e ações privilegiadas ou em ações ordinárias e ações desfavorecidas. Vd. *infra* 23.1, mas por isso, e com esta ressalva, escrevemos que a diferença é eminentemente semântica.

detenção ininterrupta[64] – por isso, numa clara influência do direito italiano, são também descritas como ações com voto majorado. Aqui, tal como ocorre com as ações com voto plural em sentido estrito, existirão, em concreto, direitos de voto desiguais, já que uns acionistas, por cumprirem as condições de que depende a atribuição de votos suplementares, terão os votos acrescidos, enquanto outros, diferentemente, não os terão; no entanto, em conceito, geneticamente, todas as ações repartem o direito de voto em termos homogéneos já que, primeiro, asseguram, antes da majoração, poder de voto semelhante; segundo, conferem acesso à majoração nos precisos mesmos termos e condições; e, terceiro, asseguram poder de voto semelhante após a majoração.

IV. Apesar dos traços funcionais que aproximam as ações com voto plural em sentido estrito e as ações de lealdade – desde logo, no seu traço comum mais óbvio, ambas geram ocorrências em que as ações votantes conferem direitos de voto desiguais –, são muitas as diferenças.

Em primeiro lugar, revelam diferenças no que respeita à transmissibilidade dos direitos. Estando os direitos de voto especiais associados, objetivamente, a ações com voto plural em sentido estrito, e estando esses direitos ligados à posição do acionista e à sua relação com as ações, nas ações de lealdade, percebe-se que os direitos especiais não se percam, no primeiro caso, quando haja transmissão de ações[65], ao contrário do que acontece no segundo caso, em que o transmissário inaugura, com a aquisição das ações, um novo

[64] Na sua configuração típica, a majoração do voto depende de um ato do acionista – a manutenção da posição acionista – durante um prazo ininterrupto. Assim, tecnicamente, estamos perante uma condição (porque incerta quanto à verificação) certa (porque certa quanto ao momento da eventual verificação), ou seja, um evento *incertus an, certus quando*.

[65] Apenas não será assim nos casos muito excecionais de o direito especial, além de estar corporizado numa categoria de ações, ficar dependente de algum tipo de relação com o acionista – por exemplo, de um período mínimo de detenção (tratar-se-á, na verdade, de uma categoria híbrida de *dual-class shares* com ações de lealdade, em que o privilégio de majoração do voto não é alargado a todas as ações, mas apenas a algumas, estas de categoria especial); nem nos casos de os privilégios inerentes à categoria de ações estarem dependentes da sua titularidade por certos tipos de acionistas, por exemplo, de entes públicos ou equiparados, sendo por isso que o privilégio se perderia em certas e determinadas transmissões (ainda que o voto plural fosse admitido, este tipo de regra seria entre nós de legalidade mais que questionável face à regra do n.º 4 do art. 24º do CSC; analisaremos este problema). Alguns casos deste tipo foram contratualmente previstos entre nós e teremos ocasião de os analisar em maior detalhe, parecendo claro que a sua consagração resulta da opção do legislador nacional de, na sociedade anónima, pretender vedar a constituição de direitos especiais subjetivos.

período que, uma vez cumprido, também lhe conferirá acesso aos direitos especiais[66].

Claro que, da mesma forma que é possível conceber a estipulação segundo a qual as ações com voto plural perdem o privilégio de voto após um período determinado, ou cumpridas certas e determinadas condições, também é possível estipular que o voto plural se perde, ou diminui, com a transmissão das ações. Da mesma forma que, com mais dificuldade, é possível conceber ações de lealdade que, verificados certos termos e condições, se possam transformar numa categoria de ações distinta, assegurando os direitos privilegiados em caso de transmissão. Pensamos por isso nos estereótipos das ações com voto plural e das ações de lealdade.

Em segundo lugar, revelam diferenças no que respeita ao tratamento dos acionistas. As *dual class structures* proporcionam uma posição de favorecimento dos detentores das ações com voto privilegiado – tipicamente *insiders* como os fundadores, investidores de rondas iniciais de capitalização e titulares de cargos relevantes em órgãos sociais[67]. Já as ações de lealdade conferem os mesmos direitos a todos os acionistas que estejam nas mesmas condições e, se é certo que, num determinado momento, permitem que existam direitos de

[66] Esta é a solução que decorre do conceito. A generalidade das legislações que admitem as ações de lealdade consagra casos de transmissão ou sucessão em que, excecionalmente, a majoração de voto não se perde.

[67] Essa posição de favorecimento pode resultar sobretudo de um de três cenários, todos testados pela prática de várias jurisdições (e sobretudo pela norte-americana). Pode resultar de a emissão de ações com voto plural ser feita antes da oferta pública de distribuição e da admissão das ações à cotação, daqui resultando que um grupo de *insiders* já é detentor de ações de categoria especial no momento do IPO, quando o público em geral, posteriormente, tem apenas acesso a ações ordinárias (ou, em qualquer caso, a ações com menos votos). Pode resultar também de a emissão de ações com voto plural ter condições de liquidez diferentes das ações ordinárias – ou até, o que será mais corrente, de não estar admitida à negociação em mercado regulamentado –, assim sendo criados os incentivos para que aqueles investidores que procuram a liquidez convertam as suas ações de categoria especial em ações ordinárias como forma de ter acesso ao mercado, acabando, ao fim de algum tempo, por restar as ações de categoria especial que ficaram nas mãos de alguns *insiders*, com objetivos de médio e longo prazo muito diferenciados. Pode resultar por fim, caso que será menos corrente por ter um espaço de admissibilidade muito estrito, das condições não igualitárias de emissão das ações de categoria especial. Não se entenda, em todo o caso, que a adoção de um regime de ações de lealdade é indiferente aos interesses dos mesmos *insiders*, já que podemos presumir que os controladores pré-IPO, ou a maioria qualificada (ainda que ocasional) que se forme, após o IPO, para consagrar estatutariamente a solução, apenas o fará se tiver a ganhar com a mesma. Há por isso quem entenda que o tratamento *igualitário* conferido pelas ações de lealdade é mais aparente que real, o que, até certo ponto, é verdadeiro (a não ser que comparemos a incidência do princípio face às ações de lealdade e face às ações de voto plural estrito).

voto desiguais, já que uns acionistas beneficiarão do voto majorado e outros não, não é menos certo que, tecnicamente, todos estarão na mesma situação verificadas as mesmas condições[68]. Por isso se compreende que a passagem de um regime *one share, one vote* para um regime de *dual-class shares* gere, no sistema jurídico, bastante mais reservas e problemas do que ocorre quando se passa para um regime de ações de lealdade[69]; esta é, aliás, uma das principais razões para o favor que as ações de lealdade, quando referidas a sociedades cotadas, têm vindo a merecer em algumas jurisdições europeias na última década. Percebe-se ainda que essas reservas serão tanto maiores quanto maior for a dispersão do capital, sabendo-se que há um forte alinhamento de incentivos dos acionistas para votar favoravelmente a alteração do regime se e na medida em que façam parte dos *insiders* que dela beneficiarão.

Em terceiro lugar, e como decorrência do que acaba de se referir, têm diferenças no que respeita à sua avaliação[70]. Sabendo-se que as ações com voto plural em sentido estrito conservam o privilégio de voto em caso de

[68] Cabe fazer duas ressalvas. A primeira para salientar que sendo a afirmação tecnicamente correta, a mesma não obsta que os diferentes acionistas tenham perspetivas temporais diferentes em relação à detenção de ações; de igual modo, acionistas como os organismos de investimento coletivo, que possam gerar estruturas de intermediação em que a posição acionista seja mantida com mudança ou flutuação dos investidores finais, têm também uma posição privilegiada. Esta igualdade tem, assim, algumas caraterísticas menos materiais que não devem ser desprezadas. Segunda ressalva para notar que se observa, em várias jurisdições, algum favorecimento de *insiders* no momento inicial de consagração das ações de lealdade – referimo-nos ao reconhecimento de majoração de voto no momento da consagração da solução estatutária por referência a períodos em que a solução inexistia –, muito embora, de novo, a igualdade formal entre acionistas seja sempre preservada.

[69] Claro que é possível tratar os acionistas de forma igualitária em caso de emissão de uma categoria especial de ações com voto plural – basta que as ações sejam rateadas entre os acionistas em proporção com as ações ordinárias detidas por cada um. Mas ainda assim, como demonstram vários casos semelhantes ocorridos nos Estados-Unidos, o valor diferente dado pelos acionistas a cada uma das categorias de ações acaba por se impor (e muitas vezes os incentivos estão propositadamente alinhados para que isso ocorra) e os acionistas que não façam parte do grupo de controlo, ou sem uma semelhante visão estratégia de médio e longo prazo, acabam por preferir trocar as ações privilegiadas (habitualmente, como referido, não transacionáveis em mercado) por ações ordinárias, facilmente transacionáveis em condições de liquidez.

[70] Daqui resulta que, para a própria sociedade emitente, não é indiferente emitir ações sujeitas a um regime de majoração ou ações de categoria especial com voto plural. As ações sujeitas a regime de majoração, sendo tipicamente todas, importam condições de emissão idênticas. Já as ações de categoria especial com voto plural terão, em princípio, um valor de emissão teoricamente superior às ações ordinárias. Estas diferenças, sendo as ações de categoria especial com voto plural emitidas com respeito do princípio de igualdade de tratamento dos acionistas, podem esbater-se, como veremos em maior detalhe.

transmissão a um terceiro, compreende-se que o valor destas ações seja mais elevado do que o das demais ações – assumindo que os (outros) direitos atribuídos pelas ações são semelhantes, as ações com voto plural em sentido estrito valerão, a mais que as restantes, o *delta* que resulta, em cada momento, da consagração do voto especial[71]. Já as ações de lealdade, por definição, terão, todas elas, uma valorização semelhante – mesmo em cenário de disputa pelo controlo – e a transmissão das ações tem, em regra, por efeito a perda do privilégio político[72]. Não poderia, aliás, ser de outra forma, já que a consagração de uma regra estatutária de ações de lealdade não gera infungibilidade entre as ações.

Em quarto lugar, têm diferenças funcionais. As ações com voto plural em sentido estrito têm como objetivo permitir que um grupo de acionistas tenha uma influência na condução da sociedade – que se pode revelar de forma positiva, por exemplo, na capacidade de impor uma deliberação de eleição dos membros dos órgãos sociais, ou de forma negativa, na capacidade de impedir certos tipos de deliberações[73] – que é desproporcional à sua participação de capital. Assim, estas ações, pelo mero facto de existirem, representam um privilégio de um grupo de acionistas[74]. Já as ações de lealdade visam premiar os acionistas, alinhando os interesses de médio e longo prazo dos acionistas

[71] Voltaremos com mais desenvolvimentos a este ponto. Pode-se assumir desde já que a valorização do voto, assim como a valorização do voto privilegiado, correspondem a um processo complexo e que o voto, ou o voto privilegiado, valerá mais ou menos em função das circunstâncias do acionista, das suas intenções, mais de curto ou médio e longo prazo, mais financeiras ou estratégicas, e ainda do contexto em que a sociedade participada se encontre, ou seja, se a mesma é parte de uma disputa sobre o seu controlo ou se, pelo contrário, tem o seu controlo estabilizado em termos tais que o voto, ou o voto privilegiado, conte e valha pouco. Claro que pode acontecer que as ações de categoria especial com voto plural, por qualquer outra razão, valham menos que as ações ordinárias, mas terá sempre de existir alguma razão especial para tal – é o que ocorrerá se o voto privilegiado for compensado com diminuição de algum outro direito e, sobretudo, é o que acontecerá se a menor liquidez das ações – a infungibilidade das ações obriga à negociação segregada –, ou até o facto de as ações de categoria especial não serem admitidas à cotação, implicar um custo de transação ao qual o investidor seja especialmente sensível.

[72] Apenas não será assim em caso de ineficiência do sistema por consagração de muitas exceções à regra de perda do privilégio e em caso de suscetibilidade a fraude. Será o caso de a prática identificar formas indiretas de transmissão das ações entre duas partes não relacionadas sem que o privilégio se perca, caso em que, obviamente, a valorização já será diferente.

[73] Neste sentido, são instrumentos de formação de maiorias ou de minorias de bloqueio.

[74] Privilégio, desde logo, pelo poder desproporcional que é inerente às ações, mas também privilégio porque estas ações valem mais que as ações com menos votos, sendo certo que, na maior parte dos casos, a chave do controlo da emitente passará inevitavelmente por estas ações.

com aqueles da sociedade, assegurando-lhes um poder de voto especial por efeito do tempo[75].

Em quinto lugar, apresentam um conjunto de diferenças relacionadas com o seu processo de emissão. Salvo no caso excecional de estarmos perante um sistema jurídico que assuma como regime supletivo a existência de ações de categoria especial com voto plural ou de ações de lealdade, qualquer das duas variantes de voto plural dependerá de uma previsão estatutária especial nesse sentido. Essa previsão estatutária será então suficiente para permitir a majoração do voto nas condições fixadas, não sendo requerido um ato subsequente de emissão ou conversão. São as ações ordinárias que integram a majoração do voto que, como descrito, não perdem as suas caraterísticas por verem o voto majorado. Já no caso das ações de categoria especial com voto plural não é assim – ainda que previstas pelos estatutos, será sempre requerido um ato de emissão ou conversão para que as ações existam como ações de categoria especial.

Em sexto lugar, cabe referir que, sendo as ações com voto plural uma categoria especial de ações, as mesmas ficam sujeitas a tal regime. Isto reflete-se em matérias diversas como a sujeição a regras especiais de emissão ou, mais diretamente, na necessidade de, como resulta do art. 24º, subordinar a deliberação de assembleia especial dos acionistas da respetiva categoria a supressão ou limitação dos direitos especiais de voto, naquilo que representa uma forma de proteção de um direito que é consagrado como especial. Já no caso das ações de lealdade não é assim, o que também é consequência da estrutura não objetivada da majoração do voto[76]. Da mesma forma que a sua

[75] O desenho das ações de lealdade tem como função essencial recompensar os acionistas pela detenção da posição durante um período alargado e, claro, atrair investidores interessados nessa recompensa; tudo com o objetivo de alinhar os interesse dos acionistas com os interesses de médio e longo prazo da sociedade. Esta função depende do pressuposto, que não é absolutamente consensual (sobretudo não é consensual que ocorra em todos os casos), de que os acionistas de longo prazo são benéficos para a sociedade e os acionistas de curto-prazo são prejudiciais. Mas, para além disto, estão presentes outras funções, em particular a constituição de posições de voto mais representativas como forma de incentivar os acionistas a cumprir a sua função de vigilância e monitoramento (ou, visto de outra perspetiva, a compensar os custos emergentes dessas funções).

[76] Do que escrevemos retira-se que nem a capacidade ou potencialidade de majoração do voto, reunidos os respetivos pressupostos, nem sequer a própria majoração do voto, uma vez efetivada, fazem com que as ações em causa formem uma categoria especial. Não significa, obviamente, que o regime das ações de lealdade não possa ser aplicado da mesma forma a ações ordinárias e a ações que, por qualquer outra razão, componham uma categoria especial (assumimos a sua aplicação a ações ordinárias apenas por facilidade de referência), sendo que, uma vez tendo as ações de categoria especial o seu voto majorado, não é isso que implica a perda do estatuto – não é a majoração que

consagração depende apenas da competente previsão estatutária, bastará uma deliberação da assembleia geral, tomada pela mesma maioria, para limitar ou suprimir a respetiva regra.

Por fim, cabe referir que produzem diferentes efeitos no que respeita à liquidez[77]. As ações de categoria especial com voto plural permitem a manutenção do controlo da sociedade com menos ações; isto tem, como decorrências, que, por um lado, o grupo fundador pode, no momento do IPO e subsequentemente, vender mais ações, e que em menor medida a sua posição de controlo será afetada por diluição. Assim, em normalidade de circunstâncias, a existência destas ações terá como efeito o aumento do

---

faz com que as ações constituam uma categoria especial, mas também não é a majoração do voto que retira essa qualidade a ações que já mereçam tal qualificação. As ações de categoria especial que tenham o seu voto majorado continuarão a ter a garantia de que apenas por deliberação de assembleia especial poderão ser suprimidos ou coartados os direitos especiais que justificam a consagração da categoria especial de ações.

[77] São ainda pouco claros os efeitos das ações de lealdade na liquidez do título, muito embora existam vários estudos que apontam no sentido que referimos no texto e que pode ser considerado intuitivo (apontam-se ainda outros efeitos, em particular no que respeita ao aumento da volatilidade). Vd., por exemplo, Patrick Bolton e Frédéric Samama, "Loyalty-shares: Rewarding long-term investors", *JoACF* 25, no. 3 (2013); Mark J Roe e Federico Cenzi Venezze, "Will Loyalty Shares Do Much for Corporate Short-Termism?", 472; François Belot, Edith Ginglinger et al., "Encouraging long-term shareholders: The effects of loyalty shares with double voting rights", *Université Paris-Dauphine*, no. 3475429 (2019), 3-4. Diga-se, em todo o caso, que a questão não é de resposta unívoca; bem pelo contrário. Primeiro, porque para alguns acionistas a majoração do voto, não sendo transmissível com as ações, não tem qualquer valor económico ou político – será o caso típico do pequeno acionista sem qualquer capacidade de influência efetiva nas deliberações da assembleia geral e que, tipicamente, estaria e estará ausente da reunião da assembleia. Segundo, porque o acionista que adquire participação na sociedade com o objetivo de influenciar no curto ou médio prazo o sentido de voto – é o caso típico do investidor institucional ativista – será forçado a reunir uma participação acionista maior, e nessa medida a reduzir o *free flow*, porque o facto de outros, mas não ele, terem acesso à majoração de voto, gera uma diluição do poder de voto em ações não majoradas. Terceiro, porque o acionista controlador – seja controlador por ter a maioria do capital ou dos votos, seja controlador por exercer de facto essa influência – não estará normalmente disponível para alienar parte da sua posição, desde logo porque isso o deixaria fragilizado (já que outro, com posição equivalente, pode no futuro vir a beneficiar da majoração e a disputar o controlo), mas, sobretudo, porque a transmissão da posição de controlo significaria a perda da majoração, ou seja, transformar-se-ia num valor não apropriável e não monetizável. Quarto, porque nos casos em que, excecionalmente, o controlador esteja na disposição de libertar ações para o mercado em função da majoração atribuída às ações que mantém, ficando assim o seu controlo a depender da majoração de votos, a normal eficiência do *market for corporate control* fica comprometida, já que uma tentativa de aquisição do controlo por terceiro implica um inevitável desalinhamento de incentivos, uma vez que o terceiro está a oferecer um preço por ações ordinárias (porque é assim que ele as recebe na sua esfera jurídica) e o controlador estará a avaliar um preço que para si, e só para si, é de controlo.

free float. Já com as ações de lealdade o efeito é intuitivamente diferente, uma vez que os incentivos estão alinhados para que os acionistas retenham a participação[78].

V. É possível conceber outras tipologias de ações com voto plural para além das duas categorias identificadas, como acontece nos casos de a atribuição do voto desigual resultar, não de uma condição certa, como nas ações de lealdade, mas de uma condição (ou também de uma condição) incerta – por exemplo, o anúncio preliminar de uma oferta não aprovada pela administração da sociedade –, ou em casos em que o número de votos vá sendo alterado, por majoração, minoração ou ambas, em função de termos ou condições estipulados à partida. Sem prejuízo de limitações de direito positivo que possam existir, todas estas variantes podem ser conjugadas com as duas tipologias identificadas – por exemplo, pode uma ação de lealdade, uma vez atribuído o voto majorado, passar a representar uma categoria especial, caso em que nasce como ação de lealdade e se converte em ação de categoria especial com voto plural, ou pode uma ação com voto plural perder esse direito especial após o decurso de um período ou verificadas certas condições, caso em que nasce como ação de categoria especial com voto plural e se converte em ação ordinária. Esses casos terão em comum a existência ou a previsão de ações votantes com direitos de voto desiguais face às ações votantes restantes (ou face a algumas das ações votantes restantes); terão de diferente os termos em que a atribuição de tais direitos desiguais é construída.

[78] Apesar da falta de justificação, não é difícil concluir, vendo o sentido geral de enquadramento do diploma, que esta será provavelmente a razão mais determinante para que a revisão do CVM tenha previsto a consagração de ações de categoria especial com voto plural, mas não de ações de lealdade.

II
O contexto

3. O primeiro problema de agência

I. A relação entre a detenção do capital e a repartição de poder na sociedade anónima está estabelecida há muito e, pelo menos, nos mesmos termos em que a ponderamos hoje, desde 1932, com a obra clássica de *The Modern Corporation and Private Property*[79].

O tema central da conhecida obra é o divórcio entre a detenção de capital e o controlo das sociedades. Berle e Means verificam as profundas transformações ocorridas na economia dos EUA na passagem para as primeiras décadas do século XX e o seu impacto no modelo de sociedade comercial – das designadas *closely held corporations,* pequenas entidades com o capital detido por um grupo limitado de sócios, geridas pelos próprios ou pelas pessoas por eles designadas e limitadas no crescimento pela escassez de riqueza dos seus controladores; para as *widely held corporations*, grandes sociedades anónimas com o capital disperso e com ações admitidas à negociação em mercado regulado[80].

---

[79] A primeira edição é, como referido, de 1932 – Adolph Berle e Gardiner Means, "Private property and the modern corporation", *New York: Mac-millan* (1932) – embora a obra tenha sido objeto de uma segunda edição, em 1967, revista. Existem várias traduções (da edição de 1967), sobretudo brasileiras. São incontáveis as recensões críticas e investigações históricas (e outras) sobre esta obra. Vd., por exemplo, Robert Hessen, "The modern corporation and private property: a reappraisal", *JLE* 26, no. 2 (1983).

[80] A distinção entre *closely* (ou *privately*) e *widely held corporations* é sobretudo uma decorrência das características de uma e de outra e, nesse sentido, não é propriamente uma diferença de estatuto jurídico e, menos ainda, de tipo (sem prejuízo, anota-se que existem diferenças de regime jurídico

Sendo chamada a atenção para a prevalência (relativa) nos Estados Unidos de sociedades anónimas com dispersão do capital[81], daqui resulta que, estando os acionistas limitados na sua capacidade efetiva de influenciar o rumo da sociedade, o controlo sobre o seu destino acabe por ficar nas mãos dos administradores, os quais, detendo participações imateriais, ficam colocados numa posição estratégica que lhes assegura o poder efetivo sobre a sociedade – por um lado, porque a sua condição de administradores os coloca no centro da representação da sociedade; por outro lado, porque, dessa posição resulta o controlo da estrutura de representação nas assembleias gerais da sociedade *(proxy system)*, em termos tais que nenhum outro acionista se lhes consegue opor.

Berle e Means consideram então que os acionistas, face à sua reduzida capacidade de influenciar os destinos sociais, aceitam trocar a posição de proprietários da sociedade[82] através da detenção do seu capital pela posição

que decorrem desde logo do facto de o regime das *closely held corporations* resultar dominantemente de regras estaduais e do MBCA, quando as *widely held corporations* já são objeto de muita regulação federal e, sobretudo, de mimetismo de regras de estados como o Delaware). De forma simples, caraterizam-se as primeiras por terem um número limitado de acionistas e as segundas por terem o capital disperso e mais de 500 acionistas; caraterizam-se as primeiras por terem uma gestão informal, com forte interferência acionista e não especializada e as segundas por terem uma administração independente e especializada; caraterizam-se as primeiras por terem acionistas homogéneos com interesses semelhantes e as segundas por terem acionistas com interesses muito diversificados; caraterizam-se as primeiras por não darem aos acionistas liquidez para vender as suas ações (e, pelo contrário, pela habitual presença de restrições à transmissão das ações) e as segundas por terem as suas ações admitidas à negociação em mercados regulamentados; e ainda caraterizam-se as primeiras por muitas vezes poderem ser tributadas em transparência, ao contrário das segundas que são sempre tributadas de forma autónoma. Vd., por todos, Alan R Palmiter, *Corporations: examples and explanations* (Aspen Publishers Online, 2018), 548 e ss.; Robert A Ragazzo, "Toward a Delaware Common Law of Closely Held Corporations", *Wash. ULQ* 77 (1999). Neste sentido, a distinção é diferente de outras de jaez mais institucional como a que, no direito britânico, distingue as *public* e as *private companies*, em que, apesar de não haver propriamente uma regulamentação separada e autónoma, existe uma diferença de estatuto jurídico. Vd. Paul Davies e Sarah Worthington, *Gower's Principles of Modern Company Law* (London: Sweet & Maxwell, 2016), 12 e ss.

[81] O estudo anota que num número muito significativo de sociedades cotadas norte-americanas (1929) não havia acionistas detentores de mais de 1% do capital social e que, entre 44% das sociedades objeto da amostra, a dispersão de capital era tal que inviabilizava mesmo uma concertação entre os principais acionistas que gerasse uma posição de controlo. Alguns exemplos usados são especialmente impressivos, como o caso da *Pennsylvania Railroad Company*, em que a agregação dos seus vinte maiores acionistas não perfazia sequer 3% do capital social.

[82] Vd. *infra* 7. Claro que, por nenhuma perspetiva, os acionistas são titulares de um direito de propriedade sobre a sociedade (ou sequer sobre os seus ativos), sendo antes titulares de um direito de

de meros recebedores de lucros. Os administradores, por seu turno, exercem os seus poderes de administração e disposição dos recursos da sociedade com um grau de liberdade que nunca existiria se o capital estivesse mais concentrado.

Daqui emerge o conceito clássico de separação entre a propriedade do capital social *(ownership)* e o efetivo controlo sobre a sociedade *(control)*, e que está na génese daquilo a que os autores chamam de *sociedade quase-pública* – sociedades anónimas de dimensão significativa que captam fundos do público. A separação entre os atributos da propriedade e o controlo é descrita como uma inevitabilidade emergente da própria dinâmica do mercado[83], pois tendo a grande sociedade necessidades crescentes de recorrer aos mercados através de captação de investimento do público para financiar a sua atividade, daí resulta a cada vez maior dispersão do capital e o aumento e a solidificação do poder dos administradores.

Como os interesses dos administradores e dos acionistas não são sempre coincidentes – pelo menos, quando não sejam uma única pessoa ou entidade – ocorre um conflito de interesses que, com uma estrutura de capital dispersa, pende para a posição do administrador. Por outro lado, deste conflito emerge uma ineficiência da grande sociedade anónima – os administradores não têm especial incentivo em ser eficientes, pois não quinhoam nos lucros gerados por essa maior eficiência; os acionistas, que seriam aqueles mais favorecidos com o aumento da eficiência, acabam por não poder controlar a forma como a sociedade é gerida pois entregaram essa condução aos administradores[84].

---

propriedade sobre frações representativas do capital da sociedade – as ações, no caso das sociedades anónimas. Como acionistas, são investidos numa posição jurídica complexa que importa deveres e direitos; um desses direitos é, precisamente, o direito de voto em assembleia geral, o qual consome a capacidade de intervenção do sócio – enquanto tal – na condução dos destinos da sociedade (salvo situações marginais e excecionais como seja, por exemplo, a legitimidade para atuação judicial em algumas situações). A referência ao direito de propriedade do acionista sobre a sociedade é, no entanto, bastante comum em alguma literatura económica.

[83] Os mercados de capitais são descritos simultaneamente como indutores do processo e como instrumentos com soluções para alguns dos problemas identificados – são os mercados de capitais que permitem proceder à avaliação sistemática da capacidade de geração de lucros e das perspetivas futuras da sociedade *market as appraisals)* e são os mercados que decidem em última instância sobre a sobrevivência ou liquidação da sociedade *(markets as liquidators)*. Deste modo, é a liquidez das ações que permite que a cotação se transforme numa real medida do valor da sociedade; isto, claro, assumindo que o mercado funciona de forma transparente, com profundidade e sem permitir movimentos de especulação ou manipulação.

[84] *The Modern Corporation and Private Property* marcou o desenvolvimento do tema a partir da perceção da separação entre a detenção do capital e o controlo efetivo da sociedade, servindo de pedra

II. O trabalho de Berle e Means teve efeitos profundos no desenvolvimento da análise de *corporate governance* no séc. XX e fixou durante várias décadas o paradigma do que se veio a denominar de "problema de agência" da moderna sociedade anónima[85], marcando a literatura

---

fundadora para aquilo que hoje designamos *corporate governance*. A obra vai, no entanto, muito para além deste abundantemente citado conceito, sendo inovadora em vários outros aspetos – desde logo, o trabalho é inovador nos termos em que é expresso, sendo a metodologia de trabalho, tanto quanto as conclusões, revolucionária e inovadora. Berle, Professor de Direito Comercial na Universidade de Columbia, verificando que não lhe era possível realizar um estudo fundamentado sobre a distribuição de poder nas sociedades cotadas norte-americanas sem que antes fossem realizados o tratamento estatístico da informação de base e a sua análise económica, associou-se a Means, Professor de Economia da mesma Universidade. Destas duas intervenções resultou a metodologia inovadora que marcou os desenvolvimentos subsequentes desta área de trabalho – primeiro, pela análise empírica e tratamento estatístico que ancora as conclusões do trabalho; segundo, pela interdisciplinaridade que atravessa todo o estudo. No Prefácio da edição de 1932, Berle explica que Gardiner Means foi contratado para conduzir "uma exaustiva análise estatística e económica da situação, sendo a teoria que um advogado e um economista trabalhando lado a lado poderiam conduzir a um resultado melhor que aquele que teriam se cada um trabalhasse de forma individual". A sua contribuição pode ser sobretudo encontrada nos primeiros quatro subcapítulos do primeiro capítulo com gráficos estatísticos que visam demonstrar a crescente dispersão das sociedades cotadas nos Estados Unidos e o nível de concentração de riqueza nas maiores sociedades norte-americanas, sendo documentado que em 1930 as duzentas maiores sociedades não financeiras controlavam 49% de toda a riqueza detida por sociedades nos Estados Unidos.

[85] Michael C Jensen e William H Meckling, "Theory of the firm: Managerial behavior, agency costs, and ownership structure", *Economics social institutions* (1979). As designações "problema de agência" e "custos de agência" (que curiosamente nunca são usadas por Berle e Means) são traduções diretas das expressões inglesas "*agency problem*" e "*agency costs*", que se vulgarizaram, e referem-se às situações em que uma das partes de uma relação jurídica tem uma atuação por conta de outrem, ou seja, em que atua com a intenção de repercutir na esfera jurídica de terceiro os efeitos do seu comportamento (independentemente de, ao fazê-lo, atuar em representação do principal ou em nome próprio). O problema económico suscitado pela atuação por conta de terceiro expressa-se pela constatação de que o mandatário não tem necessariamente interesses coincidentes (ou sequer alinhados) com os do mandante, havendo assim a necessidade de, por mecanismos legais ou contratuais, vigiar a forma como executa o seu mandato para evitar que outros interesses – que não aqueles que deve servir – sejam prosseguidos pela conduta em causa. O conceito de agência e os seus elementos estão hoje fortemente estabilizados nos Estados Unidos a partir da definição usada no caso *Gay Jenson Farms Co. v. Cargill, Inc.* (309 N.W.2.d 285, Minn. 1981). Também no direito inglês o conceito de *agency*, englobando quer estruturas com representação, quer outras sem representação, está estabilizado há muito. Assim, a ser adaptada a noção ao conceito paralelo de direito português, melhor calharia falar de "mandato" em sentido amplo que de "agência", pois o conceito retira do mandato a atuação por conta da contraparte, a contratualização e o poder de direção, nada retirando, evidentemente, do universo dos contratos de distribuição. Referimo-nos a "mandato" em sentido amplo já que se sabe que o conceito de mandato pressupõe a realização de um *ato jurídico* por conta de outrem e, claramente, essa particularização não representa elemento aqui necessariamente presente. Vd.

subsequente[86]: a ponderação sobre a estrutura de repartição de poder na sociedade anónima e sobre os instrumentos necessários para que esse poder seja controlado e equilibrado[87]. De igual modo, o seu trabalho influenciou a metodologia de investigação, pois esta análise passou a derivar do conhecimento dos termos de detenção do capital – e, efetivamente, os diferentes sistemas de *corporate governance* são, antes de mais, sistemas de repartição da propriedade do capital das grandes sociedades anónimas.

III. É intuitivo assumir que os interesses e dos administradores e dos acionistas são muitas vezes divergentes. Partindo do princípio de que os administradores e os acionistas atuarão habitualmente seguindo o seu próprio interesse, e que assumirão que o outro grupo fará o mesmo, daqui emergirá um conflito de interesses que é caracterizado na literatura moderna, especialmente na norte-americana, como um problema de relação "agente-principal". O principal – o acionista –, sendo titular do capital e recebedor último dos ganhos gerados pela sua participação (e aquele que, apesar da responsabilidade limitada, assume as perdas que dessa participação possam resultar), não tem acesso direto à administração, não tendo sequer os mesmos

---

Fernando Pessoa Jorge, *O mandato sem representação* (Almedina, 1961; reimpressão 2001), 19-20; José Engrácia Antunes, "A titularidade por conta de participações sociais – Breve apontamento", *DSR* (2018), 51-71. Em todo o caso, não nos parece justificar-se afastar a utilização da expressão popularizada (até porque a mesma não tem, no direito português, conotações erróneas como as que existem em sistemas que associam a agência ao mecanismo da representação).

[86] Pensamos sobretudo nas obras de referência: William J Baumol, "Business behavior, value and growth", (1959); Edith Penrose, *The theory of the growth of the firm* (Oxford UP, 2009) (primeira edição de 1959); Robin Marris, *The economic theory of managerial capitalism* (Macmillan, 1964); Oliver E Williamson, *The economics of discretionary behavior: Managerial objectives in a theory of the firm* (Prentice-Hall, 1964); Michael C Jensen e William H Meckling, "Theory of the firm: Managerial behavior, agency costs, and ownership structure"; Eugene F Fama, "Efficient capital markets: A review of theory and empirical work", *JoF* 25, no. 2 (1970); Armen A Alchian e Harold Demsetz, "Production, information costs, and economic organization", *AER* 62, no. 5 (1972). Os exemplos poderiam ser facilmente multiplicados.

[87] A influência que esta análise teve na literatura subsequente – que acabamos de exemplificar e que se sente de forma direta ainda hoje – é incontestável. Mas também lhe são apontadas algumas limitações e pilares de críticas que oscilam sobretudo em torno de dois conjuntos de matérias diferentes. Por um lado, aponta-se que a premissa de que o agente, em particular a administração, atua sempre segundo critérios de comportamento oportunistas não é realista e, para além do mais, revela uma premissa disfuncional que acaba por isso por se transformar numa *self-fulfilling prophecy*; segundo, aponta-se que ao focar toda a atenção na relação entre os acionistas e os administradores se deixa na sombra todos os outros participantes na complexa organização que é a empresa. Vd. por exemplo Axel von Werder, "Ökonomische Grundfragen der Corporate Governance", 8-9.

conhecimentos e a mesma informação que têm os administradores. No entanto, pretende que a administração atue da maneira mais eficiente possível para maximizar os seus ganhos; para isso, mandata os administradores para, por sua conta, gerirem a sociedade. A divergência de interesses e expectativas gera tensões entre aqueles que exercem o controlo efetivo e aqueles que são detentores do capital.

Estas tensões e conflitos de interesses obrigam a que o mandato conferido aos administradores seja devidamente vigiado. Dir-se-ia que esta vigilância emerge como consequência da própria estrutura orgânica da sociedade anónima, desenhada para, exatamente, limitar ou anular, na medida do possível, este problema de agência. O administrador tem deveres de conduta fixados legalmente e é o acionista que, através da assembleia geral, tem poderes para nomear ou destituir (até, sendo o caso, sem justa causa) os administradores (o que não significa, obviamente, que a organização da sociedade anónima esteja construída numa lógica *von oben nach unten* que atribua aos acionistas poderes ilimitados; não é, de todo, o caso). Os custos e as ineficiências desta monitorização correspondem em termos económicos ao conceito de "custo de agência" – o custo incorrido por aqueles que vigiam a atuação dos administradores com o objetivo de estes atuarem de forma diligente, não conferindo prioridade aos seus interesses sobre aqueles do principal.

Existem custos de agência em qualquer relação de agência – faz parte da definição do problema que a estrutura económica da relação cria incentivos para o agente atuar de forma oportunista e que o valor da sua atuação seja reduzido pelos custos de monitorização. No entanto, se esta é uma característica de todas as relações de agência, é inegável que quanto maior for a complexidade da atuação do agente e a sua liberdade de decisão maiores serão os custos de agência[88] e, em regra, como decorrência aritmética, quanto maiores forem estes custos menor será, do ponto de vista do principal, o valor da conduta do agente.

No entanto, a dispersão do capital coloca o problema em termos diferentes. O pequeno acionista, sobretudo se atuando de forma independente, tem pouco ou nenhum incentivo em incorrer nestes custos e assumir a função de

[88] Para desenvolvimentos sobre a formulação económica dos custos de agência, vd. o estudo clássico Stephen A Ross, "The economic theory of agency: The principal's problem", *AER* (1973), 134-139; Serdar Inci, *Shareholder Engagement: Chancen, Risiken und Kompatibilität mit der deutschen Corporate Governance* (Nomos Verlag, 2018), 28-29.

vigilância da administração[89]. Primeiro, porque este acionista é detentor de uma pequena parcela do capital social e os direitos associados à sua posição são, por isso, limitados. Segundo, porque sendo a sua participação pequena, também é limitada a sua exposição ao risco (e ao ganho de eficiência que, sendo otimista, potencialmente resultará da sua intervenção), sobretudo quando temos em consideração as regras sobre limitação da responsabilidade e a eventual diversificação de riscos que pode resultar da composição da sua carteira. Terceiro, porque o acionista não está encerrado na estrutura de capital daquela concreta sociedade, tendo à sua disposição, em qualquer momento, a possibilidade de alienação em mercado da sua participação social. Assim, é fácil assumir que o custo em que incorreria um pequeno acionista para vigiar a atuação do conselho de administração seria, em regra, superior aos ganhos. Mais: essa atuação, desenvolvida por um acionista, beneficiaria em termos finais todos os acionistas da sociedade. Por isto, a apatia transforma-se numa conduta racional[90] a partir daquilo que se chama *free-rider problem* – pelas razões indicadas, é mais racional para o acionista prosseguir o seu caminho "à boleia" da vigilância que é (provavelmente) exercida por outros, do que a alternativa de encetar uma conduta própria de vigilância, assumindo os respetivos custos.

IV. Várias forças externas atuam no sentido de prevenir ou limitar que os titulares de cargos de gestão exerçam a sua atividade intensificando os conflitos de interesses. Atuam nesse sentido, desde logo, pressões ao nível da sociedade – procedimentos de monitorização internos – e mecanismos externos que apelam à possibilidade de sucesso de uma aquisição hostil, com os inerentes resultados de alteração do controlo e de composição do

---

[89] Andrei Shleifer e Robert W Vishny, "Large shareholders and corporate control", *JPE* 94, no. 3, Part 1 (1986). A estrutura descrita gera um óbvio incentivo para a existência de alianças entre acionistas como forma de repartição dos custos de uma atuação mais ativista e, veremos adiante, este incentivo é muitas vezes consumado quando estamos perante incentivos com objetivos e formas de atuação compatíveis. Vd. Alex Edmans e CG Holderness, "Blockholders: A survey of theory and evidence", *ECGI* (2016).

[90] A racionalidade da conduta do agente significa, de forma simples, três coisas. Primeiro, que os agentes escolhem entre opções estáveis, completas e transitivas. Segundo, que o agente vai ordenar as alternativas de comportamento em função da maximização da sua utilidade. Terceiro, que só vai optar por uma das alternativas se esperar benefícios superiores aos custos. Para desenvolvimentos vd., por todos, Ronald H Coase, "The problem of social cost", in *Classic papers in natural resource economics* (Leipzig: Springer, 1960), 11-25. A *apatia racional* é construída a partir destas três dimensões, mas, claro, ganha especial significado na terceira.

órgão de administração. Estas pressões são, no entanto, de eficácia desigual e produzem um resultado imperfeito. Daí que a lei seja chamada a conformar a matéria por um conjunto variado de modos.

Desde logo, depõe nesse sentido a possibilidade de substituição dos administradores (e também, em diferente medida, de outros altos gestores). A força efetiva desta pressão variará de sociedade para sociedade (de nível de gestão para nível de gestão, de mercado para mercado, de cultura empresarial para cultura empresarial), dependendo afinal da capacidade efetiva de os acionistas, administradores, credores ou outros agentes exercerem pressão suficiente para conduzir à efetiva substituição dos membros menos eficientes; no caso do direito português depende, sobretudo, da capacidade de um acionista ou grupo de acionistas reunirem a maioria necessária em assembleia geral para promover a substituição do administrador. Em segundo lugar, temos a pressão que emerge do valor de mercado das ações da sociedade e da possibilidade acrescida que uma cotação baixa tem de incentivar o lançamento de uma OPA (ou de permitir outra forma de tomada do controlo). No longo prazo, uma sociedade mal gerida tem – deve ter – um valor de mercado inferior àquele que teria se a sua gestão fosse mais eficiente. Daqui resultam dois efeitos. Primeiro, resulta uma pressão sobre os administradores para que tenham uma gestão eficiente, fazendo com que os custos de levantamento de capital e de acesso a crédito bancário sejam os menores possíveis. Segundo, demonstra a teoria financeira que uma sociedade mal gerida terá um valor de mercado que a torna atraente para que um terceiro, mesmo pagando um prémio de controlo, adquira uma posição significativa do seu capital social e assuma o seu controlo efetivo, propiciando uma melhor gestão da mesma que lhe permita dar retorno adequado ao investimento realizado[91]. O efeito é uma

[91] A afirmação está apresentada de forma propositadamente vaga. Para desenvolvimentos, vd. por exemplo M Weiberg e M Blank, *Weinberg and Blank on takeovers and mergers* (Sweet & Maxwell, 1979), 24-39. Claro que se admite a existência de casos em que, por razões internas (projetos em que a sociedade esteja envolvida, caraterísticas dos ativos de que seja titular, estrutura fiscal e, em particular, valorização de prejuízos fiscais, por exemplo) ou por razões externas (condicionantes de mercado que, por qualquer razão, valoriza excessivamente um setor económico em que a sociedade se encontra, por exemplo), a sociedade mal gerida (ou menos bem gerida) tenha um valor de mercado que não justifique a aquisição do controlo por terceiro que acredite ser capaz de melhor a gerir. Por outro lado, não se exclui que o efeito inverso possa ocorrer, resultando de uma queda do valor das cotações (para a qual a administração pode ter contribuído muito pouco) o aumento do custo da dívida, por exemplo por *downgrading* do *rating*, sendo assim causado um efeito contrário. Finalmente, salienta-se que o que se escreve assume uma ideia (que não tem de ser irrestrita) de eficiência do mercado, que implica a existência de uma correlação positiva entre a qualidade da

gestão, a informação respetiva (e a forma como a mesma é percebida pelos destinatários) e a cotação de mercado das ações. A hipótese de eficiência do mercado é uma das propostas centrais da teoria financeira – com inquestionável influência no mundo jurídico e na arquitetura de regulação do direito dos valores mobiliários – nas últimas décadas e, simplificando, assenta em três pressupostos. Primeiro, que os investidores são racionais e tendem a avaliar racionalmente os investimentos. Segundo, que na medida em que não sejam racionais irão definir o seu investimento com bases aleatórias, de onde resulta que os comportamentos de uns irão neutralizar os comportamentos de outros, sem assim afetarem a formação dos preços. Terceiro, que na medida em que os investidores não sejam racionais, a sua influência sobre os preços será eliminada por investidores racionais que irão arbitrar os preços. Ora, sabe-se que a teoria da eficiência do mercado, apesar da sua enorme popularidade e influência, está longe de ser incontestada. Primeiro, não é incontestada nos seus fundamentos, sendo que as doutrinas das finanças comportamentais *(behavioural finance)*, com autores como Andrei Shleifer ou Donald Langevoort à cabeça, recolocaram a questão em moldes diametralmente opostos. Para estas doutrinas, alguns fenómenos são mais bem compreendidos com o pressuposto que os agentes não são plenamente racionais (é o que acontece, por exemplo, em casos de sobreconfiança nas próprias capacidades) ou, melhor dizendo, alguns modelos são mais esclarecedores se assumirem ineficiências na formação da vontade dos agentes de mercado. Por isso, de forma simples, os mercados serão ineficientes quando os investidores atuarem irracionalmente e/ou quando surgirem padrões generalizados de comportamento irracional; e existem limites para os efeitos da arbitragem de preços, em particular custos e riscos de transação, que não permitem *sempre* aos investidores racionais explorar os padrões de comportamento irracional de outros investidores. Segundo, a teoria da eficiência do mercado, como cada vez mais se aceita de forma evidente, não é merecedora de uma resposta binária, havendo níveis diferentes de eficiência em função de fatores vários como, por exemplo, os níveis de acesso à informação (e custos inerentes), ou a profundidade e liquidez do mercado; isso é especialmente relevante quando analisamos mercados como o nacional e o contrapomos, por exemplo, ao mercado norte-americano. Sobre este último tema, que levou aliás a uma revisão da hipótese, vd. por exemplo Sanford J Grossman e Joseph E Stiglitz, "On the impossibility of informationally efficient markets", *The American economic review* (1980). Para um resumo destas críticas vd. por exemplo Katja Langenbucher, *Aktien und Kapitalmarktrecht* (Verlag CH Beck, 2019), 12-13. Sem prejuízo do que antecede, a afirmação feita no texto está no coração do funcionamento do *market for corporate control* e do conceito de concorrência entre alternativas de gestão, acabando por inspirar, por exemplo, alguns dos traços essenciais do regime das OPA (por exemplo, as regras de contrapartida mínima em caso de OPA obrigatória) e do sistema de divulgação de informação por parte das sociedades cotadas e demais agentes dos mercados. Vd. por exemplo Michael C Jensen e Richard S Ruback, "The market for corporate control: The scientific evidence", *Journal of Financial Economics* 11, no. 1-4 (1983); Eilís Ferran, *Building an EU securities market* (Cambridge University Press, 2004), 127-207; W Shuangge, "Shareholder Primacy and Corporate Governance: Legal Aspects, Practices and Future Direction", (2013)15-20; Michael Metten, *Corporate Governance*, 25-28; Troy A Paredes, "Blinded by the light: Information overload and its consequences for securities regulation", 4-12; Alejandro Fernández Gómez-Acebo, "Reflexiones acerca del papel de los controles externos sobre gobierno corporativo de la sociedad cotizada y el derecho preventivo de las crisis empresariales", in *Gobierno corporativo y crisis empresariales* (Marcial

pressão para que as sociedades sejam, em cada momento, controladas por aqueles que estão habilitados a maximizar o seu valor (muito embora existam algumas pressões que impedem ou limitam este movimento).

E, naturalmente, concorrem no mesmo sentido as regras legais conformadoras da atuação da administração, sejam aquelas que incidem diretamente sobre as pessoas que ocupam os cargos, como a estruturação dos seus deveres fiduciários, a montagem de um sistema de remuneração que alinhe, tanto quanto possível, os interesses de médio e longo prazo da sociedade com aqueles dos administradores, as regras de responsabilidade ou aquelas que visam regular os casos de conflito de interesses, sejam aquelas que visam assegurar ou incentivar, na medida do possível, o controlo pelos acionistas, como as regras que incentivam a participação na assembleia geral ou, ainda, as definições de competências da assembleia, como, por fim, aquelas que visam criar recursos orgânicos de controlo que funcionem da forma mais eficiente possível.

Pons, 2006), 67-78; entre nós, por exemplo, Paulo Câmara, "Os deveres de informação e a formação de preços no mercado de valores mobiliários", *Caderno do Mercado de Valores Mobiliários* (1998), 81-92; Madalena Perestrelo de Oliveira, *Tutela do investidor perante o emitente no mercado de capitais: um modelo dinâmico de proteção*, 68-75; João Cunha Vaz, *As OPA na União Europeia face ao novo código dos valores mobiliários* (Almedina, 2000), 32-36; A. Barreto Menezes Cordeiro, *Manual de direito dos valores mobiliários* (Almedina, 2018), 90-94. Os estudos ainda hoje exibem resultados pouco coerentes quanto à hipótese de eficiência do mercado, ou seja, de o preço das ações refletir em cada momento toda a informação disponível, a que se fez referência (e, mesmo quando se admite que o preço das ações reflete a informação disponível, avaliar até que ponto o reflete, ou seja, qual a relação entre a volatilidade e os referentes de mercado; o trabalho de Shiller de 2003 que citamos no final desta nota e, mais ainda, Robert J Shiller, "Alternative tests of rational expectations models: The case of the term structure", *Journal of Econometrics* 16, no. 1 (1981), são, neste ponto, centrais). O trabalho clássico é Eugene F Fama, "Efficient capital markets: A review of theory and empirical work". Vd. ainda Paul Beaudry e Franck Portier, "Stock prices, news, and economic fluctuations", *AER* 96, no. 4 (2006); David M Cutler, James M Poterba et al., *What moves stock prices?*, NBER (1988); Eilís Ferran e Look Chan Ho, *Principles of corporate finance law*, 60 e ss; Franck Jovanovic, "A comparison between qualitative and quantitative histories: the example of the efficient market hypothesis", *Journal of Economic Methodology* (2018). Sobre a teoria das finanças comportamentais e a sua contraposição aos fundamentos da teoria de eficiência do mercado, vd. Andrei Shleifer, *Inefficient markets: an introduction to behavioural finance* (Oxford UP, 2000); Donald C Langevoort, "Taming the animal spirits of the stock markets: A behavioral approach to securities regulation", *Nw. UL Rev.* 97 (2002); Nicholas Barberis e Richard Thaler, "A survey of behavioral finance", *Handbook of the Economics of Finance* 1 (2003); Robert J Shiller, "From efficient markets theory to behavioral finance", *Journal of economic perspectives* (2003).

V. Se é certo que a formulação do problema de agência é generalizável a todas as sociedades comerciais[92], não é menos certo que, como resulta da sua formulação clássica, e como já referido, ele terá maior intensidade nas grandes sociedades anónimas com o capital disperso; é também por isto que os temas clássicos de *corporate governance* se desenvolveram na profícua interseção do direito societário com a regulação financeira. É aí que a delicada linha que relaciona os administradores com os acionistas falha porque, perante a dispersão das posições acionistas, os sócios não conseguem – ou não querem, por não lhes ser racional fazê-lo – monitorar adequadamente os administradores e, por isso, estes deixam de responder perante os acionistas pelos resultados da sua atuação, passando a concentrar um poder que fica suscetível a situações de abuso e de atuação em conflito de interesses.

O problema ganha contornos mais marcados nos Estados Unidos. Primeiro, porque as regras aplicáveis de direito societário norte-americano contêm ainda hoje os ingredientes para maximizar o problema ao estabelecer níveis de sindicância muito limitados ao padrão de diligência dos administradores e às decisões por eles tomadas por conta da sociedade, enquanto admitem regras de representação sistemática em assembleia geral através dos próprios administradores da sociedade. Pela primeira razão, a atuação do administrador torna-se quase insuscetível de vigilância judicial; pela segunda, os administradores têm o seu poder na assembleia aumentado. Em segundo lugar, a dimensão dos Estados Unidos e a dispersão da localização dos acionistas, assim como a proliferação de investidores estrangeiros, fazem com que

[92] Será assim, com a única exceção daquelas sociedades em que o sócio é, simultaneamente, o gerente ou administrador da sociedade participada (cenário em que, obviamente, não se justifica falar em problema de agência, muito embora surjam problemas de diferente natureza, tipicamente estudados no universo das *sociedades profissionais*). Note-se, no entanto, que, mesmo neste caso, o problema de agência terá tendência a surgir desde que o capital seja detido por mais que um sócio, ainda que estes sejam também os gerentes ou administradores, a não ser que o capital seja repartido de forma igualitária e as duas estruturas de decisão – assembleia geral e administração – funcionem de acordo com as mesmas regras. Em rigor, como antes referimos, cabe dizer que o problema de agência está até para além do universo das sociedades comerciais, correspondendo a um efeito existente em qualquer coordenação de vontades em que uma parte atue no interesse de outrem, ou seja, com a intenção de dirigir os efeitos da sua atuação para outra esfera jurídica; naturalmente que no caso das sociedades comerciais os efeitos são dirigidos para a própria sociedade e o interesse do principal é meramente indireto, na medida em que a criação de riqueza da sociedade lhe aproveita. Nas palavras clássicas de Fama e Jensen, o problema existe *when the decision managers who initiate and implement important decisions are not the major residual claimants and therefore do not bear a major share of the wealth effects of their decisions.* Eugene F Fama e Michael C Jensen, “Separation of ownership and control”, *JLE* 26, no. 2 (1983), 304.

a típica apatia dos acionistas no exercício dos seus direitos políticos ganhe aqui cores ainda mais expressivas. Em terceiro lugar, as regras geralmente aplicáveis nos Estados Unidos à relação entre os acionistas e a administração são significativamente diferentes daquelas aplicáveis em Portugal e em outros países europeus.

Avancemos com alguns exemplos, para se perceber a enorme distância que separa os sistemas[93]. Em Portugal e na generalidade dos países europeus, o poder de proceder a alterações estatutárias recai estritamente nos acionistas[94], sendo geralmente fixadas para o efeito regras especiais de *quora* constitutivo e deliberativo. Já na generalidade das legislações estaduais norte-americanas, as alterações estatutárias terão de passar pelo acordo, ou pela iniciativa, do conselho de administração[95]. Outro exemplo: em Portugal e na generalidade das legislações europeias, as assembleias devem ser convocadas quando o requeiram acionistas que representem entre 5% e 10% (5% em Portugal, nos termos do art. 375º do CSC, sendo que o n.º 1 do art. 23.º-A do CVM estabelece um patamar de 2% para sociedades cotadas) e podem esses acionistas propor a destituição de administradores, a qual é votada, normalmente, por regra de maioria simples. Não é assim na generalidade dos regimes norte-americanos, em que, por um lado, o direito de requerer a convocação da assembleia nos mesmos termos não existe e, por outro, as

---

[93] Para uma abrangente panorâmica das principais diferenças de regime (confrontando com o regime inglês), vd. Marco Becht, Julian Franks et al., "Returns to shareholder activism: Evidence from a clinical study of the Hermes UK Focus Fund", *RFS* 22, no. 8 (2009), 7 e ss.

[94] A lei consagra algumas, poucas, exceções. É o que, em particular, acontece com a possibilidade de a administração deslocar a sede da sociedade dentro do território nacional que é conferida pelo n.º 2 do art. 12º do CSC; é o que acontece também com a possibilidade de realização de aumento de capital deliberado pelo órgão de administração que é conferido pelo art. 456º do CSC. É incontestável, em todo o caso, que mesmo nesses casos o poder final parte das mãos dos acionistas – a possibilidade de deslocação da sede recai sobre o Conselho "salvo disposição em contrário no contrato da sociedade"; o poder de aumentar o capital apenas recai sobre a administração se o contrato de sociedade conferir essa autorização (devendo os acionistas estabelecer no contrato as condições para o exercício da competência e os termos essenciais do aumento de capital). De referir ainda, a um nível diferente, os requisitos de promoção pela administração de processos como a fuão (art. 98º) ou a cisão (art. 119º), muito embora a competência para a decisão final permaneça com os acionistas; estes casos de partilha de responsabilidade na alteração estatutária já estão mais próximos do que encontramos nas regras norte-americanas.

[95] Alan R Palmiter, *Corporations: examples and explanations,* 719 e ss. Essa é, aliás, a solução adotada pelo § 10 do MBCA e em estados centrais como o Delaware. Vd. ainda, com muitas críticas ao regime norte-americano, Lucian Arye Bebchuk, "The case for increasing shareholder power", *Harvard Law Review* 118 (2004).

regras sobre *staggered boards* fazem com que o afastamento de administradores seja mais difícil[96]. Os exemplos podiam facilmente ser replicados em matérias como o envolvimento dos acionistas em processos de OPA ou no próprio papel geral de acompanhamento das decisões de administração.

4. O segundo problema de agência

I. Usa-se também a expressão "problema de agência" para identificar dois outros conflitos – aquele que existe entre a posição do acionista controlador[97]

[96] As regras de *staggered boards,* por vezes também referidos como *classified boards,* passam por um sistema de renovação parcial do conselho por rotação, em que todos os anos, ou de dois em dois anos, se renova parte do órgão, mantendo os demais membros. Funcionalmente, este tipo de regras visa evitar ruturas abruptas na gestão e impor renovações mais frequentes do Conselho. Na prática, é uma medida que previne (ou, pelo menos, dificulta) tomadas de controlo hostis, sobretudo por via de *proxy fights,* já que obriga o novo controlador a, primeiro, prolongar no tempo a sua posição e, segundo, a conseguir a maioria em duas reuniões da assembleia. Trata-se de modalidade habitual nos EUA com alguma, menor, representatividade em países europeus como a França (em que, em todo o caso, não pode ser confundida com a diferente duração do mandato dos administradores eleitos pela assembleia e daqueles designados no contrato de sociedade, *administrateurs statutaires*). Alan R Palmiter, *Corporations: examples and explanations,* 720; Lucian Arye Bebchuk e Alma Cohen, "The costs of entrenched boards", *Journal of Financial Economics* 78, no. 2 (2005); Martin Lipton e Morris Panner, "Takeover bids and United States corporate governance", in *Contemporary issues in corporate governance* (Clarendon Press Oxford, 1993), 118-119; Mira Ganor, "Why do managers dismantle staggered boards", *Delaware Journal of Corporate Law* (2008); Nicoletta Ciocca, *Il voto di lista nelle società per azioni* (Giuffrè, 2018), 76-77; Michel Germain, Véronique Magnier et al., *Traité de droit des affaires: Les sociétés commerciales* (LGDJ Lextenso, 2014) 437-438; Manuel Requixa, "Administradores nomeados por minorias", in *Administração e governação das Sociedades* (Almedina, 2020), 115.

[97] O que seja qualificável como uma *posição de controlo* ou um *bloco de controlo* dependerá sempre de múltiplas variáveis, em particular do mercado de referência, das suas práticas em relação a presenças nas assembleias gerais e, claro, do nível de dispersão do capital social. Em todo o caso, a generalidade dos trabalhos que procedem a análises empíricas sobre este tema assumem como referência participações de, pelo menos, 5% do capital social – vd. Alex Edmans, "Blockholders and corporate governance", *Annual Review of Financial Economics* (2014) –, o que corresponde a um padrão apenas compatível com a experiência societária norte-americana. Na Europa – e em particular em Portugal – a participação de referência haveria sempre de ser bastante superior; isto sabendo que sempre merecerá essa qualificação uma participação de mais de metade dos direitos de voto correspondentes ao capital social. Diga-se que a concreta dimensão da participação, e as diferenças a este propósito de mercado para mercado, não afetam em nada a transposição das conclusões a que de seguida nos referiremos; o ponto relevante é que, independentemente da sua dimensão, essa participação conceda ao seu titular uma posição concreta de controlo – ou o acesso a essa posição – e isso tanto pode ocorrer, dependendo do contexto acionista, com 5% como com 25%. Note-se que, como resulta do que acabamos de escrever, nos estamos a referir a "acionista

controlador" numa aceção não formal. Duas notas suplementares são suscitadas a este propósito. A primeira, para notar que o regime português dá pouca relevância normativa a estes conceitos de *controlo* ou *domínio*, associando-lhes os limitados efeitos previstos nos arts. 486.3 e 487º (e 325º-A e 325º-B), no que não pode deixar de ser apontado como uma disfunção das nossas regras sobre grupos de sociedades; basta confrontar regras como as do § 311 a § 318 do AktG para perceber o espaço de regulamentação que foi deixado na sombra. Ao assumir como pedra basilar, para efeitos da estruturação do sistema, as regras do contrato de subordinação (e, por remissão, a situação de domínio total em que quer a sociedade dominante, quer a sociedade dominada, têm sede em Portugal), o sistema esquece os *grupos de facto*, estes mesmos a que nos referimos a propósito do segundo problema de agência, e que são provavelmente, na vida do dia a dia, aqueles em que o problema se coloca de forma mais premente – o acionista ou conjunto de acionistas que consegue eleger a lista vencedora para o conselho de administração coloca-se numa inquestionável posição de influência sobre a administração, que se reflete ao longo do mandato, desde logo pela posição de força relativa demonstrada no colégio acionista mas, sobretudo, pelo interesse presumível dos administradores em serem reeleitos (e, claro, pelo facto de a possibilidade de substituição depender da mesma maioria que foi necessária para os eleger). Segunda nota para assinalar que, além dos limitados efeitos associados ao *controlo de facto*, a própria noção de *influência dominante* que consta do n.º 1 do art. 486º do CSC é concretizada, no número dois do mesmo artigo, por presunções eminentemente formais que, mais uma vez, deixam de fora estes casos de *domínio de facto* que são, repete-se, aqueles em que há mais suscetibilidade de este problema ocorrer. Sobre o regime nacional (e sobretudo sobre a forma como o mesmo compara com regimes como, sobretudo, o alemão, o italiano e regimes anglo-saxónicos, vd. Ana Perestrelo de Oliveira, *Grupos de sociedades e deveres de lealdade: por um critério unitário de solução do «conflito do grupo»* (Almedina, 2010), sobretudo 26 e ss.; Ana Perestrelo de Oliveira, "Responsabilidade, imputação de participações sociais e domínio total indireto", in *Estudos Em Honra de João Soares da Silva* (Almedina, 2021), 466-484. Vd. ainda José Ferreira Gomes, *Da administração à fiscalização das sociedades* (Almedina, 2017), 188-192; José Engrácia Antunes, "As relações de domínio no CVM: o art. 21.º, nº 3, em particular", in *Estudos em Honra de João Soares da Silva* (Almedina, 2021), 427-449; José Engrácia Antunes, *Participações qualificadas e domínio conjunto: a propósito do caso "António Champalimaud-Banco Santander"* (UC, 2000), 48 e ss. e, no que respeita à idoneidade de uma participação minoritária ser instrumento de domínio, 56 e ss.; José Engrácia Antunes, "Os grupos dominiais – o estado da arte 35 anos depois", *DSR* (2018), 35-56; Carlos Osório de Castro, "A relação de domínio total: diagnóstico e remédios", *DSR* (2017); Bruno Ferreira, "Influência dominante, articulação acionista e designação de administradores", *RDS* (2014), 327-329; Pedro Barrambana Santos, "O direito do accionista à informação nas sociedades em relação de domínio total", *RDS* (2014), 153-154. Para uma análise mais abrangente do tema, Eilís Ferran e Look Chan Ho, *Principles of corporate finance law*, 35 e ss. O problema – a forma como convivem noções material e formal de domínio e como parte material deste universo passa ao lado da regulação societária – fica especialmente claro quando analisamos a mecânica do regime de OPA obrigatória previsto no art. 187º do CVM. Se é certo que o regime, por razões de segurança jurídica, e em cumprimento do nº 1 do art. 5º da Diretiva das OPA, assenta em limites quantitativos que não são congruentes com o regime que emerge do CSC (Bruno Ferreira chama à regra uma "posição de *realpolitik* por parte do legislador nacional" – Bruno Ferreira, "Influência dominante, articulação

e os pequenos acionistas ou, em rigor, os demais acionistas – se é verdade que inicialmente a identificação do problema referia-se à relação entre o acionista controlador e os acionistas não controladores, não há dúvida de que a atualização do conceito permite abarcar no seu seio os problemas do designado "ativismo acionista", que abordaremos adiante; e para designar o conflito entre a sociedade e as partes com quem contrata, incluindo credores, trabalhadores e clientes[98].

---

acionista e designação de administradores", 329) – e por isso formais –, o n.º 2 do art. 187º introduz um critério de materialidade quando vem admitir que, ultrapassado o limite que espoleta a obrigação de lançamento de OPA, a pessoa obrigada venha demonstrar perante a CMVM "não poder exercer influência dominante sobre a sociedade visada" (a recente reforma do CVM introduziu duas importantes alterações – antes, apenas era possível a prova negativa de domínio quando fosse ultrapassado o limite de um terço, quando agora os dois limites passam a ser relevantes; segundo, a prova negativa de domínio era feita pela demonstração de "não ter o domínio da sociedade visada nem estar com esta em relação de grupo" e agora remete-se para o conceito de *influência dominante*). Sobre estas alterações, com desenvolvimentos, vd. Paula Costa e Silva, "A constituição do dever de lançamento de oferta pública de aquisição no Direito português: a inequívoca opção por um novo paradigma", *RDFMC* (2022), 51-87. A regra apoia assim a sua previsão no critério material de domínio apenas de forma auxiliar (se, ultrapassado o patamar de OPA, ficar demonstrado inexistir influência dominante) e implícita (uma vez que o critério central continua a ser baseado nos limiares estritamente quantitativos dos 33,3% e dos 50% dos votos) – o critério de domínio é absolutamente irrelevante abaixo do limiar de um terço dos votos (por diferentes palavras: nunca a obrigação de lançamento de OPA poderá ser desencadeada pela demonstração que alguém domina uma sociedade aberta/cotada abaixo de tal limiar). Vd. ainda Paula Costa e Silva, "Sociedade aberta, domínio e influência dominantes", in *DVM* (Almedina), 544 e ss.; Paulo Câmara, "O dever de lançamento de oferta pública de aquisição no novo código dos valores mobiliários", *CadMVM* (2000), 244 e ss.; Jorge Brito Pereira, "Voting caps e OPA obrigatória", in *Estudos em Honra de João Soares da Silva*, ed. Almedina (2021), 671-673; João Mattamouros Resende, *A imputação de direitos de voto no mercado de capitais* (UC, 2010), 139 e ss.; Miguel Rodrigues Leal e Miguel Stokes, "A prova negativa de domínio no regime português da OPA obrigatória", *DSR* (2018), 131-147; Vítor Pereira Neves, "A natureza transitiva dos critérios de imputação de direitos de voto no código dos valores mobiliários", *Estudos comemorativos dos 10 anos da Faculdade de Direito da Universidade Nova de Lisboa* (2008), 538 e ss.

[98] Para o presente trabalho, apenas o primeiro e segundos problema de agência são relevantes. Vd. Henry Hansmann e Reinier Kraakman, "Agency problems and legal strategies", (2004), 21-22; John Armour, Henry Hansmann et al., "Agency problems and legal strategies", in *The anatomy of corporate law* (Oxford UP, 2009), 36-37; Rebeca Herrero Morant, *Los inversores institucionales en las sociedades cotizadas españolas: caracterización y activismo accionarial* (Marcial Pons, 2019), 196 e ss. Se assumirmos as formulações clássicas sobre o problema de agência, é fácil verificar que o segundo e terceiro problemas de agência correspondem a apropriações conceituais, centradas no conflito de interesses que está presente em todos os casos, mas não obedecem à mesma estrutura e, por isso, são dificilmente qualificáveis, em rigor, como problemas de agência em sentido próprio. Isto porque no primeiro problema de agência temos em causa a relação entre os acionistas – a quem a lei confere

Em sociedades em que exista um acionista, ou grupo de acionistas, com uma posição de controlo – em especial naqueles casos em que a posição de controlo seja construída a partir da detenção da maioria dos votos –, a possibilidade, mesmo teórica, de o pequeno acionista – qualquer acionista fora do bloco de controlo – poder influenciar o rumo das decisões sociais através do seu voto fica razoavelmente eliminada ou, pelo menos, será muito limitada. De igual modo, será muito limitada – tipicamente dependente das regras de nomeação de administradores por parte de minoritários[99], e da

---

o direito de designação dos membros do conselho de administração – e os administradores. Já no segundo problema de agência não se pode dizer que os acionistas minoritários escolham quem quer que seja para com eles se relacionar (apenas será assim se dermos relevância exagerada à posição do acionista controlador na ponderação da decisão de adquirir ações ou de as alienar); a posição controladora do acionista maioritário atribui-lhe um conjunto de poderes que este exerce sem a intenção de produzir efeitos na esfera dos acionistas minoritários. O mesmo acontece no terceiro problema de agência, em que a sociedade, como agente, poderá ter a tendência de atuar de forma oportunista em prejuízo de trabalhadores e credores. Ou seja, em todos os casos temos uma relação suscetível de gerar um conflito de interesses entre duas partes que podemos designar agente e principal (administração e acionistas no primeiro problema; acionista controlador e acionistas minoritários no segundo caso; sociedade e partes contratantes no terceiro caso), sendo esse conflito de interesses gerador da plausibilidade de atuação oportunista do agente. No mais, trata-se de relações com configurações distintas. Ana Perestrelo de Oliveira, mais corretamente, designa o primeiro problema de agência como "conflito principal-agente" e o segundo problema de agência como "conflito principal-principal"; mas, simultaneamente, designa o primeiro como um problema de agência vertical e o segundo como um problema de agência horizontal – Ana Perestrelo de Oliveira, *Manual de governo das sociedades* (Almedina, 2017), 18 e ss. Este tipo de apropriações do conceito surge frequentemente. Por exemplo, Roberta Romano chega a referir-se à relação entre as sociedades e a regulamentação estadual como um tipo de relação entre agente e principal, no que se afasta da generalidade da doutrina que, com maior ou menor apropriação conceptual, se refere ao problema sempre numa dimensão interna – Roberta Romano, "Law as a product: some pieces of the incorporation puzzle", *Journal of Law, Economics, & Organization* 1, no. 2 (1985), 236 e ss. Perante o que se escreveu, cremos que, efetivamente, seria mais correto designar os conflitos identificados como conflitos de interesses (em sentido jurídico próprio) e não tanto como conflitos de agência, como fazem Pedro Albuquerque e Diogo Costa Gonçalves, "O impedimento do exercício do direito de voto como proibição genérica de atuação em conflito", *RDS*, no. 3 (2011), 676-677.

[99] Há uma enorme disparidade, entre os países europeus, no que respeita às regras de eleição de administradores por acionistas minoritários, sendo que em várias das jurisdições mais importantes não existem mesmo regras obrigatórias de eleição de administradores por acionistas minoritários. Vd. sobre o tema Luca Enriques, Henry Hansmann et al., "The basic governance structure: the interests of shareholders as a class", in *The Anatomy of Corporate Law* (Oxford UP, 2009); 58-60; Manuel Requixa, "Administradores nomeados por minorias", 116 e ss. Por outro lado, estas regras, quando existem, dependem tipicamente da existência de uma minoria com uma determinada relevância (em Portugal, no modelo do n.º 1 do art. 392º, não mais de 20% e não menos de 10%) que qualifica os

efetividade das regras de nomeação de administradores independentes –, ou mesmo inexistente, a possibilidade de esse acionista externo ao bloco de controlo influenciar materialmente a composição do conselho de administração ou de outros órgãos sociais, os quais terão assim tendência para ser ocupados por pessoas que, sendo próximas dos controladores, sejam por estes designadas.

Deste modo, fica criado o ambiente para incentivar os acionistas controladores a usarem a sua posição para, em prejuízo dos outros acionistas, extraírem da sociedade benefícios privados, expropriando riqueza aos demais[100] – fica criado o ambiente que incentiva o acionista controlador a fazê-lo com o voto. Daqui emerge então outra linha de tensão, diferente da clássica, e que denominaremos como "segundo problema de agência", guardando a expressão "problema de agência" ou "primeiro problema de agência" para nos referirmos à formulação clássica.

---

acionistas para fazer a nomeação, sendo que, pela própria mecânica de funcionamento das regras, as mesmas são muitas vezes falseadas pela criação de minorias artificiais de qualificação para a nomeação e, por isso, são pouco eficazes. Sobre o regime nacional vd., por todos, Alexandre Soveral Martins, *Administração de Sociedades Anónimas e Responsabilidade dos Administradores* (Almedina, 2020).

[100] A relação entre privilégios de voto e criação de incentivos à extração de vantagens privadas de controlo é clássica e, com várias formulações, é feita há muitas décadas. Veja-se por exemplo, entre nós, Vasco da Gama Lobo Xavier, *Anulação de deliberação social e deliberações conexas* (Atlântida, 1976), 155. Por outro lado, cabe mencionar que também se faz referência a vantagens privadas do controlo apropriadas pela administração e a literatura norte-americana há muito procura demonstrar a existência e quantificar estas vantagens – o exercício pela administração dos seus poderes para, com os recursos da sociedade, prosseguir projetos que não são do melhor interesse dos acionistas, o recebimento pela administração de pacotes remuneratórios exorbitantes, a adoção de medidas de proteção da posição dos administradores em caso de mudança de controlo que estejam para além do melhor interesse da sociedade, etc. Naturalmente que a apropriação pela administração de vantagens privadas corresponde a um problema diferente que melhor cabe, por um lado, na análise dos deveres fiduciários dos administradores e, por outro, na análise do primeiro problema de agência e no desalinhamento de interesses entre principais e agentes e ineficiência do ambiente de vigilância e monitorização, tendo diferenças estruturais claras em relação ao problema que temos presente. Em todo o caso, cabe salientar que muita da literatura financeira relevante trata os problemas em conjunto. Já a questão da apropriação pela administração de vantagens não proporcionais à sua participação, naqueles casos em que os administradores são detentores de participações de capital significativas, corresponde a uma matéria de fronteira entre o primeiro e o segundo problemas de agência e, no âmbito que nos ocupa, terá ainda menos interesse.

II. O tema da extração de benefícios privados do controlo[101] pelos acionistas controladores[102] tem sido objeto de abundante literatura norte-americana nas últimas décadas, cabendo destacar os trabalhos de Grossman e Hart[103], Bebchuck[104] e de Shleifer e Wolfenzon[105].

A ideia segundo a qual a repartição da riqueza gerada pela sociedade é partilhada entre os acionistas pela ponderação do número de ações detidas por cada um (assumindo que todas as ações são da mesma categoria) é um conceito corrente das teorias financeiras e influencia um conjunto significativo de análises – teoria dos *portfolios,* análise da esfera de interesses inerente às decisões da administração, etc. Nos últimos anos, porém, tem sido posta em causa através da demonstração de que o acionista controlador obtém um conjunto de vantagens através da sua posição que não são partilhadas com os demais acionistas – daí que se fale em vantagens privadas do controlo, por oposição às vantagens que resultam da posição acionista geral e que, essas sim, são partilhadas por todos os acionistas[106]; daí então que se entenda que,

[101] A tradução de *private benefits of control* por *vantagens/benefícios privados do controlo* é criticada por alguma doutrina por a expressão *privado* ser tipicamente usada por contraposição a *público,* sendo propostas alternativas como *vantagens privativas do controlo* ou *aproveitamento privado do controlo.* Vd. Miguel Cancela de Abreu, "Private benefits of control – Do aproveitamento pessoal de controlo societário", *DSR* (2016), 154-155. Não cremos que seja crítica procedente. Privado, em língua portuguesa, significa, como em língua inglesa, *condicionado* ou *reservado;* na verdade, a imprecisão que é apontada seria também extensível à língua inglesa, até em maior alcance, uma vez que *private* significa também algo não extensível ao público, além de, como em português, significar a pertença ao setor privado (por oposição a *State-owned*).

[102] A extração dos benefícios privados de controlo refere-se antes de mais a acionistas e, de entre estes, a acionistas controladores (o que não significa, como referido, que sejam acionistas com maioria dos votos). Cabe salientar, sem prejuízo, que o conceito pode ser aplicado a não acionistas, na medida em que existam estruturas estáveis de transferência de voto (tipicamente, é o que acontece – e já aconteceu com maior recorrência – na transferência de votos para a administração, como se referiu *supra*). Neste sentido, parece mais adequado falar de *insiders* e de *outsiders* – vd. Pedro Maia, *Voto e corporate governance,* 362. Por outro lado, o conceito, em sentido amplo, pode ser aplicado a acionistas não controladores, na medida estrita em que a participação confira ao acionista vantagens não partilhadas proporcionalmente por todos os acionistas (por exemplo, é o que acontece com o acesso à administração de certos acionistas minoritários, mesmo que ao abrigo das regras especiais de proteção de minoritários, e com as vantagens que daí resultam).

[103] Sanford J Grossman e Oliver D Hart, *One share/one vote and the market for corporate control* (MIT, 1987), 175-202.

[104] Lucian Arye Bebchuk, "A rent-protection theory of corporate ownership and control", (1999).

[105] Andrei Shleifer e Daniel Wolfenzon, "Investor protection and equity markets", *Journal of Financial Economics* 66, no. 1 (2002), 3-28.

[106] *Private benefits vs. shared benefits.* Refira-se que o direito societário nacional reconhece, embora com menos relevância e autonomia que outros ordenamentos, o princípio de igualdade de tratamento

sob qualquer perspetiva, a apropriação destas vantagens privadas de controlo (salvo perante direitos especiais) seja sempre uma violação do princípio de igualdade entre acionistas[107]. Esta revisão da posição inicial sobre a repartição

dos sócios (que é obviamente ponderado em função da participação acionista) e que se reflete em regras como as dos arts. 22.1, 321º ou 344.2. Vd. por todos Paulo Olavo Cunha, *Direito das sociedades comerciais*, 120 e ss.; Armando Manuel Triunfante, "A proteção do sócio minoritário no Código das Sociedades Português", in *Questões de direito societário em Portugal e no Brasil* (Almedina, 2012), 253-257. Já no domínio do direito dos valores mobiliários, com um contexto diferente, a igualdade tem uma dimensão percetiva mais forte, o que se constata pela regra geral do art. 15º do CVM, mas sobretudo por causa de regras como a do art. 112º do CVM (igualdade de tratamento de destinatários de ofertas públicas), a do art. 185º do CVM (igualdade de tratamento de oferentes concorrentes) e a do art. 197º do CVM (igualdade de tratamento em aquisições tendentes ao domínio total). A igualdade entre acionistas tem diversas aceções. Significa, primeiro, homogeneidade na posição de socialidade inerente a cada categoria de ações, o que leva a que, dentro de cada categoria, exista uma regra básica de proporcionalidade que mede os direitos e as obrigações de cada acionista. Significa também que os sócios, se colocados na mesma posição perante as mesmas ações, terão posições jurídicas equivalentes, ou seja, que não pode haver discriminação injustificada entre ações e/ou entre acionistas. Claro que, numa leitura extrema pode ser levado a outras aceções e, no limite, à própria conclusão segundo a qual, como corolário do princípio, todas as ações, independentemente da categoria, devem ser iguais. Diga-se que não nos parece ser uma decorrência razoável. Primeiro, porque significa levar o princípio longe de mais (não há razão material, como constataremos por diversas vias, para que todas as ações sejam – tenham de ser – iguais, em compressão do espaço de liberdade dos acionistas); em segundo lugar, porque, no limite, não há razão para não aceitar exceções ao princípio da igualdade se estas resultarem da vontade dos acionistas tal como transposta de forma abstrata para os estatutos e não impactarem na organização essencial da sociedade (é ideia aceite geralmente no direito alemão a propósito da regra de igualdade do § 53a do AktG, sendo dados como exemplos a criação de ações com direitos especiais nos termos dos §§ 11, 12 i. e 23 III 4 do AktG ou a autorização para remissão de apenas algumas ações nos termos do § 237 I 2 do AktG). Em todo o caso, sendo claro, o princípio de igualdade de tratamento relaciona a sociedade com os acionistas e não os acionistas entre si (isto sem prejuízo de deveres de proteção que possam existir). Trata-se de algo que é explícito em sistemas como o alemão face ao § 53a do AktG e fica subentendido no sistema nacional. Para desenvolvimentos, Michael Hoffmann-Becking, *Münchener Handbuch des Gesellschaftsrechts 4* (München: CH Beck, 2020), 123-125; Tim Drygala, Marco Staake et al., *Kapitalgesellschaftsrecht: mit Grundzügen des Konzern und Umwandlungsrechts* (Leipzig: Springer, 2012), 538-539; Katja Langenbucher, *Aktien und Kapitalmarktrecht*, 208-210; Yves de Cordt, *L'égalité entre actionnaires* (Bruxelles: Bruylant, 2004), 297 e ss.; Jorge Manuel Coutinho de Abreu, *Curso de Direito Comercial*, 6ª ed., vol. II, Almedina, Coimbra, (2020), 208 e ss.; Jorge Manuel Coutinho de Abreu, *Do abuso de direito: ensaio de um critério em direito civil e nas deliberações sociais* (Almedina, 2006), 153-155; José Engrácia Antunes, "A igualdade de tratamento dos accionistas na OPA", *DSR* (2010), 87-111; Jorge Brito Pereira, "Ofertas Públicas de Aquisição concorrentes", *RDS* (2021), 38-44.

[107] Julien Le Maux, "Les bénéfices privés: une rupture de l'égalité entre actionnaires", *Revue Finance, Contrôle, Stratégie: FCS* (2003), 4 e ss. O princípio de igualdade de tratamento, da forma como é entendido pela generalidade dos sistemas jurídicos, tem uma natureza eminentemente relativa e qualitativa, ou seja, importa, do ponto de vista da sociedade, primeiro, uma ideia de não discriminação (e de não tratamento privilegiado) entre sócios que estejam em condições iguais (como se escreve

da riqueza gerada pela sociedade tem revelado um dos mais fortes vetores em que o investidor minoritário deve merecer proteção e, por essa via, tem-se transformado numa das mais importantes linhas de tensão do moderno *corporate governance*.

Exemplos desses benefícios privados são o exercício de influência sobre os administradores, em particular sobre aqueles com funções executivas, o acesso a informações sobre a sociedade e seus negócios, a possibilidade de realização de sinergias – umas vezes em condições de mercado e outras nem tanto – na relação com outras sociedades em que o controlador tenha especial interesse, a possibilidade de transferência de ativos ou de realização de outras contratações em termos especialmente favoráveis.

A lista de benefícios privados que podem emergir de uma posição de controlo é variada, dela fazendo parte todas as vantagens, qualquer que seja a fonte, emergentes da posição de controlo e que não são partilhadas por todos os acionistas. Daí que do conceito façam parte situações de clara ilegalidade e situações legais (mas sujeitas a especial atenção regulatória) como, por exemplo, o acesso a informações sobre a sociedade e os seus negócios; ou, noutra perspetiva, daí que do conceito façam parte situações em que as vantagens para o controlador correspondem a um prejuízo recíproco

no referido § 53a do AktG *Aktionäre sind unter gleichen Voraussetzungen gleich zu behandeln*) e, segundo, um critério de não arbitrariedade (*Untersagt ist nur die willkürliche*) – Tim Drygala, Marco Staake et al., *Kapitalgesellschaftsrecht: mit Grundzügen des Konzern und Umwandlungsrechts*, 540-541; Michael Hoffmann-Becking, *Münchener Handbuch des Gesellschaftsrechts 4*, 124. Nada obsta, em decorrência, a que os acionistas tenham direitos diferentes (seja no acesso ao direito propriamente dito, seja na sua dimensão quantitativa) em função da sua posição acionista (ou seja, da natureza, ordinária ou privilegiada, das ações detidas e, claro, do seu número). É por isso, como refere Pedro Maia, um princípio de "igualdade proporcional". Pedro Maia, *Voto e corporate governance*, 155-157. É neste sentido que a extração de benefícios privados de controlo é sempre, e em qualquer circunstância, uma violação do princípio de igualdade – porque o benefício retirado não é justificado pela tipologia da participação detida nem pela proporção de participação (daí que alguma doutrina entre nós defina os benefícios privados de controlo pela sua natureza desproporcional – Miguel Cancela de Abreu, "Private benefits of control – Do aproveitamento pessoal de controlo societário" 155 – o que, sendo correto, é insuficiente). Se o fosse – e o melhor exemplo disto é o direito do acionista maioritário de fazer aprovar uma deliberação na assembleia geral contra a vontade dos acionistas minoritários (salvo situações patológicas, em particular de abuso), direito que, conceitualmente, pode ser aproximado com facilidade da ideia de benefício (legítimo) privado de controlo – estaria justificado. Também por isto mesmo se pode com facilidade afirmar que esta ideia de igualdade proporcional cumpre duas funções: por um lado, torna ilegítimas as atuações em que o acionista se apropria de vantagens que não resultam da natureza e dimensão proporcional da sua participação, mas, por outro, torna legítimas aquelas que aí encontram o seu fundamento. Pedro Maia, *Voto e corporate governance*, 156.

para a sociedade – por exemplo, a venda de ativos em condições favoráveis, em que o montante da diferença entre o preço de mercado e o preço praticado corresponderá a um empobrecimento da sociedade e a um recíproco enriquecimento do adquirente –, e situações em que as vantagens para o controlador não implicam um prejuízo recíproco para a sociedade, ou porque não implicam qualquer prejuízo ou porque o montante do prejuízo é inferior ao montante da vantagem[108] – por exemplo, o exercício de influência para que a sociedade contrate com outra sociedade participada pelo controlador, gerando sinergias para este[109].

---

[108] Aos benefícios privados obtidos em prejuízo da sociedade e dos outros acionistas chama-se também *extracted private benefits*, que se opõem aos *independently created private benefits*, que beneficiam o acionista controlador, mas não geram prejuízo recíproco. Vd. Jens Dammann, "Corporate ostracism: freezing out controlling shareholders", *Journal of Corporate Law* 33 (2007), 9; entre nós, João Cortez Vaz, "Controlo prévio de negócios entre a sociedade anónima e o accionista controlador, no Código das Sociedades Comerciais", *RDS* (2021), sobretudo 98-100. Existe, no entanto, grande flutuação conceptual, já que os primeiros são muitas vezes referidos como *non-pecuniary benefits* e os segundos, assumindo que implicam uma repartição de recursos não equitativa, são referidos como *pecuniary benefits* (apesar de os conceitos parecerem referir-se a um critério central diferente, acabam por ter uma forte correspondência). Vd. Ronald J Gilson e Jeffrey N Gordon, "Controlling controlling shareholders", *University of Pennsylvania Law Review* 152, no. 2 (2003), 787. Por fim, para se referirem à extração de *pecuniary private benefits of control*, alguns autores usam a expressão *tunneling*, numa apropriação conceitual que assume, incorretamente, que todos os benefícios pecuniários extraídos são ilegais. Vd. Olaf Ehrhardt e Eric Nowak, "Private benefits and minority shareholder expropriation: Empirical evidence from IPOs of German family-owned firms", (2001), 3; Edmund Schuster, "Efficiency in private control sales – The case for mandatory bids", *LSE Legal Studies Working Paper* (2010), 8. Apesar de um pouco desatualizada, vd. uma interessante revisão da literatura sobre os conceitos em Julien Le Maux, "Les bénéfices privés: une rupture de l'égalité entre actionnaires", 4 e ss.

[109] Um caso próximo e bastante revelador é o da posição do BES, até 2014, no capital social da PT. É certo que a posição acionista do BES, por si só, dificilmente se poderia qualificar como uma posição de controlo – era de cerca de 8,5% em 2006/2007, durante a OPA da Sonae.com sobre a PT. No entanto, esta posição conjugada com as de outros acionistas, uns em aliança meramente tática e outros em aliança estratégica, muitas vezes ocasional e sempre informal, juntamente com preceitos como por exemplo o do *voting cap* previsto nos estatutos da sociedade (o art. 12º dos estatutos previa não serem contados os votos que excedessem 10% da totalidade dos votos correspondentes ao capital social), deixava o BES numa posição privilegiada, como hoje se sabe em maior detalhe, para atuar como acionista de charneira em relação a todas as grandes decisões que havia que tomar na PT. É neste contexto que devem ser compreendidos eventos como, por exemplo, a aplicação de tesouraria da PT em cerca de 850 milhões de euros de dívida da Rio Forte, a prática de as listas de membros dos órgãos sociais da PT, em particular os nomes dos presidentes do conselho de administração e da comissão executiva, serem previamente aprovadas pelos responsáveis últimos do BES ou, com um alcance jurídico completamente distinto, a sistemática contratação do BES Investimento como assessor da PT, o recurso privilegiado ao BES como banco comercial da PT e, mais em geral, a

Dir-se-á que estes problemas são combatidos, por natureza, pela consagração de garantias de independência dos administradores, da eficiente estruturação orgânica da sociedade em órgãos deliberativos, de gestão e de fiscalização e ainda a partir da perceção dos deveres fiduciários dos administradores e da responsabilidade civil emergente da violação desses deveres[110]. Sucede, porém, que a independência dos administradores em relação aos acionistas, a independência dos administradores em relação à sociedade, a estruturação de mecanismos de governo com órgãos de fiscalização tão eficazes quanto possível e a consagração clara dos deveres fiduciários dos administradores, representam apenas o ponto de partida da compreensão do problema. É que, não obstante todos os instrumentos que a lei consagra tipicamente para defender a posição dos acionistas minoritários nesta situação, a verdade é que o problema se mantém e representa mesmo uma das mais importantes forças de tensão na compreensão dos atuais problemas do moderno direito das sociedades comerciais[111]; desde logo, porque alguns

---

proximidade existente entre a PT e empresas do grupo (financeiro e não financeiro) Espírito Santo. De forma simples, são estes benefícios privados de controlo que fazem com que a participação do BES na PT valesse mais do que apenas 8,5% do preço global oferecido pela Sonae durante a OPA de 2006/2007 e, por isso (ou também por isso), a oferta tenha merecido uma oposição tão forte e articulada por parte deste acionista. Vd. *infra* 5.3.

[110] Sobre o papel de vigilância dos administradores, habitualmente o lado mais escondido deste equilíbrio, vd., entre nós, José Ferreira Gomes, *Da administração à fiscalização das sociedades*, sobretudo 149-164; Alexandre de Soveral Martins, *Sobre a fiscalização das sociedades anónimas* (Almedina, 2020), 14-15.

[111] No mesmo sentido, e como afirma Steven M Haas, "Toward a Controlling Shareholder Safe Harbor", *Virginia LR* (2004), 2247-2248, a racionalidade para sujeitar as transações entre a sociedade e o acionista de controlo a uma revisão sobre a sua oportunidade e interesse reflete uma desconfiança que se terá de admitir ser fundada nos procedimentos estatutários e legais de independência dos administradores e aprovação pelos acionistas minoritários. A verdade, é que o regime português fora do universo das sociedades cotadas (e, mesmo nestas, apenas após a entrada em vigor da Lei n.º 50/2020), assenta sobretudo em regras de natureza repressiva (que se revela serem de duvidosa eficácia) para lidar com esses riscos – é o caso das regras sobre conservação do capital (art. 31º e ss. e, noutra medida, art. 514º), das regras de responsabilidade dos administradores (arts. 72.º e ss.) e do sistema de responsabilidade solidária do sócio "controlador" (artigo 83.º). Regras como a dos n.os 1 e 2 do art. 397º, sobre negócios celebrados com a sociedade, são aplicáveis apenas a negócios celebrados entre a sociedade e os seus administradores (embora seja discutido na nossa doutrina qual o nível do interesse do administrador que faz com que a transação seja relevante), passando claramente ao lado do problema que temos em referência. No caso das sociedades cotadas já é diferente, sendo aplicadas as regras dos arts. 29.º-S a 29.-U. O tema acaba por se aproximar da análise dos fundamentos da obrigatoriedade de lançamento de OPA (muito embora, como parece claro e é geralmente aceite, o fundamento da OPA obrigatória não se subsuma a este problema), que representa (também) a atribuição de uma opção de saída aos acionistas minoritários que não se

destes benefícios privados não correspondem a uma subtração ilícita de uma vantagem não partilhada – como o conceito de benefícios privados do controlo parece sugerir – mas, antes, a uma mera decorrência da existência de uma posição de controlo que, por natureza, coloca o acionista controlador numa posição diferente daquela que é ocupada pelos seus supostos pares[112].

III. A demonstração e a quantificação das vantagens privadas do controlo são de muito difícil execução, uma vez que, na maior parte dos casos, o acionista controlador conseguirá extrair da sociedade vantagens privadas, e apropriar-se das mesmas, exatamente na medida em que os demais acionistas não consigam demonstrar que ele o está a fazer; por diferentes palavras, quanto

queiram limitar aos mecanismos *ex post* de sindicância ao acionista controlador (isto será tanto mais verdade nos casos em que a OPA obrigatória resulta da construção de uma posição de controlo, onde antes não existia qualquer acionista controlador). Há aqui um claro significado de desconfiança do sistema jurídico na eficácia do tratamento *ex post* destas apropriações de vantagens pelo acionista controlador. Isto ficava ainda mais claro no sistema de OPA obrigatória do revogado Código do Mercado de Valores Mobiliários que, ao estabelecer um sistema de OPA obrigatória prévia (que foi profundamente alterado no regime do CVM e que tem poucos traços no nosso atual regime), não permitia sequer ao novo controlador aceder à posição de controlo sem que a opção de saída dos demais acionistas tivesse sido ativada (simultânea ou previamente). Vd. João Cortez Vaz, "Controlo prévio de negócios entre a sociedade anónima e o accionista controlador, no Código das Sociedades Comerciais" (que, apesar de recente, se reporta ao regime do CVM anterior à revisão de dezembro de 2021); Rui Pereira Dias e Mafalda de Sá, "Transações com partes relacionadas, remunerações, sustentabilidade: a transposição da Diretiva dos Direitos dos Acionistas II e a revisão de 2020 do Código de Governo das Sociedades do IPCG", *DSR* (2020).

[112] É o que acontece, por exemplo, com ganhos de reputação que resultam da posição ou com o acesso a informação não pública sobre os negócios da sociedade participada (pelo acionista controlador, mas, sobretudo, pelas pessoas que indica para os órgãos sociais da sociedade partilhada e que também ocupem órgãos sociais no acionista). Cabe referir que, da mesma forma que existem benefícios privados do controlo que são estrita decorrência da posição de controlo, existem também custos privados do controlo que são, também eles, estrita decorrência da posição do acionista. Por exemplo, a manutenção da posição de controlo pode ter o custo imediato de impedir uma maior diversificação do *portfolio;* por outro lado, a existência de uma posição de controlo acarreta para o controlador um dano de reputação potencial que resulta de eventos que afetem a sociedade participada. Alexander Dyck e Luigi Zingales, "Private benefits of control: An international comparison", *Journal of Finance* 59, no. 2 (2004). Entre nós Ana Perestrelo de Oliveira, *Manual de governo das sociedades*, 51. Finalmente, cabe ainda referir que vários autores apontam que certos benefícios privados de controlo, em particular os benefícios idiossincráticos de controlo dos promotores, podem trazer também vantagens para a sociedade. Bastaria esta indicação para se perceber quão lata e abrangente é a noção de vantagens privadas de controlo, e como não é a mesma redutível a um conceito jurídico único. Alessio M Pacces, "Control matters: Law and economics of private benefits of control".

maior for a invisibilidade dos benefícios extraídos e a dificuldade em provar a extração dos mesmos[113], maior será o incentivo do acionista controlador para o fazer e maior será, afinal, o seu valor (e o custo que um potencial adquirente estará disponível para pagar). Por essa razão, as principais teorias e modelos que procuram demonstrar a existência destas vantagens e a sua quantificação obedecem sobretudo a metodologias indiretas.

A mais divulgada teoria a este propósito, iniciada com o trabalho de Barclay e Holderness[114], procura fazer esta demonstração através da diferença entre o preço pago pelo novo controlador numa transação particular[115] e o preço de mercado das ações após o anúncio da transação e o pleno conhecimento dos seus termos e condições. De cada vez que ocorre uma transação através da qual uma nova entidade adquire uma posição de controlo na sociedade, o adquirente da posição paga um preço que revela, por um lado, a sua expectativa de obtenção de lucros no futuro a partir dessa posição (os quais são por natureza repartidos por todos os acionistas e, por isso, dependem da fração de capital adquirido e dos direitos patrimoniais inerentes à mesma) e, por outro lado, revela a sua expectativa de apropriação de benefícios privados. Por contraposição, o preço das mesmas ações no mercado após o anúncio dessa transação incorpora apenas o primeiro dos fatores – a expectativa de ganhos que os acionistas não controladores têm com a nova composição acionista e com as mudanças esperadas na administração da sociedade[116].

---

[113] Estamos a pensar sobretudo nos benefícios privados de controlo ilícitos. Tratando-se de benefícios cuja extração seja lícita, sobretudo naqueles casos em que não tenha associados uma carga negativa por fatores de ordem diversa como, por exemplo, de reputação ou imagem, estes fatores já não terão relevância na valorização.

[114] Michael J Barclay e Clifford G Holderness, "Private benefits from control of public corporations", *Journal of Financial Economics* 25, no. 2 (1989), 371-395. O trabalho analisa 63 transações de participações acionistas de controlo ocorridas entre 1978 e 1982 com sociedades admitidas à negociação na NYSE e AMEX, e verifica que a generalidade das transações é realizada com um preço que incorpora um prémio significativo sobre as cotações das ações (antes e depois do anúncio da transação) – em média, esse prémio é de 20% sobre a cotação das ações após o anúncio da transação e mais de 80% das transações incorporam prémio.

[115] O mero facto de, normalmente, uma participação acionista relevante valer mais intacta do que dividida é, em si mesmo, demonstrativo da existência destas vantagens privadas do controlo, pois é de assumir que, podendo o alienante propor a venda da participação intacta, ou podendo fracioná-la vendendo-a em vários blocos, tomará a opção que maximize o seu preço. Existe, no entanto, pouca literatura sobre a frequência de fracionamento de grandes participações acionistas.

[116] O valor de mercado pode variar, positiva ou negativamente, após o anúncio da transação e essa variação dependerá das expectativas dos investidores em relação às alterações que serão introduzidas na gestão da sociedade – e, nesta medida, das suas expectativas sobre o retorno do investimento

Se a repartição da riqueza (e vantagens de outra ordem) fosse feita proporcionalmente pelos acionistas em função apenas da sua participação de capital, o bloco de ações que permite controlar a sociedade haveria de ser transacionado ao preço de mercado, ou até com um desconto sobre o preço de mercado, uma vez que o acionista controlador incorre em custos de controlo que não são partilhados por todos os acionistas. Não é, no entanto, o que acontece. Todas as análises empíricas revelam que as participações acionistas que atribuem o controlo são transacionadas com prémio. A partir daqui, defendem estes autores que as diferentes expectativas existentes entre os acionistas controladores e não controladores, e o diferencial de preço que cada um dos grupos está pronto para pagar pelas mesmas ações, permitem quantificar estas vantagens privadas[117].

–, e da informação que é revelada, desde logo aquela sobre o preço acordado na transação da posição acionista em causa. Em todo o caso, parece claro que o preço relevante para efeitos de comparação deverá ser o preço de mercado após o anúncio da transação, porque o que se está a aferir é o diferencial de preço entre partes que, razoavelmente com a mesma informação, têm expectativas diferentes com os ganhos inerentes à sua posição acionista; e assim, assumindo que a transação da posição de controlo foi feita a um preço justo, que as partes que participaram na negociação desse preço e aqueles que compram e vendem as mesmas ações em mercado organizado estão a atuar de forma racional, a expectativa de vantagens privadas do controlo estará na diferença entre aqueles dois preços. O estudo de Barclay e Holderness – Michael J Barclay e Clifford G Holderness, "Private benefits from control of public corporations" 374-375 – reconhece, no entanto, que é provável que esta diferença de preços subestime o valor das vantagens privadas esperadas, desde logo porque, apesar das regras de transparência aplicáveis, existem alguns incentivos para que as partes que negociaram a transação do bloco de controlo declarem um preço inferior ao que foi efetivamente praticado, sendo alguns pagamentos disfarçados sob outras formas, e porque as posições acionistas transferidas, não sendo maioritárias, não asseguram o domínio da sociedade, mas antes a expectativa de o virem a proporcionar.

[117] Temos presente que a generalidade dos modelos desenvolvidos a partir destas duas teorias assume a designada "regra de mercado", a qual pressupõe que o acionista controlador é livre de vender a sua participação a qualquer preço que o projetado adquirente esteja disposto a pagar e que os acionistas minoritários não gozam de qualquer direito em relação a essa transação e ao preço acordado. No que respeita a este segundo ponto, esta é a regra que vigora nos Estados Unidos, mas não é a regra que vigora na Europa, onde as regras sobre OPA obrigatória são generalizadas e onde, inclusivamente, o tema é objeto de (alguma) harmonização por intermédio de Diretiva Comunitária. Para este efeito, são distintos os casos em que se faz a aquisição da posição de controlo (seja por oferta pública, seja por outra estrutura aquisitiva) e aqueles em que a aquisição da posição de controlo é seguida de OPA obrigatória. Nos primeiros casos, o prémio oferecido terá representatividade para esta análise, seja por corresponder a um valor acordado com o acionista de controlo (sobretudo neste caso), seja por corresponder a um prémio típico de mercado. Nos segundos casos, podemos assumir que a divisão do prémio de controlo por todos os acionistas e o ambiente propiciado pelas regras de contrapartida mínima têm por efeito reduzir o prémio que o oferente está disponível

A segunda teoria relevante a este propósito foi desenvolvida por Zingales[118], Rydqvist[119] e Modigliani e Perotti[120] e procede a esta análise em sociedades com mais do que uma categoria de ações cotadas com diferentes direitos de voto. Tendo as ações idênticos direitos patrimoniais, mas diferentes direitos de voto, o delta de preço entre elas revelará o valor que os investidores atribuem ao voto, servindo esse prémio para estimar as vantagens que resultam do controlo. Isto porque mesmo os acionistas que se encontram fora do círculo daqueles que beneficiam das vantagens privadas do controlo atribuirão valor aos direitos de voto pela expectativa de que venha a ocorrer concorrência entre os grupos com pretensão de controlar a sociedade; se é assim em geral, mais o será naqueles casos em que os votos controlados por um pequeno grupo sejam determinantes para o equilíbrio de poderes numa sociedade anónima. Deste modo, o prémio que os investidores estão dispostos a pagar pelo direito de voto dependerá da quantificação das vantagens privadas que o investidor tem a expectativa de se vir a apropriar, bem como do grau de concorrência esperado no que respeita à pretensão de controlo da sociedade.

IV. Não se justifica entrarmos na crítica a cada uma das metodologias de quantificação das vantagens privadas do controlo – as quais, em todo

---

para pagar. É por isso razoável assumir que as metodologias de cálculo dos benefícios privados do controlo, além de limitações geralmente reconhecidas, são ainda menos representativas quando, como acontece em Portugal, vigora um regime de OPA obrigatória ou, ainda, quando, de forma mais geral, a concretização de transações não resulte do mero funcionamento do mercado e da conjugação da vontade de alienação e de aquisição da participação, mas esteja muito condicionada por razões regulatórias. Vd. Mario Massari, Vittorio Monge et al., "Control Premium in the Presence of Rules Imposing Mandatory Tender Offers: Can It Be Measured?", (2004); Mario Massari, Vittorio Monge et al., "Control premium in legally constrained markets for corporate control: The Italian case (1993–2003)", *Journal of Management & Governance* 10, no. 1 (2006); Marco Zanchi, *La tutela degli azionisti di minoranza nelle società quotate* (Giuffrè Editore, 2009) 96-108.

[118] Luigi Zingales, "The value of the voting right: A study of the Milan stock exchange experience", *The Review of Financial Studies* 7, no. 1 (1994), 125-148. Existem vários ensaios subsequentes que procedem à comparação de valores de cotação entre as *azioni di risparmio* e as ações ordinárias no mercado italiano, os quais sempre estiveram razoavelmente alinhados com as conclusões anteriores de Zingales que, por isso, continua a ser apontado como a referência – veja-se Nadia Linciano, "Azioni di risparmio e valore del controllo: gli effetti della regolamentazione", *Quaderni di Finanza* (2002); Marco Bigelli, *Le azioni di risparmio: un'analisi economica e gli effetti sulla governance dell'impresa* (Il mulino, 2003).

[119] Kristian Rydqvist, "Takeover bids and the relative prices of shares that differ in their voting rights", *Journal of Banking & Finance* 20, no. 8 (1996).

[120] Franco Modigliani e Enrico Perotti, "Protection of minority interest and the development of security markets", *Managerial and Decision Economics* 18, no. 7-8 (1997), 519-528.

o caso, serão, numa parte relevante, complementares e insuficientes – e à sua ponderação relativa, pois trata-se de tarefa fora do escopo desta análise. Interessa-nos apenas identificar a existência destas vantagens não apropriadas por todos os acionistas na proporção das ações detidas e isolar a linha de tensão que geram na relação entre o acionista controlador e os restantes acionistas. Importa, em todo o caso, abordar algumas das explicações alternativas que são dadas para os prémios em presença – as críticas são transponíveis para qualquer das metodologias de avaliação, mas tornam-se mais percetíveis perante a primeira –, os quais, não sendo justificados por estas vantagens privadas, sempre haveriam de ter outra justificação plausível.

A primeira explicação plausível para o diferencial de preço entre aquele acordado na transação particular e aquele praticado no mercado poderia estar no nível superior de informação daqueles envolvidos na transação – porque o alienante do bloco de controlo gozaria de uma posição de *insider* na sociedade e porque dessa posição resultaria melhor, mais completa e mais atual informação sobre os negócios e as atividades sociais[121], o alienante poderia, no momento da venda, fazer o adquirente partilhar essa mesma informação, assim sendo gerado um preço que, incorporando as mais informadas expectativas das partes sobre a geração futura de *cash-flows* pela sociedade, integrasse um prémio em relação ao preço de mercado. Deste modo, o prémio identificado nas transações de grandes blocos não seria um prémio, mas um preço formado com base em informação diferente (e melhor) daquela que está disponível no mercado.

---

[121] O facto de os *insiders* disporem desta informação – na verdade, eles terão esta informação à disposição de forma muitas vezes necessária e inevitável, como ocorre, por exemplo, no caso de um acionista partilhar um administrador entre o seu próprio conselho de administração e aquele da sociedade participada – não faz com que a negociação de ações por estes seja sempre ilícita e punida (em Portugal, pela regra do art. 378º do CVM). Assim será, de facto, em alguns casos; mas não será necessariamente assim. Trata-se de um problema com contornos muito pouco claros e que, a ser objeto de uma interpretação maximalista, colocaria os acionistas com posição de *insiders* numa situação de inferioridade relevante, gerando riscos jurídicos, ainda para mais de natureza criminal, cada vez que estes fossem parte de transações sobre ações da sociedade participada. Por essa razão, alguns sistemas jurídicos tentam definir critérios mais seguros através de expedientes práticos como seja, por exemplo, a distinção de vários tipos de *insiders* e a estipulação de *safe harbours* em que se sabe ser a transação de ações isenta de dúvidas ou questões. O sistema inglês é, a esse nível, especialmente relevante e liderante. Vd. Paul Davies e Sarah Worthington, *Gower's Principles of Modern Company Law*, 1039 e ss.; Prasadi Wijesinghe, "Criminal and Civil Offences of Insider Dealing: UK Perspective", *Available at SSRN 3167197* (2018); Aydin Ozkan, Jannine Poletti-Hughes et al., "Directors' share dealings and corporate insolvencies: evidence from the UK", *The European journal of finance* 23, no. 5 (2017).

Esta explicação – que por partir da razoável e demonstrada premissa segundo a qual os *insiders* têm mais e melhor informação sobre a sociedade, parece intuitivamente ter alguma adesão à realidade – não é, no entanto, sustentada pela análise empírica existente. Primeiro, porque se verifica que o impacto da informação sobre a transação do bloco de ações no mercado – e sobre o preço fixado – é, em média, positivo, independentemente de o preço fixado para o bloco de ações incorporar um prémio ou um desconto, o que parece inconsistente com a hipótese de o prémio do bloco incorporar apenas a superior informação das partes[122]. Segundo, porque se as partes envolvidas na transação particular incorporam no preço a melhor informação sobre a sociedade, então, no médio e longo prazo, tendencialmente, o preço fixado deveria ser confirmado pelos *cash-flows* futuros, ou seja, esse preço deveria ser confirmado com a evolução dos negócios da sociedade; no entanto, nada permite confirmar essa conclusão e, pelo contrário, nos anos subsequentes à transação, o preço de mercado raramente atinge o preço da transação particular[123].

Por outro lado, também não parece ser razoável explicar os prémios pagos pelos blocos como meros custos de liquidez – como o adquirente pretende adquirir uma volumosa participação e porque, se o fizesse em bolsa, iria induzir uma marcada pressão compradora, a qual teria por efeito inevitável o aumento do preço, ele preferiria adquirir a participação a um único alienante, estando para isso disposto a pagar um preço que soma ao valor de mercado um prémio que incorpore um custo de liquidez. E é assim porque a generalidade da literatura que analisa a transferência de blocos acionistas importantes, mas com dimensão incompatível com posições de controlo, verifica que os mesmos são normalmente transacionados com prémios inferiores aos que são observados em posições de controlo – prémios de 1% a 2%, que comparam com prémios na casa dos 20%[124].

---

[122] Michael J Barclay e Clifford G Holderness, "Private benefits from control of public corporations", 381-382.

[123] Michael J Barclay e Clifford G Holderness, "Private benefits from control of public corporations", 381-382.

[124] Vd. Aswath Damodaran, "The value of control: implications for control premiums, minority discounts and voting share differentials", *NYUJL & Bus.* 8 (2011); Charles M Jones, "A century of stock market liquidity and trading costs", *Available at SSRN 313681* (2002); Paul Hanouna, Atulya Sarin et al., "Value of corporate control: some international evidence", *Journal of investment management* (2001); Richard A Booth, "Minority discounts and control premiums in appraisal proceedings", *The Business Lawyer* (2001).

V. É exatamente porque quanto maior for a invisibilidade dos benefícios privados extraídos maior será o incentivo do acionista controlador para procurar extrair tais benefícios e maior será, então, o valor de prémio da posição de controlo, que parece razoavelmente intuitiva a ideia segundo a qual o valor destes benefícios será maior em mercados menos desenvolvidos (e, também por isso, com estruturas acionistas mais concentradas). Isto porque quanto maior for a efetiva proteção dos acionistas minoritários, seja a que resulta estritamente da lei e do recurso aos tribunais, seja a que resulta de outros meios como, por exemplo, de uma comunicação social mais agressiva e desenvolvida, menores serão, em regra, os benefícios privados de controlo que poderão ser extraídos, sobretudo aqueles que se pretende extrair de forma não visível; e em decorrência menor será o prémio que um terceiro estará disposto a pagar para ter acesso a esses benefícios[125]. De igual modo, quanto maior for o valor dos benefícios privados de controlo, maior será o incentivo para a construção de posições de controlo, já que passará a valer a pena suportar todos os custos que a construção de uma posição destas importa face a alternativas (custos de oportunidade, custo de dívida, etc.)[126].

5. A geografia do *corporate governance*

5.1. A visão tradicional dos dois paradigmas de controlo acionista

I. Resulta do que já foi exposto que a materialidade concreta do primeiro e segundo problemas de agência variará dependendo de um conjunto variado

[125] Alexander Dyck e Luigi Zingales, "Private benefits of control: An international comparison".

[126] Existem outras correlações que são aqui relevantes. Uma das mais interessantes é a que relaciona a participação do Estado, sobretudo em sociedades em processo de privatização, e o nível de extração de benefícios privados de controlo. Apesar de a literatura económica sobre este tema ser infindável, há poucas tentativas para efetivamente medir o custo para os acionistas minoritários que resulta da extração de benefícios privados de controlo (o que está longíssimo de ser a mesma forma, apenas por diferente perspetiva, de ver o problema). Pelo contrário, a generalidade dos trabalhos realizados assume aprioristicamente que tais custos são prejudiciais – o que em grande medida se pode dizer ser intuitivo –, sem que tente medir tal danosidade, e procurando apenas, em muitos casos, medir o sobrecusto que daí resulta. Cremos que se pode assumir que, em regra, não existirá correspondência entre o custo para acionistas minoritários e a apropriação de valor do controlador, podendo o primeiro ser maior que o segundo, ou o segundo ser maior que o primeiro. Procurando fazer essa medição face ao nível de participação do Estado, vd., por exemplo, Liu Kerry, "The effect of private benefits of control on minority shareholders: A theoretical model and empirical evidence from state ownership", *International Journal of Business and Economic Sciences Applied Research* (2017).

de fatores, desde logo da estrutura de capital das sociedades em causa (em particular, em função da existência, ou não, de um acionista, ou grupo de acionistas, com posição relevante) e, mais em particular, de fatores internos e externos como o nível de dispersão do capital, a composição do conselho de administração ou o maior ou menor ativismo dos acionistas no exercício dos seus direitos[127].

Em sociedades com o capital disperso, sem que exista um acionista com uma posição que, juridicamente ou de facto, lhe permita controlar ou influenciar dominantemente as deliberações do colégio de acionistas, a premência estará no primeiro problema de agência e a otimização do alinhamento de interesses e da coordenação de incentivos dependerá, antes de mais, da eficiência com que os acionistas consigam monitorar a administração; nestes casos, o combate ao *free riding* é uma prioridade e a monitorização da atuação da administração por parte de alguns acionistas é um *bem público* cuja utilidade, mas não os custos, se reparte por todos[128]. Já em sociedades anónimas

[127] Depende, claro, de muitos outros fatores, sendo que a configuração específica do sistema jurídico, em particular, a existência ou inexistência de um sistema de obrigatoriedade de lançamento de OPA, é um dos mais importantes. Sabe-se que na Europa o regime de OPA obrigatória é imposto pelo art. 5º da Diretiva das OPA (2004/25). No entanto, apesar de se tratar de regra que (apesar de altamente discutível), depois da reflexão mantida nos anos 70 e 80, hoje quase não é objeto de reflexão crítica no espaço europeu (não é objeto de reflexão crítica quanto à pertinência – e custos – da existência de uma regra de OPA obrigatória; não nos referimos, como é evidente, aos múltiplos temas que estão hoje na ordem do dia de reflexão sobre a revisão de regime da Diretiva das OPA), cabe salientar que são muitas as geografias em que tal regra não existe ou, pelo menos, não existe com a mesma abertura e intensidade. Há um óbvio efeito de ligação entre os dois problemas de agência e a maior onerosidade que o sistema de OPA obrigatória implica para potenciais adquirentes.

[128] Patrick Bolton e Ernst-Ludwig Von Thadden, "Blocks, liquidity, and corporate control", *JoF* 53, no. 1 (1998); Michael Metten, *Corporate Governance*, 47-55. O *free riding* é uma inevitabilidade do funcionamento dos mercados organizados. Sempre existirão investidores que usam o mercado, não estando disponíveis – muitas vezes naquilo que é um comportamento racional – para suportar os custos inerentes a uma eficiente formação de preços e que, por isso mesmo, assentam as suas decisões em comportamentos de acionistas mais envolvidos ou sofisticados e não tanto no seu próprio processo de descoberta e análise; sempre existirão outros que, por vocação, por função ou por outras razões, têm uma atuação mais liderante e informada. Os segundos serão sempre mais valorizados que os primeiros, não sendo de espantar que a existência dos primeiros seja aceite como uma inevitabilidade mecânica e a existência dos segundos seja fomentada, a vários níveis, como peça de um bom sistema de governo. Isto fica claro em momentos como o de um IPO, em que a típica realização de ofertas combinadas deixa a fixação do preço por processos de *bookbuilding* nas mãos dos investidores institucionais (sendo que – tantas vezes – há uma seleção de qualidade e reputação dentro do próprio universo dos institucionais), não podendo os investidores de retalho fazer mais senão aceitar uma margem de preço dentro da qual manifestam a sua ordem de compra no âmbito da oferta pública. E em momentos em que o exercício de uma opção de *clawback*, pela qual diminui

o número de ações reservadas para a venda a institucionais, é sinal de relativo fracasso da oferta, mas o exercício de uma opção de *clawforward*, em que o número de ações destinadas à oferta pública é reduzido à custa do aumento da tranche dos institucionais, é sinal de relativo sucesso da oferta. É aliás interessante verificar que o enquadramento jurídico do *bookbuilding* (ou, melhor, a falta de enquadramento, sobretudo no que respeita à formação final do preço da oferta) parece estar construído precisamente como forma de conferir uma margem de discricionariedade ao *investment banker* em função deste tipo de valorização relativa dos investidores (vd. sobre o tema Madalena Perestrelo de Oliveira, *Tutela do investidor perante o emitente no mercado de capitais: um modelo dinâmico de proteção*, 178-180; Francesca Cornelli e David Goldreich, "Bookbuilding: How informative is the order book?", *JoF* 58, no. 4 (2003); Francesca Cornelli e David Goldreich, "Bookbuilding and strategic allocation", *JoF* 56, no. 6 (2001), sobretudo 2337-2338). Poderíamos dar vários outros exemplos, como o que acontece quando um grande investidor institucional adquire uma participação qualificada no capital de uma sociedade cotada e a importância que a própria sociedade emitente atribui a esse evento (que faz com que, inclusivamente, esteja muitas vezes disponível para suportar custos direcionados a esse específico objetivo, como a realização periódica de operações de *roadshow* junto destes investidores, organização de *Investors' Days*, publicação de informação institucional no *website* em traduções não obrigatórias, etc). Deste modo, constata-se que o *free rider problem* não resulta tanto da externalidade positiva que alguns investidores retiram do comportamento de outros, sobretudo naqueles casos em que os benefícios gerados não criam prejuízos para estes (porque os custos sempre seriam incorridos) e até criam, eles próprios, vantagens (por exemplo, aumento de liquidez e de profundidade do mercado), mas resulta sobretudo da comparação com o cenário que existiria se aqueles investidores, em vez de se colocarem numa posição de *free riding*, tivessem um comportamento ativo. Neste sentido, o objetivo de alinhamento de incentivos deverá ser, como se escreve no texto, o combate ao *free riding*, não tanto com a intenção de o eliminar, mas apenas com o intuito de trazer mais acionistas passivos, na medida do possível, para o lado ativista. Isto porque os modelos tradicionais, a que voltaremos em maior desenvolvimento, assentam no pressuposto de que os agentes mais informados, que gastaram mais recursos, atuam no mercado em interação com aqueles menos informados, sendo que o *delta* de informação vai sendo incorporado no preço; daí também que a regulação da informação seja um dos pontos fundamentais do equilíbrio de funcionamento do mercado, sendo assumido que a falta, ou ineficiência, de tal regulação teria um efeito inevitável na formação de preços, desde logo alargando o *bid-ask-spread* e os custos de transação. Vd. por exemplo Sanford J Grossman e Joseph E Stiglitz, "On the impossibility of informationally efficient markets", *AER* 70, no. 3 (1980); Albert S Kyle, "Continuous auctions and insider trading", *Econometrica: Journal of the Econometric Society* (1985); Klaus J Hopt, "Insiderrecht– Grundlagen Internationale Entwicklung, ökonomischer Hintergrund, offene Fragen", in *Festschrift 25 Jahre WpHG* (De Gruyter, 2019); Madalena Perestrelo de Oliveira, *Tutela do investidor perante o emitente no mercado de capitais: um modelo dinâmico de proteção*, 60-68. O equilíbrio entre os custos incorridos pelos agentes mais informados e os seus ganhos nas transações com os demais agentes do mercado reflete-se no grau de eficiência que o mercado tenha em cada momento (vd. *supra* nota 91), existindo claras linhas de tensão, no que à formação do preço respeita, entre os incentivos necessários para obter a informação, a rapidez da incorporação da informação, etc. Vd. Sanford Grossman, *The informational role of prices*, vol. 1, MIT Press Books, (1989). O tema relaciona-se

com o capital mais concentrado, em que um acionista ou grupo de acionistas consigam, juridicamente ou de facto, controlar a sociedade ou influenciar determinantemente as suas deliberações, a premência estará na resposta ao segundo problema de agência e o alinhamento de interesses dependerá da eficiência com que os acionistas minoritários (assim como a própria sociedade e outros *stakeholders*) consigam regrar o acionista controlador, retirando-lhe ou, pelo menos, reduzindo o incentivo para procurar extrair, usando a sua posição, benefícios privados[129].

Sucede, no entanto, que o paradigma da sociedade anónima com capital muito disperso, apontado a espaços como o norte-americano desde, pelo menos, o início do século XX, está longe de corresponder a uma verdade universal e perene. Primeiro, porque, mesmo nos Estados Unidos, o padrão da grande sociedade anónima com o capital social muito disperso está longe de ser tão comum quanto se pensaria numa primeira aproximação[130] – e é-o cada

ainda, num nível muito macro, com a organização do voto na assembleia geral das sociedades anónimas – não tendo todos os sócios acesso à mesma informação (e não tendo todos os sócios os mesmos interesses) tornar-se-ia impossível e impraticável viver com uma regra de unanimidade. Daqui (também) emerge a necessidade de impor uma vontade por um "princípio de autoridade" da maioria dos votos (a expressão é de Kenneth Arrow e opõe-se a decisões por um "princípio de consenso"). Vd. Pedro Maia, *Voto e corporate governance*, 175.

[129] Os dois problemas de agência tocam-se para além do que escrevemos no texto. Destacamos outra dimensão com relevância. A existência de um acionista controlador, como escrito, pode ser indutora de apropriação de benefícios privados de controlo, mas leva a um mais forte monitoramento da atividade do conselho de administração. Assim, não custa ver alguns benefícios privados de controlo (em particular, aqueles associados à alienação da posição de controlo) como uma inevitável e, afinal, razoável contrapartida pelos custos resultantes da posição assumida. E, por outro lado, do ponto de vista dos acionistas não controladores, a presença de um acionista controlador, ainda que com apropriação de benefícios privados de controlo, será vantajosa até ao ponto em que as vantagens do *free riding* sejam superiores aos prejuízos proporcionais dos benefícios privados apropriados; isso independentemente de essa apropriação ser lícita ou ilícita. Vd. Ronald J Gilson e Jeffrey N Gordon, "Controlling controlling shareholders"; Ronald J Gilson, "Controlling shareholders and corporate governance: Complicating the comparative taxonomy", *HLR* 119 (2005); Brian R Cheffins, *Corporate ownership and control: British business transformed* (Oxford Scholarship, 2008) 4 e ss. Os termos deste *trade-off* estão identificados pelo menos desde Sanford J Grossman e Oliver D Hart, "Takeover bids, the free-rider problem, and the theory of the corporation", *The Bell Journal of Economics* (1980); e Andrei Shleifer e Robert W Vishny, "Large shareholders and corporate control". Sobre os modelos teóricos de incentivos do *trade-off*, vd. Anat R Admati, Paul Pfleiderer et al., "Large shareholder activism, risk sharing, and financial market equilibrium", *JPE* 102, no. 6 (1994); Ernst Maug, "Large shareholders as monitors: Is there a trade-off between liquidity and control?", *JoF* 53, no. 1 (1998).

[130] Clifford G Holderness e Dennis P Sheehan, "The role of majority shareholders in publicly held corporations: An exploratory analysis", *Journal of Financial Economics* 20 (1988). Esta afirmação

vez menos. Na verdade, é significativa a quantidade de sociedades emitentes de ações admitidas à negociação nas principais bolsas com acionistas de controlo detentores de mais de 50% dos direitos de voto ou, pelo menos, com uma posição que lhes assegure o controlo de facto[131] da sociedade e a recorrência na designação da maioria do conselho de administração. Se já era assim há algumas décadas, observam-se hoje fenómenos, a que voltaremos com mais detalhe, que fazem com que, cada vez mais, assim seja. Segundo, essa constatação resulta sobretudo da demonstração comparativa de diferentes níveis de dispersão em diferentes geografias, ou seja, da demonstração de que a adesão desse modelo à realidade vivida nos Estados Unidos (e em Inglaterra) é incomparavelmente maior que na Europa Continental (e no Japão), onde,

---

tem vindo a ser confirmada pela prática dos últimos e por aquilo que se chama muitas vezes um fenómeno de *reconcentração acionista* e que emerge da importância crescente dos investidores institucionais, sendo que a dispersão acionista que na visão clássica era observada na estrutura de capital, passa agora a ser observada na mutualização do investimento que associa os titulares de unidades de participação. Vd. *supra* 6.1; vd. no entanto desde já Ronald J Gilson e Jeffrey N Gordon, "The agency costs of agency capitalism: Activist investors and the revaluation of governance rights", *Columbia LR* (2013).

[131] O conceito de *controlo de facto* é corrente no nosso sistema jurídico (e em outros sistemas próximos) e serve para contrapor a posição do acionista que exerce um poder de direção que é juridicamente fundado e aquele que o exerce *de facto*, mas que, sob um ponto de vista estrito de regras, não o poderia fazer. O conceito é muito aberto e não é de fácil apreensão, pelo que justifica algumas notas complementares. Primeiro, o conceito de *grupo de facto* não pretende eximir a relação à regulação jurídica – o *grupo de facto* é sempre um grupo que depende de participações sociais, diretas ou indiretas, que permitem exercer um certo grau de influência sobre a sociedade participada e por isso é sempre *de direito*; nesse sentido, claro, não é *de facto* e não é esse, claramente, o sentido da expressão. Segundo, em rigor, o conceito de *grupo de facto* devia ser usado naqueles casos em que a influência do acionista controlador (*rectius*, da administração do acionista controlador) não lhe permite dar instruções, sabendo nós, no entanto que, nas mesmas circunstâncias, um acionista naquela posição se sente legitimado a dar instruções ou, pelo menos, a exercer um poder informal de conformação da atuação da administração. Ora, sabemos que, por aplicação das regras dos arts. 491º e 503º, esse direito apenas existe em caso de domínio total e, na verdade, não se qualifica habitualmente como *controlador de facto* o acionista que detém mais de metade dos votos. Esta disfunção, que fica apenas anotada, resulta do facto de o regime português dar pouca relevância normativa aos conceitos de *controlo* ou *domínio*, associando-lhe os limitados efeitos previstos nos arts. 486.3 e 487º (e 325º-A e 325º-B), assumindo como pedra basilar, para efeitos da estruturação do sistema, as regras do contrato de subordinação (e, por remissão, a situação de domínio total em que quer a sociedade dominante, quer a sociedade dominada, têm sede em Portugal). Vd. *supra* nota 97. Fica anotado que, embora de forma pouco precisa, usaremos a expressão *grupo de facto*, como é corrente, para nos referirmos aos casos em que o acionista, detendo menos de metade dos votos, consegue fazer aprovar a lista de membros dos órgãos sociais.

pelo contrário, o padrão da estrutura de capital das grandes sociedades anónimas sempre passou pela existência de acionistas controladores[132].

II. Pode assim dizer-se que, em lugar da popularização da estrutura de capital dispersa cuja convergência foi anunciada por Berle e Means, o século XXI assiste antes à convivência, numa lógica evolutiva contrária ao *darwinismo* que durante algum tempo se julgou que grassaria, entre dois modelos de estruturas de capital diferentes – um modelo com controlo acionista concentrado do qual a administração é estreitamente dependente, típico dos mercados Europeus Continentais, e outro modelo com controlo acionista predominantemente disperso e com um papel da administração que é mais protagonista, com bastante mais prevalência nos mercados inglês e, sobretudo, norte-americano[133]. E, na verdade, como já referido, esses modelos

[132] O trabalho de referência é Rafael La Porta, Florencio Lopez-de-Silanes et al., "Corporate ownership around the world", *Journal of Finance* 54, no. 2 (1999), 471-517, muito embora a diferença entre os dois sistemas já estivesse documentada em várias obras anteriores. Esta diferença torna descabido falar, no espaço europeu e nesses casos de presença de um acionista com a maioria dos votos, da assembleia geral como um órgão que toma decisões para além da vontade do acionista maioritário e da formação de maiorias como se de uma realidade ocasional e variável se tratasse. Nunca, ou quase nunca, é assim. Vd. Marco Zanchi, *La tutela degli azionisti di minoranza nelle società quotate*, 94-96.

[133] As razões justificativas desta separação de modelos são ainda hoje objeto de aceso debate na literatura norte-americana e europeia, muito embora os fenómenos de aproximação dos dois sistemas – mais cromáticos com o processo de reconcentração acionista que se sente hoje nos mercados norte-americanos – tenham retirado fulgor ao debate nas últimas duas décadas. Cabe, apesar disso, fazer uma curta referência a esse debate. Questiona-se, em primeiro lugar, como é possível que a separação de modelos subsista quando os mercados que estão na sua base estão cada vez mais integrados e quando se assistiu nos últimos cinquenta anos a uma forte convergência de padrões sociais e relações empresariais entre as principais economias mundiais; isto quando se sabe que a integração de mercados implica concorrência direta a vários níveis, daqui resultando uma forte pressão para que o modelo mais eficiente surja, ou deva surgir, como predominante. Questiona-se ainda, em segundo lugar, quais as razões que estiveram na base de cada um dos modelos. A obra clássica que responde ao primeiro problema é de Lucian Bebchuk e Mark J. Roe (Lucian Arye Bebchuk e Mark J Roe, "A theory of path dependence in corporate ownership and governance", *Stan. LR* 52 (1999), 127-170) e parte do conceito de *path dependence theory*. Se é certo que a integração dos mercados e a concorrência direta entre as empresas gera uma forte pressão no sentido de, no médio ou longo prazo, o sistema mais eficiente vir a ser predominante, não é menos verdade que cada um dos sistemas de controlo acionista tem uma evolução própria e que, por isso, o padrão de estrutura de controlo que tem num dado momento depende em parte do padrão que tinha no momento anterior. Assim, sistemas jurídicos que tiveram por circunstâncias várias, ou até por acidentes de percurso, evoluções próprias na estrutura de controlo das sociedades, assumiram esse passado como elemento essencial da sua evolução. Distingue-se assim duas fontes de *path dependence* com influência direta na evolução do sistema de governo – a denominada *structure-driven path dependence*, que respeita à influência que a

de estrutura de capital conduzem ao esbatimento das suas diferenças mais marcadas, encontrando-se cada vez mais estruturas de controlo (e concentração de posições acionistas, sobretudo em resultado da crescente importância dos investidores institucionais) em mercados como o norte-americano[134] e

---

estrutura inicial de controlo acionista tem nos momentos subsequentes; e a denominada *rule-driven path dependence*, que respeita ao efeito que a estrutura inicial de controlo acionista tem nas estruturas subsequentes através do seu efeito nas regras de governo societário. Já no que respeita às razões que estão na origem dos dois modelos o debate é mais vivo e dividido. Simplificando analiticamente o debate, são apresentados três tipos de razões para a origem dos dois modelos – razões jurídicas, razões políticas e razões económicas. A já mencionada obra de Rafael La Porta, Florencio Lopez-de-Silanes et al., "Corporate ownership around the world" não apenas marcou a análise através da demonstração empírica da existência de dois modelos distintos de controlo da sociedade, como, na mesma análise, apresentou razões jurídicas para essa diferença, procurando demonstrar que os sistemas jurídicos de *Civil Law* conferem aos acionistas minoritários um nível de proteção não adequado, daqui retirando então que as estruturas de capital social dispersos apenas podem emergir com facilidade em sistemas de *Common Law*. Esta explicação, que assume na sua base razões de natureza legal, foi fortemente contestada e debatida, quer no princípio – na colocação dos sistemas jurídicos na base da divisão – quer no conteúdo – nas variáveis legais assumidas para justificar a conclusão. Outros autores avançaram razões significativamente diferentes para a divisão. Entre estes, cabe destacar Mark J Roe, "Political preconditions to separating ownership from corporate control", *Stan. LR* 53 (2000), que defende a existência de uma relação direta entre a concentração do capital (e a consequente aproximação entre os acionistas e os administradores) e a política de cariz social-democrata que é generalizada na Europa – destas políticas emergem pressões para não aumentar o desemprego, preservar os empregos existentes ou, no ponto contrário, não emergem pressões tão fortes como nos Estados Unidos para maximizar os lucros de curto prazo. Assim, Roe defende que a razão principal para a concentração de capital a que se assiste na Europa Continental é, sobretudo, de natureza política. Outros autores avançam ainda razões de natureza económica para a diferença. É o caso de Lucian Arye Bebchuk, "A rent-protection theory of corporate ownership and control", que defende a ocorrência de uma relação direta entre a existência de benefícios privados do controlo e a estrutura de capital, em termos tais que faz com que quando esses benefícios privados sejam elevados exista uma tendência para a concentração do capital e *vice-versa* – assim, nestes casos, o acionista não terá incentivos a dispersar de forma significativa a sua posição no mercado, pois isso trará a perda dos benefícios privados da sua posição, sendo pelo contrário impulsionado a manter esse controlo.

[134] Vd. *infra* 6.1. Anote-se, desde já, que a principal razão que tem conduzido a este resultado passa pela presença cada vez mais importante de acionistas institucionais – quer aqueles com um perfil sofisticado e ativista, quer aqueles com um comportamento passivo e um funcionamento *low cost* – no capital das sociedades cotadas. Patrick Jahnke, "Voice versus exit: The causes and consequence of increasing shareholder concentration", *Available at SSRN 3027058* (2017); Jan Fichtner, Eelke M Heemskerk et al., "Hidden power of the Big Three? Passive index funds, re-concentration of corporate ownership, and new financial risk", *Business and Politics* 19, no. 2 (2017). Esta tendência de reconcentração de capital, associada à emergência de acionistas com um papel ativo e um comportamento sofisticado, tem levado à alteração – a vários níveis, e também ao nível normativo – do paradigma de compreensão da posição do acionista na economia do governo societário (pensamos

assistindo-se, sem que se perceba se é um processo com fim à vista ou meros epifenómenos, em vários mercados não anglo-saxónicos, a movimentos de crescente e inédita dispersão acionista[135]. Assim, se é possível dizer que até há algumas décadas a "geografia" do *corporate governance* isolava espaços com problemas de governo centrais e autónomos, não é menos verdade que essa autonomia tem vindo a dar lugar a um espaço cada vez mais integrado e com problemas comuns.

5.2. *O caso particular do mercado de capitais português*

I. O que acaba de se escrever sobre os mercados da Europa continental aplica-se plenamente ao mercado português, que se carateriza pela reduzida dimensão, em qualquer dos seus segmentos, mas, sobretudo, no que respeita ao segmento acionista, pela sua falta de dinamismo e concentração das estruturas de controlo. Hoje, olhando para as sociedades emitentes que integram o PSI[136], em quase todas conseguimos identificar um acionista que,

---

sobretudo na forma como o tema é tratado nos mercados norte-americanos), naquilo que é muitas vezes designado como *shareholder driven corporate governance*. Não haja dúvida de que este movimento, a triunfar, levará à negação da forma como Berle e Means analisavam a base do sistema de *corporate governance*.

[135] Poderiam ser dados vários exemplos, sobretudo em novos mercados, mas nenhum é verdadeiramente conclusivo e claro, sendo necessários maior período de observação e maior distância para que se possa perceber a verdadeira dimensão e intensidade do fenómeno. Mas é isso que está a acontecer, por exemplo, em Espanha, como resulta expresso no Relatório de 2018 (página 57) da *Comisión Nacional del Mercado de Valores* – https://www.cnmv.es/DocPortal/Publicaciones/Informes/Informe_Anual_2018_ENen.pdf. Está também a acontecer no Brasil, mas apenas no chamado Novo Mercado, dedicado a empresas tecnológicas e com regras específicas (também em sede de proporcionalidade entre *cash flow rights* e *voting rights*). Sobre a experiência brasileira, vd. Ronald J Gilson, Henry Hansmann et al., "Regulatory dualism as a development strategy: corporate reform in Brazil, the United States, and the European Union"; Bárbara Menezes Monduzzi, "O Princípio do One Share/One Vote e o desprestígio das ações preferenciais: As experiências europeia e brasileira", *Revista Eletrônica do Curso de Direito das Faculdades OPET* (2016), 11 e ss.; Pedro Matos, "An assessment of dual-class shares in Brazil: Evidence from the Novo Mercado reform", *CFA Institute* (2017); Gabriela M Engler Pinto, "Why they persist? An analysis of dual class structures and the unification process in the US and Brazil", 31-33.

[136] PSI é o acrónimo de *Portuguese Stock Index* e funciona, desde o início de 1993, como o índice de referência da bolsa de valores nacional. Ao longo dos quase trinta anos de vida deste índice, as suas regras de composição foram diversas vezes revistas, sendo que a última revisão – em agosto de 2021 – alterou a composição do índice, que deixou de se referir a 20 sociedades, a sua metodologia de cálculo. É por isso que escrevemos PSI e não PSI 20 que é, ainda hoje, a designação mais corrente para o índice.

juridicamente ou de facto, atua como controlador ou que, pelo menos, tem uma influência significativa no controlo. A agravar este diagnóstico, revelador de uma evidente falta de competitividade do mercado de capitais nacional, fica fácil demonstrar que estas três características apresentam tendência, desde há pelo menos duas décadas, para se agravarem.

Trata-se, na verdade, de um mercado que não cumpriu as promessas de crescimento que se anunciavam no final do século XX, e que pode ser qualificado como ultraperiférico. Nele vislumbramos as caraterísticas geralmente apontadas aos mercados de capitais da Europa continental – presença dominante do sistema financeiro como fonte principal de captação de recursos do tecido empresarial, mesmo dos grandes grupos, menor dinamismo do mercado de capitais, presença relevante de empresas com base familiar, limitada dispersão acionista das sociedades cotadas, perceção de níveis altos de extração de benefícios privados de controlo[137] e proliferação de instrumentos jurídicos que excecionam o princípio "uma ação, um voto" –, tudo isto por vezes com traços até mais carregados do que aquilo que ocorre em outras jurisdições comparáveis.

II. Em janeiro de 2020, ainda antes da crise pandémica, a capitalização bolsista da Euronext Lisbon totalizava cerca de 224 mil milhões de euros; o segmento acionista do mercado regulamentado, aquele que mais nos interessa, representava cerca de 71 mil milhões de euros (e o segmento obrigacionista quase 150 mil milhões de euros)[138]. São números impressionantemente insignificantes. Para os colocar em perspetiva perante algumas ordens de grandeza, saliente-se que (i) em 2010 a capitalização do segmento acionista na Bolsa de Lisboa era de mais de 157 mil milhões de euros[139];

---

[137] Isso resulta claro da comparação dos prémios de controlo pagos, embora se deva salientar que o número de observações em Portugal é limitado. Vd. *infra* 5.3 para mais desenvolvimentos. Vd. Alexander Dyck e Luigi Zingales, "Private benefits of control: An international comparison".

[138] Indicadores mensais do mercado de capitais português de janeiro de 2020 disponíveis em https://www.cmvm.pt/pt/Estatisticas/EstatisticasPeriodicas/IndicadoresMensaisDoMercadoDeCapitaisPortugues/Pages/janeiro2020.aspx. No *OECD Capital Market Review of Portugal 2020*, com dados do final de 2019, indica-se uma capitalização do segmento acionista de 63 mil milhões de euros. Esta capitalização bolsista representa apenas cerca de 25% do PIB, o que revela uma das relações mais pobres no espaço da União Europeia. https://data.worldbank.org/indicator/CM.MKT.LCAP.GD.ZS?locations=EU.

[139] https://www.cmvm.pt/pt/Estatisticas/EstatisticasPeriodicas/IndicadoresMensaisDoMercadoDeCapitaisPortugues/Pages/20100201r.aspx.

(ii) e era de cerca de 116 mil milhões de euros em 2000[140]; (iii) esta capitalização bolsista do segmento acionista, em 2020 na Bolsa de Lisboa, de cerca de 71 mil milhões de euros, compara com uma capitalização na Bolsa de Madrid de mais de um bilião de euros[141]; e (iv) compara com uma capitalização no início de 2020, em Londres, de mais de 3 biliões de Libras.

Trata-se, assim, de um mercado de reduzidíssima dimensão, o que ganha especial relevância num momento de forte concorrência entre bolsas de valores e de globalização, em que qualquer sociedade emitente que queira ver as suas ações admitidas à negociação em mercado regulamentado pode, com grande facilidade, requerer a admissão à cotação no mercado regulamentado de outro país, com acesso a diferentes níveis de liquidez e profundidade[142] e, por outro lado, quando qualquer investidor tem acesso fácil, desburocratizado e com baixos custos aos principais mercados do mundo.

III. É, por outro lado, um mercado com grande falta de dinamismo e com indicadores que, em quase todas as suas métricas, são, nas últimas décadas, negativos. Já se viu, a propósito da capitalização bolsista do segmento acionista, que o mercado não apenas não cresce, mas, pelo contrário, se contrai. Mas na verdade isso é resultado de um conjunto de outros fatores, entre os quais caberá destacar indicadores como: (i) em 1997 estavam cotadas quase 150 emitentes de ações admitidas à negociação, sendo que em 2020 esse valor

[140] https://www.cmvm.pt/pt/EstatisticasEstudosEPublicacoes/Publicacoes/RelatorioAnualDaCMVM/Documents/0448d07a21204722833ba56fa3cc4965RA2001_Internet.pdf.

[141] https://www.bolsasymercados.es/esp/Estudios-Publicaciones/Estadisticas.

[142] O maior IPO de uma sociedade com origem portuguesa – a Farfetch, sociedade fundada em 2008 em Leça do Balio pelo empresário português José Neves, mas com sede em Londres – realizou-se no ano 2018. Não em Portugal, na Euronext, mas nos Estados Unidos, na NYSE. O prospeto está disponível para consulta em https://www.sec.gov/Archives/edgar/data/1740915/000119312518252315/d532260df1.htm. Tratou-se da venda de 37.503.501 ações ordinárias de classe A (30.056.495 pela própria sociedade e 7.447.006 por um conjunto de acionistas), alienadas por um preço de 20 USD por ação. Curiosamente – ou talvez não tanto –, os estatutos da sociedade preveem duas categorias de ações: ações de classe A, que conferem um voto ao seu titular, e ações de classe B, que conferem 20 votos. Cabe notar que o fenómeno não é – bem pelo contrário – típico do mercado português, afetando, antes, a generalidade dos mercados emergentes e, mais ainda, periféricos. A internacionalização dos emitentes, seja por estruturas de cotação direta, como ocorreu no caso da Farfetch, seja por cotações através de *depositary receipts* em bolsas norte-americanas e europeias, gera um saldo líquido negativo de migração dos mercados domésticos para mercados internacionais, com custos diretos, ao nível da liquidez, dos primeiros. Analisando uma amostra de 2.900 emitentes, de 45 mercados emergentes, durante o período de 1989–2000, vd. Ross Levine e Sergio L Schmukler, "Internationalization and stock market liquidity", *Review of Finance* 10, no. 1 (2006).

se reduz para cerca de 50[143]; (ii) o último IPO com importância material ocorreu em 2014 com a oferta de ações da Luz Saúde[144], sendo que desde essa data ocorreram apenas algumas – poucas – ofertas de menor dimensão abortadas[145]; (iii) em 2018 fecharam o seu capital seis cotadas, entre as quais caberá destacar o BPI, Luz Saúde e Sumol+Compal, sendo que em 2019 fizeram idêntico caminho mais três sociedades[146].

Ora, cabe notar que, se é certo que nas últimas duas décadas passámos por períodos em que o mercado de M&A esteve especialmente ativo, sabendo-se que esses períodos tendem ao fecho de capital das sociedades (as designadas transações *public to private*), não é menos verdade que também passámos por períodos em que a dispersão de *equity* tinha os incentivos adequados e, por

[143] https://www.cmvm.pt/pt/EstatisticasEstudosEPublicacoes/Publicacoes/RelatorioAnualDaCMVM/Documents/CMVM-RELAT%C3%93RIO%20ANUAL%20-%202018.pdf. Com base em números de 2018, que correspondem ao último Relatório da CMVM publicado, "o mercado português terminou 2018 com 96 emitentes admitidos à negociação (contra 99 em 2017). Destes, 42 foram emitentes de ações e 29 de obrigações admitidas à negociação em mercado regulamentado; a que se juntaram 14 emitentes de ações e 11 de obrigações admitidos à negociação em sistemas de negociação multilateral". No *OECD Capital Market Review of Portugal 2020* indica-se que, no final de 2019, se contavam 47 sociedades cotadas na Euronext Lisbon, o que representa cerca de um terço daquelas que estavam cotadas em 1997.

[144] Já após a entrega desta tese, em julho de 2021, realizou-se, por *spin-off* da Altri, o IPO da Greenvolt. www.greenvolt.pt.

[145] Em 2018 realizou-se o IPO da Raize, mas trata-se de uma operação sem qualquer materialidade – a OPV incidiu sobre 15% do capital da sociedade e rendeu cerca de 1,5 milhões de euros. De acordo com o *OECD Capital Market Review of Portugal 2020*, entre 2010 e 2018 ocorreram em Portugal cinco IPO, sendo que apenas as duas ofertas realizadas em 2013 e 2014 têm alguma materialidade.

[146] As razões que levaram estas, e as anteriores, sociedades a fechar o seu capital serão certamente diferentes. A literatura económica apresenta normalmente ordens de razões diversas para a motivação do fecho de capital (aquilo a que se chama operação *public to private*) – primeiro, custos (diretos e indiretos); segundo, redução das vantagens que resultam da cotação, incluindo *trade-off* entre as vantagens que daí resultam e os custos de financiamento junto do setor bancário; terceiro, quando o acionista controlador assume que ganha mais com a concentração de capital que aquilo que para ele resulta da dispersão de risco; quinto, redução de conflitos de interesses entre administradores e acionistas e entre acionistas maioritários e minoritários; sexto, incentivos de natureza financeira ou fiscal ao *delisting*; sétimo, alinhamento de incentivos a *management buyouts*, sobretudo nos casos em que os administradores são detentores de participações sociais significativas. É difícil identificar os fatores que conduziram ao cenário que hoje se vive em Portugal, sendo provável que na sua base estejam várias das razões apontadas. Para uma revisão da literatura sobre o tema, vd. Constant Djama, Isabelle Martinez et al., "What do we know about delistings? A survey of the literature", *https://hal.archives-ouvertes.fr/hal-00937899* (2012). Vd. ainda, com particular relevância, M Sinan Goktan, Robert Kieschnick et al., "Corporate governance and firm survival". Sobre o tema dos custos de financiamento, embora com números pouco atuais, Isabel Marques Gameiro e Nuno Gonçalo Ribeiro, *Financing Costs of Portuguese Companies* (www.bportugal.pt, 2007).

toda a Europa, as sociedades abriam o seu capital ou realizavam operações de aumento de capital por subscrição pública. Os primeiros momentos não passaram à margem de Portugal (à escala do mercado nacional, naturalmente); os segundos passaram.

IV. Trata-se, por fim, de um mercado com uma fortíssima concentração acionista.

Das dezoito sociedades que, à data em que escrevemos[147], compõem o PSI, onze – Altri, Corticeira Amorim, EDP Renováveis, Ibersol, Jerónimo Martins, Mota-Engil, Navigator, NOS, Semapa, SONAE Capital e Sonae SGPS – têm um acionista, ou conjunto coligado de acionistas, titular de mais de 50% dos direitos de voto. Por diferentes palavras, em 11 das 18 sociedades representadas no PSI, ainda que todas as ações fora das mãos do acionista controlador fossem concentradas num único acionista, não seria retirado o controlo ao primeiro; daqui resultando que qualquer mudança de controlo dependerá do acordo prévio do *blockholder*[148]. É difícil encontrar maior ineficiência para o chamado *market for corporate control* do que aquela que vivemos hoje em Portugal[149].

Nas restantes sete sociedades representadas no índice, e apesar de não existir um acionista que controle mais de 50% dos direitos de voto, temos, em regra, uma forte concentração de capital, assegurando que os maiores acionistas estão, na prática, em condições de fazer aprovar uma lista para os órgãos sociais – no Millennium BCP, o Grupo Fosun e o Grupo Sonangol controlam conjuntamente cerca de 47% do capital (27,25% + 19,49%); na

[147] Foram, entretanto, excluídas do PSI a Ibersol, Novabase, Pharol e Sonae Capital, e incluída a Greenvolt. Não atualizámos a referência porque várias passagem do texto assumem a composição existente à data da redação original.

[148] O *OECD Capital Market Review of Portugal 2020* revela que Portugal tem a maior concentração acionista nas sociedades cotadas no espaço da União Europeia, sendo que os níveis de elevada concentração se revelam no próprio universo das sociedades não cotadas. Não é fácil discernir se o efeito que se sente em Portugal, em que os níveis de concentração acionista são mais marcados do que em outras economias europeias continentais, tem razões específicas ou se, pelo contrário, é resultado apenas da nossa evolução histórica e localização periférica. Sobre o tema, com visões não inteiramente coincidentes, vd., por exemplo, José Ferreira Gomes, *Da administração à fiscalização das sociedades*, 61-62; Pedro Maia, *Voto e corporate governance*; Filipe Cassiano dos Santos, *Estrutura associativa e participação societária capitalística*, 14.

[149] Como já há mais de 30 anos escreveu Williamson, a opção entre abertura do capital e recurso a dívida, a opção entre *equity* e *debt*, não é apenas uma opção de *corporate finance*, mas é também uma opção de *corporate governance*. Vd. Oliver E Williamson, "Corporate finance and corporate governance", *JoF* 43, no. 3 (1988), 567.

EDP, a China Three Gorges controla 21,4% do capital; na GALP, a Amorim Energia controla 33,34% do capital; na REN, a State Grid controla 25% do capital; na Novabase, a HNB controla 33,44% do capital. Assim, só em duas das sociedades representadas no índice, o maior acionista tem participações inferiores a 20% – nos CTT, em que o maior acionista, Manuel Champalimaud, SGPS, S.A., detém 13,4%; e na Pharol, em que o maior acionista, Telemar, detém 10%.

Para além da elevada concentração, cabe referir que entre as sociedades que não têm na sua estrutura um acionista com mais de 50% dos direitos de voto, só três – Novabase, CTT e GALP – adotaram a regra *uma ação, um voto*, sendo que as restantes quatro – BCP, EDP, Pharol e REN – incorporam todas elas regras estatutárias de limitação ao exercício do direito de voto, os chamados *voting caps*. Refira-se, aliás, que, no passado recente, a prevalência de emitentes no mercado português com cláusulas estatutárias deste tipo foi ainda maior[150].

5.3. *Ainda sobre o mercado português – a conjugação de apropriação de vantagens privadas do controlo, CEM e OPA obrigatória*

I. Não existem indicadores fiáveis sobre o nível de apropriação de vantagens privadas de controlo no mercado português. Parece, no entanto, razoável assumir que esse nível será elevado, entendimento que resulta de um conjunto de razões de natureza distinta.

Primeiro, embora com escassa representatividade da amostra, é o que revelam os poucos dados sobre Portugal existentes nos estudos comparativos publicados[151]. Segundo, porque o valor do controlo – medido pelos montantes

[150] Entre 2014 e 2019 saíram da bolsa de valores portuguesa sociedades como o BPI, o BES ou a PT (neste caso, sendo substituída pela Pharol que, sendo uma nova designação social da Portugal Telecom, SGPS, SA, tem um perímetro material muito distinto, o que se reflete numa capitalização bolsista que, pura e simplesmente, não pode ser comparada), todas elas com cláusulas estatutárias de limitação de voto (muito embora a cláusula dos estatutos do BPI tenha sido eliminada em 2016, assim abrindo as portas para a OPA então em curso). No mesmo sentido, em 2012 a então ZON Multimédia aprovou uma alteração dos seus estatutos eliminando a limitação à contagem dos votos que podiam ser emitidos por cada acionista que era estipulada no art. 12.6 dos estatutos (que dispunha que não seriam contados aqueles votos que excedessem 10% da totalidade dos votos correspondentes ao capital social).

[151] Referimo-nos aos únicos três estudos que integram Portugal na amostra: Alexander Dyck e Luigi Zingales, "Private benefits of control: An international comparison", tabela II; T Nenova,

pagos pelo prémio – nos países de *civil law* é, em média, claramente superior ao dos países de *common law;* e, fazendo uma análise mais fina, nos países de *civil law,* o valor do controlo é superior em jurisdições com sistemas judiciais menos eficientes que em outros mais eficientes, como os países escandinavos ou a Alemanha[152]. Daqui pode com alguma segurança ser extrapolado que, se é assim em comparação com países como França, mais (ou tanto) o será em comparação com Portugal. Terceiro, porque, como já referimos, a concentração acionista extrema que existe em Portugal (e, de certa forma, a existência de estruturas de *control enhancing mechanisms* e o modo como os mesmos estão vulgarizados entre nós) revela o alinhamento de incentivos para a apropriação de benefícios privados de controlo. O interesse do controlador para criar e preservar essa posição – e a disponibilidade para assumir o custo (quer o custo da construção da posição, quer o custo de oportunidade que resulta da concentração do investimento) que daí resulta – será tanto maior quanto maior for a sua apropriação destas vantagens[153].

II. Já verificámos, por outro lado, que os níveis de concentração acionista e a proliferação de CEM são anormalmente altos em Portugal – como acabámos de confirmar, das dezoito sociedades que, à data, compõem o PSI, onze têm um acionista titular de mais de 50% dos direitos de voto e, das restantes sete, apesar da concentração acionista, só três adotaram a regra uma ação, um voto. Vimos também que, no passado recente, a prevalência de emitentes no mercado português com cláusulas de *voting caps* que falamos – foi ainda maior.

"The value of corporate votes and control benefits: A cross-country analysis. Harvard University", *Economics, working paper* (2000), tabela III; Craig Doidge, "US cross-listings and the private benefits of control: evidence from dual-class firms", *Journal of Financial Economics* 72, no. 3 (2004), tabela II. Reconhece-se que estes estudos são muito pouco conclusivos em relação ao mercado nacional porque a representação das amostras não é relevante – o primeiro analisa dois casos em Portugal, o segundo analisa três casos e o terceiro analisa quatro casos. Isto ao longo de períodos razoavelmente diferentes.

[152] Id., ib.; Rafael La Porta, Florencio Lopez-de-Silanes et al., "Corporate ownership around the world".

[153] Não se entenda, em todo o caso, que a concentração do controlo acionista é uma medida direta do nível de apropriação de vantagens privadas do controlo ou, dito de outro modo, que é a razão explicativa da concentração do controlo acionista. Existem muitas outras razões que conduzem a esse resultado, nomeadamente razões de natureza cultural, histórica, de custos das alternativas de financiamento, dimensão e facilidade de aquisições hostis, etc. Sem prejuízo, cremos ser fácil a perceção da relação entre os fatores. Vd. o que escrevemos de seguida sobre custos e riscos de concentração de *portfolio.*

A concentração acionista, sobretudo quando é levada ao ponto de deixar nas mãos de um único acionista ações que representam mais de 50% dos votos, serve um claro propósito de controlo (e de defesa dessa posição) – em onze das dezoito sociedades representadas no PSI existe um acionista de controlo *de jure*. Em cada um desses casos, o acionista entende que essa é a melhor forma de assegurar o domínio sobre a sociedade participada; porque essa é, afinal, a melhor forma de organizar o seu projeto de investimento. Mas é assim, claro, com custos significativos. Para o acionista controlador, com óbvios custos de capital, já que o investimento (seja com capitais próprios, seja com capitais alheios, mas mais claramente neste último caso) terá de ficar imobilizado, e com custos de diversificação de *portfolio*, já que a concentração retira ao acionista *equity* para outros investimentos[154]; se o acionista pudesse, com semelhante eficiência e utilidade marginal, organizar o seu investimento com menor concentração de capital, não custa aceitar que o faria. Para a sociedade, com custos de crescimento, já que o controlador apenas estará na disposição de aceitar o aumento do capital social na medida em que ele esteja em condições de acorrer sem diluição; de outra forma, preferirá limitar o crescimento da sociedade à perda da sua posição de controlo.

Algo semelhante acontece com a existência de *control enhancing mechanisms* e, mais em particular, com os *voting caps*. Estes existem – com as limitações que introduzem no funcionamento do *market for corporate control*[155] – e com um natural efeito negativo no valor das ações, porque os acionistas (pelo menos, a maioria qualificada), ou alguns dos acionistas (pelo menos, um terço dos votos representados em assembleia), entendem que é essa a melhor forma

---

[154] O custo de oportunidade, que se reflete na concentração ou diversificação de *portfolio*, parece inegável. Não se pretende afirmar, no entanto, que o capital imobilizado não pode servir outros propósitos. Existem, claro, diversas estratégias que permitem alavancar fundos adicionais usando esse *equity*.

[155] Os *voting caps* não inviabilizam as OPA – há, aliás, vários casos que o demonstram. Dito isto, não há qualquer dúvida de que previnem certas ofertas (porque o oferente, percebendo a dificuldade do caminho, prefere nem começar o processo, de onde resulta o afastamento de certas ofertas apenas *oportunistas*), tornam o sucesso as ofertas lançadas mais difícil (porque mais facilmente uma minoria pode bloquear a obtenção de controlo pelo oferente) e obrigam o oferente a ter maior capacidade negocial (porque tem de convencer um universo mais vasto) e, sobretudo, a melhorar a sua oferta. Todos estes pontos são salientados, por exemplo, por João Soares Silva, "*Voting caps* em sociedades cotadas: Algumas reflexões", in *A propósito de corporate governance e de direito das sociedades e dos valores mobiliários* (Almedina, 2018), 93-100. Não pomos isto em causa. O que se pretende salientar é o efeito combinado destas cláusulas com outras características do mercado nacional e o efeito exponencial que daí pode resultar.

de organizar o seu investimento. Estão, por isso, dispostos a suportar o custo inerente aos mesmos. Em outros mercados em que não existem, sobretudo naqueles em que estão disponíveis, a lógica é a contrária e, de igual modo, a estrutura de controlo resulta de uma opção tomada em algum momento pelos acionistas.

III. O terceiro ingrediente a que nos queremos referir nesta sede é a fixação de um regime de OPA obrigatória (sobretudo, mas não apenas, na configuração de OPA geral que hoje emerge do regime nacional e da Diretiva das OPA). Não tanto para que sejam abordadas as vantagens e desvantagens que resultam de tal regime – trata-se de um exercício que não apenas estaria deslocado como seria, hoje, tema com limitada atualidade[156]–, mas sobretudo

[156] Não se entenda do que escrevemos que partilhamos da visão acrítica e unanimista que hoje é dominante e que considera a regra de OPA obrigatória uma *regra de ouro*. Não é assim. A estipulação da regra de obrigatoriedade de lançamento de OPA é tema que deve ser discutido e que, arriscamos adivinhar, voltará ao debate nas próximas décadas. Apenas nos queremos referir ao efeito regulatório da Diretiva das OPA. Sobre a evolução do regime de obrigatoriedade de lançamento de OPA em Portugal, sobretudo antes da Diretiva, vd. Jorge Brito Pereira, *A OPA obrigatória* (Almedina, 1998); e ainda o recente Paula Costa e Silva, "A constituição do dever de lançamento de oferta pública de aquisição no Direito português: a inequívoca opção por um novo paradigma", 59-62. Sabe-se que o regime de OPA obrigatória começou a desenvolver-se nos anos 70 em Inglaterra, em particular a partir de 1972, passou a regime europeu com a aprovação em 2004 da Diretiva das OPA, e tem vindo a influenciar de forma significativa outros regimes. Convivem deste modo dois ambientes regulatórios diferentes. O primeiro, em que o prémio de controlo que resulta de um movimento de M&A é apropriado pelos acionistas vendedores da posição, cabendo ao adquirente decidir livremente se quer, ou não, adquirir mais ações aos outros acionistas (e quais os termos em que oferece a esses acionistas a possibilidade de venderem as suas ações). O segundo, em que, por recurso ao instrumento da OPA obrigatória, se impõe a designada *"sharing rule"* (por contraposição à *market rule* ou *private negotiation rule*), obrigando o adquirente da posição de controlo a partilhar o prémio de controlo por todos os acionistas e a estender a sua oferta a todos os acionistas (por definição, nos mesmos termos e condições da sua melhor oferta, tipicamente os mesmos termos e condições oferecidos ao acionista de controlo). O primeiro sistema é o que vigora nos Estados Unidos (com muito poucas exceções ao nível estadual, em que, mais que uma regra de OPA obrigatória, existe alguma jurisprudência que assenta um dever de *premium-sharing* numa base de deveres fiduciários e tratamento igualitário dos acionistas), enquanto o segundo vigora em muitos países, além, naturalmente, dos países europeus abrangidos pela Diretiva. Nos anos 60 e 70 foram feitas algumas tentativas dogmáticas de integração desses casos de jurisprudência num princípio geral de repartição do prémio de controlo, sendo a mais relevante a obra de William D Andrews, "The Stockholder's Right to Equal Opportunity in the Sale of Shares", *HLR* (1965), mas é hoje geralmente aceite que inexiste um princípio ou regra geral sobre o tema nesse espaço. Edmund Schuster, "Efficiency in private control sales – The case for mandatory bids", 3; Paul Davies e Klaus Hopt, "Control transactions", in *The anatomy of corporate law* (Oxford UP, 2004), 256-260; com a

para nos pronunciarmos sobre um conjunto de decorrências que resultam de tal opção do legislador.

Sabe-se que as duas razões principais para a imposição do regime de OPA obrigatória se referem, por um lado, a uma ideia de igualdade de tratamento dos acionistas e, por outro, à função de repartição do prémio de controlo, sobretudo face a um evento novo que é a emergência na estrutura de poder de um novo acionista com uma posição de controlo[157]. Parece ser incontestável que, sobretudo do ponto de vista dos acionistas não controladores e, nessa medida, numa lógica de unidade (e promoção) do mercado, a repartição do prémio de controlo por todos os acionistas é de louvar e apresenta vantagens, sobretudo vantagens económicas diretas, que são incontestáveis.

---

comparação de regimes até chegar à solução brasileira, que parte da regra de partilha mas com um grupo enorme de exceções (sobretudo relacionadas com os casos da chamada "aquisição originária do controlo") e, mais importante, com a regra do art. 254º-A da Lei das Sociedades por Ações que, em caso de transferência de controlo, impõe ao novo controlador a obrigação de estender aos minoritários apenas 80% do preço pago ao controlador alienante, acabando assim por criar um regime algo intermédio, vd. Nelson Eizirik, *A Lei das S/A Comentada*, vol. III (Quartier Latin, 2011), 411-439; Fábio Konder Comparato e Calixto Salomão Filho, *O poder de controle na sociedade anônima* (Rio de Janeiro: Forense, 2014), 225-268; Paulo Eduardo Penna, *Alienação de controle de companhia aberta* (Editora Quartier Latin do Brasil, 2012), 32 e ss.; Pedro Cordelli Alves, "A oferta pública de aquisição obrigatória nos ordenamentos jurídicos brasileiros e português", *Direito das Sociedades em revista* (2015), 201-204.

[157] É um tema que nos é caro, mas que não cabe, nesta sede, desenvolver. Diga-se, por isso, que estes objetivos resultam claros de diversos dos Considerandos da Diretiva das OPA, nomeadamente do Considerando 2, ao referir que "é necessário proteger os interesses dos titulares de valores mobiliários das sociedades sujeitas à legislação de um Estado-Membro no caso de essas sociedades serem objecto de ofertas públicas de aquisição ou de mudanças de controlo e quando pelo menos uma parte dos seus valores mobiliários estejam admitidos à negociação num mercado regulamentado num Estado-Membro"; e do Considerando 9, quando escreve que "os Estados-Membros deverão tomar as medidas necessárias para proteger os titulares de valores mobiliários e, em especial, os detentores de participações minoritárias, após uma mudança do controlo das sociedades. Os Estados-Membros deverão assegurar essa protecção mediante a imposição ao adquirente que assumiu o controlo de uma sociedade do dever de lançar uma oferta a todos os titulares de valores mobiliários dessa sociedade, tendo em vista a aquisição da totalidade das respectivas participações a um preço equitativo que deve ser objecto de uma definição comum. Os Estados-Membros deverão poder estabelecer outros instrumentos para a protecção dos interesses dos titulares de valores mobiliários, tais como o dever de lançar uma oferta parcial quando o oferente não adquira o controlo da sociedade ou o dever de lançar uma oferta simultaneamente com a aquisição do controlo da sociedade". A obrigatoriedade de lançamento de OPA serve outros objetivos e tem outros fundamentos. Já aqui nos referirmos, por exemplo, à relação entre o tema da apropriação de benefícios privados do controlo e a imposição de um regime de OPA obrigatória.

Tem, no entanto, consequências que podem ser qualificadas como adversas ou menos benéficas. Primeiro, limita significativamente a dinâmica do *market for corporate control* gerando um inevitável *chilling effect* na força desse mercado, já que agora o potencial adquirente da posição de controlo (ou aquele que constrói uma posição de controlo onde antes não existia qualquer controlador) terá de estar pelo menos disponível para adquirir todo o *equity* (e ainda outros valores mobiliários), assim fazendo com que a transação perspetivada quase duplique o custo (potencial)[158]. Segundo, a repartição do prémio de controlo diminui o sucesso potencial da operação aquisitiva naqueles casos em que já exista um acionista controlador, pois este – que é precisamente o acionista que, antes de mais, tem de ficar convencido com o prémio que lhe é oferecido pela transferência da posição controladora, já que é, efetivamente, o único que está a transferir o controlo – não vai receber todo o prémio, que, assim, vai ser repartido proporcionalmente por quem está a vender o controlo e por quem não está a vender o controlo[159], para além de obrigar o adquirente a uma mobilização de esforços financeiros que, no limite, o forçará a uma indesejável concentração dos investimentos. Também aqui a eficiência do *market for corporate control* é limitada e o dito *chilling effect* é provocado, uma vez que uma transação que, se o prémio de controlo tivesse sido integralmente dirigido ao controlador, poderia ter sucesso, estará agora em maior risco. Terceiro, numa consequência que, infelizmente tem sido muito

---

[158] A ideia segundo a qual a regra de OPA obrigatória gera ineficiências significativas é clássica e foi objeto de debate sobretudo nos anos anteriores à aprovação da Diretiva das OPA. Vd. por exemplo George B Javaras, "Equal Opportunity in the Sale of Controlling Shares: A Reply to Professor Andrews", *U. Chi. LR* 32 (1964); Frank H Easterbrook e Daniel R Fischel, "Corporate control transactions", *Yale LJ* 91 (1981); Simone M Sepe, "Private sale of corporate control: Why the European mandatory bid rule is inefficient", *Arizona Legal Studies Discussion Paper*, no. 10-29 (2010). Para uma visão mais recente sobre o tema, vd. Edmund Schuster, "Efficiency in private control sales – The case for mandatory bids". Diga-se, além do mais, que a própria publicidade e exposição inerentes a qualquer OPA, acoplada aos elevados custos implicados pelo processo, já de si são bastante desincentivadores da aquisição, o que faz com que vários autores ponham em causa a própria eficácia da OPA (já para além da OPA obrigatória) como instrumento *normal* de aquisição do controlo de uma sociedade cotada. Vd., por exemplo, Jens Dammann, "Corporate ostracism: freezing out controlling shareholders", 58.

[159] Será diferente para quem entenda que o prémio de controlo não se destina ao acionista de controlo, mas, pelo contrário, pertence à sociedade ou a todos os acionistas (na proporção das respetivas participações), ideia que aliás está na base de alguns casos relevantes de jurisprudência norte-americana. Trata-se, no entanto, de questão mais conceitual e simbólica que material (sem prejuízo das decorrências que desta questão podem resultar para a fundamentação final do regime de OPA obrigatória) porque, existindo um acionista controlador, o sucesso da transação dependerá antes de mais da capacidade de lhe ser oferecido um preço pelas ações que seja considerado aceitável.

sentida no mercado nacional, faz com que qualquer alteração de controlo de uma sociedade cotada se transforme potencialmente numa operação de *public to private*, o que tem como inevitável consequência a exclusão de cotação das ações objeto do processo aquisitivo. Na verdade, tipicamente, a operação de alteração de controlo tem um de dois destinos – ou falha, ou leva à exclusão da sociedade do mercado. Se é certo que, normalmente, o adquirente do controlo preferiria 50,01% dos votos a 80% ou 90% dos votos, pelo custo global dessas ações diferenciais e pelo incremento marginal que a sua posição de controlo tem, não é menos certo que, chegado a patamares como os 90%, preferirá fechar o capital da sociedade (ainda que para o abrir num momento posterior) – e evitar a exposição resultante da natureza aberta da sociedade – que manter a cotação de apenas uma pequena percentagem de ações[160].

IV. Percebe-se então que esta conjugação de, primeiro, elevada apropriação de vantagens privadas de controlo – fazendo com que o prémio a pagar para uma tomada de controlo bem sucedida tenha de ser, por natureza, mais alto, uma vez que a pré-existência de um acionista controlador faz presumir que este apenas estará na disposição de vender a sua posição se o preço oferecido o compensar da apropriação de vantagens privadas de controlo que deixará de ocorrer; segundo, popularização dos CEM nas poucas sociedades em que não existe um acionista de controlo –, fazendo com que o sucesso de uma OPA seja transportado dos 50,01% (ou até menos) para os 66,66% dos

[160] E isso mesmo é ponderado pela lei na abertura – quase diríamos que favorecimento – que é dada ao processo de fecho de capital da sociedade cotada na sequência de oferta pública de aquisição (mas, não por coincidência, apenas na sequência de oferta pública de aquisição), em particular pelo art. 194º do CVM. E é também, não por coincidência, que, com muito poucas exceções, o oferente que cumpre os requisitos do art. 194º do CVM acaba por recorrer sempre a esse expediente, por essa via completando a aquisição da totalidade do capital social e, na taxinomia anterior à revisão do CVM, fechando o capital da sociedade aberta. As únicas exceções materiais a essa regra que sejam publicamente conhecidas, entre nós, serão os casos da Brisa em 2003 (que motivou uma decisão da CMVM, controversa e muito particular, que pode ser consultada em https://www.cmvm.pt/pt/Comunicados/Comunicados/Pages/Decis%C3%A3operdaqualidadesociedadeabertabrisa.aspx) e da Cimpor (que, em 2017, deliberada a perda da qualidade de sociedade aberta, viu o processo acabar em litigância judicial por, de novo, temas relacionados com a contrapartida). Outras jurisdições, como a norte-americana e a alemã, têm-se debruçado com maior intensidade sobre o tema. Esta pressão que é gerada à posição do adquirente do controlo, que, chegado a participações na casa dos 90%, preferirá normalmente fechar o capital da sociedade, também é, de maneira simétrica, sentida pelos acionistas minoritários que, percebendo que um processo de aquisição terá sucesso, preferirão vender na oferta lançada face, sobretudo, ao temor de irrepetibilidade das condições oferecidas para a sua saída.

votos, ou seja, para a inevitabilidade racional de os estatutos serem alterados em momento anterior ao sucesso da oferta; e, terceiro, regime de OPA obrigatória –, fazendo com que não seja possível assumir posições de controlo de facto superiores a 33,33% sem o lançamento de uma oferta de aquisição geral (e, logo, sem que a oferta tenha de passar pelo crivo de 66,66% dos votos para alteração de estatutos). Entende-se então que estes três fatores, que alinham os incentivos todos no mesmo sentido, tornam o *market for corporate control* particularmente ineficiente e fazem com que, de certa forma, o regime de OPA obrigatória (geral) acabe por funcionar, irónica e paradoxalmente, como um instrumento de defesa da manutenção do *status quo* de apropriação de vantagens privadas de controlo pelo atual acionista de controlo[161].

Não é assim de admirar que em Portugal, ao longo dos últimos 30 anos, as mais relevantes tentativas de tomada pública de controlo de sociedades cotadas através de ofertas de aquisição (entenda-se que nos estamos a referir a tomadas de controlo sem alinhamento prévio com o acionista controlador) tenham, quase sem exceção, falhado[162].

---

[161] É fácil perceber o paradoxo e a ironia da conclusão, que ainda ficam mais claros pelas suas decorrências. O funcionamento com razoável eficácia do *market for corporate control* faria com que uma sociedade em que o acionista controlador se apropria de elevadas vantagens privadas de controlo, que assim são extraídas à sociedade e aos outros acionistas, seja uma sociedade em que mais facilmente um terceiro estará disponível para pagar um prémio sobre a cotação (assumindo, claro, a mudança de controlo), uma vez que a extração de vantagens privadas de controlo retira riqueza à sociedade sem que a mesma seja transferida proporcionalmente para os acionistas, ou seja, sem que ninguém, que não o controlador, valorize a riqueza extraída. O alinhamento destes três fatores, no entanto, leva a que a posição incumbente do controlador menos eficiente seja protegida pela própria regra que, no fim do dia, visa proteger os minoritários, que é o regime da OPA obrigatória. Naturalmente que nos casos em que esse acionista tenha o controlo *de jure* da sociedade, ou seja, votos que lhe assegurem a maioria na assembleia, será menos chocante este alinhamento pela retirada da equação dos CEM porque o sucesso da operação de alteração do controlo dependerá da capacidade de lhe oferecer um preço que, tudo ponderado, seja pelo controlador considerado vantajoso.

[162] Não se pretende obviamente reduzir as razões dos insucessos de todas estas ofertas ao que se acaba de escrever. Cada caso é um caso, com o seu enquadramento jurídico próprio (onde foram relevantes regras protecionistas, algumas já esquecidas, como, por exemplo, o art. 13.3 da Lei 11/90, que autorizava cada decreto de privatização a limitar a quantidade de ações que sociedades estrangeiras podiam adquirir ou subscrever, bem como fixar a quota máxima de participação estrangeira no capital social e nos órgãos de controlo da entidade privatizada, ou o DL 65/94 que fixava em 25% o limite da participação de entidades estrangeiras no capital de empresas cujo processo de privatização estivesse concluído ou, sobretudo, o art. 1.1 do DL 380/93 que sujeitava a aquisição de ações representativas de mais de 10% do capital com direito a voto em sociedades em reprivatização a autorização prévia do Ministro das Finanças), com as suas relações de poder entre os acionistas e, afinal, com o seu contexto.

É o que aconteceu em 2006/2007 com as maiores ofertas anunciadas em Portugal, a OPA da Sonae.com sobre a PT e a OPA do BCP sobre o BPI; é o que aconteceu em 2009 com a OPA da Companhia Siderúrgica Nacional do Brasil sobre a Cimpor (e já tinha acontecido antes na OPA da Semapa e Holderbank sobre a mesma Cimpor[163]); é o que aconteceu em 2015 com a OPA falhada do CaixaBank sobre o BPI (o que não voltou a acontecer em 2017 porque, como abordaremos em maior detalhe, uma alteração legislativa introduzida pelo DL n.º 20/2016, de 20 de abril, fez cair o *voting cap* que existia nos estatutos do BPI).

Os exemplos podiam facilmente ser multiplicados[164]. Em todos estes casos existia um *voting cap;* em todos, a remoção do *voting cap* era condição de lançamento da oferta (ou condição da oferta, dependendo dos termos de cada oferta); em todos estes casos, acionistas com posições minoritárias, mas que lhes asseguravam relevantes vantagens privadas do controlo (de facto) se dispuseram a fazer tudo o que era possível para que não fossem reunidos dois terços dos votos nas assembleias decisivas; e em todos os casos tiveram sucesso, levando as ofertas a soçobrarem.

6. O (novo) papel dos acionistas institucionais

6.1. Concentração de capital, ativismo e passive investment

I. Outro fator que nos últimos anos tem posto em causa a visão clássica de separação entre a propriedade e o controlo tem a ver com o designado *shareholder centric model* de governo societário e passa pela crescente valorização da importância da participação dos acionistas na vida da sociedade, em especial em jurisdições como a norte-americana, na qual, tradicionalmente, o papel do acionista é – e, no passado, ainda mais o era – enfraquecido face

[163] Com uma história, apesar de tudo, diferente, já que a OPA fracassou por razões regulatórias sem ter chegado a ser ponderada, em qualquer fórum, pelos acionistas.

[164] Já sem restrição a casos de *voting caps,* o mesmo aconteceu em 2007 com a OPA da Metalgest sobre o Sport Lisboa e Benfica, SAD, em 2009 com a OPA da Ongoing sobre a Media Capital, em 2014 com a OPA do Futebol Clube do Porto sobre a sua SAD (também falhada, mas aqui num contexto diferente), em 2014 com a OPA da Terra Peregrini sobre a PT. É interessante verificar que não apenas o sistemático falhanço destas ofertas é uma recorrência perturbadora, como a comparação dos preços oferecidos em cada uma das ofertas falhadas e a cotação atual (ou posterior) dos títulos revela sistematicamente que os prémios oferecidos eram generosos.

à posição de omnipresença e prevalência do conselho de administração[165], processo associado ao designado *ativismo acionista*.

Este fenómeno é consequência, primeiro, da crescente importância relativa dos investidores institucionais[166]/[167], que estão hoje, a níveis diversos,

[165] Isto reflete-se de várias formas e tem expressão na própria regulamentação de governo societário. Por exemplo, as regras para destituição de administradores (referimo-nos, naturalmente, à destituição propriamente dita, ou seja, à interrupção da relação de administração, com ou sem justa causa, durante o mandato) são, na generalidade dos estados, de mais difícil aplicabilidade do que na Europa; em Delaware, o conceito de acionistas com um poder de supervisão sobre o conselho de administração é não apenas estranho ao sistema, mas por muitos considerado contrário à lei. Sobre estas e outras diferenças vd. por todos, Christopher M. Bruner, *Corporate governance in the common-law world: the political foundations of shareholder power* (Cambridge UP, 2013), 40 e ss.; Luca Enriques, Henry Hansmann et al., "The basic governance structure: the interests of shareholders as a class", 60-62. Trata-se de uma batalha que é lutada há muito por autores como Lucian Bebchuk e que tem, naturalmente, diversas ramificações. Já nos referimos a algumas destas regras. Vd. Lucian Arye Bebchuk, "The case for increasing shareholder power"; Pedro Maia, "Corporate Governance em Portugal", 45-47. Dito isto, cabe salientar que nos últimos anos o número de propostas sujeitas à apreciação dos acionistas no universo norte-americano tem aumentado consideravelmente. Isso resulta, claro, dos ventos de ativismo acionista, mas também de alterações regulatórias como, por exemplo, as regras do Dodd-Frank sobre remuneração dos administradores (referimo-nos ao que é geralmente designado *say-on-pay* e que obriga os acionistas das sociedades cotadas a pronunciarem-se de forma não vinculativa sobre a remuneração dos administradores executivos pelo menos uma vez a cada três anos). Vd. Paul Rose e Christopher J Walker, "Examining the SEC's Proxy Advisor Rule", *Report for US Chamber of Commerce, November* (2020), 6. A mudança do papel dos acionista reflete-se a vários níveis e percebe-se na própria configuração das regras. Vd. ainda Anna Faure, *Verantwortung institutioneller Aktionäre im deutschen Aktienrecht* (Nomos Verlag, 2019), 22-23.

[166] A crescente importância dos investidores institucionais, e os novos problemas que este papel coloca, já são salientados por muitos autores há algumas décadas. Veja-se, por exemplo, entre nós, Paula Costa e Silva, *Direito dos valores mobiliários: relatório* (Coimbra, 2005), 274-275. Não há dúvidas, porém, que a relevância do tema aumentou exponencialmente nos anos mais próximos e daí que Ana Perestrelo Oliveira lhe chame "uma espécie de tema da moda" – Ana Perestrelo de Oliveira, *Manual de governo das sociedades*, 17. A expressão é feliz e gráfica. Claro que é assim sobretudo em jurisdições, como a norte-americana, em que o papel do acionista controlador não é relativamente comparável ao que há muito ocupa na Europa continental; e onde, por isso mesmo, o ativismo dos investidores institucionais tem outro peso. Note-se, no entanto, que apesar de o fenómeno, na sua forma atual, ter poucas décadas – o ativismo começou a ganhar importância nos anos sessenta e setenta e consolida-se nos anos oitenta –, existe registo de casos de ativismo acionista desde há muito. Importante ainda, entre nós, Paulo Câmara, "Governação societária e influência acionista: sinais de mudança", in *Estudos em Honra de João Soares da Silva* (Almedina, 2021), sobretudo 187-192. Para uma análise histórica, quer na Europa, quer nos EUA, vd. por todos Rebeca Herrero Morant, *Los inversores institucionales en las sociedades cotizadas españolas: caracterización y activismo accionarial*, 240 e ss.

[167] Estamos a usar o conceito de investidor institucional de forma propositadamente alargada e juridicamente pouco própria, abrangendo fundos de investimento tradicionais, *hedge funds*, fundos de

pensões, gestoras de ativos, etc (ou seja, integrando uma distinção corrente em algumas jurisdições entre os institucionais "tradicionais" e os "modernos"); no fundo, referimo-nos a todos os agentes que, de forma profissional, fazem a gestão de recursos dos investidores, investindo em instrumentos financeiros com o objetivo de maximizar a rentabilidade e, direta ou indiretamente, repartir os benefícios gerados, o que corresponde ao conceito geralmente usado na literatura económica. Veja-se por exemplo Miguel A Ferreira e Pedro Matos, "The colors of investors' money: The role of institutional investors around the world", *Journal of Financial Economics* 88, no. 3 (2008). Daí que alguns autores evitem a referência a investidores institucionais, que tem um sentido positivo, e se refiram a investidores intermediários. O conceito de investidor institucional, cabe dizer, não tinha assento no CVM (e em vários outros regimes nacionais) que, no seu art. 30º usava o conceito mais alargado de *investidor profissional* (que veio substituir o conceito de investidor qualificado). A recente revisão do Código alterou o regime e, no art. 26-K, veio definir "para efeitos do Código" investidor institucional por referência às empresas de seguros, empresas de resseguros e fundos de pensões sujeitos a lei pessoal portuguesa. Esta flutuação terminológica observa-se em muita da legislação europeia – vd. por exemplo o Considerando 86 da DMIF quando, a propósito dos níveis de proteção de investidores, usa esta contraposição entre investidores profissionais e investidores não profissionais; veja-se ainda o art. 14.4 da DSI (ou o art. 4.2 da Diretiva 97/9 relativa aos sistemas de indemnização dos investidores) que se refere expressamente a investidores profissionais e institucionais. A revogada redação do art. 30º do CVM recorria a um conceito de investidor institucional que se aproxima muito daquele que foi proposto – vd. José de Oliveira Ascensão, "A protecção do investidor", *Direito dos Valores Mobiliários* 4 (2003), 15-16; Isabel Alexandre, "Investidor institucional, não institucional equiparado e investidor comum", in *Direito dos Valores Mobiliários* (2004), 9-27. Estes problemas terminológicos são recorrentes em vários regimes, parecendo resultar sobretudo do facto de não existir coincidência entre necessidades conceituais para efeitos de regulação e para efeitos de tratamento doutrinal. Sobre a forma como o problema se coloca na Alemanha, vd. Vanda Heinen, *Die Rolle institutioneller Investoren und Stimmrechtsberater in der deutschen Corporate Governance* (Leipzig: Springer, 2019), 9-12; Anna Faure, *Verantwortung institutioneller Aktionäre im deutschen Aktienrecht*, 35-38; Joachim Faber, "Institutionelle Investoren (einschließlich Hedgefonds und Private Equity)", in *Handbuch Corporate Governance* (Leipzig: Springer, 2009). Sobre Espanha e sobre a utilização dos termos nas regras europeias, por exemplo, vd. Rebeca Herrero Morant, *Los inversores institucionales en las sociedades cotizadas españolas: caracterización y activismo accionarial*, 51 e ss.; Fernando Rodriguez Artigas, "Notas sobre el concepto de inversor institucional en la Directiva (UE) 20147/828", in *Derecho de sociedades y de los mercados financieros: libro homenaje a Carmen Alonso Ledesma* (Iustel, 2018); Antonio Roncero Sánchez, "La implicación de los inversores institucionales y de los gestores de activos en las sociedades cotizadas como opción de política jurídica", in *Derecho de sociedades y de los mercados financieros: libro homenaje a Carmen Alonso Ledesma* (Iustel, 2018)760 e ss. Interessante é também verificar a forma como o *Stewardship Code* de 2012 usava a expressão (*"the Code is directed in the first instance to institutional investors, by which is meant asset owners and asset managers with equity holdings in UK listed companies. Institutional investors may choose to outsource to external service providers some of the activities associated with stewardship. However, they cannot delegate their responsibility for stewardship. They remain responsible for ensuring those activities are carried out in a manner consistent with their own approach to stewardship. Accordingly, the Code also applies, by extension, to service providers, such*

colocados no centro da regulação do direito financeiro e da marcação da sua agenda[168]. Como resultado de um conjunto variado de fatores – que vão desde a privatização, em maior ou menor grau, de soluções de reforma e previdência, passando pelo fácil acesso destes investidores a financiamento com custo muito baixo, o que tem uma influência direta nas análises de custo de capital e, numa lógica de gestão, pelo predomínio das modernas teorias do *portfolio*[169], com o que acarretam de diversificação dos investimentos (e, claro, pelo facto de estas soluções serem oferecidas *low cost* a virtualmente qualquer investidor de classe média) – os investidores institucionais representam hoje entre 70% e 80% do mercado dos Estados Unidos do ponto de vista do *buy side*, o que compara com uma representatividade inferior a 10% em 1950[170]. O mesmo sucede em outros mercados. Em Inglaterra, por exemplo,

---

as proxy advisors and investment consultants") e a alteração de forma na versão de 2020. Vd. Dionysia Katelouzou e Mathias Siems, "The Global Diffusion of Stewardship Codes", in *Global Shareholder Stewardship: Complexities, Challenges and Possibilities* (Cambridge University Press, 2020).

[168] O papel de crescente centralidade dos investidores institucionais (e de crescente sofisticação) é, cremos, incontestável e, sendo um processo que acelerou determinantemente na última década, tem óbvios antecedentes. Claro que reconhecer essa crescente centralidade, a maior sofisticação de alguns desses investidores e a deslocação de importância para os mercados de capitais, não equivale a considerar que o papel dos tribunais perdeu sentido e o Direito Societário, dramaticamente, morreu (referimo-nos ao provocatório artigo Zohar Goshen e Sharon Hannes, "The death of corporate law", *NYUL Rev* (2019)).

[169] Harry Markowitz, *Portfolio selection: Efficient diversification of investments*, vol. 16 (John Wiley New York, 1959); Mark Rubinstein, "Markowitz's "portfolio selection": A fifty-year retrospective", *JoF* 57, no. 3 (2002); Jaap W. Winter, "Shareholder engagement and stewardship: the realities and illusions of institutional share ownership", *Available at SSRN 1867564* (2011), 3 e ss. Sobre a teoria do *portfolio* e o *capital asset pricing model* existe abundante literatura e não vale sequer a pena começar a sua enunciação; vd., por todos, Richard A Brealey, Stewart C Myers et al., *Principles of corporate finance* (Tata McGraw-Hill Education, 2012), 190 e ss. Naturalmente que muitas vezes a diversificação dos investimentos não é uma opção de gestão de risco; antes uma imposição por constrangimentos de regulação, como acontece por exemplo com alguma regulamentação dos organismos de investimento coletivo. Três exemplos disso mesmo (que podiam facilmente ser replicados) – a recente Diretiva 2016/2341 relativa às atividades e à supervisão das instituições de realização de planos de pensões profissionais (IORP 2), a Diretiva 2009/138 relativa ao acesso à atividade de seguros e resseguros e ao seu exercício (Solvência II), ou o *American Uniform Prudent Investor Act* (1995).

[170] Os números não são de fácil fixação porque flutuam bastante (por exemplo, Rebeca Moran aponta valores na casa dos 78% – Rebeca Herrero Morant, *Los inversores institucionales en las sociedades cotizadas españolas: caracterización y activismo accionarial*, 200), embora as ordens de grandeza apresentadas sejam geralmente em linha com as referidas. Vd. por todos Eric A Posner, Fiona M Scott Morton et al., "A proposal to limit the anti-competitive power of institutional investors", *Antitrust Law Journal* (2017); Antonio Roncero Sánchez, "La implicación de los inversores institucionales y de los gestores de activos en las sociedades cotizadas como opción de política jurídica". Os níveis de concentração

os investidores individuais representam pouco menos de 15% do universo total (e já representaram menos), sendo o restante repartido entre fundos de pensões, fundos de investimento, instituições de crédito e sociedades financeiras, companhias de seguros, fundos soberanos e outros investidores institucionais[171]; na Alemanha, números recentes revelam que os investidores institucionais controlam cerca de 60% da capitalização bolsista dos emitentes representados no DAX-30[172].

Esta nova realidade, que causa em si mesma novas e diferentes variações do problema de agência de que nos apercebemos logo ao qualificar o investidor institucional – *rectius*, a sua sociedade gestora (ou equivalente)

---

atingidos são sempre muito relevantes e o crescimento das últimas décadas é, por qualquer padrão ou perspetiva, vertiginoso, o que pode ajudar a explicar que se continue, muitas vezes, a falar da dispersão acionista no mercado norte-americano como se nada tivesse mudado. Por exemplo, se combinarmos as participações dos três maiores investidores institucionais norte-americanos – BlackRock, Vanguard e State Street –, teremos identificado o maior acionista em pelo menos 40% das sociedades cotadas nos Estados Unidos. De igual modo, esses três grupos representariam o maior acionista em 90% das sociedades representadas no S&P 500 (o que compara com 25% em 2000). Eric A Posner, Fiona M Scott Morton et al., "A proposal to limit the anti-competitive power of institutional investors"; Paul Rose, "The corporate governance industry", *J. Corp. L.* 32 (2006), 111; Edward Rock e Marcel Kahan, "Index Funds and Corporate Governance: Let Shareholders be Shareholders", *NYU Law and Economics*, no. 18-39 (2019), 1 e ss.; Miguel A Ferreira e Pedro Matos, "The colors of investors' money: The role of institutional investors around the world". Para uma recensão dos vários estudos empíricos em Inglaterra sobre concentração de capital desde os anos 20, vd. Brian R Cheffins, *Corporate ownership and control: British business transformed*, 13 e ss. Um dos mais recentes e representativos estudos sobre o tema conclui que, no final de 2017, os investidores institucionais controlavam 41% da capitalização bolsista global, sendo que em mercados como os Estados Unidos, Reino Unido e Canadá a participação combinada dos 10 maiores institucionais representa cerca de 29% da capitalização agregada – Adriana de la Cruz, Alejandra Medina et al., "Owners of the World's Listed Companies", in *OECD Capital Market Series, Paris* (2019)). O valor detido por investidores institucionais é cerca do triplo do valor detido por entes públicos e cerca de seis vezes o valor detido por investidores estratégicos.

171 https://www.ons.gov.uk/economy/investmentspensionsandtrusts/bulletins/ownershipofukquotedshares/2018.

172 Vanda Heinen, *Die Rolle institutioneller Investoren und Stimmrechtsberater in der deutschen Corporate Governance*, 12 e ss.; Deutsche Bundesbank, "Ownership structure in the German equity market: general trends and changes in the financial crisis", *Monthly Report* (2014); Andreas Rühmkorf, Felix Spindler et al., "Evolution of German corporate governance (1995-2014): an empirical analysis", *Corporate Governance: The International Journal of Business in Society* (2019), 1050-1051 O caso alemão é especialmente cromático nesta mudança, já que, até aos anos 90 do século passado, a presença de institucionais em mercados de ações era menor do que aquela que se via em outros mercados (muito embora já se sentissem sinais de mudança desde os anos 60). Vd. Eddy Wymeersch, "The corporate governance discussion in some European states", in *Contemporary issues in corporate governance* (Clarendon Press Oxford, 1993), 5-6.

– como principal na relação com a administração da sociedade participada e como agente na relação com os seus investidores, e que, no final, passa pela divergência entre os *institutional record owners* e os *ultimate beneficial owners*[173], muda o paradigma de compreensão do acionista minoritário. Assume-se que os investidores institucionais são, por natureza e função, profissionais, sofisticados, preparados e, mais importante, por agregarem investimentos de diversos participantes, estão em condições de diluir os custos de uma eficiente monitorização da atividade do conselho de administração, afastando-se assim dos quadros tradicionais de compreensão da ideia de *apatia racional*[174]. Por diferentes palavras, o investidor institucional não apenas tem em si mesmo as condições para combater um comportamento apático como, por função, face aos vínculos fiduciários que lhe são impostos na relação com os

[173] O problema inclui, mas está para lá do tema da detenção indireta de ações em cadeias de intermediação, a que nos referiremos. Vd. Ronald J Gilson e Jeffrey N Gordon, "The agency costs of agency capitalism: Activist investors and the revaluation of governance rights"; Lucian Arye Bebchuk, Alma Cohen et al., "The agency problems of institutional investors", *Journal of Economic Perspectives* 31, no. 3 (2017); Caleb N Griffin, "We Three Kings: Disintermediating Voting at the Index Fund Giants", *Maryland Law Review* (2020); Umberto Tombari, *" Potere" e "interessi" nella grande impresa azionaria* (Giuffrè Francis Lefebvre, 2019), 27-29. As alterações introduzidas por este fenómeno vão bem para lá destes traços e, em parte, ainda estão por conhecer. Por exemplo, implicam alterações relevantes na própria forma de funcionamento do *market for corporate control*. Uma citação conhecida de Bernaldo Bertoldi diz *"il cambiamento prodotto dalla diffusione degli investitori professionali, dai fondi pensione agli hedge funds, è dimostrato dal dibattito in corso: si discute meno di agency theory e di allineamento tra azionisti e manager e molto di più di allineamento tra diversi tipi di investitori. Il capitalismo dei manager degli anni 80 si è evoluto in capitalismo degli azionisti. In questo contesto le Opa ostili non sono un sogno futurista ma un nostalgico ricordo del passato: la grande disponibilità di liquidità che le ha rese possibili, non solo in Italia, non è oggi messa a disposizione dei raider ma di grandi fondi che hanno metodi diversi"*. https://st.ilsole24ore.com/art/commenti-e-idee/2014-08-05. Implicam também alterações no paradigma da relação do acionista com a sociedade e uma nova perspetiva sobre a forma como devem ser concebidos os conflitos de interesses. Vd. David Oliveira Festas, *Das inibições de voto dos sócios por conflito de interesses com a sociedade nas sociedades anónimas e por quotas* (Tese de Doutoramento não publicada: UL, 2017), 384-422.

[174] Será justo dizer que o papel de nova centralidade que a generalidade dos Códigos de Governo reserva para os investidores institucionais resulta mais desta esperada superior qualificação dos investidores institucionais do que da importância efetiva que estes investidores ocupam na estrutura acionista de muitas das sociedades cotadas (muito embora seja este segundo fator que fomenta o *empowerement* dos institucionais a que hoje assistimos). Não é papel que esteja muito evidenciado no Código de Governo das Sociedades do IPCG, ao contrário do que acontece por exemplo com o *Deutscher Corporate Governance Kodex*, que afirma a importância relativa dos investidores institucionais no próprio preâmbulo do documento ou, claro, por maioria de razão, com o *Stewardship Code*. Vd. Katja Langenbucher, *Aktien und Kapitalmarktrecht*, 4-5; Vanda Heinen, *Die Rolle institutioneller Investoren und Stimmrechtsberater in der deutschen Corporate Governance*, 8-9.

seus investidores finais, tem o dever de realizar um trabalho adequado de monitorização do investimento. Ao mesmo tempo, os investidores nestas estruturas intermediárias revelam uma clara preferência pelos direitos económicos e uma fraca, ou inexistente, *affectio societatis*. Claro que, como veremos de seguida em maior detalhe, estes incentivos não se alinham de forma tão perfeita em todos os casos, sendo produzidos resultados, a este nível, parcialmente contraditórios e que não são, por isso, passíveis de uma leitura unívoca.

Por outro lado, a crescente importância dos investidores institucionais acarreta um efeito colateral mecânico imediato que é o da maior concentração do capital nas sociedades cotadas. Como referido, a junção teórica das participações sociais detidas pelas três maiores gestoras de ativos dos EUA – BlackRock, Vanguard e State Street[175] – revelar-nos-ia o maior acionista numa parte significativa das maiores sociedades cotadas norte-americanas[176]. O que isto significa é que o modelo de intermediação do investimento através de um acionista institucional, em qualquer das suas configurações, com maior diversificação de *portfolio* para o investidor final e com o pagamento de um *fee* ao gestor do investimento, provoca, em si mesmo, ao agregar investidores participantes, uma maior concentração das posições acionistas nas sociedades para as quais o investimento é canalizado[177]. Ora, é fácil perceber que o aumento de importância relativa dos investidores institucionais e a tendência

[175] Caleb N Griffin, "We Three Kings: Disintermediating Voting at the Index Fund Giants"; Giovanni Strampelli, "Are Passive Index Funds Active Owners: Corporate Governance Consequences of Passive Investing", *San Diego LR* 55 (2018). Isto é consequência – não exclusiva, mas certamente explicativa de uma parte dominante do efeito – da popularidade crescente das estruturas de *passive investment*. Vd. 6.1 *infra*.

[176] O fenómeno, tendo traços mais marcados nos EUA, é mundial. A BlackRock é atualmente o maior acionista de um terço das sociedades representadas no FTSE 100 e é um dos cinco maiores acionistas de outras 89 sociedades representadas nesse índice. A BlackRock é também o maior acionista em quase um terço das sociedades representadas no DAX-30. Giovanni Strampelli, "Are Passive Index Funds Active Owners: Corporate Governance Consequences of Passive Investing". Um estudo da Euronext – http://www.agefi.fr/sites/agefi.fr/files/fichiers/2018/01/euronext_cac_40_study_en.pdf – revela que a situação não é muito diferente em mercados como o francês. Em Portugal, graças à enorme concentração de capital e à limitada dimensão do nosso mercado, o fenómeno tem menor relevância, mas também é sentido. Por exemplo, a BlackRock é acionista com participação qualificada em sociedades como a EDP, Jerónimo Martins, Galp, Millennium BCP, NOS, CTT e Sonae.

[177] Isto também resulta do facto de a análise da oportunidade e *performance* do investimento ter custos relevantes, o que faz com que o investidor institucional não possa alargar indefinidamente a sua própria diversificação.

de reconcentração dos acionistas geram, em si mesmos, uma alteração do paradigma anterior – com esse aumento de importância relativa, altera-se o incentivo para monitorizar adequadamente a atuação do conselho de administração, desde logo porque o voto passa a ter uma maior importância na economia das deliberações sociais.

Terceira razão passa pelo ativismo específico dos *hedge funds* que, com recurso a um conjunto muito vasto de instrumentos (desde logo com recurso às *proxy fights* que durante tanto tempo funcionaram em quase exclusivo serviço dos Conselhos de Administração das grandes sociedades cotadas norte-americanas), passaram a ter um papel determinante na condução dos negócios das sociedades em que participavam[178].

[178] O fenómeno tem, como referido, uma importância muito significativa em todo o mundo. Para se ter uma ideia da escala, anota-se que, só em 2018, nos Estados Unidos, 131 fundos tiveram intervenção "ativista" em 226 sociedades cotadas, tendo conseguido ganhar mais de 160 lugares em conselhos de administração. Em 2019, no mesmo mercado, 147 investidores tiveram intervenção em 187 sociedades cotadas, tendo conseguido 122 lugares em conselhos de administração. Para números mais completos de 2018 e 2019, nos Estados Unidos e no resto do mundo, vd. Lazard's 2019 Annual Review of Shareholder Activism disponível em https://www.lazard.com/perspective/lazards-2019-annual-review-of-shareholder-activism/. Alguns movimentos de *hedge funds* ativistas, pela sua espetacularidade e publicidade, ficaram na história dos últimos anos. É o caso da batalha mantida entre a Starboard Value e Carlos Icahn pela Newell Brands – o primeiro procurava mudar todo o conselho de administração enquanto o segundo visava substituir apenas alguns administradores, tendo a sociedade, e a administração então em funções, ficado quase paralisada entre os movimentos destes acionistas. https://www.reuters.com/article/us-newell-brands-inc-starboard/newell-starboard-end-proxy-fight-with-icahns-backing-idUSKBN1HU1MP. Podemos replicar com facilidade os exemplos, mas não queremos deixar de mencionar a campanha ativista de Bill Ackman, da Pershing Square, sobre a Herbalife que a Netflix entendeu ser matéria para um documentário da cadeia de *streaming (Betting On Zero)*. Mesmo o mercado português, apesar de periférico, não passa ao lado do fenómeno, como revela a ainda recente entrada da Elliott Management no capital social da EDP e o seu papel fulcral no destino da OPA lançada pela China Three Gorges e na definição dos objetivos estratégicos da empresa e, em particular, o processo que tem sido conduzido de venda de ativos e diminuição do *ratio net debt*/EBITDA. Há registo de outros casos de ativismo entre nós, muito embora os mesmos não emerjam de *hedge funds*. Vd. Paulo Câmara, "Governação societária e influência acionista: sinais de mudança", 205. Sobre os *hedge funds*, sua história, caraterísticas principais e problemas de regulação, existe uma imensa literatura, sobretudo desde a crise de 2007/2008. Entre nós vd. Gabriela Figueiredo Dias, "Regulação e supervisão de hedge funds: Percurso, oportunidade e tendências", in *DVM* (Almedina, 2008); Tiago Bessa, "Crise, Regulação e Supervisão de hedge funds", *RDS* (2010); José Engrácia Antunes, "Os «Hedge funds» e o governo das sociedades", in *Direito dos valores mobiliários* (2009); Alexandre de Soveral Martins, "DGFIA, hedge funds e governação das sociedades anónimas", *DSR* (2017).

II. O conceito de ativismo é complexo e integra um conjunto de comportamentos de diferente natureza. O ativismo parte desde logo da constatação de que, durante muito tempo, estes acionistas foram comparativamente mais passivos e que era melhor que não o tivessem sido[179] – porque eram geralmente passivos e passaram a ser ativos, ou seja, porque passaram consistentemente a exercer, com maior ou menor agressividade, um conjunto de direitos e prerrogativas que lhes assistem em função da sua qualidade de acionistas, o fenómeno ganhou densidade[180]. Assim, aquilo a que se chama ativismo corresponde antes de mais ao exercício de direitos conferidos ao acionista; e por isso se compreende algo que pareceria estranho: que o exercício do direito de voto, muitas vezes com recurso a estratégias próprias que permitam majorar o seu efeito, sobretudo em casos em que a posição do acionista institucional tem um peso real nos resultados da votação, é o exemplo mais claro de ativismo.

Até aos anos 80/90, aquilo a que se chamava ativismo dos acionistas institucionais correspondia apenas a algumas formas de exercício formal e informal de direitos[181]. Por um lado, correspondia ao exercício de direitos que incumbem ao investidor institucional em função da sua qualidade de acionista: primeiro, o exercício dos direitos políticos do acionista, nomeadamente o direito de voto e o direito de comparecer às assembleias gerais e de aí pedir esclarecimentos ao conselho de administração e/ou questionar as decisões por este tomadas; segundo, o direito de vender a sua participação, assim mostrando publicamente o seu desfavor em relação à qualidade

[179] O que se acaba de escrever, que parece tautológico, esclarece-se face a um dos primeiros casos de ativismo acionista que ocorreu em 1926 quando Benjamin Graham, conhecido (também) por ser um mentor de Warren Buffet, exigiu da Northern Pipeline a distribuição, a título de dividendos, de uma parte significativa das reservas acumuladas pela sociedade (na verdade, perante o fracasso de tal exigência, Benjamin Graham iniciou uma *proxy fight,* acabando por ser eleito para o conselho de administração e conseguindo levar os seus objetivos a bom porto). A história é contada com detalhes por Jason Zweig ao prefaciar o famoso livro de Benjamin Graham e Bill McGowan, *The intelligent investor* (Harper Collins, 2005).

[180] Há uma carga negativa associada à expressão portuguesa *ativismo acionista* (ou à expressão germânica *Aktionärsaktivismus),* que resulta sobretudo da ideia que este *ativismo* corresponde a uma forma *excessiva* de participação na vida da sociedade, que não existe, pelo menos da mesma maneira, na expressão inglesa *shareholder activism.* Vd. Anna Faure, *Verantwortung institutioneller Aktionäre im deutschen Aktienrecht,* 68-69.

[181] A distinção é corrente e muito habitual. Vd. Lauren Talner, *The origins of shareholder activism* (Investor Responsibility, 1983), 30 e ss.; Florian Gröntgen, *Operativer shareholder activism: eine rechtliche Analyse des Zusammenspiels von aktivistischen Aktionären und Verwaltungsorganen unter Einbeziehung von Aktionärsrechterichtline und ARUG II (RegE)* (Carl Heymanns Verlag, 2020), 21-52.

da administração, ou de aumentar a participação, com o sinal contrário; terceiro, as chamadas ações de disciplina de mercado, em particular a tomada de posições no âmbito de uma OPA hostil. Por outro lado, correspondia a algumas formas daquilo a que se pode chamar ativismo informal, aquele que se realiza à porta fechada, e que passava sobretudo por tentativas de, em reuniões com os órgãos sociais, com outros investidores ou com terceiros, procurar influenciar a atuação da sociedade através da ascendência de um poder moderador sobre os seus órgãos[182]. Dificilmente estes comportamentos manteriam, hoje, a qualificação[183].

É com os anos 90 que o conceito de ativismo ganha nova dimensão e passa a descrever a atuação de acionistas profissionais que, recorrendo a um conjunto variado de instrumentos e insatisfeitos com algum aspeto da gestão da sociedade e com a sua dinâmica de criação de valor, procuram interferir na gestão da sociedade – geralmente sem que isso implique uma alteração do controlo – para aumentar o valor das participações detidas. E é aqui que o conceito ganha a dimensão que hoje lhe damos, em que tanto descreve a estratégia de negociação com vista à alteração de algum aspeto da gestão da sociedade, como descreve agressivas estratégias, muitas vezes apoiadas numa complexa engenharia financeira e em táticas jurídicas e de comunicação agressivas[184].

III. Entende-se que o crescente ativismo acionista seja um fenómeno com efeito disruptivo mais notável em mercados como o norte-americano ou, na Europa, o inglês, em que a dispersão acionista é maior, e o protagonismo dos *blockholders* menor, do que aquilo que acontece, por exemplo, na Europa

[182] O ativismo pode ser organizado em função de várias outras classificações, como por exemplo da permanência e estabilidade da atuação do investidor ou, pelo contrário, da sua pontualidade, em função do nível de agressividade, etc.

[183] Brian R Cheffins, "The history of corporate governance", in *The Oxford Handbook of Corporate Governance* (2013); Stuart L Gillan e Laura T Starks, "Corporate governance proposals and shareholder activism: The role of institutional investors", *Journal of Financial Economics* 57, no. 2 (2000), 278-280; Jennifer G Hill, "The Trajectory of American Corporate Governance: Shareholder Empowerment and Private Ordering Combat", *U. Ill. L. Rev.* (2019); Vanda Heinen, *Die Rolle institutioneller Investoren und Stimmrechtsberater in der deutschen Corporate Governance*, 25 e ss.

[184] Uma boa descrição destas estratégias e, sobretudo, da sua sequencialidade típica, começando em movimentos menos agressivos e acabando em atuações muito agressivas, pode ser vista em Nickolay Gantchev, "The costs of shareholder activism: Evidence from a sequential decision model", *Journal of Financial Economics* 107, no. 3 (2013), 612 e ss.

continental[185]. Isto resulta sobretudo de, nas sociedades cotadas em que já exista um acionista controlador ou, pelo menos, um grupo que funcione como sustentação do conselho de administração, a presença de investidores institucionais com uma participação ativa na vida da sociedade ser, não diremos irrelevante, mas certamente geradora de muito menor disrupção[186]. A presença de um controlador, em especial naqueles casos em que o controlo é exercido através da detenção da maioria dos direitos de voto – note-se que em ambientes que aceitam as *multiple voting rights shares* isso não equivale necessariamente a detenção da maioria das ações votantes – e da eleição de um conselho de administração estável, assegura um alinhamento de interesses de médio e longo prazo que, normalmente, não é afetado pela presença de um

[185] O que se acaba de escrever não obsta a que as estratégias tipicamente usadas por estes investidores causem muito maior controvérsia na Europa do que em mercados como o norte-americano. É assim por várias razões, em particular porque o movimento nasce nos Estados Unidos, onde tem mais tradição e onde convive num ambiente cultural mais propício à sua prática; e porque a agressividade de alguma das estratégias não é habitual em mercados como os europeus em que, de forma diferente (referimo-nos aos demais agentes destes processos, mas o que se escreve é aplicável, por vezes, aos próprios reguladores), se qualifica comportamentos deste jaez como típicos de *troublemakers*, oportunistas ou especuladores. Vd., por exemplo, Florian Gröntgen, *Operativer shareholder activism: eine rechtliche Analyse des Zusammenspiels von aktivistischen Aktionären und Verwaltungsorganen unter Einbeziehung von Aktionärsrechterichtline und ARUG II (RegE)*, 1-5. Apesar disto, não deixa de ser interessante verificar que, embora com um claro desfasamento temporal, o tipo de resultados alcançados por estes investidores nos mercados norte-americanos e na Europa, em culturas tão diferentes como a Inglaterra, a Suécia, a Alemanha ou os Países Baixos, é muito semelhante, Vd. Ana Taleska, "Settlements with Activist Hedge Funds: A European Perspective on an American Phenomenon", *Delaware Journal of Corporate Law* 45 (2020).

[186] Já antes referimos que a presença de investidores institucionais, em particular daqueles que são considerados mais sofisticados, na estrutura acionista de uma sociedade cotada, é um sinal de confiança na gestão que acaba por funcionar como um "selo de garantia" que se repercute na confiança dos demais investidores. É mais um capítulo do papel que os investidores institucionais representam na dinâmica do mercado e na relação entre investidores heterogéneos, a que já fizemos referência a propósito das teorias de eficiência do mercado. Isto é bem claro em processos de IPO e no trabalho dos intermediários financeiros, em ofertas combinadas, perante este tipo de investidores institucionais. De igual modo, a saída de um investidor institucional reputado da estrutura de capital de uma sociedade tem um correlativo efeito negativo na confiança dos outros acionistas. Porventura por essa razão (embora não apenas por essa razão), é interessante verificar que não há uma relação direta entre os níveis médios de dispersão de capital das sociedades cotadas e o ativismo acionista, isto fazendo com que mercados como o italiano, com forte concentração de capital, tenham níveis de ativismo muito elevados e mercados como o espanhol, muito semelhante na sua estrutura, tenha dos níveis mais baixos (Portugal tem, obviamente, números compatíveis com a sua natureza de mercado periférico, sendo a amostra pouco relevante para efeitos de comparação). Vd. Marco Becht, Julian Franks et al., "Returns to hedge fund activism: An international study", *RFS* 30, no. 9 (2017).

acionista institucional ativista[187]. É aliás por isso mesmo que o fenómeno, na sua variante mais agressiva protagonizada pelos *hedge funds*, ocorre sobretudo em sociedades cotadas em que exista uma razoável dispersão do capital social, não estejam presentes *blockholders* estratégicos e onde os investidores, pela aquisição de ações no mercado, por alianças com outros acionistas (muitas vezes com alinhamento de interesses semelhantes[188]), ou por outras formas

[187] Isto é especialmente importante em regimes como o norte-americano em que os deveres fiduciários dos acionistas são mais marcados no caso de estes terem uma posição, ainda que minoritária, que lhes permita assegurar uma influência dominante, do que nos outros casos. O acionista que controla mais de 50% dos votos tem o direito de eleger um conselho de administração por si controlado. Um acionista que controla menos de 50% dos votos, mas exerce um controlo de facto, terá a ponderação desses deveres fiduciários agravados dependente de uma análise, caso a caso, do Tribunal. Há, a este propósito, vários casos marcantes, nomeadamente – Cysive, Inc. Shareholders Litigation e ainda Kahn v. Lynch Communications Systems. Iman Anabtawi e Lynn Stout, "Fiduciary duties for activist shareholders", *Stan. LR* 60 (2007). Problema próximo deste, mas com diferenças marcadas, é o da aproximação de estatuto de certos credores sociais – tipicamente instituições bancárias – à posição do acionista controlador (o que, na verdade, resulta de leituras técnicas diferentes e não de um conceito unitário e sistemático), assacando-lhe deveres fiduciários, em particular o dever de lealdade, sobretudo em casos em que estes, usando a sua posição de credores, potenciada muitas vezes pela própria regulamentação dos contratos de financiamento e por outros fatores como seja a representação em órgãos sociais, conseguem pressionar o conselho de administração a praticar certos atos que se revelam prejudiciais para outros credores e/ou para os acionistas. Entre nós, sobre o assunto (embora mais com referências de outros regimes, sobretudo norte-americano e alemão, do que com o referencial nacional), vd. Ana Perestrelo de Oliveira, *Grupos de sociedades e deveres de lealdade: por um critério unitário de solução do «conflito do grupo»*, 133-135; Ana Perestrelo de Oliveira, "Os credores e o governo societário: deveres de lealdade para os credores controladores", *RDS* (2009); Ana Perestrelo de Oliveira, *Manual de corporate finance*, 28-29; Inês Serrano Matos, "Debt governance – O papel do credor activista", 168 e ss.; Paulo de Tarso Domingues, *O financiamento societário pelos sócios (e o seu reverso)*, 22-24; Alexandre de Soveral Martins, "A qualidade de acionista: acionista, não acionista, acionista assim-assim", 177-178.

[188] Um dos temas mais complexos suscitados por estas estratégias é o dos designados *wolf packs*, em que grupos de *hedge funds* independentes entre si, normalmente sob a liderança informal de um deles que assume o papel de catalisador do processo na interação com o conselho de administração, visam num mesmo momento uma mesma sociedade cotada, com objetivos e estratégias semelhantes, sem que exista qualquer acordo (formal e, muitas vezes, informal) que os relacione e, por isso, sem que exista qualquer transparência sobre o seu *interesse coletivo*. John C Coffee Jr e Darius Palia, "The wolf at the door: The impact of hedge fund activism on corporate governance", *J. Corp. L.* 41 (2015); Alexandre de Soveral Martins, "Sustentabilidade das empresas, «gafanhotos» e «alcateias de lobos»", in *Diálogos com Coutinho de Abreu* (Almedina, 2020), 24-25. Estima-se, com base em amostras recentes, que pelo menos 35% dos *hedge funds* façam parte de um *wolf pack* em cada ano; e que o número de alianças em sociedades norte-americanas associadas a uma estratégia deste tipo tenha crescido de 13% em 1980 para 42% em 2013 – Alan D Crane, Andrew Koch et al., "Institutional investor cliques and governance", *Journal of Financial Economics* 133, no. 1 (2019). É fácil perceber o alinhamento de incentivos no sentido do agrupamento quando atentamos nos níveis de participação

ou instrumentos (as *proxy fights* são o melhor exemplo), conseguem ganhar relevância na economia das deliberações acionistas[189]. E é também por isso que se entende que o fenómeno, não sendo alheio a mercados como o português, tem localmente um alcance menor.

IV. Discute-se as vantagens e desvantagens, sobretudo no longo prazo, desta maior intervenção dos acionistas institucionais e, muito em particular, dos *hedge funds*[190] que, para estes efeitos, representam a forma mais radical de

tipicamente detidos por estes investidores – Alon Brav, Wei Jiang et al., "Hedge Fund activism: a review. Foundations and trends in finance", *Available at SSRN: https://ssrn.com/abstract=1947049* (2009) – que se refere a participações médias pouco superiores a 6% e nos elevados custos que uma estratégia deste tipo acarreta, o que gera um conjunto de novos problemas, nomeadamente sobre a qualificação dos membros do agrupamento, a forma como o mesmo é liderado, níveis de comunicação, etc. Estes problemas têm em quase todas as jurisdições relevância jurídica direta que se reflete, entre nós, em temas como a transparência sobre participações qualificadas e sobre acordos parassociais, as regras de OPA obrigatória e ainda, sendo o caso, temas de autorizações regulatórias (seja de concorrência, seja de outros tipos). Sobre a formação de alianças e as suas dinâmicas, vd. Shaoting Pi, "Speaking With One Voice: Shareholder Collaboration on Activism", *Available at SSRN 3599237* (2020). Sobre os custos das estratégias ativistas (os custos médios de cada campanha, numa amostra com pouco menos de dez anos, e por referência às três estratégias típicas, ou seja, negociações, representação na administração e *proxy fights*, são superiores a 10 milhões de USD, o que significa que o seu resultado líquido, face à mediana, está próximo de zero), vd. Nickolay Gantchev, "The costs of shareholder activism: Evidence from a sequential decision model".

[189] Para que melhor se entenda o que escrevemos, cabe distinguir os casos em que o ativismo é parte da estratégia de investimento que, assim, é montada assumindo o posicionamento de *troublemaking* que se seguirá – aquilo que se designa muitas vezes como ativismo ofensivo – e os casos em que o ativismo é consequência do investimento já realizado e visa reagir contra medidas consideradas como geradoras de menos valor, destrutivas de valor ou violadoras de deveres fiduciários dos administradores – e que se pode designar como ativismo defensivo. É sobretudo em relação aos primeiros que os problemas destas estratégias se colocam. Aliás, parte da doutrina procura distinguir com clareza os dois universos usando, para o segundo, expressões alternativas como, por exemplo, *shareholder engagement*. Vd. Serdar Inci, *Shareholder Engagement: Chancen, Risiken und Kompatibilität mit der deutschen Corporate Governance*, 71-73; Wolf-Georg Ringe, "Hedge funds and risk decoupling: The empty voting problem in the European Union", *Seattle ULR* (2012), 1029-1030. São os primeiros os casos que revelam verdadeiros *golpes de estado financeiros*, na expressão feliz de Daniel Bertaccini – Daniel Bertaccini, "To disclose or not to disclose", *Cardozo LR* 31 (2009), 267.

[190] Ao contrário do que pode transparecer das linhas seguintes o ativismo acionista está longe de ser tema exclusivo do universo subjetivo dos *hedge funds* – ocorre com outros OIC e, claro, com investidores de toda a natureza. E em todos esses casos há traços comuns como, por exemplo, a maior pressão de curto-prazo do investimento. Vd., por todos, Usha Rodrigues, "Corporate Governance in an Age of Separation of Ownership from Ownership". Sem prejuízo do que se escreve, parece consensual qualificar os *hedge funds* como *archetypal short-term investors* (Marcel Kahan e Edward Rock, "Hedge funds in corporate governance and corporate control", *University of Pennsylvania Law Review* (2007),

comportamento, tendo ganho destaque público a controvérsia mantida entre, por um lado, vários sócios de um dos mais conhecidos e relevantes escritórios de Advogados norte-americanos, Wachtell, Lipton, Rosen & Katz, incluindo o seu fundador Martin Lipton, e um dos mais influentes autores do *corporate governance* moderno, Lucian Bebchuck[191]. Trata-se de discussão que ainda está em aberto.

Ponto razoavelmente assente é que, em regra, a intervenção de investidores ativistas tem um efeito positivo, de curto prazo, sobre a cotação, seja este efeito positivo medido em termos absolutos, seja medido em comparação com investimentos não sujeitos ao mesmo tipo de estratégias, em particular em comparação com o anúncio de posições acionistas passivas[192]. A questão

1021) e, por isso, são usados como referência. Já não cremos que seja possível, no lado oposto, relacionar intimamente os objetivos de longo prazo do veículo de investimento, nomeadamente no caso de sindicatos e fundos de pensões, com estratégias ativistas de longo prazo, como o fazem alguns autores (por exemplo, Madalena Perestrelo de Oliveira, *Tutela do investidor perante o emitente no mercado de capitais: um modelo dinâmico de proteção*, 439, e Usha Rodrigues, "Corporate Governance in an Age of Separation of Ownership from Ownership", 1832).

[191] Lucian Arye Bebchuk, Alon Brav et al., *The long-term effects of hedge fund activism*, NBER (2015). Também entre nós é normal a associação imediata do ativismo dos fundos de investimento, particularmente dos *hedge funds*, às pressões de curto prazo sobre a administração das sociedades cotadas. Por exemplo, Alexandre de Soveral Martins, "Sustentabilidade das empresas, «gafanhotos» e «alcateias de lobos»", 26-29; Pedro Jorge Magalhães, *Governo societário e sustentabilidade da empresa: Stakeholder Model vs Shareholders Model* (Almedina, 2018), 20 e ss.; José Engrácia Antunes, "Novos rumos do direito societário europeu – «Report of the Reflection Group on the Future of EU Company Law»", in *II Congresso DSR* (2012), 350 e ss.

[192] A conclusão apontada é razoavelmente pacífica e está demonstrada pelo menos desde 2001 (Paul A Gompers e Andrew Metrick, "Institutional investors and equity prices", *The QJE* 116, no. 1 (2001)). Vd. ainda Alon Brav, Wei Jiang et al., "Hedge fund activism, corporate governance, and firm performance", *JoF* 63, no. 4 (2008) com a conclusão que as estratégias ativistas durante o período de 2001/2006 geraram cerca de 14% mais TSR que *portfolios* não sujeitos a tais estratégias; April Klein e Emanuel Zur, "Entrepreneurial shareholder activism: Hedge funds and other private investors", *JoF* 64, no. 1 (2009), com a conclusão que o preço de mercado das ações reage mais favoravelmente ao ativismo de *hedge funds* que ao ativismo de outros investidores; Marco Becht, Julian Franks et al., "Returns to Shareholder Activism", (2008), com a comparação entre os resultados do fundo ativista Hermes e a média do mercado. Interessante ainda Rui A Albuquerque, Vyacheslav Fos et al., "Value creation in shareholder activism: A structural approach", *Available at SSRN 3639636* (2020), com uma muito atual recensão da literatura sobre o tema; e Andrew C Baker, "The Effects of Hedge Fund Activism", (2021). Não se exclui que este efeito positivo na cotação não resulte totalmente das medidas tomadas por pressão dos investidores, e resulte também de outros fatores como a perceção da possibilidade de um *takeover*, a expetativa de um aumento do TSR no curto prazo ou do facto de o próprio investimento ser catalisado por informação não disponível plenamente no mercado e que acaba por ter – porque sempre teria – esse efeito positivo de curto-prazo na cotação. Vários estudos revelam a existência de uma correlação entre a obtenção privada de informação e o *trading*

é saber se esse efeito positivo, que muitas vezes é consequência da tomada de medidas *short termist* pela administração na sequência da pressão operada pelos fundos – alienação de ativos, frequentemente como uma mera forma de os retirar do balanço com passagem para uma posição financeira, programas de recompra de ações próprias com a intenção de proceder à sua amortização (os designados programas de *share buyback*), aumento dos dividendos distribuídos, programas de *spin-off*, aumento ou, sendo o caso, plano de redução de dívida líquida sobre EBITDA –, não se repercute numa menor valorização da sociedade de médio e longo prazo como resultado de comprometimento dos objetivos de longo prazo[193]. Este debate, que como referimos está longe de encerrado, é relevante até no âmbito da produção regulamentar, já que há muitos que advogam a consagração de limitações à atuação dos fundos.

A crítica principal que é apresentada em relação à atuação destes investidores prende-se, como referido, sobretudo com a ideia de que a sua atuação é motivada por uma visão míope e que esta perspetiva de curto prazo tem consequências negativas, no médio e longo prazo, para a sociedade. Isto quando a própria permanência do *hedge fund* na estrutura de capital é, também ela, temporária, permitindo ao investidor maximizar o seu lucro no curto prazo e deixando para a sociedade e para os seus futuros *stakeholders* os custos de lidar com as consequências de longo prazo das medidas tomadas[194].

---

ativista, demonstrando que os investidores institucionais com *trading* mais ativista são aqueles com melhor informação. Vd. Xuemin Yan e Zhe Zhang, "Institutional investors and equity returns: Are short-term institutions better informed?", *RFS* 22, no. 2 (2009).

[193] Por diferentes palavras, espera-se que medidas como as referidas tenham sempre um efeito (positivo) de curto prazo, podendo ter, ou não, um efeito (negativo) de médio e longo prazo. Um plano de redução do *ratio* de dívida líquida sobre o EBITDA será, em muitos casos, em especial quando os níveis de dívida estejam efetivamente muito elevados face aos comparáveis e o seu custo não seja suportado pela atividade operacional, uma medida com efeitos esperados positivos no médio e longo prazo; de igual modo, um plano de *share buyback* ou de distribuição de dividendo intercalar será, em muitos casos, sobretudo no contexto de cenários de reduzido custos de dívida e falta de opções alternativas de investimento pela sociedade, uma medida mais que justificada no médio e longo prazo. O *short-termism* é, assim, sobretudo, uma crítica à visão míope que aceita os efeitos negativos de médio e longo prazo como concessão de outros efeitos positivos de curto prazo. Esta análise impacta de forma determinante na compreensão dos deveres fiduciários dos administradores e no dever de diligência que lhes é imposto. Vd. Serdar Inci, *Shareholder Engagement: Chancen, Risiken und Kompatibilität mit der deutschen Corporate Governance*, 39-51; Florian Gröntgen, *Operativer shareholder activism: eine rechtliche Analyse des Zusammenspiels von aktivistischen Aktionären und Verwaltungsorganen unter Einbeziehung von Aktionärsrechterichtline und ARUG II (RegE)*, 189-200.

[194] Nas palavras de Bill George, num artigo famoso publicado no *NY Times*, "*while activists often cloak their demands in the language of long-term actions, their real goal is a short-term bump in the stock price.*

Associado a esta crítica é apontado ainda um conjunto de consequências negativas da atuação destes fundos: desinvestimento de projetos que apenas apresentam mero potencial de médio e longo prazo (em particular em áreas como a pesquisa e desenvolvimento), alteração de regras contabilísticas com o objetivo de melhorar os resultados de curto prazo, muitas vezes à custa de temas de natureza fiscal ou com repercussão posterior, e, em particular, fazerem com que o foco da administração passe a estar na cotação da ação, tal como o mercado a reflete em cada momento, e nos resultados trimestrais apresentados pela empresa[195].

Contrariamente, um conjunto de outros autores, entre os quais se destaca Bebchuck, advoga que estes efeitos negativos não se encontram comprovados e que, mesmo que existam, serão sempre relativamente menores comparados com os efeitos positivos que resultam da atuação destes agentes e da disciplina que impõe aos administradores. Desde logo, porque visam em regra sociedades com *performance* operacional pior que a dos seus pares e nas quais, por isso mesmo, a intervenção acionista introduz alterações que em prazos curtos se revelam positivas[196]; mais, são tipicamente sociedades que vivem um

---

They lobby publicly for significant structural changes, hoping to drive up the share price and book quick profits. Then they bail out, leaving corporate management to clean up the mess. Far from shaping up these companies, the activists' pressure for financial engineering only distracts management from focusing on long-term global competitiveness". https://dealbook.nytimes.com/2013/08/26/activists-seek-short-term-gain-not-long-term-value/. Esta visão corresponde àquilo que se designa habitualmente como *the short term pressure hypothesis* e está descrita como tal na literatura económica desde os anos 90. Vd. em particular Michael E Porter, "Capital choices: Changing the way America invests in industry", *JoACF* 5, no. 2 (1992) e Brian J Bushee, "The influence of institutional investors on myopic R&D investment behavior", *Accounting review* (1998).

195 A literatura sobre este tema, dos dois lados da barricada, é quase inesgotável; sem prejuízo disso, vários autores destacaram-se na oposição à atuação dos *hedge funds* e na demonstração dos seus efeitos nefastos. É o que aconteceu, desde logo, com os referidos *memoranda* publicados pela Wachtell Lipton – vd. por todos https://corpgov.law.harvard.edu/2014/07/22/do-activist-hedge-funds-really-create-long-term-value/ e https://corpgov.law.harvard.edu/2013/10/28/empiricism-and-experience-activism-and-short-termism-the-real-world-of-business/. Muito marcante é também a posição de William Bratton – William W Bratton e Michael L Wachter, "The case against shareholder empowerment", *University of Pennsylvania Law Review* (2010). Como referido, a literatura sobre o tema vai muito para além do que foi referido. Uma abrangente descrição das posições opostas pode ser retirada de Serdar Inci, *Shareholder Engagement: Chancen, Risiken und Kompatibilität mit der deutschen Corporate Governance*, 51-69.

196 A afirmação é apenas parcialmente verdadeira. Claro que a existência de um ângulo de ataque evidente – *underperformance* financeira ou operacional face aos pares, fragilidades de exposição jurídica dos membros do órgão de administração, quebra de alianças entre acionistas que ponham em causa o apoio ao conselho – atrai este tipo de estratégias e de agentes. Existem, no entanto, muitas

momento mau, com piores resultados operacionais nos três anos anteriores à intervenção. Por outro lado, e este é o argumento principal, alega-se que não se encontrou evidência de que os habituais ganhos de curto prazo sejam conseguidos à custa de pior *performance* operacional a longo prazo e, mais importante, que existe um efetivo nexo causal (pelo menos parcial) entre a melhoria de resultados operacionais e atuação dos fundos ativistas.

Fazem-se com frequência apelos a posições a este propósito que supostamente vão gerando consenso na literatura. Por exemplo, em abril de 2020 a AMF publicou um relatório sobre o tema[197], na sequência, em particular, da coima aplicada à Elliot Management por obstrução a investigação e falta de transparência em relação a uma posição qualificada, tudo no âmbito da OPA da XPO Logistics sobre a Norbert Dentressangle[198]. Nesse relatório, depois de serem feitas algumas recomendações sobre comunicação de participações qualificadas ou *short selling*, a AMF apela ao que chama relativo consenso sobre a utilidade do ativismo acionista na melhoria do sistema de governo societário

---

intervenções, por vezes com extrema agressividade, de *hedge funds* ativistas em sociedades que, pelo contrário, comparam muito favoravelmente com os seus pares. São conhecidas histórias de eventos similares em sociedades como a Apple ou outras. No entanto, nestes casos a intervenção não resulta da má gestão operacional, mas de outras razões (por exemplo, resulta do facto de a sociedade ter caixa e reservas desproporcionalmente elevadas para a sua atividade – era este o caso da perspetiva do ataque de Carl Icahn sobre a Apple –, ou um *ratio* de *net debt*/EBITDA mais baixo que os seus pares, sendo feita pressão para que a sociedade proceda a novos investimentos ou devolva fundos aos acionistas). A intervenção destes fundos ativistas procura retorno total, *total shareholder return*, que, de forma simplificada, pode ser descrito como resultando da soma da valorização da cotação da posição com os dividendos distribuídos, sendo geralmente indiferente qual o ângulo que é usado para gerar este retorno acionista. Sobre o TSR, sobretudo face a outros indicadores como o *return on invested capital*, vd. Tim Koller, Marc Goedhart et al., *Valuation: measuring and managing the value of companies*, 429-440. Começam, no entanto, a surgir motivações diferentes em algumas ações de fundos ativistas, ligadas a objetivos ambientais, sociais e de governance (e ações híbridas que usam ângulos de fragilidade nestas áreas como forma de maximizar a posição numa lógica clássica de TSR). Um bom exemplo destas alterações foi a recente ação da Engine n.º 1 na Exxon Mobil, que, de forma surpreendente, acabou por ter a adesão de investidores como a BlackRock, Vanguard e State Street, e que conseguiu eleger três administradores com o objetivo de reduzir a pegada de carbono da empresa, assim inaugurando uma vaga de ativismo ambiental. https://www.nytimes.com/2021/06/09/business/exxon-mobil-engine-no1-activist.html.

[197] https://www.amf-france.org/sites/default/files/2020-04/report-by-the-autorite-des-marches--financiers-on-shareholder-activism_5.pdf.

[198] https://www.amf-france.org/en/news-publications/news-releases/enforcement-committee-news-releases/amf-enforcement-committee-fines-elliott-advisors-uk-limited-and-elliott-capital--advisors-lp-failing

e na proteção dos acionistas minoritários, escrevendo mesmo que apenas se justificam meios reforçados de supervisão para atuações que sejam consideradas "excessivas". Não se vislumbra, no entanto, esse consenso, sendo este ainda hoje um tema em aberto[199].

V. Os investidores institucionais – ou pelo menos muitos investidores institucionais – exercem os seus direitos de voto com específicos padrões de formação da vontade. É aliás habitualmente pouco claro como se forma a vontade destes investidores, qual o leque de incentivos, internos e externos, que a dirige e quais os interesses que, a final, o voto procura servir. Isto é especialmente relevante em investidores institucionais como os fundos de investimento em que os *residual risk bearers* são tão heterogéneos e distantes que a *accountability* da sociedade gestora passa por pouco mais que a avaliação do sucesso ou insucesso na valorização das unidades de participação face aos comparáveis de mercado; já não será tanto assim num investidor como um *hedge fund* em que a *accountability* está mais próxima e, sobretudo, em que os *hedge funds managers* respondem diretamente aos investidores finais.

Deste modo, observamos dois efeitos aparentemente contraditórios envolvendo os investidores institucionais que, por serem normalmente abordados em conjunto, acabam por introduzir alguma entropia na análise. Por um lado, a emergência dos investidores institucionais deveria mitigar fortemente os efeitos negativos do primeiro problema de agência – porque fomentam a reconcentração do capital social (com construção de posições

[199] Com um entendimento contrário, e por até vezes sugerindo o consenso oposto sobre os efeitos negativos ao nível do governo que resultam destas práticas e, sobretudo, sobre os seus efeitos *short-termist*, recorrendo apenas a alguns dos textos mais recentes, vd. Yvan Allaire e François Dauphin, "The game of 'activist' hedge funds: Cui bono?", *International Journal of Disclosure and Governance* 13, no. 4 (2016); Joseph L Bower e Lynn S Paine, "The error at the heart of corporate leadership", *HBR* (2017); Mark R DesJardine, "How Activist Investors Influence Corporate Social Responsibility", *Academy of Management Proceedings* (2019); Ed de Haan, David F Larcker et al., "Long-term economic consequences of hedge fund activist interventions", *Rock Center for Corporate Governance at Stanford University Closer* (2018). É interessante ainda ver a *newsletter* de 5 de Maio de 2020 da *Wachtell*, mantendo a luta do seu fundador Martin Lipton e em coerência com as posições deste, a propósito do Relatório da AMF, em https://corpgov.law.harvard.edu/2020/05/07/reconsidering-activism-in-france/. Os problemas de regulação suscitados por veículos como os *hedge funds* e por comportamentos ativistas como os descritos estão para além do que referimos no texto e que se relaciona com temas como risco sistémico, *short termism* e integridade dos mercados, não se justificando que vamos mais longe. Veja-se por exemplo, com uma abrangente esquematização desses problemas, Gabriela Figueiredo Dias, "Regulação e supervisão de hedge funds: Percurso, oportunidade e tendências", 82 e ss.

importantes e com peso na decisão da assembleia), porque têm em si mesmos os incentivos funcionais para não apresentarem um comportamento apático e porque são investidores sofisticados com acesso fácil a advogados, consultores ou auditores. Daqui emerge parte significativa do tema do ativismo acionista a que vimos fazendo referência[200].

Mas, por outro lado, são criados novos problemas a que se refere alguma literatura como *custos de agência do capitalismo de agência*[201]. Ao contrário do problema de agência clássico que relacionava os administradores com os seus acionistas divididos numa base dispersa, aqui o problema é duplo e relaciona o investidor institucional, tipicamente OIC, com os titulares das unidades de participação (ou equivalente) e o investidor institucional com aqueles que tomam as decisões relevantes. É uma nova dimensão, que justapõe aos problemas resultantes da relação com a sociedade participada um universo de novos problemas que resulta da dupla intermediação presente nestes casos[202].

---

[200] Apesar da importância geralmente atribuída ao fenómeno do ativismo societário, a percentagem de investidores institucionais ativos, sobretudo entre investidores de menor dimensão, é limitada – em amostras já com aproximadamente 20 anos, apenas cerca de 10% dos respondentes assinalam práticas confrontacionais e 30% assinalam praticar algum tipo de ativismo na relação com os órgãos sociais. Vd. Michael J Rubach, *Institutional shareholder activism: the changing face of corporate ownership* (Taylor & Francis, 1999), 3 e ss. Note-se que por "investidores institucionais ativos" estamo-nos a referir a investidores protagonistas de estratégias do que se designa "ativismo societário"; não nos estamos a referir à distinção clássica relativa à estratégia dos fundos de investimento, que divide os fundos ativos – aqueles que gerem ativamente o seu património – e os fundos passivos – aqueles que fazem uma gestão passiva por equivalência a um índice subjacente. Teremos ocasião de analisar em maior detalhe esta última categoria e os especiais problemas que a sua atuação gera. Sobre as características e os mercados de cada um destes tipos de fundos vd. Lucian Arye Bebchuk, Alma Cohen et al., "The agency problems of institutional investors".

[201] Ronald J Gilson e Jeffrey N Gordon, "The agency costs of agency capitalism: Activist investors and the revaluation of governance rights". Entre nós, Ana Perestrelo de Oliveira, *Manual de governo das sociedades*, 22 e ss.

[202] Dupla intermediação no sentido em que o investidor final tem o seu investimento na sociedade participada intermediado pela presença do institucional, enquanto este é ou faz parte de um grupo que integra um intermediário financeiro. Cabe notar que, como já foi explicado, nos estamos a referir a um grupo muito diferenciado de investidores institucionais, embora estes problemas sejam bastante comuns em todas as variantes. A dupla intermediação reflete-se em temas diversos, um dos quais passa pela possibilidade, que não está disponível para outros investidores, de os beneficiários últimos da posição acionista se alterarem sem que isso tenha consequências jurídicas de relevo ao nível da detenção da participação. Por exemplo, para efeitos de cálculo de período de detenção da participação com vista à majoração do direito de voto ou do direito aos dividendos, será apenas relevante a participação direta, sendo que a segunda intermediação nem será, na maior parte dos casos, transparente.

Por diferentes palavras, investidores institucionais ativos mitigam os efeitos do primeiro e segundo problemas de agência; investidores institucionais passivos agravam os efeitos do primeiro e segundo problemas de agência[203]. E os últimos anos mostram aquilo que parece ser uma contradição nos seus próprios termos, mas que é apenas o evidenciar de duas realidades distintas que se destacam em simultâneo: a emergência de investidores institucionais ativos, por vezes ativos a um nível que merece a crítica de analistas mais conservadores, sobretudo *hedge funds*, com comportamentos e estratégias agressivos e altamente sofisticados; e a emergência de investidores institucionais passivos, sobretudo fundos de investimento, com um alinhamento de incentivos que justifica com uma racionalidade evidente a sua passividade acionista e que seguem uma estratégia formatada à partida pela configuração do próprio veículo de investimento em que se organizam[204]. Quanto à importância cada vez maior dos investidores institucionais ativos,

---

[203] O que se diz é especialmente válido para o primeiro problema de agência, uma vez que um dos ingredientes da sua equação é precisamente a apatia acionista, mas não deixa de se aplicar também ao segundo problema de agência. A presença de investidores institucionais ativos permite melhor monitorar processos de apropriação de vantagens privadas do controlo e preencher órgãos de fiscalização com membros independentes para, por essa via, assegurar uma mais saudável relação do acionista controlador com a sociedade e com os acionistas minoritários. Claro que o seu efeito final acaba por ser menor por face à eficiência razoável das estratégias que estão à disposição, e por isso não destacamos no texto o tema do segundo problema de agência – depois de o acionista ativista ter promovido os comportamentos à sua razoável disposição para demover o acionista maioritário de uma qualquer atuação considerada lesiva, tendo fracassado, resta-lhe vender as ações. E é isto que habitualmente acontece. É certo que o mero facto de um acionista reputado sair do capital e deixar de ser detentor de uma participação qualificada, o efeito que a venda pode ter sobre a cotação, e até a cobertura que do tema seja dada pela comunicação social, podem dissuadir o controlador da sua atuação; mas, na maior parte dos casos, isso não acontecerá ou, pelo menos, não acontecerá com a mesma eficácia que este tipo de estratégias assegura em sociedades com o capital mais disperso.

[204] "A dificuldade de conseguir desalentar o ativismo dos investidores interessados e promover o ativismo dos investidores não interessados", como se refere em Antonio Roncero Sánchez, "La implicación de los inversores institucionales y de los gestores de activos en las sociedades cotizadas como opción de política jurídica", 767. É geralmente entendido que se trata de uma nova forma de apatia racional, apesar de tudo distante daquela que a formulação clássica identificava – vd., por exemplo, Martin Mittermeier, *Empty Voting – Risikoentleerte Stimmrechtsausübung im Recht der börsennotierten Aktiengesellschaft* (De Gruyter, 2014), 73-76. Não será por isso de estranhar que parte destes investidores se mantenha propositadamente alheada de incentivos para manutenção das suas ações durante períodos alargados de tempo, como revelam alguns estudos empíricos em Itália a propósito do desinteresse dos institucionais em relação aos instrumentos de majoração do voto – Chiara Mosca, "Should Shareholders Be Rewarded for Loyalty: European Experiments on the Wedge between Tenured Voting and Takeover Law", *Mich. Bus. & Entrepreneurial L. Rev.* 8 (2018), 30-31.

sobretudo os *hedge funds*, remetemos para o que escrevemos *supra*. Quanto à importância cada vez maior dos institucionais passivos, basta destacar que, só no ano de 2017, os investidores retiraram cerca de $340.000 milhões de fundos de investimento com gestão ativa e aplicaram cerca de $533.000 milhões (cerca de 9% do total) em fundos de gestão passiva[205].

As estruturas de *passive investment* correspondem assim a soluções que assumem como estratégia de investimento a mera replicação de um qualquer

---

[205] A emergência destas estruturas de *passive investment* é uma realidade razoavelmente recente (não se pretende afirmar que estas estruturas foram "inventadas" há poucas décadas, mas apenas que não tinham relevância material até recentemente), mas com importância crescente, e com tendência para aumentar nos próximos anos. Em todo o caso, apesar de ter uma dimensão mundial, tem muito mais incidência em geografias como a norte-americana do que, por exemplo, na Europa. Nos EUA, estes fundos sobre índices apresentam quotas de mercado superiores a 40% sendo que, no final de 2015, os ativos sob gestão dos fundos sobre índices (mais de 4 biliões de USD) excediam os ativos sob gestão de todos os *hedge funds*. Em janeiro de 2018, estes números eram ainda mais representativos, o que leva qualquer analista a considerar que o movimento está longe de estar esgotado. Já na Europa os números, apesar de materiais, são menos expressivos – no final de 2017, os fundos passivos representavam cerca de 16% do total de ativos sob gestão. A diferente velocidade de crescimento deste tipo de investimento poderá estar ligada sobretudo à base de clientes que é atraída, uma vez que enquanto o crescimento no mercado norte-americano é sobretudo resultado da atração de clientes institucionais e de retalho, na Europa o retalho é menos atraído para este tipo de soluções. Alterações recentes no regime europeu, em particular no âmbito da MiFID II, poderão modificar este cenário, sobretudo no que respeita aos ETF – pensamos em particular no aumento das regras de transparência dos ETF e nas regras introduzidas sobre comissões cobradas pelos gestores dos fundos. Dorothy S Lund, "The case against passive shareholder voting"; Giovanni Strampelli, "Are Passive Index Funds Active Owners: Corporate Governance Consequences of Passive Investing"; https://www.wsj.com/articles/the-new-corporate-power-brokers-passive-investors-1477320101. Do ponto de vista dos emitentes, a atração das estruturas de investimento passivo não será a única razão que faz com que a representação nos índices seja importante, mas será certamente uma das razões principais. Esta relevância constata-se, por exemplo, pelos efeitos que teve a alteração (anunciada em 2000, com entrada em vigor em 2002) das regras da Deutsche Börse sobre a composição dos seus índices – de forma simples, deixou de ser ponderada a capitalização de mercado agregada dos títulos emitidos e passou a ser ponderada apenas a capitalização das ações mais líquidas ou representativas. O efeito desta alteração foi, muito simplesmente, um movimento muito forte de unificação de classes de ações e de conversão de diversas emissões de ações preferenciais sem voto em ações ordinárias. Em geral, sobre os efeitos da representação no índice e sobre o processo de unificação de classes de ações que se seguiu à decisão da Deutsche Börse, vd. André Betzer, Inga Van den Bongard et al., "Index membership vs. loss of voting power: The unification of dual-class shares", *Journal of International Financial Markets, Institutions and Money* 49 (2017); Gereon Kruse, "Stämme oder Vorzüge? So nutzen Sie die Spreads – Boersengefluester", (2014), http://boersengefluester.de/staemme-oder-vorzuege-so-nutzen-sie-die-spreads/. Veja-se a diferença entre o processos de reclassificação de classes de ações na Alemanha após a decisão referida e antes de 2001 (período 1990 a 2001) – Ingolf Dittmann e Niels Ulbricht, "Timing and wealth effects of German dual class stock unifications", *European Financial Management* 14, no. 1 (2008).

referencial de mercado, tradicionalmente um índice (há uma tendência para alargar a representatividade do referente, razão pela qual, sendo um índice, se identificam índices cada vez mais representativos; e muitas vezes, por isso mesmo, vai-se para além dos próprios índices), sendo implementadas através da aquisição, na mesma métrica do índice de referência, dos instrumentos financeiros constantes do referente. Não pretendem, deste modo, ser objeto de decisões estratégicas ou de uma atuação proativa; pelo contrário, entender-se-á que não funcionaram eficientemente caso, pura e simplesmente, o seu resultado seja inferior ao do índice, sendo que não se espera ou antecipa que a sua *performance* seja melhor que a do referente, assim alinhando os incentivos para que o risco não saia das margens de uma gestão absolutamente passiva. Entende-se, portanto, que sejam objeto de uma gestão que vise limitar custos na medida do possível – a gestão da carteira é eminentemente mecânica e visa responder às entradas ou saídas de investimento por parte dos participantes.

Correspondem tipicamente a uma de duas estruturas: a fundos de investimento sobre índices e a *exchange-traded funds*. Tome-se o exemplo de um fundo que replica um qualquer índice de ações (ou dos muito populares ETF sobre índices[206]) e que, por isso, tem uma fortíssima diversificação do seu *portfolio*. Em primeiro lugar, tal diversificação faz com que o sucesso ou insucesso do resultado do fundo num dado período de tempo nunca dependa da *performance* de uma participação específica. Pode mesmo acontecer que, existindo emitentes em vários passos da cadeia de valor ou concorrentes representados

[206] Entre nós vd. Paulo Câmara, *Manual de direito dos valores mobiliários* (Almedina, 2018) 883-884. Existe muita bibliografia recente sobre ETF e sobre os riscos específicos que resultam da sua cotação, nomeadamente sobre os riscos sistémicos que induzem. Vd. em particular Itzhak Ben-David, Francesco Franzoni et al., *Exchange traded funds (ETFs)*, NBER (2016); Sebastian Grund, "Exchange-Traded Funds (ETFs) and Systemic Risk", *Available at SSRN 3583028* (2020); Doron Israeli, Charles MC Lee et al., "Is there a dark side to exchange traded funds? An information perspective", *Review of Accounting Studies* 22, no. 3 (2017); Vladyslav Sushko e Grant Turner, "The implications of passive investing for securities markets", *BIS Quarterly Review* (2018). Anote-se que os fundos de investimento clássicos sobre índice e os ETF sobre índices revestem estruturas jurídicas distintas – os fundos de investimento vêm o seu património representado por partes designadas unidades de participação, sendo o valor destas unidades de participação fixado apenas uma vez por dia (em regra) pela divisão do valor líquido do organismo de investimento coletivo pelo número de unidades de participação; os ETF, por seu turno, como melhor se descreve no texto, são negociados ao longo do dia e, deste modo, a formação do seu preço e a sua liquidez replicam as caraterísticas de uma ação. Sem prejuízo desta distinção estrutural, são muitas as semelhanças e estas vão parar às caraterísticas do investimento passivo a que nos referimos.

no *portfolio*[207] (o que é bastante normal, sobretudo em mercados maiores que o nosso, uma vez que a composição dos ativos representados não depende de qualquer estratégia dos gestores, mas apenas, no caso, dos termos de composição do índice que serve de referência[208]), o fundo tenha (marginalmente)

---

[207] Os casos de *common ownership,* em que um mesmo investidor detém participações em sociedades concorrentes, ocorre com crescente frequência. Isso é resultado não tanto de uma especial apetência destes investidores para tal estratégia, mas do facto de em algumas áreas empresariais e industriais existir uma importante concentração de *players*, como ocorre com a banca e o setor aeronáutico (mas também como a indústria do alumínio, os operadores de telecomunicações ou as bebidas gasosas), havendo, portanto, uma natural tendência para que isso ocorra. Por exemplo, no final de 2006, a Berkshire Hathaway informou os mercados que tinha adquirido participações na American Airlines, Delta Airlines, United Continental e Southwest (esta através de outro veículo). De igual modo, em meados de 2020 informou os mercados que tinha alienado todas essas participações. Daqui resulta, claro, que quer a aquisição das participações, quer a sua alienação, foram ponderadas estritamente em função do setor e não por referência a caraterísticas especiais de cada uma das sociedades participadas. Claro que este tipo de estratégia gera, desde logo, problemas de direito da concorrência, até porque o exemplo que demos está longe de ser único (não se justifica que entremos no tema em maior detalhe, mas existe múltipla análise empírica que demonstra que a partilha de acionistas comuns entre concorrentes, sobretudo se estes tiverem dimensão relevante, reduz a concorrência e leva ao aumento de preços), mas tem também relevantes implicações para o governo das sociedades, desde logo porque o sucesso concorrencial de uma das participadas significa normalmente uma menor fatia do mercado para os concorrentes e vice-versa, sendo que o investidor não tem dependência de uma específica estratégia de gestão. Tivemos um problema deste tipo em Portugal após o *spin-off* da PT Multimédia/Zon pela Portugal Telecom, em 2008, em que a mera comunhão de acionistas de referência fez com que, durante muito tempo, alguns reguladores, nomeadamente a AdC, vissem com desconfiança a independência das empresas. Vd. Eric A Posner, Fiona M Scott Morton et al., "A proposal to limit the anti-competitive power of institutional investors", 2-4; Antonio Roncero Sánchez, "La implicación de los inversores institucionales y de los gestores de activos en las sociedades cotizadas como opción de política jurídica", 755; Jacob Gramlich e Serafin Grundl, "Testing for competitive effects of common ownership", *Finance and Economics Discussion Series* 29 (2017). Os exemplos da informação recolhida por Posner e Weyl são impressivos, sendo particularmente problemáticos os mercados referidos (a que poderá ainda ser acrescentado o dos cereais para pequeno-almoço). Existe relevante bibliografia sobre o tema, sobretudo, mas não apenas, nos setores mencionados – aeronáutica e banca –, em que o problema ganha uma intensidade maior.

[208] Este efeito é potenciado pela própria forma como estes índices se organizam e pelas suas regras de composição. Os índices, dependendo da sua composição, procuram representatividade em relação ao mercado que está na sua base e, por isso, são normalmente revistos periodicamente em função de um algoritmo de composição. Logo, se o setor financeiro estiver num momento particularmente favorável, serão vários os representantes do setor financeiro presentes no índice. O mesmo para outros setores. Por exemplo, o S&P 500, que é o índice mais representativo das grandes sociedades cotadas norte-americanas e aquele mais seguido por estes investidores, tem vários critérios, com diferente ponderação, de admissão, mas o mais importante é a capitalização bolsista (https://www.spglobal.com/spdji/en/documents/methodologies/methodology-sp-us-indices.pdf). Daqui que

mais resultado caso um emitente tenha uma *performance* operacional menos positiva, face ao efeito que isso tem noutra participação[209]. Em segundo lugar, como resultado da diversificação de participações, isto significará também que uma intervenção acionista bem-sucedida que signifique uma melhoria na cotação de uma dada participação do *portfolio* de, por exemplo, 20%, terá apenas um efeito absoluto marginal nos resultados do agente, uma vez que estará diluído na composição da carteira. E sabe-se que, em qualquer intervenção acionista deste tipo, existe sempre um cálculo probabilístico do que pode correr bem e do que pode correr mal e da relação que existe entre os custos da intervenção, a todos os níveis, e os resultados que dela podem ser gerados[210]. Em terceiro lugar, sabendo-se que o ativismo acionista tem custos, podemos chegar à paradoxal conclusão de que a intervenção do institucional nestes casos, mesmo que bem-sucedida, o pode colocar numa posição relativamente desfavorável face aos seus concorrentes – porque os custos da intervenção são suportados apenas por aquele agente quando, num claro *free riding effect,* os resultados são partilhados por todos os fundos com composição semelhante de carteira –, o que é especialmente relevante quando sabemos que as mais importantes métricas de avaliação da *performance* deste tipo de veículos são comparativas dentro de cada categoria e que os *fees* cobrados pela gestão deste tipo de fundos são, por modelo de negócio, significativamente inferiores àqueles cobrados em fundos de ações com uma gestão ativa[211].

---

não seja surpreendente que, à data (a composição é revista a cada três meses), os emitentes da área de tecnologias de informação representem quase 29% da composição, enquanto o setor energético representa pouco mais de 2% e o setor financeiro não chega aos 10%.

[209] Daqui resultam consequências relevantes que se refletem na própria forma como o investidor monta a sua estratégia de investimento e mede o sucesso desse investimento, transformando-o de *firm value maximizer* em *portfolio value maximizer.* Vd. Luca Enriques e Alessandro Romano, "Rewiring Corporate Law for an Interconnected World", *Ariz. L. Rev.* 64 (2022), 3-6; Dorothy S Lund, "The case against passive shareholder voting", 496; Usha Rodrigues, "Corporate Governance in an Age of Separation of Ownership from Ownership", 1832.

[210] Para uma análise económica do mapa de incentivos à atuação nestes casos vd. por exemplo Lucian Arye Bebchuk, Alma Cohen et al., "The agency problems of institutional investors", 95 e ss.

[211] https://www.ici.org/pdf/2018_factbook.pdf. É fácil entender a razão e já abordámos o tema. Estes fundos investem em função de uma fórmula pré-identificada – no caso dos índices, replicando as ações que constam do índice e o peso relativo de cada ação no índice – que não é alterada a não ser que o próprio índice de referência sofra alterações. Assim, a concorrência entre fundos não tem a ver tanto com as decisões de investimento, mas com a forma como as mesmas são executadas – os custos inerentes e a capacidade de execução nas melhores condições de mercado. Por exemplo, o *Vanguard S&P 500 Index fund* cobra 4 pontos base aos investidores, o que compara com *fees de*

Tudo isto faz com que os gestores do investimento tenham muito poucos incentivos para a adoção de uma posição proativa na gestão da participação social detida, mesmo quando esta possa ser benéfica para os investidores finais, e que tenham uma inevitável tendência a apoiar a administração da sociedade e as suas decisões[212], o que revela, também aqui, um muito relevante e sistémico problema de agência[213]. Faz também com que esses gestores estejam abertos a ponderar estratégias à partida anómalas por gerarem riscos ou poderem contribuir para a perda de valor da participação, que permitam baixar os custos de administração, ou maximizar os *fees* de gestão, como seja, por exemplo, o empréstimo das ações sob gestão – e ainda é mais assim quando sabemos que estes investidores, ao contrário de outros, têm uma razoável indiferença ao resultado de uma específica votação e às

80/100/150 pontos base em fundos com gestão ativa. A própria remuneração dos gestores dos fundos é completamente diferente, sobretudo baseada em critérios de eficiência; ao contrário disto, o gestor de um *hedge fund* recebe normalmente uma compensação que o incentiva à atuação (a que chama muitas vezes "2/20", por razões que se entenderão de seguida) e que compreende um *fee* fixo calculado sobre o valor dos ativos sob gestão (tradicionalmente na casa dos 2%) e um *fee* com maior expressão calculado sobre o aumento de valor do *portfolio* sob gestão (tradicionalmente na casa dos 20%). Edward Rock e Marcel Kahan, "Index Funds and Corporate Governance: Let Shareholders be Shareholders", 9 e ss.; Lucian Arye Bebchuk, Alma Cohen et al., "The agency problems of institutional investors".

[212] Lucian Arye Bebchuk, Alma Cohen et al., "The agency problems of institutional investors", 99. Strampelli refere-se aliás a vários dados empíricos – embora com amostra reduzida – que demonstra este mesmo efeito, mesmo perante acionistas ativistas que, deste modo, são combatidos por virtude deste efeito – Giovanni Strampelli, "Are Passive Index Funds Active Owners: Corporate Governance Consequences of Passive Investing". Veja-se por exemplo o comportamento típico dos *Big Three* – *BlackRock, Vanguard* e *State Street* – nos casos referenciados por Fichtner – Jan Fichtner, Eelke M Heemskerk et al., "Hidden power of the Big Three? Passive index funds, re-concentration of corporate ownership, and new financial risk".

[213] https://www.bloomberg.com/news/articles/2016-08-23/bernstein-passive-investing-is--worse-for-society-than-marxism; Edward Rock e Marcel Kahan, "Index Funds and Corporate Governance: Let Shareholders be Shareholders", 6 e ss.; Dorothy S Lund, "The case against passive shareholder voting", 495 e ss. Cabe salientar que há um claro efeito contrário – é que se o organismo de investimento coletivo replica um qualquer índice, não poderá sair do capital por venda da participação, a não ser que a ação seja subtraída ao índice, sem que perca a representação pretendida. A inviabilidade da opção de venda deveria gerar um incentivo maior para que a opção de *voice* fosse mais expressiva e, por essa via, o governo da sociedade fosse melhorado. Alguma literatura recente assinala este efeito que, no entanto, existindo, não parece ser suficientemente intenso para contrabalançar os incentivos à atuação passiva dos gestores do fundo – vd. por exemplo Alex Edmans, Doron Levit et al., "Governance under common ownership", *RFS* 32, no. 7 (2019); Richard B Evans, Oğuzhan Karakaş et al., "Phantom of the Opera: ETFs and Shareholder Voting", *Available at SSRN 3303149* (2018), 2.

consequências que daí podem advir na cotação das ações[214]. Daqui podem resultar efeitos materiais na forma como deve ser analisada a motivação destes acionistas no exercício dos seus direitos de voto que, claramente, se afasta de forma dramática da visão clássica sobre como tal motivação é compreendida, além de poderem resultar efeitos diretos de dissociação entre *cash flow rights* e direitos de voto.

VI. Situação distinta, mas que também deve ser referida nesta sede, é a da detenção indireta de ações em cadeias de intermediação, em que o direito de definir o voto correspondente às ações cabe materialmente ao *ultimate beneficial owner*, muito embora o registo formal de titularidade das ações esteja em nome do intermediário financeiro custodiante que é, afinal, aquele que está reconhecido como tal no *registo individualizado* (vd. art. 61º do CVM)[215]. Isto porque a lei portuguesa reconhece tradicionalmente como

---

[214] Não é inevitável que a transferência de votos através do empréstimo de ações, ou outras estruturas jurídicas, tenha os efeitos *anómalos* que referimos no texto, podendo pelo contrário ser uma forma de transmissão do direito de voto de partes menos motivadas e informadas para outras mais motivadas e informadas. Nesse sentido, podemos estar perante um aumento de eficiência. Vd. Susan EK Christoffersen, Christopher C Geczy et al., "Vote trading and information aggregation", *JoF* 62, no. 6 (2007); Alon Brav e Richmond D Mathews, "Empty voting and the efficiency of corporate governance", *Journal of Financial Economics* 99, no. 2 (2011). Obviamente que a hipótese dependerá sempre de os interesses de quem transmite os votos e de quem os recebe serem semelhantes ou, pelo menos, estarem alinhados. Ora, isto está muito longe de ser a regra, sobretudo em casos que caiam fora da vida normal da sociedade, como em situações de disputa pelo controlo ou aprovação de deliberações estruturantes ou disruptivas. Voltaremos a este tema a propósito dos instrumentos derivados e das estratégias de *short-selling*.

[215] Trata-se de um tema que tem merecido abundante literatura em diversas jurisdições. Na Alemanha, o tema tem sido abordado sobretudo em torno do § 135 do AktG, após a reforma do KonTraG que é apelidado por alguns de uma regra "bem-intencionada", mas com efeitos perversos ao nível do abstencionismo no exercício do direito de voto – Tim Drygala, Marco Staake et al., *Kapitalgesellschaftsrecht: mit Grundzügen des Konzern und Umwandlungsrechts*, 497-499. Vd. ainda Philip Schwarz, *Institutionelle Stimmrechtsberatung*, Rechtstatsachen, Rechtsökonomik, rechtliche Rahmenbedingungen und Regulierungsstrategien, (Duncker & Humblot, 2013), 101-113; Thomas Raiser e Rüdiger Veil, *Recht der Kapitalgesellschaften* (Verlag München, 2015), 260-262; Sabine Lieberam-Schmidt, "Die Stimmrechtsvertretung im Aktien-und GmbH-Recht", (2010), 2 e ss.; Gerald Spindler, "Stimmrecht und Teilnahme an der Hauptversammlung. Entwicklungen und Perspektiven in der EU und in Deutschland", in *Gesellschaftsrecht in der Diskussion 2005* (Dr. Otto Schmidt, 2006), 51-52; Eric Nowak, "Investor protection and capital market regulation in Germany", in *The German Financial System* (Oxford, 2004), 436. A verdade é que, durante muitos anos, o consenso segundo o qual os bancos depositários estavam autorizados a votar com as ações depositadas e registadas em seu nome por *acordo tácito,* levava a uma natural adesão dos bancos às posições da administração das sociedades participadas (que muitas vezes eram também devedoras

acionistas aqueles que estão inscritos como titulares das contas de registo individualizado abertas junto dos intermediários que fazem parte do sistema centralizado de registo, de onde resulta que a legitimidade para o exercício dos direitos correspondentes à participação é atribuída àquele em nome de quem a participação está registada e não àquele que, em termos finais, é o titular material – o *ultimate beneficial owner*[216]. Trata-se, é sabido, do mais relevante caso de titularidade indireta de ações e, a este nível, coloca problemas de diferente natureza.

---

das mesmas instituições), o que de certa forma tomou o lugar que é ocupado no espaço norte-americano pelas *proxy solicitations* e funcionava como fator de empoderamento das administrações e, claro, dos bancos *(Macht der Banken)*. Autores como Klaus Hopt salientam que a importância do setor bancário alemão no sistema económico, face a outras jurisdições, resulta não tanto da sua concentração face à dimensão do mercado de capitais, mas antes de fatores como esta regra (entretanto revogada), os montantes de financiamento, as participações da banca nas sociedades, ou os cargos ocupados em órgãos sociais das sociedades participadas – Klaus J Hopt, "Die internationalen und europarechtlichen Rahmenbedingungen der Corporate Governance", in *Handbuch Corporate Governance* (2009), 46. A necessidade de obtenção de autorização expressa (*Ein Kreditinstitut darf das Stimmrecht für Aktien, die ihm nicht gehören und als deren Inhaber es nicht im Aktienregister eingetragen ist, nur ausüben, wenn es bevollmächtigt ist*) corrigiu o sistema, mas, claro, aumentou o absentismo. Entre nós, vd. André Figueiredo, *O negócio fiduciário perante terceiros: com aplicação especial na gestão de valores mobiliários* (Almedina, 2012). Estas ações são muitas vezes referidas como ações que estão *in the Street name*. O problema tem contornos e regime francamente diferentes no direito norte-americano. Vd. Marcel Kahan e Edward Rock, "The hanging chads of corporate voting", *Georgetown Law Journal* 96 (2007), 1236 e ss.

[216] Cabe recordar que, no âmbito da transposição da Diretiva dos Direitos dos Acionistas (2007), o então novo art. 23.C do CVM, introduzido por força do art. 4º do DL n.º 49/2010, veio dispor um conjunto de regras sobre o assunto: primeiro, que o acionista que pretenda participar em assembleia geral de sociedade emitente de ações admitidas à negociação em mercado regulamentado declara-o, por escrito, ao presidente da mesa da assembleia geral e ao intermediário financeiro onde a conta de registo individualizado esteja aberta, no prazo legal; segundo, que o intermediário financeiro que seja informado da intenção do seu cliente em participar em assembleia geral de sociedade emitente de ações admitidas à negociação em mercado regulamentado, envia ao presidente da mesa da assembleia geral desta, no prazo legal, informação sobre o número de ações registadas em nome do seu cliente, com referência à data de registo; terceiro, que os acionistas que, a título profissional, detenham as ações em nome próprio mas por conta de clientes, podem votar em sentido diverso com as suas ações, desde que apresentem ao presidente da mesa da assembleia geral a identificação de cada cliente e o número de ações a votar por sua conta e as instruções de voto, específicas para cada ponto da ordem de trabalhos, dadas por cada cliente. Do regime resulta claro que a posição jurídica do investidor final era oponível apenas ao intermediário financeiro que, por sua conta, tem as ações registadas. Vd., com bastantes desenvolvimentos, André Figueiredo, "Titularidade indirecta de ações e exercício de direitos de voto", *RDS* (2012), 522 e ss.; Daniela Baptista, *A atuação concertada como fundamento de imputação de direitos de voto no mercado de capitais* (UC, 2016), 345-346.

Estas contas de agregação de valores mobiliários – designadas *contas jumbo*, *omnibus* ou *globais* – servem um propósito do intermediário financeiro de, juntando numa mesma conta instrumentos financeiros que pertencem a vários investidores finais, numa titularidade que diretamente lhes pertence mas, em termos finais, cabe a tais investidores, lhes darem acesso a práticas de *securities pooling*, em particular abrindo o acesso a mais fáceis, e com menos despesas, transferências de ações entre dois investidores associados ao mesmo intermediário, *netting*, sujeição de grupos homogéneos de investidores à mesma lei e, no que não será um objetivo direto, complicando seriamente processos associados à titularidade dos bens como, por exemplo, as execuções[217]. Acabam, no entanto, por ter outro efeito necessário, que é o de o intermediário financeiro ter na sua titularidade, antes de cada assembleia geral, mais ações do que aquelas por referência às quais recebeu instruções de voto. E isto leva a um de dois efeitos sobre as ações remanescentes. Aquele sobre o qual existirá um menor incentivo, mas que tem plena legitimidade formal, é o de o intermediário custodiante registar as ações e comparecer na assembleia da sociedade participada, votando (sem que, no entanto, esteja sujeito aos riscos e benefícios associados à exposição económica que a participação gera); aquele sobre o qual existirá um maior incentivo, sendo possível, é o de procurar obter algum rendimento daquela titularidade formal de ações – por exemplo, celebrando um contrato de empréstimo com um terceiro que procura obter uma posição votante mais relevante em certa e determinada reunião. Qualquer dos dois efeitos gera problemas significativos em sede de alinhamento de incentivos e de proporcionalidade entre capital social e direitos de voto.

---

[217] Sobre o *securities pooling* e as *pooled accounts*, vd. Louise Gullifer e Jennifer Payne, *Intermediated Securities: Legal Problems and Practical Issues* (Bloomsbury Publishing, 2010), 12 e ss. A conta base desdobra-se obviamente em outro ou outros níveis de contas, acabando no registo junto do intermediário financeiro do titular final das ações. Estes outros níveis ou contas não são, porém, relevantes – art. 61º do CVM – para efeitos de atribuição da titularidade das ações. Daí o problema. Cabe ainda notar que o *securities pooling*, sendo especialmente útil para o intermediário, também pode apresentar vantagens relevantes para o cliente. A redução de custos de transferência e o acesso a títulos representados por denominações superiores ao investimento efetivo – como é o caso do acesso a frações de certificados – são disso exemplos. Vd. Steven L Schwarcz e Joanna Benjamin, "Intermediary Risk in the Indirect Holding System for Securities", *Duke Journal of Comparative & International Law* 12 (2002), 311 e ss.

6.2. Proxy Advisors *e novos problemas de alinhamento de voto*

I. Cabe assinalar ainda a importância crescente dos chamados *proxy advisors*, empresas que prestam serviços aos acionistas no âmbito do seu voto em assembleias gerais de sociedades cotadas, que vão desde a tradução do material de preparação da reunião até à emissão de recomendações de voto e, por vezes, ao próprio exercício do voto, e cujas recomendações acabam por ter um papel determinante na formação do sentido de voto de muitos destes investidores institucionais[218]. Em 2018, identificava-se que o grau de seguimento das recomendações do ISS era superior a 95%[219]. O *robot voting*[220] – a prática dos investidores institucionais de seguir de forma acrítica as recomendações destas prestadoras de serviços, definindo cegamente o seu voto e, muitas vezes, de forma automática, o que tem o efeito prático de "externalizar" o sentido de voto – dá um papel fundamental na definição do voto dos institucionais aos grandes *proxy advisors* como a ISS, que controla mais de metade do mercado, e a Glass Lewis[221].

---

[218] Entre nós, vd. Ana Perestrelo de Oliveira, *Manual de governo das sociedades*, 49 e ss.; António Garcia Rolo, "As alterações à Diretiva dos Direitos dos Acionistas das Sociedades Cotadas: novidades e perspetivas de transposição", *RDS* (2017), 572 e ss.

[219] https://corpgov.law.harvard.edu/2018/11/29/the-realities-of-robo-voting/.

[220] Paul Rose, "Robovoting and Proxy Vote Disclosure", *Available at SSRN* (2019). A associação a fenómenos de maquinação não é exata e quer descrever sobretudo a acriticidade da prática pelo acionista que se limita a seguir o sentido de voto recomendado (muitas vezes sem que tenha sequer acedido ao sistema de difusão de informação preparatória da assembleia), e não tanto tratar-se de uma realidade intermediada por instrumentos digitais ou mecânicos. O chamado *robot investment* ou *robot advice* é uma realidade distinta e os temas apenas marginalmente se tocam. Vd. os recentes Wolf-Georg Ringe e Christopher Ruof, "A regulatory sandbox for robo advice", *European Banking Institute Working Paper Series 2018* (2018); e Andrea Padrón Villalba, "Claroescuros de los *robo--advisors:* Inclusión financiera, regulación y consumidores", *Revista de Derecho bancario y bursátil* (2021), 155-180.

[221] Uma entrevista de 2006 ao Washington Post de John M. Connolly, CEO do ISS, dava conta que 15% a 20% dos clientes do ISS subscreviam um serviço que preparava automaticamente os votos de acordo com as recomendações do ISS. https://www.washingtonpost.com/archive/business/2006/01/23/a-proxy-advisers-two-sides-span-classbankheadsome-question-work-of--iss-for-companies-it-scrutinizesspan/3f90342b-a8eb-4932-893d-53beae9ce440/. Não é fácil identificar a prevalência deste tipo de voto, desde logo porque os principais *proxy advisers* limitam a informação disponibilizada, mas, em relação a fundos de investimento não ativistas, ela será certamente muito relevante. Vd. Paul Rose, "Robovoting and Proxy Vote Disclosure"; Paul Rose, "The corporate governance industry", 103 e ss.; Chong Shu, "The proxy advisory industry: Influencing and being influenced", *USC Marshall School of Business* (2021). Existem diversos *proxy advisers* baseados nos EUA, na Europa e na Ásia, mas o ISS tem, sem qualquer dúvida, uma importância maior no

São muitas as razões que conduzem à crescente importância destes consultores, cabendo salientar, em particular, a crescente relevância, na estrutura acionista das grandes sociedades cotadas, de OIC com um alinhamento de incentivos pouco convidativo a uma intervenção ativa. O mesmo acontece com OIC de pequena e média dimensão que ou não estão dotados dos meios para fazer a gestão profissional do seu investimento ou, estando, procuram reduzir os seus custos através de um comportamento passivo[222]. Mas há que ir mais longe. É que apesar de estes OIC terem poucos incentivos para promoverem um comportamento ativo, ocorrem pressões para que não sejam absentistas, ou porque se entende que existe um dever legal fiduciário para votar[223], ou

mercado (mesmo em Portugal). Sobre o ISS, o seu funcionamento e a sua história vd. Paul Rose, "The corporate governance industry", 112 e ss. Para uma descrição mais detalhada dos principais prestadores de serviços e da segmentação deste mercado, quer ao nível internacional, quer nas principais jurisdições da Europa, vd. Philip Schwarz, *Institutionelle Stimmrechtsberatung*, 38-82; Vanda Heinen, *Die Rolle institutioneller Investoren und Stimmrechtsberater in der deutschen Corporate Governance*, 67-69; Kay Bommer e Eva Sterzel, *Stimmrechte auf der Hauptversammlung – Empfehlungen zur Zusammenarbeit mit Proxy Advisors* (Dirk-IR Guide, 2014).

222 Yvan Allaire, "The troubling case of proxy advisors: Some policy recommendations", *Available at SSRN 2282617* (2013), 8 e ss. Se é verdade que, também aqui, se pode falar num fenómeno de "apatia racional", é incontestável que essa apatia tem pouco a ver com o fenómeno descrito desde Adolph Berle e Gardiner Means, "Private property and the modern corporation". A confusão é, no entanto, frequente.

223 É o que acontece, nos EUA, em relação aos fundos sujeitos ao ERISA de 1974 ou ao Investment Advisers Act de 1940. Isso mesmo foi deixado claro com a designada *Avon Letter* do Ministério do Trabalho (1988) em que se escrevia *"the fiduciary act of managing plan assets which are shares of corporate stock would include the voting of proxies appurtenant to those shares of stock"*. https://www.govinfo.gov/content/pkg/FR-1994-07-29/html/94-18198.htm. Esta interpretação começa, no entanto, a ser questionada, sobretudo por causa das suas consequências – https://www.lw.com/upload/pubContent/_pdf/pub4042_1.pdf – e mereceu um recente entendimento da SEC disponível em https://www.sec.gov/rules/interp/2019/ia-5325.pdf. Vd. ainda Bernard S Sharfman, "Comment Letter to the SEC: Release No. IA-5325 and the Fiduciary Duties of Proxy Advisors", *Available at SSRN: https://ssrn.com/abstract=3470374* (2019); Bernard S Sharfman, "Now is the Time to Designate Proxy Advisors as Fiduciaries Under ERISA", *Available at SSRN 3446291* (2019); Paul Rose e Christopher J Walker, "Examining the SEC's Proxy Advisor Rule", 6-7; Vanda Heinen, *Die Rolle institutioneller Investoren und Stimmrechtsberater in der deutschen Corporate Governance*, 22. De notar que a aprovação do ERISA em 1974 é geralmente apontada como uma das principais razões para o crescimento exponencial da importância dos acionistas institucionais no seio das sociedades cotadas norte-americanas, pela abertura dada à criação de fundos de pensões privados – os *defined benefits funds*. Vd. Rebeca Herrero Morant, *Los inversores institucionales en las sociedades cotizadas españolas: caracterización y activismo accionarial*; Bernard S Sharfman, "Now Is the Time to Designate Proxy Advisors as Fiduciaries under ERISA", *Stan. JL Bus. & Fin.* 25 (2020).

porque se entende que existe um dever contratual para votar[224] (ou, ainda, em casos diferentes, porque as ações detidas são emprestadas em data próxima da assembleia). E daqui resulta uma combinação que é estranha ou até eivada de alguma esquizofrenia, já que o acionista não quer – ou não deve – faltar à assembleia para que aí exerça o seu direito de voto, mas simultaneamente não tem qualquer incentivo para prosseguir um comportamento ativo ou para incorrer em despesas acrescidas para a monitorização do investimento, tendo até bastante indiferença em relação ao sentido de voto; tudo fazendo com que a escolha da direção de voto acabe por recair nos *proxy advisors*[225].

---

[224] Em Portugal, no âmbito das Recomendações da CMVM sobre incentivo à participação em assembleia geral e exercício do direito de voto dos OIC (2010), é claro que não existe, como regra, a obrigação de votar, muito embora os deveres fiduciários das entidades gestoras dos OIC passem por um dever de "assumir ativamente as suas responsabilidades quanto ao exercício diligente, eficiente e crítico dos direitos inerentes às ações detidas e abranjam a necessidade de ser tomada uma decisão ponderada sobre a participação ou não da assembleia em função da "relevância e natureza dos assuntos incluídos na ordem de trabalho" e "dos custos implicados nessa participação e dos benefícios que a mesma pode permitir obter". Isso ficou plasmado no art. 90º do Regime Geral dos OIC que, no seu número 1, dispõe que a entidade gestora de OICVM adota políticas e procedimentos adequados e eficazes relativos ao tempo e ao modo de exercício dos direitos de voto associados aos instrumentos financeiros que integram o património dos OICVM, em benefício exclusivo dos respetivos participantes. Defendendo a obrigatoriedade do exercício do direito de voto em Portugal, mas com argumentos que cremos pouco sustentados, vd. Catarina Romão Pinho, "Os fundos de investimento mobiliário no Direito português", *RDS* IV (2012). No direito comparado, os casos de obrigatoriedade de voto são pontuais, muito embora seja tema que recorrentemente entra na agenda – até alargado a outros tipos de institucionais – a vários níveis. Discute-se por exemplo na Alemanha se a regra do § 94 KAGB representa uma obrigação implícita de votar para os OIC e se esse âmbito obrigacional deve ou não ser alargado. Vd. Vanda Heinen, *Die Rolle institutioneller Investoren und Stimmrechtsberater in der deutschen Corporate Governance*, 23; Gerald Spindler, "Stimmrecht und Teilnahme an der Hauptversammlung. Entwicklungen und Perspektiven in der EU und in Deutschland", 51-52; Serdar Inci, *Shareholder Engagement: Chancen, Risiken und Kompatibilität mit der deutschen Corporate Governance*, 208-210. Em Espanha, por exemplo, vd. o art. 80.n) da Lei das Instituciones de Inversión Colectiva (Lei 35/2003, de 4/11), muito embora seja também geralmente entendido que inexiste obrigação de voto. Vd. Rebeca Herrero Morant, *Los inversores institucionales en las sociedades cotizadas españolas: caracterización y activismo accionarial*, 323 e ss.; Isabel Fernández Torres, *Las Loyalty shares: cortoplacismo contra activismo accionarial* (Marcial Pons, 2017), 160-161. O facto é que o problema que identificámos não depende da presença de uma obrigação de voto, já que a terceirização do exercício de direitos como o voto em assembleia geral (seja terceirização propriamente dita, seja meramente indireta pelo seguimento acrítico de recomendações) é problemática face aos deveres fiduciários que resultam da posição dos gestores do institucional. Vd. Joachim Faber, "Institutionelle Investoren (einschließlich Hedgefonds und Private Equity)", 225-226.

[225] Não se pretende esgotar o tema, mas existem razões, de diferente ordem, que concorrem no mesmo sentido. Por exemplo, o seguimento acrítico das recomendações destas entidades permite

II. Esta realidade gera mais um caso de afastamento da lógica clássica de ponderação do voto[226]. Isto é tão mais relevante quando sabemos que existe grande opacidade na forma como estas recomendações são formuladas; nos interesses que muitas vezes estão subjacentes ao teor das recomendações emitidas – e cabe não esquecer que estas entidades são, elas próprias, movidas por um intuito lucrativo[227] –, para as quais falta fundamentação teórica ou, noutros casos, com uma fundamentação que se vê desmentida com o passar do tempo e a alteração do quadro de políticas de governo; nas ligações, ou falta de ligações, fiduciárias entre quem faz a recomendação e quem a utiliza; e na relação contratual, ou de outra natureza, entre as mesmas entidades – cabe recordar que o ISS, além da sua atuação como *proxy advisor*, é também um prestador de serviços de consultoria na área do governo societário, o que

---

ao acionista institucional votar sem problemas de conflitos de interesses entre os detentores das unidades de participação e os administradores do fundo. Isto é particularmente relevante em sede de responsabilidade civil perante os investidores em estruturas sem dispersão acionista relevante. Vd. David F Larcker e Brian Tayan, "Do ISS Voting Recommendations Create Shareholder Value?", *Rock Center for Corporate Governance at Stanford University Closer* (2011), 2 e ss.; Philip Schwarz, *Institutionelle Stimmrechtsberatung*, 139-140. Se é verdade que esta metodologia resolverá na maioria dos casos os problemas de conflitos de interesses, já não resolverá problemas gerados pela imputação dos votos – cremos que o facto de o gestor do organismo de investimento coletivo moldar o seu voto por estas recomendações não será suficiente para evitar a imputação de votos para efeito do art. 20º do CVM (mas já poderá contribuir para aferição da independência, como forma de não imputar os votos à sociedade gestora, nos termos do art. 20.3).

[226] O tema, pelo menos com a dimensão que tem, é razoavelmente novo e as análises empíricas realizadas sobre os efeitos destas práticas no governo das sociedades e no seu valor são anda de resultados pouco conclusivos. Se é certo que alguma literatura relaciona este alinhamento de voto com consequências negativas e com perda de valor para a sociedade (veja-se, entre outros, o recente Felipe Cabezon, "Executive compensation: The trend toward one size fits all", *Available at SSRN* (2020)), outros estudos identificam o efeito contrário, sobretudo em relação a temáticas específicas como as regras de remuneração dos administradores (por exemplo, também apenas entre a literatura mais recente, Aiyesha Dey, Austin Starkweather et al., "Proxy Advisory Firms and Corporate Shareholder Engagement", *Harvard Business School Accounting & Management Unit*, no. 21-137 (2021); Ana M Albuquerque, Mary Ellen Carter et al., "Are ISS recommendations informative?", *Evidence from Assessments of Compensation Practices* (2020); Nadya Malenko e Yao Shen, "The role of proxy advisory firms: Evidence from a regression-discontinuity design", *RFS* 29, no. 12 (2016); Aiyesha Dey, Austin Starkweather et al., "Proxy Advisory Firms and Corporate Shareholder Engagement").

[227] Veja-se, por exemplo, o recente Andrey Malenko, Nadya Malenko et al., "Creating controversy in proxy voting advice", *Available at SSRN 3843674* (2021), e a conclusão de que *"even if all shareholders are unbiased and aligned at maximizing the value of their shares, the profit-maximizing proxy advisor often has incentives to produce public recommendations that are biased against the a priori more likely alternative. By recommending for the unexpected alternative too frequently, it creates controversy around the proposal and increases the probability that the vote will be close"*.

convida à transposição da relação para o mundo dos conflitos de interesses[228] e para os complexos e novos problemas associados à concertação de posições entre acionistas e à OPA obrigatória[229].

---

[228] Numa resposta de um responsável da ISS numa audição no Senado dos EUA: "*We do, however, want to draw a distinction between our market leadership and your assertion that we influence 'shareholder voting practices.' ISS clients control both their voting policies and their vote decisions... In fact, ISS is relied upon by our clients to assist them in fulfilling their own fiduciary responsibilities regarding proxy voting and to inform them as they make their proxy voting decisions. These clients understand that their duty to vote proxies in their clients' or beneficiaries' best interests cannot be waived or delegated to another party. Proxy advisors' research and vote recommendations are often just one source of information used in arriving at institutions' voting decisions... Said more simply, we are an independent provider of data, analytics and voting recommendations to support our clients in their own decision-making.*" Sobre estas entidades e os problemas que sua intervenção provoca, vd. https://www.sec.gov/comments/s7-22-19/s72219-6705468-206098.pdf.

[229] Não é um problema novo, muito embora (também) pela importância crescente dos *proxy advisors* tenha ganho uma exposição desproporcionada nos últimos anos. De facto, um dos efeitos que resulta deste fenómeno é o alinhamento de posições entre os acionistas sem que estes tenham, entre si, celebrado qualquer tipo de negócio que tenha o voto como objeto. Os acionistas seguem conselhos de um terceiro, a que recorrem de forma independente (ou seja, sem que haja concertação sequer sobre o recurso a um terceiro e/ou sobre o terceiro a quem recorrer) e, por isso, mais que laços jurídicos entre os acionistas, estabelecem-se laços jurídicos (fracos, para este efeito, uma vez que se trata de uma consultoria sem qualquer vinculação no que ao exercício do voto respeita) entre cada um deles e o terceiro, *proxy adviser*, que lhes presta serviços de consultadoria; esse terceiro, por sua vez, sabemos que tem uma inelutável inclinação para recomendações *one size fits all*. Parece assim razoável assumir que, apesar da tendência que existe de interpretação extensiva dos difíceis critérios de imputação do número 1 do artigo 20° do CVM (isto é justamente destacado em Vítor Pereira Neves, "A natureza transitiva dos critérios de imputação de direitos de voto no código dos valores mobiliários", 508, e não lhe será alheio o facto de as regras de imputação terem passado de forma muito limitada pelos nossos tribunais, sendo sempre o seu intérprete autêntico a CMVM), o problema passa ao lado de regras de imputação de voto ou concertação que apoiem a estruturação da obrigação de lançamento de OPA, mesmo ao lado daquelas com as pretensões de abrangência lata do art. 20º do CVM. O tema estará fora do alcance da alínea h) do n.º 1 do art. 20º porque inexistirá acordo para o exercício de voto; estará também fora da alínea h), para quem entenda que esta previsão se aplica a acordos sobre voto, também pela inexistência de relação contratual (não existirá, sequer, um *gentlemen's agreement*). Na verdade, salvo situações especiais (precisamente situações em que exista um acordo, expresso ou tácito, que organiza os votos a partir destes procedimentos), será mesmo impossível identificar uma vontade ou intenção de cooperação e coordenação que subjaz à ideia de concertação. É por falta deste elemento essencial que a resposta não seria diferente ao abrigo da Diretiva ou da generalidade dos sistemas nacionais que assumem que a concertação depende de coordenação (ou, pelo menos, de um *kommunikativer Prozess* que relacione as partes envolvidas). Isto não faz, no entanto, com que o problema não exista, já que podemos assumir que os *advisory services* prestados por estes terceiros visam defender o que, abstratamente, são os melhores interesses dos seus clientes. Ou seja, acaba por se encontrar uma forma de concertação última – e que está muito para além dos votos por mimetismo ou dos *fan clubs* em que alguns acionistas seguem os votos e movimentos de outros acionistas que reputam serem mais conhecedores –, à qual não se aplicam as regras de OPA obrigatória, um pouco à semelhança do que aconteceria se os acionistas

financeiros, ou os acionistas minoritários com participação qualificada, ou outro grupo qualquer com interesses semelhantes, votassem sempre seguindo os conselhos de um conjunto de entidades prestadoras de serviços (entenda-se, das mesmas entidades). O tema é ponderado na doutrina alemã, a dois níveis. Primeiro, referente ao alinhamento em temas mais sensíveis para os acionistas institucionais, de que a votação do *Say-on-pay* e a eleição dos membros dos órgãos de fiscalização são os melhores exemplos (cabe recordar a candidatura fracassada, pela falta de apoio do ISS, de Josef Ackermann para o conselho fiscal do Deutsche Bank). Vd. Ling Tong, *"Unerwünschte" Aktionäre im Kontext von Übernahmen börsennotierter Aktiengesellschaften: eine Untersuchung zum deutschen Aktien-und Kapitalmarktrecht* (JWV, 2015), 319-323; Philip Schwarz, *Institutionelle Stimmrechtsberatung*, 28. Segundo, face a diversos casos de ativismo, em particular face à suposta concertação (que veio mais tarde a ser assumida) entre a Atticus Capital e a The Children's Investment Fund no âmbito da participação de ambas na Deutsche Börse, num processo que se estendeu por mais de três anos. Vd. Anna Faure, *Verantwortung institutioneller Aktionäre im deutschen Aktienrecht*, 31-34; Joachim Faber, "Institutionelle Investoren (einschließlich Hedgefonds und Private Equity)", 229-230; Johannes Liefke, *Verträge unter Aktionären – Eine rechtstatsächliche, rechtsökonomische und rechtsdogmatische Untersuchung von Abstimmungsvereinbarungen in börsennotierten Gesellschaften* (Duncker & Humblot, 2021), 153-154; Martin Mittermeier, *Empty Voting – Risikoentleerte Stimmrechtsausübung im Recht der börsennotierten Aktiengesellschaft*, 10-12. Mais em particular sobre o problema que nos ocupa, são destacadas as fronteiras fluidas que resultam deste tipo de comportamentos coordenados face às regras de divulgação de participações qualificadas e de OPA obrigatória, mas sendo geralmente entendido que a coordenação que resulta das recomendações dos *proxy advisers* não obriga à comunicação de participações qualificadas nem é relevante para efeitos de OPA, muito embora o problema esteja em reapreciação – veja-se Vanda Heinen, *Die Rolle institutioneller Investoren und Stimmrechtsberater in der deutschen Corporate Governance*, 39-44 e, sobretudo, 75-76; Philip Schwarz, *Institutionelle Stimmrechtsberatung*, 140-143. Um outro exemplo da fluidez destas fronteiras pode ser visto em estratégias como a da Hermes, em 2010, na sua tentativa (bem-sucedida) de afastar o *chairman* da alemã Infinion, em que a primeira, para evitar coordenar-se com outros acionistas, publicou antecipadamente as suas propostas procurando atrair, num movimento que se pretendia ser de puro seguidismo, outros acionistas a uma posição pública unilateral. Um último conjunto de casos a que valerá a pena fazer referência é, num nível completamente diferente, o que resulta da atuação de pequenos investidores que se concertam por mensagem em *fora* (mensagens que não revelam qualquer coordenação, mas apenas a informação sobre a estratégia que estão a prosseguir) e que, depois, atuam em paralelismo de comportamentos. O ataque à sociedade norte-americana GameStop, organizado no Reddit, que provocou enormes prejuízos ao *hedge fund* Melvin Capital, será o mais famoso e recente evento deste tipo. Vd. Tony Klein, "A note on GameStop, short squeezes, and autodidactic herding: An evolution in financial literacy?", *Finance Research Letters* (2021); Pedro Maia, *Voto e corporate governance*, 788-789; Daniela Baptista, *A atuação concertada como fundamento de imputação de direitos de voto no mercado de capitais*, 180-192 e 327 e ss.; Hugo Moredo Santos, *Transparência, OPA obrigatoria e imputação de direitos de voto* (Coimbra Editora, 2011), 433 e ss.; Doron Levit e Anton Tsoy, "A Theory of One-Size-Fits-All Recommendations", *Available at SSRN 3251742* (2020); Hans Diekmann, "Acting in Concert", in *Gesellschaftsrecht in der Diskussion 2005* (Dr. Otto Schmidt, 2006), 74 e ss.

Mais: a existência deste efeito de externalização do voto pela intervenção dos *proxy advisors* tem consequências indiretas relevantes em muitos conselhos de administração que, procurando as boas pontuações nos vários tipos de *scorecards* que avaliam o governo das sociedades, e a referência pública à adoção de boas práticas de governo, acabam por se adaptar a este efeito externo de forma também, muitas vezes, acrítica[230]. Esta preocupação com a avaliação pública das boas práticas de governo está muito para além de questões de orgulho e vaidade, que não se nega serem muitas vezes relevantes, uma vez que estes *scorecards* são referência para a entrada, permanência, ou saída, de investidores institucionais do capital social.

Estes efeitos são agravados pelo facto de, normalmente, os votos dos institucionais que recorrem ao mesmo *proxy advisor* serem semelhantes (aliás, na verdade nem é necessário que essa semelhança resulte do recurso ao mesmo *proxy advisor,* já que é de esperar que em temas razoavelmente consensuais – por exemplo, diferimento de remunerações variáveis, transparência de critérios remuneratórios, eleição de administradores independentes – esse alinhamento exista), e, por isso, representarem publicamente, e às vezes de forma estranha e difícil de explicar, percentagens relevantes do capital social. Na verdade, apenas não será assim quando a recomendação tiver sido formulada com base em diretrizes específicas daquele investidor ou quando, por qualquer razão, o acionista entenda afastar-se da recomendação formulada, casos que não correspondem ao padrão.

III. Tem aumentado consideravelmente a pressão regulatória a propósito do tema. Nos Estados-Unidos, o tema foi regulado em 2003, mas visando sobretudo o exercício do direito de voto em conflito de interesses por estas entidades[231]. O tema foi finalmente regulado em julho de 2020 depois de

---

[230] Yvan Allaire, "The troubling case of proxy advisors: Some policy recommendations", 6. O *ISS Governance QuickScore* é um excelente exemplo desta realidade. Em 2013, o ISS introduziu este sistema (que substituiu o *Governance Risk Indicators*) e que passa por uma grelha com uma pontuação de risco, de 1 a 10, em cada uma de quatro categoriais de avaliação do governo – conselho de administração, compensação, direitos dos acionistas e auditoria (além de uma avaliação geral sobre o governo da sociedade). Do preenchimento desta grelha resulta uma avaliação de risco, que é conhecida publicamente, e que é tomada em consideração pelos investidores institucionais. De notar ainda que os efeitos positivos do cumprimento destas recomendações estão, em grande medida, por demonstrar, o que torna o cenário ainda mais perturbador. David F Larcker e Brian Tayan, "Do ISS Voting Recommendations Create Shareholder Value?".

[231] Referimo-nos à Rule 206(4)-6 da SEC que estipulava que o exercício de voto por *investment advisers* era qualificado como *"fraudulent, deceptive, or manipulative act"*, a não ser, simplificando, que

múltiplas interações, quer ao nível da SEC, quer ao nível do Congresso[232]. Também na Europa essa pressão regulatória tem aumentado[233], não sendo por isso de espantar que a matéria tenha sido objeto expresso na recente revisão do CVM, sobretudo no que se refere a temas de transparência e conflito de interesses. O regime do novo art. 26-L do CVM tem, no entanto, uma natureza eminentemente recomendatória que parece algo desfasada no tempo e alheada dos sérios problemas suscitados. O n.º 1 dispõe deverem os consultores em matéria de votação divulgar ao público uma referência ao seu código de conduta e sua aplicação, mas os arts. 2 e 3 dispõem que caso tal código não seja aplicado, ou caso as suas recomendações não sejam seguidas, devem apresentar uma explicação clara e fundamentada dos motivos por que o fazem. O lado mais percetivo do regime passa pelo n.º 4, que obriga estes consultores à divulgação de um conjunto de informações relativas à preparação dos seus estudos, pareceres e recomendações de voto, e pelo n.º 7, que obriga estes consultores a identificarem e divulgarem os conflitos de interes-

---

o consultor demonstrasse ter adotado políticas que prevenissem o conflito de interesses e tivessem transparência sobre a forma como o voto foi exercido e quais as políticas e os procedimentos adotados. Esta regra foi clarificada pela SEC posteriormente, Vd. em particular https://www.sec.gov/news/press-release/2019-158.

232 https://www.sec.gov/news/press-release/2020-161. Para uma exaustiva descrição do processo que levou à *Final Rule*, e do seu conteúdo, vd. o recente Paul Rose e Christopher J Walker, "Examining the SEC's Proxy Advisor Rule". Não custa adivinhar que esta regulamentação corresponde a um passo intermédio num caminho que se pode antecipar como longo. Vd. Bernard S Sharfman, "Now Is the Time to Designate Proxy Advisors as Fiduciaries under ERISA", 1-49.

233 No *Green Paper* da Comissão Europeia *The EU corporate governance framework* (2011), os termos essenciais do debate já estão claramente estabilizados – a prevalência do problema nos investidores institucionais com carteiras de títulos diversificadas e em investimentos em sociedades estrangeiras; a falta de transparência dos *proxy advisers* e a incapacidade de estes adaptarem as suas recomendações às particularidades dos mercados locais; os temas de conflitos de interesses; a falta de concorrência no setor. Vd. https://eur-lex.europa.eu/legal-content/PT/TXT/PDF/?uri=CELEX:52011DC0164&from=EN. São ainda de relevo os Relatórios e Recomendações da ESMA sobre o tema, nomeadamente o Relatório de Boas Práticas de Dezembro de 2015 – https://www.esma.europa.eu/document/follow-report-development-best-practice-principles-providers-shareholder-voting-research. E ainda, por fim, mais recentemente, o impacto da Diretiva dos Acionistas II, sobretudo ao nível de obrigações de transparência, já que o n.º 1 do art. 3º-G veio dispor que os investidores institucionais e os gestores de ativos devem divulgar anualmente ao público a forma como foi aplicada a sua política de envolvimento, incluindo uma descrição geral do sentido de voto, uma explicação das votações mais importantes e, principalmente, a utilização dos serviços de consultores em matéria de votação. Ana Perestrelo de Oliveira e Madalena Perestrelo de Oliveira, "Derivados financeiros e governo societário: a propósito da nova regulação mobiliária europeia e da consulta pública da ESMA sobre empy voting", *RDS* (2012), 87 e ss.; Vanda Heinen, *Die Rolle institutioneller Investoren und Stimmrechtsberater in der deutschen Corporate Governance*, 55 e ss.

ses e outras relações suscetíveis de influenciar o seu trabalho e as medidas de eliminação, atenuação e gestão desses conflitos de interesses. Por fim, a regra obriga ainda os consultores em matéria de votação a comunicarem à CMVM, no prazo máximo de 15 dias a partir da data de início da atividade, para efeitos de organização da supervisão, os respetivos elementos identificativos.

6.3. *A experiência portuguesa – alguns dados empíricos*

I. A dimensão do mercado português faz com que a leitura deste fenómeno não seja tão clara como em outros mercados mais profundos, muito embora esteja alinhada com os contornos que tem em outras jurisdições[234].

Não é, naturalmente, possível realizar uma análise empírica exaustiva que vise demonstrar a percentagem de alinhamento de cada um dos investidores institucionais com as recomendações que lhe hajam sido feitas por *proxy advisors* sobre os vários pontos das ordens de trabalho das assembleias participadas. Essa análise implicaria aferir, a propósito da cada ponto da ordem de trabalhos, de cada assembleia e de cada investidor, a relação com a recomendação do *proxy advisor*, e essa informação apenas estará disponível, caso a caso, junto de cada um dos investidores institucionais, o que torna a análise duplamente inviável: inviável porque isso suporia analisar milhares de sentidos de voto e, sobretudo, inviável porque a análise desses sentidos de voto teria de ser feita em função de uma informação que os institucionais nunca disponibilizarão (acredito, aliás, que na maioria dos casos a informação não exista sequer), porque passa pela própria forma como internamente o investidor se organiza para decidir o seu voto[235].

---

[234] Segundo dados recentes, a distribuição de ativos em Portugal entre institucionais e retalho está em linha com a média europeia, sendo que os primeiros representam cerca de 76% do peso de investidores. Em Inglaterra representam 79%. E em Espanha 84% dos ativos estão em fundos de investimento. É evidente que nestes cálculos haverá sempre que ponderar à partida o que se quer significar por "investidor institucional", já que, como mencionado, nos estamos a referir a uma realidade muito aberta. Até 2017: https://www.efama.org/Publications/Statistics/Asset%20Management%20Report/AssetManagementReport2019.pdf Em contraposição, o OECD Capital Market Review of Portugal 2020, apontava a necessidade de os investidores institucionais tradicionais virem a reforçar o seu papel, sendo que a presença destes investidores em Portugal é baixa comparada com os demais países europeus.

[235] Por outro lado, seria importante analisar a divergência ou convergência do sentido de voto dos acionistas institucionais com a mediana do sentido de voto dos outros acionistas.

Deste modo, a única alternativa viável passa por detetar as tendências de alinhamento dos institucionais, sem procurar aferir, caso a caso, o que terá provocado esse alinhamento. Aceita-se que não se trata de uma análise que nos dê uma imagem total, acreditando que, apesar disso, nos dá alguns elementos iniciais relevantes.

II. Para o efeito, procedemos à análise de informação sobre 17 assembleias gerais ordinárias, e de duas assembleias extraordinárias, realizadas entre janeiro de 2014 e dezembro de 2020, de três sociedades integrantes do PSI[236]. Não se realizaram mais reuniões da assembleia destes emitentes durante o período referido.

Para efeitos desta classificação, assumimos os seguintes critérios: (i) qualificamos, de acordo com as premissas iniciais, como acionistas institucionais todos os agentes que, de forma profissional, fazem a gestão de recursos dos investidores, investindo em instrumentos financeiros com o objetivo de maximizar a rentabilidade e repartir os benefícios gerados, incluindo por isso fundos de investimento tradicionais, *hedge funds*, fundos de pensões, gestoras

---

[236] Regimes como o norte-americano obrigam certos investidores institucionais, sobretudo os fundos de investimento, a reportar à SEC o sentido dos seus votos na Assembleia (https://www.sec.gov/files/formn-px.pdf), o que permite a construção de bases de dados sobre esses votos (sendo que o facto desses formulários serem normalmente preenchidos pelos *proxy advisors* permite ainda tratar a informação de forma mais fina). Diferentemente, o CVM obriga os emitentes a informarem sobre certas deliberações da assembleia geral, o que se traduz na mera comunicação das deliberações adotadas. As maiorias formadas são divulgadas na própria reunião da assembleia – são por isso públicas –, muito embora, normalmente, não constem dos comunicados. Os sentidos de voto de cada acionista não são divulgados sequer na reunião, cabendo à mesa da assembleia recolher essa informação (que pode ser relevante, por exemplo, para efeitos de impugnação de deliberações), mantendo a reserva e apenas a divulgando se e quando for estritamente necessário, no melhor interesse da sociedade – é o que se chama voto reservado ou *verdeckte Abstimmung*, em contraposição ao voto secreto, em que é garantido o anonimato e ninguém, nem sequer o presidente da mesa, tem acesso ao sentido de voto dos acionistas (sobre o tema veja-se, por exemplo, António Menezes Cordeiro, *SA: Assembleia geral e deliberações sociais* (Almedina, 2009), 118). Por isso, a informação a que acedemos foi obtida sob compromisso de confidencialidade e, não sendo pública, não será aqui divulgada com referências específicas a emitentes, a acionistas ou às participações com que cada um deles votou nas assembleias; ainda para simplificação agrupei como um único investidor profissional os membros do mesmo grupo que compareceram na assembleia. Naturalmente que a informação está em nosso poder e disponível para consulta e verificação, tendo sido, para efeitos de prestação de provas, entregue um ficheiro Excel juntamente a tese que, além de proceder ao tratamento da informação recolhida, continha também a informação em bruto que amavelmente recebemos de cada um dos emitentes. Pelas razões explicadas, esse ficheiro não é agora publicado ou disponibilizado *online*.

de ativos e meros custodiantes (o que equivale a considerar como investidores institucionais todos aqueles que não são investidores estratégicos nem de retalho ou individuais); (ii) definimos a percentagem de alinhamento de voto em função do sentido de voto mais escolhido, ou seja, se, por exemplo, foram analisados 195 votos num dado ponto, em que 180 são a favor e 15 são abstenções, qualifica-se a percentagem de alinhamento em 95%, contando os 180 votos no universo de 195; (iii) por fim, assumimos a realização de sete análises segregadas, em função da matéria sob discussão, como forma de procurar identificar se os alinhamentos variam em função da matéria sob discussão – ponto relacionado com aprovação das contas; ponto relacionado com a aplicação dos resultados; ponto relacionado com a apreciação da administração e fiscalização da sociedade; ponto relacionado com a aquisição e/ou alienação de ações e/ou obrigações próprias; ponto relacionado com as remunerações dos órgãos sociais; ponto relacionado com nomeação de órgãos sociais; ponto relacionado com outros assuntos; análise conjunta de todos os pontos[237].

Ora, as percentagens de alinhamento são verdadeiramente notáveis, tal como se passa a apresentar: aprovação das contas: 96.9%; aplicação dos resultados: 99.1%; apreciação da administração e fiscalização da sociedade: 88.8%; aquisição e/ou alienação de ações e/ou obrigações próprias: 88.0%; remunerações dos órgãos sociais: 80.3%; nomeação de órgãos sociais: 77.7%; outros assuntos: 83.1%; total: 86.1%.

Cabe salientar que esta demonstração, sendo, cremos, relevante, tem limitações, das quais se destacam: (i) a limitação já referida que resulta na impossibilidade de confirmar a razão dos alinhamentos, não havendo qualquer dúvida que existirão razões diferentes na base dos alinhamentos de voto de vários investidores; (ii) o facto de o conceito de investidor institucional usado ser muito abrangente, estando por isso incluídos as típicas estruturas de investimento passivo, mas também investidores de outras natureza; (iii) a tendência que existe de votação em alinhamento com a administração que, não se exclui, será um dos *drivers* destes alinhamentos.

---

[237] Para os efeitos desta análise, procedemos à contabilização de 1.376 sentidos de voto de acionistas institucionais. Não destacámos este número no texto como revelação da amostra, no entanto, porque o mesmo induz em erro, já que alguma da informação recebida dos emitentes procedia à agregação de institucionais no momento do voto. Ainda para mais, isso era feito nuns casos, mas não em outros. O número de sentidos de voto usado na análise é, assim, superior.

III
One share, one vote

7. O princípio[238]

I. A generalidade dos sistemas jurídicos incorpora, expressa ou implicitamente, o princípio segundo o qual, na sociedade anónima, há correspondência proporcional entre, por um lado, a aportação do sócio para o capital e, por outro, os direitos de voto e direitos patrimoniais, especialmente o direito ao dividendo. E fazem-no de forma tão unânime e acrítica que mais parece estarmos perante uma banalidade estrutural e intuitiva da regulamentação da sociedade comercial[239].

---

[238] Recuperaremos nas próximas linhas, com alterações materiais e desenvolvimentos, algumas passagens dos pontos introdutórios do nosso Jorge Brito Pereira, "Voting caps e OPA obrigatória", sobretudo 639-653.

[239] Não se justifica entrarmos com desenvolvimento no que se deva qualificar, para este efeito, de *princípio*. Em todo o caso, porque nos referiremos nas próximas linhas, por mais que uma vez, à questão de avaliar se o postulado *one share, one vote* pode, ou não, ser qualificado como um verdadeiro princípio, deixaremos algumas notas suplementares. Primeiro, não se questiona se, sendo um princípio, admite ou não exceções; dúvidas não se levantam que, no regime português e em qualquer regime conhecido, são muitas as exceções. Segundo, não pretendemos fazer uma distinção de base metodológica, questionando-nos se estamos perante um normativo passível de aplicação por subsunção dos factos (o que se chama de *silogismo dedutivo*) ou se implica uma ponderação mais complexa. Por fim, a questão não visa atribuir, ou retirar, uma eficácia normativa de grau superior ao postulado que seja útil para, por exemplo, resolver problemas de conflitos de regras. Por isto, não está tanto em causa nesta análise avaliar se o postulado *one share, one vote* é uma regra ou um princípio, mas sobretudo perceber se estamos perante um parâmetro de organização do sistema a

Tratar-se-á, afinal, da concretização do conceito, objeto de várias formulações, segundo o qual a influência de um acionista na sociedade deverá ser proporcional às suas entradas para o capital, já que, por um lado, a proporção entre o risco de capital e os votos corresponde à solução adequada, ao mesmo tempo que consagra a forma mais eficiente de repartir o direito de voto entre aqueles que, pela própria natureza dos direitos patrimoniais de que são titulares perante a sociedade, têm o mais forte incentivo na maximização do seu valor.

Assim, recorrendo a uma analogia corrente, afirma-se que, da mesma forma que na generalidade das democracias é atribuído um voto eleitoral ou referendário a cada cidadão adulto[240], na sociedade de capitais a correspondência é feita, já não por cabeça, mas em função da contribuição para o capital da sociedade comercial – será essa a medida que permitiria tratar o igual de forma igual e o diferente de forma diferente, na medida da respetiva diferença.

No direito português esse alinhamento emerge do confronto dos artigos 21º, 22º, do n.º 1 do art. 373º e do n.º 1 do art. 384º. Por um lado, todo o sócio tem direito a quinhoar nos lucros e a participar nas deliberações dos sócios, de modo que, na falta de preceito especial ou de convenção em sentido contrário, os sócios participam nos lucros e nas perdas da sociedade segundo a proporção dos valores nominais das respetivas participações no capital; por outro lado, na falta de diferente disposição contratual, "a cada ação corresponde um voto".

Tem, depois, diversas decorrências, diretas e indiretas, de regime. Sem preocupações de exaustão, que nos levariam longe, é o caso da regra da alínea c) do n.º 3 do art. 17º do CSC, que qualifica como nulos os acordos pelos quais o acionista se obrigue a exercer o direito de voto, ou a abster-se

---

partir de cada um dos preceitos que o constrói (e, nesse sentido, ponderamos mais a sua indução a partir do direito positivo do que a partir da sua consideração axiológica que, no essencial, passa por uma ideia de justiça e tratamento igualitário nas relações entre os acionistas). E, como é assim, a resposta nunca poderá ser binária, arrumando-se em níveis diferentes de intensidade. Sobre estes conceitos, vd. por exemplo António Cortês, *Jurisprudência dos princípios: Ensaio sobre os fundamentos da decisão jurisdicional* (UC, 2010), sobretudo 127-146 e 248-255; Neil MacCormick, *Legal reasoning and legal theory* (Clarendon Press, 1994), 152-195.

240 São muitos os autores que aproximam os modelos democráticos de organização do Estado às regras de organização do governo societário, falando assim em "democracia societária" ou em "democracia acionista". A aproximação é graficamente atraente, vocabularmente irresistível e tem pontos inegáveis de interesse, embora seja, cremos, mais geradora de equívocos do que clarificadora.

de o exercer, em contrapartida de vantagens especiais; da regra do n.º 3 do art. 22º, segundo a qual é nula a cláusula que exclui o sócio da comunhão de lucros ou que o isente de participar nas perdas da sociedade (salvo quanto a sócios de indústria)[241]; da regra do n.º 1 do art. 25º do CSC, segundo a qual o valor nominal das ações atribuídas a cada sócio não pode exceder o valor da sua entrada; ou, ainda, da regra do n.º 4 do art. 384º do CSC, segundo a qual o acionista não pode exercer o seu direito de voto se estiver em mora na realização da entrada; e, ainda, do n.º 2 do art. 391º do CSC que não permite a atribuição a certas categorias de ações do direito de designação de administradores[242].

---

[241] A proibição do *pacto leonino* é provavelmente o corolário que mais intrinsecamente explica essa regra de proporcionalidade. Se fosse possível ao sócio não assumir qualquer risco, se a configuração da sua específica posição de socialidade (note-se que nos estamos a referir à posição jurídico-societária do sócio e não a outras relações externas; teremos o ocasião de analisar desenvolvidamente diversos instrumentos que permitem anular, e até inverter, essa exposição ao risco) lhe permitisse que a sua exposição à atividade social fosse nula (ou irrisória), estaria criada uma posição que afetaria de modo irremediável o princípio. Sobre o sentido final da proibição, vd. por todos Pedro Maia, *Voto e corporate governance*, 296 e ss.

[242] Sabendo-se que, nos termos do n.º 4 do art. 24º, o direito especial na sociedade anónima apenas poderia existir se inerente a uma categoria de ações, ou seja, que não poderia ser atribuído subjetivamente a algum ou alguns acionistas, isso significa que o legislador português fechou as portas à constituição estatutária de direitos especiais à nomeação de administradores. Por outro lado, por maioria de razão, ter-se-á de entender que a proibição do art. 391º é aplicável à nomeação dos administradores executivos (nos casos em que estes hajam de ser eleitos pela assembleia geral). Os dois pontos são salientados por Pedro Maia – Pedro Maia, *Voto e corporate governance*, 27-39. Já não estamos tão alinhados com Pedro Maia quando este refere que a proibição revela um limite à desproporção entre investimento e poder e procura salvaguardar o funcionamento do *market for corporate control*. Não se exclui, obviamente, que tal interesse esteja também subjacente na regra de proibição, mas esta parece querer evitar, antes de mais, que através destes direitos especiais fosse prejudicada a economia do sistema de eleição de administradores – a proibição parece ser assim, antes de mais, uma salvaguarda dessas outras regras. Estivesse a razão final da proibição no funcionamento do *market for corporate control* e na regra de proibição do voto plural, sempre haveria a lei de aceitar a previsão destes direitos especiais de forma marginal (por exemplo, não mais de um ou não mais de dois administradores), o que não é o caso; o Código faz isso, aliás no mesmo artigo, alinhando a regra com o que escrevemos, quando dispõe que não mais de um terço dos administradores pode ficar dependente do voto favorável da maioria dos votos conferidos a certas ações. De notar que esta solução não assegura necessariamente a obediência à regra de proporcionalidade – se é certo que se está a assegurar a uma minoria de acionistas direito de veto sobre uma minoria de administradores, a verdade é que a minoria de acionistas pode ser muito minoritária e a minoria de administradores pode representar, no limite, um terço do conselho. Não se nega, no entanto, que os temas se relacionam e por isso o incluímos nesta sede. Saliente-se ainda que a proibição de constituição de direitos especiais de nomeação de administradores não se confunde com a criação de regras segundo as quais a eleição de administradores deva merecer o voto favorável de maiorias qualificadas ou da maioria de

II. O princípio *one share, one vote* sintetiza um conjunto de enunciados distintos: uns que relacionam a participação social e a exposição ao risco que desta resulta com o poder efetivo de voto e outros que relacionam esse poder efetivo de voto com os direitos patrimoniais e, mais em particular, com o direito ao dividendo. O seu enunciado acentua claramente a primeira dimensão, sendo que a segunda, de semelhante importância, é mais acentuada quando se fala, por exemplo, na regra de *proporcionalidade* entre direitos de votos e direitos patrimoniais (ou, como é mais corrente, entre *voting rights* e *cash flow rights)*[243]. Os normativos que cumpram este conjunto completo de enunciados farão parte da regra; todos, muitos, que não os cumpram, farão parte do universo das exceções.

certa classe de ações; ou sejam, podem ser constituídos direitos especiais de oposição à nomeação de administradores. O próprio artigo é muito claro quando dispõe que a eleição dos administradores pode ficar dependente de aprovação por votos correspondentes a determinada percentagem do capital ou que a eleição de alguns deles, em número não superior a um terço do total, deve ser também aprovada pela maioria dos votos conferidos a certas ações (que, para efeitos do art. 24º, formarão uma categoria). Por fim, note-se que a única exceção à proibição do n.º 2 do art. 391º, para quem entenda que a sociedade anónima desportiva é uma sociedade anónima de tipo especial e não um tipo societário diferente da sociedade anónima, será o direito, conferido pela alínea b) do n.º 2 do art. 30º da Lei n.º 67/97 (Lei das SAD), de o clube fundador "designar pelo menos um dos membros do órgão de administração" da sociedade anónima desportiva. Na verdade, o regime das SAD confere não apenas o direito às "ações de que o clube fundador seja titular" de designar um dos membros do órgão de administração, mais vai mais longe, atribuindo-lhe um conjunto de direitos de veto em deliberações do órgão. Vd. Maria de Fátima Ribeiro, *Sociedades desportivas* (UC, 2015), 124-129; Cristiano Dias, *Os direitos especiais dos sócios* (Almedina, 2021), 520-525.

[243] Alguns autores apontam que esta regra de proporcionalidade se refere apenas ao número de votos, mas não ao poder efetivo. Se um acionista dispuser de mais de metade dos votos numa deliberação tomada por maioria simples, ele disporá proporcionalmente de mais poder que aquele que resulta do mero confronto aritmético entre a percentagem que a sua participação representa – 51%, admitamos – e aquela representada pelos demais acionistas – 49%, admitamos. Estes 2% de diferença representam bem mais que uns meros 2% e são um bilhete para a passagem de um sócio à posição de dominante. É isso mesmo, afinal, que está na base da fixação das regras de contrapartida da OPA obrigatória – desenhar um sistema em que o pagamento de um controlo que está nas mãos de um acionista seja equitativamente dividido por todos os acionistas. É uma visão acertada e que não pode ser esquecida, mas que em nada perturba a compreensão da regra de proporcionalidade, tal como a construímos. É um facto que o poder efetivo de voto varia de forma não proporcional e está dependente de variáveis como a dispersão do capital social, as regras estatutárias sobre voto (e a existência de *voting caps)*, etc. Em nada isto obsta a que os votos, o seu número e a sua contagem, sejam distribuídos em proporção com o número de ações votantes. Vd. Pedro Maia, *Voto e corporate governance*, 217-230.

Começando pela primeira dimensão, podemos sintetizar, em tese, cinco enunciados. Primeiro, que o direito de participar na assembleia, e de nela votar, cabe aos titulares de ações, de onde decorre que apenas esses estarão para tanto legitimados[244]. Segundo, que todas as ações terão, pelo menos, um voto[245]. Terceiro, que o número de votos atribuído a cada ação será igual, ou

[244] Cabe deixar algumas notas explicativas. A primeira para assinalar que nos referimos ao direito de participar na assembleia de acionistas e nela votar: o direito que emerge do n.º 1 do art. 379º do CSC. A alguns, que não acionistas, pode ser assegurado o direito de participar na reunião na assembleia – é o caso daqueles previstos nos n.os 2, 3 e 4 do art. 379º e, dependendo da posição do presidente da mesa (e, em termos finais, dos próprios acionistas; vd. n.º 6 do art. 379º), o de outros. Vd. Paulo Olavo Cunha, "Assembleia gerais de sociedades anónimas I: questões relativas à convocação, participação e funcionamento", *DSR* (2012), 88-89; Paulo Olavo Cunha, *Deliberações sociais: Formação e impugnação* (Almedina, 2020), 91-85; Manuel Nogueira Serens, *Notas sobre a Sociedade Anónima*, Boletim da FDUC, (Coimbra, 1995), 36-38. A segunda nota para assinalar que há acionistas a quem é reconhecido o direito de participar nas reuniões na assembleia sem que lhes seja outorgado o direito de votar – é o caso dos acionistas preferenciais sem voto (através de um representante comum, nos termos do n.º 3 do art. 379º). Isso constitui, no entanto, uma exceção. Terceira nota para assinalar que o sistema nacional admite casos em que os acionistas com voto não possam participar na assembleia, uma vez que o n.º 1 do art. 379º dispõe que o direito depende da titularidade de, pelo menos, um voto, ao mesmo tempo que o n.º 2 do art. 384º dispõe que os estatutos podem fazer corresponder um só voto a um certo número de ações, contanto que sejam abrangidas todas as ações emitidas pela sociedade e fique cabendo um voto, pelo menos, a cada 1000 euros de capital. Este caso é obviamente outra exceção à regra apresentada. Alguma doutrina explica esta regra como forma de afastar pequenos acionistas do *forum* deliberativo já que estes seriam suscetíveis de exercer o voto de forma mais *volúvel e imediatista*. É a opinião de Pinto Furtado – Jorge Pinto Furtado, "O voto nas deliberações de sociedades", in *Estudos em Homenagem ao Prof. Doutor Raúl Ventura* (Coimbra, 2003) 238-239. Salvo o devido respeito, não nos parece que assim seja e isso fica demonstrado pelo limite de 1.000 euros de capital a que a regra faz referência; primeiro, porque esse limite está abaixo de qualquer patamar de qualificação do que se possa definir como "pequeno acionista" e segundo porque nada nos permite afirmar que os pequenos acionistas são acionistas mais *short termists,* volúveis e "caçadores de dividendos". Diríamos até que os últimos anos terão demonstrado isso mesmo. A regra parece visar apenas a organização da reunião e a logística da contagem dos votos, ou seja, trata-se de uma regra de materialidade (sobretudo naquelas sociedades que, por cotarem em cêntimos, têm o seu capital fragmentado em números enormes de ações).

[245] A atribuição de pelo menos um voto a cada ação não é prejudicada se o acionista, por razões particulares, estiver inibido de participar numa específica assembleia ou votação – são os casos da mora na realização das entradas que, nos termos do n.º 4 do art. 384º do CSC, leva a que o acionista não possa exercer o seu direito de voto ou os casos de inibição do direito de voto previstos no n.º 6 do mesmo artigo. Já nos referimos a estes casos. Isto porque não afetam os direitos de voto inerentes às ações, mas antes relevam face a uma posição especial em que o acionista se colocou. No mesmo sentido, quanto ao direito italiano, Marco Saverio Spolidoro, "Il voto plurimo: i sistemi europei", *RivSoc* 60 (2015), 2. Merecem o mesmo tratamento outros casos como a regra dos n.os 1 e 2 do art. 104º segundo a qual em processo de fusão, e caso alguma das sociedades participantes detenha ações

seja, que cada uma das ações emitidas atribui precisamente o mesmo direito de participar na votação que as demais[246]. Quarto, em decorrência, que a contagem dos votos dependerá, numa regra de proporcionalidade direta, do número de ações detidas pelo acionista que participa na assembleia dentro do universo do número de ações detidas pela totalidade dos acionistas que participam na assembleia. E quinto, que o exercício do voto, e o número de votos correspondente ao número de ações detidas, depende apenas da titularidade das ações e não de condições que lhe sejam exógenas (nomeadamente, que não depende de condições que sejam subjetivas).

Existe, no entanto, uma segunda dimensão, esta com efeitos patrimoniais, que também condensa diversos enunciados. Primeiro, que as ações detidas por cada acionista serão proporcionais ao investimento nominal por este feito, ou seja, que o seu risco de capital pode, em cada momento, ser medido (por comparação com os demais acionistas) em função da sua participação no capital da sociedade. Segundo, que os *cash-flow rights* dos acionistas, em particular no que respeita aos dividendos, supõem uma distribuição em função de tal proporção de participação no capital.

Assim, se é certo que o princípio *one share, one vote* se refere em termos estritos à primeira dimensão do tema, sendo que, para referir a segunda, se apela normalmente à ideia de proporcionalidade entre *voting rights* e *cash flow*

de outra, não poderá votar com mais votos que aqueles que correspondem aos demais acionistas; a suspensão de votos das ações próprias prevista no n.º 1 do art. 324º; a limitação de votos em caso de violação da proibição de aquisição prevista no n.º 2 do art. 385º; ou a inibição de votos em caso de violação da obrigação de lançamento de OPA prevista no art. 192º do CVM. Já, pelo contrário, a possibilidade que resulta do n.º 2 do art. 384º exceciona a atribuição de pelo menos um voto a cada ação.

[246] O princípio *one share, one vote* não significa que seja atribuído um único voto a cada ação (salvo quando os estatutos façam corresponder um só voto a um número tão elevado de ações que, na prática, mantenha uma proporcionalidade formal entre os dois fatores, mas já não material, o que, pelo menos no sistema português, se encontra limitado pela parte final da alínea a) do n.º 2 do art. 384º), mas antes que exista proporcionalidade entre o valor nominal (ou equivalente) do capital votante e os direitos de voto, ou seja, que todas as ações emitidas pela sociedade tenham idênticos direitos de voto. A chamada de atenção é importante porque as duas aceções da mesma expressão são utilizadas em termos suscetíveis de causar confusão. A confusão transparecia, por exemplo, da versão original da Recomendação 1.3.3 do Código de Governo das Sociedades que, ao recomendar uma regra de proporcionalidade, recomendava que fosse estatuída pela atribuição de um voto a cada ação. Esta regra foi, entretanto, eliminada e o seu espaço doi ocupado pelas Recomendações II.1 e II.5. De notar ainda que, para os sistemas que o admitam, que não é o caso do português, a regra não será afetada caso os diferentes direitos de voto sejam atribuídos em proporção com diferentes valores nominais.

rights, dúvidas não existem de que se trata de duas dimensões intrinsecamente relacionadas e que fazem parte de uma mesma unidade problemática[247]. Assim será tratada.

III. Existem tipos societários comercial em que a regra não é sequer aplicável[248]. É o caso, desde logo, da sociedade em nome coletivo, na qual a entrada dos sócios não é necessariamente proporcional à valorização da mesma (n.º 1 do art. 176º do CSC) e, por outro lado, não há qualquer relação de proporção necessária entre a valorização das entradas dos sócios e os seus votos. Dir-se-á que a enorme distância estrutural que existe entre a sociedade em nome coletivo e a sociedade anónima, nomeadamente no que respeita à regra do n.º 1 do art. 175º e às decorrências da limitação, ou não limitação, da responsabilidade dos sócios, explica por si mesma a direta inaplicabilidade do princípio a estas sociedades[249]; que será aplicável um princípio personalístico na sociedade em nome coletivo sem justificação na sociedade anónima, à qual, por seu turno, será aplicável um princípio capitalístico ou proporcional[250]. E é, de facto, assim. Mas essa explicação já falha quando atentamos no regime das sociedades em comandita e, mais em particular, no regime das sociedades em comandita por ações, em que o princípio é também liminarmente afastado, desde logo porque a atribuição de votos não é feita em proporção à valorização das entradas (art. 472º do CSC) e, mais importante, porque seguem

[247] Sob este ponto de vista material é tanto uma exceção ao princípio *one share, one vote* uma emissão de ações com voto plural, mas direito homogéneo ao dividendo, como uma emissão de ações com dividendo privilegiado (ou até com dividendo preferencial) e direitos homogéneos de voto; tal como é uma exceção material ao princípio a emissão simultânea de ações fungíveis com diferentes condições de subscrição – por exemplo, para acionistas, sem ágio, e para não acionistas, com ágio. Teremos ocasião de verificar que existe enorme disparidade no tratamento que os vários sistemas jurídicos dão a estas exceções.

[248] E, claro, saindo do universo das sociedades comerciais, mais assim será. Vd. *infra* 20.

[249] Esta afirmação é confirmada pela constatação que parece ser admissível a constituição de uma sociedade em nome coletivo *sem capital*, como resulta da conjugação da admissibilidade de contribuições de indústria (art. 176.1) com a regra (alínea f) do art. 9.1) que exclui a obrigação de constar no contrato de sociedade o capital social no caso de sociedades em nome coletivo "em que todos os sócios contribuam apenas com indústria". Vd. Jorge Pinto Furtado, *Curso de Direito das Sociedades* (Almedina, 2004), 104 e ss.

[250] Jorge Manuel Coutinho de Abreu, *Curso de Direito Comercial*, II, 234 e ss. Diga-se desde já que, na regulamentação da sociedade anónima, entre nós, são muitas as exceções ao princípio, sendo a mais evidente (mas longe de ser a única) a emissão de ações preferenciais sem direito de voto. Trataremos destas exceções.

regime diferente no caso de sócios comanditários e sócios comanditados. E aqui já não encontramos a mesma distância funcional, sobretudo nos casos, inexistentes em Portugal, em que a sociedade em comandita por ações é emitente de títulos admitidos à negociação em mercado regulamentado[251]. E o mesmo pode ser dito sobre as sociedades por quotas, em que a consagração de uma regra de proporcionalidade entre a participação de capital subscrita e a valorização das entradas, ao mesmo tempo que se proíbe a realização de contribuições de indústria (art. 202º), não obsta a que se permita o voto plural (embora com limitações), dispondo o n.º 2 do art. 250º que o contrato de sociedade pode atribuir, como direito especial, dois votos a cada cêntimo do valor nominal da quota ou quotas de sócios que, no total, não correspondam a mais de 20% do capital.

O que acaba de se escrever ainda pode ser afirmado com maior evidência a propósito da distribuição interna dos direitos patrimoniais e, em particular,

[251] É o que acontece em mercados como o francês e o alemão. Em França as SCA representam uma parte importante da capitalização bolsista. Disso são exemplo a Michelin, a Euro Disney, a Lagardère e a Hermès. O mesmo acontece na Alemanha em que são várias as KGaA cotadas e/ou de grande dimensão e relevância, como é o caso da Merck, da Henkel ou da Steigenberger Hotel. Sem prejuízo, não se pode deixar de constatar algum declínio da popularidade do tipo societário, sobretudo nas últimas décadas, o que não deixa de ser paradoxal face à crescentemente clara distinção entre as posições do sócio investidor e do sócio controlador. Veja-se, sobre este tema, Thomas Raiser e Rüdiger Veil, *Recht der Kapitalgesellschaften*, 390; Malte Vollertsen, *Corporate Governance der börsennotierten KGaA – Die Anwendbarkeit des Deutschen Corporate Governance Kodex auf die Kommanditgesellschaft auf Aktien* (Nomos, 2019), 27-32 e 150, para uma lista das KGaA cotadas e respetiva capitalização bolsista; Alain Viandier, Jean Hilaire et al., *La société en commandite entre son passé et son avenir: étude du Centre de recherche sur le droit des affaires* (Librairies techniques, 1983), 1-12 e 95-133. Existirão razões diversas para este fenómeno, que em parte estão ancoradas na prevalência que a sociedade anónima tem assumido, enquanto outras serão ditadas por traços do estatuto jurídico e, em particular, fiscal, das sociedades em comandita. Não são claros os números sobre sociedades em comandita em Portugal (apesar de termos pedido esse esclarecimento em comunicação dirigida ao INE, não recebemos qualquer resposta). De acordo com o último relatório disponível do INE, das 450.416 sociedades não financeiras existentes em Portugal, 22.039 são sociedades anónimas, 416.979 são sociedades por quotas e 11.398 são designadas como "outras", pelo que se assume compreenderem as sociedades em nome coletivo (que serão, sem dúvida, a grande maioria) e as sociedades em comandita (de forma não surpreendente, apesar de as sociedades por quotas representaram mais de 90% do total de sociedades, são as anónimas as que mais pesam nos indicadores). Vd. Instituto Nacional de Estatística – Empresas em Portugal: Lisboa, INE, www.ine.pt/xurl/pub/15413305. A proximidade funcional entre as sociedades em comandita por ações e as sociedades anónimas em que existe voto plural é apontada pela doutrina de vários países desde há muito; em França, por exemplo, no início do século XX, qualificavam-se as sociedades anónimas com voto privilegiado como "uma má cópia de uma sociedade em comandita". Guido Sadar, *Les privilèges de vote dans les sociétés anonymes* (JSTOR, 1930), 83.

do direito ao dividendo. Como na sociedade em nome coletivo a entrada dos sócios não é necessariamente proporcional à valorização da mesma (n.º 1 do art. 176º do CSC), cabe-lhes determinar a parte com que cada um contribui para efeitos de repartição de lucros e perdas. A liberdade contratual é ampla. Nas sociedades por quotas, o lucro, na falta de preceito especial ou convenção em contrário, é dividido segundo a proporção dos valores das respetivas participações no capital, de onde resulta que os sócios participam nos lucros e nas perdas da sociedade com bastante liberdade (com algumas limitações, nomeadamente que não seja suprimido aos sócios o direito de quinhoar nos lucros). E mesmo nas sociedades anónimas (n.º 1 do art. 302º) e sociedades em comandita por ações (art. 478º), a lei confere uma ampla liberdade para a conformação interna da regra de distribuição de dividendos, podendo ser dito com facilidade que este princípio, na vertente patrimonial, tem à partida uma eficácia muito limitada e que passa, sobretudo, pela sua natureza supletiva.

IV. A própria limitação da responsabilidade do acionista à contribuição subscrita (art. 271º) e a não responsabilização dos acionistas pelas dívidas da sociedade perante os credores sociais, geram algum desalinhamento, meramente indireto, é certo, no princípio de proporcionalidade entre *voting rights* e *cash flow rights*. Não porque afete as dimensões do princípio, mas porque viabiliza o desalinhamento entre a exposição às vantagens e ao risco: o acionista tem uma exposição às vantagens que é, potencialmente, ilimitada; ao mesmo tempo que tem uma exposição aos riscos que é limitada às contribuições para o capital[252].

[252] Esta dissociação, que se encontra em estruturas tão correntes entre nós, e conhecidas pelas piores razões, como a aquisição de participações sociais com recurso a financiamento bancário e sem outras garantias para além das participações adquiridas (sobretudo naqueles casos em que, por convenção, a responsabilidade do mutuário fique limitada à execução da garantia, mas também naqueloutros em que o património do devedor seja manifestamente insuficiente para ressarcir o financiador em caso de incumprimento), tem sido levada a limites cada vez mais extremos. Um bom exemplo disso mesmo é a recente popularização das Special Purpose Acquisition Companies (SPAC), sociedades/veículo que fazem um IPO sem que tenham qualquer atividade operacional e que, com a admissão à cotação, abrem um período (que é normalmente de dois anos) para adquirirem/fundirem-se com uma sociedade operacional que, deste modo, é trazida indiretamente para a cotação. Com a aquisição/fusão os acionistas do SPAC podem amortizar as suas participações, sendo que, caso não realize o investimento no prazo previsto, o SPAC avança para um processo de liquidação. É fácil demonstrar os problemas que uma estrutura deste tipo tem, a vários níveis, nomeadamente ao nível da gestão do risco de capital (um IPO de uma sociedade sem atividade com o objetivo de se fundir com outra entidade, com saída dos acionistas promotores). A popularidade da estrutura é inegável e tem ganho novos contornos, apesar de parecer estar a perder o seu fulgor inicial nos últimos

Trata-se de um tema que deve ser ponderado em dois tempos distintos. O primeiro é o da construção da própria ideia de autonomia patrimonial e de ponderação das vantagens e desvantagens do sistema, e centra-se sobretudo, variando de jurisdição para jurisdição, num caminho traçado no século XIX que levou à consagração de um mecanismo legal que está muito para além daquilo que se entenderia como resultado da liberdade contratual[253]. É uma discussão que está hoje, diríamos, praticamente ultrapassada, sem prejuízo da pertinência de sobressaltos mais recentes como sejam, por exemplo, a do levantamento da personalidade das sociedades comerciais[254] e a discussão

anos. Para se ter uma ideia da dimensão do fenómeno, no final de 2020 estavam cotados quase 300 SPAC, tendo levantado quase 90 biliões de USD, havendo já quem fale de *SPAC bubble*. Existe muita literatura recente sobre o tema. Vd. Michael Klausner e Michael Ohlrogge, "A Sober Look at SPACs", *ECGI* (2020); Yochanan Shachmurove e Milos Vulanovic, "SPAC IPOs", *EDHEC* (2017); Ross Greenspan, "Money for Nothing, Shares for Free: A Brief History of the SPAC", *Available at SSRN: https://ssrn.com/abstract=1947049* (2021); Eason Chong, Emily Zhong et al., "Comprehensive study of Special-Purpose Acquisition Company (SPAC): An investment perspective", *Available at SSRN 3862186* (2021). Entre nós, a CMVM publicou recentemente um entendimento sobre a admissibilidade de SPAC em que considera que (i) não existem impedimentos jurídicos à constituição de sociedades que revistam as suas características típicas; (ii) a regra do art. 228.º do CVM que faz depender a admissão a mercado regulamentado da apresentação de um historial financeiro de pelo menos 3 anos, permite dispensa da CMVM, em especial quando os interesses do emitente e dos investidores o aconselhem e o emitente comprove que possui situação económica e financeira compatível com a natureza dos valores mobiliários a admitir e com o mercado onde é solicitada a admissão, e tal circunstância permita aos investidores formar um juízo esclarecido. causa. Vd. www.cmvm.pt/pt/Comunicados/Comunicados/Pages/20220405.aspx?v=.

[253] Georges Ripert, *Aspects Juridiques du Capitalisme Moderne* (LGDJ, 1951), 111-113.

[254] Duas referências suplementares. A primeira para assinalar que a limitação de responsabilidade permite – além das funções mais evidentes – gerar um efeito fundamental ao funcionamento do mercado de capitais moderno e que é o do estabelecimento de uma relação de absoluta independência entre o valor das ações transacionadas em mercado e o património dos acionistas. Não fora a regra de limitação de responsabilidade e o valor das ações detidas por cada acionista estaria dependente do património dos outros acionistas, já que disso dependeria o risco de ser chamado a suportar perdas. Deste modo, a limitação de responsabilidade uniformiza o preço entre ações fungíveis, o que é essencial ao funcionamento dos mercados tal como os conhecemos. O efeito é salientado por exemplo desde Paul Halpern, Michael Trebilcock et al., "An economic analysis of limited liability in corporation law", *The University of Toronto Law Journal* 30, no. 2 (1980). É deste efeito que depende a posição de igualdade abstrata entre partes contratantes que é essencial ao funcionamento de um mercado (sobretudo quando, como acontece aqui, nos referimos a um mercado fechado) – Yves de Cordt, *L'égalité entre actionnaires*, 116-119. Este tema, deve ser salientado, não se confunde com o problema da igualdade dos credores sociais que é reconhecidamente uma ideia mais teórica que efetiva – veja-se, sobre o tema, Alexandre Mota Pinto, "Capital social e tutela dos credores. Para acabar de vez com o capital social mínimo nas sociedades por quotas", *Nos 20 Anos do Código das Sociedades Comerciais* (2007), 839-840. Segunda nota para assinalar que, curiosamente, os dois

– curiosamente ainda aberta – sobre a menor relevância dos argumentos justificativos da limitação de responsabilidade em sociedades sem dispersão de capital e de menor dimensão[255]. O segundo tempo é de recorrência mais recente e prende-se sobretudo com a matéria dos incentivos colocados à atuação de estruturas societárias, seja do ponto de vista dos gestores, seja dos detentores últimos do capital, em que este desalinhamento existe de forma clara, sobretudo em vista da assunção de riscos desproporcionados por algumas entidades, muitas vezes recorrendo a estratégias de enorme alavancagem em que os capitais próprios afetos ao projeto são desproporcionalmente baixos, como vimos ocorrer em algumas crises recentes, em particular na crise de 2007/2009[256].

---

tempos do problema acabam por ter pontos interessantes de contacto sobretudo em torno da ideia de levantamento da personalidade da sociedade – *lifting the veil* –, em que situações de abuso do instrumento ou, por exemplo, de responsabilidade de sociedades controladoras pelas dívidas das sociedades controladas (que entre nós seriam resolvidos – de forma muito limitada – pela coordenação dos arts. 491º e 501º do CSC) – *the single economic unit argument* – têm sido consagradas pela jurisprudência como permitindo ultrapassar a regra de responsabilidade. Trata-se de tema ainda com contornos muito difusos na generalidade dos sistemas jurídicos e, em particular, em Portugal (Fátima Ribeiro fala numa elaboração "errática" da doutrina e jurisprudência, o que parece ser um diagnóstico acertado – Maria de Fátima Ribeiro, "Desconsideração da personalidade jurídica e tutela de credores", in *Questões de direito societário em Portugal e no Brasil* (Almedina, 2012), 519), que muito beneficiaria de alguma clarificação que retirasse a enorme incerteza (e os resultados imprevisíveis e potencialmente iníquos) da aplicação do instituto. Em todo o caso, salienta-se que começa a haver cada vez mais vozes que associam a desconsideração da personalidade jurídica das sociedades à subcapitalização, como que entendendo que esta é gerada, por natureza, por condutas abusivas (o que pode, ou não, ser o caso). Vd. Eilís Ferran e Look Chan Ho, *Principles of corporate finance law*, 13-14; Paul Davies e Sarah Worthington, *Gower's Principles of Modern Company Law* 197 e ss.; Armando Manuel Triunfante e Luis de Lemos Triunfante, "Desconsideração da Personalidade Jurídica–Sinopse Doutrinária e Jurisprudencial", *Julgar* (2009); Paulo de Tarso Domingues, *O financiamento societário pelos sócios (e o seu reverso)*, 219-222; José Engrácia Antunes, *Direito das sociedades* (Liberis, 2020), 231-236.

[255] Por exemplo, vd. Thomas K Cheng, "An economic analysis of limited shareholder liability in contractual claims", *Berkeley Business Law Journal* 11 (2014).

[256] Ali Imanalin, "Rethinking Limited Liability", *Cambridge St. LR* 7 (2011); Steven L Schwarcz, "The Governance Structure of Shadow Banking: Rethinking Assumptions About Limited Liability", *Notre Dame Law Review* 90 (2014); Eilís Ferran e Look Chan Ho, *Principles of corporate finance law*, 15-16. Este efeito é especialmente relevante quando o funcionamento do sistema financeiro não associa o aumento do risco à necessidade de carrear mais capitais próprios para os projetos de investimento, como acontece naqueles momentos em que o sistema financeiro vive com grande liquidez. Vd. Oriol Aspachs-Bracons, Matthias Bulach et al., *Hacia una nueva arquitectura financiera* (" La Caixa", 2010). Um terceiro tema em que o problema se coloca é o dos grupos de sociedades, em que estruturas de controlo "de facto" permitirão que o acionista controlador, ele próprio uma sociedade sujeita ao privilégio da responsabilidade limitada, assuma uma posição solidificada de

V. Temos feito referência à relação de proporção entre a contribuição do sócio e, na primeira dimensão, o direito de voto e, na segunda, o direito ao dividendo, quando, em rigor, devíamos fazer referência aos direitos políticos (que não se esgotam no direito de voto) e aos direitos patrimoniais do sócio (que também não se esgotam no direito ao dividendo)[257], muito embora o tema da repartição proporcional não se coloque em relação a todos e cada um destes direitos.

O mais importante e paradigmático direito político é, claro, o direito de votar em assembleia geral e, por essa via, de participar na formação das deliberações dos acionistas – como dispõe a alínea b) do n.º 1 do art. 21º, todo o sócio tem direito a participar nas deliberações dos sócios, sem prejuízo das restrições constantes da lei. Ao exercer o seu direito de voto, o sócio está a participar na conformação da manifestação de vontade da coletividade dos sócios e, por essa via, a colaborar na determinação do destino social. Isto não significa, naturalmente, que recaia na assembleia geral um poder supremo e ilimitado; pelo contrário, os sistemas de governo são construídos sempre com um equilíbrio tal que faça com que o poder da assembleia seja contrabalançado pelos poderes atribuídos aos demais órgãos e, em particular, pelos poderes atribuídos ao conselho de administração[258]. E sabe-se ainda que,

---

controlo, sujeitando a sociedade aos seus interesse próprios e afastando-se, ou podendo afastar-se, daquilo que seja, em cada momento, o melhor interesse social. Voltaremos a este ponto quer a propósito das regras sobre grupos de sociedades e da pouca relevância dada pelo regime nacional aos conceitos de "domínio" e "controlo", quer a propósito do dever de lealdade dos acionistas e das regras sobre conflitos de interesses.

[257] Será feita uma apresentação breve. Para desenvolvimentos, incluindo referências a outras classificações, vd., por todos, Paulo Olavo Cunha, *Direito das sociedades comerciais*, 330 e ss.

[258] Cada sistema tem a sua leitura idiossincrática desta relação, sendo que encontramos variações muito relevantes de jurisdição para jurisdição. Em Portugal, a assembleia geral está impedida de se pronunciar sobre matérias de gestão a não ser que o conselho de administração lhe dirija pedido nesse sentido (art. 373.3); em matérias de administração, e para além do referido, a assembleia só se pode pronunciar nos casos previstos na lei e nos estatutos (art. 405.1). Deste modo, resulta claro que a esfera de competência da administração é, em regra, exclusiva (em regra, note-se, face ao sistema legal; não se ignora que é corrente a consagração de cláusulas estatutárias que fazem depender de autorização da assembleia geral, por vezes por regra de maioria qualificada, a prática de certos atos pela administração, sejam estes identificados pelo montante ou pelo seu tipo), não podendo os acionistas fazer valer uma suposta vontade suprema e aprovar, sem mais, deliberações que modifiquem ou revoguem o que a administração haja decidido (podem, claro, sendo o caso, destituir a administração e eleger novos membros). Para desenvolvimentos vd. por todos, Paulo Olavo Cunha, "A formação das deliberações da administração na sociedade anónima", *DSR* (2017), 115-117.

em particular na sociedade anónima, se tem assistido, por razões várias, em diversos momentos da história, a períodos de esvaziamento progressivo dos poderes da assembleia e a momentos em que o sistema procura o empoderamento dos acionistas. Em todo o caso, bastará verificar que entre os poderes da assembleia se conta habitualmente o poder de eleição dos administradores para constatar a importância que tem o direito de voto do sócio.

O direito de voto está próximo do direito de participar nas assembleias gerais – podemos dizer que sempre que o direito de voto possa ser exercido, o acionista terá o direito de participar em assembleias gerais, mas que o contrário já não é verdadeiro, pois pode suceder que o direito de voto não esteja atribuído ou esteja suspenso, podendo na mesma o acionista participar na discussão dos temas sujeitos a votação[259].

Outro direito político relevante e objeto de especial autonomização na nossa lei é o direito à informação, o qual se encontra segregado em quatro tipologias diferentes no caso da sociedade anónima – o direito às informações preparatórias das reuniões da assembleia geral, atribuído a qualquer acionista nos termos do art. 289º; o direito a informações na assembleia geral sobre toda e qualquer matéria que esteja a ser objeto de deliberação, atribuído a qualquer acionista participante da assembleia geral nos termos do art. 290º; o direito à consulta dos elementos previstos no art. 288º, o qual é atribuído a acionista detentor (ou conjunto de acionistas detentores) de ações que representem pelo menos 1% e depende da alegação de motivo justificado; e, por fim, o direito à informação sobre assuntos sociais previsto no art. 291º, o qual depende de o acionista ser detentor (ou o conjunto de acionistas ser detentor) de ações que representem pelo menos 10% do capital social[260].

---

[259] Pode ainda acontecer que, nos termos da alínea a) do n.º 2 do art. 384º, os estatutos façam corresponder um só voto a um certo número de ações e caiba um voto, pelo menos, a cada 1000 euros de capital, detendo o acionista participação menor. Nesse caso, não terá direito de votar, porque a sua participação não lhe assegura sequer um voto, e não terá direito de participar na assembleia pois, nos termos do n.º 1 do art. 379º, precisaria de ter pelo menos um voto para estar presente na assembleia.

[260] No domínio da sociedade anónima cotada, os direitos/deveres de informação têm duas vertentes que pouco se tocam – os direitos/deveres de informação da sociedade perante os acionistas, que podemos denominar *internos*, e que correspondem, no essencial, ao que se referiu no texto; e os deveres de informação da sociedade cotada perante o mercado, que podemos denominar de *externos*, e que se consubstanciam em temas como os deveres de informação periódica (arts. 245º a 246º-A do CVM), o dever de divulgação de informação privilegiada (art. 248º-A) ou os deveres de informação em sede de prospeto, para dar apenas alguns exemplos. As técnicas usadas para a construção dos deveres internos e dos deveres externos são diferentes. Os deveres internos são verdadeiros direitos

Outro direito político de relevo passa pela legitimação processual para interpor ações judiciais sobre temas sociais, o que se concretiza em situações várias, como a legitimidade para impugnar deliberações inválidas, nos termos dos arts. 56º e seguintes, o direito de propor ação social de responsabilidade contra administradores, nos termos do art. 77º, o direito de requerer um inquérito judicial nos termos do art. 67º, o direito de requerer a realização de inquérito à sociedade por recusa de informações nos termos do art. 292º, o direito de requerer a nomeação judicial de administrador, nos termos do art. 394º ou o direito de obter a nomeação judicial de um membro do conselho fiscal (art. 418º). Os exemplos poderiam facilmente ser multiplicados.

Por fim, será de apontar outros direitos, uns configuráveis como direitos de minoria e outros como direitos políticos gerais: o direito de requerer a convocatória de assembleias gerais e de determinar a respetiva ordem de trabalhos (art. 375º), o direito de aditar assuntos em ordem de trabalhos de assembleia geral já convocada (art. 378º) e o direito de designação de administrador nos termos do art. 392º.

Por seu turno, e como referido, o mais importante e paradigmático direito patrimonial é o direito genérico ao dividendo: o direito do sócio de participar nos lucros do exercício e, por essa via, a comungar nos benefícios obtidos pela sua atividade[261]. Referimo-nos ao direito genérico ou abstrato, pois o que está

subjetivos que relacionam a sociedade com os acionistas que reúnem as necessárias condições de legitimação; os deveres externos, por seu turno, correspondem eminentemente a deveres das sociedades emitentes perante o mercado como um todo e que, por isso, asseguram uma proteção reflexa dos investidores. Para mais desenvolvimentos, sobretudo sobre os deveres externos, vd. Paulo Câmara, *Manual de direito dos valores mobiliários*, 783 e ss.; Luís Manuel Teles de Menezes Leitão, "A responsabilidade civil no âmbito da OPA", in *Estudos em Homenagem ao Prof. Doutor Raúl Ventura, II* (Coimbra, 1992), 186 e ss. Sobre a contraposição dos deveres internos e externos, vd. Henrique Sousa Antunes, "Algumas considerações sobre a informação nas sociedades anónimas: em especial, os artigos 288 a 293 do Código das Sociedades Comerciais", *Direito e Justiça* 9/10 (1995/1996), 199 e ss.

[261] Partindo do art. 6º do CSC e, para quem assim o entenda, do art. 980º do Cód.Civ. Considerando que o art. 980º é privativo das sociedades civis, numa posição minoritária entre nós, vd. Pedro Pais de Vasconcelos, *A participação social nas sociedades comerciais* (2006), 13 e ss.; vd. ainda Rui Pinto Duarte, "(Uma) Introdução ao Direito das Sociedades", 26-33, considerando que o art. 980º do Cód.Civ não abarca todos os tipos de sociedade. A opinião maioritária entre nós – quer antes, quer depois da aprovação do CSC – vai no sentido de os requisitos gerais do contrato de sociedade previstos no art. 980º do Cód.Civ serem aplicáveis ao contrato de sociedade comercial; neste sentido vd. por exemplo José Engrácia Antunes, *Direito das sociedades*, 65 e ss; uma recensão dessa doutrina pode ser confrontada em Pedro Maia, *Voto e corporate governance*, 87. Diz-se normalmente que a

em causa é o direito do sócio de, reunidas as necessárias circunstâncias – em particular, a existência de lucros distribuíveis e a decisão de distribuição –, quinhoar na distribuição desse lucro; não se trata do direito do sócio ao dividendo já deliberado, o qual, tendo a sua génese no direito genérico do acionista ao dividendo, ganha autonomia a partir do momento em que se constitui como direito subjetivo na esfera do acionista, sendo por isso outro direito com distinta configuração.

---

sociedade comercial tem um objeto imediato e outro mediato. O objeto imediato será o exercício de uma determinada atividade económica; o objeto mediato ou o fim social será a obtenção de lucros. Daqui se retira então que uma sociedade não pode ser constituída sem que o seu fim seja a obtenção de lucros; esta característica é genética à sociedade (embora se trate de matéria em forte revisão em vários ordenamentos jurídicos) e conforma o seu regime; não significa isto, naturalmente, que a obtenção de lucros seja uma característica de resultado da sociedade, uma vez que o que está em causa é o objetivo, podendo a sociedade subsistir sem que, a final, alcance alguma vez lucros. Deste conceito resulta o entendimento de alguns autores que a distribuição de lucros é também ela genética e inerente ao conceito de sociedade comercial – a qual terá assim por vocação a obtenção de lucros e a sua distribuição, razão pela qual o direito ao lucro será imposto pela natureza do ente associativo. Vd., entre nós, João Labareda, *Das acções das sociedades anónimas* (AAFDL, 1988), 139-140; em termos mais moderados, mas concluindo pelas fortes limitações à admissibilidade de convenções à distribuição dos lucros do exercício para além do enquadramento estatutário, vd. Paulo Olavo Cunha, "O poder dos sócios", in *Estudos de homenagem ao Prof. Doutor Jorge Miranda* (Coimbra, 2012), 254-257. A generalidade da doutrina aceita, sem especiais restrições, as cláusulas estatutárias – que, aliás, são as predominantes – que de forma muito aberta deixam ao critério da assembleia a distribuição ou não distribuição dos lucros do exercício – vd., por todos, Fátima Gomes, *O direito aos lucros e o dever de participar nas perdas da sociedade anónima* (Almedina, 2011), 328 e ss. O tema é extenso e interessante, não cabendo desenvolver nesta sede. Refira-se, em todo o caso, que não vemos como a distribuição de lucros pode ser considerada essencial ao conceito de sociedade quando se revela com facilidade que a lei permite suprimir a distribuição de lucros – quer pela consagração geral de cláusula estatutária em contrário, quer pela deliberação, em concreto, pela assembleia geral por maioria de três quartos dos votos correspondentes ao capital social – e que pode inclusivamente ser mais favorável ao sócio que os lucros não sejam distribuídos. Cremos que há aqui uma confusão entre o fim da sociedade, que se concretiza num fim de criação de riqueza para o acionista – mais e melhor do que nos referirmos ao lucro como fim da sociedade, melhor seria referirmo-nos ao "lucro para repartição pelos acionistas" – e a necessidade de essa riqueza ser liquidada com uma base periódica através dos dividendos. Pedro Maia, *Voto e corporate governance*, 308-309. Quando falamos em distribuição, não nos estamos a referir necessariamente a dividendos. Diga-se, ainda, que a regra do n.º 3 do art. 22º não responde à dúvida suscitada, pois ao estipular que é nula a cláusula que exclui um sócio da comunhão dos lucros, a regra está a referir-se ao caso de algum ou alguns sócios serem excluído da comunhão de lucros, enquanto outro ou outros sócios nela participam – aquilo que se designa como *pacto leonino*. Vd. Jorge Manuel Coutinho de Abreu, *Curso de Direito Comercial*, II, 428 e ss. Este entendimento é bastante claro em alguns regimes como acontece, por exemplo, em vários estados norte-americanos mais representativos.

Segundo direito patrimonial com especial significado é o direito do sócio à quota de liquidação, ou seja, o direito que o sócio tem a quinhoar nos ativos sociais a distribuir aquando da dissolução da sociedade.

De assinalar ainda a existência de um conjunto significativo de outros direitos patrimoniais com menor autonomia (e com algumas caraterísticas híbridas), como sejam o direito de preferência em aumentos de capital e o direito à emissão dos títulos ou à sua inscrição em contas representativas[262].

A regra de proporcionalidade, mesmo numa mera dimensão supletiva, não tem pretensão de se aplicar a mais que alguns dos direitos anteriormente elencados, em particular ao direito de voto e à generalidade dos direitos patrimoniais, nomeadamente ao direito aos dividendos, ao direito à quota de liquidação ou a posições jurídicas como o direito de preferência em aumentos de capital. Aliás, diga-se que é francamente redutora a ideia segundo a qual a repartição dos direitos sociais se faz apenas em função de um de dois princípios, ou seja, de uma atribuição por cabeça ou de uma atribuição em função da proporção de capital, tal como é redutora a ideia de que o princípio de

---

[262] Duas notas. Primeira, para anotar que muitas vezes se aditam direitos que já não são inerentes às ações e à posição de socialidade representada por esta, mas derivam de outros fatores que lhe são externos como seja, por exemplo, a negociação das ações em mercado regulamentado (é o caso do direito à transação em mercado regulamentado; vd., por exemplo, A. Barreto Menezes Cordeiro, *Manual de direito dos valores mobiliários*, 160). Cremos que isso leva a ideia longe de mais e acaba por lhe retirar sentido expressivo. Segunda nota para acentuar que a análise dos direitos patrimoniais, e das suas concretas configurações, depende sempre de uma específica jurisdição, tendo variações significativas. Por exemplo, em Espanha aceita-se uma prática de pagamento aos acionistas de algumas sociedades cotadas de prémios de presença nas assembleias – é o que acontece em sociedades como a Iberdrola, Endesa e Repsol. Estes prémios, que são fiscalmente qualificados como rendimentos de capital, ou seja, como próximos de um dividendo (que, no entanto, não é distribuído em proporção à participação), não se encontram sequer regulados pela lei societária. O pagamento desta *prima de asistencia* tem produzido efeitos interessantes ao nível da assiduidade dos acionistas e, por isso mesmo, entrou na agenda de discussão há alguns anos em várias jurisdições, como a Alemanha, no âmbito da discussão da UMAG, mas com poucos resultados efetivos (onde aliás, também se discute a natureza do pagamento e, em particular, se este deve ser aproximado ao dividendo ou ao pagamento de serviço ou reembolso de despesas). Esta *prima de asistencia* é um *engagement dividend* e, enquanto tal, distingue-se dos *dividendos de lealdade* que, para serem devidos, dependem apenas da passagem do período estabelecido de detenção da ação. Vd. Gerald Spindler, "Stimmrecht und Teilnahme an der Hauptversammlung. Entwicklungen und Perspektiven in der EU und in Deutschland", 53-59; Serdar Inci, *Shareholder Engagement: Chancen, Risiken und Kompatibilität mit der deutschen Corporate Governance*, 232-247; Jeroen Delvoie e Carl Clottens, "Accountability and short-termism: some notes on loyalty shares", *Law and Financial Markets Review* 9, no. 1 (2015), 22 e ss.

atribuição de direitos por cabeça está excluído da economia de distribuição de direitos nas sociedades de capitais[263].

Isto porque noutros casos os direitos são distribuídos por níveis ou patamares (ou a partir de um determinado nível ou patamar), numa regra que, não sendo, nem pretendendo ser, de proporcionalidade, tem esse critério como fundamento explicativo. Os patamares funcionam sobretudo como um expediente prático para atribuir certos direitos a uns sócios, em função da sua participação no capital da sociedade, mas já não a outros, sem que o sistema entenda que a métrica de atribuição deve ser tão fina quanto seria se a atribuição fosse proporcional à participação no capital. Exemplo desta estrutura, no direito societário português, é o da organização do acesso ao direito à informação, em que todos os acionistas têm, nos mesmos termos e condições, direito às informações preparatórias das reuniões da assembleia geral e direito a informações na reunião da assembleia sobre matérias que estejam a ser objeto de deliberação (desde que, claro, tenham o número de ações necessário para comparecer na assembleia, ou seja, nos termos do n.º 1 do art. 379º, o número de ações que lhes atribuam, pelo menos, um voto); o acionista detentor (ou conjunto de acionistas detentores[264]) de

[263] Mario Sánchez Linde, *El principio de mayoría en los acuerdos de la junta general de accionistas de la sociedad anónima* (Universidad Complutense de Madrid, 2008), 191. Como teremos ocasião de verificar, a lei recorre a diversas soluções, procurando sempre criar uma solução – nuns casos supletiva, noutros injuntiva – que funcionalmente sirva os seus propósitos. No mesmo sentido do que escrevemos, vd. Veiga Copo e Abel Benito, *Estudios jurídicos sobre la acción* (Civitas/Thomsonreuters, 2014), 21-22. Coisa diferente, que já não nos suscita dúvidas, é observar e aceitar que, nas sociedades de capitais, o princípio de atribuição proporcional de direitos em relação ao capital social tem vindo a colonizar o sistema no último século e, mais em particular, tem vindo a assumir-se como o princípio fundamental para a repartição do voto entre os acionistas. O conceito de sociedade de capitais (assim como o conceito de sociedade de pessoas) é eminentemente doutrinário e a sua qualificação resulta do entendimento de que a participação de capital, mais que o contributo pessoal, é o que releva para a atividade social. Tem decorrências várias como, por exemplo, as regras de transmissão de participações sociais (art. 328º) ou a relação do sócio com a administração (arts. 390º e 424º). Vd. Jorge Manuel Coutinho de Abreu (coordenação), *Estudos de direito das sociedades* (2008), 36-39.

[264] Literalmente (na redação introduzida pelo DL n.º 280/87), o n.º 1 do art. 288º do CSC parece referir-se apenas à legitimação de acionistas com pelo menos 1% do capital, não prevendo a hipótese de agregação de acionistas ("qualquer acionista que possua ações correspondentes a, pelo menos, 1% do capital social pode consultar ..."). É certo também que o Código se refere expressamente à possibilidade de agrupamentos de acionistas em diversas passagens (por exemplo, no n.º 5 do art. 379º ou no n.º 1 do art. 392º; o próprio art. 291º parece confirmar esta interpretação literal), não o fazendo aqui. No contraponto, é certo também, como salienta Raúl Ventura, que no n.º 1 do art. 291º a regra refere-se a *acionistas cujas ações atinjam 10% do capital social*, parecendo deixar claro que o direito apenas pode ser exercido por mais que um acionista, quando seria inconcebível aceitar tal

ações que representem pelo menos 1% do capital social, e desde que para tanto apresente motivo justificado, tem direito à consulta dos elementos previstos no art. 288º; ao acionista (ou ao conjunto de acionistas) detentor de ações que representem pelo menos 10% do capital social é atribuído o direito à informação sobre assuntos sociais previsto no art. 291º do CSC. Outro exemplo de atribuição de direitos sociais por patamares encontra-se em situações especiais de legitimação processual, como é o caso do direito de requerer a nomeação judicial de um membro do conselho fiscal (art. 418º do CSC), que depende de requerimento de acionistas titulares de ações representativas de pelo menos um décimo do capital, ou na situação muito particular considerada no art. 24º do CVM. E é também por patamares que o n.º 2 do art. 375º atribui o direito de requerer a convocação de uma assembleia geral; que o art. 378º atribui o direito de aditar assuntos em ordem de trabalhos de assembleia geral já convocada[265]; e, por fim, que o art. 392º do

leitura (Raúl Ventura, *Novos estudos sobre sociedades anónimas e sociedades em nome colectivo: comentário ao código das sociedades comerciais* (Almedina, 1994), 134-135). Não se vislumbra, na verdade, razão material para impedir esse agrupamento (além dos argumentos literais, pode-se alegar que o exercício deste direito implica uma devassa excessiva à sociedade e pode gerar custos desproporcionados, argumentos que não nos parece procederem) que, a não ser permitido, pode sempre ser feito por transmissão temporária da titularidade da ação. É o entendimento que cremos ser maioritário entre nós. Vd. António Menezes Cordeiro e Madalena Perestrelo de Oliveira, "Comentário ao art. 288º", in *Código das Sociedades Comerciais Anotado* (Almedina, 2020); Raúl Ventura, *Novos estudos sobre sociedades anónimas e sociedades em nome colectivo: comentário ao código das sociedades comerciais*, 134-135; Antonio Soares, "Direitos inerentes a valores mobiliários", in *DVM* (Coimbra, 1999), 145; Jorge Manuel Coutinho de Abreu, *Curso de Direito Comercial*, II, 248-249; João Labareda, *Das acções das sociedades anónimas*, 180-181; Pedro Barrambana Santos, "O direito do accionista à informação nas sociedades em relação de domínio total", 174-176. Em sentido contrário vd., entre outros, Paulo Olavo Cunha, *Direito das sociedades comerciais*, 394-395; Armando Manuel Triunfante, *A tutela das minorias nas sociedades anónimas: direitos individuais* (Coimbra Editora, 2004), 114-115.

[265] Estes patamares podem ser definidos por referência a uma percentagem do capital social (ou dos votos), como se viu ocorrer com estes n.º 2 do art. 375º e art. 378º, por referência a um valor de participação, ou por referência a ambos. Por exemplo, o § 122 do AktG legitima, no seu número (1), o acionista (ou conjunto de acionistas) que detenha 5% do capital social a requerer a convocação de assembleia geral, quando o número (2) confere o direito de aditar assuntos à ordem de trabalhos ao acionista (ou conjunto de acionistas) que detenha 5% do capital social ou participação com valor (nominal) mínimo de 500.000 euros (sobre o capital social inscrito no registo comercial aquando da receção do pedido). Pode também acontecer que o acesso aos direitos fique dependente de condições adicionais, como ocorre com este § 122(1) do AktG (na redação adicionada pelo KonTraG) que faz depender o acesso ao direito da detenção das ações há pelo menos 90 dias sobre a data da solicitação.

CSC configura as regras especiais de eleição dos membros do conselho de administração[266].

Noutros casos, ainda, o direito é atribuído por cabeça, tendo a mesma configuração estrutural independentemente das ações detidas pelo acionista – no que a estes direitos respeita a lei trata de forma igual o acionista com 100 ações e o acionista com a maioria do capital social. É o que ocorre com a atribuição de legitimidade processual para interpor ações judiciais sobre temas sociais (em particular, nos termos dos arts. 56º e seguintes ou do art. 77º), com o direito de requerer um inquérito judicial nos termos do art. 67º, com o direito de requerer a realização de inquérito à sociedade por recusa de informações nos termos do art. 292º ou com o direito de requerer a nomeação judicial de administrador nos termos do art. 394º, todos do CSC. De igual modo ocorre com o direito de determinar a ordem de trabalhos da assembleia (art. 375º), e com o direito de designação de administrador nos termos do art. 392º[267].

---

[266] Muito recentemente, em setembro de 2020, a SEC alterou a *Exchange Act Rule* 14a-8, também conhecida como *shareholder-proposal rule*, para uma solução deste tipo (embora calibrada pelo tempo de detenção das ações). Ao abrigo da nova regra, os pequenos acionistas viram limitado o seu direito de apresentar propostas em assembleia geral das sociedades cotadas (as regras são mais complexas, já que também criaram um conjunto de outras limitações). Agora, os pequenos acionistas terão legitimidade para submeter propostas desde que tenham participações com o valor mínimo de $2,000, detenham a participação há pelo menos 3 anos, com o valor mínimo de $15,000, desde que detenham a participação há pelo menos dois anos, ou com o valor mínimo de $25,000, e detenham a participação há pelo menos um ano. Parece claro que na fixação destes patamares está também presente alguma procura de alinhamento de incentivos, considerando, no caso da regra da SEC, os limitados custos que resultam da apresentação de propostas e os elevados custos que essas propostas geram para a sociedade e para os demais acionistas ou, no caso não menos emblemático do art. 24º do CVM, os custos para o acionista que resultam da interposição de uma providência de suspensão de deliberação social e, nos termos do n.º 3 do art. 381º do Código de Processo Civil, os elevados custos que resultam para a sociedade participada do efeito de suspensão automática da execução da deliberação contestada. A regra da SEC, que é resultado de uma evolução de mais de meio século, já antes era objeto de acesas críticas. Na versão anterior, os acionistas que pretendessem apresentar uma proposta para inclusão do *proxy statement* estavam não apenas sujeitos a um regime muito complicado e burocrático, mas implicava transferirem a discricionariedade no voto para o mandatário; a alternativa era, claro, a cara opção de o acionista comparecer na assembleia. Sobre a regra anterior, vd. J Robert Brown, "Protecting shareholders from themselves: The SEC and restrictions on shareholder voting rights", *University of Denver*, no. 16-12 (2016), 1-38. Sobre a revisão de regra da SEC, vd. https://www.sec.gov/news/press-release/2020-220.

[267] Estamos, no texto, a tratar de técnicas de atribuição/repartição dos direitos dos sócios. Nesse sentido, trata-se de tema diferente aquele que se suscita a propósito dos chamados *direitos individuais dos sócios* como limite negativo à intervenção deliberativa da maioria, tema que, nos últimos dois séculos, mas também em função da geografia, tem flutuado de forma muito relevante (na verdade,

VI. A estrutura das regras de repartição de direitos corresponde a uma opção de política legislativa conduzida por fatores de natureza diversa, eminentemente económicos, não havendo nada – ou havendo pouco – de inevitável na construção do sistema[268]. Uma opção de política legislativa que, obviamente, tem subjacente uma ideia de justiça, equidade e equilíbrio e que, de um ponto de vista de estruturação da arquitetura de governo societário, nomeadamente tendo em atenção as externalidades das opções tomadas, seja eficiente[269]. Mas que não deixa de ser uma opção de política legislativa.

O contrato de sociedade é um contrato incompleto e cabe aos acionistas, dentro dos limites legais, tomar as decisões necessárias para preencher esses espaços, conformando a organização e funcionamento da sociedade àquilo que entendem melhor cumprir a sua vontade. A questão é, assim, como já referimos, apurar se, quando analisamos a forma como deve o poder de voto ser repartido, estamos num desses espaços de liberdade.

Apontam-se normalmente duas justificações finais para o entendimento segundo o qual esta regra de repartição do poder deve ser subtraída ao espaço de liberdade dos acionistas. A primeira passa pelo seu perfil democrático e pela equidade que a mesma incorpora. A segunda argumenta com a sua

melhor caberia falar das *teorias dos direitos individuais dos sócios*). Com muitas referência bibliográficas e o retrato dessas flutuações, vd. Pedro Maia, *Voto e corporate governance*, 146-155; Justino F Duque Domínguez, "Introducción a la protección de los derechos del accionista frente a los acuerdos de la mayoría", in *Derecho de Sociedades Anonimas II* (Facultad de Derecho, 1994), 29-84.

[268] Tecnicamente quase todas as combinações são possíveis, embora algumas sejam funcionalmente pouco lógicas – por exemplo, distribuir os direitos patrimoniais por cabeça ou vedar ou limitar direitos essenciais à conceção da posição do acionista, como o direito a impugnar judicialmente uma deliberação ilegal, em função da participação por este detida (já coisa diferente é limitar esse direito para certos tipos de procedimento, como acontece, por exemplo, por efeito do art. 24º do CVM). Dito isto, temos claro que existem limites lógicos e funcionais à métrica de distribuição de direitos na sociedade anónima. O que se pretende deixar claro no texto é que pouco há de inelutável em escolhas do legislador que não são ancoradas em nada mais que critérios funcionais e utilitarista que mudam em função dos momentos históricos ou da geografia que usamos como base para a observação.

[269] Tomar em consideração as externalidades não significa proibir as soluções geradoras de externalidades negativas (nem, muito menos, numa visão clássica aplicável a certos efeitos, e em alguma medida hoje ultrapassada, obrigar, por intervenção pública, aquele que beneficia da atividade causadora das externalidades negativas a *internalizar* esses efeitos). Significa apenas condicionar a regulamentação da arquitetura societária em função desses efeitos e dos custos de transação, tentando (de todos os lados da equação) desenhar a solução mais eficiente. O tema merece extensa literatura económica. Veja-se, por todos, num sentido semelhante (embora em temas muito distintos), a obra fundadora de Ronald H Coase, "The problem of social cost" e George L Priest, *The Rise of Law and Economics: An Intellectual History* (Routledge, 2020), 34-50.

eficiência, já que, ao repartir o poder na medida em que cada sócio tem a sua exposição económica aos resultados, positivos ou negativos, da atividade social, se estará a criar o incentivo ideal para que as melhores decisões sejam tomadas.

Veremos que as duas linhas de justificação apresentam traços explicativos muito relevantes e que, por isso, nos evidenciam uma lógica funcional incontestável. Mas não se trata de uma lógica funcional que permita sustentar que existe uma, e apenas uma, estrutura de repartição de poder entre os acionistas que se impõe, para lá da sua vontade, a toda e cada sociedade anónima. São os acionistas, os fundadores e os secundários, os agentes mais bem posicionados para selecionar a estrutura de propriedade e controlo que entendem mais adequada, sabendo que todas revelam vantagens e desvantagens e que, por isso mesmo, dentro de limites[270], devem ser os acionistas os agentes dessas

[270] Quem não assuma uma posição radicalmente liberal nesta matéria – que toda a regulação deve caber aos acionistas que, em liberdade contratual, estipularão o que entendam –, a qual, diga-se, parece, também por outras (boas) razões, pouco defensável sequer como posição de princípio, o problema da definição clara destes limites será sempre uma fragilidade na construção de uma teoria geral sobre o tema. Partimos do princípio de que, por mais liberal que seja a posição de partida (e não entrando num juízo de eficiência), a liberdade contratual tem limites; mas vislumbra-se imediatamente que os limites desse espaço de liberdade são difíceis de marcar, já que dependem de critérios com enorme oscilação histórica e que são muito dispares como sejam razões de interesse público, externalidades, equidade ou razões de eficiência (ou pelo menos, inaceitabilidade de soluções claramente ineficientes). Aliás, se fosse necessária demonstração do que se acaba de afirmar, bastaria verificar as disparidades de tratamento deste tema ao longo do tempo e, hoje, em diversas geografias. Quanto à perceção sobre os limites, facilmente se testa a afirmação anterior. Veja-se, entre muitos, Henry G Manne, "Corporate governance. Getting back to market basics", *Seminario Consob* (2008); Alessio M Pacces, "Comment–Corporate governance and Coase's legacy: a reply to Henry Manne", in *The Law and Economics of Corporate Governance: Changing Perspectives* (Elgar, 2010). Por exemplo – deve o sistema aceitar, se essa for a vontade dos acionistas, um modelo de assembleia geral eleitoral que funcione por um qualquer processo de lotaria? Sobre as alternativas "lotocráticas" aos sistemas tradicionais de votação, vd. Alexander A Guerrero, "Against elections: The lottocratic alternative", *Philosophy & Public Affairs* 42, no. 2 (2014). Ou deve aceitar um qualquer modelo de representação da sociedade decidido pelos acionistas, ainda que este crie problemas, por exemplo de perceção razoavelmente confusa por terceiro da representação societária, ao normal e eficiente tráfego jurídico? A resposta a ambas questões parece ser negativa, pelo menos enquanto não se demonstre que são alternativas viáveis e sem externalidades comprometedoras. Mas é esta linha que se percebe ser difícil de traçar. Por outro lado, deve ser assinalado que a admissão da existência destes limites em nada contende com os imperativos constitucionais aplicáveis, seja com o direito à livre organização da empresa que emerge como corolário do princípio de livre iniciativa económica (arts. 61º e 85º da CRP), seja, para quem o entenda aplicável (isto é, para quem entenda que o direito de associação constitucionalmente tutelado inclui a liberdade de organização da empresa), com o direito de auto-organização das associações que emerge do art. 46º da CRP. Isto porque o

escolhas. Assim, o tema central é determinar se as exceções ao princípio de proporcionalidade e, dentro destas, a possibilidade de emissão de voto plural, devem estar dentro, ou fora, desses limites.

VII. Na justificação do princípio *one share, one vote* faz-se, muitas vezes, uma aproximação à ideia de "democracia acionista", vendo a sociedade anónima como uma entidade semelhante ao Estado, em que os acionistas, no lugar dos cidadãos, contribuem para a formação da vontade coletiva através de deliberações adotadas por maioria e, em particular, elegem um conselho de administração, no lugar de um Governo, que atuará executivamente sob a supervisão e vigilância de um órgão de fiscalização, no lugar do poder judicial. As proximidades podem ser levadas à caricatura e os exemplos de paralelismo, uns mais forçados que outros, podem ser replicados incessantemente – onde, na sociedade comercial, estão os estatutos, estaria para o Estado a Constituição, ambos sujeitos a revisão por regras especiais de *quorum*; onde, nas sociedades, existem grupos estratégicos circunstanciais e acordos parassociais, existirão nos Estados comunidades, alianças e partidos políticos; onde, no voto eleitoral, todas as pessoas são iguais e dotadas de uma valorativamente idêntica dignidade, também no voto corporativo todas as ações serão iguais; etc. Toda esta construção supõe uma evidente aproximação por semelhança, sendo que, em síntese, a afirmação justificativa do princípio *one share, one vote* resultaria da justiça democrática que emerge da atribuição de mais poder a quem mais investe[271].

---

direito à livre organização da empresa tem sempre como limite as estruturas legalmente previstas pelo legislador ordinário (isso resulta claro dos arts 85º e 86º, mas, sobretudo, do art. 87º da CRP) e o direito de auto-organização das associações é contraditado por regras que façam depender da vontade do Estado a constituição da associação (o n.º 1 do art. 46º da CRP dispõe que "os cidadãos têm o direito de, livremente e sem dependência de qualquer autorização, constituir associações, desde que estas não se destinem a promover a violência e os respetivos fins não sejam contrários à lei penal"), mas não por regras que conformam o modo como a organização se pode estruturar. Sobre este último ponto confrontar em particular o Acórdão do Tribunal Constitucional n.º 38/84 (Diário da República n.º 105/1984, Série I de 1984-05-07) e José Joaquim Canotilho e Vital Moreira, *Constituição da República Portuguesa: anotada* (Coimbra, 2014), Comentário ao art. 46º. Sobre o tema, mais em geral, vd. João Zenha Martins, "Das Associações Sem Personalidade Jurídica", *Almedina*, no. 3 (2016), 43-51; António de Sousa Franco, "Nota Sobre o Princípio da Liberdade Económica", *BMJ* 355 (1986).

[271] Nas palavras clássicas do politólogo Robert Dahl – *Democracy within firms would improve the quality of democracy in the government of the state by transforming us into better citizens and by facilitating greater political equality among us. Second, that if democracy is justified in the government of our state, then it is also justified in the governments that make decisions within firms (quite apart from any benefits entailed by the*

Outra visão, próxima da anterior, mas que a leva mais longe, é a que vê a sociedade comercial como uma extensão do Governo, para além das visões tradicionais do que deve ser considerado público e privado e que, por isso, perspetiva a sociedade comercial não apenas como uma entidade que se assemelha ao Estado, mas, mais que isso, que copia o Estado e que vai buscar a sua justificação e fundamento ao Estado[272].

---

preceding argument). Robert A Dahl, *A preface to democratic theory*, vol. 115 (University of Chicago Press, 1956), 94 e ss. À dinâmica orgânica da sociedade comercial, muitos autores, sobretudo no espaço anglo-saxónico, chamam de "democracia acionista". Por exemplo, Robert R. Pennington, *The Investor and the Law* (MacGibbon & Kee, 1968), 409 e ss.; Derek French, Christopher L Ryan et al., *Mayson, French & Ryan on company law* (Oxford UP, 2019), 361 e ss; Georges Ripert, *Aspects Juridiques du Capitalisme Moderne*, 96-101. A própria Comissão Europeia, em 2003, na sua Comunicação "Modernizar o Direito das Sociedades", escrevia (numa visão bastante maniqueísta do tema) - "A Comissão entende que se justifica fortemente, enquanto objetivo de médio a longo prazo, pretender instituir uma verdadeira democracia dos accionistas na EU". Poderiam ser apresentados muitos exemplos desta apropriação conceitual que é, efetivamente, muito corrente, mas poucos com o peso das palavras seguintes, que não resistimos a reproduzir – "*Corporations are republics. The ultimate authority rests with voters (shareholders). These voters elect representatives (directors) who delegate most decisions to bureaucrats (managers). As in any republic, the actual power-sharing relationship depends upon the specific rules of governance. One extreme, which tilts toward a democracy, reserves little power for management and allows shareholders to quickly and easily replace directors. The other extreme, which tilts toward a dictatorship, reserves extensive power for management and places strong restrictions on shareholders' ability to replace directors. Presumably, shareholders accept restrictions of their rights in hopes of maximizing their wealth, but little is known about the ideal balance of power.*" Paul Gompers, Joy Ishii et al., "Corporate governance and equity prices", 109. Um último exemplo – em setembro de 2020, o CEO da Rio Tinto foi forçado a renunciar ao cargo na sequência da destruição pela empresa de dois templos sagrados aborígenes com mais de 46.000 anos para expandir uma mina. A renúncia foi apresentada depois de vários meses de pressão por vários grupos de acionistas. Após a renúncia, um dos grupos de investidores envolvidos – Accr – afirmou o seguinte: *"shareholder democracy and investor action is alive and well in Australia. Corporate captains may think twice before attempting to mislead investors (...)"*. https://www.ft.com/content/dd75d6da-f047-49d4-9b2e-cfc2ef95df00.

272 Isto é o que se pode chamar de teoria política da sociedade comercial, vendo a sociedade comercial não apenas como um ente semelhante ao Governo nos poderes que lhe são atribuídos, quer externos, na relação com terceiros, quer internos, na sua organização e funcionamento (sendo entendido que as visões liberais, ou contratuais, que pretendem explicar estes poderes de forma estritamente privada pecam por defeito) mas, sobretudo, como um ente que, sendo organizado e financiado de forma privada, estará para além da classificação dicotómica do que é "público" e do que é "privado". Seriam então *franchise governments.* A teoria política da sociedade comercial depende, portanto, de dois pressupostos principais: primeiro, que as sociedades são entes semelhantes aos Governos na forma como operam e atuam – são uma *república acionista*; segundo, que as sociedades comerciais são geneticamente provenientes do Estado – existem porque o Estado/Governo é seu cocriador e existirão enquanto o Estado lhes assegurar a sua individualidade contratual, propriedade e organização interna. David Ciepley, "Beyond public and private: Toward a political theory of the corporation", *American Political Science Review* (2013). Posição intermédia é aquela que vê a sociedade anónima

Seria então a partir desta ideia de democracia acionista que caberia justificar que, da mesma forma que, na generalidade dos sistemas democráticos, a cada cidadão, reunidas certas e determinadas condições consideradas não discriminatórias, é atribuído um voto[273], na sociedade comercial esses votos seriam repartidos em função da contribuição de cada um para o capital social[274]. E essa repartição resultaria do entendimento de que essa seria a forma ontologicamente justa e "democrática" de partilhar o poder entre os acionistas, da mesma maneira que se entende, nas democracias modernas, que, a partir de uma ideia de primado da dignidade humana, a cada eleitor adulto deve ser atribuído um voto eleitoral ou referendário independentemente das suas qualificações literárias, propriedades ou outros critérios como, por exemplo, a sua contribuição para a arrecadação de receita pública.

Em rigor, as duas dimensões principais da democracia estariam presentes em ambos os universos – materialmente, ambos estariam dotados de sistemas de repartição dos votos que cumprem princípios de justiça, equilíbrio e objetividade; ao mesmo tempo que, sob um ponto de vista de procedimentos, ambos os universos gerariam sistemas não discriminatórios e com acesso semelhante, ou diferente na medida da diferença, aos órgãos de governo.

---

como uma instituição que cumpre um papel não apenas económico, mas também político e social e que, por isso, deve carrear para o seu seio as estruturas para dirimir com a heterogeneidade de interesses e com as relações de poder que emergem da própria política. Umberto Tombari, *"Potere" e "interessi" nella grande impresa azionaria*, 14-15; Yves de Cordt, *L'égalité entre actionnaires*, 4-5; Colleen A Dunlavy, "Social conceptions of the corporation: Insights from the history of shareholder voting rights", *Wash. &Lee LR* 63 (2006), 785 e ss. Esta última vai mais longe e trata a sociedade como uma *social entity* e o direito de voto como a chave de exploração deste corpo social e político. Entre nós, vd. António Monteiro Fernandes, "Problemas da sociedade anónima", *Estudos Sociais e Corporativos* (1965), 36-39; de forma algo diferente e aproximando a sociedade e a empresa comercial a uma organização de *serviço público* (por oposição a uma visão estritamente liberal), mas não deixando de aceitar que essa natureza tem consequências organizatórias, vd. António Avelãs Nunes, *O direito de exclusão de sócios nas sociedades comerciais* (Almedina, 1968), 15-17.

[273] Obviamente que a aproximação de conceitos pressupõe sempre um determinado paradigma de "democracia", sabendo-se que este varia no espaço e no tempo.

[274] Nesta visão da democracia, que põe no mesmo prisma a sociedade comercial e o Estado, não é claro quem seria, na primeira, o *demos* ou povo – se os acionistas, se os trabalhadores, se outros *stakeholders*. Abraham Singer e Amit Ron, "Models of shareholder democracy: A transnational approach", *Global Constitutionalism* 7, no. 3 (2018); Hélène Landemore e Isabelle Ferreras, "In defense of workplace democracy: Towards a justification of the firm–state analogy", *Political Theory* 44, no. 1 (2016).

Veja-se o próprio sentido do voto e a forma como o mesmo encontra semelhanças óbvias entre os dois universos[275]. O voto tem um sentido funcional, já que é uma forma de agregar preferências num grupo alargado; tem um sentido estratégico, ou seja, a probabilidade de um grupo, com interesses semelhantes, chegar à melhor solução, é maior que a probabilidade de o indivíduo isoladamente o fazer[276]; e tem um sentido legitimador, quer no que respeita à tomada de opções quer, sobretudo, no que respeita à escolha de alguns indivíduos para, em nome de um grupo maior, tomarem decisões[277]. Qualquer destes sentidos pode, com maior ou menor necessidade de transposição, ser ponderado nos dois universos.

E a mesma aproximação pode ser feita por referência à própria forma como o sistema decisório se organiza[278]. Nuns casos, extraordinários, os acionistas são chamados a tomar diretamente as decisões por voto maioritário ou qualificado – caso, tipicamente, de deliberações como a fusão, cisão,

---

[275] Robert B Thompson e Paul H Edelman, "Corporate voting", 132 e ss.; Yves de Cordt, *L'égalité entre actionnaires*, 4.

[276] Já nos referimos ao Teorema do Júri de Condorcet. De forma simplificada, se um grupo de votantes tiver de decidir entre duas alternativas, uma correta e outra incorreta ou, no limite, uma mais e outra menos adequada; se a probabilidade de cada votante de selecionar a alternativa correta ou adequada for superior a ½; então a probabilidade de que o voto maioritário escolha a alternativa correta/adequada será tanto maior quanto maior for o número de votantes. A pedra de toque do teorema, na sua análise legal, é claramente "a probabilidade de cada votante de selecionar a alternativa correta ou adequada ser superior a ½", a qual depende de um conjunto de variáveis dificilmente demonstráveis. Como é evidente, a introdução de fatores de ponderação do poder de voto – em particular, a estipulação de que o número de votos depende do número de ações votantes detidas pelo votante – introduz um imediato elemento de ineficiência na demonstração do teorema, uma vez que não se pode assumir que exista uma correlação (e, menos ainda, que exista uma correlação necessária) entre a qualidade da informação do votante e o número de ações detidas. Vd. Paul H Edelman, "On legal interpretations of the Condorcet Jury Theorem", *The Journal of Legal Studies*, no. 2 (2002); Laurent Bouton, Aniol Llorente-Saguer et al., "Voting in shareholders meetings", 2-5.

[277] Este efeito legitimador tem diversas vertentes. Existe na tomada de decisão, uma vez que esta foi tomada pelos seus *utilizadores* finais, em vez de ter sido imposta por uma qualquer forma de decisão autoritária; mas vai para além disso, assegurando a legitimidade de quem tomou a decisão para monitorar o seu cumprimento. Tem ainda um efeito de "branqueamento" – bem visível quando os eleitores elegem para cargos políticos pessoas que tiveram no passado um comportamento questionável, suspeito ou mesmo criminoso (em que muitas vezes este efeito branqueador faça confundir as esferas de legitimidade envolvidas) ou, ainda, quando os acionistas ratificam decisões que, a não serem ratificadas, poderiam gerar responsabilidade dos titulares de outro órgão.

[278] Vd. Bernard Black e Reinier Kraakman, "A self-enforcing model of corporate law", *HLR* (1996), 1943 e ss.

alteração do contrato de sociedade ou dissolução –, tal como os cidadãos são por vezes chamados a pronunciar-se em referendo sobre questões de relevante interesse nacional que devam ser decididas pela Assembleia da República ou pelo Governo através da aprovação de convenção internacional ou de ato legislativo[279]; naquilo que pode ser aproximado a uma forma de democracia direta. Noutros casos, os acionistas são chamados a eleger quem represente a sociedade e assegure a sua administração, tal como os cidadãos são chamados a eleger os seus representantes (seja, para o efeito, os deputados da Assembleia da República, os membros do Governo, o Presidente da República ou, se aplicável, membros do sistema judicial); naquilo que pode ser aproximado a uma forma de democracia representativa.

A aproximação entre a sociedade comercial e o Estado, seja na sua disciplina interna, aquela que ora mais nos interessa, seja na forma como ambos se relacionam com terceiros, é graficamente atraente, é sedutora e tem algumas virtualidades, em particular por permitir importar para o universo do governo societário problemas e soluções que lhe seriam, à partida, estranhos e que o enriquecem. No entanto, dito isto, pode ser também geradora de confusões e perplexidades, importando para o universo do *corporate governance* soluções e estruturas que lhe são ontológica e axiologicamente alheias. E, mais importante para o tema que nos ocupa, nada ou pouco explica, no domínio da sociedade comercial, sobre a fórmula de repartição do controlo acionista em função da repartição do capital social.

Este nosso entendimento depende, antes de mais, dos fundamentos do sistema. Recorrer à ideia de "democracia" no universo do governo societário corresponde apenas a uma posição gráfica sem significado normativo real que, no fim de contas, tem mais valor cultural que sentido funcional. Na organização do Estado reconhece-se um valor intrínseco à democracia; na organização da sociedade a ideia de democracia terá apenas um valor instrumental, já que essa organização dependerá muito mais da modelação que resulta das forças de mercado e das pressões de concorrência do que de qualquer noção intrínseca de democracia. A organização do modelo de governo societário é assim, e antes de mais, utilitarista, mudando na mesma

---

[279] Recorde-se que nos termos dos n.ºs 3 e 4 da CRP o referendo só pode ter por objecto questões de relevante interesse nacional que devam ser decididas pela Assembleia da República ou pelo Governo através da aprovação de convenção internacional ou de ato legislativo, sendo excluídos do seu âmbito, entre outros, temas como as alterações à Constituição, e as questões e atos de conteúdo orçamental, tributário ou financeiro.

medida em que muda a funcionalização da sociedade comercial no sistema económico em que se insere[280].

O utilitarismo a que fazemos referência fica claro quando vemos a forma como o sistema jurídico modela a atribuição dos votos, tentando alinhar, tanto quanto possível, os interesses que estão em cada momento presentes. Um bom exemplo é, por um lado, a transferência de poder dos sócios/acionistas para os credores que, nos termos da lei, ocorre com a apresentação da empresa a processo especial de recuperação da empresa e insolvência e, por outro lado, a própria repartição de poder na assembleia de credores (art. 73º do CIRE)[281]/[282].

Por outro lado, o entendimento exposto resulta da perceção da muito diferente posição dos sujeitos votantes em ambos os sistemas e do diferente sistema de incentivos a que estão submetidos. O acionista da sociedade cotada que não gosta do sentido de voto do colégio de acionistas tem a solução fácil de vender as suas ações em mercado – aquilo a que se chama a *Wall Street rule*[283].

---

[280] Filipe Cassiano dos Santos, *Estrutura associativa e participação societária capitalística*, 13 e ss. Se é certo que todos os sistemas jurídicos seguem um sentido utilitarista – e que nesta medida são redes abertas à capacidade transformadora de forças exteriores (ao mesmo tempo que são forças modeladoras dessa realidade exterior) –, não é menos verdade que essa influência não é uniforme em todas as áreas do direito, sentindo-se particularmente, com níveis superiores de instabilidade, quando a pressão económica é mais premente e próxima. O direito societário é disso bom exemplo (e ainda mais o será o direito fiscal).

[281] Este utilitarismo tem como consequência lógica a extração do problema do universo dos direitos fundamentais, como bem aponta Robert A Dahl, *A preface to democratic theory*, 115, 82; ainda, Caroline Coupet, *L'attribution du droit de vote dans les sociétés* (LGDC, 2012), 8-9. Outro exemplo é a diferente leitura que, num e noutro universo, tem o respeito pelas minorias: não pode ser confundida a leitura, até jurídica, que tem o respeito pelas minorias na organização social e política, como direito fundamental de organização, e a leitura que o mesmo direito tem na organização da sociedade que é, sobretudo, o resultado de um equilíbrio funcional (nas sociedades comerciais em geral) e uma medida de proteção do investimento público (nas sociedades cotadas). Não há qualquer razão de organização institucional que imponha a existência de uma regra de obrigatoriedade de lançamento de OPA como medida de proteção dos minoritários; esta regra pode ou não existir em função da leitura que se faça sobre o equilíbrio mais adequado de interesses. Vd. Marco Zanchi, *La tutela degli azionisti di minoranza nelle società quotate*, 122 e ss.

[282] Interessante também, precisamente no mesmo sentido, atentar nas regras sobre *quora* e na regra do art. 66º do CIRE de nomeação da comissão de credores pelo juiz, que atribui o encargo da presidência ao maior credor da empresa e supõe a adequada representação das várias classes de credores, com exceção dos credores subordinados, nessa comissão.

[283] Curiosamente, a origem da *Wall Street rule*, a que também se chama *vote with your feet*, está na ciência política, sendo apontado por vários autores o marco histórico da derrota militar russa em Caporetto (1917), em que os soldados do Tzar "votaram com os pés", desertando em massa e voltando às suas casas. A metáfora é atribuída a Lenine (de forma não confirmada) que, a propósito

O acionista que não concorda com as regras que regem a forma de votação numa dada sociedade anónima tem a opção fácil de deixar de ser acionista;

---

dessa derrota militar, teria dito que quando as tropas deixam de acreditar na liderança "votam pela paz", ou seja, "votam com os pés". Sendo certo que a *Wall Street rule* tem uma leitura no domínio das sociedades cotadas que é incomparavelmente mais imediata do que na política, como referiremos de seguida, não se deve entender que se trata de tema afastado definitivamente da ciência política. Pelo contrário. Por exemplo, a propósito da situação que se vive na Venezuela, vd. https://www.economist.com/special-report/2019/11/14/why-voting-with-your-feet-is-more-effective-than-a-ballot. Mais em geral, vd. Ilya Somin, "Foot Voting, Decentralization, and Development", *Minn. LR* 102 (2017); Wai-Man Raymond Liu e Phong TH Ngo, "Voting with Your Feet: Political Competition and Internal Migration in the United States", *European Journal of Political Economy* (2020). Sobre a opção de *voice or exit* vd. a obra clássica de Albert O Hirschman, *Exit, voice, and loyalty: Responses to decline in firms, organizations, and states*, vol. 25 (Harvard UP, 1970). Vd. ainda Pedro Maia, "Corporate Governance em Portugal", 51-52; Vanda Heinen, *Die Rolle institutioneller Investoren und Stimmrechtsberater in der deutschen Corporate Governance*, 23 e ss. O que acabamos de escrever assume, claro, que nos estamos a referir a sociedades cotadas onde, além da opção de venda em mercado, o acionista terá também, se aplicável (entenda-se: se aplicável por, primeiro, se tratar de uma jurisdição que preveja obrigação de lançamento de OPA e se aplicável, segundo, por os respetivos pressupostos de constituição da obrigação estarem reunidos), a possibilidade de vender em oferta pública de aquisição obrigatória espoletada na sequência da aquisição de uma posição controladora. Não sendo o caso de uma sociedade cotada, a possibilidade de o acionista discordante sair do capital da sociedade participada terá sempre as limitações resultantes da falta de liquidez da sua participação e, sendo o caso, dos mecanismos de alienação potestativa (se existentes e se aplicáveis; no caso português, tratar-se-á do disposto no art. 490º do CSC). Isto sabendo-se que o direito de exoneração dos acionistas minoritários dissidentes é apenas previsto para situações muito excecionais, em particular para os casos de aprovação de transferência da sede efetiva para outro país (art. 3.5), de deliberação de regresso à atividade depois de iniciada a partilha (art. 161.5) e, fora dos casos do art. 116.4, para quem o entenda (apesar dos fortíssimos argumentos em sentido contrário, primeiro, literal, segundo, de relação com a Terceira e a Sexta Diretiva e, terceiro, histórico por referência ao art. 9º do DL n.º 598/73, nos casos de aprovação de deliberações de transformação (art. 137.1), cisão (arts. 120 e 105.1) ou fusão (art. 105.1). Sobre o problema, na altura limitado aos temas da fusão e cisão, vd., em termos com os quais nos alinhamos, Daniela Baptista, *O direito de exoneração dos accionistas – Das suas causas* (Coimbra Editora, 2005), 198-206). A estes casos haverá ainda que acrescentar, embora com uma natureza e justificação diferentes, o n.º 1 do art. 45º do CSC e, de acordo com a doutrina maioritária entre nós, os outros casos que sejam especialmente previstos nos estatutos. Sobre o direito à exoneração, vd. Jorge Manuel Coutinho de Abreu, "Exoneração e exclusão de acionistas (apontamento)", in *Estudos em Honra de João Soares da Silva* (Almedina, 2021), 231-239; Mariana Leite Silva, *O direito de exoneração do acionista por justos motivos* (Almedina, 2021), 59-73; Pedro Pais de Vasconcelos, *A participação social nas sociedades comerciais*, 217-228; Maria Augusta França, *Direito à exoneração, Novas perspectivas do direito comercial* (Almedina, 1988); Pedro Pais de Vasconcelos, "Concertação de accionistas, exoneração e OPA obrigatória em sociedades abertas", (2010), 13-18. Sobre a previsão de outros casos de exoneração nos estatutos, com uma revisão bastante completa da doutrina nacional, vd. João Espírito Santo, *Exoneração do sócio no direito societário–mercantil português*, Coimbra: Almedina, (2014), 780 e ss.; Mariana Leite Silva, *O direito de exoneração do acionista por justos motivos*, 100-104.

não existindo um acionista controlador, tem normalmente meios à sua disposição que, pelo menos em tese, lhe permitem mudar a economia do controlo da sociedade; dificilmente essas opções estarão disponíveis, pelo menos com a mesma viabilidade, num Estado. Mais: o acionista que pretende ganhar poder numa votação tem sempre a opção de adquirir mais ações em mercado e, por essa via, aumentar o seu peso no colégio votante. Aliás, teremos ocasião de verificar, por referência à análise do tema das ações com voto plural, seja nos dias que vivemos, seja numa perspetiva histórica, que, normalmente, quando ocorre um conflito entre princípios de organização democrática e as forças de mercado, são os primeiros a cederem quase sempre.

É, aliás, interessante verificar isso mesmo a propósito do princípio *one share, one vote*. Presentemente, muitos autores referem-se aos sistemas que adotam este princípio como formas democráticas de repartição do controlo. Fazem-no porque os estão a colocar perante sistemas que aceitam exceções fraturantes ao princípio da igualdade de tratamento entre acionistas, como é, precisamente, o que acontece naqueles sistemas com forte proliferação do voto plural; fazem-no também porque associam com facilidade a repartição dos votos em função das ações detidas em analogia à contagem de votos por cabeça num sistema eleitoral. No entanto, durante muito tempo os regimes organizados pelo princípio *one share, one vote* eram mais corretamente referidos como sistemas de base plutocrática[284], opondo-se a um dos regimes então prevalentes em que os votos dos acionistas eram repartidos, não em função da participação de capital detida, mas antes por cabeça. Ou seja, a referência ao sistema *one share, one vote* como "democrático" não assume um sentido axiológico dessa democracia; é antes uma comparação entre alternativas e, sobretudo, uma comparação com alternativas que são axiologicamente menos democráticas. A democracia é assim, mais que um valor intrínseco – o Estado organiza-se numa estrutura democrática porque se entende que

[284] Vd. Colleen A Dunlavy, "Social conceptions of the corporation: Insights from the history of shareholder voting rights". A autora explica que nada na história do direito societário americano faz com que seja clara a alocação dos votos em função do número de ações detidas; e que, por isso, um sistema que reparte o poder de voto em função dos montantes investidos em capital, mais facilmente se pode considerar como "plutocrático" que "democrático". A confusão a que fazemos referência é corrente em muita literatura, que chega a referir-se à proibição do voto plural e de exceções alargadas ao princípio *one share, one vote* como resultado de uma visão "democrática" da sociedade comercial.

valorativamente essa é a melhor forma de prosseguir o bem comum –, um mero critério de valoração comparativa[285].

Sem prejuízo do exposto, não se pode negar que o paralelismo de situações permite exportar, de um dos universos para o outro, diversos elementos de interesse[286]. Por diferentes palavras, o *corporate governance* tem a receber das regras de organização do Estado, mas, por muito que o procure, não encontrará nessas regras o princípio sistemático que o justifica e organiza.

VIII. Justifica-se também que o controlo deve ser repartido entre os acionistas porque são estes que, na qualidade de credores residuais da

---

[285] Voltaremos a este ponto. Coutinho de Abreu, por exemplo, bem, qualifica o sistema de atribuição de um voto a cada sócio como "personalístico" ou "democrático" e qualifica o sistema de atribuição do voto em proporção da participação detida como "capitalístico" ou "proporcional". Jorge Manuel Coutinho de Abreu, *Curso de Direito Comercial*, II, 234 e ss. Marco Zanchi resume bem o cenário quando afirma que "a democracia capitalista é uma democracia plutocrática, uma democracia de maioria de quotas de capital". Marco Zanchi, *La tutela degli azionisti di minoranza nelle società quotate*, 88. De forma ainda mais incisiva, Yves de Cordt carateriza a estrutura de poder nas sociedades anónimas como partindo de uma natureza oligárquica, em que a maioria (por vezes, a maioria qualificada) tem o poder de alterar os estatutos, definir o interesse social ou alterar as regras de funcionamento da coletividade. Yves de Cordt, *L'égalité entre actionnaires*, 6 e ss.

[286] Dá-se um exemplo. Em 1649, após a decapitação de Carlos I e no contexto da vitória de Oliver Cromwell, discutia-se o alcance da regra de atribuição de voto universal – se o voto devia ser atribuído apenas aos eleitores com propriedades ou se, pelo contrário, devia ser atribuído universalmente. A discussão, que tinha muitas componentes, passava (também) por um argumento económico: se o voto fosse verdadeiramente universal isso permitiria aos mais pobres, a maioria, expropriar os mais ricos, a minoria. José María Lasalle Ruiz, *John Locke y los fundamentos modernos de la propiedad* (Librería-Editorial Dykinson, 2001), 55 e ss. A questão, se colocada nesses termos, é obviamente redutora, porque assumir que a maioria (de mais pobres), por ser uma maioria, não deixará de usar esse poder para expropriar os mais ricos, é tão razoável como entender que, não podendo os mais pobres votar, os mais ricos, agora maioritários, não deixarão de usar esse poder para expropriar a minoria – outros proprietários ou os mais pobres. No final do dia, tudo se reconduzira a uma questão de incentivos (e é aliás por essa mesma organização de incentivos que, com o voto universal, a maioria de menos beneficiados economicamente não usa essa maioria para, de forma sistemática, transferir a riqueza). Podiam ser dados muitos mais exemplos – o Teorema do Júri de Condorcet, a que já fizemos referência por mais que uma vez, os diversos paradoxos de voto e em particular os *spoiler problems* em eleições com mais de dois candidatos (que têm diversas variantes, em especial aquela em que o candidato *spoiler*, que não tem qualquer possibilidade de eleição, altera o resultado, e aquela em que dois candidatos são reciprocamente *spoilers*) e o Teorema da Impossibilidade de Kenneth Arrow. Vd. por todos, com desenvolvimentos, Dan Usher, *The Economics of Voting: Studies of self-interest, bargaining, duty and rights*. Além dos temas de análise económica do voto e incentivos em sistemas eleitorais, há muitos outros pontos de interesse comunicáveis entre os universos em que a matéria de governo societário é enriquecida com a aproximação – temas de organização dos sistemas eleitorais, *accountability*, duração dos mandatos, rotação obrigatória de órgãos de fiscalização, etc.

sociedade, têm o maior incentivo para a maximização de valor. Estamos num universo em que a discussão sobre as vantagens e desvantagens na implementação mais agressiva do princípio da proporcionalidade se confunde de forma significativa com a discussão sobre as vantagens e desvantagens da adoção de ações com voto plural[287]. E é assim por várias razões. Primeiro, porque à data em que escrevemos, e ao contrário do que aconteceu nos anos 80 e 90, o debate sobre a adoção de uma regra pura de *uma ação, um voto*, não existe. Está ultrapassado. A discussão assenta hoje mais na definição de quais as exceções que devem ser aceites ou proibidas e, sobretudo, na regulação que, a serem aceites tais exceções, deve ser imposta como forma de realinhar incentivos e controlar externalidades. Segundo, porque o voto plural representa, como facilmente se percebe, a par das ações sem direito de voto, a mais clara e direta limitação à regra da proporcionalidade, o que faz com que quase tudo o que se pode dizer sobre a regra valha para a exceção.

Ao contrário do que muitas vezes se afirma, sobretudo em alguma literatura económica[288], a propósito da explicação sobre a posição dos sócios como

---

[287] A este acrescenta-se um segundo argumento, relacionado, que é o de a regra de proporcionalidade ser aquela que minimiza o risco de extração de vantagens privadas de controlo. Trata-se de tema relacionado, mas diferente. Quando se afirma que o voto deve ser dividido pelos acionistas em função do seu risco porque essa é a melhor forma de maximização de valor, estamos perante um argumento de arquitetura fisiológica do sistema; no segundo caso, estamos perante um argumento patológico.

[288] O argumento é sistematicamente utilizado, muito embora a citação mais corrente seja de Milton Friedman, "The social responsibility of business is to increase its profits", in *Corporate ethics and corporate governance* (Leipzig: Springer, 2007). É recorrente a aceção segundo a qual os acionistas são proprietários da sociedade e as citações poderiam ser multiplicadas sem dificuldade. Vd., por exemplo, o parágrafo 6.1 do Cadbury Committee Report. Refira-se que do lado do Shareholder Model, além da posição de Friedman, cabe destacar Michael C Jensen e William H Meckling, "Theory of the firm: Managerial behavior, agency costs, and ownership structure"e Henry Hansmann e Reinier Kraakman, *The End Of History For Corporate Law*, Yale School of Management (2001). Apesar de o debate ser sistematicamente referido às posições de autores como Friedman e Jensen, não é sequer exato fazê-lo, pois é também protagonizado por autores como Merrick Dodd e Adolf Berle por referência ao debate mantido nos anos 30 nas páginas da Harvard Law Review – sobre o tema, entre muita literatura, vd. Joseph L Weiner, "The Berle-Dodd dialogue on the concept of the corporation", *Columbia LR* 64, no. 8 (1964) e, entre nós, Catarina Serra, "O dever de prevenção da insolvência na perspetiva dos deveres fundamentais dos administradores (a crescente encruzilhada do direito das sociedades e do direito da insolvência)", in *Diálogos com Coutinho de Abreu* (Almedina, 2020), 168-170 –, ou à obra de autores como Edward Freeman – sobretudo R Edward Freeman e David L Reed, "Stockholders and stakeholders: A new perspective on corporate governance", *California management review* 25, no. 3 (1983). Do lado do *stakeholder model*, e além do já referido Freeman, face às muitas variações que a teoria apresenta, não é sequer possível destacar apenas um par de

obras. Sobre o *shareholder model* face ao *stakeholder model*, vd. W Shuangge, "Shareholder Primacy and Corporate Governance: Legal Aspects, Practices and Future Direction", 8181-103; Caroline Coupet, *L'attribution du droit de vote dans les sociétés*, 9-10; Umberto Tombari, *"Potere" e "interessi" nella grande impresa azionaria*, 22-29 ; Andrea Melis, *Creazione di valore e meccanismi di corporate governance*, 21-63. Entre nós, Pedro Jorge Magalhães, *Governo societário e sustentabilidade da empresa: Stakeholder Model vs Shareholders Model*, 102 e ss.; com desenvolvimentos sobre as origens e a complexidade do debate vd. por todos Holger Fleischer, "Shareholders vs. Stakeholders: Aktienrechtliche Fragen", in *Handbuch Corporate Governance: Leitung und Überwachung börsennotierter Unternehmen in der Rechts und Wirtschaftspraxis* (Schäffer-Poeschel, 2009). Ao debate sobre a função final da sociedade cotada chama-se muitas vezes *O Grande Debate* e, naturalmente, não nos cabe entrar nos seus meandros; anote-se, sem prejuízo, que a contraposição entre *shareholders* e *stakeholders* é muitas vezes encarada com unidimensionalidade, como se de grupos homogéneos merecedores de tratamento igual se tratasse, o que é gerador de fáceis equívocos. Deixamos três notas finais. A primeira para assinalar que podemos afirmar de forma clara que hoje o *shareholder model*, se encarado de forma pura, praticamente não tem defensores; coisa diferente é aferir qual o grau de prioridade que os interesse de cada um dos grupos de *stakeholders* deve ter, quão *shareholder centric* deve ser um *stakeholders model*, como se arrumam os deveres fiduciários dos administradores face aos vários grupos de interesses e até que ponto é que esta discussão se confunde, ou distingue, do conceito de *company purpose/raison d'être*. Como se escreve no memorando de 1 de dezembro de 2020 sobre *corporate governance* da Wachtell *"the salient question has shifted from whether a board of directors should take into account the interests of stakeholders other than shareholders, to how a board should do so"* (https://corpgov.law.harvard.edu/2020/12/03/spotlight-on-boards-8/). O problema tem consequências na forma como se operacionaliza a metrização da atividade do conselho de administração (nomeadamente, mas não apenas, para efeitos de cálculo da componente variável da remuneração) que, passando a importar *key performance indicators* de diferente natureza, ganha acrescida complexidade e forte dimensão subjetiva. Segunda nota, para assinalar que assistimos a um bom exemplo da forma como este debate pode ter consequências percetivas no contexto da pandemia de covid 19, durante a qual a generalidade das sociedades comerciais entendeu colocar a saúde dos seus trabalhadores acima dos interesses financeiros de curto prazo dos acionistas, sendo certo que aquelas que não o fizeram foram alvos de críticas generalizadas. A forma pacífica como estas decisões foram aceites é a confirmação dos ventos de abandono de posições exclusivamente centradas nos interesse dos acionistas e de uma nova leitura dos deveres fiduciários dos administradores (o que passa também pelo entendimento de que a melhor forma de defender os interesses dos acionistas, sobretudo os de médio e longo prazo, não é perspetivar estes interesses como o único referencial de atuação da administração). Sobre o tema, Paulo Câmara, "COVID-19, administração e governação de sociedades", in *Administração e governação de sociedades* (Almedina, 2020), 15-32; Martin Gelter e Julia M Puaschunder, "COVID-19 and comparative corporate governance", *Journal of Corporate Law* 46 (2020), sobretudo 589-595; Sudha Mathew e Sheeja Sivaprasad, "Corporate governance practices in the context of the pandemic crisis", *http://dx.doi.org/10.2139/ssrn.3590253* (2020); Umberto Tombari, "Corporate purpose e diritto societario: dalla "supremazia dell'interesse dei soci" alla libertà di scelta dello "scopo sociale"?", *Riv Soc* 1 (2021), 4-10; Maria Elisabete Ramos, "*Corporate purpose*, sustentabilidade e gestão societária", *VI Congresso Direito das Sociedades em Revista* (2022), 379-406. Última nota para assinalar que específicas áreas do *corporate governance* ultrapassaram este debate antes de outras. É

controladores finais dos destinos da sociedade, os acionistas não são titulares de qualquer forma de direito de propriedade sobre a sociedade participada ou sobre os seus ativos. Fora o acionista titular de um direito de propriedade sobre a sociedade, fácil seria demonstrar que a atribuição do direito de voto era uma decorrência imediata dessa propriedade (estaria a dispor do destino da sua propriedade e, por ter essa propriedade partilhada com terceiros, a disposição teria de se realizar através do voto como forma de organização da vontade dos proprietários) e que funcionalmente estaria destinada a permitir o controlo final sobre os destinos do bem que terceiros gerem por conta dos proprietários finais. O acionista é apenas o titular do direito de propriedade sobre frações representativas do capital da sociedade – as ações, no caso das sociedades anónimas – e, como proprietário de ações, é investido numa posição jurídica complexa, que importa deveres e direitos, a que geralmente se chama posição de socialidade.

A posição de socialidade não se confunde com um direito de propriedade sobre a empresa e não confere sequer ao acionista o direito de propriedade sobre a sociedade ou sobre a empresa; aliás, confere-lhe direitos muito limitados sobre qualquer delas – o acionista não tem qualquer direito direto, seja de administração, seja de disposição, sobre os ativos da sociedade[289].

---

o caso claro do direito bancário onde, há muito, se reconhece regulamentarmente a necessidade de a administração atender a outros interesses de modo principal como, por exemplo, os interesse dos depositantes. Vd. por exemplo o recente Klaus J Hopt, "Corporate Governance of Banks and Financial Institutions: Economic Theory, Supervisory Practice, Evidence and Policy", *EBOR* 22, no. 1 (2021); Pedro Maia, "Direito das sociedades bancárias", *RLJ* (2020), 377-385; Alexandre de Soveral Martins, *Sobre a fiscalização das sociedades anónimas*, 11-12.

[289] Aktie als Mitgliedschaft. Tim Drygala, Marco Staake et al., *Kapitalgesellschaftsrecht: mit Grundzügen des Konzern und Umwandlungsrechts*, 365. É razoavelmente unânime no direito português a compreensão da posição jurídica complexa do sócio perante a sociedade a partir deste conceito (ou de conceito semelhante). Jorge Manuel Coutinho de Abreu (coordenação), *Estudos de direito das sociedades*, 131-134; Vasco da Gama Lobo Xavier, *Anulação de deliberação social e deliberações conexas*, 176 e ss. Ainda que o acionista pudesse ser considerado titular de um direito de propriedade sobre os ativos sociais, a explicação seria insuficiente, já que a sociedade, como ente complexo e organizado, está muito para além dos ativos sociais ou do património social (passíveis de ser objeto de uma relação jurídica de propriedade; o património social, seja visto como património global, como património bruto ou como património líquido, é sempre expressão de uma realidade tangível). No mesmo sentido vd. por exemplo Stephen M Bainbridge, "The case for limited shareholder voting rights", *UCLA* 53 (2005), 604; Caroline Coupet, *L'attribution du droit de vote dans les sociétés*, 9. Entre nós, Paulo de Tarso Domingues, *Variações sobre o capital social* (Coimbra Editora, 2009), 34-36. Também sob o ponto de vista económico, a afirmação será, no mínimo, discutível, desde logo porque é redutor identificar a sociedade com o seu património, esquecendo a organização complexa que é representada pela empresa. Por outro lado, como no seu central artigo sobre avaliação de opções

Não sendo titular de um direito de propriedade sobre a sociedade, mas apenas sobre as frações representativas do capital social, revela-se claro que não é este direito de propriedade que permite explicar a atribuição do direito de voto aos acionistas. O direito de voto não é uma decorrência de um direito real do acionista sobre a sociedade, pois tal direito não existe. Não resultando de qualquer direito de propriedade sobre a sociedade ou sobre a empresa, questiona-se então a razão pela qual os acionistas têm uma posição de supremacia no âmbito da sociedade – colocada a questão em termos diferentes, a razão pela qual os sistemas jurídicos associam o direito de voto à detenção das ações.

A este nível, a teoria mais popular na literatura económica – e certamente uma das mais controversas – é a de Easterbrook e Fischel[290], que, nos anos 80, influenciou decisivamente a literatura subsequente. Estes autores, adotando o conceito de que a sociedade anónima representa um complexo negocial incompleto entre os acionistas e todas as demais entidades que se relacionam com a sociedade, assumem que os negócios jurídicos celebrados com aquelas partes além dos acionistas são verdadeiros e "explícitos" contratos que, por isso, são geradores de direitos e obrigações para as partes envolvidas. Por isso, os trabalhadores, gestores e credores têm direito a pagamentos por parte da sociedade, na medida em que haja sido isso o que foi acordado entre as partes relevantes. Em contraste, a posição do acionista confere-lhe apenas um direito de "último credor", subordinado a todos os demais e cujo direito tem

---

Fischer Black e Myron Scholes, "The pricing of options and corporate liabilities", *JPE* 81, no. 3 (1973), demonstram, mesmo sob um ponto de vista estritamente económico, é erróneo afirmar que os acionistas são titulares da empresa, sendo incorreto afirmá-lo mesmo quando existe um acionista controlador e a sociedade tem dívida assumida perante terceiros. Segundo a teoria das opções, é tão razoável afirmar que os credores são titulares dos direitos aos lucros da sociedade, mas venderam uma *call option* ao acionista, como é razoável afirmar que o acionista é titular do direito aos lucros, mas comprou uma *put option* aos credores da sociedade. Vd. ainda o clássico Armen A Alchian e Harold Demsetz, "Production, information costs, and economic organization". O que acaba de se escrever em nada se afasta da ideia de que o conceito de *shareholder* ou *investor ownership* (em conjunto com as ideias de personalidade jurídica coletiva, responsabilidade limitada dos sócios, ações livremente transmissíveis e administração profissional organizada em estrutura colegial) corresponde a um dos fundamentos essenciais e comuns da regulamentação do direito societário. Referimo-nos à formulação clássica das *basic legal characteristics of the business corporation,* já que, como os autores assinalam, o conceito desdobra-se sobretudo num direito final dos acionistas de controlarem os destinos da empresa e no direito de receberem dividendos – John Armour, Henry Hansmann et al., "The essential elements of corporate law", 3-4.

[290] Frank H Easterbrook e Daniel R Fischel, "Voting in corporate law", *JLE* 26, no. 2 (1983); Frank H Easterbrook e Daniel R Fischel, *The economic structure of corporate law* (Harvard UP, 1996).

por objeto o que reste na sociedade uma vez liquidadas todas as obrigações "explícitas". Por isso se diz que os acionistas são os credores residuais da sociedade e que estes assumem o risco residual inerente à sociedade[291]. E é essa posição que lhes confere o melhor incentivo para serem eles, e não outros, a preencher as incompletudes do sistema através das suas manifestações de vontade, sejam aquelas contemporâneas à constituição da sociedade, sejam as subsequentes que se materializem através do exercício do seu voto[292].

---

[291] O IAS 32 define *equity instrument* como *"any contract that evidences a residual interest in the assets of an entity after deducting all of its liabilities"*. Aproxima-se bastante da definição do parágrafo 49 da estrutura conceitual do SNC. Vd. Paulo de Tarso Domingues, *O financiamento societário pelos sócios (e o seu reverso)*, 19-20.

[292] Num caminho que pouco tocou o direito português – diríamos mesmo que praticamente não o tocou até, recentemente, à importação de alguns conceitos anglo-saxónicos a propósito da regulação do governo das sociedades –, a conceção central sobre o que deve ser entendido como sociedade/empresa sofreu uma profunda alteração nos anos 70 e, de certa forma, este entendimento é tributário dessa evolução. Até aos anos 70, a posição dos acionistas, trabalhadores e credores era perspetivada em planos distintos e que pouco se tocavam, com níveis de regulação, também eles, diferentes. A partir dos anos 70, novas perspetivas, sobretudo ligadas aos movimentos de *law and economics*, começaram a reconciliar os universos e, para tal, a figura do contrato foi central. Fundacionalmente, haverá que referir Armen A Alchian e Harold Demsetz, "Production, information costs, and economic organization"; e depois Michael C Jensen e William H Meckling, "Theory of the firm: Managerial behavior, agency costs, and ownership structure". Nos anos 80, com variantes, a ideia da construção da sociedade comercial/empresa como complexo contratual ou negocial – a teoria do *nexo de contratos* ou *contractarian model* – era já geralmente aceite e é a partir daí que, primeiro, Frank Easterbrook e depois Daniel Fischel, publicam um conjunto relevante de trabalhos que é tributário do caminho que se acaba de descrever. A ideia de completude ou incompletude dos nexos contratuais é assim essencial à compreensão do conceito. Se o nexo contratual fosse completo, a distribuição do poder entre os acionistas não seria relevante (ou apenas seria relevante em termos de *enforcement* e pouco mais) porque os agentes (homogéneos) seriam capazes de prever as futuras contingências, de definir o que há a fazer face a cada contingência e, no fundo, de tomar a melhor decisão face às variáveis que em cada momento se colocam. Por isso, em normalidade, seria dada a melhor utilização aos recursos existentes e seria maximizado o lucro. É no universo dos contratos incompletos que se coloca o problema da estruturação do sistema de decisões com vista à maximização do lucro. Essa é a razão pela qual se afirma que é a incompletude do complexo contratual que valida a necessidade de atribuição do poder decisório final aos acionistas e, sobretudo, que justifica a repartição do poder entre eles. Vd., por todos, com muitas referências bibliográficas, Michael Metten, *Corporate Governance*, 28-43; Navid Anderson, *Stimmrechtsproportionalität im Aktienrecht* (Dr. Kovac, 2016), 18-20; Arman Khachaturyan, *The one-share-one-vote controversy in the EU*, vol. 1 (CEPS, 2006), 6 e ss.; para uma análise sobre a prática britânica, vd. W Shuangge, "Shareholder Primacy and Corporate Governance: Legal Aspects, Practices and Future Direction", 59-66. As teorias contratualistas são objeto de várias críticas que se referem sobretudo à própria ideia de contrato, e que por isso acabam por deixar passar ao lado aquilo que nelas é fundamental que é, precisamente, a ideia do preenchimento dos espaços incompletos. Critica-se por um lado o recurso a esta ideia de "contrato implícito"; critica-se por outro lado os termos de acesso a informação que seriam essenciais para a

A qualificação dos acionistas como "credores residuais da sociedade" teve uma profunda influência na literatura de *corporate governance* subsequente. Daí decorre então que os direitos de voto são atribuídos aos acionistas – e são-lhes atribuídos na direta proporção do número de ações votantes por eles detidas, que é como quem diz na proporção da sua exposição aos riscos económicos da atividade da sociedade –, porque esta é a forma de minimizar os custos de agência. Os acionistas são coletivamente o grupo que tem os incentivos apropriados para tomar as decisões discricionárias por conta da sociedade porque terão mais a ganhar com os proveitos marginais, e terão mais a perder com os custos marginais, que sejam atribuíveis às decisões tomadas[293]. E, no colégio dos acionistas, os incentivos são distribuídos na medida da exposição ao risco.

Assim, em termos finais, a explicação para a atribuição do direito de voto aos acionistas não assentaria numa decorrência de qualquer direito de propriedade, mas antes no seu interesse financeiro e na forma como este

formação da vontade – por exemplo Lewis A Kornhauser, "The Nexus of Contracts Approach to Corporations: A Comment on Easterbrook and Fischel", *Columbia LR* 89, no. 7 (1989).

[293] Primeiro: daí que quando os acionistas perdem essa condição de credores residuais da sociedade também percam o direito de voto. É o que acontece, por exemplo, em caso de insolvência. É interessante verificar que vários sistemas jurídicos, como é o caso do português, quando transferem a generalidade dos poderes que antes estavam na assembleia geral para a assembleia de credores, o façam sem dar assento, sequer como observadores, aos acionistas no novo *forum* deliberativo (a não ser, claro, que tenham outro título de legitimação para dele fazer parte). Vd. art. 72º do CIRE. Segundo: daí também que quando o acionista não tem uma posição pura de credor residual (ou, pelo menos, não tenham uma posição de credor residual *pari passu* com os outros credores residuais), como acontece no caso dos acionistas preferenciais sem direitos de voto, em que está assegurado um dividendo prioritário, seja admissível – em direta relação – que não lhe esteja reconhecido o direito de voto; e é pela mesma razão que, quando o dividendo prioritário não é pontualmente cumprido nos termos do n.º 3 do art. 342 do CSC, as ações preferenciais passem a conferir o direito de voto. Ainda que se entenda que, pago o dividendo prioritário não pontualmente liquidado nos exercícios anteriores, as ações mantêm o direito de voto (e passam assim a ser ações com dividendo prioritário e direito de voto), resulta incontestável a relação direta que existe na arquitetura do sistema entre o dividendo prioritário e a supressão do voto. Terceiro: daí, ainda, que seja atribuído um direito de participação em processos deliberativos que podem afetar os direitos dos credores sociais como é o caso da fusão, tendo nesses casos o credor social não apenas o direito de ser informado sobre o processo (como se de um sócio se tratasse, como resulta do art. 101º do CSC), mas também um direito de se opor (arts. 101º-A, 101º-B e 101º-C). Quarto: é (também) como resultado da posição do acionista como credor residual da sociedade e da sua posição no governo da sociedade que (embora com variações significativas entre sistemas jurídicos) os seus créditos perante a sociedade são subordinados e que quase todas as jurisdições proíbem a prestação de garantias reais a esse créditos (e é ainda pela mesma razão que algumas legislações, como a portuguesa, colocam entraves à legitimidade dos acionistas credores no requerimento de falência da sociedade participada).

interesse financeiro se encontra estruturado. E isto conduz-nos ao segundo argumento teórico do princípio: o controlo deve ser repartido entre os acionistas na medida do seu interesse económico porque essa é a medida mais eficiente de repartição do poder[294]. Isto porque quanto maior for o seu interesse económico e o seu risco, maior será o incentivo para adotar as deliberações adequadas. Daqui decorre então o princípio de estabelecimento de uma correlação direta entre risco e poder.

Dito de forma diferente, do anterior resulta que a falta de proporcionalidade entre a exposição económica da participação e os votos atribuídos ao acionista geraria um inevitável desalinhamento de incentivos, o qual acaba por ser prejudicial para a própria sociedade participada – seja porque o acionista está mais disposto a aceitar um risco não proporcional, visto que a sua exposição económica é inferior à sua influência efetiva; seja porque a sua posição de poder o incentiva a apropriar-se de vantagens especiais, sem que estas sejam divididas proporcionalmente por todos os acionistas através da repartição dos dividendos declarados; seja porque o acionista não consegue fazer ouvir a sua voz na medida do que devia acontecer porque o seu poder na sociedade é inferior à sua exposição económica. Por outro lado, como consequência, decorre que a falta de proporcionalidade dificulta ou até, em alguns casos, impossibilita o funcionamento do *market for corporate control*, deixando assim o órgão de administração numa posição especialmente favorável (sobretudo nos casos em que o conselho de administração tem o apoio dos acionistas titulares de votos privilegiados), porque um acionista, ou um grupo de acionistas, minoritário é capaz de ditar o sucesso ou insucesso de uma oferta de terceiro, assim sendo retirado o seu efeito disciplinador e sendo desencorajadas ofertas[295].

Do mais ou menos eficiente funcionamento do *market for corporate control* emergem, cabe salientar, diferenças de valor para a própria sociedade e, nessa medida, para todos os acionistas. Isto porque uma distribuição de direitos de voto proporcional – na ausência de um acionista controlador – maximiza o valor da sociedade ou, pelo menos, valoriza-a mais do que aconteceria num caso de existência de voto plural, sobretudo porque estes sistemas de voto plural facilitam a transmissão da posição controladora para adquirentes potencialmente menos eficientes – já que os sistemas em que o controlo está

[294] Bernard Black e Reinier Kraakman, "A self-enforcing model of corporate law".

[295] A propensão ao abuso que existe em sistemas não proporcionais acaba por ser revelada pela própria história, em múltiplas geografias.

no mercado permitem licitação e movimentos agressivos, ou seja, não coordenados com os *insiders* e, nessa medida, maior facilidade de transmissão de ações para o melhor adquirente – que, com mais normalidade, se apropriarão de vantagens privadas de controlo[296].

IX. Para além das matérias associadas ao tema do contratualismo relacional, que referimos, uma das críticas mais comuns à formulação de Easterbrook e Fischel é a afirmação segundo a qual, ao contrário do que estes assumem, não existe identidade – ou sequer homogeneidade – das preferências dos sócios. Estes comportam-se (também) em função de interesses exteriores à sociedade, fazendo com que a sua perspetiva varie significativamente; podem até, como veremos, modelar a sua posição económica, transformando-a num complexo diferente daquele dos demais acionistas. Existe, é certo, um núcleo de interesses comuns que resulta da sua participação na mesma sociedade e que passa pelo interesse que geralmente existe de maximizar o lucro; mas daí não é possível retirar uma ideia de homogeneidade. Os acionistas são todos eles diferentes[297].

---

[296] Sanford J Grossman e Oliver D Hart, *One share/one vote and the market for corporate control*; Milton Harris e Artur Raviv, "Corporate control contests and capital structure", *Journal of Financial Economics* 20 (1988). Estes são provavelmente os dois textos centrais na defesa do modelo *one share, one vote* como optimizador do alinhamento dos incentivos dos agentes. A ideia geral de Grossman e Hart passa pela ineficiência do sistema, resultando tal ineficiência da maior magnitude das vantagens privadas do controlo existentes nos sistemas não proporcionais, que se revela sobretudo em caso de aquisição do controlo. A ideia é obviamente válida e relevante na compreensão do sistema. Pode, no entanto, ser posta em causa em função de dois fatores – primeiro, que mesmo em redes não proporcionais, sobretudo em sociedades com forte dispersão acionista, está aberto o caminho para concorrência na pretensão; segundo, e mais importante, que os maiores benefícios privados do controlo irão, também eles, pressionar o preço e beneficiar aquele que está na posição de controlo, o que lhe dá incentivos para gerir mais eficientemente a sociedade. Estes argumentos ganham uma relevância ainda maior em sistemas jurídicos que incorporam a previsão de obrigatoriedade de lançamento de oferta pública de aquisição em caso de transmissão do controlo, já que, nestes casos, aquilo que o potencial adquirente estiver disposto a pagar para se apropriar das vantagens privadas de controlo será dividido pelos acionistas. Vd., sobretudo quanto à primeira dimensão, essencialmente no mesmo sentido, Arman Khachaturyan, *The one-share-one-vote controversy in the EU*, 1, 11 e ss.; Piet Sercu e Tom Vinaimont, "Deviations from "one share, one vote" can be optimal: An entrepreneur's point of view", in *AFA 2004 San Diego Meetings* (2004).

[297] Voltaremos várias vezes a este tema. A constatação de que os acionistas não são homogéneos – e sobretudo não se comportam de forma homogénea como maximizadores de valor da sociedade – fica revelada por fatores como a dimensão da sua participação ou em função de razões externas. Chega-se aliás a afirmar, mais perto da direção acertada, que esta diversidade é em certa medida fundadora dos sistemas jurídicos societários modernos (por exemplo, entre nós, vd. Filipe Cassiano dos Santos,

Por outro lado, a ideia segundo a qual os acionistas votam (sempre) porque são credores residuais e repartem entre si o controlo na medida do seu interesse económico porque essa é (sempre) a forma mais eficiente de o fazerem, não resiste ao mais simples teste de confronto com o sistema jurídico. Não resiste, primeiro, porque a lei reconhece a atribuição de direito de voto a entidades que, tendo embora um interesse patrimonial atendível, não estão sujeitas ao risco residual – é o caso, dando apenas dois exemplos, dos titulares de ações de fruição (art. 346.5 do CSC), ou o caso dos usufrutuários (art. 23º do CSC). Não resiste, segundo, porque a lei não reconhece a atribuição de direitos de voto a entidades com uma exposição equiparável aos acionistas ordinários (embora, como já vimos, privilegiada), como é o caso dos acionistas preferenciais sem voto. Não resiste, terceiro, porque por vezes a lei faz os votos passarem para o lado daqueles expostos ao risco de capital ou daqueloutros sem esse risco, mas com um interesse patrimonial atendível, em função daquilo que estes hajam livremente acordado – é o caso do penhor de ações, em que o direito de voto passa para o credor pignoratício, ou fica no acionista, dependendo do que estes hajam acordado.

Mas, tão ou mais importante do que acaba de se escrever, é a constatação de que, não negando os efeitos positivos dos sistemas de proporcionalidade sobretudo nas duas áreas centrais do argumento – o alinhamento de incentivos dos acionistas e o efeito disciplinador do *market for corporate control*[298] –, os sistemas não proporcionais também apresentam o seu leque de vantagens comparativas a vários níveis. Primeiro, criando um conjunto relevante de vantagens de mercado e deixando os agentes económicos tomar as suas decisões (de abertura de capital, de investimento, etc.) num espaço de liberdade, em particular facilitando a abertura do capital da sociedade, permitindo dispersar mais ações e dessa forma criar mais liquidez no mercado, viabilizando

Estrutura associativa e participação societária capitalística, 30 e ss.). Em todo o caso, isso mesmo é há muito salientado pela análise financeira, pelas ciências comportamentais e, em particular, pela psicologia cognitiva, das quais resulta uma inevitável heterogeneidade dos agentes de mercado.

[298] A ameaça de tomada de controlo por terceiros, a que nos vimos referindo como o *market for corporate control*, é um fundamental elemento de disciplina no equilíbrio de governo societário. Em ambientes, e sociedades, com forte dispersão de capital, funciona como mecanismo de disciplina da administração que, na falta de incentivos de monitoramento pelos pequenos acionistas, acaba por ter nesta ameaça externa um dos mais fortes incentivos a uma atuação de criação de valor para os acionistas. Num ambiente, ou em sociedades, com grande concentração do capital, e sobretudo naquelas em que um acionista ou grupo de acionistas concentrem a maioria dos votos, o efeito disciplinador é bem menor. Nestes casos, sobretudo pela associação às regras de obrigatoriedade de lançamento de OPA, o regime funciona mais como uma estrita proteção dos pequenos acionistas.

o recurso a aumento de capital sem que os mesmos tenham o efeito de diluição do controlo dos acionistas promotores. Segundo, criando um estatuto especial reservado sobretudo ao papel do acionista fundador controlador que, pela sua posição majorada, não deixará de ter um papel especial de monitoramento (ou controlo) sobre o conselho de administração e lhe confere um interessamento que faz com que não se afaste prematuramente da sociedade e, no limite, seja capaz de concretizar a sua visão idiossincrática, a qual, aliás, é muitas vezes o que motiva originalmente a atração de novos investidores. Terceiro, se é correto afirmar que os sistemas não proporcionais dificultam o funcionamento eficiente do *market for corporate control*, não é menos verdade que afastam – ou limitam os efeitos – de movimentos oportunistas de investidores com uma visão estrita de curto prazo[299].

Acrescenta-se ainda um argumento de sentido diferente: tratar-se-á antes de mais de um espaço de liberdade e de autonomia privada que não deve ser ocupado pela lei. Liberdade dos fundadores que entendem nesses termos – porque acreditam que as vantagens são superiores às desvantagens e, desde logo, que o desconto de preço inerente a uma solução deste tipo se justifica por outros fatores de vantagens – realizar a operação de abertura de capital; liberdade dos investidores que, conhecendo as regras do jogo, decidem aderir ao projeto empresarial num momento subsequente adquirindo ações em mercado, bem sabendo que as ações são dotadas de direitos diminuídos face a outras.

Sem prejuízo do que antecede, parece indiscutível que, na arquitetura do sistema, no desenho da regra supletiva, o interessamento económico do acionista, ou melhor, o interesse económico que a lei assume que, em regra, exista, está na base da justificação da atribuição a estes do voto e da sua repartição. De novo, como já escrevemos, a lei faz essa atribuição e repartição

[299] Isto é salientado por muitos autores e pelo próprio Fischel, quando reconhece que em algumas sociedades pode ser mais eficiente a retenção de controlo pelos *insiders* – Daniel R Fischel, "Organized exchanges and the regulation of dual class common stock", *U. Chi. LR* 54 (1987). Primeiro, quando estes valorizem mais o controlo que os *outsiders* e estejam, por isso, dispostos a pagar um preço mais alto pela sua retenção; é o caso típico das empresas familiares. Segundo, quando a retenção do controlo pelos *insiders* permita investir em capital humano específico que, de outra forma, não estaria disponível; vemos isto, nos dias que correm, no universo das *tech companies*. Terceiro, quando o controlo pelos *insiders* permita afastar adquirentes oportunistas e, sobretudo, evitar a pressão de curto prazo sobre a administração. Quarto, quando, sobretudo em sociedades com o capital muito disperso, permita levar a níveis de colaboração entre os acionistas que acabam por valorizar a sua posição, desde logo pelo facto de a transação ter sempre de passar pelo acordo dos *insiders*.

numa lógica utilitarista e funcional que assenta, por um lado, numa ideia de maximização de valor e, por outro, no interesse patrimonial dos sujeitos envolvidos – assume que é assim em regra, mas aceita que, em circunstâncias diferentes, a solução deva ser diferente. E é por isso, em particular, que passa a reconhecer, nos termos do art. 342.3 do CSC, o direito de voto ao acionista preferencial quando o dividendo não lhe é pago[300]; é por isso que aceita de forma condicionada a transferência do direito de voto para o usufrutuário[301]

---

[300] A estrutura das ações preferenciais sem voto é, como referido, um excelente exemplo deste utilitarismo. As ações preferenciais sem voto conferem direito a um dividendo prioritário e ao reembolso prioritário do seu valor nominal na liquidação da sociedade e, por terem esses direitos patrimoniais privilegiados, não conferem direito de voto (tendo, com essa exceção, os demais direitos inerentes às ações ordinárias). Os acionistas preferenciais têm risco de exposição à atividade social; mas um risco menor que o dos acionistas ordinários. É assim porque a lei lhes reconhece o direito a um dividendo e a um reembolso prioritário. Quando, durante um período fixado por lei, esses direitos privilegiados não são honrados, a lei restabelece o voto. O próprio limite para emissão de ações preferenciais sem voto – nos termos do n.º 1 do art. 341º do CSC, esse limite é de metade do capital social –, entra na mesma linha de coerência: o legislador quer evitar a distorção que seria ter uma maioria de acionistas privilegiados.

[301] Caso seja constituído um usufruto sobre a participação social, teremos duas entidades – o proprietário (de raiz) e o usufrutuário –, com pretensões jurídicas potencialmente conflituantes (este conflito resulta do natural não alinhamento dos interesses do proprietário de raiz e do usufrutuário considerando, desde logo, a sua diferente visão temporal) sobre a participação. Face ao conteúdo dessas pretensões, a lei assume que, em regra, cabe ao usufrutuário exercer os votos correspondentes às ações (o usufrutuário não é acionista, nem lhe é plenamente equiparado, mas tem interesse direto na atividade da sociedade que se reflete, por exemplo, na sua pretensão sobre os resultados distribuídos durante o período do usufruto nos termos da alínea a) do n.º 1 do art. 1467º do Cód.Civ). Isto não obsta, note-se, que o proprietário de raiz esteja presente na assembleia e nela participe, em particular quando entenda que os eus direitos e pretensões estão a ser prejudicados, ainda que não tenha voto. Vd. Paulo Olavo Cunha, "O universo dos participantes nas deliberações dos acionistas: casos concretos", *DSR* (2022), 55-56. Apenas não será assim se estiver em causa deliberação sobre alterações estatutárias ou sobre a dissolução (é geralmente entendido que a regra abrange não apenas as deliberações formais sobre esses dois temas, mas também aquelas que, direta ou indiretamente, podem conduzir a um desse dois efeitos; Raúl Ventura, *Sociedade por Quotas, vol. III* (Coimbra, Almedina, 2006), 418-419), caso em que o voto deve ser determinado por ambos (art. 23.2 do CSC e n.os 1 alínea b) e 2 do art. 1467º do Cód.Civ). Duas notas adicionais. Primeiro, existe diversa jurisprudência e doutrina entre nós que qualificam o usufrutuário (e o proprietário de raiz) como sócio; trata-se sobretudo de uma discussão conceitual que não tem efeito direto na compreensão do regime. Segundo, a solução adotada pelo legislador português está longe de ser consensual, havendo regimes que atribuem o voto de forma irrestrita ao usufrutuário e outros ao acionista. António Menezes Cordeiro e Miguel Brito Bastos, "Comentário ao art. 23º", in *Código das Sociedades Comerciais Anotado* (Almedina, 2020), 190 e ss.; Jorge Pinto Furtado, "O voto nas deliberações de sociedades", 243; José de Freitas e Jéssica Rodrigues Ferreira, "Revisitando o usufruto de ações", *DSR* (2018), 95-100. Escrevendo ainda antes do Cód.Civ, mas referindo-se a vários dos temas abordados, Barbosa de Magalhães, "Usufruto de acções, de partes e de quotas sociais", *Revista*

e para o credor pignoratício[302]; é por isso que atribui direitos políticos (de consulta e de oposição) ao credor social no âmbito de um processo de fusão; é por isso que, apesar da precariedade da sua posição, transfere os direitos de voto para o credor titular das ações em caso de alienação fiduciária em garantia prevista nos arts. 14 e seguintes do DL n.º 105/2004[303], mas já os dissocia

---

da Faculdade de Direito da Universidade de São Paulo (1950). Questão distinta, e também relevante para a nossa análise, é a de apurar se podem as partes acordar no título constitutivo do usufruto solução diferente daquela consagrada na lei portuguesa, seja pela atribuição do voto ao proprietário, seja pela atribuição irrestrita do voto ao usufrutuário, seja pela consagração de soluções em que o voto seja atribuído a um, a outro, ou a ambos, fora do modelo previsto no Cód.Civ. A questão não é de todo líquida, embora existam alguns indícios de que a regra é supletiva, deixando espaço aberto para a regulação das partes. Vejam-se, não estritamente sobre o voto, as regras dos arts. 293º e 462º do CSC ou o art. 1467º do Cód.Civ. Sobre o tema, com mais desenvolvimentos, José de Freitas e Jéssica Rodrigues Ferreira, "Revisitando o usufruto de ações", 85-86.

[302] Nos termos do art. 23.4 o credor pignoratício só pode exercer os direitos sociais se isso tiver sido acordado; caso o direito de voto seja atribuído ao credor pignoratício, ele terá também direito à informação como se fosse acionista (art. 293º do CSC; se é certo que, sendo atribuído o direito de voto, a equiparação do credor pignoratício – e do usufrutuário – ao acionista é intuitiva quando nos referimos a temas relacionados com a assembleia geral, já custa entender a relação com os arts. 288º e 291º). Daqui resulta claro que a lei se conforma com o que o credor pignoratício e o acionista hajam acordado, reconhecendo a ambos um legítimo interesse patrimonial – se estes acordarem que o credor pignoratício pode exercer o voto, a lei aceita-o em homenagem a um princípio de preservação da garantia; se estes acordarem que o voto se mantém na esfera do acionista, a lei aceita-o em homenagem à ideia de exposição ao risco, em termos paralelos ao que ocorre com os demais acionistas ordinários. Jorge Pinto Furtado, "O voto nas deliberações de sociedades", 243.

[303] Ao contrário do que acontece em outros sistemas jurídicos (por exemplo, o direito brasileiro regula expressamente – art. 113º da Lei n.º 6.404/76 –, dispondo que o credor garantido não pode exercer o direito de voto e que o devedor apenas o poderá fazer nos termos do contrato), a lei nacional nada diz sobre o destino do direito de voto em caso de alienação fiduciária, o que leva a entender que o voto seguirá a titularidade da ação, ou seja, que é transferido para o credor. A admissibilidade, e sobretudo os limites da admissibilidade, do recurso aos contratos de transmissão de propriedade para associação a funções de garantia é tema discutido no nosso direito há muitas décadas e enfrenta, tradicionalmente, obstáculos relevantes. Primeiro, a proibição do pacto comissório e, mais em geral, o defraudamento de regras de proteção do credor; segundo, a relação desta transmissão de titularidade com os direitos dos demais credores, considerando, nomeadamente, a natureza oculta da função de garantia; terceiro, a incompatibilidade deste tipo de contratos com o sistema causal de transmissão da propriedade e com a regra de *numerus clausus* dos direitos reais. O tema hoje é objeto de regulamentação por força da aprovação do DL n.º 105/2004, que transpôs para o regime nacional o regime jurídico dos contratos de garantia financeira constante da Diretiva n.º 2002/47/CE, consagrando o contrato de garantia financeira (com duas variações, recortadas em função da esfera jurídica em que se domicilia o direito de propriedade sobre o objeto da garantia, em que se qualificarão como penhor financeiro os casos em que a propriedade do bem se mantenha com o prestador da garantia e como alienação fiduciária em garantia os casos em que a propriedade se transferir para o credor), mas com limitações relevantes, sobretudo quanto ao

da posição do proprietário em caso de locação financeira de ações[304]; e, de forma ainda mais impressiva, é por isso que regula a transferência do poder dos acionistas para os credores sociais, na medida do crédito reconhecido de cada um, em caso de processo falimentar[305].

X. Por tudo isto, não hesitamos em qualificar o princípio *one share, one vote* como central no modelo de repartição dos votos entre os acionistas. Central, claro, não quer dizer que explique todo o sistema e, menos ainda, que se deva considerar que dele emerge uma decorrência injuntiva que põe em causa o voto quando a exposição ao capital inexista ou que, pelo contrário, imponha a existência do voto quando tal exposição esteja presente; central quer dizer que é o princípio a que a lei mais recorre na alocação do poder de voto entre os acionistas porque o entende como o que se aplica de forma mais geral. Mas é aquele a que a lei mais recorre, em particular, face, primeiro, a outros interesses patrimoniais atendíveis e, segundo, a espaços de liberdade reconhecidos pela lei.

---

leque de entidades que pode assumir-se como prestador ou beneficiário da garantia financeira (instituições financeiras). Por isso, a admissibilidade da alienação fiduciária, sobretudo quando fora do enquadramento deste DL, é tema ainda aberto. Sobre a questão do voto na alienação fiduciária, vd. Madalena Perestrelo de Oliveira, "Instrumentos Financeiros com fins de garantia e exercício de direitos sociais", *RDS* (2013), 556. Sobre a figura e sobre os problemas de sistema que coloca vd. Alexandre de Soveral Martins, "A qualidade de acionista: acionista, não acionista, acionista assim-assim", 178-180; Diogo Leite Campos, "A alienação em garantia", in *Estudos em Homenagem ao Banco de Portugal, 150.º Aniversário (1846-1996)* (Banco de Portugal, 1998); Carlos Ferreira de Almeida, "Alienação da propriedade em garantia – uma perspetiva prudente", in *Estudos dedicados ao Professor Doutor Luís Alberto Carvalho Fernandes* (Almedina, 2011), 311-328; Luís Alberto de Carvalho Fernandes, "A admissibilidade do negócio fiduciário no direito português", in *Estudos sobre simulação* (Quid Juris, 2004); JP Marques, "Locação financeira restitutiva (sale and lease-back) e a proibição dos pactos comissórios – negócio fiduciário, mútuo e acção executiva", *Boletim da FDUC* (2001); Beatriz Queirós Ribeiro, *Da alienação fiduciária em garantia: estudo para a sua positivação no ordenamento jurídico português* (Tese não publicada (Faculdade de Direto do Porto), 2018).

[304] Estamos a assumir a aplicação analógica da regra do usufruto, uma vez que a administração da coisa locada pertence ao locatário financeiro. Vd. Margarida Costa Andrade, *A Locação Financeira de Acções e o Direito Português* (Coimbra, 2007), 206.

[305] Os exemplos poderiam ser multiplicados em sede de direito falimentar. Existem, no entanto, outros casos. Um dos mais interessantes e reveladores é a abertura que o § 221 do Delaware General Corporation Law dá para serem atribuídos direitos de voto aos obrigacionistas e outros credores. Encontramos um exemplo semelhante, abrindo espaço para atribuir direitos de voto aos credores, mas em caso de incumprimento pela sociedade das obrigações assumidas, ou seja, numa lógica parecida à da atribuição de voto das ações preferenciais sem direito de voto, no § 204(a)(7) do California Corporation Code.

Ou seja, a lei atribui umas vezes – mais vezes – o voto aos acionistas na medida da participação de capital, atribui outras vezes o voto a não acionistas e não atribui por vezes o voto a acionistas; sempre porque, fixando o espaço de liberdade, entende que o complexo de interesses presente dita a melhor solução. Fá-lo assim, mas, com limites que emergem do próprio utilitarismo que subjaz à arquitetura de construção do sistema, podia fazê-lo de maneira diferente. Por vezes, ainda, atribui o voto aos acionistas na medida da participação de capital e estipula regras, umas supletivas e outras injuntivas, sobre a forma como os votos devem ser contados. Veja-se o que ocorre com a eleição dos administradores, em que o n.º 2 do art. 391º admite que os estatutos estipulem que a eleição dos administradores deva ser aprovada por votos correspondentes a determinada percentagem do capital, permitindo o afastamento da regra estritamente maioritária, ou que a eleição de alguns deles, em número não superior a um terço do total, deva ser também aprovada pela maioria dos votos conferidos a certas ações, ao mesmo tempo que proíbe a atribuição a certas categorias de ações do direito de designação de administradores[306].

Por isso afirmamos que a exposição ao risco não é indiferente nessa arquitetura; mas certamente não é a razão, ou a única razão, da fórmula da equação e, mais certamente ainda, não se poderá afirmar nunca que a construção do sistema pressupõe que a não exposição ao risco, ou a menor exposição ao risco, deva implicar, como inevitável e natural consequência, o desapossamento do voto[307]. Dito isto, cabe também esclarecer que cremos ser tão certo afirmar

---

[306] As regras sobre votação de administradores e as decorrências que resultam da sua votação em listas, assim como as variações que as regras sobre votação em listas apresentam de jurisdição para jurisdição, são das matérias em que mais se vislumbra que, mais que uma democracia – com o que o princípio implicaria, nomeadamente de representação e proporcionalidade –, a lei procura acomodar interesses heterogéneos, não hesitando em colocar aquilo que entende serem os melhores interesses da sociedade, nomeadamente quanto à existência de um órgão de administração coeso e funcional, à frente de outras razões. São sistemas que podem ser compreendidos dentro de uma arquitetura capitalista de repartição do poder, mas com muitas especialidades. Vd. Nicoletta Ciocca, *Il voto di lista nelle società per azioni*, 251-269.

[307] Pelo que acabamos de escrever, não cremos que se possa sequer afirmar que é caraterística essencial do voto o facto de este beneficiar apenas os sócios. Já passámos por vários casos em que assim não é; teremos ocasião de passar por outros. A lógica funcional e utilitarista da atribuição e repartição do voto está para além dessa limitação. Isto, naturalmente, não obsta que se entenda ser pacífico que a atribuição do voto ao sócio (assim como, na sociedade anónima, a sua repartição proporcional em função do investimento realizado) é um princípio organizador do sistema. Caroline Coupet, *L'attribution du droit de vote dans les sociétés*, 28-53.

que o sistema convive bem com formulações em que não existe proporcionalidade, como seria errado afirmar que tal ideia de proporcionalidade entre risco e poder, entre capital e voto, é indiferente ao sistema jurídico.

Isto fica claro quando nos apercebemos de que, mesmo nos sistemas que aceitam, com maior ou menor liberdade, a formulação de soluções de voto plural, a regra de proporcionalidade não deixa de funcionar como supletiva[308]. Daqui retira-se um óbvio significado normativo. Revela desde logo que o legislador entende, mesmo quando os espaços de liberdade são mais amplos, que o sistema supletivo não deve ser esse – o modelo "virtuoso" ou, pelo menos, o modelo "mais virtuoso", aquele que por defeito é posto à disposição dos acionistas, é outro, e passa pela regra de proporcionalidade; e ainda, quando aplicável, que os espaços de liberdade devem ser limitados a partir das fronteiras do sistema supletivo.

E é assim porque, ao contrário do que ocorria na década anterior, pode hoje ser afirmado que existe razoável consenso que convivem vantagens e desvantagens na implementação de um princípio de proporcionalidade e nas suas exceções[309].

Focando a atenção, de entre os vários instrumentos de desproporção existentes, nas ações com voto plural, pode ser afirmado que as principais conclusões empíricas assentam em *trade-offs* entre os vários inconvenientes que a solução apresenta em temas de governo das sociedades e as vantagens que resultam do facto de a sociedade ter um acionista controlador, em particular no caso dos acionistas fundadores, ao qual não é exigido, para que assegure tal posição de controlo, um nível de investimento proporcional ao controlo conferido. No que respeita ao governo das sociedades, principais inconvenientes apontados referem-se ao maior incentivo na apropriação

[308] Isto para além dos sistemas que, aceitando o voto plural, criam limites ao *quantum* de desproporção. O caso italiano é disso um bom exemplo. Mario Campobasso, Pietro Abbadessa et al., *Le società per azioni: Codice civile e norme complementari*, vol. 1 (Giuffrè, 2016), 569-570.

[309] Como se escreve na introdução do Final Report de 2007 – "A revisão da literatura teórica demonstra que os instrumentos de desproporcionalidade (CEM) apresentam vantagens e inconvenientes. A forma como os CEM funcionam em teoria depende do contexto em que estes são utilizados, em particular a atual e futura estrutura acionista. Os mesmos CEM podem ser benéficos para sociedades com estrutura acionista dispersa, mas prejudiciais numa sociedade com um acionista controlador. (...) A revisão da literatura empírica dá-nos diversas informações sobre as causas e consequências dos instrumentos de desproporção, mas não nos permite ter uma resposta robusta à questão de saber se os instrumentos de desproporção criam custos sociais através da destruição de valor da empresa". ISS-Shearman Sterling-ECGI, *Report on the proportionality principle in the European Union* (Ref. Ares, 2007).

de benefícios privados de controlo, à maior dificuldade de sucesso de um processo de aquisição hostil, assim sendo posto em causa o *market for corporate control*.

8. As exceções ao princípio *one share, one vote*

8.1. Em geral

I. São muitos os instrumentos que, seguindo técnicas variadas, numa geografia desigual, permitem afastar este princípio de proporcionalidade. Meros exemplos desses instrumentos são a emissão de categorias de ações com direitos de voto desiguais, a emissão de ações com direitos desiguais ao dividendo, a consagração de limitações estatutárias ao exercício de direito de voto ou a consagração de estruturas de controlo piramidais, que permitem a um acionista, por efeito do recurso a uma estrutura de grupo societário, controlar uma percentagem de direitos de voto proporcionalmente superior à sua participação na repartição dos dividendos. Os exemplos poderiam ser replicados facilmente, cabendo notar que alguns destes instrumentos consagram afastamentos lineares do princípio – a emissão de ações com votos desiguais ou a emissão de ações com direitos desiguais ao dividendo são disso bons exemplos –, enquanto outros representam sobretudo um afastamento do seu espírito – é o caso das estruturas societárias piramidais em que, numa lógica estrita de alavancagem, um acionista mantém controlo do grupo ao mesmo tempo que vai diluindo o seu interesse financeiro.

Os níveis de erosão do princípio variam, mas estão sempre presentes, sendo nuns casos fruto de evoluções históricas complexas e longas e noutros fruto de reformas recentes. Dependendo do ordenamento jurídico em análise e da aceitação, mais ou menos liberal, destes mecanismos, é fácil detetar formas para fazer com que seja derrogado aquele que pareceria um consensual e banal princípio estruturante do direito societário, podendo ser afirmado com segurança que não existe um único sistema jurídico comparável que não incorpore regras que, direta ou indiretamente, mediata ou imediatamente, permitem derrogar este princípio geral[310].

[310] Trata-se de afirmação que cremos ser consensual. Sobre a sua demonstração, vd., por todos, Marco Saverio Spolidoro, "Il voto plurimo: i sistemi europei".

Face à profusão de instrumentos deste tipo, seria fácil afirmar que a consagração, numa determinada sociedade comercial, de derrogações a este princípio não representará mais que uma concretização, também ela normal, do princípio da autonomia privada. Pois se os acionistas são livres para se associarem numa sociedade anónima determinando o seu objeto, pois se, dentro de limites amplos, a lei lhes confere liberdade para decidirem a estrutura de capital e o perfil orgânico que entendem mais adequados, pois se, afinal, o princípio em causa consagraria uma medida de igualdade entre os acionistas que, em termos finais, não afetaria nem beneficiaria mais ninguém a não ser os próprios acionistas cuja vontade é chamada a decidir sobre o tema, custaria a compreender que estes não fossem livres para, dentro de limites mais ou menos apertados, estipular o afastamento desta regra de proporcionalidade. Afinal, esta seria apenas mais uma das muitas regras do direito das sociedades comerciais que convivem no sistema rodeada de exceções. Esta aproximação superficial ao problema é, no entanto, errónea e deixa na sombra significativos espaços de análise que, ao não serem apreendidos, percebidos e integrados no seu contexto, ocultam partes significativas do universo da regulação das sociedades comerciais.

Começa por se intuir essa conclusão e a complexidade do tema quando atentamos em amostras de sociedades emitentes de ações admitidas à negociação em mercados regulamentados para procurar identificar aquelas que seguem a regra da proporcionalidade e aquelas que, de uma maneira ou de outra, a afastam. Como verificaremos, estas amostras, embora com variações relevantes de mercado para mercado, revelam-nos impressivas conclusões sobre a vulgaridade e banalização das exceções que, em muitos casos, ultrapassam numericamente os casos das sociedades que, seguindo a regra, assumem a correspondência proporcional entre os direitos de voto e os direitos patrimoniais dos sócios.

II. De acordo com o estudo de 2007 do ISS, que assume uma amostra de 464 sociedades em 16 países europeus, constata-se que em quase metade das sociedades observadas o princípio "uma ação, um voto" é afastado[311] (basta

[311] ISS-Shearman Sterling-ECGI, *Report on the proportionality principle in the European Union*. Poucos anos antes, em 2005, o normalmente designado "Estudo Deminor"/"Deminor Rating" realizado a pedido da *Association of British Insurers*, assumindo a amostra das sociedades integradas no índice FTSE Eurofirst 300, verificava que 35% das sociedades não seguia o princípio da proporcionalidade entre o capital social e os direitos de voto. Vd. ainda, de 2007 e integrado no mesmo debate que o estudo do ISS, sem se afastar materialmente das suas conclusões, OECD Steering Group on

retirar da amostra as sociedades inglesas para que, na Europa, os casos de exceção ultrapassem numericamente os casos que seguem a regra, o que aumenta a perplexidade inicial na abordagem do tema). Os instrumentos mais populares são as estruturas piramidais e as ações com diferentes categorias de voto, muito embora o estudo revele uma notável variação nas soluções usadas. As ações com voto plural, estruturas piramidais e acordos parassociais são os mecanismos mais populares na Europa continental. Já na Ásia, face à proibição que existe em muitas jurisdições de emitir ações com voto plural[312], os mecanismos mais usados passam pelas estruturas piramidais. Já nos Estados Unidos, como veremos em maior detalhe, existem mais sociedades sem recurso a este tipo de soluções, sendo incontestável que nos últimos anos houve um crescimento significativo de soluções de voto plural.

A perceção da complexidade do tema fica ainda mais explícita quando observamos os debates que atravessam e atravessaram vários sistemas jurídicos em momentos diferentes e que introduzem novos e ricos ingredientes: o debate sobre o impacto da adoção do princípio de proporcionalidade no funcionamento dos mercados de valores mobiliários; o debate sobre o impacto que a adoção do princípio tem no eficiente funcionamento da sociedade e no equilíbrio de governo da mesma; o debate sobre as denominadas operações de *recapitalização*[313]; o debate sobre o efeito que a adoção ou não do princípio

---

Corporate Governance, *Lack of Proportionality Between Ownership and Control: Overview and Issues for Discussion* (OECD Paris, 2007).

312 Existiram relevantes desenvolvimentos legislativos nos principais mercados asiáticos desde a preparação destes estudos, a que faremos referência mais desenvolvida. Em particular, referimo-nos às alterações de regime que foram introduzidas em 2018 em Singapura e Hong Kong. Em 2017, o Committee on Future Economy de Singapura apresentou uma recomendação no sentido de aceitar ações com voto múltiplo à cotação na SGX, o que levou a um processo de mudança das regras e práticas aplicáveis. Em 2017, a SGX clarificou que estava disposta a aceitar a admissão de ações com voto desigual que estivessem cotadas em outros mercados e, finalmente, em janeiro de 2018 passou a aceitar a cotação principal de ações com direitos de voto desiguais. Em Hong Kong a situação era parecida, uma vez que apesar de a emissão de ações com voto plural ser permitida pela lei societária, o princípio *one share, one vote* era considerado incontornável na admissão à cotação de sociedades pela Bolsa de HK. As regras começaram a ser alteradas em 2017 e as *listing guidelines* foram finalmente mudadas em abril de 2018. Vd. *infra* nota 641.

313 O que inclui o debate sobre os termos em que deve ser permitido a uma sociedade emitente de ações negociadas em mercado regulamentado, e que tem apenas uma categoria de ações, realizar operações de reestruturação do seu capital social, passando a ter duas categorias de ações com direitos de voto diferentes – aquilo que se designa normalmente como *dual-class recapitalizations*. No entanto, porque este debate incide mais sobre questões acessórias e processuais do que sobre a questão de fundo – o que está em causa é sobretudo avaliar se um grupo de acionistas, normalmente

tem no preço das ações da sociedade em causa; o debate sobre os limites que a lei deve fixar à derrogação ao princípio da proporcionalidade; e até o debate, a que nos referiremos, e que cremos estar por ora encerrado, sobre a obrigatoriedade da *one share, one vote rule*[314].

III. Os instrumentos que permitem o desvio ao princípio da proporcionalidade são habitualmente designados *control enhancing mechanisms* (CEM)[315]. São, como veremos de seguida, de estrutura e formulação jurídica muito distinta e de efeitos desiguais, mas, no essencial, por uma ou outra forma, direta ou indiretamente, provocam desvios a essa regra de proporcionalidade.

Assinale-se que estes instrumentos são estrutural e funcionalmente distintos das formas de *desconstrução económica* da medida de proporção a que nos referiremos no próximo capítulo – das estruturas de *risk decoupling.* Porque são, em primeiro lugar, soluções aceites ou reguladas pelo direito societário ou pelo direito dos valores mobiliários; porque, em segundo lugar, são, ou devem ser, transparentes perante o mercado – quando o investidor decide entrar no capital social de uma sociedade cotada que incorpora algum ou

---

com a conivência do conselho de administração, não estará a aproveitar a deficiente circulação de informação, o tradicional absentismo dos acionistas e uma privilegiada posição em relação aos negócios da sociedade, para ganhar, à custa dos demais, uma posição material de controlo – e porque se trata de um debate confinado ao espaço norte-americano, não o elencamos neste momento. Voltaremos a este ponto.

[314] Pensamos no provocador título do trabalho de Guido Ferrarini, "One Share–One Vote: A European Rule?", *European Company and Financial Law Review* 3, no. 2 (2006), mas sobretudo nas várias ações e estudos desenvolvidos sobre o tema ao nível da CE, em particular aquelas que estiveram na base do estudo desenvolvido sob coordenação do ISS.

[315] A noção de CEM que consta do estudo de 2007 do ISS, e que é geralmente aceite, é muito ampla. Inclui (i) instrumentos usados como forma de aumentar o poder de acionistas controladores, (ii) instrumentos que funcionam como limitações à construção de uma posição de controlo, (iii) estruturas societárias adotadas por sociedades comerciais europeias, (iv) instrumentos relacionados com processos de privatizações e (v) instrumentos de coordenação de acionistas. A noção é claramente abrangente, sendo certo que nem todos estes instrumentos são verdadeiras e próprias exceções ao princípio *one share, one vote.* O melhor exemplo é o dos acordos parassociais – se é certo que a participação de um acionista num sindicato de voto lhe atribui um poder, pela coordenação da sua posição votante com a de outros acionistas, que é superior àquele que ele teria atuando isolado, dúvidas não se levantam de que a proporcionalidade entre os seus *cash flow rights* e *voting rights* não é sequer tocada (tal como não é tocada a proporcionalidade entre os dois fatores no sindicato, visto como grupo). O mesmo acontece, por exemplo, com a consagração de maiorias especialmente qualificadas, as quais apenas são uma exceção à regra, para quem entenda que ela exista, segundo a qual as deliberações são tomadas por maioria simples; trata-se de algo semelhante, como já referimos, às estruturas societárias piramidais.

alguns destes CEM, conhece as circunstâncias em que o está a fazer; porque, em terceiro lugar, são normalmente soluções externas ao acionista e que são aplicáveis para além dele; ainda porque, no limite, mesmo nas soluções mais agressivas, provocam um efeito económico tipicamente menos agressivo que o *risk decoupling* já que nunca permitem anular o risco de investimento (sabendo-se que as estratégias de *risk decoupling* permitem mesmo a criação de posições de interesse económico negativo)[316].

IV. São muitas as classificações dos CEM usadas pela doutrina. O Estudo de 2007, por exemplo, distingue, em primeiro lugar, os instrumentos que permitem aumentar o controlo potenciando os direitos de voto, segundo, os instrumentos de preservação do controlo e, terceiro, uma categoria geral de "outros instrumentos" que prevê soluções como as *golden shares* ou os acordos parassociais.

Não sendo objetivo desta exposição a exaustividade em relação à análise dos CEM, mas antes, e sobretudo, o enquadramento no seu âmbito da temática das ações com voto plural, optámos por dividir a apresentação dos instrumentos em quatro partes face à fisiologia genética do instrumento – instrumentos estatutários, instrumentos legais, instrumentos contratuais e instrumentos societários.

8.2. Instrumentos estatutários e, em particular, o caso dos voting caps

I. Os instrumentos estatutários são a categoria mais corrente de *control enhancing mechanisms* e, tendo todos eles em comum resultarem de disposições estatutárias, são consequência de um movimento dos acionistas, contemporâneo da constituição da sociedade ou superveniente, dentro do espaço de liberdade conferido pelo direito societário na regulação interna da sociedade comercial.

Sem preocupações de exaustão, são CEM estatutários instrumentos como as ações com voto plural, as ações sem voto (qualquer que seja a sua

[316] O espaço que, estrutural e funcionalmente, separa os *control enhancing mechanisms* das soluções de *risk decoupling* é claro. Sem prejuízo, como anotaremos adiante, os temas pertencem a um mesmo espaço funcional e têm um óbvio paralelismo nos problemas que provocam. É que, de facto, numa lógica de organização de sistema, custa compreender a existência de regras que proíbem soluções como forma de evitar a produção de resultados que, depois, são aceites por virtude de outras estruturas; pior: muitas vezes são aceites de forma pouco regulamentada e com uma transparência duvidosa. É a este sentido que nos referimos quando falamos de proximidade funcional.

configuração), as ações prioritárias ou com privilégios de voto, os *ownership ceilings*, as limitações ao exercício do direito de voto/*voting caps* e as regras de maioria qualificada agravada. Naturalmente que nem todos os instrumentos são aceites pelos mesmos ordenamentos jurídicos e, em particular, como é sabido, nem todos são aceites pelo ordenamento nacional.

II. As ações com voto plural, em qualquer das variantes que assinalamos, serão assim, em regra, CEM de origem estatutária[317].

Já verificámos que as ações com voto plural são expressamente proibidas pelo CSC para sociedades não cotadas e expressamente permitidas para sociedades cotadas por efeito da recente revisão do CVM. Não significa isto, no entanto, que os demais instrumentos estatutários sejam todos eles admitidos. As ações sem voto, quando não acompanhadas do dividendo preferencial e emitidas nos termos das regras previstas nos arts. 341º e seguintes, parecem não ser admitidas. Os *ownership ceilings*, apesar de pouco frequentes, parecem ser admitidos sem grandes limitações[318].

---

[317] E é assim em regra, e não em todos os casos, apenas porque em quase todas as jurisdições o princípio base, a regra supletiva, é de igualdade (permanente) de voto entre ações votantes, resultando deste modo a consagração do voto plural – seja voto plural em sentido estrito, seja na vertente de ações de lealdade –, quando aceite, num afastamento dessa regra supletiva. Pode, no entanto, assim não ser; basta que a regra supletiva não seja a de igualdade (permanente) das ações votantes, caso em que a derrogação estatutária, a existir, terá de ser no sentido de consagração do princípio one share, one vote. Não é cenário que tenha grande representatividade, mas é o que acontece, por exemplo, no sistema jurídico francês após a aprovação da Loi Florange Em França, cabe às sociedades cotadas que pretendam adotar o princípio *one share, one vote* fazer aprovar pelos acionistas deliberação derrogatória após a entrada em vigor da lei, ou seja, cabe-lhes exercer o *opt-out* do sistema. A solução acaba por inverter aquilo que normalmente é a regra – *one share, one vote* – e aquilo que é a exceção – a consagração de ações com voto plural na vertente de ações de lealdade. Vd. *infra* 21.2. Sem prejuízo daqui decorre que em casos como este a consagração do voto de lealdade resulta da lei – porque é essa a solução supletiva – e dos estatutos – porque estes são livres para derrogar a solução supletiva ou, nada fazendo, por se conformarem com essa solução.

[318] Existirá, para estes efeitos, um *ownership ceiling* quando os estatutos proíbam a detenção de mais que determinada percentagem de ações/votos e, não estando essa disposição consagrada, a limitação inexistiria. É isto diferente do que ocorre quando, por lei, existem *ownership ceilings*, que têm um fundamento diferente e, teleologicamente, uma razão de interesse público que os justifica (apesar de o regime em caso, por exemplo, de incumprimento da regra, poder ser semelhante; e apesar de a regra poder estar também prevista nos estatutos). Por exemplo, não existe um *ownership ceiling* neste sentido próprio quando, a propósito da REN, se dispõe que "nenhuma entidade, incluindo entidades que exerçam atividade no respetivo setor em Portugal ou no estrangeiro, pode ser titular, direta ou indiretamente, de uma participação superior a 25% do capital social", já que isso resulta, desde logo,

III. A mais popular exceção ao princípio da proporcionalidade entre capital social e direitos de voto que emerge da prática portuguesa é, sem qualquer dúvida, a consagração estatutária de limitações ao exercício do direito de voto ou, como são geralmente chamadas, as cláusulas de *voting cap*[319]

---

da alínea i) do n.º 2 do artigo 25.º do DL n.º 29/2006, de 15 de fevereiro (na sua redação atual), bem como da alínea b) do n.º 3 do artigo 20º-A e alínea h) do n.º 3 do artigo 21.º do DL n.º 30/2006, de 15 de fevereiro (na sua redação atual). Coisa diferente era, por exemplo, o *ownership ceiling* que o art. 9º dos estatutos da Portugal Telecom previa no momento da OPA da Sonae (2006/2007), e que dispunha que um acionista, exercendo atividades concorrentes com a da PT, não podia deter mais de 10% do seu capital, a não ser que, para tanto, fosse autorizado pela assembleia geral (deliberação com direito de veto das *golden shares*). Tratava-se de uma disposição sem qualquer assento legal e que, por isso, resultava da exclusiva vontade dos acionistas de não aceitar acionistas naqueles termos e condições. O mesmo acontece com o atual art. 9º dos estatutos da Pharol que, de forma algo estranha, retomam a regra da PT, dispondo: "Os acionistas que exerçam, direta ou indiretamente, atividade concorrente com a atividade desenvolvida pelas sociedades em relação de domínio com a Pharol, SGPS SA não podem ser titulares, sem prévia autorização da assembleia geral, de ações ordinárias representativas de mais de dez por cento do capital social da Sociedade. Entende-se por atividade concorrente, para efeitos do disposto no número anterior, a oferta de serviços de telecomunicações de uso público ou de capacidade de rede, com exceção, quanto aos primeiros, dos serviços de audiotexto, nos termos da lei portuguesa, exercida quer em Portugal, quer no estrangeiro; e ainda qualquer outra atividade da mesma espécie e natureza da prosseguida pelas sociedades com as quais a Pharol, SGPS SA está em relação de domínio".

319 Seguiremos nas próximas linhas algumas passagens do nosso Jorge Brito Pereira, "Voting caps e OPA obrigatória", 639-676, embora com várias alterações e, sobretudo, com mais concisão. Sobre o contexto histórico do surgimento destas cláusulas, vd. João Soares Silva, *A Propósito de Corporate Governance e de Direito das Sociedades e dos Valores Mobiliários* (Almedina, 2018), 87 e ss.; José Engrácia Antunes, "Os tetos estatuários de voto: breve nótula", *DSR* 21 (2019), 38-43. Este tipo de cláusulas é aceite pela generalidade dos ordenamentos europeus com poucas exceções, como aconteceu em Espanha durante a curta vigência do art. 515º do Real Decreto Legislativo 1/2010, o qual dispunha que *"en las sociedades anónimas cotizadas serán nulas de pleno derecho las cláusulas estatutarias que, directa o indirectamente, fijen con carácter general el número máximo de votos que puede emitir un mismo accionista o sociedades pertenecientes a un mismo grupo"*; a regra foi eliminada pela Ley 25/2011; em Itália, onde o Código Civil nada dizia a este respeito e onde era maioritariamente entendido pela doutrina que, na ausência de previsão legal, a limitação não seria admissível; e, no caso mais relevante, na Alemanha (para sociedades cotadas e sem prejuízo da manutenção de limitações já constituídas antes da entrada em vigor da reforma) após a reforma do KonTraG em 1998. Por diferentes palavras, o § 134.1(1) do AktG exclui a admissibilidade desta limitação de voto para as sociedades cotadas. Esta proibição fundamenta-se em algumas razões, em particular na ideia de proporcionalidade e na forma como a quebra dessa proporcionalidade pode afetar o normal funcionamento do mercado, e é ainda hoje objeto de aceso debate na Alemanha – vd. Grigoleit e Herrler, "AktG § 134 Rn. 4, 5", (2020); Thomas Raiser e Rüdiger Veil, *Recht der Kapitalgesellschaften*, 254. Em alguns casos, porém, como o sistema belga (art. 76º das *Lois coordonnées sur les sociétés commerciales*) e luxemburguês (art. 71º da Lei sobre Sociedades Comerciais), é a própria lei que fixa o número máximo de votos emitidos pelo mesmo acionista, a ser adotada a regra. Temos finalmente casos, como o inglês, em que a cláusula é

ou de *blindagem estatutária*. Nos termos do disposto na alínea b) do n.º 2 do art. 384º, o contrato de sociedade pode estabelecer que não sejam contados os votos acima de certo número, quando emitidos por um só acionista, em nome próprio ou também como representante de outro, e pode ainda estabelecer, agora nos termos da alínea a) do mesmo número, que corresponda um só voto a um certo número de ações.

A solução consagrada na alínea b) do n.º 2 do art. 384º do CSC goza de grande popularidade entre nós e, na prática, assume-se como uma medida dissuasora do lançamento de ofertas de aquisição hostis ou que, pelo menos, faz o seu sucesso depender de requisitos mais exigentes[320]. Normalmente, o estabelecimento desta limitação torna inútil (para efeitos de controlo) a aquisição de ações para além daquelas que atribuem direitos de voto dentro do limite estipulado nos estatutos, o qual é, tipicamente, inferior à percentagem que atribui o controlo da sociedade. Isto, a não ser que os

---

aceite pelo sistema societário, mas são as regras e as práticas de acesso ao mercado regulamentado que afastam a viabilidade da sua adoção. Para um panorama europeu bastante alargado (embora um pouco desatualizado), vd. por todos Guillermo Guerra Martín, "Las limitaciones al número máximo de votos en las sociedades cotizadas", *Revista de Derecho del Mercado de Valores* (2010), 18 e ss. Voltaremos a várias destas regras.

320 Não há qualquer dúvida de que os tetos de voto funcionam como instrumento dissuasor do lançamento de ofertas hostis e, assim o revela a nossa prática, têm desempenhado com assinalável sucesso essa missão. Também não temos dúvidas de que, pelo menos no curto prazo, *rebus sic stantibus* e em normais condições de mercado, a sociedade emitente que não tem acionista controlador e não prevê qualquer limitação estatutária ao exercício do direito de voto será mais valorizada pelo mercado do que aqueloutra que prevê nos seus estatutos a regra de *voting cap* – a diferença de preço corresponderá exatamente à maior ou menor probabilidade que os acionistas atribuam à efetividade da cláusula. Isto não resulta do facto de o mercado valorizar mais o projeto empresarial de um acionista controlador do que aqueloutro da administração (José Ferreira Gomes e Nádia Reis, "O Decreto-Lei n.º 20/2016 e a desblindagem dos estatutos das instituições de crédito: um diploma à prova de bala?", *RDS* (2017), 334), mas tão-somente de a disciplina do *market for corporate control* ser mais fácil de implementar e isso fazer com que, num ambiente regulatório em que está prevista a obrigação de lançamento de OPA, os acionistas sejam atraídos pela possibilidade de uma alteração, ainda que futura e eventual, do controlo. E, claro, assumimos que quanto mais alto for o preço que o mercado está disposto a pagar pelas ações, mais a sociedade estará defendida de aquisições hostis oportunistas. Esta referência vem a propósito de uma opinião defendida por Paulo Olavo Cunha segundo a qual a desblindagem estatutária, e a esperada subida da cotação de mercado, resguarda melhor a emitente de aquisições hostis que os *voting caps*. Pode assim ser, sobretudo em momentos de menor liquidez no mercado; e pode ser exatamente ao contrário, sobretudo em aquisições feitas com capital da própria adquirente ou em momentos de grande liquidez do mercado. Trata-se, por isso, de uma comparação que não nos parece poder ser feita nestes termos gerais e abstratos. Vd.Paulo Olavo Cunha, "A *breakthrough rule* e o paradoxo da blindagem societária", *Jornal de Negócios* (2008).

estatutos sejam revistos em momento prévio ao da aquisição, já em face de um específico projeto de aquisição (e sendo muitas vezes a revisão condicionada à implementação desse projeto), o que faz com que o sucesso na tomada de controlo da sociedade se desloque dos tradicionais 50% (ou até de menos de 50%, caso o oferente esteja disposto a assegurar um controlo sem maioria do direito de voto) para, tipicamente, os dois terços dos votos[321]. Por outro lado, para além desta componente funcional, a consagração desta limitação pode assentar ainda na mera vontade de estabelecer as relações de poder entre os acionistas baseadas num outro princípio que não o da proporcionalidade entre as ações detidas e os votos atribuídos, nomeadamente com o escopo de manter o controlo de facto partilhado no círculo de um determinado grupo de acionistas, sem que um deles possa emergir do grupo e assumir isoladamente essa posição de controlo[322].

O estabelecimento desta limitação ao direito de voto pode assentar em formulações distintas, as quais importam o conhecimento de algumas especificidades na relação mantida com a matéria que nos ocupa, e que podem ser divididas em função do universo perante o qual é calculada a limitação e em função da simplicidade ou complexidade dos próprios termos de base dessa limitação. Assim, estas limitações podem operar em face do universo representado pelos votos correspondentes ao capital social ou em face do universo representado pelos votos apurados em assembleia geral; cruzando-se com esta distinção, podemos ainda estar perante limitações que operam a partir de uma base simples e unificada e outras que operam a partir de uma base definida em cascata ou por escalões.

---

[321] Desloca-se para aquela que seja a maioria necessária para a alteração de estatutos que, sabe-se, é em regra de dois terços dos votos emitidos, como ocorreu com o número 10 do anúncio preliminar da OPA da SONAE sobre a PT (fevereiro de 2006), com o número 10 do anúncio preliminar da OPA do BCP sobre o BPI (março de 2006) e com o número 13 do anúncio preliminar da OPA da China Three Gorges sobre a EDP (maio de 2018). Estas três ofertas fracassaram pela falta de verificações destas condições. Existem, claro, casos em que ofertas sujeitas a tais condições tiveram sucesso. É o caso da oferta do CaixaBank sobre o BPI, em 2017 (embora esta oferta tenha o especial contexto que lhe foi proporcionado pela aprovação do DL n.º 20/2016, de 20 de abril, a que nos referiremos de seguida).

[322] Este é o caso claro do desenho da arquitetura acionista do BCP desde a fundação do Banco e, mais ainda, desde o ponto em que a emergência de um acionista – Américo Amorim – e a sua pretensão de aceder ao conselho, levou a um novo desenho da arquitetura acionista e à consagração de um *voting cap* (que terá sido, aliás, uma das razões que levou Américo Amorim a vender a sua participação). Vd. Luís Osório, *Jorge Jardim Gonçalves: O poder do silêncio* (Leya, 2014), 207-214.

A formulação mais normal passa pela estipulação de um número máximo de votos que o acionista pode, em nome próprio ou também como representante de outro, exercer em assembleia geral. Normalmente, esta estipulação passa pela definição de uma percentagem relativa aos votos correspondentes ao capital social, embora nada impeça que a mesma resulte da fixação, em termos absolutos, de um mero número de votos. Trata-se da estipulação que o CSC tem imediatamente presente na redação da alínea b) do n.º 1 do art. 384º, tida em consideração na análise que é feita sobre a norma e que tem sido adotada entre nós em algumas situações concretas. Perante a classificação que operámos, diremos então que esta corresponderá a uma limitação que opera de forma simples e por relação ao universo dos votos correspondentes ao capital social.

No entanto, existem outras formas de estipular esta limitação. Desde logo, a mencionada estipulação pode implicar que não sejam contados os votos acima de certo número emitidos por um acionista, já não na relação com os votos correspondentes ao capital social, mas antes na relação com os votos apurados em assembleia geral. Nesse caso, apenas perante determinada assembleia geral será possível avaliar do funcionamento da limitação, ou seja, será um teto de medida variável, podendo acontecer que a mesma funcione nuns casos e não noutros, dependendo das participações que, em concreto, sejam apuradas na Assembleia. Outra hipótese pode passar pela estipulação de mais de um único termo de limitação, funcionando na razão da percentagem do capital social detido por cada acionista – *scaled voting provisions*. Por exemplo, os acionistas que tenham entre 10% e 20%, apenas poderão exercer 10% dos votos, os acionistas que tenham entre 20% e 30%, apenas poderão exercer 15% dos votos, etc. Dada a classificação que operámos, diremos então que estamos perante uma limitação que funciona em cascata e perante os votos correspondentes ao capital social[323].

[323] Não é claro o limite até ao qual estas cláusulas devem ser consideradas admissíveis, muito embora, por um critério de razoabilidade, se possa entender que não serão admissíveis, por abusivas, a partir do momento em que, uma vez consagradas, tornem impossível, ou praticamente impossível, a sua remoção. É o que acontecerá em três cenários (assumindo que a limitação é aplicável a deliberações de alteração de estatutos): pela estipulação de uma percentagem de limitação muito baixa (num universo amplo de acionistas); pela estipulação de maiorias qualificadas para a alteração de estatutos abusivamente elevadas; e em muitos casos em que a limitação seja estabelecida numa percentagem baixa e na relação com os votos apurados em assembleia geral (ou seja, em casos em que o *cap* não seja fixado por referência ao capital mas aos votos apurados em cada reunião). É interessante verificar que existem sistemas jurídicos que entendem não ser possível tal estipulação por violar o princípio de proporcionalidade, argumento que em Portugal, face à regra do art. 384.1, não parece

IV. Como já foi referido, das sete sociedades com ações admitidas à cotação na Euronext Lisbon, que integram o PSI e não têm um acionista com mais de 50% dos direitos de voto, quatro – BCP, EDP, Pharol e REN –, com cláusulas com notáveis semelhanças[324], incorporam regras estatutárias de limitação ao exercício do direito de voto. No passado recente, a prevalência de emitentes no mercado português com cláusulas estatutárias deste tipo foi ainda maior[325].

IV. A Recomendação II.1 do Código de Governo do IPCG dispõe que "a sociedade não deve fixar um número excessivamente elevado de ações necessárias para conferir direito a um voto, devendo explicitar no relatório de governo a sua opção sempre que a mesma implique desvio ao princípio de que a cada ação corresponde um voto". Ou seja, o Código aceita sem problema de relevo a quebra do princípio de proporcionalidade, exigindo apenas à sociedade que explicite a sua opção. No entanto, estranhamente o Código, na sua Recomendação II.5, não apenas recomenda a revisão periódica da limitação estatutária, mas recomenda que, nessa revisão, a limitação estatutária não seja aplicável[326].

---

ter qualquer aderência (muito embora nos pareça inquestionável que a admissibilidade da estipulação de *voting caps* deve ser entendida como uma exceção ao princípio de proporcionalidade). Vd. por exemplo, em relação a Espanha, Mario Sánchez Linde, *El principio de mayoría en los acuerdos de la junta general de accionistas de la sociedad anónima*, 440-441.

[324] A única que segue uma técnica diferente é a do BCP certo que a diferente técnica é uma forma de, com resultados equivalentes, evitar a violação formal do n.º 3 do art. 384º do CSC, fazendo com que a limitação seja aplicável a cada acionista, e não por agregação de votos de acionistas diferentes. Vd. sobre o tema João Soares Silva, *A Propósito de Corporate Governance e de Direito das Sociedades e dos Valores Mobiliários*, 88. Para referência, recorremos ao artigo 26º dos estatutos do BCP, ao art. 14º dos estatutos da EDP, ao art. 13º dos estatutos da Pharol e ao art. 12º dos estatutos da REN. Para uma análise mais exaustiva dessas cláusulas, vd. Jorge Brito Pereira, "Voting caps e OPA obrigatória", 657-658.

[325] Entre 2014 e 2019 deixaram de estar representadas na bolsa de valores portuguesa sociedades como o BPI, o BES ou a Portugal Telecom (neste caso, substituída pela Pharol), todas com cláusulas estatutárias de limitação ao exercício de direito de voto (muito embora a cláusula dos estatutos do BPI tenha sido eliminada em 2016, assim abrindo as portas para a OPA então em curso; vd. o que escrevemos a propósito do DL n.º 20/2016, de 20 de abril). No mesmo sentido, em 2012 a então denominada ZON Multimédia alterou os seus estatutos, eliminando a limitação dos votos que podiam ser emitidos por cada acionista que era estipulada no seu artigo 12.6 (que dispunha que não seriam contados aqueles votos que excedessem 10% da totalidade dos votos correspondentes ao capital social).

[326] Em regra, a revisão de estatutos para eliminação ou alteração da disposição depende, nos termos do n.º 3 do art. 386º do CSC, de uma maioria de dois terços dos votos emitidos. Claro que pode estar

8.3. *Instrumentos societários e, em particular, o caso das estruturas piramidais*

I. Instrumentos societários são aqueles que resultam da utilização das regras que disciplinam a organização da sociedade comercial, ou os grupos, para, através de estruturas societárias específicas, ser criado o efeito económico de desvio à regra de proporcionalidade. Têm de comum uma razoável rigidez, já que a sua supressão ou modificação depende sempre de um conjunto de atos que envolvem várias vontades e que passam pela necessidade de extinguir uma estrutura pré-existente; neste sentido, são instrumentos dotados de uma forte estabilidade e que, tradicionalmente, se perpetuam durante largos períodos. Pensamos sobretudo em duas situações distintas: a das sociedades em comandita por ações e a das estruturas piramidais[327].

Sucede que, em algumas tipologias, é a própria organização do funcionamento interno da sociedade que aceita o desvio ao princípio de proporcionalidade. É o caso, a que já nos referimos, das sociedades em comandita por ações, tal como reguladas pelo nosso ordenamento, das francesas SCA, e das alemãs KGaA. Nestes casos, pela convivência de diferentes tipos de sócios, sujeitos a regimes diferentes – de forma simples, trata-se de uma conjugação das regras da sociedade anónima com as regras da sociedade em comandita simples, distinguindo dois tipos de sócios, os comanditários, responsáveis pela aportação de capital e com uma responsabilidade que fica limitada à sua aportação, e os comanditados, com a gestão da sociedade e sem limitação de responsabilidade –, é a própria tipologia societária que aceita sem qualquer

especialmente previsto pelos estatutos que a eliminação ou alteração da regra dependa de maioria qualificada determinada em função do capital da sociedade, caso em que, nos termos do n.º 5 do mesmo artigo, não funcionam, a não ser que o contrato disponha diferentemente, as limitações de voto permitidas pelo artigo 384º, n.º 2, alínea b). A Recomendação, claro, não se aplica a este caso excecional, mas à situação-regra. E é por isso que nos referimos a uma incoerência – ter uma regra de *voting cap* que não se aplica à sua própria revisão (ainda que apenas periodicamente) é de lógica pouco coerente, pois basta a um sócio construir a sua posição (acima do patamar previsto pelos estatutos) em antecipação à data da revisão periódica para, com segurança, poder assumir que conseguirá eliminar a disposição (ou alterá-la de acordo com os seus melhores interesses).

[327] Uma terceira situação que poderia ser aditada é a das participações cruzadas, que funciona como um CEM, já que em muitos sistemas societários fica limitada a aquisição de ações de sociedades acionistas, ou ficam os votos suspensos, a partir de um certo limite de capital. Em Portugal, referimo-nos em particular ao regime do art. 485º do CSC, que dispõe que, em caso de participações cruzadas, a sociedade que mais tardiamente haja efetuado a comunicação da participação, não pode adquirir mais participação, sendo que, a fazê-lo, o adquirente não poderá exercer a generalidade dos direitos sociais na parte que exceda 10% do capital.

hesitação o desvio ao princípio da proporcionalidade. E isto, cabe notar, muitas vezes em sociedades comerciais de grande dimensão e/ou emitentes de ações admitidas à negociação em mercados regulamentados.

A segunda é a das estruturas piramidais, em que um acionista ou grupo de acionistas exerce o seu controlo sobre a sociedade final através do controlo de uma *holding*, em convivência com acionistas minoritários, ou seja, alavancando nestes a sua posição, sendo que a "pirâmide" pode ser replicada tantas vezes quanto as partes envolvidas o aceitem[328]. Isto terá como resultado que

[328] As estruturas piramidais, em maior ou menor medida, são muito populares na Europa continental (e, mais em particular, como forma de organização de grupos familiares), ao contrário do que acontece, por exemplo, nos Estados Unidos. Afirma-se geralmente que esta menor popularidade da solução nos mercados norte-americanos é sobretudo resultado das políticas do *New Deal* e, mais em particular, da introdução em 1935 de um imposto de tributação de dividendos entre sociedades do mesmo grupo (e das regras subsequentes de tributação de dividendos intra-grupo), muito embora alguma evidência empírica revele que já no início do século XX estas estruturas não eram tão correntes como acontecia na Europa. Sobre o tema fiscal, vd. em particular Randall Morck, "Why some double taxation might make sense: The special case of inter-corporate dividends", (2003); Randall Morck e Bernard Yeung, "Dividend taxation and corporate governance", *Journal of Economic Perspectives* 19, no. 3 (2005); para uma análise histórica, vd. Steven A Bank e Brian R Cheffins, "The corporate pyramid fable", *Business History Review* 84 (2010). Os primeiros autores a abordar o tema das estruturas piramidais são algumas referências clássicas – Adolf Berle e Gardiner Means, *The modern corporation and private property* (New Brunswick, 1932); Benjamin Graham e David L Dodd, *Security analysis* (Mc Graw Hill, 1934); James Cummings Bonbright e Gardiner Coit Means, *The holding company: Its public significance and its regulation* (McGraw-Hill, 1932). Nesta última obra (página 20), descrevendo abusos nos Estados Unidos no início dos anos 30, escreve-se *"Indeed, one can but be amazed at the extent to which fantastic organizations of holding companies piled on holding companies have actually succeeded in giving to a few individuals the legal control over the peoples' money. The case of the Rock Island, where the Rock Island Railroad Company secured control of the Rock Island Railway Company and was, in turn, controlled by the Rock Island Company, is an example of this situation in the actual history of railway finance"*. Existem outros exemplos de estruturas semelhantes, nomeadamente na área das *utilities*. Eram, sem prejuízo, como se afirmou, mesmo nas primeiras décadas do séc. XX, menos representativas do que ocorria na Europa. Ainda que esta possa não ser a chave, ou a única chave, para a diferente popularidade do recurso a estas estruturas, não há qualquer dúvida que o tratamento fiscal funciona como elemento fundamental de fomento ou de dissuasão do recurso a estas estruturas. No que respeita à UE, o tratamento fiscal dos dividendos distribuídos entre empresas de Estados-Membros está balizado pela Diretiva 2011/96/EU do Conselho de 30/11/2011, relativa ao regime fiscal comum aplicável às sociedades-mães e sociedades afiliadas de Estados-Membros diferentes (Diretiva Mães-Filhas), e os regimes internos nos diversos Estados-Membros estão alinhados com essa Diretiva. Esta estabelece dois possíveis mecanismos para a eliminação da dupla tributação de dividendos distribuídos por uma subsidiária a uma sua participante que detenha uma participação mínima de 10% por pelo menos 2 anos: a isenção ou o método do crédito de imposto. Em ambos os casos, contudo, a Diretiva autoriza (mas não obriga) os Estados-Membros a aplicarem um mecanismo *forfetaire* mediante o qual 5% dos lucros distribuídos podem ficar sujeitos a tributação

o acionista que, por mera detenção de ações ou por qualquer outra forma, controla 50,1% da sociedade que controla 50,01% da sociedade final terá, sem mais, o controlo efetivo da maioria dos votos na sociedade final – e a capacidade de fazer eleger todos, ou quase todos, os membros do conselho de administração –, mas apenas terá um interessamento económico de pouco mais de 25%. Se adicionarmos outro nível a esta pirâmide, o controlo efetivo mantém-se intacto e esse interessamento económico reduzir-se-á para cerca de 12,5%[329]. O processo pode obviamente ser repetido vezes sem conta, com participações diferentes ou equivalentes a 50,01%.

A existência de estruturas piramidais, sobretudo quando associadas a cotações intermédias, gera fenómenos interessantes de aumento de liquidez[330]. Cabe, no entanto, salientar que a generalidade dos estudos empíricos

---

na empresa participante. A política adotada na União Europeia foi assim de neutralidade tendencial da fiscalidade na utilização das estruturas piramidais. Esta neutralidade é, em si mesma, uma opção de política legislativa que, com naturalidade, fomenta o recurso a estas estruturas. Como regra geral, os vários Estados-Membros aplicam o método da isenção a 100% dos dividendos distribuídos, muitos deles indo mesmo para além do exigido pela Diretiva Mães-Filhas. É o caso de Portugal, Espanha, Holanda, Luxemburgo e Bélgica, entre outros. Já a Alemanha, França e Itália aplicam o mecanismo previsto na Diretiva Mães-filhas e apenas isentam 95% dos lucros distribuídos.

[329] Um bom exemplo, que até já foi melhor (por ter tido mais um nível na arquitetura), de uma estrutura deste tipo na bolsa portuguesa pode ser observado com a Galp, em que o maior acionista, a Amorim Energia BV, detentora de 33,34%, tem o seu capital controlado em 60% pela família Amorim e em 40% pela Esperaza BV, sociedade que representa capitais de origem angolana. Assim, o controlo efetivo (embora não jurídico) exercido pela família Amorim sobre a Galp significa, do lado do *cash flow*, apenas 20%. Dizemos que o exemplo já foi mais interessante e expressivo porque, até ao dia 31 de dezembro de 2010, esteve em vigor um acordo parassocial entre a Amorim Energia, a italiana ENI (detentora de 33,33%) e a Caixa Geral de Depósitos, que assegurava o controlo jurídico da Galp a favor das duas primeiras. Ou seja, nessa altura a família Amorim era co-controladora da Galp e o seu interessamento de *cash flow* era já de apenas 20% (na verdade, um pouco menos porque, do lado do controlo da Amorim Energia pela família, também a Caixa Galícia teve uma participação). Ao nível internacional, podemos com facilidade replicar exemplos. A Louis Vuitton Moët Hennessy tem como acionista controlador Bernard Arnault, que controla a sociedade através de uma estrutura piramidal que inclui diversas sociedades fechadas e uma cotada (Christian Dior), em que controla cerca de 47% dos votos com pouco mais de 30% dos *cash flow rights*. Outro exemplo, este ainda mais impressivo, é o da Telecom Italia, em que o maior acionista, Marco Tronchetti, através de três sociedades cotadas e duas não cotadas, controla cerca de 18% dos votos, tendo 0,7% dos *cash flow rights (la madre di tutte le piramidi* – Marco Maugeri, *Governo delle società quotate e attivismo degli investitori istituzionali: Università europea di Roma-13 dicembre 2013* (Giuffrè, 2015), 6; Luca Enriques e Paolo Volpin, "Corporate governance reforms in continental Europe", *Journal of economic perspectives* 21, no. 1 (2007), 120 e ss.).

[330] Temos uma estrutura deste tipo na EDP/EDPR, mas pouco representativa, já que a participação da EDP na EDPR é hoje de 82,6%. Já existiram no passado outros casos, como aconteceu com a PT/PTM (que, após o *spin-off* feito pela PT, alterou a designação social para ZON e hoje, depois da

conclui que estas estruturas piramidais criam alinhamentos de incentivos perversos para a extração de vantagens privadas de controlo pelo último beneficiário da estrutura; mesmo quando comparamos as estruturas piramidais com outras soluções de não proporcionalidade, como é o caso das ações com voto plural[331]. Entende-se que assim seja, uma vez que as estruturas piramidais permitem manter o controlo pleno da sociedade final, enquanto cada patamar cria um incentivo adicional para a extração de vantagens de controlo pela diluição da pretensão de *cash flows* do controlador. Isto, claro, muitas vezes associado a fenómenos de falta de liquidez dos acionistas minoritários – seja porque a sociedade participada não está cotada, seja porque as regras parassociais existentes não contêm previsão de mecanismos de *call/put option* ou outros equivalentes – e de menor proteção jurídica destes no que respeita sobretudo ao acesso aos órgãos sociais, seja ao nível da sociedade diretamente participada, seja ao nível daquelas que são por esta participada e, sobretudo, ao nível das sociedades onde reside a atividade empresarial final.

II. O regime nacional prevê as sociedades em comandita por ações como um dos tipos societários. No entanto, por razões que serão certamente mais

fusão com a Sonae.com, tem a designação NOS) e PTM/PTM.com, existindo ainda, hoje e historicamente, vários outros exemplos no grupo Sonae, muito embora a cotação em vários níveis não seja muito comum em Portugal. Alguns autores apontam os dados de criação de valor que resultam dos chamados "mercados de capitais internos" – vd. por exemplo Matthew T Billett e David C Mauer, "Cross-subsidies, external financing constraints, and the contribution of the internal capital market to firm value", *RFS* 16, no. 4 (2003). Da mesma forma que as estruturas piramidais potenciam a posição de controlo do acionista dominante, estas estruturas revelam sempre, por natureza, uma posição de algum desfavor para o acionista minoritário que, em regra, acaba por assumir uma posição mais financeira do que aquilo que ocorre em diferente organização, quinhoando proporcionalmente nos proveitos da atividade, mas sem que a sua voz seja, ou tenha de ser, ouvida – daqui emerge a popular expressão *silent partner* para descrever a condição em que se encontra. Ora, um dos maiores problemas no tratamento contratual destas posições é, precisamente, o da liquidez da sua posição – se nestes casos de dupla ou tripla cotação esse problema se resolve por natureza, assim não acontece nas posições não cotadas, o que obriga a que sejam muitas vezes postas em funcionamento regras muito complexas de opções de venda e de compra.

[331] Há muita bibliografia que, recorrendo a vários tipos de análise, faz este confronto. Vd. Lucian Arye Bebchuk, Reinier Kraakman et al., "Stock pyramids, cross-ownership, and dual class equity: the mechanisms and agency costs of separating control from cash-flow rights", in *Concentrated corporate ownership* (University of Chicago Press, 2000); Andrei Shleifer e Robert W Vishny, "A survey of corporate governance", *JoF* 52, no. 2 (1997).

de natureza histórica, as sociedades em comandita, em qualquer das suas variantes, sempre tiveram pouca popularidade entre nós[332].

Já quanto às estruturas piramidais o panorama é diferente. O estudo do ISS apontava as estruturas piramidais como o CEM mais popular nos países objeto de estudo, estando disponível em 100% das jurisdições estudadas e sendo efetivamente implementado em 75% dessas jurisdições[333]. Correspondendo à instrumentalização de uma estrutura societária disponível em todas as jurisdições, compreende-se que não se trate de um CEM em que a discussão sobre a sua admissibilidade ou inadmissibilidade se coloque ou que, pelo menos, não se coloque nos mesmos termos em que o fazemos por referência a outros CEM. Existem, no entanto, formas efetivas de incentivar ou dissuadir a utilização de estruturas piramidais, e o tema fiscal é obviamente o circuito mais direto para esse efeito. Por exemplo, um sistema fiscal que tribute de forma efetiva a distribuição de dividendos nos patamares da estrutura piramidal funcionará como um forte desincentivo à formação deste tipo de estruturas. Outras vias para incentivar ou desincentivar estas estruturas passam pelas regras sobre conflitos de interesses e pela estipulação da admissibilidade das *holdings*, e *sub-holdings*, puras, isto é, sociedades sem outra atividade económica para além da detenção de participações em outra ou outras sociedades comerciais.

Em Portugal, a solução é admitida e goza de bastante popularidade, seja no âmbito de sociedades cotadas, seja no âmbito de sociedades fechadas[334].

---

[332] Há certamente razões de outra ordem. Num texto famoso de William Carney (William J Carney e George B Shepherd, "The mystery of Delaware Law's continuing success", *UI LR* (2009); William J Carney, George B Shepherd et al., "Delaware corporate law: Failing law, failing markets") pergunta-se porque motivo a constituição de sociedades em Delaware continua a atrair os principais operadores norte-americanos quando muitas das razões que são apontadas para essa proeminência, pura e simplesmente, foram desaparecendo ou atenuando-se nas últimas décadas. Conclui que uma das razões para esse fenómeno passa pelo facto de todos os cursos de direito em os EUA ensinarem direito das sociedades do estado em que a universidade esteja situada e do Delaware. Não temos dúvidas que, pelas razões contrárias, esta será uma das explicações para a falta de popularidade deste tipo societário em Portugal (que começa a apresentar alguma regressão): o generalizado desconhecimento sobre as suas regras. A falta de aderência prática acaba então por ser, simultaneamente, causa e consequência.

[333] ISS-Shearman Sterling-ECGI, *Report on the proportionality principle in the European Union*, 27 e ss.

[334] A existência de uma estrutura piramidal pressupõe a existência de um grupo de sociedades, mas, obviamente, nem todos os grupos de sociedades – bem pelo contrário – pressupõem a existência de uma estrutura piramidal. Muitas vezes – cremos que na maior parte das vezes – a organização em grupo é apenas um tema de organização interna e não tem qualquer outro objetivo semelhante

8.4. Instrumentos legais e, em particular, o caso das golden shares

I. São vários os casos em que é a própria lei que consagra desvios diretos ao princípio. Tipicamente, isto acontece pela consagração, por razões de interesse público (mais ou menos circunstancial), de tipologias especiais de ações que, seja do ponto de vista patrimonial, seja do ponto de vista político, asseguram ao Estado, ou a entidades para o efeito equiparadas ao Estado, uma posição privilegiada face aos demais acionistas.

O caso mais consistente em que isto aconteceu é o das *golden shares*, ou seja, das ações, tipicamente consagradas durante um processo de privatização, e que ficam na mão do Estado privatizador[335], conferindo especiais privilégios de voto. Estes privilégios podiam teoricamente ter natureza variada, muito embora a formulação mais corrente, entre nós passasse pela atribuição de um direito de veto na aprovação de deliberações sobre um conjunto de matérias[336]. Noutros casos, como resposta a razões mais conjunturais, o Estado

---

àqueles que presidem a formação de grupos piramidais. Não está disponível informação organizada sobre grupos piramidais, mas a informação do INE sobre grupos mostra que, em 2018, em Portugal, as sociedades integradas em grupos representaram 7,9% do total de sociedades e contribuíram com 41,1% do pessoal ao serviço.

[335] Apesar da denominação, o conceito de *golden share* depende não tanto da existência de ações privilegiadas, mas, sobretudo, da atribuição ao Estado (ou outro ente público) de direitos especiais. Se é verdade que, na generalidade dos casos em que como tal foram consagradas a partir dos anos 80, o direito era inerente a uma ação – *golden shares, actions spécifiques, Goldene Aktien* ou *Spezialaktien* –, sempre seria possível que os direitos inerentes fossem conferidos por lei sem a associação a uma ação (o que aliás ocorreu em alguns casos). Essencial, em qualquer dos casos, é, por um lado, a atribuição de direitos especiais e, segundo, o facto de esses direitos serem atribuídos ao Estado. Não é incomum haver alguma variação conceitual, sendo o conceito de *golden share* também usado de forma mais restrita para designar aqueles casos em que os direitos atribuídos ao Estado resultam de uma intervenção legislativa derrogatória do direito das sociedades (relevante é não tanto o privilégio resultar de uma intervenção legislativa, mas que o privilégio seja derrogatório). Neste sentido mais restrito, não existirá uma *golden share* se a participação do Estado, correspondendo a uma classe especial, permitir o veto a certos tipos de deliberações, mas já existirá uma *golden share* se a participação, ainda que correspondendo a uma classe especial, conferir o direito, em derrogação do n.º 2 do art. 391º, à nomeação de membros do conselho de administração.

[336] Referimo-nos adiante à experiência portuguesa. À partida, identificam-se vários tipos de direitos privilegiados. Nuns casos, as ações atribuíam direitos de voto majorados – ações com voto plural – para alguns tipos de matérias ou, de forma abrangente, para todas as matérias sujeitas à assembleia geral; noutros casos, as ações atribuíam direitos de veto sobre certas deliberações da assembleia geral; noutros casos, as ações conferiam o direito de designar membros de órgãos sociais, em particular do conselho de administração, muito embora em alguns casos, como acontecia em França, os administradores fossem eleitos sem direito a voto e, por isso, numa lógica que tinha sobretudo a ver

não hesitou em avançar com a criação de novas tipologias de ações, como ocorreu com as designadas *ações especiais* previstas, no âmbito das medidas de reforço da solidez financeira das instituições de crédito, na Lei n.º 4/2012, de 11 de janeiro (e que já antes haviam sido previstas na Lei n.º 63-A/2008, sobre a qual nos pronunciaremos em maior detalhe).

II. As *golden shares* tiveram grande popularidade durante muitos anos entre nós e ganharam destaque na nossa prática empresarial. O caso da PT, em que, em 2010, o Estado vetou a venda da posição na Vivo proposta pela Telefónica, através do exercício do direito de veto da *golden share*, depois de a assembleia geral ter aprovado o negócio, será o exemplo mais marcante do que afirmamos. Foram inscritas nos estatutos, e nos respetivos diplomas de privatização, de algumas das mais importantes sociedades que entre nós foram privatizadas nas últimas décadas do século XX – é o caso da EDP[337],

---

com o acesso a informação sobre a sociedade. Vd. Stefan Grundmann e Florian Möslein, "Golden shares-state control in privatised companies: comparative law, European law and policy aspects", *European Law and Policy Aspects* (2003), 8 e ss.

[337] No caso da EDP, a *golden share* foi apenas criada no âmbito da quarta fase de privatização, quando o Estado perdeu a maioria do capital, tendo sido introduzida pelo DL 141/2000, cujo art. 13º, sob a epígrafe "Direitos Especiais do Estado", dispunha: "1 – Enquanto o Estado for accionista da sociedade, independentemente do número de acções de que for titular e quer o seja directamente ou indirectamente, por meio de entes públicos na acepção da alínea c) do n.º 2 do artigo 1.º da Lei 71/88, de 24 de Maio, as deliberações da assembleia geral a seguir referidas só se considerarão aprovadas se merecerem o voto favorável do Estado: a) Deliberações de alteração do contrato de sociedade, incluindo de aumento de capital, de fusão, cisão e de dissolução; b) Deliberação sobre celebração de contratos de grupo paritário e de subordinação; c) Deliberações de supressão ou limitação do direito de preferência dos accionistas em aumentos de capital. 2 – Enquanto for accionista da sociedade, nos termos do número anterior, o Estado, se votar contra a proposta que fizer vencimento na eleição dos administradores, gozará ainda do direito de designar um administrador, o qual substituirá automaticamente a pessoa menos votada da lista vencedora ou, em caso de igualdade de votos, aquela que figurar em último lugar na mesma lista. 3 – O direito conferido ao Estado no número anterior prevalece sobre os direitos similares conferidos aos accionistas minoritários pelo artigo 392.º do Código das Sociedades Comerciais". Dizia o preâmbulo do Diploma – "entendeu-se que o Estado, como é comum em circunstâncias semelhantes, embora sem ser accionista maioritário, deverá ter direito de veto num conjunto de questões essenciais, que são aquelas para as quais a lei, ou o contrato de sociedade exijam maioria qualificada". Esta *golden share* era acompanhada de um teto de voto, já que o art. 14.º/3 dos estatutos previa que cada acionista estivesse impedido de emitir votos que excedessem 5% da totalidade dos votos correspondentes ao capital social (no âmbito da última fase de privatização este limite foi aumentado para 25%), sendo que a regra não era aplicada ao Estado nos termos do art. 4.4 dos estatutos e art. 384.º, n.º 3 do CSC (ambas as regras estão hoje revogadas).

da Portugal Telecom[338] e da Galp[339]. Tudo isto no âmbito do art. 15º da Lei-Quadro das Privatizações (Lei n.º 11/90, de 5 de abril)[340]/[341]. Na verdade,

---

[338] No caso da PT, o n.º 1 do art. 20º do DL n.º 44/95, que aprovou a primeira fase de privatização, dispunha que "se o contrato de sociedade previr a existência de acções a que correspondam direitos especiais, salvo o caso de acções com direito a dividendo prioritário, essas acções serão obrigatoriamente detidas, em maioria, pelo Estado ou por outros entes públicos". Em 1996, quando o Estado se preparava para perder a maioria das ações votantes, o art. 5º dos estatutos da PT passou a prever a existência de 500 ações da categoria A detidas maioritariamente pelo Estado ou por entidades que pertençam ao setor público. O caso da PT é especialmente significativo porque, que tenhamos conhecimento, representa o único caso em que a *golden share* foi efetivamente utilizada – em junho de 2010, depois de cerca de 74% dos acionistas presentes ou representados na reunião da assembleia geral terem aprovado a venda da participação na brasileira Vivo à Telefónica, o Estado usou a *golden share* e vetou a deliberação (que veio a ser aprovada e executada mais tarde, em termos diferentes).

[339] A *golden share* da GALP resulta do enquadramento da primeira fase de reprivatização. O art. 4º do DL n.º 261-A/99 dispunha, sob a epígrafe "Criação de acções de categoria especial": "1 – Antes de ser deliberado o aumento do capital através do qual se concretizará a 1.ª fase de privatização da GALP poderão ser criadas, por conversão de acções ordinárias, acções privilegiadas. 2 – As acções privilegiadas referidas no número anterior não poderão exceder 10% do actual capital social da GALP, devendo ser detidas maioritariamente por entes públicos, na acepção da alínea e) do n.º 2 do artigo 1.º da Lei n.º 71/88, de 24 de Maio. 3 – As aludidas acções poderão conferir, designadamente, os seguintes direitos especiais: a) O direito de, de acordo com o n.º 2 do artigo 391.º do Código das Sociedades Comerciais, aprovar a eleição de um número de administradores não superior a um terço do total; b) O direito de aprovar quaisquer deliberações de alteração do contrato de sociedade, quaisquer deliberações que visem autorizar a celebração de contratos de grupo paritário ou de subordinação e, ainda, quaisquer deliberações que, de algum modo, possam pôr em causa o abastecimento do País de petróleo, gás ou produtos derivados dos mesmos".

[340] O artigo 15º da Lei n.º 11/90, de 5 de abril, dispunha: "1 – A título excepcional, e sempre que razões de interesse nacional o requeiram, o diploma que aprovar os estatutos da empresa a reprivatizar poderá prever, para garantia do interesse público, que as deliberações respeitantes a determinadas matérias fiquem condicionadas a confirmação por um Administrador nomeado pelo Estado. 2 – Para efeitos do disposto no número anterior, o diploma referido deve identificar as matérias em causa, bem como o regime do exercício das competências por parte do administrador nomeado pelo Estado. 3 – Poderá ainda o diploma referido no nº. l do artigo 4º, e também a título excepcional, sempre que razões de interesse nacional o requeiram, prever a existência de acções privilegiadas, destinadas a permanecer na titularidade do Estado, as quais, independentemente do seu número, concederão direito de veto quanto às alterações do pacto social e outras deliberações respeitantes a outras matérias, devidamente tipificadas nos mesmos estatutos". É neste n.º 3 que assenta a sede da generalidade das *golden shares* emitidas na nossa prática.

[341] Caso diferente é o dos estatutos da NAER, a sociedade que tinha por objeto proceder ao desenvolvimento dos trabalhos necessários à preparação e execução do novo aeroporto que serviria Lisboa (e que hoje está a coordenar os trabalhos de planeamento e construção do aeroporto do Montijo), aprovados pelo DL n.º 109/98, de 24 de abril, que dispunha no art. 13º que, "para além dos casos em que a lei determine, imperativa ou supletivamente, a necessidade de maioria qualificada que não seja excluída por estes estatutos, só se consideram aprovadas se obtiverem a seu favor o voto do representante do accionista Estado as deliberações da assembleia geral mencionadas nos artigos 4.º,

este artigo consagrava dois modelos diferentes de atribuição de direitos especiais ao Estado: no primeiro, o Estado era titular de um direito especial que lhe permitia a nomeação de um administrador, sendo que o voto deste era necessário para a aprovação de determinadas deliberações sociais[342]; o segundo modelo permitia a criação de ações privilegiadas que permaneciam na titularidade do Estado e que atribuía um direito de veto sobre determinadas decisões (n.º 3 do art. 15º)[343].

---

n.º 7, 14.º, 18.º e 20.º e ainda as deliberações de emissão de obrigações ou outros valores mobiliários". Este artigo dos estatutos implementa a regra prevista no art. 7º do DL que, sob a epígrafe "Direitos especiais do accionista Estado", dispõe no seu número 1 que "não se consideram tomadas, contra o voto expresso correspondente às acções pertencentes ao accionista Estado, as deliberações sobre convertibilidade das acções nominativas em acções ao portador, eleição do conselho de administração, emissão de obrigações ou outros valores mobiliários, dissolução, limitação ou supressão dos direitos especiais dos accionistas ou outras para as quais o contrato de sociedade exija maioria qualificada". O art. 18º dos estatutos dispõe ainda que "os direitos atribuídos pelos presentes estatutos ao accionista Estado apenas podem ser suprimidos ou restringidos com o consentimento escrito do respetivo representante na assembleia geral". O caso da NAER é especial a vários títulos. Primeiro, por corresponder à constituição de uma *golden share* fora do sistema da Lei-Quadro das Privatizações; segundo, por corresponder a uma *golden share* do Estado face a uma entidade que, no momento da constituição da NAER, era uma sociedade de capitais exclusivamente públicos – a ANA (que se designava ao tempo de aprovação deste DL, precisamente, Empresa Pública Aeroportos e Navegação Aérea, ANA, EP) recorde-se, apenas foi privatizada em 2012.

[342] Não é muito claro o sentido destes n.os 1 e 2 do art. 15º da Lei n.º 11/90, já que, por um lado, o n.º 1 refere-se à nomeação de um administrador com poderes especiais, pelo que parece estar a aludir à atuação deste no conselho de administração, mas depois o n.º 2 menciona deliberações sociais, pelo que parece estar a referir-se ao funcionamento da assembleia geral. O n.º 3 do mesmo artigo, ao referir-se às *golden shares*, parece confirmar a ideia de que a solução dos n.os 1 e 2 se aplica, de facto, apenas ao conselho de administração, e porventura por isso a solução teve bem menos popularidade do que a da consagração de *golden shares*. A dificuldade de interpretação desta regra ainda se agrava quando atentamos que os n.os 1 e 2 se referem a especiais prerrogativas de um "administrador nomeado pelo Estado", parecendo estar pressuposto que o Estado tem esse direito de nomeação. Ora, não o tem por nenhuma das vias estabelecidas neste artigo 15º (sendo certo que o n.º 3 prevê a possibilidade de ser estabelecido um veto do Estado em "outras deliberações", e sendo incontestável que entre essas deliberações poderão estar as de eleição dos órgãos sociais, daqui pode resultar um direito do Estado em sede de eleição de administradores, mas que não será um direito de designação). Há quem entenda que esse direito resultava do anterior DL 76-C/75 que, assim, não estaria revogado – Jorge Manuel Coutinho de Abreu, *Da empresarialidade: as empresas no direito* (Coimbra: Almedina, 1996). Alternativamente, a interpretação da regra poderá passar pela referência à existência de direitos dos administradores nomeados pelo Estado, quando os houver. Vd. Pedro Maia, *Voto e corporate governance*, 43-45.

[343] As *golden shares* são ações de categoria especial para efeitos da economia jus-societária, como resulta claro dos exemplos que expressamente citamos, embora com algumas particularidades. São ações de categoria especial de que o Estado é titular e por referência às quais são consagrados direitos especiais porque o Estado, tipicamente em processos de privatização, impôs tais direitos

As *golden shares* foram abolidas do sistema jurídico nacional com a aprovação do DL n.º 90/2011, diploma que surge na sequência da Decisão do Acórdão do TJUE sobre o tema de 8 de julho de 2010[344] e, mais em particular, na sequência da aprovação do memorando assinado em maio de 2011 com a designada *troika*. Não resta, por isso, à data, nenhum caso de *golden shares* no sistema jurídico português[345].

---

no processo de privatização. E é aqui que radica o problema destes tipos de direitos. São ações com uma configuração que resulta do âmbito e sistema da Lei-Quadro das Privatizações, mas que vão buscar, com algumas entorses, o seu regime ao CSC. Isto confunde-se muitas vezes com outro tema, que é o facto de existir, na consagração dos direitos, um caráter *intuito personae* – estes direitos são atribuídos ao Estado, por imposição do Estado, em função das caraterísticas subjetivas do titular dos direitos especiais. Trata-se, no entanto, de uma particularidade do processo genético de emissão das ações que, sob o ponto de vista societário (sabemos que é diferente quando verificamos quais as consequências que resultam destas características no confronto com o Direito Comunitário), não tem mais que consequências laterais no conteúdo das ações (tipicamente, tem, primeiro, o efeito de fazer com que estes direitos tenham a sua origem num ato legislativo e, segundo, o efeito de fazer com que os direitos especiais se percam se as ações forem transmitidas para ente não público). É por isso que este caráter *intuito personae* não afasta a aplicação técnica do n.º 4 do artigo 24° do CSC e, nesse sentido, não é materialmente diferente de um direito especial que seja atribuído a um acionista tecnológico ou a um acionista fundador. É uma ação privilegiada com especialidades (perdoe-se a redundância), mas essas especialidades não são suficientes para a retirar deste universo. Entendendo, diferentemente, que as *golden shares* não são ações com direitos especiais para efeitos do n.º 4 do art. 25º do CSC, vd. Cristiano Dias, "Os direitos especiais dos sócios nas sociedades anónimas: as "golden shares"", *RDS* (2011), 767-768; Nuno Cunha Rodrigues, *Golden-shares. As empresas participadas e os privilégios do Estado enquanto accionista minoritário* (Coimbra, 2004), 259-261. Custa-nos a entender esta posição (compreendendo, claro, as dificuldades e imprecisões terminológicas que o tema gera), sobretudo quando nada se retira dela em termos de conteúdo e se continua a aplicar as regras sobre categorias de ações, com as adaptações impostas (Nuno Cunha Rodrigues, *Golden-shares. As empresas participadas e os privilégios do Estado enquanto accionista minoritário*, 359 e ss).

[344] O percurso feito pelo TJUE é longo. Desde finais dos anos 50 que o Tribunal se pronunciou várias vezes sobre a regra da liberdade de movimentação de capitais. A partir os finais dos anos 90, o Tribunal começou especificamente a pronunciar-se, inicialmente de forma ainda não muito decidida, sobre o tema das ações privilegiadas detidas pelo Estado, o que foi ficando claro com decisões de 2002 e, sobretudo, com as decisões de 2006 contra a Holanda e com o caso Volkswagen. Existiram ainda várias outras decisões relevantes, nomeadamente os processos contra a Itália, no caminho até à decisão de 2010. Vd., com uma descrição de cada um destes processos, Navid Anderson, *Stimmrechtsproportionalität im Aktienrecht*, 137-150; vd. ainda Nadia Gaydarska, "The Legality of the 'Golden Share' under EC Law", *Maastricht Faculty of Law* 5 (2009); Martha O'Brien, "Case C-326/07 Commission of the European Communities v. Italian Republic, Judgment of the Court of Justice (Third Chamber) of 26 March 2009, Not yet Reported", *Common Market L. Rev.* 47 (2010).

[345] Existe abundante literatura sobre o tema, quer em Portugal, quer no estrangeiro. Sobre a primeira, vd. por todos Pedro Albuquerque e Maria de Lurdes Pereira, *As golden shares do Estado português em empresas privatizadas: limites à sua admissibilidade e exercício* (Coimbra, 2006); Nuno Cunha Rodrigues, *Golden-shares. As empresas participadas e os privilégios do Estado enquanto accionista minoritário*;

Subsistem, porém, situações com algumas semelhanças, sobretudo formais, e, por vezes, causadores de sérias dúvidas interpretativas. É o caso da consagração de diferentes classes de ações, reservando a uma das classes, já não direitos políticos especiais típicos de uma posição minoritária, mas antes a necessidade de as ações corresponderem a uma posição maioritária, mais sendo estabelecido que estas ações devem ficar sempre na propriedade do Estado e de entes públicos. Assim, o privilégio do Estado não será tanto um direito especial exercível perante certo tipo de deliberações, mas antes a condição de ser o único ente que, de acordo com as regras aplicáveis, pode ter uma posição maioritária.

Um bom exemplo disto mesmo pode ser identificado nos estatutos da Águas do Mondego – Sistema Multimunicipal de Abastecimento de Água e de Saneamento do Baixo Mondego, SA, aprovados pelo DL n.º 172/2004, de 17 de julho, em que o artigo 5º prevê a emissão de ações de duas categorias, mais estipulando que "as acções da classe A devem representar, sempre e pelo menos, 51% do capital social com direito a voto, e delas apenas podem ser titulares entes públicos, tal como definidos na alínea e) do n.º 2 do artigo 1º da Lei n.º 71/88, de 24 de Maio, ou municípios utilizadores dos sistemas multimunicipais de cuja exploração e gestão a sociedade seja concessionária". Outro exemplo pode ser detetado nos estatutos da Águas do Centro Litoral, SA, aprovado pelo DL n.º 92/2015[346], de 29 de maio, em que, depois de consagrar três classes de ações, os n.os 2 e 3 do seu artigo 7º dispõem que "as ações da categoria A apenas podem ter como titulares entes públicos, entendidos estes nos termos da alínea e) do n.º 2 do artigo 1.º da Lei n.º 71/88, de 24 de maio, e municípios utilizadores do sistema ou entidades de natureza intermunicipal onde aqueles participem e que o capital da sociedade pode ainda ser representado por ações da categoria C, as quais apenas podem ser detidas pela AdP — Águas de Portugal, SGPS, S. A., por sociedades de capitais exclusivamente públicos e maioritariamente por esta participadas e pelos municípios que tenham celebrado contratos de parceria para exploração".

Ricardo Serra Correia, "Os direitos especiais à luz do CSC e do direito da União Europeia – Algumas reflexões", *ROA* (2013), 1403 e ss.; Cristiano Dias, "Os direitos especiais dos sócios nas sociedades anónimas: as "golden shares"", 766 e ss.

[346] Existem diversos outros casos, sempre com redações semelhantes. Por exemplo, sem preocupações de exaustão, temos regras deste tipo nos estatutos das sociedades Águas de Santo André, SA, Águas do Algarve, SA, Águas da Região de Aveiro, Serviço de Águas da Região de Aveiro, SA.

Como referido, nestes casos o "privilégio" corresponde à obrigatoriedade de entes públicos deterem ações representativas da maioria. Não será por isso de estranhar que em ambos os exemplos apresentados o sistema disponha que as ações da classe A apenas poderão ser transmitidas a favor de entes públicos, de modo que a transmissão de ações em violação da regra legitimadora é nula[347]. Por isso referíamos que a solução se aproxima das *golden shares* por razões eminentemente formais. É que esta solução é, mais que um privilégio para os detentores (em rigor, para aqueles com legitimidade para serem detentores) das ações de "categoria especial", uma limitação para os demais e, assim, é uma solução que está mais próxima de um *ownership cap* (com recorte subjetivo) do que propriamente de um direito especial ou de uma *golden share*[348].

[347] Já outras regras que visam completar o sistema são de interpretação bastante mais difícil. Por exemplo, o n.º 5 do art. 6º dos estatutos da Águas do Mondego dispõe que caso as ações da classe A possam, pela ocorrência de qualquer facto, designadamente pela ocorrência de qualquer das situações referidas no n.º 1 do artigo 9º (amortização de ações), passar a representar uma percentagem do capital social com direito a voto inferior aos ditos 51%, a sociedade deverá proceder imediatamente a um aumento de capital social por emissão dessa classe, de forma a garantir o cumprimento daquela percentagem. Ora, esta regra é de muito difícil apreensão, não apenas pela estranha obrigação (que parece ser cominada à sociedade) de deliberação de um aumento do seu próprio capital social, mas, sobretudo, por não se vislumbrar qualquer obrigação dos acionistas titulares de ações A de subscreverem e realizarem o dito aumento de capital.

[348] As regras citadas parecem levar longe de mais a disposição do n.º 4 do art. 24º, segundo a qual nas sociedades anónimas os direitos especiais só podem ser atribuídos a categorias de ações e transmitem-se com estas. O entendimento generalizado segundo o qual os direitos especiais, no regime societário nacional, não podem ter configuração subjetiva (ao contrário do que acontece em outras legislações), não nos leva a entender que também as limitações à aquisição e detenção de ações não possam ter idêntica configuração subjetiva. De facto, não é assim. Regras como por exemplo o n.º 1 do art. 9º dos antigos estatutos da PT, que previam um *ownership* cap não universal segundo o qual os acionistas concorrentes apenas podiam ser titulares de ações ordinárias representativas de mais de 5% do capital social se para tal fossem autorizados pela assembleia geral, não são limitadas pela regra do citado art. 24.4 do CSC. Outro exemplo, agora com aplicação a todas as ações, é o do n.º 2 do art. 4º dos estatutos da Caixa Geral de Depósitos segundo o qual *as ações representativas do capital social só poderão pertencer ao Estado*. Uma regra como as citadas dos estatutos da Águas do Mondego e da Águas do Centro Litoral, a não ser entendida como uma *ownership cap* (embora não universal), mas como um direito especial, sempre cairia na proibição de intransmissibilidade do "direito especial" com a transmissão das ações, já que tal "direito especial" não está nas ações, mas na qualidade do adquirente/titular das ações. O único ponto em que se consegue vislumbrar um verdadeiro e próprio direito especial passa pela existência de direitos de preferência especiais dentro de cada classe de ações – nos termos dos n.os 5 e 6 dos estatutos da Águas do Centro Litoral, SA, *existe direito de preferência na transmissão de ações da categoria A e da eventual categoria C a favor dos acionistas titulares da mesma categoria de ações, exceto se a transmissão for realizada a favor de algum município*; e *os acionistas titulares de ações da categoria A têm direito de preferência na alienação de ações nominativas da categoria B*. Para mais desenvolvimentos, vd. *infra* 23.2.

III. O caso das *ações especiais* é diferente, embora o destino do instrumento seja semelhante, já que apenas foram emitidas uma única vez e também não subsistem.

A Lei n.º 63-A/2008, aprovada na sequência da crise de 2008, veio estabelecer um conjunto de medidas "de reforço da solidez financeira das instituições de crédito no âmbito da iniciativa para o reforço da estabilidade financeira e da disponibilização de liquidez nos mercados financeiros". Entre as medidas aprovadas, o art. 4º da Lei previa a capitalização das instituições de crédito num conjunto de opções, uma das quais era o aumento de capital realizado mediante a emissão de ações preferenciais sem voto e ações com direitos especiais. Dispunha então o n.º 4 desse artigo que "no caso da (sic) operação de capitalização ser efetuada através da emissão de acções preferenciais sem voto, o direito ao dividendo prioritário a que se refere o artigo 341.º do Código das Sociedades Comerciais é previamente fixado por portaria do membro do Governo responsável pela área das finanças".

Nunca se recorreu ao instrumento e, por isso, nunca as regras do instrumento financeiro foram fixadas. Passados cerca de quatro anos a Lei n.º 4/2012 veio, pela terceira vez, alterar a Lei n.º 63-A/2008 (a Lei n.º 4/2012 ainda veio a ser alterada pela Lei n.º 1/2014, que procedeu à oitava alteração) e, nos n.os 5 e 6 do art. 4º e no art. 4º-A, regular as então designadas *ações especiais* –"a criação de ações especiais previstas no número anterior não está sujeita a previsão estatutária expressa"; as ações especiais "estão sujeitas ao regime das ações ordinárias, exceto na medida em que conferem direito a um dividendo prioritário"; "o investimento público a realizar nos termos dessa lei devia ser adequadamente remunerado, cabendo a fixação dos critérios de remuneração a Portaria a emitir pelo membro do Governo responsável pela área das finanças"[349].

Estas *ações especiais* são, em síntese, ações que asseguram ao seu titular uma posição de socialidade semelhante às ações ordinárias, acrescendo a essa posição *ordinária* um direito especial ao dividendo. São "super-ações" na componente patrimonial, da mesma forma que as ações com voto plural são

---

[349] Dispunha o art. 4º-A (já na versão de 2014) que, no caso de emissão destas *ações especiais*, a remuneração do investimento público baseia-se, em particular, nos seguintes critérios: a) o preço de mercado das ações; b) o desconto considerado adequado e suficiente a aplicar nas injeções de capital, por referência ao montante do investimento público em relação ao nível de fundos próprios existente à data desse investimento e à percentagem de ações especiais sem direito a voto. No caso da operação de recapitalização do BANIF – que corresponde, salvo erro, ao único caso em que foram emitidas ações deste tipo –, os termos desses direitos foram fixados pelo Despacho n.º 1527-B/2013.

"super-ações" na componente política. É certo que a técnica de intensificação do direito é diferente – no caso das *ações especiais* o direito ao dividendo prioritário não é calculado por mera referência ao dividendo dos demais acionistas, mas por critérios próprios (podendo por isso acontecer, por exemplo, que o *acionista especial* não tenha também direito ao dividendo), quando na ação com voto plural se calcula a intensificação do direito por mera referência às demais ações (ações com o dobro, o triplo, o quádruplo, dos votos conferidos pelas demais ações) –, mas o efeito económico da intensificação pode ser muito semelhante em termos finais[350].

8.5. Instrumentos contratuais

I. Instrumentos contratuais passam sobretudo pela figura dos acordos parassociais, regulados expressamente, quer na nossa legislação societária (art. 17º do CSC), quer na de mercado de capitais (art. 19º do CVM). Trata-se de um mecanismo muito popular na maior parte das jurisdições europeias e que, sob o ponto de vista regulatório, é geralmente aceite.

Em Portugal, curiosamente, vivemos num momento em que o instrumento, que já foi objeto de grande popularidade no universo das grandes sociedades cotadas como forma de procurar encontrar termos de flexibilização de regras mais rígidas resultantes da lei ou dos estatutos, é pouco usado; não será alheio a este facto o fenómeno de enorme concentração de capital das sociedades cotadas a que já fizemos referências. Das dezoito sociedades que, à data, compõem o PSI, e compulsando os relatórios de governo de 2019[351], em dezasseis casos temos informação expressa de desconhecimento da existência de acordos parassociais que tenham a emitente por objeto – Altri, CTT, Corticeira Amorim, EDP, EDP Renováveis, Galp, Ibersol, Millennium BCP, Mota-Engil, Navigator, NOS, Pharol, REN, Semapa[352], Sonae Capital e Sonae SGPS.

---

[350] Vd. Paulo Olavo Cunha, "Os novos direitos especiais: as acções especiais", in *II Congresso de DSR* (Almedina, 2012).

[351] À data da consulta apenas estavam disponíveis os relatórios de 2018 da Corticeira Amorim e Mota-Engil. Não inserimos referência expressa para os endereços de todos os relatórios consultados para facilitar a leitura deste texto, muito embora os mesmos estejam facilmente acessíveis a partir do *site* da CMVM.

[352] O caso da SEMAPA é, de alguma forma, especial, uma vez que o Relatório de Governo escreve que "a sociedade tem apenas conhecimento da contínua e assumida coordenação de exercício de direitos de voto mencionada no ponto 7. infra e dos quais resulta uma imputação à Sodim, SGPS,

Apenas encontramos referência à existência de acordos parassociais nos casos da Jerónimo Martins, em que se dá conta de que "a Sociedade Francisco Manuel dos Santos, SGPS, S.A. domina a Sociedade Francisco Manuel dos Santos B.V., por poder exercer os correspondentes direitos de voto nos termos de acordo parassocial", e da NOS, em que se escreve sobre o acordo celebrado entre os acionistas da ZOPT, a qual é titular de mais de 50% do capital social e dos direitos de voto da NOS[353].

II. Como já referido, conceitualmente os acordos parassociais não representam uma distorção ao princípio *one share, one vote,* ainda que, tendo por objeto a regulação e coordenação do direito de voto das partes, produzam efeitos relevantes de alteração da regra de proporcionalidade – é assim quer analisemos a participação do acionista de forma isolada, quer analisemos a participação dos membros do grupo. Dito isto, é inquestionável que a coordenação de comportamentos prevista pelos acordos parassociais sobre voto permite aos acionistas atingirem em conjunto o que, proporcionalmente, não conseguiriam com recurso apenas aos votos inerentes à sua posição. Para além disto, podem ser conjugados com outros CEM, criando efeitos coordenados muito relevantes – é o que aconteceu durante muito tempo na estrutura de controlo da GALP, em que a maioria dos votos estava agrupada num acordo parassocial que juntava três acionistas – Amorim Energia, ENI e CGD –, sendo que num desses acionistas, a Amorim Energia, o controlo era assegurado em mais que um nível, numa estrutura piramidal.

9. *One share, one vote* na UE

9.1. Do Relatório Winter à Diretiva das OPA

I. O tema da proporcionalidade entre direitos de voto e *cash flow rights* entrou abrupta e ruidosamente na agenda europeia a partir do primeiro relatório do *High Level Group of Company Law Experts,* geralmente designado Relatório Winter, e das discussões mantidas na sequência da não aprovação

S.A., a 31 de dezembro de 2019, de 72,147% dos direitos de voto não suspensos, superior à percentagem de 71,348%, que resulta das relações de domínio diretas e indiretas". Esta mesma imputação de votos foi expressamente assumida no recente processo de OPA da Sodim à Semapa (2021).

[353] Este acordo foi, entretanto, terminado (https://web3.cmvm.pt/sdi/emitentes/docs/FR76688.pdf).

pelo Parlamento Europeu, em 4 de julho de 2001, da proposta de Diretiva sobre OPA[354]. Em setembro de 2001, a Comissão constituiu um grupo de *High Level Company Law Experts* com o objetivo de iniciar a discussão sobre a reforma do direito societário europeu, ao qual foi dado um duplo mandato – analisar as observações produzidas durante a tramitação da proposta de Diretiva sobre OPA e dirigir à Comissão um conjunto de recomendações para a modernização do direito societário europeu. Cumprindo o mandato, este grupo produziu dois diferentes Relatórios – o designado *Report of the High Level Group of Company Law Experts on Issues Related to Takeover Bids*, apresentado em janeiro de 2002[355]; e o designado *A Modern Regulatory Framework for Company Law in Europe: A Consultative Document of the High Level Group of Company Experts*[356]. O documento a que nos referimos é o primeiro.

Cabe recordar que uma das principais razões para o chumbo da proposta apresentada pela Comissão resultou, apesar do acordo que havia sido obtido no *Conciliation Committee*, das regras sobre limitações impostas à conduta da administração da sociedade visada durante o processo da oferta e, em particular, por causa da regra segundo a qual a administração da visada teria de obter o acordo prévio dos seus acionistas para adotar medidas defensivas. Esta rejeição da solução resultava não tanto de uma posição de partida sobre a bondade da mesma, mas antes da constatação de existência de assimetrias relevantes entre as sociedades admitidas à negociação em cada Estado-Membro, e ainda entre estas e as sociedades norte-americanas (e respetivos regimes jurídicos), que tornavam a adoção de uma regra comum especialmente penalizadora para algumas dessas sociedades[357].

---

[354] O processo está descrito em Jorge Brito Pereira, "Ofertas Públicas de Aquisição concorrentes", 12. Para desenvolvimentos, Guido Ferrarini, "One Share–One Vote: A European Rule?"; Klaus J Hopt, "Die internationalen und europarechtlichen Rahmenbedingungen der Corporate Governance", 57-58; Eddy Wymeersch, "The Takeover Bid Directive – Light and Darkness", *Financial Law Institute* (2008), 933 e ss.; António Menezes Cordeiro, *Direito europeu das sociedades* (Almedina, 2005), 515-527; Daniela Baptista, *A atuação concertada como fundamento de imputação de direitos de voto no mercado de capitais*, 28-32; Luís Manuel Teles de Menezes Leitão, "As medidas defensivas contra uma oferta pública de aquisição hostil", *O Direito* (2007), 458; João Cunha Vaz, *As OPA na União Europeia face ao novo código dos valores mobiliários*, 51-54.

[355] https://papers.ssrn.com/sol3/papers.cfm?abstract_id=315322.

[356] https://www.eerstekamer.nl/eu/documenteu/a_modern_regulatory_framework_for/f=/vgklizzpd9we.pdf.

[357] Os principais temas em crise retiram-se do próprio mandato conferido ao Grupo de Alto Nível, nomeadamente a apresentação de propostas para garantir a inexistência de assimetrias relevantes entre as sociedades admitidas à negociação em cada Estado-Membro no que respeita ao tratamento igualitário dos acionistas (em rigor, como se retira do texto do Relatório, o que está em causa é

Foi a partir daqui que o Relatório Winter procedeu à análise das melhores formas para fazer desaparecer essas assimetrias, propondo, no seu primeiro texto, a adoção de uma denominada *breakthrough rule*, baseada em dois princípios fundamentais – o princípio segundo o qual a palavra final, numa oferta de aquisição, deve sempre ser dos acionistas, não cabendo à administração da sociedade impedir essa tomada de posição pelos destinatários da oferta; e o princípio segundo o qual deve existir proporcionalidade entre o acesso ao controlo da sociedade e a medida dos riscos assumidos por cada acionista, ou seja e simplificando, que a medida do capital social que confere direito à maioria dos dividendos e à maioria da quota de liquidação deve ser também aquele a quem é conferido o controlo da sociedade. Estes princípios deviam também ser aplicados a medidas preventivas de ofertas de aquisição hostis.

II. O Relatório deixava a recomendação de, num conjunto de contextos no âmbito da regulamentação das ofertas públicas de aquisição[358] e, em particular, nos casos em que inexistisse proporcionalidade entre os direitos patrimoniais e os direitos de voto, sendo por isso mais difícil ao oferente assumir o controlo da sociedade por o mesmo não corresponder à mera aquisição de mais de metade das ações votantes, ser introduzida uma regra que permitisse ao oferente de uma oferta de aquisição geral derrogar os

---

sobretudo a proporcionalidade entre o direito de voto e os direitos patrimoniais ou, visto por outra perspetiva, as barreiras jurídicas ao sucesso de ofertas de aquisição); a definição de "preço equitativo" para ser pago aos acionistas minoritários; e o direito de aquisição potestativo. A regra segundo a qual o conselho de administração da sociedade visada era obrigado a obter o acordo dos acionistas antes de poder adotar um conjunto de medidas de defesa contra uma OPA hostil e, mais em particular, a inexistência de uma regra paralela nos EUA, assim sendo criadas condições distintas para sociedades oferentes norte-americanas com visadas europeias e oferentes europeias com sociedades visadas norte-americanas, era o tema crítico. Recorde-se que o atribulado processo da OPA hostil da Vodafone sobre a Mannesman tinha sido encerrado (com sucesso) pouco tempo antes, em 2000, o que não deixou de ter um impacto significativo no processo (isto retira-se do próprio texto da Diretiva e dos seus Considerandos). Sensivelmente no mesmo sentido (e acrescentando o tema da proteção dos trabalhadores), vd. António Menezes Cordeiro, "OPAs obrigatórias: pressupostos e consequências da sua não-realização", *RDS* (2011), 936-937.

358 Este ponto é relevante e muitas vezes esquecido. O Relatório deixa claro que o tratamento do princípio de proporcionalidade não seria geral, devendo antes ser restrito ao tema das ofertas de aquisição, uma vez que um tratamento geral teria implicações relevantes na forma como as sociedades cotadas são controladas e geridas. Por isso, o Relatório assinala que qualquer ponderação sobre o tratamento geral do princípio teria de ser precedido de uma avaliação mecanismo a mecanismo e jurisdição a jurisdição. Vd. Guillermo Guerra Martín, "Las limitaciones al número máximo de votos en las sociedades cotizadas", 44 e ss.

instrumentos que têm por objetivo frustrar a oferta desde que adquirisse percentagem de ações significativa. Defende-se no Relatório que essa percentagem não deveria ser fixada em mais de 75% do capital social.

9.2. *Do* action plan *de 2003 ao Estudo do ISS de 2007*

I. A proposta da regra de *breakthrough* para casos de não proporcionalidade foi objeto de críticas diversas[359] e acabou por ter um impacto muito limitado na versão final da Diretiva[360]. Sem prejuízo, é incontestável que a Diretiva das OPA, não adotando o princípio da proporcionalidade como regra geral, ou sequer como modelo ideal, acaba por ter essa ideia implícita em várias passagens. O caso mais evidente é a regra do art. 10º e a obrigação de

[359] As críticas derivavam especialmente das seguintes razões – os acionistas que perdiam as vantagens não eram compensados pela perda; o próprio funcionamento da regra, que acabava por fazer com que medidas desenhadas para limitar movimentos oportunistas no contexto de tomadas de controlo agressivas perdessem eficácia, precisamente, no contexto de uma oferta de aquisição; do facto de serem deixadas de fora estruturas conducentes ao mesmo objetivo, como é o caso das estruturas de controlo piramidais; e do facto de serem poucas as sociedades na Europa às quais a regra se aplicaria, sendo deste modo a mesma dotada de uma eficácia muito restrita. Para mais desenvolvimentos e para referências bibliográficas adicionais vd., por todos, Guido Ferrarini, "One Share–One Vote: A European Rule?", 3-5.

[360] A Diretiva foi finalmente aprovada em 2004 (Diretiva 2004/25/CE). O art. 12º veio dispor que "Os Estados-Membros podem reservar o direito de não exigir que as sociedades a que se refere o n.º 1 do artigo 1°, com sede social nos respetivos territórios, apliquem o disposto nos n.os 2 e 3 do artigo 9°e/ou no artigo 11°", correspondendo este artigo 11º à concretização da mencionada *breakthrough rule*. Nos termos da mesma regra, sempre que os Estados-Membros façam uso dessa faculdade devem dar às sociedades com sede social nos respetivos territórios a opção de aplicar o disposto no artigo 11°. Por fim, "os Estados-Membros podem dispensar as sociedades que apliquem os n.os 2 e 3 do artigo 9° e/ou o artigo 11°da aplicação destas disposições se forem alvo de uma oferta lançada por uma sociedade que não aplique os mesmos artigos ou por uma sociedade controlada, direta ou indiretamente, por uma dessas sociedades, nos termos do artigo 1.° da Diretiva 83/349/CEE". Ou seja, a regra será aplicada quando os Estados não exercerem o seu direito de *opt-out* ou quando as sociedades exercerem o seu direito de *opt-in*, e, em qualquer caso, sujeito a um princípio de reciprocidades. No caso português, esses efeitos limitados constam do art. 182º-A do CVM, explicado no preâmbulo do DL 219/2006 da seguinte forma – "(...) o legislador nacional opta, no novo artigo 182.º-A, por um regime ponderado, atenta mais uma vez a argumentação que defende uma maior liberdade de circulação de capitais em contraponto com a que defende o primado da autonomia privada". Alguns autores, numa expressão que me parece descrever bem a realidade, falam de uma solução *descafeinada*. Vd. Maria Isabel Sáez Lacave, "Control Enhancing Mechanisms, Minority Control, and One-Share-One Rule (Blindajes, Control Minoritario y la Regla Una Acción-Un Voto)", *InDret* 1 (2011), 4; entre nós, vd. Luís Manuel Teles de Menezes Leitão, "As medidas defensivas contra uma oferta pública de aquisição hostil", 466 e ss.

transparência sobre um conjunto de desvios ao princípio da proporcionalidade, que estão muito para além daquilo que seria normal esperar numa Diretiva sobre OPA[361].

Apesar disso, a verdade é que a controvérsia associada à proposta da *breakthrough rule* colocou na ordem do dia, na Europa, o tema da proporcionalidade entre direitos patrimoniais e direito de voto – a reflexão sobre o princípio *uma ação, um voto*. Por outro lado, o facto de a reflexão subsequente em sede de reforma do Direito das Sociedades e regras de *governance* ter ficado ancorada às conclusões dos dois relatórios, especialmente pelo segundo, conduziu o processo no mesmo sentido.

II. E foi assim que, em maio de 2003, o *Action Plan on Company Law and Corporate Governance* veio deixar claro o entendimento a este propósito – "A Comissão entende que se justifica fortemente, enquanto objetivo de médio a longo prazo, pretender instituir uma verdadeira democracia dos acionistas na UE. O estudo comparativo sobre os códigos de governo das sociedades relevantes para a UE demonstrou que os códigos neste domínio tendem a subscrever o princípio "uma ação/um voto", apesar de muitos deles favorecerem alguma flexibilidade neste contexto. (...) a Comissão observa que quaisquer iniciativas neste sentido, que visariam observar uma maior proporcionalidade entre a participação no capital social e o controlo, conforme recomendado pelo Grupo de Alto Nível no seu primeiro relatório sobre as questões relacionadas com as ofertas públicas de aquisição, exigiriam um estudo prévio. Por conseguinte, a Comissão tenciona realizar um estudo, a curto ou médio prazo, sobre as consequências resultantes de uma abordagem deste tipo"[362].

A Comissão veio então, num processo protagonizado pelo Comissário Charlie McCreevy, propor a realização de um estudo sobre os desvios ao

---

[361] Há quem vá mais longe e considere que a regra do art. 10º (e do art. 14º) é uma forma de harmonização encapotada e que assuma efetivamente que este princípio de proporcionalidade foi, por esta via, recebido. Por exemplo, vd. Heribert Hirte, "The Takeover Directive – A mini-Directive on the structure of the corporation: Is it a trojan horse?", *European Company and Financial Law Review* 2, no. 1 (2005). O Considerando 19º da Diretiva e o seu art. 11º vão no mesmo sentido, embora tenham uma leitura que acaba por não ser correspondida com a regra do art. 12º (regime facultativo). É, em todo o caso, uma discussão que perdeu a atualidade, pois ainda que na primeira década do século XXI fosse esse o caminho que estava a ser trilhado – o que, diga-se, não nos parece nada claro –, os anos subsequentes encarregaram-se de mudar a sua orientação.

[362] Sobre o Plano, vd., por todos, Klaus J Hopt, "European Company Law and corporate governance: Where does the Action Plan of the European Commission lead?", *ECGI-Law*, no. 52 (2005).

princípio da proporcionalidade nos países da UE. Esse estudo foi liderado pelo ISS, associado ao ECGI, à Shearman & Sterling e a diversos académicos, e foi publicado em maio de 2007, dando-nos, pela primeira vez com tal magnitude, importantes elementos de observação da realidade europeia[363]. Na mesma altura, outros grupos de trabalho chegaram a conclusões alinhadas. O European Corporate Governance Forum publicou um relatório sobre o tema em agosto de 2007, não propondo qualquer proibição dos instrumentos de quebra de proporcionalidade e aconselhando, pelo contrário, o reforço da transparência; outras medidas deveriam ficar sujeitas a análise subsequente[364]. O OECD Steering Group on Corporate Governance alinhou a sua posição com estas conclusões[365].

É certo que, na sequência, aliás, do que propõe o estudo, a Comissão entendeu não tomar qualquer iniciativa ao nível de Diretiva, ou sequer de Recomendação, considerando que, com o atual nível de conhecimento, os riscos potenciais de uma iniciativa desse tipo sobre os acionistas controladores não seriam proporcionais aos seus benefícios[366]. Aliás, o próprio Comissário Charles McCreevy pronunciou-se expressamente sobre o tema declarando que não havia necessidade de adoção de qualquer medida material pela Comissão e que, por isso, o debate ficava fechado a nível comunitário[367].

No mesmo ano, em 2007, a Diretiva dos Direitos dos Acionistas – Diretiva 2007/36/CE –, apesar de anunciar no seu preâmbulo visar "reforçar os direitos dos acionistas de sociedades cotadas" e pretender ver "eliminados os

---

[363] O Relatório, diga-se, vale bastante mais pelo percurso expositivo que faz do que propriamente pelas conclusões formais a que chega, e que se restringem a seguinte: (i) a maioria dos investidores vê os CEM de forma negativa; (ii) os CEM vistos de forma mais negativa são as ações privilegiadas, *golden shares*, ações com voto plural e tetos de voto; (iii) não há acordo, sequer entre os institucionais, sobre a melhor forma de lidar com os CEM (sendo certo que os mesmos implicam um desconto); (iv) o único ponto em que há acordo é no entendimento que os CEM devem ser tratados casuisticamente e que deve haver mais transparência.

[364] http://ec.europa.eu/DocsRoom/documents/14881/attachments/8/translations/en/renditions/native.

[365] https://www.oecd.org/daf/ca/corporategovernanceprinciples/oecdexaminestheissueofproportionalityandcorporategovernance.htm.

[366] A posição resulta do entendimento que não existe fundamento teórico nem empírico para sustentar a imposição absoluta da regra de proporcionalidade. Quanto aos fundamentos teóricos, vd. Mike Burkart e Samuel Lee, "The one share-one vote debate: a theoretical prespective", *ECGI Finance working* (2007). Quanto aos fundamentos empíricos, vd. Renée Adams e Daniel Ferreira, "One share-one vote: The empirical evidence", *Review of Finance* 12, no. 1 (2008).

[367] https://www.europarl.europa.eu/sides/getDoc.do?pubRef=-//EP//TEXT+CRE+20070312+ITEM-023+DOC+XML+V0//EN&language=EN.

obstáculos ao exercício do direito de voto pelos acionistas", acaba por passar ao lado do tema. Começava a inverter-se o caminho.

9.3. *O* action plan *de 2012*

I. Em 2010, a Comissão Europeia encarregou um novo grupo de reflexão de ponderar o futuro do direito societário europeu, tendo o grupo apresentado o seu relatório em abril/maio de 2011[368]. Este documento vem a estar na base do *Action Plan* aprovado no dia 12 de dezembro de 2012[369]. A análise exaustiva do Plano de Ação vai muito para além dos objetivos desta exposição. Cabe, no entanto, salientar diversas passagens relevantes desse documento que impactam diretamente no tema em análise.

O Plano começa por identificar as principais linhas de ação que a Comissão pretende empreender. As duas primeiras estão proximamente relacionadas com o nosso tema: primeiro, aumentar a transparência; segundo, fomentar a participação dos acionistas no governo das sociedades.

Em relação ao reforço da participação dos acionistas, o documento qualifica a participação efetiva e sustentável dos acionistas como "uma das pedras angulares do modelo de governo das sociedades cotadas que depende, nomeadamente, de controlos e equilíbrios entre os diferentes órgãos e partes interessadas". Para tal, avança com as seguintes linhas principais de atuação: primeiro, melhor supervisão dos acionistas relativamente à política de remuneração; segundo, melhor supervisão pelos acionistas das transações com partes relacionadas; terceiro, regulamentar a atividade (com incidência no voto) dos consultores; quarto, clarificação da relação entre cooperação dos investidores sobre questões ligadas ao governo das sociedades e a noção de ação concertada; quinto, participação dos trabalhadores no capital.

Por diferentes palavras: por um lado é certo que o Plano de Ação deixa clara a necessidade de melhor alinhar os interesses dos acionistas – em rigor, de os incentivar a participar mais ativamente na vida da sociedade –, por outro lado, diagnostica que "existe a perceção de falta de interesse dos acionistas em assumir a responsabilidade da gestão das suas decisões e ações, agravado pelo facto de, aparentemente, muitos deles só deterem as ações durante um curto período de tempo", negligenciando as preocupações antes refletidas

---

[368] José Engrácia Antunes, "Novos rumos do direito societário europeu – «Report of the Reflection Group on the Future of EU Company Law»".

[369] https://eur-lex.europa.eu/LexUriServ/LexUriServ.do?uri=COM:2012:0740:FIN:EN:PDF.

no princípio de proporcionalidade. É por isso excessivo afirmar que decorre do *Action Plan* a sugestão de introdução de instrumentos que visem fomentar este alinhamento e, sobretudo, incentivar a visão de médio e longo prazo dos acionistas, como é o caso das ações com voto plural ou das ações de lealdade[370].

II. Esses objetivos vão sendo progressivamente expostos de forma mais clara e ganham nos anos subsequentes crescente densidade. Em março de 2013, o Livro Verde sobre o Financiamento a Longo Prazo da Economia Europeia[371] dá um passo suplementar ao escrever – "Foram igualmente aventadas ideias para incentivar uma maior participação dos acionistas a longo prazo, nomeadamente diferentes possibilidades de concessão de direitos de voto ou dividendos adicionais aos investidores a longo prazo, que poderiam justificar uma análise mais aprofundada".

III. Já a Diretiva dos Direitos dos Acionistas de 2017[372] é bastante explícita em relação a esse ponto. Desde logo porque começa por salientar que "o envolvimento efetivo e sustentável dos acionistas é um dos pilares do modelo de governo das sociedades cotadas, que depende de controlos e equilíbrios entre os vários órgãos e as várias partes interessadas. Um maior envolvimento dos acionistas no governo das sociedades é um dos instrumentos que pode contribuir para um melhor desempenho financeiro e não financeiro das sociedades, inclusive no que se refere aos fatores ambientais, sociais e de governo, tal como referido, designadamente, nos Princípios para o Investimento Responsável promovidos pelas Nações Unidas. Além disso, um maior envolvimento de todas as partes interessadas, em particular dos trabalhadores, no governo das sociedades é um fator importante para garantir

370 Emanuele Bajo, Massimiliano Barbi et al., "Bolstering Family Control: Evidence from Loyalty Shares", *ECGI*, no. 619 (2019); José Engrácia Antunes, "Novos rumos do direito societário europeu – «Report of the Reflection Group on the Future of EU Company Law»", 351 e ss.

371 https://eur-lex.europa.eu/legal-content/PT/TXT/PDF/?uri=CELEX:52013DC0150&from=HR.

372 Em 2007, a Diretiva 2007/36/CE veio estabelecer um conjunto de requisitos para o exercício de certos direitos dos acionistas associados às ações com direito de voto nas assembleias gerais das sociedades com ações admitidas à negociação num mercado regulamentado situado ou em funcionamento num Estado-Membro. Esta Diretiva de 2017 altera aquele primeiro instrumento, o que a leva a ser geralmente designada de Segunda Diretiva dos Direitos dos Acionistas ou Diretiva de Direitos dos Acionistas II. Sobre a transposição para o direito português vd. António Menezes Cordeiro, "A Diretriz 2007/36 de 11 de julho (accionistas de sociedades cotadas): Comentários à proposta de transposição", *ROA* 70, no. 1 (2008).

uma abordagem a mais longo prazo por parte das sociedades cotadas, que deve ser incentivado e tido em conta". Depois, afirma que "uma abordagem de médio a longo prazo é um fator essencial para uma gestão responsável dos ativos". Depois, como diz o artigo 1º da Diretiva, "a presente diretiva estabelece os requisitos do exercício de certos direitos dos acionistas associados a ações com direito de voto nas assembleias gerais das sociedades que têm sede social num Estado-Membro e cujas ações estão admitidas à negociação num mercado regulamentado situado ou em funcionamento num Estado-Membro. Estabelece também requisitos específicos destinados a incentivar o envolvimento dos acionistas, em particular a longo prazo".

Por diferentes palavras, do Plano de Ação de 2003 para o de 2012 e, sobretudo, para a Diretiva dos Direitos Acionistas de 2017, a agenda da Comissão muda drasticamente, não apenas pelo abandono explícito do primado *uma ação, um voto,* mas sobretudo pela clara abertura de portas a instrumentos que, derrogando este princípio, funcionem como auxiliares no alinhamento do interesse dos acionistas com os interesses de médio e longo prazo da sociedade. Ao fazê-lo, a Comissão junta-se a uma onda de combate ao designado *short-termism*[373].

---

[373] Klaus J Hopt, "Corporate Governance in Europe: A Critical Review of the European Commission's Initiatives on Corporate Law and Corporate Governance", *NYUJL & Bus.* 12 (2015). Os problemas gerados por uma visão de curto-prazo, obrigando as cotadas a apresentar resultados trimestrais, pressionadas pelos movimentos diários da cotação, são intuitivos e não pedem grandes desenvolvimentos. É geralmente entendido que a criação empresarial de valor a longo prazo (pensamos em particular, em medidas como o *return on invested capital* e, noutra medida, o *total shareholder return*), sendo do interesse da sociedade sob o ponto de vista de sustentabilidade, corresponde à melhor forma de maximização da posição dos acionistas e dos demais *stakeholders*. Dito isto, é incontestável que existem pressões de *short termism* em qualquer sociedade cotada e que estas tenderão a diminuir quando a administração tenha o apoio de um acionista controlador (menos sensível às flutuações de cotação de curto prazo). Um exemplo: o indicador de *earnings per share* – EPS – é muitas vezes prejudicado, pelo menos durante algum tempo, por diluição dos resultados, quando uma sociedade cotada decide fazer uma aquisição; é hoje razoavelmente consensual que não existe ligação entre a obtenção de um melhor ou pior EPS e o valor criado por uma transação; não obstante, o impacto de curto prazo no EPS é uma das razões que leva as sociedades a avançar ou não avançar com aquisições. Os exemplos podiam facilmente ser multiplicados e não serão certamente alheios ao episódio de julho de 2008, em que a Google apresentou resultados, no segundo trimestre, 2% inferiores àquilo que era o consenso dos analistas, e sofreu a maior queda na cotação desde a data do IPO (12%), passando por temas como as alterações de critérios contabilísticos, o tratamento do *goodwill* ou a realização de operações de *stock split* ou de *reverse stock split*. Vd. Tim Koller, Marc Goedhart et al., *Valuation: measuring and managing the value of companies*, 12 e ss. e, sobretudo, 337-380; W Shuangge, "Shareholder Primacy and Corporate Governance: Legal Aspects, Practices and Future Direction", 27.

Não se pretende que o tema do primado do *one share, one vote* tenha desaparecido do debate europeu. Primeiro, o atual movimento de consagração de um crescente espaço de liberdade na regulação desta matéria pelos acionistas acabará inevitavelmente por nos conduzir a um momento em que, para combater abusos, ou por quaisquer outras razões, o tema voltará à agenda. Experiências como a norte-americana mostram isso mesmo e, por isso, nunca se pode dizer que um vento deste tipo inverteu definitivamente. Segundo, mantém-se hoje um forte debate sobre várias vertentes do princípio da proporcionalidade (embora em variantes bem mais moderadas que passam, sobretudo, pela discussão sobre os seus limites), a que, aliás, voltaremos várias vezes neste texto. Por isso, apenas pretendemos exprimir que os termos em que o tema foi colocado até 2007, ou seja, na ponderação das vantagens de adoção de medidas legislativas para consagrar a imperatividade dessa regra de proporcionalidade, estão hoje plenamente ultrapassados[374].

10. Desenvolvimentos recentes na União Europeia

10.1. França (remissão)

A partir de abril de 2014, por força da aprovação da Lei n° 2014-384, de 29 de março (designada *Loi Florange*), o regime regra francês para as sociedades emitentes de ações admitidas à negociação em mercado regulamentado passou a ser o da estipulação de ações de lealdade, cabendo às sociedades cotadas que pretendam adotar o princípio *one share, one vote* fazer o *opt-out* desse sistema, através da aprovação pelos acionistas de deliberação derrogatória após a entrada em vigor desta Lei. Esta deliberação, correspondendo a uma alteração de estatutos, requer maioria qualificada e teria de ser aprovada até ao dia 31 de março de 2016[375]. Voltaremos a este novo regime francês com maior desenvolvimento.

[374] Vd. entre nós, por exemplo, no mesmo sentido Paulo Câmara, "Governação societária e influência acionista: sinais de mudança", in *Acionistas e Governação da Sociedade* (Almedina, 2019), 28 e ss.

[375] Também na Bélgica foi aprovado, em março de 2019, um novo *Code des Sociétés et des Associations* que prevê a possibilidade de consagração de ações de categoria especial com voto plural e, no caso das sociedades anónimas cotadas em mercado regulamentado, prevê a possibilidade de majoração do voto (até dois votos).

10.2. Itália (remissão)

Em 2014, por força da aprovação do DL n.º 91, de 24 de junho, foi alterado o art. 2351º do Código Civil e introduzido um novo art. 127º *quinquies* no TUF. De uma penada, o legislador italiano introduziu no sistema jurídico as ações com voto plural – para as sociedades fechadas, muito embora as regras não caduquem caso a sociedade venha subsequentemente a realizar um IPO – e as ações de lealdade – para as sociedades cotadas –, simultaneamente abrindo um novo espaço de autonomia privada e rompendo com uma tradição muito marcada, com quase um século, de claro conservadorismo na aceitação de derrogações estatutárias ao princípio *one share, one vote* que, sem estranheza, continua a funcionar como regra geral supletiva.

10.3. Portugal – o DL n.º 20/2016, de 20 de abril[376]

I. Portugal teve há poucos anos um movimento na direção contrária do caminho apontado pelo *Action Plan* de 2012 e pela Diretiva dos Acionistas II, com a aprovação do DL n.º 20/2016, de 20 de abril. Este diploma introduziu no RGIC um novo artigo 13º-C, o qual obriga os acionistas a rever a manutenção da blindagem dos estatutos a cada cinco anos; mais dispunha que as assembleias gerais das instituições de crédito que tivessem tetos de voto teriam de deliberar até ao final do ano civil de 2016 sobre a manutenção ou revogação desses tetos, sob pena de caducidade dos mesmos. Trata-se de regra que, nos termos do preâmbulo do Diploma, visaria criar condições para "atrair investimento relevante, designadamente investimento estrangeiro"[377], e atuar no âmbito do modelo de governo das sociedades, intervindo "no campo específico dos limites ao exercício dos direitos de voto por parte dos acionistas, com vista a promover a sustentabilidade das empresas e devolver a sua capacidade de tomada de decisões estratégicas".

---

[376] Seguiremos as posições expostas em Jorge Brito Pereira, "O Decreto-Lei nº 20/2016, de 20 de Abril", in *O Novo Direito dos Valores Mobiliários* (Almedina, 2017), para onde remetemos para mais desenvolvimentos.

[377] Não é fácil perceber o sentido do preâmbulo do Diploma. Isto porque nada na análise empírica permite sustentar que a existência de *voting caps* e, de forma mais geral, a existência de estruturas acionistas em que o controlo esteja mais dividido, permite captar menos investimento (sobretudo fora de processos aquisitivos, sobretudo nos casos em que estes são competitivos) do que nos casos em que tais limitações não existam.

II. De forma simples, o novo regime dispõe que a manutenção ou revogação de limites à detenção ou ao exercício dos direitos de voto dos acionistas de instituições de crédito deve ser objeto de deliberação dos acionistas, pelo menos, uma vez em cada período de cinco anos, fixando que os limites à detenção ou ao exercício dos direitos de voto em vigor caducam automaticamente no termo de cada período de cinco anos se, até ao final do mesmo, não for tomada deliberação sobre a matéria aí referida. Como "cereja no topo do bolo", o regime vem ainda dispor que a deliberação sobre a manutenção ou revogação de limites à detenção ou ao exercício dos direitos de voto dos acionistas de instituições de crédito, quando proposta pelo órgão de administração, não está sujeita a quaisquer limites à detenção ou ao exercício de direitos de voto, nem a quaisquer requisitos de *quorum* ou maioria agravados relativamente aos legais.

III. Trata-se de um estranho momento para que o legislador nacional venha tomar posição sobre esta matéria e de uma posição, ainda para mais, num sentido que, como acabámos de verificar, se afasta das posições dominantes que foram sendo tomadas após a forte discussão do início do século XX.

Não nos cabe analisar detidamente o tema[378]. Em todo o caso, as razões principais que nos levam a manifestar uma forte reserva ao conteúdo do DL n.º 20/2016 são as seguintes. Primeiro, a discussão sobre a *breakthrough rule* está hoje amainada e não se vislumbra razão para, ainda para mais tendo tomado a opção que foi tomada no âmbito da Diretiva das OPA, vir inverter a posição tomada. Segundo, o DL n.º 20/2016, mesmo aceitando a ideia da *breakthrough rule,* enferma dos piores defeitos que foram apontados à regra, em particular pelo facto de os acionistas aos quais são retiradas as vantagens não serem compensados[379], além de deixar de fora outras soluções conducentes ao mesmo objetivo. Terceiro, o DL tem uma dinâmica de funcionamento que é inexplicável, já que, dispondo que a "manutenção ou revogação de limites à

---

[378] Paulo Câmara, *Manual de direito dos valores mobiliários,* 699; Jorge Manuel Coutinho de Abreu, "De novo a banca – tetos de voto; gestores públicos a céu aberto", *DSR* (2017), 13 e ss.; Joana Torres Ereio, "One share, one vote – Os tetos de voto e as alterações introduzidas pelo Decreto-Lei nº 20/2016", *Actualidad Juridica* (2016); Jorge Brito Pereira, "O Decreto-Lei nº 20/2016, de 20 de Abril", 161 e ss.

[379] A desapropriação forçada da posição do acionista sem pagamento de compensação gera claros problemas de constitucionalidade da norma. Vd., para mais desenvolvimentos, José Ferreira Gomes e Nádia Reis, "O Decreto-Lei n.º 20/2016 e a desblindagem dos estatutos das instituições de crédito: um diploma à prova de bala?", 352-354.

detenção ou ao exercício dos direitos de voto dos acionistas de instituições de crédito deve ser objeto de deliberação dos acionistas, pelo menos, uma vez em cada período de cinco anos", vem de seguida dispor que a "deliberação prevista no número anterior, quando proposta pelo órgão de administração, não está sujeita a quaisquer limites à detenção ou ao exercício de direitos de voto, nem a quaisquer requisitos de quórum ou maioria agravados relativamente aos legais". Ou seja, para que a *breakthrough* funcione é necessário que o conselho de administração assim o queira, o que tipicamente acontecerá quando, por qualquer razão, o acionista já tenha uma influência sobre o Conselho que lhe permita obter tal deliberação. Quarto, é inexplicável a aplicabilidade da regra apenas a instituições de crédito[380].

10.4. A revisão do Código dos Valores Mobiliários

De referir, por fim, a revisão do CVM e a introdução, para as sociedades cotadas, de um regime de voto plural. Como consta do preâmbulo do diploma, as razões para a alteração legislativa são claras: "para melhorar a atratividade e competitividade do nosso mercado, prevê-se a possibilidade de emissão de ações com direito ao voto plural. Esta possibilidade constitui um instrumento adicional de promoção da dispersão do capital em mercado, à disposição das sociedades que já estão em mercado, mas também daquelas que pretendem ser admitidas pela primeira vez". Voltaremos a este regime, já descrito nos seus traços essenciais, com maior detalhe.

---

[380] Em sentido contrário, Ana Perestrelo de Oliveira, *Manual de direito das sociedades* (Almedina, 2018), 116-117, que escreve – "O setor bancário é especialmente sensível e, nele, justifica-se com mais intensidade a preocupação de não manter blindagens que deixem de corresponder à vontade de tal maioria qualificada: os incentivos à boa gestão alargam-se e são aqui particularmente importantes para os interesses em jogo". Não se negam as especialidades do setor bancário, sobretudo ao nível da organização do governo societário, admitindo até que se justifica a referência, com alguma autonomia, a um *direito das sociedades bancárias*. Não se vislumbra, porém, o que é que tais áreas mais sensíveis ganharão em ver facilitada a concentração de capital e a formação de blocos de controlo ou, de outra forma, em que é que esta concentração de capital incentiva a *boa gestão*, sobretudo num mercado como o nacional em que a elevada dispersão de capital é provavelmente o único problema que não sentimos. Paulo Câmara, *Manual de direito dos valores mobiliários*, 700, escreve que esta delimitação negativa apenas é compreensível à luz do enquadramento histórico da aprovação deste DL. Jorge Manuel Coutinho de Abreu, "De novo a banca – tetos de voto; gestores públicos a céu aberto", 16-17, questiona-se também sobre a razão que leva o legislador a, considerando benéfica a regra, não a alargar a todas as sociedades anónimas ou, no mínimo, às sociedades cotadas.

IV
Risk decoupling – a desconstrução económica da ação

11. *Decoupling* positivo e *decoupling* negativo

I. A expressão *risk decoupling*[381] descreve um conjunto de operações que permitem dissociar, por redução ou majoração, em qualquer dos sentidos, os direitos de voto e a exposição económica inerente às ações, deste modo alterando a proporcionalidade nominal ou aritmética societariamente fixada – qualquer que ela seja – entre os fatores.

A detenção de uma participação de capital votante implica, primeiro, exposição ao risco da atividade social e, segundo, confere o direito de participar nas votações no colégio de sócios. Sendo o direito aos dividendos e o poder de voto de cada acionista uma medida que traça esse direito, que o

[381] *Decoupling* – dissociação, separação ou desacoplação – não tem tradução fácil para língua portuguesa e por isso utilizaremos a expressão inglesa, mais vulgarizada. A expressão é sobretudo usada em *corporate finance* para descrever o comportamento de uma classe de ativos (ou mais em geral, de um mercado) que está correlacionado com o de outra classe de ativos e que, por alguma razão, perde essa relação (aquilo que se designa como *creation of gaps*). É à relação aritmética, ou proporção, entre *cash flow rights* e direitos de voto (qualquer que ela seja), que a correlação respeita; é essa relação que é alterada pelas estratégias de *risk decoupling*. Alguns autores parecem considerar *decoupling* e *empty voting* como expressões sinónimas, o que não é exato, já que o *empty voting* descreve, e apenas parcialmente, uma das dimensões do *decoupling*. As expressões *empty voting* e *hidden ownership* foram usadas pela primeira vez, e popularizadas, por Henry TC Hu e Bernard Black, "The new vote buying: empty voting and hidden (morphable) ownership", *S. Cal. LR* (2005). Como explicaremos, essas expressões, apesar de sugestivas e graficamente interessantes, não são precisas e por isso também não as usaremos habitualmente.

reparte, a partir de um universo, há sempre uma relação aritmética entre esses dois fatores, ainda que a relação não passe, em alguns casos, por uma proporção direta ou não seja homogénea para todas as ações – por isso falamos de uma proporcionalidade nominal ou aritmética. E é essa relação, qualquer que ela seja, que, uma vez implementada uma estratégia de *risk decoupling*, se quebra[382]. Daqui resulta então que a combinação de estratégias de *decoupling* com estruturas de *control enhancing mechanisms* pode potenciar, ou atenuar, o efeito de dissociação.

É razoável assumir que, em normalidade, as decisões de investimento resultam de uma análise custo-benefício que tem em consideração, por um lado, os riscos inerentes à posição assumida e, por outro, as vantagens que se espera dela retirar; tudo em função do custo, direto e indireto, que será suportado. Infere-se daqui que as decisões do acionista na gestão da sua participação – por exemplo, a decisão de comparecer à assembleia geral, de contratar assessores para preparar a sua participação na assembleia e decidir o seu sentido de voto, de apoiar certa proposta ou ação concertada, de promover uma lista para os órgãos sociais ou um movimento de aquisição do controlo da sociedade – têm normalmente por referência, ainda que nem sempre imediata ou direta, os riscos económicos inerentes à posição. Daí resulta uma ponderação que é feita pelo investidor/acionista, em cada momento, e que avalia, em particular, os ganhos esperados de uma qualquer estratégia, os riscos antecipados e os custos (diretos e indiretos) da atuação; e que é assumida como referencial da sua atuação racional.

A solução regulada *by default* pela generalidade dos sistemas jurídicos – a solução que se reflete, quase sem exceção, na consagração do regime supletivo e que, em alguns casos, é elevada a solução injuntiva (mas sempre com exceções) – parte do alinhamento proporcional entre a exposição económica e a posição de socialidade. Já vimos também que, ponderando as vantagens e as

[382] O *decoupling* realiza-se sempre como produzindo um resultado sintético por recurso a instrumentos negociais que quebram essa relação, o que significa que não existe uma verdadeira e objetiva cisão dos direitos inerentes à ação; voltaremos a este ponto em maior detalhe. É nesse sentido que referimos adiante que o *decoupling* é sempre específico, concreto, com efeitos estritamente entre as partes contratantes e durante o período contratado, enquanto os *control enhancing mechanisms* são em regra gerais, abstratos e sistemáticos (mesmo naqueles casos em que o seu recorte é feito a partir de critérios subjetivos como acontece, por exemplo, com as *golden shares;* não será assim em casos como os acordos parassociais). Neste sentido, as estratégias de *decoupling* estão para além do problema da conceção da *propriedade acionista* em que é possível isolar os direitos patrimoniais dos direitos políticos, como assinala alguma doutrina. Giulio Sandrelli, *Innovazione finanziaria ed esercizio del voto* (EGEA, 2017), 2-5.

desvantagens dessas soluções, nomeadamente o desconto que a solução pode importar na avaliação feita pelos investidores, podem os acionistas, como um todo, optar por diferentes alinhamentos entre os fatores dessa proporção, que funcionam como formas de desconstrução jurídica – de exceção – da regra de proporcionalidade.

Existem, no entanto, para além destas, diversas formas de desconstrução, já não jurídica (geral, externa, abstrata e sistemática), mas económica (específica, interna, concreta, com efeitos estritamente entre as partes contratantes e durante o período contratado) deste alinhamento, às quais chamamos *risk* ou *equity decoupling*. Trata-se assim, como referíamos, de uma expressão genérica que abrange um conjunto vasto e variado de estratégias que passam, em síntese, por duas tipologias diferentes, na relação entre risco e voto, de *decoupling* – aqueles casos em que se reduz, anula ou, até, inverte o risco económico, mantendo intacto o direito de voto correspondente à participação acionista formal; e aqueloutros em que o investidor preserva os direitos económicos inerentes à participação sem que tenha a propriedade formal das ações, ou seja, gerando uma situação em que os direitos económicos do investidor (a que já não chamamos propositadamente acionista)[383], são proporcionalmente maiores que os seus direitos de voto. Para os casos em que o investidor tem proporcionalmente mais direitos de voto do que interesse/risco económico usamos a expressão *negative decoupling;* para os casos em que o investidor tem um interesse/risco económico proporcionalmente superior aos seus direitos de voto usamos a expressão *positive decoupling*.

II. Tratando-se, ambos, de casos de dissociação económica da relação entre o poder político do acionista e a sua exposição ao risco, o *negative* e o *positive decoupling* revelam configurações estruturais muito distintas no

[383] A questão não é apenas conceitual e, apesar de ser desenvolvida adiante, merece uma nota suplementar. Não qualificamos este investidor como acionista porque ele não detém necessariamente qualquer participação social e por isso não está investido numa posição de socialidade como a do acionista; não por não ter direitos de voto. Economicamente, o investidor quinhoa no sucesso ou insucesso da atividade social, podendo até fazê-lo numa proporção, face ao valor do investimento, maior que aquela que resulta da participação acionista; tudo isto, já se sabe, sem que lhe seja outorgado qualquer direito de voto. Sob este ponto de vista, a sua posição é assimilável à de outros *stakeholders* (uns acionistas e outros não) como, por exemplo, a dos acionistas preferenciais sem voto, a dos titulares de instrumentos financeiros obrigatoriamente convertíveis em *equity* ou até, num nível diferente, a dos promitentes adquirentes de uma participação social em que o preço está fixado. Por diferentes palavras, esse interessamento é relevante, mas não chega para qualificar a posição do investidor como acionista.

que respeita à relação jurídica entre o investidor e a sociedade participada. Entende-se facilmente a razão para isso.

Nos casos de *negative decoupling*, o investidor tem, formalmente, a qualificação de acionista e está investido na posição de socialidade que resulta das ações por ele detidas, o que implica também, na relação com a sociedade, ter a legitimação que tal qualificação lhe confere. Sem prejuízo, pretendendo reduzir, eliminar ou inverter a sua exposição aos riscos económicos inerentes à participação de que é titular, desenvolve uma estratégia de redução ou cobertura do risco económico. Mas isso em nada bule com a sua posição formal de acionista que, muitas vezes, é a única que, da perspetiva da sociedade participada, é visível.

Já nas posições de *positive decoupling* não é, de todo, assim. Nestes casos, o interesse económico do investidor não é acompanhado da sua investidura numa específica posição de socialidade, antes resultando de uma relação contratual com uma contraparte (que será, ela sim, em alguns casos, acionista da sociedade em referência). Nos casos de *positive decoupling*, o investidor não é, por efeito da sua exposição, visível do ponto de vista da sociedade participada (poderá sê-lo por outras razões, nomeadamente pelo cumprimento de regras de transparência) e, por efeito do *decoupling*, não tem qualquer relação jurídica com a sociedade (poderá tê-la por razões distintas).

III. Os casos de *negative decoupling* abrangem, por um critério de cobertura de risco, três subtipos. Na generalidade dos casos, o investidor numa posição de *negative decoupling* é titular de direitos de votos proporcionalmente superiores à posição económica que lhe cabe; pode acontecer, no entanto, que o investidor anule completamente o risco da sua posição, mantendo os direitos de voto, caso em que não terá qualquer benefício da valorização da sua participação, mas também não terá prejuízos da sua desvalorização; e pode acontecer, por fim, que o *hedging* realizado seja de tal magnitude que (já não se podendo qualificar *proprio sensu* como *hedging*) o investidor, mantendo o seu poder de voto, fique investido numa posição de "exposição negativa" em que lucrará se as cotações baixarem de preço (e, normalmente, terá prejuízo se as mesmas subirem) – é aquilo a que se chama *negative voter*. Percebe-se que este último subtipo, em que o acionista se mantém titular dos direitos de voto inerentes à sua participação, vota em assembleia geral como se de um qualquer acionista se tratasse, mas beneficia da pior *performance* da sociedade participada, por exemplo por queda das cotações (e perde valor com a melhor *performance* da sociedade participada), é aquele que gera mais problemas de compatibilidade com o sistema jurídico e com a arquitetura que subjaz à sua construção.

O *negative decoupling* corresponde então à implementação de uma posição em que o investidor reduz o risco inerente a uma participação de capital, enquanto preserva os seus direitos de voto. E isto pode resultar de diversas razões – por exemplo, porque o investidor pretende exercer esses votos oportunisticamente numa assembleia, mas não quer assumir os riscos (muitas vezes, antecipados) de uma desvalorização da participação; ou porque, por alguma razão, quer fazer o *hedging* do risco de cotação durante certo período sem perder o seu poder; por vezes até, em casos mais patológicos, porque quer exercer o seu direito de voto para que, sendo tomada uma deliberação com um efeito imediato negativo para a cotação, seja gerado um lucro por ter a sua relação de poder/risco invertida (ou para que tenha um lucro com outra participação por ele detida).

Os casos de *positive decoupling* cobrem geralmente dois subtipos: o *positive decoupling stricto sensu,* em que o investidor tem um interesse económico proporcionalmente superior aos direitos de voto respetivos, podendo mesmo não ter qualquer direito de voto[384]; e os casos de *hidden morphable ownership* em que o investidor mantém, por alguma forma, o direito ou a faculdade de dar instruções ao proprietário formal das ações quanto ao exercício dos direitos políticos, transformando-se assim num verdadeiro titular oculto da participação[385].

---

[384] Os casos de *positive decoupling* também podem ser agrupados em função do interesse económico do investidor, muito embora o critério tenha menos justificação aqui que no *negative decoupling.* Uma vez que nos casos de *positive decoupling* o investidor não é acionista, não existe uma exposição económica *a priori* que, por efeito de contratação, possa ser reduzida, anulada ou invertida. Isto retira expressividade ao agrupamento em função do interesse económico.

[385] Estes casos não são, em rigor, casos de *positive decoupling,* apesar da proximidade formal e de serem habitualmente qualificados como tal. O *positive decoupling,* por assumir que o investidor tem uma exposição económica proporcionalmente superior aos votos que lhe são atribuídos (ou, na verdade, que o investidor tem uma exposição económica e, por não ter qualquer titularidade de ações, não tem quaisquer direitos de voto), pressupõe que, nesse *delta* que corresponde à desproporção, o investidor não tenha acesso às ações, não tenha o direito de as adquirir – o que afasta desde logo os derivados com liquidação física (pelo menos quando o preço de exercício não desconsidere a exposição económica ao risco entre o momento da contratação e o momento do exercício) – e não tenha qualquer acordo, tácito ou expresso, sobre o exercício do voto dessas ações. Sabe-se que, em muitos casos, não é assim e que estas estratégias de *positive decoupling* são usadas ou para camuflar uma detenção por terceiro (caso em que se acorda ou subentende a existência de um direito de dar instruções em relação ao exercício do direito de voto) ou para camuflar uma aquisição por terceiro por conta de outrem, o que nos remete para o universo dos acordos parassociais, estando

As estratégias de *positive decoupling* têm motivações inversas e são usadas, por exemplo, se o investidor pretender aumentar a sua exposição económica sem a correspondente titularidade de direitos de voto, o que normalmente tem na origem razões de natureza jurídica (contratuais ou regulatórias) e pode ser resultado do facto de o *positive decoupling*, em algumas das suas variantes, não estar sujeito a obrigações de informação de participação qualificada e, sobretudo, de durante muito tempo não ter estado sujeito a tais regras de transparência.

IV. Se é certo que as estratégias de *decoupling* estão teoricamente à disposição de investidores de qualquer perfil ou origem[386], percebe-se que, pela sua complexidade, riscos e sofisticação sejam normalmente usadas por investidores institucionais e, de entre estes, por *hedge funds*[387]. E aqui o tema

---

previamente acordado que essas ações serão oportunamente reconduzidas à esfera jurídica do principal. De acordo com a generalidade dos sistemas jurídicos, e em particular no caso do direito nacional, a existência de acordos que permitam que o *hidden owner* transmita instruções de voto ou assegure a recuperação da sua participação após o decurso de um período (habitualmente incorporando no preço as vicissitudes do período em que a participação esteve em mãos de terceiro que, assim, assume uma mera posição formal de acionista naquilo que é um negócio de estrita natureza financeira), geram situações de imputação (ou equivalente) que, face a certos limiares, obrigam a comunicação ao mercado. O direito português vai ainda mais longe e, nos termos do nº 3 do art. 19.º do CVM, declara "anuláveis as deliberações sociais tomadas com base em votos expressos em execução dos acordos não comunicados ou não publicados nos termos dos números anteriores, salvo se se provar que a deliberação teria sido adotada sem aqueles votos".

386 Nem todas as estratégias de *decoupling* estão à disposição de qualquer investidor. Pode-se, no entanto, afirmar sem grandes dúvidas que a popularização do mercado de derivados teve como consequência que os efeitos económicos das estratégias de *decoupling* estejam efetivamente à disposição de qualquer investidor, sendo o acesso generalizado a estes instrumentos financeiros uma das caraterísticas mais marcantes dos mercados modernos (hoje, corretoras *online* como a Robinhood, alicerçada numa plataforma tecnológica revolucionária, na *gamification* do investimento, numa nova lógica de obtenção de lucros e que foi protagonista de um dos maiores e mais importantes IPO de 2021, dedicam-se sobretudo a esse segmento de mercado – vd. https://www.sec.gov/Archives/edgar/data/1783879/000162828021013318/robinhoods-1.htm). Isso não obsta a que mantenhamos a frase no texto que, no essencial, se mantém correta. Os derivados são popularmente usados por pequenos e médios investidores como um sucedâneo do investimento *equity (long* ou *short)* e não tanto como parte de uma estratégia de *decoupling*, como exporemos em maior detalhe.

387 A União Europeia regulou pela primeira vez de forma integrada os *hedge funds* com a aprovação da Diretiva 2011/61/UE relativa aos gestores de fundos de investimento alternativos (AIFM *Directive*). No entanto, a Diretiva aborda sobretudo temas como a supervisão dos gestores dos fundos e temas de risco macro prudenciais, sendo geralmente ausente em relação a temas de regulação da atividade destes fundos, o que é, aliás, objeto de acesas críticas por várias fontes; é assim marcada a ausência de regulação em relação ao recurso a estratégias como as que se descrevem no texto. Vd. por exemplo

ganha proximidade com o que já escrevemos a propósito do ativismo de certos investidores institucionais e, em particular, destes veículos de investimento mais agressivos. Diga-se, aliás, o que não será uma surpresa, que os mais conhecidos e controversos casos de *risk decoupling* envolvem este tipo de investidores e daí resultam logo boas razões para a associação que, não sendo necessária, será prevalente.

Primeiro, porque a finalidade genérica de retorno absoluto dos *hedge funds* é especialmente congruente com estas estratégias de *decoupling* que, como referido, estabelecem dissociação em vários sentidos e em vários níveis de intensidade. Segundo, porque os *hedge funds,* naquilo que em alguns casos foi um comportamento bastante típico, desenvolveram várias estratégias de investimento em que surgiam como detendo posições acionistas relevantes – e, nessa medida, compareciam em assembleias gerais importantes – sem que, no entanto, isso implicasse que tivessem assumido o inerente risco de capital, sabendo-se, como referido, que as estratégias de *decoupling* são particularmente apropriadas para esse tipo de estratégia. Finalmente, porque a típica agressividade e sofisticação dos *hedge funds* é particularmente adequada a este tipo de estratégias, surgindo neste tipo de investidores a disponibilidade, mesmo cultural, para procurar trilhar caminhos novos, muitas vezes levando o sistema jurídico a testes de pressão a que não havia sido antes sujeito.

Trata-se, no entanto, de um mero caso de afinidade cultural. Nada existe na estrutura jurídica das estratégias de *risk decoupling,* ao contrário do que pode parecer, que as transforme num instrumento especulativo reservado para movimentos agressivos de *hedge funds.* Refira-se, aliás, que a maior parte destas estratégias e instrumentos são, ontologicamente, antes de armas especulativas à disposição de investidores agressivos e sofisticados, instrumentos de *risk hedging* à disposição de investidores conservadores e prudentes. Por diferentes palavras, as estratégias de *decoupling* não são, em si mesmas, boas ou más; a utilização que delas é feita, sim, pode ter externalidades, ou seja, efeitos colaterais, para quem não participa na contratação que subjaz ao *decoupling,* positivos ou negativos[388].

Wolf-Georg Ringe, "Hedge funds and risk decoupling: The empty voting problem in the European Union". Sobre os desafios de regulação para os *hedge funds* vd. por todos, entre nós, Paulo Câmara, *Manual de direito dos valores mobiliários,* 933 e ss.; Tiago Bessa, "Crise, Regulação e Supervisão de hedge funds", 880 e ss.; Alexandre de Soveral Martins, "Sustentabilidade das empresas, «gafanhotos» e «alcateias de lobos»", 29-36.

[388] Esta valorização *ética* das estratégias de *decoupling,* muito marcada por diversos episódios que, em maior ou menor medida, colidiram com a visão tradicional dos mercados de investidores *mainstream,*

V. Como referido, as estratégias de *risk decoupling* partilham um comum sentido funcional com os desvios jurídicos ao princípio *one share, one vote*, os designados CEM. Isso resulta desde logo do facto de, sendo formas de exceção à regra geral de proporcionalidade entre direito de voto e *cash flow rights* ou, simplificando, formas de desconstrução jurídica, num caso, e de desconstrução económica, noutro, cumprirem funções económicas que podem ser aproximadas e gerar problemas sistemáticos que são, em alguma medida, aproximados. Dito isto, distinguem-se em diversos pontos essenciais.

Primeiro, os desvios jurídicos revelam instrumentos regulados pelo direito societário ou pelo direito dos valores mobiliários externos ao acionista e aplicáveis, para além dele, ao ecossistema societário; quando estes desvios económicos são sobretudo o resultado de uma estratégia individual do investidor e que, por isso, produz efeitos apenas por relação à sua pessoa[389]. Segundo, os desvios jurídicos são geralmente – ou pelo menos deviam ser – transparentes perante o mercado (transparentes por natureza), quando estes desvios económicos são muitas vezes opacos, sobretudo se realizados abaixo dos patamares relevantes de comunicação de participações qualificadas. Terceiro, os desvios jurídicos podem quebrar a proporção entre *voting rights* e *cash flow rights*, mas, mesmo nas soluções mais agressivas, provocam um efeito económico tipicamente menos agressivo que o *risk decoupling*, já que nunca

foi corrente e deve ser liminarmente afastada; é, aliás, a partir desta valorização *ética* que se construiu boa parte do debate sobre a proibição de adoção destas estratégias. Contrapõem-se habitualmente casos como o da OPA lançada em 2006 pela Henderson Land sobre a Henderson Investment – e que foi bloqueada por um conjunto de acionistas minoritários liderados por um *hedge fund* que tinha construído uma posição de *negative decoupling*, em que beneficiava da queda do preço das ações –, como exemplo de um recurso eticamente reprovável, e casos como o da Laxey, em 2007 – em que o recurso a estratégias de *decoupling* serviu para influenciar virtuosamente a administração. Vd. Jordan M Barry, John William Hatfield et al., "On derivatives markets and social welfare: A theory of empty voting and hidden ownership", *Virginia LR* 99 (2013), 1-6; Caroline Coupet, *L'attribution du droit de vote dans les sociétés*, 191-192.

[389] No contraponto, cabe salientar que a generalidade dos produtos financeiros associados ao *equity risk decoupling* dependem de o instrumento financeiro de referência, normalmente a ação, ter uma razoável liquidez. De outra forma, o risco (sobretudo para a contraparte) associado ao produto financeiro, estando muito marcado pela iliquidez do ativo subjacente, fará com que o seu custo seja incomportável, retirando boa parte da racionalidade económica à sua utilização. Escusado será dizer que os níveis de liquidez existentes no mercado nacional são, em regra, pouco compatíveis com este tipo de produtos que, por isso, têm um campo de aplicação limitado a apenas algumas ações do PSI.

permitem anular o risco de investimento ou até, no limite, criar posições de interesse negativo[390].

São significativos os desafios que as estratégias de *risk decoupling*, em particular aquelas com recurso a derivados, colocam à disciplina do governo societário. De forma sumária, e com Ana e Madalena Perestrelo de Oliveira[391], daqui pode resultar uma visão distorcida da base acionista e dos verdadeiros titulares de interesses económicos, ou seja, problemas de informação e transparência, daqui podem resultar distorções na hora de formação da vontade da assembleia, pelo facto de aqueles, ou alguns daqueles, que estão a exercer o direito de voto não serem os investidores com exposição económica ao sucesso ou insucesso da atividade da empresa (podendo até por vezes ter um interesse económico negativo), desafios em sede de ofertas públicas e temas relevantes de conflitos de interesses, ou seja, problemas de formação da vontade dos órgãos da sociedade. Voltaremos a vários destes temas.

VI. Tal como acontece ou aconteceu com outras estratégias passíveis de abuso ou de instrumentalização mais agressiva, a proibição – ou a implementação de medidas fortemente dissuasoras – das estratégias de *risk decoupling* já esteve algumas vezes sobre a mesa. Podemos dizer que hoje são vozes

[390] Outra realidade de que se afastam é a das estratégias de *debt risk decoupling*, que se referem aos casos em que um credor social, tipicamente obrigacionista, mantém a sua posição formal como credor, mas neutraliza o risco de crédito (ou até o inverte) através de derivados de crédito, normalmente CDS ou *collateralized debt obligations*. Aquilo a que se chama, com alguma apropriação do conceito anterior, *empty creditors* ou técnicas de *debt decoupling*. A lógica económica das estratégias é semelhante: no *negative equity risk decoupling*, o acionista mantém formalmente a sua posição de sócio, mas deixa de estar exposto ao risco de flutuação do preço da ação; no *negative debt risk decoupling* o credor mantém formalmente a posição de credor, mas deixa de estar sujeito ao risco de crédito (e o mesmo pode acontecer na posição simétrica de *acionista oculto* e de *credor oculto*). Os problemas que o primeiro caso revela em sede de votação em assembleia geral, e os problemas que o segundo caso revela em sede de processos falimentares, têm algum paralelismo (sobretudo no que respeita ao alinhamento de incentivos). Estes casos estão, porém, fora da nossa análise. Vd. Charles K Whitehead, "Creditors and debt governance", in *Research Handbook on the Economics of Corporate Law* (Edward Elgar Publishing, 2012); Kenny Koa, *Gläubiger ohne Risiko: der Empty Creditor im deutschen Insolvenzrecht*, vol. 17 (Nomos Verlag, 2020), sobretudo 50-108. É possível combinar os dois universos, *debt* e *equity*, construindo estratégias de *risk decoupling* híbridas. Henry TC Hu e Bernard Black, "Debt, equity and hybrid decoupling: Governance and systemic risk implications", *European Financial Management* (2008).

[391] Ana Perestrelo de Oliveira e Madalena Perestrelo de Oliveira, "Derivados financeiros e governo societário: a propósito da nova regulação mobiliária europeia e da consulta pública da ESMA sobre empy voting", 63-64.

minoritárias as que defendem tal posição. Reconhecendo os problemas e desafios que este tipo de estratégias origina no universo do governo societário, a posição dominante passa antes pela ponderação da melhor forma de lidar com tais problemas e desafios nos vários patamares em que são colocados, como sejam regras de transparência, consequências de casos de abuso, etc.

No entanto, parte da doutrina assume que tais problemas e desafios são de tal forma estruturantes que não existe forma para, razoavelmente, lidar com eles, e que, por isso, a única reação efetiva do sistema deve passar pela proibição deste tipo de instrumentos e estratégias. É o caso, por exemplo, de Thomson e Edelman[392], que entendem que a única forma de adequadamente permitir aos acionistas desempenharem o seu papel passa por sistemas de *one share, one vote* e que, para os mesmos poderem funcionar, é essencial que estratégias de *risk decoupling* (e outros fenómenos de distorção do voto, como contratos que levem a fenómenos de compra do voto) sejam pura e simplesmente banidas. A mesma ideia esteve presente nos trabalhos preparatórios da Diretiva da Transparência[393], onde, para além da alternativa de proibição propriamente dita, outras alternativas foram ponderadas com um fim dissuasor da implementação deste tipo de estratégias como, por exemplo, soluções que limitem a faculdade de emprestar ações ou, pelo menos, que sejam dissuasoras da faculdade de emprestar ações em data próxima de assembleias gerais[394].

---

[392] Robert B Thompson e Paul H Edelman, "Corporate voting", 160 e ss. Vd. ainda Paul H Edelman, Randall S Thomas et al., "Shareholder voting in an age of intermediary capitalism", *S. Cal. LR* 87 (2013).

[393] No Relatório da Mazars (entidade foi escolhida pela Comissão Europeia, em 2009, para preparar um relatório que auscultava opiniões de vários agentes de mercado, em 15 Estados-Membros e 6 praças não comunitárias, sobre a eficiência das medidas) escreve-se: *"in theory, the issue could be addressed through disclosure or prohibition. Mandating full disclosure would not change the contradiction between the "empty voting" practice and the basic principles of company law. Setting up a disclosure regime could even be perceived as an implicit legal recognition of the practice. Therefore, all in all, we are inclined to recommend a ban on this practice"*. A Diretiva não incorporou regras de proibição; apenas regras sobre transparência. https://www.mazars.com/content/download/40806/998379/version/3/file/Transparency_Directive_Assessment_Report.pdf.

[394] Muitas vozes defendem a imposição de restrições ao empréstimo de ações em data próxima das assembleias. Vd., por exemplo, https://www.esma.europa.eu/system/files_force/library/2015/11/2012-415.pdf?download=1. Trata-se, no entanto, de proposta de muito difícil exequibilidade face à fungibilidade das ações, sendo virtualmente impossível controlar a proveniência das ações que os acionistas apresentam para efeitos de registo na assembleia. Nesse sentido, vd. por exemplo o Relatório do Lord Myners (2005) http://www.shareholdercoalition.com/sites/default/files/Myners%20Report%201-04_0.pdf. Existem, claro, formas de assegurar uma razoável

A verdade é que, para além das dificuldades de fundamentação de uma posição com tais caraterísticas – a proibição do *risk decoupling* pode ser sobretudo alicerçada em razões finais de implementação de uma visão radical do princípio de proporcionalidade entre exposição ao capital e direitos de voto, visão essa que parece hoje estar ultrapassada e que teria consequências colaterais também elas muito negativas[395] ou na já referida dimensão *ética* –, uma intervenção legislativa deste tipo seria muito difícil, ou impossível, de implementar. Primeiro, porque o *risk decoupling* é um efeito económico; assim, é um efeito que pode resultar de um conjunto muito variado de soluções jurídicas e de produtos financeiros, alguns dos quais não são sequer desenhados para este fim, sendo virtualmente impossível proibir todas essas estruturas sem que isso tivesse um efeito disruptivo nos mercados. Segundo, porque parte significativa desses instrumentos serve funções legítimas que estão muito para além do *risk decoupling*, nomeadamente funções de cobertura de risco e de arbitragem (e também, claro, funções especulativas, que não deixam de ser legítimas), sendo que uma proibição teria sempre o inevitável efeito de ou proibir de mais ou proibir de menos.

VII. O primeiro estudo que alertava para a utilização de estratégias ao serviço dos investidores para este se desviar da regra de proporcionalidade, distinguia de forma clara as situações de *pure share ownership*, daquelas outras em que, a partir da oneração das ações, se criavam esses desvios[396]. Distinguem-se

---

eficácia da medida, mas as mesmas são, por natureza, limitadoras da liberdade contratual e podem ter impacto em estratégias de investimento, tornando-as desinteressantes. É o caso da estipulação da obrigação de, em contratos de empréstimo de ações, o mutuante fazer o *call back* da participação nas vésperas de qualquer assembleia (ou até de impor esse *call back* como efeito automático). https://www.mazars.com/content/download/40806/998379/version/3/file/Transparency_Directive_Assessment_Report.pdf.

[395] O inverso é também válido: não é possível ponderar qualquer solução radical de imperatividade da regra *one share, one vote* ao mesmo tempo que se aceita lidar com estratégias de *risk decoupling*. Estas estratégias, se é certo que são menos generalizadas e, sobretudo, menos estáveis e perenes, são aptas a produzir efeitos mais marcantes que aqueles outros casos e, por isso, não se entenderia que se abrisse uma janela a tudo o que se pretendeu deixar atrás de uma porta fechada.

[396] Shaun Martin e Frank Partnoy, "Encumbered shares", *U. Ill. L. Rev.* (2005). Existem, é certo, obras anteriores que identificam o efeito, sendo a mais relevante o relato que Loderer e Zgraggen fazem, em 1999, sobre o uso de contratos de *forward* e de empréstimo de ações durante a *proxy fight*, em 1994, a propósito do Union Bank of Switzerland. Claudio Loderer e Plus Zgraggen, "When shareholders choose not to maximize value: the Union Bank of Switzerland's 1994 proxy fight", *JoACF* 12, no. 3 (1999).

então dois tipos de *oneração* de ações[397]: as onerações económicas, em que o investidor associa posições na sua carteira que fazem com que o seu alinhamento de incentivos fique alterado; e as onerações legais, em que operações de mútuo de ações distorcem os mecanismos de voto. Exemplos de onerações económicas resultariam então da associação de uma posição acionista longa com uma posição curta, da associação de uma posição longa com a compra de uma opção de venda ou da associação de uma posição longa com a venda de uma opção de compra. Exemplos de onerações legais resultariam da associação do mútuo de ações com o *short selling*. Em termos finais, os autores concluíam, marcando os termos da discussão, até hoje, que destes instrumentos resultava que os acionistas não têm incentivos homogéneos para tomar as suas decisões. Seguiram-se inúmeros trabalhos sobre o tema, transformando o *risk decoupling* num dos temas mais importantes da última década[398].

VIII. Um dos mais relevantes e desafiadores problemas colocados pelas estratégias de *risk decoupling* passa pela falta de transparência que lhe é inerente.

Os problemas de falta de transparência começam pelas dificuldades que os sistemas tradicionais de comunicação de participações qualificadas tiveram em lidar com esta nova realidade. Podemos dizer que parte desta dificuldade está, hoje, depois de um longo e caminho, resolvida. Voltaremos a este ponto com maior desenvolvimento, mas basta para se entender o que escrevemos afirmar que só recentemente, por força do Regulamento n.º 236/2012, a abertura de posições curtas decorrentes de transações de ações e as posições líquidas curtas decorrentes da utilização de derivados foram sujeitas a regras específicas de comunicação; e que só depois da alteração à Diretiva da

---

[397] Os autores falam em ações *economically emcumbered* e *legally emcumbered*. Os termos não estão a ser usados em sentido próprio, já que nem o primeiro, nem sequer o segundo, representam uma oneração de valores mobiliários; note-se que a expressão *"emcumbered"* é mais abrangente que "oneração".

[398] Não é possível sermos exaustivos, embora faça sentido destacar os trabalhos mais marcantes. Chris W Waddell, Kendrick Nguyen et al., "Identifying the Legal Contours of the Separation of Economic Rights and Voting Rights in Publicly Held Corporations", *Rock Center for Corporate Governance at Stanford University*, no. 90 (2010), fazem uma recensão importante da literatura até então e destacam a chamada *trilogia do decoupling* de Henry T.C. Hu e Bernard Black – Henry TC Hu e Bernard Black, "The new vote buying: empty voting and hidden (morphable) ownership"; Henry TC Hu e Bernard Black, "Empty voting and hidden (morphable) ownership: Taxonomy, implications, and reforms", *The Business Lawyer* (2006); Henry TC Hu e Bernard Black, "Hedge funds, insiders, and the decoupling of economic and voting ownership: empty voting and hidden (morphable) ownership", *JoACF* (2007).

Transparência aprovada em 2013 é que os casos de *positive decoupling* passaram a ser relevantes para efeitos de divulgação de participações qualificadas. Em outras jurisdições como a norte-americana esses problemas ainda não estão plenamente resolvidos. Estas dificuldades são fáceis de compreender. Os sistemas de transparência de participações qualificadas são, por razões várias, e a vários níveis, construídos em torno do direito de voto e da sua contabilização. Ora, é exatamente esta contabilização que é posta em causa por estas novas realidades, o que obrigou a um alargamento significativo do sistema.

Mas os problemas de falta de transparência vão muito para além da dificuldade de relação com os catalisadores centrais do regime de divulgação de participações qualificadas. Isto porque o investidor que tipicamente recorre a estas estratégias não é um investidor com ambição controladora, o que tem como decorrência que parte significativa destas estratégias passe por baixo do radar dos patamares de participações qualificadas e, por vezes, mesmo por baixo do radar das regras sobre divulgação de posições curtas. Pior: estas estratégias trazem implícita uma capacidade de adaptação temporal que leva a que as posições líquidas variem com velocidade, fazendo com que ainda fiquem mais opacas perante o mercado.

Daqui decorre que seja difícil quantificar a relevância deste universo nos mercados e, em particular, no mercado nacional. São conhecidos vários casos, de grande exposição pública, em que estas estratégias foram usadas. Sabe-se também que o mercado de empréstimo de ações aumenta de volume nas proximidades da data de registo das assembleias das sociedades cotadas[399]. Mas ainda assim, com tudo isto, é virtualmente impossível termos uma noção da importância relativa do fenómeno nos vários mercados relevantes.

12. Instrumentos derivados e *negative decoupling*

I. A existência de um mercado profundo e ativo de derivados faculta aos investidores, com simplicidade e custos razoáveis, os instrumentos para uma customização bastante marcada da relação pretendida entre *voting rights* e *cash flow rights*[400]. Não se estranha, por isso, que uma das estratégias mais

---

[399] Susan EK Christoffersen, Christopher C Geczy et al., "Vote trading and information aggregation", 2897.

[400] Henry Hu fala em risco e *cash flow rights* reconfigurados e calibrados na medida do desejado pelo investidor – Henry TC Hu, "Financial innovation and governance mechanisms: The evolution of decoupling and transparency", *The Business Lawyer* (2015), 350. Fala-se também, com propriedade,

usadas para promoção de uma posição de *negative decoupling* passe pelo uso de derivados financeiros.

Colocando a questão de forma simples, nunca poderia a regra *one share, one vote* ser imposta como regra injuntiva se, simultaneamente, o mercado de derivados funcionar com um razoável grau de liberdade e com uma estrutura de custos que não seja em si mesma dissuasora. Não poderia porque os derivados permitem com facilidade a customização que a regra de proporcionalidade quer evitar; não poderia porque as regras de transparência de posições acionistas, por mais apertadas e exigentes que sejam, não conseguirão nunca dar uma fotografia exata e atual das posições jurídicas e económicas construídas com recurso a estes instrumentos; e não poderia porque, para o acionista, esta customização, ou a possibilidade de a fazer, sobretudo quando o consegue fazer a preços baixos e, por isso, com um grau de eficiência económica relevante[401], gera uma vantagem económica (que aliás numa parte significativa acaba por ser externalizada para a própria sociedade e para outros acionistas) de que ele não quererá prescindir[402].

Isto, cabe notar, independentemente da regra vigente, permissiva ou proibitiva, em sede de voto plural, já que, por exemplo, com recurso a *calls* ou *puts* o investidor poderá criar uma participação sintética que lhe assegure a relação pretendida entre *cash flow rights* e direitos de voto, a qual poderá, aliás, sofrer alterações dependendo da vontade do investidor e da sua visão sobre a otimização em cada momento daquela. São os chamados *time varying control rights*[403], os quais se contrapõem às formas tradicionais de coordenação desta

numa "*home-made" separation of the voting rights from the ownership of cash flows.* Avner Kalay e Shagun Pant, "Time varying voting rights and the private benefits of control", *Available at SSRN 1556688* (2009). Entre nós, Maria Emília Teixeira, *Contrato de Swap: O Credit Default Swap e o seguro de crédito* (Coimbra: Almedina, 2017), 34-36; Paulo Mota Pinto, "Contrato de swap de taxas de juro, jogo e aposta e alteração das circunstâncias que fundaram a decisão de contratar", *RDCC* 5 (2015), 162; José Diogo Horta Osório, *Da tomada do controlo de sociedades (takeovers) por leveraged buy-out e sua harmonização com o Direito Português* (Almedina, 2001), 28-29.

401 Susan EK Christoffersen, Christopher C Geczy et al., "Vote trading and information aggregation"; Giulio Sandrelli, *Innovazione finanziaria ed esercizio del voto* 7.

402 Avner Kalay e Shagun Pant, "Time varying voting rights and the private benefits of control", 52. Em termos parcialmente diferentes, concluindo que o uso de derivados não conduz os gestores dos fundos a melhores resultados, não reduz o risco de *portfolio,* muito embora melhore o controlo de riscos e a homogeneidade de resultados do fundo, vd. Kingsley Fong, David R Gallagher et al., "The use of derivatives by investment managers and implications for portfolio performance and risk", *International Review of Finance* 5, no. 1-2 (2005).

403 Avner Kalay e Shagun Pant, "Time varying voting rights and the private benefits of control"; Lynn A Stout, "Derivatives and the legal origin of the 2008 credit crisis", *HBLR* 1 (2011), 2; Kingsley

relação – em particular as ações com voto plural –, que, por natureza, não permitem semelhante flexibilidade e variabilidade.

II. É geralmente reconhecido que o funcionamento do mercado de derivados representou um dos principais fatores causadores da crise financeira que se viveu no final da primeira década do século XXI[404]. Isto levou a que os últimos dez anos tenham sido ricos em intervenções legislativas que procuravam suprir algumas das insuficiências então sentidas[405]. É o caso do *Dodd-Frank Act*, de julho de 2010, considerado uma das mais importantes

Fong, David R Gallagher et al., "The use of derivatives by investment managers and implications for portfolio performance and risk".

[404] Alastair Hudson, *The law on financial derivatives* (Sweet and Maxwell Ltd., 2018), 13-15; António Menezes Cordeiro, "A crise planetária de 2007/2010 e o governo das sociedades", *RDS* (2009), 264 e ss.; Eduardo Augusto Caixeta Menezes, *Swaps: uma análise jurídica* (Almedina, 2018), 21 e ss; Mathilde Valério, "A DMIF e a crise financeira de 2007-2010. Necessidade de um novo rumo", *RDS* (2010), 821 e ss; Lynn A Stout, "Derivatives and the legal origin of the 2008 credit crisis"; Lynn A Stout, "How deregulating derivatives led to disaster, and why re-regulating them can prevent another", *Lombard Street* 1, no. 7 (2009); Austin Murphy, "An analysis of the financial crisis of 2008: causes and solutions", *http://dx.doi.org/10.2139/ssrn.1295344* (2008). O mercado norte-americano de CDS e a exposição de várias entidades a esses instrumentos são geralmente considerados uma das principais razões para a crise de 2008; mais é assim num ambiente de acrescida liberdade na contratação de derivados, sobretudo em OTC, resultante da aprovação em 2000 do *Commodities Futures Modernization Act*. Mas existiram problemas semelhantes em vários outros mercados, como é o caso do Brasil, em que tiveram grande repercussão as perdas com derivados de empresas como a Aracruz Celulose, a Sadia e a Votorantim, ou o caso de Portugal em que se revelaram avultadas perdas com *swaps* de taxas de juro contratados com o Metro de Lisboa, Metro do Porto e Parpública. Calcula-se que, em final de 2012, o prejuízo potencial gerado por derivados contratados por empresas públicas nacionais ascendesse a cerca de 3 mil milhões de euros.

[405] Afirma-se muitas vezes que o mercado dos derivados financeiros era não regulado até à crise de 2008. Trata-se, no entanto, de informação incorreta. Existia regulação, mas esta era parcelar, assistemática e deixava fora um conjunto de matérias de grande relevância. Essa regulamentação passava desde logo pelas regras aplicáveis aos futuros transacionados em bolsa, pela regulação de serviços financeiros aplicável aos contratantes (nomeadamente pelas regras aplicáveis em Inglaterra, nos Estados Unidos e no espaço europeu), além de muita regulação pontual sobre temas diversos. Faltava, claro, uma regulação sistemática que, na verdade, esteve em discussão nos EUA desde o final do século XX, tendo sido sucessivamente deixada para trás. Isto permitiu, como é sabido, o desenvolvimento na sombra, ou seja, fora da atenção das autoridades de supervisão, de diversos novos produtos e, sobretudo, a sua popularização em mercados OTC – aquilo a que se chama por vezes *dark markets*. Para uma completa panorâmica da regulação anterior e posterior a 2008, vd. Alastair Hudson, *The law on financial derivatives*, 27-41; Adrienne Héritier e Magnus G Schoeller, *Governing Finance in Europe* (Edward Elgar Publishing, 2020), 112 e ss. Apesar de também não ser exato, é mais correto falar na não regulamentação do *mercado OTC de derivados*. Vd. A. Barreto Menezes Cordeiro, *Manual de direito dos valores mobiliários*, 220-221.

reformas do direito financeiro norte-americano desde os anos 30 e que lida especificamente com os catalisadores julgados mais relevantes para a crise, em particular os temas de securitização, mercado de derivados e agências de rating[406]. É também o caso, ao nível europeu, da DMIF II (2014), do MiFIR (2014) e do EMIR (2012).

III. Derivados são contratos financeiros que procedem à transferência de risco a partir do valor de referência de outro ativo, índice ou medida de valor económico[407]. O seu preço ou valor dependerá assim, em cada momento, do preço de uma dada mercadoria, ativo financeiro (por exemplo, ações, obrigações ou outro instrumento financeiro), de uma variável de referência do mercado (por exemplo, taxas de juro ou índices) ou, ainda, de eventos específicos (por exemplo, a condição financeira ou a falência de uma qualquer entidade ou até de um país[408]). É por isto que os instrumentos são designados de *derivados/derivatives* – são derivados porque o seu valor deriva estritamente do valor do ativo subjacente e da sua relação com o valor de referência que haja sido contratado[409].

---

[406] A reforma promovida pelo *Dodd-Frank Act* é muito significativa, seja ao nível material, seja ao nível institucional com a criação de dois reguladores setoriais – o Financial Stability Oversight Council e o Consumer Financial Protection Bureau – e impondo uma reorganização na SEC. Existe muita bibliografia sobre o *Dodd-Frank Act*. Vd. por todos, com uma boa descrição do essencial do (longo) documento, Gill North e Ross Buckley, "The Dodd-Frank Wall Street Reform and Consumer Protection Act: Unresolved Issues of Regulatory Culture and Mindset", *Melbourne University Law Review* 35 (2011). Entre nós Maria Emília Teixeira, *Contrato de Swap: O Credit Default Swap e o seguro de crédito*, 88 e ss.

[407] Alastair Hudson, *The law on financial derivatives*, 123; Simon James, *The Law of Derivatives* (LLP, 1999), 3; Paulo Câmara, *Manual de direito dos valores mobiliários*, 205 e ss.; José Engrácia Antunes, "Os derivados", *CadMVM* (2008), 91 e ss.; José Engrácia Antunes, *Os instrumentos financeiros* (Almedina, 2020), 70-71.

[408] A natureza dos eventos específicos que podem estar subjacentes à contratação de derivados é muito rica e razoavelmente exótica. Existe registo de derivados contratados sobre eventos como o clima (muito populares, aliás, entre as seguradoras de colheitas agrícolas nos Estados Unidos), sobre taxas de desemprego ou sobre resultados desportivos (entre muitos exemplos que poderiam ser apresentados). O ativo subjacente à contratação do derivado é elemento importante, mas não essencial, na demarcação de fronteiras (que muitas vezes é ténue) entre o direito financeiro e as regras sobre jogo e aposta. Vd. *infra* nota 417.

[409] Alguma doutrina qualifica estes contratos como derivados por "o interesse na sua negociação assentar sobre o modo como a economia do contrato se vai refletir, ou interagir, com ativos ou posições contratuais já detidas pelas partes, ou que estas admitem vir a deter" – Maria Clara Calheiros, "O contrato de swap no contexto da actual crise financeira global", *Cadernos de Direito Privado* 42 (2013), 3. Não nos parece que seja uma aproximação correta porque a qualificação do instrumento

Não encontramos uma definição de instrumentos derivados no ordenamento nacional ou no ordenamento comunitário. Mas temos vários auxiliares de interpretação, em particular na DMIF II, que inclui no seu âmbito de regulação um conjunto vasto de instrumentos derivados, além de, no art. 7º do Regulamento Delegado, referir os critérios para o reconhecimento de outros derivados sujeitos ao mesmo enquadramento jurídico[410].

Os derivados são instrumentos financeiros[411] que, apesar de já estarem disponíveis há várias décadas, viram a sua importância, variedade e complexidade aumentar de forma significativa a partir dos anos 90. A sua relevância no atual momento da economia é enorme, sendo instrumentos que, embora com riscos reconhecidos, são funcionais na contribuição para o volume dos mercados, a eficiência e a alocação de risco dos investidores[412].

---

resulta apenas da relação com o ativo de referência que haja sido contratado, ou seja, é meramente económica, nada tendo que ver com a sua detenção ou pretensão de detenção (que até pode não existir nunca), o que pretende ancorar à noção de derivado uma explicação obrigacional que é meramente ocasional. Na mesma linha, por exemplo, Paulo Mota Pinto, "Contrato de swap de taxas de juro, jogo e aposta e alteração das circunstâncias que fundaram a decisão de contratar", 12; José de Oliveira Ascensão, "Derivados", in *Direito dos Valores Mobiliários* (Almedina, 2003), 49-51. Por outro lado, cabe assinalar que, neste sentido, existem instrumentos funcionalmente semelhantes aos modernos derivados financeiros há séculos e certamente desde a Grécia antiga. Temos também diversos exemplos deste tipo de produtos nos mercados holandeses de bolbos de túlipas no século XVII (bem retratados, aliás, no romance *Tulip Fever: A Novel*, de Deborah Moggach). De salientar ainda que a Bolsa de Mercadorias de Chicago, fundada em 1848, introduziu contratos estandardizados de negociação de mercadorias logo em 1865. Não se trata por isso de um instrumento moderno – em qualquer dos casos, eram acordadas transações em que se fixava um preço para um ativo no futuro, preço esse que era contratado desde logo como referência para um negócio translativo. Alastair Hudson, *The law on financial derivatives*, 124-125; Simon James, *The Law of Derivatives*, 1-2; José Engrácia Antunes, *Os instrumentos financeiros*, 190-192.

[410] A DMIF II categoriza expressamente os derivados. A categorização dos instrumentos derivados como instrumentos financeiros já provém da Diretiva 93/22/CEE e foi mantida na DMIF, onde se elencava uma lista de instrumentos derivados regulados. De forma semelhante, o n.º 1 do art. 2º do CVM dispõe a lista de instrumentos derivados regulados pelo código.

[411] A qualificação dos derivados como categoria dos instrumentos financeiros resulta clara das alíneas c) a f) do n.º 1, e do n.º 2, do art. 2º do CVM. Vd. José Engrácia Antunes, *Os instrumentos financeiros*, 188.

[412] É hoje geralmente aceite que existe uma relação direta entre o desenvolvimento do mercado de derivados e os principais índices de desenvolvimento das economias mundiais. Vd. o muito recente Duc Hong Vo, Son Van Huynh et al., "The importance of the financial derivatives markets to economic development in the world's four major economies", *Journal of Risk and Financial Management* 12, no. 1 (2019). A relação é feita pelo menos desde Peter R Haiss e Bernhard Sammer, "The impact of derivatives markets on financial integration, risk, and economic growth", (2010), e tem vindo a ser sustentada.

IV. A celebração de contratos derivados pode estar associada a uma de várias funções que, normalmente, resultam de uma estratégia de cobertura de risco ou especulativa.

Nuns casos, os derivados estão associados a funções de cobertura de risco ou *hedging;* mesmo neste âmbito, podem ser distinguidas várias hipóteses, em particular a cobertura de risco em sentido estrito, a abertura de uma posição de arbitragem[413] ou a contratação que vise outros objetivos de investimento. Em comum, todos estes casos revelam que o instrumento derivado é contratado em função de um risco de investimento que lhe é exterior, podendo o derivado eliminar esse risco[414], reduzi-lo ou aumentá-lo (neste caso, a fronteira com a próxima categoria já será ultrapassada; diferentes – e infelizmente muito correntes nos últimos anos em Portugal – serão aqueles casos em que a contratação do derivado visa diminuir ou anular um risco mas, por o derivado ter sido contratado de forma negocialmente ineficiente, ter acabado por suceder o aumento do risco). Daqui resulta então que, em rigor, apenas

[413] Na abertura de uma posição de arbitragem, o *hedging* é consequência necessária da estratégia, mas não é o objetivo da estratégia. Por isso, em rigor negocial, não se trata de um caso puro de cobertura de risco. Na cobertura de risco em sentido estrito, o agente do mercado procura reduzir ou anular os riscos de uma qualquer posição pré-existente usando um derivado que abra uma posição economicamente contrária à direção da tendência anterior. Na arbitragem, o agente de mercado procura apropriar-se de um *delta* que resulta de ineficiências de mercado que causam preços diferentes entre ativos financeiros iguais, semelhantes ou relacionados – deste modo, a contratação do derivado não resulta da cobertura de risco de uma posição pré-existente e é parte da própria estratégia de investimento.

[414] Afirma-se geralmente que não existe *hedging* que elimine o risco por completo, o que será correto na generalidade dos casos; trata-se sempre de uma recomposição de património tão perfeita quanto possível em função das efetivas condições de funcionamento do mercado. Rüdiger Frey, "Perfect option hedging for a large trader", *Finance and Stochastics* 2, no. 2 (1998). É também por isso que alguns autores põem em causa esta função de cobertura de risco, falando antes numa função de *gestão de risco* – entre nós, José de Oliveira Ascensão, "Derivados", 45-47. Ocorre também frequentemente que o mercado que subjaz ao derivado contratado tenha uma evolução completamente inesperada, assim fazendo com que um derivado *benigno,* contratado com uma estrita função de cobertura de risco, produza perdas absolutamente desproporcionais a partir daquilo que se entendeu, no momento da contratação, ser uma margem de risco ínfima e desprezível (um efeito semelhante ocorre, claro, quando o derivado está contratualizado de forma deficiente). Alastair Hudson, *The law on financial derivatives,* 134. Temos, infelizmente, vários destes casos em Portugal, sobretudo envolvendo empresas públicas, com custos muito altos para o erário público, sendo o mais chocante o caso do derivado sobre taxa de juro contratado em 2007 pelo Metro do Porto junto do Banco Santander, que um conhecido artigo da revista Bloomberg qualifica de *"a contender for the worst trade of all time"* e como *"a lunatic swap"*. https://www.bloomberg.com/opinion/articles/2014-05-02/portuguese-train-company-was-run-over-by-a-snowball.

a cobertura de risco em sentido estrito corresponde a uma função imediata de *hedging*[415]. No caso de ações, a estratégia mais típica ocorre quando o investidor tem uma posição acionista numa sociedade e pretende mantê-la por quaisquer razões (contratuais, regulatórias, estratégicas), apesar de entender que as condições concretas são favoráveis à venda da participação. Uma estratégia de cobertura de risco vai permitir ao investidor manter a participação, ao mesmo tempo que replica, total ou parcialmente, a posição económica que teria se a tivesse vendido.

Noutros casos, diferentemente, o contrato derivado tem uma estrita função especulativa, abrindo uma exposição a um risco de investimento que, antes, não existia, ou aumentando um risco que pré-existia. Num derivado *equity*, por exemplo, e uma vez que o instrumento replica, nominal ou proporcionalmente, o preço, em cada momento, do ativo subjacente, o investidor estará a especular sobre a evolução futura da respetiva cotação. O exemplo mais claro em que isto acontece é o muito popular CfD, que pode ser transacionado em quase todas as plataformas de negociação e que por isso é acessível a qualquer investidor, em que este acorda receber a diferença de preço do ativo subjacente entre o momento da contratação e o momento da liquidação. Ao contrário de outros modelos contratuais, os CfD têm na sua base uma rigorosa aplicação das regras de *mark-to-market* – em termos semelhantes ao que aconteceria se efetivamente tivesse realizado uma transação sobre a ação[416]. Mas, na verdade, quase todos os produtos deriva-

---

[415] Nos casos de cobertura de risco, o produto derivado aumentará de valor na mesma medida em que o risco subjacente diminua de valor e vice-versa. Claro que a relação de *hedging* não tem de ser perfeita – numas vezes porque se procura apenas o *hedging* parcial num algoritmo de conta-margem; noutras vezes porque o derivado financeiro é apenas um dos instrumentos para a cobertura de risco (um bom exemplo disto é o *hedging* cambial que é feito por indústrias exportadoras e em que o custo, na mesma moeda das exportações, de matéria-prima importada, cobre logo parte do risco que resulte da valorização da moeda de importação ou da desvalorização da moeda de exportação, sendo o derivado financeiro usado apenas para o *delta* de diferença). Dizemos que apenas estes casos correspondem a uma função imediata de *hedging* porque os outros casos corresponderão apenas a uma cobertura indireta de riscos – é o que acontece quando a contratação do derivado visa uma função de proteção contra mudanças de mercado. Se é certo que as funções especulativas dos derivados financeiros muitas vezes os aproximam do regime do jogo e aposta, também as funções de cobertura de risco os aproximam muitas vezes do regime dos seguros. Alastair Hudson, *The law on financial derivatives*, 132-134.

[416] Sobre os CfD vd., por exemplo, Giulio Sandrelli, *Innovazione finanziaria ed esercizio del voto*, 16-17; Maiju Kettunen e Wolf-Georg Ringe, "Disclosure Regulation of Cash-Settled Equity Derivatives-An Intentions-Based Approach", *Lloyd's Maritime and Commercial Law Quarterly*, no. 36 (2011), 1-49. Cabe então perguntar qual a vantagem que tem o investidor em promover o investimento através

dos são suscetíveis de gerar este efeito especulativo, permitindo assim que o investidor use o derivado como forma de mimetizar um investimento no ativo subjacente[417].

de derivados face à alternativa de realização do investimento diretamente na ação. Efetivamente, do ponto de vista do investidor, em relação a alguns derivados, sobretudo em relação a alguns derivados *equity*, estas vantagens têm-se vindo a diluir nos últimos anos, sendo promovida alguma equivalência entre as estratégias. Ainda existem, no entanto, algumas diferenças. Diferenças de custo, primeiro, seja na operação de bolsa, seja na custódia (que muitas vezes são compensadas pela contraparte pelo facto de ter os investidores em *pool*). Diferenças de transparência, segundo. Diferenças na facilidade de alavancar a operação e nos automatismos de colaterais e de venda forçada que se associam. Diferenças na facilitação da estrutura da transação, sobretudo no acesso que os derivados dão a alguns investidores a posições que de outra forma não lhes seriam acessíveis (por exemplo, posições curtas ou, mais em geral, posições complexas). E ainda, sendo o caso, diferenças de preço entre os valores do ativo subjacente e o valor implícito no derivado respetivo, nos casos em que o investidor segue uma estratégia de arbitragem. Voltaremos a alguns destes pontos. Em outros casos, as vantagens são mais evidentes – comparem-se por exemplo os custos que terá um investidor imobiliário ao concretizar o seu investimento – custos fiscais, mas também custos de manutenção de propriedade e custos de gestão – e os custos que terá o investidor num derivado que tenha como ativo subjacente o cumprimento/incumprimento de um conjunto de devedores hipotecários; claro que apesar de num e noutro caso o ativo subjacente ser equivalente, a proximidade e relação ao ativo é muito diferente, razão pela qual o investimento por derivado não substitui, em todos os casos ou, provavelmente, sequer na generalidade dos casos, o investimento direto no ativo. Já do ponto de vista da plataforma de negociação, as vantagens na negociação de derivados são mais relevantes e é isso que tem permitido novos modelos de negócio em que a compra e venda destes derivados (muitas vezes mimetizando até ao limite a ação de referência) é feita sem que o cliente pague comissões (sendo que o *broker* é compensado por *market makers* ou entidades que conferem liquidez ao mercado, como a Citadel Securities, pelas ordens que lhes envia, modelo a que se chama *Payment For Order Flow*).

[417] É esta natureza especulativa que faz com que muitas vezes, em diversas geografias, os produtos derivados sejam aproximados das obrigações de jogo e aposta, o que ocorre com mais frequência quando o ativo subjacente não é um instrumento financeiro negociado em mercado regulamentado – derivados sobre juros ou derivados sobre o clima, são bons exemplos. Em quase todas as geografias existe uma relevante jurisprudência – nem sempre coerente – sobre as fronteiras entre os dois universos. Da forma como estes conceitos são trabalhados pelo direito nacional, parece ser irrecusável que, sob um estrito ponto de vista de estrutura jurídica, há uma forte proximidade entre os produtos derivados e os negócios de jogo e aposta – em ambos os casos estamos perante contratos aleatórios em que a determinação de quem deve pagar, e de qual o *quantum* do pagamento, resulta de um evento futuro cujos termos de verificação estão totalmente fora do controlo das partes contratantes. Entende-se, no entanto, que a diferença entre ambos estará não tanto na sua estrutura jurídica, mas antes no interesse económico (ou na falta de tal interesse, o que se manifesta na pura vontade de jogar) dos contratantes, o que deixa na sombra inegáveis problemas sobretudo naqueles casos em que a contratação do derivado tem um interesse especulativo; Lebre de Freitas, por exemplo, não hesita em qualificar o contrato de *swap* que não vise cobrir qualquer risco como integrável no regime do jogo e aposta, o que, além de confundir a natureza especulativa com a natureza lúdica e recreativa (numa aproximação diferente, com uma taxinomia mais fina, Paulo da

Claro que estas duas funções – três, fazendo uma análise mais fina, entre instrumentos que reduzem risco, aumentam risco ou exploram assimetrias de mercado – dos derivados financeiros se sobrepõem, em concreto, em vários casos, não sendo fácil, muitas vezes, distinguir as funções de cobertura de risco e especulativa[418].

V. Os derivados podem ser classificados em função da natureza do ativo subjacente ou derivante. Temos, por um lado, os derivados financeiros e os derivados sobre *commodities*. Fazem parte dos primeiros os derivados sobre índices, ações, taxas de juro e taxas de câmbio. Aos derivados sobre índices e sobre ações (ou sobre índices e ações em simultâneo) referimo-nos normalmente como *derivados equity*. Fazem parte dos segundos os derivados sobre energia, metais preciosos, metais não preciosos e agricultura. Naturalmente que a enumeração é apenas exemplificativa e de referência em função da importância económica, porque os ativos derivantes podem, virtualmente,

---

Mota Pinto distingue a *especulação séria* da *especulação puramente aleatória*, considerado que apenas a segunda cai no regime do jogo e aposta – Paulo Mota Pinto, "Contrato de swap de taxas de juro, jogo e aposta e alteração das circunstâncias que fundaram a decisão de contratar", 16), esquece por completo os fortes problemas que o regime do jogo e aposta teria para a configuração destas matérias. José Lebre de Freitas, "Contrato de swap meramente especulativo; Regimes de validade e de alteração de circunstâncias", *ROA* 72, no. IV (2012). Existe, aliás, alguma jurisprudência contraditória entre nós no que a este problema respeita. Por exemplo, o Acórdão da Relação de Lisboa de 21.3.2013 concluía que devia ser aplicado o regime do jogo e aposta a um *swap* de taxa de juro que tinha perdido a finalidade de cobertura de risco e, mais recentemente, o Acórdão do STJ de 11.2.2015 distinguia a intenção especulativa da lúdica. Outros autores, como é o caso de Ferreira de Almeida, traçam a fronteira entre ambos os universos na natureza do evento que, no caso dos derivados, consiste numa cotação de mercado do bem de referência (o que permite, de facto, estabelecer uma boa linha de fronteira, mas que, no entanto, não cobre todos os derivados com justificado interesse económico como, por exemplo, os derivados sobre o clima). Carlos Ferreira de Almeida, "Contratos diferenciais", in *Estudos Comemorativos dos 10 anos da Faculdade de Direito da Universidade Nova de Lisboa* (2008), 106-108. Com fortes críticas ao regime jurídico do jogo e aposta, vd. ainda Carlos Ferreira de Almeida, *Contratos III – Contratos de Liberalidade, de Cooperação e de Risco* (Almedina, 2013), 273-274. Com uma análise mais geral, com referência ao Acórdão da Relação de Lisboa de 21.3.2013, vd. ainda Maria Emília Teixeira, *Contrato de Swap: O Credit Default Swap e o seguro de crédito*, 58-76; Maria Emília Teixeira, "Swap especulativo: ofensivo da ordem pública ou dinamizador dos mercados?", *Diálogos Possíveis* (2016); Helder M Mourato, "Swap de Taxa de juro: a primeira jurisprudência", *CadMVM* (2013), 37 e ss.; Maria Clara Calheiros, "O contrato de swap no contexto da actual crise financeira global", 7 e ss.; A. Barreto Menezes Cordeiro, *Manual de direito dos valores mobiliários*, 230-245.

[418] Sobre os efeitos sistémicos das duas funções, vd. Lynn A Stout, "Derivatives and the legal origin of the 2008 credit crisis", 11 e ss.

ter qualquer natureza (desde que avaliáveis e sujeitos a risco de variação de valor).

Por outro lado, podemos classificar os derivados em função da sua estrutura jurídica. Temos, por um lado, os derivados de estrutura simples *(core derivatives)* – *forward*, futuros, opções e *swaps*. Temos, por outro lado, os derivados com estrutura jurídica complexa, também chamados muitas vezes derivados "exóticos". Apenas os primeiros, por corresponderem a estruturas jurídicas estáveis e razoavelmente estandardizadas, podem ser descritos nos seus elementos essenciais, já que um derivado "exótico", por natureza, variará caso a caso em função do que haja sido especificamente negociado entre as partes contratantes.

Sabendo que todos os derivados são contratos a prazo – que pressupõem um período entre os momentos da celebração e da execução –, podemos descrever os contratos de *forward* como aqueles em que uma das partes se obriga, numa transação típica de OTC, ou seja, de forma não padronizada, a entregar à contraparte o ativo subjacente numa data futura a um preço designado; trata-se de um negócio de compra e venda, com acordo sobre o preço, objeto prestacional e demais elementos, mas com execução diferida. O *forward* pressupõe assim, em primeiro lugar, que as partes contratantes tenham expetativas antagónicas (ou necessidades de cobertura de risco inversas) sobre a evolução do preço do ativo subjacente e que, em segundo lugar, sejam obrigadas a liquidar o contrato, ou seja, não possa uma das partes optar por não executar o mesmo, seja pelo cumprimento da compra e venda, seja pelo pagamento da diferença entre o preço contratado e o preço do ativo derivante na data de execução[419].

Os contratos futuros têm uma estrutura jurídica semelhante a uma compra e venda de execução diferida (para um momento fixado de modo firme ou a termo); por isso, as expressões são por vezes usadas como sinónimos. A grande diferença passa assim pela sua estrutura padronizada e pelo facto de estes instrumentos serem negociados em mercado[420]. Desta padronização

---

[419] Na natureza firme das obrigações radica a enorme diferença em relação às opções e mesmo em relação à conjugação de duas opções sintéticas, como muitas vezes a teoria financeira aproxima. Alastair Hudson, *The law on financial derivatives*, 154-155; Simon James, *The Law of Derivatives*, 4-5; Pablo Fernandez, "Conceptos básicos sobre derivados: opciones, forwards y futuros", *http://dx.doi.org/10.2139/ssrn.2464077* (2018), 6 e ss.

[420] Claro que esta diferença importa depois uma série de decorrências. Desde logo, o contrato passa a ter a interposição de uma *clearing house*, a qual assume perante ambas as partes um conjunto de obrigações (e assume, desde logo, o risco de crédito das partes); a negociação obriga a

decorre um conjunto de diferenças adicionais: o risco de cumprimento é mitigado, permitem liquidação diária, não sendo necessário aguardar pela data acordada, e são tipicamente instrumentos de liquidação financeira.

Tratando-se de opções – os *warrants* são o exemplo mais evidente –, estamos perante negócios condicionais em que uma das partes fica com o direito de comprar ou vender o ativo numa data futura, cabendo à contraparte também uma obrigação futura e condicional (vigente se o titular da opção exercer o seu direito), sendo garantido não apenas o preço, mas a existência de contraparte para o efeito[421]. Trata-se de instrumentos negociados em bolsa ou em mercado de balcão, sendo que a vinculação a uma venda dá lugar a uma opção de compra *(call options)* e a vinculação a uma compra dá lugar a uma opção de venda *(put options)*; a opção distingue-se assim conceitualmente de um *forward* ou de um *swap* pela não criação de obrigações firmes para as duas partes contratantes[422]. A aquisição de uma opção de compra pressupõe uma expectativa de valorização do ativo, sendo o lucro o *delta*, no momento do vencimento, entre o preço mais baixo de exercício da opção e o preço mais alto do ativo no mercado. De igual modo, a aquisição de uma opção de venda pressupõe a expectativa contrária, de desvalorização do ativo, sendo o lucro o *delta*, no momento do vencimento, entre o preço mais alto de exercício da opção e o preço do ativo no mercado[423].

---

intermediação financeira; os termos do contrato, nomeadamente no que respeita a colaterais e *margin calls*, são padronizados. Alastair Hudson, *The law on financial derivatives* 155; Simon James, *The Law of Derivatives*, 4-5. Apesar de o mercado português de futuros não ser especialmente relevante, são vários os instrumentos deste tipo negociados na Euronext Lisbon – temos, por um lado, um contrato sobre o PSI (PSI 20 *Index Future*) e, por outro, oito contratos sobre ações do índice (CTT, Galp, Jerónimo Martins, NOS, REN, Semapa, Sonae e Navigator). O número de futuros negociados entre nós já foi superior, sendo essa redução consequência da exclusão de cotação de diversos títulos.

421 Sobre a diferença entre *swaps* de troca e *swaps* diferenciais, vd. Carlos Ferreira de Almeida, "Swaps de troca e swaps diferenciais", *CadMVM, Ensaios de homenagem a Amadeu Ferreira* (2015). A classificação é aplicável aos outros derivados.

422 O que é escrito não obsta a que a opção seja, para a generalidade dos autores, a estrutura negocial central dos derivados financeiros – é assim tanto sob o ponto de vista jurídico, uma vez que se entende que o *swap* e o *forward* derivam analiticamente da opção, mas também sob o ponto de vista do *pricing*. Alastair Hudson, *The law on financial derivatives*, 141 e ss.

423 Nestes casos a opção estará – na expressão popular – *in the money;* nos outros casos a opção estará *out of the money*. No primeiro caso, uma vez que *o strike price* apresenta lucro face ao valor do ativo subjacente, a opção terá valor. No segundo caso, e sem prejuízo das expetativas de valorização futura, a opção não terá valor intrínseco. Estamos a referir-nos ao lucro para o titular da opção. Este normalmente pagará à contraparte um *fee* para a constituição da opção que funciona como um

Já nos *swaps* temos uma troca de fluxos financeiros com outra parte em função de diferentes instrumentos financeiros[424]. O melhor exemplo desta estrutura pode ser vislumbrado com taxas de juro como ativo subjacente, *interest rate swaps*, em que duas partes acordam trocar entre si taxas de juro – na sua versão mais simples, trata-se de uma troca de *cash flows* em que uma das partes se obriga a pagar uma taxa de juro fixa e a outra uma taxa de juro variável[425]. Os *equity swaps*, aqueles com mais relevância para a matéria que nos ocupa, assumem uma troca de *cash flows*, um dos quais, pelo menos, será determinado por referência ao preço de uma ação ou ao valor de um índice de ações. O outro lado do *swap* poderá também ser calculado de igual modo ou poderá ter como referência algo completamente distinto – por exemplo, uma taxa de juro[426].

Claro que a importância económica de cada instrumento não é equivalente, sendo particularmente relevantes os mercados de futuros e de opções[427] e, como estratégia de *negative decoupling*, sendo especialmente popular o modelo de *swap* – em rigor, o *total return equity swap*[428].

Podemos, ainda, classificar os derivados em função da sua estrutura de negociação. Os instrumentos derivados podem negociar-se em mercado

prémio que depende sobretudo do nível de risco associado à opção; o vendedor da opção tratará então de cobrir o seu risco. Este prémio é, na prática, a medida do risco para o titular da opção. É exatamente por isso – custo do derivado (e exposição gerada pelo mesmo) face aos potenciais ganhos económicos – que este tipo de derivados funciona de forma tão efetiva como instrumento de especulação pelos agentes do mercado. Alastair Hudson, *The law on financial derivatives*, 141-154.

[424] Maria Emília Teixeira, *Contrato de Swap: O Credit Default Swap e o seguro de crédito*, 26 e ss.

[425] Os *swaps* são, provavelmente, o derivado financeiro com mais variantes de estrutura e de avaliação. Vd. Alastair Hudson, *The law on financial derivatives*, 154-155.

[426] O exemplo é apresentado por Simon James e é expressivo. Um investidor que entenda estar com uma posição sobre-exposta ao mercado de ações, pretendendo passar parcialmente para liquidez, pode vender parte da sua posição acionista e manter a liquidez depositada, recebendo (se os houver) os juros respetivos. Isto pode, no entanto, ter custos significativos, sejam despesas, seja efeitos fiscais (ou até outros, ligados ao período de detenção da participação). Uma alternativa será contratar um *equity swap* em que de um lado da troca está a *performance* da carteira e do outro uma taxa de juro. Simon James, *The Law of Derivatives*, 8-9.

[427] Para informação sobre a segmentação de cada mercado seja em função do ativo subjacente, seja em função da estrutura, nos quatro maiores mercados de derivado mundiais (China, Índia, Japão e Estados Unidos), vd. Duc Hong Vo, Son Van Huynh et al., "The importance of the financial derivatives markets to economic development in the world's four major economies", 5.

[428] O *total return equity swap* é especialmente popular como estratégia de *decoupling* porque tem um desenho que permite com grande fidelidade replicar (sendo o caso, como *leverage*) uma qualquer ação, construindo uma participação *acionista* sintética facilmente customizável. Vd. o que escrevemos adiante sobre o CfD. Giulio Sandrelli, *Innovazione finanziaria ed esercizio del voto*, 8 e ss.

organizado ou em OTC. Os derivados contratados bilateralmente podem ter virtualmente qualquer conteúdo – e é neste universo que são relevantes os derivados *exóticos* ou complexos –, muito embora exista uma forte tendência – por várias razões, mas sobretudo para reduzir os custos de contratação, subcontratação e transferência – para as partes usarem modelos estandardizados, sejam aqueles modelos produzidos pela ISDA, sejam outros. Mais recentemente, o EMIR introduziu uma categoria intermédia que foi designada *contratos de derivados OTC padronizados*, com o objetivo de que estes instrumentos financeiros sejam objeto de compensação centralizada sempre que o possam ser através de contrapartes centrais[429].

Podemos, por fim, classificar os derivados em função da sua forma de liquidação. Nuns casos, a liquidação é feita através da entrega do ativo subjacente (entrega ao titular ou à contraparte, dependendo da estrutura do derivado, de ações, obrigações, dinheiro, etc); noutros, a liquidação é feita pelo pagamento de um diferencial em dinheiro calculado através de uma fórmula contratual (esse diferencial estabelece-se entre o *strike price* ou *exercise price* e o *spot price*, ou seja, entre o preço a que o ativo pode ser adquirido, que será muitas vezes, mas nem sempre, o valor do ativo no momento da celebração do contrato, e o valor de mercado desse mesmo ativo no momento da liquidação). Ao primeiro caso chamamos liquidação física (*physical settlement*) e ao segundo liquidação financeira (*cash settlement*)[430]. Teremos ocasião de verificar que, para efeitos da análise dos casos de *risk decoupling*, os termos de liquidação do derivado são relevantes (e já foram mais relevantes).

---

429 A introdução de compensação centralizada por *clearing houses* para um número significativo de derivados, a ter sucesso, representará certamente uma importante alteração do panorama do mercado, já que terá por implicação necessária que estes produtos sejam compensados diariamente, o que consolidará as posições das partes envolvidas de forma sistemática. Trata-se de algo muito diferente daquilo que ocorre atualmente, em que a contratação em mercados de balcão implica sistemas de liquidação e compensação definidos de forma estritamente privada e em que, por exemplo, se observa problemas sistemáticos de sub-colateralização, sobretudo naqueles casos em que o contratante do derivado tinha um *rating* de crédito sólido, o que permite que estes participantes contratem derivados sem compromissos de capital, ou com compromissos mínimos. Adrienne Héritier e Magnus G Schoeller, *Governing Finance in Europe*, 115.

430 A liquidação do derivado tem por efeito a extinção dos seus efeitos jurídicos. Há, no entanto, casos em que o derivado, transacionado em mercado organizado, é liquidado diariamente; nestes casos, a liquidação já não terá esse efeito extintivo, sendo antes um mecanismo de organização do próprio funcionamento do derivado e do mercado. Vd. a alínea c) do n.º 1 do art. 259º do CVM. Vd. José Engrácia Antunes, *Os instrumentos financeiros*, 229-231; Madalena Perestrelo de Oliveira, "Instrumentos Financeiros com fins de garantia e exercício de direitos sociais", 545.

VI. Os derivados *equity* – aqueles que têm como ativo subjacente ações, índices ou conjuntos de ações e/ou índices – relevantes para efeitos das estratégias de *decoupling* passam pelas opções *(call* ou *put)*, futuros e os *equity swaps*. À partida, qualquer derivado financeiro sobre ações, na medida em que transfere – de uma para a outra parte – o risco de exposição económica às ações, é suscetível de provocar um efeito de *negative* ou de *positive decoupling*. Por exemplo, se o acionista vender um direito de compra *(call)* ou comprar um direito de venda *(put)* produz um efeito económico semelhante. De forma simples: com uma opção de compra *(call)*, o investidor provocará um efeito negativo de exposição económica se vender a opção (e produzirá um efeito positivo se a comprar); com uma opção de venda *(put)*, o investidor produzirá um efeito negativo de exposição económica se comprar uma opção (e produzirá um efeito positivo se a vender); com um *equity swap* ou com um futuro poderá ser criado um efeito positivo ou negativo, dependendo do lado do contrato em que o investidor se coloque (aquilo a que se chama o *long side* e o *short side)*.

Ilustrando com um exemplo. Em 2004, a Mylan Laboratories tentou adquirir o controlo da King Pharmaceutical, tendo para tanto lançado uma OPA com um prémio de 61% sobre a cotação das ações da King. Alguns acionistas da Mylan – entre os quais fundos ativistas controlados por Carl Icahn – manifestaram reservas e oposição à concretização da transação, considerando que a mesma não servia da melhor forma os interesses da adquirente e, pelo contrário, era exageradamente vantajosa para os acionistas da sociedade visada. Uma das condições para a oferta era a aprovação da mesma pelos acionistas da Mylan. Nessa altura, a Perry, um *hedge fund* norte-americano que era um dos maiores acionistas da King, comprou 10% das ações da Mylan com o objetivo de fazer aprovar a transação (ou de, pelo menos, contribuir para a obtenção desse resultado) na assembleia da oferente, mas, para tanto, celebrou uma série de contratos de *equity swap* que, de forma simples, lhe retiravam o risco de perda de valor na cotação da Mylan.

Trata-se de um exemplo bastante extremo – porque o objetivo da aquisição das ações era votar numa assembleia que, do ponto de vista de alguns sócios, beneficiava os acionistas de outra sociedade; porque outros acionistas já tinham mostrado resistência à transação; porque o exercício do voto na assembleia da Mylan pela Perry visava servir os interesses da Perry na exposição económica à King e não tanto os interesses da Perry na exposição à Mylan, sendo que a Perry estava imune ao risco da exposição à primeira e interessada na valorização da segunda. A transação acabou por nunca ser concretizada por razões que nada têm que ver com a estratégia de cobertura de risco prosseguida pela Perry[431].

Outro caso expressivo é o da Telus. Em 2012, a empresa de telecomunicações canadiana Telus iniciou o processo para consolidar numa única categoria as suas duas classes de ações – ações votantes e ações preferenciais sem voto. Estas haviam sido emitidas em 1999 como forma de permitir à norte-americana GTE (mais tarde, Verizon) não violar os limites regulatórios impostos sobre participações estrangeiras nas empresas de telecomunicações canadianas. Quando a Verizon, bastante mais tarde, decidiu desinvestir da Telus, desapareceu a razão que justificava a emissão destas ações sem voto. Ora, quando este projeto foi anunciado e, sobretudo, considerando o rácio proposto de conversão de 1/1, o mercado reagiu e reduziu significativamente o prémio com que as ações votantes habitualmente transacionavam e que era entre 4,5% e 5%. Um *hedge fund* norte-americano – Mason Capital – que já tinha posição na Telus, veio a aumentar de forma significativa a sua participação, chegando aos 20% das ações votantes, com o objetivo de, no final, bloquear a consolidação das duas classes de ações – a consolidação dependia da aprovação por maiorias qualificadas de dois terços em assembleias especiais, quer dos acionistas votantes, quer dos não votantes. No entanto, fez isso – aumentou a sua participação – ao mesmo tempo que abria posições a descoberto com ações votantes e não votantes, assim limitando o seu interesse

---

431 Existe inúmera literatura, científica e jornalística, sobre o designado *Mylan-Perry case*, que representa, sem dúvida, um dos mais emblemáticos casos de utilização de derivados numa estratégia de *risk decoupling*. Quanto à primeira, e entre muitos, vd. Henry TC Hu e Bernard Black, "The new vote buying: empty voting and hidden (morphable) ownership", 828 e ss; Wolf-Georg Ringe, *The deconstruction of equity: activist shareholders, decoupled risk, and corporate governance* (Oxford UP, 2016), 31 e ss.; Juan Ramirez, *Handbook of corporate equity derivatives and equity capital markets*, vol. 605 (John Wiley & Sons, 2011), 243 e ss.; Martin Mittermeier, *Empty Voting – Risikoentleerte Stimmrechtsausübung im Recht der börsennotierten Aktiengesellschaft*, 8-9; Giulio Sandrelli, *Innovazione finanziaria ed esercizio del voto*, 47-48; Ana Perestrelo de Oliveira e Madalena Perestrelo de Oliveira, "Derivados financeiros e governo societário: a propósito da nova regulação mobiliária europeia e da consulta pública da ESMA sobre empy voting", 59 e ss. Vd., ainda, SEC Resolves Empty Voting Action Involving King-Mylan Merger em https://corpgov.law.harvard.edu/2009/08/19/sec-resolves-empty-voting--action-involving-king-mylan-merger/. Um outro caso semelhante, a que já nos referimos, é o da OPA lançada pelo acionista maioritário da *Henderson Investment* (Hong Kong). Sobre este caso, vd. por exemplo Jordan M Barry, John William Hatfield et al., "On derivatives markets and social welfare: A theory of empty voting and hidden ownership", 2-6; Caroline Coupet, *L'attribution du droit de vote dans les sociétés*, 191-192.

económico a praticamente zero[432]. O objetivo final da estratégia da Mason era não apenas bloquear a decisão de consolidação que estava proposta como impor uma decisão alternativa que, incorporando outro rácio de conversão, beneficiava significativamente a Mason[433]. Ainda em 2012, e antecipando-se ao que parecia ser a inevitável não aprovação da sua proposta pela assembleia dos acionistas votantes, a administração da Telus retirou a proposta de consolidação das ações (que viria apenas a ser aprovada em 2013).

O processo da Telus foi objeto de duas decisões judiciais relevantes a que voltaremos em maior detalhe. A primeira, do *British Columbia Court of Appeal* que, a propósito de um requerimento apresentado pela Mason para a convocação de uma assembleia geral da Telus, entendeu que a sua posição de *empty voter* não lhe retirava a legitimidade para o requerimento apresentado. A segunda, posterior, do *Supreme Court of British Columbia*, entendeu, de forma parcialmente divergente (e pouco conclusiva), que a posição de *empty voter* era um dos fatores que devia ser tomado em consideração na análise da posição da Mason e na legitimidade, *rectius* na *fairness*, dessa mesma posição[434].

13. *Short selling* e *negative decoupling*

I. *Short selling*, que pode ser traduzido como *venda a descoberto* ou *venda curta*, corresponde à transação de venda de valores mobiliários em que o

---

[432] Alguns autores apresentam o caso da Telus como uma estratégia de *risk decoupling* com recurso a *short selling*. Entre eles Wolf-Georg Ringe, *The deconstruction of equity: activist shareholders, decoupled risk, and corporate governance*, 35, que escreve mesmo ser um caso notável pelo recurso ao *short selling* como técnica de *decoupling*. Isso não parece, no entanto, ser exato, já que a construção da posição foi feita com recurso a derivados (em rigor, nem teria sentido apreensível a construção da posição por uma estratégia pura de *short selling* porque a Mason precisava de ter as ações na sua titularidade durante o processo para prosseguir os seus objetivos) que, isso é certo, criaram uma posição *short*. Assim: a Mason adquiriu 32,7 milhões de ações votantes; 602,300 ações sem voto; usou derivados para criar uma posição *short* de 10,9 milhões de ações votantes e de 21,7 milhões de ações não votantes. Vd. https://www.bccourts.ca/jdb-txt/CA/12/04/2012BCCA0403.htm. Com todos os detalhes, vd. Lucy White, Benjamin C Esty et al., "The Telus Share Conversion Proposal", *HBS* (2013).

[433] Na verdade, a estratégia inicialmente parecia querer apenas lucrar a partir da valorização que as ações votantes teriam, por reposição do prémio, caso a consolidação não fosse aprovada. Trata-se, de todo o modo, de uma situação de ativismo bastante especial e estritamente oportunista. Brian R Cheffins, "Hedge fund activism canadian style", *UBCL Rev.* 47 (2014).

[434] Sobre o caso, vd. Wolf-Georg Ringe, *The deconstruction of equity: activist shareholders, decoupled risk, and corporate governance*, 35 e ss.; Brian R Cheffins, "Hedge fund activism canadian style", 15 e ss.; Bernard Black, "Equity decoupling and empty voting: the Telus zero-premium share swap", *Northwestern Law & Economics* (2012).

alienante não é, no momento da venda, titular dos valores alienados, cabendo-lhe então recorrer a um negócio de cobertura, tipicamente a um empréstimo de valores mobiliários[435], para fazer face à liquidação dos valores a transmitir[436]. Distinguem-se então dois tipos de *short selling* – o *covered short selling*, em que o alienante já assegurou, no momento da venda dos valores mobiliários, o negócio de cobertura (ainda que possa não ter os valores mobiliários na sua titularidade logo no momento da venda, assegurou que, no limite, os terá até ao momento da liquidação da transação); e o *naked short selling* em que, no

---

[435] Existem alternativas de estruturação. A mais corrente é a celebração de um contrato de compra e venda de ações com promessa de revenda, aquilo que a terminologia anglo-saxónica designa como *repurchase agreement*. O efeito jurídico mediato do negócio de cobertura é sempre o mesmo – transmissão da titularidade da participação para o alienante "curto" –, embora a sua estrutura jurídica concreta possa ser condicionada por fatores como o pacote de garantias ou a fiscalidade.

[436] É uma definição bastante corrente entre nós – Paulo Câmara, *Manual de direito dos valores mobiliários*, 575; Paula Costa e Silva, *As operações de venda a descoberto de valores mobiliários* (Coimbra, 2009), 27 – e adotada por algumas como a IOSCO – https://www.iosco.org/news/pdf/IOSCONEWS147.pdf – embora não seja em todos os casos exata, já que a aquisição da titularidade dos valores mobiliários por empréstimo não tem de ocorrer entre a data da alienação e a data da liquidação, podendo o alienante adquirir (ou contratar a aquisição) os valores mobiliários por empréstimo antes da venda; esta definição, aliás, aproxima demasiadamente o *short selling* da sua variante *naked*, o que está longe de ser adequado, sobretudo no atual ambiente regulatório. Por isso mesmo, os autores citados distinguem o *short selling*, na vertente *naked*, das chamadas *vendas financiadas* ou *operações em conta margem*. Quando o alienante adquire os valores mobiliários por empréstimo antes da venda não é efetivamente exato afirmar que ele está a vender valores mobiliários que não detém, já que, como é sabido, o empréstimo de valores mobiliários transmite a propriedade sobre os mesmos. Melhor será então, para explicar o *short selling*, recorrer à disfunção entre a titularidade jurídica e a económica: ainda que o alienante seja formalmente titular dos valores mobiliários alienados no momento da venda, trata-se de uma posição que ele terá de posteriormente cobrir, o que faz com que, economicamente, seja devedor de tais valores mobiliários (ou seja, do mesmo número de valores mobiliários fungíveis) ao mutuante. No *short selling* há uma venda de valores mobiliários por um alienante que assume a obrigação de, num momento posterior, os restituir. Sensivelmente no mesmo sentido veja-se o Parecer Genérico da CMVM sobre Vendas Curtas que define *short selling* como a "operação de venda em que o ordenador obteve os instrumentos financeiros alienados por via de empréstimo ou por qualquer outro negócio jurídico que lhe atribua uma titularidade temporária e o constitua numa obrigação de restituição desses instrumentos". https://www.cmvm.pt/pt/Legislacao/Legislacaonacional/Pareceres/Pages/20080925d.aspx?v=. Há alguma tendência em confundir o *short selling* com a venda de instrumentos financeiros cuja titularidade o ordenante não tem, o que não parece correto ou, pelo menos, não será sempre exato. Por exemplo, Olívia Maria Pereira Afonso, *Short selling: a venda a descoberto (tese não publicada)* (https://repositorio.ul.pt/bitstream/10451/34107/1/ulfd135383_tese.pdf: UL, 2018), 20.

momento da alienação dos valores mobiliários, o negócio de cobertura não está assegurado[437].

O *short selling* está hoje regulado entre nós sobretudo pelo CVM e pelo Regulamento n.º 236/2012 relativo às vendas a descoberto e a certos aspetos dos *swaps* de risco de incumprimento[438].

II. A lógica económica da transação é de fácil apreensão. A intuitiva operação de compra de valores mobiliários para alienação posterior, que usamos como referência no funcionamento do mercado a contado, corresponde a uma operação pela qual o investidor adquire os valores mobiliários por um determinado preço e tem a expetativa de os revender num momento posterior por um preço superior. No *short selling* a lógica económica é precisamente a oposta: o investidor aliena por um determinado preço valores mobiliários

---

[437] O número 1 do art. 12º do Regulamento n.º 236/2012 relativo às vendas a descoberto e a certos aspetos dos *swaps* de risco de incumprimento dispõe que "as pessoas singulares ou coletivas só podem vender a descoberto ações admitidas à negociação numa plataforma de negociação caso se verifique uma das seguintes condições: a) A pessoa singular ou coletiva ter tomado de empréstimo a ação ou ter tomado disposições alternativas que tenham um efeito jurídico equivalente; b) A pessoa singular ou coletiva ter celebrado um acordo para tomar de empréstimo a ação ou ter outro título executivo, resultante de contrato ou da lei, à transferência da propriedade de um número correspondente de valores mobiliários da mesma categoria, de modo a que a liquidação possa ser efetuada no momento devido; c) A pessoa singular ou coletiva ter estabelecido com um terceiro um mecanismo nos termos do qual esse terceiro confirma que a ação foi localizada e tomou medidas em relação a terceiros necessárias para que a pessoa singular ou coletiva tenha uma expectativa razoável de que a liquidação possa ser efetuada no momento devido". Isto, na prática, representa a proibição do *naked short selling*, o que afasta todos aqueles casos que durante muitos anos foram implementados aproveitando o desfasamento entre sistemas de negociação e liquidação – para uma descrição destas práticas, vd. Paula Costa e Silva, *As operações de venda a descoberto de valores mobiliários*, 34-38. Restarão aqueles casos de *naked short selling intraday* (que já saem da própria qualificação de *naked short selling)*, em que o intermediário financeiro aceita a ordem de venda curta sem que existam ações (sendo esse o caso) tomadas de empréstimo, ou com acordo para serem tomadas de empréstimo, mas assegura desde logo, normalmente por ordens irrevogáveis com colateral, o fecho da posição até ao encerramento da mesma sessão de bolsa, fazendo assim com que a ordem de compra e a ordem de venda sejam liquidadas em simultâneo. Já antes da entrada em vigor do Regulamento, a CMVM sustentava que o *naked short selling* era vedado pela Instrução da CMVM n.º 2/2008. O *naked short selling* é proibido em vários ordenamentos; nos Estados Unidos, em particular, está proibido desde 2008 – https://www.sec.gov/news/press/2008/2008-204.htm.

[438] Manuel Monteiro, "O regime Europeu do short selling", *CadMVM, Ensaios de Homenagem a Amadeu Ferreira* (2015). Estão reportados casos de *short selling* desde pelo menos o séc. XVII – Uwe Helmes, Julia Henker et al., "The effect of the ban on short selling on market efficiency and volatility", *Available at SSRN 1688135* (2010), 5 e ss.; entre nós Paula Costa e Silva, *As operações de venda a descoberto de valores mobiliários*, 28-30.

que recebeu de empréstimo, tendo a expetativa de, num momento posterior, vir a adquirir por um preço inferior os valores mobiliários de que necessita para cobrir a sua posição e proceder à sua restituição ao mutuante. Se, no primeiro caso, o delta de lucro corresponde à diferença entre o preço da compra original e o preço de venda superveniente, no segundo caso corresponde à diferença entre o preço da venda original e o preço da compra de cobertura[439]. Ou seja, o investidor curto tem interesse na queda dos preços das ações.

A abertura de posições a descoberto pode cumprir várias funções. A primeira e mais óbvia é a especulativa: o investidor abre uma posição curta porque acredita que poderá fechar essa posição num momento subsequente com lucro. Noutros casos, a abertura de posições curtas tem uma função de arbitragem: tipicamente, arbitragem entre instrumentos financeiros e ativos subjacentes, ou arbitragem entre instrumentos financeiros comparáveis. Noutros casos, ainda, a abertura de posições curtas tem uma função de criação de mercado. Quarto e último caso é o de a abertura de uma posição curta servir uma função de cobertura de risco – e é aqui sobretudo que o tema se aproxima do *risk-decoupling*.

III. Não é de espantar que o *short selling* tenha merecido fortes reservas de vários observadores na sequência da crise de 2008/2009 e que a aprovação do Regulamento n.º 236/2012 tenha ocorrido no *aftermath* desse debate – na verdade, isso acontece recorrentemente, há séculos, sobretudo na sequência de momentos de queda generalizada dos mercados. A razão final para a natureza controversa do *short selling* prende-se com os efeitos

[439] A simetria, sob os pontos de vista jurídico e económico, é apenas aparente. Alguns exemplos. No primeiro caso, temos duas transações: a compra dos valores mobiliários e a sua venda; no segundo, caso temos, pelo menos, três: o empréstimo de valores mobiliários, a sua venda (que é a transação que verdadeiramente abre a exposição económica) e a compra de cobertura. No primeiro caso, a perda máxima do investidor corresponde ao montante do capital investido (mais despesas). No segundo caso, a perda máxima do investidor não é finita, já que o preço de fecho da posição aberta não tem limite por relação ao preço obtido com a venda (esse, sim, fechado). Há aliás casos de *short squeeze* – em que os investidores *curtos* acorreram em *panic buy* ao mercado para fecharem as suas posições, causando subidas exponenciais da cotação da ação – famosos, como seja, por exemplo, o que resultou da frustrada tentativa de aquisição do controlo da Volkswagen pela Porsche em 2008 (conhecido como *the mother of all short squeezes*), que levou a cotação da ação da Volkswagen, num único dia, a subir 82%, ou o que resultou da OPA da Kite Pharma pela Gilead Sciences com um prémio sobre a cotação de quase 30% num momento em que estavam abertas posições curtas sobre cerca de 14% do *free float*.

alegadamente negativos que a prática introduz no mercado e que, segundo alguns, exacerba de forma distorcida as quedas de cotações em momentos de crise[440].

Apesar das claras diferenças que existem entre as diversas aproximações sobre a regulamentação do *short selling*, pode-se afirmar que começa hoje a haver alguma convergência e que o Regulamento n.º 236/2012 alinha nesse movimento. Não nos cabe entrar em grande detalhe no conteúdo desse regulamento, mas, no essencial: (i) fica consagrada a licitude geral da prática de *short selling*, restrita, porém, aos casos de *covered short selling;* (ii) é consagrado um regime alargado de transparência, quer perante as autoridades

[440] Estes efeitos estão longe de estar comprovados pela generalidade das análises. Existe abundante literatura sobre o tema. Vd. sobre o *short selling* e a recente crise causada pelo covid 19 (concluindo que as proibições de *short selling* que ocorreram durante a pandemia em várias bolsas de valores tiveram pouco ou nenhum efeito – pelo menos, efeito que não fosse estritamente temporário – sobre a queda das cotações e que, ao retirarem liquidez ao mercado, podem até ter gerados os efeitos inversos), Luca Enriques e Marco Pagano, "Emergency Measures for Equity Trading: The Case Against Short-Selling Bans and Stock Exchange Shutdowns", *http://dx.doi.org/10.2139/ssrn.3598151* (2020); Pasquale Della Corte, Robert Kosowski et al., "Short-selling bans in europe: Evidence from the covid-19 pandemic", *http://dx.doi.org/10.2139/ssrn.3692789* (2020); Wolfgang Bessler e Marco Vendrasco, "The 2020 European short-selling ban and the effects on market quality", *Finance Research Letters* (2020); Ikhlaas Gurrib, Qian Long Kweh et al., "Covid-19, short-selling ban and energy stock prices", *Energy Research Letters* (2021). Vd. ainda as referências mais clássicas Alessandro Beber, Daniela Fabbri et al., "Short-selling bans and bank stability", *The Review of Corporate Finance Studies* 10, no. 1 (2021); Elizabeth Howell, "Short selling restrictions in the EU and the US: a comparative analysis", *Journal of Corporate Law Studies* 16, no. 2 (2016); Pedro AC Saffi e Kari Sigurdsson, "Price efficiency and short selling", *RFS* 24, no. 3 (2011); Arturo Bris, William N Goetzmann et al., "Efficiency and the bear: Short sales and markets around the world", *JoF* 62, no. 3 (2007). De modo mais geral, pode-se dizer que os grandes argumentos contra o *short selling* podem ser elencados em vários grupos – argumentos relacionados com o próprio funcionamento do mercado (distorções na formação de preço, liquidez, profundidade), argumentos relacionados com distorções de incentivos e argumentos que associam o *short selling* a outros comportamentos ilícitos, em particular ao *insider trading.* É aliás interessante verificar que a teoria financeira oscila entre qualificar os *short sellers* como investidores mais informados, que contribuem por isso para um mercado mais eficiente, ou como investidores predadores, movidos por estratégias de curto prazo. É da primeira qualificação, mas também da segunda, que emerge esta proximidade com o *insider trading* e a manipulação de mercado. Vd. Ekkehart Boehmer e Juan Wu, "Short selling and the price discovery process", *RFS* 26, no. 2 (2013), 3-10; Stephen E Christophe, Michael G Ferri et al., "Short-selling prior to earnings announcements", *JoF* 59, no. 4 (2004); Adam V Reed, "Costly short-selling and stock price adjustment to earnings announcements" (Citeseer, 2002).; Bidisha Chakrabarty e Andriy Shkilko, "Information transfers and learning in financial markets: Evidence from short selling around insider sales", *JB&F* 37, no. 5 (2013).

reguladoras, quer perante o mercado[441]/[442]; e (iii) são atribuídos poderes aos reguladores nacionais e à ESMA para, em concreto, introduzirem limitações ou suspensões à prática em momentos em que entendam que as condições de mercado o justificam[443].

IV. Pode suceder que o investidor tenha aberto uma posição curta ao mesmo tempo que detém ações na sociedade, ou seja, enquanto está investido

---

[441] Nos termos dos n.ºs 1 e 2 do art. 5º do Regulamento "as pessoas singulares ou coletivas que detenham uma posição líquida curta sobre o capital social emitido de uma sociedade cujas ações estejam admitidas à negociação numa plataforma de negociação devem comunicar (...) à autoridade competente relevante sempre que essa posição atinja os limiares de comunicação relevantes (...) ou diminua para valores inferiores a esses limiares. Um limiar de comunicação relevante é uma percentagem igual a 0,2 % do capital social emitido da sociedade em questão e cada 0,1 % acima desse valor". Por outro lado, nos termos dos n.ºs 1 e 2 do art. 6º "as pessoas singulares ou coletivas que detenham uma posição líquida curta relacionada com o capital social emitido de uma sociedade cujas ações estejam admitidas à negociação numa plataforma de negociação devem divulgar publicamente (...) dados pormenorizados sobre essa posição sempre que a mesma atinja os limiares de divulgação pública relevantes (...) ou diminua para valores inferiores a esses limiares. Um limiar de divulgação pública relevante é uma percentagem igual a 0,5 % do capital social emitido da sociedade em questão e cada 0,1 % acima desse valor". Estes patamares são considerados por muitos agentes do mercado como demasiadamente baixos, já que se é certo que a regra pretende um forte e atempado nível de transparência, não é menos verdade que a publicidade sobre a abertura de muitas posições curtas pode provocar uma forte perturbação do mercado.

[442] Até à estabilização da regulação sobre o tema existiu forte resistência dos *short sellers* à transparência das suas posições. Há várias razões que podem concorrer para esse efeito. Primeiro, a divulgação destas posições atraía rapidamente a atenção dos reguladores, levando a um escrutínio público da estratégia seguida. Segundo, não menos importante, o conhecimento público das posições abertas importa também que o mercado conte com a necessidade de, mais tarde ou mais cedo, as mesmas terem de ser fechadas, o que deixa o *short seller* numa posição incómoda e frágil. Não é por isso de espantar que existam estudos empíricos que revelam a diminuição das posições curtas (especialmente posições de grande dimensão) abertas após a adoção de regras de transparência – vd., por exemplo, Charles M Jones, Adam V Reed et al., "Revealing shorts an examination of large short position disclosures", *RFS* 29, no. 12 (2016). Claro que, em caso de estratégias mais agressivas, pode ocorrer o contrário – a divulgação pública da abertura de uma posição curta por um investidor sofisticado gera efeitos miméticos que pode, em muitos casos, levar a vendas maciças e à queda da cotação. Vd. Ian Appel, Jordan Bulka et al., "Public short selling by activist hedge funds", *Available at SSRN* (2018).

[443] Ainda em março de 2020, em plena crise-covid, a ESMA adotou uma medida (que expirou em março de 2021) destinada a reforçar temporariamente a transparência das *net short positions*, ao abrigo dos poderes concedidos pelo Regulamento, passando o patamar de comunicação de 0,2% do capital social emitido para 0,1% do capital social emitido. Sem prejuízo, vd. a recente decisão da ESMA – https://www.esma.europa.eu/sites/default/files/library/esma70-155-9546_esma_decision_-_article_28_ssr_reporting_threshold.pdf.

numa posição longa[444]. A partir daqui, consideram alguns autores que, enquanto a posição curta for inferior à posição longa, ele estará a reduzir parcialmente a sua exposição económica; se a posição curta for equivalente à posição longa, ele estará a neutralizar essa exposição, tornando-se imune a ganhos que resultem de variações positivas e a perdas que resultem de variações negativas; se a posição curta for superior à posição longa, ele terá um interesse negativo na *performance* da empresa (pelo menos, no que dessa *performance* for medido pela cotação). Retiram a partir daqui que o efeito económico que resulta da conjunção entre a detenção de ações e a abertura de posições curtas é bastante semelhante àquele que resulta da conjunção entre a detenção de ações e a abertura de posições em derivados, mas que a complexidade e os custos inerentes a este tipo de estratégias, especialmente quando comparados com aqueles que resultam da utilização de derivados, fazem com que seja certamente menos habitual a prossecução destas estratégias[445].

Isto é logicamente acertado, embora tenha uma lógica prática que pode ser questionada. Qualquer estratégia de *negative risk decoupling* pressupõe que o investidor esteja em condições de exercer direitos de voto; é em relação a esses direitos de voto que a exposição ao risco é proporcionalmente diminuída através da estratégia. Ora, o desenvolvimento de qualquer estratégia de *short selling* – seja, para este efeito, *covered* ou *naked short selling* – pressupõe a necessidade de celebração de um negócio subsequente de cobertura para fecho de posição. E é por isso que a estratégia parece ter menos aplicabilidade prática que outras alternativas – é que será raro o caso em que haja sentido económico para que um acionista com 1.000 ações tome de empréstimo outras 1.000 ações, para as vender em mercado, com a obrigação de fechar supervenientemente a posição através da compra de mais 1.000 ações. Mais raro ainda que um acionista com 1.000 ações tome de empréstimo 2.000 ações, para as vender em mercado com a obrigação de fechar a posição através da compra de 2.000 ações; isto quando tem as suas ações em carteira e está a suportar os custos inerentes a essa detenção.

[444] Poderá também acontecer que o investidor detenha ações na sociedade em resultado da estrita estratégia de venda a descoberto – quando o investidor recebe as ações em resultado do mútuo, e antes de as vender em mercado. Trata-se de uma situação equivalente à do empréstimo de ações estrito a que nos referiremos adiante.

[445] Henry TC Hu e Bernard Black, "Hedge funds, insiders, and the decoupling of economic and voting ownership: empty voting and hidden (morphable) ownership", 348; Wolf-Georg Ringe, *The deconstruction of equity: activist shareholders, decoupled risk, and corporate governance*, 34.

O que acaba de se escrever não obsta à aplicabilidade desta lógica transacional em pelo menos três casos. Primeiro, quando a estratégia é desenvolvida através de instrumentos financeiros que não pressuponham a abertura de uma posição que tenha de ser, posteriormente, coberta; é o que acontece no caso de uso de instrumentos derivados o que, compreende-se, mantém a lógica estratégica que resulta do *short selling* propriamente dito. Segundo, quando o investidor usa o *short selling* desfazendo-se da sua posição acionista com a intenção de a recomprar posteriormente por um preço inferior. Não se trata aqui, em rigor, de *short selling* (até porque o investidor está a vender uma participação que é sua, não existindo qualquer obrigação no cumprimento do negócio de cobertura), e não se trata em rigor de uma estratégia de *risk decoupling* (porque, até ao momento da recompra, o investidor não é titular de qualquer participação social e, por isso, não pode exercer quaisquer direitos de voto). Mas a lógica económica será semelhante. Terceiro, quando o investidor mantenha uma posição longa numa determinada classe de ações – por exemplo, ações votantes ou com majoração de votos – e abra uma posição curta, que pode ser economicamente inferior, equivalente, ou superior, em relação a outra classe de ações.

14. Outros casos de *negative decoupling*: em particular, o empréstimo de ações e a *record date capture*

I. O empréstimo de ações permite, de igual modo, prosseguir uma estratégia de *risk decoupling*. Sabe-se que o empréstimo de ações transmite a titularidade dos instrumentos financeiros mutuados para a esfera jurídica do mutuário[446] o que, em termos finais, tem o significado de transmitir também a

---

[446] A generalidade da literatura anglo-saxónica refere que o recurso à noção de *empréstimo* não é juridicamente exato, na medida em que o empréstimo de ações transmite a titularidade sobre os valores mobiliários objeto do contrato. Vd., por exemplo, Paul Davies e Sarah Worthington, *Gower's Principles of Modern Company Law*, 454. Não é assim face ao direito português. Sendo as ações um bem fungível, são aplicáveis ao contrato de empréstimo de ações as regras dos artigos 1142º e 1144º (aplicável ao mútuo civil) do Cód.Civ que, com o n.º 1 do art. 350º do CVM, dispõem que a propriedade das ações se transmite com a entrega realizada nos termos do contrato e que o contrato obriga à restituição de outro tanto do mesmo género e qualidade e não, como aconteceria perante um bem infungível, à restituição das (mesmas) ações. Assim, nada há de inexato ou incompatível na qualificação do contrato como mútuo (o que não resolve, claro, a discussão, mais abrangente, sobre a autonomia do contrato de mútuo de valores mobiliários) e na simultânea constatação do seu efeito translativo, o qual deve ser considerado elemento essencial da estrutura do negócio. Sobre

legitimidade para o pleno exercício dos direitos inerentes à posição de socialidade e, em particular, o direito de voto. Assim, o titular original das ações, o mutuante, transfere a titularidade das ações para o mutuário, cabendo a este, num momento posterior, transferir de volta as ações para a esfera do primeiro (não necessariamente as mesmas ações, como parece evidente, mas outras tantas[447]). Durante o período do empréstimo, cabe ao mutuante decidir como vai exercer o direito de voto sem que, salvo acordos especiais[448], tenha

a qualificação do contrato no direito italiano, sobretudo face às figuras da antecipação bancária e do reporte (regulado nos arts. 1548º e seguintes do Código Civil italiano), vd. Giulio Sandrelli, *Innovazione finanziaria ed esercizio del voto*, 23-24. Sobre a sua qualificação no direito alemão, também em face de estruturas alternativas, vd. Martin Zimmermann, *Das Aktiendarlehen: Die Zuordnung von Aktionärsrechten im Spannungsfeld von Zivil, Gesellschafts und Kapitalmarktrecht* (Mohr Siebeck, 2014), 1-11 (vd. ainda, sobre a configuração do contrato face aos §§ 607–609 BGB, 98 e ss.).

[447] Considerando a natureza fungível das ações e os efeitos translativos do contrato celebrado entre mutuante e mutuário, não é obviamente relevante, por nenhuma perspetiva, se são restituídas as mesmas ações ou outras tantas. Isso, a ser relevante, sê-lo-á apenas sob o ponto de vista de conformação do risco do mutuário. Num simples empréstimo de ações, o mutuante recebe um *fee* pelo empréstimo (associando ao contrato um conjunto de garantias), o qual ou é calculado como uma taxa diária/semanal/mensal ou com natureza *one off*. Assim, o empréstimo de ações é um contrato que, para o mutuário, tem necessariamente associado outro fim económico, uma vez que, por si só, salvo condições especiais de partilha de risco, nunca importará qualquer *delta* de lucro (nem qualquer prejuízo, salvo o custo do *fee* acordado). O mutuário recebe as ações na sua esfera jurídica, paga os *fees* acordados e, passado o período acordado, devolve as ações à esfera jurídica do mutuante. No entanto, transferindo-se a titularidade de ações para o mutuário, pode este entender dispor das ações de forma diferente durante o período do empréstimo (e surge aqui, em múltiplas variantes, o fim económico a que o empréstimo estará normalmente associado) – pode, por exemplo, aliená-las, tipicamente numa ordem de mercado, com a intenção de as readquirir mais tarde a um custo mais baixo (caso em que transforma a operação numa transação de *short-selling)*, pode emprestar as ações a outro investidor (eventualmente até com uma margem de lucro pela diferença entre o *fee* cobrado e aquele pago) ou usá-las como colateral para qualquer fim. Na relação com o mutuante, nada disto muda o acordado – chegado o termo acordado do empréstimo, as ações terão de ser devolvidas. Mas o perfil de risco (e de proveito potencial) para o mutuário muda significativamente.

[448] Foi já referido que, normalmente, o mutuante recebe um *fee* pelo empréstimo de ações. A fórmula de cálculo do *fee* pode, claro, variar. Na generalidade dos casos, será um montante calculado em função do prazo do empréstimo (com métrica diária, semanal ou mensal). Noutros casos, poderá ser um valor fixo. Por isso se afirma no texto que o mutuário não terá exposição ao risco económico da participação – porque qualquer que seja a cotação no momento da entrega das ações e no momento da restituição das ações (e seja a cotação no futuro a que seja), o custo económico do empréstimo ser-lhe-á impermeável. Pode, no entanto, suceder que o *fee* a pagar pelo empréstimo tenha uma componente variável que dependa da variação da cotação, caso em que o mutuário já partilhará a exposição económica. Não é habitual que isso aconteça (até considerando a natureza financeira que este tipo de contratos tem, na generalidade dos casos, para os mutuários) mas, a ser estabelecida uma cláusula com essas características, a natureza do contrato não será afetada.

uma exposição económica à cotação, uma vez que os efeitos, positivos ou negativos, imediatos ou a prazo, das votações realizadas durante o período do empréstimo refletir-se-ão na esfera do mutuante, pois este, após o termo do empréstimo, reassumirá as ações. Assim, o mutuante é como que o *beneficial owner* da participação, porque, mesmo durante o período do empréstimo, mantém o interesse económico e a exposição ao risco do investimento[449].

A estrutura jurídica do empréstimo de ações acaba por revelar a sua maior limitação prática enquanto estratégia de *risk decoupling*. O mutuante, sabendo ou apercebendo-se de que a razão do empréstimo é a implementação de uma qualquer estratégia disruptiva na assembleia geral, ainda que se trate de acionista pouco ativista ou participativo, tem pouco incentivo para contratar o empréstimo, sujeitando-se às consequências potencialmente negativas (e, sobretudo, imprevisíveis) que resultam de assembleias gerais às quais não compareceu e sobre as quais não teve qualquer controlo[450]. O que se escreve será particularmente relevante quando a posição acionista tem dimensão material (sendo certo que, nos casos em que não a tenha, também será limitado o interesse no contrato para o mutuário). Isto, claro, sobretudo em casos em que o mutuário pretende implementar uma estratégia potencialmente arriscada para a sociedade participada, sendo essa, afinal, a razão

[449] Este é o problema que, de certa forma, funda o conflito de interesses e que faz com que o empréstimo de ações seja tão controverso. O mutuante, sendo aquele que está exposto ao risco do investimento, deve ser considerado o *beneficial owner* da participação social. O mutuário, que surge registado como titular das ações, tem uma titularidade temporária que não o expõe a esse risco. Daqui surge então uma divergência entre o titular formal e o titular material. Numa primeira aproximação, esta divergência, resultando de um negócio jurídico bilateral e, portanto, de um encontro de vontades (em que o mutuante se expõe aos riscos resultantes da conduta votante do mutuário), não parece ser especialmente problemática; mas não é assim pelos efeitos externos que esse encontro de vontades produz.

[450] Diga-se que, muitas vezes, o mutuante não tem sequer informação adequada sobre as intenções do mutuário. O caso da British Land e da Laxey Partners a que nos referimos adiante é disso um bom exemplo – um dos mutuantes da Laxey foi a Hermes, um dos mais ativos defensores de altos padrões de governo societário, e que aparentemente desconhecia as intenções do mutuário. Obviamente que noutros casos – em que a razão do empréstimo seja um *ativismo benigno* (estamos a usar a expressão de modo propositadamente vago, abrangendo toda e qualquer estratégia que vise a valorização da participação), o alinhamento de incentivos será o oposto, já que o mutuante ganhará duplamente – primeiro, pelos *fees* que recebe pelo empréstimo de ações e, segundo, pela valorização da sua participação que resulta da atuação acionista do mutuário, sendo que, na maior parte dos casos, em outras circunstâncias, o mutuante teria regido o seu comportamento por uma atuação apática.

que o leva a pretender cobrir o seu risco económico através do empréstimo de ações.

Por outro lado, salvo circunstâncias especiais, não é fácil acumular uma participação muito significativa através de contratos de empréstimo, sobretudo quando está em causa uma assembleia geral disruptiva ou uma batalha pelo controlo da sociedade. Por isso, acaba por ser uma estrutura mais usada com funcionalidades distintas das típicas batalhas pelo controlo a que estas estratégias estão associadas, como para permitir a agregação de participações para exercício de direitos sociais que dependem de certa participação – por exemplo, direitos de informação, direito de requerer a convocação de uma assembleia geral extraordinária ou a legitimidade para intentar certas ações ou providências cautelares, quando estas dependem da detenção de uma participação mínima[451]. Não deixa, note-se, mesmo nestes casos, de ser uma estratégia de *risk decoupling*. Isto para além de razões ligadas a outro tipo de movimentos como, em particular, a realização de operações de *short selling*.

II. A contratação da grande maioria dos empréstimos de ações formaliza-se a partir de documentos *estandardizados* que seguem modelos como, sobretudo, o GMSLA, publicado pela ISLA. Trata-se de um documento revisto periodicamente, cuja adesão depende sobretudo da habituação e do conforto com o seu conteúdo por parte dos mutuantes – ainda hoje são usadas as versões de 2000, de 2010 e a versão atualizada, de 2018[452].

Para o mutuante, o empréstimo de ações é uma forma de receber *fees* a partir de um ativo que, de outra forma, não geraria frutos naquele período, num contrato que tem tipicamente um colateral que lhe assegura o conforto

[451] Sem prejuízo do que se escreve, várias instituições há muito que consideram o empréstimo de ações com o objetivo de transmitir o exercício do voto para o mutuário como uma má prática de governo que deve ser, por isso mesmo e pelo efeito de distorção que pode ter no resultado da votação na assembleia geral, desencorajada. Vd. por exemplo https://www.icgn.org/policy/global-governance-principles.

[452] https://www.isla.co.uk/legal-agreements/. Como desenvolveremos de seguida, o empréstimo de ações é em regra um contrato que, do ponto de vista do mutuante, lhe propicia um *fee* que em normalidade não estaria acessível, mas que, para que faça economicamente sentido, deve ter os custos *all in* muito controlados. Daí que, primeiro, este tipo de contratação estandardizada seja especialmente adequado e que, segundo, exista alguma resistência em migrar de modelos de contrato já testados para outros modelos a que estarão normalmente associados novos custos. Já do ponto de vista do mutuário é completamente diferente.

da garantia de restituição dos valores mobiliários transmitidos[453]. Isto é especialmente verdade para acionistas institucionais, como por exemplo os gestores de ETF ou, mais em geral, para todos aqueles que lidam com alternativas de *passive investment*, que recorrem habitualmente a este tipo de contratos com o objetivo de reduzir os seus custos administrativos, e para os grandes acionistas institucionais, que detêm posições em sociedades cotadas com liquidez, e que se comportam normalmente de forma passiva nas assembleias gerais.

Tem, claro, no contraponto, os referidos inconvenientes – ao transferir o direito de voto para um acionista que não partilha um interesse de médio e longo prazo na sociedade, pode gerar, ou contribuir para gerar, menor criação de valor ou destruição de valor; além de que muitas vezes o mutuante não tem informação suficiente sobre as reais intenções do mutuário, assumindo que o empréstimo de ações visa, como acontecerá na generalidade dos casos, a implementação de uma estratégia de *short selling*[454]. Dir-se-á que é sempre possível ao mutuante, ao dar conta de que o empréstimo visa um fim desalinhado com os seus interesses de médio e longo prazo, recuperar as suas ações durante a vida do contrato. De facto, tecnicamente assim é. Os contratos-padrão GMSLA (e quase todos os outros contratos- padrão que são usados no mercado financeiro internacional) incorporam a previsão de uma cláusula de *recall* que confere ao mutuante a faculdade de terminar anteci-

[453] O colateral assegura tipicamente a cobertura de 103% a 105% do valor das ações emprestadas, sendo feito o *mark-to-market* diário para verificar se o mutuário deve fazer o *mark-up* ou o *mark-down* dessa essa cobertura. É assim um contrato com um grau de risco muito limitado o que faz com que mesmo acionistas (ou até custodiantes) com uma visão conservadora (e mesmo percebendo que a procura de ações para realização de operações de *short selling* implicará, pelo menos no curto prazo, a queda da cotação) recorram a este tipo de práticas. É também por isso que o mercado que existe para este tipo de contratos é enorme – referem-se números como 20 triliões de USD por ano (https://www.callan.com/securities-lending-101/). Sobre a relação entre estes contratos, a assimetria de informação e o aumento ou diminuição da eficiência global do sistema de governo, vd. Susan EK Christoffersen, Christopher C Geczy et al., "Vote trading and information aggregation"; Alon Brav e Richmond D Mathews, "Empty voting and the efficiency of corporate governance"; Pekka Honkanen, "Securities lending and trading by active and passive funds", (2020), 1-9.

[454] Não se nega que o mero conhecimento pelo mutuante da crescente ou súbita procura de ações para empréstimo (até pelo facto de na maioria das vezes isso ser um indício do aumento da atividade de *short selling*) possa, em si mesmo, representar uma informação valiosa, incorporável da gestão da carteira. Isso ocorrerá, no entanto, apenas em mutuantes não passivos. Vd. Pekka Honkanen, "Securities lending and trading by active and passive funds", 1-5; Richard Evans, Miguel A Ferreira et al., "Fund performance and equity lending: why lend what you can sell?", *Review of Finance*, no. 3 (2017).

padamente o contrato de empréstimo de ações. No entanto, e em primeiro lugar, isto importa um custo imediato para o mutuante que é francamente desincentivador. Em segundo lugar, o mutuante apenas terá, na grande maioria dos casos, informação adequada sobre as reais intenções do mutuário num momento tardio do processo, fazendo com que o uso destas cláusulas em tempo razoável não seja, pura e simplesmente, possível[455]. Por fim, o uso frequente destas cláusulas de *recall* acabará por gerar uma reputação negativa do mutuante que o torna menos apetecível para a celebração destes contratos no futuro. Por isso, são poucos os casos documentados de recurso a este tipo de cláusulas[456].

III. São vários os exemplos em que esta estratégia foi usada. O caso mais marcante, sobretudo pela reflexão que provocou a propósito do fenómeno dos efeitos económicos dos contratos de empréstimo de ações, é o da assembleia geral extraordinária da P&O Princess Cruises em 2002. De forma resumida, em 2001 foi proposta pelas respetivas administrações a fusão da P&O Princess Cruises e da Royal Caribbean Cruise Line, o que induziu uma concorrente

---

[455] Isto é especialmente verdade em jurisdições como a norte-americana em que as regras aplicáveis permitem que muitas vezes já não seja possível a recuperação das ações quando a agenda e propostas para a assembleia são divulgadas. Marcel Kahan e Edward Rock, "The hanging chads of corporate voting", 1257.

[456] Marcel Kahan e Edward Rock, "The hanging chads of corporate voting", 1257 e ss. Estudos empíricos já com alguns anos estimam que a percentagem de ações emprestadas que são recuperadas antecipadamente não será superior a 2% do universo total, o que revela, de acordo com o que escrevemos no texto, o alinhamento de incentivos no sentido de estas cláusulas não serem habitualmente exercidas. Claro que a análise é feita face ao mercado total de empréstimos de ações, sem cuidar da finalidade económica do empréstimo (que não será na maioria dos casos externamente sindicável), o que inclui a sua maior componente que é a celebração de empréstimos para abertura de posições de *short selling*. Gene D'avolio, "The market for borrowing stock", *Journal of Financial Economics* 66, no. 2-3 (2002); Giulio Sandrelli, *Innovazione finanziaria ed esercizio del voto*, 26. O desinteresse do acionista sobre a forma como o voto será exercido ou, pelo contrário, o seu interesse (que o levará a fazer o empréstimo tendo essa possibilidade em atenção e, sempre que isso se justifique, a recuperar as suas ações antes da assembleia) variarão em linha com o valor que o acionista atribua ao seu voto e, por isso, será sempre gerador de um panorama que, apesar de marcado percentualmente pelo desinteresse na recuperação de ações, será sempre desigual, já que depende de fatores tão diferentes como a dimensão da participação, a filosofia e o horizonte temporal do investimento, os deveres fiduciários que incidem sobre o mutuante, a sua relação com a administração; isto, claro, além de fatores mais conjunturais como sejam os *fees* gerados pelo empréstimo e os custos de *recall*, a importância da deliberação em causa e as relações entre acionistas. Vd. Reena Aggarwal, Pedro AC Saffi et al., "The role of institutional investors in voting: Evidence from the securities lending market", *JoF* 70, no. 5 (2015).

direta, a Carnival Corporation, a anunciar uma OPA (hostil) sobre a P&O Princess Cruises. Após múltiplos episódios e problemas, nomeadamente resultantes da intervenção das autoridades de concorrência em Inglaterra e nos Estados Unidos, a assembleia geral da Princess reuniu para tomar uma decisão sobre as duas alternativas que se colocavam, aceitando uma, a outra, ou recusando ambas. Percebeu-se então que parte significativa dos acionistas presentes ou representados na assembleia aí estava na sequência de contratos de empréstimos de ações. A maior parte destes acionistas manifestava uma oposição forte à fusão, favorecendo a OPA anunciada pela Carnival, ao contrário do que acontecia com a generalidade dos acionistas que já antes estavam na estrutura da sociedade e que apoiavam a fusão inicialmente proposta pelas administrações[457].

Outro caso, com alguma semelhança, é o que aconteceu, também em Inglaterra, no designado *British Land case*. No segundo trimestre de 2002 as ações da British Land, além de transacionarem com 30% de desconto sobre o *net asset value*, estavam a transacionar a um preço significativamente inferior àquele de outras companhias comparáveis que, diferentemente, tinham encetado programas de recompra de ações próprias. Um *hedge fund* – Laxey Partners – começou então uma estratégia agressiva, por um lado, visando a aprovação pelos acionistas de um programa de recompra de ações próprias até 10% (e até 20% em cada um dos anos seguintes) e, por outro lado, promovendo mudanças na administração e na forma como a British Land era gerida. Para tanto requereu o aditamento de três novos pontos à ordem de trabalhos. Sucede que a Laxey Partners, que detinha uma participação de cerca de 3% no capital social da British Land, surgiu poucos dias depois com uma participação de 9% do capital votante, sendo que a diferença de ações que lhe tinha permitido mais que triplicar o peso da sua participação

[457] Vd. Wolf-Georg Ringe, *The deconstruction of equity: activist shareholders, decoupled risk, and corporate governance* 40; Bo Gong, *Understanding institutional shareholder activism: A comparative study of the UK and China* (Routledge, 2013), 171. Sobre as transações, vd. ainda https://www.carnivalcorp.com/node/9576/pdf e https://www.carnivalplc.com/node/30406/html. Cabe salientar que, apesar dos fortes movimentos de debate legal e político, sobretudo junto do tecido institucional britânico, que este processo causou, tendo-se inclusivamente chegado a ponderar a proibição de contratos de empréstimo de ações com o objetivo de exercer os respetivos direitos de voto, os resultados práticos do debate foram extremamente parcos e limitaram-se a uma alteração ao *Stock Borrowing and Lending Code of Guidance* que passou por uma recomendação de não serem feitos empréstimos exclusivamente com o objetivo de permitir o voto em assembleias gerais. Vd. https://www.bankofengland.co.uk/news/2004/december/the-revised-securities-borrowing-and-lending-code-of-guidance.

resultava de empréstimos de ações. A estratégia da Laxey acabou por falhar, não tendo as propostas por si subscritas e endossadas sido aprovadas[458].

IV. Uma realidade próxima do empréstimo de ações é o procedimento que alguns investidores levam a cabo em sistemas em que a data de registo para a assembleia geral ocorre alguns dias antes da reunião, permitindo a alienação das ações entre a data de registo para a reunião e a data da assembleia – *record date capture*. Isto faz com que compareça na assembleia o acionista alienante, pois é este que foi oportunamente registado para efeitos da comparência, quando, na verdade, ele já não é titular das ações (e num momento em que, como é óbvio, já não tem qualquer exposição económica à participação); o acionista adquirente, por seu turno, não estará em condições de comparecer na assembleia, por falta de registo atempado para a mesma.

A forma de tratar este problema e, em particular, de aferir se o acionista alienante mantinha a legitimidade para comparecer na assembleia geral, foi objeto de interessante debate entre nós no âmbito da interpretação do art. 23º-C do CVM, tendo merecido uma intervenção do legislador na recente revisão do Código que, na nova redação do n.º 7 do artigo, veio esclarecer que a venda das ações entre a data de registo e a data da assembleia não afeta a legitimidade para participar na reunião e nela votar. Dita a (nova) regra: "quem, nos termos do n.º 3, tenha declarado a intenção de participar em assembleia geral e transmita a titularidade das ações entre a data de registo referida no n.º 1 e o fim da assembleia geral, deve comunicá-lo imediatamente ao presidente da mesa da assembleia geral e à CMVM, tal não prejudicando o exercício do seu direito a participar e votar na assembleia geral".

No regime português, os n.os 1 e 2 do art. 23º-C do CVM dispõem que "nas sociedades emitentes de ações admitidas à negociação em mercado regulamentado, tem direito a participar na assembleia geral e aí discutir e votar quem, na data de registo, correspondente às 0 horas (GMT) do 5.º dia de negociação anterior ao da realização da assembleia, for titular de ações que lhe confiram, segundo a lei e o contrato de sociedade, pelo menos um voto"; e, por outro lado, que "o exercício dos direitos referidos no número anterior não é prejudicado pela transmissão das ações em momento posterior à data

---

[458] Henry TC Hu e Bernard Black, "Hedge funds, insiders, and the decoupling of economic and voting ownership: empty voting and hidden (morphable) ownership", 350 e ss.; Juan Ramirez, *Handbook of corporate equity derivatives and equity capital markets*, 605, 240 e ss.; Wolf-Georg Ringe, *The deconstruction of equity: activist shareholders, decoupled risk, and corporate governance*, 39 e ss.

de registo, nem depende do bloqueio das mesmas entre aquela data e data da assembleia geral".

Este art. 23º-C foi aditado ao CVM pelo art. 4º do DL n.º 49/2010, de 19 de maio, diploma que transpôs para o ordenamento português a Diretiva dos Direitos dos Acionistas, e que deixava claro no seu art. 7º que que (i) a participação do acionista na assembleia não deve estar sujeita a um regime de depósito, transferência ou registo; e que (ii) o acionista pode transmitir as suas ações entre a data de registo e a data da reunião da assembleia nos mesmos termos e condições em que o podia fazer antes da data de registo[459].

Sucede que, na versão anterior, o n.º 7 do art. 23º-C dispunha que quem tivesse declarado a intenção de participar em assembleia geral e, entretanto, alienasse as ações (entre a data de registo e o fim da assembleia), devia comunicá-lo imediatamente ao presidente da mesa da assembleia geral e à CMVM. Esta regra deixava no ar a questão de aferir qual o sentido útil dessa comunicação e, de forma mais imediata, se o presidente da mesa, ao receber a comunicação, devia aceitar a participação do acionista alienante na reunião[460].

Sobre o tema, pronunciou-se Menezes Cordeiro, entendendo que a mecânica da Diretiva passava por impedir o acionista que tivesse procedido ao registo, e venda da sua participação, de tomar parte na assembleia, ao mesmo tempo que não facultava ao acionista adquirente a possibilidade de participar nessa reunião porque, ao ter adquirido as ações em período de "defeso", já não estaria em condições de proceder ao competente registo.

---

[459] O sistema de legitimação pelo registo, *record date system*, contrapõe-se ao sistema de depósito, que vigorou em Portugal até à transposição da Diretiva. Entende-se geralmente que o sistema de depósito desincentivava os acionistas de participarem na assembleia, porque, ao serem obrigados a manter as ações depositadas e bloqueadas durante um período antes da assembleia como condição de legitimação para participar na reunião, os acionistas viam a sua liberdade limitada e ficavam sujeitos a flutuações repentinas da cotação, sendo por isso artificialmente deixados fora do mercado. Eram aliás fortes as pressões, na vigência do sistema de depósito, para restringir, tanto quanto possível, o período do bloqueio. O Código de Governo das Sociedades continha, até à transposição da Diretiva, uma Recomendação sobre o tema. Nos termos da Recomendação 1.2.1, dispunha-se que "a antecedência imposta para a recepção, pela mesa, das declarações de depósito ou bloqueio das acções para a participação em assembleia geral não deve ser superior a cinco dias úteis". A Recomendação foi retirada com a transposição da Diretiva e com a passagem para o sistema de registo, cuja mecânica evita o inconveniente. Vd., sobre essa Recomendação, Francisco Mendes Correia, "Comentário à Recomendação 1.2", in *Código do Governo das Sociedades Anotado* (Almedina, 2012), 67-77.

[460] A nova regra, recorde-se, mantém a obrigação de comunicação ao presidente da mesa da assembleia geral e à CMVM, deixando agora claro que isso não prejudica o direito a participar e votar na assembleia geral.

Mais: considerava que qualquer entendimento que passasse por permitir ao acionista alienante, que já não era então acionista, pelo mero facto de ter o registo a seu favor, a participação na reunião, seria uma solução manifestamente incompatível com o direito português, por contrariar a lógica da propriedade privada[461]. No mesmo sentido, entendia Paulo Câmara que o significado útil do já referido dever de comunicação passava por entender que o acionista alienante (e comunicante) deixava de ter o direito de participar e votar na assembleia geral. Notava ainda que o entendimento contrário teria por efeito o esvaziamento do voto por efeito da lei, contrariamente à regra do n.º 1 do art. 384º do CSC, o que devia ser recusado. Tal efeito ocorria apesar daquilo que em sentido aparentemente inverso resultava o n.º 2 do art. 23º-C do CVM quando dispõe que o exercício dos direitos do acionista não é prejudicado pela transmissão das ações em momento posterior à data de registo, nem depende do bloqueio das mesmas entre aquela data e a data da assembleia geral[462].

O tema tem hoje, face à nova redação do n.º 7 do art. 23º-C, um sentido eminentemente histórico. Em todo o caso, considerando que estão em jogo argumentos que se referem ao próprio sistema de voto e às regras de propriedade privada, importa determo-nos sobre a matéria, deixando claro já que não cremos que essa fosse a melhor interpretação, ou sequer que a solução fosse compatível com uma interpretação de acordo com a Diretiva. André Figueiredo pronunciou-se sobre o tema em termos que nos parecem ser conformes com o sistema[463] e a que, no essencial, aderimos.

---

[461] António Menezes Cordeiro, "A Diretriz 2007/36 de 11 de julho (accionistas de sociedades cotadas): Comentários à proposta de transposição", 544 e ss.

[462] Paulo Câmara, *Manual de direito dos valores mobiliários*, 628. No mesmo sentido, vd. David Oliveira Festas, *Das inibições de voto dos sócios por conflito de interesses com a sociedade nas sociedades anónimas e por quotas*, 610-611 (reconhecendo as dúvidas suscitadas pela letra do preceito). Também João Labareda, embora com bastantes argumentos partilhados, considera que o acionista que aliena as suas ações após o registo fica impedido de participar e votar na assembleia (João Labareda, "Sobre os direitos de participação e de voto nas assembleias gerais de sociedades cotadas", *DSR* (2011), 117-126), argumentando no essencial que o dever de comunicação imposto por lei não teria qualquer sentido se aqueles que recebem a informação nada pudessem com ela fazer. Salvo o devido respeito, não cremos que se possa retirar desta regra tal argumentação; nem isso pode ser feito no âmbito do Código nem, muito menos, numa interpretação conforme à Diretiva. Vd. ainda Paulo Olavo Cunha, "Assembleia gerais de sociedades anónimas I: questões relativas à convocação, participação e funcionamento", 84-85; Francisco Mendes Correia, "Comentário à Recomendação 1.2", 75-77.

[463] André Figueiredo, "Notas sobre o exercício de direitos de voto nas sociedades cotadas: breve balanço da vigência da Diretiva 2007/36/CE e perspetivas de revisão", *III Congresso DSR* (2014), 46 e ss. Já antes Paulo Olavo Cunha aceitou sem especiais dificuldades que o sistema abre a

O sistema de registo a que a Diretiva faz apelo pressupõe a fixação de uma data anterior à reunião da assembleia que, sobretudo por razões logísticas[464], "congela" o direito de participar na reunião[465]. Por isso se diz que o conceito

porta à possibilidade de participação na assembleia após a venda das ações – Paulo Olavo Cunha, "Convocação, participação e funcionamento de assembleias gerais de sociedades anónimas", in *Estudos em homenagem a Miguel Galvão Teles* (2012), 496-497. É aliás curioso que a própria CMVM, no âmbito da Consulta Pública n.º 10/2008, deixava isso claro, ao mesmo tempo que abria a porta para a solução excecional de a possibilidade representar uma votação abusiva – "sobre o tema da participação de accionistas que mantenham essa qualidade no dia da assembleia reitera-se que o novo sistema de legitimação introduzido, assente numa data de registo, admite expressamente e convive sem sobressaltos com o facto de alguém que era accionista na data de registo participar e votar na AG após ter alienado as ações, da mesma forma que convive com o facto de alguém adquirir ações numa data que já não lhe permite participar e votar numa assembleia geral subsequente. O estímulo da manutenção dos normais circuitos de transmissão dos valores mobiliários justifica a mudança de paradigma. A tutela do accionista que, adquirindo as ações depois da data de registo, não adquire o direito a participar e votar na assembleia geral subsequente, radica na sua própria autonomia. Caso adquira a participação no anonimato do mercado, o potencial novo accionista estará necessariamente consciente de que a participação adquirida não lhe garante o direito de participação e voto em determinada assembleia geral já convocada e, assim conformado, opta ou não por concretizá-la. Adicionalmente, sempre se admitirá a celebração de acordo sobre o exercício do direito de voto entre o titular das acções na data da assembleia e o titular registado na data de referência, ainda que esta possibilidade seja previsivelmente limitada às negociações realizadas fora de mercado. Certamente que o sistema ora proposto, tal como aliás o actualmente vigente, não é imune ao risco do exercício abusivo do direito de voto. Cabe às específicas normas jussocietárias aplicáveis o papel corrector".

464 São normalmente apontadas diversas razões para a existência de um período, mais ou menos longo, entre o registo e a assembleia, todas elas de ordem logística: permitir à sociedade preparar-se adequadamente, e criar as respetivas condições de espaço, para o número de acionistas presentes ou representados na reunião, permitir à mesa antecipar problemas e implementar soluções a propósito do exercício do direito de voto pelos acionistas, nomeadamente quando a votação seja feita com recurso a mecanismos eletrónicos, etc. Parece claro que, num mundo predominantemente automatizado e em que existe recurso crescente a meios telemáticos, dilações longas parecem ser cada vez mais difíceis de justificar.

465 Claro que uma forma de reduzir o efeito de distorção que resulta das diferenças de posição entre a data de registo e a data da assembleia será limitar ao máximo a dilação entre o registo e a assembleia. O n.º 3 do art. 7º da Diretiva dispõe que a data de registo não deve preceder em mais de trinta dias a data da assembleia a que se aplica, o que, pelas razões já apontadas, parece ser um período máximo incongruente com os fins que a norma visa servir. A implementação da Diretiva varia fortemente entre países como a Inglaterra – em que cabe aos estatutos fazer esta determinação, sabendo-se que o art. 360B do *Companies Act* (2006) dispõe que entre a data de registo e a data da assembleia não podem distar mais de 48 horas (e há uma prática forte de aceitar o registo até à tarde do dia anterior à assembleia) –, e outros como a Alemanha – em que o § 123(4) do AktG dispõe que a data de registo para todas as sociedades cotadas, tratando-se de ações não registadas, deve ser de vinte e um dias. Em Portugal, o n.º 1 do art. 23.º-C do CVM dispõe que a data de registo corresponde às 0 horas (GMT) do 5º dia de negociação anterior ao da realização da assembleia.

de acionista que subjaz ao sistema de registo é eminentemente formal[466]. O sistema assume assim, como consequência do seu funcionamento, que acionistas que adquiram as ações após a data para o registo não poderão participar na reunião e parece admitir também que acionistas que tenham procedido ao registo, mas que alienem subsequentemente as suas ações, não verão o seu direito de participar na reunião, e nela votar, alterado[467]. É isso

A dilação entre a data de registo e a da assembleia será assim de cinco dias ou mais (dependendo do número de dias de negociação entre um e outra data). Para um panorama razoavelmente completo das várias jurisdições europeias – cujos prazos vão, como referido, até aos 28/30 dias – vd. https://eur-lex.europa.eu/LexUriServ/LexUriServ.do?uri=OJ:C:2010:285:0001:0005:EN:PDF. A experiência norte-americana ainda leva estes períodos para outros patamares, já que o § 213 do *Delaware General Corporate Law* dispõe que a data-limite de registo deve ser estabelecida entre 10 e 60 dias sobre a reunião. Sobre a mediana nos EUA e as particularidades do sistema de registo, vd. Susan EK Christoffersen, Christopher C Geczy et al., "Vote trading and information aggregation", 2900 e ss. Uma alternativa ao encurtamento até ao limite do período que decorre entre o registo e a assembleia será permitir uma segunda data de registo opcional, como hoje acontece em Delaware – o risco deste tipo de solução é, obviamente, que os acionistas encarem a data opcional como a data relevante, fazendo com que tudo se passe como se a primeira data não existisse. Isto, note-se, sabendo que não existem dúvidas na doutrina norte-americana sobre a legitimidade do acionista que procedeu ao registo, e, entretanto, alienou as ações, para votar na assembleia geral em causa. Vd. por todos, com diversas indicações jurisprudenciais, James D Cox, *Cox & Hazen On Corporations* (Aspen, 2004), 759.

[466] Paula Costa e Silva, "O conceito de accionista e o sistema de *record date*", in *DVM* (Coimbra, 2008).

[467] Já em 2008 escrevia Paula Costa e Silva: "a esta interrogação responde o sistema de record date no sentido de ser admitido a exercer o direito de voto aquele que era acionista no momento considerado relevante, não sendo tomadas em conta alterações subsequentes, apesar de refletidas no registo. Quer isto dizer que o sistema admite expressamente que quem exerce o direito de voto não seja o detentor da participação social, na qual se integra a situação jurídica em exercício, mas aquele que foi dela titular". *Paula Costa e Silva, "O conceito de accionista e o sistema de record date"*, 455. Esta dissociação entre titularidade e legitimação pode ser considerada uma consequência menos satisfatória do regime de registo, mas parece resultar inevitável da sua mecânica. Pode ser dito que a alternativa, o regime de bloqueio, ao vedar a transferência de ações entre a data do bloqueio e a data da assembleia (com um conjunto de outros inconvenientes), resolveria o problema. Assim não acontece, no entanto, já que o bloqueio não veda a transmissão dos valores mobiliários (no regime anterior o art. 72.4 do CVM vedava o registo da transmissão, mas não impedia a própria transmissão) e, sobretudo, não impede a celebração de outros contratos com efeito materialmente semelhante no que à transferência do risco respeita como, por exemplo, a promessa de venda das ações ou a venda sujeita a condição ou termo. Assim, no sistema de registo e como forma de minimizar esses efeitos menos satisfatórios, a marcação da data de registo numa data tão próxima da data da assembleia quanto possível, como é prática, por exemplo, em Inglaterra, parece ser a melhor alternativa. Paul Davies e Sarah Worthington, *Gower's Principles of Modern Company Law*, 452; Caroline Coupet, *L'attribution du droit de vote dans les sociétés*, 159-160. É bastante corrente, em várias jurisdições, a interpretação que vimos de expor. Vd. Nicola de Luca, "On record date, empty voting, and hidden ownership – Some remarks on EU Directive 2007/36/CE from a European perspective", *Rivista*

mesmo que parece querer dizer o n.º 2 do art. 7º da Diretiva – afirmar que os direitos dos acionistas de participarem e votarem em assembleias gerais em relação às suas ações são determinados em relação às ações de que são titulares na data de registo significa, de igual forma, que manterão o direito de participar na reunião os acionistas registantes que tenham vendido as suas ações, como que os adquirentes supervenientes não terão direito de participar na reunião[468]. Compreende-se que a primeira decorrência seja menos intuitiva do que a segunda: afinal, é mais fácil aceitar que um acionista não possa votar na assembleia por ter adquirido as ações em momento subsequente ao do registo para essa assembleia, do que aceitar que alguém que não seja acionista, e, portanto, não tenha qualquer interesse económico na vida da sociedade, possa ser chamado a votar. Mas são duas faces da mesma moeda e, nesse sentido, duas inelutáveis consequências do sistema adotado.

Daqui retira-se, então, que não cremos que a alienação das ações após o registo pudesse ter por efeito retirar ao acionista o direito de votar na assembleia, nem que a comunicação prevista no n.º 7 do art. 23º-C do CVM tivesse por efeito levar a respetiva informação à CMVM e ao presidente da mesa da assembleia geral para que estes assegurassem que o acionista alienante não votava[469]. Primeiro, porque isso seria incompatível com a própria lógica de

---

di diritto societario 2 (2010), 312 e ss. e, com uma extensa descrição dos regimes vigentes nos EUA, Inglaterra, Alemanha, França e Itália; Giulio Sandrelli, *Innovazione finanziaria ed esercizio del voto*, 28-30; Marco Maugeri, *Governo delle società quotate e attivismo degli investitori istituzionali: Università europea di Roma-13 dicembre 2013*, 70-72; Umberto Tombari, *"Potere" e "interessi" nella grande impresa azionaria*, 9-10.

[468] É o que se entende na Alemanha após a entrada em vigor da UMAG e com a alteração introduzida no § 123(3) do AktG – os acionistas que pretendam comparecer à assembleia geral deverão ser titulares de ações pelo menos 21 dias antes da assembleia geral e deverão provar essa qualidade pelo menos seis dias antes da data da reunião. A venda das ações entre a data do registo e a data da assembleia geral não afeta a participação e os direitos de voto na assembleia geral; os acionistas que adquiram ações após a data de registo não têm o direito de participar da assembleia geral, mas apenas direito ao dividendo. Veja-se por exemplo Vanda Heinen, *Die Rolle institutioneller Investoren und Stimmrechtsberater in der deutschen Corporate Governance*, 33; Kubis, "Kommentierung des § 123 AktG Rn. 34", in *Münchener Kommentar zum Aktiengesetz* (München: 2018); U. Hüffer and J. Koch, "Kommentierung des § 123 AktG Rn. 12, 12a", in *Aktiengesetz* (München: 2021). O último período do § 123(4) AktG não sendo, literalmente, isento de dúvidas, já que ao dispor que "*Im Verhältnis zur Gesellschaft gilt für die Teilnahme an der Versammlung oder für die Ausübung des Stimmrechts als Aktionär nur, wer den Nachweis erbracht hat*", não arruma definitivamente com a questão de saber o que acontece quando a legitimação se perde, é em todo o caso mais claro que a regra portuguesa agora alterada (sendo que não existe no direito alemão regra semelhante ao revogado n.º 7 do art. 23º-C do CVM).

[469] No mesmo sentido vd. André Figueiredo, "Notas sobre o exercício de direitos de voto nas sociedades cotadas: breve balanço da vigência da Diretiva 2007/36/CE e perspetivas de revisão",

funcionamento do sistema de registo que, claramente, privilegia a segurança conferida pelo registo das ações à consideração da situação jurídica material que lhe subjaz[470]. Segundo, porque essa interpretação seria incompatível com o disposto no n.º 2 do art. 7º da Diretiva dos Direitos dos Acionistas. Terceiro, porque essa interpretação não era conforme com o n.º 2 do mesmo art. 23º-C do CVM.

É assim verdade, como escreve Paulo Câmara, que este entendimento teria por consequência o (possível) esvaziamento do voto por efeito da lei, contrariamente à regra do n.º 1 do art. 384º do CSC. É também verdade que custa entender o sentido da comunicação à CMVM e ao presidente da assembleia, sobretudo da forma como a regra está expressa, mas dessa dificuldade não pode resultar a conclusão de que o único sentido útil possível é a retirada do direito de votar ao acionista alienante. Não é. O sentido da comunicação do acionista alienante será antes, a existir sentido, o de permitir ao presidente da assembleia que monitore especialmente a situação criada que, como é óbvio, será anómala (e da qual poderão ser retirados efeitos jurídicos)[471]. Não cremos que daqui, por qualquer forma, se pudesse retirar o efeito de cessação

---

49. André Figueiredo vai mais longe: a obrigação de comunicação ao presidente da mesa e à CMVM é uma obrigação imposta por razões de transparência num momento em que se colocam maiores riscos de comportamento abusivo por parte do comunicante. Cremos ser a única explicação razoável para a constituição desta obrigação, a qual, como foi mencionado, se mantém no regime atual. Custa, em todo o caso, entender o que justifica o especial cuidado no tratamento desta *disfunção,* face a outras em que não apenas não existe a obrigação de comunicação como, cremos, o acionista não é obrigado sequer a revelar o seu interessamento económico mesmo que para tanto seja questionado.

[470] Refira-se que esta opção do legislador europeu, que parece ser clara no tema em análise, era absolutamente coerente com outras opções em temas relacionados. Veja-se, por exemplo, o que se dispunha na Diretiva dos Direitos dos Acionistas (2007) sobre o exercício do voto por custodiantes globais, ou seja, que correspondente a ações registadas em nome de intermediários financeiros a título profissional e por conta de clientes, em que, de novo, se reconhece a posição de acionista àquele que ostenta a posição formal e se baseia o regime no mero envolvimento indireto do investidor final sem reconhecimento de direitos diretos ao *ultimate beneficial owner* (sem prejuízo de alguns deveres e direitos de identificação, que foram seriamente incrementados em 2017 com a revisão da Diretiva). A opção era aliás objeto de várias críticas. Vd. por exemplo Nicola de Luca, "Titolarità vs. legittimazione: a proposito di record date, empty voting e "proprietà nascosta" di azioni", *Rivista di Diritto Societario* (2010), 318 e ss.; André Figueiredo, "Titularidade indirecta de ações e exercício de direitos de voto", 530 e ss. A situação foi parcialmente revertida com o art. 3º-C da revisão de 2017 da Diretiva.

[471] Da comunicação poderá também resultar que o acionista alienante, ao ver ser tornada pública a situação especial em que se encontra, possa ser dissuadido de votar. No mesmo sentido, sobre o regime português, vd. Wolf-Georg Ringe, *The deconstruction of equity: activist shareholders, decoupled risk, and corporate governance*, 57.

do exercício do voto, da mesma maneira que uma comunicação do acionista adquirente das ações após a data de registo, dando conta à mesa da assembleia de que havia adquirido essa participação, não permitiria retirar o efeito de atribuição do voto. Bem esteve, deste modo, o legislador da Lei de revisão do CVM, ao esclarecer este tema.

V. Outros contratos podem provocar efeito económico equivalente, muito embora seja de questionar a sua relevância como instrumentos de *risk decoupling* sistemático – é o caso dos contratos de garantia financeira que incidam sobre instrumentos financeiros. Tendo sido concedido ao beneficiário da garantia o direito de disposição dos instrumentos financeiros dados em garantia (art. 9º do DL n.º 105/2004), poderá este, à semelhança do que acontece num cenário de empréstimo de ações com venda a descoberto, alienar a posição com o objetivo de celebrar posteriormente o negócio de cobertura a um preço mais baixo, assim restituindo ao prestador objeto equivalente ao objeto da garantia financeira (art. 10º do mesmo DL)[472].

Em rigor, qualquer contrato que permita à contraparte a alienação de instrumentos financeiros no mercado, com a obrigação de supervenientemente proceder à cobertura da posição, gerará este efeito económico de

[472] O universo dos contratos de garantia financeira é um excelente campo de análise para este efeito. Sabe-se que o DL n.º 105/2004, de 8 de maio, ao transpor a Diretiva n.º 2002/47/CE relativa aos acordos de garantia financeira, integrou no direito nacional duas modalidades de acordos de garantia financeira – a alienação fiduciária em garantia e o penhor financeiro. A alienação fiduciária em garantia, gerando a transmissão da propriedade das ações (sendo o caso), habilita o proprietário a dispor do objecto da garantia; claro que, fazendo-o, poderá mais tarde ser chamado a fechar a sua posição. Já o penhor financeiro de ações é mais complexo, uma vez que a garantia pode assumir três variantes: o penhor financeiro simples, o penhor financeiro com pacto comissório e o penhor financeiro com direito de disposição. É sobretudo neste último caso, que, nos termos do art. 9º do DL, o beneficiário da garantia pignoratícia fica com direito de disposição sobre o objeto desta "como se fosse seu proprietário". Ora, não há grandes dúvidas que – se e enquanto o direito de disposição não é exercido – é o devedor pignoratício o proprietário dos valores mobiliários empenhados, em particular (ao contrário do que acontece na alienação fiduciária em garantia) é ele que vota com as ações. A partir do momento em que as ações sejam alienadas pelo credor pignoratício, o exercício dos direitos sociais passa, evidentemente, para o novo titular e o devedor pignoratício fica titular do direito de exigir do credor bens equivalentes aos alienados até ao momento do cumprimento da obrigação garantida – passa de titular das ações para credor e é exatamente aí, nessa *cobertura* de posição devida pelo credor pignoratício, que se abre este efeito de *decoupling*. Vd. Margarida Costa Andrade, "O penhor financeiro com direito de disposição de valores mobiliários", *ROA* (2010), sobretudo 12 e ss.; Ana Perestrelo de Oliveira e Madalena Perestrelo de Oliveira, "Derivados financeiros e governo societário: a propósito da nova regulação mobiliária europeia e da consulta pública da ESMA sobre empy voting", 78-79.

abertura de uma posição curta e será suscetível, por isso, de ser usado numa estratégia de *risk decoupling*. Claro que com menos suscetibilidade de ser usado de forma massiva, ao contrário do que acontece, por exemplo, no caso dos derivados[473].

VI. Cabe referir ainda um conjunto de situações em que o exercício do voto se organiza em termos tais que daí resulta uma dissociação necessária entre aquele a quem é atribuída a legitimidade formal para o exercício do direito e aquele que é, afinal, titular das ações. Muitos destes casos, provavelmente a maioria, revelarão estruturas em que a dissociação é apenas a consequência necessária da forma como o acionista se organizou para votar; mas em outros, essa será uma consequência deliberada. E isto é tão mais complicado quando verificamos que estes casos passam quase todos fora das regras de transparência pressupostas pelo regime de imputação de votos e *disclosure* de participações qualificadas.

É o que acontece, desde logo, no caso simples em que o mandatário para o exercício do direito de voto não recebe instruções específicas do acionista

[473] É o que acontece com o contrato de reporte, em que uma das partes acorda vender e, posteriormente, recomprar, ações. Assim, na primeira transação, o vendedor aliena as ações à contraparte mediante o pagamento de um preço. Na segunda transação, em momento futuro, o comprador procede à alienação de igual quantidade de ações ao vendedor, o qual pagará montante equivalente ao preço liquidado acrescido de uma margem (que configura a remuneração do comprador). Trata-se de mais um contrato que segue em regra o *Global Master Repurchase Agreement* elaborado pela ISMA. Vd. Giulio Sandrelli, *Innovazione finanziaria ed esercizio del voto*, 30-32. O reporte é regulado pelo art. 477º do Código Comercial, em termos que têm merecido críticas da nossa doutrina, tendo sido integrado, já com o CVM, como uma verdadeira e própria operação de bolsa e, dentro desta categoria, como operação a prazo (veja-se também o Regulamento CMVM n.º 8/2000, entretanto revogado pelo Regulamento CMVM n.º 3/2005). Sobre o reporte, entre nós, vd. António Menezes Cordeiro, *Banca, bolsa e crédito: estudos de direito comercial e de direito da economia* (Almedina, 1990), 167-183; Sofia Nascimento Rodrigues, "Os contratos de reporte e de empréstimo no Código dos Valores Mobiliários", *CadMVM*, no. 7 (2000); José de Oliveira Ascensão, "Derivados", 54-56. Efeitos semelhantes podem ser criados com outros tipos contratuais como a venda a termo, a promessa de venda, etc. Cabe assinalar que existem casos em que pode ser identificada a existência de um efeito de *decoupling*, mas este é resultado da própria forma como o sistema jurídico organiza funcionalmente o voto. Já nos pronunciámos sobre alguns destes casos, dos quais os mais impressivos serão a transferência do direito de voto para o usufrutuário e para o credor pignoratício. O problema pode parecer sobretudo conceptual, mas são efetivamente situações diferentes. Nuns casos, as partes visam criar um efeito de *decoupling* económico e usam instrumentos negociais para tanto; noutros casos, é a lei que, ao desenhar a arquitetura do sistema, entende que o *decoupling* é a melhor forma (muitas vezes, porque esse efeito é inevitável pela concorrência de pretensões jurídicas e económicas) de disciplinar o voto e a sua relação com a titularidade da participação acionista.

sobre a forma como deve exercer o seu direito e, pelo contrário, tem plena liberdade para organizar o exercício desse direito[474]. Trata-se de fenómeno

[474] O CSC regula, no seu art. 380º, a forma como, perante a sociedade, o acionista é representado – resulta do n.º 1 que os estatutos não podem proibir ou limitar a representação do acionista na assembleia (é assim desde a reforma de 2006, embora a versão atual seja a do DL 49/2010, de 19 de maio, já que a versão original do Código admitia limitações estatutárias à representação); resulta do n.º 2 que, como instrumento de representação voluntária, basta um documento escrito, assinado pelo acionista, dirigido ao presidente da mesa (que fica arquivado na sede da sociedade, nos termos do art. 40º do Código Comercial). A lei societária é, no entanto, razoavelmente omissa sobre o acordo que subjaz a esse instrumento de representação. Sabemos que o pedido de representação *sistemático* em assembleia geral de sociedade aberta estará sujeito às regras do n.º 3 do art. 23º do CVM e 381º do CSC e que, nesse caso, deverá conter o fundamento do sentido de voto a exercer. Sabemos que essa instrução, qualquer que seja a sua configuração, será dada ao abrigo de um acordo de mandato que, nos termos da alínea a) do art. 1161º, obriga o mandatário a praticar os atos compreendidos no mandato segundo as instruções do mandante. Nada resulta, no entanto, do sistema, seja do comercial, seja do civil, para além do que foi dito a propósito do art. 381º do CSC e 23º do CVM, sobre o nível de instruções que devem ser dadas, podendo tanto ocorrer que o representante receba instruções claras e expressas sobre o sentido de voto em cada um dos pontos da ordem de trabalhos, como pode ocorrer que, pura e simplesmente, não receba qualquer instrução ou indicação sobre o sentido de voto. É certo que, mesmo neste caso, existirá um dever contratual de atuação em função daquilo que seja razoavelmente entendido como o melhor interesse do mandante (este dever resulta, por maioria de razão, de regras como a do art. 1162º do Código Civil), mas não há dúvida de que, na generalidade dos casos, efetivamente, o juízo que o mandatário haja feito sobre o sentido da votação será virtualmente insindicável. Pode ainda ocorrer – e ocorre com frequência – que o acordo entre mandante e mandatário deixe claro que o voto deve ser organizado segundo o melhor juízo do representante, o que é muito típico de acordos em que o mandato é gratuito e em que, por isso, há por natureza um interesse próprio do mandatário na forma como o mandato será cumprido; não se exclui que alguns destes casos possam extravasar da qualificação básica do mandato para outras fórmulas jurídicas e, sobretudo, que possam gerar situações de imputação relevantes para efeitos do art. 20º do CVM (a alínea g) do n.º 1 do art. 20º já dispunha serem imputáveis os votos "detidos por titulares do direito de voto que tenham conferido ao participante poderes discricionários para o seu exercício"; a representação do acionista não gera normalmente imputação de votos ao representante, muito embora a nova versão da alínea f) do n.º 1 do art. 20º do CVM considere imputáveis os votos "inerentes a ações detidas em garantia pelo participante ou por este administradas ou registadas ou depositadas junto dele, se os direitos de voto puderem ser exercidos pelo participante segundo o seu critério na ausência de instruções específicas do respetivo titular"; mas casos anómalos como estes podem revelar acordos sobre o exercício de voto ou disfunção entre a titularidade jurídica e económica, que assim seriam relevantes para efeitos das alíneas a), c) e sobretudo g) do n.º 1 do art. 20º. A questão de aferir se a qualificação contratual é posta em causa se o mandato não for cumprido no exclusivo interesse do mandante e, sobretudo, se for cumprido no exclusivo interesse do mandatário, é uma discussão clássica e os seus termos podem trazer alguma luz. Sobre este último ponto, vd. Fernando Pessoa Jorge, *O mandato sem representação*, 181-187. Sobre os demais pontos, vd. Pedro Maia, *Voto e corporate governance*, 777-784; Madalena Perestrelo de Oliveira, "Instrumentos Financeiros com fins de garantia e exercício de direitos sociais", 557; António Menezes Cordeiro e David Oliveira Festas, "Comentário ao art. 380º",

que ocorre frequentemente, sobretudo naquelas circunstâncias em que o mandatário foi escolhido em função das suas qualidades profissionais – caso dos Advogados. E trata-se de fenómeno que na maior parte das ocorrências não resulta de um propósito das partes de transferir o direito para o mandatário, dissociando o exercício do voto da propriedade das ações, mas que é apenas uma consequência inevitável da forma como a representação se organizou. Mas também se trata de situação que fica, por norma, totalmente à margem das regras sobre transparência – apenas surgirá o nome do representante na lista de presenças da assembleia geral, o que nada dirá aos demais acionistas sobre o fenómeno de esvaziamento do voto.

Situações semelhantes ocorrem ou, em alguns casos, ocorriam, quando o voto era delegado a favor da administração, sem instrução de voto, ou era acordado que o seu sentido seria determinado por uma terceira pessoa[475].

15. *Positive decoupling*

I. Contrariamente ao que acontece nas situações que acabámos de analisar, nos casos de *positive decoupling* o investidor tem, proporcionalmente, mais exposição ao risco do que direitos de voto. Ora, é certo que, primeiro, os casos de *positive decoupling* são menos relevantes sob o ponto de vista de desconstrução económica da ação, já que, como estratégia de investimento, apenas em situações excecionais o investidor estará disposto a aumentar o risco sem que isso lhe traga proporcionais direitos políticos; segundo, são menos ricos sob o ponto de vista conceptual já que, na prática, dependem sobretudo do recurso a certo tipo de derivados financeiros[476]; e, terceiro, geram menos

in *Código das Sociedades Comerciais Anotado* (Almedina, 2020); Paulo Olavo Cunha, *Deliberações sociais: Formação e impugnação*, 95-104; Carolina Cunha, "Comentário ao art. 380º", in *Código das Sociedades Comerciais em comentário* (Almedina, 2019).

[475] Todos estes casos revelam uma assustadora falta de transparência, uma vez que, a não resultarem de um acordo, passam ao lado das regras sobre divulgação de participações qualificadas, o que faz com que, a serem deliberadamente usados como instrumento de *decoupling*, tenham efeitos muito perniciosos. Mas, dito isto, não parece que possam considerar-se como mais gravosos que os instrumentos financeiros referidos, como foi opinião de alguns dos participantes na consulta pública sobre *empty voting* da ESMA em setembro de 2011.

[476] Não é necessariamente assim, muito embora esta seja a regra. Algumas situações que vimos poderem gerar casos de *negative decoupling* são, no seu verso, geradoras de casos de *positive decoupling*. É o que acontece, por exemplo, quando o acionista vende as suas ações em acordo de compra e venda com cláusula de preço que depende da evolução futura das cotações ou quando alguém promete comprar ações por preço fixado subsequentemente em função da evolução das cotações.

problemas jurídicos porque, face aos casos de *negative decoupling*, são menos *externos* nos seus efeitos.

O recurso a estratégias de *positive decoupling* está normalmente ligado a temas regulatórios que são espoletados pelos direitos de voto associados à participação. O acionista quer aumentar a sua exposição económica e política, mas, para tanto, é obrigado a fazer o *disclosure* da sua posição (caso de regras sobre comunicação de participações qualificadas[477]), é obrigado a praticar certos atos jurídicos (caso das regras sobre obrigatoriedade de lançamento de OPA) ou deve obter autorização de um qualquer regulador (caso das regras de concorrência ou de autorizações ou não oposições por reguladores setoriais para a tomada de certas posições acionistas). Ora, se a regra que desencadeia qualquer dos efeitos referidos estiver associada exclusivamente aos direitos de voto, como durante muito tempo aconteceu em várias jurisdições, o aumento da exposição económica, sem os proporcionais direitos de voto, será um aceitável *second best* que, aliás, *a posteriori*, pode muitas vezes ser convertido no *first best*, já que o investidor estará, sem riscos acrescidos de preço, em condições de liquidar a posição financeira que construiu e adquirir a posição acionista derivante, o que pode ser especialmente facilitado quando a contraparte do derivado financeiro colateralize a sua posição com o ativo subjacente – as ações – que representa o objetivo final do investidor[478].

---

[477] Isto é relevante em regimes como o português que, no quadro da Diretiva da Transparência, estabelece patamares de comunicação com idênticos requisitos de informação, mas ainda é mais em regimes como o norte-americano em que a passagem do patamar dos 5% obriga a regras acrescidas de comunicação e transparência perante o mercado, em particular sobre as intenções do investidor. É isso que dispõe, desde o final dos anos 60, a Secção 13(d) do Williams Act (e os termos da comunicação estão estabelecidos no chamado Anexo 13D). https://www.sec.gov/fast-answers/answerssched13htm.html. Sobre a história da reforma de 1968 e, sobretudo, sobre a mecânica do procedimento, vd. Daniel Bertaccini, "To disclose or not to disclose", 271-274. Outros sistemas, como é o caso do inglês, guardam a necessidade de dar explicações sobre as aquisições para momentos mais extremos (regra de *put up or shut up*), ou seja, para um momento em que existe a expetativa de anúncio de uma oferta; mas ainda nesse ambiente, por razões, óbvias, o tema do *disclosure* pode ganhar muita relevância. Sobre este mecanismo, vd. Paul Davies e Sarah Worthington, *Gower's Principles of Modern Company Law*, 977-999.

[478] É este efeito económico que habilita o recurso a instrumentos derivados com liquidação financeira para a tomada de posições acionistas e, no limite, como estratégia de tomada do controlo, levando autores como Conac a afirmar que *cash-settled derivatives can be equivalent to holding shares*. A afirmação será excessiva como ideia geral (até porque geralmente a colateralização não corresponde a 100% da exposição da contraparte), mas, em concreto, poderá ser acertada. Vd. Pierre-Henri Conac, "Cash-settled derivatives as a takeover instrument and the reform of the EU transparency directive", in *The European Financial Market in Transition* (Kluwer, 2011), 51.

II. Do que antecede, resulta então que o instrumento para criar estas posições de *positive decoupling* terá de conferir ao investidor o interesse económico sem a titularidade do ativo subjacente, ou seja, sem lhe atribuir disposição sobre os votos inerentes às ações. Estamos então a falar de produtos derivados como os CfD, também designados por vezes como *total return swaps* – derivados financeiros que, permitindo tomar posições longas ou curtas, refletem o exato comportamento do ativo subjacente[479], sem maturidade (e aqui distinguem-se dos futuros) e que conferem ao titular do derivado o direito à liquidação da diferença entre o preço de compra e o preço de venda do instrumento. Se essa diferença for favorável ao investidor, este tem o direito a receber a diferença de valores; se for desfavorável, ele tem de liquidar essa diferença.

Afirma-se por vezes que apenas os CfD permitem instrumentalizar estratégias de *risk decoupling* positivo[480]. Não é exatamente assim. O CfD representa o paradigma do derivado que serve este tipo de estratégias – pela sua relação direta com a ação, pela falta de maturidade, pela simplicidade da sua construção. Mas, em rigor, qualquer produto derivado que tenha ações cotadas como ativo subjacente permite este mesmo efeito. É o que acontece por exemplo com um *equity swap*.

III. Vários casos em que uma estratégia deste tipo foi usada tiveram repercussão pública, mas nenhum com o impacto do processo de construção de uma posição acionista da Porsche no capital da Volkswagen em 2009, quando, e além da posição em ações que foi adquirida, a Porsche revelou que tinha contratado *cash settled options* sobre mais 31,5% de ações da Volkswagen. Estas opções, sendo exclusivamente de liquidação financeira, conferiam direito à diferença (sendo positiva) entre o preço das ações da Volkswagen no momento da compra e o preço dessas ações no momento do exercício da opção. Quando estes factos ocorreram, a Diretiva da Transparência já

[479] Não é inevitável que o CfD siga de forma perfeita a *performance* do ativo subjacente, embora seja isto que acontece na generalidade dos casos. Isto não obsta a que o CfD seja um produto financeiro que geralmente permite ao investidor alavancar o investimento – não porque a relação com o ativo subjacente é, em si mesma, alavancada, mas porque as instituições contratantes apenas exigem ao investidor o depósito de uma margem, revista em cada momento. E daí o perigo relevante que o produto tem para investidores de retalho. Vd. por exemplo o relatório da ESMA sobre CfD de 2013 em https://www.esma.europa.eu/sites/default/files/library/2015/11/2013-267.pdf.

[480] Wolf-Georg Ringe, "Hedge funds and risk decoupling: The empty voting problem in the European Union", 58.

havia sido implementada na Alemanha; no entanto, de acordo com o art. 25(1) do WpHG, estas opções, tendo exclusivamente liquidação financeira (a regra referia-se expressamente a instrumentos financeiros que conferissem o direito contratual a adquirir unilateralmente ações emitidas), não se qualificavam para efeitos do conceito de instrumento financeiro da regra e, por isso, não estavam sujeitas a *disclosure*. Por outro lado, tendo as opções sido contratadas com várias instituições de crédito, e sendo certo que estas tinham, pelo menos parcialmente, coberto a sua posição pela aquisição de ações da Volkswagen, nenhum havia adquirido mais do que os 2,99% que obrigaria a fazer a respetiva comunicação ao mercado[481]. Ou seja, a estratégia permitiu à Porsche construir esta posição (económica) adicional de 31,5% sem que, até ao momento do anúncio, fosse conhecida pelo mercado – o custo era, claro, que a posição apenas podia ser construída por opções com liquidação meramente financeira.

Outro caso europeu particularmente marcante é o da Schaeffler, uma empresa industrial alemã de componentes de automóvel que, em 2008, detinha uma participação de 2,97% no capital social da Continental. Cabe recordar que, como referido, de acordo com o § 33 do WpHG, o primeiro patamar de comunicação ao mercado de participação qualificada está fixado nos 3%, razão pela qual o mercado desconhecia a posição. Em julho de 2008, a Schaeffler anunciou que havia contratado com o Royal Bank of Scotland opções com liquidação física sobre 4,95% das ações da Continental e com a Merril Lynch opções com liquidação financeira sobre mais 28% do capital social da Continental. Em termos semelhantes ao que ocorreu no caso da Porsche e da Volkswagen, a contratação dos *swaps* com liquidação financeira não atribuía à Schaeffler qualquer direito sobre ações da Continental – eram

[481] Os capítulos seguintes são conhecidos, naquela que é uma das mais fascinantes e dramáticas histórias dos mercados financeiros. Desconhecendo que o preço das ações da Volkswagen estava a ser pressionado pelas aquisições de ações necessárias para colateralizar as opções contratadas, e acreditando que existia ali um *gap* de arbitragem por comparação com outras ações de produtores automóveis, um grupo significativo de investidores – sobretudo *hedge funds* norte-americanos – começou uma agressiva estratégia de abertura de posições a descoberto sobre ações da Volkswagen. Face ao anúncio – tardio – da Porsche que detinha 42,6% das ações ordinárias da Volkswagen e um adicional de opção com liquidação financeira sobre mais 31,5%, e considerando que o Estado da Baixa Saxónia detinha uma posição de cerca de 20%, estes *short sellers* rapidamente perceberam que a reduzida liquidez no mercado não era suficiente para que todas as posições – correspondentes a cerca de 12% do capital da VW – fossem fechadas, o que gerou um dos maiores *short squeezes* da história, com perdas potenciais que ainda hoje não são totalmente conhecidas. Vd. https://ftalphaville.ft.com/2018/10/31/1540962002000/The-day-Volkswagen-briefly-conquered-theworld/.

derivados com liquidação financeira, que pagavam a diferença entre o preço de exercício e o preço da cotação, não havendo qualquer risco a suportar pela Schaeffler se a cotação, no momento do exercício, estivesse abaixo do preço de exercício (além, claro, do custo da contratação do derivado) – e, por isso, passavam por baixo do radar da obrigação de comunicação de participações qualificadas (o já referido art. 25(1) do WpHG). Mas, tal como nesse outro caso, os Bancos contratantes dos derivados foram colateralizar a sua posição através da aquisição de ações do ativo subjacente, o que significava que, apesar dos termos contratualizados, sempre seria possível acordar supervenientemente que, em lugar de ser paga a diferença de valores, o contrato seria liquidado pela entrega das ações; o que, aliás, veio a ocorrer. Ou até que, cumprindo formalmente o contrato, este mantinha a sua lógica de liquidação financeira, cabendo à Schaeffler adquirir depois ações no mercado.

Tal como no processo Porsche/Volkswagen, o BaFin iniciou uma investigação que tinha por objetivo verificar se a Schaeffler não tinha violado regras sobre comunicação de participação qualificada (e se não havia violado as regras de OPA obrigatória, já que, a entender-se que as ações detidas pelos dois bancos contratantes dos derivados eram imputáveis à Schaeffler, o patamar que ditava a geração da obrigação teria sido ultrapassado). Em termos semelhantes, a regra alemã não imputava ações abrangidas por contratos que não conferissem direitos sobre as ações e, como salientado, a parte relevante do derivado contratado era de liquidação meramente financeira[482]. Claro que, ainda assim, existiam outras regras – nomeadamente sobre atuação em concertação e sobre titularidade por conta de outrem – que podiam ser aplicadas, sobretudo quando do processo parece ter ficado provado que havia um acordo informal no sentido de alterar supervenientemente os termos de liquidação do contrato. O BaFin entendeu, sem prejuízo, que o comportamento da Schaeffler não tinha sido ilícito[483].

---

[482] O tema foi definitivamente resolvido na Alemanha em 2011 com a alteração do WpHG pelo *Gesetz zur Stärkung des Anlegerschutzes und Verbesserung der Funktionsfähigkeit des Kapitalmarkt* e hoje deve ser considerado ultrapassado. Vd. Ling Tong, *"Unerwünschte" Aktionäre im Kontext von Übernahmen börsennotierter Aktiengesellschaften: eine Untersuchung zum deutschen Aktien-und Kapitalmarktrecht*, 32-74.

[483] A decisão do BaFin não está publicamente disponível. Para uma exaustiva descrição do caso e a análise da decisão regulatória, vd. Dirk A Zetzsche, "Hidden Ownership in Europe: BAFin's Decision in Schaeffler v. Continental", *EBOR* (2009); Theodor Baums e Maike Sauter, "Anschleichen an Übernahmeziele mittels Cash Settled Equity Derivaten – Ein Regelungsvorschlag", *Institute for Law and Finance* (2009), 1-4; Till Wansleben, "Derivative Finanzinstrumente und Meldepflichten nach dem WpHG", *Studentische Zeitschrift für Rechtswissenschaft (StudZR)* (2009); Danijel Stanković, "Use

IV. Os casos mencionados – meros exemplos, diga-se – têm em comum aquilo que, afinal, representa a razão principal que justifica a prossecução de uma estratégia de *positive risk decoupling* – o ocultamento de uma posição acionista, com uma qualquer justificação, fazendo com que o investidor esteja disposto a abdicar, ainda que temporariamente, dos direitos de voto correspondentes à exposição ao risco, como forma de melhor servir essa estratégia.

Ora, isto era apenas possível porque existia o que se veio a entender ser uma lacuna na generalidade das jurisdições europeias. O art. 9.1 da versão original da Diretiva da Transparência dispunha: "O Estado-Membro de origem deve assegurar que, caso um acionista adquira ou aliene acções de um emitente cujas acções estejam admitidas à negociação num mercado regulamentado e às quais estejam associados direitos de voto, esse acionista notifique o emitente da percentagem de direitos de voto que passa a ser por si detida em resultado dessa aquisição ou alienação, caso essa percentagem atinja, exceda ou se torne inferior a um dos limiares de 5%, 10%, 15%, 20%, 25%, 30%, 50% e 75%. Os direitos de voto devem ser calculados com base na totalidade das acções às quais estejam associados direitos de voto, mesmo em caso de suspensão do respectivo exercício. Para além disso, devem igualmente ser fornecidas informações a respeito de todas as acções que se encontrem na mesma categoria e às quais estejam associados direitos de voto". Ou seja, o regime de divulgação de participações qualificadas – que em países como Portugal servia também de instrumento para a imputação de votos em sede de OPA obrigatória – era construído em função dos direitos de voto, deixando de fora a abertura de posições de mera exposição económica (ainda que esta abertura de contratos com mera exposição económica tivesse como efeito

of cash-settled derivatives in public takeovers: a challenge for legislators, regulators and courts", *Regulators and Courts* (2012),1-3. Há vários outros casos relevantes, como por exemplo a aquisição de participação na CSX sem comunicação ao mercado, no mesmo ano da mencionada decisão do BaFin, em que o US *District Court for the Southern District of New York* entendeu que havia violação das regras sobre *disclosure* pela não divulgação das posições em *cash-settled financial instruments* (a decisão foi revertida mais tarde) – vd. com grandes desenvolvimentos Daniel Bertaccini, "To disclose or not to disclose", ou o caso Perry v. Ithaca – vd. também, com desenvolvimento, Nan Seuffert, "Taming the wild beast: the regulation of equity derivatives in New Zealand", *Law and society association annual meeting* (2010); Pierre-Henri Conac, "Cash-settled derivatives as a takeover instrument and the reform of the EU transparency directive", 1-3 e 51-56; Eugenio Simone de Nardis e Matteo Tonello, "Know your shareholders: the use of cash-settled equity derivatives to hide corporate ownership interests", *Conference Board Director Notes No. DN-009* (2010), 4-9.

necessário, mas não jurídico, a colateralização do risco de um dos contratantes através da aquisição de ações)[484].

Este panorama foi corrigido em 2013 com a alteração da Diretiva da Transparência (Diretiva da Transparência II) que, no ponto 9 do preâmbulo, deixa clara a razão para alteração: "A inovação financeira levou à criação de novos tipos de instrumentos financeiros, que provocam para os investidores uma certa exposição económica face às empresas e cuja divulgação não está prevista na Diretiva 2004/109/CE. Esses instrumentos poderiam ser utilizados para adquirir, de modo secreto, participações em sociedades, o que poderia dar origem a abusos de mercado e criar uma imagem falsa e enganosa da propriedade económica de sociedades cotadas em bolsa. A fim de garantir que os emitentes e os investidores tenham pleno conhecimento da estrutura de propriedade das empresas, a definição de instrumentos financeiros da referida diretiva deverá passar a incluir todos os instrumentos com efeito económico similar à detenção de ações e a direitos de aquisição de ações".

V. O regulador português reagiu antes do legislador europeu[485]. Se é certo que, até 2010, os derivados financeiros com mera liquidação financeira não geravam, por si só, imputação da participação referente ao ativo subjacente[486],

---

[484] Como já se percebeu, estes derivados com liquidação financeira podem ser usados como instrumento de aquisição de uma participação relevante numa sociedade cotada, muito embora a sua funcionalidade normal não passe por aí. Daí que tenham surgido propostas, mais moderadas, mas de muito complexa e intrincada sindicabilidade, que passavam por estatuir que a imputação era dependente de o recurso a estes instrumentos financeiros visar a aquisição de ações, o acesso ao voto ou influenciar a administração da visada. Pelo contrário, não seria requerida divulgação quando o recurso a estes instrumentos visasse a montagem de puras posições económicas de *hedging* ou arbitragem. A solução seria mais equilibrada materialmente, mas, claro, seria de difícil implementação. Vd. Theodor Baums e Maike Sauter, "Anschleichen an Übernahmeziele mittels Cash Settled Equity Derivaten – Ein Regelungsvorschlag", 51-52; Maiju Kettunen e Wolf-Georg Ringe, "Disclosure Regulation of Cash-Settled Equity Derivatives-An Intentions-Based Approach", 49 (focando nos CfD); Dirk A Zetzsche, "Against mandatory disclosure of economic-only positions referenced to shares of European issuers–twenty arguments against the CESR proposal", *EBOR* 11, no. 2 (2010).

[485] Sobre as iniciativas adotadas antes da reforma da Diretiva, vd. o *Consultation Paper* da CESR de março de 2010 – https://www.esma.europa.eu/sites/default/files/library/2015/11/09_1215b.pdf. Sobre o regime norte-americano, vd. Daniel Bertaccini, "To disclose or not to disclose".

[486] Já não seria assim nos casos de liquidação física porque o art. 20.1.e) do CVM deixava claro que o direito de adquirir as ações gerava imediatamente imputação. Também não seria assim se houvesse um acordo sobre voto nos termos do art. 20.1.c) ou se a CMVM – como aconteceu em dois casos a que nos referimos de seguida – entendesse que, apesar da liquidação financeira do contrato, existia um caso de detenção das ações por conta do contratante nos termos da alínea a) do n.º 1 do art. 20º do CVM. O panorama era semelhante na generalidade das jurisdições europeias.

estando por isso Portugal na condição em que estava a generalidade das jurisdições europeias, nesse ano a CMVM aprovou o Regulamento n.º 5/2010 (dever de divulgação de posições económicas longas relativas a acções[487]) que deixava claro, no seu art. 2º-A que estes contratos derivados, ainda que contratados com mera liquidação financeira, obrigavam à divulgação da participação de acordo com as regras de divulgação de participações qualificadas. Posteriormente, no âmbito da transposição da Diretiva da Transparência II, por força do DL n.º 22/2016, a regra – embora com outra formulação (o Regulamento recorria à noção de instrumentos com efeito equivalente à detenção de ações e não aos efeitos económicos do instrumento) – passou para o mesmo art. 20º do CVM[488].

Cabe aliás referir que, em pelo menos duas ocasiões, a CMVM foi chamada a pronunciar-se sobre o tema da imputação de votos a partir deste tipo de instrumentos financeiros. Os dois casos são anteriores à entrada em vigor

[487] O preâmbulo do Regulamento é claríssimo no seu escopo – "tem-se assistido, nos últimos anos, a diversos casos de participações qualificadas de grande dimensão comunicadas ao mercado sem aviso prévio porque construídas com base em instrumentos financeiros derivados com liquidação financeira. Estes contratos não se encontram especificamente cobertos pela actual Directiva 2004/109/CE (Directiva da Transparência) ou pelas actuais normas do Código dos Valores Mobiliários, excepto quando se subsumem à cláusula de detenção em nome próprio, mas por conta de outrem. Todavia, trata-se de instrumentos financeiros que criam um efeito económico similar à detenção das acções e ainda que não permitam o acesso directo a direitos de voto, são idóneos para a aquisição e exercício de influência potencial sobre uma sociedade. A susceptibilidade de influência por parte do detentor deste tipo de instrumentos resulta do facto de a sua contraparte realizar a cobertura da sua posição, frequentemente, através da aquisição das acções que são o activo subjacente do instrumento. Em consequência, o detentor dos instrumentos financeiros derivados com liquidação financeira tem a susceptibilidade de exercer influência de facto sobre os direitos de voto detidos formalmente pela contraparte, a qual, tipicamente, procura assegurar a manutenção de um relacionamento comercial estável e duradouro. Assim sendo, é conveniente que se estendam os deveres de transparência sobre participações qualificadas às posições económicas longas sobre acções, por esta extensão impedir a ilusão do regime de transparência sobre a aquisição e alienação de participações qualificadas, donde resultam potenciais falhas de mercado ao nível (i) dos mecanismos de formação dos preços de cotação, (ii) da detecção de conflitos de interesses, (iii) do cálculo do free-float e (iv) do regime das ofertas públicas de aquisição obrigatória". Vd. Alexandre de Soveral Martins, "Ajustar o delta. A imputação de direitos de voto, os instrumentos financeiros e a ocultação de titularidade", in *20 Anos do Código dos Valores Mobiliários* (CMVM/Almedina, 2021), 259-260;

[488] Bruno Ferreira, "A transposição da diretiva da transparência II", in *O Novo Direito dos Valores Mobiliários* (Almedina, 2017). Sobre o Regulamento n.º 5/2010, vd. José Pedro Fazenda Martins, "Operações sobre instrumentos derivados, imputação de direitos de voto e contrapartida da oferta pública de aquisição", in *Direito comercial e das sociedades: Estudos em memória do Professor Doutor Paulo M. Sendin* (UC, 2012), 158 e ss.

do Regulamento n.º 5/2010 e terão sido, presume-se, catalisadores do movimento da CMVM de aprovação dessas regras[489].

O primeiro caso correu em 2007 e envolveu o BCP e a Eureko, um tradicional acionista de referência do Banco que, em julho de 2007, comunicou ao mercado ter vendido uma participação de 2,88% no capital do BCP através de um ISDA *Physically Settled Share Forward Transaction* e de um ISDA *Cash Settled Swap Transaction,* ambos acordados com o ABN. Chamada a pronunciar-se, a CMVM entendeu que, para efeitos do artº 20º, n.º 1, alínea a), do CVM, os direitos de voto dos 2,88% do capital social do BCP detidos pelo ABN eram imputáveis à Eureko. Mais tarde, o ABN acordou vender a participação ao JP Morgan, e contratar um conjunto de derivados com essa entidade. De novo, veio a CMVM entender que os votos correspondentes à participação, agora detidos e imputáveis ao JP Morgan, deveriam continuar a ser também imputados à Eureko[490].

O segundo caso que merece ser referido ocorreu em 2010 – embora antes da aprovação do Regulamento –, quando, à beira de uma importante assembleia geral da PT que ditaria o destino da participação acionista na Vivo e onde se colocava a questão do cálculo dos votos que eram imputáveis à Telefónica face ao *voting cap* então consagrado nos estatutos da PT e, sobretudo, de conflito de interesses face à regra do art. 381.1.d) do CSC (a assembleia tinha na ordem de trabalhos a aprovação da venda da participação da PT na Brasilcel a uma sociedade controlada pela Telefónica), a Telefónica

---

[489] Cabe fazer referência a um terceiro caso, mas sobre o qual a CMVM não se pronunciou. Em março de 2007, no contexto da assembleia geral da PT que deliberava sobre as alterações de estatutos que eram condição da OPA lançada pela Sonae.com, a PT celebrou um *equity swap* com o Barclays Bank que permitia a este votar na assembleia com ações que, de outro modo, teriam o seu voto suspenso nos termos do art. 324º do CSC. Na época, a Sonae.com, oferente, pronunciou-se por várias formas contra o reconhecimento desse direito, por entender que o *equity swap* representava um mero "parqueamento" de ações próprias que visava contornar a suspensão do direito de voto. Tanto quanto é público, não terá apresentado qualquer requerimento para a intervenção da CMVM que, por isso, esteve alheada do problema. O presidente da mesa da assembleia, após inquirir o Barclays sobre a existência ou inexistência de acordo sobre o exercício do direito de voto com a PT, e tendo recebido uma resposta negativa, entendeu admitir a participação à votação. Vd. David Oliveira Festas, *Das inibições de voto dos sócios por conflito de interesses com a sociedade nas sociedades anónimas e por quotas*, 522-523.

[490] O comunicado do BCP de setembro de 2007 contém todos os detalhes destas transações – https://ind.millenniumbcp.pt/pt/Institucional/investidores/Documents/comunicados/2007/PQ14855.pdf. Vd. ainda Bruno Ferreira, "A transposição da diretiva da transparência II", 46; José Pedro Fazenda Martins, "Operações sobre instrumentos derivados, imputação de direitos de voto e contrapartida da oferta pública de aquisição", 149 e ss.

comunicou que tinha vendido 8% do capital da PT, reduzindo a sua participação para 2,02%, contratando para o efeito três derivados com liquidação financeira e sem qualquer acordo que incidisse sobre os direitos de voto. De novo, em linha com o seu entendimento anterior, a CMVM considerou que os três derivados contratados não descontinuavam a imputação dos votos correspondentes às ações alienadas, ao abrigo da mesma alínea a) do n.º 1 do art. 20º do CVM[491].

Assim, fica claro que, para a CMVM, e ainda antes da entrada em vigor das regras constantes do Regulamento n.º 5/2010 e das alterações resultantes da Diretiva da Transparência II e do DL n.º 22/2016, a contratação de derivados financeiros, ainda que dotados apenas de liquidação financeira, gerava imputação de votos ao abrigo do art. 20º do CVM[492]. Claro que se pode sempre afirmar que não resulta necessariamente da análise destas situações concretas a extrapolação de uma regra geral – sempre poderia ter acontecido que, perante a configuração especial de cada um destes casos, tivesse a CMVM entendido existir uma detenção por conta de terceiro, sem que isso significasse o entendimento de existir uma detenção por conta de terceiro sempre que um derivado com estas características é contratado[493]. Não

[491] Terá existido um projeto de decisão (de 28 de junho de 2010) que está mencionado em vários documentos públicos, mas que, no entanto, não está disponível e ainda um comunicado ao mercado por parte da CMVM. Vd. https://web3.cmvm.pt/sdi2004/emitentes/docs/PC32874.pdf. Sobre a operação e a sua envolvência, vd. José Pedro Fazenda Martins, "Operações sobre instrumentos derivados, imputação de direitos de voto e contrapartida da oferta pública de aquisição", 147 e ss.; Ana Perestrelo de Oliveira e Madalena Perestrelo de Oliveira, "Derivados financeiros e governo societário: a propósito da nova regulação mobiliária europeia e da consulta pública da ESMA sobre empy voting", 89 e ss.

[492] No mesmo sentido, vd. José Pedro Fazenda Martins, "Operações sobre instrumentos derivados, imputação de direitos de voto e contrapartida da oferta pública de aquisição", 141 e ss.

[493] O alcance do conceito de detenção de ações *por conta de outrem* sempre gerou algumas dúvidas na nossa doutrina, havendo tendência de colagem destes casos ao mandato sem representação (arts. 1180º do Cód.Civ e 266º e seguintes do Código Comercial). Por exemplo, José Engrácia Antunes, *Participações qualificadas e domínio conjunto: a propósito do caso "António Champalimaud-Banco Santander"*, 45. Parece, no entanto, que a interpretação deve ir mais longe e integrar, sem curar de relevar o instrumento jurídico de interposição, todas as fórmulas negociais em que os riscos económicos são mantidos numa esfera jurídica ao mesmo tempo que os direitos de voto são dissociados e passados a terceiro (de onde resulta que as vicissitudes da participação se vão repercutir na esfera do primeiro, independentemente de isso fazer parte do sentido negocial do que haja sido contratado); ou seja, casos de intermediação. Vd. Alexandre de Soveral Martins, "Ajustar o delta. A imputação de direitos de voto, os instrumentos financeiros e a ocultação de titularidade", 248; José Engrácia Antunes, "A titularidade por conta de participações sociais – Breve apontamento", 51-71; João Mattamouros Resende, *A imputação de direitos de voto no mercado de capitais*, 104. O caso em análise é um bom

parece, no entanto, ser assim. Primeiro, porque não se vislumbra nas decisões a especialidade do caso concreto que justificaria a aplicação da alínea a) do n.º 1 do art. 20º do CVM, parecendo que isso resulta, sim, de uma ponderação sobre a estrutura económica do derivado contratado e da forma como esse derivado divide a exposição ao risco da ação subjacente. E segundo porque já se viu que em casos semelhantes outros reguladores – o caso mais evidente é a decisão do BaFin sobre o caso da Schaeffler onde, apesar de existirem indícios fortíssimos de detenção por conta de terceiros, o regulador entendeu não se poder qualificar a posição do contratante do derivado como a de um titular por conta de outrem – tomaram posições diferentes.

16. A sindicabilidade do *risk decoupling*

16.1. O voto e a exposição ao risco de capital

I. Muito embora possa parecer perturbadora a ideia de acionistas votarem sem terem a correspondente exposição ao risco do capital investido[494], cremos

exemplo disso mesmo, já que apenas em ficção extrema se poderia qualificar o acordo entre os contratantes do derivado como um mandato sem representação; e, não obstante, não custa aceitar que a manutenção da exposição económica numa das partes tenha por efeito provocar a imputação. Usando este conceito mais alargado, vd., por exemplo, Daniela Baptista, *A atuação concertada como fundamento de imputação de direitos de voto no mercado de capitais*, 339 e ss.

[494] Já fizemos referência que, sob o ponto de vista de organização do governo societário, a posição do acionista que vota sem exposição ao risco de capital (ou com exposição inversa) e a posição do investidor que assegura essa exposição sem que tenha qualquer direito de voto, são radicalmente diferentes. Nesta segunda hipótese, o investidor partilha do sucesso ou insucesso da atividade empresarial (na verdade, na grande maioria das situações, partilha do sucesso ou insucesso dessa atividade que se reflete na cotação da ação), mas não existe na arquitetura de governo societário (claro que não estamos a pensar nos casos patológicos, que não representam verdadeiro e próprio *decoupling*, em que o investidor tem uma mera posição escondida, em particular naqueles casos em que guarda o direito de dar instruções ao acionista formal). Ora, isto não é, em si mesmo, um problema. É uma opção do investidor, que assume uma posição estritamente financeira sem qualquer poder no colégio de sócios (na verdade, é uma opção que não é radicalmente diferente daquela do acionista prototipado no modelo de *apatia racional*, que adquire uma participação social sem ter a mínima intenção de alguma vez comparecer a uma reunião da assembleia ou de exercer os seus direitos não patrimoniais enquanto acionista) e que não tem externalidades negativas diretas perante a sociedade. O problema tem uma dimensão completamente diferente quando, perante a sociedade, surge alguém na posição de acionista que, por qualquer forma, eliminou o risco (ou inverteu-o). Sem prejuízo disto, os dois casos são duas faces de uma mesma moeda e é nesse sentido que é relevante identificar como o sistema aceita pacificamente situações em que outorga o voto, mas não o risco, ou outorga o risco, mas não o voto.

que não resulta do sistema jurídico português qualquer relação incindível entre esses dois fatores. O sistema aceita sem perturbações de maior situações em que existe essa exposição ao risco sem que seja outorgado o direito de voto, como é o caso dos titulares de ações preferenciais sem voto (enquanto os privilégios patrimoniais forem satisfeitos)[495] ou, sem prejuízo do direito de agrupamento, o caso dos acionistas que, nos termos da alínea a) do n.º 2 do art. 384º do CSC, não detenham ações suficientes para acederem ao direito de voto; ou sem que seja outorgado o direito de voto quando não se encontra estabelecida a mesma proporção por referência ao capital detido, como ocorre ao acionista que detém mais ações que aquelas com que pode votar de acordo com uma regra de *voting cap*[496]. O sistema aceita também com naturalidade vários casos em que concede o direito de voto sem impor a correspondente exposição ao risco, como acontece, por exemplo, com os usufrutuários ou com os credores pignoratícios (art. 23º do CSC), com os titulares de ações de fruição (art. 346.5 do CSC), com os vendedores em contrato de reporte, com os adquirentes de ações objeto de alienação fiduciária em garantia ou até com os promitentes vendedores de ações ou os titulares de uma opção de venda das ações.

Dir-se-á que são casos excecionais, objeto de um tratamento casuístico da relação entre exposição e direito de voto e que não obstam a que exista uma relação sistemática entre a exposição ao risco e o direito de voto – é a detenção de capital que expõe o acionista ao risco da atividade da empresa e que, como regra, confere ao acionista a legitimidade material para ser parte do processo decisório no âmbito da assembleia geral. E assim é; parece inquestionável que de todos estes casos não se pode retirar que inexista tal relação sistemática. Mas o que todos estes casos deixam claro é que não se pode retirar dessa relação que o sistema assuma que, faltando a exposição proporcional ao risco

[495] Na verdade, a relação do acionista votante detentor de mais de 50% das ações votantes com os acionistas não votantes não é materialmente diferente da relação do acionista com voto privilegiado detentor de 25,1% do capital e de 50,2% dos votos com os acionistas titulares de ações com voto ordinário. Mario Campobasso, Pietro Abbadessa et al., *Le società per azioni: Codice civile e norme complementari*, 1, 567.

[496] A cindibilidade da relação da exposição ao risco com direito de voto não resiste a testes básicos – ao aceitar a emissão de ações com prémio de emissão, nos termos do art. 295.3 do CVM, o legislador aceita que os acionistas não sejam tratados igualitariamente nesta relação, já que alguns terão despendido mais pela sua participação e outros menos, sem que isso esteja necessariamente ligado aos seus direitos de voto. E não se use o argumento formal de que os valores nominais da ação, existindo, são semelhantes, já que o ágio não pode deixar de ser tratado como fazendo parte do risco de capital.

(ou até, faltando exposição ao risco), nestes, ou em quaisquer outros casos, deva o direito de voto ser retirado ao acionista, em termos tais que fariam com que, à partida, se entendesse estar viciada a declaração de voto em que tal exposição não seja proporcional. Não existe, de todo, nem se justificaria que existisse, uma proibição genérica de votar aplicada ao acionista que não tenha proporcional exposição de risco[497]. Assim, se podemos aceitar pacificamente que, nas sociedades anónimas, a arquitetura do voto está construída por forma a que essa proporção normalmente exista e que dela resulte que, como corolário do voto de capital, as deliberações sejam adotadas por um princípio maioritário em função dos votos (e não dos acionistas)[498], daqui nada resulta que não permita derrogar tal regra. A cobertura, parcial ou total, do risco de exposição acionista, não tem qualquer significado negocial em sede de direito de voto – não se pode assumir que o acionista que enceta tal estratégia está tacitamente a prescindir do direito de voto. E não se vê também porque devia a lei associar tal efeito.

Recuperando uma ideia por que já passámos, cabe dizer que seria até estranho que assim fosse, já que a relação entre a exposição ao risco e o voto é, na lógica do sistema, meramente formal. Na verdade, o mais normal e corrente é que a estrutura acionista de uma mesma sociedade anónima seja partilhada por acionistas que, na sua lógica de investimento, tenham uma

[497] É certo que a posição do acionista sem exposição proporcional ao risco, sobretudo se tal especial posição económica proliferar na estrutura acionista, muda o paradigma de *corporate governance*, aproximando muitas vezes a posição jurídica do acionista à do credor. Ronald J Gilson e Charles K Whitehead, "Deconstructing equity: public ownership, agency costs, and complete capital markets", *Columbia LR* 108 (2008). Daqui não resulta, no entanto, mais que uma perplexidade que está identificada há muito e, pelo menos, desde o século XIX. Em França, por exemplo, estão identificados vários acórdãos da segunda metade do século XIX que se pronunciam sobre o tema em casos economicamente semelhantes aos de empréstimo de ações. Num deles, bastante ilustrativo, em 1875, o Tribunal de Paris escreve – "*il peut paraître excessive que des reporteurs possédant des titres d'actions qui ne font que passer entre leurs mains, y trouvent le moyen d'influencer les délibérations d'une assemblée d'actionnaires dans une société à laquelle aucun intérêt sérieux ne les rattache ; mais (...) telle est la conséquence du droit de propriété des actions, en l'absence de toute disposition qui réglemente le droit d'assister aux assemblées, de manière à prévenir ce genre d'abus*". Vd. Caroline Coupet, *L'attribution du droit de vote dans les sociétés*, 12-13.

[498] Como escreve Pedro Maia, o princípio maioritário – assente no voto de capital e associado à (referida) prevalência da vontade social sobre a vontade individual dos sócios – permite que a vontade de muito poucos, ou, até, de apenas um, se sobreponha e, mais do que isso, se contraponha à vontade de muitos ou, até, de quase todos. Pedro Maia, "Deliberações dos sócios e respetiva documentação – Algumas reflexões", in *Nos 20 anos do Código das Sociedades Comerciais – Homenagem aos Profs. Doutores A. Ferrer Correia, Orlando de Carvalho e Vasco Lobo Xavier* (Coimbra, 2007), 654.

relação interna entre o custo do investimento e os direitos de voto que lhe são atribuídos heterogénea – porque os custos de aquisição das posições são normalmente diferentes, porque uns subscreveram ações com ágio ou prémio e outros subscreveram ações sem ágio ou prémio (ou porque subscreveram ações com ágio ou prémio diferentes)[499].

II. O caso Telus, a que já fizemos referência, e a primeira decisão dos tribunais canadianos[500], vai precisamente nesse sentido. Um dos pontos sob discussão passava pela arguição pela Telus de que a Mason não devia ser tratada como acionista – estava em causa a legitimidade da Mason para requerer a convocação de uma assembleia geral –, porque tinha coberto o seu risco e, por isso, tinha muito pouco interesse financeiro na sociedade. Tratava-se, como já vimos, de um caso de *negative decoupling* com recurso a instrumentos derivados. Ao analisar o caso, o Tribunal dissocia-se da ideia de que a exposição económica do acionista é, por si, sindicável judicialmente[501].

---

[499] Tal como é diferente, aqui já não tanto nessa relação proporcional, mas antes em outras características da forma como o investimento foi estruturado, a posição do acionista que adquire a posição com capitais próprios e a daquele que se financiou para fazer a aquisição ou subscrição de ações, a posição daquele que é investido na qualidade acionista por um processo sucessório e os anteriores ou a posição daquele que adquire a sua posição ao abrigo de um programa de *stock-options* ou equivalente.

[500] https://www.bccourts.ca/jdb-txt/CA/12/04/2012BCCA0403.htm.

[501] Sobre o tema, afirmou o Tribunal – *"shareholder voting differs from voting in public elections, in that the shares on which the shareholders' vote depends can be bought and sold. Vote buying in the context of corporate elections and other shareholder actions has been and continues to be an important issue. Several commentators have addressed the corporate voting process and techniques by which shareholder voting rights can be manipulated. (...) While the problem of "empty voting" has been identified in cases and in legal literature, TELUS has not pointed to any authority that suggests that courts have inherent jurisdiction to control abuses. Courts are entitled to intervene only when they have specific authority to do so under statutory provisions. (...) A requisition under this section may be made by shareholders who, at the date on which the requisition is received by the company, hold in the aggregate at least 1/20 of the issued shares of the company that carry the right to vote at general meetings. The section does not refer to any particular level of net investment in a company, but only to the holding of a particular proportion of the issued voting shares. The reference to the "aggregate" shareholding simply allows the voting shares of multiple shareholders to be added together; it does not allow the court to look behind shareholdings to determine whether the shareholding represents a "material interest in the company". (...) The fact that Mason has hedged its position to the extent that it has is cause for concern. There is, at the very least, a strong concern that its interests are not aligned with the economic well-being of the company. That said, there is no indication that it is violating any laws, nor is there any statutory provision that would allow the court to intervene on broad equitable grounds. To the extent that cases of "empty voting" are subverting the goals of shareholder democracy, the remedy must lie in legislative and regulatory change"*. Assim, o Tribunal entende que, na análise da questão de avaliar se a Mason tem ou não legitimidade para requerer a convocação da assembleia geral, não pode sindicar qual o nível de cobertura de risco que é, ou

Reconhece que o *empty voting* pode ser um problema, mas entende que não cabe ao Tribunal avaliar qual a relação entre exposição ao risco e direitos de voto que é considerada aceitável. Assume que os direitos dos acionistas – em particular, o direito de requerer a convocação de uma assembleia geral – são atribuídos em função de um modelo que supõe a exposição económica proporcional; mas assume simultaneamente que, sem uma intervenção legislativa, esse modelo não pode ser sindicado em concreto[502].

III. As lições que se tiram das duas decisões do caso Telus são, cremos, muito importantes e não deixam de ter aplicação na forma como, num regime como o nosso, devemos compreender o exercício do direito de voto em assembleia geral numa posição de *negative decoupling*.

Podemos avançar como ponto de partida que não se pode assumir que, faltando a exposição proporcional ao risco à participação do acionista, isso seja razão para que o exercício de qualquer direito social seja sindicado e, no limite, posto em causa. A arquitetura da legitimação para o exercício dos direitos dos acionistas, a que já fizemos referência é, em absoluto, independente

não, aceitável. Daqui resulta uma consequência, que fica indita na decisão judicial – que, para que essa sindicância possa ser feita, será necessário algum tipo de intervenção legislativa que deixasse claro o nível de exposição que é aceitável ou razoável. Assim, o que o Tribunal diz é que o direito de requerer a convocação de uma assembleia depende de um requisito formal e que não lhe compete avaliar como esse requisito formal foi cumprido, ou seja, o Tribunal não se pronunciou sobre a *fairness* da estratégia, ao contrário do que ocorreu com a decisão a que faremos referência na nota seguinte. Vd. Wolf-Georg Ringe, *The deconstruction of equity: activist shareholders, decoupled risk, and corporate governance*, 152-153.

502 O *Supreme Court of British Columbia*, poucos meses depois, reviu parcialmente este entendimento ao decidir que a situação de *empty voting* é um dos fatores que deve ser tido em consideração para se analisar a *fairness* do pedido. https://corpgov.law.harvard.edu/2013/04/22/empty-voting-revisited--the-telus-saga/. Deve ser salientado que a relação entre a decisão do *Court of Appeal for British Columbia* e a decisão do *Supreme Court of British Columbia* não é de recurso – são dois procedimentos diferentes, em que o Tribunal é chamado a pronunciar-se com latitudes de decisão diferentes. Neste segundo caso, o Tribunal é chamado a pronunciar-se sobre um plano de restruturação apresentado pela sociedade, devendo o Tribunal fazer um *fairness test* sobre esse plano sob o ponto de vista dos acionistas. Ora, é no âmbito desse *fairness test* e do espaço de discricionariedade de que o Tribunal dispunha que veio a entender que a falta de exposição ao risco que emergia da posição de *empty voter* da Mason era um dos fatores a considerar. Assim, sendo verdade que a primeira decisão desconsidera a posição de *empty voter* da Mason e a segunda entende ser um fator importante na compreensão da sua posição, não é correto afirmar que as decisões são contraditórias, já que no primeiro caso o Tribunal entende que o exercício de um direito que depende de uma certa percentagem de votos não lhe permite avaliar o nível de exposição económica que subjaz à posição do acionista e a segunda faz uma análise que se dirige à *fairness* do plano em análise.

da exposição económica que exista a montante. É certo que, quando o sistema estabelece uma regra de distribuição proporcional de direitos em função do capital ou dos votos, ou quando estabelece uma distribuição por patamares (também em função do capital ou dos votos), fá-lo em função de uma lógica sistemática em que tal exposição económica não é irrelevante. Mas não permite usar esse ingrediente da composição da arquitetura do sistema para verificar, caso a caso, a sua legitimação a montante. Assim, quando um acionista, nos termos do art. 291º do CSC, demonstra deter uma participação superior a 10%, e solicita ao conselho de administração que lhe sejam prestadas informações sobre assuntos sociais, é em absoluto irrelevante, para aferir a exigibilidade das informações pedidas, saber qual é o nível de exposição ao risco daquele acionista[503]. O mesmo acontece quando um acionista demonstra ter pelo menos 0,5% e intenta uma providência cautelar de suspensão de deliberação social tomada por sociedade cotada (para efeitos do n.º 1 do art. 24º do CVM). E, claro, o mesmo acontece quando um acionista comparece a uma assembleia geral detendo 5% ou 10% das ações votantes para efeitos de aferir qual o número de votos que lhe são atribuídos[504].

Não vemos como esta lição do caso Telus possa não ser aceite entre nós, sob pena de abrir uma porta para, introduzindo um injustificado fator

[503] Ou, dito de outra forma, caso exista um concurso de pretensões perante a sociedade entre dois acionistas com participação equivalente, é em absoluto indiferente analisar se a sua exposição proporcional ao risco é, ou não, também equivalente.

[504] Um outro caso relevante é o chamado caso Lindner, que passou pelos tribunais alemães recentemente. Aliás, o caso Lindner é até, cremos, mais chocante no que respeita ao recurso a estratégias de *decoupling* para a construção de uma posição, não sendo claro se o tratamento dado entre nós ao problema seria semelhante. De forma simples, o maior acionista da Lindner, detentor de uma participação de 62,6% de uma sociedade anónima alemã, recebeu por empréstimo ações representativas de 32,5% do capital (contra o pagamento de um *fee* anual pelo empréstimo e com o compromisso de repercutir para os mutuantes todos os montantes que viessem a ser distribuídos a título de dividendos). Com a transmissão de propriedade das ações, o maior acionista passou a deter uma participação de cerca de 95%, o que lhe permitiu recorrer ao mecanismo de *squeeze-out* do § 327 (a-f) do AktG que depende, precisamente, da detenção de ações nesse patamar. Os acionistas minoritários impugnaram a deliberação da assembleia que estava na base da aquisição (o § 327.a do AktG assume que a transferência potestativa é feita após deliberação de uma assembleia geral e a pedido de um acionista que detém 95% do capital social da empresa), tendo o tribunal (e o Supremo) entendido que, estando o patamar de 95% verificado, não cabia ao Tribunal sindicar a causalidade dessa detenção. Sobre o caso, vd. Markus S Rieder, "(Kein) Rechtsmissbrauch beim Squeeze-out", in *Zeitschrift für Unternehmens-und Gesellschaftsrecht* (2009); Martin Mittermeier, *Empty Voting – Risikoentleerte Stimmrechtsausübung im Recht der börsennotierten Aktiengesellschaft*, 339-340; Wolf-Georg Ringe, *The deconstruction of equity: activist shareholders, decoupled risk, and corporate governance*, 39.

adicional de legitimação, sindicar o exercício de direitos sociais de usufrutuários, credores pignoratícios, promitentes-vendedores, titulares de opções de venda, acionistas que alienaram as ações depois da data de registo e antes da assembleia, adquirentes de ações com cláusula de revenda, mutuários, etc. A verdade é que o sistema jurídico viveu muito bem com todos estes casos de *risk decoupling* material negativo. E teria agora de os reabrir a todos para tratar do caso que, por razões relacionadas com a própria postura agressiva dos acionistas, veio causar mais pressão sobre o sistema – a utilização de derivados. Não cremos que o deva ou possa fazer.

Isto não obsta, no entanto, a que os casos de *negative decoupling* possam ter relevância jurídica (tal como pode ter relevância jurídica qualquer particularidade da forma como, a montante, a participação social foi adquirida pelo acionista) – e esta é a segunda grande lição que se retira do caso Telus, agora, sobretudo, da decisão do *Supreme Court of British Columbia*. Se é certo que é nossa firme convicção que a exposição económica não pode ser usada como termómetro de sindicância de legitimidade material de qualquer exercício de direitos pelos sócios – e desde logo do direito de voto –, não é menos verdade que o *negative decoupling* pode ter – tem – relevância em pelo menos dois casos – em situações de abuso, e em casos em que o direito do acionista não dependa de uma mera legitimação formal, mas dependa da demonstração, por exemplo, de um prejuízo económico que aquele acionista, por ter o seu risco parcial ou totalmente coberto, não teve nem terá[505].

IV. Cabe ainda relacionar, nesta fase, dois outros temas com a matéria do *empty voting*. O primeiro é a regra que proíbe a venda do voto e que, no nosso sistema, se ancora na alínea c) do n.º 3 do art. 17º do CSC, que considera nulos os acordos pelos quais o sócio se obriga a votar, ou a abster-se de votar, em troca de vantagens especiais; o segundo é a regra de indivisibilidade da ação (n.º 6 do art. 276º do CSC) que, no essencial, proíbe a separação do direito

[505] Para este efeito, a situação concreta em que se encontre cada acionista será sempre atendível e, por isso, este não é necessariamente um caso de relevância jurídica do *negative decoupling*. Se um acionista impugna uma qualquer deliberação da assembleia, alegando (num contexto relevante de ilicitude) que a mesma lhe causa um prejuízo injustificado – por exemplo, uma conversão de ações, uma fusão ou cisão, uma operação de transformação – e ficar comprovado que esse prejuízo não existe ou, pelo menos, não existe para aquele específico acionista (porque, através de derivados, o risco financeiro está coberto; porque o acionista tem acordada a revenda das ações a um preço estabelecido; porque as ações são emprestadas; etc), é o próprio requisito de dano material que é extraído.

de voto a partir da ação a que o direito está atribuído (*Abspaltungsverbot* que, em português, seria traduzido como *proibição de separação*). Importa verificar até que ponto esses postulados não são diretamente contraditados pelas estratégias de *risk decoupling*.

A ideia de proibição de venda de voto tem fortes raízes na nossa tradição jurídica[506] e encontra expressão (menos feliz) na letra da alínea c) do n.º 3 do art. 17º do CSC, que qualifica como nulos os acordos pelos quais um sócio se obriga a votar exercendo o direito de voto, ou abstendo-se de o exercer, em contrapartida de vantagens especiais[507]. Isto porque, como facilmente se entende, custa entender como podem ser aceites os acordos parassociais

---

[506] Há uma óbvia similitude entre a proibição da venda do voto dos sócios e a proibição da venda do voto político (usamos aqui a ideia de venda do voto não tanto num sentido técnico – como se nos estivéssemos a referir a uma transação em que o votante troca o seu voto por dinheiro –, mas num sentido mais lato, em que o voto pode ser trocado por promessas eleitorais, doações comunitárias, pode ser objeto do designado *caciquismo*, etc). São geralmente apontadas três razões para a proibição de venda do voto (político): um argumento igualitário, já que a atribuição de um voto a cada cidadão eleitoral supõe o seu livre exercício e isto seria afetado se alguns, tipicamente, os mais desfavorecidos, pudessem vender os seus votos a outros, tipicamente os mais favorecidos, assim levando à maior probabilidade de aprovação de políticas que protegessem estes últimos (há, aliás, estudos empíricos que demonstram a existência de uma correlação entre desigualdade económica e processos de *vote buying*); um argumento de eficiência, que assume que a venda do voto perturbaria a formação das vontades de acordo com a vontade das maiorias e, desta forma, não conduziria ao resultado que a comunidade prefere; e um argumento de inalienabilidade, que resulta da ideia de que os votos são atribuídos a cada cidadão mas, na verdade, são pertença da comunidade e, por isso, não cabe a cada cidadão dispor desse direito de forma individual (sobretudo para dele dispor em função de um interesse económico que nada tem que ver com o sentido da sua atribuição). Vd. Richard L Hasen, "Vote buying", *Calif. L. Rev.* 88 (2000), 1325 e ss.; Daniel Horn, "Income inequality and voter turnout", *GINI Discussion Papers* 16 (2011); Tetsuya Matsubayashi e Shiro Sakaiya, "Income inequality and voter turnout", *Available at SSRN 3126657* (2018). Existe abundante literatura sobre o tema. A garantia de confidencialidade do sentido de voto explica-se parcialmente por relação com esta proibição e como garantia de que o voto é exercido com liberdade e sem constrangimentos externos. Parte deste racional é diretamente transponível para o exercício do voto corporativo.

[507] A redação desta regra quase reproduz a alínea c) do art. 35º da 5ª Diretiva de Direito das Sociedades – "são nulas as convenções pelas quais um acionista se obriga a votar (...) exercendo esse direito de voto num sentido determinado ou, pelo contrário, abstendo-se, em contrapartida de vantagens especiais" (usamos a tradução de António Menezes Cordeiro, *Direito europeu das sociedades*, 703). Esta regra, por seu turno, parece ser diretamente inspirada no § 405(3), 6 e 7 do AktG (as duas primeiras alíneas são, por seu turno, inspiradas no § 136(2) do mesmo AktG), que pune com multa quem venda os votos – na verdade, quem solicite benefícios especiais e quem ofereça, prometa ou conceda vantagens especiais em troca do exercício de voto. Sobre a relação entre a regra do AktG e a Diretiva vd., entre nós, António Menezes Cordeiro, *Direito europeu das sociedades*, 737-741; Jorge Manuel Coutinho de Abreu, *Curso de Direito Comercial*, II, 157-158. São, sem prejuízo, relevantes

que incidam sobre direito de voto, ao mesmo tempo vedando ao acionista contratante a possibilidade de este se vincular a votar, na economia do acordo contratado, contra o recebimento de vantagens.

Resulta da sua natureza comercial, e da própria dinâmica contratual que lhe está associada, que o acordo parassocial que incide sobre o voto tenha normalmente uma economia de concessões recíprocas que justifica a vinculação de cada acionista – e a inerente perda de liberdade que essa vinculação representa – em função das concessões de outros acionistas contratantes[508]; nesse sentido, cada acionista obriga-se a votar em troca de vantagens recíprocas. Essas vantagens, por estarem acordadas entre aqueles acionistas ao nível parassocial e não estarem disponíveis para os acionistas não contratantes são, por natureza, especiais[509]. Não poderá ser isto que a regra significa. O significado de tal interpretação seria aceitar a vinculação do acionista no exercício do voto apenas quando inexistisse vantagem para si e/ou quando a contrapartida da vinculação fosse a consagração de vantagens gerais. Cremos por isso que a lei significa antes que ele não pode comercializar o seu voto, ou seja, trocá-lo por uma vantagem patrimonial especial[510], em particular, não

as diferenças entre a alínea c) do art. 35º da 5ª Diretiva e o § 405(3), 6 e 7, seja de redação, seja, sobretudo, de tratamento dos acordos que violem a regra. Voltaremos a este ponto.

[508] Será assim quando o parassocial sobre voto seja celebrado entre sócios votantes; pode acontecer que apenas uma das partes do acordo sobre voto seja titular do direito de voto, sendo o sinalagma estabelecido em função de outras prestações. Essencial é, sob um ponto de vista lógico, que pelo menos um dos intervenientes seja, ou planeie ser, um sócio votante. Vd. Raúl Ventura, "Acordos de voto: algumas questões depois do Código das Sociedades Comerciais", *O Direito* (1992), 27-28.

[509] O exemplo mais óbvio que podemos assumir como referência é o do acordo parassocial clássico sobre voto, em que os acionistas determinam a composição dos órgãos de administração e fiscalização da sociedade, acordando entre si direitos de designação, de exercício individual ou coletivo, e obrigando-se a votar favoravelmente as listas compostas nos termos dessa regra. Na economia do acordo, os acionistas obrigam-se a votar favoravelmente essas listas porque (i) os outros contratantes aceitam equivalente obrigação de votar favoravelmente as listas e porque (ii) os direitos de designação de nomes para as listas que são sujeitas a votação são considerados, à partida, equilibrados e justificam a vontade de contratar de cada uma das partes. Por diferentes palavras: o acionista contratante que tem o direito de designar um administrador não executivo para a lista a propor para o efeito obriga-se a votar favoravelmente essa lista porque entende que o direito de designação que lhe foi conferido o justifica. Ora, só em manifesto exercício de retórica se pode considerar que isto não é uma vantagem especial – é especial porque só existe em função daquilo que foi acordado entre os contratantes e porque faz parte do sinalagma contratual que anima a vontade do acionista.

[510] A limitação da proibição à estrita comercialização do voto, sem que existam outros dados na economia da transação, é a regra corrente na generalidade dos sistemas jurídicos. Nos Estados Unidos, onde o tema tem sido bastante desenvolvido, apenas os estados de Nova Iorque e da Georgia regulam o tema, sendo geralmente restrita a proibição à compra e venda de votos (sem outros

poderá receber uma compensação em dinheiro pela forma como exerce, ou deixa de exercer, o seu direito de voto[511]. A eficácia da regra proibitiva fica

elementos na economia do contrato), seja em troca de um pagamento em dinheiro (Schreiber v. Carney e Kass v. Eastern Airlines), da concessão de um empréstimo (Schreiber v. Carney) ou da outorga de uma oportunidade de negócio (HP v. Compaq). Luh Luh Lan e Loizos Heracleous, "Negotiating the Minefields of Corporate Vote-Buying", *Corporate Governance: An International Review* 15, no. 5 (2007). Existiu uma forte evolução nos EUA nas últimas décadas em relação a este tema. A posição tradicional ia no sentido de considerar estes acordos ilegais (referimo-nos sobretudo às designadas *irrevocable proxies,* muito embora o sentido final da proibição – trocar o voto por uma compensação pecuniária, se pudesse aplicar também a uma formulação mais clássica de acordo parassocial), entendendo que os mesmos implicavam uma violação dos deveres fiduciários dos acionistas, enquanto pervertiam o processo de decisão colegial. Em 1982, o caso Schreiber v. Carney (https://www.lexisnexis.com/community/casebrief/p/casebrief-schreiber-v-carney) deixou claro que alguns contratos de compra de voto deviam ser aceites e que essa conclusão dependia de uma análise ao caso concreto. De forma sucinta, o caso era o seguinte: a Texas International Airlines sujeitou a voto um plano de restruturação que, para ser aprovado, devia obter o voto maioritário em cada uma das três classes de ações emitidas. A Jet Capital era a acionista maioritária de uma dessas classes de ações, sendo que também era detentora de *warrants,* e desde cedo se manifestou contra a restruturação proposta porque esta lhe causava uma contingência fiscal muito significativa devido aos *warrants* por si detidos. Como forma de obter o voto favorável desse acionista, a sociedade emprestou-lhe uma quantia significativa para lhe permitir o exercício dos *warrants* antes da restruturação. Este entendimento foi mantido em vários outros casos, tendo mudado radicalmente o paradigma no tratamento deste tema nos EUA, nomeadamente, 26 anos depois. https://www.lexisnexis.com/community/casebrief/p/casebrief-portnoy-v-cryo-cell-intl-inc. É importante salientar que casos como o descrito estão assentes numa linha ténue entre o problema do *vote buying* e o da aplicação da *business judgement rule.* A partir do momento em que se entende que o acionista não controlador não está sujeito, a propósito do exercício do seu direito de voto, a um dever de proteção, o problema acaba por se condensar muito na avaliação da atuação da gestão e, em particular, em avaliar se a sua atuação foi razoável e de boa-fé. Para uma explicação geral da evolução e sobretudo dos casos em que os Tribunais têm aceite acordos que implicam a comercialização do voto vd., por todos, James D Cox, *Cox & Hazen On Corporations,* 770 e ss.; Alan R Palmiter, *Corporations: examples and explanations*160 e ss.; Siddharth Ranade, "Separation of Voting Rights from Cash-Flow Rights in Corporate Law: In Search of the Optimal", *Warwick School of Law,* no. 2013/07 (2013), 7-8; Deborah A DeMott, "Irrevocable Proxies", *Australian Law Journal* (2008), 516 e ss.; Martin Mittermeier, *Empty Voting – Risikoentleerte Stimmrechtsausübung im Recht der börsennotierten Aktiengesellschaft,* 252-267. Sobre a relação do tema com a *business judgement rule,* vd. Joe Pavelich, "The Shareholder Judgment Rule: Delaware's Permissive Response to Corporate Vote-Buying", *J. Corp. L.* 31 (2005).

[511] Raúl Ventura, *Estudos vários sobre sociedades anónimas: Comentário ao Código das Sociedades Comerciais* (Almedina, 1992), 81 e ss.; Raúl Ventura, "Acordos de voto: algumas questões depois do Código das Sociedades Comerciais", 67-72. Graça Trigo identifica três critérios para o isolamento daquilo que se deva entender como *vantagens especiais* – primeiro, a existência de uma relação causal entre a vantagem especial e a obrigação de voto (ainda que mediata); segundo, a vantagem especial não resultar da própria votação e não beneficiar a generalidade dos sócios ou a sociedade; terceiro, a vantagem não tem de assumir uma natureza patrimonial. Vd. Maria da Graça Trigo, *Os acordos*

assim reduzida ao seu campo natural, ou seja, ao fenómeno de verdadeira compra e venda do voto.

Ora, não é preciso muito esforço interpretativo para demonstrar que o *empty voting* não colide, em nenhuma perspetiva, mesmo face a interpretações que lhe atribuem um conteúdo para além do que referimos, com a proibição de comercialização do voto. Primeiro, porque a proibição de comercialização do voto veda a celebração de negócios jurídicos bilaterais em que o voto esteja, nos termos expostos, a ser comercializado, e já verificámos que o *empty voting* radica num conjunto de técnicas jurídicas que estão, jurídica e valorativamente, muito para além desta base estritamente contratual. Segundo, porque o *negative decoupling*, ao gerar uma posição em que o acionista votante não tem proporcional exposição ao risco, fá-lo através de técnicas que significam o esvaziamento da exposição económica e não através de técnicas que insuflem o direito de voto (trazendo-os translativamente da esfera jurídica de outro acionista). Na verdade, quando ocorre uma situação de *negative decoupling* nenhum acordo ou instrumento incide sobre a metrização do direito de voto

---

parassociais sobre o exercício do direito de voto (UC, 2011), 164-165. Em termos não muito distantes, Mário Raúl Leite Santos, *Contratos parassociais e acordos de voto nas sociedades anónimas* (Cosmos, 1996), 230-235, considera que é um acordo celebrado em contrapartida de vantagens especiais todo aquele em que a vinculação dos acionistas não resulta da prossecução de um interesse ou uma finalidade comum do grupo parassocial (ou seja, o interesse deve ser comum dentro do grupo parassocial, muito embora seja qualificado de especial face ao colégio de acionistas). Levando a proibição mais longe – abrangendo todas as vantagens especiais que tenham uma conexão, direta ou indireta, com o direito de voto, ainda que não tenham natureza patrimonial e ainda que resultem de um acordo mais vasto, vd. António Menezes Cordeiro, *Manual de direito das sociedades I* (Almedina, 2004), 585. Apesar do entendimento exposto de que a regra se dirige às vantagens de natureza patrimonial – não necessariamente pecuniárias –, não custa aceitar que se possa aplicar a vantagens não patrimoniais. Já não nos parece que possam resultar de um acordo mais vasto, a não ser, claro, que esse acordo não tenha materialidade e por isso o negócio seja, tão somente, uma compra e venda do voto. Em termos francamente liberais (ou seja, restringindo muito o que se entenda por vantagens especiais) – cremos que até mais liberais do que aqueles que apresentamos no texto – temos José Marques Estaca (José Marques Estaca, "O destaque dos direitos de voto em face do Código dos Valores Mobiliários", in *Estudos em Homenagem ao Prof. Doutor Oliveira Ascensão* (Almedina, 2008), 1357 e ss.), defendendo que o escopo da norma passa por evitar a manipulação do direito de voto por corrupção. Esta aceção pode, efetivamente, ter adesão no direito alemão e no diferente tratamento que é dado aos casos do § 136(2) e àqueles do § 405(3), 6 e 7, todos do AktG (e à relação que existe entre esta regra punitiva e aquela dos §§ 331 e seguintes do StGB). Não nos parece que a norma portuguesa possa e deva ser levada tão longe. Se é certo que deve merecer uma interpretação restritiva e que a sua formulação não é especialmente feliz, parece-nos claro que a regra pretende evitar a venda do voto contra uma contrapartida, deixando assim de fora todos os demais casos em que exista uma relação externa que envolva a própria sociedade ou outras entidades.

– este mantém-se associado à posição acionista, surgindo o acionista perante a sociedade, e apesar do esvaziamento da exposição patrimonial, como se de um qualquer acionista se tratasse.

V. Estritamente relacionada com a temática da compra e venda de votos está a proibição de separação do direito de voto a partir da ação a que o direito está atribuído, regra que se ancora no n.º 6 do art. 276º[512]. São problemas

[512] O n.º 6 do art. 276º dispõe de forma expressa que "a ação é indivisível". É hoje aceite geralmente que a incindibilidade ou indivisibilidade da ação significa, mais que tudo, que a ação, e a posição de socialidade que representa, não é cindível quantitativamente em representações fracionadas da ação passíveis, por exemplo, de transmissão autónoma; e é geralmente aceite que alguns direitos – poucos, e sobretudo direitos políticos como o voto (ou o direito de impugnação de deliberações sociais) – não são em regra separáveis da ação, ao mesmo tempo que outros – sobretudo direitos de natureza patrimonial, como direitos de subscrição, direitos de incorporação e direitos de preferência na subscrição de ações – são claramente separáveis, sobretudo em processos organizados. Parece, no entanto, claro que se trata de tema em revisão e que se pode assumir que este princípio representará cada vez menos um sentido valorativo próprio, já que o sistema jurídico tem vindo a evoluir de uma posição clássica que assume que a única forma de transmitir direitos inerentes à ação passa pela transmissão da própria ação, para uma lógica de fragmentação cada vez maior da transmissibilidade de direitos inerentes à ação. Veja-se, a este propósito, o caso do usufruto de ações, a que já nos referimos, em que o direito de voto é repartido entre o usufrutuário, a quem cabe exercer os votos correspondentes às ações (uma vez que o usufrutuário não é acionista, e lhe cabe votar, fica revelada desde logo uma faceta de cindibilidade da ação), e o proprietário, a quem cabe (também) determinar o voto em deliberações sobre alterações estatutárias ou sobre a dissolução (art. 23.2 do CSC e n.os 1 alínea b) e 2 do art. 1467º do Cód.Civ). Última nota para assinalar que o tema do destaque de direitos, a que nos referimos, é diferente do tema da cisão de direitos – a cisão de direitos implica uma alteração de natureza do valor mobiliário cindido (o melhor exemplo é a cisão da obrigação com *warrants* numa obrigação e em *warrants*), o que faz supor que a retirada do direito é permanente. Claro que, tratando-se de um instrumento financeiro de estrutura complexa, como a obrigação com *warrants*, a cisão revela dois instrumentos financeiros simples; o problema coloca-se com acuidade quando pensamos na cisão de instrumentos financeiros de estrutura não complexa. Aqui voltar-se-á a aplicar com significativa densidade a regra do n.º 6 do art. 276º, compreendendo-se facilmente a diferença com que o sistema trata o destaque do direito de preferência na subscrição de ações de um concreto aumento de capital e a cisão do direito de preferência em futuros aumentos de capital. Vd. Adelaide Menezes Leitão e José Alves de Brito, "Comentário ao art. 277º", in *Código das Sociedades Comerciais Anotado* (Almedina, 2020); Tiago Arnoult, "O destaque do direito aos lucros: esvaziamento do direito de voto e titularidade oculta", *RDS* (2013), 370; Antonio Soares, "Direitos inerentes a valores mobiliários", 161 e ss.; Antonio Galacho Abolafio, *Transmisión y ejercicio separado de derechos del socio* (Marcial Pons, 2020), 73-107. Partindo do art. 1.1.f) e 55.3 do CVM e defendendo a revogação parcial do art. 3.2.a) do CVM e a inexistência da indissociabilidade do voto, vd. José Marques Estaca, "O destaque dos direitos de voto em face do Código dos Valores Mobiliários", 1347 e ss.; Alexandre Brandão da Veiga, "Direitos destacados e warrants autónomos", in *DVM* (Coimbra, 2001), 87 e ss.; Pedro Pais de Vasconcelos, "Direitos destacáveis – O problema da unidade e pluralidade do direito social", in *DVM* (Coimbra, 1999), 167-176.

relacionados, mas que não representam um único núcleo problemático – pois que sempre seria possível aceitar a cindibilidade do voto por relação à ação e não aceitar a sua comercialização e sempre seria possível aceitar a sua comercialização, mantendo, no entanto, o acionista a sua titularidade formal (é aliás isso mesmo que dispõe a alínea c) do n.º 3 do art. 17º do CSC ao cominar com a nulidade os acordos pelos quais o sócio se obriga a votar, ou a abster-se de votar, em troca de vantagens especiais, ou seja, acordos em que o direito de voto não saiu da esfera jurídica do acionista).

A regra da incidibilidade da ação resulta, em primeiro lugar, da ideia segundo a qual o contrato de sociedade supõe o exercício em comum de certa atividade económica, sendo que a transmissão do direito de voto implicaria a dissociação desse sócio do exercício em comum da atividade. Como escreve Raúl Ventura[513], "o cerne do status de sócio reside no exercício em comum de uma atividade económica; para que o exercício seja comum é necessário que todos os sócios nela participem e, nos esquemas das atuais sociedades, essa participação consiste sobretudo no exercício do direito de voto. Quem

[513] Raúl Ventura, *Estudos vários sobre sociedades anónimas: Comentário ao Código das Sociedades Comerciais*, 58-59. O argumento tem tradição na nossa doutrina, sendo apoiado por vários outros autores e, embora expressivo, não nos parece que explique o que procura justificar. Que o direito de voto não é elemento essencial do estatuto social, ou seja, que pode existir exercício em comum de uma atividade económica sem que o direito de voto esteja presente, resulta claro por exemplo do estatuto do acionista preferencial sem voto. Isto bastaria para demonstrar que o argumento não chega; muito embora se reconheça que a recuperação do voto pelo acionista preferencial a quem não é pago, nos termos da lei, o dividendo preferencial, mantém alguma da lógica interna do argumento. Cremos, para além disso, que o argumento tem apenas sentido expressivo quando o sócio se dissocie do voto totalmente e de forma definitiva (aquilo que referimos como cisão de direitos, por oposição ao destaque de direitos) – basta pensarmos na separação parcial ou temporária do voto para verificarmos que, nesse caso, o argumento já não colhe. Deve aliás ser salientado que muitas vezes se confunde o destaque e a transmissibilidade de direitos concretos do acionista e o destaque e a transmissibilidade de direitos abstratos do acionista – de partes da posição de socialidade. Assim, o acionista que transmite o direito ao dividendo de um exercício (já deliberado ou a deliberar) não estará numa posição de *empty voting*, tendo apenas antecipado um recebimento ou, no limite, retirado risco sobre uma específica deliberação. Já coisa diferente passaria, a ser possível, pela cisão do direito abstrato a todos os dividendos que venham a ser deliberados. Por outro lado, naquilo que é outra confusão, destacar o direito ao dividendo não anula o risco de exposição económica da ação; apenas anula parcialmente, no limite, o risco referente àquela concreta deliberação de distribuição. Veja-se, por exemplo, Tiago Arnoult, "O destaque do direito aos lucros: esvaziamento do direito de voto e titularidade oculta"; Alexandre Brandão da Veiga, "Direitos destacados e warrants autónomos", 89-91; Pedro Pais de Vasconcelos, "Direitos destacáveis – O problema da unidade e pluralidade do direito social", 164; Alexandre de Soveral Martins, "A qualidade de acionista: acionista, não acionista, acionista assim-assim", 185-187.

transmitisse a outrem o seu direito de voto deixaria de exercer a atividade em comum, embora porventura mantivesse outros direitos inerentes à quota, como os direitos patrimoniais. Mas esses outros direitos são todos derivados do exercício em comum e não se justificariam depois de o transmitente do direito de voto deixar de exercer a atividade em comum".

Existem outras linhas de argumentos que emergem da insusceptibilidade de a ação ser dividida – a ação encapsula um conjunto de direitos e obrigações que não podem ser artificialmente separados e distribuídos por diferentes pessoas; em particular, não podem direitos fundacionais da posição de socialidade ser destacados e transmitidos porque isso poria em causa a participação social como um todo. Estão assim em causa três ideias principais – que a ação não pode ser dividida pelo destaque dos seus direitos políticos e, em particular, pelo destaque do direito de voto; que não se pode operar a transmissão autónoma de tais direitos; e que não se pode constituir originariamente, em benefício de terceiro, posição jurídica de conteúdo equivalente[514].

Trata-se de princípio que, como referido, emerge diretamente do n.º 6 do art 276º do CSC, embora seja amparado por um conjunto de outras regras e princípios como, em particular, na ideia de proibição de renúncia antecipada a direitos[515] e que é reconhecido pela generalidade dos sistemas jurídicos[516].

Tal como acontecia com o tema da comercialização do voto, resulta fácil demonstrar que a regra de indivisibilidade da ação – ainda que aceite em termos próximos das visões tradicionais – não é perturbada pelo *risk decoupling.*

[514] Problema de natureza diferente é o de o acionista assumir por contrato ou por outro instrumento jurídico (por exemplo, por procuração) a obrigação de exercer o seu direito de voto (de modo indeterminado) segundo a instrução de outrem, em termos tais que retirem em absoluto ao acionista qualquer intervenção no processo. Como é diferente a celebração de negócios jurídicos obrigacionais que incidam sobre a ação. Vd. Raúl Ventura, *Estudos vários sobre sociedades anónimas: Comentário ao Código das Sociedades Comerciais* 87 e ss; Nuno Trigo dos Reis, "As obrigações de votar segundo instruções de terceiros no direito das sociedades", *RDS* (2011), 415 e ss.; Alexandre de Soveral Martins, "A qualidade de acionista: acionista, não acionista, acionista assim-assim", 186.

[515] Vd. Nuno Trigo dos Reis, "As obrigações de votar segundo instruções de terceiros no direito das sociedades", 446 e ss. Sem pôr em causa o que se acaba de escrever, que é especialmente dirigido à separabilidade do direito de voto, deve-se deixar claro que o princípio da indivisibilidade da ação tem sofrido fortes ataques nas últimas décadas. Veja-se, em particular, o disposto no art. 1.1.f) e 55.3 do CVM. Levando o argumento mais longe e defendendo a revogação parcial do art. 3.2.a) do CVM e a inexistência da indissociabilidade do voto, vd. José Marques Estaca, "O destaque dos direitos de voto em face do Código dos Valores Mobiliários", 1347 e ss.

[516] Vd. 1.1 e 1.2 do Securities Lending Code of Best Practise do International Corporate Governance Network. *https://www.icgn.org/sites/default/files/2007%20Securities%20Lending%20Code%20of%20Best%20Practice_0.pdf.*

A regra de indivisibilidade da ação assume, para quem a aceite, que o direito de voto não pode ser separado da ação (e que os direitos patrimoniais não atuais, não declarados, não podem ser transferidos com independência da ação). E apenas isso. Ora, nos casos de *risk decoupling* isso não ocorre em momento algum ou sob qualquer perspetiva – a ação, enquanto valor mobiliário que titula uma posição de socialidade complexa, fica intacta. Como vimos, quer nos casos de *positive risk decoupling*, quer nos casos de *negative risk decoupling*, o titular do direito de voto é o acionista legitimado nessa condição[517]. O que ocorre é que nuns casos temos investidores com exposição ao risco sem que tenham direito de voto (ficando este onde sempre esteve, ou seja, na titularidade do acionista) e, noutros casos, temos acionistas com direitos de voto sem que tenham exposição ao risco, ou sem que tenham exposição proporcional face aos votos que podem exercer. Mas em nenhum dos casos o princípio de indivisibilidade da ação é por alguma forma posto em causa, já que o direito de voto se mantém intacto na esfera do acionista.

16.2. O dever de lealdade dos acionistas e o **decoupling**

I. A generalidade dos sistemas jurídicos tem vindo a aceitar, com formulações e intensidades muito diferentes, a existência de um dever geral de lealdade dos acionistas entre si e perante a sociedade[518]. Não se trata, cabe dizer, em Portugal e na generalidade dos sistemas, de um princípio com consagração legal expressa, mas antes de um princípio organizador e conformador dos interesses presentes na sociedade comercial, expressão do princípio de boa-fé e dos deveres de promoção do fim social que emerge

---

[517] O caso de *captura de data de registo,* em que o acionista se legitima para participar na assembleia e aliena as ações entre a data do registo e a da assembleia, representa um caso em que aquele o direito de votar não é atribuído ao acionista (mas antes ao alienante). Trata-se, apesar disso, de um caso em que o direito de voto se mantém naquele que se legitimou como acionista. A disfunção é, como já referimos, um custo do sistema.

[518] Distinguem-se habitualmente três manifestações diferentes do dever de lealdade no universo societário: o dever de lealdade exigível aos sócios, seja nas relações entre si, seja perante a sociedade participada; o dever de lealdade da sociedade perante os sócios; e o dever de lealdade devido aos órgãos societários. Vd. António Menezes Cordeiro, *Manual de direito das sociedades* (Almedina, 2007). Para a nossa análise interessa-nos a primeira manifestação. A segunda, o dever de lealdade da sociedade para com os sócios, estará praticamente afastada. Já a terceira, o dever de lealdade devido aos órgãos societários, será ponderada sobretudo no que respeita à posição da administração, mas sempre funcionalizada face ao tema que nos ocupa.

da posição de socialidade[519], e que é extraído de regras várias, como sejam, em especial, regras que impõem deveres de conduta dos sócios perante a sociedade[520].

---

[519] A doutrina portuguesa tem oscilado entre estes dois fundamentos do dever de lealdade que, obviamente, não são incompatíveis. O contrato de sociedade é um contrato organizativo que visa desenvolver uma atividade em comum, prosseguindo um fim lucrativo. Daí que se entenda que as partes desse contrato, os sócios, não devem, com o seu comportamento, comprometer esse fim comum; note-se que este princípio é aplicável a qualquer contrato, tendo apenas contornos especiais nas especificidades do contrato de sociedade como contrato duradouro, de fim comum e com natureza associativa. Esta visão, que é a mais corrente entre nós, não deixa de ancorar o dever de lealdade ao contrato de sociedade, sem que o tema perca a relação com os deveres de boa-fé. Vd. Jorge Manuel Coutinho de Abreu, *Curso de Direito Comercial*, II, 294-299; Fernando Carbajo Cascón, "Deber de lealtad de los socios y conflictos de intereses con la sociedad", in *Diálogos com Coutinho de Abreu* (Almedina, 2020), 264-266; Ana Perestrelo de Oliveira, *Grupos de sociedades e deveres de lealdade: por um critério unitário de solução do «conflito do grupo»*, 179-216; Maria de Fátima Ribeiro, "Responsabilidade dos sócios pelo voto", in *II Congresso de DSR* (Almedina, 2012), 507-556. Questão que se relaciona com esta, mas que tem contornos próprios, é a de aferir se existe um dever de lealdade dos sócios enquanto dever legal específico e autónomo. A resposta da generalidade da doutrina nacional é, com muitos traços paralelos com o que acontece na Alemanha, positiva. Recentemente, porém, Paulo Olavo Cunha defendeu posição contrária – não pondo em causa as manifestações legais da lealdade (a que nos referiremos em maior detalhe) nem as previsões estatutárias que correspondam a manifestações de lealdade, o autor não vê aí um dever geral e autónomo dos sócios que seria, em seu entender, contrário ao regime de responsabilidade limitada dos sócios e à regra do art. 86º de inoponibilidade de novas obrigações sociais sem consentimento dos sócios. Vd. Paulo Olavo Cunha, "(Acerca) da inexistência do dever (específico) de lealdade dos sócios e acionistas", in *V Congresso DSR* (Almedina, 2018), 17-33. O autor voltou com desenvolvimento ao tema, confrontando a sua posição com aquela de Coutinho de Abreu – Paulo Olavo Cunha, "Sintonia e discrepâncias jus societárias com Coutinho de Abreu", in *Diálogos com Coutinho de Abreu* (Almedina, 2020), 744-750.

[520] Dois bons exemplos, com algum paralelo entre nós, podem ser extraídos do direito alemão e dos § 117 e § 243, ambos do AktG. A primeira regra faz com que os sócios sejam responsáveis por danos causados à sociedade e aos outros sócios, em particular naqueles casos em que usem a sua influência nomeando um membro dos órgãos sociais ou um representante para agir em prejuízo da sociedade ou dos sócios. A segunda regra permite contestar deliberações aprovadas com o objetivo de obter vantagens especiais, para si ou para terceiros, em prejuízo da sociedade ou dos demais acionistas. Sobre estes artigos do AktG já se pronunciou muita doutrina alemã; vd., por exemplo, Thomas Raiser e Rüdiger Veil, *Recht der Kapitalgesellschaften*, 113-114; Johannes Liefke, *Verträge unter Aktionären – Eine rechtstatsächliche, rechtsökonomische und rechtsdogmatische Untersuchung von Abstimmungsvereinbarungen in börsennotierten Gesellschaften*, 242-243. A primeira regra tem espelho entre nós na disposição do art. 83º do CSC (embora, porventura, sem uma marcação tão clara do dever de lealdade que justifica a norma, já que a regra nacional ancora a responsabilidade do sócio designante na responsabilidade do administrador e na culpa na designação). A segunda regra tem espelho, entre nós, na alínea b) do n.º 1 do art. 58º do CSC que dispõe serem anuláveis as deliberações que sejam apropriadas para satisfazer o propósito de um dos sócios de conseguir, através do exercício do direito de voto, vantagens especiais para si ou para terceiros, em prejuízo da sociedade

Como referido, o dever de lealdade dos sócios não consta, na lei portuguesa, de qualquer previsão geral. Existe, é certo, desde 2006, uma norma com uma previsão desse tipo para os administradores, já que o n.º 1 do art. 64.º do CSC (na versão resultante do artigo 4.º do DL 76 A/2006, de 29 de março), dispõe que os gerentes ou administradores da sociedade devem observar: "a) deveres de cuidado, revelando a disponibilidade, a competência técnica e o conhecimento da atividade da sociedade adequados às suas funções e empregando nesse âmbito a diligência de um gestor criterioso e ordenado; e b) deveres de lealdade, no interesse da sociedade, atendendo aos interesses de longo prazo dos sócios e ponderando os interesses dos outros sujeitos relevantes para a sustentabilidade da sociedade, tais como os seus trabalhadores, clientes e credores"[521]. Tal norma, porém, não pode nem deve ser extrapolada para o universo dos acionistas porque tem um *ratio* e conteúdo diferentes[522]. No caso dos administradores, os deveres de lealdade

---

ou de outros sócios ou simplesmente de prejudicar aquela ou estes; voltaremos em maior detalhe a esta regra. Sobre o art. 83º, deixando claras as múltiplas dificuldades interpretativas da norma, vd. Manuel A Carneiro Frada, "Sobre a responsabilidade do sócio por actos de administrador indicado ao abrigo de um acordo parassocial", in *V Congresso DSR* (Almedina, 2018), 49-54.

521 Antes da reforma de 2006, já constavam do sistema diversas manifestações, embora dispersas e não integradas, deste dever de lealdade dos administradores – veja-se, por exemplo, as regras sobre não concorrência dos administradores com a sociedade (n.º 3 do art. 398º, no caso das sociedades anónimas), as regras sobre impedimento de voto dos administradores (n.º 3 do art. 410º), além de regras diversas do Código da Insolvência. Vd. sobre tema Ana Perestrelo de Oliveira, *Grupos de sociedades e deveres de lealdade: por um critério unitário de solução do «conflito do grupo»*, 187-188; Manuel A Carneiro Frada, "A responsabilidade dos administradores perante os credores entre o Direito das Sociedades e o Direito da Insolvência", *IV Congresso de Direito da Insolvência* (2017). A diferença da própria configuração jurídica da relação entre, por um lado, os administradores e a sociedade e, por outro lado, entre os sócios e a sociedade, faz com que em vários outros sistemas, sejam bem mais correntes as consagrações positivas, quer dispersas, quer gerais e integradoras, dos deveres de lealdade dos administradores que dos deveres de lealdade dos sócios. Vd., por exemplo, Fernando Carbajo Cascón, "Deber de lealtad de los socios y conflictos de intereses con la sociedad", 258-275; Maria de Fátima Ribeiro, "Responsabilidade dos sócios pelo voto", 522-525.

522 Considerando que a lealdade dos administradores e a dos sócios têm, apesar da diversidade de posições, uma natureza idêntica vd. Ana Perestrelo de Oliveira, *Manual de governo das sociedades*, 85 e ss; Ana Perestrelo de Oliveira, "Dos fundamentos dos deveres de lealdade dos acionistas", in *Acionistas e governação das sociedades* (Almedina, 2019), 61-63. Apesar da discordância óbvia de posições com o que se escreve, parece-nos que a divergência é mais aparente que real. O direito norte-americano dá-nos uma boa perspetiva sobre a diferença de tratamento de um e outro caso. Dividem-se os deveres fiduciários perante a sociedade em deveres de diligência (a expressão original é *duties of care*, que literalmente seria traduzido para deveres de cuidado) e deveres de lealdade. Os deveres de diligência foram encapsulados pela doutrina da *business judgement rule*, que, de forma simples, pode ser descrita como uma presunção legal que os administradores cumpriram esse dever de

revelam uma derivação da obrigação geral de boa-fé que resulta do facto de estarmos perante uma gestão de bens alheios – são, assim, uma derivação dos deveres do mandatário[523]. No caso dos acionistas trata-se de um estrito dever de proteção que emerge da sua posição jurídica complexa enquanto partes de um contrato associativo com um fim comum e que relaciona, por um lado, os acionistas entre si – incluindo a maioria dos acionistas perante a minoria (dimensão horizontal) e, por outro, os acionistas com a sociedade

diligência se atuaram de forma informada, de boa-fé e de acordo com aquilo que entendiam serem os melhores interesses da sociedade. A nossa regra paralela– é a que resulta da conjugação do art. 64.1 e do art. 72.2, ambos do CSC. Tem, no entanto, uma estrutura completamente diferente. O regime português não apenas não presume que os administradores cumpriram o seu dever de diligência se atuaram de modo informado, de boa-fé e de acordo com aquilo que entendiam serem os melhores interesses da sociedade, como os onera com a prova de um comportamento dos deveres prescritos no art. 64º do CSC, o que, pelo contrário, está mais próximo de uma presunção de ilicitude. Por outro lado, os deveres de lealdade focam no motivo e podem, de facto, ser aplicados a acionistas e administradores. Voltamos de seguida a este ponto. Vd. Iman Anabtawi e Lynn Stout, "Fiduciary duties for activist shareholders", 11 e ss. Sobre o art. 64.1, o art. 72.2, e a longa distância que a nossa regra tem face à *business judgement rule* na sua formulação original, vd., entre muitos, entre nós, António Menezes Cordeiro, "Os deveres fundamentais dos administradores das sociedades", *ROA* 2 (2006); José Ferreira Gomes, *Da administração à fiscalização das sociedades*, 876-914; José Ferreira Gomes, "A discricionariedade empresarial, a business judgment rule e a celebração de contratos de swap (e outros derivados)", *CadMVM* (2017), sobretudo 76-84; Manuel A Carneiro da Frada, "A business judgement rule no quadro dos deveres gerais dos administradores", *ROA* (2007), 179-191; Manuel Fragoso Mendes, "Entre o temerário e o diligente – A business judgement rule e os deveres dos administradores. Da sua origem à implementação no ordenamento juridico português.", *RDS* (2014), 810-830; Ricardo Alexandre Cardoso Rodrigues e João Luz Soares, "Business Judgement Rule: Enquadramento, apresentação, análise e reflexões", *RDS* (2017), 678 e ss.; Nuno Calaim Lourenço, *Os deveres de administração e a business judgment rule* (Almedina, 2011), 39-57; Pedro Caetano Nunes, "Jurisprudência sobre o dever de lealdade dos administradores", *RDSVM* (2012), 173-222. Ora, é certo que, não pondo em causa as suas diferenças, sobretudo de intensidade, os deveres de lealdade dos sócios e os deveres de lealdade dos administradores têm em comum uma dimensão fiduciária (que resulta, desde logo, da capacidade de intervenção sobre a sociedades que têm uns e outros); é neste sentido que afirmamos que divergência de posições é mais aparente que real.

[523] Ou, em termos diferentes, aos administradores são assacados deveres de lealdade que lhes impõem uma atuação no interesse da sociedade, atendendo aos interesses de longo prazo dos sócios e ponderando os interesses dos outros sujeitos relevantes para a sustentabilidade da sociedade, tais como os seus trabalhadores, clientes e credores; aos sócios cabe, com as limitações que resultam do facto de a parametrização desses deveres de lealdade dos administradores serem desenhados também em função dos interesses de terceiros, em particular dos trabalhadores, clientes e credores, definir quais os interesses dos sócios que devem integrar o interesse social (isto não entrando no tradicional debate entre visões institucionalista e contratualista sobre o interesse social).

(dimensão vertical)[524]/[525]. Por isto, ou também por isto, terá maior intensidade quanto maior for a proximidade das partes, razão pela qual terá dimensões diferentes na sociedade com dois sócios e na grande sociedade anónima[526].

Não se pretende desenvolver o interessante tema dos fundamentos do dever de lealdade dos acionistas, o que seria deslocado. Sem prejuízo, não indo tão longe como aqueles que consideram que o dever de lealdade dos sócios e dos administradores só têm em comum o nome – radicam ambos numa extrapolação do dever genérico de boa-fé –, não nos parece que se possa afirmar, se daí se pretendem retirar consequências normativas, que têm uma natureza e conteúdo idênticos. Exercendo o sócio o seu direito de voto de forma geralmente livre[527], e cabendo aos administradores uma função

[524] Em quase todas as jurisdições comparáveis, há relevante tratamento doutrinário dos deveres de lealdade dos administradores e, em muitas dessas jurisdições, existe previsão legal expressa. Já os deveres de lealdade dos acionistas são tema que merece muito menos atenção e que normalmente não assenta em regra expressa. Em regimes como o norte-americano, em que os acionistas, seja por causa da tradicional dispersão do capital social das sociedades cotadas, seja pela própria economia do governo das sociedades anónimas, desempenham um papel mais secundarizado, a razão pode resultar daí. Já no caso europeu não será assim e as razões para o desenvolvimento tardio do conceito de deveres de lealdade dos acionistas nas sociedades anónimas assentarão mais na dificuldade de conceber deveres com estas caraterísticas em sociedades de capitais.

[525] O facto de o dever de lealdade do acionista ser concebido como uma relação interna – que relaciona os acionistas e a sociedade e uns acionistas com os outros (muito embora alguns autores consumam, parcial ou totalmente, o dever perante a sociedade numa manifestação do dever dos sócios perante os demais sócios, o que, no fim de contas, é uma decorrência da fundamentação do dever como emergente da relação entre partes de um contrato associativo com fim comum) – não obsta a que tenha significado material fora desse universo. No limite, em particular naqueles casos em que esteja em causa dever do acionista de indemnizar a sociedade, o dever de lealdade corresponderá a uma forma de proteção do património e, nessa medida, de *stakeholders* como os credores sociais e os trabalhadores. O ponto não é apenas teórico pois deve ser questionado até que ponto outras partes interessadas se podem subrogar nas pretensões indemnizatórias da sociedade se esta nada fizer. Vd. sobre o tema, entre nós, Maria de Fátima Ribeiro, "Responsabilidade dos sócios pelo voto", 509-511.

[526] Barbara Grunewald, *Gesellschaftsrecht* (Mohr Siebeck, 2017), 260; Johannes Liefke, *Verträge unter Aktionären – Eine rechtstatsächliche, rechtsökonomische und rechtsdogmatische Untersuchung von Abstimmungsvereinbarungen in börsennotierten Gesellschaften*, 235-236.

[527] Este é um ponto essencial na compreensão da estrutura do dever de lealdade. Em nenhuma leitura, mesmo nas mais extremas, o dever de lealdade impõe ao sócio que o seu comportamento seja parametrizado pela procura do melhor interesse da sociedade. São atribuídos aos sócios direitos subjetivos e estes direitos não lhes são atribuídos em funcionalização ao interesse da sociedade. O sócio é assim livre de exercer esses direitos no que considere ser o seu melhor interesse. Apenas não o pode fazer em termos tais que esse exercício seja incompatível com o interesse social. É por

contratual de gestão dos negócios da sociedade, parece-nos claro que o único ponto em que se pode afirmar que exista alguma identidade (tangencial) conceptual é no caso do acionista controlador. Ora, temos presente que alguns sistemas – o exemplo mais impressivo é o norte-americano – apenas reconhecem a existência deste dever de lealdade no caso de acionistas controladores de facto ou de direito (admitindo excecionalmente que minoritários, em especiais situações sobretudo de bloqueio, tenham idêntico dever[528]). Não será o caso do direito português ou do legislador europeu, muito embora seja inevitável a conclusão que o grau de apreciação do dever de proteção é completamente diferente caso estejamos perante um acionista com participação qualificada ou sem participação qualificada, um acionista controlador ou não controlador, ou seja, que a capacidade de influência real será uma bitola de intensificação do dever[529].

---

isto que boa parte da doutrina realça o conteúdo negativo do dever de lealdade o que, parecendo adequado como ideia geral, não esgotará a compreensão do sentido do dever. Vd. Jorge Manuel Coutinho de Abreu, *Código das Sociedades Comerciais em comentário*, vol. VI (Coimbra: Almedina, 2019), 295; em termos diferentes e conferindo maior conteúdo positivo ao dever de lealdade, vd. Ana Perestrelo de Oliveira, "Dos fundamentos dos deveres de lealdade dos acionistas", 61-63; Ana Perestrelo de Oliveira, *Manual de corporate finance*, 106-113.

[528] Este entendimento, que é hoje razoavelmente pacífico, é resultado de uma evolução de posições jurisprudenciais nem sempre coerente. James D Cox, *Cox & Hazen On Corporations*, 770.

[529] Vd. Pedro Albuquerque e Diogo Costa Gonçalves, "O impedimento do exercício do direito de voto como proibição genérica de atuação em conflito", 695-696, que referem que, "no contexto de uma sociedade aberta, são especialmente intensos os deveres de lealdade dos acionistas detentores de *participações qualificadas*", o que resulta, claro, da sua efetiva capacidade de influência. Esta ideia atravessa alguns pontos de direito positivo, como o n.º 2 do art. 21º da Diretiva 2006/48/CE (relativa ao acesso à atividade das instituições de crédito e ao seu exercício) que dispõe o seguinte: "os Estados-Membros devem exigir que, no caso de a influência exercida pelas pessoas referidas no n.º 1 do artigo 19 poder prejudicar uma gestão sã e prudente da instituição, as autoridades competentes tomem as medidas apropriadas para pôr termo a tal situação. Essas medidas podem consistir em injunções, em sanções aplicáveis aos dirigentes ou na suspensão do exercício dos direitos de voto correspondentes às acções ou outras partes do capital social detidas pelos acionistas ou sócios em questão". O n.º 1 do art. 19º refere-se aos acionistas com participação qualificada. Ou seja, o dever de lealdade apenas é relevante na estrita medida da influência dos acionistas e, aos acionistas com influência suscetível de ser prejudicada uma gestão sã e prudente da instituição, é imposto. Nos outros casos o dever, mais que não existir, não terá relevância jurídica. O Direito inglês, que é dos que mais se afastam da ideia geral de um dever de lealdade de uns acionistas perante os outros e perante a sociedade, aceita a ideia de que os acionistas têm a obrigação de atuar de boa-fé e que emerge um dever fiduciário naqueles casos em que exista o poder de interferir com os bens de outros o que, no limite, pode ser aplicado aos acionistas maioritários. Vd. Paul Davies e Sarah Worthington, *Gower's Principles of Modern Company Law*, 661 e ss.

O desenvolvimento que o tema teve na Alemanha dá-nos um bom ponto de perspetiva[530]. Ao longo dos anos a jurisprudência alemã foi desenvolvendo a ideia de que a relação entre os acionistas de sociedades comerciais se baseava num princípio fiduciário. Em 1988, o Tribunal Federal alemão deu o passo final reconhecendo que o acionista maioritário tem um dever fiduciário de proteção perante os minoritários, já que a capacidade de influência que resulta do seu direito de voto o coloca numa posição suscetível de afetar as posições jurídicas dos minoritários[531]. Ou seja, o dever de lealdade depende, antes e sobretudo, da capacidade que o acionista tem de, com o seu voto, afetar as posições dos demais acionistas; se o voto não afetar as posições e os interesses dos outros acionistas, o tema não terá relevância.

II. O CSC contém, entre as suas previsões, diversas manifestações do dever de lealdade, algumas das quais, por incidirem em temas de regulação do direito de voto, são especialmente relevantes para a análise do tema da licitude do *decoupling*.

É desde logo o caso da regra da alínea b) do n.º 1 do art. 58º, segundo a qual são anuláveis as deliberações que sejam apropriadas para satisfazer o propósito de um dos sócios de conseguir, através do exercício do direito de voto, vantagens especiais para si ou para terceiros, em prejuízo da sociedade ou de outros sócios, ou simplesmente de prejudicar aquela ou estes (a menos que se prove que as deliberações teriam sido tomadas mesmo sem os votos abusivos). É o caso também da regra do n.º 6 do art. 384º do CSC[532], segundo a qual o acionista não pode exercer o seu direito de voto em conflito de interesses com a sociedade, em particular naqueles casos em que a deliberação incida sobre liberação de uma obrigação ou responsabilidade própria do acionista, sobre litígio ou pretensão da sociedade contra o acionista ou deste

[530] Para desenvolvimentos, vd. Thomas Raiser e Rüdiger Veil, *Recht der Kapitalgesellschaften*, 113--118; Barbara Grunewald, *Gesellschaftsrecht*, 259-262; entre nós, com múltiplas referências, vd. Ana Perestrelo de Oliveira, *Grupos de sociedades e deveres de lealdade: por um critério unitário de solução do «conflito do grupo»*, 191-194; António Menezes Cordeiro, "A lealdade no direito das sociedades", *ROA* (2006); David Oliveira Festas, *Das inibições de voto dos sócios por conflito de interesses com a sociedade nas sociedades anónimas e por quotas*, 749-776.

[531] Em 1998, o Tribunal deu um passo mais, considerando que um acionista minoritário titular de um direito de veto que, exercendo esse direito, bloqueia uma decisão que é do melhor interesse da sociedade (no caso, um aumento de capital essencial para a sobrevivência da própria sociedade), está a violar um dever de proteção face aos demais acionistas e, em particular, face ao acionista maioritário. Vd. referências da nota anterior.

[532] E do art. 251º, para as sociedades por quotas.

contra aquela, destituição, por justa causa, do seu cargo de titular de órgão social ou qualquer relação, estabelecida ou a estabelecer, entre a sociedade e o acionista, estranha ao contrato de sociedade[533].

Voltaremos a estas duas previsões – a de voto abusivo e a de voto em conflito de interesses – em maior detalhe. Deve, no entanto, ser salientado, como ideia geral e de partida, que nada na compreensão do dever de lealdade dos acionistas, e por mais longe que o mesmo seja levado na construção dogmática, permite assumir que o voto é, ou deve ser, apropriado, enquanto espaço de liberdade do acionista, pelo interesse social. Não se espera, afinal, que o direito de voto seja exercido de forma desprendida dos interesses individuais do acionista, com o sentido que o seu titular, de acordo com o julgamento que faça, bom ou mau, entenda ser o mais adequado. Como explicado, coisa diferente é afirmar que se espera que não seja exercido de forma contrária ao interesse social e/ou por forma a satisfazer um interesse egoísta do acionista, em particular naqueles casos em que a influência efetiva do sócio seja habilitada a que este, exercendo o seu voto para lá desses limites, provoque danos à sociedade ou aos outros sócios.

São juridicamente relevantes diversos níveis de interesses dos sócios. Primeiro, e antes de mais, é relevante o interesse social – aquele interesse que os sócios partilham de, na sua qualidade de sócios e enquanto tal qualidade

---

[533] E ainda, sem relevância direta para o tema que temos em análise, é o caso dos n.ᵒˢ 1 e 3 do art. 83º, que responsabiliza o sócio em caso de atuação culposa na designação de gerentes; é o caso do n.º 2 do mesmo art., que também responsabiliza o sócio quando use a sua influência para determinar membro dos órgãos sociais a praticar ato danoso (ou a omitir uma conduta com o mesmo efeito); é o caso das regras dos arts. 180º e 477º que proíbem alguns sócios (sem responsabilidade limitada) de terem atuação concorrencial com a sociedade; é o caso de várias regras que responsabilizam o sócio pelos danos causados à sociedade e aos outros sócios pelo uso de informações societárias (n.º 5 do art. 181º, n.º 6 do art. 214º e n.º 6 do art. 291º); é ainda o caso do art. 242º que dispõe poder ser excluído por decisão judicial o sócio de sociedade por quotas que, com o seu comportamento desleal ou gravemente perturbador do funcionamento da sociedade, lhe tenha causado ou possa vir a causar-lhe prejuízos relevantes. Não há qualquer dúvida de que, por razões facilmente compreensíveis e que passam pela forma como é construída a posição do sócio perante a sociedade, as manifestações positivas do dever de lealdade têm mais intensidade nas sociedades de pessoas (as manifestações dos arts. 180º e 242º são disso o melhor sinal) que nas sociedades de capitais. De assinalar ainda que, para além destas manifestações legais do dever de lealdade, entende-se geralmente que o mesmo opera em outros casos não especificamente previstos, como acontece por referência ao dever dos sócios de não utilizar em seu proveito as oportunidades de negócio da sociedade ou o dever de não litigar contra a sociedade com motivos de mera pressão para a realização de outros objetivos. Sobre as concretizações do dever de lealdade, vd. Jorge Manuel Coutinho de Abreu, *Curso de Direito Comercial*, II, 295-297.

se mantiver, maximizarem o ganho com o seu investimento na participação subscrita ou adquirida (em particular através da partilha de dividendos e do aumento da participação detida)[534]. Segundo, são relevantes os interesses societários individuais dos sócios – aqueles que correspondem ao sócio em função da sua qualidade de sócio e lhe são atribuídos individualmente[535]. Terceiro, são relevantes os interesses que o sócio tenha fora do universo da sociedade participada – os interesses extra-societários dos sócios, sejam eles conexos com a atividade da sociedade, sejam eles alheios à relação entre o sócio e a sociedade. O sócio é livre de, salvo situações limite, exercer o seu direito de voto organizando tais interesses na forma que entenda mais adequada.

O que acaba de ser escrito pode ser comprovado por diversas perspetivas. Primeiro, pelo entendimento de que o direito de voto é regulado como um verdadeiro e próprio direito subjetivo do sócio e não como um direito construído em função do interesse social. Segundo, pela construção do dever de lealdade como dever de proteção imposto pelo fim associativo do contrato de sociedade e pelo dever de boa-fé. Mas também por diversas passagens de regulação do direito de voto que deixam clara a proteção dessa liberdade, a mais importante das quais é, precisamente, a possibilidade de o acionista contratualizar o exercício do voto ao abrigo da regra do art. 17º do CSC.

Bastará o que antecede, sem grandes desenvolvimentos suplementares, para deixar claro o nosso entendimento segundo o qual não cremos que o acionista que exerça o seu direito de voto tendo diminuído proporcionalmente a sua exposição económica através da contratação de derivados, ou de outra estrutura, esteja, sem mais, e por efeito dessa contratação, a violar deveres de lealdade. Já o justificámos antes – a arquitetura da legitimação para o exercício dos direitos dos acionistas é independente da exposição económica que exista a montante; é verdade que a assume em função de

[534] O tema do *interesse social* é rico e está muito para além dos objetivos da análise. Sem prejuízo, sobretudo por razões analíticas, afastamo-nos de posições maximalistas que integram no conceito os interesses individuais dos sócios.

[535] A generalidade dos interesses individuais dos sócios são interesses individuais de todos e cada um dos sócios; em certos casos, esses interesses podem caber apenas a sócios que se encontrem, em determinada posição jurídica; outros casos, por fim, podem corresponder a interesses específicos de sócios com direitos especiais. Exemplo do primeiro caso é o interesse dos sócios de conservarem o valor da participação em caso de subscrição de capital por novos sócios; exemplo do segundo caso é o interesse de, enquanto minoritário oponente à lista maioritária para o conselho de administração, designar membros para esse órgão; exemplo do último caso é o interesse dos acionistas preferenciais de não verem o seu dividendo prioritário limitado.

uma lógica sistemática em que tal exposição económica é relevante, mas isso não permite usar esse ingrediente da arquitetura do sistema para verificar, caso a caso, o seu funcionamento. E, por isso, menos ainda, que o sócio que comparece a uma assembleia exercendo direitos de voto por referência aos quais não tenha proporcional exposição económica esteja a violar deveres de lealdade. A votação por acionista em *negative risk decoupling* não é uma votação *per se* viciada (o tema não se põe em simetria perfeita nos casos de *positive risk decoupling*, já que este não tem direito de voto, mas também se pode colocar em alguma medida, como verificaremos de seguida)[536].

III. Dispõe a alínea b) do n.º 1 do art. 58º do CSC que são anuláveis as deliberações que sejam apropriadas para satisfazer o propósito de um dos sócios de conseguir, através do exercício do direito de voto, vantagens especiais para si ou para terceiros, em prejuízo da sociedade ou de outros sócios ou, simplesmente de prejudicar aquela ou estes, a menos que se prove que as deliberações teriam sido tomadas mesmo sem os votos abusivos. Paralelamente a esta regra, será ainda de ter em consideração a regra do art. 334º do Cód.Civ (aplicável por força da alínea a) do n.º 1 do art. 55º do CSC)[537].

Esta regra incorpora dois tipos de deliberações abusivas: as deliberações que visem conseguir, através do exercício do direito de voto, vantagens especiais para o sócio ou para terceiros, em prejuízo da sociedade ou dos outros sócios; e as deliberações que visem apenas prejudicar a sociedade ou os

---

[536] Refira-se também, num ponto que não é irrelevante na economia da compreensão do dever de lealdade, que o acionista que vota em posição de *negative decoupling* não está, com a sua atuação, a causar qualquer dano à sociedade ou aos outros acionistas. Claro que pode acontecer que esse dano exista; mas isso não resultará (apenas) do facto de o acionista ter procedido à cobertura da sua exposição económica. Algo similar ocorre com a relação entre o tema do *decoupling* e o abuso de mercado, em particular a manipulação de mercado. Do recurso a estas técnicas não resulta a prática de um comportamento abusivo, mas não se exclui que, em concreto, isso possa ocorrer. Vd. Martin Mittermeier, *Empty Voting – Risikoentleerte Stimmrechtsausübung im Recht der börsennotierten Aktiengesellschaft*, 157-164.

[537] Não é claro se o disposto no art. 334º do Código Civil está ou não integralmente afastado pelo art. 58.1.b) do CSC. A relação entre o art. 58.1.b) do CSC e a regra geral de abuso de direito é tema que divide há muito a nossa doutrina, tendo gerado um rico debate entre aqueles que entendem que a regra societária é mera expressão da proibição de atuação em abuso de direito constante do art. 334º do Código Civil e aqueles para quem as diferentes redações, e diferentes funções das regras, fazem com que a primeira regra não consuma o sentido da segunda. É tema que não cumpre desenvolver. Vd., com atualizadas referências sobre os dois termos desse debate, Maria de Fátima Ribeiro, "Responsabilidade dos sócios pelo voto", 530-531.

sócios, ou seja, as chamadas deliberações *emulativas*[538]. Em ambos os casos, as deliberações abusivas supõem a existência de um prejuízo – mas, no primeiro caso, esse prejuízo, da sociedade ou dos outros sócios, está diretamente relacionado com as vantagens especiais obtidas pelos sócios abusadores quando, no segundo caso, a deliberação tem por objetivo o prejuízo que, por isso, não é consequência da vantagem obtida, mas o próprio propósito da deliberação.

Ora, não custa vislumbrar cenários em que estratégias de *negative risk decoupling* sirvam como instrumento para posicionar o sócio numa posição de indiferença perante o prejuízo que o exercício do voto venha a causar à sociedade ou aos outros sócios, ou até, quando a estratégia inverta a relação de proporção com o risco, que lhe permitam ter lucro com esse prejuízo e com o efeito que o mesmo poderá ter na cotação das ações. No entanto, e isto é um ponto que nos parece claro, não se pode entender que o sócio, pelo mero facto de votar sem que tenha a proporcional exposição ao risco, tem a intenção de provocar esse prejuízo. Nada permite chegar a esse entendimento.

IV. O n.º 6 do art. 384º do CSC proíbe um acionista de votar, seja por si, seja por representante, seja em representação de outrem, quando a lei expressamente o proíba e ainda quando a deliberação incida sobre: a) liberação de uma obrigação ou responsabilidade própria do acionista, quer nessa qualidade quer na de membro de órgão de administração ou de fiscalização; b) litígio sobre pretensão da sociedade contra o acionista ou deste contra aquela, quer antes quer depois do recurso a tribunal; c) destituição, por justa causa, do seu cargo de titular de órgão social; d) qualquer relação, estabelecida ou a estabelecer, entre a sociedade e o acionista, estranha ao contrato de sociedade. Trata-se de outra manifestação do dever de lealdade – também aqui se pretende que, em caso de contradição entre um interesse (especial ou extra-corporativo[539]) do acionista e o interesse da sociedade, o conflito não seja resolvido a favor do primeiro –, aqui diretamente dirigida ao

[538] Sobre as deliberações emulativas, vd. Jorge Manuel Coutinho de Abreu, *Curso de Direito Comercial*, II, 512-513; para mais desenvolvimentos e para um confronto da regra do CSC com as regras comparáveis, vd. Jorge Manuel Coutinho de Abreu, *Do abuso de direito: ensaio de um critério em direito civil e nas deliberações sociais*, 124-145.

[539] A titularidade de interesses extra-societários ou extra-corporativos pelo sócio, ou seja, de interesses que geram vantagens que não se destinam a ser partilhadas com os outros sócios, nada tem, em si mesma, de ilícito ou de censurável. Não desenvolveremos a temática do impedimento por conflito de interesses, em relação ao qual existe importante doutrina entre nós. Vd., por todos,

impedimento de voto do acionista que seja exercido em conflito de interesses com a sociedade[540].

A regra de inibição aplica-se, claro, antes de mais, à pessoa do acionista que tem um interesse em conflito com a sociedade. É na pessoa do acionista que, em normais circunstâncias, se cumulam as condições de que depende a inibição – porque é, em normais circunstâncias, o acionista aquele que tem a legitimidade para exercer o direito de voto em assembleia geral; porque é na pessoa do acionista que se analisa a verificação das condições objetivas que estão na base da situação de conflito de interesses. Ocorrem, no entanto, casos de dissociação a que cumpre atender.

Sem pretensão de exaustão, é isso que ocorre no caso de constituição de um usufruto sobre as ações, em que é o usufrutuário que, nos termos dos arts. 23º do CSC e 1466º e 1467º do Cód.Civ, aquele a quem cabe exercer o direito de voto; é isso que ocorre, se assim tiver sido convencionado nos termos do n.º 4 do art. 23º do CSC, se for constituído um penhor sobre ações, caso em que será o credor pignoratício a exercer o voto. O usufrutuário e o credor pignoratício exercem o voto, cabe dizer, em nome e por conta própria – apesar da evidente dissociação entre a titularidade das ações e a exposição ao risco da atividade da sociedade, não deixa de haver, de um e de outro, um interesse económico direto na participação. Assim, nestes casos, a análise da verificação de uma situação de conflito de interesses não pode deixar de atender à posição do usufrutuário e do credor pignoratício nos mesmos termos em que atende à posição do sócio –, pois se são os primeiros que vão votar nos termos que entendem mais convenientes, sem qualquer tipo de subordinação a acordos anteriores ou a instruções do sócio, não se vislumbra como se pode atender a outra esfera jurídica que não à sua.

Já naqueles casos em que a pessoa que exerce o voto o faz na qualidade de representante do acionista a situação é diferente: o representante atua (sempre) por conta do acionista, sendo por isso assumido pela lei que o

---

David Oliveira Festas, *Das inibições de voto dos sócios por conflito de interesses com a sociedade nas sociedades anónimas e por quotas*, 59-64 e, sobretudo, 649 e ss.

[540] O n.º 1 do art. 251º, aplicável às sociedades por quotas, proíbe o sócio de votar, seja por si, seja por representante, seja em representação de outrem, quando, relativamente à matéria da deliberação, se encontre em situação de conflito de interesses com a sociedade. Aponta depois um conjunto de alíneas, algumas coincidentes, em que se entende que a referida situação de conflito de interesses se verifica. Não deixa de ser estranha a diferença de técnica de redação e, em particular, a ausência de referência expressa a *conflito de interesses* no n.º 6 do art. 384º do CSC.

voto é exercido em função dos melhores interesses do acionista[541]. Daqui que a análise da verificação de uma situação de conflito de interesses seja feita atendendo à posição jurídica do acionista representado. Isso é, aliás, salientado de forma muito clara pela norma, quando dispõe que o acionista não pode votar, nem por si, "nem por representante". A regra vai, aliás, mais longe dispondo que o voto não pode ser exercido em conflito sequer em representação de outrem, regra que parecerá excessiva, pelo menos nos casos em que existam instruções claras sobre o sentido do voto.

Dito o que antecede, parece claro que os casos de *positive decoupling* que analisámos geram relevantes consequências ao nível da análise do conflito de interesses. Comecemos por afirmar o óbvio: o investidor com exposição económica, pela contratação de derivados, mas que não tem quaisquer votos, não tem, à partida, por isso, qualquer problema de conflito de interesses com a sociedade a que está exposto que possa sequer ser analisado – isto porque, pura e simplesmente, não tem voto (nem qualquer forma de aceder aos acionistas que, em termos finais, exercerão esse voto). É o caso do investidor que contratou no mercado produtos derivados como os CfD. Já a situação será diferente em dois outros cenários. O primeiro corresponde àqueles casos que qualificamos como posições de *positive decoupling* impróprias em que o investidor tem algum direito, ainda que sujeito a termo ou condição, de adquirir as ações ou, mais claramente ainda, quando exista alguma forma

[541] Já nos pronunciámos sobre os problemas que resultam – inclusivamente ao nível da dissociação entre voto e exposição ao risco – de ao mandatário ser dado um grau de liberdade muito amplo, porque a verdade é que o CSC não cuida de separar os cenários de representação em função dessa liberdade, assumindo sempre que uma atuação que tem por objetivo produzir efeitos na esfera jurídica do mandante é dirigida pelo seu interesse. Isto está longe de ser desrazoável como posição de princípio, já que estará subjacente à representação um acordo de mandato que, nos termos da alínea a) do art. 1161º, obriga o mandatário a praticar os atos compreendidos no mandato segundo as instruções do mandante, além de existir, em qualquer caso, um dever contratual de atuação em função daquilo que seja razoavelmente entendido como o melhor interesse do mandante (vd., por exemplo o art. 1162º do Cód.Civ). O que acaba de se escrever não será afastado naqueles casos em que o acordo entre mandante e mandatário deixe claro que o voto deve ser organizado segundo o melhor juízo do representante (típico de acordos em que o mandato é gratuito e em que, por isso, há por natureza um interesse próprio do mandatário na forma como o mandato será cumprido). Claro que já não será assim naqueles casos em que o acordo extravase a qualificação básica do mandato para outras fórmulas jurídicas e em que seja claro que o voto será conformado em função da vontade e dos interesses do representante. Nestes casos, que estão muito para lá de situações de mera representação, já o interesse atendível para efeitos da análise de conflito não poderá deixar de passar pela esfera do representante. Vd. David Oliveira Festas, *Das inibições de voto dos sócios por conflito de interesses com a sociedade nas sociedades anónimas e por quotas*, 794-801.

de acordo, tácito ou expresso, sobre o exercício do voto. Estes casos, em que o *positive decoupling* é usado para camuflar uma detenção por terceiro ou uma aquisição por terceiro por conta de outrem, obrigam, sem grandes dúvidas, uma vez conhecidos, à análise dos interesses do destinatário final das ações. O segundo cenário, de forma menos clara, corresponde àqueles casos em que, apesar de não existir acordo desse tipo, o derivado é contratado em termos tais que a produção de efeitos no quadro deste binómio é bilateral – o *equity swap* é o melhor exemplo – e, por isso, existe uma entidade sem qualquer tipo de exposição económica à qual é atribuído o direito de voto e outra com toda a exposição económica e sem direito de voto. Estes casos, da mesma forma que geram imputação de votos, devem pelo menos merecer a análise sobre os interesses do destinatário final das ações[542].

16.3. O **risk decoupling** *e a transparência*

I. Uma parte significativa dos problemas sentidos nas últimas décadas a propósito da transparência das posições de *risk decoupling* estão hoje ultrapassados. Sem prejuízo, restam franjas de matérias cuja regulamentação é ainda insuficiente ou inexistente.

Dúvidas não se levantam, na sequência da transposição da Diretiva da Transparência II[543] por força do DL n.º 22/2016, de que, nos termos do art. 20º do CVM, no cômputo das participações qualificadas consideram-se os direitos de voto inerentes a ações subjacentes a instrumentos financeiros detidos pelo participante, ainda que com liquidação financeira, indexados a ações que o participante tenha o direito de adquirir e com efeito económico similar à detenção de ações ou de instrumentos referidos nessa mesma

---

[542] Pensamos em casos como aqueles que ocorreram entre nós e que referimos em momento anterior. O caso de 2007 em que a Eureko vendeu uma participação de 2,88% no capital do BCP através de um ISDA *Physically Settled Share Forward Transaction* e de um ISDA *Cash Settled Swap Transaction* acordados com o ABN. E, de forma ainda mais clara, o caso ocorrido em 2010 em que, à beira de uma importante assembleia geral da PT que ditaria o futuro da participação na Vivo, a Telefónica comunicou que tinha vendido 8% do capital da PT, reduzindo a sua participação para 2,02%, contratando para o efeito três derivados com liquidação financeira e sem qualquer acordo que incidisse sobre os direitos de voto.

[543] A versão inicial da Diretiva não ia tão longe. Foi só durante a tramitação do processo de aprovação, e também na interação com a CESR, que surgiu a necessidade de abranger estes instrumentos financeiros. Vd. Alexandre de Soveral Martins, "Ajustar o delta. A imputação de direitos de voto, os instrumentos financeiros e a ocultação de titularidade", 244-247.

alínea. De igual modo, estão sujeitas a divulgação as ações que o participante possa adquirir em virtude de acordo celebrado com os respetivos titulares ou de instrumento financeiro que lhe confira o direito incondicional ou a opção de adquirir, por força de acordo vinculativo, ações com direitos de voto já emitidas por emitente cujas ações estejam admitidas à negociação em mercado regulamentado, ou com liquidação física, não abrangido pela subalínea anterior, mas indexado às ações nessa subalínea mencionadas e com efeito económico similar à detenção de ações ou de instrumentos referidos nessa mesma subalínea[544].

Daqui resulta que estão ultrapassados os temas de transparência das posições construídas em estratégia de *positive risk decoupling*, em particular aqueles casos em que se previa a mera liquidação financeira das posições e que ficavam por baixo do radar da obrigação de divulgação de participações qualificadas; por outro lado, dúvidas não se levantam – e honestamente cremos que não se levantavam antes – sobre a obrigação de transparência nos casos de liquidação física.

Resulta ainda claro do Regulamento n.º 236/2012 (relativo às vendas a descoberto e a certos aspetos dos *swaps* de risco de incumprimento) que as obrigações de transparência previstas nos arts. 5º e 6º – de forma simples, estão estabelecidos os patamares de 0,2 % do capital social (e cada 0,1 % acima desse valor) para comunicação à autoridade de supervisão e de 0,5 % do capital social (e cada 0,1 % acima desse valor) para comunicação pública – são aplicáveis a posições curtas que resultem de vendas a descoberto ou de derivados financeiros.

Pode-se então afirmar que estão ultrapassados os temas essenciais de transparência das posições construídas em estratégia de *risk decoupling*. Existem, no entanto, outros temas que não foram tratados.

II. Todo o regime de divulgação de participações curtas assenta no pressuposto de que o investidor deve divulgar as posições líquidas curtas. Entende-se que assim seja. O Regulamento n.º 236/2012, construído na sequência da crise de 2008/2009, tem sobretudo em atenção objetivos

---

[544] Dispõe o n.º 6 da mesma regra que "para efeitos das alíneas e) e i) do n.º 1 são ainda considerados instrumentos financeiros os previstos na lista elaborada pela Autoridade Europeia dos Valores Mobiliários e dos Mercados nos termos do segundo parágrafo do n.º 1-B do artigo 13.º da Diretiva n.º 2004/109/CE, do Parlamento Europeu e do Conselho, de 15 de dezembro de 2004, designadamente quaisquer acordos, com liquidação física ou financeira, com efeitos económicos similares à detenção de ações ou instrumentos referidos na alínea e) do n.º 1".

de preservação e estabilidade dos mercados, confiança dos investidores e prevenção de manipulação de preços[545], razão pela qual toma por ponto de referência as posições líquidas – é em relação a essas, por referência à diferença entre as posições longas e curtas, que tais objetivos se constroem.

Ora, o tema de transparência que está presente nas posições de *risk decoupling* tem uma configuração completamente diferente. Uma posição de *negative risk decoupling* em que um investidor, com uma posição divulgada de 5%, contrate derivados financeiros que neutralizem completamente o risco da sua posição longa, não será transparente para o mercado, que continuará apenas a aperceber-se da sua posição longa divulgada – isto porque a posição líquida desse acionista será nula (posição longa de 5% e derivado financeiro que assegura uma posição curta de outros 5%), não estando por isso sujeita a divulgação ao supervisor ou ao mercado. Em rigor, a obrigação de divulgação de posição líquida faz com que assim seja em todos os casos em que a posição curta seja menor que a posição longa, em todos os casos em que a posição curta seja equivalente à posição longa e naqueles casos em que a posição curta não seja pelo menos 0,2 % (para comunicação à autoridade de supervisão) ou 0,5 % (para comunicação pública) superior à posição longa[546].

Deste modo, fica claro que a única forma que assegura transparência passa pela divulgação das posições, curta e longa, de forma não agregada. No limite, o sistema de divulgação deveria ser espoletado face à passagem líquida ou bruta dos patamares fixados por lei.

III. Nos termos do art. 3.1 do Regulamento, considera-se posição curta sobre o capital social emitido uma posição resultante de qualquer das seguintes situações: a) venda a descoberto de uma ação emitida por

---

[545] Vd. O ponto 16 do *Model for a Pan-European Short Selling Disclosure Regime* (2010). https://www.esma.europa.eu/sites/default/files/library/2015/11/10_088.pdf.

[546] E, claro, pode ocorrer que a posição longa *mascare* a posição curta, fazendo com que a informação seja errónea. Se um investidor tiver uma posição longa de 1%, que não está por isso sujeita a divulgação, e contratar derivados que abram uma posição curta de 2%, terá uma exposição negativa líquida de 1%, sujeita a comunicação ao mercado. Mas quem receber essa informação não se aperceberá de que o acionista tem uma posição longa de 1%, porque esta não está sujeita a divulgação, nem que tem uma posição curta de 2%, porque apenas a posição líquida está sujeita a divulgação. Sem prejuízo do que se escreve e das insuficiências do sistema, não cremos que hoje se possa afirmar, como faz Daniela Batista (antes da entrada em vigor do DL n.º 22/2016), que o direito dos valores mobiliários considera suficiente a identificação de quem tem a possibilidade de exercer, ou influenciar, os votos inerentes à participação, independentemente de esses votos serem ou não *vazios*. Daniela Baptista, *A atuação concertada como fundamento de imputação de direitos de voto no mercado de capitais*, 248-249.

uma sociedade ou de um instrumento de dívida emitido por um emitente soberano; b) celebração de uma transação que cria ou está relacionada com um instrumento financeiro distinto dos referidos na alínea a), sempre que o efeito ou um dos efeitos da transação seja o de conferir uma vantagem financeira à pessoa singular ou coletiva que participou nessa transação em caso de diminuição do preço ou do valor da ação ou instrumento de dívida.

A noção pretende ser tão abrangente quanto possível e é essa a razão que faz com que, na citada alínea b), recorra aos efeitos económicos da transação (seja o de conferir uma vantagem financeira à pessoa singular ou coletiva que participou nessa transação em caso de diminuição do preço ou do valor da ação ou instrumento de dívida); no entanto, esse efeito económico tem de estar ligado à celebração de uma transação que "cria ou está relacionada com um instrumento financeiro (distinto dos referidos na alínea a))". A ser assim, naquelas jurisdições que não reconheçam a aquisição de ações por empréstimo como detenção de participação sujeita a *disclosure,* ficam fora da obrigação de divulgação os casos de aquisição de ações por empréstimo (quando as mesmas não sejam vendidas em mercado). Não é o caso do direito português, onde as ações transmitidas ao abrigo de contrato de empréstimo são consideradas ações da titularidade do mutuário que, por isso, estão sujeitas a *disclosure* nos termos do n.º 1 do art. 20º do Cod.VM; o direito de restituição do mutuante faz com que as ações continuem a ser imputadas a este após a realização do empréstimo, agora nos termos da alínea e) do n.º 1 do art. 20º do CVM. Esta obrigação de transparência, no entanto, apenas revela, do lado do mutuante, o direito de readquirir as ações e, do lado do mutuário, a sua titularidade sobre as ações; não mostra a posição curta do segundo.

V
A proibição do voto plural nas sociedades anónimas não cotadas

17. O caminho para a regra proibitiva do CSC

17.1. Em geral

I. O caminho que nos conduziu à regra de proibição do voto plural que consta do CSC foi feito de vagas pouco coerentes, muito influenciadas por pressões circunstanciais, seja de ordem macroeconómica, seja de direito comparado. Partiu de uma regra de atribuição de um voto a cada acionista para, apenas no século XX, ir progressivamente deslocando o centro de gravidade do sistema para uma regra de proporcionalidade em que o poder de voto é distribuído entre os acionistas em função da sua participação nominal no capital social – primeiro com limitação dos votos exercíveis por cada acionista e mais tarde já sem essa limitação –, ao mesmo tempo que se vai aceitando de forma bastante consensual que as decisões da assembleia devem ser tomadas por uma regra de maioria (de capital).

Já quanto à aceitação ou proibição do voto plural, à semelhança do que ocorreu entre nós, também a generalidade dos sistemas jurídicos continentais oscilou em função de movimentos (fortes, muitas vezes em processo de *jump on the bandwagon)* com pouca relação com os fundamentos materiais e dogmáticos do sistema, sobretudo ligados a contextos económicos em que o voto plural é, umas vezes, um instrumento de fomento ao investimento e de competitividade que se impõe como óbvio e inevitável[547] e, outras, um instrumento que deve ser combatido e limitado pelos múltiplos abusos que permite. Por isso, não custa afirmar que, ao contrário do que se intuiria, a ideia de proporcionalidade, tal como hoje a conhecemos, é uma novidade recente e um resultado de uma evolução nem sempre coerente.

II. Assim como acontecia com as companhias coloniais[548], também a distribuição do direito de voto entre os acionistas das companhias pomba-

---

[547] Não deixa de ser curioso confirmar que, em Portugal, estamos a começar a navegar de novo em mares marcados por vagas desse tipo, como concretizaremos a propósito das regras sobre voto plural que constam da revisão do CVM. Do relatório da OCDE sobre falta de competitividade do mercado nacional, a que já fizemos, referência (http://www.oecd.org/corporate/ca/OECD-Capital-Market-Review-Portugal-2020.pdf) constam passagens como: *"the government may also consider any changes in the Companies Code that may facilitate listing, including providing flexibility with respect to voting structures to address widespread concerns among Portuguese owners and entrepreneurs with respect to losing control of their companies, such as loyalty shares"* (23 e 43); *"the high concentration in equity capital ownership may be linked to the limited availability of control enhancing mechanisms, such as multiple voting shares. In Portugal, for example, multiple voting shares is not allowed for listed companies"* (108).

[548] Era o que acontecia, por exemplo, na East India Company, onde cada acionista, independentemente da participação subscrita, tinha um voto, o qual era considerado como tendo uma natureza *intituito personae,* razão pela qual não podia ser delegado e tinha de ser exercido pessoalmente. Colin Arthur Cooke, *Cooperation trust and company: An essay in legal history* (Manchester University Press, 1950), 73. Cabe assinalar que a East India Company é geralmente considerada como o mais notável exemplo dos primórdios (finais do século XVI e início do século XVII) da regulação da sociedade anónima no Direito inglês, e é por isso – pela sua estrutura de regulação estatutária e não por ser a primeira companhia relevante, que não o era (nem em Inglaterra, nem fora de Inglaterra) – o exemplo a que habitualmente se recorre como paradigmático. Phillip Lipton, *The evolution of the joint stock company to 1800: A study of institutional change* (Monash University, 2009); Felipe de Solá Cañizares e Carlos E Masareñas, *Tratado de derecho comercial comparado,* vol. 3 (Montaner y Simón, 1963), 317-319. Existem relevantes diferenças entre os modelos organizativos inglês e holandês que conviveram no século XVII ou, dito de outra forma, entre o modelo organizativo da East India Company e o modelo organizativo da Companhia Holandesa das Índias Orientais (Vereenigde Oost-Indische Compagnie ou VOC) – diferenças de relação com o poder político e diferenças jurídicas que têm a ver, por exemplo, com a estabilidade do capital social e a transmissão das participações –, mas essas diferenças não se refletiam na forma como o voto dos acionistas era organizado. Aceitava-se pacificamente que, enquanto os lucros deviam ser divididos em função da participação de cada sócio, o voto devia ser dividido por cabeça (apesar da existência de algumas regras específicas de formação de certas deliberações no modelo holandês que leva a que o mesmo seja, por vezes, designado de *aristocrático).* Por exemplo, Ron Harris, "The Formation of the East India Company as a Deal between Entrepreneurs and Outside Investors", *Available at SSRN 567941* (2004); Matthijs de Jongh, "Shareholder Activism at the Dutch East India Company 1622-1625", in *Origins of Shareholder Advocacy* (Palgrave Macmillan, 2011). Entre nós, com desenvolvimentos sobre as diferenças dos modelos, José Ferreira Gomes, *Da administração à fiscalização das sociedades,* 44-47.

linas se baseava numa arquitetura de atribuição de um voto a cada sócio, ou seja, o poder de voto de cada sócio não tinha relação com a dimensão da participação detida e, afinal, com o investimento realizado. Não que este lhe fosse indiferente – eram consagradas regras de legitimação do acesso aos *fora* deliberativos definidas em função da detenção de capital por cada sócio e da importância das deliberações em causa, assim afastando de parte relevante das decisões os pequenos acionistas, o que revela uma interessante variação *aristocrática* do sistema de votações por escalões[549]; tratava-se de um órgão colegial corporativamente elitista com uma vontade de pendor democrático[550]. Daqui também que, em Portugal, como em outros países, tenham começado a surgir diversos expedientes de divisão das ações entre sócios como forma de aumentar o poder de voto do conjunto, transferindo para a titularidade de pessoas próximas dos acionistas participações que, não prejudicando o acesso do primeiro ao direito de voto, permitissem aumentar o poder de cada acionista e, em geral, do grupo[551].

---

[549] Ainda hoje, este tipo de legitimação é usado em algumas associações, que reservam o voto, ou o voto privilegiado, em certas decisões, apenas a associados que satisfazem requisitos ou condições pré-estabelecidos. É fácil distinguir este sistema daqueles de votação por escalões e daqueles com limitações ao poder de voto. Nestes últimos, apenas podem participar no processo deliberativo membros que satisfaçam certas condições (por exemplo, que detenham uma participação mínima estabelecida); na votação por escalões, todos são chamados ao processo deliberativo, mas os votos são contados de forma escalonada, em termos tais que quebram a regra de proporcionalidade, não deixando de atribuir mais poder de voto àqueles que exercem o voto nos escalões superiores. Nas limitações ao poder de voto temos um teto aplicado, de forma igual, a todos os sócios. Existem, naturalmente, alternativas de sistemas híbridos.

[550] Rui Manuel de Figueiredo Marcos, *As Companhias Pombalinas: contributo para a história das sociedades por acções em Portugal* (Almedina, 1997), 591-593; Pedro Batalha Ribeiro, *Das Companhias Pombalinas às Sociedades Anónimas*, Dissertação de Mestrado (não publicada), (UL, 2016), 222-223. Rui de Figueiredo Marcos dá alguns exemplos destes patamares de acesso – o direto a votar para os lugares de provedor e deputado dependia de uma entrada social mínima de três mil cruzados na Companhia do Alto Douro e de cinco mil cruzados nas companhias ultramarinas; o direito a participar ativamente no governo da sociedade dependia da detenção de valores mais significativos de ações, o que, efetivamente, afastava por completo os pequenos acionistas da estrutura de controlo da sociedade. Não se tratava de solução inédita. A East India Company atribuía um voto a cada sócio e, com uma revisão de estatutos em 1609, passou a reservar esse direito a sócios que detivessem pelo menos uma participação correspondente a £ 500. Ron Harris, "The formation of the East India Company as a cooperation-enhancing institution", *Available at SSRN 874406* (2005), 28-29. Era uma solução também muito habitual nas *Compañias Privilegiadas* espanholas. Vd. Guillermo Jesús Jiménez Sánchez e Francisco Javier Lasarte Álvarez, "La acción en las compañías privilegiadas (Siglo XVIII)", *Anales de la Universidad Hispalense, 2, 1-59.* (1963), 31-32.

[551] Rui Manuel de Figueiredo Marcos, *As Companhias Pombalinas: contributo para a história das sociedades por acções em Portugal*, 593. Em Inglaterra viveu-se um problema semelhante, que foi mitigado

III. É apenas no século XX que o balanço de poder na sociedade ganha os traços modernos que o marcam nos dias que correm. E isso é feito de modo muito progressivo, num processo que passa, entre nós, em 1972, pela eliminação de uma regra imperativa de limitação do poder de voto que já durava desde 1888 (mantendo o regime de voto plural que vinha de 1915/1918, embora com uma nova regra de limitação do poder de voto que limitava o poder destas ações privilegiadas) e que apenas ganha os contornos que hoje conhecemos no âmbito do CSC.

17.2. O Código Comercial de 1833 e a Lei das Sociedades Anonymas de 1867

I. O Título XII do Livro II do Código Comercial de 1833 contém um regime bastante embrionário para as sociedades comerciais, distinguindo as *companhias*, *sociedades* e *parcerias commerciaes*; as sociedades anónimas surgiam designadas como *companhias de commercio*. Como dispunha o artigo XIII/538, *"companhia é uma associação d'accionistas sem firma social, qualificada pela designação do objecto da sua empresa, e administrada por mandatários temporários, revogáveis, accionistas ou não accionistas, assalariados ou gratuitos"*. No entanto, sobre o tema que nos ocupa pouco ou nada ficava regulado. O art. XIX/844 dispunha que o fundo da companhia é dividido em ações (podendo estas ser divididas em frações de valor igual) mas, ao mesmo tempo que, quer na parte geral, quer na parte especial, se regulava com razoável detalhe os direitos e obrigações de natureza patrimonial dos sócios, pouco se regulava sobre os direitos políticos; as únicas exceções serão a obrigação de prestação de contas pelo administrador, sócio ou comparte gerente (art. X/535) e o direito de acesso dos sócios a alguns documentos (art. XI/536)[552].

II. No que ao voto respeita, o regime é omisso, havendo apenas que mencionar o preceito do n.º 12 do art. LXVII/592 que, referindo-se ao

---

com a aprovação do *Act of Parliament* de 1767, o qual veio limitar o voto a ações detidas por um mínimo de seis meses e, deste modo, contrariou as divisões de grupos de ações tipicamente feitas nas vésperas das reuniões das assembleias. Trata-se de um momento em que existiam diversas manobras especulativas encetadas pelos investidores e que se prestou a grandes abusos, sendo estas regras precursoras do designado *Bubble Act*. Vd. Phillip Lipton, *The evolution of the joint stock company to 1800: A study of institutional change*, 22-23.

[552] Rui Pinto Duarte, "O Código Comercial de 1833", *DSR* (2019), 25-30; António Menezes Cordeiro, "A Lei das Sociedades Anonymas de 22 de Junho de 1867", *ROA* (2017).

conteúdo obrigatório do *contracto de sociedade*, dispõe que devem constar "todas as mais convenções e pactos lícitos, que determinem especialmente os direitos e obrigações dos socios entre si e para com terceiros", daqui parecendo resultar abertura para a estipulações que saíssem do regime supletivo legal[553].

Trata-se de uma regulamentação muito embrionária que deixava na sombra diversas áreas centrais de regulação, mantinha a constituição de sociedades na dependência de autorização do Estado e, por isso, fora do funcionamento aberto do mercado[554], e que teve pouco efeito prático na

---

[553] São deste período previsões muito variadas, enquadradas por um enorme âmbito de autonomia privada. Vejam-se, por exemplo, os Estatutos do Banco do Brasil (de 1808, ou seja, anteriores ao Código Comercial): o art. IX dispunha que "a Assembléa geral do Banco será composta de quarenta dos sues maiores Capitalistas", daqui resultando uma regra de limitação no acesso à assembleia em função do capital detido; o art. X estipulava que "os quarenta dos maiores Capitalistas, que hão de formar a Assembléa geral do Banco, devem ser Portugueses", deixando claro que os acionistas sem nacionalidade portuguesa, sendo aceites como titulares de capital, não eram recebidos a votar na assembleia geral; finalmente, o art. XI dispunha que "para que hum Accionista tenha voto deliberativo nas Sessões do Banco, ha pelo menos de ter nelle o fundo capital de cinco Acções; e quantas vezes tiver o dito computo, tantos votos terá na Assembléa geral, bem entendido que nunca o mesmo sujeito por qualquer motivo que seja, poderá ter mais de quatro votos; comprehendendo-se com hum voto na dita Assembléa cada cinco Accionistas de huma só Acção, á vista da competente Procuração feita a hum dentre eles; de sorte que se dois unicamente formarem o dito número de cinco Acções, poderá hum delles ter voto, apresentando a devida Procuração". Este tipo de limitação no acesso à assembleia encontra-se em vários casos, mesmo posteriores ao Código Comercial, como acontece com o art. 32º dos Estatutos da Companhia Real dos Caminhos de Ferro (1859), que apenas dá acesso à assembleia aos 50 maiores acionistas, contando que nenhum tenha menos de cinquenta ações. Também posterior ao Código, dispunha o art. 16º dos Estatutos da Companhia Central Peninsular dos Caminhos de Ferro de Portugal (1853) que o acesso à assembleia dependia da detenção de pelo menos oito ações, sendo fixado um regime de voto escalonado: o acionista com 8 a 12 ações tinha um voto, o acionista com 12 a 25 ações tinha dois votos e por cada 20 ações detidas a partir das 25 era atribuído mais um voto. Já os Estatutos da Companhia União Mercantil (1858), fixavam, no seu art. 29º, uma regra de proporcionalidade conferindo um voto pela detenção de dez ações. Por fim, em outros casos limitava-se o voto, em termos semelhantes ao que veio a ser imposto mais tarde, como acontecia com o art. 12º dos Estatutos da Companhia de Lanifícios da Arrentela (1862), que atribuía um voto a cada cinco ações, mas com a limitação de não poder um único ter mais de dez votos (ou vinte, com aqueles conferidos por procuração). Interessantes ainda os casos do art. 24º dos Estatutos da Companhia do Caminho de Ferro de Sueste de Portugal (1866), do art. 10º dos Estatutos da Sociedade do Teatro da Trindade (1866) e do art. 17º dos Estatutos da Companhia Fabril de Assucar Madeirense (1867), sendo que todos estes casos asseguram, de uma forma ou de outra, uma regra de proporcionalidade.

[554] O traço mais importante da reforma de 1833 assentava na limitação de responsabilidade dos sócios, prevista expressamente no seu art. 543º – nas sociedades de responsabilidade limitada ou *companhias* (qualificavam-se como *operadores económicos* os comerciantes em nome individual, que

eram o centro da regulamentação do Código, as sociedades em nome coletivo ou *ordinárias* e as sociedades com responsabilidade limitada ou *companhias*), a exposição ao risco dos *fornecedores de fundos* não ia além da perda dos montantes de capital que houvessem despendido para a subscrição de ações, o que traz para a colação, com uma diferente intensidade, o tema do montante do capital social e das regras de intangibilidade do mesmo. Ora, esta limitação de responsabilidade era considerada uma exceção à regra geral de responsabilidade patrimonial, de onde resultava que, para que a exceção pudesse valer com eficácia plena, o Código de 1833 fazia depender da autorização do Estado a constituição de cada nova sociedade (a responsabilidade limitada não será a única razão justificativa da necessidade de autorização administrativa para a constituição da sociedade – por exemplo, o tema da proteção dos subscritores de ações, que tinha ganho enorme relevância em várias jurisdições face a diversos abusos e fraudes, não era indiferente, mas seria uma das razões principais), o que apenas foi revisto em 1867, ano da chamada *liberalização* no regime de constituição das sociedades. Apesar de tudo, o regime de 1833 dava um salto significativo, apenas concretizado mais tarde, pois havia uma diferença marcada entre o regime de concessões públicas, em que assentavam as companhias coloniais, e o regime de autorização prévia, em que assentavam as sociedades de grande parte do século XIX. Este regime era, aliás, corrente em outras jurisdições – por exemplo, em Inglaterra o *Joint-Stock Companies Act* só retirou a necessidade de autorização estatal em 1844 (regime depois alterado e finalmente consolidado na versão de 1862 do *Companies Act*); em França também só em 1867 (art. 21º da *Loi du 24 Juillet 1867 sur les Sociétés*) se admitiu a constituição de sociedades anónimas sem autorização governamental (o que levou a que, antes daquela data, as sociedades em comandita por ações fossem desproporcionalmente populares, gerando aquilo que foi designado como *la fièvre des commandites*); na Alemanha, isso só ocorreu com a reforma do ADHGB em 1870; no Brasil foi ainda mais tarde, em 1882, que se eliminou a necessidade de autorização governamental específica para a constituição de sociedades anónimas (mantendo ainda uma forte intervenção sobre o conteúdo dos estatutos). Há, aliás, bastante flutuação na fixação destas datas porque amiúde se confunde a data em que se admitia a constituição de sociedades sem autorização governamental com a data em que as sociedades não precisavam dessa autorização para seguir o regime de limitação de responsabilidade. Como sobre o tema escrevia o Visconde de Carnaxide – no *"relatorio do projecto d'aquella lei de 1867 (...) se expõe que ao tempo era egual doutrina seguida nos codigos commerciaes das mais adeantadas nações, por se supor de justiça, que não deviam ter existência jurídica nem ser admitidas a funcionar com o gôso do privilegio da responsabilidade limitada sociedades, que não fossem sujeitas a tutella administrativa"*. Carnaxide, *Sociedades anonymas: estudo theorico e pratico de direito interno e comparado* (Amado, 1913), 13-14. Vd. ainda Rui Pinto Duarte, "O Código Comercial de 1833", 38-39; Maria Eugénia Mata, "Sociedades anónimas: regulação e economia", *Boletim Ciencias Economicas* 41 (1998), 348-349; Pedro Batalha Ribeiro, *Das Companhias Pombalinas às Sociedades Anónimas* 10-11; Rui Pinto Duarte, "O quadro legal das sociedades comerciais ao tempo da Alves & C.ª", in *Estudos Comemorativos dos 10 anos da FDUNL (II)* (Almedina, 2008), 485; Manuel Nogueira Serens, "Disciplina das sociedades comerciais (mormente, das sociedades anónimas) nos começos de oitocentos", *DSR* (2015), 56-67; Manuel Nogueira Serens, *Notas sobre a Sociedade Anónima*, 7-11; Pedro Batalha Ribeiro, *Das Companhias Pombalinas às Sociedades Anónimas*, 41-44; José Ferreira Gomes, *Da administração à fiscalização das sociedades*, 85-95 e 99-109; José Engrácia Antunes, *Direito das sociedades*, 28-29; Graeme G Acheson, Gareth Campbell et al., "Corporate ownership, control, and firm performance in Victorian Britain", *The Journal of Economic History* 76, no. 1 (2016),

promoção da constituição de sociedades comerciais, impondo uma nova e relevante intervenção legislativa, a qual veio a ocorrer em 1867.

III. A Lei das Sociedades Anonymas de 1867 passa a dispor expressamente sobre este tema, embora em termos ainda muito abertos, ao mesmo tempo que estabelece as bases da regulamentação em Portugal da natureza, designação, constituição, liquidação, dissolução e administração das sociedades anónimas.

Sobre o tema da atribuição dos direitos de voto, enquanto adota uma regra de formação de deliberações por maioria e deixa clara uma regra de determinação do poder de voto em função da participação detida, dispõe a lei que devem ser os estatutos da sociedade a definir as regras de eleição da administração, bem como a forma de constituição das assembleias gerais, o número de votos por acionista, o enunciado das regras de representação de acionistas ausentes e a fixação do número de votos requerido para determinadas deliberações[555]. Pouco mais se estipulava além disto – apenas que,

4-5; Thomas Raiser e Rüdiger Veil, *Recht der Kapitalgesellschaften*, 4; Michael Hoffmann-Becking, *Münchener Handbuch des Gesellschaftsrechts 4*, 1-3; Navid Anderson, *Stimmrechtsproportionalität im Aktienrecht*, 66-68; Mariana Pargendler, "Cinco mitos sobre a história das sociedades anônimas no Brasil", *Harvard Law Review* 119, no. 5 (2006); Felipe de Solá Cañizares e Carlos E Masareñas, *Tratado de derecho comercial comparado*, 3, 318-320; Georges Ripert, *Aspects Juridiques du Capitalisme Moderne*, 56-68; Alain Viandier, Jean Hilaire et al., *La société en commandite entre son passé et son avenir: étude du Centre de recherche sur le droit des affaires*, 22-29. Sobre o enquadramento da reforma de 1867, vd. António Menezes Cordeiro, "A Lei das Sociedades Anonymas de 22 de Junho de 1867", 25 e ss.; Maria Eugénia Mata, "Sociedades anónimas: regulação e economia", 347 e ss; Rui Pinto Duarte, "A evolução do direito das sociedades português", 93-104. Não é de admirar que, na vigência do Código Comercial de 1833, tenham sido constituídas poucas sociedades comerciais. O número só veio a aumentar – e ainda de forma pouco exponencial nos primeiros anos – depois da aprovação da reforma de 1867. Sobre estas estatísticas, com remissões para as poucas fontes disponíveis, vd. Rui Pinto Duarte, "A evolução do direito das sociedades português", 102-104. Compreendemos melhor a relevância das regras de limitação de responsabilidade quando constatamos que não é claro que tal regra fosse aplicável antes da reforma de 1833 – entende-se, embora sem unanimidade, que nas Companhias Pombalinas os sócios estariam geralmente eximidos da obrigação de efetuar aportes suplementares para o capital, mas que isso não os isentaria de, se necessário, quinhoar nas perdas da sociedade. Vd. Rui Manuel de Figueiredo Marcos, *As Companhias Pombalinas: contributo para a história das sociedades por acções em Portugal*, 555 e ss.

[555] A Secção V, sob a epígrafe "Das assembleas geraes", estipulava no seu art. 28º que "as deliberações da assembléa geral são tomadas por maioria de votos, salvos os casos em que a lei ou os estatutos determinem o contrário". O § 3 do artigo 26.º estipulava "o numero de votos que pode ter cada accionista em relação ao numero de acções que possuir", deixando claro o afastamento do princípio de atribuição de um voto por cabeça que era típico das companhias privilegiadas e

para efeitos de dissolução da sociedade, a deliberação podia ser adotada em assembleia geral em virtude de perda de metade do capital e por maioria de voto (para uma perda de 3/4 do capital bastariam 1/4 dos votos).

Destas regras resulta então uma enorme liberdade de conformação pelos da forma como devia o poder de voto em assembleia ser dividido, enquanto é relevante notar que o ordenamento nacional – ao contrário do que já vimos acontecer em outros ordenamentos – não fixava tetos máximos de voto por acionista que fossem obrigatórios, abrindo por isso as portas a que uma maioria de capital pudesse orientar os destinos de uma sociedade anónima ou, pelo menos, controlar os resultados das deliberações da assembleia geral[556].

17.3. O Código Comercial de 1888

I. O § 3 do art. 183º do Código Comercial passou a dispor que "nenhum accionista, qualquer que seja o número das suas acções, poderá representar mais da décima parte dos votos conferidos por todas as acções emitidas, nem mais de uma quinta parte dos votos que se apurarem na assembleia geral".

Daqui resultam vários enunciados com importância capital. Primeiro, resulta implicitamente um princípio de proporção entre o capital social e os votos inerentes à participação. O poder do acionista mede-se em função do número de ações que detém, que é como quem diz que os votos exercidos não dependem apenas da condição de acionista. É assim reafirmado o princípio capitalístico na organização do voto que, embrionariamente, já constava da Lei das Sociedades Anonymas de 1867 e que, no essencial, nos acompanhará até hoje. Segundo, mais importante, resulta uma regra de limitação da influência dos acionistas na assembleia, que hoje seria qualificada como um *voting cap*, a qual é cautelosamente expressa numa fórmula de duplo limite – é calculada por referência à universalidade dos votos, dispondo-se que se fixa um teto nos 10% de votos, e é calculada por referência aos votos apurados na

---

deixando claro que o número de votos era dependente da participação de capital. Maria Eugénia Mata, "Sociedades anónimas: regulação e economia", 351; Pedro Batalha Ribeiro, *Das Companhias Pombalinas às Sociedades Anónimas*, 262-263.

[556] Ao mesmo tempo, a reforma de 1867 determinou a competência reservada da assembleia geral para deliberar sobre um conjunto de matérias como o aumento do capital ou modificações dos estatutos (art. 27º) e fixou os termos do direito dos sócios ao dividendo nos mesmos termos em que, ainda hoje, reconhecemos esse direito – o acionista tem direito à parte proporcional nos lucros líquidos que resultem da atividade social, não sendo possível acordar a participação do dividendo através de um juro ou outra forma de concretização do direito (art. 34º).

assembleia geral, dispondo-se que se fixa um teto de 20% ou, na letra da lei, de uma quinta parte dos votos apurados[557].

É interessante confirmar que, tanto quanto nos é dado conhecer, ao longo dos trabalhos preparatórios do Código, a ideia de limitar a influência dos acionistas nunca esteve verdadeiramente em causa e surgiu como bastante consensual. Isto é tão mais interessante quando consideramos que, como explicado, a regra da reforma de 1867 não previa qualquer limitação ao direito de voto, regulando, aliás, a matéria em termos francamente liberais. Por isto, a limitação do poder dos acionistas é novidade no sistema, o que tem significado tanto mais relevante quando se reconhece geralmente que o Código de 1888, no essencial, incorporou no seu texto o articulado as regras da Lei das Sociedades Anonymas de 1867[558].

---

[557] O primeiro limite – "nenhum accionista, qualquer que seja o número das suas acções, poderá representar mais da décima parte dos votos conferidos por todas as acções emitidas" – é estável e permite a cada acionista, sabendo o número de votos conferidos por todas as ações emitidas, aferir se os seus próprios votos ultrapassam, ou não, o teto estabelecido (e, claro, permite ao acionista organizar a sua aquisição em função disso mesmo). Trata-se de um *voting cap* que, com as diferenças técnicas resultantes de 150 anos de distância, é próximo daqueles que, na economia do CSC, são ainda hoje estipulados em Portugal. Já o segundo limite – "nem mais de uma quinta parte dos votos que se apurarem na assembleia geral" – é dependente do universo de votos que efetivamente puderem ser expressos na assembleia e, por isso, depende, primeiro, do universo dos acionistas presentes ou representados na reunião (ou seja, na inversa, do absentismo) e, segundo, da aplicabilidade do primeiro teto de voto sobre esses mesmos acionistas (porque os votos que se apurarem na reunião serão os votos *contáveis*). É por isso um teto de voto cujas consequências de limitação efetiva não podem ser previstas e que, sobretudo, variarão de reunião em reunião em função das presenças e representações. Sobre as dificuldades de articulação destes dois limites, sobretudo na compreensão do limite calculado sobre os votos apurados, vd. Pedro Maia, *Voto e corporate governance*, 249 e ss.

[558] Rui Pinto Duarte diz que o Código "quase se limitou a reproduzir as regras da lei de 22 de junho de 1867"; Menezes Cordeiro escreve que a Lei de 1867 "foi absorvida, com poucas alterações, pelo Código Comercial de Veiga Beirão"; o que, com mais ou menos grafismo, é geralmente aceite. Rui Pinto Duarte, "O quadro legal das sociedades comerciais ao tempo da Alves & C.ª", 489. António Menezes Cordeiro, "A Lei das Sociedades Anonymas de 22 de Junho de 1867", 30. Os antecedentes históricos próximos da regra são destacados por Pedro Maia, num percurso que ainda mais revela a estranheza considerando a forma aparentemente consensual como a regra de limitação de votos do art. 183º § 3 do Código Comercial foi introduzida no nosso sistema jurídico. Veja-se. A regra é, no essencial, a que consta do Projeto de Veiga Beirão (muito embora caiba salientar que a redação do Projeto, se é semelhante no que respeita ao escalonamento de voto, dá uma aparente abertura à existência de ações com voto desigual que, no entanto, ficou perdida na redação final, dispondo "se a cada acção corresponder um voto, nenhum accionista, qualquer que seja o número das suas ações, poderá representar mais da quinta parte dos votos conferidos por todas as acções emitidas, nem mais de duas quintas partes de votos que se apurarem na assembléa geral"). Não há registo de, nos trabalhos preparatórios do Código, ter sido proposta a supressão da limitação e, bem pelo contrário,

No que ao voto plural respeita, a regra do Código não é clara e a sua interpretação sistemática não nos leva a um resultado indiscutível. Por um lado, a regra parece assumir – sem prejuízo da limitação de votos a que fizemos referência – a proporcionalidade entre a exposição de capital e os votos inerentes à participação do acionista, ou seja, assume que as ações votantes conferem votos homogéneos. Isso retira-se sobretudo de regras como o § 2 e o § 3 do art. 183º, mas também de outras regras como o art. 166º[559]. No entanto, nada nas regras mencionadas é definitivo no sentido de entender, ou negar, que o Código admitia a emissão de ações com voto desigual. Pelo contrário, outras disposições parecem abrir a porta à interpretação de que a versão original do Código admitia a emissão de ações com voto plural – é o caso do n.º 6 do art. 114º (sociedades em geral), que dispunha deverem do título constitutivo constar "as vantagens especiais que porventura se conferirem a alguns sócios" e do § 2 do n.º 2 do mesmo artigo que mandava especificar no título constitutivo de sociedades por ações (ou seja, na economia do Código, das sociedades anónimas e em comandita) "quaisquer vantagens especialmente concedidas aos fundadores"[560].

---

há registo de propostas que pretendiam limitar ainda mais o poder de voto dos acionistas. Não há também registo de, nas Comissões de revisão do Projeto, o assunto ter sido debatido; e nenhuma referência é feita ao tema da limitação de voto no Relatório que Veiga Beirão apresentou à Câmara dos Deputados juntamente com o Projeto de Código. Vd. Pedro Maia, *Voto e corporate governance*, 241-244.

559 O art. 166º é provavelmente a regra que melhor descreve o permanente duplo sentido em relação a este tema que resulta do Código, já que, preceituando que as ações devem ter *valor igual*, permite uma de duas leituras – ou que o *valor igual* reflete um princípio de homogeneidade entre todas as ações emitidas, de onde resultaria que os votos teriam também de ser atribuídos em termos equivalentes; ou que o *valor igual* é uma regra que se refere apenas ao *valor de emissão*, mas não a outras caraterísticas da ação como o voto. Isto, apesar de, sobretudo na parte geral, existirem regras que parecem dar algum espaço de liberdade para a regulação de temas como o direito de voto – o melhor exemplo é a regra dos n.os 6 e 7 do art. 114º, que estabelece que o título constitutivo da sociedade disporá sobre "as vantagens especiaes que porventura se concederem a alguns sócios" e sobre "os poderes das assembléas geraes, as condições necessárias à sua constituição e funcionamento e ao exercício do direito de voto (...)".

560 Escrevendo em 1913, Adriano Anthero deixa claro que, no seu entender, salvo situações especiais (nomeadamente, em caso de alteração de estatutos), os acionistas "terão o voto que os estatutos lhe derem", que pode ser um só, como é imperativamente fixado para deliberações mais relevantes, ou mais que um. Adriano Anthero, *Comentário ao Codigo Comercial Portuguez* (Typhografia "Artes & Lettras", 1915), 352-353. Em obra do mesmo ano, o Visconde de Carnaxide refere-se ao tema e, por um lado, consome as ações de prioridade em privilégios de natureza patrimonial, parecendo afastar os privilégios de voto desta regra – ações com "direitos desiguaes com relação quer aos lucros, quer ao capital social havendo liquidação"; mas por outro lado, noutra passagem escreve que

Não deixa de ser interessante que alguns dos trabalhos preparatórios do Código pareciam querer abrir a porta a um maior espaço de liberdade. Isso emerge, desde logo, do texto – abandonado na versão final do Código – do Projeto de Veiga Beirão, que dispunha da seguinte forma: "se a cada acção corresponder um voto, nenhum accionista, qualquer que seja o número das suas ações, poderá representar mais da quinta parte dos votos conferidos por todas as acções emitidas, nem mais de duas quintas partes de votos que se apurarem na assembléa geral". Daqui parecia resultar alguma abertura a que a cada ação não correspondesse um voto, ou seja, que a relação entre os votos e as ações emitidas fosse objeto de regulação pelos acionistas[561]. De igual

"não repugna" ampliar os privilégios destas ações à superioridade de votos – Carnaxide, *Sociedades anonymas: estudo theorico e pratico de direito interno e comparado*, 42-43 e 89. Em 1915, Cunha Gonçalves escreve de forma muito clara sobre a admissibilidade de ações privilegiadas perante a regra do art. 166º, muito embora seja também claro que está a ponderar sobretudo os privilégios patrimoniais (refere-se, em todo o caso, também a "direitos de preferência na votação das deliberações sociaes, ou na eleição para os cargos sociaes"). Luiz da Cunha Gonçalves, *Comentário ao Código Comercial português I* (Lisboa: Empreza Editora JB, 1914), 402-403. Escrevendo ainda mais tarde (em 1955), Inocêncio Galvão Telles considera que as regras citadas do Código Comercial "consentiam já inequivocamente, em princípio, a emissão de ações privilegiadas". Apenas o permitiam em condições de difícil exequibilidade, ou seja, por unanimidade (no momento da constituição da sociedade ou na sua vida). Inocêncio Galvão Telles, "Acções privilegiadas", *O Direito* (1955), 301-302. É interessante anotar que a discussão dogmática sobre os termos de admissibilidade da consagração de direitos especiais em momento subsequente à fundação da sociedade – por unanimidade ou pela maioria de alteração dos estatutos – ainda se mantém hoje face ao CSC. Também José Gabriel Pinto Coelho, em 1956/57, é claro na conclusão de que o princípio da igualdade de valor do art. 166º não obstava à atribuição de direitos de voto desiguais. José Gabriel Pinto Coelho, *Estudo sobre as acções de sociedades anónimas*, (sobretudo 3076-3077). Assim, a ideia da admissibilidade do voto plural no Código de 1888, e ainda antes da reforma de 1915, que referiremos de seguida, parece ser mais uma ideia formada nos primeiros anos do século XX, e que depois se tornou irrelevante pela consagração expressa do voto plural na lei societária, do que uma ideia contemporânea dos primeiros anos do Código. Entendendo que as regras de 1888 eram suscetíveis de "várias interpretações", vd. Pedro Maia, *Função e funcionamento do conselho de administração da sociedade anónima* (Coimbra Editora, 2002), 123-124.

561 Esta abertura, que cremos poder retirar-se da literalidade da regra, não é referida por nenhum autor contemporâneo, o que em si mesmo não é estranho se pensarmos que a regra sobre voto passou com tão poucas observações da doutrina de então, e está longe de ser evidente e incontestável. Depende de uma interpretação literal que, levada ao extremo, nos conduz a uma de duas conclusões, que parecem ser pouco congruentes com o sistema de 1888. Primeira hipótese, passaria por entender que a regra de limitação de voto só seria aplicável "se a cada acção corresponder um voto", o que faria com que em caso de estipulação de voto plural (que, nesta linha interpretativa, seria permitido), o princípio maioritário não seria pontuado com a limitação de voto. Ou seja, que no caso em que provavelmente mais seria justificada a limitação de poder de voto por a maioria estar não apenas nas mãos, no limite, de um único acionista, mas de um acionista que teria a maioria dos

modo, o Projeto de Sampaio de Pimentel, anterior ao Projeto de Veiga Beirão, dispunha no § 1 do seu art. 176º: "Dos estatutos deve constar; – o numero de votos de cada accionista, ou dos procuradores em relação ao numero das suas acções". De novo, além de a regra não conter qualquer referência à limitação ao número de votos que podem ser exercidos por cada acionista, ao dispor que "o numero de votos de cada accionista" é matéria objeto de regulação estatutária, parece admitir-se a existência de votos desiguais[562].

votos, mas não a maioria do capital, a limitação não seria aplicável, já que aos acionistas teria sido dada a liberdade para regularem o voto das ações com grande abertura. Isto quando, se ficassem pelo sistema proporcional, não tinham sequer a liberdade de derrogar a limitação ao poder de voto ou de a fixarem em outras percentagens). Segunda hipótese passaria por entender que a regra de limitação de voto só seria aplicável "se a cada acção corresponder um voto", o que faria com que, caso os acionistas estipulassem que a atribuição de um voto dependia da detenção de mais de uma ação (por exemplo, que a cada cem ações cabe um voto), a limitação de voto não seria aplicável. E esta interpretação também não nos parece congruente com o sistema porque uma estipulação deste tipo tem um efeito sobretudo ao nível da contabilização dos votos, não alterando em nada a proporcionalidade e o equilíbrio de poderes dos acionistas, tendo apenas efeito lateral material se o número de ações necessário para ter um voto for muito alto e não seja permitido o direito de agrupamento, não parecendo justificar a possibilidade de derrogação da regra de limitação que, cabendo um voto a cada ação, seria imposta aos acionistas). Ainda que não se aceite nenhuma das interpretações descritas, não deixa de ser interessante a constatação, sobretudo quando vemos que algumas jurisdições – e o caso francês, que referiremos de seguida, é o melhor exemplo – evoluíram para sistemas de voto plural a partir de regras que, na sua origem, nada tinham que ver diretamente com o voto plural, mas apenas conferiam um espaço de liberdade, pensado para constituir privilégios de natureza patrimonial, que foi usado para regular o voto. A consagração de uma regra como a do Projeto poderia efetivamente – e ainda que se entenda não ser esse o sentido original – ter dado espaço para esse tipo de evolução. Pedro Maia salienta a diferença entre o Projeto e a versão final do Código, concluindo que, efetivamente, no Projeto, a limitação dependia de a "cada ação corresponder um voto", de onde resulta que se os estatutos não atribuíssem um voto a cada ação a regra de limitação do poder de voto seria derrogada (não é claro se o autor se está a referir à possibilidade de consagração de voto plural ou à possibilidade de caber a mais que uma ação a atribuição de um voto). Pedro Maia, *Voto e corporate governance*, 244. A existência de uma proposta de alteração do § 3 do art. 193º de Alfredo Brandão, que visava alterar a redação de "se a cada acção corresponder um voto" para "a cada acção corresponderá um voto", parece confirmar que a versão do Projeto de Veiga Beirão admitia expressamente o voto plural (continuando a parecer-nos ser pouco o sentido sistemático da interpretação, muito embora concordemos que, literalmente, a regra vai nesse sentido); a proposta, no entanto, foi rejeitada. Diga-se, em todo o caso, que a versão final do Código nem manteve a condição que constava do Projeto, nem adotou expressamente a regra "uma ação, um voto", tendo-se limitado a eliminar a condição.

562 Tal como ocorre com o Projeto de Veiga Beirão, é incontestável que o Projeto de Sampaio de Pimentel é tudo menos claro neste ponto. Ainda que a regra se referisse ao "número de votos de cada ação", seria sempre pouco clara, pois dela não resultaria que as ações podiam ter número de votos diferente; ao referir-se ao "número de votos de cada acionista", a perplexidade, pelo menos a literal, é ainda maior.

Confirmando a escassa clareza do sistema do Código Comercial de 1888 no tema da regulação da atribuição do poder de voto, cabe notar que existe registo de sociedades que, na sua vigência, ou seja, antes da reforma de 1915, emitiram ações com voto plural[563].

A verdade é que, no âmbito dos trabalhos de preparação do Código, e apesar de as duas redações, dos Projetos de Veiga Beirão e de Sampaio de Pimentel, poderem, como salientado, dar abertura para leituras diferentes (aliás, é o próprio legislador de 1915 que reconhece ser a regra de 1888 suscetível de gerar "dúvidas de interpretação"), a pouca discussão que existiu sobre o tema da proporcionalidade entre votos e capital foi consumida pela regra de limitação do poder de voto dos acionistas. Ou seja, ao admitir a quebra da proporcionalidade por limitação do poder de voto, nunca existiria espaço para ponderar a regulação dos votos atribuídos a cada ação no sentido da admissão do voto plural. Isso é claro, por exemplo, na proposta da Associação Comercial de Lisboa[564], ao referir que "o voto proporcional está na corrente das idéas actuaes", como contraponto à ideia de limitar em dez o número de votos de cada acionista. O mesmo acontece na proposta de Alfredo Brandão, a que já fizemos referência, de redação do § 3 do art. 193º no sentido de deixar clara a regra "uma ação, um voto". Estando o legislador preocupado com a imposição da obrigatória formação plurissubjetiva da maioria na assembleia geral[565], de onde decorre a impossibilidade de um acionista, por si só, ser titular de votos que lhe permitam impor uma decisão da assembleia aos demais acionistas, dificilmente estaria criado o contexto para discutir cenários que assumem que um acionista não apenas podia impor a sua maioria aos outros acionistas, mas, mais importante, podia impor essa maioria sem que o poder político que o habilita a esse resultado fosse sustentado por proporcionais direitos patrimoniais. E é por isso que o tema do voto plural – sem prejuízo do que já se referiu sobre a redação do Projeto de Veiga Beirão – passou ao largo das discussões sobre o articulado.

---

[563] Disso mesmo nos dá conta o preâmbulo do Decreto n.º 1.646, quando refere: "atendendo a que tan vantajosa se tem mostrado a emissão de acções nas condições expostas que sociedades há que a tem feito, não obstante a letra ou as dúvidas de interpretação do Código Comercial".

[564] A proposta da Associação Comercial de Lisboa visava a consagração de uma regra de limitação do poder de voto ainda mais restritiva que aquela adotada no Projeto e no Código, fixando um limite absoluto dos votos máximos por cada acionista e não nos limites relativos. Pedro Maia, *Voto e corporate governance,* 245.

[565] Pedro Maia, *Voto e corporate governance,* 250-251.

II. Sabe-se que as primeiras duas décadas do século XX são um período de profunda crise económica em Portugal que conjuga os condimentos da crise que já vinha dos últimos anos do século XIX – a dívida pública no final do século XIX estava fora de controlo, o que teve como consequência, por um lado, a incapacidade de recorrer aos mercados internacionais de dívida – em 1890 e 1891, Portugal falhou emissões de dívida anunciadas – e, por outro lado, foi necessário aumentar fortemente os impostos em 1892[566]. Tudo isto, enquanto se viviam as atribuladas duas primeiras décadas do século XX, marcadas em Portugal pelas dificuldades que rodearam a implantação da República em 1910 e, em toda a Europa, pelos efeitos da guerra de 1914-1918[567]. É neste contexto, que tornava imperiosa a recapitalização das sociedades do tecido empresarial nacional e a defesa da manutenção do controlo em mãos nacionais[568], e num ambiente internacional que aceitava de

[566] Os problemas vinham evidentemente das décadas anteriores e têm muitos episódios, dos quais caberá destacar – a profunda instabilidade política que provocava constantes trocas da cadeira de poder entre os partidos Progressista e Regenerador, com recorrentes mudanças na pasta do Ministro das Finanças, a crise (política, diplomática, social e económica) gerada pelo *ultimatum* inglês de 1890, as repercussões da quebra da Baring Brothers em Londres (que era o principal banqueiro do Estado português nessa praça), o contrato do monopólio do tabaco de 1890 e as suas complexas vicissitudes, a saída de Portugal do sistema do padrão-ouro e o esvaziamento das reservas de ouro que forçou o Governo a essa decisão, e as diversas medidas de aumento de impostos, de que caberá destacar, pelo efeito de descredibilização que teve nos mercados internacionais, o aumento do imposto sobre os títulos da dívida pública de 1892. Parte relevante dos problemas mencionados acompanham a Monarquia portuguesa até à sua queda em 1910 e estão presentes nos primeiros anos da República. Para um panorama mais desenvolvido, vd. Leonor Freire Costa, Pedro Lains et al., *História económica de Portugal: 1143-2010* (A Esfera dos Livros, 2011), 348-363; José Manuel Ferraz, "O desenvolvimento socieconómico durante a Primeira República (1910-26)", *Análise Social* (1975).

[567] O panorama de instabilidade que acompanha os últimos anos da Monarquia em Portugal estende-se para os primeiros anos da República, sendo inclusivamente agravado em vários fatores – por exemplo, até 1922 a duração média dos Governos era muito curta (mais curta que durante o período do rotativismo, o que pareceria quase impossível) e a dívida pública não parou de crescer. Tudo isto se agravou com os problemas internacionais sentidos nos anos anteriores à guerra e, claro, com o exponencial aumento da dívida pública (de Portugal, mas também de quase todos os países europeus), necessário para financiar o esforço de guerra. Para se ter uma ideia da ordem de grandezas, o *deficit* público mais que decuplicou nominalmente entre 1911/1912 e 1918/1918 (nominalmente, porque o *deficit* era calculado em Libras Esterlinas que, nesse período, sofre uma forte desvalorização, embora não tão grande quanto a do Escudo). Vd. Leonor Freire Costa, Pedro Lains et al., *História económica de Portugal: 1143-2010*, 366-380; José Manuel Ferraz, "O desenvolvimento socieconómico durante a Primeira República (1910-26)", 465-466.

[568] O Direito inglês sempre teve uma abertura muito grande para a regulação dos direitos de voto. Em Itália, e apesar de não ser tema muito discutido até aos anos 20, era geralmente entendido pela doutrina que a regra do art. 164º do *Codice Commerciale* de 1882 permitia a emissão de ações com

forma cada vez mais consensual a emissão de ações com direitos patrimoniais e políticos desiguais como instrumento útil, que, em Portugal, o Decreto n.º 1.645, de 15 de junho de 1915, vem expressamente autorizar a emissão de ações privilegiadas com "desigual representação de votos nas assembleas gerais"[569].

O regime das ações privilegiadas assentava em alguns, poucos, traços essenciais. Primeiro, quanto à natureza dos direitos especiais, a lei fixa num quadro bastante restritivo aquilo que os acionistas podem estipular, dispondo o art. 1º que, tratando-se de privilégios patrimoniais, pode ser convencionada "preferência quer sobre os lucros até determinada percentagem, quer sobre o capital, quer sobre ambas as cousas" e resultando do § 1 do mesmo artigo que, tratando-se de direitos políticos especiais, "nos estatutos poderá também estabelecer-se, em favor dos accionistas possuidores de acções privilegiadas, desigual representação dos votos nas assembleias gerais"[570]. Segundo, quanto

---

voto plural. Na Alemanha, o HGB (1897) permitia com grande liberdade a emissão de ações com voto plural, sendo que mesmo na reforma de 1937 a possibilidade de emissão de ações deste tipo foi mantida se o "interesse da sociedade" (*Wohl der Gesellschaft*) o justificasse. França veio permitir por Lei de 16 de novembro de 1903 a criação de *actions de priorité*. Voltaremos a todos estes regimes com maior desenvolvimento.

[569] Não há qualquer dúvida de que a consagração do voto plural em 1915 resulta, mais do que de qualquer alteração do paradigma doutrinário, do problemático contexto económico que então se vivia. Isso é, aliás, confirmado pelo preâmbulo do Diploma que começa por: "sendo da maior urgência prover de remédio às dificuldades financeiras dalgumas sociedades anónimas, que estão lutando com grandes embaraços por falta de numerário, e que por tal motivo se tem visto forçadas umas a suspender as suas laborações fabris, outras a reduzir consideravelmente a esfera da sua actividade industrial, o que muito tem contribuído para agravar as condições de vida da classe operária, obrigando consequentemente o Estado a maiores encargos para obviar a uma situação aflitiva, que reveste um aspecto grave, ameaçando converter-se numa séria questão de ordem pública". Face a esta situação, e considerando que as sociedades anónimas que houvessem desvalorizado as suas ações tinham reduzidas condições para a sua recapitalização, ficando apenas com as opções de "falência ou liquidação", o Diploma introduz as ações privilegiadas como forma de incentivar a entrada de novos acionistas no capital das sociedades anónimas em dificuldades.

[570] Da regra resulta claro que as ações privilegiadas asseguram sempre um privilégio patrimonial, podendo assegurar ou não um privilégio de voto; ou seja, que não é possível que assegurem um privilégio de voto se não assegurarem um privilégio patrimonial. A construção conceitual das ações privilegiadas em torno dos privilégios patrimoniais não deve estranhar, sendo bastante corrente em sistemas que claramente influenciaram o legislador de 1915, como o italiano e o francês. Inocêncio Galvão Telles defendeu uma interpretação bastante mais aberta da regra citada, entendendo que os direitos especiais consagrados no Decreto n.º 1.645 (que eram, recorde-se, três de natureza patrimonial e um de natureza política – preferência sobre os lucros até determinada percentagem, preferência sobre o capital, preferência sobre os lucros e sobre o capital e desigual representação dos votos nas assembleias gerais) não tinham natureza excecional e por isso não limitavam o conceito

ao procedimento para adoção do privilégio, a Lei cria dois regimes diferentes em função da natureza do direito especial – os direitos patrimoniais podem ser criados por deliberação da assembleia geral, desde que os estatutos não o proíbam[571], enquanto os direitos de voto plural podem ser estabelecidos "nos estatutos"[572]. Terceiro, quanto aos direitos dos acionistas por referência

de "vantagens especiais" que resultava do n.º 6 do art. 114º do Código Comercial, nem o conceito de "vantagens especialmente concedidas aos fundadores" que resultava do § 2 do n.º 2 do mesmo artigo, sendo por isso lícito aos acionistas consignar vantagens especiais de qualquer tipo, ou seja, sem a limitação da tipologia do Decreto n.º 1.645, desde que em obediência às disposições de interesse público. No mesmo sentido ia o princípio genérico de liberdade contratual vertido no artigo 672.º do já revogado Código Civil de 1867. Não se justifica, evidentemente, entrar numa análise aprofundada da posição do ilustre Professor. De salientar, sem prejuízo, que ainda que aceitemos esta interpretação mais aberta do sistema – que equivale a entender que Portugal já incorporava a admissão de ações com voto plural desde 1888 –, a mesma não afasta o que escrevemos no texto: a possibilidade de estipulação e vantagens especiais ao abrigo das regras do Código Comercial depende de as mesmas terem sido acordadas unanimemente por todos os acionistas no título constitutivo, caindo assim fora do regime mais favorável de mera deliberação da assembleia geral que está previsto no art. 1º do Decreto n.º 1.645. Vd. Inocêncio Galvão Telles, "Acções privilegiadas", 304-311. No mesmo sentido escrevia Pinto Coelho – "(...) essas vantagens podem ser de qualquer natureza, pois em tese não há limitação possível dos benefícios a oferecer aos subscritores de certa fracção do capital, desde que respeitem as normas fundamentais, consideradas de interesse e ordem pública, que enquadram as estipulações dos outorgantes em matéria de sociedades, como a que condena as chamadas cláusulas leoninas". José Gabriel Pinto Coelho, *Estudo sobre as acções de sociedades anónimas*, 123-124. E ainda no mesmo sentido, clarificando que os privilégios mencionados no art. 1º do Decreto não eram taxativos, vd. Luiz da Cunha Gonçalves, *Comentário ao Código Comercial Português I*, 405.

[571] Constata-se facilmente o favor que a Lei entende conceder à emissão de ações com direitos patrimoniais especiais. Primeiro, ao não fazer depender essa emissão de autorização estatutária (pelo contrário, só não podem ser emitidas se houvesse disposição proibitiva "expressa"). Segundo, ao criar no art. 2º condições especialmente favoráveis para a convocação dessas assembleias gerais.

[572] A diferença dos dois regimes e os cuidados que a lei coloca na consagração de um sistema de voto plural são mais marcados do que parece numa primeira leitura. A emissão de ações com privilégio patrimonial dependia, como referido, de deliberação de assembleia geral, ou seja, do voto maioritário dos acionistas na reunião validamente reunida. Já quanto à emissão de ações com voto plural era muito diferente. No sistema do Código Comercial, as alterações dos estatutos dependiam, em regra, também da aprovação pela maioria dos votos (§ 2 do art. 183º do Código Comercial). Tratava-se de questão pacífica na nossa doutrina e na nossa jurisprudência. No entanto, tratando-se de regulação de direitos especiais dos sócios, havia quem entendesse que a sua abolição estava dependente do consentimento de todos os sócios afetados, o que equivale a dizer, na mesma lógica, que a sua constituição dependia da autorização de todos os sócios ordinários – todos os sócios ordinários são chamados a aceitar ou recusar que ações com direitos de voto plural que afetam os direitos pré-existentes sejam emitidas. Inocêncio Galvão Telles diz expressamente que a alteração de estatutos para introdução de voto plural depende de deliberação unânime – Inocêncio Galvão Telles, "Acções privilegiadas", 303. Mas chegaríamos a semelhante conclusão pelo entendimento

à emissão, dispõe o art. 3º que aos acionistas ordinários era outorgado direito de preferência na emissão das ações privilegiadas[573].

---

da generalidade da doutrina. Veja-se em particular António Ferrer Correia e Manuel Domingues de Andrade, *Suspensão de deliberações sociais e direitos individuais dos accionistas* (Atlântida, 1948); Inocêncio Galvão Telles, "Modificação ou supressão de vantagens especiais nas sociedades por quotas", *Revista da Faculdade de Direito da UL* (1948). Ora, o entendimento de que a alteração de pacto para introdução de um sistema de voto plural dependia de aprovação unânime dos sócios era claramente dissuasor da sua generalização. Não se trata, no entanto, de solução que nos pareça isenta de dúvidas, e nada na letra do artigo 2.º do Decreto leva a essa conclusão (pode-se até dizer que o espírito vai no sentido contrário).

[573] Cumpre aditar duas notas sobre a interpretação deste direito de preferência. A primeira para salientar que a regra de direito de preferência, assim como outras regras do Diploma, está redigida tendo por referência direta a primeira deliberação de emissão de ações privilegiadas. Será esta a razão que faz com que a lei outorgue o direito de preferência aos acionistas *ordinários* (porque apenas estes existiriam no momento da primeira deliberação) e não aos acionistas *deliberantes*, sejam eles ordinários, sejam privilegiados (que já poderão existir numa deliberação subsequente). Parece-nos claro que, convivendo acionistas ordinários e acionistas preferenciais, e sendo feita uma nova emissão de ações privilegiadas, seria desrazoável uma interpretação que limitasse o direito de preferência na subscrição das novas ações aos acionistas ordinários e deles excluísse os acionistas privilegiados. Já o contrário não é obviamente exato. Hoje dispõe sobre o tema o n.º 4 do art. 458º, segundo o qual, havendo numa sociedade várias categorias de ações, todos os acionistas têm igual direito de preferência na subscrição das novas ações, quer ordinárias, quer de qualquer categoria especial, mas se as novas ações forem iguais às de alguma categoria especial já existente, a preferência pertence primeiro aos titulares de ações dessa categoria e só quanto a ações não subscritas por estes gozam de preferência os outros acionistas. A segunda nota para salientar que o direito de preferência legal na subscrição de ações privilegiadas era um *direito novo*, já que, na ausência de uma regra geral de preferência legal, era maioritariamente entendido que tal direito apenas existiria quando os estatutos a consagrassem (o que era frequente) ou quando o direito resultasse da deliberação de aumento de capital. Esta regra de preferência decorria assim na natureza *privilegiada* das ações a emitir e não de uma conceção geral sobre o direito dos sócios de evitarem a diluição da sua posição. O direito de preferência geral na subscrição de novas ações apenas veio a ser introduzido entre nós com o CSC (em harmonia com o art. 29º da Segunda Diretiva, a Diretiva 77/91/CEE), sendo hoje uma prerrogativa geral em quase todos os sistemas jurídicos comparáveis. Isto apesar de algumas variações, a mais importante das quais será a convivência de regimes como o português, em que o direito de preferência é reservado a aumentos de capital com entradas em dinheiro (n.º 1 do art. 458º do CSC), e regimes como o alemão, em que o direito de preferência é alargado a aumentos de capital com entradas em espécie – *Sachkapitalerhöhung* –, a não ser que a sociedade tenha um legítimo e infungível interesse na contribuição *in natura* (apesar de este regime não resultar expressamente do § 186 do AktG). Vd. António Ferrer Correia e António Agostinho Caeiro, *Aumento de capital, preferência dos accionistas e sobrepreço das acções* (Coimbra, 1968), 16-17; Pedro Albuquerque, *Direito de preferência dos sócios em aumentos de capital nas sociedades anónimas e por quotas* (Almedina, 1993), 66-113; Paulo de Tarso Domingues, *Variações sobre o capital social*, 474 e ss.; Paulo de Tarso Domingues, *O financiamento societário pelos sócios (e o seu reverso)*, 316-364; António Menezes Cordeiro, *Direito europeu das sociedades*, 219 e ss; António Menezes Cordeiro, "Da preferência dos accionistas na subscrição de novas acções: exclusão e violação", *ROA* (1990), 348 e ss. Mais em geral sobre a génese do direito

III. A vigência do Decreto n.º 1.645, de 15 de junho de 1915, foi efémera, já que logo em julho foi aprovada a Lei n.º 338, de 30 de julho (de 1915) que, de forma sumária, suspendeu o Decreto n.º 1.645 até "ulterior decisão do Parlamento"[574].

Apenas três anos depois, o Decreto n.º 4.118, de 18 de abril, repõe em vigor o Decreto n.º 1.645, de 15 de junho de 1915. O Decreto n.º 4.118 não se limita a repor a vigência do Decreto n.º 1.645, introduzindo uma alteração relevante: o art. 2º dispõe que "quando, porém, os representantes de três quartas partes do capital emitido se opuseram à criação de acções privilegiadas, esta não poderá ter lugar sem que por sentença judicial, com trânsito em julgado, se reconheça a necessidade de criação dessas acções para evitar suspensão da laboração fabril, ou redução da actividade comercial". Este art. 2º do Decreto n.º 4.118 é especialmente importante por duas ordens de razões. Primeiro, porque deixa claro que a emissão destas ações, que se sabe depender de uma regra de maioria, representa uma exceção à regra de limitação do poder de voto constante do art. 183º, uma vez que atribuía um direito de veto a favor de acionistas representantes de três quartas partes do capital emitido. Segundo, porque abre a possibilidade de, por sentença judicial, "para evitar suspensão da laboração fabril, ou redução da actividade

de preferência nos ordenamento europeus, vd., por todos, com muitas referências, Sánchez Andrés Aníbal, *El derecho de suscripción preferente del accionista* (Civitas, 1973), 21-72.

[574] Não é fácil perceber o contexto que conduziu à aprovação da Lei n.º 338, sobretudo tão pouco tempo depois da aprovação do Decreto 1.645 e considerando as prementes razões conjunturais que ditavam a entrada em vigor deste. A Lei n.º 338 não contém qualquer explicação, no seu texto ou no Preâmbulo, para o contexto a sua aprovação. Quando mais tarde, em 1918, o Decreto n.º 4.118 repõe a aplicação do Decreto 1.645, refere-se ao contexto de aprovação da lei de suspensão nos seguintes termos – "considerando que a lei n.º 338, de 30 de Julho daquele mesmo ano, aliás inteiramente isenta de razões, e sem a menor indicação dos fins a que visava, ou dos inconvenientes a que acaso se propunha obviar, suspendeu a execução daquele decreto n.º 1:645 até ulterior resolução do Parlamento; considerando, porém, que tal resolução não foi nunca tomada nem ao menos projectada; considerando que as disposições do referido Decreto n.º 1:645, reconhecidamente necessárias ao tempo da sua publicação, muito mais o são na presente época, em que os males que se pretendia remediar têm aumentado assustadoramente". Percebe-se assim que as dificuldades que temos hoje em perceber o contexto de aprovação do diploma já existiam à época. Não se exclui que a razão se prenda, como enquadramento, com a turbulenta situação política que se viveu em Portugal em 1915 – a revolta de 14 de maio de 1915 conduziu à demissão de Manuel de Arriaga e à tomada de posse de Teófilo Braga, em 29 de maio, como segundo Presidente da República, que foi substituído por Bernardino Machado logo a 5 de outubro; ao mesmo tempo, em ambiente revolucionário, entre a aprovação de Decreto n.º 1.645 e a aprovação da Lei n.º 338, é empossado o 11º Governo Constitucional liderado por José Ribeiro e Castro.

comercial", esse direito de veto ser obviado – sempre que, entende-se por maioria de razão, a deliberação de emissão de ações privilegiadas tenha sido aprovada por maioria dos votos exercidos na assembleia[575].

17.3. As ações privilegiadas na Europa continental no início de século

I. Na Alemanha, o HGB (1897) veio permitir a emissão de ações privilegiadas e, em particular, de ações com voto plural[576]. No entanto, tal como ocorreu em outras jurisdições, a sua popularidade foi, nos primeiros anos, limitada[577], apenas tendo vindo a crescer exponencialmente após o termo da guerra de 1914/1918, quando, por razões diversas[578], o recurso a este instrumento passou a ser corrente – em 1925, 842 das 1.595 sociedades

---

[575] O conceito segundo o qual o voto plural podia ser justificado, ou até imposto, por razões de interesse da própria sociedade é muito importante e teve representações em várias jurisdições e em vários momentos, a mais importante das quais foi provavelmente a reforma alemã de 1937, que apenas permitia a emissão de ações com voto plural se isso fosse justificado com o melhor interesse da sociedade *(Wohl der Gesellschaft)*, ideia que foi parcialmente mantida com a reforma de 1965.

[576] Entende-se geralmente que os primeiros casos de emissões de ações com privilégios patrimoniais ocorreram em meados do século XIX, muito embora, primeiro, estes tipos de emissão não tenham ganho muita popularidade até bem mais tarde e, segundo, eram emissões que, apesar de se referirem a *Prioritäts-Aktien*, correspondiam mais ao que hoje designamos como obrigações do que a ações privilegiadas, já que conferiam direito a um juro fixo e a reembolso de capital, ao mesmo tempo que não partilhavam do resultados da sociedade e não conferiam voto na assembleia geral. Sobre essas primeiras emissões, vd. Tilman Bezzenberger, "Vorzugsaktien ohne stimmrecht", *Aktiengesetz* (1991), 5-7.

[577] Alguns autores registam inclusivamente a oposição em 1912 da *Berliner Börse* à admissão de ações com múltiplos direitos de voto, num processo com algumas semelhanças com o que ocorreria também na NYSE. Richard Passow, *Die Aktiengesellschaft: Eine Wirtschaftswissenschaftliche Studie*, vol. 5 (G. Fischer, 1922), 244.

[578] As razões que são apontadas na Alemanha para a popularização massiva deste instrumento *(Massenhafte Eifürung von Mehrstimmrechtaktien)* são semelhantes ao que ocorreu em outras jurisdições – proteção em relação ao investimento estrangeiro ou em relação a investidores hostis, hiperinflação (com os efeitos de desvalorização da moeda) e uma condição macroeconómica muito difícil, necessidade de recapitalização das sociedades e pouca condição de atração de investimentos. Não se exclui que algumas destas razões funcionem mais como *pretextos* do que como razões propriamente ditas, sobretudo quando, passados alguns anos, o instituto passou a ser objeto de instrumentalizações abusivas e quando passaram a ser correntes operações de preservação do controlo em que grupos familiares subscreviam ações privilegiadas a crédito e depois vendiam ações ordinárias para pagar esse crédito. Vd. Tilman Bezzenberger, "Vorzugsaktien ohne stimmrecht", 8; Navid Anderson, *Stimmrechtsproportionalität im Aktienrecht*,, 69-72.

admitidas à cotação na Bolsa de Berlim recorriam a ações com voto plural[579]; existe registo de sociedades em que os votos atribuídos por estas ações eram desproporcionalmente exagerados[580].

II. Em França, a Lei de 16 de novembro de 1903 veio permitir a criação de ações privilegiadas – *actions de priorité*[581]. O seu contexto de aprovação partilha, aliás, muitas semelhanças com o do Decreto n.º 1.645, muito embora a aprovação desta lei tenha resultado de uma circunstância particular que induziu o processo de produção legislativo – a necessidade de atrair acionistas para a *Compagnie des Messageries Maritimes,* a qual, estando numa delicada situação financeira, requerendo capitalização, justificava a necessidade de criar condições de atratividade para os investidores.

Cabe, no entanto, salientar que as *actions de priorité* foram desenhadas em função sobretudo dos seus privilégios patrimoniais, em particular da atribuição do direito a um dividendo em condições preferenciais. Tipicamente, estas ações conferiam direito a um dividendo majorado[582] e podiam estipular que os seus titulares recebiam o dividendo estabelecido com anterioridade

---

579 O aumento dos casos entre o final da guerra e os anos 20 é enorme, mas atenua-se bastante com as reformas monetárias de 1923/24. Em 1935, apenas 332 das 888 sociedades com ações admitidas à cotação recorriam ao voto plural. Tilman Bezzenberger, "Vorzugsaktien ohne stimmrecht", 8-9.

580 Há registo de ações que atribuíam milhares, e até dezenas de milhares de votos (algumas pertencentes ao Estado ou a entes públicos). Karsten Heider, "Kommentierung des §12, Rn.1-5", in *Münchener Kommentar zum Aktiengesetz* (München: 2019); Navid Anderson, *Stimmrechtsproportionalität im Aktienrecht*, 72.

581 A afirmação não é exata. A Lei de 9 de julho de 1902 já havia autorizado expressamente a emissão de ações privilegiadas. No entanto, depois de votado e aprovado este instrumento, colocou-se a questão de avaliar se, face ao princípio de igualdade de tratamento dos acionistas (em particular, nos casos em que os estatutos o previssem expressamente), tal regra podia ser aplicada a sociedades já constituídas. Face à pertinência das dúvidas, foi aprovada nova Lei em 1903, dispondo expressamente que a mesma era aplicada a sociedades a constituir e a sociedades já constituídas. Georges Ripert e René Roblot, *Traité de droit commercial: Commerçants, actes de commerce* (LGDJ, 1989), 850.

582 A abertura do regime permitia mesmo a criação de ações privilegiadas com rendimento fixo, estrutura muito próxima das obrigações (embora com diferenças interessantes, em particular por não representarem dívida para a sociedade e, sem prejuízo do seu direito a pagamento precípuo de dividendos, por a constituição desse direito depender da existência de lucros distribuíveis) que, apesar de muito menos populares do que em jurisdições como a norte-americana ou a inglesa, teve alguns episódios em França. Trata-se de prática hoje proibida. Sobre as ações de dividendo fixo e as principais variações destes direitos patrimoniais, vd. Paul Pic, Emile Bouvier et al., *Des sociétés commerciales* (Rousseau & cie, 1925), 165-168; Charles Léon Lyon-Caen e Louis Renault, *Manuel de droit commercial* (LGDJ, 1928), 174-175; Henri Decugis, *Traité pratique des sociétés par actions* (Société du Recueil Sirey, 1919), 76-78.

por referência aos outros acionistas que, no limite, sendo os resultados do exercício insuficientes para pagar os dividendos a todos os acionistas, podiam receber apenas parte do dividendo ou mesmo não receber nada. Era ainda normal que estas ações atribuíssem direitos preferenciais na quota de liquidação.

Sucede que a abertura conferida pela lei para a específica configuração destas ações ia muito para além do desenho dos direitos patrimoniais – o art. 34º da Lei de 1903 definia estas ações como *"jouissant de certains avantages sur les autres actions, ou conférant des droits d'antériorité, soit sur les bénéfices, soit sur l'actif social, soit sur les deux"*. Daqui era então retirado que não existiam especiais limitações na criação de direitos especiais, fossem estes de natureza patrimonial, como referido, fossem direitos de designação de membros do conselho de administração ou, mais importante, direitos de voto plural. É então a partir deste conceito aberto de *actions de priorité* que as sociedades francesas começam a emitir ações com voto plural[583].

---

[583] A primeira emissão registada ocorre em 1911 na *Société Centrale des Banques de Province* e gerou alguma controvérsia; a popularização do instituto só ocorreu, porém, como em outras jurisdições, depois da guerra de 14-18. Em 1922, e por referência ao período de 1916/1922, contavam-se 40 sociedades francesas que recorriam a ações com voto plural (Georges Danos, *Les actions à vote plural* (Sirey, 1922), 14-16); em 1931 esse número já tinha subido para mais de mil sociedades com recurso a este instrumento (Georges Lanusse, "Statistique des actions à vote plural", *Journal de la société française de statistique* 72 (1931), 217-218). Mais impressionante é notar que, nestas sociedades, a percentagem de ações privilegiadas era apenas, em média, de 12%, sendo os múltiplos de voto muito elevados (embora não tão elevados como na Alemanha) – as ações privilegiadas chegavam, nos casos mais extremos, a atribuir mais vinte ou vinte e cinco votos do que as ações ordinárias (Georges Lanusse, "Statistique des actions à vote plural", 218-219; Muriel Petit-Konczyk, "Big Changes in Ownership Structures-Multiple Voting Shares in Interwar in France", *Available at SSRN 944808* (2006)). A doutrina francesa reconhecia as vantagens da atribuição destes direitos especiais – maior facilidade de controlo da sociedade com menos custos, facilidade de propiciar concentrações de empresas, defesa contra aquisições hostis (que explica a forte popularidade deste mecanismo como reação a investidas de concorrentes estrangeiros no período após a I guerra mundial) – e, por isso, o tema merecia especial atenção. É aliás interessante verificar que, após a segunda metade da década de 20 o tema dos direitos especiais políticos consome completamente o tema dos direitos patrimoniais, por onde, afinal, o debate começou. Sempre houve alguma relutância na aceitação da regra do voto plural e na sua compatibilização com o princípio de igualdade de tratamento dos acionistas; por outro lado, desde cedo foram assinalados os abusos ocorridos no sistema em que acionistas, por vezes com percentagens ínfimas, controlavam parte significativa dos votos pela atribuição de votos de dezenas de votos a uma ação ou, por vezes, de centenas de votos. Vd. por exemplo Emmanuel Malecot, "Du vote plural dans les sociétés par actions." (Université de Poitiers, 1923).; Adrien Massonaud, *Les actions à vote privilégié en France et à l'étranger: Les avantages de leur réglementation*; Guido Sadar, *Les privilèges de vote dans les sociétés anonymes*; Paul Pic, Emile Bouvier et al., *Des sociétés commerciales*, 168-172; Georges Ripert e René Roblot, *Traité de droit commercial: Commerçants, actes de*

III. Existem claras semelhanças entre o movimento feito pelo direito italiano nos anos 20 e aquele que ocorreu em França.

O art. 164º do *Codice Commerciale* de 1882 continha uma disposição geral com a seguinte redação: *"le azioni conferiscono ai loro possessori uguali diritti se non è stabilito diversamente nell'atto costitutivo"*[584]. Do mesmo modo do que ocorria em França com o recurso à expressão *des avantages particuliers*, era geralmente

---

commerce 854-855; Pierre Millet, *Les Avantages particuliers dans les sociétés par actions.* (Rousseau, 1931); Georges Ripert, *Aspects Juridiques du Capitalisme Moderne*, 99-101; Lyon-Caen já em 1928 apelava a uma intervenção do legislador que proibisse a estipulação de voto plural ou que, pelo menos, impusesse limitações. Vd. Charles Léon Lyon-Caen e Louis Renault, *Manuel de droit commercial*, 175.

[584] O art. 157º dispunha também que, em regra, cada acionista tinha um voto (a regra não é de fácil interpretação, mas quereria significar que cada acionista tinha *pelo menos* um voto), cada acionista tinha um voto até às cinco ações e cada acionista que detivesse mais de cinco, e até às cem ações, teria mais um voto por cada cinco ações, e se detivesse mais de cem ações, teria um voto por cada vinte e cinco ações. A regra supletiva era assim uma regra de votos escalonados que assume que o acionista deve ter proporcionalmente menos poder que risco (ou, no limite, deve ter tanto poder quanto risco). Vd. Nicolò Elena, *Le Azioni con voto plurimo o con voto altrimenti privilegiato nelle società commerciali italiane* (Bocca, 1927), 28-32; Damiano di Vittorio, *Le azioni a voto potenziato: dinamiche societarie e analisi d'impatto della maggiorazione del voto sui corsi azionari di società quotate*, LUISS, (2018), 16; Mario Campobasso, Pietro Abbadessa et al., *Le società per azioni: Codice civile e norme complementari*, 1 580-581; Michele Leone, "Il voto plurimo nel mercato finanziario", (2015), 24-25; Marta Russo, *Le azioni a voto plurimo* (Tese de doutoramento, Università degli Studi di Napoli Federico II, 2017), 43-45. Não existindo dúvidas sobre a derrogabilidade da regra (a parte final do art. 157º do Código dispunha expressamente que a regra era derrogável *"nell' atto constitutivo e nello statuto")*, era entendido por alguma doutrina que a compatibilização do voto privilegiado com uma regra capitalista de formação de maiorias seria de tal forma contrária ao espírito do sistema que não devia, pura e simplesmente, ser admitida. Por outro lado, havia também quem entendesse que a regra do art. 164º, ao permitir ações com direitos especiais, teria apenas em consideração os direitos patrimoniais, sendo que em relação a direitos políticos, como o voto, existiria um princípio inderrogável de igualdade. Por exemplo, Renzo Ravà e Giuseppe Valeri, *Il voto plurimo nelle società per azioni* (Zanichelli, 1929), 46 e ss. Sem prejuízo destas posições, é geralmente aceite que o sistema italiano de 1882 é eminentemente supletivo, deixando para os acionistas o papel fundamental na regulação destes temas, com muito poucas exceções (uma delas é precisamente a proibição de ações sem direito de voto). Sucedeu, por outro lado, que, perante a consagração estatutária de diversos sistemas de limitação de poder de voto, começaram rapidamente, como em outras jurisdições, a ser usados expedientes para contornar tais sistemas. É o que aconteceu com o uso das "*azioni al portatore*", que eram o mecanismo ideal para repartir uma participação por um conjunto de acionistas supostamente não relacionados e que, assim, votavam com todos os votos inerentes às ações; era o que acontecia também com o recurso a contratos de reporte. As descrições de Sraffa sobre estas reuniões de assembleia geral ficaram famosas, com acionistas de todo o tipo, representantes de bancos, comerciantes, cozinheiros e pedreiros, a votar contra o pagamento de uma remuneração e logo de seguida a retransmitir a participação para os seus verdadeiros proprietários. Giulio Sandrelli e Marco Ventoruzzo, "Classes of shares and voting rights in the history of Italian corporate law", in *Research Handbook on the History of Corporate and Company Law* (Edward Elgar, 2018), 8.

entendido pela doutrina italiana que a regra se referia eminentemente a privilégios de natureza patrimonial, não sendo excluída, no entanto, a possibilidade de os direitos especiais terem diferente natureza. Na verdade, não se tratou sequer de questão especialmente tratada até aos anos 20, momento em que a doutrina, influenciada pelo direito francês, passou de maneira quase unânime a interpretar de forma mais aberta a regra do Código Comercial e a clarificar que nada impedia, afinal, que os direitos especiais incidissem sobre o voto e, em particular, que fosse permitido atribuir mais votos a umas ações que a outras[585].

No final dos anos 20 existe já registo de várias dezenas de sociedades italianas com previsão estatutária de voto plural – entre dois e cem votos por ação privilegiada, sendo que a generalidade dos casos identificado atribuía cinco ou dez votos por cada ação privilegiada[586]. Tratava-se, sobretudo, de ações reservadas aos fundadores ou a entidades próximas dos fundadores e, tal como em França, a popularidade do instituto visava em grande parte, pelo menos no discurso oficial, prevenir ou limitar a aquisição do controlo destas sociedades por parte de entes estrangeiros; isto é, aliás, assumido sem qualquer sombra de pudor pela generalidade da doutrina[587]. Por isso, era bastante corrente a consagração de previsões estatutárias reservando a titularidade destas ações privilegiadas a cidadãos italianos ou a sociedades comerciais de direito italiano[588].

---

[585] Nicolò Elena, *Le Azioni con voto plurimo o con voto altrimenti privilegiato nelle società commerciali italiane*, 24-27.

[586] A lista de todos esses casos está disponível em Renzo Ravà e Giuseppe Valeri, *Il voto plurimo nelle società per azioni*, 14. Deve sem prejuízo ser salientado que a flexibilidade que era outorgada pelo Código de Comércio levou a variadas tipologias de consagração de voto plural, com pouca unidade sistemática. Vd. Damiano di Vittorio, *Le azioni a voto potenziato: dinamiche societarie e analisi d'impatto della maggiorazione del voto sui corsi azionari di società quotate*, 17-18.

[587] Mario Campobasso, Pietro Abbadessa et al., *Le società per azioni: Codice civile e norme complementari*, 1, 580; Michele Leone, "Il voto plurimo nel mercato finanziario", 29-31,

[588] Regra que, aliás, já nos anos 20 gerava sérias preocupações sobre o seu cumprimento e que esteve na base de alguns casos judiciais complexos. Renzo Ravà e Giuseppe Valeri, *Il voto plurimo nelle società per azioni*, 20-21. O problema entende-se mais facilmente se ponderarmos que, tal como aconteceu em França, ao termo da segunda guerra mundial seguiu-se uma grave crise monetária e cambial. Já referimos que, nesta fase, é recorrente, na Europa continental, a explicação das ações com voto plural em função do imperativo de defender a manutenção do controlo das sociedades em mãos nacionais (sendo hoje apontado por vários autores que esse será, na maior parte dos casos, sobretudo um *pretexto* – Pedro Maia, *Função e funcionamento do conselho de administração da sociedade anónima*, 122-123). O facto é que, após o final da guerra, a popularidade das ações com voto plural aumentou exponencialmente em Itália, como aconteceu em outros países. Isso levou a que o tema

17.4. Os abusos; o caso especial do direito português

I. O sistema de voto plural introduzido entre nós pelo Decreto n.º 1.645, de 15 de junho de 1915 (ou, para quem o entenda, pelo Código Comercial de 1888 e regulado pelo Decreto n.º 1.645), convivia com a regra injuntiva de limitação do poder de voto do § 3 do art. 183º do Código Comercial de 1888. Deste modo, nenhum acionista podia representar mais do que a décima parte dos votos conferidos por todas as acções emitidas, nem mais de uma quinta parte dos votos apurados na assembleia geral. Isto não deixa de ser estranho quando se nota que o regime de enquadramento do voto plural não estipulava qualquer limite superior para os termos da desigualdade de votos. Assim, ao mesmo tempo que a limitação do poder de voto era inderrogável, deixava-se nas mãos dos acionistas a plena liberdade na regulação do direito de voto (claro que dentro dos limites superiores do poder de voto; ou seja, se é certo que os acionistas podiam atribuir um, cem ou mil votos a cada ação privilegiada, não é menos certo que esse acionista não podia nunca votar com mais do que a décima parte dos votos conferidos por todas as ações emitidas, nem com mais de uma quinta parte dos votos apurados na assembleia geral). A regra de escalonamento funcionava como válvula de segurança do sistema.

No decurso da (longa) vigência do art. 183º do Código Comercial, foram várias as alterações que a regra sofreu. A primeira, foi introduzida pelo Decreto n.º 12.251, de 30 de agosto de 1926, que, não alterando materialmente os termos da limitação do poder de voto, veio acrescentar ao § 3 a referência de que a mesma não seria aplicável ao voto do Estado nas sociedades a que se refere o art. 178º do Código ("sociedades anonymas que explorarem concessões feitas pelo estado ou por qualquer corporação administrativa, ou tiverem constituído em seu favor qualquer privilegio ou exclusivo"), cabendo-lhe

---

das ações privilegiadas tenha sido um dos pontos centrais no debate da comissão que, em 1824, foi nomeada para reformar o Código Comercial. Esta comissão acabou por defender uma solução de compromisso – aceitava expressamente a figura das *azioni a voto plurimo,* mas dispunha que o número global de votos correspondentes a estas ações tinha sempre de ser inferior aos votos atribuídos pelas ações remanescentes – que, no entanto, foi recusada pelo grupo de trabalho. Para uma boa descrição deste processo, da forma como do debate sobre o voto múltiplo se passou para o debate sobre o voto limitado e como daqui se partiu para as soluções do Código Civil de 1942, a que nos referimos adiante, vd. Damiano di Vittorio, *Le azioni a voto potenziato: dinamiche societarie e analisi d'impatto della maggiorazione del voto sui corsi azionari di società quotate,* 20-23; Umberto Tombari, "Le azioni a voto plurimo", *Rivista del diritto commerciale e del diritto generale delle obbligazioni* (2016), 586-588.

assim "tantos votos quantos os correspondentes às acções que a seu favor estiverem depositadas ou averbadas"[589]. A segunda alteração surgiu por força do DL n.º 154, de 10 de maio de 1972, e teve um alcance bem maior na economia do sistema, ao vir dispor que a regra de limitação do poder de voto deixava de ser imperativa para passar a ser supletiva[590]. Eram agora os estatutos que

---

[589] Esta exceção foi em 1931 (art. 1º do Decreto n.º 20.322, de 22 de setembro de 1931) alargada à Caixa Geral de Depósitos, Crédito e Previdência e Caixa Nacional de Crédito; foi em 1969 (art. 9º do DL 49.273, de 27 de setembro de 1969) alargada à Sociedade Financeira Portuguesa; foi em 1972 (DL 154/72, de 10 de maio) alargada, de forma simples, ao Estado e "entidades equiparadas", perdendo a relação com concessões públicas ou com sociedades a favor de quem tivesse sido constituído qualquer privilégio ou exclusivo; e finalmente foi, em 1976 (por força do DL n.º 65/76, de 24 de janeiro), embora em termos diferentes (e geradores de relevantes problemas interpretativos como resultado de uma pena algo desastrada), alargado às "sociedades anónimas em que o Estado detenha a maioria do capital". Vd. Antonio Ferrer Correia e Vasco da Gama Lobo Xavier, "As limitações ao poder de voto dos accionistas e as acções do Estado e do IPE", *RLJ* (1986); Raúl Ventura, "Limitações de voto em sociedades por quotas com sede ou actividade no ultramar", *Revista dos Tribunais* (1966). A exceção subsistiu até à reforma do CSC de 2006, quando o art. 60º do DL 76-A/2006, de 29 de março, diploma que operou a reforma do CSC, veio dispor, por um lado, que o Estado (e equiparados) deixava de estar isento das regras sobre tetos de voto mas, por outro, que "as acções a privatizar, nos termos da lei, constituem sempre uma categoria especial de acções, à qual, salvo disposição legal em contrário, não é aplicável a limitação da contagem de votos permitida na alínea b) do n.º 2 do artigo 384.º do CSC". Sobre esta regra, ou seja, sobre o final da isenção do Estado (e equiparados) das regras sobre tetos de voto, entendia Menezes Cordeiro que a regra não era aplicável a participações do Estado anteriores à reforma de 2006, pois de outra forma tratar-se-ia de aplicação retroativa; salvo o devido respeito, não nos parece o caso, uma vez que a lei apenas se aplica para o futuro e não põe em causa qualquer direito constituído do Estado. Trata-se, em todo o caso, de questão que perdeu grande parte da relevância face ao alcance total da regra e à ressalva das *ações a privatizar* – António Menezes Cordeiro, *SA: Assembleia geral e deliberações sociais*, 114-115. Sobre a intervenção de 2006 e, sobretudo, sobre o que haja de ser qualificado como *ações a privatizar* na economia desse Diploma, vd. Maria de Lurdes Pereira, "O regime societário do Estado enquanto accionista", in *A reforma do Código das Sociedades Comerciais* (Almedina, 2007), 259 e ss. Em 2011, o DL n.º 90/2011, de 25 de julho, aprovado na sequência da assinatura do Memorando de Entendimento com a *troika* e que suprimia os direitos especiais detidos pelo Estado na EDP, GALP Energia e PT, fez também desaparecer a referência ao art. 384º, eliminando o privilégio que durou, assim, em diferentes vidas e formatos, quase um século. António Menezes Cordeiro e Miguel Brito Bastos, "Comentário ao art. 23º", 1297.

[590] É geralmente entendido que as razões que levaram ao abandono da regra terão sido mais práticas – era fácil contornar a limitação do poder de voto e tinha-se tornado corrente a adoção de esquemas e soluções com esse objetivo – do que propriamente dogmáticas, já que havia alguma repulsa à ideia de ser atribuído "um direito de voto ilimitado aos accionistas (que) – levado ao extremo o princípio da proporcionalidade — (podia) conduzir, sabidamente, à absorção de todo o poder efectivo por uma minoria escassa ou mesmo por um único sócio" (António Monteiro Fernandes, "Problemas da sociedade anónima", 59). É aliás interessante verificar que o art. 51º da Lei das Sociedades Anonymas de 1867 punia como crime a simulação de propriedade de ações (quer para quem

podiam dispor livremente sobre a limitação do "número de votos de que cada accionista dispõe na assembleia, quer pessoalmente, quer como procurador, admitindo-se que o façam para todas as acções ou apenas para acções de uma ou mais categorias". Exceção a este espaço de enorme liberdade era apenas, na letra da regra, a posição de voto do Estado, a quem, como acontecia desde 1926, não era aplicável, sendo o caso, qualquer limitação de voto prevista nos estatutos[591].

A reforma de 1972, ao eliminar a solução de tetos de voto que tinha vigorado desde 1888, eliminava também a válvula de segurança que existia contra abusos que pudessem ocorrer num sistema de ações com privilégios de voto arquitetado com poucas condicionantes ou limitações. Ao eliminar a regra de limitação do poder de voto, e se inexistisse limite ao número de votos que podiam estar associados a uma qualquer ação privilegiada, poderia agora um acionista com limitada participação de capital passar a controlar a maioria dos votos na assembleia. Seria um estranho desfecho para um legislador que

---

comparecia na assembleia como proprietário simulado, como para quem acordasse que terceiro assumiria as ações como suas), e que essa regra não foi transposta para o Código Comercial (embora ainda tenha existido alguma jurisprudência contraditória sobre a vigência da regra nos primeiros anos do século XX, o que deixava o desdobramento de ações como prática sem punição efetiva). Com um exaustivo apanhado das referências doutrinais à prática que se tinha formado a propósito do § 3 do art. 183º, vd. Pedro Maia, *Voto e corporate governance*, 280-285. Ferrer Correia e Lobo Xavier referem-se expressivamente ao expediente "quase universalmente adotado" dos "accionistas pintados" – Antonio Ferrer Correia e Vasco da Gama Lobo Xavier, "As limitações ao poder de voto dos accionistas e as acções do Estado e do IPE", 99-100. O preâmbulo do DL n.º 154/72 expressamente se pronuncia sobre as duas razões que levaram à eliminação geral dos tetos de voto. A primeira, é a referida – "o preceito não tem encontrado na prática realização efectiva, conhecendo-se os vários expedientes utilizados para evitar a sua aplicação, tais como a constituição de sociedades fictícias apenas para deterem parte do capital de outras, os endossos em branco de acções nominativas e as transmissões de acções ao portador com o único fito de legitimar a participação do adquirente nas assembleias gerais". A segunda razão é que a "disciplina se revela embaraçosa para os investidores de outros países, cujos sistemas jurídicos desconhecem esta limitação ao poder de voto, sendo, portanto, nociva em relação às associações de interesses portugueses e estrangeiros".

[591] A regra de 1972 introduziu duas relevantes novidades no tratamento deste tema. Primeiro, passou a aplicar-se a todos os direitos de voto do Estado em sociedades anónimas, sem distinguir a atividade da sociedade. Segundo, a regra passou a ser aplicável ao "Estado ou a entidades para o efeito a ele equiparadas por legislação especial". Por outro lado, a regra previa outra situação que parecia estar fora do espaço de liberdade dos acionistas – a limitação não funcionava "nos casos em que a lei ou os estatutos exijam para a validade das deliberações uma certa maioria de capital, salvo quando aqueles estabeleçam diversamente". Assim, esta regra era sobretudo uma regra de interpretação dos estatutos e não tanto uma regra dispositiva – entender-se-ia que a limitação não era aplicável quando fosse estabelecido um *quorum* de capital, mas era sempre possível aos acionistas esclarecer que, apesar do *quorum* estabelecido, a regra de limitação era aplicável.

sempre encarou com grande simpatia e favor a existência de tetos de voto. Foi por isso com coerência face ao passado das regras que a reforma de 1972 tratou especificamente o tema, prevenindo a ocorrência desse resultado, passando o § 4 do art. 183º a dispor: "Não obstante cláusula contratual diversa, estipulada ao abrigo do parágrafo anterior, e com reserva da excepção constante da parte final do mesmo parágrafo, os privilégios de voto não podem ser exercidos na medida em que, por força deles, um accionista represente na assembleia mais que a décima parte dos votos conferidos por todas as acções emitidas".

Deve ser salientado que, se é certo que se mantém uma regra de limitação de voto, existem relevantes diferenças entre a nova regra e aquela que vigorara até 1972. Primeiro, e mais importante, a nova regra só se aplica a ações com privilégios de voto e, por isso, a limitação de voto deixa de ter uma vocação geral de verdadeiro e próprio teto de voto. A lei é clara quando dispõe que "os privilégios de voto não podem ser exercidos" em termos tais que rompam o teto fixado, deixando expresso que um acionista que detenha ações privilegiadas e ações ordinárias em nada é limitado nos votos atribuídos pelas ações ordinárias pelo facto de, simultaneamente, deter ações privilegiadas. A nova regra é assim, mais que um teto de voto, uma regra de limitação dos privilégios de voto[592]. Em segundo lugar, como forma de limitar o poder de voto das ações privilegiadas, a lei deixa de usar o duplo critério a que recorrera até 1972 – nenhum acionista podia representar mais da décima parte dos votos conferidos por todas as ações emitidas, nem mais de uma quinta parte dos votos apurados na assembleia geral – para usar apenas o critério de referência ao capital social, aquele que parece funcionar de modo dominante e que gera menos problemas de segurança jurídica – um acionista privilegiado não pode representar na assembleia mais que a décima parte dos votos conferidos por todas as ações emitidas. À escolha da relação com os "votos conferidos por todas as acções emitidas" não será certamente alheio o facto de ser o único fator de ponderação que, por não estar dependente do *quorum* constitutivo

[592] No essencial no mesmo sentido, vd. Pedro Maia, *Voto e corporate governance*, 283-285. Antes, já Vasco Lobo Xavier escrevia que "um poder de voto correspondente a mais da décima parte dos votos conferidos a todas as acções emitidas faculta ao seu titular uma influência muito relevante, ou porventura decisiva, dentro da sociedade anónima – *maxime* se as acções da sociedade se encontram espalhadas por muitas mãos. Ora, o legislador entendeu que, tratando-se de um poder de voto que deriva de um privilégio e que, por isso, não é proporcional às acções possuídas, havia o perigo de a referida influência ser utilizada ao serviço de interesses pessoais, em detrimento do interesse comum dos associados". Vasco da Gama Lobo Xavier, *Anulação de deliberação social e deliberações conexas*, 155.

de cada assembleia geral, não gerava instabilidade e, no limite, por relação, repercussão no poder de voto dos demais acionistas.

Não será assim de estranhar que, por um lado, os abusos tão recorrentes que ocorreram em jurisdições onde a aceitação do voto plural não era acompanhada de outras restrições (que, no caso português, era a limitação geral do poder de voto do § 3 do art. 183º do Código Comercial de 1888 e, após 1972, passou a ser a regra de limitação dos privilégios de voto do § 4) não tenham ocorrido em Portugal; e também que o registo da enorme popularidade do instituto nessas jurisdições também não tenha paralelo no nosso sistema.

II. Outros sistemas – por não manterem até tão tarde regras sobre limitação do poder de voto dos acionistas[593] – foram mais permeáveis a abusos e começaram cedo a reagir, impondo limitações ou até proibindo a estipulação de voto plural. É o caso de França, onde a Lei de 13 de novembro de 1933, na sequência de uma primeira investida três anos antes[594], veio suprimir as ações com voto plural existentes, impondo a regra de proporcionalidade como um princípio de ordem pública, mantendo algumas, poucas, exceções à regra de proibição[595].

---

[593] Não há dúvida de que durante parte significativa do século XIX a ideia segundo a qual o poder dos acionistas devia ser limitado, e que, por isso, a formação de uma maioria da assembleia devia corresponder sempre à associação da vontade de vários acionistas e não à mera imposição da vontade de um acionista, por mais que este tivesse investido, era corrente na Europa. Uma das poucas exceções em meados do século é o ADHGB que, em 1861, aprova uma regra de proporção dos votos com a participação nominal de capital e sem limitação de poder de voto. O regime italiano, por exemplo, estava bastante alinhado com a solução vigente entre nós. Para um panorama geral sobre o tema, vd. Giulio Sandrelli e Marco Ventoruzzo, "Classes of shares and voting rights in the history of Italian corporate law", 4-5.

[594] A Lei de 26 de abril de 1930 interditou a emissão de ações com voto privilegiado, mas nada fez quanto às ações já emitidas. Caroline Coupet, *L'attribution du droit de vote dans les sociétés* Michel de Juglart e Benjamin Ippolito, *Cours de droit commercial* (Montchrestien, 1968), 459. Adrien Massonaud, *Les actions à vote privilégié en France et à l'étranger: Les avantages de leur réglementation*, 20.

[595] Essas exceções – as sociedades concessionárias fora da França metropolitana e as sociedades de economia mista – foram aliás preservadas pelos regimes subsequentes, nomeadamente pela reforma de 1966, a que faremos referência de seguida. Georges Ripert e René Roblot, *Traité de droit commercial: Commerçants, actes de commerce*, 854 ; Henry Solus, *La réforme du droit des sociétés par les décrets-lois de 1935 et 1937: Constitution. Publicité. Nullités. Administration et contrôle. Bilans et comptes. Actionnaires. Obligataires* (Sirey, 1938), 276-277; Jean Escarra, Edouard Escarra et al., *Traité théorique et pratique de droit commercial*, vol. 2 (Sirey, 1951), 173. Por outro lado, a reforma de 1933 veio prever já algumas situações em que as ações nominativas, integralmente liberadas, podiam atribuir voto

É também o caso de Itália, onde, em 1942, foi aprovado um novo Código Civil, ao qual, na sequência da queda do regime de Mussolini, se seguiram diversas alterações, nomeadamente em matérias de regulação do direito societário[596]. No que aos votos atribuíveis às ações respeita, foi afirmado o princípio de proporcionalidade – na verdade, no regime anterior a 1942 a regra supletiva era de proporcionalidade ou proporcionalidade com escalonamento – e foram introduzidas relevantes restrições em sede de direito de voto. Na prática, uma sociedade não cotada apenas era admitida a derrogar o princípio da proporcionalidade para a hipótese muito excecional de emissão de ações com voto limitado (a deliberações em assembleias gerais extraordinárias, ou seja, tratava-se de ações com direitos patrimoniais, mas que não eram chamadas a votar para a generalidade das matérias correntes da sociedade), devendo estas ter natureza patrimonialmente privilegiada. Mesmo as ações (privilegiadas) sem direito de voto eram vedadas, levando-se o postulado de proporcionalidade entre poder e capital a novos limites[597].

---

duplo, solução que veio a estar na base da reforma de 1966. Vd. Caroline Coupet, *L'attribution du droit de vote dans les sociétés*, 60 e ss.; André Dalsace, "Manuel des sociétés anonymes," (Paris, 1955), 94-95.

[596] Para um panorama daquilo que se chama a *desfascização* do Código Civil italiano, vd. Mario Campobasso, Pietro Abbadessa et al., *Le società per azioni: Codice civile e norme complementari*, 1, 32 e ss.; Giulio Sandrelli e Marco Ventoruzzo, "Classes of shares and voting rights in the history of Italian corporate law", 6. Estes referem alguma literatura dos anos 20 que assinala a compatibilidade entre a ideologia fascista e a existência de ações com voto plural – a ideia segundo a qual um conjunto de investidores financeiros se submetem a uma visão *aristocrática* de investidores estratégicos, em vez de uma pura divisão do poder por critérios capitalísticos; a isto ainda se soma a ideia de preservação dos centros de decisão nacionais fora do alcance de investidores estrangeiros hostis. Autores mais liberais já criticavam de forma muito aberta as ações com voto plural e as perversões que as mesmas provocavam no mercado – Einaudi referia: *"L'azione a voto plurimo fu certo una invenzione del diavolo al preciso preordinato scopo di far scappare i risparmiatori a gambe levate dagli investimenti in società per azioni"* (Luigi Einaudi, "A favore delle azioni privilegiate (ma non di quelle a voto plurimo)", *La Riforma Sociale* (1932), ponto 12). Este debate ocorreu, em termos muito semelhantes, na generalidade das jurisdições europeias, razão pela qual parece ser excessivo ver aqui um posicionamento fascista e liberal como catalisador do tema; sem prejuízo, há uma leitura política, ainda que não dominante, que se retira do debate e que parece ser inquestionável.

[597] Vd. Mario Campobasso, Pietro Abbadessa et al., *Le società per azioni: Codice civile e norme complementari*, 1, 556 e ss.; Alessandro Graziani, *Diritto delle società* (A. Morano, 1963), 245-248. Mais tarde, a Lei de 7 de junho de 1974 veio introduzir no sistema italiano as chamadas *azioni di risparmio* que, no âmbito estrito das sociedades cotadas, eram ações privadas de direito de voto (recorde-se que o Código apenas previa ações com voto limitado) e às quais eram atribuídos privilégios patrimoniais. Este é o momento em que o direito italiano aceita as ações preferenciais sem voto. Só em 2003 o instrumento é alargado às sociedades não cotadas. Damiano di Vittorio, *Le azioni a voto potenziato: dinamiche societarie e analisi d'impatto della maggiorazione del voto sui corsi azionari di società quotate*, 23-24.

Em particular, no que ao voto plural respeitava, sem surpresas, o art. 2351.3 dispunha de forma expressa que *"non possono emettersi azioni a voto plurimo"*.

Na Alemanha, em que os vários casos de abuso fizeram o tema do voto plural entrar na agenda da reforma de 1937, eram também fortes as pressões para que o voto plural fosse declarado inadmissível. Assim não aconteceu, muito embora o legislador tenha acabado por adotar uma solução intermédia. De acordo com o § 12 do AktG 1937, como regra, o voto plural ficava proibido; não obstante, o Governo podia autorizar, na sequência de requerimento da emitente e se isso fosse justificado com o melhor interesse da sociedade *("Wohl der Gesellschaft")*, a emissão de ações com voto plural[598]. Processo semelhante ocorreu com a reforma de 1965, em que o anteprojeto do AktG 1965 eliminava em absoluto a possibilidade de emissão de ações com voto plural, mas a versão final veio, de novo, depois de várias pressões, a admitir essas emissões, em condições no entanto ainda mais excecionais do que ocorria desde 1937[599], podendo ser dito que, na prática, o instituto foi quase eliminado. Em 1998, com o KonTraG, essa eliminação ocorreu finalmente, desaparecendo os casos excecionais em que o § 12 admitia a consagração destas ações[600].

Refira-se, por fim, o caso de Espanha, em que a popularização do voto plural nunca ocorreu com tanta intensidade como em outras jurisdições[601]. A *Ley de sociedades anónimas* de 1951 veio proibir expressamente a admissão de ações com voto plural, proibição que se manteve na Lei de 1989 e na LSC. Dispunha o art. 38º da Ley de 1951, de forma clara – *"En ningún*

---

598 Apesar da regra, a prática recorria a múltiplos expedientes para criar privilégios de voto. Vd. Navid Anderson, *Stimmrechtsproportionalität im Aktienrecht*, 76-78.

599 Os casos em que foi autorizada a emissão de ações com voto plural desde 1965 não chegarão a duas dezenas. Karsten Heider, "Kommentierung des §12, Rn.1-5".

600 Vd. Tim Drygala, Marco Staake et al., *Kapitalgesellschaftsrecht: mit Grundzügen des Konzern und Umwandlungsrechts*, 495; Thomas Raiser e Rüdiger Veil, *Recht der Kapitalgesellschaften*, 76; Navid Anderson, *Stimmrechtsproportionalität im Aktienrecht*, 80-86.

601 Em Espanha, tal como em várias outras jurisdições, a aceitação da estipulação de voto plural ocorreu sem regra legal expressa. Sobre o tema, pronunciou-se a jurisprudência (sobretudo um acórdão de 28 de março de 1936), considerando que, na falta de regra legal proibitiva, se devia entender ser tal estipulação lícita. Foram, no entanto, poucas as vozes que se levantaram em 1951 contra a proibição do estabelecimento de voto plural, o que mostra também a falta de adesão ao instituto em Espanha. Antonio Pedrol Rius, "Defensa de las acciones de voto plural", *Revista de derecho mercantil*, no. 15 (1948). Vd. ainda Aníbal Sánchez Andrés, "La Acción y los Derechos de los Accionistas", in *Comentario al Régimen Legal de las Sociedades Mercantiles* (Civitas, 1994), 329-334; Isabel Fernández Torres, *Las Loyalty shares: cortoplacismo contra activismo accionarial*, 40-41.

caso será licita la creación de acciones de voto plural (...)"[602]. O art 188.2 da LSC estabelecia que *"no será válida la creación de acciones que de forma directa o indirecta alteren la proporcionalidad entre el valor nominal de la acción y el derecho de voto"*[603/604].

---

[602] Deve, em todo o caso, ser salientado que a reforma de 1951 salvaguardava a licitude das emissões de ações com voto plural realizadas antes da entrada em vigor do diploma. Vd. Angel Velasco Alonso, *La ley de sociedades anónimas: anotaciones y concordancias* (Editorial de Derecho Financiero, 1974) 183-184. José Miguel Embid Irujo, "El voto plural de la sociedad anónima," La Ley 2 (1991). Benito Arruñada, "Un análisis económico de la regulación de la sociedad anónima en España", *Anales de estudios económicos y empresariales* (1988) 207-210. O mimetismo do movimento (é certo que um pouco mais tardio, em Espanha) destes regimes resulta claro do preâmbulo da Lei espanhola de 1951, quando se escreve – *"de otra parte, el respeto al principio de la proporcionalidad entre el capital de la acción y el Derecho de voto conducirá, en el futuro, implícitamente, a la supresión de las acciones de voto plural, ya proscritas en la legislación de la mayoría de los países. Mas el deseo de no causar perturbación alguna en el funcionamiento de las sociedades existentes, a menos que así lo exija un interés superior, que en este caso no existe, permitirá la subsistencia de este tipo de acciones en las sociedades que las tengan reconocidas en sus estatutos"*.

[603] A referência a uma regra de proporcionalidade não é isenta de dúvidas, sobretudo em face de casos muito diferentes do voto plural, como sejam a emissão de ações preferenciais sem voto e os *voting caps*. É aliás interessante verificar que o Projeto de Lei de 1951 continha uma regra expressa de proporcionalidade, que foi abandonada, precisamente, para permitir o estabelecimento dos *voting caps* (art. 38º). Esta ideia, segundo a qual a proibição do estabelecimento de voto plural equivale a uma regra obrigatória de proporcionalidade, faz com que a doutrina espanhola vá mais longe que outros sistemas no entendimento daquilo que se deve considerar proibido pela regra. Vd. Angel Velasco Alonso, *La ley de sociedades anónimas: anotaciones y concordancias*; José Miguel Embid Irujo, "El voto plural de la sociedad anónima", *La Ley* 2 (1991); Aníbal Sánchez Andrés, "La Acción y los Derechos de los Accionistas", 324-336.

[604] Podiam ser dados mais exemplos de jurisdições que, por este período, avançaram com regimes proibitivos do voto plural. Um caso interessante, pelo paralelo com o que ocorria na Europa, é o brasileiro, em que o Decreto n.º 21.536, de 15 de junho de 1932, veio banir o voto plural (o § 4º do art. 1º dispunha "é vedado o voto plural"); isto ao mesmo tempo que introduzia no sistema, com bastante abertura, as ações preferenciais (que, sobretudo durante o século XX, tiveram na prática económica brasileira uma importância singular). A proibição foi mantida mesmo depois de, em 1976, a Lei n.º 6.404 ter alargado o regime de emissão de ações preferenciais e de ter introduzido o chamado *regime de responsabilização do acionista controlador* (o art. 141º da Lei refere-se a um sistema de *voto múltiplo*, mas este é antes um regime especial que permite a acionistas que representem certa percentagem mínima de requerer a adoção do processo de voto múltiplo, por meio do qual o número de votos de cada é será multiplicado pelo número de cargos a preencher; ou seja, é essencialmente uma regra de eleição de administradores por minoritários). Sobre a evolução do regime brasileiro, vd. Daniela Mussolini Llorca Sanchez Andrei, "A vedação ao voto plural no Brasil", *RDSVM* (2019), 63-67; Osmar Brina Correa Lima, "Voto múltiplo na sociedade anonima: Acertos e desacertos", *Revista da Faculdade Direito Universidade Federal Minas Gerais* 30 (1987).

17.5. O Código das Sociedades Comerciais e a proibição do voto plural

I. Com a aprovação do CSC ficou proibida a estipulação de voto plural. Por um lado, o n.º 5 do art. 384º dispunha ser "proibido estabelecer no contrato voto plural"; por outro, o art. 531º dispunha que os direitos de voto plural constituídos legalmente antes da entrada em vigor do código se mantinham, podendo ser extintos ou limitados por deliberação dos sócios tomada nos termos previstos para a alteração do contrato, sem necessidade de consentimento dos sócios titulares desses direitos[605].

[605] O Projeto publicado em 1983 (Separata do BMJ, Lisboa, 1983) já continha os traços essenciais do regime que vigora ainda hoje – o n.º 5 do art. 384º dispunha "é proibido o voto plural" (a versão final, muito parecida, dispõe "é proibido estabelecer no contrato voto plural"; a diferença de redação não parece ser material e resulta, cremos, de o Anteprojeto proibir totalmente o voto plural e de a versão aprovada preservar os casos já estabelecidos, proibindo essa estipulação para o futuro. Não tem aderência, nem literal, nem sistemática, nem histórica, a interpretação segundo a qual seja possível emitir ações com voto plural sem que as mesmas estejam previstas nos estatutos. Nas disposições finais e transitórias nada se dispunha sobre o tema. O n.º 1 do art. 384º já dispunha que "na falta de diferente cláusula contratual, a cada acção corresponde um voto" e o n.º 2 já estipulava a possibilidade de os estatutos fazerem corresponder um só voto a um certo número de ações ou fixarem um *voting cap*. Sobre o voto dos acionistas, e em particular sobre voto plural, não há nem uma palavra na Nota Preambular do Projeto (muito embora surja como expressamente revogado o Decreto n.º 1.645, de 15 de junho de 1915). A verdade é que não há evidência de ter ocorrido um debate relevante sobre o tema durante a discussão do Código, nomeadamente no período entre a divulgação do Projeto e a aprovação do CSC, muito embora o Anteprojeto de Vaz Serra admitisse, à semelhança da lei alemã, a possibilidade de emissão de ações com voto plural com autorização dos Ministérios das Finanças e da Economia e se essa emissão for exigida "para defesa de interesses superiores gerais da economia". Vd. Adriano Vaz Serra, "Assembleia geral", *BMJ* (1970), 102-105. Já no que respeita às sociedades por quotas, o tema sofreu diversas alterações durante o processo de discussão do CSC. Os n.os 1 e 2 do art. 51º da primeira redação do Anteprojeto de Raúl Ventura (BMJ, 160, novembro de 1966) dispunham que "a cada 1.000$00 de capital corresponde um voto" e que "são nulas as cláusulas que contrariem o disposto no número anterior, nelas se incluindo as que tornem a deliberação dependente de factores que não sejam percentagens de votos apurados em relação aos votos correspondentes ao capital". Os n.os 1 e 2 do art. 56º da segunda redação do Anteprojeto de Raúl Ventura (BMJ, 182, janeiro de 1969) mantiveram esta redação intocada. Já no designado Projeto de Coimbra (Ferrer Correia, Vasco Lobo Xavier, Maria Ângela Coelho e António Caeiro, RDE, 1977 e 1979) se dispunha no n.º 1 do art. 108º que, sem prejuízo do número seguinte (que dizia respeito a impedimentos de voto) "e salvo disposição diversa da lei ou do contrato, as deliberações consideram-se tomadas se obtiverem a aprovação da maioria do capital social correspondente aos votos emitidos. A cada sócio cabe um único voto e o valor relativo dos votos dos sócios determina-se em função do valor nominal das respetivas quotas". Ou seja, o Projeto de Coimbra mantinha a regra de determinação do voto em proporção com o capital, recorrendo à formulação mais elegante de relação com o "valor nominal das quotas", mas abria uma janela de liberdade para os sócios ao dispor que essa regra seria aplicável "salvo disposição diversa da lei ou do contrato". Ora,

II. Ao contrário do que aconteceu em outros sistemas, a proibição da estipulação do voto plural parece ocorrer mais por razões dogmáticas e de influência de sistemas como o alemão do que em reação a abusos emergentes da prática societária. Esses abusos seriam, na verdade, de difícil configuração, já que até 1972 o art. 183º do Código Comercial estipulava um teto de voto geral, aplicável a todos os acionistas e, a partir de 1972, veio impor um teto de voto aplicável às ações com privilégios de voto. Deste modo, era o próprio sistema que prevenia o surgimento em Portugal de casos como os reportados, por exemplo, em França e na Alemanha, em que acionistas com frações muito reduzidas de capital controlavam parte significativa dos votos. Essa é, afinal, a razão que levou jurisdições como a alemã, italiana e francesa a reagir, a partir dos anos 30, no sentido da proibição do voto plural; e acaba por ser essa a tradição – uma tradição de resposta a problemas que, sendo certo que atingiram bastante gravidade, nunca tiveram real importância no panorama português – que o projeto herda, isto num momento em que, salvo exceções pontuais, ainda se viviam na Europa continental as primeiras décadas da proibição do voto plural, fazendo com que, nos anos 60, 70 e 80, este fosse ainda um tema que merecia pouca discussão e reflexão pela doutrina.

não é claro se esta abertura se quer referir à primeira parte da regra – que as deliberações se consideram tomadas por maioria –, à segunda parte da regra – que o valor relativo dos votos se calcula por relação com o valor nominal das quotas –, ou a ambas. Nas Notas Justificativas do Anteprojeto parece apontar-se que a liberdade de estipulação dos acionistas se refere apenas à primeira parte da norma, que permitiria então apenas estipular maiorias mais elevadas, ou até maiorias calculadas em função do total dos sócios ou do número de votantes, para certo tipo de deliberações (além dos casos de maioria qualificada já constantes do n.º 1 do art. 126º do Anteprojeto). António Ferrer Correia, *Sociedades por quotas de responsabilidade limitada – Anteprojecto de Lei* (Universidade de Coimbra, 1977), 130-131. No entanto, não parece levantarem-se grandes dúvidas de que o espaço de liberdade, pelo menos literalmente, se aplicaria também à segunda parte da regra; de notar ainda que os arts. 9º e 12º do Anteprojeto referiam-se de forma muito aberta à constituição de "direitos especiais" e de "vantagens especiais concedidas a sócios em conexão com a constituição da sociedade". A redação final da regra, como já referido, consta dos n.ºs 1 e 2 do art. 250º do CSC e dispõe que se conta "um voto por cada cêntimo do valor nominal da quota", sendo, no entanto, "permitido que o contrato de sociedade atribua, como direito especial, dois votos por cada cêntimo de valor nominal da quota ou quotas de sócios que, no total, não correspondam a mais de 20% do capital". A verdade é que as dificuldades que existem, em matéria de voto plural, na interpretação dos trabalhos preparatórios do Código, são recorrentes em praticamente todos os grandes temas e opções. O CSC é o resultado de contribuições de diversos autores, em momentos diferentes, com limitada colaboração e continuidade, e com poucas explicações sobre as soluções adotadas; tudo isto complica o trabalho do intérprete (sobretudo com o tempo). Vd., sobre o tema, António Menezes Cordeiro, "Introdução", in *Código das Sociedades Comerciais Anotado* (Almedina, 2020), 40-41; Rui Pinto Duarte, "O impacto do 25 de abril no Direito das Sociedades", *DSR* (2015), 29-48.

Já parece inquestionável a influência que, também nesta matéria, o AktG – e, de modo mais geral, a forma muito radical como o legislador alemão encarou, sobretudo desde 1965, o tema da proporcionalidade entre capital social e votos – teve sobre o CSC. Claro que, ao receber essa influência, importámos também uma história que, no essencial, nos tinha passado ao lado.

18. O voto plural no ambiente anglo-saxónico

18.1 A experiência norte-americana

18.1.1. Da regra da NYSE de 1926 à moratória de 1984

I. As vicissitudes da regra *one share, one vote,* e os eventos associados às *multiple voting rights shares,* confundem-se no espaço norte-americano, numa experiência que é, por isso, diferente daquela a que assistimos na Europa. É assim por três razões principais. Primeiro, porque as *multiple voting rights shares* são, no espaço norte-americano, desde há muito, na lei e na realidade empresarial, o instrumento privilegiado para excecionar a regra de proporcionalidade. Segundo, porque a história das *multiple voting rights shares* é rica e antiga, fazendo com que a discussão do problema – muito embora focada nas particularidades das ações com voto plural e dos requisitos para a implementação de um sistema deste tipo e não tanto na equidade e eficiência da regra de proporcionalidade – tenha particularidades significativas. Terceiro, porque a aceitação generalizada das *multiple voting rights shares* fez com que a discussão mais geral sobre o princípio da proporcionalidade, a que se assistiu no espaço europeu, pura e simplesmente não tenha acontecido no espaço norte-americano.

II. Com algum paralelo com diversas experiências europeias, existe registo, desde finais do século XVIII, de diversas sociedades comerciais norte-americanas em que, sendo atribuído um voto por ação, ou sendo atribuídos os votos em proporção às ações detidas, o sistema limitava progressivamente o número de votos que podiam ser contados por referência a cada acionista, o que tinha por efeito direto o aumento do peso relativo dos pequenos acionistas e, sobretudo, a limitação do peso relativo dos grandes acionistas – aquilo a que hoje poderíamos chamar de *voting cap* progressivo ou escalonado ou, por outra perspetiva, *scaled voting rights provisions*[606]. Existe ainda registo, no mesmo período, no espaço norte-americano, de diversas sociedades em que a regra adotada era de um voto por cada acionista[607]. Por fim, algumas – poucas – sociedades adotavam uma regra de *one share, one vote,* distribuindo os votos na proporção do capital detido por cada acionista.

Durante o séc. XIX, esta heterogeneidade de soluções foi sendo abandonada, passando a ser cada vez mais dominante a adoção de uma regra de proporcionalidade entre capital social e direitos de voto, a qual, durante o

[606] Não temos conhecimento de qualquer *voting cap* com esta estrutura estabelecido nestes termos entre nós, muito embora, face à generalidade das regras que admitem a fixação de um *voting cap*, e desde logo face à regra do art. 384.2.b) do CSC, não pareça existir razão que obste à estipulação de uma solução deste tipo. Eric Hilt, "History of American corporate governance: Law, institutions, and politics", *Annu. Rev. Financ. Econ.* 6, no. 1 (2014), 6, dá-nos o exemplo dos estatutos originais (1791) do Bank of New York – cada acionista era titular de um voto por cada ação detida até às quatro ações, cinco votos por cada seis ações, seis votos por cada oito ações, sete votos por cada dez ações e um voto adicional por cada vinte ações acima de dez. O impacto real desta distribuição de votos seria assim dependente da efetiva distribuição de capital em cada sociedade. Para uma análise empírica deste impacto (até 1825), vd. Eric Hilt, "When did ownership separate from control? Corporate governance in the early nineteenth century", *The Journal of Economic History* 68, no. 3 (2008); Siddharth Ranade, "Separation of Voting Rights from Cash-Flow Rights in Corporate Law: In Search of the Optimal", 4-5. Este tipo de regras de limitação do poder dos maiores acionistas é historicamente explicada por uma de duas razões – ou como uma forma de evitar o estrito controlo plutocrático dos grandes acionistas e de assegurar um balanço equilibrado do poder dos acionistas (Colleen A Dunlavy, "Social conceptions of the corporation: Insights from the history of shareholder voting rights"), ou como uma forma de atrair pequenos acionistas ao capital destas sociedades sem que eles se sentissem expropriados dos seus direitos como investidores (Eric Hilt, "When did ownership separate from control? Corporate governance in the early nineteenth century"). A primeira razão tem óbvia relação com a solução, muito popular na Europa continental do séc. XIX, de limitar o exercício do direito de voto (em função do capital social ou dos votos presentes e representados na assembleia), sendo uma resposta diferente a um mesmo problema de partida. Vd. ainda Henry Hansmann e Mariana Pargendler, "Voting Restrictions in 19th Century Corporations: Investor Protection or Consumer Protection?", *Yale Law Journal* (2010) e Henry Hansmann e Mariana Pargendler, "The evolution of shareholder voting rights: separation of ownership and consumption", *Yale Law Journal* (2013) para uma das explicações alternativas sobre a justificação deste tipo de soluções estatutárias, ancorando a ideia num princípio de proteção do consumidor. Não cabe aprofundar o tema; para mais desenvolvimentos vd. por todos Eric Hilt, "Shareholder voting rights in early American corporations", *Business History* 55, no. 4 (2013).

[607] Colleen A Dunlavy, "Social conceptions of the corporation: Insights from the history of shareholder voting rights" Existe alguma divergência sobre a prevalência dos regimes, Dunlavy refere que 38% de uma amostra de 1200 estatutos aprovados entre 1825 e 1835 atribuíam um voto a cada acionista e 27% consagravam regimes de *voting caps* escalonados. Hill, cit., com uma amostra temporal e espacialmente diferente (sociedades constituídas em Nova Yorque antes de 1826) refere que 48% das sociedades consagravam um voto por ação, enquanto 45% das vezes era consagrado o *voting cap* escalonado e apenas 2% das vezes era atribuído um voto a cada acionista.

séc. XIX e até ao início do séc. XX se vai paulatinamente tornando a solução padrão[608]. Em 1900, a vasta maioria das novas sociedades era constituída segundo estas regras e, de entre as constituídas nas décadas anteriores, eram muitas as que migravam para este regime.

III. Até meados dos anos 20, e com muito poucas exceções, a regra seguida pelas sociedades emitentes de ações admitidas à negociação nos mercados norte-americanos era a de conferir um voto por cada ação ou, de forma mais precisa, de atribuir idênticos direitos de voto a todas as ações emitidas pela sociedade[609]; isto apesar de a generalidade dos estados assumirem como supletiva a regra segundo a qual a cada ação corresponde um voto, dando grande liberdade à emissão de categorias de ações com diferentes direitos de voto. Pode-se mesmo afirmar que os Estados Unidos foram um dos primeiros países a adotar a regra *one share, one vote* como regra supletiva[610].

O panorama começou, no entanto, a ser alterado em meados dos anos 20[611], agora num sentido distinto, quando se começou a vulgarizar a aposição de restrições ao direito de voto em certas categorias de ações, as quais passavam tipicamente por uma de duas estruturas associadas à ideia de emissão de ações preferenciais sem direito de voto[612]. Nuns casos, uma estrutura de

---

[608] Eric Hilt, "Shareholder voting rights in early American corporations" Para informação sobre os números da transformação ao longo do século XIX, vd. Colleen A Dunlavy, "Social conceptions of the corporation: Insights from the history of shareholder voting rights", 1358 e ss. Vd. ainda, com informação complementar, Stephen M Bainbridge, "The scope of the Sec's authority over shareholder voting rights", *UCLA*, no. 07-16 (2007).

[609] Vd. por todos William Harrison Spring Stevens, "Stockholders' voting rights and the centralization of voting control", *The QJE* 40, no. 3 (1926). Cabe salientar que, como anota este autor, a indicada correspondência proporcional entre capital social e o capital votante não tem por implícito que as ações pertenciam todas à mesma categoria, pois durante todo o séc. XIX e o início do séc. XX era corrente nos Estados Unidos a emissão combinada de ações ordinárias e ações conferindo direito a um dividendo preferencial, sendo, no entanto, atribuídos idênticos direitos de voto às duas categorias de ações.

[610] Sobre a evolução da regra, sobretudo no Delaware, vd. Shaun Martin e Frank Partnoy, "Encumbered shares".

[611] Pode-se dizer que a vulgarização destes procedimentos começa nos anos 20, muito embora o processo tenha raízes bem anteriores – a International Silver Company, por exemplo, emitiu em 1898 ações ordinárias sem qualquer voto (que apenas vieram a ter direito de voto – limitado – em 1902). Vd., sobre o processo, Stephen M Bainbridge, "The scope of the Sec's authority over shareholder voting rights".

[612] Além de razões relacionadas com a própria distribuição do controlo da sociedade, esta popularização de emissões de ações preferenciais sem voto esteve estreitamente relacionada com questões fiscais, que tornaram estes valores mobiliários mais eficientes fiscalmente do que as obrigações, sendo assim as emissões de ações preferenciais estruturadas em termos muito similares às emissões

emissões de ações absolutamente desprovidas do direito de voto; noutros casos, mais comuns, uma estrutura de emissões de ações com votos condicionados, ou com direitos de voto limitados a deliberações sobre alterações da organização financeira, ou outras similares, que tivessem a suscetibilidade de afetar negativamente os direitos do acionista preferencial, ou condicionados a certos eventos que eram assumidos como não justificando a limitação de poderes políticos, como, por exemplo, o não pagamento de dividendos.

A generalização deste tipo de emissões causou controvérsia, liderada por William Z. Ripley, Professor de Economia Política na Universidade de Harvard e defensor do princípio de proporcionalidade entre os direitos de voto e o capital social[613]. Dizia-se que, ao emitir ações com e sem voto, os acionistas iniciais conseguiam dispersar significativa quantidade de ações (sem voto) pelo público, reservando as demais ações (com voto) para um grupo limitado – os designados *insiders* – conseguindo assim levantar fundos junto do público, sem que isso tivesse qualquer efeito na estrutura de controlo. A controvérsia sobre estas emissões foi ainda amparada nas posições assumidas pelo próprio Presidente da República, pelo Congresso, pelo Departamento de Justiça e por vários órgãos de comunicação social[614].

A oposição à emissão de ações sem voto teve o seu expoente com a admissão à cotação na NYSE em 1925 das ações emitidas pela Dodge Brothers Inc, processo em que foram alienados ao público valores no então exorbitante total

---

obrigacionistas. Vd., com mais desenvolvimentos, William Harrison Spring Stevens, "Stockholders' voting rights and the centralization of voting control", 355-356.

[613] A obra de referência é William Zebina Ripley, *Main Street and Wall Street* (Scholars Book, 1927), 78-117, mas esta obra surge já num estado muito avançado do processo. Em outubro de 1925, pouco depois da operação de dispersão de ações da Dodge Brothers a que fizemos referência, William Ripley proferiu um agressivo discurso sobre o tema na Academia de Ciências Políticas. Este discurso serviu de catalisador para um processo de surpreendente eficácia – logo no dia seguinte, o New York Times publicou excertos do discurso e nos dias subsequentes ocupou-se do tema em vários artigos e editoriais; outros órgãos de comunicação social seguiram esta pista e dedicaram longas peças ao assunto. Em 1926 o Presidente da República Calvin Coolidge convidou Ripley para uma reunião na Casa Branca que tinha por objetivo discutir o tema; na mesma altura fez-se saber que o Departamento de Justiça estava a conduzir um inquérito para verificar se as operações de dispersão realizadas com recurso a categorias de ações com diferentes direitos de voto tinham ou não violado a lei. Todo este contexto criou um ambiente fortemente desfavorável à admissibilidade dessas operações que conduziu à decisão da NYSE de 1926. Para mais desenvolvimentos e para um relato detalhado de todos os passos que conduziram a essa decisão, vd. Joel Seligman, "Equal protection in shareholder voting rights: The one common share, one vote controversy", *Geo. Wash. LR* 54 (1985), 693-698.

[614] Para mais desenvolvimentos vd. Louis Lowenstein, "Shareholder Voting Rights: A Response to SEC Rule 19c-4 and to Professor Gilson", *Columbia LR* 89 (1989), 982-983.

de cerca de USD 130 milhões, sendo o controlo sobre a sociedade assegurado por um Banco de Investimento – Dillon, Read & Company – que pagou cerca de USD 2,25 milhões pela sua posição de 100% das ações votantes[615]. Havia-se alterado o paradigma de funcionamento da sociedade comercial nos Estados Unidos. Quando, por referência aos sistemas do século XVIII, se qualificava o sistema de atribuição de um voto por acionista como *democrático*, em confronto com sistemas em que o voto era proporcional ao número de ações detidas, agora passa a qualificar-se como *democracia corporativa* aquela em que os votos são proporcionais ao capital social, em confronto com os sistemas em que a acionistas com proporção menor do capital é atribuído um poder de voto desproporcionado[616].

IV. Em 1926, antecipando-se a uma provável intervenção Federal, a NYSE proibiu a admissão à cotação de ações sem voto ou de ações emitidas por sociedades com diferentes classes de ações com voto, sempre que esses votos não fossem proporcionais ao capital social[617]. A regra sobreviveu sem significativas disputas durante mais de 50 anos[618], tendo produzido decisiva

---

[615] William Zebina Ripley, *Main Street and Wall Street*, 86-87. Os exemplos poderiam ser multiplicados, porque são, de facto, muitos, como a dispersão de 598.000 ações sem voto (classe A) da Industrial Rayon Corporation, sendo reservadas as remanescentes 2.000 ações de classe B, as únicas com voto, ao grupo acionista promotor; a dispersão de ações preferenciais da Universal Chain Theatres Corporation, mantendo também um reduzido número de ações com voto nas mãos da administração; existe registo de vários outros casos com semelhanças.

[616] Colleen A Dunlavy, "Social conceptions of the corporation: Insights from the history of shareholder voting rights", 1363 e seguintes. Estas qualificações, com algumas variações, persistem até aos dias de hoje, sendo recorrente, na doutrina e em diversos instrumentos legislativos (o Regulamento 19C, de 4 de julho, a que nos referiremos de seguida, é disso um bom exemplo), a associação do conceito de *democracia acionista* com o princípio *one share, one vote*.

[617] Apesar de ser corrente na literatura norte-americana a formulação segundo a qual esta decisão foi tomada em janeiro de 1926, não se trata de informação exata. Nessa data, a NYSE tornou pública uma posição na qual se dispunha que "sem se pretender neste momento formular uma política definitiva, chama-se a atenção para o facto de no futuro a Comissão, na consideração de requerimentos para admissão à cotação, passar a dar especial atenção ao tema do controlo pelo capital votante". Tratava-se de uma política oficiosa da Comissão de oposição à admissão à negociação de ações emitidas por sociedades com mais que uma categoria de ações com diferentes direitos de voto e que pode ser mais bem qualificada como uma "moratória" do que como uma decisão sobre o assunto. Apenas em 1940 foi adotada uma regra formal contra a admissão à cotação de ações sem voto ou com direito de voto limitado. Vd. Stephen M Bainbridge, "The short life and resurrection of SEC Rule 19c-4", *Wash. ULQ* 69 (1991), 5.

[618] Registaram-se algumas exceções, entre as quais a mais relevante foi a admissão à negociação em 1956 das ações emitidas pela Ford Motor Company, apesar da coexistência de ações com direitos

influência sobre diversos instrumentos legislativos e sobre o tecido empresarial norte-americano[619], mesmo para além daquele diretamente relacionado com as bolsas de valores.

V. Com a onda de ofertas de aquisição hostis que se viveu nos anos 80, o tema da estrutura de capital voltou a ser objeto de especial preocupação, em particular para aqueles conselhos de administração e acionistas ou grupos de acionistas que, com posições representativas de pouco capital social, garantiam o controlo de facto da sociedade. É assim que, entre 1980 e 1987, 93 sociedades emitentes recorreram a aumentos de capital com emissão de ações com direitos de voto especiais; número que se confronta com as apenas quatro sociedades que recorreram a idêntica operação entre 1976 e 1979. Em 1985, 170 das 4.886 sociedades cujas ações eram negociadas na AMEX e no Nasdaq tinham já estruturas com duas classes de ações[620].

Foi deste modo que, com a pressão emergente da maior agressividade do mercado de OPA hostis[621] que, entre 1985 e 1986, o tema da admissão à negociação de ações emitidas por sociedades com mais que uma categoria de ações com diferentes direitos de voto passou a ser elemento de concorrência direta entre as bolsas de valores norte-americanas. Aplicando as suas regras, a NYSE recusava a admissão à cotação não apenas de ações sem voto, mas também de quaisquer ações de sociedades que tivessem duas classes de

---

de voto diferentes na sua estrutura de capital. Processo semelhante ocorreu com uma emissão do New York Times. São casos excecionais e explicáveis por razões políticas ou de mero oportunismo económico, Vd. Shaun Martin e Frank Partnoy, "Encumbered shares".

619 Para desenvolvimentos, vd. Ronald C Lease, John J McConnell et al., "The market value of control in publicly-traded corporations", *Journal of Financial Economics* 11, no. 1-4 (1983), 439-471. Segundo este estudo, foram realizadas apenas 30 emissões de ações sem voto ou com voto limitado em sociedades admitidas à negociação nos mercados norte-americanos entre 1940 e 1978.

620 Vd. Louis Lowenstein, "Shareholder Voting Rights: A Response to SEC Rule 19c-4 and to Professor Gilson", 983-984.

621 É fácil perceber que poucas medidas defensivas são mais eficazes que a reestruturação do capital social, dividindo-o em duas categorias de ações, uma com múltiplos direitos de voto e que é reservada (normalmente não de forma expressa) a um conjunto limitado de acionistas próximos da administração da sociedade, os *insiders*, e outra, com menos direitos de voto, que fica para o público em geral. Este tipo de medida permite, no fundo, que o pequeno grupo acionista controle a maioria dos direitos de voto – sem o correspondente custo do capital –, assim capturando o sucesso de uma qualquer OPA que não mereça o seu acordo. É interessante ainda confrontar este movimento ocorrido nos anos 80 e aquele a que hoje assistimos, vendo que um dos grandes *drivers* para que os promotores de um IPO aceitem o desconto no preço que resulta da existência de várias categorias de ações é, como então era, o risco de uma tomada hostil de controlo por terceiros.

ações votantes; por seu turno, a AMEX mantinha uma posição mais liberal, recusando também a admissão à cotação de ações sem voto, mas aceitando a admissão à cotação de ações de sociedades que tivessem duas classes de ações votantes, desde que fosse garantido um conjunto de direitos mínimos aos acionistas titulares de ações com menos direitos de voto; já a Nasd não impunha quaisquer regras sobre o tema para a admissão à negociação de ações[622].

Face a este panorama, rapidamente a NYSE assumiu que a manutenção da limitação lhe criava desvantagens competitivas face às regras mais liberais da AMEX e da Nasd. Recorde-se que os anos 80 trouxeram uma nova realidade de concorrência entre as principais bolsas de valores norte-americanas – até então e atendendo à sua dimensão, liquidez e prestígio, a NYSE tinha significativas vantagens competitivas sobre demais *players*, posição que se começou a dissipar quando o Nasdaq[623] se tornou uma alternativa viável à cotação na NYSE. Por outro lado, e como último ingrediente, várias vozes defendiam que as razões que haviam levado à adoção da política restritiva nos anos 20, pura e simplesmente já não eram justificáveis, em especial face às diferenças das regras de informação para os acionistas e regulamentação das procurações para comparência na assembleia geral, assim criando o contexto para a reversão da política.

Em 1984, pressionada com a necessidade de tomar uma decisão sobre a eventual exclusão de cotação das ações da General Motors – que havia entretanto realizado uma emissão de ações com diferentes categorias de direitos de voto –, a NYSE anunciou uma moratória na aplicação da regra de proporcionalidade e, em setembro de 1986, anunciou a proposta de eliminação definitiva da regra de 1926, passando a aceitar a admissão à cotação de valores mobiliários emitidos por sociedades com uma estrutura de direitos de voto desiguais, desde que a emissão fosse aprovada por maiorias especiais no conselho de administração e na assembleia geral[624].

---

622 Shaun Martin e Frank Partnoy, "Encumbered shares".

623 O Nasd é a entidade que gere o Nasdaq, um sistema de comunicações para transações OTC com funcionamento eletrónico. Em termos estritos, o Nasdaq não é um mercado regulamentado e os valores mobiliários emitidos pela sociedade não são *admitidos à negociação* nesse mercado, mas antes autorizados a integrar o sistema (não se trata de diferença com consequências materiais ou que possa ser transposta para as regras de admissão á negociação aplicáveis na Europa).

624 Chamada a pronunciar-se sobre o abandono da regra da NYSE – nos termos da Secção 19(b) do *Exchange Act*, esta alteração de regra passava pela aprovação da SEC – e apesar de a SEC ter formalmente aprovado a pretensão da NYSE, procurou, num primeiro momento, concertar uma posição

18.1.2. Do Regulamento 19C de 4 de julho ao presente

I. O abandono da regra pela NYSE fez aumentar exponencialmente o número de operações de *recapitalização* com duas classes de ações[625]. Tipicamente, a operação era configurada como uma alteração dos estatutos da sociedade com a criação de duas classes de ações, normalmente designadas ações de Classe A e de Classe B. As ações de Classe A eram as ações ordinárias já existentes, mantendo todas as suas características e direitos sociais, incluindo o direito de voto. As ações de Classe B, a emitir, por seu turno, mantinham idênticas características, com três exceções: limitações à transmissibilidade; faculdade de conversão em ações de Classe A; e, mais importante, a estas ações eram assegurados direitos de voto plurais (normalmente, a cada ação correspondiam 10 direitos de voto; existem, no entanto, variações relevantes desta métrica). Em alguns casos, a atribuição de direitos de voto especiais era acompanhada da redução dos direitos patrimoniais. A operação era estruturada em termos tais que fazia com que, imediatamente, ou a médio prazo, as ações de categoria B ficassem concentradas em acionistas próximos da administração ou na própria administração: nuns casos, pela própria evolução normal das posições acionistas, que fazia com que a generalidade dos acionistas convertesse as suas ações de Classe B em ações de Classe A para permitir a sua transmissão em mercado, assim fazendo com que as

---

entre as várias bolsas de valores para que fossem criadas restrições às operações de *recapitalização* e, falhada essa tentativa de concertação, iniciou o processo de aprovação de uma regra geral aplicável a todas as bolsas de valores, a que faremos referência de seguida. Os comentários recebidos da SEC a propósito da proposta da NYSE eram contrários ao abandono da regra, havendo praticamente unanimidade nesse sentido entre os investidores, grupos de investidores, grupos de investidores institucionais e reguladores que foram consultados.

[625] Aquilo que no direito norte-americano se designa como uma operação de *recapitalização* corresponde a toda e qualquer alteração dos estatutos que modifique a estrutura jurídica do capital social – por alteração de estrutura jurídica referimo-nos a quaisquer mudanças na configuração da posição de socialidade. Assim, o conceito inclui naturalmente os casos de conversão de ações – a conversão de *common stock* em ações privilegiadas corresponderá, aliás, aos casos mais relevantes, para este efeito, de *recapitalização* –, mas não se esgota nesses, incluindo também operações de redução de capital com substituição de capital por dívida, de remição de ações, etc. Essa foi a razão pela qual usamos o conceito de *recapitalização* e não o conceito de conversão. Vd. Alan R Palmiter, *Corporations: examples and explanations*, 721. Diga-se, sem prejuízo do que antecede, que, sabendo que a passagem para um regime de ações privilegiadas apenas pode ser feita por emissão de novas ações ou por conversão de ações existentes, os conceitos de *recapitalização* e de conversão, neste específico universo em que nos movemos, são equivalentes e correspondem ao que no espaço norte-americano se designa *dual class recapitalizations*.

ações de Classe B ficassem concentradas num grupo limitado de acionistas; noutros casos, sendo a atribuição de ações de Classe B feita por permuta facultativa, à qual acorriam os acionistas interessados na construção de uma posição de controlo, mas já não aqueles interessados na transmissibilidade das ações (ou, quando aplicável, nos direitos patrimoniais não reduzidos); noutros casos, menos relevantes, pela emissão de ações de Classe B para um número limitado de acionistas de referência tipicamente próximos da administração, justificando o interesse social com a vantagem que resultaria para a sociedade (e para os demais acionistas) da centralização do controlo no núcleo que recebia as ações, o que teria por efeito o aumento do valor da sociedade[626].

Tal como havia ocorrido nos anos 20, foram muitas as vozes que se levantaram contra o abandono da restrição, tendo surgido rapidamente propostas no sentido de fomentar intervenções legislativas que revertessem o processo[627]. Também foram vários os académicos que reagiram no mesmo sentido[628].

---

[626] Para mais desenvolvimentos vd. Stephen M Bainbridge, "The short life and resurrection of SEC Rule 19c-4",10-12. As alegadas vantagens – que não cabe agora discutir nem analisar – associadas à recapitalização da sociedade com recurso a duas classes de ações eram geralmente as mesmas: primeiro, os acionistas não controladores ficam protegidos de ofertas de aquisição hostis e oportunistas, uma vez que, não detendo toda a informação, poderiam cair no erro de vender as suas ações a um preço inferior ao justo; segundo, protege a posição dos administradores contra comportamentos oportunistas de outros acionistas; terceiro, ao permitir ao grupo controlador reduzir a sua participação no capital social sem que isso implique a perda do controlo, acaba por fomentar a viabilização – e até à subscrição – de aumentos de capital da sociedade que sejam necessários ao exercício da sua atividade. Vd. ainda, sobre o mesmo assunto, Ronald J Gilson, "Evaluating dual class common stock: The relevance of substitutes", *Virginia LR* (1987), 811-812.

[627] Entre 1985 e 1987 foram várias as tentativas de aprovar legislação que impedisse a admissão à negociação em mercado de ações emitidas por sociedades emitentes de mais de uma classe de ações com diferentes direitos de voto. Em 1985, foi apresentada a proposta do denominado *Shareholder Democracy Protection Act*, o qual pretendia estabelecer uma regra geral de *one share, one vote*. Propostas semelhantes foram apresentadas no mesmo ano pelos Senadores Cranston, Metzenbaum e D'Amato. Nenhuma destas propostas chegou a ser discutida em plenário. Já em 1987, as propostas do *Tender Offer Reform Act* e do *Securities Trading Reform Act* tentaram estabelecer de novo a regra, e de novo sem sucesso. Finalmente, a proposta apresentada no mesmo sentido do denominado *Disclosure and Fairness Act*, que remetia para a SEC a revisão das regras sobre direitos de voto dos acionistas devendo reportar os resultados da análise ao Congresso, também não foi aprovada. Para mais desenvolvimentos sobre as várias propostas apresentadas, os seus subscritores e o processamento das mesmas, vd. Timothy K O'Neil, "Rule 19c-4: The SEC goes too far in adopting a one share, one vote rule", *Northwestern ULR* 83 (1988), 1058-1059.

[628] Jeffrey N Gordon, "Ties that Bond: Duel Class Common Stock and the Problem of Shareholder Choice", *Calif. L. Rev.* 76 (1988), foi uma dessas vozes – após proceder a uma análise empírica que concluía que as operações de recapitalização, com criação de duas classes de ações votantes, eram suscetíveis de afetar de modo relevante a posição dos acionistas, o autor apelava à intervenção da

II. O abandono da regra de proporcionalidade causou um especial problema à SEC. Cabe notar que não era tanto a quebra do princípio de proporcionalidade que gerava esse problema, ou sequer a admissibilidade de emissão de ações com diferentes direitos de voto estava em causa[629], mas era, sobretudo, e como se retira da exposição anterior, a específica configuração das operações de *recapitalização*, e os resultados das mesmas, sobretudo no que delas resultava de segregação de dois grupos de acionistas com poder efetivo muito diferente. Nessas operações, uma sociedade emitente de ações negociadas em mercado alterava a sua estrutura de capital para substituir uma única classe de ações com voto por duas classes de ações votantes, sendo todos os incentivos alinhados para que o controlo da sociedade, imediatamente ou a médio prazo, fosse transferido para um conjunto de acionistas próximos da administração da sociedade. Deve aliás ser recordado que a posição da SEC já havia sido expressa desde 1986, quando chamada a pronunciar-se sobre o abandono da regra da NYSE.

Foi assim que, em julho de 1988, a SEC aprovou o Regulamento 19c-4, que corresponde a uma versão modificada da proposta apresentada pela SEC em 1986, como tentativa de acordar com as bolsas de valores uma solução consensual[630]: aceitando que a existência de duas classes de ações com diferentes direitos de voto não representava, em si mesma, um mecanismo ilegítimo e que os estudos empíricos realizados até então sobre o tema eram inconclusivos, a regra veio dispor que novas emissões de ações sem voto ou com direito de voto limitado eram aceites, ao passo que operações que reduzissem ou limitassem os direitos de voto dos atuais acionistas eram proibidas[631].

O Regulamento veio criar três situações com tratamento diferente. Primeiro, veio proibir as sociedades com o capital já disperso pelo público de

---

Securities Exchange Commission para que esta aprovasse um regulamento que obrigasse as bolsas de valores a manter a proibição anterior.

[629] Muito embora fossem vários os académicos que defendiam a proibição da emissão de ações com diferentes direitos de voto. Vd. Louis Lowenstein, "Shareholder Voting Rights: A Response to SEC Rule 19c-4 and to Professor Gilson", 979 e ss.

[630] O Regulamento 19c-4 segue de perto as recomendações de uma versão preliminar do artigo de Ronald J Gilson, "Evaluating dual class common stock: The relevance of substitutes", como aliás o próprio documento da SEC reconhece. O texto está disponível em https://www.govinfo.gov/content/pkg/CFR-2011-title17-vol3/pdf/CFR-2011-title17-vol3-sec240-19c-4.pdf

[631] Para desenvolvimentos, vd. por todos Ronald J Gilson, "Regulating the Equity Component of Capital Structure: The SEC's Response to the OneShare, One Vote Controversy", in *Modernizing United States Securities Regulation* (K. Lehn & R. Kamphuis, 1993), 239 e ss.

diluírem os direitos de voto dos seus acionistas por um conjunto de mecanismos, como seja a introdução de alterações estatutárias que limitassem o exercício do direito de voto, pela constituição de direitos de voto diferentes consoante o tempo de detenção das ações[632], pela realização de operações de permuta com ações com direito de voto especiais (mas tipicamente com restrições à transmissibilidade e/ou direitos patrimoniais reduzidos) ou pela atribuição aos acionistas, a título de dividendo em espécie, de ações com direitos de voto plural mas, de novo, com restrições à transmissibilidade e/ou aos seus direitos patrimoniais. Em segundo lugar, veio permitir expressamente a emissão e admissão à negociação de ações com direitos de voto desiguais quando realizada no âmbito de um IPO ou de uma operação de fusão. Terceiro, veio dispor que todas as situações que não eram expressamente proibidas ou permitidas – por exemplo, atribuição aos acionistas, a título de dividendo em espécie, de ações com direitos de voto reduzido – ficavam sujeitas a uma análise caso a caso.

Assim, aceitando o Regulamento, como referido, que a existência de duas classes de ações com diferentes direitos de voto não representava, em si mesma, um mecanismo ilegítimo, veio focar a sua atenção na admissibilidade ou inadmissibilidade da estrutura de voto em função do mecanismo pelo qual ela é adotada.

III. A vida do Regulamento 19c-4 foi atribulada e efémera. Logo poucos meses depois da sua aprovação, a American Express, juntamente com outras sociedades, aprovou uma proposta nos termos da qual os acionistas poderiam trocar cada ação ordinária por uma obrigação, uma ação preferencial e um *warrant*. Apesar de a avaliação patrimonial destes três valores mobiliários corresponder ao valor da ação objeto de permuta, a troca implicava uma redistribuição necessária dos direitos de voto, em termos funcionalmente idênticos àqueles das operações de *recapitalização* com duas classes que estiveram na base da aprovação do Regulamento da SEC – o alinhamento de incentivos arquitetado fazia com que, no médio prazo, só os acionistas de

---

[632] O Regulamento proibia qualquer forma de restrição de votos das ações ordinárias por efeito do decurso do tempo, o que corresponde a uma forma de proibir a majoração de votos das mesmas ações ordinárias pelo mesmo decurso do tempo (porque a majoração de umas ações implica sempre, no universo dos votos, a restrição do poder das ações não majoradas). Não deixa de ser interessante verificar que soluções que hoje são geralmente defendidas como virtuosas, e que em jurisdições como a francesa são mesmo erigidas em soluções supletivas, eram expressamente proibidas, em jurisdições como a norte-americana, há pouco mais de 30 anos.

referência próximos da administração mantivessem as ações com voto, sendo que os demais acionistas acabariam por remeter a sua posição para os valores mobiliários com significado patrimonial mais imediato e com fungibilidade com outros valores mobiliários transacionados em mercado líquido (mas, como seria de esperar, sem direitos políticos comparáveis). A emissão foi aprovada pela NYSE e causou forte polémica, acabando por ser abandonada por razões que nada têm que ver com a questão dos direitos de voto.

Rapidamente, também a aplicação do Regulamento foi judicialmente posta em causa, num processo iniciado em setembro de 1988 pelo Business Roundtable[633] e que terminou na revogação do mesmo. Foram várias as linhas que motivaram a litigância contra o Regulamento, mas no essencial o entendimento do District of Columbia Court of Appeals baseou-se em razões formais e orgânicas, entendendo que a SEC teria ido longe de mais no seu mandato, não dispondo de competência para aprovar o Regulamento o qual, pela sua matéria, deveria ser objeto de regulamentação a outro nível – tratar-se-ia de típica matéria de regulamentação estadual e que, por isso, não passaria pelo crivo da SEC[634].

Não obstante esta decisão judicial, a NYSE e o Nasd decidiram adotar o equivalente ao regulamento como regras próprias sobre a admissão à cotação, pelo que, informalmente, pode ser dito que o essencial do conteúdo do Regulamento 19c-4 está hoje em vigor nos Estados Unidos – a NYSE adotou essas regras em dezembro de 1989; o Nasd adotou-as pouco depois da decisão do District of Columbia Court of Appeals[635]. Ou seja, desde o final da década

---

[633] O Business Roundtable é uma associação de cerca de 200 sociedades emitentes de ações negociadas nos mercados norte-americanos. Trata-se, na verdade, de um poderoso *lobby* composto pelos CEO das maiores sociedades norte americanas. Vd. https://www.businessroundtable.org/.

[634] Existem muitas análises sobre o Regulamento e sobre a decisão do *District of Columbia Court of Appeals* que não cabe trazer para esta sede, desde logo porque a decisão, como referido, tem mais a ver com razões de competência da SEC (o argumento principal é que a SEC, enquanto agência federal, não tinha competência para regular sobre aspetos materiais de governo das sociedades que eram, assim, matéria reservada para regulação pelos estados) e não com razões de fundo inerentes ao tema do Regulamento. Vd. por todos Jill E Fisch, "The Long Road Back: Business Roundtable and the Future of SEC Rulemaking", *Seattle ULR* 36 (2012); Stephen M Bainbridge, "The scope of the Sec's authority over shareholder voting rights"; Roberta S Karmel, "Voting Power without Responsibility or Risk: How Should Proxy Reform Address the Decoupling of Economic and Voting Rights", *Vill. L. Rev.* 55 (2010); Paul Rose, "The corporate governance industry".

[635] O catalisador do processo terá sido Arthur Levitt Jr, Chairman da SEC, que coordenou os esforços com vista à adoção de uma política comum sobre direitos de voto pelas principais bolsas de valores norte-americanas. Vd. Jason W Howell, "The survival of the US dual class share structure", *JCF* 44 (2017), 447.

de 80 que a existência de duas classes de ações com diferentes direitos de voto passou a representar mecanismo geralmente aceite nas bolsas de valores norte-americanas. A atenção do regulador passou então a focar-se apenas no processo pelo qual uma sociedade, com uma única classe de ações, altera os seus estatutos para passar a incorporar duas classes de ações votantes, de onde resultou que a esmagadora maioria de novos casos de diferentes classes de ações votantes passou a resultar de novos processos de admissão à cotação.

Não foi o facto de a solução passar a estar disponível sem grandes questões que fez cessar a controvérsia sobre o tema. A controvérsia está viva, surge em ondas e, muito embora as vozes que se opõem à admissibilidade da solução tenham diminuído, mantém-se intensa na última década, como se vê pelas vozes do Council of Institutional Investors ou da Senadora Elizabeth Warren, candidata presidencial, passando pela generalidade das organizações que representam ou juntam os investidores institucionais[636].

IV. Em 1984, cerca de 6% das sociedades cotadas nos Estados Unidos tinham mais do que uma classe de ações, sendo que, tipicamente, as ações admitidas à negociação eram aquelas com menos votos, ficando as ações com votos superiores fora de mercado regulamentado[637]. Sendo certo que se trata de uma percentagem importante, não se pode dizer que tenha uma representação surpreendente ou que, até meados dos anos 80, constituísse uma tendência muito marcada.

Recentemente, porém, o tema voltou a ficar bastante mais evidenciado com vários casos que chamaram a atenção da opinião pública internacional.

O primeiro processo de grande relevo a destacar é o IPO da Google (hoje Alphabet) em 2004, que foi realizado com recurso a diferentes classes de ações com direitos de voto desiguais: uma das classes assegurava dez direitos de voto por cada ação e a outra assegurava apenas um voto por ação. Atualmente, a Google/Alphabet tem três diferentes classes de ações: ações de classe A, que são transacionadas no Nasdaq com o *ticker* GOOGL e que conferem um voto por cada ação; ações de classe C, que são também transacionadas no Nasdaq, estas com o *ticker* GOOG e que não conferem qualquer voto; e ações de classe B, que não estão admitidas à negociação e que conferem 10 votos

636 Lucian Arye Bebchuk e Kobi Kastiel, "The untenable case for perpetual dual-class stock", 598.

637 Paul A Gompers, Joy Ishii et al., "Extreme governance: An analysis of dual-class firms in the United States", *RFS* 23, no. 3 (2010).

por cada ação[638]. Segundo a última informação divulgada pela sociedade[639], 42,9% das ações B são detidas por Larry Page e 41,3% por Sergey Brin, os dois mais importantes fundadores da empresa.

Em 2014, a chinesa Alibaba avançou para o seu IPO, sendo sua intenção adotar um sistema de diferentes classes de ações com votos desiguais. Esta intenção – associada à óbvia importância da Alibaba – colocou o regulador de Hong Kong sob forte pressão no sentido de alterar a regra existente, que não permitia acomodar as pretensões dos promotores. Tendo essas pressões fracassado, a Alibaba desistiu da intenção de requerer a admissão à cotação das suas ações em Hong Kong, e acabou por requerer a admissão das suas ações à cotação na NYSE; foi, nessa altura, o maior IPO de sempre nessa bolsa[640]. Só em 2019, depois da aprovação, após um longo processo, do designado *Chapter 19C*, as regras que permitem à Hong Kong Exchanges and Clearing aceitar

[638] As ações B apenas foram admitidas à negociação em 2014. Antes disso, a sociedade tinha o seu capital dividido em ações A, que conferiam um voto por ação, e ações B, conferindo dez votos por ação. A emissão de ações de classe C foi muito controversa (mais de 80% das ações A votaram contra essa operação) e foi objeto de um processo judicial, no final resolvido por acordo. Vd. Paul Lee, "Protecting Public Shareholders: The Case of Google's Recapitalization", *HBLR* (2015).

[639] https://www.sec.gov/Archives/edgar/data/1652044/000130817919000205/lgoog2019_def14a.htm

[640] O processo da Alibaba tem diversas particularidades que não cabe desenvolver, até porque visam sobretudo resolver especificidades de direito chinês (outro caso, porventura ainda mais marcado por temas políticos, que revela as idiossincrasias das regras chinesas quando analisadas por uma perspetiva ocidental é o da Huawei; vd., com desenvolvimentos, entre vários, Colin Hawes, "Why is Huawei's ownership so strange? A case study of the Chinese corporate and socio-political ecosystem", *Journal of Corporate Law Studies* 21, no. 1 (2021)), mas, em termos finais, acaba por consagrar direitos de voto diferenciados. Por um lado, adota uma solução muito popular nas sociedades chinesas com ações cotadas nos EUA que envolve a criação de uma *variable interest entity* (VIE), sendo que os investidores numa VIE não adquirem uma verdadeira e própria participação social, mas antes ficam com o direito contratual a uma parte dos lucros da operação. Por outro lado, envolve a constituição de um Partnership – a Lakeside Partners LP –, que integra os fundadores e alguns quadros, mas que, na prática, é controlada pelos dois principais fundadores da sociedade – Jack Ma e Joe Tsai – e a quem está conferido o direito de nomear a maioria dos membros do conselho de administração da Alibaba. Para mais desenvolvimentos, vd. Yu-Hsin Lin e Thomas Mehaffy, "Open Sesame: The Myth of Alibaba's Extreme Corporate Governance and Control", *Brook. J. Corp. Fin. & Com. L.* 10 (2015). Parte significativa dos constrangimentos legais que existiam na China *(mainland)* ao tempo do IPO da Alibaba estão ultrapassados desde a reforma de 2019 e da criação do *Sci-Tech Inovation Board* (popularmente referido como Star Market) na Bolsa de Shangai. Vd. Min Yan, "Differentiated voting rights arrangement under dual-class share structures in China: expectation, reality, and future", *Asia Pacific Law Review* (2021).

secondary listings de sociedades chinesas com direitos de voto desiguais[641], é que a Alibaba passou a ter cotação em Hong Kong.

Recentes IPO mantiveram o modelo, o qual começa a testar novos limites de desproporção entre capital social e direitos de voto[642] – é o que aconteceu nas recentes ofertas de ações da Lyft, Pinterest, Snap e Stichy Fix, entre muitas outras. Os casos da Lyft, Pinterest e Snap são mesmo casos extremos, já que a classe de ações que ficou nas mãos dos fundadores atribui 20 votos por ação, o que faz com que, por exemplo no caso da Lyft, os fundadores, detendo apenas cerca de 7% do capital social, controlem efetivamente mais de 50% dos votos. No caso da Snap, os dois fundadores, Evan Spiegel e Bobby Murphy, mantiveram uma participação no capital social de cerca de 18% cada; no entanto, a estrutura de ações com voto plural implementada com o IPO permite que reduzam a sua participação conjunta para pouco menos de 3% do capital, mantendo a maioria dos direitos de voto[643].

---

[641] Hong Kong já havia aceite no passado *dual class shares* – o que não é de espantar quando ponderamos as origens anglo-saxónicas da arquitetura jus-societária do território – e várias sociedades, sobretudo nos anos 80, haviam introduzido sistemas de *weighted voting rights*, os quais, no entanto, foram proibidos em 1989 (em rigor, o capítulo 62 do Hong Kong Companies Ordinance permitia a emissão de ações com diferentes categorias em função dos direitos de voto atribuídos; no entanto, a essas sociedades era vedada a admissão à cotação na bolsa de Hong Kong por se entender que tal sistema não era habilitado a conferir *fair and equal treatment* a todos os acionistas – *Main Board Rule* 8.1). Sobre esta evolução, também sobre o que ocorreu em Singapura (que debate o assunto desde pelo menos 2011, ano em que o Manchester United ponderou a realização de um IPO na SGX e acabou por fazê-lo nos Estados Unidos, usando uma estrutura de voto plural), e que aprovou legislação nesse sentido em junho de 2018 e sobre as regras aprovadas em Hong Kong., vd. por todos Robin Hui Huang, Wei Zhang et al., "The (re) introduction of dual-class share structures in Hong Kong: a historical and comparative analysis", *Journal of Corporate Law Studies* (2019); Yu-Hsin Lin, "Controlling Controlling-Minority Shareholders: Corporate Governance and Leveraged Corporate Control", *Colum. Bus. L.R* (2017); Flora Huang, "Dual Class Shares Around the Top Global Financial Centres", *Journal of Business Law* (2017), 13-19; Chuanman You, "Equal Treatment of Shareholders under the Dual Class Share Structure: Recent Development of Takeover Rules in Singapore", *The Company Lawyer* (2019); Min Yan, "A control-accountability analysis of dual class share (DCS) structures", 4-6 e, sobretudo, 37-47.

[642] Estudos recentes apontam para que cerca de 80% dos acionistas controladores com recurso a *dual class structures* possam reter o controlo com participações de cerca de 10% e que em casos residuais esse controlo possa mesmo ser mantido com participações na casa dos 5%. Lucian Arye Bebchuk e Kobi Kastiel, "The perils of small-minority controllers", *Geo. LJ* (2019), 1457 e ss.

[643] Na generalidade dos casos, o recurso a *dual class structures* num IPO implica a alienação na oferta pública de ações ordinárias (que atribuem um voto por ação), sendo reservadas ações de categoria especial com direitos de voto majorados para um conjunto de *insiders*. O IPO da Snap levou esta estrutura a novos limites, sendo consagradas três categorias diferentes de ações, uma com votos superlativamente majorados, reservada aos fundadores, outra com votos não majorados,

Outra tendência interessante do mercado americano é a realização de IPO com aquilo a que se chama *timebased sunset provisions*, ou seja, com regras de conversão automática das ações com privilégios de voto após o decurso de um determinado período de tempo (conversão automática que, no entanto, pode ser revertida com regras especiais de votação) – são os exemplos dos IPO da Mulesoft (conversão após cinco anos), Hamilton Lane (conversão após dez anos), Alteryx (conversão após dez anos), Okta (conversão após dez anos), Stitch Fix (conversão após dez anos) e Altair Engineering (conversão após doze anos). Aliás, ainda em outubro de 2018 o Council of Institutional Investors apresentou um documento à NYSE e Nasdaq em que defendia que estas apenas deviam aceitar a admissão à negociação de ações com voto plural quando uma cláusula deste tipo, prevendo um prazo não superior a sete anos, ficasse prevista. Após o decurso desse prazo, as ações passariam a conferir direitos de voto homogéneos, a não ser que os acionistas minoritários decidissem de outra forma[644]. É, no entanto, muito duvidoso que este movimento venha, pelo menos nos tempos mais próximos, a ter sucesso.

---

reservada aos primeiros investidores, e outra com ações não votantes, que foi dispersa pelo público em geral. É por isso que a distorção mencionada ocorre. https://www.sec.gov/Archives/edgar/data/1564408/000119312517029199/d270216ds1.htm. Para uma completa descrição dos detalhes da oferta e dos principais problemas que levanta, vd. Bernard S Sharfman, "A Private Ordering Defense of a Company's Right to Use Dual Class Share Structures in IPOs", *Vill. L. Rev.* 63 (2018), 19-25.

[644] https://www.cii.org/files/issues_and_advocacy/correspondence/2018/20181024%20NASDAQ%20Petition%20on%20Multiclass%20Sunsets%20FINAL.pdf. Parece clara a influência do trabalho de Bebchuck nos fundamentos principais deste documento – Lucian Arye Bebchuk e Kobi Kastiel, "The perils of small-minority controllers", *Geo. LJ* (2018). Pelo menos até este momento, a posição das diversas entidades consultadas – ordens de advogados, bolsas de valores, entidades gestoras de índices – não tem sido conclusiva no que respeita à introdução destas cláusulas como condição para o *listing*, embora existam diversas vozes divergentes. Por exemplo, o FTSE Russell já anunciou que não permitia a representação nos índices principais de sociedades em que pelo menos 5% do capital votante não esteja disperso pelos acionistas e os índices S&P e Dow Jones anunciaram que excluiriam ações de múltiplas categorias do S&P Composite 1500 (e dos seus componentes, S&P 500, S&P MidCap 400 e S&P SmallCap 600). Esta exclusão dos índices (e mais em particular no que se refere ao S&P 500, que tem uma centralidade inquestionável) tem efeitos relevantes sobre as emitentes, desde logo porque afasta delas as estruturas de investimento institucional passivo. Vd. Vincent Deluard, "A Costly Mistake for Investors, US Capital Markets, and Growth: Evidence from the Exclusion of Dual-Class Stocks from Popular Indices", *Available at SSRN: https://ssrn.com/abstract=4060296* (2022), 1-14. Com uma avaliação bastante crítica da posição de compromisso defendida pela CII, e sobretudo pessimista em relação à evolução do tema num mercado com forte concorrência nacional e internacional entre bolsas de valores, vd. por exemplo John C. Coffee Jr. https://clsbluesky.law.columbia.edu/2018/11/19/

Parece claro haver um aumento de popularidade recente destes IPO nos Estados Unidos com recurso a diferentes classes de ações, sobretudo pelo *high profile* e claro sucesso de diversas das sociedades que recorrem a esta solução – sociedades como a Alphabet, Facebook[645], Snap, Alibaba, Berkshire Hathaway, Ford, News Corp, Nike ou a Viacom. Em 2005, a percentagem de IPO com recurso a esta solução representava cerca de 1%, enquanto em 2017 já representava cerca de 20%[646]. Os números mais recentes que obtivemos, de 2019, mostram que, das sociedades que dispersaram o capital nos mercados norte-americanos, excluindo situações especiais (em particular, *foreign private issuers, special purpose acquisition companies* e *real estate investment trusts*), 81% seguiram a regra *one share, one vote* e 19% usaram *dual-class structures*. Sete (32%) destes casos incluíram cláusulas de *timebased sunsets*: Sprout Social (7 anos), Datadog (10 anos), Fastly (10 anos), Peloton Interactive (10 anos), Slack Technologies (10 anos), SmileDirectClub (10 anos) e Zoom Video Communications (15 anos)[647].

Do que acaba de se escrever sobre os últimos anos emergem quatro tendências que merecem ser destacadas desde já: primeiro, o aumento nos últimos dez a quinze anos dos casos de *dual class structures*[648], fazendo com que

dual-class-stock-the-shades-of-sunset/ Sobre o percurso da CII e o maior ou menor sucesso que o seu trabalho de influência tem revelado, vd. Bernard S Sharfman, "A Private Ordering Defense of a Company's Right to Use Dual Class Share Structures in IPOs", 2-7.

[645] O caso da Facebook é diferente. A sociedade fez o seu IPO em 2012, recorrendo a uma *dual class structure* em que as ações de categoria B, reservadas para Mark Zuckerberg, atribuíam dez votos, e as ações A atribuíam apenas um voto. https://www.sec.gov/Archives/edgar/data/1326801/000119312512034517/d287954ds1.htm. Em 2016, a assembleia da sociedade aprovou uma alteração estatutária que visava modificar materialmente a relação de direitos de voto das ações A e B pela emissão de ações sem voto e que permitia a Mark Zuckerberg reduzir a sua participação de capital para menos de 5%, mantendo a maioria dos direitos de voto. Na sequência de uma impugnação judicial iniciada por vários acionistas, a sociedade desistiu da reclassificação/conversão em 2017 – mantendo ainda hoje intacta a relação de poder que resultava do IPO – e aceitou pagar uma compensação por honorários de advogados da contraparte superior a 65 milhões de USD. https://images.law.com/contrib/content/uploads/documents/394/2784/Facebook-Fee-Oppo-Brief.pdf. O processo é irresistivelmente parecido com aquele da emissão de ações Classe C, sem voto, na Google, admitidas à negociação em 2014, e a que já fizemos referência. Vd. Paul Lee, "Protecting Public Shareholders: The Case of Google's Recapitalization".

[646] Ashrafee Tanvir Hossain e Lawrence Kryzanowski, "A review of the literature on dual-class firms", *Managerial Finance* (2019), 1200.

[647] https://www.cii.org/files/issues_and_advocacy/DualClassStock/Jan%202020%20Dual%20Class%20Update%20for%20Website.pdf.

[648] É importante fazer claramente a distinção entre as categorias de voto plural porque a popularidade das *dual class structures* não tem paralelo no universo das ações de lealdade ou *tenure voting*. Na

a capitalização bolsista de sociedades que recorrem a este tipo de estrutura seja hoje muito significativa[649]; segundo, a visibilidade das sociedades que recorrem a estas estruturas[650], a qual não é estranha ao facto de uma parte significativa destas sociedades ser empresas de tecnologia, o que leva vários autores a considerar a solução especialmente adequada para jurisdições interessadas em atrair empresas deste tipo; terceiro, a emergência da utilização das *timebased sunset provisions* que, apesar de ainda longe de poder ser considerada a solução padrão no grupo das sociedades que recorrem a voto plural, vai ganhando crescente relevância nos últimos anos e, mais importante, vai sendo defendida por muitos como uma virtuosa solução intermédia face ao confronto clássico entre as opções de proibição do voto plural ou de completa liberdade em relação a esse tema; quarto, a capacidade que o mercado norte-americano teve de atrair, através do recurso a este tipo de estruturas, grandes sociedades emitentes que estavam antes sedeadas em outras jurisdições, deste modo promovendo processos de mudança do enquadramento normativo em praças financeiras como Itália, Hong Kong e Singapura.

18.1.3. O regime do voto plural nos Estados Unidos

I. Como referido, o direito societário norte-americano é sobretudo objeto de regulação estadual, enquanto matérias como a organização dos

---

verdade, são muito poucas – menos de uma dezena – as sociedades cotadas nos EUA que adotam este tipo de solução. David J Berger, Steven Davidoff Solomon et al., "Tenure voting and the US public company", *The Business Lawyer* 72, no. 2 (2017), sobretudo 304 e ss. Apenas recentemente o tema das ações de lealdade entrou na agenda norte-americana, também aqui como instrumento de alinhamento dos interesses dos acionistas com os interesses de médio e longo prazo da sociedade, e no âmbito da promoção de uma *long-term stock exchange*, projeto que é promovido por um livro de Eric Ries (The Lean Startup) e que depois ganha vários promotores. O movimento não tem ainda efeitos práticos visíveis, muito embora tenha ganho alguma dinâmica após 2018. Mark J Roe e Federico Cenzi Venezze, "Will Loyalty Shares Do Much for Corporate Short-Termism?", 469-472; Federico Cesare Guido Ghezzi, Chiara Mosca et al., "Rereading the "One Share One Vote Principle": Is It Also a Matter of Competition?", *Available at SSRN 4067796* (2022).

[649] Robert Jackson, ainda recentemente, referia o montante de 5 biliões de USD *(5 trillion)*. R Jackson, "Perpetual dual-class stock: the case against corporate royalty", *Securities and Exchange commissioner speech transcript* (2018).

[650] Se é verdade que os IPO nos Estados Unidos com recurso a *dual class structures* andarão hoje na casa dos 20%, a prevalência deste tipo de soluções em grandes IPO é ainda maior. Analisando apenas os IPO com capitalização superior a 100 milhões de USD, a percentagem passa para 39% no mesmo ano de 2017. Vd. http://digital.shearman.com/i/1019978-2018-corporate-governance-survey/0?.

mercados e a regulação dos instrumentos financeiros são objeto de regulação federal. Daqui resulta uma duplicação de níveis de regulação, com sucessivas incertezas sobre o nível que deve, em concreto, ser aplicado a determinado problema. Simplificando, podemos dizer que o universo a que normalmente chamamos direito societário ou *corporate law* é sobretudo matéria de regulação estadual[651], enquanto o direito dos valores mobiliários, ou *securities regulation*, é sobretudo matéria de regulação federal, através de instrumentos como o *Securities Act* (1933), *o Securities Exchange Act* (1934), o *Sarbanes-Oxley Act* (2002) e o *Dodd-Frank Act* (2020)[652].

Compreende-se que as variações de regulação societária existentes ao nível estadual sejam causadoras de perturbação, especialmente para as sociedades comerciais com presença em mais que um estado; isto, mesmo sabendo que as regras de vários estados – Delaware, Califórnia, New Jersey e Nova Iorque – são amiúde adotadas como referência e acabam por isso por ter importantes pontos de contacto com as demais. É desta diversidade que resulta o *Model Business Corporation Act* que, assim, corresponde a uma Lei Modelo para

[651] Cabe recordar que nos EUA os sócios podem livremente decidir qual o estado onde pretendem constituir a sociedade (*freedom of incorporation*), e por isso quais as regras a que se sujeitam (independentemente de onde se consubstancia a direção efetiva). Esta liberdade é exercida, sobretudo, pelas *widely held corporations* e, dentro das *closely held corporations*, pelas maiores; as sociedades de pequena dimensão tendem a ser constituídas no estado do *primary place of business* (vd. Jens Dammann e Matthias Schündeln, "The incorporation choices of privately held corporations", *The Journal of Law, Economics, & Organization* 27, no. 1 (2011)). Isto gera um claro fenómeno de concorrência entre os estados com efeitos muitas vezes negativos (aquilo a que se chama *race to the bottom*). Sobre o sistema de fontes do direito societário norte-americano, vd. Alan R Palmiter, *Corporations: examples and explanations*, 8 e ss. Sobre os termos em que se desenrola esta concorrência regulatória (que pode, em alguns dos seus traços, ser reconhecida também no espaço europeu, sobretudo na última década com o crescente abandono, muito por pressão do ECJ, das regras de *siège rèel/Sitztheorie*, e com importantes ingredientes de tributação comparada) e quais as suas mais relevantes variáveis, vd. Ofer Eldar e Lorenzo Magnolfi, "Regulatory Competition and the Market for Corporate Law", *American Economic Journal* (2020); Mark J Roe, "Regulatory competition in making corporate law in the United States—and its limits", *Oxford Review of Economic Policy* (2005).

[652] Entendemos a afirmação – embora simplificada – como estando, no essencial, ainda hoje, correta. Assinale-se, em todo o caso, que, primeiro, existem diversas matérias de fronteira que, por natureza, são objeto de regulação aos dois níveis – o regime de registo de valores mobiliários é óbvio exemplo – e, segundo, que é recorrente a discussão sobre a maior ou menor *federalização* do direito societário, assim diminuindo a concorrência regulatória, e sobre a maior ou menor *estadualização* da regulação financeira, assim aumentando a concorrência regulatória (numa dimensão mais alargada do que ocorre ao nível societário, já que se refere a concorrência entre os estados, incluindo o *District of Columbia*, e entre os estados e a SEC). Neste segundo universo, um dos mais importantes contributos é de Roberta Romano, "Empowering investors: a market approach to securities regulation".

as Sociedades Anónimas e que foi elaborado pela ABA como tentativa de construção de um modelo de coordenação e orientação para os vários estados; não tem força de lei, sendo antes um modelo de regulação que é posto à disposição dos estados para, querendo, adotar os seus normativos, tendo sido já adotado por 24 estados (na verdade, foi adotado parcialmente nos restantes estados ou, pelo menos, serviu de inspiração direta para a regulamentação adotada). Refira-se por fim que o texto vai sendo sucessivamente atualizado e revisto, datando a primeira versão de 1946, com revisões sucessivas em 1950, 1960, 1969, 1984 e 2016[653]. Estas últimas duas versões são as que serviram de referência à elaboração das leis sobre sociedades comerciais nos vários estados, sendo por isso os textos de referência na compreensão das linhas estruturantes do direito societário norte-americano.

É incontestável a relevância das várias versões do MBCA como modelo de referência de vários ordenamentos estaduais nos Estados Unidos. Dito isto, cabe salientar que alguns dos estados com regulamentação mais marcante e com maior relevância pelo número de sociedades aí constituídas e pela sua importância – o Delaware[654] (assim como, apesar de tudo em menor medida, os estados da Califórnia e de Nova Iorque) é disso exemplo – são aqueles que mais se afastam do modelo de referência do MBCA, não deixando de incorporar a sua própria tradição de regulação societária. Deste modo, não sendo possível a análise das regras vigentes em cada estado, a única forma

[653] A versão de 1946 do MBCA foi precedida de outras tentativas de construção de modelos semelhantes que, no entanto, fracassaram – é o caso do *Uniform Business Corporation Act* de 1928 (da responsabilidade da *National Conference of Commissioners on Uniform State Laws).* Cabe ainda referir que, por razões fáceis de entender, a relação entre cada versão do MBCA e as leis de cada estado tem algum distanciamento temporal, sendo que recentemente ainda alguns estados baseavam as suas regras na versão de 1969, enquanto hoje serão provavelmente mais os estados que usam a versão de 1984 do que aqueles que usam a versão de 2016.

[654] As origens do MBCA surgem em manifesta contraposição com as regras de direito societário de *Delaware (Delaware General Corporation Law* ou DGCL), consideradas até então a mais importante, ou até a única, fonte material de direito societário a atender na compreensão das regras aplicáveis nos EUA. E é por isso que, durante as décadas de 50 e 60, assistimos a sistemáticas contraposições entre os dois ordenamentos com o intuito final, sobretudo daqueles mais próximos do MBCA, de afirmar a superioridade destas regras sobre o sistema de Delaware. Com os anos, os dois sistemas aproximaram-se e hoje são incontestáveis quer os contributos do ordenamento de Delaware para o MBCA, quer a proximidade final entre os dois conjuntos de regras (apesar, note-se, de diferenças significativas). Voltaremos a este ponto mais especificamente a propósito da criação de ações com direito de voto desigual. Jeffrey M Gorris, Lawrence A Hamermesh et al., "Delaware corporate law and the Model Business Corporation Act: A study in symbiosis", *Law and Contemporary Problems* 74, no. 1 (2011).

razoável de compreender o regime societário das *multiple voting rights shares* é olhar para as regras do MBCA (em particular, para a versão de 2016), não deixando de ter alguma perspetiva sobre as regras aplicáveis em alguns dos referidos estados que se afastam desse modelo.

II. A secção 6 do MBCA, sob a epígrafe *Shares and Distributions*, contém as regras relevantes para a compreensão da matéria que nos ocupa. Dessas regras destaca-se desde logo a enorme flexibilidade que o regime outorga nas suas regras sobre criação de classes ou séries de ações[655]. Resulta do § 6.01 a regra básica de onde emerge, primeiro, a necessidade de a matéria ser objeto de tratamento nos estatutos[656] e, segundo, a homogeneidade e fungibilidade internas das ações emitidas dentro de cada classe e a obrigação de assegurar uma denominação distintiva[657].

Daqui resulta então um regime com enorme flexibilidade e liberdade na constituição de classes e séries de ações com direitos de voto especiais

[655] O MBCA trata atualmente os conceitos de *classe* e *série* de ações como razoavelmente sinónimas, assumindo que as *classes* de ações correspondem a grupos mais abrangentes, dentro das quais as *séries* se organizam. É esse o sentido da regra do § 6.01 quando refere que *"the articles of incorporation must set forth any classes of shares and series of shares within a class"*. A diferença acaba, no entanto, por ter um sentido mais taxinómico ou organizativo do que material (muito embora se possa atribuir algum sentido material, na medida em que várias séries tenham homogeneidade de posições que permita tratar questões parcelares, aquelas por relação à qual a homogeneidade se estabelece, como um único grupo), pois as classes, tal como as séries, correspondem a grupos de posições homogéneas (não interessando tanto se estes grupos se organizam de forma autónoma ou em grupos mais abrangentes). Não foi sempre assim, já que o conceito usado tradicionalmente, antes da década de 80, era de *classe* de ações. Outros sistemas acabam por usar os conceitos de forma diferente, como é o caso próximo do direito espanhol que qualifica como fazendo parte de uma mesma classe as ações com direitos e obrigações semelhantes e de uma mesma série as ações com valor nominal semelhante.

[656] Dito de outra forma, o regime que vigora na ausência de previsão especial assume que todas as ações conferem uma posição de socialidade homogénea.

[657] *"The articles of incorporation must set forth any classes of shares and series of shares within a class, and the number of shares of each class and series, that the corporation is authorized to issue. If more than one class or series of shares is authorized, the articles of incorporation must prescribe a distinguishing designation for each class or series and, before the issuance of shares of a class or series, describe the terms, including the preferences, rights, and limitations, of that class or series. Except to the extent varied as permitted by this section, all shares of a class or series must have terms, including preferences, rights, and limitations, that are identical with those of other shares of the same class or series"*. Em particular, no que diz respeito à criação de classes de ações com voto especial, as regras são de enorme liberdade. Nos termos da alínea (b.1) do mesmo número *"the articles of incorporation must authorize: one or more classes or series of shares that together have full voting rights"; e nos termos da alínea (c.1) do mesmo número (c) "the articles of incorporation may authorize one or more classes or series of shares that: have special, conditional, or limited voting rights, or no right to vote, except to the extent otherwise provided by this Act"*.

(na verdade, a liberdade de configuração da posição de socialidade conferida pela ação vai muito para além dos direitos políticos, como verificaremos de seguida) que, tendo as suas raízes em momento anterior, é plenamente herdado da versão de 1984 das regras[658]. Sendo prevista apenas uma classe de ações, com direitos de voto e direitos patrimoniais homogéneos, é entendido que essas ações têm direitos semelhantes – são as ações comumente referidas como *common shares* (muito embora o regime não exija que as mesmas sejam objeto de qualquer designação específica). Existindo ações que se distinguem no que respeita ao conteúdo da posição de socialidade (*preferences, rights and limitations*), as mesmas são organizadas em grupos homogéneos de classes ou séries de ações, devendo a posição específica ser cabalmente descrita por forma a não pôr em causa a percetibilidade dos direitos políticos e patrimoniais atribuídos às ações em causa[659].

O sistema assenta ainda no pilar constante da alínea 6.01(b) segundo o qual todas as sociedades devem prever a emissão de ações que tenham a dupla caraterística de dotarem o seu titular de plenos direitos de voto (*full voting rights*) e direito à quota de liquidação[660], sendo certo que não é sequer

---

[658] Alguns autores escrevem que a liberdade de estruturação destas classes de ações é ampla, apenas sendo limitada pela necessidade de observar a distinção entre ações e instrumentos de dívida. James D Cox, *Cox & Hazen On Corporations*, 1135. Teremos ocasião de verificar que é, de facto, assim, na economia do MBCA; mas que várias legislações estaduais, incluindo Delaware, vão ao ponto de esbater esse ponto de qualificação.

[659] O regime é distintamente construído numa base objetiva, sendo claro que a definição da posição do acionista resulta da configuração jurídica das ações por ele detidas e não de caraterísticas subjetivas. Parece, assim, que a configuração do sistema é semelhante ao que acontece em Portugal, em que os direitos especiais só podem ser atribuídos a categorias de ações e transmitem-se com estas (art. 24.4 do CSC), não podendo resultar da posição subjetiva do acionista. O § 6.01(e) introduz, no entanto, uma forte abertura à variabilidade de direitos por condições subjetivas (assim como o § 6.24(b), aqui em sede de direitos de subscrição) ao estipular que os estatutos podem permitir a criação de classes ou séries de ações cujos termos variem entre os detentores da mesma classe ou série de ações. De acordo com o Comentário Oficial sobre essas regras, um exemplo de tal variabilidade de direitos seria a consagração de uma estipulação segundo a qual um Banco (ou a *holding* de um Banco) que detenha mais de certa percentagem de ações seria desprovido (total ou parcialmente) dos seus direitos de voto. A aproximação a uma regra de *voting cap* é irresistível; sem prejuízo, a introdução do elemento subjetivo – que é confirmado pelo Comentário Oficial – leva o tema muito para além do que seria uma mera regra de *voting cap*.

[660] O sentido da regra é claramente assegurar que numa sociedade existam sempre acionistas com direito de voto para garantir a *função acionista* no equilíbrio de governo societário e, em particular, para eleger o conselho de administração, e que existam sempre acionistas que tenham direito a receber a quota de liquidação, assim se assegurando o sentido final patrimonial da posição. Daqui emergem duas decorrências. A primeira é que o conceito de *common stock* ou *common shares,*

necessário que estes direitos estejam reunidos no mesmo grupo homogéneo de ações, podendo estar divididos como os acionistas entendam. Direitos de voto plenos (*full voting rights*) refere-se ao direito a votar em todas as matérias para as quais a lei ou os estatutos requerem o voto dos acionistas e não tanto ao número de votos atribuídos a cada ação.

A alínea 6.01(c) providencia uma lista exemplificativa das caraterísticas que podem ser associadas à criação de classes de ações através das ditas *preferences, rights and limitations,* lista essa que cobre matérias como a convertibilidade dos títulos, a sua remissão, a associação de elementos da posição de socialidade a condições ou termos, etc. A lista é, como referido, meramente exemplificativa e dá aos acionistas uma latitude quase total na configuração da posição jurídica associada a cada classe de ações. No que ao direito de voto respeita, a liberdade conferida aos acionistas é enorme, já que as ações podem conferir direitos privilegiados ou fracionados sem qualquer limitação, podendo ainda ser emitidas ações de qualquer classe sem direito de voto *"except to the extent otherwise provided by this Act"*, o que mais não se refere que àqueles casos em que as ações sem voto são chamadas a votar em assembleia especial (parágrafos 7.26 e 10.04). Por fim, os direitos de voto e a sua efetiva modulação podem ser condicionados a eventos determinados sem especiais limitações.

Não é anormal que as classes especiais de ações representem grupos de ações com direitos patrimoniais ou políticos diminuídos face às demais ações; e não é anormal que, apesar de assim ser, as ações sejam chamadas *preferred stock.* Ocorre até, embora residualmente, que a configuração patrimonial destas ações as aproxime dos instrumentos de dívida – aquilo que alguma doutrina designa como *compromise securities.* É assim naqueles casos em que as ações atribuam um dividendo ou uma taxa de juro (muitas vezes implícita) fixa ou, ainda, naqueles casos em que os direitos à quota de liquidação são também limitados, situações em que, manifestamente, estes acionistas não podem ser qualificados, sob circunstância nenhuma, como credores residuais[661].

continuando a ser usado pela generalidade da doutrina, está afastado da atual versão do MBCA, uma vez que estas duas caraterísticas podem estar divididas em diferentes classes de ações; é um conceito mais relativo – uma ou mais classes de ações, pelas suas caraterísticas, será assim qualificada por comparação com as demais – que absoluto. Segunda nota, para assinalar que a regra não assume que essa função patrimonial seja assegurada pelo direito a receber dividendos, aceitando-se assim de forma evidente que uma sociedade comercial não tenha qualquer acionista com direito a receber dividendos (desde que esse sentido patrimonial da participação seja garantido pelo direito à quota de liquidação).

[661] James D Cox, *Cox & Hazen On Corporations,* 1135; Lawrence E Mitchell, "The Puzzling Paradox of Preferred Stock (And Why We Should Care About It)", *The Business Lawyer* (1996). Percebe-se

Sendo certo que a emissão de ações de classe ou série especiais, assim como a definição do seu concreto conteúdo, cabem, em termos finais aos acionistas, o MBCA reserva para os administradores um papel relevante. Isto porque o § 6.02 deixa claro que, se os estatutos o permitirem, o conselho de administração pode ser autorizado, sem necessidade de aprovação ulterior dos acionistas, a classificar quaisquer ações ainda não emitidas numa ou mais classes ou séries; a reclassificar ações ainda não emitidas de qualquer classe ou série em uma ou mais classes ou séries. Daqui resulta então que os poderes dos administradores, dependendo do que haja sido estipulado nos estatutos, poderão oscilar entre a mera emissão de classes ou séries de ações dentro da configuração já estabelecida pelos estatutos e o poder mais radical de estabelecer os termos e condições da posição de socialidade das ações a emitir – aquilo que se designa habitualmente como *blank stock* ou *blank check preferred stock*[662].

III. As regras aplicáveis a esta matéria nos termos do § 151º do *Delaware General Corporation Law* (com a epígrafe *classes and series of stock; redemption; rights*), sendo diferentes na forma, aproximam-se muito na substância[663].

por isso que o problema da proibição de atribuição do direito de voto a outros valores mobiliários para além das ações, como estipulado pelo MBCA, ou a maior liberdade neste tema que é conferida por regras como as de Delaware, seja um problema com menor relevância do que aparenta numa primeira análise. Existe aliás muita jurisprudência que qualifica os direitos dos acionistas de classes especiais – os titulares de *preferred stock* (por vezes referidos como titulares de *guaranteed stock*, expressão que melhor descreve a sua posição híbrida) – como titulares de direitos de base contratual que os ligam à sociedade. Tudo isto afasta determinantemente estes acionistas da visão clássica de credores residuais.

[662] A previsão de emissão destas ações funciona como eficaz medida preventiva de *takeover* (porque o mero facto de saber que a administração tem este poder na sua mão limita fortemente a probabilidade de sucesso de uma tomada hostil de controlo) e como medida *anti-takeover* (já que permite à administração reagir com uma arma muito poderosa que pode, além do mais, ser associada à entrada de outro acionista, com poderes especiais, no capital da sociedade). Pode além do mais gerar uma *poison pill* que agrava significativamente os custos da aquisição. Naturalmente que só assim será na medida em que não seja aplicável uma limitação aos poderes da administração correspondentes à *neutrality rule* ou a regra semelhante. Sobre os limites para este tipo de emissão, vd. James D Cox, *Cox & Hazen On Corporations*, 1138 e ss.

[663] Este § 151 do *Delaware General Corporation Law* (em coordenação com os §§ 152º, 153º, 157º, 161º e 166º) deixa claro o papel central que em *Delaware* é atribuído ao conselho de administração para, nos limites fixados pelos estatutos, determinar a estrutura de capital da sociedade comercial. Este papel central alarga-se também à própria estruturação da posição de socialidade inerente às ações emitidas. Vd. R Franklin Balotti e Jesse A Finkelstein, *Delaware law of corporations and business organizations: statutory deskbook 2009*, vol. 4 (Aspen Publishers Online, 2008), 149.

De acordo com a alínea (a) dessa regra, as sociedades comerciais podem livremente emitir uma ou mais classes de ações, ou uma ou mais séries de ações dentro de cada classe, podendo estas ter valor nominal ou ser emitidas sem valor nominal e, no que ao voto respeita, com direitos de voto plenos ou limitados e com a configuração de direitos que conste dos estatutos da sociedade. O princípio é assim, de novo, de enorme liberdade na configuração do modelamento dos direitos políticos associados à ação. A mesma alínea (a) vai ainda mais longe quando dispõe que a configuração jurídica dos direitos associados à ação pode ainda ficar dependente de factos externos, ou seja, de condições ou termos.

A liberdade de configuração da posição de socialidade não se restringe aos direitos políticos associados à ação e, em particular, ao direito de voto, alargando-se para outras matérias como os direitos patrimoniais, seja o direito ao dividendo, seja o direito à quota de liquidação, opções de remissão e conversão, etc. Aqui, tal como já acontecia em relação ao MBCA, a preocupação central prende-se mais com a cognoscibilidade da posição associada à ação do que na criação de limitações à configuração de tal posição, dispondo a alínea (f) que a emissão de diferentes classes ou séries de ações pressupõe o sumário de tal posição no certificado da ação e a prestação de um conjunto de regras de informação ao titular da participação[664].

IV. Uma diferença relevante entre o MBCA e o *Delaware General Corporation Law* refere-se ao tipo de instrumento financeiro ao qual pode o direito de voto ser atribuído. Como se escreve na parte final da alínea (a) do § 7.21 do MBCA, "*only shares are entitled to vote*". Daqui resulta que, na economia do MBCA, as únicas formas de fazer os titulares de outros instrumentos participar no processo de votação passa pela associação de direitos de conversão ou subscrição de ações ou pela implementação de outras soluções, como os *voting trusts* ou as *irrevocable proxies*; será, no entanto, sempre em virtude da titularidade de ações que o credor participa no processo de votação. Já no

[664] Existe, aliás, relevante jurisprudência sobre os efeitos que a cognoscibilidade da posição atribuída às ações importa para a correta e lícita construção de tal posição, sendo que se entende geralmente que a especialidade da posição não é reconhecida quando a mesma não seja cognoscível ou não seja razoavelmente cognoscível. Este parece ser um problema menor, mas, na verdade, não é, desde logo porque não é de anormal que uma sociedade tenha muitas, por vezes dezenas, classes de ações, emitidas em momentos diferentes, e que por isso usam linguagem diferente para descrever os direitos atribuídos à posição. R Franklin Balotti e Jesse A Finkelstein, *Delaware law of corporations and business organizations: statutory deskbook 2009*, 4, 150.

Delaware General Corporation Law, se é certo que o § 151º associa de forma explícita o direito de voto às ações, o § 221º deixa claro que *"every corporation may in its certificate of incorporation confer upon the holders of any bonds, debentures or other obligations issued or to be issued by the corporation the power to vote in respect to the corporate affairs and management of the corporation to the extent and in the manner provided in the certificate of incorporation (...)"*[665]. É esta regra, e outras semelhantes previstas em ordenamentos estaduais[666], que permite a criação de valores mobiliários híbridos como são as *voting bonds*, obrigações às quais está associado o direito de voto em matérias como por exemplo a nomeação dos administradores.

O debate sobre a possibilidade de atribuição de direitos de voto a credores sociais e, mais em particular, aos titulares de obrigações, é clássico, e vem pelo menos desde as primeiras décadas do século XX[667]. De um lado estão aqueles que aproximam a posição dos obrigacionistas àquela dos acionistas preferenciais sem voto e que, numa grande uniformidade de regimes, sabem ser-lhes atribuído o voto se os termos e condições da sua posição privilegiada não forem pontualmente cumpridos; tal como os acionistas preferenciais, os obrigacionistas deveriam ter semelhante direito, pelo menos na medida em que os termos da sua posição credora sejam incumpridos pela sociedade ou estejam em forte risco de ser incumpridos. Apoiam-se ainda no sentido de existir representatividade no conselho daqueles que, por não terem garantias reais, sofram riscos de expropriação que possam afetar de forma significativa a

[665] Não é fácil, pelos quadros de compreensão que usamos, classificar a posição dos obrigacionistas aos quais é conferido direito de voto e essas dificuldades sentem-se nos próprios quadros do direito norte-americano. O § 221º refere, aliás, que estes credores sociais *"shall be deemed to be stockholders, and their bonds, debentures or other obligations shall be deemed to be shares of stock, for the purpose of any provision of this chapter which requires the vote of stockholders as a prerequisite to any corporate action"*. R Franklin Balotti e Jesse A Finkelstein, *Delaware law of corporations and business organizations: statutory deskbook 2009*, 4

[666] Por exemplo, a alínea (c) do § 518º da New York Business Corporation Law dispõe: *"a corporation may, in its certificate of incorporation, confer upon the holders of any bonds issued or to be issued by the corporation, rights to inspect the corporate books and records and to vote in the election of directors and on any other matters on which shareholders of the corporation may vote"*. Já fizemos referência a outras regras que conferem direitos de voto a credores, embora o restrinjam a situações específicas. É o caso do §204(a)(7) do *California Corporation Code* que permite atribuir direitos de voto aos credores, mas apenas em caso de incumprimento pela sociedade das obrigações assumidas.

[667] Arthur Stone Dewing, *The financial policy of corporations*, vol. 1 (Ronald Press, 1920); John Evarts Tracy, "The Problem of Granting Voting Rights to Bondholders", *U. Chi. LR* 2, no. 2 (1935).

posição de solvabilidade do devedor[668] e que, por isso, justificam a necessidade de ter a proteção conferida pelo voto e pela representação no conselho[669]. De outro lado, temos a visão clássica que distingue a posição dos acionistas como credores residuais da sociedade e a daqueles outros credores, como os obrigacionistas, que têm uma pretensão habitualmente fixa; a atribuição de voto aos segundos criaria incentivos deslocados e conflituantes, uma vez que quem visa proteger a renda fixa não tem incentivo para assumir riscos para além dos necessários ao cumprimento das obrigações estabelecidas, sendo mesmo questionado se é funcionalmente justificável a atribuição de voto a quem já tem a proteção que resulta da fixação dos termos da posição credora[670].

Cabe assinalar que, apesar da abertura dada por diversas legislações estaduais para a atribuição de direitos de voto aos credores obrigacionistas, são raros os casos registados em que uma previsão deste tipo é usada. Várias razões, de diferente natureza, concorrem para isso. Primeiro, porque a tomada de controlo de uma empresa em dificuldades económicas por parte dos credores obrigacionistas, ainda que em coordenação com os acionistas, coloca os primeiros numa posição jurídica de exposição a responsabilidade[671]. Segundo, porque o risco de insolvência agrava a posição jurídica destes obrigacionistas votantes, em particular nos casos em que os mesmos tenham representação no conselho de administração[672].

---

[668] O argumento é apenas relevante quando estamos perante obrigações sem garantia e que, por isso, fazem com que os credores obrigacionistas concorram *pari passu* com outros credores não garantidos. Já não será assim, ou pelo menos não será exatamente assim, se estivermos perante obrigações com um colateral real como, por exemplo, as obrigações hipotecárias.

[669] Oliver E Williamson, "Corporate Governance", *Yale LJ* 93 (1984).

[670] Frank H Easterbrook e Daniel R Fischel, "Voting in corporate law".

[671] Existe um conjunto relevante de particularidades no regime norte-americano que fazem com que este tipo de abordagem pelos credores seja bem mais dificultado que em outras jurisdições; isto reflete-se em especial – independentemente do problema mais genérico de atribuição de direitos de voto a não acionistas – na representação dos Bancos nos conselhos de administração. Vd. Randall S Kroszner e Philip E Strahan, "Bankers on boards: monitoring, conflicts of interest, and lender liability", *Journal of Financial Economics* 62, no. 3 (2001); James E McNulty, "Finance theory, lender liability, and the value of banking relationships: A survey and interpretation", *QJE* (2002).

[672] Os administradores designados pelos obrigacionistas seriam considerados *insiders* pelas regras federais sobre falências, o que, em termos efetivos, gera responsabilidade dessas pessoas por informações falsas ou erróneas prestadas pela sociedade e, mais importante, implica limitações relevantes por referência a transações feitas com património da sociedade e fará com que na maioria dos casos os créditos reclamados pelos obrigacionistas sejam qualificados como subordinados. Vd. Morey W McDaniel, "Bondholders and corporate governance", *The Business Lawyer* (1986), 441.

18.2. *A experiência inglesa*

18.2.1. *As origens do sistema britânico*

I. Assim como aconteceu em outros sistemas jurídicos, o tratamento do direito de voto dos acionistas sofreu, no espaço anglo-saxónico, fortes mutações ao longo do tempo. Apesar disso, é inegável que, quando comparado com o que ocorreu em outras jurisdições, a evolução do regime teve alguma coerência interna e, sobretudo, navegou menos ao sabor dos ventos circunstanciais causados pelas pressões macroeconómicas.

Nas primeiras sociedades anónimas constituídas em território britânico, era atribuído um voto a cada acionista. Era o que acontecia, por exemplo, na East India Company, onde cada acionista, independentemente da participação, tinha um voto, o qual era considerado como tendo uma natureza *intituito personae,* razão pela qual não podia ser delegado e tinha de ser exercido pessoalmente[673]. Com a evolução da natureza da *joint stock company,* a ação começou a ganhar relevo na regulação. E é assim que, primeiro, se limita o voto a sócios com uma participação mínima e, depois, se adotam sistemas com tetos progressivos[674]. No século XVIII, o sistema supletivo era ainda o de

[673] Vd. Colin Arthur Cooke, *Cooperation trust and company: An essay in legal history*, 73. Deve ser assinalado que, ainda hoje, parte muito relevante dos estatutos das sociedades britânicas dispõem que as votações devem ser feitas por *show of hands,* ou seja, contando um voto por acionista, a não ser que seja requerida a votação por *poll,* contando efetivamente os votos de cada acionista em função da sua participação. Trata-se de uma prática muito criticada em várias instâncias e que gera problemas de funcionamento relevantes (um dos quais é a determinação de quem, e em que circunstâncias, tem o direito de requerer a votação em *poll).* Apesar da existência desta singular prática, e do facto de a mesma ser mais corrente (mesmo em grandes sociedades anónimas e sociedades cotadas) do que à partida se esperaria, parece é sobretudo uma reminiscência da tradição e não revela nada de material sobre a repartição do voto em função do capital. Vd. Paul Davies e Sarah Worthington, *Gower's Principles of Modern Company Law*, 448-450 e 790-791.

[674] O art. 75º do *Companies Clauses Act* de 1845 dispunha que, na ausência de disposição em sentido contrário, cada ação conferia um direito de voto até aos dez votos, um voto por cada cinco ações até aos cem votos e um voto por cada dez ações detidas acima de cem. Há, no entanto, múltiplos registos de fraude às regras, ilidindo a aplicação do escalonamento do poder de voto. Isso faz com que, ainda hoje, sendo possível estipular cláusulas de escalonamento de votos, seja raro encontrar estipulações desse tipo. Paul Davies e Sarah Worthington, *Gower's Principles of Modern Company Law*, 790; Graeme G Acheson, Gareth Campbell et al., "Corporate ownership, control, and firm performance in Victorian Britain", 13-14; Gareth Campbell e John D Turner, "Substitutes for legal protection: corporate governance and dividends in Victorian Britain 1", *The Economic History Review* 64, no. 2 (2011).

atribuição de um voto a cada acionista, mas eram cada vez mais as sociedades que adotavam regras de atribuição de votos em proporção com as ações[675].

II. As bases do sistema vigente – em que a regra supletiva é a de proporcionalidade entre o capital detido e os votos, mas em que a autonomia privada tem um papel fundamental[676] – estão por isso delineadas há bem mais de um século.

18.2.2. O Companies Act

I. O *Companies Act* confere aos acionistas uma enorme liberdade na fixação do conteúdo da posição de socialidade inerente a cada classe de ações[677]. Será, aliás, com muita probabilidade, um dos enquadramentos mais liberais. É, no entanto, interessante verificar que, em particular nas sociedades cotadas, esta liberdade é sobretudo usada na configuração dos direitos patrimoniais[678],

---

[675] Por exemplo, os estatutos da Greenland Company atribuíam um voto a cada acionista com uma participação de £ 500 e dois votos a cada acionista com participação de £ 1000 (ou superior). Mesmo nos casos em que era atribuído um voto por cabeça, há registo de diversas tentativas de contornar a limitação por via da divisão da participação e da sua detenção por partes concertadas. Isto veio a provocar uma intervenção legislativa que visava limitar a prática. Colin Arthur Cooke, *Cooperation trust and company: An essay in legal history*, 74-75.

[676] Não há qualquer questão, hoje, sobre a licitude da alteração de estatutos que vise a criação de ações com direitos preferenciais, mas, durante muito tempo, não era assim. Entendeu-se até ao final do século XIX (na verdade, até ao caso Andrews v. Gas Meter Co, em 1897) que ou a sociedade previa ações preferenciais desde o momento da constituição ou, não sendo o caso, não podia alterar os estatutos para o prever sem que obtivesse unanimidade dos votos. É uma discussão que tem muitos paralelos com aquela que foi tida em Portugal a propósito da possibilidade de constituição direitos preferenciais no âmbito do Código de 1888 e que, no essencial, ainda se mantém hoje. Paul Davies e Sarah Worthington, *Gower's Principles of Modern Company Law*, 791-792.

[677] Em 1962, o Jenkins Committee on Company Law ponderou a proibição de ações com votos desiguais, mas a opção final foi no sentido da manutenção da regra vigente por se entender que a proibição seria uma ingerência no espaço de liberdade dos acionistas. O texto final do Relatório dá conta disso – *"some said that risk-bearing shares should carry votes proportionate to their interest; others that freedom of contract could not be interfered with and that there was a price for everything, including non-voting shares. The Committee had given no opinion upon the merits of those arguments. The majority were against legislation but recommended additional rights for shareholders"* (https://www.jstor.org/stable/41139654).

[678] Os resgates, em 2008/2009, do Lloyds Bank e do Royal Bank of Scotland e a combinação de ações ordinárias e preferenciais que foram subscritas pelo Estado inglês são disso bons exemplos. Uma das séries de ações emitidas pelo Lloyds tinha os seguintes termos – *"non-cumulative preferential dividends will accrue on the Preference Shares at a rate of 9,25 per cent per annum on the liquidation preference of £ 1 per Preference Share from (and including) the Issue Date, and will be payable semi-annually in equal instalments in arrears on 31 May and 30 November in each year. Dividends will be paid only to the extent that payment*

sendo que a emissão de classes de ações com distintos direitos de voto, apesar de lícita, é pouco corrente.

Cabe começar por assinalar que as designadas ações ordinárias são sobretudo qualificadas pela atribuição de direitos patrimoniais residuais, ou seja, de direitos subordinados aos dos acionistas preferenciais. A ação ordinária é assim uma ação que confere ao seu titular plenos direitos de participação por relação com o capital social – pensamos em particular no direito a quinhoar na quota de liquidação – e com os dividendos[679]. Por contraposição, no que ao direito de voto respeita, e apesar de normalmente as ações ordinárias atribuírem direitos de voto homogéneos – um voto por ação ou um voto por um número superior de ações –, nada obsta a que existam diferentes classes de acionistas ordinários com direitos de voto distintos entre si[680].

Por seu turno, os acionistas preferenciais são assim qualificados pelo facto de terem um direito prioritário ao dividendo[681], cujo conteúdo pode variar,

---

of the same can be made out of profits of the Company available for Distributions and permitted by law to be distributed as at each Dividend Payment Date". Existem muitas variações, sobretudo, mas não apenas, na área bancária. Ferran e Ho, Principles of corporate finance law, 128. A contraposição com a prática norte-americana, onde as variações de classes de ações tratam sobretudo de matérias políticas e de diferentes calibres do direito de voto, é irresistível.

679 560(1) do *Companies Act. Eilís Ferran e Look Chan Ho, Principles of corporate finance law* 130 e ss. Na verdade, podemos ir mais longe e referirmo-nos, mais em geral, a direitos patrimoniais – *default capital rights* e *default dividend rights*. Para uma súmula dos principais padrões de interpretação hoje aceites no direito societário inglês vd. Paul Davies e Sarah Worthington, *Gower's Principles of Modern Company Law*, 794-795.

680 Em rigor, podem até ser emitidas ações ordinárias – no sentido referido, ou seja, com direitos ao dividendo subordinados aos dos acionistas preferenciais – sem direito de voto, muito embora se trate de situação pouco comum na prática britânica. Numa obra clássica, Pennington refere-se a estas ações da seguinte forma – *"even more of a misshapen monster is the voteless ordinary share, usually labelled as a Class 'A' ordinary share to distinguish it from the real ordinary shares which do carry votes"*. Robert R. Pennington, *The Investor and the Law*, 422. Vd. ainda Robert R Pennington, *Company law* (Butterworths, 1990), 204 e ss. Repita-se que, como demonstram diversos estudos empíricos, apesar da enorme liberdade conferida pelo sistema britânico, a existência de diferentes classes de ações com votos desiguais não é uma solução popular em Inglaterra. Eilís Ferran e Look Chan Ho, *Principles of corporate finance law*, 46; Brenda M. Hannigan, *Company Law* (Oxford UP, 2018), 395.

681 O direito é prioritário perante os acionistas ordinários. Não é, obviamente, prioritário perante outros credores e depende sempre da existência de resultados distribuíveis. Não sendo declarado resultado distribuível que permita o pagamento aos acionistas preferenciais, é normal que os direitos diminuídos que habitualmente estão associados à emissão – em particular direitos de voto – sejam equiparados aos dos demais acionistas. Mas isto dependerá sobretudo da interpretação das condições de emissão. Eilís Ferran e Look Chan Ho, *Principles of corporate finance law* 136 e ss. C Alan Dignam e John Lowry, *Company Law* (Oxford UP, 2020), 176 e ss. Cabe ainda notar que é geralmente entendido que as ações preferenciais asseguram um direito prioritário ao dividendo ainda que as

sem que existam especiais restrições. Não raramente esse conteúdo é fixado (seja num valor absoluto, seja numa percentagem do investimento), assim transformando o acionista num investidor híbrido entre a posição do acionista e a posição do credor. Por outro lado, o direito preferencial ao dividendo pode ser cumulativo, caso em que o não pagamento integral do dividendo preferencial gera um crédito do acionista que é transportado para os exercícios seguintes, ou não cumulativo. Este último tipo é mais raro e entende-se normalmente que apenas será qualificado o direito como não cumulativo perante previsão expressa nesse sentido[682]. Por outro lado, é corrente que esse direito prioritário ao dividendo se reflita num direito prioritário à quota de liquidação. No que aos direitos de voto respeita, sendo habitual que os acionistas preferenciais tenham direitos de voto diminuídos – em rigor, é habitual um de três cenários, que passam pela não atribuição de direitos de voto a estas ações, pela atribuição de direitos de voto apenas para certo tipo de deliberações e, cumulativa ou alternativamente, pela atribuição de votos plenos em caso de não pagamento durante um certo período do dividendo prioritário –, não há, de novo, nada que impeça solução diferente[683]. Existem algumas especialidades sobre a admissão à cotação de ações de classes diferentes[684].

condições de emissão não o estipulem expressamente. Daqui se retira, de igual modo, que a distinção entre ações ordinárias e ações preferenciais é feita a partir da estrutura dos direitos patrimoniais. Brenda M. Hannigan, *Company Law*, 399; Derek French, Christopher L Ryan et al., *Mayson, French & Ryan on company law*, 152-153; Alan Dignam e John Lowry, *Company Law*, 174 e ss. O direito inglês admite ainda outros graus de subordinação entre os acionistas. Primeiro, e desde logo, podem existir diferentes graus de prioridade entre os acionistas preferenciais. Segundo, as *deferred shares*, também chamadas de *founders' shares*, são emitidas como ações com direitos restritos, já que os seus titulares apenas recebem uma parte dos resultados do exercício após o pagamento aos acionistas ordinários (que, por isso, quando ações ordinárias conviviam com *deferred shares*, recebiam por vezes a designação extravagante de detentores de *ordinary preferred stock* – Hugh Goitein, *Company law* (HeinOnline, 1960), 80). Apesar de se perceber a aparente estranheza da solução, que equipara os fundadores a acionistas subordinados, trata-se de uma mera forma de atração de investidores que não apenas, por um lado, subalternizava os fundadores, como, na maioria das vezes, dava aos titulares destas ações uma maior proporção dos resultados do exercício (sendo estes em montante suficiente para pagar a todos os acionistas). Derek French, Christopher L Ryan et al., *Mayson, French & Ryan on company law*, 153; Robert R Pennington, *Company law*, 206 e ss.

682 Robert R Pennington, *Company law*, 209.

683 Brenda M. Hannigan, *Company Law*, 395-396; Eilís Ferran e Look Chan Ho, *Principles of corporate finance law*, 50; Stephen Davies, Nicholas Briggs et al., "Modern law of meetings," (Bristol: Jordans, 2005), 93-94.

684 A relação da bolsa inglesa com ações sem voto e com ações com classes de ações com diferentes votos é um tema já com muitas décadas. Vd. por exemplo Robert R. Pennington, *The Investor and the Law*, 423.

Assim, no direito inglês, os direitos de voto atribuídos por cada ação dependem estritamente das regras estatutárias estipuladas, sendo fixada uma regra supletiva para a situação, rara, em que os estatutos nada disponham sobre o assunto – de acordo com as secções 284(3) e 284(1) do *Companies Act* (2006), na falta de estipulação em sentido diferente, é atribuído um voto a cada participação com o valor nominal de £ 10[685], pelo que, tal como acontece com a generalidade das jurisdições, o princípio supletivo é de proporcionalidade entre direitos de voto e a participação de capital.

II. Fundamental na economia do sistema é, assim, a qualificação das classes de ações. De forma simples, se todas as ações corporizarem posições de socialidade homogéneas não cabe falar em classes de ações; se previrem posições jurídicas diferentes, seja, por exemplo, no que ao direito ao dividendo, à quota de liquidação ou ao voto respeita, cada grupo passará a formar uma classe.

Isto não significa, porém, que seja entendido que, na sociedade anónima, os direitos especiais apenas podem ser atribuídos a uma classe ou categoria de ações, como acontece entre nós na economia do CSC. Aceita-se, sobretudo desde a década de 80[686], que podem ser atribuídos direitos especiais a um

[685] Esta regra já constava do art. 370(6) da versão de 1985. Trata-se, no entanto, de regra supletiva com aplicação muito rara, pois serão poucos os estatutos que não disponham expressamente sobre os direitos de voto associados a cada classe de ações. Roberts Kosmin Leslie, *Company Meetings and Resolutions: Law, Practice, and Procedure* (Oxford UP, 2020), 183; Derek French, Christopher L Ryan et al., *Mayson, French & Ryan on company law*, 384; Brian R Cheffins, *Corporate ownership and control: British business transformed*, 30 e ss.

[686] *Cumbrian Newspapers Group Ltd v Cumberland and Westmorland Herald Co Ltd* é considerado o acórdão que alargou a noção de classe de ações que vigorava até então. No caso, um acionista subscreveu uma participação de 10% no capital da sociedade e, como parte das condições de emissão, os estatutos foram alterados por forma a conferir ao acionista, nominalmente, um conjunto de direitos especiais (no caso, direitos de preferência, direitos na transmissão de ações e direito de designar um administrador). Note-se que a emissão foi feita como forma de procurar evitar o sucesso de uma oferta de aquisição anunciada. Já na década de oitenta, cerca de vinte anos depois, a administração procurou cancelar esses direitos, alegando, precisamente, a sua natureza subjetiva (e as alterações introduzidas pelo art. 630 da versão de 2006 do *Companies Act)*, o que não foi aceite pelo Tribunal. A questão é especialmente relevante, não apenas pela natureza subjetiva dos direitos especiais, mas também porque, ao aceitar essa natureza subjetiva, o Tribunal entendeu que a supressão do direito precisava do consentimento do acionista titular (art. 630(4) – em rigor, de 75% dos votos da classe respetiva), e não apenas da maioria geral para alteração de estatutos. Brenda M. Hannigan, *Company Law*, 395-396; Geoffrey Morse e Sarah Worthington, *Palmer's company law: annotated guide to the Companies Act 2006* (Sweet & Maxwell, 2009), 497; Eilís Ferran e Look Chan Ho, *Principles of corporate finance law*, 143-144.

acionista, na qualidade de acionista, sem que os direitos estejam associados a uma classe especial de ações. Nestes casos, o acionista a quem o direito especial é nominalmente concedido será qualificado como uma *classe* separada de acionistas[687].

18.2.3. A admissão à cotação na LSE

A liberdade na configuração de sistemas de voto plural que é proporcionada pelo regime anglo-saxónico não tem correspondência no recurso a esse sistema pelas sociedades cotadas. No *Report on the Proportionality Principle in the European Union* de 2007, escreve-se: *"BP (Oil & Gas) is the only company in the sample featuring multiple voting rights, having issued 8% Cumulative First Preference Shares and 9% Cumulative Second Preference Share alongside the ordinary shares. Ordinary shares are about 99.7% of the total outstanding capital. The distortion of the one share – one vote principle is extremely limited as the multiple voting shares represent less than 0.06% of outstanding share capital and each of these preference shares actually has less voting rights than the ordinary share"*. É geralmente reconhecido que concorrem neste sentido diversas forças.

Concorre, desde logo, uma forte pressão do mercado, em particular dos investidores institucionais[688], e o peso da tradição de funcionamento do mercado organizado[689], o que leva vários autores a considerar que não se trata, pelo menos não se trata apenas, do resultado de opções regulatórias.

[687] Entende-se geralmente que estes direitos especiais, sem grandes limitações, podem incidir sobre o direito de voto; seja em termos gerais, seja a propósito de certas e determinadas deliberações ou tipos de deliberações. Vd. Robin Hollington, *Hollington on Shareholders' Rights* (Sweet & Maxwell, 2017), 47.

[688] Flora Huang, "Dual Class Shares Around the Top Global Financial Centres", 11, refere-se aos *superpoderes* destes investidores institucionais. Não pretendemos entrar em maior detalhe no tema, que tem variantes de grande complexidade, mas não se pode negar que os investidores institucionais sempre tiveram um peso maior no espaço anglo-saxónico do que em outros mercados e que esse peso tem vindo a aumentar nos últimos anos.

[689] Por isso se afirma geralmente que a presença em Inglaterra de poucas distorções ao princípio *one share, one vote,* não é resultado de opções regulatórias, mas uma solução *market driven. Paul Davies e Sarah Worthington, Gower's Principles of Modern Company Law,* 791. As forças de mercado serão certamente responsáveis por parte do efeito, mas dificilmente o explicam por completo, sobretudo quando vemos que em outros mercados, mesmo que tão ou mais profundos e dinâmicos que o britânico, esse efeito não é produzido (não sendo assim explicável que o desconto de preço que uma solução deste tipo implica se torne num, mas não no outro mercado, insuportável ou desincentivador para os promotores das operações de dispersão).

A verdade é que, até bem recentemente, não existia qualquer limitação regulamentar à admissão à cotação de ações com direitos de voto desiguais, o que apenas veio a ser alterado em 2014, com alterações às designadas *UK Listing Rules* para admissão ao mercado principal, o designado *premium market*. De acordo com o princípio 4, dispunha-se que *"where a listed company has more than one class of securities admitted to premium listing, the aggregate voting rights of the securities in each class should be broadly proportionate to the relative interests of those classes in the equity of the listed company"*[690]. Daqui resultava claro que, leia-se a regra como uma proibição de admissão de ações com voto plural à cotação com exceções, ou como uma regra de admissibilidade de voto plural com critérios[691], não existia qualquer obstáculo regulamentar intransponível para, mesmo no mercado principal da LSE[692], admitir ações com voto plural. A regra foi, no entanto, recentemente alterada, em dezembro de 2021, abrindo

---

[690] Este princípio é complementado pela regra (LR 7.2.4. G) que dá critérios para que seja verificado o cumprimento do princípio – *"In assessing whether the voting rights attaching to different classes of premium listed securities are proportionate for the purposes of Premium Listing Principle 4, the FCA will have regard to the following non-exhaustive list of factors: (1) the extent to which the rights of the classes differ other than their voting rights, for example with regard to dividend rights or entitlement to any surplus capital on winding up; (2) the extent of dispersion and relative liquidity of the classes; and/or (3) the commercial rationale for the difference in the rights"*. https://www.handbook.fca.org.uk/ Vd. Flora Huang, "Dual Class Shares Around the Top Global Financial Centres", 10-12; Bobby V Reddy, "Finding the British Google: relaxing the prohibition of dual-class stock from the premium-tier of the London Stock Exchange", *The Cambridge Law Journal* 79, no. 2 (2020), 9-16.

[691] Nuno Serrão Faria, "Dual-class shares: a governance battle between stock exchanges/The case of the UK", *RDS* (2019), 501 e ss., com diversas referências de interesse. A verdade é que as regras de 2014 não alteraram significativamente o panorama de sociedades com diferentes categorias de ações admitidas à cotação em Inglaterra, em qualquer dos sentidos. Isto tem, aliás, colocado a LSE sob uma forte pressão – à semelhança do que já ocorreu em outros locais – a propósito sobretudo da perda de sociedades tecnológicas para bolsas como a NYSE, o que já levou altos responsáveis governamentais ingleses a anunciarem que vai ser ponderada a revisão do regime. Vd., por exemplo, https://www.reuters.com/article/us-britain-ipo-idUSKBN29B1QY. Aliás, já em 2017 a FCA, no âmbito de uma discussão pública, tinha admitido a possibilidade de consagrar um segmento especial de transações para sociedades estrangeiras com ações diferenciadas – https://www.gov.uk/government/consultations/building-our-industrial-strategy.

[692] Já não existia qualquer limitação regulatória à admissão à negociação de *dual class stock* no *Alternative Investment Market* e no *standard tier* do mercado principal. O mercado alternativo é, no entanto, um mercado com caraterísticas especiais, desenhado para atrair sociedades de pequena e média dimensão com potencial de crescimento e com regras menos onerosas e pesadas, que pode ser comparado ao Alternext (Euronext Growth); dificilmente representa uma solução que permita ao mercado britânico atrair grandes sociedades em competição com a NYSE e o Nasdaq. Já o segundo mercado da LSE, o *standard tier*, é considerado geralmente uma *second-best option*, sendo pouco popular junto de emitentes e investidores, que são naturalmente atraídos para a maior liquidez do

as portas à mais fácil admissão à negociação no mercado principal de ações com direitos de voto diferenciados[693].

19. A proibição do voto plural no Código das Sociedades Comerciais

I. O n.º 5 do art. 384º do CSC proíbe a configuração de ações com direito de voto plural. Dispõe ainda o art. 531º que os direitos de voto plural constituídos antes da entrada em vigor do CSC se mantêm, podendo ser extintos ou limitados por deliberação dos sócios tomada nos termos previstos para a alteração do contrato, sem necessidade de consentimento dos sócios titulares desses direitos. Se esses direitos tiverem sido concedidos em contrapartida de contribuições especiais para a sociedade, para além das entradas, a sociedade deve pagar uma indemnização equitativa pela sua extinção ou limitação, a qual pode ser pedida judicialmente no prazo de 60 dias a contar da data em que o sócio teve conhecimento da deliberação ou, se esta for impugnada, do trânsito em julgado da sentença.

A regra do n.º 5 do art. 384º deixa, no entanto, algumas interrogações, que dizem respeito, sobretudo, ao que deve ser entendido como voto plural, ao alcance subjetivo da regra e, por fim, ao sentido da proibição. Analisaremos cada uma dessas interrogações.

II. A proibição de estabelecimento de voto plural em sociedades anónimas não cotadas deve ser lida em coordenação com um conjunto de outras regras sobre direito de voto, desde logo em coordenação com vários preceitos do art. 384º do CSC.

Resulta do n.º 1 desse artigo que, na falta de diferente cláusula contratual, a cada ação corresponde um voto – a cada ação com direito de voto cabe, em regra, um voto[694]. Trata-se assim de um preceito com duplo significado: é, por um lado, uma regra de contabilização de votos que nos diz que uma ação

---

mercado principal. Vd. Bobby V Reddy, "Finding the British Google: relaxing the prohibition of dual-class stock from the premium-tier of the London Stock Exchange", 13-16.

693 Sobre o processo vd., por todos, Erik Lidman e Rolf Skog, "London Allowing dual class Premium listings: A Swedish comment", *Journal of Corporate Law Studies* (2021); Vincent Deluard, "A Costly Mistake for Investors, US Capital Markets, and Growth: Evidence from the Exclusion of Dual-Class Stocks from Popular Indices", 12.

694 Sempre se poderá também dizer que as ações sem direito de voto são ações que não atribuem um voto (ou que o atribuem apenas de forma condicionada) por "diferente cláusula contratual".

= um voto, a não ser que os acionistas disponham, em sentido diferente, que x (>1 ação) = um voto; e é uma regra que estabelece que os votos são repartidos, entre as ações votantes, de forma proporcional ao capital (se todas as ações conferem, em regra, um voto, então todas as ações votantes conferem votos homogéneos).

Isso fica claro quando relacionamos esse preceito com a regra do número 2. Na verdade, o contrato de sociedade pode: a) "fazer corresponder um só voto a um certo número de ações, contanto que sejam abrangidas todas as ações emitidas pela sociedade e fique cabendo um voto, pelo menos, a cada € 1000 de capital"[695]; b) "estabelecer que não sejam contados votos acima de certo número, quando emitidos por um só acionista, em nome próprio ou também como representante de outro". Daqui resulta que a regra do n.º 1 é derrogável pelos estatutos quando este documento estabeleça a correspondência de um só voto a um certo número de ações (contanto que sejam abrangidas todas as ações emitidas pela sociedade e fique cabendo um voto, pelo menos, a cada € 1000 de capital); e, no que não é sequer uma derrogação direta da norma do n.º 1[696], quando estabeleça que não sejam contados votos acima de certo

[695] O montante constante da alínea a) do n.º 2 do artigo já vai na sua terceira redação, demonstrando quão imprudente é fazer este tipo de referências para montantes não indexados – na versão original do Código o montante relevante era de 20.000$00; o DL 280/87 substituiu esse montante por 100.000$00; o DL 343/98 substituiu esse montante pelos atuais € 1.000.

[696] Dizemos que não é uma derrogação direta porque o n.º 1 do artigo é uma regra sobre atribuição de direitos de voto, e esta exceção, ao dispor que os estatutos podem estabelecer que não sejam "contados os votos acima de certo número", deixa transparecer que, a ser adotada tal regra, a mesma afetará a *contagem* dos votos, mas já não o próprio direito de voto do acionista. É essa aliás a prática portuguesa – adotar a limitação como uma regra sobre *contagem dos votos*. Ou seja, o acionista que detém ações que conferem 25% dos votos, mas que, por efeito de uma regra estatutária de *voting cap*, apenas verá serem contados 10% dos votos, não deixa de ser detentor de ações *representativas de 25% dos votos*, já que os votos correspondentes à diferença entre 10% (os que são contados) e 25% (os que correspondem à participação acionista) não foram cancelados ou sequer suspensos – eles apenas não são contados. Bastará, por exemplo, que as ações que conferem votos acima da percentagem relevante sejam alienadas para terceiro (não abrangido pela regra de contagem) para que os votos correspondentes sejam atendidos. Outro traço importante de regime é o da avaliação do *quorum* constitutivo da reunião da assembleia: o acionista que detém ações que conferem 25% dos votos, mas que vê serem contados apenas 10% dos votos, concorre para a formação do *quorum* constitutivo com todas as suas ações – não apenas é esta a solução que se parece impor na economia do regime, mas é também a única que previne casos em que a assembleia, pura e simplesmente, possa deixar de poder operar por impossibilidade de constituição. Esta diferença entre os direitos de votos atribuídos à participação e os direitos de voto exercíveis é relevante para diversas sedes, como é o caso da divulgação de participações qualificadas e da obrigatoriedade de lançamento de OPA. Vd., sobre o tema, Jorge Brito Pereira, "Voting caps e OPA obrigatória". Sobre o tema mais específico da

número, quando emitidos por um só acionista, em nome próprio ou também como representante de outro. Fica assim claro que pode ser derrogada a regra de contagem de votos, quebrando a equivalência entre o número de ações e o número de votos, e assim estabelecendo que um voto não corresponda a uma ação, mas a mais que uma ação, embora nada se disponha que permita estabelecer que o voto não é repartido, de entre as ações votantes, em proporção direta com o capital detido. Aliás, é interessante verificar que a própria regra da alínea a) do n.º 2 do art. 384º, ao estabelecer que os sócios podem fazer corresponder um só voto a um certo número de ações, dispõe expressamente que isso pode acontecer contanto que sejam abrangidas todas as ações emitidas pela sociedade[697]. Todas as ações votantes, assume-se.

Daqui resulta então meridianamente claro que a proibição do estabelecimento do voto plural em nada prejudica a possibilidade de os acionistas não fazerem corresponder um voto a cada ação, seja porque um voto corresponde a mais que uma ação, seja porque cada ação atribui mais que um voto[698]. Isto, claro, desde que a atribuição de direitos de voto entre as ações votantes seja – e permaneça – homogénea; desde que não exista atribuição desigual de votos. Por isso afirmámos que ações com voto plural são ações votantes com direitos de voto desiguais face às ações restantes (ou face a algumas

---

relação do *quorum* constitutivo com as limitações ao exercício de voto, vd. Eduardo de Melo Lucas Coelho, "O quórum constitutivo das assembleias gerais", *DSR* (2011), 18-21.

697 É muito clara a contraposição dos termos em que podem ser apostas as limitações previstas na alínea a) e b) do n.º 2 do artigo. A derrogação prevista na alínea a) pode ser prevista "contanto que sejam abrangidas todas as ações emitidas pela sociedade"; a derrogação prevista na alínea b) pode ser prevista, nos termos do n.º 3, "para todas as ações ou apenas para ações de uma ou mais categorias, mas não para acionistas determinados". Esta maior flexibilização do estabelecimento dos *voting caps* resulta não apenas do facto de a regra ser uma regra de contagem de votos, e não uma regra de atribuição de votos, mas também da constatação segundo a qual fazer corresponder um só voto a um certo número de ações, não abrangendo na mesma regra todas as ações votantes emitidas pela sociedade, significaria uma forma indireta de aceitar a consagração de voto plural. Não se exclui, saliente-se, que a abertura dada pela alínea b) para que o voting cap seja estabelecido "para todas as acções ou apenas para acções de uma ou mais categorias, mas não para acionistas determinados", também seja uma forma indireta de estabelecer algo com semelhanças com o voto plural. Trataremos esta questão em maior detalhe.

698 Em súmula, não cabem na qualificação de ações com voto plural os casos em que (i) as ações votantes (todas as ações votantes) atribuam mais que um voto ou, por contraposição, aqueles em que o direito de voto dependa da titularidade de mais de uma ação, quando isso seja feito em termos não desiguais, (ii) em que convivam na mesma sociedade ações com direito de voto e ações sem direito de voto, (iii) nem em que sejam estipulados direitos especiais que tenham como objeto o direito de voto, desde que isso não implique uma atribuição desigual de votos, sob o estrito ponto de vista quantitativo, a diferentes ações votantes.

das ações votantes restantes), razão pela qual a regra proibitiva abrange (i) os casos em que os estatutos atribuam mais votos a uma categoria de ações votantes – *superior rights shares* – que a outra ou a outras categorias de ações votantes[699] e (ii) os casos em que todas as ações conferem votos equivalentes, sendo, portanto, fungíveis, ganhando, no entanto, votos suplementares em certas e determinadas condições, nomeadamente após o decurso de um período estipulado de detenção ininterrupta, assim fazendo com que votos homogéneos se transformem em votos (parcialmente) heterogéneos[700]. E é assim porque a aceitação de ações desse tipo implicaria a atribuição desigual de direitos de voto entre as ações votantes num dado momento, ainda que os termos e condições nos quais as ações possam aceder a tais direitos desiguais sejam semelhantes para todos os títulos.

III. Parece ser tautológica a afirmação segundo a qual a proibição de estabelecimento de voto plural se aplica a ações votantes, mas não é assim, já que essa afirmação é, na verdade, empobrecedora. Quando o afirmamos, estamos a significar que a lei, ao estabelecer a regra, está a assumir como paradigma as ações ordinárias – ao moldar a posição de socialidade inerente às ações em geral, a lei societária assume que os direitos de voto correspondentes às ações votantes devem ser atribuídos de forma homogénea. Mas a regra tem uma leitura mais funda e, por conseguinte, o que parece uma redundância é, afinal, um empobrecimento do seu sentido, já que funciona, afinal, como uma verdadeira medida de vocação universal na regulação das relações entre acionistas (e outros titulares de valores emitidos pela sociedade)[701].

---

[699] Ou os casos em que os estatutos atribuam menos votos a uma categoria de ações votantes que a outra ou a outras categorias de ações votantes. A diferença pode não ser apenas semântica, mas tem implicações de regime. Não obstante, para efeitos da regra proibitiva, os dois casos deverão ser considerados como abrangidos.

[700] Para este efeito, serão também ações com voto plural os casos em que a alteração da estrutura de direitos políticos da ação dependa, não de um termo, mas de uma condição, e ainda aqueles casos em que a alteração ocorra por empobrecimento de direitos face à verificação da condição ou do termo e não por acréscimo de direitos. Todos estes casos fazem parte da mesma unidade conceptual.

[701] Esta *vocação universal* a que nos referimos resulta de entendermos que a regra não é apenas aplicável aos acionistas votantes na assembleia geral, mas que é aplicada também a assembleias especiais de titulares de ações de categoria especial (desde logo, por efeito do art. 389º do CSC), incluindo a assembleias de acionistas preferenciais sem voto, a assembleias de obrigacionistas ou de titulares de quaisquer outros valores mobiliários emitidos; é aplicável à atribuição de votos a ações preferenciais e a qualquer outra forma de atribuição de votos a valores mobiliários desprovidos de voto emitidos pela sociedade (na medida em que se admita a existência de tais valores). Desenvolveremos estes pontos de seguida. Queremos para já salientar, sem prejuízo do escrito, que a proibição de voto

Aplica-se, desde logo, a todas as ações votantes, sejam ordinárias, sejam de categoria especial[702]. Mas a regra é aplicável não apenas às assembleias gerais, mas também às assembleias especiais de acionistas previstas no art. 389º. Também aí os acionistas titulares de ações de categoria especial, quando chamados a pronunciar-se, não poderão ter direitos de voto atribuídos de forma desigual, ainda que a desigualdade fosse restrita às ditas assembleias especiais de acionistas. É o que resulta da parte final do n.º 1 do art. 389º.

Aplica-se, em segundo lugar, aos titulares de ações preferenciais sem voto, numa dupla perspetiva. Aplica-se às relações internas entre acionistas preferenciais sem voto e às reuniões de assembleia especial que estes realizem nessa qualidade, dispondo que os votos aí exercidos não podem ser desiguais[703]. Isto resulta, de novo, da parte final do n.º 1 do art. 389º. Aplica-se, por outro lado, aos direitos de voto latentes ou condicionalmente

plural não é violada se, por exemplo, os acionistas ordinários tiverem um voto por ação na assembleia geral e os titulares de ações de uma categoria especial tiverem dois votos por ação em assembleia especial. Custará a compreender a utilidade prática de tal estipulação, mas é exatamente por isso que nos referíamos a *atribuição homogénea de votos*. O que é crítico é que todos aqueles que votam numa assembleia geral, assim como todos aqueles que votam numa qualquer assembleia especial, ou seja, que todos aqueles que votam em cada universo relevante, tenham votos homogéneos nos respetivos universos. A lei não cura de saber – porque isso é objetivamente irrelevante – se os votos daqueles que estão na assembleia geral e os votos daqueles que estão na assembleia especial são ou não são homogéneos; isto na medida em que os universos votantes não se toquem. Última nota para salientar que esta *vocação universal* a que nos referimos é *universal* no sentido em que se aplica a todas as assembleias regidas por um princípio capitalístico, em particular assembleias gerais e especiais de acionistas, assembleias de obrigacionistas, etc. No que respeita a outros órgãos, cujo funcionamento não é regido por um princípio capitalístico, a regra nada diz. Para ser claro, não que nesses órgãos seja possível estipular direitos de voto não homogéneos, que não o é, uma vez que a aprovação de deliberações implica sempre o voto favorável da maioria dos membros do órgão respetivo (ou, dependendo dos casos, do voto favorável da maioria dos membros presentes, desde que haja *quorum* constitutivo). Apenas que a razão dessa proibição nada tem que ver com a matéria em análise.

[702] Estamo-nos a referir a ações votantes de categoria especial. A categoria especial pode resultar da existência de privilégios patrimoniais ou de privilégios políticos. A existência de privilégios políticos, ainda que incidentes sobre a modulação do direito de voto na assembleia geral, não significa necessariamente aceitar a consagração de voto plural, como teremos ocasião de confirmar em maior detalhe. E essas ações de categoria especial permitem aos seus titulares participar, sendo o caso, em assembleias gerais e em assembleias especiais de titulares de ações de categoria especial.

[703] As ações preferenciais sem voto são ações de categoria especial e, por isso, os seus titulares reúnem-se em assembleias especiais de titulares de ações dessa categoria para os efeitos, nomeadamente, do n.º 6 do art. 24º. Por isto, os acionistas preferenciais sem voto podem, ainda que o dividendo preferencial esteja a ser pontualmente cumprido, ser chamados a votar em assembleia especial; as suas ações são desprovidas de direito de voto na assembleia geral. A contradição que resulta da nossa afirmação é por isso apenas aparente.

atribuídos a estas ações por falta de pagamento do dividendo preferencial nos termos do art. 342º que, também eles, não podem ser diferentes dos demais direitos de voto correspondentes às ações votantes emitidas. Isto resulta claro da disposição do n.º 3 do art. 342º, segundo a qual o direito de voto é atribuído a estas ações nos mesmos termos que às ações ordinárias, ou seja, que não pode ser empobrecido ou privilegiado face às demais ações votantes.

Aplica-se, por fim, a assembleias de obrigacionistas ou de titulares de quaisquer outros valores mobiliários emitidos pela sociedade. É o que resulta, também aqui, da aplicação subsidiária das regras da assembleia geral.

IV. Merece explicações adicionais a ideia segundo a qual a proibição de consagração de voto plural significa que todos os votos das ações votantes, sendo homogéneos, são atribuídos por uma regra de proporcionalidade sobre o investimento.

Aquilo que correntemente se designa como *investimento* corresponde, de forma simples, ao montante total desembolsado como contrapartida da aquisição das ações. Ora, começando por atacar a faceta mais óbvia da equação, não existe, nem é suposto que exista, qualquer relação de proporcionalidade entre os montantes desembolsados por cada acionista para a aquisição das suas participações acionistas e os direitos de voto por ela atribuídos. Isto porque diferentes acionistas adquirem ações em condições diferentes, em momentos diferentes, tendo por isso diferentes preços históricos (aliás, muitas vezes o mesmo acionista adquire participações em condições de preço diferentes); nunca poderia, aliás, um preço de aquisição que relaciona o transmitente e o acionista adquirente, ainda que essa transação seja estruturada num mercado organizado, ter qualquer tipo de impacto, ou relação, nos direitos (de voto ou outros) atribuídos à participação.

Mas ainda que reduzamos o *investimento* do acionista àquele montante que é desembolsado na relação com a sociedade, ou seja, aos montantes despendidos pelo acionista em cumprimento da sua obrigação de realização das entradas na sequência da subscrição de ações emitidas pela sociedade (na constituição ou em aumento de capital), ainda assim é fácil constatar que continuamos a trabalhar com um conceito pouco explicativo. E é assim porque as condições nas quais uma sociedade emite ações num dado momento não são necessariamente semelhantes àquelas condições que venha a deliberar em outro momento – porque, por exemplo, na constituição as ações foram emitidas, sendo o caso, ao valor nominal, e passado algum tempo foram emitidas outras ações com ágio; porque o ágio fixado num momento é diferente do ágio fixado em outro momento[704].

---

[704] Sob um estrito ponto de vista aritmético, em mercados líquidos, na relação entre os acionistas, o ágio ou valor de emissão de ações em aumento de capital, desde que todas as ações sejam emitidas e subscritas na proporção ao direito de preferência, não é relevante e, sobretudo, não tem qualquer relação com o valor de mercado dessas ações (no caso de as mesmas serem cotadas), razão pela qual cremos ser incorreto considerar a existência de um dever geral dos administradores de obter um preço de emissão o mais alto possível. É por isso que muitas vezes o aumento de capital é feito com emissão de ações a um valor de subscrição significativamente mais baixo do que o valor de cotação (sobretudo quando isso permite garantir a colocação da emissão junto de uma entidade reputada que, ao preço descontado, está disponível para dar essa garantia, quando, a preço de mercado ou com um desconto menor, não estaria) – porque, do ponto de vista dos acionistas, esse valor é suposto não ser relevante, já que o acionista ou mantém a sua participação relativa subscrevendo as ações que lhe competem, ou aliena os direitos de subscrição, neutralizando o efeito económico da diluição (a neutralidade nunca é perfeita, já que ocorrem normalmente vários efeitos, como o anúncio do aumento de capital com um valor de emissão descontado ter tipicamente um efeito negativo sobre a cotação, o mercado de direitos ter uma liquidez menor do que o mercado das ações, não permitindo ao acionista apropriar-se do *delta* da diferença entre o valor de cotação e o valor *ex direitos*, existirem custos de transação dos direitos superiores, diferentes tratamentos fiscais, etc.). É este diferencial entre o preço de mercado das ações e o valor de emissão das ações que faz com que a cotação tenha de ser recalculada ou reajustada após o aumento de capital (de forma simples, para calcular o valor teórico das ações após o aumento de capital, geralmente designado como *theoretical ex-rights price*, teremos de somar a capitalização bolsista do dia em referência com o montante do encaixe com o aumento de capital e dividir esse valor pelo número total de ações após a emissão). Pelo que acaba de se expor, fica claro que não podemos partilhar do entendimento, bastante corrente entre nós, segundo o qual a deliberação de aumento de capital que não preveja ágio, quando este se justifique em função da situação económica da sociedade, será em regra inválida, nos termos da alínea b) do n.º 1 do art. 58º do CSC, por abusiva; vd., por exemplo, Paulo de Tarso Domingues, *O financiamento societário pelos sócios (e o seu reverso)*, 282-283. Haverá, no entanto, que excecionar dois casos ao que acabamos de referir. O primeiro é o de os direitos de preferência não serem transacionáveis. O segundo, é o de o direito de preferência dos acionistas ser limitado ou suprimido. Nesse caso, a entrada de um terceiro tem sempre um efeito dilutivo, o qual, dependendo das condições de emissão das novas ações, descontadas ou agravadas, poderá prejudicar ou beneficiar economicamente os acionistas pré-existentes (se o valor de emissão for mais alto que o valor de mercado, os acionistas ganham com o efeito dilutivo, sendo criado o incentivo para não acompanhar o aumento de capital). É exatamente isto que explica regras como a parte final do § 186(3) do AktG, que trata com maior desfavor os casos de supressão do direito de preferência se (o aumento de capital tiver dimensão relevante e se) o valor de emissão das novas ações for significativamente inferior ao seu preço do mercado *("Ein Ausschluß des Bezugsrechts ist insbesondere dann zulässig, wenn die Kapitalerhöhung gegen Bareinlagen zehn vom Hundert des Grundkapitals nicht übersteigt und der Ausgabebetrag den Börsenpreis nicht wesentlich unterschreitet")*. O problema da relação entre o ágio e a emissão de ações em aumento de capital sem outorga de preferência aos acionistas é intuído pela doutrina há muitas décadas e levou até que, durante algum tempo, se tenha questionado se devia ou não ser obrigatório o sobrepreço nas emissões com diluição, problema que hoje está ultrapassado com a consagração de regras sobre a atribuição de direito de preferência aos sócios e de restrições à possibilidade de limitar ou suprimir

Mas há que ir mais longe – é que nem sequer as condições de emissão de ações num mesmo momento são necessariamente equivalentes, já que o regime está apenas preocupado em limitar a liberdade dos acionistas naqueles casos em que as condições de subscrição afetem a garantia de capital[705]. Seria o caso de a contribuição ser inferior ao valor nominal da participação subscrita, o que é proibido pelo n.º 1 do art. 25º – "o valor nominal da parte, da quota ou das ações atribuídas a um sócio no contrato de sociedade não pode exceder o valor da sua entrada, como tal se considerando ou a respetiva importância em dinheiro ou o valor atribuído aos bens no relatório do revisor oficial de contas, exigido pelo artigo 28º". Seria também o caso de o eventual ágio ser distribuído pelos sócios e não apropriado pela sociedade, o que o n.º 2 do art. 295 vem prevenir.

A verdade é que a subscrição de ações com um ágio ou sobrepreço exagerado não prejudica ninguém, que não, sendo o caso, aquele que pretende (assume-se que esclarecidamente) subscrever ações naqueles termos e condições, razão pela qual não existe qualquer razão justificativa para que a lei o proíba[706]. E este, claro, tem o direito de subscrever ou não subscrever

esse direito de preferência. Veja-se por exemplo, com várias indicações de direito comparado, António Ferrer Correia e António Agostinho Caeiro, *Aumento de capital, preferência dos accionistas e sobrepreço das acções*, 34-36; Pedro Albuquerque, *Direito de preferência dos sócios em aumentos de capital nas sociedades anónimas e por quotas*, 22-24; Ana Perestrelo de Oliveira, *Manual de corporate finance*, 64-66.

[705] Em rigor e no limite, nem sequer é assim, já que a integridade do sistema não seria afetada se, sendo a contribuição de um acionista inferior ao valor nominal da participação subscrita, os montantes totais das contribuições simultâneas forem, pelo menos, iguais ao valor nominal total. Trata-se de abertura que o sistema nacional não confere. Já se referiu que o n.º 1 do art. 25º estabelece a equivalência mínima entre o valor nominal das ações subscritas e o valor das entradas, calculando essa equivalência por referência a cada sócio. Vd., por exemplo, Ana Perestrelo de Oliveira, *Manual de corporate finance*, 51-52; Paulo de Tarso Domingues, *O financiamento societário pelos sócios (e o seu reverso)*, 32-33; Manuel Nogueira Serens, *Notas sobre a Sociedade Anónima*, 17. Em Itália, a reforma de 2003, ao alterar o art. 2346º do *Codice Civile*, abriu essa possibilidade. A regra (que se refere ao momento de constituição da sociedade, mas que parece dever ser aplicável a entradas subsequentes) é objeto de forte discussão no direito italiano, sendo questionado até que ponto pode ser aceite a desproporção de contribuição do sócio e, no limite, se será possível que um sócio subscreva ações sem realizar qualquer contribuição (sendo a sua quota-parte de contribuição por referência ao valor nominal compensada pelas entradas de outros sócios). Vd., com indicação dos principais termos do debate, Marta Russo, *Le azioni a voto plurimo*, 68-59.

[706] O § 9 do AktG, numa redação que já vem de 1937 (com exceção da referência a ações sem valor nominal que foi introduzida em 1998 pelo *Stückaktiengesetz*), deixa isto de forma ainda mais clara que o direito nacional, ao estipular (i) que não é possível emitir ações por um valor inferior ao valor nominal (ou ao valor proporcional do capital social), mas (ii) é possível fazê-lo por um valor superior *("Für einen höheren Betrag ist die Ausgabe zulässig")*. O n.º 1 do art. 298º cobre a primeira parte da regra

as novas ações[707], sendo certo que, tratando-se de ações cotadas, a decisão de não subscrição de ações acima do valor da cotação (mesmo partindo do princípio de que, obviamente, o direito de subscrição não terá qualquer valor económico), assumindo que alguém as subscreve, beneficia economicamente o acionista ausente, apesar de, claro, diluir a sua participação[708].

---

quando dispõe que é proibida a emissão de acções abaixo do par ou, no caso de acções sem valor nominal, abaixo do seu valor de emissão (e o n.º 1 do art. 25º do CSC di-lo de forma inversa, ao dispor que "o valor nominal da parte, da quota ou das acções atribuídas a um sócio no contrato de sociedade não pode exceder o valor da sua entrada, como tal se considerando ou a respetiva importância em dinheiro ou o valor atribuído aos bens no relatório do revisor oficial de contas, exigido pelo artigo 28º)". Trata-se de formas diferentes de consagrar a chamada *no discount rule* que está prevista no n.º 1 do art. 8º da Segunda Diretiva, segundo a qual "as acções não podem ser emitidas a um valor inferior ao seu valor nominal ou, na falta de valor nominal, ao seu valor contabilístico". Se é certo que a proibição de emissão de ações abaixo do par é regra que não levanta especiais dúvidas, já o mesmo não se pode dizer da sua interpretação em caso de passagem de ações com valor nominal para ações sem valor nominal e, em particular, no que respeita ao problema muito tratado no direito alemão de emissão de ações sem valor nominal a um valor inferior ao das ações anteriormente emitidas. Vd. Karsten Heider, "Kommentierung des § 9 Rn. 19,20", in *Münchener Kommentar zum Aktiengesetz* (München: 2019); Tim Drygala, Marco Staake et al., *Kapitalgesellschaftsrecht: mit Grundzügen des Konzern und Umwandlungsrechts*, 376 e ss.; Michael Hoffmann-Becking, *Münchener Handbuch des Gesellschaftsrechts 4*, 30-33. Não nos parece que a interpretação mais corrente do § 9º do AktG seja a melhor interpretação face ao n.º 1 do art. 298º do CSC, que parece admitir que o valor de emissão abaixo do qual as acções não podem ser emitidas se refere apenas às novas acções a emitir (dando assim liberdade para que existam valores de emissão diferentes); a resposta a esta questão é relevante, também, para aferir quando o regime do n.º 3 do mesmo artigo é aplicado. Isto porque são conceitos diferentes o *valor fracionário de emissão* (que se refere ao capital inicial ou a cada aumento de capital) e o *valor fracionário das ações* (que é o valor fracionário relevante para efeitos de cálculo de direitos atribuídos por referência ao capital). Sobre o tema, com argumentação mais desenvolvida, vd. Paulo de Tarso Domingues, *O financiamento societário pelos sócios (e o seu reverso)*, 190-199; Evaristo Mendes, "Ações sem valor nominal. Breve apontamento", *RDS* (2021), 185 e ss; Maria João Rodrigues, "Ações sem valor nominal e direitos dos sócios", *RDS* (2012), 442 e ss.; Francisco Soares Machado, "Ações sem valor nominal: a sua emissão a um valor de emissão inferior ao das acções anteriormente emitidas", *CadMVM* (2012), 10 e ss. A aceitar-se esta interpretação mais ampla do art. 298º do CSC ainda mais o valor nominal ou fracionário se revela uma realidade artificial, discricionária e formal.

[707] Já no caso das sociedades por quotas seria diferente por força do n.º 1 do art. 268º, que dispõe que os sócios que aprovarem a deliberação de aumento de capital a realizar por eles próprios ficam, sem mais, obrigados a efetuar as respetivas entradas na proporção do seu inicial direito de preferência, se nesse caso o tiverem. Obviamente que com regime diferente, mas, ainda assim, o que escrevemos não é diretamente posto em causa, já que o sócio tem o direito de aprovar ou não o aumento de capital.

[708] Não se exclui que a fixação de condições de subscrição de ações excessivamente onerosas, em casos limite, possa ter implicações diferentes e, em particular, possa ser abusiva; não se exclui também que o acionista que está disposto a subscrever ações acima do valor de cotação tenha em

Quer isto dizer de forma simples que, ainda que assentemos a perspetiva de análise nas condições de subscrição e realização de ações, ou seja, na relação entre o acionista e a sociedade participada, não existe relação de proporcionalidade necessária entre os votos atribuídos à participação e a contribuição do acionista. Essa proporção existe apenas entre os votos atribuídos à participação social e um valor formal que é fixado pelos acionistas com bastante liberdade – o valor nominal *(Aktiennennbetrag)* ou fracional da participação. É aquilo que de forma clara dispõe o § 134 do AktG – *"Das Stimmrecht wird nach Aktiennennbeträgen, bei Stückaktien nach deren Zahl ausgeübt"*. Apesar de o nosso Código não conter regra semelhante[709], é o que se retira do sistema – o voto mede-se pela proporção do valor nominal das ações com o valor (nominal) do capital social ou, no caso de ações sem valor nominal, pelo seu número no respetivo universo[710].

---

consideração prémios de liquidez justificados pela dimensão da participação, que o façam acreditar que, apesar do delta com a cotação, ele nunca conseguiria reunir uma participação daquela dimensão ao preço médio indicativo da cotação.

[709] Daqui resulta que também a noção de capital social tem de ser referida ao valor nominal das contribuições e não ao valor das entradas, o que remete a noção para uma dimensão eminentemente formal que nem sempre é congruente com as regras aplicáveis (veja-se o art. 35º do CSC como exemplo). A proporção dos votos com o valor nominal das participações é, cremos, tema incontestado no direito societário nacional, embora seja menos vezes expressamente constatado e mais vezes meramente intuído ou presumido. Sem prejuízo do referido, a inexistência de uma regra como a do § 134º do AktG deixa um espaço por preencher, a que chegamos apenas por via indireta – se, nos termos do n.º 4 do art. 276º, todas as acções representam a mesma fração do capital social e, no caso de terem valor nominal, devem ter o mesmo valor nominal e se, nos termos do n.º 1 do art. 384º a cada ação corresponder um voto (ou, ainda que assim não seja, haja correspondência proporcional entre o número de votos e as ações emitidas), então haverá proporcionalidade entre os votos e o valor nominal (ou a fração do capital).

[710] Além dos casos mencionados que geram esta desproporção entre as entradas e o valor nominal das participações – emissões com ágio e emissões sem ágio, emissões com ágios diferentes (simultâneas ou diferidas), incluindo emissões com ágio ou sobrepreço não justificável –, ainda se pode acrescentar os casos de entradas em espécie mal avaliadas e os casos de entradas em dinheiro com diferimento nos termos legais, como referidas por Paulo de Tarso Domingues, *Variações sobre o capital social*, 45-46; Paulo de Tarso Domingues, *O financiamento societário pelos sócios (e o seu reverso)*, 31-32. A estas ainda se poderiam acrescentar casos de contribuições em dinheiro "simuladas", como aqueles em que o sócio faz uma contribuição *pro forma* em dinheiro, mas esses fundos são usados imediatamente pela sociedade para adquirir ao mesmo sócio um qualquer bem por um valor superior àquele que resultaria de uma avaliação independente conduzida nos termos legais *(verdeckte Sacheinlagen* e *hin-hund Herzalen). Katja Langenbucher, Aktien und Kapitalmarktrecht*, 25-26; Thomas Raiser e Rüdiger Veil, *Recht der Kapitalgesellschaften*, 94-96. Não lhes atribuímos, no entanto, relevância semelhante; isto por razões diferentes. No caso das entradas em espécie mal avaliadas e das contribuições em dinheiro *simuladas*, trata-se, primeiro, de uma patologia (que poderia ser posta

V. Do que antecede, decorre a inelutável conclusão de que, por um lado, o capital social e, por outro, o valor nominal das entradas dos sócios, correspondem a conceitos formais que apenas por coincidência serão equiparáveis à soma das contribuições dos sócios[711]. Se o capital social é a representação da soma dos valores nominais das contribuições dos sócios, e se o valor nominal da participação é um montante fixado com larga margem de liberdade pelos sócios, a noção pouco sentido material terá – significará, no limite expressivo, o valor mínimo das entradas realizadas pelos sócios. Sabendo que os votos são determinados em função desse mesmo valor nominal da participação, a conclusão que se retira com facilidade a propósito do capital social é alastrada, sem dificuldade, para o universo dos votos.

Daqui resulta então que a proibição de estabelecimento de voto plural tem, também aqui, um sentido eminentemente formal – apenas se proíbe a quebra de proporcionalidade em relação ao valor nominal do capital social, o que é como afirmar que as ações votantes devem atribuir votos numericamente homogéneos[712]. Existirá voto plural se forem estipulados direitos especiais[713], inerentes às ações, à pessoa do acionista (quando licitamente estabelecidos) ou à relação das ações com a pessoa do acionista, que tenham

ao lado de outras, como seja a de o acionista não realizar a entrada e ter quitação da realização) e, segundo, de ocorrência com pouca relevância prática face aos requisitos exigidos pelo CSC para a sua aceitação. No caso das ações com realização diferida, trata-se de realidade com pouca ou nenhuma relevância no universo das sociedades cotadas (e, a ocorrer, implicaria sempre a segregação da sua negociação por infungibilidade para efeitos do art. 204º do CVM). Todos estes casos revelam que o valor nominal não é sequer garantia da igualdade de tratamento entre os sócios (entenda-se, garantia de igualdade de tratamento na atribuição de direitos políticos, como o direito de voto) e que é, quando muito, expressão do mínimo pago por cada acionista. Isto ainda mais claro num ambiente de ações sem valor nominal e de *stated capital*. Voltaremos a este ponto com a explicação da evolução do conceito, em particular com o exemplo norte-americano. Vd. Paulo de Tarso Domingues, "As acções sem valor nominal", 181-187.

[711] Fala-se por vezes numa aceção real ou substancial de capital social, mas esta, a ter sentido, tem funções eminentemente explicativas e doutrinais, não resultando das regras aplicáveis e não fazendo por isso parte da arquitetura deste sistema. Veja-se, por exemplo, José Engrácia Antunes, *Direito das sociedades*, 366-367.

[712] A homogeneidade dos votos não seria prejudicada se, tratando-se de ações tituladas, um título de uma ação atribuir um voto e um título de dez ações atribuir dez votos.

[713] Estamos a pensar, como é claro, em estipulações estatutárias. A proibição de voto plural é uma proibição de estipulação de voto plural nos estatutos. Nada obsta a que os acionistas regulem, por exemplo, o voto por acordo parassocial, se nos limites e condições do art. 17º do CSC, obrigando-se a exercer o seu voto em assembleia geral em conformidade com regras internas especiais; nada obsta a que os acionistas montem uma estrutura piramidal que tenha economicamente um efeito semelhante ao que resultaria de uma estipulação de voto plural.

como objeto o direito de voto e impliquem uma atribuição desigual de votos, sob o estrito ponto de vista quantitativo, no universo relevante (que, tratando-se de ações ordinárias, será antes de mais a assembleia geral de acionistas)[714]. Da proibição do estabelecimento de voto plural não resulta – porque nunca poderia resultar – que existe uma relação direta de proporcionalidade entre os votos atribuídos e o investimento realizado; resulta apenas que existe uma relação de proporção entre o valor nominal ou valor de emissão da ação e os votos e, no limite, que existe uma relação de proporcionalidade entre o poder de voto – *Stimmkraft* – e a exposição (entre os acionistas com voto) ao risco de investimento, ou seja, significando risco de investimento a parte proporcional que o acionista quinhoa no sucesso ou insucesso da atividade social[715].

---

[714] A proibição de voto plural, levada ao limite, significará mesmo a proibição da atribuição de voto de qualidade ou de desempate. Trata-se de problema que não terá especial relevância nas sociedades cotadas, já que a probabilidade de ocorrência de empate será muito baixa, mas que tem relevância nas sociedades fechadas, sobretudo aquelas com poucos acionistas com participações equivalentes. O problema é discutido em Espanha – Ignacio Arroyo Martínez e JM Embid Irujo, "Comentário ao art. 93º", in *Comentarios a la Ley de Sociedades Anónimas* (Tecnos, 2009); Aníbal Sánchez Andrés, "La Acción y los Derechos de los Accionistas", 333. Não se justifica abordar o problema em detalhe, mas não nos custa conceber a atribuição de voto de desempate como uma mera fórmula estatutária de resolução de *deadlocks* (na falta de uma regra destas, a solução do *deadlock* será a não aprovação da deliberação) e não tanto como uma estrutura de criação de votos desproporcionais. A situação é aliás semelhante a outros casos de voto de desempate ou qualidade, sendo que, por exemplo, a atribuição de voto de qualidade ao presidente do conselho de administração (n.º 3 do art. 395º do CSC) não prejudica que as deliberações desse órgão sejam tomadas por maioria dos votos, atribuindo um voto por cabeça. Não se pode deixar de mencionar que o direito societário é praticamente omisso em relação ao tema, regulando apenas, nas sociedades por quotas, o caso de empate na votação sobre aprovação de contas ou sobre atribuição de lucros – nos termos do n.º 3 do art. 263º, pode qualquer sócio requerer a convocação judicial da assembleia para nova apreciação, devendo o juiz designar para presidir a essa assembleia uma pessoa idónea, estranha à sociedade, de preferência um revisor oficial de contas, a quem atribuirá o poder de desempatar. Pode, aliás, ser literalmente retirado, *a contrario*, do n.º 1 do art. 386º, que qualquer aprovação de deliberação que não suponha a obtenção da maioria dos votos não é conforme com a regra. Outras jurisdições tratam do tema expressamente. No Brasil, por exemplo, dispõe o § 2º do art. 129º da Lei das Sociedades por Ações que "no caso de empate, se o estatuto não estabelecer procedimento de arbitragem e não contiver norma diversa, a assembléia será convocada, com intervalo mínimo de 2 (dois) meses, para votar a deliberação; se permanecer o empate e os acionistas não concordarem em cometer a decisão a um terceiro, caberá ao Poder Judiciário decidir, no interesse da companhia".

[715] A ideia segundo a qual o risco assumido por cada acionista é proporcional ao valor nominal da respetiva participação social é criticada por Pedro Maia (Pedro Maia, *Voto e corporate governance*, 294-295) com base na ideia de que o risco – a probabilidade de ganho e perda – da atividade social é assumido de forma igual por todos os sócios que, como a imagem dos navegantes no mesmo barco,

VI. A proibição de estabelecimento de voto plural abrange todos os casos em que essa proporção formal entre o valor nominal das ações e a distribuição dos votos é afetada. Daqui resulta, em primeiro lugar, que estão proibidas todas as formas diretas e imediatas de estabelecimento de voto plural – seria o caso de criação de uma classe de ações com mais votos (ou de uma classe de ações com menos votos). Resulta, em segundo lugar, que estão proibidas todas as formas diferidas de estabelecimento de voto plural – seria o caso de distribuição de votos suplementares por decurso de uma condição e/ou um termo (como é o caso das ações de lealdade, em que a atribuição de votos suplementares depende de um termo – o decurso de um prazo – e de uma condição – a manutenção das ações na titularidade do acionista, o que a qualifica como uma *condição certa*).

Questão mais complexa é a de aferir se estão proibidas cláusulas como *voting caps* que não se apliquem de forma equivalente a todos os acionistas que estejam nas mesmas condições, seja porque a cláusula não é aplicável a uma categoria de ações, seja porque é aplicável apenas a uma categoria de ações, seja porque é aplicada de forma diferente entre categorias de ações. Outros sistemas que proíbem o voto plural são claros, em coerência, a proibir estas formas de estipulação daquilo a que se chama, em Espanha, *voto plural indireto*[716]. Já o nosso regime, de forma aparentemente contraditória, abre as portas a este estilo de soluções, quando dispõe, no n.º 3 do art. 384º, que a limitação de votos (permitida na alínea b) do número anterior) "pode ser estabelecida para todas as ações ou apenas para ações de uma ou mais categorias, mas não para acionistas determinados".

A proibição de estabelecimento de tetos de voto "para acionistas determinados" nada tem de estranho – será, quando muito, uma redundância face ao n.º 4 do art. 24º do CSC, que, apesar de se referir apenas à constituição de

assumem a mesma probabilidade de sucesso ou insucesso. Tomando a perspetiva da empresa, assim é, de facto. Sem prejuízo disso, há uma medida na qual cada acionista irá quinhoar no sucesso ou insucesso da atividade social e essa medida é-nos dada pelo valor nominal (sendo o caso) da participação. Por isso nos referimos a esta ideia de exposição à atividade social, a qual, nesta perspetiva, no universo das ações votantes, terá uma relação de proporção direta com a forma como o poder de voto é distribuído.

[716] Rodrigo Viguera Revuelta, "Algunas cuestiones en relación con el derecho de voto. Especial atención al voto plural en las sociedades capitalistas y cooperativas", *Revista Jurídica de Economía Social y Cooperativa* (2019), 17-18. A doutrina espanhola vai mais longe na qualificação daquilo que considera ser "voto plural indireto", sendo que a maior parte dos casos se deve considerar como estando também proibido face ao CSC. Aníbal Sánchez Andrés, "La Acción y los Derechos de los Accionistas", 334-337

direitos especiais, se referirá, no final, a posições especiais de socialidade[717]. Já a primeira parte da regra fica de interpretação mais difícil. Isto porque aplicar tetos de voto "apenas para ações de uma ou mais categorias" ou, de forma mais geral, diferenciadamente em função das categorias de ações, significa aceitar algo que, numa primeira aproximação, parece perigosamente próximo do voto plural[718]. Pensamos em cenários como o da dispersão de ações às quais é aplicado um teto de voto, mantendo nas mãos dos *insiders* ações às quais não é aplicado qualquer teto de voto; no limite, pensamos em casos como o de uma sociedade dispersar ações às quais é aplicado um teto de voto muito baixo – no limite, um voto por acionista –, quando às ações detidas pelos *insiders* não é aplicável qualquer teto de voto. Cabe interrogar se tais regras serão admissíveis, não tanto perante o n.º 3 do art. 384º, que parece aceitar sem restrições essas hipóteses, mas sim perante o n.º 5 do art. 384º.

A resposta face ao direito português parece ser incontestavelmente afirmativa, o que, sendo estranho em termos sistemáticos, se ampara em diferentes argumentos. Primeiro, na letra da lei, que, ao contrário do que acontece em outros regimes, é clara ao dispor que a limitação de contagem de votos pode ser estabelecida para todas as ações ou apenas para ações de uma ou mais categorias[719]. Segundo, no facto de a proibição de estabelecimento de

---

[717] Não será de excluir que esta referência resulte apenas de uma transposição algo desajeitada da norma correspondente do direito alemão. Sabe-se que, ao contrário do que acontece no direito societário nacional, na Alemanha entende-se (apesar da redação do § 11 do AktG) que a atribuição de direitos especiais pode ser feita a *acionistas* ou a *categorias de ações* e não necessariamente, como resulta do art. 24º, apenas a categorias de ações. *Uwe Hüffer e Jens Koch, "Kommentar, § 11, 6", in Aktiengesetz (München, 2020)*. Ora, o § 134, ao admitir a estipulação de tetos de voto, deixa claro que *"die Beschränkungen können nicht für einzelne Aktionäre angeordnet werden"*, ou seja, que o seu alcance restritivo não pode ser fixado subjetivamente, o que é, antes de mais, uma decorrência do direito ao tratamento igualitário entre os acionistas. Vd., por exemplo, Thomas Raiser e Rüdiger Veil, *Recht der Kapitalgesellschaften*, 254. Trata-se de referência que se afiguraria dispensável no direito nacional (mas que não é incongruente com o sistema, sendo apenas, no limite, redundante).

[718] Engrácia Antunes escreve que a proibição do estabelecimento estatutário de limites de voto para acionistas individuais explica-se pela necessidade de prevenir a sua instrumentalização como sucedâneo do voto plural – José Engrácia Antunes, "Os tetos estatuários de voto: breve nótula", 45. Como explicaremos no texto, não podemos concordar com a ilustre opinião. Primeiro porque, lógica ou não tão lógica, a abertura propiciada pelo n.º 5 do art. 384º propicia efetivamente tal sucedâneo em termos que cremos serem incontornáveis. Segundo, porque apesar de a proximidade funcional dos temas ser inquestionável, não se pode afirmar que a regra de proibição do voto plural está a ser violada com esta interpretação, mesmo quando levada às últimas consequências.

[719] A questão que a letra da lei levanta é de natureza diferente e é de aferir se, permitindo a lei que o *voting cap* seja estabelecido apenas para ações de uma ou mais categorias, admite que seja

voto plural não se fundar, ao contrário do que acontece em outros regimes, numa regra global de proporcionalidade – a proibição do estabelecimento de voto plural significa apenas, como já assinalámos, que está vedado alterar, em cada universo de ações, mas sobretudo no universo das ações votantes, a relação formal de proporcionalidade entre o valor nominal das ações e a distribuição dos votos –, sendo que no caso do estabelecimento de um *voting cap* tal relação de proporcionalidade não é afetada[720]. Terceiro, no facto de o *voting cap* ser, no regime português, uma mera regra de contagem de votos que, por isso, tecnicamente, não perturba nem incide a forma como os votos são distribuídos[721].

estabelecido apenas para as ações ordinárias. A dúvida resulta do facto de serem muitos os casos em que o Código usa o conceito de ações de certa *categoria* como contraposição às ações ordinárias – é o caso dos n.os 4 e 6 do art. 24º, do n.º 3 do art. 103º, do n.º 3 do art. 131º, da alínea c) do art. 272º, do n.º 2 do art. 391º. do n.º 5 do art. 346º, do n.º 1 do art. 389º. Não nos parece, no entanto, que essa interpretação seja razoável. Primeiro, porque seria descabido entender que, existindo ações de categoria especial e ações ordinárias, apenas seja possível estabelecer limitações de contagem de voto aplicáveis às primeiras, mas não às segundas, como se da contraposição entre ações de categoria especial e ações ordinárias resultasse, por natureza, algo de inelutável ao nível da contagem dos votos (não resulta, de todo; aliás, as ações de categoria especial são de categoria especial por causa da sua infungibilidade, nada nos sendo dito, pelo facto de serem de categoria especial, sobre majoração ou minoração de direitos). Em segundo lugar, são vários os casos em que a lei usa a expressão *categoria de ações* apenas para se referir a conjuntos de ações fungíveis, assim incluindo tanto as ações de categoria especial, como as ações ordinárias – é o caso do n.º 2 do art. 302º, do n.º 3 do art. 369º, da alínea c) do n.º 2 do art. 382º, do n.º 4 do art. 458º. E é também, parece-nos, o caso deste n.º 3 do art. 384º do CSC.

720 A este propósito afirma Osório de Castro, bem, que há uma diferença marcada entre poder exercer mais votos que aqueles que correspondem proporcionalmente à participação detida, e não poder exercer todos os votos correspondentes à participação detida. Carlos Osório de Castro, "Participação no capital das sociedades anónimas e poder de influência", 337-338. Sem prejuízo, não se pode negar que, ao limitar os votos que são contados por parte dos acionistas, estaremos, ou poderemos estar, a aumentar a força relativa dos votos a que não é aplicável a limitação. Parece ser incontestável que, apesar disto, estamos perante temas distintos.

721 Este último argumento, que parece decisivo, deve ser ponderado com cautela e por isso usamo-lo de forma meramente acessória. Isto porque, de outra forma, teríamos de concluir que uma regra de "contagem" que pondere mais votos a uma categoria de ações, que a outra categoria, seria aceite desde que os votos fossem "contados", mas não atribuídos. Obviamente que não é assim (salvo no caso da limitação estatutária ao exercício do voto, a que nos estamos a referir). Os votos servem para ser contados e, por isso, as regras de contagem, ainda que não afetem a aritmética da distribuição de votos, produzem um efeito semelhante.

20. A admissibilidade do voto plural fora do universo das sociedades anónimas; o caso especial das associações e das cooperativas

I. Ainda em Portugal, saindo do universo das sociedades anónimas não cotadas, a admissibilidade do voto plural torna-se realidade bastante mais corrente, existindo casos em que até se torna o regime regra.

Isso percebe-se no próprio universo das sociedades comerciais. Como já referimos, o voto plural é permitido nas sociedades em nome coletivo, dispondo o art. 190º do CSC que é atribuído um voto a cada sócio salvo se outro critério for determinado no contrato e quanto a sócios de indústria. O voto plural é ainda permitido nas sociedades por quotas, dispondo o n.º 2 do art. 250º que o contrato de sociedade pode atribuir, como direito especial, dois votos a cada cêntimo do valor nominal da quota ou quotas de sócios que, no total, não correspondam a mais de 20% do capital. Também nas sociedades em comandita a regra é permitida, admitindo a lei que os votos não sejam proporcionais à valorização das entradas (art. 472º do CSC) e, mais importante, admitindo regras diferentes no caso de sócios comanditários e sócios comanditados.

II. Fora do universo subjetivo das sociedades comerciais, fácil é verificar que os casos de voto plural se multiplicam. Trata-se, desde logo, de um regime corrente nos clubes desportivos que, constituídos sob a forma de associações sem fins lucrativos (art. 26º da Lei n.º 5/2007, de 16 de janeiro), usam a liberdade que a lei lhes confere para formatar os direitos de votos dos sócios e adotam frequentemente formas de majoração do voto com o decurso do tempo[722]. É aliás no universo das associações que encontramos mais variações sobre o tema da estruturação do direito de voto, não sendo

---

[722] O art. 20º dos estatutos do Sporting Clube de Portugal majora o direito de voto com a atribuição de um segundo voto a partir dos doze meses ininterruptos como sócio, atribuindo mais um voto por cada cinco anos de inscrição ininterrupta. O art. 51º dos estatutos do Sport Lisboa e Benfica atribui um voto aos sócios com mais de um ano de filiação e até cinco anos; cinco votos aos sócios com mais de cinco anos de filiação associativa e até dez anos; vinte votos aos sócios com mais de dez anos de filiação associativa e até vinte e cinco anos; e cinquenta votos aos sócios com mais de vinte e cinco anos de filiação. O Futebol Clube do Porto é aqui uma exceção, atribuindo um voto após os doze meses de filiação e não majorando nunca o voto do associado. Poderíamos facilmente multiplicar os exemplos, seja de clubes que majoram o voto, seja de clubes que não o fazem. Para que fique claro: estes sistemas de voto são aplicáveis aos clubes e não às SAD, quando existam, às quais se aplica, por força do art. 5º do DL n.º 10/2013, as regras aplicáveis à sociedade anónima (e, sendo o caso, às sociedades anónimas cotadas).

estranhos modelos em que, mesmo para além do voto plural, os direitos de voto dos sócios são escalonados em função da antiguidade na posição, sendo retirados esses direitos para certos tipos de deliberações – tipicamente para deliberações de admissão de outros sócios – enquanto o sócio não adquire um estatuto majorado[723].

A verdade é que o regime das associações deixa este tema dentro de limites muito abertos[724]. O n.º 1 do art. 167º do Cód.Civ dispõe que o ato de constituição da associação especificará "a forma do seu funcionamento", resultando do n.º 2 da mesma regra que os estatutos podem especificar ainda "os direitos e obrigações dos associados". Dispõe depois o n.º 1 do art 170º que é a assembleia geral que elege os titulares dos órgãos da associação, sempre que os estatutos não estabeleçam outro processo de escolha. Finalmente, os arts. 172º a 176º estatuem uma série de regras sobre o funcionamento da assembleia, mas que pouco bulem na liberdade de regular a forma como o poder é, na assembleia, repartido entre os associados. Assim, o art. 172º, além de uma regra supletiva de competência, fixa as matérias que são necessariamente competência da assembleia geral (destituição dos titulares dos órgãos da associação, a aprovação do balanço, a alteração dos estatutos, a extinção da associação e a autorização para esta demandar os administradores por factos praticados no exercício do cargo), os arts. 173º e 174º tratam das regras de

[723] Um bom exemplo pode ser encontrado nos estatutos do Círculo Eça de Queiroz. O artigo 4º dos estatutos determina a existência de seis categorias de associados, sendo que os associados A integram apenas 202 associados (202 era o número de polícia da mansão de Jacinto, nos Champs Élysées, no romance "A cidade e as serras"). Ao longo do tempo, o clube decidiu admitir membros acima do número de 202, os associados B, categoria que integra os sócios supranumerários que aguardam admissão na categoria A. Depois, o art. 7º estipula as regras de admissão de novos associados que, no essencial, passam pelo direito exclusivo de proposta e de votação dos associados A (http://circuloecadequeiroz.com/estatutos/). Em rigor, claro, não se trata de uma estrutura de voto plural, já que nestes casos especiais apenas os associados A são chamados a votar e, entre estes, os votos são atribuídos por cabeça; na prática, porém, vai para lá de um sistema de voto plural, já que, mais que minorar relativamente o voto dos associados B, o sistema exclui *tout court* o seu direito (sendo que apenas terão acesso ao direito se e quando passarem a associados A).

[724] Isto é especialmente relevante quando verificamos que a exploração empresarial não está excluída do objeto das associações, desde que, como refere o art. 157º do Cód.Civ, não tenham por fim "o lucro económico dos associados". Não nos estamos a referir à possibilidade de a associação deter participações em sociedade comercial, que não merece dúvidas, mas, diretamente, à própria exploração empresarial realizada pela associação. Vd., por todos, Jorge Manuel Coutinho de Abreu, *Da empresarialidade: as empresas no direito* 162-163. Pode ser dito algo semelhante sobre as cooperativas, cujo regime tem sofrido, nas últimas décadas, vários impulsos no sentido da empresarialização.

convocação, o art. 175.º, que é mais diretamente relacionado com a matéria que nos ocupa, dispõe uma regra de *quorum* constitutivo que presume uma repartição de poder por cabeça (a assembleia não pode deliberar, em primeira convocação, sem a presença de metade, pelo menos, dos seus associados), assume um princípio supletivo de maioria (em regra, as deliberações são tomadas por maioria absoluta de votos dos associados presentes), sendo certo que algumas deliberações exigem maiorias qualificadas e, mais importante, estas são calculadas assumindo que cada associado tem um voto (deliberações sobre alterações dos estatutos exigem o voto favorável de três quartos dos associados presentes; deliberações sobre a dissolução ou prorrogação da pessoa coletiva requerem o voto favorável de três quartos do número de todos os associados); finalmente, o art. 176º estabelece uma regra de privação do voto em caso de conflito de interesses.

Daqui resulta uma enorme liberdade de regulação do tema do direito de voto[725] que, como vimos, tem sido extensamente aproveitada por diversos tipos associativos.

[725] A prática a este propósito não é, deve ser anotado, totalmente conforme com as regras mencionadas. O n.º 2 do art. 175º do Cód.Civ prescreve que, salvo o disposto nos números seguintes, as deliberações são tomadas por maioria absoluta de votos dos associados presentes. Esta regra parece querer dizer que os únicos casos em que a lei força a um *quorum* deliberativo reforçado é exatamente o dos números 3 e 4, ou seja, que da regra do n.º 2 emerge apenas um princípio maioritário (por oposição a um princípio de unanimidade). Fora desse caso, estaremos no âmbito constitucional da liberdade de associação que, assim, também se refletiria no direito de os associados regularem os termos em que o voto é exercido. É o que escreve, por exemplo, Pedro Pais de Vasconcelos, *Teoria geral do direito civil*, 9ª edição ed. (2019), 195. Numa interpretação mais conservadora, que cabe na letra da lei (mas que nos conduziria à difícil conclusão de que a liberdade facultada aos associados na distribuição dos votos e na organização das votações é mais limitada que aquela atribuída aos sócios da sociedade em nome coletivo pelo n.º 1 do art. 190 do CSC), também pode ser entendida como querendo dizer que fora desses casos de *quorum* deliberativo reforçado, a regra é a de maioria, contando um voto por associado. Não é essa, no entanto, a interpretação mais corrente e já demos vários exemplos de associações com regras diferentes. O art. 25º do Anteprojeto de Ferrer Correia era mais explícito no tratamento deste ponto, uma vez que ao mesmo tempo que dispunha ter cada associado um voto, serem as deliberações da assembleia tomadas por um princípio maioritário e que estabelecia uma regra de *quorum* constitutivo de 50%, estatuía expressamente que "o Estatuto pode estabelecer regras diferentes". António Ferrer Correia, "Pessoas coletivas/ Anteprojecto de um capítulo do novo Código Civil", *BMJ*, no. 67 (1957). Os exemplos desta ampla liberdade de estipulação poderiam ser levados mais longe, uma vez que há inclusivamente estatutos de associações que não reconhecem sequer que a assembleia geral é composta pela universalidade dos associados (o que, no domínio do direito cooperativo, seria nulo por violação do *princípio da gestão democrática pelos membros*). É o caso dos estatutos da Associação dos Escoteiros de Portugal, cujo art. 20º apenas dá lugar na assembleia geral a um conjunto de presenças por inerência

III. O caso das cooperativas é ainda mais claro na forma como trata o voto plural. O regime regra, constante do art. 40º do Código Cooperativo, é o da atribuição de um voto a cada cooperador[726]. No entanto, o art. 41º do Código, na versão de 2015[727], regula expressamente a atribuição de voto plural aos cooperadores.

(https://www.escoteiros.pt/wp-content/uploads/2017/04/estatutos-da-AEP2009.pdf). Existe ainda relevante jurisprudência que aceita a ideia de liberdade na regulação do voto ao nível associativo, como é o caso do Acórdão do STJ de 27 de maio de 2008 (processo n.º 07b2660, Pires da Rosa) que decide de forma clara que "o exercício do direito de voto em associações não está regulamentado no Código Civil", já que o art. 175°, n° 2 determina que "as deliberações são tomadas por maioria absoluta dos associados presentes", não determinando, porém, como se alcança tal maioria e em que medida é disciplinado o exercício do direito de voto. Por isso, continua o Acórdão, deve ser na regulamentação das sociedades de cunho personalístico (sociedades civis simples e sociedades em nome coletivo) – aquelas que mais próximas se encontram das associações – que deveremos procurar a disciplina para o exercício do direito de voto, omissa nas disposições gerais relativas às pessoas coletivas constantes do Cód.Civ. E decide ainda que as sociedades em nome coletivo divergem apenas no seu fim com as associações; que o artigo 190° do CSC consagra a regra supletiva de que "a cada sócio pertence um voto", permitindo, porém, a sua derrogação "se outro critério for determinado no contrato de sociedade"; e que, por tudo isso, por aplicação analógica do art.190° dever-se-á considerar que os associados são livres para regularem o exercício do direito de voto. Este Acórdão do STJ é interessante não apenas pelo reconhecimento do princípio de liberdade de regulação do voto pelos associados, mas também pelo recurso ao CSC para suprir o que se entende ser uma lacuna do Cód.Civ (não dando relevância ao que dispõe o art. 157º do Cód.Civ). Sobre o tema do recurso ao direito das sociedades para colmatar as lacunas do direito associativo vd. João Zenha Martins, "Das Associações Sem Personalidade Jurídica", 152-153.

[726] Este era o regime que já constava do art. 214º do Código Comercial de 1888 e que foi depois consagrado nos Códigos Cooperativos de 1980 e de 1986. A atribuição de um voto a cada cooperador tem, em particular, duas decorrências – primeiro, dissocia o voto da participação no capital social da cooperativa, ou seja, representa o oposto do princípio capitalístico que vigora nas sociedades anónimas; segundo, significa que todos os cooperadores têm direito de voto, ou seja, que inexistem participações sem direito de voto (da referência do n.º 1 do art. 37º a "cooperadores com direito de voto" não se pode retirar que existam "cooperadores sem direito de voto"). Isto não significa, obviamente, que o cooperador não possa, perante uma determinada deliberação, ser impedido de votar; é o que ocorre, nos termos no n.º 4 do art. 84º, em caso de conflito de interesses. Sobre esta regra vd. Deolinda Meira e Maria Elisabete Ramos, *Comentário aos artigos 40º e 41º*, Código Cooperativo Anotado, (Almedina, 2018), 230-231.

[727] Não existia regra semelhante na versão do Código Cooperativo aprovado pela Lei n.º 51/96 de 7 de setembro, sendo certo que eram consagradas várias regras especiais, a este propósito, para as cooperativas de interesse público (art. 12.º do Decreto-Lei n.º 31/84, de 21 de janeiro) e para as cooperativas de grau superior. Sobre esse regime, vd. Deolinda Meira, "A relevância do cooperador na governação das cooperativas", *Cooperativismo e economia social*, no. 35 (2013), 17-19; Deolinda Meira e Maria Elisabete Ramos, *Governação e regime económico das cooperativas* (Vida Economica, 2014), 26-32.

Nos termos dessa regra, os estatutos podem prever a atribuição de voto plural nas assembleias gerais de primeiro grau, desde que a cooperativa tenha, pelo menos, 20 cooperadores e não seja uma cooperativa de produção operária, de artesanato, de pescas, de consumidores ou de solidariedade social[728];

[728] Não é isenta de dúvidas a constitucionalidade da regra de voto plural do Cód.Coop. O n.º 2 do art. 61º da CRP estabelece que "a todos é reconhecido o direito à livre constituição de cooperativas, desde que observados os princípios cooperativos". Ora, a CRP, enquanto dispõe a obediência aos "princípios cooperativos", nada refere sobre quais serão esses princípios, sendo geralmente entendido que são aqueles definidos como tal pela Aliança Cooperativa Internacional, também designados *princípios de Rochdale*. É o entendimento, sem grandes dúvidas, por exemplo, de Rui Namorado – Rui Namorado, *Cooperatividade e direito cooperativo: estudos e pareceres* (Almedina, 2005), 10 e ss.; no mesmo sentido, que cremos ser praticamente unânime entre nós, veja-se por exemplo José Engrácia Antunes, *Direito das sociedades*, 96-98. Rui Namorado, escrevendo antes da versão atual do Cód. Coop, considerava que a consagração de voto plural seria "sempre um desrespeito inequívoco deste segundo princípio cooperativo"; terá de concluir que, sendo o segundo princípio que nas "cooperativas singulares, os sócios têm igualdade na votação (um sócio, um voto); as cooperativas de outros graus são também organizadas de maneira democrática" (trata-se de redação introduzida na reforma de 1966 e que foi no essencial mantida em 1995), existirá uma incompatibilidade entre a estipulação de voto plural (para cooperantes ou para membros investidores) e o segundo princípio mencionado. A verdade é que a introdução do voto plural no movimento cooperativo está relacionada proximamente com o tema dos membros investidores, tendo surgido, nos anos 90, em jurisdições como França, Itália e Alemanha, pressões para regular os votos destes membros em termos diferentes daqueles dos cooperantes, sobretudo como forma de atração de investidores. Mostrando como se trata de um tema complexo, o Regulamento (Regulamento CE/1435/2003) relativo ao Estatuto da Sociedade Cooperativa Europeia veio, no n.º 2 do art. 59º, remeter a matéria para a lei de cada Estado-Membro, quando o projeto o admitia expressamente. Nos termos do n.º 2 do art. 22º do Regulamento "os estatutos podem prever um voto plural". Neste caso, devem regulamentar as condições em que é atribuído o voto plural, o qual deve ser proporcional ao grau de participação dos membros na actividade da cooperativa. Os estatutos devem prever uma limitação do voto plural atribuído aos membros, bem como os poderes máximos que um membro pode receber, na qualidade de mandatário de outros membros. Os *Principles of European Cooperative Law* admitem e regulam o voto plural. Vd. Gemma Fajardo, Antonio Fici et al., "New Study Group on European Cooperative Law: 'Principles' Project", *Euricse* (2012); Rui Namorado, *Cooperatividade e direito cooperativo: estudos e pareceres* 24; Deolinda Meira e Maria Elisabete Ramos, *Comentário aos artigos 40º e 41º*, 236-237; António Menezes Cordeiro, *Direito europeu das sociedades*, 1043-1047; Inmaculada Buendía Martínez, "La participación democrática:¿ un valor en extinción en las sociedades cooperativas?", *Revista de economía pública, social y cooperativa*, no. 34 (2000); Rodrigo Viguera Revuelta, "Algunas cuestiones en relación con el derecho de voto. Especial atención al voto plural en las sociedades capitalistas y cooperativas" A relação do voto plural com os Princípios Cooperativos foi a principal razão que levou o Partido Comunista Português a propor, em 2015, a revogação das regras do Código Cooperativo sobre voto plural (e também, por razões semelhantes, as regras sobre membros investidores). A proposta, no entanto, foi rejeitada e quando, por força da aprovação da Lei n.º 66/2017 de 9 de agosto, se procedeu à primeira alteração ao texto do Cód.Coop, o art. 41º foi mantido quase intacto, apenas com uma alteração na alínea b) do n.º 1 do art. 41º. O tema, entretanto, aparenta ter saído da

o voto plural, no entanto, apenas pode ser atribuído "em função da atividade do cooperador na cooperativa"[729]. Por outro lado, a regra limita o número de votos privilegiados que podem ser atribuídos – poderão ser um máximo de três, caso a cooperativa tenha até 50 cooperadores ou um máximo de cinco, caso a cooperativa tenha mais de 50 cooperadores. Ainda como salvaguarda da relação entre cooperantes, a lei estabelece que, num conjunto de matérias consideradas mais sensíveis e relevantes, e não obstante a estipulação de voto plural nos estatutos, cada cooperador dispõe, somente, de um voto. Por fim, a lei prescreve que, na circunstância de membros investidores[730], pode ser atribuído voto plural, em condições e critérios a fixar pelos estatutos, mas com o limite de 10 % do total de votos dos cooperadores e ainda com o limite mais amplo de os membros investidores não poderem, no total, ter direitos de voto superiores a 30 % do total de votos dos cooperadores.

De salientar ainda, nesta sede, a possibilidade de realização de assembleias setoriais, prevista no art. 44º do Código Cooperativo, a qual depende de autorização dos estatutos que, na forma genérica como está regulada

---

agenda política. Sobre os princípios cooperativos na versão de 1966, vd. por todos Rui Namorado, "Abrir os princípios cooperativos sem os esquecer", *Revista Crítica de Ciências Sociais,* no. 12 (1983).

[729] Esta regra parece significar que o voto plural não pode ser atribuído em função da participação no capital, o que revela uma forma de adoção do voto plural sem ligação a um princípio capitalístico e sem afetar a ideia de gestão democrática da cooperativa. Deolinda Meira e Maria Elisabete Ramos, *Comentário aos artigos 40º e 41º*, 238-239.

[730] Os membros investidores distinguem-se dos cooperadores porque o seu papel na estrutura da cooperativa é estritamente financeiro, dependendo da subscrição de títulos de capital ou de títulos de investimento. Trata-se de uma evolução razoavelmente recente do direito cooperativo que, durante muito tempo, apenas aceitava como formas de captação de recursos as contribuições dos membros e os resultados gerados pela atividade (além da contração de dívida). Estão previstos no n.º 4 do art. 5º e o seu regime consta do art. 20º do Código, de onde consta, em suma, que a sua admissão depende de previsão estatutária autorizativa, deliberação da assembleia geral e proposta do órgão de administração, e que a soma das suas entradas não pode ser superior a 30 % das entradas realizadas nas cooperativas. Representa um enxerto de natureza capitalística na lógica funcional das cooperativas e isso concretiza-se num conjunto de regras que visa limitar a relevância e o papel destes membros, secundarizando-os. Por exemplo, a sua admissão está dependente de previsão autorizativa e a soma das entradas destes membros não pode ultrapassar 30% das entradas para o capital social (n.º 1 do art. 20º do Código), as condições e limites da existência de membros investidores devem ser expressamente regulados pelos estatutos (alínea g) do art. 16º) e a possibilidade de lhes atribuir voto plural está limitada (n.º 7 do art. 40º). Apesar da intenção do legislador, não é de excluir que regras amplas como a da alínea c) do n.º 4 do art. 20º do Código Cooperativo, que se refere ao "elenco de direitos (...) a que fiquem especialmente vinculados os membros investidores", possam criar o efeito contrário ao pretendido.

(e que passa, no essencial, por uma remissão genérica para os arts. 33º a 43º do mesmo Código), se presta a fortes distorções da regra básica de representação nas assembleias[731].

[731] As assembleias setoriais das cooperativas justificam-se sobretudo naqueles casos em que a cooperativa tenha atividade em diversas geografias (sem proximidade) ou em diversas áreas económicas (sem relação), justificando-se assim, seja por razões logísticas, seja por razões de desigual desinteresse dos cooperadores em relação aos temas tratados, reunir assembleias apenas com os membros interessados. A forma como está prevista – e que depende de uma análise de mera conveniência da cooperativa – abre as portas a distorções e a abusos difíceis de comprovar (porque ocultados sob a capa do juízo de conveniência da cooperativa que, aliás, pode coexistir com o interesse do cooperador de participar na assembleia geral). Sobre o tema, José Engrácia Antunes, *Direito das sociedades*, 104-105; Jorge Manuel Coutinho de Abreu, "Comentário ao art. 44º", (Código Cooperativo: Almedina, 2018), 250-251. Para mais desenvolvimentos, com um comentário ao acórdão do Tribunal da Relação de Guimarães de 18 de outubro de 2018 que cuida, precisamente, de uma alteração de estatutos que tem por efeito afastar dois cooperadores da participação na assembleia geral, vendo a sua intervenção limitada à participação nas assembleias setoriais, vd. Inês Neves, "Por uma gestão democrática indireta das cooperativas: Comentário ao acórdão do Tribunal da Relação de Guimarães de 18 de outubro de 2018", *Cooperativismo e economia social* (2018).

VI
A admissibilidade do voto plural nas sociedades anónimas cotadas

21. O caminho para a regra permissiva do CVM

21.1. Antecedentes e outras circunstâncias

I. O caminho que conduziu à recente vaga de regulação do voto plural em várias jurisdições, da Europa continental aos grandes mercados asiáticos, não pode ser dissociado do percurso que referimos e descrevemos no capítulo anterior a propósito da anterior vaga de regras de proibição. Isto por várias razões. Primeiro porque, como verificámos, a deslocação do centro de gravidade do sistema de repartição dos votos dos acionistas para uma regra de proporcionalidade em que o poder de voto é distribuído em função da participação nominal no capital social é uma realidade com poucas décadas. Por isso, apesar de parecer uma regra *carved in stone* quando se faz a afirmação dos princípios organizadores da arquitetura da sociedade anónima, a sua tradição, com tudo o que implica, mesmo na Europa continental, é bem menos material do que pareceria. Segundo, porque o instituto do voto plural tem tradição normativa relevante na Europa continental que passa por normativos como o Decreto n.º 1.645 (1915), o alemão HGB (1897), a francesa Lei de 16 de novembro de 1903 ou a regra do art. 164º do italiano Codice Commerciale (1882); isto, claro, para não referir o panorama existente em ambientes anglo-saxónicos, em que a liberdade deixada aos acionistas na regulação do voto foi sempre de outra magnitude. Terceiro, porque a vaga de proibição do voto plural, que chegou a Portugal através do CSC, por influência germânica, foi sobretudo uma reação necessária a abusos que resultaram da prática (abusos a que, por razões especiais, o sistema nacional esteve no seu essencial imune, já que até 1972 o art. 183º do Código Comercial estipulava um teto de voto geral e, a partir de 1972, veio impor um teto de voto aplicável às ações com privilégios de voto). Quarto, porque emerge, numa faceta que não é despicienda, da agenda da Comissão Europeia, sobretudo após o *Action Plan* de 12 de dezembro de 2012 (e a que passa por capítulos como o Livro Verde sobre o Financiamento a Longo Prazo da Economia Europeia e a Diretiva dos Direitos dos Acionistas de 2017); isto quando se sabe que a própria agenda da Comissão Europeia sofreu, no que ao tratamento do tema respeita, uma mudança radical de perspetiva ao longo das últimas décadas.

II. Não pode deixar de se salientar que, da mesma forma que, nas primeiras décadas do século XX, a regulação do voto plural serviu fins eminentemente conjunturais que passavam, sobretudo, pela recapitalização do tecido empresarial europeu no período subsequente à guerra, existem nesta fase da regulação do voto plural razões, também elas conjunturais, que estão a apontar o sentido oposto. O que está a servir de catalisador da regulação deste tema na Europa continental e, em particular, em Portugal, não resulta de uma reponderação dogmática sobre o espaço de liberdade que deve ser deixado aos acionistas na arquitetura de repartição de poder, nem tampouco emerge da constatação da insustentável construção formal da regra de proporcionalidade. É apenas uma resposta (parcialmente contraditória, aliás, uma vez que os problemas que a que visa responder também não são, eles próprios, coerentes) a necessidades conjunturais, algumas com mais premência nas economias europeias, e outras de âmbito mais geral, como sejam, por um lado, os objetivos de revitalização dos mercados de capitais que, num panorama de aberta concorrência, passam por temas como o incentivo do aumento da liquidez e a falta de capacidade de atração de emitentes para mercados dotados de menor centralidade num momento de forte globalização das economias[732] e, por outro lado, pela tentativa de, com recurso a novos

[732] Trata-se de uma afirmação propositadamente genérica para um problema que se sabe ser complexo e com diversas variantes. Sem preocupações de exaustão no que a essas variantes respeita: primeiro, as capitalizações bolsistas das diversas regiões do globo têm sofrido alterações relevantes, sendo que o domínio das grandes bolsas de valores dos mercados desenvolvidos (NYSE,

instrumentos, promover o alinhamento dos interesses dos acionistas com os interesses de médio e longo prazo da sociedade[733].

É sobretudo isso, na verdade, que acaba por explicar algumas opções legislativas menos intuitivas, que não podem deixar de ser estranhadas. É também isso que contribui para o peculiar movimento de vários Estados-Membros que, num período curto, optam por soluções tão diferentes numa matéria tão central e crítica (isto mesmo sabendo que a harmonização europeia em sede de direito societário é, mais que um resultado, um caminho aspiracional). Referimo-nos, por exemplo, às opções do legislador nacional de, primeiro, limitar o voto plural ao universo subjetivo das sociedades cotadas, segundo, de não prever ou regular as ações de lealdade e, terceiro, de não permitir o exercício do voto plural nas deliberações relativas a exclusão voluntária de negociação. Ou à opção do legislador francês de, contrariamente, não prever ou regular as ações de categoria especial com voto plural, mas apenas a majoração de voto por ocorrência de um termo, estabelecendo, no entanto, ser esse o regime supletivo para sociedades cotadas. Ou, ainda, a opção do legislador italiano de limitar às sociedades não cotadas a emissão de ações de categoria especial com voto plural, reservando para as sociedades cotadas que entendam adotar tal sistema as ações com voto majorado. Ou, ainda, por fim,

---

Nasdaq, LSE e, noutro nível, a HKEX) tem vindo a perder terreno para um conjunto de bolsas de economias emergentes (sobretudo a SSE, Bovespa e bolsas australiana e de Singapura); segundo, a prevalência das bolsas de valores mais importantes tem vindo a drenar capitalização de outras bolsas de valores periféricas que, por isso, são cada vez mais periféricas (o que já escrevemos sobre a Euronext Lisbon é um bom exemplo, mas apenas um exemplo entre vários que poderiam ser apontados); terceiro, apesar do crescimento sustentado da capitalização bolsista global, o número de emitentes cotados tem vindo a decrescer em termos líquidos, sendo que entre 2005 e 2020 quase 30.000 sociedades, sobretudo nos EUA e na Europa, realizaram operações *public to private*, ao mesmo tempo que a grande fatia de emitentes surgiu em mercados asiáticos, sobretudo na China (o que revela que essa capitalização, sobretudo no ocidente. resulta cada vez mais de um grupo cada vez menor de grandes, ou maiores, emitentes). Vd., por exemplo, https://www.oecd.org/corporate/corporate-governance-factbook.htm; https://www.pwc.com/gx/en/audit-services/capital-market/publications/capital-markets-2030.pdf; Augusto De la Torre e Sergio Schmukler, *Emerging capital markets and globalization: the Latin American experience* (World Bank Publications, 2006).

733 Isto é assumido sem qualquer pudor pelos vários regimes. A Proposta de Lei de revisão do CVM afirma que introduz o voto plural "para melhorar a atratividade e competitividade do nosso mercado, prevê-se a possibilidade de emissão de ações com direito ao voto plural". A Loi Florange afirma-se uma lei *"visant à reconquérir l'économie réelle"*. O Decreto Competitività afirma-se como visando o *"rilancio e lo sviluppo delle imprese"*. A Ley 5/2021, de 12 de abril, que modifica a LSC, intitula-se uma lei sobre o *"fomento de la implicación a largo plazo de los accionistas en las sociedades cotizadas"* e dedica metade da primeira parte do preâmbulo aos problemas das estratégias de investimento de curto-prazo.

a recente opção do legislador espanhol de limitar a possibilidade de recorrer a voto plural às sociedades cotadas, restringindo-a, no entanto, à opção de majoração por decurso do tempo.

21.2. A Loi Florange

I. A reforma de 1966, em França[734], manteve a regra da proporcionalidade como base de organização do sistema. Estipulou, no entanto, duas exceções diretas: a primeira admitia a possibilidade de os estatutos limitarem o número de votos que podem ser contados como emitidos por um único acionista, ou seja, de estipularem um *voting cap;* a segunda admitia a possibilidade de os estatutos estipularem um regime de ações de lealdade com majoração até um voto duplo[735], contando que existisse cláusula expressa nesse sentido, se tratasse de ações nominativas, as ações estivessem inteiramente liberadas e fossem detidas pelo mesmo acionista durante período não inferior a dois anos[736]. O voto majorado podia ser exercido em todas as assembleias, ordinárias ou extraordinárias, gerais ou especiais. Deste modo, respeitava-se o princípio de igualdade de tratamento dos acionistas[737], ao mesmo tempo

---

[734] Referimo-nos à *Loi n.º 66-537 sur les sociétés commerciales* e à *Loi n.º 66-538*. Tratou-se de uma reforma profunda do direito societário francês, que está muito para além do tema do voto dos acionistas.

[735] Durante a discussão da reforma de 1966 foram apresentados projetos que previam a existência de voto triplo e mesmo quíntuplo, dependendo do período de detenção das ações. A razão das propostas era assumidamente a proteção dos centros de decisão franceses contra a ameaça de aquisições hostis de entidades estrangeiras. Foi o receio da repetição dos abusos que tinham levado à proibição de 1933 que levou ao abandono dessas propostas. Sem prejuízo disto, são descritas várias práticas de manipulação do regime, fazendo com que o voto duplo apenas beneficiasse alguns investidores e não outros; por exemplo, não permitindo que todas as ações estivessem simultaneamente liberadas, o que abria uma janela de cinco anos em que umas ações beneficiavam da majoração e outras não. Vd. Georges Ripert e René Roblot, *Traité de droit commercial: Commerçants, actes de commerce*, 855. Michel Germain, Véronique Magnier et al., *Traité de droit des affaires: Les sociétés commerciales*, 375.

[736] A lei permitia ainda que os estatutos limitassem o privilégio a acionistas de nacionalidade francesa (o que mais tarde, após a assinatura do Tratado de Roma, se entendeu aplicável a nacionais de outros Estados da União Europeia e, em 2014, com a *Loi Florange*, na sequência do entendimento pelo *Conseil Constitutionel* de que tal regra violaria o princípio da igualdade, foi eliminado; entende-se que as regras estatutárias que ainda contêm tal disposição são nulas). Michel de Juglart e Benjamin Ippolito, *Cours de droit commercial* 313 ; Philippe Merle e Anne Fauchon, *Droit commercial. Sociétés commerciales. Édition 2017* (Dalloz, 2016), 392.

[737] Esta particularidade faz com que seja geralmente entendido que as ações com voto majorado não formam (sequer conjunturalmente) uma classe de ações, não justificando a realização de

que se assegurava uma limitação à exponenciação do direito de voto[738]. Entende-se assim a afirmação segundo a qual o sistema jurídico francês tem uma grande tradição de aceitação de ações com voto plural, em particular na sua variante de ações de lealdade – tradicionalmente, apesar de a regra ser a adoção do princípio *one share, one vote*[739], os acionistas podiam optar por um regime distinto, através da alteração de estatutos no sentido de duplicar os votos dos acionistas *leais* após o decurso de pelo menos dois anos sem que as ações fossem transmitidas.

A regra tinha especialidades que saltam à atenção e que são francamente marcantes na identidade das opções do legislador francês. Primeiro, tratava-se de um claro privilégio de lealdade, e não tanto de aceitar uma categoria especial de ações com voto plural no sentido clássico do tema *(dual-class shares)* – o regime previa a atribuição de voto duplo a ações ordinárias, nominativas e integralmente liberadas, em função do seu tempo de detenção por determinado acionista (que, no limite, podia mesmo ser destacado em função da sua nacionalidade). Por isso, estas ações distinguem-se das típicas *multiple voting rights shares* porque (i) estas podem conferir bem mais que um mero voto duplo, (ii) formam uma categoria de ações própria (com cotação, sendo o caso, segregada) e (iii) conservam por isso o seu privilégio em caso de transmissão. Segundo, o artigo L 225-123 assumia que este não era o sistema regra, possibilitando-se, no entanto, a migração através dos estatutos fundacionais ou de alteração subsequente destes. Terceiro, o privilégio seria extensível a ações recebidas em aumentos de capital por incorporação de reservas e situações equiparáveis. Quarto, era possível limitar o privilégio a acionistas franceses e àqueles de outro país da CE ou do EEE.

II. A partir de abril de 2014, por força da aprovação da Lei n.º 2014-384, de 29 de março (designada *Loi Florange*[740]), a redação do artigo L 225-123

---

assembleias especiais. Vd. por exemplo Michel Germain, Véronique Magnier et al., *Traité de droit des affaires: Les sociétés commerciales* 376.

[738] Sobre a reforma de 1966, vd. Georges Ripert e René Roblot, *Traité de droit commercial: Commerçants, actes de commerce* 852-856; Michel de Juglart e Benjamin Ippolito, *Cours de droit commercial*, 459-461.

[739] Arts. 1832 e 1844 do Código Civil francês e art. L 225-122 do Código Comercial. Em outras exceções ao princípio, a que não nos referiremos, os arts. L 225-8 e L 225-12 preveem a possibilidade de emitir ações com dividendo majorado ou prioritário e o art. L 228-35 prevê a possibilidade de emissão de ações sem direito de voto.

[740] A *Loi Florange* tem as suas origens na decisão do grupo indiano Arcelor Mittal, conhecida em 2012, de encerrar duas unidades siderúrgicas em Florange, pequena cidade no noroeste de França, tendo provocado diretamente o desemprego de mais de 600 trabalhadores. Por isso, o foco principal da lei, *"visant à reconquérir l'économie réelle"*, tem a ver com o quadro legal de obrigação das sociedades

do Código Comercial foi alterada, passando a prever-se que, para sociedades emitentes de ações admitidas à negociação em mercado regulamentado[741], a majoração dos votos passava a ser o regime supletivo, cabendo às sociedades cotadas que pretendessem adotar o princípio *one share, one vote* fazer aprovar pelos acionistas deliberação derrogatória. Esta deliberação, correspondendo a uma modificação dos estatutos, exigia uma deliberação por maioria qualificada e teria de ser aprovada até ao dia 31 de março de 2016. Daqui se retira com facilidade que a mera entrada em vigor da Lei teve efeitos materiais palpáveis na repartição de poder de várias das sociedades cotadas francesas[742]/[743].

---

de procurarem adquirentes para as unidades que visem encerrar, assim preservando os postos de trabalho, e temas conexos de informação aos trabalhadores. Mas o seu alcance vai para além disto, e é aqui que entram os objetivos de estabilização dos interesses dos acionistas de médio e longo prazo, sendo certo que é incontestável a heterogeneidade de temas que são abordados pela Lei. Foram muitas as críticas às soluções adotadas, afirmando-se muitas vezes que estas visavam sobretudo *empoderar* cirurgicamente alguns acionistas das sociedades cotadas. Por exemplo, https://www.ft.com/content/c0527ee0-dde2-11e4-8d14-00144feab7de; entre nós, Francisco Sá Carneiro, "The Florange Law. A "new" power game", in *Estudos em Honra de João Soares da Silva* (Almedina, 2021), sobretudo 263-264.

[741] Isto exclui o designado Euronext Grow, que não é qualificado como mercado regulado.

[742] Um estudo do BNP Paribas descrito pelo jornal Les Echos referia que o Estado Francês, por mero efeito da entrada em vigor da Lei, passava a poder alienar participações em sociedades cotadas francesas no valor de 16,45 mil milhões de euros sem que isso implicasse qualquer perda de poder acionista nas sociedades participadas – poderia vender 10% do capital da EDF porque, com 74,5 % das ações, manteria 84,5% dos votos, 11,7% dos títulos detidos na GDF Suez, 10,7% das ações detidas na Orange, etc. https://www.lesechos.fr/2015/04/la-loi-florange-ou-la-cassette-secrete--de-letat-actionnaire-1106501. Não custa perceber que este efeito possa ter sido pelo menos parte da motivação para a aprovação da reforma, sobretudo quando verificamos que a generalidade das sociedades que, antes da reforma, adotava a regra *one share, one vote*, fez aprovar deliberações de derrogação, com a exceção, precisamente, daquelas sociedades em que o Estado francês tinha participação que lhe permitiu bloquear tal deliberação – é o caso das deliberações tomadas na Engie e Alstom. Em certos casos – Renault e Air France – essa motivação última ainda ficou mais evidenciada já que o Estado francês adquiriu ações em mercado com o intuito, precisamente, de bloquear a derrogação. Vd. Marco Becht, Yuliya Kamisarenka et al., "Loyalty shares with tenure voting – Does the default rule matter? Evidence from the Loi Florange Experiment", (2018), 3; Philippe Merle e Anne Fauchon, *Droit commercial. Sociétés commerciales. Édition 2017*, 393; Francisco Sá Carneiro, "The Florange Law. A "new" power game", 264 e 267-268. Ainda, https://www.lerevenu.com/bourse/droits-de-vote-double-un-cadeau-empoisonne. Os efeitos materiais vão muito para além das posições acionistas do Estado francês, levando alguns a entender que a Loi Florange é, antes de mais, uma regra que visa combater ofertas de aquisição hostis. Vd., por exemplo, Mark J Roe e Federico Cenzi Venezze, "Will Loyalty Shares Do Much for Corporate Short-Termism?", 109.

[743] A regra francesa apoia-se num conjunto de outras regras que visam assegurar a transparência do regime, em particular na regra do art. L 225-100-3 do *Code de Commerce* e na regra do art. 223-16 do *Règlement général* da AMF.

III. As ações com voto plural sempre tiveram muita popularidade em França. Em 2007, cerca de 75% das sociedades cotadas francesas haviam previsto nos seus estatutos a atribuição de um voto suplementar às ações detidas por pelo menos dois anos (ou quatro anos, noutros casos). Num período semelhante, mas usando como amostra as sociedades presentes no índice SBF 250, ou seja, as sociedades cotadas mais representativas, a percentagem de sociedades que optaram por este instrumento era de 68,4%[744]. Após a relevante alteração introduzida pela *Loi Florange* os números não se alteraram significativamente[745].

21.3. O Decreto Competitività *2014*

I. Também Itália fez um caminho com algumas semelhanças, muito embora, como já referimos, tenha acabado por consagrar uma solução que se afasta da francesa em vários pontos. Em 2014, por força da aprovação do DL n.º 91, de 24 de junho, foi alterado o art. 2351º do Código Civil e introduzido um novo art. 127º *quinquies* e 127º *sexies* no TUF[746]/[747]. Assim, de uma penada, o legislador italiano adotou as ações com voto plural e as ações de lealdade, simultaneamente abrindo um novo espaço de autonomia privada e rompendo com uma tradição muito marcada, com quase um século, de grande conservadorismo na aceitação de derrogações estatutárias ao princípio *one share, one vote* que, sem estranheza, continua a funcionar como regra geral supletiva[748].

[744] Sabri Boubaker e Florence Labégorre, "Le recours aux leviers de contrôle: le cas des sociétés cotées françaises", *Finance Contrôle Stratégie* 11, no. 3 (2008); Nicolas Chene, "Le droit de vote double en France: Panorama de son utilisation et impact en termes de valorisation des sociétés" (HEC School of Management, Paris, 2008), 26-32. No ISS-Shearman Sterling-ECGI, *Report on the proportionality principle in the European Union*, 67, identificam-se 57,25% das sociedades da amostra como fazendo recurso a este instrumento.

[745] Marco Becht, Yuliya Kamisarenka et al., "Loyalty shares with tenure voting – Does the default rule matter? Evidence from the Loi Florange Experiment"; Chiara Mosca, "Should Shareholders Be Rewarded for Loyalty: European Experiments on the Wedge between Tenured Voting and Takeover Law", 12-13.

[746] Em rigor: o regime das ações com voto plural consta do art. 2351.4 do Código Civil e do art. 127.º *sexies* do TUF e o regime das ações de lealdade consta do art. 127.º *quinquies* do TUF.

[747] Foram introduzidas mais alterações, desde logo no que respeita aos arts. 104.º, 105.º, 106.º e 109.º do TUF sobre matérias de OPA, participações qualificadas e outras matérias, a que voltaremos oportunamente. Por outro lado, sobre temas específicos de OPA e participações qualificadas foi modificado o Regulamento da Consob de 19 de dezembro de 2014.

[748] Na verdade, como referimos, já em 1974 tinha sido prevista a emissão, em sociedades cotadas, de ações preferenciais sem direito de voto. Depois, em 2003, a possibilidade de emissão de ações

A reforma, geralmente justificada por razões de competitividade e fomento do mercado de capitais[749], não será, também aqui, alheia a razões de mercado e à concorrência entre praças financeiras. Em 2014, a Fiat e a Chrysler anunciaram uma operação de fusão que, na verdade, pelo peso relativo dos dois intervenientes, mais representava uma operação de aquisição em que a Fiat tomava o controlo da sociedade norte-americana, do que uma concentração entre iguais. Compreende-se por isso – mais ainda se tratando de um *campeão nacional,* com a importância, a história e o simbolismo da Fiat no panorama empresarial italiano – a reação pública quando, sendo conhecidos os dados principais da transação, se vem a saber que a nova sociedade *holding*, Fiat Chrysler Automobiles, teria sede na Holanda, domicílio fiscal em Inglaterra e as suas ações seriam admitidas à cotação na NYSE (apenas com *secondary listing* na Bolsa de Milão). Uma das razões que motivaram a opção pela constituição da sociedade na Holanda terá sido, precisamente, a possibilidade – aliás, concretizada – de emitir ações com voto plural[750]. Por coincidência, ou não tanto, o anúncio da reforma legislativa ocorre apenas alguns meses após a divulgação pública dos detalhes desta transação[751].

---

preferenciais sem direito de voto foi alargada a todas as sociedades anónimas, cotadas ou não cotadas, tendo sido flexibilizados os termos de privilégio patrimonial necessário para compensar a privação do voto. Afirma-se por isso que a erosão do princípio da proporcionalidade em Itália, se é certo que atingiu o seu zénite em 2014, já provém de um movimento com quase cinco décadas. Mario Campobasso, Pietro Abbadessa et al., *Le società per azioni: Codice civile e norme complementari,* 1, 566.

[749] Estas razões já eram claramente elencadas num estudo da Consob anterior à reforma – *Quaderno Giuridico Consob* de 2014. Este documento é, aliás, considerado por boa parte da doutrina como um dos marcos fundamentais da abertura do sistema jurídico italiano às novas regras – S Alvaro, A Ciavarella et al., "La deviazione dal principio "un'azione–un voto" e le azioni a voto multiplo", *CONSOB, Quaderni giuridici* (2014); Mario Campobasso, Pietro Abbadessa et al., *Le società per azioni: Codice civile e norme complementari,* 1, 570.

[750] No âmbito da fusão da Fiat e da Chrysler foi adotado um sistema de *special voting rights shares,* nos termos do qual os acionistas que detivessem as suas ações durante período não inferior a 3 anos receberiam, uma ação com voto especial por cada ação detida (o direito está sujeito a um conjunto de temas procedimentais, nomeadamente à inscrição da titularidade junto de um registo especial) e, mais importante, teriam acesso a esse direito os acionistas da Fiat que demonstrassem essa qualidade na *record date* da fusão (https://www.fcagroup.com/enUS/investors/stock_info_and_shareholder_corner/Documents/Special_Voting_Shares_Terms_and_Conditions_ENG.pdf).

[751] É razoavelmente consensual a relação de causalidade que existe entre o processo de migração da Fiat, o ambiente de concorrência regulatória e a aprovação da reforma. Por exemplo, Marco Ventoruzzo, "The disappearing taboo of multiple voting shares: regulatory responses to the migration of Chrysler-Fiat", *Bocconi Legal Studies* (2015); Emiliano Marchisio, "La maggiorazione del voto", in *I Diritti degli Azionisti nelle Società Quotate* (G. Giappichelli Editore, 2015), 222-223; Damiano di Vittorio, *Le azioni a voto potenziato: dinamiche societarie e analisi d'impatto della maggiorazione*

Por outro lado, tal como ocorreu em França, naquilo que representa uma tentação de regular o governo das sociedades sem perder de vista interesses específicos e particulares, habitualmente de natureza conjuntural, não serão alheias às motivações da reforma razões mais prosaicas relacionadas com a gestão e valorização das participações do Estado italiano em empresas privadas e a privatizar[752].

II. O novo art. 2351.4 do *Codice Civile* veio autorizar as sociedades não cotadas a emitir ações com voto plural (até três votos por cada ação)[753], sendo certo, no entanto, que manteve a regra do n.º 2 do mesmo artigo, segundo a qual as sociedades não podem emitir ações com voto limitado que excedam os

del voto sui corsi azionari di società quotate, 37-38; Umberto Tombari, "Le azioni a voto plurimo", 583-584; Chiara Mosca, "Should Shareholders Be Rewarded for Loyalty: European Experiments on the Wedge between Tenured Voting and Takeover Law", 9-10; Piergaetano Marchetti, "Osservazioni e materiali sul voto maggiorato", *RivSoc* (2015), 448-449; Paolo Montalenti, "Il diritto societario europeo tra armonizzazione e concorrenza regolatoria", *Imprese, società di capitali, mercati finanziari* (2016). A utilização do voto plural como instrumento de melhoria da competitividade do sistema económico italiano à escala mundial foi, aliás, expressamente assumida numa algo inusitada recomendação da Autoridade de Concorrência Italiana em março de 2021. Vd. Federico Cesare Guido Ghezzi, Chiara Mosca et al., "Rereading the "One Share One Vote Principle": Is It Also a Matter of Competition?", 26 e ss.

752 De modo semelhante ao que ocorreu em França, é efetivamente difícil não relacionar os termos em que a regra foi introduzida no sistema italiano com algum oportunismo e protecionismo da posição de poder que o Estado italiano tem em algumas sociedades cotadas. Como afirma Marchisio, essa relação será feita pelo menos "para quem não acredita em coincidências" (Emiliano Marchisio, "La maggiorazione del voto", 222). Pensamos, em particular, nos processos de privatização das sociedades ENEL – *Ente nazionale per l'energia elettrica* e ENI – *Ente Nazionale Idrocarburi*, em que o Estado italiano, detendo respetivamente cerca de 24% e de 30%, já tinha interrompido os processos de venda e em que, com as novas regras, passou a poder alienar mais ações sem que perdesse a sua relevância relativa. Por outro lado, são apontadas outras razões oportunistas como, em particular, a vontade de reforçar o poder dos atuais acionistas controladores italianos face a investidas estrangeiras (este é, na verdade, um argumento que justifica este tipo de estratégias há mais de um século). Salienta-se, aliás, que, se o objetivo da reforma era o favorecimento da abertura do capital das sociedades, então mais sentido faria limitar a aplicação da regra a novos processos de admissão à cotação. É a opinião, por exemplo, de Zingales – Luigi Zingales, "Quel voto plurimo così opaco", *Il Sole* (2014). Não pondo em causa o fundo da questão e as inevitáveis razões oportunistas e contextuais que estão na base da reforma (que são inquestionáveis), o argumento é reversível, já que as sociedades podem sempre deslocar a praça de cotação. Vd. ainda Marco Ventoruzzo, "The disappearing taboo of multiple voting shares: regulatory responses to the migration of Chrysler-Fiat"; Damiano di Vittorio, *Le azioni a voto potenziato: dinamiche societarie e analisi d'impatto della maggiorazione del voto sui corsi azionari di società quotate*, 35-39.

753 Sobre a emissão de votos fracionados, vd. o que escrevemos adiante a propósito do art. 127.º *quinquies* da TUF.

50% do capital social. Significava isto que, até à reforma de 2014, era possível controlar a maioria dos votos com 25% do capital (mais uma ação), assumindo que existissem 50% de ações sem voto ou com votos limitados. E significa que, com a nova regra, a percentagem com a qual o controlo teórico pode ser obtido baixou significativamente[754]. Estas ações são verdadeiras ações de categoria especial com voto múltiplo, ações com voto plural em sentido estrito ou, no conceito anglo-saxónico, *multiple voting rights shares*[755].

Se é certo que, mais uma vez, a emissão destes títulos está diretamente funcionalizada a um objetivo de fomento da abertura de capital destas sociedades e cotação das suas ações – se fosse necessária outra demonstração, o artigo tem como epígrafe *"misure di semplificazione a favore della quotazione delle imprese"* –, não se pode deixar de constatar que, da forma como está estatuída, a regra se aplica de modo geral a todas as sociedades anónimas, tenham intenção de a curto, médio ou longo prazo vir a requerer a admissão à cotação das suas ações ou não tenham de todo essa intenção, sem que exista, como por exemplo veio a ser regulado entre nós, qualquer nexo de condicionalidade entre o acesso ao instrumento e a admissão à cotação.

Já as sociedades cotadas viram o recurso às ações com voto plural ser mais limitado, uma vez que, de acordo com o art. 127º *quinquies* do TUF, estas poderão apenas, por previsão estatutária, adotar ações de lealdade, ou seja, ações que atribuem voto plural[756] em função da sua detenção por um mesmo

---

[754] Antes da reforma de 2014 essa percentagem estava nos 25% de capital, já que, se uma sociedade tiver um capital social representado por 1000 ações, 500 ordinárias e 500 preferenciais sem voto, o controlo da sociedade ficará na mão de quem detenha 251 ações ordinárias. Agora, se, das 500 ações votantes, 250 atribuírem voto duplo, o controlo da sociedade ficará na mão de quem detenha 126 dessas ações; se o voto for triplo, a percentagem baixa ainda mais. E, claro, não estamos a ponderar fatores adicionais de dissociação como seja a adoção de estruturas piramidais ou de ações com voto *frazionato*. Mario Campobasso, Pietro Abbadessa et al., *Le società per azioni: Codice civile e norme complementari*, 1, 567; Massimo Bione, "Il principio della corrispondenza tra potere e rischio e le azioni a voto plurimo: noterelle sul tema", 270-271.

[755] De igual modo, dúvidas não se levantam de que estas ações constituem uma classe de ações autónoma para efeitos das regras aplicáveis, sendo o privilégio inerente ao título e não à pessoa do acionista. Tal como acontece no direito português, esta conclusão importa diversas decorrências, nomeadamente no que respeita à necessidade de assembleias especiais para um conjunto de matérias. Mario Campobasso, Pietro Abbadessa et al., *Le società per azioni: Codice civile e norme complementari*, 1 589-590.

[756] A majoração de voto pode ir até aos dois votos, o que significa que, até aos dois votos, podem ser previstas majorações fracionárias. Não se trata de interpretação consensual, embora pareça ser claramente maioritária. O entendimento contrário assenta sobretudo num argumento literal: que, quando o art. 2351 do Código Civil dispõe que *"ciascuna azione a voto plurimo può avere fino a un*

sujeito por período não inferior a dois anos, semelhantes àquelas previstas no sistema jurídico francês. Trata-se, assim, tal como acontece em França, de um privilégio inerente à relação do acionista com a ação e que não altera objetivamente a ação, ou seja, que não a transforma numa ação de uma classe diferente daquelas com regime de voto ordinário. De igual modo, a vantagem não é estatutariamente cumulável com outro mecanismo de majoração do voto.

Neste sentido, há uma lógica objetiva e abstrata – a possibilidade de majoração do voto é facultada a todos os acionistas em condições equivalentes – que concorre com o critério subjetivo ou personalístico da regra adotada – o direito é conferido à pessoa do acionista que reúne as condições para tal. Afasta-se, neste sentido, de um sistema de diferentes classes de ações como aquele que encontramos previsto para as sociedades fechadas e, por outro lado, que é corrente nas jurisdições anglo-saxónicas.

III. Não é fácil entender a razão da separação de universos e, sobretudo, a razão pela qual fica vedado o recurso às ações com voto plural estrito às sociedades cotadas[757]. Considerando que nada na lei obriga uma sociedade

---

massimo di tre voti", e quando o art. 127º *quinquies* do TUF dispõe que *"gli statuti possono disporre che sia attribuito voto maggiorato, fino a un massimo di due voti"*, as regras se referem a votos *inteiros*. Esta possibilidade pode ser especialmente relevante para efeitos de calibrar a posição dos acionistas mais representativos em termos tais que os mesmos não sejam colocados em posição de obrigação de lançamento de OPA. Vd. Nicoletta Ciocca e Giorgio Marasà, *I diritti degli azionisti nelle società quotate* (Giappichelli, 2015), 228-229; Niccolò Abriani, "Azioni a voto plurimo e maggiorazione del diritto di voto degli azionisti fedeli: nuovi scenari e inediti problemi interpretativi", *Giustiziacivile* (2014), 9; Damiano di Vittorio, *Le azioni a voto potenziato: dinamiche societarie e analisi d'impatto della maggiorazione del voto sui corsi azionari di società quotate*, 58-59.

[757] Não se retire *a contrario* que é nosso entendimento que vedar o recurso às ações de lealdade nas sociedades fechadas seja uma solução *natural*. Não é assim. Primeiro, porque aceitar a quebra da regra de proporcionalidade entre o valor nominal ou fracional do capital votante e o poder de voto, com isso recebendo as ações de categoria especial com voto plural, implica, em coerência, aceitar outras estruturas jurídicas equiparáveis desde que, claro, não gerem externalidades negativas ou ineficiências de sistema. Teremos o ocasião de desenvolver este argumento a propósito da solução adotada na revisão do CVM. Segundo, porque é inquestionável que as ações de lealdade, pela sua configuração jurídica, geram menos impacto disruptivo no tratamento igualitário dos sócios. Terceiro, porque a cada vez mais habitual heterogeneidade de acionistas em sociedades não cotadas (pensamos, sobretudo, na entrada para o capital de acionistas estritamente investidores, muitas vezes eles próprios com grande heterogeneidade de interesses entre eles) pode justificar facilmente a utilização de soluções deste tipo. Dito isto, não se nega que existe uma forte relação funcional entre a consagração de regimes de majoração do voto e objetivos de alinhamento de interesses (dos acionistas com aqueles da sociedade participada) e de combate a práticas *short termism* e que esses

não cotada que consagre ações com voto plural estrito a alterar os estatutos, tornando essas ações fungíveis com as demais, caso realize um IPO, é assim possível que sociedades cotadas adotem esta solução, desde que já a consagrassem no momento da dispersão de capital[758]. Esta possibilidade revela, desde logo, que a separação de universos é mais aparente que real e, sobretudo, que a mesma não emerge de uma compreensão dogmática diferente sobre cada um desses universos subjetivos. Pelo contrário, parece claro que uma das razões visará sobretudo a prevenção de abusos na alteração do *status quo* por uma maioria ocasional (ou mesmo não ocasional) de modificação de estatutos numa sociedade com o capital disperso, abusos que, não sendo de ocorrência impossível nas ações de lealdade (já que o efeito temporal das ações de lealdade, sendo potencialmente transversal à estrutura acionista, não terá em cada momento efeito igual para toda a estrutura acionista), serão de muito menor relevância, desde logo pelo facto de estas, não correspondendo a uma classe de ações, representarem um privilégio atribuído a todos os acionistas[759].

Para além disto, estarão presentes razões de funcionalidade dos dois instrumentos, a que, na verdade, em sede geral, já nos referimos – como instrumento de incentivo à abertura de capital, sobretudo do ponto de vista do acionista controlador, as ações com voto plural funcionam de forma muito

---

são problemas, sobretudo, de sociedades com ações admitidas à negociação em mercado, já que é nessas que o acesso imediato a condições de liquidez está disponível.

[758] Não se levantam dúvidas de que a sociedade que, com o capital fechado, tenha emitido ações com voto plural, as poderá manter após a realização de um IPO; isso está aliás expresso no art. 127 *sexies* 2 TUF). Por outro lado, como resulta do art. 2442 do Código Civil italiano, a sociedade que tenha emitido ações com voto plural, poderá – ainda que tenha, entretanto, requerido a admissão à cotação – voltar a emitir ações com as mesmas caraterísticas em caso de aumento de capital por incorporação de reservas. De igual modo, a sociedade cotada que se funda com uma sociedade não cotada que tenha emitido ações com voto múltiplo, importará essas ações para a sua estrutura de capital (de igual modo, a exceção ficou expressa na mesma regra). Esta segunda exceção gera relevantes dúvidas de interpretação. Nicoletta Ciocca e Giorgio Marasà, *I diritti degli azionisti nelle società quotate*, 233-234; Mario Campobasso, Pietro Abbadessa et al., *Le società per azioni: Codice civile e norme complementari*, 1, 594-595; Damiano di Vittorio, *Le azioni a voto potenziato: dinamiche societarie e analisi d'impatto della maggiorazione del voto sui corsi azionari di società quotate*, 48-50.

[759] Claro que o facto de, após a cotação, não poderem ser emitidas mais ações com voto plural (salvo em caso de aumento de capital por incorporação de reservas ou similar, como se referiu) pode representar uma limitação a ulteriores aumentos de capital, já que os direitos de preferência atribuídos ao acionista controlador por efeito do voto plural, sendo calculados em função do capital, e não em função dos votos, não permitirão a subscrição de ações com votos suficientes para evitar um efeito de diluição. Este é um efeito (que se admite não ser central) algo bizarro da opção tomada pelo legislador italiano.

mais direta que as ações de lealdade; como instrumento de alinhamento dos interesses dos acionistas com os interesses de médio e longo prazo da sociedade, as ações de lealdade funcionam de forma muito mais direta que as ações com voto plural[760]/[761].

21.4. A reforma da LSC em Espanha

Cabe, por fim, referir a recente reforma da LSC, em que, de forma algo surpreendente[762], o anteprojeto veio, em 2019, introduzir a possibilidade

---

[760] Não é, naturalmente, por não considerarmos razões legítimas as apontadas que afirmamos que não é fácil vislumbrar com clareza a razão da separação de universos. Fazemo-lo porque nada nessas razões, ou em outras que consigamos perscrutar, permite explicar porque as sociedades fechadas, ou não cotadas, não podem ter acesso ao mecanismo das ações de lealdade (no caso, que se percebe e aceita ser bem mais excecional do que ocorre nas sociedades cotadas, de se entender ser esse um meio adequado para regular a configuração das posições dos acionistas); e, sobretudo, porque nada permite explicar porque as sociedades cotadas não podem ter acesso ao mecanismo das ações com voto múltiplo (ainda para mais quando se percebe que as razões que justificam a solução nada têm que ver com a transacionalidade das ações em mercado organizado, uma vez que as sociedades fechadas que façam recurso a esse expediente e que abram o capital podem manter a solução), desde que, naturalmente, sejam criadas condições para assegurar o tratamento igualitário dos acionistas e para prevenir situações de abuso que, em várias jurisdições, e nomeadamente nos EUA, se tornaram correntes.

[761] Essa conclusão sai reforçada quando atentamos nas regras estatuídas para a adoção das ações com voto plural nas sociedades fechadas. Na verdade, a introdução de ações com voto múltiplo na sociedade fechada está sujeita a regras mais apertadas do que aquelas que, por norma, seriam aplicáveis à emissão de novas ações e alteração dos estatutos – depende, em primeira convocação, do voto favorável de dois terços do capital representado na assembleia, quando a regra geral, dos arts. 2368º e 2369º, exigiam apenas maioria simples. Trata-se de regra bastante excecional no direito societário italiano em que, na prática, se atribui direito de veto neste tipo de emissões a acionistas representando pelo menos um terço do capital, assim se revelando o consenso alargado que a lei parece querer fazer pressupor a uma deliberação deste tipo. Aliás, parte da doutrina considera esta uma preocupação em que o legislador está a ir longe de mais, já que, à partida, considerando os termos de atribuição do direito de preferência dos acionistas na subscrição de novas ações, a emissão de ações com voto múltiplo não altera a relação de poder na sociedade anónima. Apenas assim não será quando a emissão pressuponha a limitação ou supressão do direito de preferência (ou na eventualidade de se tratar de entradas em espécie) e, nesse caso, estaria sempre sujeita a regras especiais (art. 2441º). Vd. Mario Campobasso, Pietro Abbadessa et al., *Le società per azioni: Codice civile e norme complementari*, 1, 582-583. Refira-se ainda que a regra não é clara pois sujeita, como mencionado, a requisitos especiais a *creazione* de ações com voto múltiplo, o que deixa claro que a regra se aplica à emissão de ações em aumento de capital, mas não deixa claro se deve ser aplicada à conversão de ações já emitidas.

[762] Isabel Fernandez Torres, "El voto adicional por lealtad: a propósito del Anteproyecto de reforma de la Ley de Sociedades de Capital", *Revista de derecho del mercado de valores*, no. 25 (2019), 2; Reyes

de emissão de ações de lealdade nos estatutos de sociedades cotadas com duplicação do voto por detenção da ação por prazo mínimo de dois anos. A reforma é muito recente – resulta da Ley 5/2021, de 12 de abril –, muito embora já pelo menos uma sociedade tenha procedido à alteração estatutária para receber a solução[763]. Não deixa de ser interessante notar que, na sequência da oposição manifestada ao projeto por vários agentes do mercado[764], foi introduzida uma cláusula obrigatória de *sunset* que dispõe dever a regra ser votada, após cinco anos, caso os acionistas pretendam manter o regime.

21.5. A necessidade de regulação do voto plural

I. Já vimos que, no direito português, convivem duas regras de sentido oposto: uma regra do CSC, aplicável a sociedades anónimas não cotadas, que, de acordo com a interpretação proposta, proíbe a quebra de proporcionalidade da atribuição de votos por relação ao valor nominal ou fracional do capital social; uma regra do CVM, aplicável a sociedades anónimas cotadas, que permite a emissão de ações de categoria especial com voto plural e comporta alguns traços de regulação do instituto.

Dito o que antecede, foram ao longo dos capítulos anteriores expendidos argumentos de ordem diversa que amparam a conclusão que, logo no início deste trabalho, fomos antecipando: que é nossa convicção que a regra de proibição é sistematicamente incoerente (e agora, com uma regra oposta para as sociedades cotadas, ainda mais o é), que tem uma eficácia duvidosa (e, por vezes, perversa, já que obriga os acionistas a recorrerem a soluções alternativas para atingir os mesmos fins, soluções que são muitas vezes menos transparentes e causadoras de ineficiências de outro tipo), que assenta em pressupostos incorretos, que tem uma explicação histórica e uma mera vocação aspiracional ou recomendatória e ainda que revela uma desvantagem

---

Palá Laguna, "Anteproyecto de Ley de 24 de mayo del 2019 por el que se adapta el Derecho español a la Directiva (UE) 2017/828 respecto al fomento de la implicación a largo plazo de los accionistas de la sociedad cotizada", *Análisis* (2019); Mark J Roe e Federico Cenzi Venezze, "Will Loyalty Shares Do Much for Corporate Short-Termism?", 112-113.

[763] https://grenergy.eu/wp-content/uploads/2021/07/estatutos-Sociales-29.06.2021.pdf.

[764] O próprio Banco de Espanha, ao contrário do regulador de mercado, assumiu publicamente a sua oposição – https://www.expansion.com/empresas/banca/2020/07/19/5f14b924e5fdeabf7c8b45e6.html. Sobre a consulta pública, vd. Isabel Fernández Torres, "El voto adicional por lealtad, una aproximación crítica a la propuesta de reforma de la ley de sociedades de capital", *Revista de Derecho bancario y bursátil* (2021), 18-19.

competitiva, em mercados como o português, já de si muito pouco competitivos, que valeria a pena corrigir. Depois de tudo o que já foi escrito no caminho que realizámos até este ponto será, cremos, redundante afirmar que é nosso entendimento que o sistema ficaria mais bem servido se não limitasse de forma desnecessária o espaço de liberdade desses acionistas na conformação da dinâmica das suas relações.

Significa isto que defendemos para as sociedades anónimas não cotadas a mera revogação da regra do n.º 5 do art. 384º? A resposta a esta questão é veementemente negativa e, também aqui, fazemos apelo ao já longo caminho percorrido até este ponto para ancorar esta nossa ideia. As vagas de regulamentação sobre o voto plural – e o próprio debate sobre o tema – não são uma realidade com que nos temos de confrontar como se de uma novidade se tratasse; não é, de todo, uma novidade, apesar de ter ingredientes novos que, em parte, alteram a sua leitura. Cabe-nos saber aprender com as lições do passado e não deixar de fazer a releitura que é necessária. A história e a análise de direito comparado revelam que a admissibilidade do voto plural se presta a abusos, sobretudo, mas não exclusivamente, no acesso ao privilégio. Por outro lado, ao contrário de outros sistemas jurídicos que construíram a sua arquitetura jus-societária com o fácil e natural pressuposto de aceitação do voto plural, os sistemas do CSC e do CVM foram, bem ou mal, construídos com outra lógica e outros fundamentos. Nem a nossa história e tradição, nem a nossa arquitetura jus-societária, contêm em si mesmas os ingredientes para lidar com ações com voto desigual[765].

[765] Os votos atribuídos a cada acionista representam sempre uma participação num dado universo. Daí que o número de votos seja apenas relevante na medida em que representa essa participação – o acionista pode ter 10 votos, 100 votos ou mil votos e ver inalterada a sua participação nesse universo, bastando para tanto que as proporções dos votos dos demais acionistas também sejam mantidas; de igual modo, o acionista pode ter mais votos e ver até diminuída a sua participação nesse universo, bastando para tanto que os outros acionistas recebam proporcionalmente mais votos. Daí que, sob um ponto de vista de eficiência, não seja possível fazer qualquer alocação de votos que não beneficie uns acionistas na medida em que prejudica outros que não seja a alocação proporcional (que é neutra, não beneficiando nem prejudicando ninguém, pelo que não melhora nem piora a situação existente, por um juízo de eficiência). A equação ainda se torna mais complexa quando ponderamos o valor que cada acionista atribui aos votos, uma vez que para uns acionistas os votos apresentam uma utilidade muito relevante, quando outros, pura e simplesmente, a desprezam. É por isso que o tema da passagem para um regime de voto plural é tão sensível e é também por isso que um sistema de voto plural se presta tão facilmente a ser abusado – porque não é possível dar a uns sem tirar a outros (na mesma medida); e porque a utilidade marginal do voto varia significativamente de acionista para acionista, o que faz com que alguns acionistas não hesitem em trocar a redução da participação no universo dos votos por contrapartidas de outro tipo como, por exemplo, preço, dividendos ou liquidez.

II. Identificamos duas tipologias diferentes de regulamentação que, numa perspetiva de eficiência, deverão acompanhar qualquer movimento de permissão do voto plural. Primeiro, regulamentação que vise realinhar os incentivos dos acionistas na sua relação com a sociedade. Segundo, regulação que vise readaptar o sistema – até sob um ponto de vista mecânico e relacional – a um novo paradigma de organização do poder de voto dos sócios.

A necessidade de realinhamento de incentivos demonstra-se, cremos, sem esforço. Não é ousada a afirmação segundo a qual a liberalização do voto plural conduziu quase sempre a abusos. Assim aconteceu em todas as jurisdições analisadas, dos Estados Unidos à Alemanha, de Itália a França, com apenas duas exceções – o caso inglês, onde o sistema sempre encontrou formas de combater esses abusos com a própria prática societária, e o caso português, onde, por razões históricas, nunca houve espaço real para que esses abusos ocorressem, já que o desaparecimento de um sistema de tetos de voto obrigatório ocorreu em simultâneo com a eliminação das ações com voto plural do nosso sistema. Nas demais jurisdições, os exemplos de abusos poderiam ser facilmente replicados e referem-se, sobretudo, a dois momentos diferentes que não podem deixar de ser ponderados pelo legislador em qualquer novo quadro legislativo – o momento em que a sociedade introduz o sistema de voto plural e, por isso, passa de uma regra de proporcionalidade para uma regra de não proporcionalidade; e a própria vida e dinâmica da sociedade com ações com voto plural.

De igual modo, a necessidade de readaptar as mecânicas e os procedimentos ao novo quadro também cremos ser inevitável – desde regras sobre registo (no caso das ações de lealdade), até às regras de OPA obrigatória, desde regras de eleição de membros do conselho de administração por minoritários até à forma como se deve ter acesso ao órgão de fiscalização, isto para dar apenas alguns exemplos mais óbvios, tudo deve ser reponderado.

22. O voto plural e as sociedades cotadas

I. Como já foi referido, o novo art. 21º-D do CVM veio permitir que as sociedades cotadas – em rigor, as sociedades emitentes de ações admitidas à negociação em mercado regulamentado ou em sistema de negociação multilateral, assim como aqueloutras que condicionem o voto plural à admissão à negociação em mercado regulamentado ou em sistema de negociação multilateral das respetivas ações ordinárias – emitam ações com direito especial ao voto plural. A opção do legislador passou assim, em termos similares ao que ocorreu em Espanha[766], e diferentemente do que ocorreu em jurisdições como França ou Itália, por limitar subjetivamente a este universo a possibilidade de regular diferentemente as regras sobre direito de voto dos acionistas.

II. Ainda antes da reforma do CVM, foi defendida entre nós a inaplicabilidade da norma proibitiva do n.º 5 do art. 384º às sociedades cotadas[767]. Sintetizando, o argumento que sustentava a interpretação restritiva da regra era que nas sociedades cotadas o princípio *one share, one vote,* em que se baseia a proibição do voto plural, se devia considerar esvaziado de conteúdo. Primeiro, porque nas sociedades cotadas a regra de proporcionalidade, e o alinhamento de incentivos que resulta da mesma para que os acionistas tomem deliberações eficientes, não se justificava já que os acionistas podem a qualquer momento sair do capital da sociedade e, assim, não arcar com as consequências a longo prazo das suas decisões; segundo, porque há muito que a utilização de instrumentos financeiros e a popularização das estratégias de *risk decoupling,* assim como os fenómenos de *vote trading,* tornaram este princípio obsoleto nas sociedades cotadas; terceiro, porque as alterações introduzidas na prática do direito de voto pelas novas realidades trazidas pelos investidores institucionais demonstram que, muitas vezes, o voto é exercido por partes sem uma visão saudável sobre o sucesso da sociedades participada.

A utilidade normativa da interpretação restritiva está ultrapassada pela aprovação de uma regra de permissão do voto plural na recente reforma do CVM. Sem prejuízo disso, uma vez que a regra aprovada, nos termos do art. 21º-D, apenas permite a emissão de ações com voto plural no universo subjetivo das sociedades cotadas, justifica-se recuperar o debate que essa interpretação suscitava. Isto com dois objetivos: primeiro, com um sentido histórico de compreensão do regime nacional, questionando a validade dessa

---

766 Em termos similares no que ao universo subjetivo em que o voto plural é admitido respeita. Recorde-se que a lei espanhola permite ações de lealdade para *"la sociedad anónima cotizada"* (art. 527º ter. da LSC), sendo que o n.º 2 do art. 188º da LSC mantém em vigor, para as demais sociedades anónimas, a regra tradicional – *"En la sociedad anónima no será valida la creación de acciones que de forma directa o indirecta alteren la proporcionalidad entre el valor nominal de la acción y el derecho de voto"*. A similitude não se estende, obviamente, à solução de regime, uma vez que em Espanha são apenas permitidas ações de lealdade.

767 Referimo-nos ao trabalho de Madalena Perestrelo de Oliveira, "Direito de voto nas sociedades cotadas: da admissibilidade de categorias de ações com direito de voto plural às L-shares", *DSR* (2015). O tema foi de novo abordado em Madalena Perestrelo de Oliveira, *Tutela do investidor perante o emitente no mercado de capitais: um modelo dinâmico de proteção*, 423 e ss.

interpretação restritiva que, a proceder, retiraria alguma da novidade das alterações introduzidas pela revisão do CVM; mas, sobretudo, como forma de aferir se a opção agora tomada pelo legislador nacional – de restringir a admissibilidade do voto plural às sociedades cotadas – é materialmente justificável.

III. Não temos qualquer dúvida de que existem, efetivamente, várias especificidades na compreensão do direito de voto nas sociedades cotadas que o recortam do regime geral das sociedades anónimas. É incontestável, em particular, que o princípio *one share, one vote* tem hoje, sobretudo nas sociedades cotadas, uma leitura que faz com que no seu âmbito seja mais facilmente admitido o voto plural[768]; é incontestável, por outro lado, que as estratégias de *risk decoupling* fazem com que seja em grande medida inútil proibir o voto plural, já que a dissociação entre exposição económica e direitos de voto ocorre, por essa via, de forma radical e muitas vezes pouco transparente.

Parece-nos também ser pacífico o entendimento segundo o qual, do regime da sociedade anónima, se têm vindo a destacar áreas de regulamentação com alguma autonomia, deixando transparecer que, apesar da sua grande elasticidade, o mesmo sistema de regras dificilmente pode ser aplicado, sem customização, à pequena sociedade anónima e à sociedade cotada[769]. Esse destaque não tem sido feito de forma coerente; pelo contrá-

[768] A afirmação do texto assume que o recurso a técnicas daquilo que definimos como *control enhancing mechanism* ocorre, em normalidade social, com mais frequência nas sociedades cotadas do que fora desse universo. Não se pretende afirmar mais do que isso – ingredientes como a complexidade e heterogeneidade da estrutura acionista de uma sociedade cotada, a convivência de *insiders* com acionistas meramente financeiros, ou a pretensão de alguns dos acionistas de protegerem a sociedade contra ofertas oportunistas, fazem com que seja intuitiva a afirmação segundo a qual o recurso a estruturas jurídicas como os *voting caps*, as ações preferenciais sem direito de voto ou as *golden shares*, sejam mais frequentes em sociedade cotadas do que em sociedades não cotadas. Dito isto, não temos qualquer dúvida de que, primeiro, estas soluções possam muitas vezes ser perfeitamente adequadas a compor interesses em sociedades não cotadas e, segundo, que sejam em geral lícitas no universo das sociedades não cotadas.

[769] Trata-se de um efeito que se vislumbra em diversos sistemas jurídicos e resulta sobretudo da polivalência ou plasticidade da estrutura da sociedade anónima. O que se passa em Portugal ocorre em outras jurisdições (porventura, teremos apenas levado o tema a novos limites de complexidade). Um exemplo recente que vai até muito para além daquilo que vemos em Portugal (embora não se exclua que o movimento ainda nos venha a influenciar) pode ser visto nas regras do Decreto 91/2014 (o já referido *Decreto Competitività*), em Itália, que introduziu um conjunto de recortes dentro do próprio regime das sociedades cotadas, distinguindo as pequenas e médias sociedades cotadas (com faturação ou capitalização inferiores a 300 milhões de euros) e as grandes sociedades

rio, tem sido conduzido por ventos que vão mudando sem direção clara. O processo começou, ainda com a aprovação do CSC, pelo destaque de regras aplicáveis às sociedades com subscrição pública, regime que depois evoluiu, já no âmbito do CVM, para o regime das sociedades abertas[770] e foi revogado

---

cotadas. Outro exemplo pode ser encontrado no regime do *direito das sociedades bancárias*, que vai ganhando crescente autonomia, como resposta a problemas específicos, em temas como, por exemplo, as regras de governo. Vd. Rui Pinto Duarte, "Considerações sobre níveis de regulação e conceitos legais a propósito das sociedades comerciais", *CadMVM, Ensaios de homenagem a Amadeu Ferreira* (2015), 93-107; Carlos Ferreira de Almeida, "O Código dos Valores Mobiliários e o Sistema Jurídico", *CadMVM*, no. 7 (2000), 21-47; José Engrácia Antunes, *Direito das sociedades*, 154-156; Paulo Olavo Cunha, "Corporate & Public Governance nas Sociedades Anónimas: primeira reflexão", *DSR* (2010), 160-161; Michael Hoffmann-Becking, *Münchener Handbuch des Gesellschaftsrechts 4*, 12 e 116-117; Tim Drygala, Marco Staake et al., *Kapitalgesellschaftsrecht: mit Grundzügen des Konzern und Umwandlungsrechts*, 361-363; Damiano di Vittorio, *Le azioni a voto potenziato: dinamiche societarie e analisi d'impatto della maggiorazione del voto sui corsi azionari di società quotate*, 117-122; Pedro Maia, "Os poderes da assembleia geral sobre a delegação de poderes pelo conselho de administração: em especial, o caso das sociedades bancárias", in *Estudos em Honra de João Soares da Silva* (Almedina, 2021), 334-340; Pedro Maia, "Direito das sociedades bancárias", 372-411.

[770] O conceito de *sociedade aberta ao investimento público* ou, na sua forma abreviada, de *sociedade aberta*, foi introduzido no sistema jurídico nacional pelo CVM em 1999, correspondendo a uma reabilitação que, nesse ano, passava a ter um regime sistemático e organizado, do conceito de sociedade com/de subscrição pública que constava do então revogado Código do Mercado de Valores Mobiliários. A utilização do conceito de subscrição pública como instrumento de qualificação de uma sociedade surge, entre nós, no ano de 1986, com a entrada em vigor do CSC; antes, apenas encontramos o conceito de subscrição pública utilizado por referência ao próprio processo de subscrição, e por contraposição ao conceito de subscrição privada – assim acontecia, nomeadamente, com o art. 164º do Código Comercial, com o DL n.º 371/78, de 30 de novembro e com a Portaria n.º 365/79, de 25 de julho. Eram pouco sistemáticas, no entanto, as consequências de regime da qualificação (que quase parecia ser reduto das sociedades emitentes de ações cotadas que, como se sabe, eram apenas um dos subtipos das sociedades abertas; é aliás interessante verificar que a transposição da Diretiva dos Direitos dos Acionistas de 2007 que foi realizada pelo DL n.º 49/2010, de 19 de maio, alargou às outras sociedade abertas regras desenhadas para as sociedades cotadas, parecendo, erroneamente, que o legislador nacional pretendia dar novo fôlego ao conceito) – e passavam, sobretudo, por temas como regras especiais sobre deliberações sociais (arts. 22º e ss.), incluindo uma regra especial sobre suspensão de deliberações sociais, aplicabilidade do regime de OPA obrigatória e outras regras conexas (arts. 187º, 182º-A, ambos do CVM), deveres de comunicação de participações qualificadas (art. 16º do CVM), regra de transparência de acordos parassociais (art. 19º do CVM) e regras especiais de aquisição e alienação potestativa (art. 194º e 196º do CVM), entre outras com menor materialidade. Parece, no entanto, que, mais que uma reabilitação do conceito, essa terá sido uma opção do legislador sem grande coerência, visto que o conceito já aparentava estar a perder relevância, quer ao nível interno quer, sobretudo, ao nível europeu, tendo sido eliminado do sistema pela recente revisão do CVM. Sobre as sociedades abertas vd., por todos, Rita Oliveira Pinto, "A extinção do estatuto da sociedade aberta", in *20 Anos do Código dos Valores Mobiliários* (CMVM/Almedina, 2021), 263-277; Paulo Olavo Cunha, *Direito das sociedades comerciais*, 705 e ss.; Paulo Câmara, *Manual*

pela recente revisão. Teve outro episódio, ainda no âmbito do CSC, com as regras sobre sociedades anónimas de grande dimensão[771]. Teve ainda outro episódio, que se mantém com renovado vigor entre nós, com o regime das sociedades emitentes de valores mobiliários admitidos à negociação em mercado regulamentado, vulgarmente denominado de regime das sociedades cotadas, também constante do CVM[772]. Continuou com o regime das entidades de interesse público (Regulamento UE n.º 537/2014, Lei n.º 148/2015, de 9 de setembro, que aprova o RJSA e Lei n.º 140/2015, de 7 de setembro,

de direito dos valores mobiliários, 598 e ss.; José Ferreira Gomes e Diogo Costa Gonçalves, *Manual de sociedades abertas e de sociedades cotadas* (AAFDL Editora, 2018), 75-146; David Oliveira Festas, *Das inibições de voto dos sócios por conflito de interesses com a sociedade nas sociedades anónimas e por quotas*, 343-346; José Engrácia Antunes, *Direito das sociedades*, 156-160; Juliano Ferreira, "Sociedade com o Capital Aberto ao Investimento do Público: Relevância da Lei Pessoal na Aquisição e Perda da Qualidade de Sociedade Aberta"; Paulo Olavo Cunha, "A dissolução (voluntária): via (alternativa) para a perda da qualidade de "aberta" da sociedade anónima", 201-216.

[771] O regime das sociedades de grande dimensão é provavelmente aquele que, nas suas regras, mostra mais incoerência com outros estratos de regulamentação que vimos referindo, já que, pela sua própria vocação, aplica-se tanto a sociedades anónimas como a sociedades por quotas. Passa por regras como o art. 66º-B do CSC, que obriga as *grandes empresas* (aquelas que excedam pelo menos dois dos três limites definidos no n.º 3 do art. 9º, apurados nos termos do artigo 9º-A, ambos do DL n.º 158/2009 e ainda que excedam um número médio de 500 trabalhadores durante o exercício anual) *que sejam entidades de interesse público*, a incluir no seu relatório de gestão uma demonstração não financeira, nos termos desse artigo; o art. 508º-G (para grupos e demonstrações consolidadas); o art. 262º que torna obrigatória a existência de um revisor oficial de contas para algumas sociedades por quotas (aqui são aquelas que, não tendo conselho fiscal, durante dois anos consecutivos ultrapassem dois dos três limites: total do balanço: 1.500.000 euros; total das vendas líquidas e outros proveitos: 3.000.000 euros; número de trabalhadores em média durante o exercício: 50); o art. 413º que torna obrigatória a existência de um conselho fiscal e um revisor oficial de contas para algumas sociedades anónimas (aqui são emitentes de valores mobiliários admitidos à negociação em mercado regulamentado e sociedades que, durante dois anos consecutivos, ultrapassem dois dos seguintes limites: total do balanço: 20.000.000 euros; volume de negócios líquido: 40.000.000 euros; e número médio de empregados durante o período: 250).

[772] Em maior ou menor medida, existe regime para as sociedades cotadas desde que existe regime jurídico organizado para a bolsa de valores (muito embora não se possa deixar de assinalar que o foco inicial da regulamentação passava mais pela praça de negociação, acesso à mesma e deveres e negociação, do que pelos emitentes) – em Portugal, desde o Código Comercial de Ferreira Borges e desde os Regulamentos das Praças Comerciais e da Corporação dos Corretores de 1837. Nesse sentido, o destaque de um conjunto de regras aplicáveis aos emitentes de sociedades cotadas não é novidade. É, no entanto, incontestável que, nas últimas décadas, estas regras têm vindo a ganhar importância, densidade e autonomia, de certa forma ocupando o lugar que alguns acreditavam, há algumas décadas, que seria ocupado pelas sociedades abertas. É nesse sentido que fazemos esta referência.

que aprova o Estatuto da Ordem dos Revisores Oficiais de Contas)[773]. Tem ainda episódios laterais em regimes setoriais, como seja o das instituições de crédito, o das seguradoras, etc[774].

Tudo isto foi feito de forma estratificada, pouco coerente e em movimentos desfasados. Por isso, se é possível, por um lado, antever que se começa a desenhar uma regulamentação com alguma autonomia e, por outro, aceitar que a interpretação das regras deve sempre atender à especificidade da sociedade anónima que temos como referência[775], seria no mínimo temerário entender que existe, ou sequer que deva existir, um regime autónomo da sociedade anónima cotada com autonomia em relação ao regime geral das sociedades anónimas ou, mais importante, que ainda que tal regime (autónomo) exista dele possamos retirar uma interpretação restritiva da regra do n.º 5 do art. 384º[776], que apenas aplicasse a proibição de voto plural às sociedades não cotadas. Tal interpretação não teria qualquer assento literal – não se questiona que o n.º 5 do art. 384º é uma regra geral sobre direito de voto que se aplica a todas as sociedades anónimas e o seu sentido literal é por

---

[773] O regime das entidades de interesse público (os emitentes de valores mobiliários admitidos à negociação num mercado regulamentado são logo os primeiros da lista do art. 3º do RJSA; mesmo depois do forte corte na lista das entidades de interesse público que resultou fa revisão do RJSA), pela sua vocação de ligação a temas de auditoria e fiscalização, corresponde a um estrato de regulamentação mais setorial. Mas não é por isso que não tem amplos efeitos diversos em matérias de governo societário relevantes, como resulta claro pela mera leitura dos arts. 32º e ss. Sobre este regime Rui Marques e Joaquim Miranda Sarmento, "As entidades de interesse público e as novas regras de supervisão de auditoria nas sociedades", *RDS* (2016); José Maria Rodrigues, "O novo regime jurídico da supervisão de auditoria aprovado pela Lei nº 148/2015, de 9 de novembro", *Actualidad Jurídica Uría Menéndez*, no. 43 (2016); Jorge Brito Pereira e Frederico Romano Colaço, "A caução dos administradores das SA após a entrada em vigor do regime jurídico da supervisão de auditoria (Lei nº 148/2015, de 9 de setembro)", *Actualidad Juridica*, no. 43 (2016)

[774] Destes, cabe destacar as regras sobre empresas públicas que, face ao disposto no art. 5º do DL n.º 133/2013, de 3 de outubro, cruzam as suas regras com os subtipos anteriores, em termos nem sempre isentos de dúvidas. Vd. Paulo Olavo Cunha, "Corporate & Public Governance nas Sociedades Anónimas: primeira reflexão".

[775] *Das Kapitalmarktrecht verändert die aktienrechtliche Wertungsgrundlage und zwingt damit zu einer stärkeren Unterscheidung zwischen börsennotierten und nicht börsennotierten AGs*; Tim Drygala, Marco Staake et al., *Kapitalgesellschaftsrecht: mit Grundzügen des Konzern und Umwandlungsrechts*, 372.

[776] Em rigor, isso não deve ser feito face ao n.º 5 do art. 384º, como não deve ser feito em relação a nenhuma outra regra de estrutura semelhante. O que equivale a dizer que, fazendo-o face ao n.º 5 do art. 384º, o poderíamos fazer em relação a uma multiplicidade de matérias – regras sobre compra de ações próprias, limites de emissão de ações preferenciais ou de obrigações, regras de funcionamento do conselho de administração, etc. Isto ainda que o legislador podendo ter regulado a matéria de forma especial – como o fez em relação a vários outros temas –, tenha entendido não o fazer.

isso muito claro –, sistemático – já que a lei, quando pretendeu estabelecer um regime especial para as sociedades cotadas, ou para as sociedades abertas, até à recente revisão do CVM, entendeu que existiam razões que justificavam a derrogação de regras aplicáveis em geral às sociedades comerciais ou em particular às sociedades anónimas, e fê-lo (podiam ser dados muitos exemplos disto mesmo, mas para o demonstrar basta a referência às regras de OPA obrigatória, aplicável apenas às sociedades cotadas nos termos do art. 187.1 do CVM, e que introduzem uma fortíssima limitação à liberdade contratual, ou às regras sobre deliberações sociais das sociedades cotadas, constantes dos arts. 22º e seguintes do CVM e que introduzem relevantes especialidades por referência ao regime geral) –, ou sequer histórico[777].

[777] Adiante, no mesmo trabalho, agora a propósito das ações de lealdade, Madalena Perestrelo de Oliveira desenvolve uma argumentação subsidiária – que, não aceitando a interpretação restritiva segundo a qual o n.º 5 do art. 384º apenas seria aplicável às sociedades não cotadas, ainda assim deveria ser entendido que a regra funciona como limitação às categorias de ações que, por aplicação do art. 24º, poderiam ser criadas. Não cabendo as ações de lealdade no conceito de *direito especial* para efeitos do art. 24º – não seriam um direito especial porque o privilégio é concedido em igualdade de termos e condições a todos os acionistas –, o n.º 5 do art. 384º deveria ser interpretado restritivamente no sentido de estabelecer uma limitação à permissão do art. 24º – o princípio geral vigente seria que a cada ação corresponde um voto, mas com isso admite-se outra solução no que à proporcionalidade respeita. Assim, concluir-se-ia que o n.º 5 do art. 384º, nas sociedades cotadas, só funcionaria como limite à criação de ações com direitos especiais. A argumentação parece-nos mais conforme com a regra legal. Primeiro, porque a ação de lealdade não se qualifica, efetivamente, para efeitos do art. 24º, como um direito especial, podendo ser afirmado assim que as regras de voto não são *desigualmente* atribuídas entre os acionistas, ainda que os votos possam, a final, ser atribuídos desigualmente por aplicação das condições estipuladas. Segundo, porque custa não aceitar a legalidade das ações de lealdade quando o sistema faculta estruturas jurídicas que permitem efeitos quase semelhantes – e aqui não nos referimos apenas aos derivados financeiros. Cremos, sem prejuízo, que a argumentação tropeça no mesmo problema. A lei, como resultado de uma evolução histórica específica, proíbe, numa regra que tem um conteúdo eminentemente formal, a atribuição desigual de direitos de voto. Esse é, para o bem e para o mal, o sentido do n.º 5 do art. 384º. Proíbe seja em sede de direitos especiais – que seria o caso das *dual class shares* –, seja fora dos casos de direitos especiais – como seria o caso das ações de lealdade. A proibição é criticável a vários títulos. Mas daí não se pode saltar para uma interpretação restritiva que não tem qualquer assento na letra, história, sentido e sistema legais. Sem prejuízo do sentido e esforço interpretativos realizado, cremos que, no trabalho a que fazemos referência, e sobretudo nas conclusões a que chega, há antes de mais um pendor provocatório que deve ser salientado e aplaudido. O tema, em termos razoavelmente semelhantes, volta a ser abordado em Madalena Perestrelo de Oliveira, *Tutela do investidor perante o emitente no mercado de capitais: um modelo dinâmico de proteção*, 451-456. Vd. ainda, no mesmo sentido conclusivo, mas com outro percurso, nomeadamente no que respeita ao art. 24º, que nem sempre acompanhamos, Diogo Drago, "Loyalty shares: um meio de controlo ou o acentuar de conflitos no seio societário?", *RDC* (2017), 449-453.

IV. Problema diferente, embora relacionado, passa por aferir se, para além do que referimos, a opção tomada pelo legislador nacional – de restringir a admissibilidade do voto plural às sociedades emitentes de ações admitidas à negociação em mercado regulamentado ou em sistema de negociação multilateral (ou condicionado à admissão à negociação em mercado regulamentado ou em sistema de negociação multilateral das respetivas ações ordinárias) – é materialmente justificável. Esta questão, apesar de ter espaços comuns, não se confunde com aquela que acabámos de abordar – pois que sempre poderia ser entendido que o n.º 5 do art. 384º do CSC não era aplicável às sociedades cotadas, sem que simultaneamente se entendesse ser essa a melhor solução material, ou que o n.º 5 do art. 384º do CSC sempre foi aplicável a todas as sociedades anónimas, mas que, na verdade, o voto plural devia apenas ser permitido para as sociedades cotadas.

De novo, não se nega que o universo das sociedades cotadas gera especialidades relevantes na forma como o problema deve ser entendido que, em parte, importam áreas que justificam tratamento diferenciado. Trata-se de afirmação de fácil demonstração. Isso revela-se, primeiro, como já referido, pela popularização das estratégias de *risk decoupling* e pela inerente ineficiência da proibição do voto plural, efeito que inexiste, pelo menos em semelhante dimensão, fora do universo do mercado de valores mobiliários. Revela-se, em segundo lugar, pelo efeito das próprias dinâmicas de mercado que, em dinâmicas várias que partem da ideia de transacionalidade das ações, evidenciam a necessidade de integrar diferentes grupos de acionistas, com tratamento, perfis e vocações diferentes no seio da sociedade anónima. Este é, de novo, um efeito que não sendo exclusivo das sociedades cotadas, tem nesse universo outra proporção. Revela-se, por fim, pela existência de problemas específicos que merecem ser respondidos: temas como geração de liquidez, *short termism* e alinhamento de incentivos, ativismo de certo tipo de acionistas ou concorrência entre bolsas de valores, não são extensíveis a todas as sociedades anónimas.

Mas do reconhecimento destas especificidades não se pode retirar, cremos, que a admissibilidade do voto plural deva ser restringida a estas sociedades[778].

[778] Em lógica de sistema, o único caso em que a conclusão seria forçosamente diferente passaria pelo entendimento do legislador de que o voto plural é uma arquitetura que ontologicamente deve ser proibida, ao mesmo tempo que reconhece que, nas sociedades cotadas, e apenas nas sociedades cotadas, essa proibição tem mais externalidades negativas e ineficiências de sistema do que teria a contrária permissão. A ser assim entendido, estaria criado o contexto justificativo para um ambiente geral proibitivo e para uma exceção neste âmbito. Não apenas um entendimento deste tipo está

Daqui pode resultar, primeiro, que a regulamentação do voto plural tenha especialidades em função da sociedade anónima a que se aplica, cotada ou fechada, como forma de potenciar utilidades, limitar externalidades negativas e alinhar interesses. Por exemplo, a sensibilidade, e mais particularmente o justificável grau de proteção dos acionistas minoritários (melhor, dos acionistas não *insiders*), que é gerada por uma operação de *dual class recapitalization* numa sociedade cotada é profundamente diferente daquela que existe numa sociedade anónima fechada, percebendo-se que existam regimes diferentes para um e outro caso[779]. A necessidade de esclarecer plenamente os acionistas para que estes votem informadamente, obriga também a tramitações diferentes do processo. Isso, claro, já não referindo aqueles núcleos normativos que, por natureza, são apenas convocados no universo das sociedades cotadas – as regras sobre OPA obrigatória ou sobre divulgação de participações qualificadas – e que fazem com que o regime num e noutro caso tenha de ser diferente.

Daqui pode até resultar, segundo, que o legislador entenda, para certas sociedades, por exemplo para as cotadas, incentivar a consagração de certos tipos de voto plural, em função de uma qualquer visão macroeconómica – como o legislador francês fez, consagrando o regime das ações de lealdade como supletivo nas sociedades cotadas. Já referimos que não vemos razão ontológica para limitar estritamente o universo das ações de lealdade às sociedades cotadas, uma vez que as mesmas podem ter campo de aplicação útil fora desse universo. Mas não há como negar que a sua funcionalidade essencial opera no universo do mercado de capitais – é um instrumento que eminentemente visa o alinhamento dos interesses dos acionistas com os interesses de médio e longo prazo da sociedade, assim contribuindo para o combate ao *short termism* –, podendo, por isso, ser encontrada alguma justificação para opções do legislador neste sentido.

muito longe do que é o nosso pensamento, como cremos que o postulado de que parte o legislador nacional também não passa por aqui.

[779] Entenda-se: esta sensibilidade existe em um e noutro caso, apenas de maneira diferente. Numa sociedade cotada, o regime jurídico que enquadre a passagem para um regime de ações de categoria especial com voto plural terá como objetivo principal alinhar os interesses dos acionistas e não permitir que um grupo de *insiders* use essa operação como forma de ganhar um poder desproporcionado. Numa sociedade não cotada, em que por isso a opção de venda das ações tem muito menor margem de viabilidade, o regime jurídico que enquadre a passagem para um regime de ações de categoria especial com voto terá como objetivo proteger os acionistas dissidentes, em particular conferindo-lhes alternativas de liquidez.

Mas não vemos como se possa justificar a limitação do instituto às sociedades cotadas. É assim, sobretudo, por duas diferentes ordens de razões.

Primeiro, porque se trata de uma solução materialmente injustificável. Já o referimos por mais que uma vez – o voto plural corresponde, cremos, a um espaço de liberdade dos acionistas que não se justifica ser vedado e que, pelo contrário, deve ser regulado. É uma solução para a arquitetura de repartição dos votos na sociedade anónima que existe a par de outras. A partir desta perspetiva, cabe afirmar que a transacionalidade em mercado organizado das ações da sociedade cotada, e a não transacionalidade em mercado organizado das ações da sociedade não cotada, não justificaria nunca a opção tomada pelo legislador. Isto porque não se compreende como deve ser negado este espaço de liberdade a um grupo fechado de acionistas que esclarecidamente entendem ser essa a melhor forma de regulação das suas posições recíprocas, sabendo não terem as suas ações cotadas e por isso tendo disponível um nível de liquidez muito limitado, porventura até ancorado em regras de limitação à transmissibilidade de participações; ao mesmo tempo que se abre esta liberdade a outros que podem, em qualquer momento, abandonar a sua posição de socialidade pela venda das ações em mercado[780].

Segundo, porque se trata de uma solução funcionalmente injustificável. Não custa perceber que a opção do legislador emerge de uma opção de fomento ao mercado de capitais nacional, num contexto em que esse mercado clama por revitalização. Sucede, porém, que essa revitalização é apenas parte do problema e, mesmo numa perspetiva de fomento do mercado, é um tema que está a montante de outros que não podem ser menosprezados. São muitas as sociedades que, hoje, recorrem a investidores de diferente perfil sem que pretendam requerer a admissão à cotação e já não vivemos um mundo em que o envolvimento de *private equity* ou investidores similares assuma a pressuposição da admissão à cotação no curto prazo ou, em vários casos, que o assuma sequer em qualquer limite temporal[781]; são também muitas as sociedades

[780] No mesmo sentido, vd. José Ferreira Gomes, "Voto plural nas sociedades por quotas e anónimas: reflexões de política legislativa", 303-304 e 338-339. Diga-se que a opção ainda se revela mais incompreensível quando constatamos que existem sociedades cotadas na Euronext Lisbon (como, aliás, acontece na generalidade das bolsas de valores), que terão por isso acesso ao regime de ações de categoria especial com voto plural, sem qualquer liquidez relevante e que chegam a estar meses sem que seja registada qualquer transação das suas ações. A ideia de que basta que a sociedade esteja *no mercado*, sem curar de saber qual o seu nível efetivo de dispersão, *free flow*, etc, chega a ser absurda.

[781] Parece ser incontestável que uma das principais razões para a diminuição significativa do número de IPO (sobretudo nos mercados não asiáticos) na última década se prende com a maior

que recorrem a investidores de diferente perfil ao longo de várias rondas de investimento como caminho para um futuro IPO[782]. Por isso, mesmo numa perspetiva estritamente utilitarista, a opção do legislador nacional é míope.

23. O voto plural e as categorias de ações

23.1. O conteúdo **normal** *da posição de socialidade*

I. O sistema societário assume que, em regra, a posição de socialidade inerente a cada uma das ações tem o mesmo conteúdo jurídico e que, por isso, seja o número de ações detido por cada acionista que molda, em termos finais, a sua posição perante a sociedade. Isso transparece do art. 272º, quando se refere à indicação das categorias de ações como algo eventual; transparece de diversas regras que determinam patamares de acesso a direitos e que são estipulados por estrita referência a uma percentagem de participação (por exemplo, arts. 288.1 ou 291.1); resulta de regras como o art. 22.1, que assume que os sócios participam nos lucros e nas perdas da sociedade segundo a proporção dos valores das respetivas participações no capital e que apenas assim não acontece quando exista cláusula que determine de modo diferente[783].

---

disponibilidade de fundos *privados* para financiar novos projetos empresariais, o que é revelado por vários estudos empíricos – as obras de referência são sobretudo Xiaohui Gao, Jay R Ritter et al., "Where have all the IPOs gone?", *Journal of Financial and Quantitative Analysis* 48, no. 6 (2013); Elisabeth De Fontenay, "The deregulation of private capital and the decline of the public company", *Hastings LJ* 68 (2016); Craig Doidge, Kathleen M Kahle et al., "Eclipse of the public corporation or eclipse of the public markets?", *JoACF* 30, no. 1 (2018). São muitas as razões que contribuem para este efeito (problemas de *pricing* nos IPO, custos do IPO, custos regulatórios, balanço das vantagens e desvantagens da exposição pública, etc); o que é incontestável é que desta deslocação de riqueza emergem novos problemas de governo no universo das sociedades fechadas a que o legislador não pode deixar de estar atento. Vd., por exemplo, o recente Michael Ewens e Nadya Malenko, *Board dynamics over the startup life cycle*, NBER (2020).

782 O Facebook realizou 18 rondas de investimento, ao longo de quase dez anos, antes do IPO; a Uber realizou 32 rondas de investimento antes do IPO; muitas sociedades com investidores institucionais recorrem hoje a operações de *private placement* sem que tenham qualquer intenção de alguma vez requerer a admissão à negociação das ações em mercado regulamentado.

783 Os exemplos poderiam facilmente ser multiplicados, o que não se justifica por se tratar de matéria que, cremos, não sofre qualquer contestação. É assim em todos os sistemas jurídicos, muito embora alguns abram mais as portas para o mundo das categorias de ações, fazendo com que surjam sociedades em que o número de ações ordinárias/*common stock* compara de forma pouco dominante, ou mesmo minoritária, com o número de ações de categoria especial. Mas, mesmo nesses casos,

A consagração de direitos (ou obrigações) especiais, que criem diferenças (vantagens ou desvantagens relativas) entre as ações emitidas por uma qualquer sociedade, é a exceção – nos termos do art. 24º, podem ser criados direitos especiais desde que, por um lado, os mesmos tenham consagração estatutária e que, por outro lado, esses direitos especiais sejam atribuídos a categorias de ações (transmitindo-se então com as próprias ações).

Se é certo que podemos falar de um conteúdo *normal* ou *ordinário* inerente à posição de socialidade do acionista – sabendo nós que esse conteúdo corresponderá ao padrão de direitos e obrigações que a lei estabelece em geral para as ações e que será aquele que mais habitualmente será consagrado sob um estrito ponto de normalidade social –, já não parece correto e exato assumir, pelo menos sob um ponto de vista conceptual, que esse conteúdo *normal* e *ordinário* tenha de existir em toda e cada sociedade anónima, ao contrário do que parece dar a entender o n.º 3 do art. 289º quando estabelece que "não há assembleias especiais de titulares de ações ordinárias".

Isto porque poderá uma sociedade ter diversas categorias de ações sem que nenhuma delas corresponda ao dito padrão *normal* – basta para tanto que uma categoria siga um qualquer regime especial e outra categoria siga outro qualquer regime especial. Ou seja, o conceito de ação ordinária é, por um lado, um conceito que faz apelo a uma conformação legal supletiva e é, por outro lado, a definição de uma posição de normalidade; no mais, deverá ser entendido como um conceito relativo e não absoluto, podendo uma ação estar mais próxima, ou menos próxima, do padrão legal de referência[784] e podendo

o regime supletivo não deixa de passar pela pressuposição de homogeneidade *estandardizada* das ações emitidas, sendo necessárias estipulações especiais para criar exceções. Apenas deixa de ser assim em situações muito pontuais, como ocorre com o sistema da última versão do MBCA, em que desaparece o conceito de *common stock* ou *common shares*, assegurando-se apenas que existam sempre acionistas com direito de voto para garantir a *função acionista* no equilíbrio de governo societário e, em particular, para eleger o conselho de administração, e que existam sempre acionistas que tenham direito a receber a quota de liquidação. Trata-se, no entanto, de um ambiente regulatório muito especial, sobre o qual a doutrina continua, sem grandes dúvidas, a assumir a existência de um sistema regra com ações homogéneas, de que, por comparação, se destacam as ações de categoria especial.

[784] A posição apresentada terá reduzidos efeitos práticos em sistemas jurídicos que acabam por consagrar poucas categorias de ações – caso em que será normalmente fácil identificar quais as ações ordinárias e quais as ações de categoria especial –, como acontece no direito português. Não é por isso de estranhar que a nossa lei assuma que existe sempre um grupo de ações que se podem considerar ordinárias, face às quais outras, eventuais, serão especiais – resulta do citado art. 289.3, mas também de normas como o art. 341.5, art. 342.3, art. 344.1, etc. Já não será assim em sistemas jurídicos como o norte-americano, em que não é anormal que uma sociedade emita 5, 10, 15 ou mais categorias de ações, todas com conteúdo diferente. Nestes casos, será tarefa

mesmo suceder que uma sociedade tenha mais do que uma categoria de ações equidistante desse padrão, em termos tais que tornem difícil, em concreto, a distinção entre as ações ordinárias e as ações privilegiadas.

II. O tema da posição relativa das ações ordinárias e das ações de categoria especial fica mais claro quando introduzimos o conceito de categoria. Nos termos do n.º 1 do art. 302º do CSC, "as ações que compreendem direitos iguais formam uma categoria", sabendo, nos termos do n.º 1, que podem ser diversos (nomeadamente quanto à atribuição de dividendos e quanto à partilha do ativo resultante da liquidação) os direitos inerentes às ações emitidas pela mesma sociedade[785].

É geralmente entendido que a expressão usada pelo n.º 1 do art. 302º não é feliz – o que está em causa não é apenas a homogeneidade de direitos, mas também de deveres e interesses, posições jurídicas ou outros configuradores, sem curar da sua estrutura jurídica, da posição de socialidade[786]. Por diferentes

---

virtualmente impossível (e de eficácia duvidosa) procurar identificar qual a categoria de ações que se deve qualificar de ordinária. Assumindo que sempre que numa sociedade exista mais que uma categoria de ações caberá determinar quais as ordinárias e quais as que atribuem direitos especiais, vd. Paulo Olavo Cunha, *Os direitos especiais nas sociedades anónimas: as acções privilegiadas* (Almedina, 1993), 145 e ss.; Paulo Olavo Cunha, *Direito das sociedades comerciais*, 446 e ss.; substancialmente no sentido que é aqui assumido, vd. Jorge Manuel Coutinho de Abreu, *Curso de Direito Comercial*, II, 228; Carlos Osório de Castro, *Valores mobiliários: conceitos e espécies* (UCP, 1996), 98-100. A questão, face ao regime português e a regras como os n.º 3 do art. 389º e n.º 4 do art. 458º, não é apenas semântica, razão pela qual, apesar do entendimento apontado, não podemos deixar de concordar que, no nosso sistema, existem condimentos especiais para o problema (que, na verdade, não são totalmente coerentes, pois, usando o exemplo de Coutinho de Abreu (obra citada), custa entender como qualificar, entre ordinárias e especiais, as ações de uma sociedade se estas estiverem divididas entre ações que conferem direitos especiais ao lucro do exercício e ações que conferem direito especial ao saldo de liquidação).

[785] Nos termos desta regra, as ações ordinárias, correspondendo a posições de socialidade homogéneas, formam também elas uma categoria. Não são, obviamente, uma categoria especial (para efeitos do art. 24º), mas não deixam, por isso, de formar uma categoria.

[786] O que se escreveu fica claro quando confrontamos a regra do art. 25º do CVM, segundo a qual as ações emitidas por uma sociedade cotada constituem uma categoria autónoma pelo prazo de 30 dias contados da deliberação de aumento de capital ou, sendo o caso, até ao trânsito em julgado de decisão judicial sobre ação de anulação ou de declaração de nulidade de deliberação social proposta dentro daquele prazo. Note-se: estas ações constituem (provisoriamente) uma categoria autónoma não porque não tenham direitos iguais aos das demais ações (ou, em rigor, não porque não confiram uma posição de socialidade idêntica à conferida pelas outras ações), caso em que corresponderiam – agora definitiva e não provisoriamente – a uma categoria especial, mas apenas porque durante o prazo de 30 dias subsequentes à deliberação (ou, sendo o caso, até ao trânsito em julgado da decisão de impugnação da emissão) qualquer acionista pode interpor ação de anulação

palavras, as ações que corporizam uma idêntica posição de socialidade formam uma categoria[787].

---

ou de declaração de nulidade da emissão e, por isso, devem ser segregadas das demais. Aliás, se a sociedade tiver emitido ações de várias categorias, o art. 25º dispõe que se formarão diversas categorias autónomas durante aquele prazo. Há uma razão funcional na segregação destas ações (facilitar a sua amortização em caso de invalidade da deliberação, não perturbando a negociação dos demais títulos pela insegurança que seria gerada por uma deliberação desse tipo sem objeto identificado), mas essa razão funcional – e apenas essa – já justifica, na perspetiva legal, que estas ações sejam provisoriamente segregadas das demais. Por isso se entende que diferentes direitos, obrigações, ónus, faculdades, interesses juridicamente tutelados ou qualquer outro elemento que afete substancialmente a posição de socialidade justifiquem a qualificação de categorias especiais (claro que já custa mais a entender a razão que leva o n.º 1 do art. 343º a aceitar um representante dos acionistas preferenciais sem voto por "emissão" e não por "categoria"). Sobre a regra do art. 25º do CVM, vd. Rafaela Rocha, "As deliberações sociais de aumento de capital social nas sociedades abertas", *CadMVM* (2001); Paulo Câmara, *Manual de direito dos valores mobiliários*, 629-630; com críticas acertadas a várias passagens do regime, vd. ainda Miguel Galvão Telles, "Fungibilidade de valores mobiliários e situações jurídicas meramente categoriais", in *Estudos em homenagem ao Professor Doutor Inocêncio Galvão Telles* (2013), 614-617.

[787] Esta restrição é essencial para compreensão da regra citada – o que está em causa não é apenas o leque de direitos correspondente à posição representada pela ação, pois mal se compreenderia que ações com direitos idênticos, mas diferentes obrigações, fossem tratadas como pertencendo a uma mesma categoria. O n.º 1 do art. 302º acaba por se referir apenas aos direitos porque, na sequência de regra geral do art. 24º, a construção do conceito de categoria é feita a partir da posição dos direitos; naturalmente que a regra será extensível a todos os elementos substanciais conformadores da posição de socialidade representada pela ação. Três notas. Primeira, para assinalar que esta é a explicação geralmente apontada para a constatação de que a construção da regra é feita a partir da referência aos direitos. Claro que existe outra explicação possível – é que o § 11 do AktG, sob a epígrafe *Aktien besonderer Gattungart* ou *ações de categoria especial*, usa precisamente a mesma técnica ao dispor que *ações com direitos iguais formam uma classe* (a regra completa é *"Die Aktien können verschiedene Rechte gewähren, namentlich bei der Verteilung des Gewinns und des Gesellschaftsvermögens. Aktien mit gleichen Rechten bilden eine Gattung")*. Tal como acontece no direito nacional, é pacífico na Alemanha que a qualificação de uma categoria/classe de ações depende não apenas dos direitos, mas também das obrigações e de outros elementos materiais configuradores da posição jurídica. Veja-se por exemplo Karsten Heider, "Kommentierung des § 11 AktG", in *Münchener Kommentar zum Aktiengesetz* (München: 2016), Rn. 1-4 e 28-34. Segunda nota, para assinalar que ficarão de fora diferenças que não afetem a posição de socialidade ou, afetando, não o façam de forma objetiva, seja porque se referem à génese da emissão e não importam consequências para a fisiologia dos direitos constituídos – emissão com ou sem prémio, emissão com prémios diferentes, realização em espécie ou em dinheiro, realização imediata ou diferida (após a realização integral) –, seja porque se referem a características regulamentadas não essenciais à compreensão da posição jurídica (para quem o aceite, pode aqui ser fundada a diferença entre espécies de ações/*Aktienarten* e categorias de ações/*Aktiengattungen*, incluindo o primeiro grupo caraterísticas exteriores à ação e o segundo grupo caraterísticas que afetem direitos e obrigações do titular) – representação por títulos ao portador ou por títulos nominativos, seja porque se referem a caraterísticas pessoais do acionista e, por isso, estejam fora da objetificação assumida pela lei. Para mais desenvolvimentos vd. Carlos

Assim, retomando o tema das ações ordinárias e de categoria especial, cabe dizer que umas e outras são categorias de ações. O conceito de ações de categoria especial assume que, primeiro, certo número de ações é segregado como especial porque às mesmas correspondem posições de socialidade homogéneas entre si (e diferentes das demais ações) e, segundo, que essa especial posição de socialidade é inerente à ação, transmitindo-se com as mesmas, não se colando nem dependendo da pessoa do acionista e não se confundindo com vantagens especiais de natureza pessoal cuja constituição a lei possa aceitar[788].

Isto não se confunde, portanto, com a atribuição de vantagens especiais resultantes de outras fontes que não a própria conceção da posição de socialidade. Por exemplo: estando consagrada uma limitação ao exercício do direito de voto nos termos da alínea b) do n.º 2 do art. 384º, dispondo os estatutos que não sejam contados votos acima de certo número quando emitidos por um só acionista, poderá suceder que um acionista, por deter mais votos que os contemplados pelo limite estipulado, não possa votar com toda a sua participação, isso fazendo com que aos demais acionistas sejam (relativamente) atribuídos mais votos que aqueles que corresponderiam à sua posição de capital. Numa situação como esta, existe um conjunto de ações às quais estará associada uma posição de desfavorecimento e de diminuição do seu conteúdo – aquelas detidas pelo acionista que não pode exercer todos os direitos de voto inerentes às suas ações – e existe um conjunto de ações que,

---

Osório de Castro, *Valores mobiliários: conceitos e espécies*, 87-88; Raúl Ventura, "Adaptação do direito português à segunda Directiva do Conselho da Comunidade Económica Europeia sobre o direito das sociedades", *Separata do BMJ* (1980), 105-108. Haverá ainda que acrescentar aqueles casos em que as diferenças não são inerentes às próprias qualidades das ações e que, por isso, não se mantenham em vigor após a sua transmissão – por exemplo, ações para as quais vigore qualquer inibição em relação ao exercício dos seus direitos patrimoniais ou políticos – e ainda aqueles casos em que as diferenças, apesar de se referirem às ações, sejam resultado de uma situação temporária e sem consagração estatutária – é o caso das ações ainda não integralmente subscritas. De referir, por fim, que esta noção de categoria não se confunde, embora se relacione, com o conceito de fungibilidade das ações, sobretudo para efeitos da negociação em mercado organizado – as ações serão fungíveis se pertencerem a uma mesma categoria (se são determinadas pelo seu género, qualidade e quantidade, nas palavras do art. 207º do Código Civil), mas nem todas as ações que pertencem a uma mesma categoria são, para efeitos do CVM, sobretudo do art. 204º, fungíveis – terão também de obedecer à mesma forma de representação, estarem objetivamente sujeitas ao mesmo regime fiscal e dessas ações não terem sido destacados direitos. Está em causa um referencial de *indiferença objetiva* para efeitos de negociação. Para desenvolvimentos, vd. Miguel Galvão Telles, "Fungibilidade de valores mobiliários e situações jurídicas meramente categoriais", 588 e ss. e, sobretudo, 595 e ss.

[788] Vd., *infra*, 23.2.

por contraposição, terão o seu conteúdo favorecido – aquelas detidas pelos demais acionistas. No entanto, fica claro que, em rigor, esse favorecimento (e essa diminuição) de conteúdo não é inerente às ações, resultando antes de causas externas, não cabendo falar de categorias de ações.

III. Escrevemos que as ações ordinárias são aquelas que revelam um conteúdo inerente à posição de socialidade do acionista que corresponde ao padrão de direitos e obrigações que a lei estabelece como regra para as ações e que, por isso, esse conteúdo será aquele que mais habitualmente será consagrado sob um estrito ponto de normalidade social – é o regime comum. São, no entanto, necessários alguns desenvolvimentos.

A construção legal da posição do acionista é feita a partir de um complexo de regras jurídicas, umas imperativas e outras supletivas. Como exemplo do primeiro grupo, resulta imperativamente estipulado que todo o sócio tem direito a quinhoar nos lucros (n.º 1 do art. 21º) e é obrigado a contribuir para o capital da sociedade com bens suscetíveis de penhora (arts. 20º e n.º 1 do 270º). Não é assim possível configurar uma categoria especial de ações que afaste o acionista do direito de quinhoar nos lucros ou que o isente de fazer a sua contribuição para o capital da sociedade. Mas existe um outro universo de regras dentro das quais os acionistas podem moldar a sua posição; regras em que a lei oferece aos acionistas uma solução supletiva[789]. Poderiam ser dados diversos exemplos – é o caso do n.º 1 do art. 294º, ao dispor que, em regra, não pode deixar de ser distribuído aos acionistas metade do lucro distribuível do exercício, ao mesmo tempo admitindo que outra solução resulte de diferente cláusula contratual ou de deliberação tomada por maioria de três quartos dos votos correspondentes ao capital social em assembleia geral para o efeito convocada; é o caso do n.º 1 do art. 297º, que permite que, no decurso de um exercício, sejam feitos aos acionistas adiantamentos sobre os lucros, mas apenas se o contrato de sociedade o autorizar; é também o caso da regra do art. 328º, do qual resulta um princípio de livre transmissibilidade das ações, ao mesmo tempo permitindo que o contrato de sociedade subor-

[789] Não é exato identificar o chamado conteúdo eventual do contrato de sociedade (por oposição ao conteúdo obrigatório, constante do art. 272º) com o universo das matérias que pode ser objeto de regulação de direitos especiais, porque o primeiro universo é, por natureza, mais abrangente que o segundo (se os administradores forem autorizados a efetuar levantamentos da conta da sociedade nos termos do n.º 5 do art. 277º, isso aproveita, por definição, a todos os acionistas; o mesmo acontece se, nos termos do n.º 3 do art. 377º, e dentro dos seus limites, forem consagradas regras especiais para convocação da assembleia geral).

dine a transmissão das ações nominativas ao consentimento da sociedade, estabeleça um direito de preferência dos outros acionistas e as condições do respetivo exercício, no caso de alienação de ações nominativas, ou subordine a transmissão de ações nominativas à existência de determinados requisitos, subjetivos ou objetivos, que estejam de acordo com o interesse social[790].

Os exemplos poderiam ser facilmente multiplicados. Daqui resulta claro que, do primeiro universo, aquele das regras injuntivas, nada se retira que nos auxilie na construção do que sejam as ações ordinárias (pois que nada de cromático resultará dessas regras que permita distinguir umas ações de outras); do segundo universo, o das regras supletivas, retira-se que quanto mais próximos estivermos da regra supletiva mais próximos estaremos do que possa ser qualificado de *comum* ou *normal*[791].

Claro que este será um exercício inútil se não existirem ações de categoria especial. Por diferentes palavras, se é certo que não devemos definir as ações ordinárias como todas aquelas que não são especiais, o que revelaria alguma inversão lógica, também não devemos esquecer que a qualificação de uma categoria de ações como ordinária apenas tem sentido jurídico se, e na medida em que, existam ações de categoria especial. É apenas nesse caso que, para quem entenda que existirão sempre ações ordinárias – e já explicámos que, apesar de se poder tratar de um pressuposto algo estranho, é uma ideia que tem adesão face às regras aplicáveis do direito societário nacional, em particular face à regra do n.º 3 do art. 389º –, fará sentido realizar o esforço interpretativo de identificar quais as ações que podem ser consideradas mais próximas do tronco comum[792].

---

[790] Verificados que estejam os demais pressupostos previstos no mesmo art. 328º.

[791] São por vezes, sem grande veemência, aliás, apontados outros critérios para fazer esta contraposição, como seja o de qualificar como ações ordinárias aquelas que foram emitidas em maior número ou aquelas que são como tal denominadas pelos estatutos. São dois elementos interpretativos relevantes, mas meramente auxiliares.

[792] O que equivale a dizer que, existindo apenas uma categoria de ações, e por mais que a regulação dessa categoria se afaste das regras supletivas estipuladas no Código, essas serão as ações ordinárias e, claro, a sua própria qualificação como ordinárias é, enquanto não coexistem com ações de diferente categoria, redundante e inútil. Há uma ideia de contraposição nestes conceitos (Raúl Ventura, "Adaptação do direito português à segunda Directiva do Conselho da Comunidade Económica Europeia sobre o direito das sociedades", 107). Abordaremos adiante uma questão corrente entre nós, que é a de aferir se a existência de direitos especiais atribuídos geral e proporcionalmente a todos os acionistas permite continuar a falar em direitos especiais. Cremos que, quando exista apenas uma categoria de ações, e apenas nesse caso, a atribuição generalizada e proporcional de direitos especiais afasta, de facto, tal qualificação (ou, no limite, a transforma num problema semântico); mas afasta apenas nesse caso e, claro, deve ser questionado se este conceito de direito especial tem

IV. Os acionistas titulares de ações de categoria especial, antes de acionistas especiais, são acionistas – com as limitações ou os privilégios que resultam da sua específica posição de socialidade, gozam de todos os direitos e estão sujeitos a todos os deveres que emergem da qualidade de acionista.

Ponderemos a forma como a lei constrói o direito de preferência dos acionistas perante a existência de ações de categoria especial. Como dispõe o n.º 1 do art. 458º, em cada aumento de capital por entradas em dinheiro, as pessoas que, à data da deliberação, forem acionistas podem subscrever as novas ações com preferência relativamente a terceiros. O direito é atribuído aos acionistas, a todos os acionistas, e assim nenhuma dúvida se levanta de que é também atribuído aos acionistas titulares de ações de categoria especial. Por outro lado, nos termos do n.º 4 da mesma regra, havendo várias categorias de ações, todos os acionistas têm igual direito de preferência na subscrição das novas ações, quer ordinárias, quer de qualquer categoria especial, mas se as novas ações forem iguais às de alguma categoria especial já existente, a preferência pertence primeiro aos titulares de ações dessa categoria e só quanto a ações não subscritas por estes gozam de preferência os outros acionistas[793].

A especialidade da ação é assim apenas uma camada de regime que não prejudica o regime geral que conforma a posição de socialidade.

V. As ações podem integrar uma categoria especial por atribuírem uma vantagem – ações privilegiadas –, por atribuírem uma desvantagem – ações

algum sentido, ou seja, se qualificar como direito especial o direito que se afasta da regra supletiva tem algum sentido normativo. Cremos que não tem. E é por isso que escrevemos que a existência de apenas uma categoria de ações, por mais *especial* que seja a regulação dos direitos dos acionistas (ou seja, por mais que se afaste das regras gerais supletivas), merecerá sempre a qualificação da mesma como sendo ações ordinárias.

[793] O tema da atribuição de direito de preferência a titulares de ações de categoria especial foi discutido durante algum tempo em vários sistemas jurídicos, mas entre nós deve ser considerado como ultrapassado, desde logo face à existência de regra expressa como o citado art. 458º. Na verdade, esse problema reduz-se hoje a situações especiais como a das ações preferenciais sem voto e a das ações de fruição, e prende-se mais com a dificuldade que alguma doutrina tem em, afastando os titulares destas ações, da qualidade de sócio propriamente dito, aceitar depois a extensão da preferência. São posições sem grande representatividade entre nós e que, diríamos mesmo, estão cada vez mais ultrapassadas. Sánchez Andrés Aníbal, *El derecho de suscripción preferente del accionista*, 290; Pedro Albuquerque, *Direito de preferência dos sócios em aumentos de capital nas sociedades anónimas e por quotas*, 186-202.

diminuídas –, ou por simultaneamente atribuírem vantagens e desvantagens, sempre por referência ao regime geral.

Já referimos que o art. 24º permite a constituição de direitos especiais dos acionistas desde que estes direitos sejam consagrados no contrato de sociedade e sejam atribuídos a categorias de ações, transmitindo-se com estas. De igual modo, nos termos do n.º 1 do art. 272º, o contrato de sociedade deve indicar as categorias de ações que sejam criadas, com indicação expressa do número de ações e dos direitos atribuídos a cada categoria, sendo que, nos termos do n.º 2 do art. 202º, cada categoria é formada pelas ações às quais são atribuídos direitos iguais (direitos e, como já referido, obrigações, criando assim conjuntos homogéneos de ações). Voltaremos em maior desenvolvimento às ações que atribuem direitos especiais, ditas ações privilegiadas. Sucede, porém, que por vezes as ações de categoria especial não apresentam um privilégio por referência às posições de socialidade comuns, mas, pelo contrário, veem os seus direitos diminuídos. É o caso das ações de fruição reguladas nos n.os 5 a 8 do art. 346º do CSC, que limitam o acesso ao dividendo do acionista detentor dessas ações. Outras vezes, por fim, a ação de categoria especial é privilegiada em relação a algum tema e diminuída em relação a outro. O melhor exemplo é o das ações preferenciais sem direito de voto, em que a ação vê ser-lhe atribuído um direito privilegiado ao dividendo, mas, por outro lado, vê ser-lhe suprimido, embora sob condição, o direito de voto.

23.2. Os direitos especiais

I. O art. 24º permite a constituição de direitos especiais dos acionistas[794], desde que estes sejam consagrados no contrato de sociedade e sejam

[794] Os direitos especiais dos sócios em sentido próprio não se confundem com as vantagens concedidas a sócios em conexão com a constituição da sociedade, as quais, nos termos do art. 16º (e 19.4), devem ser exaradas no contrato de sociedade, com indicação dos respetivos beneficiários, bem como o montante global devido a sócios ou terceiros. Estas vantagens concedidas a sócios, por um lado, são restritas a vantagens concedidas em conexão com a constituição da sociedade e, por outro lado, são da titularidade pessoal do sócio a quem são atribuídas, não sendo assim atribuídas às acções nem sendo transmitidas com estas. Não dão lugar, por isso, à criação de uma nova categoria de acções. Esta contraposição entre direitos especiais dos acionistas atribuídos a categorias de acções e direitos especiais atribuídos em nome individual é menos clara em outros sistemas, em que se entende que as duas categorias devem estar sujeitas ao mesmo regime jurídico. Jorge Manuel Coutinho de Abreu, *Curso de Direito Comercial*, II, 211. Os direitos especiais também não se confundem com direitos dos sócios enquanto terceiros, em particular com os direitos dos sócios credores (*Gläubigerrechte*),

atribuídos a categorias de ações, transmitindo-se com estas. De igual modo, nos termos do n.º 1 do art. 272º, o contrato de sociedade deve especificar as categorias de ações que sejam criadas, com indicação expressa do número de ações e dos direitos atribuídos a cada categoria[795], tendo em conta que,

---

seja porque têm uma fonte diversa do contrato de sociedade (por exemplo, o crédito que um sócio tenha enquanto fornecedor da sociedade; referimo-nos a direitos que são dos sócios, mas podiam ser de terceiros), seja porque já se autonomizaram (por exemplo, o direito do sócio ao dividendo vencido). Sobre estes, vd. Raúl Ventura, "Direitos especiais dos sócios", *O Direito* (1989), 214; Paulo Olavo Cunha, *Os direitos especiais nas sociedades anónimas: as acções privilegiadas*, 25; Elda Marques, "Os direitos dos sócios", in *Diálogos com Coutinho de Abreu* (Almedina, 2020), 193-194 e 219-220; Karsten Heider, "Kommentierung des § 11 AktG", Rn. 19-22. A diferença não radica apenas nos termos em que o direito se constitui, mas reflete-se no regime a que fica sujeito – os direitos do sócio enquanto sócio (direitos corporativos) são sempre mediados pela participação, seja na sua constituição, na sua existência ou na sua transferência, enquanto os direitos do sócio enquanto credor (direitos extra-corporativos) são independentes e autónomos da participação (isto é especialmente relevante em caso de transmissão da participação, no caso de nada se dispor sobre o destino de um qualquer direito); os direitos do sócio enquanto sócio podem, dentro de limites, ser alterados ou até suprimidos pela sociedade, o que é em absoluto afastado no que respeita aos direitos do credor (ainda que sócio). O que acaba de se escrever fica meridianamente claro na diferença que existe entre o direito (corporativo) ao lucro e o direito (extra-corporativo) ao dividendo declarado que, uma vez constituído, já não pode ser revogado ou restringido por deliberação ulterior, podendo mesmo ser objeto de penhora separada da participação social ou objeto de acordo de cessão de créditos. O direito (corporativo) aos lucros é um direito que integra a participação social *(direito matriz)*; o direito concreto ao dividendo é um direito subjetivo que emana do anterior, mas que dele se autonomiza. Karsten Heider, "Kommentierung des § 11 AktG", Rn. 6-9 e 19-27 e, com muitas referências, até porque, sobretudo em relação aos dividendos, há variantes em que não cabe entrar nesta sede, Fátima Gomes, *O direito aos lucros e o dever de participar nas perdas nas sociedades anónimas* (Almedina, 2011), 263-275; Carlos Osório de Castro, "Sobre a autonomia do direito ao dividendo: a inclusão dos dividendos em negócios de venda de acções, designadamente em oferta pública de aquisição", in *Estudos em Honra de João Soares da Silva* (Almedina, 2021), 497-506; Raúl Ventura, "Acordos de voto: algumas questões depois do Código das Sociedades Comerciais", 17-21; Paulo Câmara, "Acordos parassociais: estrutura e delimitação", in *Estudos em memória do Prof. Doutor J. L. Saldanha Sanches* (Coimbra, 2011), 786-789; Erasmo Valladão Novaes França, Azevedo e e Marcelo Vieira von Adamek, "O crédito por dividendos declarados e a sua intangibilidade intrassocietária na lei de sociedades por ações brasileira", in *Diálogos com Coutinho de Abreu* (Almedina, 2020), 223-247.

[795] Discute-se entre nós, e em outros sistemas, se a criação de direitos especiais tem de resultar de cláusula contratual expressa ou se, pelo contrário, pode resultar implicitamente da interpretação do contrato, entendendo-se geralmente que nada exige a regra expressa. Veja-se, por exemplo, António Menezes Cordeiro e Madalena Perestrelo de Oliveira, "Comentário ao art. 24º", 201; Ricardo Serra Correia, "Os direitos especiais à luz do CSC e do direito da União Europeia – Algumas reflexões", 1395-1396. Cremos que a questão, no que às sociedades anónimas respeita, deve ser recolocada em termos distintos. Nos termos do n.º 4 do art. 24º, nas sociedades anónimas, os direitos especiais só podem ser atribuídos a categorias de ações; nos termos da alínea c) do art. 272º, deve obrigatoriamente constar dos estatutos (i) as categorias de ações que porventura sejam criadas e (ii) o número

nos termos do n.º 2 do art. 202º, cada categoria é formada pelas ações com conteúdos homogéneos).

Ou seja, o princípio segundo o qual todas as ações são iguais, apenas variando a construção da posição de socialidade a partir da variação do número de ações, sofre uma exceção a partir desta regra, uma vez que as ações apenas podem ser qualificadas como todas iguais, e por isso normalmente fungíveis, dentro de cada categoria que seja criada; entre categorias diferentes de ações, os direitos (e obrigações) inerentes a cada ação poderão variar.

II. Como dispõe o n.º 1 do art. 24º, a previsão de direitos especiais depende de disposição estatutária nesse sentido. Quando essa previsão consta da versão original dos estatutos, ou seja, quando o acordo sobre a consagração de direitos especiais é contemporâneo da constituição da sociedade, fica claro que os sócios, todos os sócios, ao celebrar o contrato de sociedade, e por essa via, manifestam a sua vontade em relação ao respetivo conteúdo. Já o mesmo não acontece quando a previsão de direitos especiais se constitui durante a vida da sociedade e resulta, por isso, de alteração dos estatutos[796]. Alguns autores referem que a previsão de direitos especiais por alteração do contrato depende de uma votação por unanimidade[797]. E esta opinião ancora-se em

---

de ações e os direitos atribuídos a cada categoria. Por isso, ainda que se possa entender que, noutros casos, a criação de direitos especiais não depende de previsão expressa, tema sobre o qual não nos pronunciamos, no caso da sociedade anónima, por razões eminentemente de segurança jurídica, a constituição de direitos especiais sempre dependerá da identificação das categorias de ações que sejam criadas e dos direitos atribuídos a cada categoria.

[796] Há quem admita que uma interpretação restritiva do n.º 1 do art. 24º poderia levar a entender que a criação de direitos especiais só seria possível no momento da constituição da sociedade. Ricardo Serra Correia, "Os direitos especiais à luz do CSC e do direito da União Europeia – Algumas reflexões", 1396. A ideia é de afastar. Primeiro, porque não vemos que o n.º 1 do art. 24º diga isso em qualquer leitura que se faça, já que a "estipulação no contrato de sociedade" tanto pode ser feita no momento da sua celebração como em momento subsequente; segundo, porque não aceitar, sequer por unanimidade, a alteração estatutária seria, cremos, absurdo. Vd. ainda Filipe Cassiano dos Santos, *Estrutura associativa e participação societária capitalística*, 362-363.

[797] Afirmar que a criação de direitos especiais por alteração estatutária depende do consentimento dos sócios afetados (por exemplo, Cristiano Dias, *Os direitos especiais dos sócios*, 144-145) é apenas forma, porventura mais carinhosa, de afirmar que depende de uma votação por unanimidade. É um facto que, na generalidade dos casos, a criação de ações de categoria especial num universo em que apenas existem ações ordinárias implica uma compressão ou limitação dos direitos dos acionistas ordinários; basta pensar que qualquer privilégio patrimonial na repartição dos resultados distribuíveis implica por natureza uma limitação, ainda que apenas potencial, dos direitos dos acionistas não privilegiados. É, no entanto, possível admitir casos (marginais) em que a criação dos direitos especiais implique um *plus* para os acionistas titulares de ações de categoria especial sem que isso

vários argumentos, todos ligados ao possível prejuízo relativo que a previsão de tais direitos pode importar para os acionistas no momento da deliberação, sendo que a previsão destes direitos por alteração estatutária adotada por maioria qualificada violaria o princípio da igualdade de tratamento dos acionistas[798]. Outros, porém, defendem que a alteração pode ser feita pela maioria de alteração dos estatutos – primeiro, porque se trata efetivamente de uma alteração do contrato que, por isso, deve ser aprovada nos termos gerais; segundo, porque a regra de unanimidade está geralmente afastada do regime das sociedades anónimas, e nem a supressão de direitos especiais exige o acordo de todos os sócios; terceiro, porque a tutela dos sócios é conseguida por via da maioria qualificada necessária para a deliberação e, claro, pelo direito de preferência na subscrição de novas ações; quarto, porque a unanimidade significaria, em termos práticos, na maior parte dos casos, a inviabilização da alteração de estatutos[799].

---

dependa de uma limitação ou compressão dos direitos dos acionistas ordinários, o que acontece naqueles casos em que não temos por referência a repartição de um qualquer universo – será o caso, por exemplo, de criação de uma categoria de ações especiais em que o acesso à informação prevista no n.º 1 do art. 288º não dependa da titularidade de 1% do capital social, mas, por exemplo, de 0,5%. Num caso como este, o facto de os acionistas titulares de ações de categoria especial terem um acesso especial à informação societária não limita nem comprime, por qualquer forma, o direito dos acionistas ordinários, que fica preservado. Já não será assim, por exemplo, se forem criadas ações com direitos especiais de eleição de administradores para efeitos do n.º 2 do art. 391º, porque cada administrador eleito pelos acionistas especiais representa menos um administrador que será eleito pelos acionistas ordinários.

[798] Raúl Ventura, *Sociedade por Quotas, vol. III*, 16 e ss.; Inocêncio Galvão Telles, "Acções privilegiadas", 302; Jorge Manuel Coutinho de Abreu, *Curso de Direito Comercial*, II, 207-210. Coutinho de Abreu admite, no entanto, dois casos em que será possível consagrar direitos especiais sem unanimidade – o primeiro ocorre naquelas situações em que o interesse social justifique a alteração estatutária, o que teria por efeito que o desigual tratamento seria fundamentado pelo superior interesse social; o segundo é o de os direitos especiais serem votados por maioria qualificada, mas os sócios dissidentes não impugnarem, atempadamente, a deliberação, assim sanando o vício (arts. 58.1.a) ou b) e art. 59º). Pronunciamo-nos adiante, em maior detalhe, sobre este entendimento.

[799] António Menezes Cordeiro e Madalena Perestrelo de Oliveira, "Comentário ao art. 24º"202-203; Madalena Perestrelo de Oliveira, *Tutela do investidor perante o emitente no mercado de capitais: um modelo dinâmico de proteção*, 443-445; Madalena Perestrelo de Oliveira, "Direito de voto nas sociedades cotadas: da admissibilidade de categorias de ações com direito de voto plural às L-shares", 453-456; Paulo Olavo Cunha, *Direito das sociedades comerciais*, 462-465. Paulo Olavo Cunha esclarece, no entanto, que a adoção deste tipo de alteração por maioria qualificada assume que seja observado o direito de preferência em aumentos de capital, que os acionistas sejam tratados de maneira igual e que a deliberação não possa ser qualificada como abusiva. Em obra anterior – Paulo Olavo Cunha, *Os direitos especiais nas sociedades anónimas: as acções privilegiadas*, 186 – deixa essas salvaguardas mais abertas, referindo que as modificações da estrutura social com emissão de uma nova categoria de

Reconhecemos a pertinência dos argumentos em um e outro sentido. Temos por inquestionável que a alteração dos estatutos para criação de ações com direitos especiais pode, efetivamente, e para além dos casos de abuso, gerar uma violação do princípio da igualdade, que custa ver efetivado sem consentimento dos acionistas afetados, ainda que obtida a maioria qualificada necessária para a alteração estatutária. Temos também por certo que a exigência de unanimidade para a consagração de tal previsão seria, além de estranha na economia das maiorias na sociedade anónima, inviabilizadora, em muitos casos, de tal alteração, colocando nas mãos de um acionista, ou de um grupo pequeno de acionistas, um desproporcionado poder. E é por isso que, reconhecendo a validade dos argumentos anteriores, cremos que a exigência de unanimidade dependerá, afinal, de a alteração afetar, ou não o princípio da igualdade[800]. É que há um largo conjunto de situações em que não se consegue sequer vislumbrar como o princípio da igualdade pode ser afetado e não vemos porque o regime tenha de ser igual para um e para outro caso.

Para além da alteração estatutária, a constituição de direitos especiais durante a vida da sociedade anónima pode ocorrer por conversão de ações já emitidas ou por aumento de capital (com emissão de ações de categoria especial). Um e outro caso podem ocorrer, ou não, com tratamento igualitário.

---

ações privilegiadas é admissível pela maioria de alteração dos estatutos "desde que se processe com o respeito dos valores fundamentais do ordenamento jurídico e designadamente da boa fé".

[800] O problema é abordado, com regras parecidas, no direito alemão, onde se entende que (i) a consagração de diversas categorias de ações na constituição da sociedade não gera problemas, já que, ao adotar tal regra necessariamente por unanimidade, será sempre salvaguardado o princípio da igualdade de tratamento; (ii) se as ações da nova categoria concederem menos direitos que as ações existentes, apenas a deliberação da assembleia geral de alteração de estatutos será suficiente, já que a emissão não afeta direitos anteriores; (iii) se as ações da nova categoria concederem mais direitos que as ações existentes, a deliberação da assembleia geral adotada pela maioria de alteração de estatutos não será suficiente, dividindo-se a doutrina entre uma posição (minoritária) que entende que a alteração de estatutos depende de aprovação por assembleia especial dos acionistas afetados (o que, tratando-se de uma primeira deliberação num momento em que apenas existam ações ordinárias, se confunde com a deliberação da assembleia geral), e outra posição (maioritária) que entende que é requerido acordo de todos os acionistas afetados; (iv) o mesmo acontece se as novas ações tiverem uma natureza complexa, dando mais direitos em alguns pontos e menos em outros. Vd., com múltiplas referências, Karsten Heider, "Kommentierung des § 11 AktG", Rn. 40-44. Também em Espanha o entendimento maioritário é semelhante, admitindo-se apenas com exceção que o não tratamento igualitário resulte de uma regra objetiva e não discriminatória (que, de forma diferente, acaba ela própria por levar ao tratamento igualitário). Vd. Agustín Aguilera Ramos, "Clases y series de acciones: Las acciones privilegiadas", in *Derecho de Sociedades Anónimas II* (Civitas, 1994), 167-168.

Não se vislumbra porque deva requerer unanimidade a deliberação de alteração de estatutos para conversão de ações quando esta trate todas as ações, e por isso todos os acionistas, da mesma forma; assim como acontece na deliberação de aumento de capital com emissão de ações de categoria especial em que seja respeitado o direito de preferência dos acionistas previsto no art. 458.º[801]. Já ocorrerá de maneira diferente quando a deliberação de conversão não trate todas as ações da mesma forma[802] ou quando a deliberação de aumento de capital seja acompanhada de limitação ou supressão do direito de preferência, nos termos do art. 460.º[803]. Nestes casos, e apenas nestes

---

[801] Pedro Albuquerque distingue três situações: aquela a que nos referimos no texto, ou seja, a emissão de ações privilegiadas em sociedades em que apenas existem ações ordinárias; aquela em que sejam emitidas ações privilegiadas idênticas a outras já emitidas; e aquela em que as ações privilegiadas a emitir são diferentes daquelas que já emitidas. Quanto à primeira variante, refere que, por todos os sócios gozarem de direito de preferência, não resultará qualquer alteração na sua relação se, e na medida em que, estes exerçam o seu direito de preferência na proporção. Defende então que, por isso, a emissão de ações privilegiadas não tem de obedecer a requisitos distintos daqueles a que está sujeita qualquer aumento de capital. Estamos, obviamente, de acordo. O que o autor não esclarece é se admite que, neste caso, possa ser limitado ou suprimido o direito de preferência e, na afirmativa, quais as regras a que tal supressão ou limitação deve estar sujeita. É aqui que se põe em causa o princípio de igualdade e é aqui, por isso, que o problema ganha relevância. Pedro Albuquerque, *Direito de preferência dos sócios em aumentos de capital nas sociedades anónimas e por quotas*, 273-295.

[802] A hipótese que é levantada assume que, no momento da deliberação de conversão, já pré-existam ações de categorias diferentes e não sejam todas tratadas da mesma forma por referência à conversão. Se apenas existirem ações ordinárias, o tratamento desigual teria de resultar de condições especiais de algum ou alguns acionistas, sendo que o caminho para a licitude de uma deliberação deste tipo é muito estreito.

[803] Perguntar-se-á se os cuidados com que a lei rodeia uma deliberação de limitação ou supressão do direito de preferência, em particular no que respeita à justificação do interesse social na deliberação (n.º 2 do art. 460.º) e aos requisitos formais da própria deliberação (apresentação pelo órgão de administração de relatório escrito com a justificação da proposta, o modo de atribuição das novas ações, as condições da sua liberação, o preço de emissão e os critérios utilizados para a determinação deste preço; tomada da deliberação em separado de qualquer outra deliberação; votação da proposta de limitação ou supressão pela maioria exigida para o aumento de capital) não serão suficientes como salvaguarda do interesse dos acionistas. A posição de Coutinho de Abreu, já referida (Jorge Manuel Coutinho de Abreu, *Curso de Direito Comercial*, II, 208-209), iria nesse sentido. Já escrevendo nos finais dos anos 60, e portanto ainda antes da atual regra de supressão de direito de preferência, Ferrer Correia salientava não ter dúvidas de que circunstâncias específicas podem facilmente justificar a diluição forçada dos acionistas pré-existentes face ao melhor interesse da sociedade – António Ferrer Correia e António Agostinho Caeiro, *Aumento de capital, preferência dos accionistas e sobrepreço das acções*, 26-28. O argumento não é decisivo. O interesse social não permite justificar o tratamento discriminatório do acionista que se sente prejudicado pela deliberação de limitação ou supressão do direito de preferência e emissão de ações especiais e que votou contra. A justificação

casos[804], os acionistas não abrangidos pela deliberação poderão ver a sua posição afetada e aí parece justificar-se a necessidade do seu consentimento[805].

---

do interesse social permite apenas fundamentar o tratamento discriminatório do acionista que se sente prejudicado pela deliberação de limitação ou supressão do direito de preferência e emissão de ações ordinárias e votou contra. A emissão de novas ações com limitação ou supressão do direito de preferência gera sempre um enfraquecimento da posição dos outros acionistas pelo efeito de diluição (que é inelutável, podendo ser economicamente compensado pelos termos em que haja sido deliberada a entrada do subscritor) – o que queremos dizer é que o art. 460º está construído para aqueles casos em que o enfraquecimento dos acionistas deliberantes é quantitativo e não também para aqueles casos em que é, simultaneamente, quantitativo e qualitativo. Da mesma maneira que o interesse social, por mais relevante que seja, não permite ultrapassar as regras de *quorum* deliberativo da deliberação de limitação ou supressão da preferência previstas no n.º 4 do art. 460º, também não permite ultrapassar a necessidade de consentimento do acionista dissidente. Além do argumento material – os cuidados com que a lei rodeia a limitação ou supressão de preferência são apenas para a supressão ou limitação, não servindo para distorções ulteriores, como seja a emissão de ações privilegiadas –, há um argumento formal relevante, pois fica claro pelo conteúdo do relatório de administração que a lei está preocupada com temas como as razões que levam à limitação ou supressão e com o preço das ações, mas não com a categoria das mesmas – o relatório, recorde-se, deve justificar a proposta, o modo de atribuição das novas ações, as condições da sua liberação, o preço de emissão e os critérios utilizados para a determinação deste preço; nada mais. Coutinho de Abreu apresenta ainda um outro argumento, que passa pela constatação de que a lei admite que as sociedades anónimas emitam, depois da constituição, ações de categoria especial sem que seja necessária a unanimidade e sem que sócios possam necessariamente subscrevê-las, dando para tal os casos dos n.os 3 e 4 do art. 386º, o n.º 4 do art. 458º e o n.º 2 do art. 460º. Com o devido respeito pela ilustre opinião, diremos que o argumento prova de menos, já que é certo que desses artigos resulta a possibilidade de emissão de ações de categoria especial sem unanimidade, mas nada resulta que diga que permite o tratamento não igualitário dos sócios em casos em que o interesse social o justifique (aliás, no fim do dia, a resposta a esta questão dependerá sempre da interpretação que seja dada ao n.º 2 do art. 460º, a que já nos referimos). Interpretação alternativa seria entender que a emissão de ações com voto plural não pode ser feita, em qualquer caso, em aumento de capital deliberado com limitação ou supressão do direito de preferência, o que também não nos parece justificável (muito embora se deva admitir que, tratando-se de uma sociedade cotada, a exigência de unanimidade equivalha à impossibilidade de obtenção de condições de aprovação da deliberação).

[804] Esta opinião está bastante alinhada com o que escreve Paulo Olavo Cunha, apesar de este partir da posição que não é necessária unanimidade, quando refere que há que fazer a emissão "com observância do direito de preferência (legal) nos aumentos de capital e do princípio do igual tratamento dos acionistas e promover, se necessário for, a anulabilidade das deliberações abusivas". Paulo Olavo Cunha, *Direito das sociedades comerciais*, 463. Em termos, no essencial, semelhantes, vd. Armando Manuel Triunfante, *A tutela das minorias nas sociedades anónimas: direitos individuais*, 414-416; Madalena Perestrelo de Oliveira, "Direito de voto nas sociedades cotadas: da admissibilidade de categorias de ações com direito de voto plural às L-shares", 456-457.

[805] Acrescenta-se habitualmente um argumento adicional no sentido de não necessidade de unanimidade – que o n.º 5 do art. 24º dispõe que os direitos especiais não podem ser suprimidos ou coartados sem o consentimento do respetivo titular (que nas sociedades anónimas é dado por deliberação tomada em assembleia especial de acionistas), sendo que assim a lei não exige sequer

III. Recuperando uma ideia já transmitida, o conceito de direito especial é relativo – será qualificável como uma categoria de ações com direitos especiais aquela à qual foi atribuída uma posição jurídica favorecida em relação ao conteúdo normal da posição de sociedade; mas será também qualificável como uma categoria de ações com direitos especiais aquela que corresponda ao padrão ordinário dos direitos sociais, mas conviva com outra categoria com conteúdo diminuído[806]. Neste caso, a situação favorecida resultará da

---

unanimidade para a supressão do direito. O argumento é relevante, sobretudo porque não temos qualquer dúvida de que a exigência de unanimidade – que já vimos ser excecional – é estranha à economia de funcionamento da sociedade anónima que, por natureza, delibera por maiorias (simples ou, excecionalmente, qualificadas). No entanto, sem prejuízo da pertinência do argumento, também terá de se entender como excecional a consagração de ações com direitos especiais sem dar a todos os acionistas acesso equivalente às novas ações, dando especial consideração à enorme delicadeza – e riscos – de uma deliberação desse tipo. Acreditamos que o tratamento igualitário dos acionistas é, a este nível, mais importante e que os incentivos devem ser todos alinhados no sentido de o mesmo ser preservado – pelo menos assim deve ser na primeira deliberação, ou seja, naquela deliberação em que a sociedade passa de uma estrutura em que apenas convive com ações ordinárias para uma estrutura em que convive com ações ordinárias e ações de categoria especial. Assim, acreditamos que estamos mais próximos do regime de criação de ações preferenciais sem voto por conversão de ações ordinárias – n.º 1 do art. 344º – que pressupõe igualdade de acesso ao privilégio (incluindo rateio, sendo o caso) –, do que do regime de supressão de direitos especiais. Refere-se por vezes que o direito alemão resolve a questão de modo expresso ao exigir uma deliberação especial, no § 179 (3) do AktG, para os casos em que a proporção de classes de ações for alterada em prejuízo de uma dessas classes (*"Soll das bisherige Verhältnis mehrerer Gattungen von Aktien zum Nachteil einer Gattung geändert werden, so bedarf der Beschluß der Hauptversammlung zu seiner Wirksamkeit der Zustimmung der benachteiligten Aktionäre"*). Assim não acontece, no entanto, já que esta regra não é aplicável à primeira emissão de ações e supõe que já existam categorias especiais de ações. Como escreve Haider, o § 179 (3) do AktG é uma disposição de exceção que se destina a facilitar mudanças em prejuízo de categorias de ações já existentes e é por isso apenas aplicável a mudanças na relação de poder entre categorias de ações existentes, mas não quando uma nova categoria de ações for criada – Karsten Heider, "Kommentierung des § 11 AktG", Rn. 40-44. Neste sentido, regressando ao direito nacional, a posição defendida parece ser mais congruente com a regra do n.º 4 do art. 458º – se já existirem várias categorias de ações, todos os acionistas têm igual direito de preferência na subscrição das novas ações, quer ordinárias, quer de qualquer categoria especial, mas se as novas ações forem iguais às de alguma categoria especial já existente, a preferência pertence primeiro aos titulares de ações dessa categoria, e só quanto a ações não subscritas por estes gozam de preferência os outros acionistas; daqui se revela a especial preocupação que a lei reserva para a primeira deliberação de emissão de ações de categoria especial.

[806] No mesmo sentido, vd. Carlos Osório de Castro, *Valores mobiliários: conceitos e espécies*, 99-101. Em sentido diferente vd., por todos, José de Oliveira Ascensão, "As acções", in *Direito dos valores mobiliários*, ed. Coimbra (2000), que a partir da regra do n.º 3 do art. 389º qualifica como ações ordinárias todas aquelas que não dispõem de direitos especiais, ou seja, que correspondem à posição de socialidade *normal*, e que se contrapõem assim às ações com direitos especiais, as quais, tendo direitos especiais de carácter patrimonial, são qualificadas como ações preferenciais. Como

diminuição dos direitos da outra categoria. A construção pode causar alguma perplexidade, uma vez que estaremos a qualificar juridicamente como uma categoria de ações com direitos especiais aquela que, afinal, corresponderá ao padrão normal de direitos e obrigações inerentes à posição de socialidade e que, por isso, pareceria ser mais bem qualificada a partir da categoria de ações ordinárias. A perplexidade poderá justificar-se a um nível estritamente semântico, mas fica esclarecida quando atentamos nas decorrências jurídicas da qualificação de um conjunto de ações como correspondendo a uma categoria de direitos especiais.

As mais importantes consequências jurídicas da qualificação de uma categoria de ações como detendo direitos especiais passam pela regra do n.º 6 do art. 24º, segundo a qual a restrição ou supressão do direito especial dependem do consentimento dos titulares de ações dessa categoria, sendo deste modo criada uma exceção à regra da maioria, e pela regra do n.º 3 do art. 389º, segundo a qual não há assembleias especiais de titulares de ações ordinárias[807]. Assim, para além de outras deliberações que a sociedade haja de tomar em sede geral para restringir ou suprimir um direito especial, a lei exige que os acionistas afetados sejam chamados a pronunciar-se em delibe-

referimos no texto, esta contraposição não relativa nada tem de inadequado sob o ponto de vista semântico, apenas falhando na aplicação do regime, razão pela qual não nos parece ser a formulação mais apropriada.

[807] Já antes o afirmámos: a regra segundo a qual não existem assembleias especiais de acionistas ordinários é a razão principal que nos leva a encontrar sentido normativo numa contraposição que, à partida, não teria grandes razões para existir – a contraposição entre acionistas ordinários e acionistas especiais. Não fora tal regra e diríamos que se tratava de uma distinção com funções meramente descritivas que, no limite, teria sentido apenas para identificar o que é essencial na função acionista. A ideia segundo a qual não existem assembleias especiais de acionistas ordinários tem, no entanto, um fundamento – assenta na conceção de que os acionistas ordinários, por natureza, não têm direitos especiais. Ora, isto é um tremendo equívoco. Não tem sentido jurídico falar de direitos especiais se apenas existir uma categoria de ações; já tem sentido falar de direitos especiais se existir mais que uma categoria de ações. Se numa sociedade apenas com uma categoria de ações (ações ordinárias) for previsto um direito de veto de acionistas que representem pelo menos 10% para certas deliberações; se mais tarde forem emitidas ações de categoria especial (ações de categoria B) com um qualquer privilégio patrimonial, mas sem aquele direito de veto; se o direito de veto das ações ordinárias for entretanto suprimido, bastando para tanto uma deliberação da assembleia geral (ou seja, dos acionistas ordinários mais os de categoria B) quando, para suprimir ou limitar o privilégio patrimonial, seria necessária uma assembleia especial e uma assembleia geral. Trata-se de uma disfunção. Melhor estão outros sistemas que retiram da qualificação das ações ordinárias como uma categoria de ações a possibilidade de realização de assembleias especiais de acionistas ordinários. Veja-se sobre o tema Elda Marques, "Comentário ao art. 389º", *Código das Sociedades Comerciais em comentário* (2019), 161-163.

ração de assembleia especial dos titulares das ações em causa – exige-se o consentimento dos acionistas afetados, muito embora não se exija que esse consentimento seja prestado de forma individual[808]. Ora, sendo assim, fácil é verificar que não teria qualquer sentido qualificar como ações de categoria especial aquelas que estão numa posição desfavorecida, quando a mais importante decorrência de regime passa pelos termos de autorização para a modificação ou supressão da posição de vantagem relativa de um conjunto de ações[809]. E a esta luz torna-se percetível a regra do n.º 3 do art. 389º – por um lado, a autorização para a supressão ou limitação de direitos especiais nunca passa por uma assembleia geral de titulares de ações ordinárias reunindo nessa qualidade; por outro lado, a alteração do conteúdo ordinário das ações nunca passa por uma assembleia separada de titulares de ações ordinárias[810].

IV. Discute-se há muito na nossa doutrina se o mesmo direito especial pode ser criado para todos os sócios de uma sociedade ou se, pelo contrário, a especialidade do direito permite assumir que apenas algum ou alguns dos sócios, mas não todos, devam ter acesso à posição favorecida[811]. É problema

[808] Vd. Filipe Cassiano dos Santos, *Estrutura associativa e participação societária capitalística*, 359-271.

[809] A aproximação dos conceitos de ações de categoria especial e ações privilegiadas, assumindo que as ações de categoria especial são aquelas que têm uma posição favorável em relação às demais, ocorre em vários outros sistemas jurídicos. Por exemplo, nos Estados Unidos o MBCA deixou de usar o conceito de *preferred stock,* mas manteve o conceito que vinha das regras anteriores segundo o qual as ações de classe especial são ações com direitos preferenciais ao nível do recebimento de dividendos ou de outras características.

[810] De duas uma: ou porque entra na competência da assembleia geral, o que corresponderá à regra; ou porque depende (também) da autorização individual de cada um dos afetados, nas situações em que essa alteração colida com o princípio da igualdade.

[811] Defendendo que a especialidade do direito pressupõe a sua não atribuição generalizada, vd., sem preocupações de exaustão, Raúl Ventura, "Direitos especiais dos sócios", 214 e ss.; Paulo Olavo Cunha, *Os direitos especiais nas sociedades anónimas: as acções privilegiadas*, 23-25; Paulo Olavo Cunha, "O poder dos sócios", 251-252; Armando Manuel Triunfante, *A tutela das minorias nas sociedades anónimas: direitos individuais*, 408-416; José Engrácia Antunes, *Direito das sociedades*, 402; João Labareda, *Das acções das sociedades anónimas*, 223. Defendendo que o direito especial o é pela sua diferenciação face ao regime geral, e não pelo universo subjetivo da sua atribuição, vd., também sem preocupações de exaustão, António Menezes Cordeiro e Madalena Perestrelo de Oliveira, "Comentário ao art. 24º"201; António Menezes Cordeiro, *Manual de direito das sociedades I*, 505-506; Pedro Pais de Vasconcelos, *A participação social nas sociedades comerciais*, 229-233; Jorge Pinto Furtado, *Curso de Direito das Sociedades*, 235-237; Ricardo Serra Correia, "Os direitos especiais à luz do CSC e do direito da União Europeia – Algumas reflexões", 1397-1398; Adriano Vaz Serra, "Acórdão de 14 de Dezembro de 1978", *RLJ* (1979-1980), 173; Cristiano Dias, "Os direitos especiais dos sócios nas sociedades anónimas: as "golden shares"", 740-741; Cristiano Dias, *Os direitos especiais*

relevante para a análise em curso e que, como veremos, está no nosso caminho crítico.

A questão é, por um lado, literal e, por outro, sobretudo no universo das sociedades anónimas, semântica. É literal na medida em que se defende que o art. 24º, quando se refere a *direitos especiais de algum sócio*, parece dar a entender que inexistem direitos especiais *de todos os sócios*, o que, sendo correto, está longe de ser decisivo na interpretação da norma – primeiro, porque, mesmo literalmente, direitos de *algum sócio* podem ser também direitos de *todos os sócios*, sobretudo quando pensamos que a lei se pode estar a referir ao caso que considera mais comum e não a todos os casos admissíveis; segundo, porque, custaria entender a razão que levasse a lei a vedar a atribuição de direitos especiais, em condições de igualdade, a todos os sócios. Não se crê, aliás, que aqueles que defendem que a especialidade dos direitos deve ter sempre um recorte subjetivo, entendam que não é possível conferir direitos objetivamente especiais a todos os sócios – apenas entendem que esses direitos não são especiais e, por isso, não ficam sujeitos ao respetivo regime jurídico[812]. Daí a literalidade. É semântica, por outro lado, sobretudo no universo das sociedades anónimas, porque ao ser imposto que os direitos especiais apenas

dos sócios, 97-111. Os termos essenciais do debate serão referidos de seguida. Duas notas adicionais. A primeira, para referir que custa entender como, no universo das sociedades anónimas, pode ser compatibilizada a ideia segundo a qual a emissão de ações com direitos especiais não pode ser feita de forma generalizada, mas deve ser preservado o princípio da igualdade e, sendo o caso, a regra de direito de preferência na subscrição de novas ações. A segunda, para referir que a ideia segundo a qual a atribuição de ações com direitos especiais pressupõe a sua não atribuição generalizada se prende com a forma como a nossa lei e a nossa doutrina se acostumaram a analisar as ações de categoria especial como ações privilegiadas, ou seja, como se fez toda esta construção sempre em torno dos direitos da ação. É isso que permite dizer que os direitos especiais constituem a máxima afirmação dos sócios ou o momento em que estes se evidenciam entre os seus pares (Paulo Olavo Cunha, "O poder dos sócios", 252). Mas essa é, como já referimos, uma forma redutora de analisar o tema. Ações de categoria especial são ações diferentes das, ou de algumas das, demais; nuns casos são ações com direitos especiais; noutros casos são ações com direitos diminuídos; mas na generalidade dos casos são apenas ações que configuram uma posição de socialidade diferente, especial, não sendo possível fazer sobre as categorias de ações uma simples análise de intensificação ou diminuição de direitos. Se a perspetiva for esta, já não custará aceitar que uma emissão de ações compreenda uma referência a uma posição de socialidade distinta daquela que era inerente à categoria de ações antes emitida, sendo por isso uma categoria especial, mas ao mesmo tempo acessível a todos os acionistas. Sobre o tema, com um conjunto de observações que ainda hoje se mantêm plenamente atuais, vd. Raúl Ventura, "Adaptação do direito português à segunda Directiva do Conselho da Comunidade Económica Europeia sobre o direito das sociedades", 106-107.

[812] O que, como veremos, em nosso entender, dependendo do conceito que se adote de *direito especial*, pode corresponder a uma leitura correta.

podem ser atribuídos a categorias de ações, perde sentido a referência final aos acionistas (seja a *alguns acionistas*, seja a todos os *acionistas*), ficando claro que estes direitos são especiais pela sua configuração e não pela forma como são atribuídos[813].

Entende-se a dificuldade lógica de ver direitos especiais atribuídos (proporcionalmente) a todos os acionistas (mas não a todas as ações) – pois se são atribuídos a todos os acionistas, ainda que os direitos sejam especiais (por referência aos direitos gerais), todos quinhoarão no privilégio, qualquer que ele seja, em termos semelhantes ao que aconteceria se os direitos especiais não houvessem sido atribuídos. Mas essa dificuldade é apenas aparente. Primeiro, porque não é necessário que a atribuição de direitos especiais a todos os acionistas os coloque na posição de quinhoarem no privilégio, qualquer que ele seja, em termos semelhantes ao que aconteceria se os direitos especiais não houvessem sido atribuídos[814]. Será assim nuns casos, mas não será noutros. Segundo, porque ainda que assim possa ser no momento de partida, assim não será necessariamente no momento subsequente. Ao incorporar o direito especial na ação, o sistema permite a transmissão de ações de categoria especial com transmissão da posição privilegiada, assim fazendo com que a repartição desses direitos se possa alterar com o passar do tempo[815].

---

[813] O tema retomará a dimensão literal se for questionado se podem ser atribuídos direitos especiais a todas as ações. Abordaremos este ponto de seguida.

[814] A afirmação é fácil de demonstrar com alguns exemplos. A emissão generalizada de ações com direito preferencial ao dividendo, ou de ações com configuração de *tracking stocks,* não muda a economia em que os acionistas quinhoam no dividendo, sendo por isso difícil de justificar por razões que não passem pela sua alienabilidade futura. Mas já ações com direitos especiais políticos reconfiguram a posição do acionista perante a sociedade e, nessa medida, alteram a relação que antes existia e constituem novas obrigações na esfera da sociedade.

[815] Ainda que, como escreve Paulo Olavo Cunha, *Os direitos especiais nas sociedades anónimas: as acções privilegiadas*, 25, se admitisse que a generalização dos direitos especiais a todos os sócios os converte sempre em direitos gerais (o que, como já se referiu, não é o nosso entendimento ou, pelo menos, não é o nosso entendimento em todos os casos), isso apenas ocorreria, no universo da sociedade anónima, no momento inicial. Com circulação das ações, os direitos especiais passariam a ser distribuídos em proporção diferente. Claro – e já o referimos –, apenas não será assim se a atribuição generalizada de direitos especiais ocorrer num universo em que apenas exista uma categoria de ações (já antes referimos que apenas cabe falar em direitos especiais e em ações de categoria especial se efetivamente existir mais que uma categoria de ações). Nesse caso, os ditos *direitos especiais* (usando a expressão em termos que não podem ser considerados próprios) estarão integrados nas ações ordinárias. Claro que deverá ser posto em causa se nesse caso faz sentido falar em direitos especiais – serão especiais face à regra supletiva e à normalidade social, mas não serão especiais face aos direitos atribuídos pelas ações ordinárias, que é, precisamente, o sentido final da qualificação de um direito como especial; mais em particular, não fará sentido aplicar a esses *direitos especiais* o regime

Já diferente será, na economia da sociedade anónima, a atribuição de *direitos especiais* a todas as ações, circunstância em que as posições jurídicas apenas poderão ser referidas a direitos especiais por corresponderem a uma regulação que é feita em termos distintos àquilo que é a sua atribuição supletiva – não são direitos especiais enquanto reveladores de uma posição individual ou semicolectiva (inerente a uma categoria de ações, mas não a todas) privilegiada relativamente à generalidade dos sócios[816].

Será o caso de ser prevista uma disposição estatutária que estabeleça, em derrogação do n.º 1 do art. 294º, que não pode deixar de ser distribuído aos acionistas – a todos os acionistas – mais de metade do lucro distribuível do exercício; ou a previsão estatutária que permita, de acordo com o n.º 1 do art. 297º, que sejam feitos aos acionistas adiantamentos sobre os lucros. Estes direitos, como referimos, apenas poderão ser qualificados como especiais por relação ao regime supletivo e geral, não tendo qualquer sentido normativo qualificá-los como especiais para efeitos da aplicação das regras previstas – em particular, para efeitos da aplicação das regras do art. 24º, alínea j) do n.º 1 do art. 98º, alínea b) do n.º 2 do art. 103º, alínea j) do art. 119º, art. 131º e art. 344º-A.

V. A análise anterior conduz-nos a um problema já referido de forma sumária e que merece agora algumas notas suplementares – aferir se, efetivamente, resulta da disposição do n.º 4 do art. 24º que, nas sociedades anónimas, os direitos especiais e, mais em geral, a configuração qualitativamente

do art. 24º do CSC, o que não deixa de ser um critério essencial para a construção do conceito. Vd., por exemplo, António Menezes Cordeiro e Madalena Perestrelo de Oliveira, "Comentário ao art. 24º", 201. Não nos parece por isso que seja uma aceção útil para dar a este conceito na economia do CSC. Pais de Vasconcelos, recusando o entendimento restritivo segundo o qual apenas existem direitos especiais se estes não forem atribuídos generalizadamente, dá como exemplo a atribuição do direito de veto a todos os sócios, entendendo que a não qualificar este direito como especial daríamos o poder à maioria para revogar esse direito (Pedro Pais de Vasconcelos, *A participação social nas sociedades comerciais*, 231-233). Cremos que se trata de ponderação que, podendo ser feita nas sociedades por quotas, não tem sentido na sociedade anónima, onde apenas é relevante se o direito especial é incorporado em ações de categoria especial. Se for esse o caso, ainda que as ações sejam atribuídas a todos os acionistas, estaremos perante um direito especial; se não for esse o caso, sendo todos os direitos dos acionistas, por mais especiais ou anómalos que sejam (face à normalidade da regra supletiva), atribuídos a uma única categoria de ações, então não cumprirá falar de direitos especiais.

[816] A expressão é de Filipe Cassiano dos Santos, *Estrutura associativa e participação societária capitalística*, 486.

diferenciada da posição de cada acionista, recortada relativamente à generalidade dos sócios, só pode resultar do recurso a categorias de ações[817].

A primeira parte da resposta parece óbvia e incontestável. Ao contrário do que ocorre em outros regimes, o n.º 4 do art. 24º deixa claro que, em Portugal, nas sociedades anónimas apenas podem ser atribuídos direitos especiais – ou seja, direitos a que uns acionistas têm acesso, mas não outros –, se essa atribuição for feita por referência a categorias de ações, sendo que, como consequência da objetificação do direito, o mesmo se transmite com a ação. Esta é incontestavelmente a regra – o recorte individual da posição de cada acionista depende, na sociedade anónima, da configuração especial de uma categoria de ações.

Mas daqui não se conclui, cremos, que o sistema não admita outras soluções de diferenciamento do tratamento dos acionistas (que não aquelas que resultam do número de ações detidas). Aceita-o, desde que a atribuição de direitos não seja configurada como um direito especial e as regras de acesso ao mesmo estejam disponíveis para todos os acionistas em igualdade

[817] Já abordámos este problema a propósito da questão mais geral da configuração especial da posição do acionista, entendendo que do CSC não resulta que as limitações à aquisição e detenção de ações não possam ter configuração subjetiva (desde que clara e aplicável a todos os acionistas que estejam na mesma posição). Regras como o n.º 1 do art. 9º dos antigos estatutos da PT, que previam um *ownership cap* não universal segundo o qual os acionistas concorrentes apenas podiam ser titulares de ações ordinárias representativas de mais de 5% do capital social se para tal fossem autorizados pela assembleia geral, ou como o n.º 2 do art. 4º dos estatutos da Caixa Geral de Depósitos, segundo o qual as ações representativas do capital social só poderão pertencer ao Estado, não são limitadas pela regra do citado art. 24.4 do CSC. Interpretar restritivamente o n.º 4 do art. 24º, como parece fazer a generalidade da nossa doutrina, significa levar longe de mais uma opção tomada pelo nosso legislador. Diga-se, aliás, que não é sequer certo afirmar que a configuração da posição jurídica concreta do acionista só pode resultar da consagração de categorias de ações (além, claro, do número de ações detidas), porque parece incontestável que o CSC aceita tratar acionistas, e não apenas ações, de forma diferente. Veja-se o n.º 1 do art. 287º, que dispõe que "o contrato de sociedade pode impor a todos ou a alguns acionistas a obrigação de efetuarem prestações além das entradas, desde que fixe os elementos essenciais desta obrigação e especifique se as prestações devem ser efetuadas onerosa ou gratuitamente" e que deixa claro que a obrigação de prestações acessórias se impõe a acionistas e não a classes de ações. Veja-se a cindibilidade e autonomia dos créditos de suprimentos, prestações acessórias ou suplementares face à posição do acionista e face, claro, à própria ação. Veja-se o n.º 1 do art. 16º, ao dispor que "devem exarar-se no contrato de sociedade, com indicação dos respetivos beneficiários, as vantagens concedidas a sócios em conexão com a constituição da sociedade, bem como o montante global por esta devido a sócios ou terceiros, a título de indemnização ou de retribuição de serviços prestados durante essa fase (...)". Veja-se ainda, num registo diferente, o regime a que estão sujeitas as ações próprias, nos termos do art. 324º, e que é aplicável sem qualquer modificação objetiva nas ações e, pelo contrário, em estrita dependência do seu titular.

de condições[818]; isto ainda que, em resultado do seu exercício, apenas uns acionistas, mas não outros, os possam exercer. Por diferentes palavras, um direito especial corresponde a uma posição individual ou semicolectiva a que uns acionistas (por deterem umas ações), mas não outros (por deterem outras ações), têm acesso, o que, no direito nacional, apenas pode ser feito pelo recurso a categorias de ações, de onde resulta a necessária transmissão do direito especial com a transmissão da ação. Isto não obsta a que sejam consagrados direitos – ou, genericamente, posições jurídicas – em sede geral, a que todos os acionistas (todas as ações) têm acesso, mas que, em resultado das regras estatuídas e das suas condições de qualificação, apenas alguns poderão exercer. Neste caso, não se tratando de direitos especiais, não se coloca o problema da sua transmissão com a mudança de titularidade da ação[819]/[820].

---

[818] Dispõe o art. 46º da Diretiva 2012/30/EU (em consonância com o art. 42º da segunda Diretiva de Direito das Sociedades) que, "para a aplicação da presente diretiva, as legislações dos Estados-Membros devem garantir um tratamento igual aos acionistas que se encontrem em condições idênticas". Os acionistas são tratados de forma igualitária se os seus direitos forem atribuídos em função do número de ações detidas, se forem atribuídos em função de caraterísticas das ações detidas, mas também se os seus direitos resultarem de regras gerais, objetivas e não discriminatórias. Temos presente que é possível formular regras gerais, objetivas e não discriminatórias *tailor made* para que uns, mas não outros acionistas, se vejam qualificados; tratar-se-ão de manipulação do sistema.

[819] De igual modo, sendo claro, não se coloca o problema de necessidade de obtenção do consentimento para suprimir ou coartar os direitos por deliberação tomada em assembleia especial; são regras estatutárias gerais que, por isso, podem ser alteradas nos termos gerais. No mesmo sentido, António Menezes Cordeiro e Madalena Perestrelo de Oliveira, "Comentário ao art. 24º", 201-202; Fátima Gomes, "Dividendo de lealdade", *II Congresso DSR* (2012), 414.

[820] Afirma-se também que os direitos especiais visam criar uma posição de privilégio do titular das ações perante os outros acionistas, quando direitos que são atribuídos geralmente, e depois são recortados por outros critérios objetivos, visam proteger outros interesses (em particular, interesses da sociedade). Vd. António Menezes Cordeiro e Madalena Perestrelo de Oliveira, "Comentário ao art. 24º", 201. Não se exclui que este critério esteja tendencialmente correto; é, aliás, por isso mesmo que, no caso dos direitos especiais, a sua supressão ou compressão tem de passar pelo consentimento dos acionistas afetados e, no caso de direitos gerais, isso já não ocorre. Não se tratará, no entanto, de critério a que possamos recorrer de forma principal e por isso não o usámos no texto. A consagração de direitos especiais tem também outros interesses em consideração para além dos interesses dos titulares dessas ações, nomeadamente interesses da própria sociedade (basta ver que as condições de emissão de uma ação de categoria especial serão, *mutatis mutandis,* mais favoráveis para a sociedade do que as condições de emissão de ações ordinárias). E a consagração de regras gerais de configuração da posição dos acionistas em função de fatores objetivos de diferenciação tem em grande medida como critério os interesses dos acionistas que vão aceder ao direito.

Alguns exemplos: primeiro, o acionista que, nos termos do n.º 1 do art. 23º-C, tenha registado as suas ações até ao termo do período de registo tem direito a participar na assembleia geral e aí discutir e votar, e quem não o fez tem o acesso vedado; segundo, uma deliberação de distribuição de dividendos – ou mesmo uma regra estatutária – que assuma o pagamento de um prémio a quem tenha as ações registadas na sua titularidade desde certa data, faz com que os acionistas que cumpram as condições de atribuição recebam o dividendo majorado, ao contrário daqueles que não as cumprem. Estes não são, cremos, direitos especiais, não dependendo por isso da sua configuração numa categoria autónoma e, claro, não são transmissíveis enquanto tal; são direitos disponíveis para todos os acionistas, resultando apenas das suas condições de configuração que, em resultado do seu exercício, o acesso ao direito não dependerá apenas do número de ações detido por cada acionista, mas também de outros fatores objetivos de diferenciação[821].

---

[821] Existem muitos exemplos na prática portuguesa em que esta configuração da posição do acionista é feita por recurso a outros critérios que não em função do número de ações. Já vimos o caso da PT, em que os estatutos previam um *ownership cap* aplicável a concorrentes. Outro caso semelhante, aliás com alguma afinidade genética (literalmente), é o n.º 1 do art. 9º dos estatutos da Pharol que dispõem que "os acionistas que exerçam, direta ou indiretamente, atividade concorrente com a atividade desenvolvida pelas sociedades em relação de domínio com a PHAROL, SGPS S.A. não podem ser titulares, sem prévia autorização da Assembleia Geral, de ações ordinárias representativas de mais de 10% (dez por cento) do capital social da SOCIEDADE". Caso diferente, mais neutro, mas que também recorta obrigações especiais dos acionistas em função de regras gerais e abstratas, é o do n.º 1 do art. 6º dos estatutos do Millennium BCP que estatui constituir-se uma obrigação de comunicação ao conselho de administração quando qualquer acionista adquira ou aliene participação igual ou superior a 2% do capital do Banco. Outro exemplo interessante é o dos estatutos da REN, em que, em vários casos por imperativos legais, se criam regras aplicáveis a uns acionistas, mas não a outros. É o que ocorre com as regras sobre incompatibilidades previstas no art. 7º-A para pessoas coletivas "em situação de potencial conflito de interesses com a REN", que excluem "o acionista que, individualmente, seja titular de ações representativas de um mínimo de 24% e de um máximo de 25% do capital social da REN e, diretamente ou através de pessoa coletiva em relação de domínio, celebre e mantenha em vigor com a sociedade, na qualidade de principal parceiro estratégico industrial da REN, um acordo de parceria estratégica para cooperação de natureza industrial, de médio ou longo prazo (...) aprovado nos termos legais e estatutários pelo conselho de administração" (trata-se de uma regra de acesso aos órgãos sociais, pelo que, em rigor, não molda a posição do acionista mas do candidato a titular do cargo, um pouco à semelhança do que acontece, por exemplo, com o art. 10º dos estatutos da EDP) e, sobretudo, da regra do n.º 12 do art. 12º que dispõe que "os acionistas que, direta ou indiretamente, exercerem controlo sobre uma empresa que exerça uma das catividades de entre a produção ou a comercialização de eletricidade ou gás natural estão inibidos de exercer direitos sociais na assembleia geral relativamente a quaisquer ações da Sociedade, salvo se a ERSE – Entidade Reguladora dos Serviços Energéticos tiver reconhecido a não existência de risco de conflito de interesses".

VI. Já referimos que os direitos que integram o conteúdo normal da posição de socialidade são tradicionalmente classificados como, por um lado, direitos patrimoniais ou económicos e, por outro lado, direitos políticos, de controlo, pessoais ou extrapatrimoniais. Pois também aqui tal classificação pode ser usada, catalogando os direitos especiais como direitos especiais de natureza patrimonial ou direitos especiais de natureza política[822].

VII. O CSC dá-nos algumas pistas sobre quais poderão ser os direitos especiais atribuídos às ações – por um lado, o n.º 1 do art. 302º dispõe que podem ser diversos, nomeadamente quanto à atribuição de dividendos e quanto à partilha do ativo resultante da liquidação, os direitos inerentes às ações emitidas pela mesma sociedade (e que as ações que compreendem os mesmos direitos formam uma categoria); por outro lado, os arts. 341º e seguintes regulamentam algumas categorias de ações – as ações preferenciais sem direito de voto e as ações preferenciais remíveis[823]; finalmente, o n.º 5

---

[822] Não se justifica repetirmos o que já escrevemos a propósito da configuração geral dos direitos dos sócios. De assinalar apenas, em primeiro lugar, que esta é uma entre muitas classificações a que os direitos dos sócios se prestam; e, segundo, que as denominações dos termos da classificação são tradicionais e correntes, mas pecam por ser pouco expressivos. A designação de direito patrimonial refere-se a uma pretensão do sócio perante a sociedade com uma incidência patrimonial direta, ou seja, a uma pretensão do sócio perante a sociedade com natureza pecuniária ou que se reflita numa prestação em espécie. Exemplo paradigmático do direito patrimonial é o direito a comungar nos lucros da sociedade, por via do qual o sócio pode, reunido um conjunto de circunstâncias, exigir da sociedade a realização de uma prestação em dinheiro. Direitos políticos ou extrapatrimoniais são todos aqueles que não revestem esta incidência patrimonial direta, o que não significa, no entanto, que não tenham uma componente patrimonial e, mais importante, que a sua lesão não importe danos patrimoniais. Exemplo paradigmático dos direitos políticos é o direito de voto, por via do qual o sócio faz conhecer e exerce a sua vontade, colaborando na construção da vontade social expressa pela assembleia geral. O direito de voto não tem uma incidência patrimonial direta, mas ninguém duvidará da sua componente patrimonial – o sócio exerce o direito de voto como forma de otimizar as vantagens patrimoniais que resultam da sua posição social –, e dos danos patrimoniais que a sua lesão importará – o sócio que é impedido ilegitimamente de votar terá direito a ser ressarcido pelos danos patrimoniais que lhe são infligidos.

[823] Distinguem-se habitualmente quatro tipos diferentes de direitos patrimoniais dos acionistas preferenciais. O primeiro é o que atribui direito a um *dividendo privilegiado* (*Dividendenbevorrechtigung*), em que o acionista tem uma parte do resultado que lhe é paga precipuamente (podendo receber mais que essa parte, se o resultado o permitir, dependendo das condições de emissão). O segundo é o chamado *sobredividendo (Überdividende)*, em que o dividendo é pago precipuamente e, se o resultado o permitir, as ações recebem ainda um montante extra sobre aquilo que foi recebido pelos acionistas ordinários (parte final do n.º 3 do art. 341º). O terceiro é o do *dividendo fixo (Höchstdividende)*, em que o acionista preferencial tem o direito de ser pago precipuamente até um certo montante, nada mais recebendo, ainda que os resultados o permitam, acima desse montante. Finalmente, o quarto é o

do art. 384º interdita, fora dos casos previstos no CVM, a atribuição a uma categoria de ações de mais votos do que aqueles atribuídos às demais ações.

Trata-se de um enquadramento algo vago para a compreensão do que pode ser, na economia do Código, a liberdade de constituição de direitos especiais. São, sem prejuízo, pistas que nos permitem avançar com algumas conclusões preliminares. Primeiro, que a enumeração de direitos especiais constantes do n.º 1 do art. 301º – atribuição de dividendos e regra de partilha do ativo resultante da liquidação – não é exaustiva, como aliás a própria regra deixa claro no seu enunciado literal[824]. Segundo, por decorrência da conclusão anterior, que as categorias de ações especialmente regulamentadas nos arts. 341º e seguintes – em particular, as ações preferenciais sem voto, as ações preferenciais remíveis e as ações de fruição – não correspondem igualmente a qualquer enumeração taxativa. Terceiro, que a lei impõe fortes restrições à criação de direitos especiais de natureza não patrimonial que incidam sobre o direito de voto, vedando em particular, para as sociedades não cotadas, a emissão de ações com direitos de voto plural[825].

---

chamado *dividendo cumulativo (kumulative Dividende)* e, quando acoplado a algum dos tipos anteriores, permite ao acionista receber mais tarde aquilo a que tinha direito e não recebeu em exercícios anteriores; esta é a solução que está prevista no n.º 2 do art. 342º do CSC. Martin Henssler e Lutz Strohn, "Lange AktG § 12", (2019), Rn. 6-10. Sobre o regime português, quer antes, quer depois da reforma de 2015, vd. Diogo Pessoa, "Das ações preferenciais sem direito de voto: Os aspetos críticos de um regime imperativo-rígido", *CadMVM* (2020), 52 e ss.

[824] Não se ignora que os exemplos de direitos especiais que constam do n.º 1 do art. 302º – a atribuição de direitos especiais sobre os dividendos e sobre a partilha do ativo de liquidação – têm ambos uma clara natureza patrimonial, o que nos poderia levar a entender que a lei está a identificar o universo dos direitos especiais com estes direitos patrimoniais. Trata-se, no entanto, de interpretação que não cremos ser viável. Primeiro, porque literalmente estes exemplos são apenas isso mesmo, ficando claro que a lei não pretende com eles limitar o alcance do universo dos direitos especiais. Segundo, porque nada na economia do código justificaria tal restrição, naquilo que é suposto ser um espaço de liberdade dos sócios. Terceiro, porque a própria lei, no sistema do Código, prevê ações com direitos políticos especiais, seja no sentido de as regulamentar (caso do n.º 2 do art. 391º), seja no sentido de as proibir (caso do n.º 5 do art. 384º). Não temos conhecimento que esta limitação seja defendida na nossa doutrina, pelo que nos parece ser questão ultrapassada. Sem prejuízo, vd., para desenvolvimentos, Paulo Olavo Cunha, *Os direitos especiais nas sociedades anónimas: as acções privilegiadas*, 149-156.

[825] Destas regras (ou, sendo mais cauteloso, apenas destas regras) não se podem retirar algumas conclusões que são normalmente apontadas. Primeiro, não se pode retirar destas regras, e em particular não se pode retirar do n.º 5 do art. 384º, que a lei vede a emissão de categorias de acções com direitos políticos especiais – a lei apenas veda a emissão de acções com voto plural, nada mencionando sobre outros direitos políticos. Segundo, não é possível retirar deste mesmo artigo que a lei vede a emissão de acções com direitos especiais ao nível do direito de voto – a lei apenas veda o voto plural, o que

Assim, verifica-se que inexiste qualquer enquadramento genérico sobre as características dos direitos especiais que podem ser criados – estes podem ter natureza patrimonial ou política, carácter duradouro ou temporário, etc. A lei não faz mais que revelar limites concretos à autonomia privada – por exemplo, no que respeita à criação de direitos especiais sobre direito de voto, estes não podem, fora do universo das sociedades cotadas, passar pela constituição de direitos de voto plural, cabendo às partes funcionar dentro desses limites; ainda por exemplo, no que respeita ao direito ao dividendo e partilha do ativo restante, as partes poderão regular as matérias com importante latitude, apenas lhes estando vedado que a atribuição de privilégios a uma categoria de ações seja tal que implique o afastamento das demais ações da partilha de dividendos ou do ativo restante[826].

Dito isto, caberá salientar que a prática revela serem bem mais comuns os direitos de voto de natureza patrimonial que aqueles com natureza política, e que por isso não é de espantar que a lei, quer no art. 302º, quer nos arts. 341º e seguintes, tenha incidido sobretudo sobre a constituição de categorias de ações com vantagens patrimoniais.

VIII. Como referido, a extinção ou modificação[827] de direitos especiais depende, para além de outras deliberações que a sociedade haja de tomar

tem o significado a que já abundantemente nos dedicamos. Assumindo estas duas conclusões a partir da regra do n.º 5 do art. 384º, vd. Carlos Osório de Castro, *Valores mobiliários: conceitos e espécies*, 102-104 – muito embora a continuação do texto pareça infirmar pelo menos a segunda conclusão. Bastará atentar na redação da alínea b) do n.º 2 do art. 384º para verificar que a lei não cria nenhuma limitação genérica à emissão de ações com direitos especiais de natureza política, pois aí admite-se expressamente que a limitação ao exercício do direito de voto possa valer apenas para ações de uma ou mais categorias, e não para todas as ações, assim fazendo com que as ações às quais não é aplicada a limitação possam ser qualificadas como pertencendo a uma categoria especial.

[826] Vd. art. 980º do Cód.Civ.

[827] Fala-se habitualmente na modificação ou extinção de direitos especiais; cumpre deixar algumas notas suplementares. Primeira, para salientar que apesar da referência generalizada à modificação de direitos, apenas são relevantes para este efeito as modificações que sejam prejudiciais aos acionistas titulares de ações de categoria especiais. É o que a lei quer dizer quando se refere a *coartar* direitos. Não há dúvida de que devemos ser abrangentes a entender o que significa a expressão legal, incluindo os casos óbvios de limitação (a qualquer título) do direito especial, mas também, de forma mais ampla, todos os casos em que o privilégio passe a ter um tratamento menos favorável (incluindo por mera partilha com mais ações). Sobre esta regra, em termos semelhantes ao que defendemos, vd. por exemplo Armando Manuel Triunfante, *A tutela das minorias nas sociedades anónimas: direitos individuais*, 419-421; Carlos Osório de Castro, *Valores mobiliários: conceitos e espécies*, 108-109; Pedro

em sede geral, do consentimento dos acionistas afetados em deliberação de assembleia especial dos titulares das ações em causa[828]. Esta extinção

Albuquerque, *Direito de preferência dos sócios em aumentos de capital nas sociedades anónimas e por quotas*, 282-290; Cristiano Dias, *Os direitos especiais dos sócios*, 147-153. Dito isto, cremos que não existem razões que justifiquem a necessidade de obtenção do consentimento dos acionistas titulares de direitos especiais quando a modificação não os prejudique ou, mais ainda, quando os beneficie. Temos presente que, em concreto, a interpretação do sentido da modificação poderá ser complexa, mas terá de ser feita, já que não há razão para entender que a proteção do direito especial vai ao ponto de requerer a autorização para modificações que beneficiem os acionistas (em termos semelhantes ao que, no art. 110º, se prevê para a fusão). Segunda nota, para assinalar que a lei prevê algumas regras especiais a este título, nomeadamente a desnecessidade de consentimento do titular de ações remíveis para a extinção do direito (art. 345º) e ainda em casos de fusão, cisão e transformação (n.os 2 e 3 do art. 103º, art. 120º e n.º 1 do art. 131º).

828 Trata-se de questão que parece não gerar grandes dúvidas e que emerge com facilidade dos n.os 5 e 6 do art. 24º – que a supressão ou modificação do regime especial supõe o consentimento dos acionistas afetados e, na sociedade anónima, que esse consentimento se outorga por assembleia especial (quando se refere que a modificação ou supressão destes direitos depende deste consentimento, não se esquece que depende também das demais deliberações que sejam exigidas pelas regras de governo, nomeadamente da aprovação pela assembleia geral pela maioria exigida para a alteração de estatutos; na generalidade dos casos, realiza-se primeiro a assembleia especial e, apenas prestado o consentimento, a matéria é submetida à assembleia geral, mas nada obsta a que seja primeiro submetida à assembleia geral, sob condição de prestação subsequente do consentimento). A necessidade de assembleia especial de titulares de ações de categoria especial não se confunde com a necessidade de votação especial – a lei é aqui mais exigente e não basta que, na assembleia geral, seja feita uma votação apenas entre os titulares destas ações. Essa é a alternativa que o início do § 138 do AktG abre (*In diesem Gesetz oder in der Satzung vorgeschriebene Sonderbeschlüsse gewisser Aktionäre sind entweder in einer gesonderten Versammlung dieser Aktionäre oder in einer gesonderten Abstimmung zu fassen, soweit das Gesetz nichts anderes bestimmt*) e que constava do art. 4º do Anteprojeto de Vaz Serra. Vd. Elda Marques, "Comentário ao art. 389º", 166-167. Esta – a forma de prestação deste consentimento na sociedade anónima – foi questão discutida abundantemente no regime anterior ao Código, mas que hoje se deve considerar ultrapassada. Os casos de ações especiais são raros entre nós, razão pela qual são também raros os casos de modificação ou supressão desses direitos. Um exemplo recente em que isso ocorreu foi o da Inapa, muito embora a conversão de ações preferenciais em ações ordinárias e de ações ordinárias em ações preferenciais tenha algumas especialidades em relação ao regime geral (estas especialidades resultam sobretudo do art. 344º, que cuida da conversão de ações ordinárias em preferenciais, gerando a dúvida se a conversão de ações preferenciais sem direito de voto em ações ordinárias segue ou não o mesmo regime; vd. sobre o tema, em termos que nos parecem corretos, Diogo Pessoa, "Das ações preferenciais sem direito de voto: Os aspetos críticos de um regime imperativo-rígido", 73-76). No final de 2018, a assembleia geral da Inapa deliberou converter 300.980.441 acções preferenciais sem voto em acções ordinárias (com um *ratio* de 1 ação preferencial para cada 1,25 ações ordinárias); no mesmo dia, os acionistas preferenciais, reunidos em assembleia especial, deliberaram essa conversão; a conversão era feita de forma voluntária durante um período e, terminado esse período, ocorria automaticamente. A deliberação de conversão forçada foi objeto de uma providência cautelar e de impugnação por um acionista (não sendo público se a discordância resultava do *ratio* de conversão, dos termos em que a

ou modificação pode ocorrer por várias vias – porque é deliberado, pura e simplesmente, extinguir ou modificar o direito especial em causa; ou porque é deliberado constituir direitos inerentes a outras ações que têm por efeito a supressão ou modificação dos direitos especiais constituídos previamente.

23.3. *Constituição de direitos especiais de natureza patrimonial*

I. Como referimos, inexiste qualquer enquadramento genérico sobre as características dos direitos especiais que podem ser criados, limitando-se a lei a revelar limites concretos à autonomia privada e cabendo ao intérprete construir, a partir desses limites concretos, o quadro geral. Cabe, por isso, analisar essas pistas.

II. O n.º 1 do art. 302º dispõe que podem ser diversos, nomeadamente quanto à atribuição de dividendos e quanto à partilha do ativo resultante da liquidação, os direitos inerentes às ações emitidas pela mesma sociedade. Sabemos, por outro lado, nos termos do n.º 1 do art. 21º, que a constituição de direitos especiais não pode ser feita em termos tais que afaste o direito dos demais acionistas quinhoarem nos lucros; sabemos, nos termos do n.º 2 da mesma regra, que não podem ser criados direito especiais que signifiquem o direito de algum sócio receber juros ou outra importância certa em retribuição do seu capital; sabemos ainda, nos termos dos n.os 3 e 4 do art. 22º, que não pode ser estabelecida cláusula que exclua um sócio da comunhão nos lucros ou que o isente de participar nas perdas da sociedade, nem que deixe a divisão de lucros ou perdas ao critério de terceiro. Com este enquadramento[829],

---

conversão era feita, ou de ambos), porém o Tribunal não decretou a suspensão e o acionista veio mais tarde a desistir da impugnação. Veja-se https://web3.cmvm.pt/sdi/emitentes/docs/FR71930.pdf e https://expresso.pt/economia/2019-09-19-Inapa-livra-se-de-acao-judicial-e-simplifica-estrutura--acionista.-Pelo-menos-por-agora.

[829] Estamos propositadamente a simplificar. Existem outras limitações de enquadramento – por exemplo, regras sobre obrigação de entrada, regras sobre capitais próprios e distribuições a acionistas, etc. Outra das limitações refere-se aos tipos especiais de ações e, em particular, às ações preferenciais sem direito de voto e às ações remíveis e ao problema de aferir se é possível realizar emissões de ações desses tipos com outro formato de direitos. Este problema ganhou contornos novos com a alteração de 2015 ao art. 341º, que, no seu n.º 5, antes estipulava que "as acções preferenciais sem voto conferem, além dos direitos previstos no número anterior, todos os direitos inerentes às acções ordinárias, exceto o direito de voto", e que estipula agora que as ações preferenciais sem direito de voto conferem, além dos direitos de natureza patrimonial previstos nos números anteriores, todos os direitos de natureza não patrimonial inerentes às ações ordinárias, com exceção do direito de

de modo sumário, podem ser constituídos direitos patrimoniais especiais pelos sócios.

E a verdade é que este é o campo preferencial para a constituição de categorias especiais de ações, sendo também aquele em que a lei confere maior margem de manobra – desde que a estipulação de direitos especiais sobre distribuição de lucros ou sobre partilha do ativo resultante da liquidação não tenha por efeito o afastamento dos demais sócios desses direitos, a lei não cria restrições especiais a essa estipulação. É aliás por essa maior popularização da criação de direitos especiais de natureza patrimonial, e também por razões históricas, que a lei, nos artigos 341º e seguintes, regulamenta expressamente algumas categorias de ações – as ações preferenciais sem direito de voto e as ações preferenciais remíveis.

Já foi referido que a enumeração de direitos especiais constantes do n.º 1 do art. 301º não é exaustiva; por decorrência, as categorias de ações especialmente regulamentadas nos arts. 341º e seguintes – as ações preferenciais sem voto e as ações preferenciais remíveis e as ações de fruição – não correspondem igualmente a qualquer regra de tipicidade[830].

Exemplo de direitos especiais de natureza patrimonial, a que já nos referimos, resulta das designadas *tracking shares*, em que o direito ao dividendo é determinado em função do desempenho de uma específica subsidiária ou de uma área ou setor de atividade[831]. É tipologia de ações que nunca foi recebida pela prática portuguesa, mas que, precisamente pelas mesmas regras que vimos de apontar a propósito do dividendo de lealdade, tem espaço para ser consagrada entre nós. Outro exemplo pode ser encontrado nos chamados

---

voto". A dúvida é, obviamente, se passa a depender de estipulação dos sócios a atribuição às ações preferenciais sem direito de voto dos outros direitos patrimoniais. Respondendo afirmativamente veja-se Elda Marques, "As recentes alterações ao regime das ações preferenciais: O Decreto-Lei n.º 26/2015, de 6 de fevereiro", *DSR* (2015), 234-235; em sentido contrário vd. Diogo Pessoa, "Das ações preferenciais sem direito de voto: Os aspetos críticos de um regime imperativo-rígido", 57-58.

[830] Pondo a questão de forma um pouco diferente, se é certo que o sistema jurídico apenas aceita a emissão de ações com supressão (condicionada) do direito de voto nos termos e condições dos arts. 341º e seguintes e, em particular, desde que a supressão do voto seja contrabalançada com a atribuição de um privilégio patrimonial, nada permite inferir que, não bulindo a conceção da ação com o direito de voto, existam limitações específicas no tipo de direito especial patrimonial que é construído. É aquilo que resulta claro do n.º 1 do art. 302º do CSC.

[831] Num regime como o nacional, a existência de dividendos a atribuir a estas ações depende sempre de a sociedade participada estar em condições de distribuir dividendos à luz das regras aplicáveis; não há, no entanto, razão para não aceitar que os acionistas acordem pagar um dividendo prioritário calculado sobre o resultado de uma área de negócio ou de uma subsidiária. Vd., *supra*, nota 946.

dividendos de lealdade, caso estes sejam atribuídos apenas a uma categoria de ações e não, de forma generalizada e semelhante, a todas as ações emitidas pela sociedade. Outros exemplos podem passar pela atribuição de direitos de aquisição de bens ou serviços produzidos ou prestados pela sociedade a preços descontados aos titulares de ações de categoria especial[832], pela constituição de direitos especiais na designação do liquidatário em caso de dissolução da sociedade (com natureza patrimonial e política)[833] ou pela constituição de regras especiais em sede de amortização – seja pela criação de regime especial para proteção de deliberação de amortização, seja pela criação de regime que facilita a amortização em caso de consentimento do titular.

23.4. Constituição de direitos especiais de natureza política

I. Já se viu que a lei é mais restritiva no que respeita à constituição de direitos especiais de natureza política. Isso resulta desde logo da regra do já mencionado n.º 5 do art. 384º segundo a qual, fora dos casos excecionados no CVM, fica proibida a emissão de ações com voto plural, regra essa que deve ser coordenada com a do art. 531º, segundo a qual os direitos de voto plural constituídos antes da entrada em vigor do código se mantêm, podendo, no entanto, ser extintos ou limitados por deliberação dos sócios tomada nos termos previstos para a alteração do contrato de sociedade, sem que essa extinção ou limitação fique dependente de deliberação dos acionistas titulares de ações com direitos de voto especiais, mas ficando dependente do pagamento de uma indemnização equitativa quando esses direitos tenham sido concedidos em contrapartida de contribuições especiais.

Esta proibição de constituição de direitos de voto plural abrange todas as possibilidades por intermédio das quais um conjunto de ações tenha mais

---

[832] Paulo Olavo Cunha, *Os direitos especiais nas sociedades anónimas: as acções privilegiadas*, 156.

[833] Cristiano Dias, *Os direitos especiais dos sócios*, 329, refere-se ao direito "a ser designado liquidatário em caso de dissolução". Quanto à constituição de direitos especiais nesta sede, cremos que se trata de questão que não levanta grandes dúvidas – o n.º 1 do art. 151º do CSC, ao dispor que "salvo cláusula do contrato de sociedade ou deliberação em contrário, os membros da administração da sociedade passam a ser liquidatários desta a partir do momento em que ela se considere dissolvida", abre portas para a consagração de regras distintas nos estatutos, e parece não se levantarem dúvidas de que essas regras podem passar pela consagração de direitos especiais nesta sede. O que já não nos parece possível é que (na sociedade anónima) esse direito passe por um direito pessoal de designar ou ser designado como liquidatário, já que isso parece contraditar diretamente a regra do n.º 4 do art. 24º.

votos que as demais – atribuição de mais votos por ação a uma categoria de ações que às restantes; atribuição de menos votos por ação a uma categoria de ações que às restantes; atribuição de direitos especiais de voto que tenham por efeito que o número de votos atribuído a cada ação vá sendo alterado em função de termos ou condições; etc[834]. Exceção a esta regra será, naturalmente, o convívio de ações ordinárias com ações preferenciais sem direito de voto, situação especial e expressamente consagrada na lei, em que a supressão do direito de voto (ou, dependendo da perspetiva, a sua passagem a um estado latente) é contrabalançada pela atribuição de vantagens especiais ao nível da distribuição do dividendo.

II. A proibição, fora dos casos previstos no CVM, de estabelecimento do voto plural não significa, no entanto, que a estipulação de direitos especiais não possa ter por objeto o direito de voto – pode, desde que isso não implique uma atribuição desigual de votos, sob o estrito ponto de vista quantitativo, a diferentes categorias de ações. Nada obsta a que a regra de estabelecimento de

[834] Estando estipulado no direito português que todas as acções têm obrigatoriamente o mesmo valor nominal, existindo este – n.º 2 do art. 276º –, podem as decorrências da proibição de voto plural ser expostas de forma tão abrangente. Há uma longa tradição em Portugal de fracionamento das ações em títulos de valor semelhante, como forma de não perturbar o comércio regular dos títulos, sendo que este valor *facial* do título não correspondia necessariamente ao valor de mercado da ação. Vd. Rui Manuel de Figueiredo Marcos, "Apontamento Histórico sobre a Aquisição de Acções Próprias em Portugal – Da fantasia prática à magia do legislador", in *Estudos em Homenagem ao Prof. Doutor Raúl Ventura* (Coimbra, 2003), 272-273. Nos sistemas jurídicos que não incorporem idêntica regra em relação ao valor nominal, não estará posto em causa o princípio da proibição de voto plural quando a atribuição de diferentes direitos de voto seja resultado da convivência de acções com diferente valor nominal, desde que seja mantida a proporcionalidade entre os diferentes direitos de voto e os diferentes valores nominais das acções. São vários os sistemas jurídicos que admitem a convivência de acções com valores nominais diferentes – é o que acontece, por exemplo, no sistema inglês em que é geralmente entendido que o art. 542.1 do *Companies Code,* ao dispor que *"shares in a limited company having a share capital must each have a fixed nominal value"*, não implica que esse valor nominal seja o mesmo para todas as ações. É o que acontece também na Bélgica desde a recente reforma de 2019, assim como na Holanda e no Luxemburgo – vd. Henri Culot e Olivier Mareschal, "Les titres et leur transfert dans la SRL", *La société à responsabilité limitée* (2019). É, por fim, o que acontece em Espanha, em que, face à regra do art. 94.1 da LSC *(« Las participaciones sociales y las acciones atribuyen a los socios los mismos derechos, con las excepciones establecidas al amparo de la ley. Las participaciones sociales y las acciones pueden otorgar derechos diferentes. Las acciones que tengan el mismo contenido de derechos constituyen una misma clase. Cuando dentro de una clase se constituyan varias series, todas las que integren una serie deberán tener igual valor nominal")*, se admite essa possibilidade – vd. Antonio Galacho Abolafio, *Transmisión y ejercicio separado de derechos del socio*, 35; Carmen Galán Lopes, "Sociedades de capital: Acciones y participaciones", in *Derecho de sociedades* (Atelier, 2015), 177-178.

direitos especiais tenha outra estrutura que não a estritamente quantitativa. Isso é desde logo confirmado pela regra constante do n.º 1 do art. 386º, a qual dispõe que a "assembleia geral delibera por maioria dos votos emitidos, seja qual for a percentagem do capital social nela representado, salvo disposição diversa da lei ou do contrato", assim permitindo, por um lado, que os estatutos fixem regras mais exigentes em sede de *quorum* deliberativo ou de *quorum* constitutivo, mas também que estipulem regras determinando especiais condições ou procedimentos para a aprovação de deliberações, como seja a obrigatoriedade de contarem com os votos favoráveis de uma categoria de ações ou que mereçam o voto favorável de uma assembleia especial, além dos votos da assembleia geral[835]. Isso é também confirmado pela previsão do n.º 3 do art. 384º: podendo o contrato de sociedade estabelecer que não sejam contados direitos de voto acima de certo número quando emitidos por um acionista, é a própria regra que admite a hipótese de essa limitação não valer para todas as categorias de ações. Ou seja, como já verificámos, será possível prever a convivência de mais do que uma categoria de ações, em termos tais que apenas a parte das ações seja aplicada uma regra de limitação ao exercício dos direitos de voto.

III. De igual modo, o estabelecimento de direitos especiais pode ter por objeto o direito de voto através da estruturação de regras especiais sobre maiorias, em particular dispondo que certas deliberações só se considerarão aprovadas desde que recolham os votos – ou a maioria dos votos – das ações de uma determinada categoria. Este tipo de regras apenas encontra um conjunto de limitações concretas estatuídas na nossa lei. Em primeiro lugar, não poderá prejudicar as regras legais sobre maiorias mínimas, em particular a regra

[835] No mesmo sentido, vd. Carlos Osório de Castro, "Participação no capital das sociedades anónimas e poder de influência", 342-343; Paulo Olavo Cunha, "O poder dos sócios", 252. O art. 30º da Lei n.º 67/97 (regime das SAD), é certo que num ambiente diferente, prevê exatamente que as ações de que o clube fundador seja titular na SAD conferem sempre o direito de veto das deliberações da assembleia geral que tenham por objecto a fusão, cisão, transformação ou dissolução da sociedade e alteração dos seus estatutos, o aumento e a redução do capital social e a mudança da localização da sede, podendo ainda os estatutos da sociedade desportiva subordinar à autorização do clube fundador as deliberações da assembleia geral relativas a matérias neles especificadas. É tema que não levanta grandes dúvidas no direito germânico, com uma regra, a do § 133 do AktG, que claramente inspirou a regra nacional. Michael Arnold, "Münchener Kommentar zum Aktiengesetz, § 133", (2018), Rn. 4. Sobre as regras de cálculo da maioria e seu apuramento, vd. por todos António Menezes Cordeiro, *SA: Assembleia geral e deliberações sociais*, 118-119; Alexandre Soveral Martins, *Administração de Sociedades Anónimas e Responsabilidade dos Administradores*, 67-68.

segundo a qual nenhuma deliberação poderá ser considerada aprovada a não ser que recolha pelo menos a maioria simples dos votos expressos e a regra segundo a qual as deliberações sobre as matérias previstas no n.º 2 do art. 383º não poderão ser consideradas aprovadas a não ser que recolham pelo menos dois terços dos votos expressos. Em segundo lugar, tratando-se de deliberação sobre eleição de administradores terá de cumprir as limitações constantes do n.º 2 do art. 391º, regra segundo a qual os estatutos apenas podem estipular que a eleição de administradores em número não superior a um terço deve ser também aprovada pela maioria dos votos correspondentes a certas ações, ou seja, que os direitos especiais não poderão referir-se à eleição de mais de um terço dos administradores e que os direitos especiais não poderão significar mais que uma eleição autónoma na qual a maioria terá de se formar contando com a maioria dos votos correspondentes às ações de categoria especial. Em terceiro lugar, existem regras concretas no Código das Sociedades que dispõem não poder ser afastada a regra de maioria simples, como é o caso do n.º 1 do art. 75º, e que por isso não poderão ser derrogadas por este tipo de direitos especiais[836].

IV. Mais rara, mas nem por isso, parece-nos, proibida, será a constituição de direitos especiais em sede de direito à informação[837].

---

[836] O estabelecimento de direitos especiais de natureza política tem, fora do universo das *golden shares*, pouca, ou nenhuma, adesão à prática nacional, o que é surpreendente quando consideramos que poderiam ter funcionado como uma "válvula de escape" à regulação de interesses dos acionistas perante a proibição do voto plural. Uma razão para isso pode passar pela especial história do voto plural no espaço nacional que teve por efeito que a solução nunca fosse verdadeiramente popularizada; e daí que a necessidade de uma "válvula de escape" para a proibição também não se tenha feito sentir. Essa falta de adesão tem-se refletido no pouco tratamento dado ao tema. Em todo o caso, sem grandes desenvolvimentos, é geralmente entendido que estes direitos podem ser constituídos. Veja-se, por exemplo Elda Marques, "Os direitos dos sócios", 208-209.

[837] O art. 21º do CSC dispõe que "todo o sócio tem direito: (...) a obter informações sobre a vida da sociedade, nos termos da lei e do contrato". É geralmente entendido, na esteira da leitura feita por Raúl Ventura, que a referência à lei *ou* ao contrato significa que o conteúdo legal do direito à informação não pode ser derrogado ou desvirtuado pelo contrato; mas que o contrato poderá regulamentar, facilitar o acesso ou aumentar o âmbito da informação acessível. Vd. Raúl Ventura, *Novos estudos sobre sociedades anónimas e sociedades em nome colectivo: comentário ao código das sociedades comerciais*, 133. Daqui resulta então que não nos parece que o art. 21º resolva, em qualquer dos sentidos, a questão de saber se é ou não possível estabelecer direitos especiais à informação (a não ser que se entendesse que a referência ao *contrato* é uma remissão para o art. 24º, o que nos parece claramente forçado), mas é em absoluto compatível com a posição que defenderemos de seguida sobre a constituição destes direitos.

De novo, a lei não nos fornece qualquer regra geral de enquadramento, cabendo ao intérprete encontrar os limites da previsão no sistema do Código. E esses limites, sendo estreitos, como já tivemos ocasião de referir, não são inviáveis – estreitos, desde logo, porque a constituição de direitos especiais para uma categoria de ações não pode ter por efeito a limitação ou compressão dos direitos de informação mínimos previstos em sede geral para as ações ordinárias –, em particular aqueles previstos nos arts. 288º a 293º[838]. Por diferentes palavras, não será lícito, por exemplo, limitar ou comprimir o direito do acionista que possua ações correspondentes a, pelo menos, 1% do capital social de consultar, com motivo justificado, os documentos referidos no n.º 1 do art. 288º; não será lícito que os estatutos o façam como regra aplicável a todos os acionistas ou que os estatutos o façam como resultado de um regime que subverta tal direito, como seria o caso de emitir ações de categoria especial que, de forma exclusiva, permitissem aceder a tal direito. Mas, da mesma forma que não consideramos ilícita a disposição estatutária que reduza a percentagem geral de acesso à informação para, por exemplo, 0,5%, não vemos também que não possa ser emitida uma categoria de ações com um regime especial de acesso a essa informação que, na respetiva categoria, dependa da reunião de 0,5% (desde que, repetimos, isto não afete o direito dos acionistas ordinários); o mesmo raciocínio pode ser aplicado, e com maior relevância prática, ao acesso à informação prevista no art. 291º do CSC.

[838] A emissão de ações com direitos administrativos especiais, como é o caso de consagração de direitos especiais à informação ou do direito de indicar membros do órgão de fiscalização, é usada em jurisdições como a norte-americana para investidores financeiros com perfil específico como os *venture capitalists*. Alguma doutrina na Alemanha entende que este tipo de direitos especiais é genericamente proibido – por exemplo, Uwe Hüffer e Jens Koch, "Kommentar § 11, 3", que parte da constatação que certos direitos – o direito de preferência, apesar de ter diferente natureza, é um excelente exemplo disso mesmo – não podem ser ampliados para uns acionistas sem que isso não implique a compressão ou limitação de direitos de outros acionistas, sendo pacificamente entendido que tal compressão não é legalmente admissível. Outros, tal como defendemos no texto, entendem que a concessão de direitos especiais em temas como o direito de voto, direito à informação, direito de participar na assembleia geral, direito de contestar, etc, os chamados *Verwaltungsrechte*, só podendo ser atribuídos em limitada extensão, não são objeto de uma proibição genérica de regulação (muito embora para alguns desses direitos – o direito de participar na assembleia, por exemplo – seja difícil vislumbrar essa margem), tendo como fronteira de admissibilidade, exatamente, a limitação ou supressão desses direitos para os demais acionistas. Vd. Martin Henssler e Lutz Strohn, *Gesellschaftsrecht – AktG § 11*, Henssler/Strohn, (München, 2019), Rn. 2-5.

23.5. *O voto plural e as categorias de ações; as ações de lealdade e a regra do CVM*

I. Com maiores ou menores diferenças de regime, os sistemas que aceitam a estipulação de ações com voto plural *stricto sensu* fazem-no enquanto direito especial e no âmbito da dogmática das categorias de ações. Não é por isso de espantar que, no contexto de regras como os n.os 1 e 4 do art. 24º, a alínea c) do art. 272º e o art. 302º, todos do CSC[839], o n.º 1 do art. 21º-D do CVM tenha vindo estipular que "as sociedades emitentes de ações admitidas à negociação em mercado regulamentado ou em sistema de negociação multilateral podem

[839] Já referimos por várias vezes que a existência de ações com voto plural *stricto sensu* supõe a quebra da proporção formal entre o valor nominal ou fracional ações e a distribuição dos votos. Isto equivale a dizer que o facto de cada ação conferir 1, 2 ou 10 votos não gera um caso de voto plural se, e na medida em que, todas as ações confiram os mesmos votos. Assim, a existência de ações com voto plural em sentido estrito pressupõe sempre que haja uma categoria de ações que atribui X votos e uma outra categoria que atribui número diferente de votos, ou seja, que a relação entre o capital social (valor nominal ou fracional) e os votos não seja homogénea. Em normais circunstâncias, a primeira categoria corresponderá à das ações ordinárias e a segunda corresponderá à das ações de categoria especial. Mas não tem de ser necessariamente assim. Primeiro, porque – como o direito italiano bem assinala – a proximidade entre o voto plural e o voto diminuído é muito grande e a proporcionalidade tanto é quebrada se a uma das categorias for atribuído o voto majorado, como se a outra for atribuído voto diminuído (quando este for aceite pelo sistema); nesse caso, sendo o voto diminuído atribuído às ações de categoria especial, será a primeira categoria de ações – as ditas ordinárias – a assegurar mais votos e será por isso nesse âmbito que a proteção dos direitos especiais se justifica. Segundo, porque podem existir várias categorias especiais de ações com voto plural com diferentes direitos de voto (diferentes nos números de votos atribuídos, diferentes nos tipos de deliberações a que o voto privilegiado se aplica, diferentes no que pode espoletar ou fazer cessar o voto privilegiado, estando este sujeito a condição ou termo, suspensivo ou resolutivo), o que é muito comum na experiência norte-americana. Terceiro, porque, dependendo do contexto regulatório, podem conviver ações com voto plural *stricto sensu* com ações de lealdade, o que pode fazer com que em certo momento umas e outras confiram direitos de voto semelhantes, mas com estruturas jurídicas de atribuição dos direitos muito diferentes. O que, em qualquer caso, é imprescindível é que exista mais que uma categoria de ações com diferentes direitos de voto. A doutrina italiana refere-se muitas vezes à possibilidade de atribuição de voto múltiplo – note-se que não estamos a referir-nos a ações de lealdade – a todas as ações emitidas pela sociedade, nos mesmos termos e condições, o que seria a demonstração de que tecnicamente é possível compatibilizar a emissão de ações com voto plural com uma estrutura em que apenas existe uma categoria de ações. Parece-nos claro que, no sentido que atribuímos ao conceito, esse não se tratará de um caso de voto plural; a atribuição de mais de um voto a cada ação, se possível, revelará apenas uma forma diferente de contabilizar os votos. Custa, aliás, compreender qual o sentido útil de uma disposição deste tipo, se não for seguida de uma outra emissão de ações com votos diferenciados. Vd. Umberto Tombari, "Le azioni a voto plurimo", 590; Damiano di Vittorio, *Le azioni a voto potenziato: dinamiche societarie e analisi d'impatto della maggiorazione del voto sui corsi azionari di società quotate*, 45.

emitir ações com direito especial ao voto plural, até ao limite de cinco votos por cada ação"[840].

A qualificação das ações com voto plural *stricto sensu* como uma categoria especial de ações tem consequências imediatas de regime. Em particular, faz com que o privilégio de voto seja inerente à ação e, por isso, se transmita com esta; faz com que o direito de voto privilegiado tenha a proteção que é atribuída aos direitos especiais, em particular que apenas possa ser suprimido ou coartado se, além das demais regras aplicáveis, for prestado consentimento para tanto por deliberação tomada em assembleia especial dos acionistas titulares de ações com voto plural; faz com que a introdução da categoria em sociedade anónima já constituída tenha de ser rodeada de especiais cautelas.

II. A estrutura jurídica das ações de lealdade, e a forma como estas majoram o direito de voto, é diferente, uma vez que, não se configurando estas como ações de categoria especial[841], assistem à majoração de voto como

[840] O art. 21º-D do CVM nunca se refere a ações de categoria especial, usando antes a expressão *direito especial ao voto plural,* o que, parecendo remeter para as *multiple voting rights shares,* poderia também, numa literalidade (claramente) esforçada, remeter para as ações de lealdade (caso em que o direito seria especial, não por contraposição aos demais direitos de voto naquela sociedade, mas por contraposição ao regime geral, o que já vimos corresponder a uma utilização normativamente inútil do conceito de *direito especial*). O resto da regra, no entanto, deixa claro que a lei tem por referência as ações de categoria especial. Primeiro, dos n.os 1 e 2 resulta que estas ações são emitidas, ou resultam da conversão, como ações com voto plural, ou seja, que não nascem como ações com voto ordinário que por efeito do tempo têm o direito de voto majorado. Segundo, do n.º 3 resulta que, além da modificação da regra estatutária, estas ações requerem um ato de emissão ou conversão (o que, veremos, não ocorre com as ações de lealdade). Terceiro, o n.º 4, ao remeter para o art. 344º do CSC, deixa claro que estas são ações não fungíveis com as ações ordinárias. Claro que tema diferente, que abordaremos de seguida, é saber se esta interpretação literal deve vingar, ou seja, se devemos considerar que o CVM, ao prever as ações de categoria especial com voto plural, está a fechar as portas às ações de lealdade. Cremos que não, como desenvolveremos. Mas isto não significa que não tenhamos por incontestável que a intenção do legislador, embora desastrada, terá sido a de limitar objetivamente as soluções de voto plural.

[841] O que escrevemos não é exato e merece um esclarecimento. Não é tecnicamente inevitável que o prémio de voto atribuído às ações de lealdade seja alargado a todas as ações ordinárias, já que se pode admitir que apenas uma categoria especial de ações tenha acesso a tal privilégio. Trata-se de algo que, de certa forma, contraria o sentido funcional do instituto – premiar os acionistas, todos os acionistas, que mantenham a sua participação durante um período pré-fixado como forma de combater e contrariar as pressões de curto-prazo e, assim, alinhar os interesses de médio e longo prazo da sociedade com aqueles do acionista –, mas que não cremos que seja inviável. Qualificando as ações com voto de lealdade sempre como ações com direito especial, formando uma categoria de ações, em termos muito distantes do defendido, vd. Miguel Stokes, "Admissibilidade de Ações

resultado de um *prémio*, como um mero efeito jurídico que decorre da relação do acionista titular com a ação e que é gerado pelo decurso de um período ininterrupto de detenção da participação, de acordo com o que esteja estipulado na lei e/ou nos estatutos da sociedade. Por isso, a existência de ações de lealdade depende estritamente de uma regra estatutária[842] e da verificação dos termos e condições previstos em tal regra, não passando por um ato de emissão de ações de categoria especial ou de conversão de ações ordinárias em outras de categoria especial.

A não qualificação das ações de lealdade como categoria especial de ações tem, também ela, decorrências de regime. Em particular: faz com que o privilégio de voto seja inerente ao acionista e à sua relação com as ações detidas, razão pela qual, salvo circunstâncias especiais, não se transmite com a ação; faz com que o direito de voto privilegiado que emerge do decurso do prazo não tenha a proteção que é atribuída aos direitos especiais, em particular que a sua supressão ou limitação não dependa do consentimento de assembleia especial de acionistas (aliás, sendo o direito atribuído às ações ordinárias, como será a regra, tal assembleia não é sequer possível, de onde resulta que os sócios com ações com voto majorado – em rigor, os sócios que em concreto e em cada momento tenham os seus votos majorados – não sejam, para qualquer efeito, um grupo com direitos especiais); por fim, faz

com Voto Plural nas Sociedades Cotadas – Permissão Normativa Tácita das Ações de Lealdade?", *RDFMC* (2022), 164-165.

[842] Estamos a assumir que é assim se, e na medida em que, o sistema jurídico permita, sujeito à vontade dos acionistas, a consagração de ações de lealdade. Claro que pode acontecer que o sistema assuma como regra supletiva a existência de ações de lealdade, caso em que a vontade dos acionistas apenas será relevante se estes entenderem sair desse regime, ou seja, se decidirem realizar o *opt-out*. É este, como já referimos, o regime consagrado em França para as sociedades emitentes de ações admitidas à cotação. A definição do regime supletivo não é, obviamente, tema neutro. Desde logo, por razões práticas: ao definir o regime supletivo num sentido, permitindo que os acionistas definam regras diferentes por maioria qualificada, dá-se sempre um tratamento mais favorável àqueles que se opõem à estipulação de regras especiais, para quem é mais fácil criar uma minoria de bloqueio. E também por razões de inércia, já que muitas sociedades em que o problema não tenha premência aceitarão com naturalidade a regra que lhes é dada por defeito. Mas também por razões de política legislativa, já que a regra supletiva deve ser aquela que, por um lado, tem mais adesão à vontade presumível dos acionistas, mas também aquela que tem mais adesão aos fins que a lei visa servir, o que, no tema em particular, significa ser a solução que mais alinha os incentivos das partes envolvidas e envolve menos efeitos externos negativos. Por isto, não podemos deixar de manifestar alguma estranheza com a solução adotada em França, que apenas pode ser explicada por um enorme otimismo nos efeitos que as ações de lealdade produzirão no alinhamento dos interesses de médio e longo prazo dos acionistas com aqueles da sociedade.

com que a introdução do estatuto em sociedade já constituída não tenha uma complexidade ou sensibilidade comparável ao que acontece nas ações de voto plural em sentido estrito já que, salvo casos excecionais, o direito é por natureza outorgado a todos os acionistas nos mesmos termos e condições.

III. Não se tratando de uma categoria de ações, o incremento de voto das ações de lealdade representa tão-somente o resultado da regulação de um direito em função de um conjunto de pressupostos. Da mesma forma que as regras sobre distribuição de dividendos podem dispor que parte dos resultados distribuíveis são divididos entre os acionistas que cumpram certos requisitos objetivos (que não a mera participação nominal no capital social); da mesma forma que as regras de *ownership ceilings* se podem aplicar a acionistas que reúnem certas condições, mas não a outros[843]; da mesma forma que uma regra de *voting cap* leva a que não sejam contados os votos de um acionista que ultrapassa o *cap* estipulado nos estatutos, mas já não produz qualquer efeito em relação a outro acionista que não ultrapassa tal barreira; do mesmo modo, a lei e os estatutos estipulam que o acionista que detém a sua participação de forma ininterrupta para além de um prazo fixado vê o seu direito ser majorado.

São, em todos os casos, como verificámos de forma mais aprofundada em sede geral, previsões gerais e abstratas de regulação da posição acionista que, em concreto, se aplicam a uns acionistas, mas não a outros, em função de condições objetivas.

IV. O regime de majoração do voto das ações de lealdade é normalmente aplicável a todas as ações votantes[844]. Assumimos, por facilidade de expressão,

[843] Estamos a pensar em condições objetivas e estabelecidas no interesse da sociedade, como a concorrência de atividades ou decorrências regulatórias da aquisição por um acionista, em certos casos, de uma determinada participação (é o exemplo das regras sobre *unbundling*, a que já fizemos referência a propósito da REN). Sabe-se que, nos termos do n.º 3 do art. 384º, numa regra sobre *voting caps*, a limitação de votos pode ser estabelecida para todas as ações ou apenas para ações de uma ou mais categorias, mas não para acionistas determinados. Esta regra, sobre a qual já nos pronunciámos, não é aplicável aos *ownership ceilings*.

[844] O regime é aplicável a todas as ações votantes e majora o voto sobre a estrutura do direito que existia antes da majoração. Isto significa que, sujeito à regulamentação adotada, uma ação preferencial sem voto não tem qualquer majoração; mas já a terá uma ação preferencial sem voto que, nos termos do art. 342º do CSC, tenha passado a conferir direito de voto. Significa que uma ação que tenha o voto inibido manterá intacta a inibição (e, uma vez retirada esta, terá o voto majorado). Significa que, naqueles casos, correntes em outros sistemas jurídicos, em que ações de categoria

que o regime se aplica às ações ordinárias, mas, efetivamente, não há qualquer razão para que o regime não se aplique, precisamente da mesma forma, a todas as ações emitidas pela sociedade, sejam estas de categoria especial ou não. Se é verdade que nem a capacidade ou potencialidade de majoração do voto, reunidos os respetivos pressupostos, nem sequer a própria majoração do voto, uma vez efetivada, fazem com que as ações em causa formem uma categoria especial, não será menos verdade que, a terem algumas das ações essa categoria especial, não será o voto majorado que as fará perder o seu estatuto[845].

V. Dependendo das especificidades de cada sistema jurídico, podemos ainda conceber formas intermédias ou mistas de estipulação do voto plural que assumam parte do regime das ações com voto plural *stricto sensu* e parte do regime das ações de lealdade. O caso mais importante em que isto pode ocorrer, a que já nos referimos, é o da estipulação de uma categoria especial de ações com voto plural, sendo o privilégio de voto, no entanto, concedido apenas após o decurso de um prazo estipulado nos estatutos. Aqui, dependendo do que haja sido estipulado, de duas uma: ou o privilégio, uma vez obtido, passa a ser inerente à ação que, assim, passa a ser tratada como uma ação de categoria especial com voto plural, transmitindo-se o privilégio com a ação; ou se tratará de uma categoria especial de ações de lealdade que, uma vez transmitidas, perderão o direito majorado, mantendo, no entanto, o privilégio de (ao contrário de outras ações) ver o voto majorado quando, de novo, decorrer o prazo previsto nos estatutos de detenção ininterrupta pelo mesmo acionista[846].

---

especial apenas têm direitos de voto em certas e determinadas circunstâncias, o voto será majorado para essas certas e determinadas deliberações. Para além do que se referiu, existirá sempre latitude para os estatutos, nos limites permitidos pela lei, fixarem regras especiais que se afastem destas regras. Vd. Piergaetano Marchetti, "Osservazioni e materiali sul voto maggiorato", 452-454.

[845] Aferir de onde emerge a qualificação da categoria especial é relevante para efeitos de regime. As ações de categoria especial que tenham o seu voto majorado continuarão a ter a garantia de que apenas por deliberação de assembleia especial poderão ser suprimidos ou coartados os direitos especiais que justificam a consagração da categoria especial de ações. No entanto, a limitação ou a supressão do regime de majoração de voto, não fazendo parte desse estatuto, seguirá as regras gerais de alteração de estatutos.

[846] Nada obsta, à partida, a que as condições da emissão disponham que o direito majorado de voto que foi ganho pelo decurso do prazo se perde quando a ação é transmitida, como se de uma normal ação de lealdade se tratasse, sendo apenas recuperado pelo decurso do prazo fixado de detenção ininterrupta da ação pelo novo titular. Só que, neste caso, a utilidade do instrumento face

Pode ainda ser concebida a estipulação de uma ação de lealdade que, nos termos normais, majora o voto pelo decurso do prazo estabelecido e que, passado um período adicional (que funcionaria como um *sobreprémio* de lealdade), permite a conversão em ações de categoria especial com voto múltiplo[847]. Neste caso, a ação segue as regras das ações de lealdade até ao momento da conversão e seguirá o regime de categorias especiais de ações após esse momento de conversão.

VI. Dependendo do espaço de autonomia que seja deixado aos acionistas pela lei, haverá sempre, seja no universo das ações de categoria especial, seja no universo das ações de lealdade, uma área de liberdade que permite a configuração específica que sirva a vontade manifestada pelos sócios. Esse espaço de liberdade reflete-se em temas como o número de votos efetivamente atribuídos por cada ação[848], o período de detenção ininterrupta da ação necessário para que o voto seja majorado, especiais condições suspensivas ou resolutivas a que o voto plural ou majorado esteja sujeito e até o universo das deliberações a que o voto privilegiado seja aplicado, já que se é certo que em regra o direito se aplica da mesma forma a todas as deliberações, não há razão para que os estatutos não possam fixar regra distinta, reservando o

---

às ações de lealdade já será mais difícil de vislumbrar e, no essencial, passa apenas pelo cenário de existirem várias categorias de ações, umas com acesso ao voto privilegiado pelo decurso do termo, e outras sem acesso a esse direito, que é precisamente a hipótese que se levanta no texto. Já o referimos: a restrição da emissão de ações de lealdade a uma categoria especial de ações é, de certa forma, contraditória com os fundamentos do instrumento (que supõem a igualdade de atribuição do privilégio), mas nada permite supor, à partida, que deva ser considerada inviável, ou que viole a parte final do n.º 4 do art. 24º. Não o faz porque o privilégio, nesse caso, não é o voto majorado, mas antes o efeito de majoração do voto após o decurso de um período ininterrupto de detenção da ação, e esse privilégio seria sempre transmitido com a ação. Em Itália, onde apenas as sociedades não cotadas estão habilitadas a emitir ações de categoria especial com voto múltiplo, sendo reservada a possibilidade de emissão de ações de lealdade para as sociedades cotadas, é geralmente entendido que as ações com voto múltiplo podem estar sujeitas a uma cláusula de fidelização. Vd. Umberto Tombari, "Le azioni a voto plurimo", 594.

[847] Não é tecnicamente concebível a possibilidade de uma ação de lealdade em sentido próprio permitir a transmissão do privilégio de voto com a transferência de titularidade da ação, já que isso supõe sempre a existência de caraterísticas próprias da ação (no caso, o voto majorado) que são distintas das caraterísticas das outras ações (no caso, o acesso ao voto majorado) e leva à configuração de uma categoria especial.

[848] Os regimes oscilam entre não impor qualquer limitação a este nível, como acontece nos Estados-Unidos, e impor tetos máximos de números de votos atribuídos a cada ação, como acontece em França ou em Itália.

voto privilegiado, ou impedindo o voto privilegiado, em certas tipologias de deliberações da assembleia.

VII. Já referimos que, na sua letra, a regra do art. 21º-D do CVM tem por referência as ações de categoria especial com voto plural. Não se levantam quaisquer dúvidas de que, com a entrada em vigor dessa regra, as sociedades passam a poder emitir ações com até cinco votos por ação (na verdade, com até 5 vezes mais votos por ação do que as ações *ordinárias*). A questão que se levanta é saber se as outras tipologias de voto plural que identificámos – pensamos nas ações de lealdade e nas estruturas híbridas, como as ações de categoria especial em que o privilégio de voto apenas é concedido após o decurso de um prazo, ou a ocorrência de um evento, estipulados nos estatutos, e as ações de lealdade que majoram o voto pelo decurso do prazo e que, passado um período adicional, permitem a conversão em ações de categoria especial com voto múltiplo – são ou não admitidas pela regra nacional. A nossa resposta é inequivocamente afirmativa: a regra do CVM sempre deverá ser objeto de interpretação extensiva para abranger as ações de lealdade (e as demais estruturas híbridas de majoração do voto).

O art. 21º-D do CVM quebra, para as sociedades cotadas, a regra de proporcionalidade entre valor nominal ou fracional do capital e a atribuição do voto. Fá-lo, é certo, com a consagração de apenas uma variante de voto plural. Mas isso é suficiente para ficar claro que, no âmbito subjetivo das sociedades cotadas, é recortado um espaço em que a regra de proporcionalidade não se aplica – não tem de se aplicar –, em delimitação negativa ao que, sobre o mesmo tema, estava regulado no CSC[849]. Ora, seria estranho que, quebrada essa regra de proporcionalidade com a consagração da solução mais radical (em particular, mais radical pela objetificação do direito, pela sua proteção e pelos riscos de não cumprimento de tratamento igualitário), não se entendesse que as soluções intermédias, aquelas que derivam mais

[849] Semelhante argumento levou os tribunais do Delaware a considerar admissíveis estruturas de ações de lealdade face às regras aplicáveis sobre voto plural. Em 1986, o *Delaware Supreme Court*, no caso *Williams v. Geier* (https://law.justia.com/cases/delaware/supreme-court/1996/380-1994-3.html), considerou válida uma operação de recapitalização com ações de lealdade, entendendo que a mesma servia para promover "*long-term planning and values by enhanc(ing) the voting rights of long-term shareholders*". Outras decisões vão no mesmo sentido. Vd. Mark J Roe e Federico Cenzi Venezze, "Will Loyalty Shares Do Much for Corporate Short-Termism?", 496-497. Também no que respeita à admissão á cotação, as ações de lealdade são tratadas em termos semelhantes às ações de categoria especial com voto plural. Veja-se o § 313.000 do *Listed Company Manual* da NYSE.

do interesse da sociedade do que do interesse dos acionistas, também se encontram consagradas[850].

Cabe recordar o que escrevemos a propósito da diferença entre direitos especiais e direitos gerais com regras de recorte que fazem com que os mesmos sejam atribuídos a uns, mas não a outros, acionistas. Tendo presente as limitações da arquitetura do CSC que, de forma muito clara, liga a consagração de direitos especiais à autonomização de categorias de ações, é nosso entendimento que o sistema admite outras soluções de diferenciamento do tratamento dos acionistas (que não aquelas que resultam do número de ações detidas), desde que a atribuição de direitos não seja configurada como um direito especial e as regras de acesso ao mesmo estejam disponíveis para todos os acionistas em igualdade de condições. A consagração estatutária de uma solução de ações de lealdade representa exatamente isto: a consagração de um direito em sede geral, a que todos os acionistas (todas as ações) têm acesso, mas que, em resultado das regras estatuídas e das suas condições de qualificação, apenas alguns poderão exercer[851].

[850] O problema, como já mencionado, discute-se em Itália, questionando se, nas sociedades não cotadas, aquelas habilitadas por lei a emitir ações de categoria especial com voto plural, é possível estabelecer estatutariamente que o acesso ao voto plural depende não apenas da titularidade da ação, mas também da sua detenção durante um período de fidelização, sendo a resposta geralmente positiva. Vd. a lista elencada em Umberto Tombari, "Le azioni a voto plurimo", 594, nota 42. Curiosamente, o problema é sempre colocado questionando se as sociedades não cotadas podem emitir uma categoria especial de ações de lealdade, e não tanto questionando se, por poderem emitir uma categoria especial de ações com voto plural, devem poder consagrar uma solução geral de voto de lealdade. A diferença parece ser mais teórica que prática, caso não sejam estabelecidos limites à proporção de ações de categoria especial face às ordinárias, mas não é exatamente assim. Isto porque a consagração de ações de lealdade fora do âmbito das regras sobre categorias especiais, e na falta de previsão legal específica, implica necessariamente, por exemplo, que o direito se perca em caso de transmissão (ainda que o transmissário seja próximo do transmitente, como nos casos de fusão, cisão ou de transmissão para sociedade totalmente dominada). Sabe-se que, nos termos do n.º 4 do art. 24º, a não consagração do privilégio de majoração como direito especial torna essa conclusão irremediável, não podendo deixar de ser qualificada como inválida uma cláusula estatutária que, na ausência de lei específica, dispusesse que nesses casos o direito continuaria majorado.

[851] Não poderíamos ter outro entendimento, em coerência com o que escrevemos a propósito da posição defendida por Madalena Perestrelo de Oliveira segundo a qual, no regime anterior à revisão do CVM, não aceitando a interpretação de que o n.º 5 do art. 384º apenas seria aplicável às sociedades não cotadas, ainda assim deveria ser entendido que a regra funciona como limitação às categorias de ações que, por aplicação do art. 24º, poderiam ser criadas. Recorde-se que o nosso entendimento era, por referência ao regime anterior à revisão do CVM, que, primeiro, a ação de lealdade não se qualifica, efetivamente, para efeitos do art. 24º, como um direito especial, podendo ser afirmado assim que as regras de voto não são desigualmente atribuídas entre os acionistas, ainda que os votos

Não deixando de ter presente que a interpretação extensiva proposta gera complexidades de regime que são muito relevantes[852], cremos que a mesma se revela indiscutível quando se verifica que, através da consagração de ações de categoria especial, é possível criar regimes equivalentes ao das ações de lealdade. Quando o art. 21º-D estatui que as sociedades cotadas "podem emitir ações com direito especial ao voto plural, até ao limite de cinco votos por cada ação", não cria qualquer limitação para a percentagem de capital que seja representada por esta categoria especial, nem cria qualquer limitação para a aposição de eventuais termos ou condições aos direitos de voto atribuído[853]. Veja-se, por isso, o que ocorreria se fossem emitidas ações de categoria especial representando 99,9% do capital social e por referência às quais o voto plural ficasse dependente da detenção da ação pelo seu titular durante um certo período de tempo.

24. A introdução do sistema de voto plural e de ações de lealdade

24.1. Em geral

I. Já nos pronunciámos sobre os termos de admissibilidade de uma alteração estatutária que, em concordância com o n.º 1 do art. 24º, passe a prever uma categoria de ações com voto plural. Em resumo, a posição manifestada passa por três pontos. Primeiro, que não levanta qualquer dúvida a consagração de direitos especiais em momento contemporâneo com a constituição da sociedade, uma vez que todos os sócios revelam a sua manifestação de vontade

possam, a final, ser atribuídos desigualmente por aplicação das condições estipuladas, e, segundo, que custa não aceitar a legalidade das ações de lealdade quando o sistema faculta estruturas jurídicas que permitem efeitos quase semelhantes. Defendíamos, porém, que o n.º 5 do art. 384º proibia, seja em sede de direitos especiais, seja fora dos casos de direitos especiais, de modo muito formal, soluções de desproporção. Ora, aceite agora a desproporção entre o valor nominal ou fracional do capital e o poder de voto, cremos que a solução defendida se impõe como lógica e coerente. Vd. Madalena Perestrelo de Oliveira, *Tutela do investidor perante o emitente no mercado de capitais: um modelo dinâmico de proteção*, 451-456.

[852] A mecânica das ações de lealdade implica uma série de complexidades que faz com que seja difícil conceber a sua existência sem regime próprio. Teremos ocasião de passar por várias destas regras.

[853] Já não é assim no que respeita, por exemplo, ao alcance da majoração. Sendo estipulado que o voto plural não pode ultrapassar a quintuplicação do voto, essa regra servirá também como limite à majoração do voto por fidelização (ou por outro mecanismo).

em relação ao seu conteúdo[854]. Segundo, que a revisão de estatutos para passar a consagrar uma categoria de ações com voto plural depende, em regra, assumindo que a implementação de tal categoria é feita em cumprimento do princípio da igualdade – que será o que acontece se for implementada por um aumento de capital reservado aos acionistas, ou por uma conversão de ações que trate todas as ações da mesma forma –, da maioria necessária para a revisão de estatutos, ou seja, salvo estipulação em sentido diferente, de maioria de dois terços dos votos emitidos[855]. Terceiro, que na circunstância especial de a implementação da categoria de ações com voto plural ser feita sem respeito

[854] Deve ser feita uma precisão. Como já foi referido, a emissão de ações de categoria especial com voto plural depende de dois momentos, ambos com relevância estatutária: primeiro, depende da consagração estatutária da categoria especial de ações; segundo, depende de um ato de emissão de ações ou de conversão de ações ordinárias em ações de categoria especial. Sendo assim, haverá que distinguir três diferentes cenários no que respeita à relevância da vontade dos sócios fundadores. Primeiro, os sócios podem, simultaneamente com a constituição da sociedade, acordar as regras relevantes dos estatutos e emitir as ações de categoria especial. Segundo, os sócios podem, simultaneamente com a constituição da sociedade, acordar as regras relevantes dos estatutos e definir desde logo os termos em que serão emitidas as ações de categoria especial. Ou, por fim, terceiro, os sócios podem, simultaneamente com a constituição da sociedade, acordar as regras relevantes dos estatutos, deixando para mais tarde a decisão sobre a forma como serão as ações de categoria especial emitidas. Este terceiro caso recupera para o momento da emissão ou conversão os problemas, a que faremos referência, que resultam da consagração destes direitos especiais na vida da sociedade.

[855] O regime italiano distingue, para efeito das regras de introdução do sistema, as sociedades constituídas antes e após o dia 31 de agosto de 2014, data da entrada em vigor da reforma. As sociedades constituídas após essa data ficam sujeitas às regras "ordinárias" de alteração dos estatutos (que, recorde-se, no direito italiano são diferentes para as sociedades fechadas e para as sociedades abertas, sendo exigido no primeiro caso um *quorum* deliberativo de metade do capital social mais uma ação e, no segundo caso, de dois terços do capital social); para as sociedades constituídas antes dessa data, exige-se sempre dois terços dos votos. Cabe fazer duas notas adicionais. A primeira, para realçar que sendo o regime excecional dirigido às sociedades fechadas – nas sociedades abertas, como foi dito, a regra é de dois terços –, refere-se antes de mais à alteração estatutária para introdução de uma categoria de ações com voto plural. Percebe-se por isso que, apesar de a regra ser geral, a mesma seja especialmente cautelosa por estar dirigida ao tipo de voto plural que, por natureza, é menos igualitário e mais passível de causar distorções. Segunda nota para assinalar que a regra "especial" de dois terços é calculada sobre os votos emitidos na assembleia, quando a regra de metade dos votos mais um (art. 2368 do Código Civil italiano) é calculada sobre o capital social, de onde pode resultar, em concreto, que a exigência dos dois terços redunde na necessidade de agregar um número de votos inferior àqueles necessários pela aplicação da regra geral, o que parece ser uma clara disfunção do sistema. Com críticas à regra especial, sobretudo no sentido de a mesma dever ser parte de uma regra de duplo *quorum*, vd. Umberto Tombari, "Le azioni a voto plurimo", 6; Damiano di Vittorio, *Le azioni a voto potenziato: dinamiche societarie e analisi d'impatto della maggiorazione del voto sui corsi azionari di società quotate*, 54-56.

pelo princípio de igualdade de tratamento dos acionistas[856] – será o que ocorre quando resulte de aumento de capital com limitação ou supressão do direito de preferência ou de uma conversão de ações que seja feita de modo não igualitário entre os acionistas, ainda que a limitação ou supressão da preferência ou o tratamento diferenciado na conversão sejam justificados pelo melhor interesse da sociedade –, a adoção da alteração estatuária dependerá de unanimidade[857].

Não se justifica, nesta sede, reiterar a justificação da posição que assumimos em sede mais geral. Cabe, no entanto, salientar que se entendemos que essa posição se justifica em sede geral de constituição de direitos especiais, mais ainda se justifica em sede de constituição de direitos especiais de voto. É difícil conceber – provavelmente a par da estipulação de direitos especiais ao dividendo – a estipulação de um direito especial que possa, de forma tão direta e material, impactar na posição jurídica dos demais acionistas, como

[856] A história revela que a hipótese de se pretender implementar uma categoria de ações com voto plural sem respeito pelo princípio de igualdade de tratamento dos acionistas está longe de ser uma ideia exótica. Primeiro, pelos muitos casos, sobretudo no espaço norte-americano, em que este tipo de deliberações – as chamadas operações de *recapitalização* – aproveitava apenas a um grupo de *insiders*, naquilo que é um uso abusivo do processo transformativo. Mas também, a um nível menos patológico, nos muitos casos em que a emissão de ações privilegiadas, com voto plural ou outra configuração, é instrumento para atração de novos acionistas e, por essa forma, para permitir a recuperação dos capitais próprios – isto ocorre normalmente quando os acionistas já não estão disponíveis para recapitalizar a sociedade, ficando por isso claro que a entrada dos novos acionistas tem de ser feita por aumento de capital (pois de outra forma não altera a estrutura de capitais) e que esse aumento de capital não será subscrito pelos antigos acionistas.

[857] Problema diferente, sobre o qual não nos pronunciámos em sede geral, é o de aferir se os sócios podem, na constituição da sociedade, acordar uma disposição estatutária que permita a emissão de ações com voto plural em termos diferentes do descrito; por exemplo, que permita a emissão de ações com voto plural em aumento de capital com supressão do direito de preferência deliberado nos termos gerais. Tendemos a dar resposta negativa à questão. É geralmente entendido entre nós – e cremos que bem – que os sócios não podem estabelecer, sequer por unanimidade, disciplinas duradouras sobre temas essenciais da organização da sociedade anónima e, por isso, irrenunciáveis, que se afastem do quadro geral imperativo; podem, claro, em concreto, por unanimidade, aceitar uma emissão de ações com voto plural com supressão da preferência, o que é, juridicamente, muito distinto. Neste sentido, a questão é parecida com outras que foram objeto de bastante reflexão entre nós, como seja a de saber se é possível os sócios estabelecerem por unanimidade regras estatutárias para o futuro que afastem o quadro de preferência na subscrição de ações, renunciarem *tout court* ao exercício dessa preferência, abdicarem do direito aos lucros ou limitarem ou renunciarem o seu direito a impugnar deliberações inválidas. Veja-se, por exemplo, Vasco da Gama Lobo Xavier, *Anulação de deliberação social e deliberações conexas*, 161; Pedro Albuquerque, *Direito de preferência dos sócios em aumentos de capital nas sociedades anónimas e por quotas*, 371-378.

acontece com a estipulação de direito de voto múltiplo[858]. Trata-se, claramente, de estipulação dotada de enorme sensibilidade e delicadeza, com evidente capacidade de alterar as relações de poder entre os sócios e que, por isso, se presta a abusos que muitas vezes não são de fácil solução.

II. Do que antecede, resulta que, salvo no caso excecional e anómalo de as ações de lealdade serem introduzidas como categoria de ações[859], os problemas analisados sobre a introdução de uma categoria de ações com voto plural não são aqui replicáveis no universo das ações de lealdade.

De novo, não levanta qualquer dúvida a consagração de um sistema de ações de lealdade em momento contemporâneo com a constituição da sociedade[860].

---

[858] A doutrina italiana tem-se pronunciado sobre o tema na sequência da reforma de 2004 (cabe recordar que, nos termos das regras italianas, nos estamos a referir a sociedades fechadas), oscilando entre três entendimentos: ou considerando que a possibilidade de deliberar a conversão de ações ordinárias a favor apenas de alguns acionistas ou de emitir ações com voto plural em deliberação que limite ou suprima o direito de preferência dos acionistas, ou seja, em qualquer dos casos, de proceder à introdução do sistema de voto plural sem respeito pela regra de igualdade dos acionistas, deve ser considerada excluída do sistema; ou considerando que a exigência de cumprimento do interesse da sociedade para a limitação ou supressão de preferência é suficiente para permitir a emissão não generalizada das ações especiais; ou considerando que tal deliberação, a ser tomada, abrirá as portas ao exercício do direito de exoneração do acionista nos termos do art. 2437.1.g) do Código Civil que, recorde-se, atribui tal direito aos acionistas que não tenham votado favoravelmente deliberações de "*modificazioni dello statuto concernenti i diritti di voto o di partecipazione*". Vd. Niccolò Abriani, "Azioni a voto plurimo e maggiorazione del diritto di voto degli azionisti fedeli: nuovi scenari e inediti problemi interpretativi", 15-16; Damiano di Vittorio, *Le azioni a voto potenziato: dinamiche societarie e analisi d'impatto della maggiorazione del voto sui corsi azionari di società quotate*. O art. 2437.1.g) do Código Civil, ao referir-se de modo tão abrangente a deliberações de alteração do estatuto do direito de voto, abre a porta para entender que a regra é aplicável mesmo nos casos em que a deliberação de conversão ou a emissão de novas ações tenham sido configuradas em escrupuloso respeito do princípio de igualdade dos acionistas. Vd., *infra*, 26, a propósito do direito de exoneração.

[859] Já nos referimos a esta possibilidade algumas vezes – pensamos na hipótese (remota) de apenas uma categoria especial de ações majorar o voto após o decurso de um período ininterrupto de detenção da ação sendo, ou não, o privilégio transmitido com a ação. Também já afirmámos que a restrição da emissão de ações de lealdade a apenas uma categoria especial de ações é, de certa forma, contraditória com os fundamentos do instrumento, uma vez que este assume que todos os acionistas estão em condições de igualdade na atribuição do privilégio, muito embora, sob um ponto de vista técnico, não entendamos existir qualquer razão para que, aceitando o sistema ações de categoria especial com voto plural e ações de lealdade, não seja aceite esta categoria intermédia. Claro que, tratando-se de uma categoria especial de ações, o regime aplicável estará mais próximo do voto plural *stricto sensu* que do regime das ações de lealdade.

[860] A consagração de um sistema de ações de lealdade depende apenas de um momento com relevância estatutária, sendo a majoração um resultado da regra que haja sido consagrada. Deste

Por outro lado, a revisão de estatutos para passar a consagrar um sistema de ações de lealdade ficará sujeita às regras de *quora* constitutivo e deliberativo das alterações de estatutos, uma vez que, por natureza, a implementação de tal regra é feita em cumprimento do princípio da igualdade[861]. Por diferentes palavras, nestes casos a introdução de um sistema de voto plural depende apenas da consagração estatutária de uma regra que majore o voto associado às ações, a todas as ações, ao decurso de um termo, não dependendo, deste modo, da emissão de novas ações nem da conversão de ações existentes.

24.2. Aumento de capital para emissão de ações com voto plural

I. As ações de categoria especial com voto plural podem resultar de emissão de ações contemporânea com a constituição da sociedade ou, tratando-se de alteração consagrada posteriormente, de conversão de ações (tipicamente ordinárias) ou de emissão de novas ações por aumento de capital[862]. Tratando-se então de novas ações emitidas durante a vida da sociedade, cabe questionar como o regime se relaciona com as possibilidades de aumento de capital por incorporação de reservas e aumento de capital com novas entradas, seja por entradas em dinheiro, seja por entradas em espécie.

---

modo, ainda que a regra de voto majorado consagrada nos estatutos não seja de aplicação imediata, não estará em causa a regra de tratamento igualitário dos sócios.

[861] Em Itália, a reforma de 2014 previu uma "janela" temporal em que o *quorum* deliberativo para a alteração estatutária era aliviado, permitindo que a deliberação fosse adotada, em primeira convocação, com o voto favorável da maioria dos votos emitidos quando, em regra, seria necessário, em primeira convocação, o voto favorável da maioria por referência ao capital social. Por outro lado, como referiremos adiante, a introdução da regra de *voto maggiorato* não confere aos sócios que votem contra a alteração estatutária o direito de exoneração (o que, aliás, é dito de forma expressa pelo n.º 6 do art. 127º-*quinquies*, ao dispor que *"la deliberazione di modifica dello statuto con cui viene prevista la maggiorazione del voto non attribuisce il diritto di recesso ai sensi dell'articolo 2437 del codice civile)"*.

[862] A estes casos haverá que acrescentar dois outros, com menor relevância conceitual. O primeiro, é o de fusão de sociedades em que a sociedade incorporante tenha consagrado voto plural (ou, em caso de fusão/constituição, se qualquer das sociedades o tiver e os sócios entendam manter esse regime). O segundo é o da cisão de sociedade anónima que consagre ações com voto plural. A menor relevância conceitual destes casos resulta do facto de, nem na fusão, nem na cisão, serem criadas ações com voto plural – os ditos privilégios de voto pré-existiam e apenas ganham uma nova configuração. Neste sentido, são casos diferentes da emissão de ações (na constituição da sociedade e em aumento de capital) e da conversão de ações.

II. O aumento de capital por incorporação de reservas corresponde a uma operação eminentemente contabilística que redistribui os valores que compõem o património social. Onde antes existiam reservas, distribuíveis de acordo com o respetivo regime, entre os sócios, passa agora a existir capital social, sujeito a regras mais protetoras dos credores sociais. Assim, o património social em nada se altera sob o ponto de vista quantitativo, existindo apenas uma alteração organizativa do mesmo (em que fundos que antes eram distribuíveis, passam a um estádio de imobilização superior)[863].

Nos termos do n.º 1 do art. 92º do CSC, o aumento do capital social por incorporação de reservas aumenta a participação de cada sócio proporcionalmente ao seu valor nominal ou ao respetivo valor contabilístico, salvo se, estando convencionado um critério diverso de atribuição de lucros, o contrato mandar aplicar à incorporação de reservas critério especial. Daqui parece resultar, então, que, correspondendo a um aumento da participação de cada sócio proporcional ao valor nominal ou contabilístico da sua participação, isto supõe que as ações a emitir devem ter as caraterísticas das ações já emitidas, ou seja, que não sejam emitidas ações que materialmente sejam diferentes daquelas que justificam o direito do acionista às novas ações.

São vários os passos de regime em que a lei assume com firmeza essa ideia. Quando, no número dois do mesmo artigo, a lei dispõe que, estando em causa ações sem valor nominal, o aumento de capital se pode realizar sem alteração do número de ações, fica clara a natureza contabilística da incorporação de reservas e a homogeneidade de direitos face às ações pré-existentes. O mesmo resulta, ainda com mais clareza, do n.º 4 do mesmo artigo, quando assume que, em regra, salvo indicação em contrário, se mantém inalterado o número de ações, sendo aumentado o valor nominal das existentes. O mesmo resulta ainda do n.º 4 do art. 91º, quando dispõe que a deliberação de aumento de capital por incorporação de reservas deve mencionar expressamente a

[863] Não se entenda mal o que escrevemos. Primeiro, o aumento de capital por incorporação de reservas é uma operação com relevantes efeitos jurídicos; isto não obsta a que, como escrevemos, a sua fundamentação seja eminentemente contabilística e, neste sentido, nominal. Segundo, o aumento de capital por incorporação de reservas é uma operação unitária e integrada que está muito para além da soma de uma distribuição de reservas aos acionistas com a inerente contribuição para o capital social. Esta visão dualista foi, durante muito tempo, defendida maioritariamente em vários sistemas jurídicos e deve ser hoje geralmente considerada abandonada. Para uma descrição dos pontos essenciais da visão dualista e da visão integrada, vd. Paulo de Tarso Domingues, "O aumento do capital social gratuito ou por incorporação de reservas", *DSR* (2009), 217-221. Vd. ainda Manuel Nogueira Serens, "Direito de preferência dos accionistas em aumentos de capital – Apontamento sobre o modo do seu exercício", *DSR* (2009), 154-155.

modalidade do aumento do capital, o montante do aumento do capital e as reservas que serão incorporadas no capital, nada dizendo sobre a categoria das ações a emitir (sendo o caso)[864]. No entanto, porque a lei não o diz expressamente, ao contrário do que ocorre em outros ordenamentos jurídicos[865], cabe questionar se é ou não possível, através de aumento de capital por incorporação de reservas, emitir ações de categoria especial com voto plural.

A resposta parece ser negativa. O aumento de capital por incorporação de reservas, devendo ser qualificado como um verdadeiro e próprio aumento de capital, supõe efetivamente, a não ser que exista, nos termos do n.º 1 do art. 92º, regra para a atribuição das novas ações, a manutenção da posição dos sócios[866]/[867]. E uma parte relevante do regime está construída nessa base – é

---

[864] É certo que não é apenas o aumento de capital por incorporação de reservas que assume que, em regra, as ações a emitir são semelhantes às anteriores, o que se revela por o mesmo argumento ser transponível para o universo mais geral do art. 87º do CSC.

[865] Em Itália, o art. 2442º do *Codice Civile* é muito expresso na regra segundo a qual as ações a emitir como resultado da incorporação de reservas devem ter as mesmas características das já emitidas ("*in questo caso le azioni di nuova emissione devono avere le stesse caratteristiche di quelle in circolazione, e devono essere assegnate gratuitamente agli azionisti in proporzione di quelle da essi già possedute*"), sendo por isso geralmente entendido que não é possível emitir ações de categoria especial que antes não existiam por aumento de capital por incorporação de reservas.

[866] A manutenção da posição dos sócios significa emitir ações ordinárias se apenas existem ações ordinárias, o que corresponde ao problema que temos em análise, tal como significa emitir proporcionalmente ações de várias categorias se existirem ações de várias categorias. É por isso que o aumento de capital por incorporação de reservas nunca estará sujeito à aprovação de assembleia de acionistas de categoria especial – porque, para efeitos dos n.os 5 e 6 do art. 24º do CSC, os direitos especiais pré-existentes não são por essa emissão limitados (sequer diluídos); porque, como de forma mais direta expressa o § 179(3) do AktG, a proporção anterior de várias classes de ações não é alterada em desvantagem de uma classe ("*Soll das bisherige Verhältnis mehrerer Gattungen von Aktien zum Nachteil einer Gattung geändert werden, so bedarf der Beschluß der Hauptversammlung zu seiner Wirksamkeit der Zustimmung der benachteiligten Aktionäre. Über die Zustimmung haben die benachteiligten Aktionäre einen Sonderbeschluß zu fassen ...*"). Vd. ainda Paulo de Tarso Domingues, "O aumento do capital social gratuito ou por incorporação de reservas", 236-237; Paulo Olavo Cunha, *Os direitos especiais nas sociedades anónimas: as acções privilegiadas*, 187-188; sobre o § 179(3) do AktG e a forma como a alteração da proporção antes existentes se coordena com o sistema de aprovações, vd. Thomas Raiser e Rüdiger Veil, *Recht der Kapitalgesellschaften*, 326 e ss.

[867] Em regra, o aumento de capital por incorporação de reservas conduz a uma distribuição de novas ações que assegura o cumprimento de uma regra de igualdade – porque aumenta a participação de cada sócio proporcionalmente ao seu valor nominal ou ao respetivo valor contabilístico –, de onde resulta que a deliberação de conversão destas ações em ações de categoria especial com voto plural também o assegurará. Mas pode excecionalmente ocorrer de modo diferente. Primeiro, quando esteja convencionado um critério diverso de atribuição de lucros e o contrato mandar aplicá-lo à incorporação de reservas, ou para esta estipular algum critério especial, casos em que a distribuição de novas ações não é realizada de forma igualitária; e, por isso, a conversão destas ações em ações

por isso que não pode ser limitado nem suprimido o direito dos sócios de receberem as ações emitidas por incorporação de reservas como se de uma limitação ou supressão de preferência se tratasse, isto ainda que razões de premente interesse social o justificassem[868].

No entanto, se temos por certo que, da forma como o regime está organizado, a própria incorporação de reservas não permite emitir ações de categoria diferente, nada obsta a que, com o devido enquadramento estatutário, as ações emitidas sejam objeto de conversão (imediatamente subsequente à emissão) em ações de categoria especial, o que, não sendo igual – isto porque o que se escreve implica que a operação passa a ser uma operação combinada de incorporação de reservas acoplada a uma conversão de ações ordinárias em ações de categoria especial –, acaba por permitir chegar ao mesmo resultado.

III. Tratando-se de um aumento de capital com novas entradas – aquele que o n.º 3 do art. 21º-D do CVM contempla quando dispõe que "a deliberação de aumento de capital através da emissão de ações com direito ao voto plural (...) carece de aprovação pela maioria legalmente prevista para a alteração do contrato de sociedade das sociedades anónimas" –, tal problema já não existe, uma vez que o aumento de capital com novas entradas não assume que as ações a emitir tenham a mesma natureza que aquelas já emitidas. Não se trata de ponto que esteja expressamente tratado pela lei – o n.º 1 do art. 87º

de categoria especial também não será. Segundo, quando a conversão não cubra todas as novas ações emitidas, mas apenas parte destas. Nestes casos, claramente excecionais, retomando o que já escrevemos, é nosso entendimento que a emissão/conversão apenas será possível se recolher a unanimidade dos votos dos acionistas.

[868] Não é fácil exemplificar cenários em que o interesse da sociedade pudesse justificar uma limitação ou supressão deste tipo, já que isso implicaria, por natureza, ou o recebimento por terceiros de um ativo a que não têm direito, ou a atribuição a uns sócios de um valor a que não têm proporcionalmente direito e, sempre, a subtração a outros sócios de um valor a que têm direito. Mas pode-se imaginar um caso de capitalização premente da sociedade que um determinado acionista apenas está disponível para realizar se, como condição, receber de forma não proporcional ações resultantes de uma incorporação de reservas, ou um aumento de capital com entrada de um ativo estratégico que dependa de uma supressão do direito dos acionistas anteriores. O problema é bastante discutido na Alemanha face à regra do § 212 do AktG, que não apenas dispõe que o direito dos acionistas às novas ações é calculado por proporção das suas ações no capital social anterior, como estabelece que qualquer deliberação em contrário da assembleia geral é nula. Isto leva a doutrina a questionar em que termos é possível uma alocação desproporcional à participação dos sócios, sendo entendido por parte da doutrina que isso depende do consentimento do acionista desfavorecido, ou seja, de unanimidade (havendo quem entenda que nem nesse caso será possível essa alocação desproporcional). Vd. Martin Henssler e Lutz Strohn, "Gesellschaftsrecht – Aktg § 212 Rn. 4-6", (2019).

dispõe dever a deliberação de aumento do capital mencionar expressamente a modalidade do aumento, o seu montante, o montante nominal das novas participações, a natureza das novas entradas, o ágio, se o houver, os prazos de realização das entradas e as pessoas que participarão no aumento, nada referindo sobre a natureza das ações a emitir. Mas isso resultará, cremos, da pressuposição, que não está errada, de que a regra passa por emissão de ações da mesma natureza daquelas já emitidas, o que supõe que, existindo apenas ações ordinárias, as ações a emitir terão normalmente tal natureza; e não de qualquer limitação na criação de ações de categoria especial por aumento de capital, que não se justificaria.

Tratando-se de aumento de capital por novas entradas em dinheiro, as pessoas que, à data da deliberação de aumento de capital, forem acionistas terão, nos termos do n.º 1 do art. 458º, direito de preferência na subscrição das novas ações. É um cenário que não coloca especiais dificuldades[869]. Neste caso, se existirem apenas ações ordinárias, os acionistas terão direito de preferência na subscrição das novas ações de categoria especial, atribuindo-se, nos termos do n.º 2 da mesma regra, a cada acionista o número de ações proporcional àquelas de que for titular na referida data ou, se inferior, o número de ações que o acionista tenha declarado querer subscrever; sobrando ações, as mesmas são rateadas. Se já existirem ações de categoria especial com voto plural, nos termos do n.º 4 do art. 458º a preferência pertence primeiro aos titulares de ações dessa categoria e os demais acionistas só gozam de preferência quanto a ações não subscritas por estes.

As dificuldades emergem, porém, nos casos de a deliberação de emissão de ações de categoria especial prever, nos termos do art. 460º, a supressão ou limitação do direito de preferência, assim como nos casos de realização de aumento de capital com entradas em espécie, em que não é atribuído direito de preferência aos demais acionistas[870]. Nestas situações, como já referido,

---

[869] Já nos pronunciámos com algum detalhe sobre o tema em sede mais geral, pelo que não cabe repetir nesta sede o que escrevemos – sendo assegurada a igualdade de tratamento dos acionistas, esta será uma deliberação sujeita às regras de *quorum* constitutivo e *quorum* deliberativo previstas para as alterações de estatutos. Mais assim é quando o legislador nacional não veio impor regras diferentes para as sociedades constituídas antes e depois da reforma, como ocorreu, por exemplo, em Itália.

[870] O n.º 1 do art. 458º é claro ao atribuir direito de preferência em cada aumento de capital por entradas em dinheiro. Ao contrário do que por vezes se entende, trata-se de uma opção do legislador e não de uma solução que se imponha como inevitável, já que nem todas as entradas em espécie representam prestações infungíveis.

e sem mais desenvolvimentos, é nosso entendimento que as regras vigentes impõem a obtenção do consentimento de todos os acionistas[871].

24.3. *Conversão de ações ordinárias em ações de categoria especial*

I. O que escrevemos a propósito da emissão de ações com voto plural por aumento de capital é aplicável, no essencial, à hipótese de conversão de ações ordinárias em ações com voto plural e, por isso mesmo, o legislador entendeu, no n.º 3 do art. 21º-D do CVM, dar aos casos de emissão e conversão o mesmo regime. Trata-se de uma deliberação que implica uma alteração dos estatutos e que, por isso, está sujeita às mesmas regras de *quorum* deliberativo; é também uma deliberação que deve assegurar o tratamento igualitário dos acionistas e que, não o fazendo, estará, pelas razões expostas, sujeita a requisitos de unanimidade.

Cabe, apesar disso, começar por assinalar que a hipótese de conversão de ações ordinárias (ou, na verdade, das ações emitidas, qualquer que seja a sua categoria) em ações com voto plural apenas faz sentido se abranger somente parte das ações. É certo que, como escrevemos, não alinhamos com aqueles que entendem que a qualificação de uma categoria de ações como especial supõe a não generalização do privilégio a todos os acionistas. Mas, apesar disso, sendo o voto atribuído, na ausência de uma regra de voto plural, por uma relação de proporcionalidade com o valor nominal ou contabilístico do capital social, não tem qualquer sentido útil uma deliberação de conversão de ações que preserve tal relação de proporcionalidade, apenas mudando o número de votos atribuídos a cada ação. Ou, a ser admissível tal alteração, a mesma não gerará uma situação de ações com voto plural, uma vez que a dita proporção é mantida intacta[872].

II. A conversão de ações ordinárias em ações de categoria especial com voto plural pode ser facultativa ou obrigatória[873], ou seja, resultando

---

[871] No mesmo sentido, face ao direito italiano, vd. Marta Russo, *Le azioni a voto plurimo*, 152-153.

[872] Claro que será diferente se a deliberação de conversão de todas as ações em ações com voto plural for acompanhada, ou sucedida, de uma emissão de ações com voto ordinário.

[873] Podemos ainda conceber outras variantes como, por exemplo, a conversão automática ou diferida, que opera por mera verificação de um termo ou condição (que pode, também ela, ter variantes, em particular deixando à vontade do titular da ação, ou não, a conversão).

sempre de uma deliberação da assembleia geral, a conversão pode depender de uma manifestação de vontade do titular das ações que aceite a alteração da categoria das ações ou, pelo contrário, pode ser-lhe imposta. Vemos, no entanto, com dificuldade que possa ser imposta aos acionistas a conversão (de parte) das suas ações em ações de categoria especial com voto plural. Se é verdade que, à partida, estas ações representarão normalmente uma posição majorada por relação com as ações ordinárias, pode acontecer que o acionista prefira manter as ações ordinárias a aceder a essa posição majorada. E isso pode resultar de uma de duas circunstâncias. Pode acontecer que a ação de categoria especial atribua direito a um voto majorado, mas veja outro qualquer direito diminuído (por exemplo, o direito ao dividendo ou à partilha da quota de liquidação), resultando da ponderação do acionista de que é para ele mais favorável manter as suas ações intactas; ou pode acontecer que, apesar de a ação de categoria especial ser, sob qualquer perspetiva, mais favorável para o acionista, ele entenda manter a sua posição anterior por outras razões, quaisquer que elas sejam – porque a conversão transporta o acionista para um patamar de participação qualificada que ele quer evitar, porque o obriga a obter autorizações ou não oposições de natureza regulatória, ou até, apenas, por causa da redução de liquidez a que fica sujeito em caso de transação da ação, o que se pode repercutir em temas como o valor de mercado da ação[874].

Por isso, cremos que a conversão de ações ordinárias em ações de categoria especial com voto plural está mais próxima da conversão de ações ordinárias em ações preferenciais sem voto do que da conversão de ações preferenciais sem voto em ações ordinárias. Daí que mereça todo o aplauso a aplicação do art. 344.º, por remissão do n.º 4 do art. 21.º-D do CVM, respeitando-se em particular, nos termos do n.º 2 desse artigo, a necessidade de a conversão resultar de uma manifestação de vontade do acionista interessado que,

[874] A inevitável menor liquidez das ações com voto plural e o facto de estas serem normalmente detidas por um grupo restrito de acionistas fazem com que, frequentemente, não sejam admitidas à cotação. São aliás habituais, sobretudo no espaço norte-americano, estruturas de conversão automática destas ações em ações ordinárias como forma de permitir ao grupo de *insiders*, querendo, vender as suas ações em mercado. Pelo exposto, cremos que é uma simplificação a ideia segundo a qual a conversão apenas reforça os direitos de que é titular enquanto acionista (valorizando a respetiva participação), em nada o prejudicando, como escreve Miguel Stokes, "Admissibilidade de Ações com Voto Plural nas Sociedades Cotadas – Permissão Normativa Tácita das Ações de Lealdade?", 156-158.

deste modo, poderá optar por converter, ou não converter, as suas ações ordinárias[875]/[876].

24.4. *A majoração do voto das ações de lealdade*

I. A consagração estatutária da majoração de votos não é suficiente para que a mesma aconteça; nesse sentido, o processo de majoração de voto é mais complexo do que aquele inerente às ações com voto plural *stricto sensu* que, formando uma categoria especial de ações, são geneticamente ações diferentes daquelas outras com menos votos. De outra forma, seria impossível determinar em cada momento quais os votos imputáveis a cada participação, com consequências graves de instabilidade por referência a temas como, nomeadamente, no âmbito do direito dos valores mobiliários, a relação de poder entre os acionistas, a transparência de participações qualificadas e a OPA obrigatória e, a outros níveis, o controlo de concentrações e as regras de não oposição ou autorização para ultrapassagem de certos patamares de voto.

De forma simples, a majoração de uma participação acionista tem dois efeitos diferentes e imediatos no cálculo da percentagem de votos: por um lado, aumenta os votos existentes, e nessa medida dilui o universo votante, aumentando as participações relativas dos outros participantes; por outro lado, aumenta a contagem dos votos disponíveis para o participante; simetricamente, a perda da majoração antes atribuída tem o efeito contrário, ou seja, reduz os votos existentes, e nessa medida comprime o universo votante, aumentando as participações relativas dos outros acionistas, além de reduzir a contagem dos votos disponíveis para o participante. É fácil imaginar o caos que seria gerado se, numa sociedade cotada, com constantes transmissões de ações em mercado, estes valores se alterassem diariamente, sem que existisse,

---

[875] Já a hipótese contrária – conversão de ações preferenciais em ações ordinárias ou, aceitando a analogia proposta, conversão de ações de categoria especial com voto plural em ações ordinárias – não depende da manifestação de vontade do acionista. Sendo deliberada, segundo as regras gerais, a alteração de estatutos que elimine a categoria especial de ações, e sendo obtido o consentimento dos acionistas titulares de direitos especiais para a supressão desses direitos através de deliberação tomada em assembleia especial (nos termos do n.º 6 do art. 24º), as ações de categoria especial devem ser consideradas como convertidas em ações ordinárias.

[876] A remissão para o art. 344º refere-se à "conversão em ações com direito especial ao voto plural". Parece claro que não se refere a regras como o n.º 1 do art. 341º que limita a emissão em face do capital social. Levantando a questão, vd. Miguel Stokes, "Admissibilidade de Ações com Voto Plural nas Sociedades Cotadas – Permissão Normativa Tácita das Ações de Lealdade?", 156.

por um lado, conhecimento sobre as perspetivas de alteração (ou seja, sem que se saiba quantas ações, em que momento, verão o seu voto majorado) e, por outro lado, sem que a informação fosse centralizada[877].

Pode também acontecer que o acionista pura e simplesmente não aceite a majoração de votos – admita-se que o acionista está próximo de um patamar de OPA obrigatória, de um patamar de comunicação de participação qualificada, da necessidade de obtenção de uma autorização ou não oposição regulatória ou, mais simplesmente, de o acionista não ter qualquer interesse ou intenção de participar ativamente nas decisões da sociedade. Se a majoração de votos fosse uma caraterística inerente à ação detida, como ocorre quando estamos perante uma categoria especial de ações com voto plural, dir-se-ia que nada havia a fazer quanto à modulação do voto, podendo apenas o acionista, querendo diminuir o seu poder de voto, optar por alienar parte da participação. Mas, tratando-se de uma tipologia em que a majoração do voto resulta de uma relação do acionista com a ação detida e, mais importante, tratando-se de um efeito que, a ser imposto ao acionista, pode ser por ele desfeito no mesmo instante, cabe perguntar se o sistema deve ser construído numa base de disponibilidade ou, pelo contrário, se o efeito deve ser tido por automático. A questão leva-nos a dois temas diferentes: o primeiro, é o

[877] Duas notas adicionais. Primeira, para salientar que o regime de divulgação de participações qualificadas não resolve o problema de forma satisfatória. É certo que, funcionando o regime em função de uma regra de imputação de votos, o sistema será sensível àqueles casos em que um participante, por majoração, ultrapasse um qualquer patamar ou, por perda de majoração, reduza a participação abaixo de um qualquer patamar. No entanto, não resolve o problema desde logo porque, funcionando por patamares, deixa na sombra todas as majorações ou perdas de majoração que ocorram entre esses patamares (e sabemos que, sobretudo nos patamares mais avançados do sistema, o espaço deixado de intervalo é muito grande), sabendo nós que esses casos deixados na sombra são relevantes não apenas pelo efeito direto de majoração ou perda de majoração mas, sobretudo, pelo aumento ou pela redução do universo de ações votantes que implicam. Por outro lado, porque não sendo conhecido de forma exata o universo dos votos disponíveis em cada momento não pode cada participante ser responsabilizado pela comunicação de uma qualquer participação qualificada porque, simplesmente, não estará disponível a informação que lhe permite saber exatamente quantos votos correspondem à sua participação. Segunda nota para salientar que, se é certo que este problema pode ocorrer em outros casos por razões pontuais – por exemplo, a inibição dos votos de uma qualquer participação tem um correspondente efeito de compressão do universo de ações votantes –, o único caso em que este tipo de efeito, e em menor dimensão, ocorre de forma sistemática, é o da aquisição e alienação de ações próprias. Ora, a aquisição e alienação de ações próprias é, por natureza, um processo centralizado; e, por outro lado, a lei curou de dar transparência a tais aquisições ou participações (veja-se a alínea f) do n.º 2 do art. 249º e a alínea h) do n.º 1 do art. 250º-B, ambos do CVM, e o art. 11º do Regulamento da CMVM n.º 7/2018).

do controlo, por registo, do período de detenção da ação e a voluntariedade, ou automaticidade, da majoração; e o segundo é o tema da possibilidade de renúncia, total ou parcial, à majoração.

Quer o sistema italiano quer o francês integram procedimentos de registo das ações como forma de controlar o acesso à majoração e de assegurar transparência sobre os votos detidos por cada acionista (e sobre o universo dos votos atribuídos)[878].

Sendo possível conceber outras estruturas de centralização de informação e transparência, a existência deste tipo de registo parece ser, de facto, a forma mais fácil de implementar o sistema e passa, no essencial, pelos pontos seguintes: centralização de um registo junto do emitente[879]; voluntariedade de cada acionista no acesso ao registo das suas ações; transparência desse registo em relação ao mercado para que se conheça, tão aproximadamente quanto possível, o número total de votos existentes[880].

---

[878] Em Itália, dispõe o n.º 1 do art. 127º-quinquies da TUF que "*gli statuti possono disporre che sia attribuito voto maggiorato, fino a un massimo di due voti, per ciascuna azione appartenuta al medesimo soggetto per un periodo continuativo non inferiore a ventiquattro mesi a decorrere dalla data di iscrizione nell'elenco previsto dal comma 2*, referindo então esse número 2 que *gli statuti stabiliscono le modalità per l'attribuzione del voto maggiorato e per l'accertamento dei relativi presupposti, prevedendo in ogni caso un apposito elenco. La Consob stabilisce con proprio regolamento le disposizioni di attuazione del presente articolo al fine di assicurare la trasparenza degli assetti proprietari e l'osservanza delle disposizioni del titolo II, capo II, sezione II. Restano fermi gli obblighi di comunicazione previsti in capo ai titolari di partecipazioni rilevanti*". Estas regras estão estabelecidas no art. 143-*quarter* do *Regolamento emittenti* (n.º 11971 de 14 de maio de 1999). Em França, dispõe o art. L 225-123 do Código de Comércio que o acesso à majoração depende de « *une inscription nominative, depuis deux ans au moins, au nom du même actionnaire*", dispondo o art. 223-16 do *Règlement Général* da AMF que "*les sociétés dont les actions sont admises aux négociations sur un marché réglementé d'un État partie à l'accord sur l'Espace économique européen ou sur un système multilatéral de négociation organisé au sens de l'article 524-1 publient, chaque mois, selon les modalités fixées à l'article 221-3, le nombre total de droits de vote, déterminé dans les conditions mentionnées au deuxième alinéa de l'article 223-11, et le nombre d'actions composant le capital social s'ils ont varié par rapport à ceux publiés antérieurement*".

[879] Na sequência do registo junto do emitente, em ambas as jurisdições, cria-se uma ligação direta entre o emitente e o depositário, da qual resulta não apenas a prova da titularidade da participação registada, mas também a informação sobre quaisquer transmissões que tenham por efeito a interrupção do período de maturidade para a majoração.

[880] A transparência é obtida por duas formas diferentes – pelas regras sobre participações qualificadas e pela informação que o emitente fornece e que passa, por um lado, por alguma informação sobre os acionistas que requereram o registo e, por outro lado, pela informação periódica sobre os votos atribuídos a cada acionista e o número de votos total. No primeiro caso, ficam fora do sistema as majorações, e perdas de majoração, entre patamares de participação qualificada; no segundo caso ficam fora do sistema detalhes sobre os votos entre os períodos de prestação de informação (salvo casos especiais). Sem prejuízo destas franjas, o sistema procura ser tão transparente

II. A majoração dos votos fica normalmente sujeita a um período de detenção ininterrupta das ações, o que, tecnicamente, equivale à sua sujeição a uma condição suspensiva certa. Não custa aceitar que fique também sujeita a condições resolutivas – por exemplo, o lançamento de uma oferta em certos termos e condições –, ou até a um termo resolutivo – é o que acontece com as *sunset clauses*, aplicáveis sobretudo no universo das ações de categoria especial com voto plural. Não temos aqui especiais limitações. Um caso, porém, que parece estar vedado é o de aposição de condições que tenham uma natureza estritamente potestativa e que, por isso, permitam ao acionista, de forma livre e autónoma, fazer oscilar o seu poder efetivo de voto na assembleia geral.

25. *Quora, voting caps* e exercício de outros direitos

25.1. As regras de quorum

I. Nos termos dos n.os 1 e 2 do art. 383º, a assembleia geral pode deliberar, em primeira convocação, qualquer que seja o número de acionistas presentes ou representados, salvo, primeiro, disposição diferente dos estatutos e, segundo, se se tratar de assembleia reunida em primeira convocação que delibere sobre a alteração do contrato de sociedade, fusão, cisão, transformação, dissolução da sociedade ou outros assuntos para os quais a lei exija maioria qualificada[881], caso em que devem estar presentes ou representados

quanto razoavelmente possível. Vd. Chiara Mosca, "Should Shareholders Be Rewarded for Loyalty: European Experiments on the Wedge between Tenured Voting and Takeover Law".

[881] Além dos casos de maioria qualificada mencionados na própria regra (o n.º 3 do art. 386º dispõe que a deliberação sobre os assuntos referidos neste art. 383.2 deve ser aprovada por dois terços dos votos emitidos), o Código prevê várias outras situações que exigem maioria qualificada e que, por isso, ficam sujeitas à mesma regra de *quorum* constitutivo – é o caso, nomeadamente, do n.º 5 do art. 3º, que estabelece um *quorum* deliberativo de 75% dos votos "correspondentes ao capital social" para a transferência da sede para o estrangeiro, do n.º 2 do art. 42º, do n.º 1 do art. 294º, que exige maioria de três quartos dos votos para que não seja distribuído aos acionistas metade do lucro distribuível, do n.º 2 do art. 492º, do n.º 1 do art. 496º, do art. 505º, dos n.os 1, 2, 4 e 5 do art. 506º ou, num ambiente diferente, da regra, agora revogada (e transposta para o art. 251º-F do CVM) do n.º 1 do art. 27º do CVM que exigia "uma maioria não inferior a 90% do capital social" para que fosse deliberada a perda da qualidade de sociedade aberta. Finalmente, haverá que fazer referência à situação especial prevista no n.º 1 do art. 86º, segundo o qual *só por unanimidade pode ser atribuído efeito retroativo à alteração do contrato de sociedade* (e apenas nas relações entre sócios). Quando a maioria qualificada é calculada por referência ao capital social total, o *quorum* constitutivo será fixado, indiretamente, por essa mesma maioria. Para além dos casos em que a regra de *quorum*

acionistas que detenham, pelo menos, ações correspondentes a um terço do capital social.

O *quorum* constitutivo é calculado por referência ao capital social votante, ou seja, por referência ao próprio universo da reunião. Significa isto que, em regra, farão parte do cálculo do *quorum*, como numerador, todas as ações votantes e, como denominador, as ações votantes presentes ou representadas na reunião. Por contraposição, não farão parte do cálculo do numerador nem do denominador as ações que não votem, o que quer dizer que farão parte do cálculo as ações com voto e as ações sem direito de voto às quais tenha sido atribuído direito de voto por não pagamento do dividendo prioritário, e que não farão parte dele as ações com voto que, por qualquer razão – inibição de voto por conflito, inibição de voto por não cumprimento atempado da obrigação de entrada, inibição de voto por não cumprimento da obrigação de lançamento de OPA (art. 192º do CVM), inibição de voto como sanção por ilícito praticado (art. 105º do RGIC ou art. 168º do RJAES) ou ações próprias –, não estejam em condições de exercer o voto na reunião[882].

O cálculo do *quorum* constitutivo por referência ao capital social votante não gera especiais problemas num sistema em que exista proporcionalidade entre o voto e a representação nominal do capital votante – salvo situações especiais a que já fizemos referência, de ações votantes que não votam ou de ações sem voto que são chamadas a votar, um terço do capital votante equivalerá a um terço dos votos. Mas já não será assim num universo em que convivam ações ordinárias e ações de categoria especial com voto plural ou num universo em que convivam ações com voto majorado e com voto não majorado. E a questão que se coloca é, claro, se o cálculo de numerador e do denominador deve continuar a ser feito por referência ao capital votante ou deve passar a ser obtido por referência aos votos efetivamente atribuídos.

---

constitutivo se imponha em função da regra de *quorum* deliberativo, podem os estatutos fixar outros casos (os estatutos podem fixar regras de *quorum* mais exigentes, mas não podem aligeirar o regime legal), como o n.º 1 do art. 383º deixa claro. Vd. António Menezes Cordeiro, *SA: Assembleia geral e deliberações sociais*, 111-112; António Menezes Cordeiro e David Oliveira Festas, "Comentário ao art. 383º"; Paulo Olavo Cunha, *Deliberações sociais: Formação e impugnação*, 116-117; Eduardo de Melo Lucas Coelho, "O quórum constitutivo das assembleias gerais", 14-16; Pedro Maia, *Função e funcionamento do conselho de administração da sociedade anónima*, 239.

[882] A relevância das ações sem voto para cálculo do *quorum* constitutivo não é igual em todos os sistemas. Em Itália resulta dos arts. 2368º e 2369º do *Codice Civile* que, ao excluir do cálculo expressamente as ações preferenciais sem voto *("escluse dal computo le azioni prive del diritto di voto nell'assemblea medesima")*, se aceita fazerem dele parte as ações que, ocasionalmente, estejam privadas do voto.

Tecnicamente, ambas as opções seriam legítimas, muito embora nos pareça que, num sistema como o nacional, e na falta de previsão em contrário, se deva concluir que os cálculos devem ser feitos em universos de votos. O cálculo do *quorum* constitutivo por referência ao valor nominal do capital social votante, transmitiria a mensagem de que o sistema procura assegurar a presença de uma percentagem de acionistas mínima independentemente de alguns desses acionistas terem mais votos que outros e que a majoração ou multiplicidade de votos revelaria um privilégio apenas relevante para efeitos de *quorum* deliberativo[883]; o cálculo do *quorum* constitutivo por referência aos votos existentes, transmitira a mensagem de que o nível de representação que é necessário para que a reunião possa funcionar se mede estritamente em função dos votos. Parece-nos claro que, na lógica em que o sistema está construído, esta segunda opção será a mais coerente – se apenas são relevantes para o cálculo do *quorum* as ações votantes, o que leva a desconsiderar ações votantes que não possam votar e ações não votantes que possam votar, parece ser inquestionável que, num universo de ações com voto plural, a não consideração destes votos, seja no numerador seja no denominador, seria causadora de distorções[884].

---

[883] Este é um argumento usado em Itália por alguma doutrina. Vd. nota seguinte. O argumento é relevante – embora não nos pareça decisivo – no universo das ações de lealdade em que existe uma verdadeira majoração de voto, ou seja, em que a ação se mantém inalterada e é apenas a regra de cálculo dos votos que dispõe que, onde antes se contava um voto, se passam a contar dois votos. Aqui é possível entender que a regra é apenas isto e, por conseguinte, não se repercute em outros temas como a formação do *quorum* constitutivo. Já o mesmo não pode ser dito quando estamos perante uma categoria especial de ações com voto plural – aqui a pluralidade de votos é um atributo da ação e, sendo possível conceber tecnicamente que os votos múltiplos não sejam relevantes para a formação do *quorum*, custa conceber que essa seja a regra supletiva.

[884] Em Itália, o n.º 8 do art. 127º-*quinquies* do TUF – aplicável, recorde-se, às ações de lealdade -- dispõe expressamente que "*se lo statuto non dispone diversamente, la maggiorazione del diritto di voto si computa anche per la determinazione dei quorum costitutivi e deliberativi che fanno riferimento ad aliquote del capitale sociale*". Por outro lado, o art. 2368º do Código Civil dispõe que "*l'assemblea ordinaria è regolarmente costituita quanto è rappresentata almeno la metà del capitale sociale, escluse dal computo le azioni prive del diritto di voto nell'assemblea medesima*". Com base nestas duas regras, entende a maioria da doutrina italiana que, na falta de regra estatutária especial, o cálculo do *quorum* constitutivo deve ser realizado usando os direitos de voto e não o valor nominal do capital, em analogia com o que dispõe expressamente a regra do n.º 1 do art. 120º do TUF sobre comunicação de participações qualificadas – "*Ai fini della presente sezione, per capitale di società per azioni si intende quello rappresentato da azioni con diritto di voto. Nelle società' i cui statuti consentono la maggiorazione del diritto di voto o hanno previsto l'emissione di azioni a voto plurimo, per capitale si intende il numero complessivo dei diritti di voto*". Vd. Damiano di Vittorio, *Le azioni a voto potenziato: dinamiche societarie e analisi d'impatto della maggiorazione del voto sui corsi azionari di società quotate*, 60-61; A Busani e M Sagliocca, "Le azioni non si contano, ma

II. Nenhuma dúvida se levanta de que, como regra, os votos acrescidos das ações com voto plural e os votos majorados das ações de lealdade serão relevantes para a formação do *quorum* deliberativo. Esse é o sentido final da estipulação de voto plural.

Nos termos do n.º 3 do art. 386º do CSC (e em prejuízo do que dispõe o n.º 4), está sujeita a uma maioria de dois terços dos votos emitidos, salvo se os estatutos fixarem maioria mais exigente, a deliberação sobre os assuntos referidos no n.º 2 do artigo 383º, ou seja, alteração do contrato de sociedade, fusão, cisão, transformação, dissolução da sociedade; a estes, haverá que acrescentar outros assuntos para os quais a lei exija maioria qualificada – já referimos alguns –, e os assuntos que sejam sujeitos a tal regra por previsão estatutária. Nos demais casos, a assembleia delibera por maioria dos votos emitidos, salvo tratando-se de designação de titulares de órgãos sociais ou de revisores ou sociedades de revisores oficiais de contas, em que, havendo várias propostas, fará vencimento aquela que tiver a seu favor maior número de votos.

Assim, o cálculo da maioria necessária para aprovação de qualquer deliberação – seja maioria simples, seja maioria qualificada – faz-se, em regra, por referência ao capital social votante, integrando como numerador o universo dos votos presentes ou representados na reunião da assembleia e, como denominador, os votos emitidos a favor, contra ou em abstenção[885]. Os votos majorados e os votos múltiplos das ações de categoria especial com voto plural serão indubitavelmente relevantes de ambos os lados da equação, seja do lado do numerador, seja do lado do denominador.

O mesmo acontece naqueles casos – excecionais – em que a maioria não é calculada por referência aos votos emitidos pelos acionistas presentes ou representados, mas é calculada por referência ao capital social. É o que acontece, nos termos do n.º 5 do art. 3º, com a deliberação de transferência da sede social para o estrangeiro, que está sujeita a um *quorum* deliberativo

si 'pesano': superato il principio one share one vote con l'introduzione delle azioni a voto 'plurimo'ea voto 'maggiorato'", *Le Società* (2014), 1056-1057.

[885] Nos termos do n.º 1 do art. 386º as abstenções não são contadas; essa regra, no entanto, vale para as deliberações a tomar por maioria dos votos emitidos, já que, se a lei exigir maioria qualificada, a não contagem das abstenções equivale à rejeição da proposta. Nos termos do n.º 5, quando for exigida uma maioria qualificada, determinada em função do capital da sociedade, não são tidas em conta para o cálculo dessa maioria as ações cujos titulares estejam legalmente impedidos de votar, quer em geral quer no caso concreto, nem funcionam, a não ser que o contrato disponha diferentemente, as limitações de voto permitidas pelo artigo 384º, n.º 2, alínea b).

mínimo de 75% dos votos correspondentes ao capital social ou com a disposição do n.º 1 do art. 294º, segundo a qual, salvo cláusula contratual em sentido diferente, não pode deixar de ser distribuído aos acionistas metade do lucro do exercício, a não ser que seja aprovada deliberação nesse sentido tomada por maioria de três quartos dos votos correspondentes ao capital social em assembleia geral para o efeito convocada[886]. É o que acontece também com a deliberação de exclusão voluntária de negociação que, nos termos do art. 251º-F, deve ser aprovada "por uma maioria não inferior a 90% dos direitos de voto correspondentes ao capital social" (e em assembleias dos titulares de ações especiais admitidas à negociação em mercado regulamentado em Portugal ou negociadas em sistema de negociação multilateral e de outros valores mobiliários que confiram direito à subscrição ou aquisição de ações por maioria não inferior a 90% dos valores mobiliários em causa)[887]. Nestes casos, as ações com voto majorado serão relevantes, de novo, no cálculo do universo a repartir e no cálculo da maioria, uma vez que nada permite entender que a expressão "votos correspondentes ao capital social" remete para a expressão nominal do capital social[888].

---

[886] A versão original do n.º 1 do art. 294º dispunha: "Salvo diferente cláusula contratual ou deliberação unânime dos accionistas, não pode deixar de ser distribuída aos accionistas metade do lucro do exercício que, nos termos desta lei, lhes seja distribuível". A passagem de um requisito de unanimidade para uma regra de três quartos dos votos correspondentes ao capital social ocorreu por efeito do Decreto-Lei n.º 280/87, de 8 de julho, e visava, como consta do preâmbulo do diploma, tornar "o sistema mais praticável e conforme à realidade, evitando-se situações de bloqueio por parte de uma minoria não significativa; acresce que assim não se criarão desaconselháveis obstáculos ao reinvestimento dos lucros, como coerente objectivo de política económica".

[887] Era o que acontecia também, até à recente revisão do CVM, com a deliberação de perda da qualidade de sociedade aberta que, nos termos da alínea b) do n.º 1 do art. 27º do CVM, estava sujeita a uma maioria "não inferior a 90 % do capital social".

[888] Não cremos que isso se possa retirar do n.º 5 do art. 386º, que dispõe que "quando a lei ou o contrato exijam uma maioria qualificada, determinada em função do capital da sociedade, não são tidas em conta para o cálculo dessa maioria as ações cujos titulares estejam legalmente impedidos de votar, quer em geral quer no caso concreto, nem funcionam, a não ser que o contrato disponha diferentemente, as limitações de voto permitidas pelo artigo 384.º, n.º 2, alínea b)". O não funcionamento das limitações de voto é essencialmente uma regra que visa facilitar/permitir a formação da maioria requerida, que de outra forma pode ser de formação impossível, e não uma regra que visa referir o sistema ao valor nominal do capital. Vd. sobre o tema Paulo Olavo Cunha, *Deliberações sociais: Formação e impugnação*, 136-137. Já em outros sistemas o problema surge com maior acuidade. O art. 2368º do Código Civil italiano dispõe que *"l'assemblea straordinaria delibera con il voto favorevole di più della metà del capitale sociale, se lo statuto non richiede una maggioranza più elevata"*, o que parece remeter para a expressão nominal do capital social e não para a expressão dos votos atribuídos. Claro que, quando a expressão nominal do capital social votante e os votos atribuídos estão estabelecidos

25.2. *Os* voting caps

I. Não há razão para que a existência de ações com voto majorado ou de uma categoria especial de ações com voto plural não conviva com a consagração de *voting caps*. Sob um estrito ponto de vista funcional, existe, é certo, alguma incompatibilidade de princípio entre um sistema que visa atribuir desproporcionalmente mais poder político a acionistas ditos estratégicos – e aqui pensamos sobretudo na consagração de uma categoria de ações com voto plural, mais que nas ações de lealdade – e outro que visa limitar os votos que podem ser exercidos por cada acionista e que, por isso, desincentiva a formação de posições acionistas acima de um limite fixado pelos estatutos. Mas essa incompatibilidade é mais aparente que real. Primeiro, porque não é necessariamente relevante no caso de ações de lealdade, uma vez que a manutenção da posição durante o termo previsto incentiva tanto o acionista controlador como aquele que, não tendo qualquer posição ou pretensão de controlo, vê o seu investimento como estratégico e de médio e longo prazo e, por isso, vê com favor a majoração do seu direito de voto. Segundo, porque o *voting cap* pode estar fixado em patamares, aliás bastante correntes entre nós – por exemplo, 20%, 25% ou 30% –, que, sendo suficientemente baixos para evitar a construção de uma posição de controlo jurídico, serão em todo o caso suficientemente altos para permitir que o acionista tenha um controlo de facto sobre a sociedade com uma posição estabilizada perto ou em cima do patamar de voto; e, para esse controlo de facto, será relevante a existência de ações com voto plural, em qualquer das suas versões.

Aliás, diga-se que nada obsta sequer a que o *voting cap* não possa ser exclusivamente aplicável a ações com voto plural (o que, de novo, poderá ter maior lógica funcional se estivermos perante ações com voto majorado). Num caso como este, os estatutos visariam premiar a lealdade dos acionistas conferindo-lhes mais votos, mas, ao mesmo tempo, equilibrariam essa majoração com uma regra segundo a qual a partir de certo ponto os votos

---

por uma regra de proporcionalidade, como ocorreu em Itália até à reforma, o problema não tinha relevo. Já a partir da reforma de 2014, a regra passou a significar o destaque de um regime especial em que, para certas deliberações, a lei exige uma maioria formada em função das ações votantes representativas de uma percentagem nominal do capital, ou seja, com proporcionalidade entre exposição ao risco e votos. Não deixa, de todo o modo, de ser um sistema complexo e de difícil explicação aquele em que convivem maiorias calculadas em função de universos de votos e outras maiorias calculadas em função do valor nominal do capital social votante.

majorados deixariam de ser contados[889]. No polo oposto, nada obsta também a que a regra de *voting cap* não seja exclusivamente aplicável a ações ordinárias, caso em que as ações com voto plural teriam um duplo privilégio – o que resulta da sua estrutura de voto e o que resulta da não aplicabilidade da regra de *voting cap*[890].

II. Nos termos do disposto na alínea b) do n.º 2 do art. 384º, o contrato de sociedade pode estabelecer que não sejam contados os votos acima de certo número, quando emitidos por um só acionista, em nome próprio ou também como representante de outro. O código opta assim por uma expressão muito genérica – que não sejam contados os votos acima de certo número –, que é passível, portanto, de diversas formulações.

---

[889] É um cenário expressamente admitido em regimes como o italiano. Vd. Piergaetano Marchetti, "Osservazioni e materiali sul voto maggiorato", 454. Foi também o regime que vigorou em Portugal entre a reforma de 1972 e a aprovação do CSC. Recorde-se que quando o legislador nacional, em 1972, eliminou do sistema os tetos de voto gerais obrigatórios, deixou uma salvaguarda: dispunha o § 4 do art. 183º do Código "Não obstante cláusula contratual diversa, estipulada ao abrigo do parágrafo anterior, e com reserva da excepção constante da parte final do mesmo parágrafo, os privilégios de voto não podem ser exercidos na medida em que, por força deles, um accionista represente na assembleia mais que a décima parte dos votos conferidos por todas as acções emitidas".

[890] O que escrevemos merece algumas notas suplementares. A primeira para salientar que o n.º 3 do art. 384º dispõe expressamente que a limitação de votos "pode ser estabelecida para todas as ações ou apenas para ações de uma ou mais categorias, mas não para acionistas determinados". Daí que nos pareça clara a licitude de uma regra que disponha que o *voting cap* apenas se aplica às ações de categoria especial com voto plural, apenas se aplica a alguma ou algumas dessas categorias ou, pelo contrário, apenas se aplica às ações ordinárias. Já no caso de ações de lealdade, vemos com dificuldade que seja estipulado que a limitação se aplique apenas às ações ordinárias que não tenham o voto majorado ou apenas às ações com voto majorado; isto porque nem umas, nem outras, são categorias de ações (sendo que a estrutura de majoração da ação de lealdade remete com facilidade para o conceito de "acionistas determinados, a que se refere o n.º 3 do art. 384º). Segunda nota, para salientar que a estipulação de um *voting cap* que não seja aplicável às ações com voto majorado faz parte de um conjunto de cenários, a par de outros como a emissão de ações preferenciais, que causam um claro efeito de potenciamento da desproporção de voto. Caso o legislador pretendesse evitar a conjugação destes mecanismos, deveria tê-lo regulado expressamente, pois de outra forma não haverá razão para entender que os mesmos não estão ao dispor dos agentes de mercado. Em Itália, mesmo na falta de uma regra como a do n.º 3 do art. 384º que recorte a aplicação da regra de *voting cap* em função de categorias de ações (recorde-se que o art. 2351º do *Codice Civile* diz de forma mais simples a este propósito – *"lo statuto può altresì prevedere che, in relazione alla quantità di azioni possedute da uno stesso soggetto, il diritto di voto sia limitato ad una misura massima o disporne scaglionamenti")*, é também esse o entendimento. Vd. Massimo Bione, "Il voto multiplo: digressione sul tema", *Giur. Comm.* (2011), 676-677; Massimo Bione, "Il principio della corrispondenza tra potere e rischio e le azioni a voto plurimo: noterelle sul tema", 275; Marta Russo, *Le azioni a voto plurimo*, 137-138.

A formulação mais normal, entre nós, para estas regras de *voting cap*, passa pela sua fixação face ao universo representado pelos votos correspondentes ao capital social. Dispõe-se assim que não são contados os votos que excedam determinada percentagem dos votos correspondentes ao capital social, o que, perante situações de voto majorado ou de ações de categoria especial com voto plural, obriga a ponderar tais votos adicionais quer do lado do numerador, quer do lado do denominador[891]. O mesmo acontece quando o *voting cap* seja estipulado face ao universo dos votos apurados em assembleia geral, ou seja, quando seja estabelecido que não são contados os votos que excedam determinada percentagem dos votos emitidos em cada reunião da assembleia. Também neste caso não poderão deixar de ser contados os votos totais do lado do numerador e do lado do denominador.

Finalmente, apesar de menos corrente entre nós, nada obsta a que o teto de voto seja fixado por uma referência estritamente numérica, dispondo que o acionista não poderá exercer mais que um número determinado de votos. Nestes casos, a existência de voto plural será, também aqui, relevante na contabilização desse número[892].

25.3. *Exercício de outros direitos*

A generalidade dos patamares para exercício de direitos que são fixados no Código em percentagem sobre o capital social não sofrerá qualquer alteração pela introdução de uma regra de voto plural, já que este, em qualquer das suas

---

[891] Escusado será referir que, no caso das ações de lealdade, existe uma inevitável e incontrolável flutuação do número de votos que é causadora de perturbações. Num ambiente de proibição de voto plural, o acionista detentor de 20% do capital votante numa sociedade em que esteja estabelecido um *voting cap* nos mesmos 20% (face ao capital votante) sabe que, em qualquer circunstância, será autorizado a votar com a sua participação na integralidade e, não sabendo nunca *a priori* quanto esses 20% representarão no universo dos votos emitidos, sabe que não poderia ter participação que lhe assegurasse mais votos. Num ambiente em que existam ações de lealdade, o facto de uns acionistas ganharem a majoração de voto implica o aumento do universo do numerador, o facto de outros perderem a majoração implica a redução do universo do numerador, o facto de o próprio acionista ganhar a majoração implica o aumento do numerador e o facto de perder a majoração implica a diminuição do numerador. Isto faz com que o acionista detentor de 20% do capital votante numa sociedade em que esteja estabelecido um voting cap nos mesmos 20% (face ao universo dos votos) nunca saiba qual é a participação com que vai ser admitido à votação.

[892] A não ser, claro, que a própria regra de limitação disponha de forma diferente. Sobre as várias alternativas de formulação permitidas pela regra do CSC vd. José Engrácia Antunes, “Os tetos estatuários de voto: breve nótula”, 44-45.

variantes, se refere estritamente ao poder de voto. Em tudo o mais, a regra não deve ter consequências. Isso é tanto mais verdade quando verificamos que já hoje essas regras são construídas sobre o universo do capital social, ou seja, dispensando o mesmo tratamento a ações votantes e a ações não votantes.

Estamos a pensar em regras como a do n.º 1 do art. 29º, que obriga a que seja previamente aprovada por deliberação da assembleia geral a aquisição de bens por uma sociedade anónima que seja efetuada a fundador da sociedade quando o contravalor dos bens adquiridos exceda 2% ou 10% do capital social (consoante este for igual ou superior a 50.000 euros, ou inferior); a do n.º 1 do art. 76º, sobre nomeação de representante especiais da sociedade a requerimento de um ou mais sócios que possuam, pelo menos, 5% do capital social; a do n.º 1 do art. 77º, que permite a sócios que possuam, pelo menos, 5% do capital social (ou 2% no caso de sociedade cotada) propor ação social de responsabilidade contra gerentes ou administradores; as regras sobre direito à informação (n.º 1 do art. 288º, n.º 3 do art. 289º, n.º 1 do art. 291º; ou a regra de requerimento de convocação da assembleia geral, nos termos do n.º 2 do art. 375º. Os exemplos podiam facilmente ser multiplicados.

Apenas não será assim quando a percentagem fixada para acesso ao direito implique uma deliberação da assembleia geral – caso das regras especiais de eleição de administradores do n.º 1 do art. 392º ou da regra de oposição à destituição sem justa causa prevista no n.º 2 do art. 403º –, onde não poderá deixar de se atender aos votos efetivos exercidos por cada acionista.

26. Direito de exoneração

I. Sabe-se que o direito de exoneração tem aplicação muito excecional no universo das sociedades anónimas – já nos pronunciámos sobre o assunto – que, no CSC, se reduz aos casos de aprovação de transferência da sede efetiva para outro país (art. 3.5), ocorrência de vícios de vontade dos sócios na celebração do contrato de sociedade (art. 45º), e de deliberação de regresso à atividade depois de iniciada a partilha (art. 161.5)[893]. Há, claramente, uma relação inversa entre o elemento pessoal da sociedade e a abertura do regime de exoneração ou, por outras palavras, entre o elemento capitalístico

[893] A estas hipóteses haverá a acrescentar, para quem o entenda, os casos de aprovação de deliberações de transformação (art. 137.1), cisão (arts. 120º e 105.1) ou fusão (art. 105.1) e, de acordo com a doutrina maioritária, os outros casos que, porventura, sejam especialmente previstos nos estatutos. Vd., *supra*, nota 283.

da sociedade e o fecho do regime de exoneração, tudo fazendo com que nas sociedades em nome coletivo, e até nas sociedades por quotas, a abertura das previsões de exoneração seja claramente maior que nas sociedades anónimas[894].

A estas situações, haverá que acrescentar outras, agora no domínio do direito dos valores mobiliários que, não correspondendo formal ou materialmente a casos de exoneração, facultam em todo o modo ao acionista a possibilidade de alienar as suas ações, tendo por essa via uma opção de saída do capital da sociedade. É o caso da OPA obrigatória que, nos termos do n.º 1 do art. 187º, é imposta àquele cuja participação em sociedade cotada ultrapasse, diretamente ou nos termos do n.º 1 do artigo 20.º, um terço ou metade dos direitos de voto correspondentes ao capital social. É o caso também da alienação potestativa de ações que, para as sociedades fechadas, está regulada pelos n.os 5 e seguintes do art. 490º do CSC e, para as sociedades cotadas, está regulada pelo art. 196° do CVM[895].

Não cremos que se possa alinhar o conjunto de situações mencionadas – ou seja, os casos de exoneração aplicáveis às sociedades anónimas, as regras de OPA obrigatória, as regras de alienação potestativa de ações e as regras de exclusão voluntária de negociação por deliberação da assembleia[896] – por uma única linha de explicação. Em certo sentido, cada um dos grupos de casos mencionados tem uma lógica interna própria que lhe dá autonomia e que justifica a imposição legal de uma limitação à regra de autonomia privada, sendo excessivo, por exemplo, afirmar que as regras de OPA obrigatória e a alienação potestativa têm uma explicação funcional comum. Há, no entanto, um ponto comum: todos estes casos revelam situações em que a lei entende comprimir a vontade de uma entidade – a própria sociedade, um acionista controlador, uma entidade com um projeto de aquisição de ações –, obrigando-a a adquirir, ou pelo menos a propor essa aquisição, um

[894] O direito de exoneração é uma exceção ao princípio maioritário, que assume dever a vontade da maioria impor-se à vontade da minoria, conferindo a essa mesma minoria o direito de, perante a discordância manifestada, liquidar a participação e, por essa via, sair da posição de socialidade.

[895] Era o que sucedia também, até à recente revisão do CVM, com a regra do n.º 3 do art. 27º que, perante deliberação de perda qualidade de sociedade aberta tomada segundo regras especialmente exigentes, impunha à sociedade que indicasse um acionista para adquirir, no prazo de três meses após o deferimento pela CMVM, os valores mobiliários pertencentes às pessoas que não tivessem votado favoravelmente alguma das deliberações em assembleia.

[896] Tal como ocorria com o regime revogado de perda da qualidade de sociedade aberta por deliberação da assembleia geral.

conjunto de ações por vontade de um acionista, face a um evento modificativo da relação desse acionista com a sociedade[897].

II. O projeto da AEM sobre voto plural, a que já fizemos referência, também previa um mecanismo de saída, muito embora de natureza e alcance mais limitado. O dito projeto previa a possibilidade de a alteração de estatutos para fazer corresponder até três votos por cada ação de determinada categoria ou, nas sociedades com ações admitidas à negociação em mercado regulamentado (ou sob condição dessa admissão), para fazer corresponder dois votos por cada ação detida há mais de dois anos de forma ininterrupta pelo seu titular e, no primeiro caso, fazia depender a alteração de deliberação aprovada por uma maioria de três quartos dos votos emitidos e de designação de uma entidade que se disponibilizasse a adquirir as ações detidas por aqueles que votaram contra a alteração do contrato social. Apesar de não se tratar, em rigor, de direito de exoneração, a opção de saída do acionista dissidente ficava claramente salvaguardada (sabendo-se, claro, que a existência dessa opção seria sempre dissuasora da implementação da alteração estatutária).

Nada, no entanto, foi a este propósito regulado na regra do CVM.

O regime italiano concede esse direito, como já referimos. Nos termos do art. 2437.1.g) do Código Civil, os acionistas que não tenham votado favoravelmente deliberações de "*modificazioni dello statuto concernenti i diritti di voto o di partecipazione*", têm direito de exoneração (total ou parcial)[898]. Por

---

[897] Como referimos, este ponto comum não apaga as enormes diferenças que existem entre os vários grupos de casos mencionados. Afirmar que a justificação para a alienação potestativa, prevista no art. 490°, está na transformação da posição do minoritário que resulta da concentração de mais de 90% do capital, e na situação de inferioridade que daí resulta, não sendo errado, é redutor. A justificação para essa alienação estará mais numa procura de equilíbrio do sistema face às regras de aquisição potestativa, do que na proteção *tout court* da posição dos minoritários; na verdade, é a regra de aquisição potestativa e o favor que é dado à concentração de capital que justifica o regime da alienação potestativa, e não o regime da alienação potestativa, e o favor no tratamento do minoritário que perdeu poder, que justifica o regime. De igual modo, afirmar que a *ratio juris* da OPA obrigatória está na atribuição aos minoritários de um direito de exoneração para se protegerem da desvalorização das suas ações causada pela concentração de ações na titularidade de um acionista, não sendo errado é, de novo, redutor, e esquece as enormes diferenças, materiais e formais, entre os institutos. O mesmo pode ser dito em relação aos outros casos mencionados. Vd., por exemplo, Mariana Leite Silva, *O direito de exoneração do acionista por justos motivos*, 73-77. Em sentido bastante diferente da posição defendida no texto, vd. Pedro Pais de Vasconcelos, "Concertação de accionistas, exoneração e OPA obrigatória em sociedades abertas", 16 e ss.

[898] A regra italiana é tao abrangente – refere-se a modificações do estatuto do voto –, que não gera qualquer dúvida de que o mecanismo é espoletado por um sistema de voto plural, seja qual

outro lado, o n.º 6 do art. 127º-*quinquies* dispõe que *"la deliberazione di modifica dello statuto con cui viene prevista la maggiorazione del voto non attribuisce il diritto di recesso ai sensi dell'articolo 2437 del codice civile"*, o que afasta a possibilidade de o direito ser exercido no caso de consagração de ações de lealdade (sabendo-se que, não fora a exceção, o Código Civil asseguraria tal direito)[899]. É certo que o faz dando uma abrangência ao instituto da exoneração que não tem paralelo no direito nacional: nos termos dessa regra do Código Civil italiano, o direito de exoneração é conferido face a deliberações como a de modificação da regra de objeto social, à alteração significativa da atividade da sociedade, à eliminação de uma ou mais causas de exoneração (previstas na lei ou nos estatutos) ou à modificação dos critérios de determinação do valor das ações em caso de exoneração. Trata-se de um alcance do instituto que está muito para além daquilo que ocorre no sistema nacional.

Cremos que se justifica a não consagração de mecanismo de exoneração (ou equivalente) no sistema nacional e que a resposta diferente apenas poderia resultar de razões de política legislativa específicas (por exemplo, se o legislador pretendesse abrir a porta à consagração de um sistema de voto plural, mas quisesse desincentivar o seu recurso a emitentes já cotados; ou se o legislador abrisse as portas a mais que uma solução de voto plural, mas depois quisesse condicionar a opção dos emitentes no sentido de uma dessas soluções)[900]. Este entendimento resulta de razões de ordem diversa.

---

for a sua variante. Claro que se gera outro tipo de problemas, como o de saber se o estatuto do voto é modificado por mero efeito da alteração estatutária que o permite ou se, pelo contrário, é necessário que ocorra a efetiva emissão/conversão de ações com voto desigual, o que se prende com a interpretação do que se deva entender como *modificazioni dello statuto concernenti i diritti di voto*. Para uma descrição das várias interpretações sobre o tema, vd. Damiano di Vittorio, *Le azioni a voto potenziato: dinamiche societarie e analisi d'impatto della maggiorazione del voto sui corsi azionari di società quotate*, 76-79. A questão não é apenas teórica, já que sendo o direito assegurado aos acionistas que não concorreram para a formação da maioria que tenha alterado as regras de voto, questiona-se se o direito deve ser assegurado a quem aprovou a alteração estatutária, mas não a emissão ou, pelo contrário, aprovou a emissão mas não a alteração estatutária.

[899] Não se pode deixar de perceber nesta exceção um tratamento mais favorável dado pelo legislador italiano às ações de lealdade. A doutrina explica esta exceção a partir da ideia de tratamento igualitário das ações de lealdade face às ações de categoria especial com voto plural, mas essa razão deixa na sombra aqueles casos em que a criação de uma categoria especial seja feita também em termos estritamente igualitários.

[900] Em termos parcialmente divergentes, mas não deixando de apontar as dificuldades de coordenação sistemática, por exemplo, com o nº 5 do art. 3º do CSC, vd. José Ferreira Gomes, "Voto plural nas sociedades por quotas e anónimas: reflexões de política legislativa", 331-332, que acaba por justificar a pertinência da consagração de um direito de saída face, por um lado, à alteração do paradigma

Desde logo, resulta do facto de não se justificar sequer ponderar tal direito num conjunto significativo de alternativas – é o caso, por natureza, da consagração de soluções de voto plural na constituição da sociedade; é o caso da consagração estatutária de estruturas de ações de lealdade, em que todos os acionistas são tratados da mesma forma; é ainda o caso da consagração estatutária de uma categoria especial de ações com voto plural sempre que os acionistas sejam tratados de forma igualitária. Ora, a aceitar-se a posição que defendemos, quando assim não aconteça a introdução da categoria de ações com voto plural estará dependente da unanimidade – algo que, tratando-se de uma sociedade cotada, significa em termos efetivos tratar-se de condição de verificação impossível –, o que, de novo, faz com que a regra de exoneração seja inútil[901].

Claro que, num ambiente diferente do nosso, em que o regime da exoneração – ou outro equivalente – tivesse um alcance mais geral, a resposta ao que afirmamos poderia ser diferente. Cabe deixar claro que, no regime jurídico português, não permitem espoletar o direito de saída alterações da sociedade anónima – fechada ou cotada – tão radicais como seja, por exemplo, a aprovação de uma regra estatutária que altere de modo radical a política de distribuição de dividendos e as maiorias necessárias para decidir, em cada exercício, sobre a aplicação de resultados, ou sequer quando a sociedade decida alterar de modo radical a sua atividade ou até, formalmente, o seu objeto.

27. A modulação do voto

I. Os regimes europeus que nos últimos anos implementaram regras permitindo a adoção de sistemas de voto plural, entenderam por bem limitar o número máximo de votos que podem ser atribuídos a uma ação. Assim, em França a reforma de 2014 veio permitir a majoração do voto, duplicando-o;

---

societário que a introdução de ações com voto plural implica e, por outro lado, à expectável variação negativa da cotação das ações ordinárias.

[901] Por diferentes palavras, o legislador terá de optar entre assegurar o cumprimento da regra de igualdade de tratamento entre os acionistas, caso em que a existência de uma regra de exoneração será inútil, ou aceitar que uma qualquer maioria qualificada – dois terços, três quartos ou superior –, ainda que associada a outros requisitos ou condições (por exemplo, tratar-se de deliberação justificada no melhor interesse da sociedade) fundamente o tratamento não igualitário. Apenas nesta situação poderá justificar-se uma regra de exoneração dos acionistas que hajam votado contra; mas, na verdade, tratar-se-á de uma válvula de escape para um problema criado pelo próprio legislador.

em Itália, permitiu-se a majoração do voto, em ações de lealdade, também o duplicando, e veio-se permitir, para as sociedades fechadas, que cada ação de categoria especial atribua até três votos. Já o legislador nacional, no n.º 1 do art. 21º-D do CVM, veio permitir a emissão de ações com direito especial ao voto plural, até ao limite de cinco votos por cada ação.

A fixação de limites máximos de pluralidade ou majoração de voto serve objetivos de diversa natureza. Em primeiro lugar, sabendo que os sócios têm incentivos diferentes para a conservação de ações com voto múltiplo e de ações com voto de lealdade, visa evitar que a diferença de votos entre acionistas seja excessiva. Por outro lado, não perdendo nunca a referência funcional da regra supletiva de proporcionalidade, pretende evitar que, em concreto, se perca totalmente essa relação e se permita que um acionista controle a sociedade com uma participação de capital exígua.

Já outros sistemas não integram qualquer limitação ao número máximo de votos que podem ser atribuídos, deixando as regras de mercado comandarem essas balizas. É o que sucede no direito norte-americano onde, durante muitos anos, foi corrente a atribuição de até dez votos por ação de categoria especial – é o que ocorre com as ações classe B, da Google/Alphabet –, sendo hoje normais e correntes níveis de desproporção muito maiores, que chegam aos vinte votos – em sociedades como a Lyft, Pinterest, Snap e Stichy Fix.

Entende-se aqui que são as forças de mercado que ditam os limites de pluralidade de votos. Como já referimos, a consagração de um sistema de voto plural pressupõe, em regra, um desconto no valor de venda das ações não privilegiadas – um desconto face ao preço a que as ações poderiam ser vendidas não fora a consagração da regra de desproporção, desconto esse que será tão maior quanto o seja a desproporção. Daqui resulta então que, à partida, se a intenção for maximizar o encaixe financeiro com a venda de ações, o incentivo estará no sentido de limitar os mecanismos de desproporção ou, no limite, de os manter num nível tão razoável quanto possível[902].

---

[902] No caso das ações de lealdade, a fixação de limites máximos de majoração serve ainda outro objetivo. Já antes mencionámos que as ações de lealdade induzem pressões muito complexas e pouco coerentes no funcionamento do *market for corporate control*. É assim por razões de ordem diversa. Porque para alguns acionistas a majoração do voto, não sendo transmissível com as ações, não tem qualquer valor, o que aumenta o efeito concentrador da majoração para aqueles que dela aproveitam. Porque o acionista ativista será forçado a comprar uma participação acionista maior porque o facto de outros, mas não ele (porque acaba de aceder ao capital), terem acesso à majoração de voto, gera uma diluição do poder de voto em ações não majoradas que só se combate com mais ações ou com tempo. Porque para o acionista controlador a transmissão da posição de controlo significa a perda

II. A existência de maior ou menor desproporção entre votos e representação nominal do capital não depende apenas do número máximo de votos que o sistema admita, mas também de outros fatores. É o caso da opção, muito habitual nas grandes sociedades norte-americanas, de combinar soluções de voto plural com ações sem direito de voto; é o caso, menos corrente, da adoção de sistemas de voto decimal[903]; ou, ainda, o caso da conjugação de uma categoria de ações com voto plural com outra categoria em que o direito de voto dependa da titularidade de um número determinado – mas mais que uma – de ações.

28. O voto plural e a OPA obrigatória

I. Nos termos do n.º 1 do art. 187º do CVM, "aquele cuja participação em sociedade emitente de ações admitidas à negociação em mercado regulamentado referida no n.º 1 do artigo 13.º-B ultrapasse, diretamente ou nos termos do n.º 1 do artigo 20º, um terço ou metade dos direitos de voto correspondentes ao capital social tem o dever de lançar imediatamente OPA sobre a totalidade das ações e de outros valores mobiliários emitidos por essa sociedade que confiram direito à sua subscrição ou aquisição"[904].

de um valor inapropriável. Porque, por fim, uma tentativa de aquisição do controlo por terceiro será mais complicada, uma vez que o terceiro está a oferecer um preço por ações ordinárias (porque é assim que ele as recebe na sua esfera jurídica) e o controlador estará a avaliar um preço que para ele, e só para ele, é de controlo. Ora, se já é complexo avaliar estes efeitos quando a majoração duplica ou triplica o poder de voto, imagine-se a entropia que seria causada no sistema se a majoração decuplicasse o poder de voto. Pode-se por isso dizer que, em grande medida, a não ser que se esteja disposto a correr ilimitadamente os riscos gerados por estes efeitos, a limitação da majoração (até em maior medida do que aquilo que ocorrer nas ações de categoria especial com voto plural) é uma inevitabilidade nas ações de lealdade.

903 Discute-se em Itália a admissibilidade de voto decimal face à regra do art. 2351 do Código Civil. Já nos referimos a este problema, o das chamadas majorações fracionárias, em momento oportuno. Aquilo a que nos referimos nesta sede é um pouco diferente. O problema da majoração fracionária assume sempre que cada ação atribua sempre mais de um voto e o que se questiona é se, atribuindo mais de um voto a cada ação, terá de atribuir um número inteiro de votos ou se pode ser um número fracionado; mas esse número é sempre maior que um. Aqui temos presente a hipótese de cada ação atribuir menos de um voto. É uma solução que produz um efeito económico semelhante à solução prevista no art. 384.2.b), com a diferença de que o acionista é chamado a votar ainda que não tenha sequer um voto.

904 O n.º 1 do art. 187º assume a irrelevância da causa jurídica que gera a ultrapassagem do patamar, apenas sendo pressuposto da obrigação que ela ocorra "diretamente ou nos termos do n.º 1 do artigo 20º". Nenhuma dúvida se levanta por isso de que, no atual sistema, será constitutiva do dever

Resulta assim diretamente da regra que o cálculo dos patamares a partir dos quais se determina a geração da obrigação de lançamento de OPA é feito por uma contagem de "direitos de voto correspondentes ao capital social" que, na leitura do legislador nacional, será relevante nos patamares de um terço e de cinquenta por cento[905]. Isto significa que, em regra, o cálculo para a qualificação do dever de lançamento de OPA pode ser realizado com a determinação do número de ações detidas pelo participante – e do consequente número de votos que essas ações lhe assegurem[906] –, no confronto com o número de ações emitidas pela sociedade cotada em relação à qual estabelecemos a proporção – e do universo representado pelo número de votos correspondentes a essas ações. O primeiro valor dar-nos-á a medida do numerador e o segundo dar-nos-á a medida do denominador. Do confronto de ambos, resultará a percentagem de votos correspondentes ao capital social inerentes à participação detida, a partir da qual será possível aferir da obrigatoriedade de lançamento de OPA.

São, no entanto, várias as situações em que existe uma dissociação entre a percentagem que corresponde ao número de ações detidas – perante o respetivo universo – e a que corresponde ao número de votos conferidos por essas ações – também perante o respetivo universo. Nesses casos, a detenção

a passagem do patamar por aumento do número de votos, seja por aumento dos votos inerentes às ações detidas (por exemplo, que resultem da atribuição do voto em ações preferenciais sem voto), seja por redução dos votos do universo das ações votantes (por exemplo, por aquisição de ações próprias). Noutros sistemas não é assim. Foi (também) por isso que o legislador italiano se sentiu obrigado a prever expressamente a majoração para efeitos deste cálculo, dispondo no novo n.º 1 do art. 106º do TUF (uma regra também ela geradora de mútiplas dúvidas interpretativas, por parecer estabelecer um duplo patamar de relevância da obrigatoriedade de OPA) – *"chiunque, a seguito di acquisti ovvero di maggiorazione dei diritti di voto, venga a detenere una partecipazione superiore alla soglia del trenta per cento ovvero a disporre di diritti di voto in misura superiore al trenta per cento dei medesimi promuove un'offerta pubblica di acquisto rivolta a tutti i possessori di titoli sulla totalità dei titoli ammessi alla negoziazione in un mercato regolamentato in loro possesso".*

905 Recorde-se que o n.º 1 do art. 5º da Diretiva das OPA deixa claro que a obrigação de lançamento da OPA resulta do controlo de uma participação que confira, direta ou indiretamente, uma percentagem dos direitos de voto que habilite o participante a ter o controlo da sociedade participada e, finalmente, que nos termos do número 3 do mesmo artigo, a percentagem de direitos de voto que confere o controlo de uma sociedade, para os efeitos referidos, é determinada pela regulamentação do Estado-Membro em que se situa a sua sede social (apesar dos receios existentes aquando da aprovação da Diretiva, estas percentagens foram fixadas entre os 30% e os 50%). Vd. Jan Wouters, Paul Van Hooghten et al., "The European Takeover Directive: A commentary", in *The European Takeover Directive and its Implementation* (Oxford, 2009), 26-33.

906 Estamos a simplificar. Em rigor, trata-se da soma dos direitos de voto correspondentes à posição do participante com aqueles que lhe sejam imputáveis nos termos do n.º 1 do artigo 20º.

de determinada percentagem de ações não corresponderá a idêntica percentagem de votos, podendo variar, consoante os casos, para números superiores ou inferiores aos primeiros. Em todas essas hipóteses será relevante, seja no numerador seja no denominador, o número de votos[907].

Daqui resulta então que, na economia do sistema, seja inevitável conferir relevância, quer para cálculo do numerador, quer para cálculo do denominador, às ações de categoria especial com voto plural[908] – a emissão de *multiple voting rights shares* implica um aumento (não proporcional) dos votos existentes e não se compreenderia que um sistema alicerçado em patamares que visam identificar a alteração do controlo não os considerasse[909].

II. Já quanto às ações de lealdade, percebendo-se a similitude do problema – porque estas ações, decorrido o respetivo período relevante, majoram efetivamente os votos do titular, o que tem um efeito no aumento de poder do acionista e outro de diluição dos votos dos demais acionistas –,

---

[907] É o que sucede, por exemplo, quando a sociedade adquire ações próprias porque, como resulta da alínea a) do n.º 1 do art. 324º do CSC, enquanto as ações pertencerem à sociedade considerar-se-ão suspensos todos os direitos a ela inerentes, aí se englobando o direito de voto. Sendo assim, o número de votos que, em cada momento, pode ser exercido é, durante o período de detenção das ações próprias, inferior ao número de ações existentes. O caso mais complicado é o dos *voting caps*. Vd. o nosso Jorge Brito Pereira, "Voting caps e OPA obrigatória".

[908] Pelo menos, se e enquanto tais ações confiram efetivamente voto plural. É a isso que nos referimos. Parece claro que categorias de ações que confiram voto plural sujeito a termo ou sob condição resolutiva, devem ser tratadas, a partir do momento em que esse termo ou condição se verifique, como ações ordinárias. É o mesmo que acontece com sistemas, populares nos Estados Unidos, em que as ações de categoria especial se podem converter automaticamente, por mera vontade do titular, em ações ordinárias, para efeitos de transação em mercado regulamentado – serão tratadas como ações ordinárias a partir do momento da conversão. Já problema mais complexo é o de saber se deve ser tratada como ordinária ou como ação de voto múltiplo a categoria especial de ações que atribua voto plural sujeito a condição ou a termo suspensivo (enquanto essa condição ou termo não se verifica). A lógica diria que devemos, simetricamente, atender aos votos efetivamente conferidos, de onde resultaria que a ação seria tratada como ordinária. No entanto, não se exclui que as regras muito apertadas (e pouco coerentes) sobre imputação de votos, nomeadamente as alíneas e) e g) do n.º 1 do art. 20º do CVM, possam conduzir a entendimento distinto.

[909] A diferença entre as ações de categoria especial com voto plural e as ações ordinárias não é apenas relevante para efeitos de cálculo do numerador e do denominador na ponderação da obrigatoriedade de lançamento de OPA, refletindo-se em diversas outras passagens do regime. Por exemplo, o cálculo da contrapartida mínima, para efeitos do art. 188º do CVM, deve ser feito de forma segregada e autónoma (sendo que no caso de as ações de categoria especial não serem admitidas à cotação será inevitável, para efeitos do n.º 2 da regra, a designação de auditor independente); também será relevante para efeitos da inibição de direitos prevista no art. 192º do CVM.

também se vislumbram diferenças; e essas diferenças induzem problemas de relevante complexidade no sistema. Primeiro, porque o voto múltiplo da ação de lealdade não é uma característica inerente à ação, mas decorre antes de uma relação com a pessoa do acionista, de onde resulta inevitável a menor estabilidade do direito[910], a qual fica evidente face à intransmissibilidade para terceiro do direito majorado. Segundo, porque a perda da majoração do voto em caso de transmissão a terceiro tem como inevitável efeito que a aquisição do controlo por um terceiro não seja, normalmente, impactada pela majoração que o acionista antes controlador, e agora alienante, tinha ao seu dispor[911].

---

[910] Dir-se-á que a maior ou menor estabilidade da posição de controlo não é critério ou fundamento da obrigação de lançamento de OPA, o que é correto (fora dos casos especiais subsumíveis ao art. 190º do CVM). Está tão obrigado a lançar a oferta aquele que ultrapassa o patamar relevante com a intenção de manter a posição estratégica durante décadas, como aquele que se pretende dela desfazer iminentemente (de novo, perdoe-se a repetição, fora dos casos previstos no art. 190º do CVM). Mas a verdade é que a situação que temos em presença é diferente. Nos casos referidos, a maior ou menor estabilidade da posição de controlo depende da vontade do acionista controlador. Aqui, depende também da vontade dos outros acionistas (exercida individualmente, e não enquanto grupo), já que se todos, ou muitos, mantiverem a sua posição acionista para além do período de lealdade, o efeito de diluição gerado fará com que a posição de controlo estabelecida acima do patamar fixado, passe para baixo desse patamar. A hipótese mais semelhante é provavelmente a de alguém ultrapassar o limite de obrigação de lançamento de OPA por efeito da aquisição de ações próprias pela sociedade – um acionista que, no momento de partida, tem 31% do capital, vê-se acima do patamar dos 33,33% dos votos por efeito da redução do universo das ações votantes resultante de uma compra de ações próprias (sobre a qual pode não ter qualquer tipo de controlo ou influência). Claro que aqui estamos a levar o problema a um novo nível – porque o *decisor* da redução do universo não é a administração da sociedade visada, mas todo e qualquer acionista (atuando individualmente) que, em cada momento, ganhe ou perca votos por fidelização; e porque a instabilidade – mensal, semanal e até diária – que daqui pode resultar é de um nível completamente diferente.

[911] Explicando melhor: se um terceiro quer adquirir ações que lhe confiram a maioria dos votos, ou uma participação inferior que lhe assegure o controlo de facto da sociedade, terá, num ambiente de ações de lealdade, de adquirir a maioria das ações votantes (ou a dita participação inferior que lhe assegure o controlo de facto da sociedade). Caso esse terceiro esteja a adquirir uma participação de controlo a um acionista com votos majorados, isso significará que a participação que hoje conduz ao controlo, porque tem os votos majorados, já não permitirá aceder a esse resultado no momento seguinte. Naturalmente que não se quer afirmar que a majoração de votos é irrelevante para o cálculo do controlo (ou para o cálculo dos patamares de obrigação de lançamento de OPA) – desde logo porque a passagem para a posição controladora, ou a passagem do patamar de OPA obrigatória, pode ser efeito direto e exclusivo da majoração dos votos, como ocorrerá quando um acionista com uma posição de, por exemplo, 30% do capital, passe a deter mais de 33,3% e/ou de 50% dos votos por efeitos da majoração dos votos. A verdade é que a solução adotada em França e em Itália, não obstante as entropias que pode causar, é provavelmente incontornável face à Diretiva das OPA

Quer o legislador francês, quer o italiano, foram muito claros na consideração da relevância da majoração dos votos para efeitos de OPA obrigatória, seja no sentido de considerarem obrigatória a OPA do acionista com participação face ao capital social abaixo do patamar gerador da obrigação, mas com percentagem de votos face ao universo votante acima desse patamar, seja no sentido de considerarem não obrigado a OPA o acionista com participação face ao capital social acima do patamar gerador da obrigação, mas com percentagem de votos abaixo desse patamar[912]. Concordamos que a solução de atribuir relevância positiva à majoração de votos (no numerador e no denominador) corresponde à solução que parece mais adequada no sistema. Dir-se-ia mesmo que é a solução intuitiva. Deixa, no entanto, problemas por resolver.

Sem prejuízo do que escrevemos sobre a falta de estabilidade e de transmissibilidade do privilégio de voto proporcionado pelo sistema de ações de lealdade, não levanta grandes dúvidas que o acionista que, por efeito de majoração dos votos, ultrapassa qualquer dos patamares de lançamento de OPA obrigatória, deve ficar sujeito à respetiva obrigação. É o exemplo do acionista detentor de 20% do capital social que, por efeito de majoração, ultrapassa o patamar dos 33,33% dos votos[913]. Na verdade, uma vez ganha a majoração, a mesma não tem prazo limite, podendo manter-se durante períodos muito largos como sustentação da posição de controlo que é exercida.

---

e, em particular, face à regra do n.º 1 do art. 5º e à necessidade de estabelecimento e um critério espoletador da obrigação a partir de uma técnica de cálculo de direitos de voto.

[912] O art. 44-bis.1 do *Regolamento Consob n.º 11971/1999 (Emittenti)* dispõe expressamente – *"Nelle società i cui statuti consentono la maggiorazione del diritto di voto o hanno previsto l'emissione di azioni a voto plurimo, la partecipazione rilevante ai sensi dell'articolo 106, commi 1, 1-bis, 1-ter, e 3, lettera b), del Testo unico è calcolata tenendo conto del numero dei diritti di voto, esercitabili nelle deliberazioni assembleari riguardanti la nomina o la revoca degli amministratori o del consiglio di sorveglianza, in rapporto al numero complessivo dei diritti di voto comunicati dall'emittente ai sensi dell'articolo 85-bis238"*. Por outro lado, o art. 49(1)d-bis dispõe – *"nelle società i cui statuti consentono la maggiorazione del diritto di voto o hanno previsto l'emissione di azioni a voto plurimo, il superamento della soglia è determinato dalla riduzione del numero complessivo dei diritti di voto esercitabili sugli argomenti indicati dall'articolo 105 del Testo unico, salvo che il soggetto interessato abbia acquistato, anche di concerto, una partecipazione che, calcolata in rapporto al numero complessivo dei titoli emessi dall'emittente che attribuiscono il diritto di voto sui medesimi argomenti, eccede le soglie indicate dai commi 1, 1-bis, 1-ter e comma 3, lettera b), dell'articolo 106 del Testo unico"*.

[913] Estamos a assumir que apenas o acionista é beneficiado com a majoração e que, por isso, onde antes tinha 25 votos em 100, terá agora 50 votos em 125. Em qualquer cenário, a majoração de votos implica uma alteração do denominador (que, no limite lógico, impensável numa sociedade cotada, de todos os acionistas beneficiarem ao mesmo tempo da mesma majoração, faz com que as percentagens não se alterem).

Seria dificilmente explicável que o acionista que tem, e exerce, uma posição de votos acima dos patamares de OPA obrigatória, não fosse obrigado a lançar a oferta com fundamento na transitoriedade da sua posição de controlo.

No entanto, tem também o efeito de fazer com que a aquisição de uma participação que, face ao capital social, esteja acima dos patamares relevantes, não gere a obrigação de lançamento de OPA por, face ao universo dos votos, estar abaixo do respetivo patamar. É o exemplo do acionista adquirente de uma participação de 40% do capital votante que, por efeito da majoração de outros acionistas, vê serem-lhe atribuídos menos de 33,33% dos votos; é o caso, ainda mais chocante, mas mais difícil de admitir, de uma participação de 50,01% do capital votante corresponder a menos de 33,33% dos votos.

Dir-se-á que nenhum dos casos exemplificados nos coloca perante um acionista que tenha votos acima do patamar relevante e que, por isso, nenhum problema de OPA deve ser suscitado. Dir-se-á ainda que se, por efeito dos mecanismos de majoração dos votos, este acionista vier a deter efetivamente mais de 33,33% ou 50% dos votos[914], aí sim será obrigado a lançar uma OPA; mas que se esse momento não ocorrer, ou pelo menos até que ele ocorra, o sistema não estará comprometido. Isso será, até certo ponto, verdade. Sucede, porém, que, se é certo que o acionista com mais de 33,33% ou 50% do capital social, não tem o controlo efetivo da sociedade, a verdade é que também mais ninguém o pode ter (ou, pelo menos, será mais difícil que alguém o tenha), já que não restam em *free float* ações suficientes para que um terceiro possa disputar essa posição de controlo. E isto significará que caso, em momento posterior, esse acionista venha a efetivamente atravessar algum dos patamares relevantes da obrigação de OPA, já o prémio de controlo terá sido aprisionado por esse acionista que, deste modo, não terá qualquer incentivo a oferecer uma contrapartida superior ao mínimo estipulado por lei.

Claro que a opção contrária também não permite resolver adequadamente os problemas do sistema, já que obrigar o acionista detentor de mais de 33,33% do capital social, mas controlador de menos de 33,33% dos votos, a lançar uma OPA no momento inicial será não apenas iníquo – por significar a imposição da obrigação num momento não justificado –, mas, pior, significa também que uma futura alteração do controlo efetivo – que é o que ocorre quando por efeito do sistema de majoração o patamar relevante é efetivamente ultrapassado – não irá gerar a obrigação de lançamento de OPA. Ora, isto tem

[914] O que poderá resultar ou da majoração dos votos do acionista, ou da desinflação do universo de votos por perda da majoração de outros acionistas.

dois efeitos perversos inelutáveis: protege os acionistas contemporâneos da aquisição inicial em prejuízo dos acionistas contemporâneos do momento da passagem do patamar relevante; e, pior, não gera qualquer incentivo à partilha do prémio de controlo já que, por maioria de razão, este não existirá quando inexista controlo.

Uma parte – mas apenas uma parte – destes problemas pode ser resolvida por duas das válvulas de escape que estão ao dispor da CMVM na aplicação do regime da OPA obrigatória. Primeiro, pelo disposto no n.º 2 do art. 187º do CVM, a chamada prova negativa de domínio, que determina não ser exigível o lançamento da oferta quando a pessoa que a ela estaria obrigada prove perante a CMVM não poder exercer influência dominante sobre a sociedade visada. Segundo, pelo disposto no n.º 1 do art. 190º do mesmo Código, a regra sobre suspensão do dever, que permite diferir o dever de lançamento de OPA se a pessoa a ele obrigada, em comunicação escrita dirigida à CMVM, imediatamente após a ocorrência do facto constitutivo do dever de lançamento, se comprometer a pôr termo à situação nos 120 dias subsequentes.

Esses mecanismos permitirão retirar alguma da pressão mais inflexível do sistema, mas não são habilitados a resolver todas as tensões que antes mencionámos[915]. Continuando a aplicar a regra de prova negativa de domínio em coerência com aquilo que fazemos hoje, teremos as seguintes consequências num ambiente de ações de lealdade: aquele que detenha ações que representem mais de um terço do capital votante, mas que, por diluição (por majoração de outras ações), confiram menos um terço dos votos, não terá ultrapassado o patamar de OPA obrigatória, pelo que nem se coloca um problema de suspensão de dever; aquele que detenha ações que representem menos de um terço do capital votante, mas que, por majoração de votos, confiram mais de um terço de votos, será obrigado a lançar uma OPA, a não ser que consiga fazer a prova negativa de domínio; aquele que detenha ações que representam mais de metade do capital votante, mas que, por diluição

[915] A alteração no n.º 2 do art. 187º é relevante para estes efeitos. Antes, o n.º 2 do art. 187º do CVM apenas permitia a prova negativa de domínio a quem tivesse mais de um terço dos votos, não o permitindo, no entanto, a quem tivesse mais de 50% dos votos. A hipótese levantada parece fantasiosa – que alguém a quem sejam imputados mais de 50% dos votos tenha a pretensão de realizar a prova negativa de domínio perante a CMVM –, mas não o é, bastando para tanto pensarmos na possibilidade de estar fixado um *voting cap*, por exemplo, nos 20%. Ao contrário do que acontecia ao acionista a quem fossem imputáveis, por exemplo, 40%, que nesse caso podia pretender fazer a prova negativa de domínio, esse caminho estava fechado para aquele a quem fossem imputados mais de 50% dos votos.

(por majoração de outras ações), confiram menos um terço de votos, não terá ultrapassado o patamar de OPA obrigatória e, caso essas ações lhe confiram mais de um terço de votos ou de metade dos votos, poderá, estando reunidos os respetivos pressupostos, fazer prova negativa de domínio.

Apesar de não se ver como pode o sistema funcionar de outra forma, as disfunções de algumas destas soluções parecem-nos claras. Percebe-se que aquele que detenha ações que representam mais de um terço do capital votante, mas que, por diluição, confiram menos um terço dos votos, não tenha de lançar uma OPA obrigatória – mas saiba-se que, se e quando um dia o fizer (porventura porque a sua participação passa a representar mais de 33,33% ou mesmo mais de metade dos votos), não terá qualquer incentivo em pagar um prémio aos minoritários porque, simplesmente, a sua posição de domínio já estará estabilizada e ninguém terá condições razoáveis para disputar o seu controlo[916]. Percebe-se, por outro lado, embora com mais dificuldade, que aquele que detenha ações que representam mais de metade do capital votante, mas que, por diluição (por majoração de outras ações), confiram

[916] A alternativa – que cremos ser muito perigosa para a segurança do tráfego e que, na verdade, não resolve plenamente o problema – será alargar os casos de contrapartida presumida como não equitativa, para efeitos do n.º 3 do art. 188º, levando à nomeação de um auditor independente. O art. 188º do CVM tem diversas disfunções, umas dogmáticas e outras de natureza mais económica, que têm sido reveladas pela prática dos últimos anos. Primeiro, porque parece não partir da ideia de que o preço deve ser, no mínimo equitativo, correspondendo as fórmulas do n.º1 a critérios de equidade quando, pelo contrário, começa por erigir as fórmulas a elementos centrais e usando a ideia de equidade apenas como escape de exceção. Esta formulação não parece correta, cremos que é contrária à Diretiva e isso revela-se pelo confronto com outros sistemas (e são vários os estudos e documentos que apontam a enorme diversidade de sistemas de estruturação da contrapartida entre os espaços de implementação da Diretiva) – por exemplo, com o § 31(1) da WpÜG que é claro na ordenação do critério central e dos subcritérios para chegar a esse resultado (*"Der Bieter hat den Aktionären der Zielgesellschaft eine angemessene Gegenleistung anzubieten. Bei der Bestimmung der angemessenen Gegenleistung sind grundsätzlich der durchschnittliche Börsenkurs der Aktien der Zielgesellschaft und Erwerbe von Aktien der Zielgesellschaft durch den Bieter, mit ihm gemeinsam handelnder Personen oder deren Tochterunternehmen zu berücksichtigen"*). Segundo, o art. 188º assume uma noção de equidade que está muito para além daquilo que resulta do art. 5º da Diretiva, que refere a equidade ao preço mais elevado pago pelos mesmos valores mobiliários – ou seja, a Diretiva refere-se mais a uma equidade relativa ou a uma regra de igualdade, do que a equidade propriamente dita. O regime nacional não apenas não o faz como vem introduzir enorme incerteza no sistema pela regra do n.º 3, sobretudo a alínea a), quando dispõe que a contrapartida se presume não equitativa se o preço mais elevado tiver sido fixado mediante acordo entre o adquirente e o alienante através de negociação particular. Não se justifica desenvolver o tema que serve apenas para anotar que vemos com reservas que o sistema alargue ainda mais os casos de nomeação de auditor independente – ou de risco de nomeação –, levando-os da exceção para a regra.

menos um terço de votos, não tenha de lançar uma OPA obrigatória, mas não pode deixar de ser lembrado que nunca, em qualquer circunstância, aquele acionista poderá perder o controlo da sociedade, se assim o entender.

29. A transmissão de ações

I. A transmissão de ações de categoria especial com voto plural não levanta dúvidas relevantes. O voto plural é um direito especial inerente à ação, independente da relação com o acionista ou de qualquer outro fator como o período de detenção – que, assim, se transmite com a ação nos termos do n.º 4 do art. 24º[917]. Tratando-se de uma sociedade com ações cotadas, a sua negociação será inevitavelmente segregada da negociação das ações ordinárias, mas, pode-se dizer, a transmissão do privilégio de voto com a ação revela o coração do direito especial e a razão principal para a construção da estrutura jurídica como categoria especial de ações.

II. O cenário é radicalmente diferente para o caso das ações de lealdade, já que, sendo a majoração do voto o resultado do decurso de um período de detenção ininterrupto, a regra é precisamente a contrária: assume-se que a transmissão da ação importa a perda da majoração, uma vez que ela resulta de uma relação entre o titular da ação e a ação e não de uma caraterística do próprio instrumento. Assim, em rigor, nem seria necessário regular expressamente a perda da majoração[918].

---

[917] Já afirmámos mais que uma vez que estamos a tomar como referência as duas estruturas paradigmáticas e que é possível construir estruturas intermédias, em particular uma categoria especial de ações que veja o voto majorado pela detenção ininterrupta pelo mesmo titular ou que o perca em condições especialmente reguladas (por exemplo, em caso de transmissão a terceiro). A questão que o n.º 4 do art. 24º do CSC coloca é precisamente a de aferir se uma categoria especial de ações em que o privilégio de voto se perde em caso de transmissão da ação é válida, já que a construção do direito especial é feita em termos tais que fazem com que o privilégio seja inerente à ação e, como diz o CSC, se transmita com a ação. A resposta dependerá da estrutura do direito especial e da sua relação com as condições/termos consagrados. Se o privilégio da categoria especial não for o voto majorado, mas antes o efeito de majoração do voto após o decurso de um período ininterrupto de detenção da ação, sendo esse privilégio transmitido com a ação, não vemos que uma regra estatutária desse tipo viole o n.º 4 do art. 24º. Se, pelo contrário, se tratar pura e simplesmente de um direito especial de voto plural que se perde com a transmissão da ação, não se vê como tal regra não ofende o n.º 4 do art. 24º, transformando o direito especial numa faculdade de atribuição subjetiva que é aquilo que, bem ou mal, a lei pretendeu evitar.

[918] Sem prejuízo, os regimes italiano e francês fazem-no, o que serve tanto para confirmar a perda da majoração em caso de transmissão da ação, como para cuidar de prever as excceções a essa perda

Dependendo a majoração do voto de um período de detenção da ação, cabe começar por salientar que, para efeitos da majoração ou perda do privilégio, deve ser pouco ou nada relevante a manutenção, ou interrupção, da imputação dos votos. A imputação de votos, regulada no nosso sistema sobretudo a partir da regra do art. 20º do CVM, corresponde a uma técnica jurídica de parametrização da influência, direta ou indireta, real ou potencial, sobre os direitos de voto e a forma como os mesmos podem ser exercidos, através da construção de ficções legais[919]. Trata-se, por isso, de uma regra com funções estritamente vinculadas que, no nosso sistema, são a contagem dos votos relevantes para efeitos de determinação da obrigação de lançamento de OPA e para efeitos de recorte dos deveres de comunicação e participações

majoração. No caso italiano, o n.º 3 do art. 127º-*quinquies* do TUF dispõe – *"la cessione dell'azione a titolo oneroso o gratuito, ovvero la cessione diretta o indiretta di partecipazioni di controllo in società o enti che detengono azioni a voto maggiorato in misura superiore alla soglia prevista dall'articolo 120, comma 2, comporta la perdita della maggiorazione del voto. Se lo statuto non dispone diversamente, il diritto di voto maggiorato: a) è conservato in caso di successione per causa di morte nonché in caso di fusione e scissione del titolare delle azioni; b) si estende alle azioni di nuova emissione in caso di aumento di capitale ai sensi dell'articolo 2442 del codice civile"*. No caso francês, é o art. L225-124 do *Code de Commerce* que dispõe : "*toute action convertie au porteur ou transférée en propriété perd le droit de vote double attribué en application des articles L. 225-123 et L. 22-10-46. Néanmoins, le transfert par suite de succession, de liquidation de communauté de biens entre époux ou de donation entre vifs au profit d'un conjoint ou d'un parent au degré successible ne fait pas perdre le droit acquis et n'interrompt pas le délai mentionné au premier alinéa de l'article L. 225-123 et à l'article L. 22-10-46. Il en est de même, sauf stipulation contraire des statuts, en cas de transfert par suite d'une fusion ou d'une scission d'une société actionnaire*".

[919] Cremos ser unânime na nossa doutrina o entendimento de que os enunciados de imputação deste art. 20º representam ficções legais e não meras presunções (o nosso entendimento, defendido em Jorge de Brito Pereira, *A OPA obrigatória* (Almedina, 1998), 241, no ambiente regulatório do revogado Código do Mercado de Valores Mobiliários, não é, de todo, aplicável à regra do art. 20º do CVM), muito embora se sinta óbvio desconforto com o tratamento das imputações naqueles casos em que possa ser revelado que inexiste qualquer tipo de influência sobre os votos em causa (o que se relaciona com a ideia de que a funcionalidade de aplicação da regra que é convocada – *disclosure* de participações qualificadas ou regras de OPA obrigatória – não pode deixar de ser relevante). Vd., por exemplo, Paula Costa e Silva, "A imputação de direitos de voto na oferta pública de aquisição", in *Jornadas abertas, valores mobiliários e intermediação financeira* (Almedina, 2007), 279-281; recentemente, com uma atualizada lista da bibliografia nacional sobre o tema, vd. Paula Costa e Silva, "A constituição do dever de lançamento de oferta pública de aquisição no Direito português: a inequívoca opção por um novo paradigma", 56-86; Carlos Osório de Castro, "A imputação de direitos de voto em matéria de OPA's e algumas notas sobre matérias avulsas", in *20 Anos do Código dos Valores Mobiliários* (CMVM/Almedina, 2021), 173-200; Juliano Ferreira, "A imputação de direitos de voto no cruzamento entre a transparência e Oferta Pública de Aquisição", in *Estudos em Honra de João Soares da Silva* (Almedina, 2021), 592-600.

qualificadas[920]. É para tanto que, através de um conjunto de previsões legais agrupadas em função do perigo abstrato de influência sobre o voto[921], o

---

[920] Resulta do n.º 1 do art. 187º do CVM que o dever de lançamento de OPA obrigatória emerge da ultrapassagem dos limiares de um terço ou metade dos direitos de voto correspondentes ao capital social, sendo relevante, para este efeito, a participação direta e ainda aquela que seja imputável ao participante nos termos do n.º 1 do artigo 20º. Por outro lado, o art. 16º estabelece um conjunto de patamares relevantes para efeitos de divulgação de participações qualificadas, dispondo o n.º 1 do art. 20º que, no cômputo das participações qualificadas, se consideram, além dos inerentes às ações de que o participante tenha a titularidade ou o usufruto, os direitos de voto integrados nas previsões das várias alíneas desse número. Estas são as duas funções principais das regras de imputação, muito embora existam outras funções acessórias. Nuns casos, são funções que resultam da própria lei – recorte da legitimidade para o lançamento de oferta concorrente, nos termos do n.º 3 do art. 185º; regras sobre documento que peça a representação em assembleia geral de sociedade cotada, nos termos do n.º 3 do art. 23º; diversas regras sobre prospetos e informações de ofertas públicas, nomeadamente o n.º 3 do art. 115, o art. 138º e 162º; limitação de transações na pendência da oferta, nos termos do n.º 1 do art. 180º; recorte da regras de sucessão de ofertas de aquisição, nos termos do art. 186º; etc. A estes, havia ainda a acrescentar os pressupostos da perda da qualidade de sociedade aberta, nos termos da alínea a) do n.º 1 do art. 27º. Noutros casos, são funções a que as partes, por convenção, fazem apelo – é o caso de diversas regras estatutárias, nomeadamente aquelas que dizem respeito aos *voting rights cap*. Existe muita doutrina entre nós sobre o tema, alguma da qual já referida, embora a obra seminal seja João Soares da Silva, "Algumas observações em torno da tripla funcionalidade da técnica de imputação de votos no Código dos Valores Mobiliários", *CadMVM*, no. 26 (2007).

[921] A expressão é de Paulo Câmara (Paulo Câmara, *Manual de direito dos valores mobiliários*, 615) e revela, cremos, uma tentativa limite de explicar o conteúdo das previsões do art. 20º por uma teleologia sistemática. A verdade é que o alargamento das previsões do art. 20º foi paulatinamente retirando essa lógica unitária, criando um sistema com pouca coerência interna. Se, na versão original do Código, ainda se podia afirmar que as previsões abrangiam casos de influência real sobre o voto (ações detidas por conta do participante, relação de domínio ou de grupo, acordos de voto, ações dadas em garantia, administração ou depósito se os direitos de voto lhe tiverem sido atribuídos) e casos de influência potencial (ações detidas pelos membros dos seus órgãos de administração e de fiscalização ou ações que o participante possa adquirir em virtude de acordo celebrado com os respetivos titulares), a verdade é que as revisões sucessivas foram alargando as previsões numa visão tantas vezes utilitarista e que almejava apenas fechar portas que a prática ia abrindo. Manter essa explicação, no atual sistema, parece não ser já possível – por exemplo, Sofia Altmann, "A imputação de direitos de voto no mercado de capitais", *Revista de Ciências Empresariais e Jurídicas* 25 (2014), 98-99. Isso ficou claro com a alínea h) do n.º 1 e o n.º 4 do art. 20º na versão do DL n.º 219/2006, de 02 de novembro – "detidos por pessoas que tenham celebrado algum acordo com o participante que vise adquirir o domínio da sociedade ou frustrar a alteração de domínio ou que, de outro modo, constitua um instrumento de exercício concertado de influência sobre a sociedade participada; (...) presume-se serem instrumento de exercício concertado de influência os acordos relativos à transmissibilidade das acções representativas do capital social da sociedade participada". E depois ficou ainda mais claro em 2016, com o DL n.º 22/2016, de 3 de junho e com regras como – "inerentes a ações subjacentes a instrumentos financeiros detidos pelo participante, com liquidação financeira, indexados às ações mencionadas na alínea e) e com efeito económico similar à detenção de ações

art. 20º assume aquelas previsões. Resulta bastante evidente a demonstração de que as previsões do art. 20º vão, em qualquer nível de análise, muito para além do que se haja de considerar relevante em sede de transmissão de ações para efeitos de manutenção, ou perda, do voto majorado.

Segunda nota para referir que, sendo claro que, como regra geral, a majoração será perdida com a transferência da ação, por qualquer negócio jurídico, para entidade terceira, a necessidade de assegurar coerência ao sistema leva a que certas transmissões de ações para terceiros não devam fazer perder a majoração e, pelo contrário, certos casos em que não existe efetiva transmissão da participação acionista para terceiro façam perder a majoração.

Do primeiro grupo de casos fazem parte, ou podem fazer, operações como a transmissão *mortis causa* de ações, a fusão, a cisão ou a transmissão de ações para sociedade dominada[922]. Do segundo grupo de casos fazem parte, ou

---

ou de instrumentos referidos nessa mesma alínea". Com muitas críticas ao sistema, que podiam ser ampliadas, veja-se, por exemplo, Paulo Olavo Cunha, *Deliberações sociais: Formação e impugnação*, 156-158; João Soares Silva, "Algumas observações em torno da tripla funcionalidade da técnica de imputação de votos no Código dos Valores Mobiliários", in *A propósito de Corporate Governance e de Direito das Sociedades e dos Valores Mobiliários* (Almedina, 2018), 141-160; Paula Costa e Silva, "A constituição do dever de lançamento de oferta pública de aquisição no Direito português: a inequívoca opção por um novo paradigma", 51-87; vd. ainda Filipe Afonso Rocha, "Da atuação concertada como fundamento de imputação de direitos de voto à [re]equação dos direitos potestativos de aquisição como critério legitimador de imputação", *RDS* (2021), 148-151; Carlos Costa Andrade e Miguel Stokes, "Contributo para o estudo da imputação de direitos de voto no contexto do dever de lançamento de OPA", in *20 anos do Código dos Valores Mobiliários* (CMVM/Almedina, 2021), 61-93. Vd. ainda, sobre a desconformidade dos critérios de imputação do art. 20.1 do CVM face à Diretiva da Transparência, abordando os temas referidos, o recente José Ferreira Gomes e Carlos Osório de Castro, "A Compatibilidade do art. 20.º/1 CVM com a Diretriz da Transparência: A Reforma de 2021 como Oportunidade Perdida", *RDFMC* (2022).

[922] A opção pelo alargamento ou estreitamento dos casos em que, havendo alteração do titular formal, não se perde a majoração dos votos, é sobretudo um tema de política legislativa, sabendo-se que quanto mais alargadas forem as exceções mais complexo e difícil de gerir será o sistema. Esta complexidade resulta de vários fatores, mas, sobretudo, da sindicabilidade do sistema. Em Itália, o n.º 3 do art. 127º-*quinquies* prevê, salvo disposição diferente dos estatutos, a manutenção da majoração nas hipóteses de sucessão *mortis causa*, fusão ou cisão. São, no entanto, muitos os casos que a doutrina considera serem equiparáveis, como o da transmissão de ações para um *trust* sem alteração dos beneficiários ou as transmissões de ações dentro do mesmo grupo. A prática revela que os emitentes rodearam os seus estatutos de densa regulação sobre esta matéria e de previsões várias sobre manutenção da majoração. Vd. Damiano di Vittorio, *Le azioni a voto potenziato: dinamiche societarie e analisi d'impatto della maggiorazione del voto sui corsi azionari di società quotate*, 83-86. No sistema francês, vai-se ainda mais longe, prevendo o art. L225-124 do *Code de Commerce* a manutenção da majoração em caso de sucessão *mortis causa*, liquidação de comunhão de bens do casamento, doação a favor de familiar próximo, fusão e cisão.

podem fazer, todos os fluxos de transmissão indireta das ações, como sejam a transmissão do controlo da sociedade que detenha a participação[923], a celebração de acordo parassocial que transfira o direito de voto para outra entidade e, de modo mais geral, todos os casos em que haja uma alteração substancial da entidade a quem é imputável o controlo da detentora das ações.

Terceira nota para referir que a majoração de voto se deverá estender às ações que sejam emitidas em aumentos de capital por incorporação de reservas, o que resulta da própria natureza dessa operação[924].

30. A eliminação do voto plural e as *sunset provisions*

I. A sociedade que, em qualquer momento, entenda aderir a um sistema de voto plural, em qualquer das configurações analisadas, pode também optar por dele se retirar, voltando a uma regra de proporcionalidade entre valor nominal ou fracional do capital e direitos de voto. Da mesma forma que a passagem de uma regra de proporcionalidade da atribuição dos votos com o valor nominal do capital social para uma regra de não proporcionalidade implica uma alteração da relação de força entre os acionistas, que pode ser imediata ou potencial, também a reversão de tal processo implica, ou pode implicar, semelhante resultado. Estas alterações da relação de poder podem ter manifestações diversas – por exemplo, podem ter por efeito a passagem de algum patamar de OPA obrigatória, de divulgação de participação qualificada ou até ter por efeito a obrigação de desencadear processos regulatórios de não oposição ou de autorização.

---

[923] Há, de novo, um problema de complexidade do sistema a que se deve atender, já que o controlo das transmissões indiretas é, por natureza, mais difícil de realizar que o das transmissões diretas. O regime italiano veio dispor, no mesmo art. 127º-*quinquies* que *"la cessione dell'azione a titolo oneroso o gratuito, ovvero la cessione diretta o indiretta di partecipazioni di controllo in società o enti che detengono azioni a voto maggiorato in misura superiore alla soglia prevista dall'articolo 120, comma 2, comporta la perdita della maggiorazione del voto"*. Por diferentes palavras, o sistema italiano considera relevantes para este efeito, e por isso geradoras da perda do privilégio de voto, as transmissões indiretas de participações superiores a 3% com voto majorado, fazendo para tanto recurso a uma noção muito ampla de *controlo* (número 1 do art. 2359º do Código Civil) que, no direito nacional, melhor seria tratada por uma regra de imputação.

[924] O problema só se coloca se a deliberação de aumento de capital indicar que são criadas ações, uma vez que o aumento do valor nominal das existentes, caso exista, ou a incorporação de reservas em ações sem valor nominal, não afeta, nem deve afetar, a majoração de voto que tenha ocorrido ou o processo de majoração das ações existentes.

A forma de reverter tal processo pode depender da configuração concreta do sistema de voto plural, em particular de aferir se estamos perante ações de categoria especial com voto plural ou perante ações com voto majorado, e das regras e condições inerentes ao sistema criado.

II. Da mesma forma que a introdução de um sistema de ações de lealdade que faça majorar os votos de ações detidas durante um período estabelecido depende apenas da alteração de estatutos, pela maioria necessária para essa alteração, também a eliminação do sistema depende de uma inversa alteração de estatutos, deliberada por uma idêntica maioria. A ser tomada tal deliberação de eliminação do sistema, a mesma prejudicará uns acionistas – aqueles que tinham o voto majorado – e beneficiará outros – aqueles que não tinham o voto majorado e que verão o seu peso relativo no colégio de acionistas aumentar, por diminuição do número de ações votantes. No entanto, não formando as ações com voto majorado uma categoria autónoma, não há qualquer proteção a estes direitos que não os que resultam das maiorias qualificadas consagradas para alteração de estatutos; em particular, não se justifica qualquer autorização ou consentimento dos titulares dos direitos especiais para a supressão do direito, nos termos do que dispõe o art. 24º a propósito de categorias de ações[925].

Já no caso de ações de categoria especial com voto plural, será sempre mais complexa a reversão do sistema. Primeiro, e assim como acontece com o caso anterior, implica a alteração dos estatutos para eliminação das regras que haviam consagrado a categoria especial de ações, a qual terá de ser deliberada pela maioria exigida para a alteração dos estatutos. Segundo, implica o consentimento dos titulares das ações de categoria especial, reunidos em assembleia especial. A reversão para um sistema *one share, one vote* implica sempre, tal como no caso das ações de lealdade, prejuízo para os acionistas que perdem votos e benefício para os acionistas que assistem ao aumento do seu peso relativo no colégio de acionistas. Sucede que aqui, ao contrário do que ocorria no sistema de ações de lealdade, os direitos especiais estão protegidos como tal, o que obriga, nos termos do art. 24º do CSC, à obtenção do

[925] De notar que, na deliberação de supressão da regra de majoração dos votos, os acionistas serão chamados a votar de acordo com os votos que lhes sejam atribuíveis, ou seja, contando com as majorações de voto cuja supressão estará em discussão. Não há razão para entender que a majoração não é aplicável ou, pior, que existe algum tipo de conflito de interesses que afaste os sócios que serão prejudicados ou beneficiados (que, no fim do dia, serão todos) do *quorum* deliberativo.

consentimento dos titulares por deliberação tomada em assembleia especial dos acionistas titulares de ações da respetiva categoria. Terceiro, a reversão do sistema impõe também um processo de conversão das ações de categoria especial em ações ordinárias ou outra forma de restabelecimento destas ações como ações fungíveis com as demais[926].

III. Poderá ainda ocorrer que a eliminação – ou suspensão – do sistema de voto plural seja resultado da verificação de uma condição ou termo resolutivo previstos na própria emissão.

É o que acontece, desde logo, com as emissões que contemplam as designadas *sunset clauses*[927], cláusulas que estipulam a conversão automática das ações com voto plural em ações ordinárias perante a ocorrência de determinados eventos[928]. A análise revela que existem três tipos básicos de

---

[926] Na generalidade dos casos, a conversão das ações de categoria especial em ações ordinárias será uma decorrência automática da alteração de estatutos que tenha eliminado as ações de categoria especial. O facto de ser uma decorrência automática não obsta, claro, a que exista um processo de conversão; significa apenas que a conversão é imposta aos acionistas e que, uma vez aprovada a eliminação da categoria especial (em assembleia geral e em assembleia de titulares de ações de categoria especial), a conversão não dependerá da vontade do titular. Mas podemos admitir outros cenários para implementar um processo como este – processos de conversão voluntária dos quais dependa a sujeição da matéria a assembleia de acionistas, oferta de aquisição de ações próprias com voto plural ou oferta de troca das ações de categoria especial por ações ordinárias.

[927] O conceito de *sunset clause* está muito para além do tema do estabelecimento de regras de voto plural, embora tenha ganho especial popularidade no seu âmbito. *Sunset clause* é um conceito de técnica legislativa que estabelece a caducidade de uma dada lei, ou parte de lei, numa data futura, e assume por isso que as regras aprovadas são temporárias – ou seja, ao contrário do que ocorre normalmente, em que se assume que uma lei aprovada vigorará indefinidamente, até que seja alterada ou revogada, uma lei sujeita a *sunset clause* assume que vigorará temporariamente, a não ser que uma lei subsequente venha alargar a sua vigência. O conceito é antigo e teve especial aplicação, no mundo anglo-saxónico, com os chamados "impostos de guerra" que, sendo sujeitos a uma *sunset clause*, davam alguma garantia aos contribuintes que não continuariam a ser aplicados no futuro por efeito de mera inércia. Vd. John Ip, "Sunset clauses and counterterrorism legislation", *Public Law* (2012), 1-8.

[928] Duas notas suplementares. A primeira para salientar que estas cláusulas levam normalmente à conversão das ações com voto plural em ações ordinárias, mas, claro, não terá de ser assim. Pode, por exemplo, uma *sunset clause* alterar a majoração de voto, reduzindo-a; ou até reduzir progressivamente a majoração até ao momento da conversão da ação de categoria especial em ação ordinária; ou, ainda (caso em que será melhor descrita como *sunrise clause*), pode a condição ou termo ter o efeito contrário, convertendo ações ordinárias em ações de categoria especial com voto plural. Há, efetivamente, um grande espaço de liberdade e, de certa forma, as condições ou o termo a que o direito especial esteja sujeito fazem, eles próprios, parte da configuração jurídica da categoria especial de ações. A única limitação que, a este nível, é geralmente aceite pela doutrina italiana refere-se à natureza da

cláusulas deste tipo[929]. As primeiras são as designadas *time-based sunset provisions*, provavelmente os casos mais comuns, em que os votos múltiplos ficam sujeitos a um termo resolutivo que faz com que as ações, após um período que normalmente varia entre 7 e 10 anos (contados da implementação do modelo, ou seja, em regra, contados do IPO), se convertam em ações ordinárias[930]. As segundas são as designadas *dilution sunset provisions*, ficando os votos múltiplos sujeitos à condição resolutiva de o acionista controlador não diluir a sua participação abaixo de uma determinada percentagem[931]. As terceiras são as

condição que, entende-se, não pode ser meramente potestativa; se o fosse, seria deixado nas mãos do acionista um poder injustificado de, por sua vontade, associar efeitos jurídicos constitutivos ou resolutivos. Vd. Niccolò Abriani, "Azioni a voto plurimo e maggiorazione del diritto di voto degli azionisti fedeli: nuovi scenari e inediti problemi interpretativi", 8-9. Segunda nota para deixar claro que a *sunset clause* faz normalmente parte do universo das ações de categoria especial com voto plural e visa dar um prazo ao privilégio que um grupo tem perante os demais acionistas. Nada obsta, no entanto, a que uma cláusula deste tipo seja aposta a uma regra estatutária de majoração de voto pela detenção ininterrupta da ação. A *sunset clause* corresponde, simplesmente, a um termo (ou condição) ao qual são associados efeitos modificativos ou resolutivos e, nesse sentido, a sua aplicabilidade pode ser generalizada.

929 Claro que este tipo de cláusulas é passível de múltiplas classificações. Usamos no texto aquela que é mais corrente e que resulta sobretudo do trabalho de Bebchuk e Kastiel – Lucian Arye Bebchuk e Kobi Kastiel, "The untenable case for perpetual dual-class stock", 619-622; Lucian Arye Bebchuk e Kobi Kastiel, "The perils of small-minority controllers", 56-59. Com mais ou menos variações, esta classificação tem sido adotada pela generalidade da doutrina que se pronuncia sobre o tema. Andrew William Winden, "Sunrise, sunset: An empirical and theoretical assessment of dual-class stock structures", *Colum. Bus. LR* (2018), 870 e ss.

930 As *time-based sunset provisions* são o subtipo mais popularizado pela prática dos últimos anos, tendo sido adotadas em sociedades como por exemplo a Fitbit, Groupon, Kayac e Yelp. Já em várias ocasiões as cláusulas produziram os seus efeitos. Por exemplo, a Groupon fez o seu IPO em 2011, tendo implementado uma *dual class structure* com uma cláusula deste tipo que sujeitava os direitos especiais a um termo resolutivo de 5 anos. Assim, em 2016 a sociedade passou a funcionar com uma regra *one share, one vote*. Podemos encontrar processos semelhantes nas sociedades Texas Roadhouse, MaxLinear, etc. Vd. https://www.cii.org/files/8-15-19%20Time-based%20Sunsets.docx.pdf Estas cláusulas podem ser coordenadas com cláusulas de outro tipo. Assim, por exemplo ficou previsto no IPO da Ironwood Pharmaceuticals que as ações com voto múltiplo ficam sujeitas a um termo resolutivo de 8 anos, mas que este termo só seria ativado se as mesmas fossem diluídas para menos de 20%; se assim não acontecesse, a conversão em ações ordinárias apenas ocorreria após 28 anos. Há outros casos semelhantes. Vd. Andrew William Winden, "Sunrise, sunset: An empirical and theoretical assessment of dual-class stock structures", 871.

931 Adotam regras deste tipo sociedades como a LinkedIn e a Zynga. A ativação da cláusula pode resultar da diluição da posição do controlador por emissão de mais ações (ou porque as emissões foram emitidas no âmbito de planos de compensação, ou porque foram emitidas para a entrada de terceiros no capital como acontece em casos de fusão ou de fusão imprópria, ou apenas porque o controlador entendeu não acompanhar aumentos de capital que tenham sido deliberados) ou da

designadas *event-driven sunset clauses* e, também aqui, ficam os votos múltiplos sujeitos a condições resolutivas que podem ser de natureza muito diversa – as mais comuns são eventos como a morte, incapacidade ou reforma do fundador[932].

Uma das previsões das *event-driven sunset clauses* refere-se à transmissão da ação a terceiro. Sabemos, claro, que estando perante um sistema de ações de lealdade é a própria lógica de funcionamento do sistema que assume a perda da majoração de voto caso o período de detenção fixado seja quebrado através de uma transmissão. Dir-se-ia, no entanto, que nos casos de ações de categoria especial com voto plural a regra seria precisamente a contrária: sendo o voto plural uma característica da ação desassociada da pessoa do acionista, a regra que podemos assumir é a da transmissibilidade do privilégio de voto com a transmissão da ação. E, de facto, sob o ponto de vista jurídico, assim é, tendo essa sido efetivamente a regra durante muito tempo na prática norte-americana. Só que, em 2004, o IPO da Google alterou este cenário, tendo sido introduzidas regras que limitavam fortemente a transmissão das ações com voto plural dos fundadores – transmissão, entenda-se, mesmo para membros da família. A verdade é que a grande maioria das ofertas realizadas nos últimos vinte anos que incluem *multiple voting rights structures* vieram

redução do número de ações com voto plural que resulta do fato de o controlador converter ações com voto múltiplo em ações ordinárias para venda em bolsa. Estas cláusulas são parecidas com as *divestment sunset clauses*, que estão estritamente associadas ao número (mas não à percentagem) de ações que o controlador mantém na sua titularidade. Este tipo de cláusula pode funcionar como um efetivo instrumento de alinhamento de interesses do controlador com a sociedade se o patamar que desencadeia a condição não for muito baixo; as evidências empíricas não vão, no entanto, nesse sentido, sendo comuns cláusulas em que a *anti-dilution clause* está abaixo dos 10%. Vd. Lucian Arye Bebchuk e Kobi Kastiel, "The untenable case for perpetual dual-class stock", 621. Tal como acontece com as *time-based sunset provisions* são também vários os casos em que cláusulas deste tipo foram ativadas, provocando a conversão das ações com voto plural em ações ordinárias, como aconteceu com a Yelp (2016) ou com a Pure Storage (2018). Vd. https://www.cii.org/files/8-15-19%20Time-based%20Sunsets.docx.pdf.

[932] Um exemplo de uma cláusula deste tipo pode ser identificado na JD.com, uma das maiores empresas de comércio online chinesas, cotada nos EUA, e que prevê a conversão (que, refira-se, não é automática) das ações com voto múltiplo em ações ordinárias caso o fundador, Richard Liu, deixe de desempenhar funções como CEO ou deixe de comparecer às reuniões do conselho. Um subtipo destas cláusulas são as designadas *separation sunsets*, que condicionam a conversão das ações em ações ordinárias caso o fundador se afaste, qualquer que seja a razão, da gestão da sociedade. Andrew William Winden, "Sunrise, sunset: An empirical and theoretical assessment of dual-class stock structures", 878-879; Min Yan, "A control-accountability analysis of dual class share (DCS) structures", 30-31.

prever a perda do privilégio em caso de venda a terceiro, o que revela outra variante das *sunset clauses*[933].

IV. Numa lógica algo semelhante, temos o funcionamento da *breakthrough rule* prevista no art. 11º da Diretiva das OPA, uma regra que visa facilitar ofertas de aquisição que sejam lançadas a sociedades em que estejam vigentes mecanismos que possam limitar ou prevenir o normal funcionamento e mercado das vontades do oferente e dos acionistas, fazendo com que, em particular, quando, na sequência de uma oferta, o oferente detiver pelo menos 75% do capital com direito de voto, não sejam aplicáveis as restrições à transmissão de valores mobiliários e ao direito de voto, nem os direitos especiais de acionistas no que diz respeito à nomeação ou destituição de membros do órgão de administração previstos nos estatutos da sociedade visada; os valores mobiliários com voto plural têm um único voto na primeira assembleia geral de acionistas subsequente ao encerramento da oferta convocada pelo oferente a fim de alterar os estatutos da sociedade ou de destituir ou nomear membros do órgão de administração.

Ou seja, a regra assume que, perante uma oferta com larga adesão por parte dos acionistas da sociedade visada, as distorções à proporcionalidade entre valor nominal do capital social e direito de voto que possam impedir o acionista adquirente de 75% do capital votante de tomar o controlo da sociedade devem ceder, facilitando-se a alteração dos estatutos.

Sabe-se que a *breakthrough rule* ficou, nos termos do art. 12º da Diretiva, sujeito a um regime de *opt-in* pela emitente que, no direito português, se traduziu na possibilidade aberta pelo art. 182-A do CVM de os estatutos da sociedade preverem que, quando, na sequência de oferta pública de aquisição, seja atingido pelo menos 75% do capital social com direito de voto, ao oferente não seja aplicável um conjunto de restrições que possam pôr em causa a sua capacidade de exercer o controlo correspondente a esse participação adquirida. Sabe-se também que o sucesso desta regra de *breakthrough* foi

[933] Não deixa de ser interessante que esta limitação resulte de uma lógica de autonomia privada – nada obsta, é bom de ver, sob o ponto de vista jurídico, a que as ações com voto plural sejam transmitidas a terceiro sem que o privilégio de voto se perca, desse modo apropriando-se o alienante do delta de preço inerente. Claro que se tratando de um tema de autonomia privada, a prática tem vindo a consagrar várias exceções à intransmissibilidade do privilégio, como sejam as transmissões para familiares, para outros promotores, para partes de um mesmo acordo parassocial, etc. Para uma descrição das cláusulas de exceção mais usadas, vd. Andrew William Winden, "Sunrise, sunset: An empirical and theoretical assessment of dual-class stock structures", 882-886.

praticamente nulo, não se conhecendo qualquer sociedade em Portugal que tenha optado pela adesão a este regime. Trata-se, sem prejuízo, de possibilidade que deve ser mantida em aberto em caso de incorporação de um regime de ações com voto plural[934].

31. O caso especial dos *warrants* e dividendos de lealdade

I. Em 1991, a Michelin, após um corte nos dividendos decidido na sequência da aquisição da Uniroyal Goodrich e, sobretudo, do empobrecimento do *ratio net debt*/EBITDA gerado por essa aquisição, deliberou emitir *warrants* que conferiam, em condições especialmente interessantes, o direito de subscrever ações no capital da sociedade aos acionistas que mantivessem a sua participação social durante um período de, pelo menos, dois anos sem interrupção. Cada acionista recebia um *call warrant* por cada ação detida no dia 24 de dezembro de 1991, podendo o *warrant* ser exercido durante um período de quatro anos, sendo recebido um *warrant* suplementar, na condição de que o acionista mantivesse as suas ações durante os dois anos subsequentes[935]. Mais recentemente, em 2009, a L'Oreal ofereceu um bónus de lealdade aos seus acionistas nos termos do qual o dividendo era majorado em 10% se os

---

[934] A introdução de um regime de voto plural (em qualquer das vertentes, mas, sobretudo, quanto às ações de categoria especial) será um bom momento para cada sistema reponderar a sua solução em relação à transposição do art. 12º da Diretiva. O legislador italiano adaptou a regra do art. 104º-*bis* do TUF à nova realidade – o n.º 2 da regra passou a dispor que *"nel periodo di adesione all'offerta non hanno effetto nei confronti dell'offerente le limitazioni al trasferimento di titoli previste nello statuto né hanno effetto, nelle assemblee chiamate a decidere sugli atti e le operazioni previsti dall'articolo 104, le limitazioni al diritto di voto previste nello statuto o da patti parasociali. Nelle medesime assemblee le azioni a voto plurimo conferiscono soltanto un voto e non si computano i diritti di voto assegnati ai sensi dell'articolo 127-quinquies"*. Mas nada dispôs de diferente quanto à aplicabilidade da regra que, nos termos do n.º 1, continua a aplicar-se quando as emitentes assim o prevejam. O tema gera alguma controvérsia na doutrina italiana, havendo quem entenda que, no mínimo, face à previsão de ocorrências de voto plural e ao efeito que daqui pode resultar na aquisição do controlo, o regime devia ter mudado para uma regra de *opt-out*. Vd. Marta Russo, *Le azioni a voto plurimo*, 165-167.

[935] Os *warrants* de lealdade são muitas vezes apresentados como o resultado do trabalho de Patrick Bolton e Frédéric Samama – Patrick Bolton e Frédéric Samama, "Loyalty-shares: Rewarding long--term investors". É o que faz, por exemplo, Ricardo Jorge Seabra Barros, *As acções de lealdade nas sociedades anónimas: introdução e limites à sua transmissibilidade* (Universidade de Coimbra (tese não editada), 2018), 14 e ss. É de facto nesse texto de Bolton e Samama que o tema merece desenvolvimento teórico, mas o próprio estudo aponta outros autores que trataram antes a matéria e cita o caso da Michelin, a que fizemos referência, que quase vinte anos antes fizera uma emissão deste tipo. Vd. ainda Patrick Bolton, Frederic Samama et al., *Sovereign wealth funds and long-term investing* (Columbia University Press, 2012), 150 e ss.

acionistas detivessem a sua participação, no momento do pagamento, há pelo menos dois anos[936]. Existem vários outros casos semelhantes – a Electricité de France ofereceu um dividendo preferencial, a Air Liquide ofereceu um prémio de lealdade e um dividendo preferencial, etc.

Todos estes casos – e os exemplos, sobretudo em França, podiam ser facilmente multiplicados – revelam outras estruturas que visam alinhar os interesses dos acionistas com os interesses de médio e longo prazo da sociedade, criando incentivos para que estes retenham a sua participação durante períodos mais longos.

A semelhança funcional destes instrumentos com as ações de lealdade é evidente, já que em qualquer dos casos é premiada a manutenção da posição pelo acionista durante um período de tempo. Apenas a forma de atribuir o prémio, e o próprio prémio, variam. No caso das ações de lealdade, como já verificámos, o prémio é conferido mantendo os direitos patrimoniais intocados e majorando o direito de voto (majoração que é perdida se e quando o acionista aliena a sua participação); no caso do dividendo de lealdade, o prémio é conferido mantendo intocado o direito de voto e majorando o direito ao dividendo (com majorações que podem, aliás, ser progressivas)[937]; no caso dos *warrants* de lealdade, é o reforço da própria posição do acionista que serve de prémio, sendo-lhe outorgado o direito de subscrever ações suplementares (e, nesse sentido, de o fazer quinhoar em condições mais favoráveis no dividendo e aumentando o seu direito de voto) abaixo do valor de mercado dessas ações. Importa ponderar como são estes instrumentos tratados pelo direito nacional, avaliando se algum deles é impactado pela

---

[936] O programa pode ser consultado em https://www.loreal-finance.com/eng/registered-shares-loyalty-bonus.

[937] Afirma-se muitas vezes que, ao contrário do que ocorre com as ações de lealdade, o prémio, no dividendo de lealdade, não é perdido em caso de alienação subsequente da ação. Isto porque o prémio recebido não é devolvido. A diferença é, cabe dizer, mais aparente que real. Parece que o voto majorado passa a fazer parte da posição representada pela ação e que o direito ao dividendo majorado apenas se constitui com a deliberação de distribuição de resultados e independe da ação. No entanto, num e noutro caso, a venda das ações faz com que o direito à majoração (de votos ou de dividendo) esteja perdido para o futuro, os seus efeitos passados sejam intocáveis e apenas se constitua de novo pelo decurso de novo prazo. Isto não obsta a que possa existir a tentação do acionista de esperar pelo pagamento do dividendo majorado para, logo de seguida, vender a sua participação (como pode acontecer a tentação do acionista de esperar pela assembleia geral para, apenas após o exercício do voto, vender as suas ações). Essa é a razão para as majorações progressivas – incentivar o acionista a manter as ações para além da data de recebimento do dividendo majorado.

proibição de estabelecimento de voto plural nas sociedades cotadas e/ou pela regra sobre voto plural para as sociedades cotadas[938]/[939].

II. A emissão de *warrants* de lealdade passa pela criação de uma opção de compra equiparável às normais *stock options* postas à disposição da administração executiva e de outros membros de órgãos sociais (embora destacável e transacionável). O *warrant* é emitido pela sociedade e atribuído aos acionistas em função da sua participação no capital social, podendo apenas ser exercido se o titular do *warrant* mantiver as ações que lhe permitiram a subscrição do *warrant* durante um período fixado. Se as ações forem vendidas durante esse período, o direito de subscrição de novas ações perde-se; por isso, o *warrant* só é transacionável após o decurso do *período de lealdade*. O preço de exercício terá, obviamente, de ser um preço recompensador que possa, pela diferença face ao valor de mercado das ações, premiar os acionistas leais – pode ser assim, por exemplo, uma opção simples *at-the-money* com o preço dado por desconto sobre o valor de mercado no momento do exercício ou o mais baixo de vários preços (por exemplo, o mais baixo de entre os preços de fecho de sessão durante o período de lealdade)[940].

A emissão de *warrants* de lealdade, comportando materialmente um aumento do capital social, não compromete, à partida, o respeito pelo direito de preferência dos acionistas. Sabe-se que a emissão de obrigações com *warrants* (n.º 5 do art. 372º-B, art. 367º e art. 458º, todos do CSC), assim como a emissão de *warrants* autónomos sobre ações próprias (n.º 2 do art.

---

[938] É certo que a utilidade destes instrumentos é especialmente relevante em casos em que o *free float* é elevado e que, por isso, não será de estranhar que não tenham qualquer história entre nós. Vd. Madalena Perestrelo de Oliveira, *Tutela do investidor perante o emitente no mercado de capitais: um modelo dinâmico de proteção*, 450.

[939] Não esquecemos que os *warrants* de lealdade e os dividendos de lealdade, pela sua estrutura jurídica e pela sua funcionalidade de alinhamento de interesses, são, por natureza, especialmente vocacionados para as sociedades cotadas (e, dentro destas, para aquelas com *free float* elevado, como já referido). E que, nas sociedades cotadas, face à regra de admissibilidade do voto plural, não teria sentido, cremos, sequer pôr em causa a licitude da consagração destas figuras (muito embora importe ponderar se as regras sobre voto plural impõem alguma limitação nesta sede). Sem prejuízo disso, não cremos que a ponderação da admissibilidade da consagração destas figuras em sociedades não cotadas seja tarefa inútil, já que a inviabilidade é mais tendencial que prática. Não há razão para que uma sociedade não cotada, sobretudo quando a sua estrutura acionista tenha acionistas com diferentes perfis (*insiders*, financiadores não institucionais, financiadores institucionais, parceiros tecnológicos, etc), não consagre soluções, com as devidas adaptações (em particular no que respeita à transacionalidade do *warrant*), deste tipo.

[940] Patrick Bolton e Frédéric Samama, "Loyalty-shares: Rewarding long-term investors", 15 e ss.

11º do DL n.º 172/99, de 20 de maio, art. 367º e art. 458º do CSC), estão sujeitas a direito de preferência dos acionistas, direito esse que, nos termos do art. 460º, apenas pode ser limitado ou suprimido pela assembleia geral, em deliberação autónoma votada favoravelmente pela maioria exigida para o aumento de capital e desde que o interesse social o justifique. No entanto, cabe notar, nada na emissão de *warrants* de lealdade implica a limitação ou supressão do direito de preferência dos acionistas, uma vez que os *warrants* são atribuídos aos acionistas, na proporção da sua participação de capital, em condições equivalentes. O facto de, no momento de exercício do direito de subscrição, apenas os titulares de *warrants* que tenham mantido as suas ações durante o período de lealdade poderem exercer esse direito, não resulta dos termos de atribuição dos *warrants*, mas apenas das condições estipuladas para o seu exercício[941].

Deste modo, a admissibilidade de emissão depende apenas do entendimento que se tenha sobre as condições de exercício dos direitos de subscrição. Do entendimento que se tenha sobre a licitude, ou não, da estipulação de uma condição de exercício do *warrant* que o associe à manutenção das ações, ou melhor, das ações de cujo direito de preferência resultou a atribuição dos *warrants*, durante um período determinado. E aí não vemos qualquer razão para que, primeiro, se ponha em causa essa condição, seja em *warrants* autónomos sobre ações próprias, seja em obrigações com *warrants*[942] e, segundo, que tenha sentido aplicar a uma emissão deste tipo as limitações

[941] O que se escreve não obsta a que possa ser feita uma emissão de *warrants* de lealdade com limitação ou supressão do direito de preferência. É o que ocorrerá, por exemplo, se a emissão for reservada aos acionistas detentores de uma determinada classe de ações, ou para um terceiro que venha a subscrever ações com supressão do direito de preferência (em que a sua entrada seja justificada, por exemplo, por razões estratégicas). Nestes casos a limitação ou supressão do direito de preferência estará sujeita ao cumprimento das regras legais. O que se escreve no texto pretende apenas significar que, em regra, a emissão de *warrants* de lealdade não pressupõe a limitação ou supressão do direito de preferência dos acionistas.

[942] Não temos registo de experiência relevante de emissão de *warrants* autónomos sobre ações próprias em Portugal. Em 2005, em termos bastante inovadores, a PT Multimédia anunciou a realização de um programa de recompra de ações com a atribuição de *put warrants* aos acionistas – por cada dez *warrants*, os acionistas tinham o direito de venda de 1 ação a um preço favorável. A emissão permitia assim aos acionistas optarem entre duas formas de geração de liquidez – a venda das ações, por exercício dos *warrants*, ou a venda dos próprios *warrants*. O prospeto está disponível em https://web3.cmvm.pt/sdi2004/emitentes/docs/fsd9201.pdf. Existe ainda registo de uma emissão de *warrants* autónomos sobre ações próprias da Cofina, no mesmo ano, que está disponível em https://web3.cmvm.pt/english/sdi/emitentes/docs/fsd9354.pdf. Antes da aprovação do DL n.º 172/99, de 20 de maio, existe ainda registo de algumas, poucas, emissões de obrigações com *warrants*. Sobre

do regime de voto plural nas sociedades cotadas. Trata-se de condições que parecem ser admissíveis para efeitos do art. 363.1 e n.º 5 do art. 372º-B[943].

III. Os dividendos de lealdade correspondem a uma parametrização do direito aos lucros do exercício com uma métrica que o relaciona com o tempo de permanência na detenção da participação, em termos tais que o acionista que mantenha a sua participação durante um período determinado recebe um prémio que se traduz na majoração do seu direito aos lucros. O prémio pode ser único pelo decurso do período pré-determinado, pode ser diferenciado e pode até mesmo ser progressivo, dependendo de vários *milestones* que tenham sido fixados e da forma como o direito patrimonial esteja parametrizado. De novo, assim como acontece com a emissão de *warrants* de lealdade, o objetivo do instrumento é o alinhamento dos incentivos de médio e longo prazo da sociedade com os interesses dos acionistas.

Ao contrário do que acontece em sede de voto plural, o CSC dá uma razoável liberdade aos acionistas na modulação do direito aos dividendos. O art. 22.1 deixa claro que a participação nos lucros e nas perdas da sociedade segundo a proporção dos valores nominais das respetivas participações no capital corresponde à solução supletiva[944]. Por outro lado, já em sede de disposições sobre sociedades anónimas, o art. 302º dispõe que podem ser diversos, nomeadamente quanto à atribuição de dividendos e quanto à partilha do ativo de liquidação, os direitos inerentes às ações emitidas pela mesma sociedade[945], o que, por via da criação de categorias de ações, abre as portas para a modulação de direitos diferentes sobre os resultados do

---

a evolução da regulamentação referente a este tema, vd., por todos, A. Barreto Menezes Cordeiro, *Manual de direito dos valores mobiliários*, 178-180.

[943] Isto sem prejuízo de a estrutura poder gerar alguns problemas práticos, suscetíveis de várias respostas, sobre a relação com as ações que condicionam o exercício dos *warrants*, como ocorre no âmbito dos procedimentos para prova da manutenção da participação durante o período estipulado por parte do acionista, assim viabilizando o exercício do *warrant*. Habitualmente, o procedimento usado passa pela criação de um mecanismo de registo voluntário. Outros procedimentos são ponderáveis.

[944] Também na Alemanha a regra do § 58(3) dá bastante flexibilidade na consagração de uma solução deste tipo, ao permitir uma *utilização diferente* dos lucros distribuíveis (*"Die Hauptversammlung kann im Beschluß über die Verwendung des Bilanzgewinns weitere Beträge in Gewinnrücklagen einstellen oder als Gewinn vortragen. Sie kann ferner, wenn die Satzung sie hierzu ermächtigt, auch eine andere Verwendung als nach Satz 1 oder als die Verteilung unter die Aktionäre beschließen"*). Vd. Serdar Inci, *Shareholder Engagement: Chancen, Risiken und Kompatibilität mit der deutschen Corporate Governance*, 379-381.

[945] Ainda devemos chamar à colação a regra do art. 24º e a regra do art. 272.1.c).

exercício. A prática fez, é certo, com que este espaço de liberdade tenha passado sobretudo pela estipulação de direitos privilegiados ao dividendo, e sempre, ou quase sempre, em sede de emissão de ações preferenciais sem voto; mas o facto de assim ser não obsta a que a estipulação passe por termos e condições diferentes e, em particular, que passe pelo estabelecimento de termos temporais na modulação do direito patrimonial do acionista[946].

---

[946] O universo de parametrização da atribuição destes direitos patrimoniais é vasto. Outro exemplo, numa lógica completamente diferente da atribuição de um dividendo prioritário ou da atribuição do dividendo de lealdade, é o das designadas *tracking shares/tracking stock*, as quais modulam o direito ao dividendo em função do desempenho de uma específica subsidiária, área ou setor de atividade, podendo, pelas condições de emissão, afastar os outros acionistas dos resultados dessa área ou antes partilhar (como é evidente, para que a emissão tenha sentido, terá de ser uma partilha que favoreça estes acionistas em relação aos resultados da área em causa) com esses acionistas o resultado; trata-se, no fundo, de uma forma de segmentar entre os acionistas o acesso às atividades operacionais sem que isso obrigue a sociedade a realizar verdadeiros *spin-offs* (percebe-se, por isso, que tenha sido tão popular como instrumento no acesso de grupos *tradicionais* a áreas das chamadas novas tecnologia" nos anos da *bolha* do Nasdaq – veja-se, por exemplo, os casos descritos em Alexander F Nolte, *Tracking Stock Strukturen im US-amerikanischen und deutschen Aktienrecht* (Duncker & Humblot, 2004), 31-32). Escreve-se muitas vezes que as *tracking shares* supõem que a área ou setor de atividade a que o dividendo está indexado não seja autónomo sob o ponto de vista jurídico, mas isso não é exato; supõem, isso sim, que a participação acionista esteja localizada num universo mais abrangente e que por isso o calculo do dividendo não resulte estritamente da atividade *tracked*, mas nada obsta, na verdade, a que as *tracking shares* estejam indexadas a uma subsidiária (uma das primeiras emissões de *tracking shares* – a das ações GM-E, que associava os dividendos da EDS a acionistas da General Motors – é precisamente desse tipo) e a participação ocorra na sociedade *holding* – veja-se, por exemplo, Joana Magina, "Tracking stocks: uma ausência motivada pelo esquecimento ou pela rejeição?", *DSR* (2016), 125. Trata-se de tipologia de ações que nunca foi recebida pela prática portuguesa, mas que, precisamente pelas mesmas regras que vimos de apontar a propósito do dividendo de lealdade, tem espaço para ser consagrada entre nós – não querendo entrar no debate de aferir se as mesmas devem ser construídas em torno do conceito de ações preferenciais sem direito de voto ou como ações de categoria especial com direitos patrimoniais privilegiados (ou, ainda, numa dimensão diferente, como obrigações, face à abertura que é dada pelos arts. 360.º e 361.º do CSC). Note-se que as razões que, na Alemanha, têm levado parte da doutrina (claramente minoritária) a pôr reservas à existência destas ações não são sequer aplicáveis entre nós – o § 23(5) do AktG, ao dispor que os estatutos só podem desviar-se das disposições legais se tal for expressamente permitido *("Die Satzung kann von den Vorschriften dieses Gesetzes nur abweichen, wenn es ausdrücklich zugelassen ist")*, parece limitar a autonomia privada na criação de novas tipologias de ações; esta regra não tem paralelo no CSC, em particular no n.º 3 do art. 9.º. Sobre a admissibilidade das *tracking shares* face ao § 23(5) do AktG vd., por exemplo, Michael Hoffmann-Becking, *Münchener Handbuch des Gesellschaftsrechts 4*, 122-123. Existem, claro, limitações operacionais a apontar, a principal das quais será a de, apesar de os dividendos a receber por estes acionistas acompanharem o desempenho da subsidiária/setor de referência, não poder haver distribuição se, apesar do sucesso dessa subsidiária/setor, a sociedade participada não puder distribuir dividendos à luz das regras aplicáveis (ou, podendo, não o deliberar); as regras especiais de determinação dos dividendos estarão sempre sujeitas ao enquadramento

Embora tecnicamente possível, a criação de um regime de dividendos de lealdade pela sua consagração numa categoria de ações confronta-se com algumas dificuldades práticas que podem ser dissuasoras do recurso à solução; pelo menos, por esta via. Uma dessas dificuldades é, desde logo, o facto de as ações de categoria especial resultantes do decurso do prazo previsto nos estatutos não serem fungíveis com as demais ações e, por isso, não serem transacionáveis nos mesmos termos e condições que as ações que não tenham ganho o privilégio decorrente do decurso do período de lealdade, devendo antes ser reconduzidas à sua condição de ações ordinárias para se transacionarem fungivelmente com estas[947]. Ou de ser criado um regime automático de alteração de categoria de ações em função da transmissão ou da permanência de detenção, com cotações separadas.

---

que emerge das limitações impostas aos lucros e reservas distribuíveis, parecendo, no entanto, não estar afastada a possibilidade de, em termos semelhantes ao que ocorre com as ações preferenciais sem voto, o dividendo não distribuído num ou mais exercício aos acionistas especiais acumular para exercícios seguintes e até, dependendo dos termos de emissão, de a *tracking* stock se converter, definitiva ou provisoriamente, em ação ordinária perante o não pagamento de dividendos durante um certo período. Existe inúmera literatura sobre o tema. Vd., em particular, Matthew T Billett e David C Mauer, "Diversification and the value of internal capital markets: The case of tracking stock", *JB&F* 24, no. 9 (2000); Thomas J Chemmanur e Imants Paeglis, "Why issue tracking stock? Insights from a comparison with spin-offs and carve-outs", *JoACF* 14, no. 2 (2001); John Elder e Peter Westra, "The reaction of security prices to tracking stock announcements", *Journal of Economics and Finance* 24, no. 1 (2000); Sara Meloni, "Shares and Other Participatory Financial Instruments in Italian Law", *SSRN 2258451* (2013). Entre nós o tema é pouco tratado, em consonância, aliás, com a falta de aderência prática do instrumento à nossa realidade económica – vd. Fátima Gomes, "As "tracking stocks" como categoria de acções e a sua compatibilidade com o ordenamento jurídico português", *DSR* (2010); Fátima Gomes, *O direito aos lucros e o dever de participar nas perdas nas sociedades anónimas*, 385 e ss.; Alexandre de Soveral Martins, "A qualidade de acionista: acionista, não acionista, acionista assim-assim", 178; Joana Magina, "Tracking stocks: uma ausência motivada pelo esquecimento ou pela rejeição?"; Catarina Isabel da Silva Teixeira, *Tracking stocks enquanto mecanismo de reestruturação societária através da criação de uma nova categoria de ações* (Universidade do Porto (tese não publicada), 2014).

[947] Nos termos da alínea a) do n.º 1 do art. 204º do CVM podem ser objeto de negociação organizada os valores mobiliários fungíveis, livremente transmissíveis, integralmente liberados e que não estejam sujeitos a penhor ou a qualquer outra situação jurídica que os onere, salvo se respeitados os requisitos previstos em regulamentação e atos delegados da Diretiva n.º 2014/65/UE. Para efeitos do n.º 2 do mesmo artigo, são fungíveis, para efeitos de negociação organizada, os valores mobiliários que pertençam à mesma categoria, obedeçam à mesma forma de representação, estejam objetivamente sujeitos ao mesmo regime fiscal e dos quais não tenham sido destacados direitos diferenciados. Daqui resulta claro que a consagração do dividendo de lealdade através da sua incorporação numa categoria de ações teria o efeito de tornar tais ações infungíveis face às restantes. Pelo menos enquanto tais ações sejam de categoria especial.

Questiona-se por isso a necessidade de utilização da noção de categoria especial como forma de consagrar um regime de dividendo preferencial. Primeiro, questionando a natureza de direito especial do dividendo prioritário; pois se o direito está à disposição de todos e quaisquer acionistas, nos mesmos termos e condições, será sempre um direito que assenta no núcleo-base dos direitos associados à participação acionista – não se trataria assim de um direito especial conferido a uma categoria de ações, nem um direito especial conferido a um conjunto de acionistas, mas antes, bem pelo contrário, de um direito geral, razão pela qual a sua consagração através da criação de uma categoria especial de ações não teria sentido ontológico[948]. Segundo, custa compreender a existência de uma categoria especial de ações que apenas o é, não à partida, mas após o decurso de um período, e que não é fungível com as demais ações por ter características especiais, mas que, se for objeto de alienação, se torna por natureza uma ação ordinária. Por diferentes palavras, custa compreender a existência de uma categoria de ações que é especial, não por as ações atribuírem direitos especiais, mas antes por esses direitos especiais resultarem da relação entre a ação e o seu titular[949].

A questão central é a da qualificação do direito ao dividendo majorado como direito especial dos sócios ou como direito geral. Caso o direito ao dividendo majorado fosse qualificado como direito especial, isso pareceria levar ao entendimento que estamos perante uma categoria especial de acionistas (e não de ações)[950]/[951], sendo que o art. 24.4 dispõe que nas socie-

---

948 Esta é no essencial a posição de Fátima Gomes, "Dividendo de lealdade", 412 e ss. A autora conclui assim que, embora seja possível a consagração de um regime deste tipo por disposição estatutária que fixe claramente quais os requisitos que devem ser preenchidos para que o acionista aceda ao dividendo de lealdade, seria recomendável a criação de solução legal expressa que dissipasse as dúvidas que daqui podem resultar.

949 Este aparente paradoxo fica visível perante o tema da (in)fungibilidade a que fizemos referência a propósito do art. 204º do CVM. No momento zero as ações do acionista A, sem dividendo preferencial, e as ações do acionista B, com dividendo preferencial, não parecem ser fungíveis. Contudo, a razão dessa infungibilidade não resulta das próprias ações, mas antes de um elemento relacional do acionista B com as ações por ele detidas. E, por essa razão, se as ações do acionista B forem vendidas, elas tornar-se-ão fungíveis com as do acionista A no preciso momento em que sejam extraídas da sua esfera jurídica.

950 A outro propósito, embora com semelhanças estruturais, é a conclusão de Paulo Olavo Cunha – Paulo Olavo Cunha, *Os direitos especiais nas sociedades anónimas: as acções privilegiadas*, 67 e ss.

951 Existem formas de operacionalizar a estrutura do dividendo de lealdade, com recurso à ideia de ação de categoria especial, sem que os maiores inconvenientes que daí resultam fiquem visíveis. Em termos distintos, mas com o mesmo entendimento sobre a admissibilidade do instituto, construindo as ações preferenciais sem voto como forma de introdução de ações de lealdade e propondo um

dades anónimas os direitos especiais só podem ser atribuídos a categorias de ações e transmitem-se com estas. Trata-se, no entanto, de um direito que está, nos mesmos termos e condições, disponível para todos os sócios, com uma regra de qualificação que, sendo geral e abstrata, apenas permite o acesso ao direito a alguns dos acionistas. Por isto, confrontando o regime com a regra do art. 22º, que permite a modulação do direito aos lucros de forma não proporcional, não cremos que a consagração de um regime deste tipo implique (necessariamente) a criação de uma classe especial de acionistas[952].

Deste modo, vislumbramos três técnicas diferentes para a consagração de uma solução de dividendos de lealdade, todas admissíveis no nosso sistema e todas com efeitos jurídicos distintos. A primeira passa pelo recurso a ações de categoria especial que parametrizem o direito ao dividendo considerando uma majoração resultante da aposição de um termo ou condição – apenas os titulares dessas ações de categoria especial terão direito à majoração

---

regime de conversão, decorrido o período de lealdade estipulado no contrato de sociedade, em ações preferenciais com voto, vd. Ricardo Jorge Seabra Barros, *As acções de lealdade nas sociedades anónimas: introdução e limites à sua transmissibilidade*, 58 e ss.

[952] O problema discute-se muito em Itália, questionando até que ponto é possível recortar o acesso ao dividendo de lealdade sem que se trate de um direito subjetivamente atribuído. Vd. Massimo Bione, "Il principio della corrispondenza tra potere e rischio e le azioni a voto plurimo: noterelle sul tema", 276-277. Foi também objeto de aceso debate na Holanda quando, em 2006, a Royal Dutch DSM NV anunciou a sua intenção de implementar um sistema de dividendo de lealdade, o qual foi depois objeto de impugnação judicial por um conjunto de acionistas, e terminou, já em 2007, com uma decisão do Supremo Tribunal holandês que não apenas sancionou a licitude do sistema de dividendo de lealdade mas é ainda usada como referência para a adoção de soluções de ações de lealdade (este tipo de soluções é muito popular na Holanda, sendo adotada por sociedades como a CNH Industrial NV, Fiat Chrysler Automobiles NV, Exor Holding NV ou a Ferrari NV. Uma boa descrição do caso da Royal Dutch DSM NV pode ser encontrada em Fátima Gomes, "Dividendo de lealdade", 401-403. Vd. ainda Ricardo Jorge Seabra Barros, *As acções de lealdade nas sociedades anónimas: introdução e limites à sua transmissibilidade*, 41 e ss. É inegável que o problema tem fronteiras pouco claras e, sobretudo, que a viabilidade do instituto pode ser alcançada por vários caminhos. Quando se qualifica o acesso a direito em função de caraterísticas (positivas ou negativas) subjetivas do acionista – por exemplo, quando se dispõe que acionistas com atividade concorrente ficam sujeitos a um *ownership cap* ou a uma regra especial de aprovação pela assembleia para passarem certos patamares de ações, quando se estabelecem regras de incompatibilidade com o exercício de funções em órgãos sociais dependentes de caraterísticas de acionistas ou quando se associa efeitos jurídicos a situações de conflitos de interesses dos acionistas –, estamos perante regras gerais de qualificação a partir das quais uns sócios acedem a direitos e outros não. Já, muitas vezes, estas regras são estabelecidas em termos tais que significam uma atribuição subjetiva de direitos – permitir o acesso a ações de certo tipo a entes públicos ou não aplicar regras de *voting cap* ou de incompatibilidades a "entidades" (que se sabe ser apenas uma) que celebraram certo tipo de acordos estratégicos –, o que se deve considerar estar para além dos limites admissíveis.

(verificadas as condições de que a mesma dependa). A segunda passa pela consagração estatutária de uma regra sobre distribuição de resultados que disponha deverem as deliberações sobre dividendos conformar-se com uma regra de distribuição que premeie os acionistas que detenham as suas ações durante um período fixado. A terceira passa por uma deliberação sobre dividendos, tomada nos termos legais, que entenda conceder tal majoração.

Claro que problema é aferir se, seja por razões de certeza, seja por razões de regulamentação (em particular, pela fixação da percentagem máxima de bonificação e do período mínimo para o vencimento da mesma), não se justifica tratar a questão por via da aprovação de regime legal expresso. Foi aliás precisamente por isto que em França e Itália se registaram alterações legislativas a este propósito.

Em França, foi em 1994 alterada a lei das sociedades pela introdução do n.º 2 do art. 347º, regra que hoje está consagrada no art. L.232.14 do *Code de Commerce* e que estipula, no essencial, que os estatutos da sociedade podem prever (sendo certo que a regra não pode entrar em vigor antes do encerramento do segundo exercício após a modificação dos estatutos) uma majoração de 10% atribuída a todo o acionista que demonstre, no encerramento do exercício, ter mantido as ações durante pelo menos dois anos após a data de pagamento do dividendo anterior. Em caso de sociedades cotadas, este benefício fica limitado, por cada acionista, a 0,5% do capital da sociedade[953].

---

[953] Vinte e cinco anos após a introdução dos dividendos de lealdade no direito francês, os resultados da reforma são pouco conclusivos. Hoje, adotam esta majoração (todas com a majoração máxima de 10%) oito sociedades cotadas na bolsa francesa – Air Liquide, Albioma, Bourbon, EDF, Engie, L'Oréal, Seb e Sodexo –, o que não se pode considerar uma amostra muito representativa. Há, por outro lado, um conjunto de outras sociedades que, num processo com semelhanças com os *warrants de lealdade*, atribuem ações emitidas por incorporação de reservas (comummente designadas na prática francesa como *ações gratuitas*) a acionistas como prémio pela lealdade – é o caso da Air Liquide (que conjuga os dois procedimentos, premiando assim os acionistas até 20%), da Eurazeo e da Interparfums. Também em Itália a popularidade do instituto não é significativa, o que pode resultar de várias razões – pode resultar desde logo da ideia, que é mais imediata que real, de que a majoração do dividendo de uns acionistas implica necessariamente a minoração do dividendo de outros, ao contrário do que acontece com a majoração do voto (dizemos que é mais imediata que real porque, obviamente, a majoração do voto de uns implica a diluição do voto de outros, o que faz com que a mecânica dos dois institutos não seja, sob esse ponto de vista, tão diferente); pode resultar também da perceção da ineficácia da promessa de vantagens financeiras pelas posições de longo prazo, quando as oportunidades geradas pelo curto prazo são especialmente atrativas. Sobre o tema, vd. Chiara Mosca, "Should Shareholders Be Rewarded for Loyalty: European Experiments on the Wedge between Tenured Voting and Takeover Law", 3-4; Bart Bootsma, "An eclectic approach

Em Itália, foi em 2010 alterado o art. 127º *quater* do TUF admitindo que, por previsão estatutária, seja derrogada a regra geral sobre repartição do dividendo, estabelecendo que quaisquer ações detidas pelo mesmo acionista, até ao máximo de 0,5%, e na condição de que o acionista não seja controlador, exerça uma influência dominante ou seja parte de acordo parassocial que reúna 30% ou mais do capital social durante um período pré-fixado não inferior a um ano (ou ao menor período decorrido entre duas datas consecutivas de pagamento do dividendo ordinário), atribuirão direito a uma majoração não superior a 10% do dividendo distribuído às demais ações. Os estatutos podem ainda subordinar a majoração do dividendo a outras condições. Este art. 127º-*quater* contém ainda duas outras disposições para as quais devemos chamar a atenção. A primeira, constante do n.º 3, dispõe expressamente que todas as cessões de ações (exceto casos de sucessão universal, fusão ou cisão) importam a perda do benefício. A segunda, constante do n.º 4, dispõe que as ações às quais seja aplicado o benefício do dividendo de lealdade não constituirão uma categoria especial de ações para efeitos do art. 2348º do Código Civil.

Não existem entre nós casos semelhantes que visem premiar a lealdade dos acionistas e que, por isso, prevejam atribuição desigual de direitos ao dividendo em função da permanência de detenção das ações[954]. Existem, claro, vários casos de atribuição de ações naquilo que se convencionou chamar, com alguma falta de propriedade[955], de pagamento de dividendos

---

to loyalty – Promoting instruments in corporate law: revisiting Hirschman's model of exit, voice and loyalty", *Erasmus LR* 6 (2013).

[954] O tema, aliás, apenas recentemente foi abordado pela nossa doutrina de forma desenvolvida, em Fátima Gomes, "Dividendo de lealdade".

[955] As operações de *spin-off* estão funcionalmente mais próximas da cisão do que da distribuição de dividendos em espécie, já que o seu objetivo é eminentemente o destaque de uma parte da atividade do grupo e não tanto a partilha pelos acionistas dos resultados da atividade. Sucede, porém, que os resultados materiais da cisão jurídica não permitem o mesmo efeito final – a distribuição de um bloco de participação social pelos acionistas (aquilo que por vezes se designa como *subida de um nível* na detenção da participação) –, pelo que a operação é qualificada como distribuição de dividendos em espécie, apesar de, na maior parte das vezes, essa não ser a motivação final (e passar contabilisticamente mais por uma distribuição de reservas que de resultados do exercício). A isto não será alheia a necessidade de lhe dar um tratamento fiscal adequado, sendo geralmente entendido que a tributação desta alocação como um dividendo corresponde a uma solução acertada, razão pela qual se convencionou esta qualificação, que já vai tendo alguma tradição na nossa jurisprudência tributária. http://www.dgsi.pt/jtca.nsf/170589492546a7fb802575c3004c6d7d/b335e42e19300e5e80257b670048ecd0?OpenDocument. Apesar de alguma indefinição terminológica – nos dois casos usa-se expressões como *dividendo em espécie, stock dividend ou Aktiendividende* –, esta operação

em espécie – como o *spin-off* da PT Multimédia, realizado em 2006/2007, na sequência da OPA frustrada lançada pela Sonae sobre a PT, em que os acionistas da PT receberam 4 ações da PTM por cada 25 ações detidas da PT[956] ou, ainda, como a atribuição, pela Mota-Engil, no final de 2013, de ações representativas de 20% do capital social da Mota-Engil África detidas pela sociedade[957]. No entanto, estes casos de atribuição de ações aos acionistas nada têm que ver com a ideia de atribuição de prémios de lealdade, uma vez que a repartição das ações em causa era feita em proporção direta com o capital detido, sem qualquer ponderação de outro tipo.

Cabe notar que, como apontado e apesar da inexistência de regras específicas sobre o tema, esta falta de adesão do conceito à nossa prática societária ocorre mais por razões de desinteresse do que por falta de cabimento legal.

IV. Para que não haja dúvidas: a majoração do dividendo pela retenção da participação, os casos de pagamento de dividendos em espécie, ainda que condicionados com ponderadores de lealdade dos acionistas, assim como a atribuição de *call warrants* aos acionistas com regras de vencimento associadas à manutenção da participação social, não se confundem com situações de voto plural nem sequer com ações de lealdade (muito embora, sob o ponto de vista da contabilidade dos votos, os *warrants* de lealdade possam ter efeitos económicos semelhantes aos das ações de lealdade) e, por isso, não se devem considerar abrangidos pela norma proibitiva do CSC nem pela regra permissiva do CVM. Isto, de forma simples, porque não afetam a homogeneidade de direitos de voto entre ações votantes.

---

distingue-se do pagamento de dividendos com ações em sentido próprio, a que se chama na prática financeira de *scrip dividend,* sobretudo por duas razões. Primeiro, porque o *spin-off* faz-se com entrega de ações de uma participada; segundo, porque o *spin-off* visa a separação da atividade e o *stock dividend* é sobretudo uma medida de gestão de tesouraria da sociedade no pagamento do dividendo (e por essa razão é uma solução mais popular em momentos de crise e em jurisdição que lhe conferem um tratamento fiscal favorável), sendo oferecida aos acionistas a alternativa de receberem novas ações (tipicamente resultantes de incorporação de reservas ou de ações detidas em carteira própria), caso em que não diluem a sua posição, ou de receberem dinheiro. Com variações, este tipo de estrutura tem popularidade em jurisdições como os EUA, Inglaterra, França ou Holanda. Vd. Martin Berner, *Scrip Dividends* (Nomos, 2021), sobretudo 183 e ss.; Isabel Feito-Ruiz, Luc Renneboog et al., "Elective stock and scrip dividends", *Journal of Corporate Finance* 64 (2020).

[956] https://www.cmvm.pt/pt/AreadoInvestidor/DocumentosEmArquivo/OPASonaePTPTM/documents/afc47a6940f34ee8b0864d3a10cc3da2fr102191.pdf.

[957] https://web3.cmvm.pt/sdi2004/emitentes/docs/FR50827.pdf.

Podem, como acontece no caso de *warrants* de lealdade, implicar aumento de posições votantes relativas entre os acionistas – os acionistas que cumpram os critérios de lealdade estipulados receberão mais ações e, por isso, aumentarão o seu poder relativo por diluição daqueles que não reuniram as condições para exercício do direito de subscrição em condições favoráveis. Mas esses aumentos de posições votantes relativas são o resultado do aumento da posição acionista – o acionista tem mais votos porque tem mais ações; entre as ações, a repartição de direitos de voto mantém-se inalterada. O efeito económico final, no que à contagem de votos respeita, pode até ser semelhante ao das ações de lealdade, mas a diferença estrutural fica evidenciada. Por outro lado, no que respeita aos dividendos de lealdade – não obstante estarmos perante uma exceção óbvia ao princípio geral de proporcionalidade entre direitos de voto e *cash flow rights* – a relação entre ações votantes não é sequer tocada.

VII
Conclusões

Das coordenadas da investigação

I. Propusemo-nos trabalhar um tema situado numa complexa fronteira do *corporate governance* e do *corporate finance*: o estado atual da regulação do voto plural, com especial enfoque nas soluções, literalmente contraditórias, que hoje o direito nacional reserva para as sociedades anónimas cotadas e para as não cotadas. A capitalização da sociedade pelos acionistas é a solução mais estruturante, intangível e aquela que mais complexifica e estabiliza os laços jurídicos firmados. O balanço de poder que dela emerge, sobretudo num momento de revisão do papel dos acionistas na governação da sociedade anónima, é uma das mais importantes chaves para a compreensão da evolução da arquitetura de *corporate governance*.

II. A revisão do papel dos acionistas no governo das sociedades, orientada no sentido do que se denomina *shareholder-driven corporate governance*, está intimamente ligada às alterações sentidas nas últimas décadas que têm ajudado a pôr em causa a visão clássica da geografia do *corporate governance* dos dois lados do Atlântico. Essas alterações são compostas de muitos ingredientes. Primeiro: o protagonismo e empoderamento únicos de *insiders*, sobretudo fundadores, em novos projetos empresariais que, pela sua natureza, são, em muitos casos, indissociáveis das pessoas dos fundadores, o que é aceite, e até certo ponto é incentivado, pelos investidores. Segundo: a crescente importância dos investidores institucionais que, como resultado de um conjunto variado de fatores, ganharam uma representação no capital das sociedades cotadas que é inédita e que lhes tem permitido, em boa medida, marcar a agenda regulatória. Terceiro: a heterogeneidade destes investidores institucionais, que, olhando aos extremos, passam por acionistas ativistas, em particular *hedge funds*, e por estruturas de *passive investment*, com um modelo de custos e uma métrica de sucesso completamente diferentes do investidor clássico. Quarto: a emergência de novos atores, como os *proxy advisors*. Quinto: a multiplicidade de soluções jurídicas disponíveis para a quebra da proporcionalidade entre direitos de voto e *cash flow rights*. Sexto: a disponibilidade de um mercado profundo e ativo de derivados que, com simplicidade e custos razoáveis, proporciona os instrumentos para uma customização bastante marcada da relação pretendida entre *voting rights* e *cash flow rights*.

III. Esta nova realidade causa novas e diferentes variações do problema de agência, o que, por seu turno, abre novas necessidades regulatórias. Por um lado, investidores institucionais ativos mitigam os efeitos do primeiro e segundo problemas de agência e investidores institucionais passivos agravam-nos. Por outro lado, a tendência de reconcentração do capital (e do poder de voto) em mercados como o norte-americano (e, em menor medida, alguns traços mais marcados de dispersão do capital em mercados com tradicional concentração) altera a compreensão da geografia tradicional do governo das sociedades. Finalmente, o protagonismo crescente dos investidores institucionais cria novos problemas, que relacionam o investidor institucional com os investidores finais e o investidor institucional com aqueles que tomam as decisões relevantes.

IV. O mercado português é, a este nível, um exemplo extremado daquilo que é paradigmático na Europa continental, caraterizando-se pela reduzida dimensão, falta de dinamismo e brutal concentração das estruturas acionistas de controlo. Num mercado como o nacional, a conjugação de, primeiro, elevada apropriação de vantagens privadas de controlo, segundo, popularização dos CEM nas poucas sociedades em que não existe um acionista de controlo e, terceiro, regime de OPA obrigatória alinha os incentivos para tornar o *market for corporate control* particularmente ineficiente. Isto faz com que seja criado um efeito incongruente, acabando o regime de OPA obrigatória (geral) por funcionar como um instrumento de defesa da manutenção do *status quo* de apropriação das vantagens privadas de controlo.

V. A generalidade dos sistemas jurídicos incorpora o princípio segundo o qual, na sociedade anónima, há correspondência proporcional entre, por um lado, a aportação do sócio para o capital e, por outro, os direitos de voto e direitos patrimoniais, especialmente o direito ao dividendo. Assume-se, por um lado, que existe uma relação de proporção entre a participação social, e a exposição ao risco que desta resulta, com o poder efetivo de voto, e, por outro lado, que existe proporção entre o poder efetivo de voto e os direitos patrimoniais, mais em particular, o direito ao dividendo. Na justificação desta proporção faz-se, muitas vezes, uma aproximação à ideia de democracia acionista, o que assume que esta é uma decorrência da justiça democrática que atribui mais poder a quem mais investe – essa seria a forma ontologicamente justa de partilhar o poder entre os acionistas. A aproximação entre a sociedade comercial e o Estado é graficamente atraente e tem virtualidades. No entanto, é geradora de confusões e perplexidades. Por um lado, porque os fundamentos do sistema são diferentes. A organização do modelo de governo societário é (apenas) utilitarista, mudando na mesma medida em que muda a funcionalização da sociedade comercial no sistema económico em que se insere. Por outro lado, os sujeitos votantes, e o respetivo sistema de incentivos, estão em posições que não são comparáveis. Justifica-se, por outro lado, que o controlo deve ser repartido entre os acionistas em proporção à sua exposição económica, porque são os acionistas que, na qualidade de credores residuais da sociedade, têm o maior incentivo para a maximização de valor. Porque os acionistas, ao contrário de outros credores, são, além de credores subordinados, os últimos credores, o grupo que mais aproveita os ganhos marginais, e mais perde com os custos marginais. Não existe, no entanto, identidade – ou sequer homogeneidade – das preferências dos sócios. Por outro lado, nem sempre a repartição do voto em função da exposição económica é a forma mais eficiente de repartição do controlo. Finalmente, é inquestionável que, sendo este um espaço em que os níveis de liberdade dos acionistas devem ser amplos, os sistemas não proporcionais também apresentam vantagens comparativas a vários níveis.

VI. O interessamento económico do acionista é elemento relevante na arquitetura do sistema (utilitarista, funcional) de governo da sociedade anónima. É, na verdade, uma das traves-mestras do modelo. Mas isso não significa que explique e organize o sistema e, menos ainda, que dele emerja uma decorrência injuntiva que põe em causa o voto quando a exposição ao risco de capital inexista ou não seja proporcional; ou que, pelo contrário, imponha a existência do voto quando tal exposição esteja presente.

VII. A profundidade da regra de proporção entre *cash flow rights* e direitos de voto está longe de ser tão extensa quanto se intui. Primeiro, a regra não é sequer, de todo, aplicável em certos tipos de sociedades; é o caso da sociedade em nome coletivo e das sociedades em comandita (e, num nível diferente, da sociedade por quotas). Segundo, isso é ainda mais claro fora do universo das sociedades comerciais, em particular, no universo das associações e das cooperativas, em que a arquitetura do sistema se constrói com base em interesses distintos. Terceiro, são muitos os instrumentos que, seguindo técnicas variadas, numa geografia desigual, permitem afastar este princípio de proporcionalidade. Os níveis de erosão do princípio variam, mas estão sempre presentes. Analiticamente, podemos distinguir vários grupos de instrumentos de *desproporção*, face à sua fisiologia genética – instrumentos estatutários, instrumentos legais, instrumentos contratuais e instrumentos societários.

VIII. Estes instrumentos são estrutural e funcionalmente distintos das formas de *desconstrução económica* da medida de proporção – das estruturas de *risk decoupling*. Desde logo porque são, em primeiro lugar, soluções jurídicas aceites ou reguladas pelo direito societário ou pelo direito dos valores mobiliários; porque, em segundo lugar, são geralmente transparentes, por natureza, perante o mercado; porque, em terceiro lugar, são normalmente soluções externas ao acionista e que são aplicáveis para além dele, estando disponíveis para quem a elas, nas mesmas circunstâncias, quiser recorrer (ou aplicando-se a todos os acionistas que estejam nas mesmas condições); ainda porque, no limite, mesmo nas soluções mais agressivas, provocam um efeito económico tipicamente menos agressivo que o *risk decoupling*, já que nunca permitem anular o risco de investimento (sabendo-se que as estratégias de *risk decoupling* admitem mesmo a criação de posições de interesse económico negativo).

IX. O *risk decoupling* descreve um conjunto de ações e estratégias que permitem dissociar, por redução ou majoração, em qualquer dos sentidos, os direitos de voto e a exposição económica inerente às ações, deste modo alterando a proporcionalidade nominal ou aritmética entre os fatores. Nos casos de *negative decoupling*, o investidor tem, formalmente, a qualificação de acionista e está investido na posição de socialidade que resulta das ações por ele detidas, muito embora reduza, elimine ou inverta a sua exposição aos riscos económicos inerentes à participação de que é titular. Já nas posições de *positive decoupling*, o interesse económico do investidor não é acompanhado da sua investidura numa específica posição de socialidade, antes resultando estritamente de uma relação contratual com uma contraparte (que será, ela sim, em alguns casos, acionista da sociedade em referência). Nestes casos, o investidor não é, por mero efeito da sua exposição, visível do ponto de vista da sociedade participada (poderá ser visível por outras razões, nomeadamente pelo cumprimento de regras de transparência) e, por efeito do *decoupling*, não tem qualquer relação jurídica com a sociedade (poderá tê-la por razões distintas).

X. O *negative decoupling* é a variante que coloca mais prementes problemas do ponto de vista de governo das sociedades. Os derivados são um instrumento privilegiado para a criação deste efeito, mas estão longe de ser o único. Semelhante resultado pode ser alcançado, por exemplo, com recurso a estruturas de *short selling*, *record date capture*, contratos de garantia financeira sobre instrumentos financeiros, outros contratos que permitam à contraparte a alienação de instrumentos financeiros no mercado, com a obrigação de supervenientemente proceder à cobertura da posição ou, ainda, casos em que o exercício do voto se organiza em termos tais que daí resulta uma dissociação necessária entre aquele a quem é atribuída a legitimidade formal para o exercício do direito e aquele que é, afinal, titular das ações.

XI. Muito embora possa parecer perturbadora a ideia de acionistas votarem sem terem a correspondente exposição ao risco do capital investido, não resulta do sistema jurídico português qualquer relação incindível entre esses dois fatores. Não existe, nem se justificaria que existisse, uma proibição genérica de votar do acionista que não tenha proporcional exposição de risco. A arquitetura da legitimação para o exercício dos direitos dos acionistas é independente da exposição económica que exista a montante. De igual modo, o *empty voting* não colide com a proibição de comercialização do voto. Primeiro, porque a proibição de comercialização do voto veda apenas a celebração de negócios jurídicos bilaterais em que o voto esteja, nos termos expostos, a ser comercializado, o que não ocorre nestes casos (ou não ocorre necessariamente). Segundo, porque o *negative decoupling*, ao gerar uma posição em que o acionista votante não tem proporcional exposição ao risco, fá-lo através de técnicas que significam o esvaziamento da exposição económica e não através de técnicas que insuflem o direito de voto. Finalmente, a regra de indivisibilidade do direito de voto a partir da ação a que o direito está atribuído não é comprometida – nos casos de *risk decoupling*, a ação, enquanto valor mobiliário que titula uma posição de socialidade complexa, fica intacta.

Da proibição do voto plural para as sociedades anónimas não cotadas

XII. O caminho que nos conduziu à regra de proibição do voto plural que consta do CSC foi feito de vagas pouco coerentes, influenciadas por pressões circunstanciais, seja de ordem macroeconómica, seja de direito comparado. Partiu de uma regra de atribuição de um voto a cada acionista para, no século XX, ir progressivamente deslocando o centro de gravidade do sistema para uma regra de proporcionalidade em que o poder de voto é distribuído entre os acionistas em função da sua participação nominal no capital social – primeiro com limitação dos votos exercíveis por cada acionista e mais tarde já sem essa limitação –, ao mesmo tempo que se vai aceitando de forma bastante consensual que as decisões da assembleia devem ser tomadas por uma regra de maioria (de capital).

XIII. O final do séc. XIX e as primeiras décadas do séc. XX assistem à popularização, na Europa continental, de soluções de consagração de ações privilegiadas e, mais em particular, de voto plural. É o caso, em Portugal, com a aprovação do Decreto n.º 1.645, de 15 de junho de 1915, que autoriza a emissão de ações privilegiadas com "desigual representação de votos nas assembleas gerais" (suspenso pelo Decreto n.º 1.645 e reposto em vigor três anos mais tarde pelo Decreto n.º 4.118, de 18 de abril). É o caso, na Alemanha, do HGB (1897), que veio permitir a emissão de ações privilegiadas e, em particular, de ações com voto plural. É o caso, em França, da Lei de 16 de novembro de 1903, que veio permitir a criação de *actions de priorité*. É o caso, em Itália, do art. 164.º do *Codice Commerciale* de 1882.

XIV. Da popularização do voto plural na Europa continental, sobretudo após a Primeira Guerra Mundial, à constatação de que o mesmo gerava abusos que tinham de ser combatidos, é um salto de poucos anos. E é assim que, sobretudo nos anos 30 do séc. XX, começam a surgir restrições – em alguns casos, proibições – sobre privilégios de voto. Em França, a Lei de 13 de novembro de 1933 veio suprimir as ações com voto plural existentes, impondo a regra de proporcionalidade, mantendo algumas, poucas, exceções à regra de proibição. Em Itália foi, em 1942, aprovado um novo Código Civil, que afirmava o princípio de proporcionalidade e proibia expressamente o voto plural. Na Alemanha, a reforma de 1937 limitou as possibilidades de voto plural, que ficavam restritas a casos justificados com o melhor interesse da sociedade (*Wohl der Gesellschaft*).

XV. O caso português é especial, já que o sistema de voto plural do Decreto n.º 1.645 convivia com a regra injuntiva de limitação do poder de voto do § 3 do art. 183º do Código Comercial de 1888, de onde resultava que nenhum acionista podia representar mais do que a décima parte dos votos conferidos por todas as ações emitidas, nem mais de uma quinta parte dos votos apurados na assembleia geral. A regra de escalonamento funcionava, assim, como válvula de prevenção de abusos. Mesmo quando, em 1972, foi eliminada a solução de tetos de voto obrigatórios que tinha vigorado desde 1888, passou o § 4 do art. 183º do Código Comercial a manter a limitação para os casos de privilégios de voto. Isto criou dois efeitos particulares. Primeiro, fez com que os abusos, tão recorrentes, que se verificaram em outras jurisdições não tenham ocorrido em Portugal; segundo, fez com que a enorme popularidade do instituto nessas jurisdições não tenha tido paralelo entre nós. Por isso, a proibição de estipulação de voto plural parece ocorrer mais por razões dogmáticas e de influência de experiências e sistemas como o alemão e da forma como este, sobretudo desde 1965, encara o tema da proporcionalidade entre capital social e votos, do que como uma resposta às necessidades sentidas em Portugal.

XVI. É também por isso – porque o regime proibitivo é sobretudo uma resposta a abusos (que não se viveram entre nós) – que, fora do universo subjetivo das sociedades anónimas, os casos de voto plural se multiplicam. É ainda hoje um regime corrente nos clubes desportivos que, constituídos sob a forma de associações sem fins lucrativos, usam a liberdade que a lei lhes confere para formatar os direitos de voto e adotam frequentemente formas de majoração do voto. É mesmo no universo das associações que encontramos mais variações sobre o tema da estruturação do direito de voto. O mesmo ocorre nas cooperativas, em que o art. 41.º do Código Cooperativo, na versão de 2015, regula expressamente a atribuição de voto plural aos cooperadores.

XVII. O caminho seguido nas jurisdições de matriz anglo-saxónica é muito diferente. São sistemas, quer o inglês, quer o norte-americano, que há muitas décadas definiram que, aceitando que a regra supletiva é de proporcionalidade entre o capital detido e os votos, conferem à autonomia privada um papel fundamental na determinação dos direitos de voto associados à ação e, com uma constância completamente distinta, mantiveram a regra permissiva sem grandes reservas. Nestas jurisdições, as questões associadas ao voto plural foram sempre de diferente natureza – sobretudo, determinar até que ponto devem ser admitidas à cotação sociedades que consagrem mecanismos de desproporção e, principalmente no espaço norte-americano, até que ponto, e em que condições, pode uma sociedade cotada sem regra de *multiple voting rights* passar para um sistema que preveja voto plural.

XVIII. A proibição de estabelecimento de voto plural é, para as sociedades anónimas não cotadas, uma medida de vocação universal na regulação da relação entre acionistas (e outros titulares de valores emitidos pela sociedade), o que significa que se aplica a diferentes níveis de regulação. Primeiro, aplica-se a todas as ações votantes, sejam ordinárias, sejam de categoria especial; aplica-se às assembleias gerais, mas também às assembleias especiais previstas no art. 389.º. Em segundo lugar, aplica-se aos titulares de ações preferenciais sem voto, numa dupla perspetiva: nas relações internas entre acionistas preferenciais; e aos direitos de voto latentes ou condicionalmente atribuídos a estas ações por falta de pagamento do dividendo preferencial. Terceiro, aplica-se a assembleias de obrigacionistas ou de titulares de quaisquer outros valores mobiliários emitidos pela sociedade.

XIX. A proibição de consagração de voto plural significa que todos os votos das ações votantes, sendo homogéneos, são atribuídos por uma regra de proporcionalidade sobre o valor nominal ou fracional da participação. Sendo o capital social a representação da soma dos valores nominais das contribuições dos sócios, e sendo o valor nominal da participação um montante fixado com larga margem de liberdade pelos sócios, há um sentido eminentemente formal na regra. Por isso, a proibição de estabelecimento de voto plural abrange todos os casos em que essa proporção formal entre o valor nominal ou fracional das ações e a distribuição dos votos é afetada. Primeiro, estão proibidas todas as formas diretas e imediatas de estabelecimento de voto plural, como o caso de criação de uma classe de ações com mais votos (ou de uma classe de ações com menos votos). Segundo, estão proibidas todas as formas diferidas de estabelecimento de voto plural – seria o caso de distribuição de votos suplementares por decurso de uma condição e/ou um termo. Já não entram na regra de proibição cláusulas como as de *voting caps* que não se apliquem de forma equivalente a todos os acionistas que estejam nas mesmas condições, seja porque a cláusula não é aplicável a uma categoria de ações, seja porque é aplicável apenas a uma categoria de ações, seja porque é aplicada de forma diferente entre categorias de ações.

Da admissibilidade do voto plural nas sociedades anónimas cotadas

XX. O caminho que conduziu à recente vaga de regulação do voto plural em várias jurisdições, da Europa continental aos grandes mercados asiáticos, é em grande medida tributário do percurso que conduziu à anterior vaga de regras de proibição. Primeiro, porque a deslocação do centro de gravidade do sistema de repartição dos votos dos acionistas para uma regra de proporcionalidade é uma realidade com poucas décadas. Segundo, porque o instituto do voto plural tem tradição normativa relevante na Europa continental (isto para não referir o panorama existente em ambientes anglo-saxónicos). Terceiro, porque a vaga de proibição do voto plural foi sobretudo uma reação a abusos que resultaram da prática, e agora outras razões conjunturais apontam na direção contrária. Quarto, porque emerge da agenda da Comissão Europeia, sobretudo após o *Action Plan* de 12 de dezembro de 2012.

XXI. Da mesma forma que, nas primeiras décadas do século XX, a regulação do voto plural serviu fins conjunturais que passavam pela recapitalização do tecido empresarial europeu no período subsequente à guerra, existem nesta fase da regulação razões, também conjunturais, que estão a apontar a regulação no sentido oposto. Este movimento é sobretudo uma resposta a problemas, alguns com mais premência nas economias europeias, e outros de âmbito mais geral, como sejam os objetivos de revitalização dos mercados de capitais e a tentativa de promover o alinhamento dos interesses dos acionistas com os interesses de médio e longo prazo da sociedade.

XXII. O utilitarismo destas reformas é responsável por algumas opções difíceis de explicar. É o caso da opção tomada pelo legislador nacional de limitar subjetivamente o recurso ao voto plural às sociedades cotadas. É certo que o universo das sociedades cotadas gera especialidades na forma como o problema deve ser entendido que, em parte, importam áreas que justificam tratamento diferenciado. Mas do reconhecimento destas especificidades não se pode retirar que a admissibilidade do voto plural deva ser restringida a estas sociedades. Primeiro, porque se trata de uma solução materialmente injustificável. O voto plural corresponde a um espaço de liberdade dos acionistas que não se justifica ser vedado e que, pelo contrário, deve ser regulado. É uma solução para a arquitetura de repartição dos votos na sociedade anónima que existe a par de outras. A transacionalidade organizada das ações da sociedade cotada, e a não transacionalidade das ações da sociedade não cotada, não justificaria nunca a opção tomada pelo legislador. Segundo, porque se trata de uma solução funcionalmente injustificável. Não custa perceber que a opção do legislador emerge de uma opção de fomento ao mercado de capitais nacional, num panorama em que esse mercado clama por revitalização. Sucede, porém, que, primeiro, essa revitalização é apenas parte do problema e, segundo, este é um tema que está a montante de outros que não podem ser menosprezados.

XXIII. A solução adotada pelo legislador nacional parte da ideia de consagração do voto especial como um direito especial, nos termos do art. 24.º do CSC, regra que permite a constituição de direitos especiais dos acionistas desde que estes direitos sejam consagrados no contrato de sociedade e sejam atribuídos a categorias de ações, transmitindo-se com estas. Ao contrário do que ocorre em outros regimes, decorre do n.º 4 do art. 24.º que nas sociedades anónimas apenas podem ser atribuídos direitos especiais se essa atribuição for feita a categorias de ações, sendo que, como consequência da objetificação do direito, o mesmo se transmite com a ação. Mas daqui não resulta que o sistema não admita outras soluções de diferenciamento do tratamento dos acionistas (que não aquelas que resultam do número de ações detidas). Aceita-o, desde que a atribuição de direitos não seja configurada como um direito especial e as regras de acesso ao mesmo estejam disponíveis para todos os acionistas, em igualdade de condições; isto ainda que, em resultado do seu exercício, apenas uns acionistas, mas não outros, os possam exercer. Um direito especial corresponde a uma posição individual ou semicoletiva a que uns acionistas (por deterem umas ações), mas não outros (por deterem outras ações), têm acesso, o que, no direito nacional, apenas pode ser feito pelo recurso a categorias de ações; isto não obsta a que sejam consagradas posições jurídicas em sede geral, a que todos os acionistas (todas as ações) têm acesso, mas que, em resultado das regras estatuídas e das suas condições de qualificação, apenas alguns poderão exercer. Neste caso, não se tratando de direitos especiais, não se coloca o problema da sua transmissão com a mudança de titularidade da ação.

XXIV. A qualificação das ações com voto plural *stricto sensu* como uma categoria especial de ações tem consequências imediatas de regime. Faz com que o privilégio de voto seja inerente à ação e, por isso, se transmita com esta; faz com que o direito de voto privilegiado tenha a proteção que é conferida aos direitos especiais, em particular que apenas possa ser suprimido ou coartado se, além das demais regras aplicáveis, for prestado consentimento para tanto por deliberação tomada em assembleia especial dos acionistas titulares de ações da categoria; faz com que a introdução da categoria em sociedade anónima já constituída tenha de ser rodeada de especiais cautelas. Já a estrutura das ações de lealdade, e a forma como estas majoram o direito de voto, é diferente. Não se configurando como ações de categoria especial, assistem à majoração de voto como resultado de um *prémio*, como um mero efeito jurídico que decorre da relação do acionista titular com a ação e que é gerado pelo decurso de um período de detenção da participação de acordo com o que esteja estipulado na lei e nos estatutos.

XXV. A regra do art. 21.º-D do CVM tem por referência as ações de categoria especial com voto plural o que, por omissão, deixa de fora as ações de lealdade. No entanto, deverá ser objeto de interpretação extensiva para abranger as ações de lealdade (e as demais estruturas híbridas de majoração do voto). Quebrada, para as sociedades cotadas, a regra de proporcionalidade entre valor nominal ou fracional do capital e a atribuição do voto, abre-se um espaço em que a regra de proporcionalidade não se aplica, em delimitação negativa ao que está regulado no CSC. E, consagrada a solução mais radical (em particular, mais radical pela objetificação do direito, pela sua proteção e pelos riscos de não cumprimento de tratamento igualitário), não se entenderia que soluções intermédias, aquelas que derivam mais do interesse da sociedade, estivessem proibidas. Por outro lado, a consagração estatutária de ações de lealdade representa a consagração de um direito em sede geral, a que todos os acionistas (todas as ações) têm acesso, mas que, em resultado das regras estatuídas e das suas condições de qualificação, apenas alguns poderão exercer. Não há razões estruturais que impeçam a solução, sendo no entanto inequívoco que esta interpretação extensiva gera complexidades de regime que são relevantes.

XXVI. A consagração de uma categoria especial de ações com voto plural em momento contemporâneo da constituição da sociedade pressupõe que todos os sócios aceitam o seu conteúdo. Já a revisão de estatutos para consagrar uma categoria de ações com voto plural depende, em regra, assumindo que a implementação de tal categoria é feita em cumprimento do princípio da igualdade – que será o que acontece se for implementada por um aumento de capital reservado aos acionistas, por um aumento de capital por incorporação de reservas ou por uma conversão de ações que trate todas as ações da mesma forma –, da maioria necessária para a revisão de estatutos, ou seja, salvo estipulação em sentido diferente, de maioria de dois terços dos votos emitidos. Na circunstância de a implementação da categoria de ações com voto plural ser feita sem respeito pelo princípio de igualdade de tratamento dos acionistas – será o que ocorre quando resulte de aumento de capital com limitação ou supressão do direito de preferência ou de uma conversão de ações que seja feita de modo não igualitário entre os acionistas, ainda que a limitação ou supressão da preferência ou tratamento diferenciado na conversão sejam justificados pelo melhor interesse da sociedade –, a adoção da alteração estatutária dependerá de unanimidade. Já a revisão de estatutos para passar a consagrar um sistema de ações de lealdade ficará sujeita às regras de *quora* constitutivo e deliberativo das alterações de estatutos, uma vez que, por natureza, a implementação de tal regra é feita em cumprimento do princípio da igualdade.

XXVII. A conversão de ações ordinárias em ações de categoria especial com voto plural pode ser facultativa ou obrigatória, ou seja, resultando sempre de uma deliberação da assembleia geral, a conversão pode depender de uma manifestação de vontade do titular das ações que aceite a alteração da categoria das ações ou, pelo contrário, pode ser-lhe imposta. Vemos, no entanto, com dificuldade que possa ser imposta aos acionistas a conversão (de parte) das suas ações em ações de categoria especial com voto plural. Por isso, cremos que a conversão de ações ordinárias em ações de categoria especial com voto plural está mais próxima da conversão de ações ordinárias em ações preferenciais sem voto, do que da conversão de ações preferenciais sem voto em ações ordinárias. Merece então aplauso a aplicação do art. 344.º, por remissão do n.º 4 do art. 21.º-D do CVM, respeitando-se, em particular, nos termos do n.º 2 desse artigo, a necessidade de a conversão resultar de uma manifestação de vontade do acionista interessado.

XXVIII. Parece ser incontornável a adoção de um sistema de registo das ações como forma de controlar o acesso à majoração e de assegurar transparência sobre os votos detidos por cada acionista (e sobre o universo dos votos atribuídos).

XXIX. Sendo o *quorum* constitutivo calculado por referência ao capital social votante, ou seja, por referência ao próprio universo da reunião, em regra, farão parte do cálculo do *quorum*, como numerador, todas as ações votantes e, como denominador, as ações votantes presentes ou representadas na reunião; por contraposição, não farão parte do numerador nem do denominador as ações que não votem. O cálculo do *quorum* constitutivo por referência ao valor nominal do capital votante assume que apenas sejam relevantes para o *quorum* as ações votantes; num universo de ações com voto plural, a não consideração destes votos, seja no numerador seja no denominador, seria causadora de distorções.

XXX. Os votos acrescidos das ações com voto plural e os votos majorados das ações de lealdade são sempre relevantes para a formação do *quorum* deliberativo. Esse é o sentido final da estipulação de voto plural. É assim mesmo naqueles casos – excecionais – em que a maioria não é calculada por referência aos votos emitidos pelos acionistas presentes ou representados, mas é calculada por referência ao capital social.

XXXI. Não há razão para que a existência de ações com voto majorado ou de uma categoria especial de ações com voto plural não conviva com *voting caps*. Nada obsta sequer a que o *voting cap* não possa ser exclusivamente aplicável a ações com voto plural, o que, de novo, poderá ter maior lógica funcional no caso de estarmos perante ações com voto majorado. Num caso como este, os estatutos visariam premiar a lealdade dos acionistas conferindo-lhes mais votos, mas, ao mesmo tempo, equilibrariam essa majoração com uma regra segundo a qual a partir de certo ponto os votos majorados deixariam de ser contados. No polo oposto, nada obsta também a que a regra de *voting cap* não seja exclusivamente aplicável a ações ordinárias, caso em que as ações com voto plural teriam um duplo privilégio.

XXXII. A generalidade dos patamares para exercício de direitos que são fixados no Código em percentagem sobre o capital social não sofrerá qualquer alteração pela introdução de uma regra de voto plural, já que este, em qualquer das suas variantes, se refere estritamente ao poder de voto.

XXXIII. Justifica-se, no sistema nacional, a não consagração da faculdade de exoneração (ou equivalente) dos acionistas discordantes da previsão de voto plural. Resposta diferente apenas poderia resultar de razões de política legislativa. Desde logo, porque não se justifica sequer ponderar tal direito num conjunto significativo de alternativas. Mas sobretudo porque, no regime jurídico português, não permitem espoletar o direito de saída alterações da sociedade anónima – fechada ou cotada – tão ou mais radicais que a consagração de uma solução de voto plural.

XXXIV. O cálculo dos patamares a partir dos quais se determina a geração da obrigação de lançamento de OPA é feito por uma contagem de "direitos de voto correspondentes ao capital social" que, na leitura do legislador nacional, será relevante nos patamares de um terço e de cinquenta por cento. Assim, em regra, o cálculo para a qualificação do dever de lançamento de OPA opera-se com a determinação do número de ações detidas pelo participante – e do consequente número de votos que essas ações lhe assegurem –, no confronto com o número de ações emitidas pela sociedade – do universo representado pelo número de votos correspondentes a essas ações. Do confronto de ambos, resultará a percentagem de votos correspondentes ao capital social da participação detida, a partir da qual será possível aferir da obrigatoriedade de lançamento de OPA. Na economia do sistema, é inevitável conferir relevância, seja para cálculo do numerador, seja para cálculo do denominador, às ações de categoria especial com voto plural e às ações com voto majorado. As ações de lealdade geram, no entanto, relevantes entropias na relação com o sistema de OPA obrigatória que passam por dois efeitos perversos inelutáveis: protege-se os acionistas contemporâneos da aquisição inicial, em prejuízo dos acionistas contemporâneos do momento da passagem do patamar relevante; e, pior, não se gera qualquer incentivo à partilha do prémio de controlo, já que, por maioria de razão, este não deverá existir quando inexista controlo. Uma parte destes problemas pode ser resolvida por duas das válvulas de escape que estão ao dispor da CMVM na aplicação do regime da OPA obrigatória. Primeiro, pelo disposto no n.º 2 do art. 187.º do CVM. Segundo, pelo disposto no n.º 1 do art. 190.º do mesmo Código.

XXXV. Sendo o voto plural um direito especial inerente à ação, transmite-se com esta nos termos do n.º 4 do art. 24.º. Tratando-se de uma sociedade com ações cotadas, a sua negociação será inevitavelmente segregada da negociação das ações ordinárias. Já no caso das ações de lealdade, sendo a majoração do voto o resultado do decurso de um período de detenção ininterrupto, a regra é precisamente a contrária – o sistema assume que, por norma, a transmissão da ação importa a perda da majoração.

XXXVI. A sociedade que entenda aderir a um sistema de voto plural, em qualquer das configurações analisadas, pode também optar por dele se retirar. No caso de ações de categoria especial com voto plural, isso implica a alteração dos estatutos para eliminação das regras que haviam consagrado a categoria especial de ações, a qual terá de ser deliberada pela maioria exigida para a alteração dos estatutos, com o consentimento dos titulares das ações de categoria especial, reunidos em assembleia especial. A reversão do sistema impõe também um processo de conversão das ações de categoria especial em ações ordinárias ou outra forma de restabelecimento destas ações como ações fungíveis com as demais. Do mesmo modo que a introdução de um sistema de ações de lealdade depende apenas da alteração de estatutos, pela maioria necessária para essa alteração, também a eliminação do sistema depende de uma inversa alteração de estatutos, deliberada por uma idêntica maioria. Não formando as ações com voto majorado uma categoria autónoma, não há qualquer proteção a estes direitos que não a que resulta das maiorias qualificadas para alteração de estatutos; em particular, não se justifica qualquer autorização ou consentimento dos titulares dos direitos especiais para a supressão do direito. Isto, claro, fora dos casos em que a eliminação – ou suspensão – do sistema de voto plural não seja resultado da verificação de uma condição ou termo resolutivo previstos na própria emissão, ou de mecanismos como a *breakthrough rule*.

XXXVII. A majoração do dividendo pela retenção da participação, o pagamento de dividendos em espécie, ainda que condicionados com ponderadores de lealdade, assim como a atribuição de *call warrants* aos acionistas com regras de vencimento associadas à manutenção da participação social não se confundem com situações de voto plural nem sequer com ações de lealdade (muito embora, sob o ponto de vista da contabilidade dos votos, os *warrants* de lealdade possam ter efeitos económicos semelhantes aos das ações de lealdade), e, por isso, não se devem considerar abrangidos pela norma proibitiva do CSC nem pela regra permissiva do CVM. Isto, de forma simples, porque não afetam a homogeneidade de direitos de voto entre ações votantes.

BIBLIOGRAFIA

Abreu (coordenação), Jorge Manuel Coutinho de. *Estudos De Direito Das Sociedades.* 2008.

Abreu, Jorge Manuel Coutinho de. *Código Das Sociedades Comerciais Em Comentário.* Volume Vi. 2ª ed. Coimbra: Almedina, 2019.

Abreu, Jorge Manuel Coutinho de. *Código Das Sociedades Comerciais Em Comentário.* Vol. VI, Coimbra: Almedina, 2019.

Abreu, Jorge Manuel Coutinho de. "Comentário Ao Art. 44º." Código Cooperativo: Almedina, 2018.

Abreu, Jorge Manuel Coutinho de. *Curso De Direito Comercial.* Almedina, Coimbra. 6ª ed. Vol. II, 2020.

Abreu, Jorge Manuel Coutinho de. *Da Empresarialidade: As Empresas No Direito.* Coimbra: Almedina, 1996.

Abreu, Jorge Manuel Coutinho de. "De Novo a Banca – Tetos De Voto; Gestores Públicos a Céu Aberto." *DSR* (2017).

Abreu, Jorge Manuel Coutinho de. *Do Abuso De Direito: Ensaio De Um Critério Em Direito Civil E Nas Deliberações Sociais.* Almedina, 2006.

Abreu, Jorge Manuel Coutinho de. "Exoneração E Exclusão De Acionistas (Apontamento)." In *Estudos Em Honra De João Soares Da Silva*: Almedina, 2021.

Abreu, Miguel Cancela de. "Private Benefits of Control – Do Aproveitamento Pessoal De Controlo Societário." *DSR* (2016).

Abriani, Niccolò. "Azioni a Voto Plurimo E Maggiorazione Del Diritto Di Voto Degli Azionisti Fedeli: Nuovi Scenari E Inediti Problemi Interpretativi." *Giustiziacivile* (2014).

Acheson, Graeme G, Gareth Campbell, John D Turner, e Nadia Vanteeva. "Corporate Ownership, Control, and Firm Performance in Victorian Britain." *The Journal of Economic History* 76, no. 1 (2016): 1-40.

Adams, Renée, e Daniel Ferreira. "One Share-One Vote: The Empirical Evidence." *Review of Finance* 12, no. 1 (2008): 51-91.

Admati, Anat R, Paul Pfleiderer, e Josef Zechner. "Large Shareholder Activism, Risk Sharing, and Financial Market Equilibrium." *JPE* 102, no. 6 (1994): 1097-130.

Afonso, Olívia Maria Pereira. *Short Selling: A Venda a Descoberto (Tese Não Publicada).* https://repositorio.ul.pt/bitstream/10451/34107/1/ulfd135383_tese.pdf: UL, 2018.

Aggarwal, Reena, Pedro AC Saffi, e Jason Sturgess. "The Role of Institutional Investors in Voting: Evidence from the Securities Lending Market." *JoF* 70, no. 5 (2015): 2309-46.

Aguilera Ramos, Agustín. "Clases Y Series De Acciones: Las Acciones Privilegiadas." In *Derecho De Sociedades Anónimas II*: Civitas, 1994.

Albuquerque, Ana M, Mary Ellen Carter, e Susanna Gallani. "Are Iss Recommendations Informative?". *Evidence from Assessments of Compensation Practices* (2020).

Albuquerque, Pedro. *Direito De Preferência Dos Sócios Em Aumentos De Capital Nas Sociedades Anónimas E Por Quotas.* Almedina, 1993.

Albuquerque, Pedro, e Diogo Costa Gonçalves. "O Impedimento Do Exercício Do Direito De Voto Como Proibição Genérica De Atuação Em Conflito." *RDS*, no. 3 (2011): 657-712.

Albuquerque, Pedro, e Maria de Lurdes Pereira. *As Golden Shares Do Estado Português Em Empresas Privatizadas: Limites À Sua Admissibilidade E Exercício.* Coimbra, 2006.

Albuquerque, Rui A, Vyacheslav Fos, e Enrique J Schroth. "Value Creation in Shareholder Activism: A Structural Approach." *Available at SSRN 3639636* (2020).

Alchian, Armen A, e Harold Demsetz. "Production, Information Costs, and Economic Organization." *AER* 62, no. 5 (1972): 777-95.

Alexandre, Isabel. "Investidor Institucional, Não Institucional Equiparado E Investidor Comum." In *Direito Dos Valores Mobiliários*, 9-27, 2004.

Allaire, Yvan. "The Troubling Case of Proxy Advisors: Some Policy Recommendations." *Available at SSRN 2282617* (2013).

Allaire, Yvan, e François Dauphin. "The Game of 'Activist' Hedge Funds: Cui Bono?". *International Journal of Disclosure and Governance* 13, no. 4 (2016): 279-308.

Almeida, Carlos Ferreira de. "Alienação Da Propriedade Em Garantia – Uma Perspetiva Prudente." In *Estudos Dedicados Ao Professor Doutor Luís Alberto Carvalho Fernandes*: Almedina, 2011.

Almeida, Carlos Ferreira de. "Contratos Diferenciais." In *Estudos Comemorativos Dos 10 Anos Da Faculdade De Direito Da Universidade Nova De Lisboa*, 2008.

Almeida, Carlos Ferreira de. *Contratos III – Contratos De Liberalidade, De Cooperação E De Risco.* Almedina, 2013.

Almeida, Carlos Ferreira de. "O Código Dos Valores Mobiliários E O Sistema Jurídico." *CadMVM*, no. 7 (2000): 20.

Almeida, Carlos Ferreira de. "Swaps De Troca E Swaps Diferenciais." *CadMVM, Ensaios de homenagem a Amadeu Ferreira* (2015).

Altmann, Sofia. "A Imputação De Direitos De Voto No Mercado De Capitais." *Revista de Ciências Empresariais e Jurídicas* 25 (2014): 97-138.

Alvaro, S, A Ciavarella, D D'eramo, e N Linciano. "La Deviazione Dal Principio "Un'azione–Un Voto" E Le Azioni a Voto Multiplo." *CONSOB, Quaderni giuridici* (2014).

Alves, Pedro Cordelli. "A Oferta Pública De Aquisição Obrigatória Nos Ordenamentos Jurídicos Brasileiros E Português." *Direito das Sociedades em revista* (2015): 199-203.

Anabtawi, Iman, e Lynn Stout. "Fiduciary Duties for Activist Shareholders." *Stan. LR* 60 (2007): 1255.

Anderson, Navid. *Stimmrechtsproportionalität Im Aktienrecht.* Dr. Kovac, 2016.

Andrade, Carlos Costa, e Miguel Stokes. "Contributo Para O Estudo Da Imputação De Direitos De Voto No Contexto Do Dever De Lançamento De Opa." In *20 Anos Do Código Dos Valores Mobiliários*: CMVM/Almedina, 2021.

Andrade, Margarida Costa. *A Locação Financeira De Acções E O Direito Português.* Coimbra, 2007.

Andrade, Margarida Costa. "O Penhor Financeiro Com Direito De Disposição De Valores Mobiliários." *ROA* (2010).

Andrei, Daniela Mussolini Llorca Sanchez. "A Vedação Ao Voto Plural No Brasil." *RDSVM* (2019).

Andrews, William D. "The Stockholder's Right to Equal Opportunity in the Sale of Shares." *HLR* (1965).

Aníbal, Sánchez Andrés. *El Derecho De Suscripción Preferente Del Accionista.* Civitas, 1973.

Anthero, Adriano. *Comentário Ao Codigo Comercial Portuguez.* Typhografia "Artes & Lettras", 1915.

Antunes, Henrique Sousa. "Algumas Considerações Sobre a Informação Nas Sociedades Anónimas: Em Especial, Os Artigos 288 a 293 Do Código Das Sociedades Comerciais." *Direito e Justiça* 9/10 (1995/1996).

Antunes, José Engrácia. "As Relações De Domínio No Cvm: O Art. 21.º, Nº 3, Em Particular." In *Estudos Em Honra De João Soares Da Silva*: Almedina, 2021.

Antunes, José Engrácia. *Direito Das Sociedades.* Liberis, 2020.

Antunes, José Engrácia. "A Igualdade De Tratamento Dos Accionistas Na OPA." *DSR* (2010).

Antunes, José Engrácia. "Novos Rumos Do Direito Societário Europeu – «Report of the Reflection Group on the Future of Eu Company Law»." In *II Congresso Direito das Sociedades em Revista*, 2012.

Antunes, José Engrácia. "Os «Hedge Funds» E O Governo Das Sociedades." In *Direito Dos Valores Mobiliários*, 2009.

Antunes, José Engrácia. "Os Derivados." *CadMVM* (2008).

Antunes, José Engrácia. "Os Grupos Dominiais – O Estado Da Arte 35 Anos Depois." *DSR* (2018).

Antunes, José Engrácia. *Os Instrumentos Financeiros*. Almedina, 2020.

Antunes, José Engrácia. "Os Tetos Estatuários De Voto: Breve Nótula." *DSR* 21 (2019).

Antunes, José Engrácia. *Participações Qualificadas E Domínio Conjunto: A Propósito Do Caso "António Champalimaud-Banco Santander"*. UC, 2000.

Antunes, José Engrácia. "A Titularidade Por Conta De Participações Sociais – Breve Apontamento." *DSR* (2018).

Appel, Ian, Jordan Bulka, e Vyacheslav Fos. "Public Short Selling by Activist Hedge Funds." *Available at SSRN* (2018).

Armour, John, Henry Hansmann, e Reinier Kraakman. "Agency Problems and Legal Strategies." In *The Anatomy of Corporate Law*, 29-48: Oxford UP, 2009.

Armour, John, Henry Hansmann, e Reinier Kraakman. "The Essential Elements of Corporate Law." In *The Anatomy of Corporate Law*: Oxford UP, 2009.

Arnold, Michael. "Münchener Kommentar Zum Aktiengesetz, § 133." 2018.

Arnoult, Tiago. "O Destaque Do Direito Aos Lucros: Esvaziamento Do Direito De Voto E Titularidade Oculta." *RDS* (2013).

Arroyo Martínez, Ignacio, e JM Embid Irujo. "Comentário Ao Art. 93º." In *Comentarios a La Ley De Sociedades Anónimas*: Tecnos, 2009.

Arruñada, Benito. "Un Análisis Económico De La Regulación De La Sociedad Anónima En España." *Anales de estudios económicos y empresariales* (1988): 191-224.

Ascensão, José de Oliveira. "As Acções." In *Direito Dos Valores Mobiliários*, edited by Coimbra, 2000.

Ascensão, José de Oliveira. "Derivados." In *Direito Dos Valores Mobiliários*: Almedina, 2003.

Ascensão, José de Oliveira. "A Protecção Do Investidor." *Direito dos Valores Mobiliários* 4 (2003): 13-40.

Aspachs-Bracons, Oriol, Matthias Bulach, Jordi Gual i Sole, e Sandra Jódar-Rosell. *Hacia Una Nueva Arquitectura Financiera*. " La Caixa", 2010.

Austen-Smith, D., e J. Banks. "Aggregation, Rationality and the Condorcet Jury Theorem." *The American Political Science Review* (1996).

Bainbridge, Stephen M. "The Case for Limited Shareholder Voting Rights." *UCLA* 53 (2005): 601.

Bainbridge, Stephen M. "The Scope of the Sec's Authority over Shareholder Voting Rights." *UCLA*, no. 07-16 (2007).

Bainbridge, Stephen M. "The Short Life and Resurrection of Sec Rule 19c-4." *Wash. ULQ* 69 (1991): 565.

Bajo, Emanuele, Massimiliano Barbi, Marco Bigelli, e Ettore Croci. "Bolstering Family Control: Evidence from Loyalty Shares." *ECGI*, no. 619 (2019).

Baker, Andrew C. "The Effects of Hedge Fund Activism." (2021).

Balotti, R Franklin, e Jesse A Finkelstein. *Delaware Law of Corporations and Business Organizations: Statutory Deskbook 2009*. Vol. 4: Aspen Publishers Online, 2008.

Bank, Steven A, e Brian R Cheffins. "The Corporate Pyramid Fable." *Business History Review* 84 (2010): 435-58.

Baptista, Daniela. *A Atuação Concertada Como Fundamento De Imputação De Direitos De Voto No Mercado De Capitais*. UC, 2016.

Baptista, Daniela. *O Direito De Exoneração Dos Accionistas – Das Suas Causas*. Coimbra Editora, 2005.

Barberis, Nicholas, e Richard Thaler. "A Survey of Behavioral Finance." *Handbook of the Economics of Finance* 1 (2003): 1053-128.

Barclay, Michael J, e Clifford G Holderness. "Private Benefits from Control of Public Corporations." *Journal of Financial Economics* 25, no. 2 (1989): 371-95.

Barros, Ricardo Jorge Seabra. *As Acções De Lealdade Nas Sociedades Anónimas: Introdução E Limites À Sua Transmissibilidade*. Universidade de Coimbra (tese não editada), 2018.

Barry, Jordan M, John William Hatfield, e Scott Duke Kominers. "On Derivatives Markets and Social Welfare: A Theory of Empty Voting and Hidden Ownership." *Virginia LR* 99 (2013): 1103.

Baumol, William J. "Business Behavior, Value and Growth." (1959).

Baums, Theodor, e Maike Sauter. "Anschleichen an Übernahmeziele Mittels Cash Settled Equity Derivaten – Ein Regelungsvorschlag." *Institute for Law and Finance* (2009).

Beaudry, Paul, e Franck Portier. "Stock Prices, News, and Economic Fluctuations." *AER* 96, no. 4 (2006): 1293-307.

Bebchuk, Lucian Arye. "The Case for Increasing Shareholder Power." *Harvard Law Review* 118 (2004): 833.

Bebchuk, Lucian Arye. "Limiting Contractual Freedom in Corporate Law: The Desirable Constraints on Charter Amendments." *Harvard Law Review* (1989): 1820-60.

Bebchuk, Lucian Arye. "A Rent-Protection Theory of Corporate Ownership and Control." (1999).

Bebchuk, Lucian Arye, Alon Brav, e Wei Jiang. *The Long-Term Effects of Hedge Fund Activism*. NBER (2015).

Bebchuk, Lucian Arye, e Alma Cohen. "The Costs of Entrenched Boards." *Journal of Financial Economics* 78, no. 2 (2005): 409-33.

Bebchuk, Lucian Arye, Alma Cohen, e Scott Hirst. "The Agency Problems of Institutional Investors." *Journal of Economic Perspectives* 31, no. 3 (2017): 89-102.

Bebchuk, Lucian Arye, e Kobi Kastiel. "The Perils of Small-Minority Controllers." *Geo. LJ* (2019).

Bebchuk, Lucian Arye, e Kobi Kastiel. "The Untenable Case for Perpetual Dual-Class Stock." *Virginia LR* 103 (2017): 585.

Bebchuk, Lucian Arye, Reinier Kraakman, e George Triantis. "Stock Pyramids, Cross-Ownership, and Dual Class Equity: The Mechanisms and Agency Costs of Separating Control from Cash-Flow Rights." In *Concentrated Corporate Ownership*, 295-318: University of Chicago Press, 2000.

Bebchuk, Lucian Arye, e Mark J Roe. "A Theory of Path Dependence in Corporate Ownership and Governance." *Stan. LR* 52 (1999): 127.

Beber, Alessandro, Daniela Fabbri, Marco Pagano, e Saverio Simonelli. "Short-Selling Bans and Bank Stability." *The Review of Corporate Finance Studies* 10, no. 1 (2021): 158-87.

Becht, Marco, Julian Franks, Jeremy Grant, e Hannes F Wagner. "Returns to Hedge Fund Activism: An International Study." *RFS* 30, no. 9 (2017): 2933-71.

Becht, Marco, Julian Franks, Colin Mayer, e Stefano Rossi. "Returns to Shareholder Activism: Evidence from a Clinical Study of the Hermes UK Focus Fund." *RFS* 22, no. 8 (2009): 3093-129.

Becht, Marco, Yuliya Kamisarenka, e Anete Pajuste. "Loyalty Shares with Tenure Voting – Does the Default Rule Matter? Evidence from the Loi Florange Experiment." (2018).

Belot, François, Edith Ginglinger, e Laura T Starks. "Encouraging Long-Term Shareholders: The Effects of Loyalty Shares with Double Voting Rights." *Université Paris-Dauphine*, no. 3475429 (2019).

Beltratti, Andrea, e René M Stulz. "Why Did Some Banks Perform Better During the Credit Crisis? A Cross-Country Study of the Impact of Governance and Regulation." (2009).

Ben-David, Itzhak, Francesco Franzoni, e Rabih Moussawi. *Exchange Traded Funds (Etfs)*. NBER (2016).

Berger, David J, Steven Davidoff Solomon, e Aaron J Benjamin. "Tenure Voting and the Us Public Company." *The Business Lawyer* 72, no. 2 (2017): 295-324.

Berle, Adolf, e Gardiner Means. *The Modern Corporation and Private Property*. New Brunswick, 1932.

Berner, Martin. *Scrip Dividends*. Nomos, 2021.

Bertaccini, Daniel. "To Disclose or Not to Disclose." *Cardozo LR* 31 (2009): To disclose or not to disclose?

Bessa, Tiago. "Crise, Regulação E Supervisão De Hedge Funds." *RDS* (2010): 3-4.

Bessler, Wolfgang, e Marco Vendrasco. "The 2020 European Short-Selling Ban and the Effects on Market Quality." *Finance Research Letters* (2020): 101886.

Betzer, André, Inga Van den Bongard, e Marc Goergen. "Index Membership Vs. Loss of Voting Power: The Unification of Dual-Class Shares." *Journal of International Financial Markets, Institutions and Money* 49 (2017): 140-53.

Bezzenberger, Tilman. "Vorzugsaktien Ohne Stimmrecht." *Aktiengesetz* (1991): 554.

Bhagat, Sanjai, e Brian Bolton. "Corporate Governance and Firm Performance." *JCF* (2008): 257-73.

Bigelli, Marco. *Le Azioni Di Risparmio: Un'analisi Economica E Gli Effetti Sulla Governance Dell'impresa.* Il mulino, 2003.

Billett, Matthew T, e David C Mauer. "Cross-Subsidies, External Financing Constraints, and the Contribution of the Internal Capital Market to Firm Value." *RFS* 16, no. 4 (2003): 1167-201.

Billett, Matthew T, e David C Mauer. "Diversification and the Value of Internal Capital Markets: The Case of Tracking Stock." *JB&F* 24, no. 9 (2000): 1457-90.

Bione, Massimo. "Il Principio Della Corrispondenza Tra Potere E Rischio E Le Azioni a Voto Plurimo: Noterelle Sul Tema." *Giur. Comm.* (2015).

Bione, Massimo. "Il Voto Multiplo: Digressione Sul Tema." *Giur. Comm.* (2011).

Bione, Massimo. "Voto Capitario Nella Spa?". *Giur. Comm.* (2012).

Black, Bernard. "Equity Decoupling and Empty Voting: The Telus Zero-Premium Share Swap." *Northwestern Law & Economics* (2012).

Black, Bernard, e Reinier Kraakman. "A Self-Enforcing Model of Corporate Law." *HLR* (1996): 1911-82.

Black, Fischer, e Myron Scholes. "The Pricing of Options and Corporate Liabilities." *JPE* 81, no. 3 (1973): 637-54.

Boehmer, Ekkehart, e Juan Wu. "Short Selling and the Price Discovery Process." *RFS* 26, no. 2 (2013): 287-322.

Bolton, Patrick, e Frédéric Samama. "Loyalty-Shares: Rewarding Long-Term Investors." *JoACF* 25, no. 3 (2013): 86-97.

Bolton, Patrick, Frederic Samama, e Joseph E Stiglitz. *Sovereign Wealth Funds and Long-Term Investing.* Columbia University Press, 2012.

Bolton, Patrick, e Ernst-Ludwig Von Thadden. "Blocks, Liquidity, and Corporate Control." *JoF* 53, no. 1 (1998): 1-25.

Bommer, Kay, e Eva Sterzel. *Stimmrechte Auf Der Hauptversammlung – Empfehlungen Zur Zusammenarbeit Mit Proxy Advisors.* Dirk-IR Guide, 2014.

Bonbright, James Cummings, e Gardiner Coit Means. *The Holding Company: Its Public Significance and Its Regulation.* McGraw-Hill, 1932.

Booth, Richard A. "Minority Discounts and Control Premiums in Appraisal Proceedings." *The Business Lawyer* (2001): 127-61.

Bootsma, Bart. "An Eclectic Approach to Loyalty – Promoting Instruments in Corporate Law: Revisiting Hirschman's Model of Exit, Voice and Loyalty." *Erasmus LR* 6 (2013): 111.

Boubaker, Sabri, e Florence Labégorre. "Le Recours Aux Leviers De Contrôle: Le Cas Des Sociétés Cotées Françaises." *Finance Contrôle Stratégie* 11, no. 3 (2008): 96-124.

Bouton, Laurent, Aniol Llorente-Saguer, Antonin Macé, e Dimitrios Xefteris. "Voting in Shareholders Meetings." (2021).

Bower, Joseph L, e Lynn S Paine. "The Error at the Heart of Corporate Leadership." *HBR* (2017).

Bratton, William W, e Michael L Wachter. "The Case against Shareholder Empowerment." *University of Pennsylvania Law Review* (2010): 653-728.

Brav, Alon, Wei Jiang, e Hyunseob Kim. "Hedge Fund Activism: A Review. Foundations and Trends in Finance." *Available at SSRN: https://ssrn.com/abstract=1947049* (2009).

Brav, Alon, Wei Jiang, Frank Partnoy, e Randall Thomas. "Hedge Fund Activism, Corporate Governance, and Firm Performance." *JoF* 63, no. 4 (2008): 1729-75.

Brav, Alon, e Richmond D Mathews. "Empty Voting and the Efficiency of Corporate Governance." *Journal of Financial Economics* 99, no. 2 (2011): 289-307.

Brealey, Richard A, Stewart C Myers, Franklin Allen, e Pitabas Mohanty. *Principles of Corporate Finance.* Tata McGraw-Hill Education, 2012.

Bris, Arturo, William N Goetzmann, e Ning Zhu. "Efficiency and the Bear: Short Sales and Markets around the World." *JoF* 62, no. 3 (2007): 1029-79.

Brito, Maria Helena. "Sobre a Aplicação No Espaço Do Novo Código Dos Valores Mobiliários." In *Direito Dos Valores Mobiliários*: Almedina, 2000.

Brown, J Robert. "Protecting Shareholders from Themselves: The Sec and Restrictions on Shareholder Voting Rights." *University of Denver*, no. 16-12 (2016).

Brown, Lawrence D, e Marcus L Caylor. "Corporate Governance and Firm Performance." *Available at SSRN 586423* (2004).

Bruner, Christopher M. *Corporate Governance in the Common-Law World: The Political Foundations of Shareholder Power.* Cambridge UP, 2013.

Bundesbank, Deutsche. "Ownership Structure in the German Equity Market: General Trends and Changes in the Financial Crisis." *Monthly Report* (2014).

Burkart, Mike, e Samuel Lee. "The One Share-One Vote Debate: A Theoretical Prespective." *ECGI Finance working* (2007).

Busani, A, e M Sagliocca. "Le Azioni Non Si Contano, Ma Si 'Pesano': Superato Il Principio One Share One Vote Con L'introduzione Delle Azioni a Voto 'Plurimo'ea Voto 'Maggiorato'." *Le Società* (2014): 1048.

Bushee, Brian J. "The Influence of Institutional Investors on Myopic R&D Investment Behavior." *Accounting review* (1998): 305-33.

Cabezon, Felipe. "Executive Compensation: The Trend toward One Size Fits All." *Available at SSRN* (2020).

Calheiros, Maria Clara. "O Contrato De Swap No Contexto Da Actual Crise Financeira Global." *Cadernos de Direito Privado* 42 (2013): 3-13.

Câmara, Paulo. "Acordos Parassociais: Estrutura E Delimitação." In *Estudos Em Memória Do Prof. Doutor J. L. Saldanha Sanches*: Coimbra, 2011.

Câmara, Paulo. "Covid-19, Administração E Governação De Sociedades." In *Administração E Governação De Sociedades*: Almedina, 2020.

Câmara, Paulo. "Governação Societária E Influência Acionista: Sinais De Mudança." In *Acionistas E Governação Da Sociedade*, 13-57: Almedina, 2019.

Câmara, Paulo. "Governação Societária E Influência Acionista: Sinais De Mudança." In *Estudos Em Honra De João Soares Da Silva*: Almedina, 2021.

Câmara, Paulo. *Manual De Direito Dos Valores Mobiliários*. Almedina, 2018.

Câmara, Paulo. "O Dever De Lançamento De Oferta Pública De Aquisição No Novo Código Dos Valores Mobiliários." *CadMVM* (2000).

Câmara, Paulo. "Os Deveres De Informação E a Formação De Preços No Mercado De Valores Mobiliários." *Caderno do Mercado de Valores Mobiliários* (1998): 81-92.

Campbell, Gareth, e John D Turner. "Substitutes for Legal Protection: Corporate Governance and Dividends in Victorian Britain 1." *The Economic History Review* 64, no. 2 (2011): 571-97.

Campobasso, Mario, Pietro Abbadessa, Giuseppe Portale, Vincenzo Cariello, e Umberto Tombari. *Le Società Per Azioni: Codice Civile E Norme Complementari*. Vol. 1: Giuffrè, 2016.

Campos, Diogo Leite. "A Alienação Em Garantia." In *Estudos Em Homenagem Ao Banco De Portugal, 150.º Aniversário (1846-1996)*: Banco de Portugal, 1998.

Canotilho, José Joaquim, e Vital Moreira. *Constituição Da República Portuguesa: Anotada*. Coimbra, 2014.

Carbajo Cascón, Fernando. "Deber De Lealtad De Los Socios Y Conflictos De Intereses Con La Sociedad." In *Diálogos Com Coutinho De Abreu*: Almedina, 2020.

Carlos, Maria Amélia Barradas "O Factor Fiscal E a Escolha Do Modelo De Financiamento Das Sociedades." *RDS* (2010).

Carnaxide. *Sociedades Anonymas: Estudo Theorico E Pratico De Direito Interno E Comparado*. Amado, 1913.

Carneiro, Francisco Sá. "The Florange Law. A "New" Power Game." In *Estudos Em Honra De João Soares Da Silva*: Almedina, 2021.

Carney, William J, e George B Shepherd. "The Mystery of Delaware Law's Continuing Success." *UI LR* (2009): 1.

Carney, William J, George B Shepherd, e Joanna M Shepherd. "Delaware Corporate Law: Failing Law, Failing Markets." *The Law and Economics of Corporate Governance: Changing Perspectives* (2010): 23-67.

Carvalhosa, Modesto. "Voto Plural: Evolução Ou Retrocesso." In *Diálogos Com Coutinho De Abreu*: Almedina, 2020.

Cary, William L. "Federalism and Corporate Law: Reflections Upon Delaware." *Yale LJ* 83, no. 4 (1974): 663-705.

Castro, Carlos Osório de. "A Imputação De Direitos De Voto Em Matéria De Opa's E Algumas Notas Sobre Matérias Avulsas." In *20 Anos Do Código Dos Valores Mobiliários*: CMVM/Almedina, 2021.

Castro, Carlos Osório de. "Participação No Capital Das Sociedades Anónimas E Poder De Influência." *RDES* XXXVI (1999): 333-56.

Castro, Carlos Osório de. "A Relação De Domínio Total: Diagnóstico E Remédios." *DSR* (2017): 26-79.

Castro, Carlos Osório de. "Sobre a Autonomia Do Direito Ao Dividendo: A Inclusão Dos Dividendos Em Negócios De Venda De Acções, Designadamente Em Oferta Pública De Aquisição." In *Estudos Em Honra De João Soares Da Silva*: Almedina, 2021.

Castro, Carlos Osório de. *Valores Mobiliários: Conceitos E Espécies.* UCP, 1996.

Castro, Noelia Romero, e Juan Piñeiro Chousa. "Prácticas De Buen Gobierno Y Creación De Valor: Retos Para Los Administradores Societarios." In *Actores, Actuaciones Y Controles Del Buen Gobierno Societario Y Financiero,* 291-307: Marcial Pons, 2018.

Chakrabarty, Bidisha, e Andriy Shkilko. "Information Transfers and Learning in Financial Markets: Evidence from Short Selling around Insider Sales." *JB&F* 37, no. 5 (2013): 1560-72.

Cheffins, Brian R. *Corporate Ownership and Control: British Business Transformed.* Oxford Scholarship, 2008.

Cheffins, Brian R. "Hedge Fund Activism Canadian Style." *UBCL Rev.* 47 (2014): 1.

Cheffins, Brian R. "The History of Corporate Governance." In *The Oxford Handbook of Corporate Governance*, 46-64, 2013.

Chemmanur, Thomas J, e Imants Paeglis. "Why Issue Tracking Stock? Insights from a Comparison with Spin-Offs and Carve-Outs." *JoACF* 14, no. 2 (2001): 102-14.

Chene, Nicolas. "Le Droit De Vote Double En France: Panorama De Son Utilisation Et Impact En Termes De Valorisation Des Sociétés." HEC School of Management, Paris, 2008.

Cheng, Thomas K. "An Economic Analysis of Limited Shareholder Liability in Contractual Claims." *Berkeley Business Law Journal* 11 (2014): 113.

Chong, Eason, Emily Zhong, Fannie Li, Qianyi Li, Saharsh Agrawal, e Tony Zhang. "Comprehensive Study of Special-Purpose Acquisition Company (Spac): An Investment Perspective." *Available at SSRN 3862186* (2021).

Christoffersen, Susan EK, Christopher C Geczy, David K Musto, e Adam V Reed. "Vote Trading and Information Aggregation." *JoF* 62, no. 6 (2007): 2897-929.

Christophe, Stephen E, Michael G Ferri, e James J Angel. "Short-Selling Prior to Earnings Announcements." *JoF* 59, no. 4 (2004): 1845-76.

Ciepley, David. "Beyond Public and Private: Toward a Political Theory of the Corporation." *American Political Science Review* (2013).

Ciocca, Nicoletta. *Il Voto Di Lista Nelle Società Per Azioni.* Giuffrè, 2018.

Coase, Ronald H. "The Problem of Social Cost." In *Classic Papers in Natural Resource Economics*, 87-137. Leipzig: Springer, 1960.

Coelho, Eduardo de Melo Lucas. "O Quórum Constitutivo Das Assembleias Gerais." *DSR* (2011).

Coelho, José Gabriel Pinto. *Estudo Sobre as Acções De Sociedades Anónimas.* Coimbra, 1957.

Coffee Jr, John C, e Darius Palia. "The Wolf at the Door: The Impact of Hedge Fund Activism on Corporate Governance." *J. Corp. L.* 41 (2015): 545.

Comparato, Fábio Konder, e Calixto Salomão Filho. *O Poder De Controle Na Sociedade Anônima.* Rio de Janeiro: Forense, 2014.

Conac, Pierre-Henri. "Cash-Settled Derivatives as a Takeover Instrument and the Reform of the Eu Transparency Directive." In *The European Financial Market in Transition*, 49-68: Kluwer, 2011.

Cooke, Colin Arthur. *Cooperation Trust and Company: An Essay in Legal History.* Manchester University Press, 1950.

Copo, Veiga, e Abel Benito. *Estudios Jurídicos Sobre La Acción.* Civitas/Thomsonreuters, 2014.

Cordeiro, A. Barreto Menezes. *Manual De Direito Dos Valores Mobiliários.* Almedina, 2018.

Cordeiro, António Menezes. *Banca, Bolsa E Crédito: Estudos De Direito Comercial E De Direito Da Economia.* Almedina, 1990.

Cordeiro, António Menezes. "A Crise Planetária De 2007/2010 E O Governo Das Sociedades." *RDS* (2009).

Cordeiro, António Menezes. "Da Preferência Dos Accionistas Na Subscrição De Novas Acções: Exclusão E Violação." *ROA* (1990).

Cordeiro, António Menezes. *Direito Europeu Das Sociedades.* Almedina, 2005.

Cordeiro, António Menezes. "A Diretriz 2007/36 De 11 De Julho (Accionistas De Sociedades Cotadas): Comentários À Proposta De Transposição." *ROA* 70, no. 1 (2008): 503-53.

Cordeiro, António Menezes. "Introdução." In *Código Das Sociedades Comerciais Anotado*: Almedina, 2020.

Cordeiro, António Menezes. "A Lealdade No Direito Das Sociedades." *ROA* (2006): 1033.

Cordeiro, António Menezes. "A Lei Das Sociedades Anonymas De 22 De Junho De 1867." *ROA* (2017).

Cordeiro, António Menezes. *Manual De Direito Das Sociedades.* Almedina, 2007.

Cordeiro, António Menezes. "Opas Obrigatórias: Pressupostos E Consequências Da Sua Não-Realização." *RDS* (2011): 927-84.

Cordeiro, António Menezes. "Os Deveres Fundamentais Dos Administradores Das Sociedades." *ROA* 2 (2006): 446.

Cordeiro, António Menezes. *Sa: Assembleia Geral E Deliberações Sociais.* Almedina, 2009.

Cordeiro, António Menezes. "Sociedades De Ninguém E Sociedades Sem Sócios." *RDS* (2019).

Cordeiro, António Menezes, e Miguel Brito Bastos. "Comentário Ao Art. 23º." In *Código Das Sociedades Comerciais Anotado*: Almedina, 2020.

Cordeiro, António Menezes, e David Oliveira Festas. "Comentário Ao Art. 380º." In *Código Das Sociedades Comerciais Anotado*: Almedina, 2020.

Cordeiro, António Menezes, e David Oliveira Festas. "Comentário Ao Art. 383º." In *Código Das Sociedades Comerciais Anotado*: Almedina, 2020.

Cordeiro, António Menezes, e Madalena Perestrelo de Oliveira. "Comentário Ao Art. 24º." In *Código Das Sociedades Comerciais Anotado*: Almedina, 2020.

Cordeiro, António Menezes, e Madalena Perestrelo de Oliveira. "Comentário Ao Art. 288º." In *Código Das Sociedades Comerciais Anotado*: Almedina, 2020.

Cordt, Yves de. *L'égalité Entre Actionnaires.* Bruxelles: Bruylant, 2004.

Cornelli, Francesca, e David Goldreich. "Bookbuilding and Strategic Allocation." *JoF* 56, no. 6 (2001): 2337-69.

Cornelli, Francesca, e David Goldreich. "Bookbuilding: How Informative Is the Order Book?". *JoF* 58, no. 4 (2003): 1415-43.

Correia, António Ferrer. *Lições De Direito Comercial.* Lex, 1994.

Correia, António Ferrer. "Pessoas Coletivas/Anteprojecto De Um Capítulo Do Novo Código Civil." *BMJ*, no. 67 (1957): 247-81.

Correia, António Ferrer. *Sociedades Por Quotas De Responsabilidade Limitada – Anteprojecto De Lei.* Universidade de Coimbra, 1977.

Correia, António Ferrer, e Manuel Domingues de Andrade. *Suspensão De Deliberações Sociais E Direitos Individuais Dos Accionistas.* Atlântida, 1948.

Correia, António Ferrer, e António Agostinho Caeiro. *Aumento De Capital, Preferência Dos Accionistas E Sobrepreço Das Acções.* Coimbra, 1968.

Correia, Antonio Ferrer, e Vasco da Gama Lobo Xavier. "As Limitações Ao Poder De Voto Dos Accionistas E as Acções Do Estado E Do Ipe." *RLJ* (1986).

Correia, Francisco Mendes. "Comentário À Recomendação 1.2." In *Código Do Governo Das Sociedades Anotado*: Almedina, 2012.

Correia, Ricardo Serra. "Os Direitos Especiais À Luz Do CSC E Do Direito Da União Europeia – Algumas Reflexões." *ROA* (2013).

Cortês, António. *Jurisprudência Dos Princípios: Ensaio Sobre Os Fundamentos Da Decisão Jurisdicional.* UC, 2010.

Cortês, António. "Para Uma Metodologia Jurídica Integral." *Direito e Justiça* (2013).

Costa, Leonor Freire, Pedro Lains, e Susana Münch Miranda. *História Económica De Portugal: 1143-2010.* A Esfera dos Livros, 2011.

Coupet, Caroline. *L'attribution Du Droit De Vote Dans Les Sociétés.* LGDC, 2012.

Cox, James D. *Cox & Hazen on Corporations*. Aspen, 2004.

Crane, Alan D, Andrew Koch, e Sébastien Michenaud. "Institutional Investor Cliques and Governance." *Journal of Financial Economics* 133, no. 1 (2019): 175-97.

Cruz, Adriana de la, Alejandra Medina, e Yun Tang. "Owners of the World's Listed Companies." In *Oecd Capital Market Series, Paris*, 2019.

Culot, Henri, e Olivier Mareschal. "Les Titres Et Leur Transfert Dans La Srl." *La société à responsabilité limitée* (2019).

Cunha, Carolina. "Comentário Ao Art. 380º." In *Código Das Sociedades Comerciais Em Comentário*: Almedina, 2019.

Cunha, Paulo Olavo. "(Acerca) Da Inexistência Do Dever (Específico) De Lealdade Dos Sócios E Acionistas." In *V Congresso Direito das Sociedades em Revista*: Almedina, 2018.

Cunha, Paulo Olavo. "Assembleia Gerais De Sociedades Anónimas I: Questões Relativas À Convocação, Participação E Funcionamento." *DSR* (2012).

Cunha, Paulo Olavo. "A *Breakthrough Rule* E O Paradoxo Da Blindagem Societária." *Jornal de Negócios* (2008).

Cunha, Paulo Olavo. "Convocação, Participação E Funcionamento De Assembleias Gerais De Sociedades Anónimas." In *Estudos Em Homenagem a Miguel Galvão Teles*, 2012.

Cunha, Paulo Olavo. "Corporate & Public Governance Nas Sociedades Anónimas: Primeira Reflexão." *DSR* (2010).

Cunha, Paulo Olavo. *Deliberações Sociais: Formação E Impugnação*. Almedina, 2020.

Cunha, Paulo Olavo. *Direito Das Sociedades Comerciais*. Almedina, 2019.

Cunha, Paulo Olavo. "A Dissolução (Voluntária): Via (Alternativa) Para a Perda Da Qualidade De "Aberta" Da Sociedade Anónima." In *20 Anos Do Código Dos Valores Mobiliários*: Almedina, 2021.

Cunha, Paulo Olavo. "A Formação Das Deliberações Da Administração Na Sociedade Anónima." *DSR* (2017).

Cunha, Paulo Olavo. "O Poder Dos Sócios." In *Estudos De Homenagem Ao Prof. Doutor Jorge Miranda*: Coimbra, 2012.

Cunha, Paulo Olavo. "O Universo Dos Participantes Nas Deliberações Dos Acionistas: Casos Concretos." *DSR* (2022): 43-63.

Cunha, Paulo Olavo. *Os Direitos Especiais Nas Sociedades Anónimas: As Acções Privilegiadas*. Almedina, 1993.

Cunha, Paulo Olavo. "Os Novos Direitos Especiais: As Acções Especiais." In *II Congresso Direito das Sociedades em Revista*: Almedina, 2012.

Cunha, Paulo Olavo. "Sintonia E Discrepâncias Jus Societárias Com Coutinho De Abreu." In *Diálogos Com Coutinho De Abreu*: Almedina, 2020.

Cutler, David M, James M Poterba, e Lawrence H Summers. *What Moves Stock Prices?* NBER (1988).

D'avolio, Gene. "The Market for Borrowing Stock." *Journal of Financial Economics* 66, no. 2-3 (2002): 271-306.

Dahl, Robert A. *A Preface to Democratic Theory*. Vol. 115: University of Chicago Press, 1956.

Dalsace, André. "Manuel Des Sociétés Anonymes." Paris, 1955.

Dammann, Jens. "Corporate Ostracism: Freezing out Controlling Shareholders." *Journal of Corporate Law* 33 (2007): 681.

Dammann, Jens, e Matthias Schündeln. "The Incorporation Choices of Privately Held Corporations." *The Journal of Law, Economics, & Organization* 27, no. 1 (2011): 79-112.

Damodaran, Aswath. "The Value of Control: Implications for Control Premiums, Minority Discounts and Voting Share Differentials." *NYUJL & Bus.* 8 (2011): 487.

Danos, Georges. *Les Actions À Vote Plural.* Sirey, 1922.

Davies, Paul, e Klaus Hopt. "Control Transactions." In *The Anatomy of Corporate Law*: Oxford UP, 2004.

Davies, Paul, e Sarah Worthington. *Gower's Principles of Modern Company Law*. London: Sweet & Maxwell, 2016.

Davies, Stephen, Nicholas Briggs, David Impey, Bethan Evans, e Tom Ellis. "Modern Law of Meetings." Bristol: Jordans, 2005.

De Fontenay, Elisabeth. "The Deregulation of Private Capital and the Decline of the Public Company." *Hastings LJ* 68 (2016): 445.

De la Torre, Augusto, e Sergio Schmukler. *Emerging Capital Markets and Globalization: The Latin American Experience.* World Bank Publications, 2006.

De Nardis, Eugenio Simone, e Matteo Tonello. "Know Your Shareholders: The Use of Cash-Settled Equity Derivatives to Hide Corporate Ownership Interests." *Conference Board Director Notes No. DN-009* (2010).

Decugis, Henri. *Traité Pratique Des Sociétés Par Actions.* Société du Recueil Sirey, 1919.

Della Corte, Pasquale, Robert Kosowski, e Nikolaos Rapanos. "Short-Selling Bans in Europe: Evidence from the Covid-19 Pandemic." *http://dx.doi.org/10.2139/ssrn.3692789* (2020).

Deluard, Vincent. "A Costly Mistake for Investors, Us Capital Markets, and Growth: Evidence from the Exclusion of Dual-Class Stocks from Popular Indices." *Available at SSRN: https://ssrn.com/abstract=4060296* (2022).

Delvoie, Jeroen, e Carl Clottens. "Accountability and Short-Termism: Some Notes on Loyalty Shares." *Law and Financial Markets Review* 9, no. 1 (2015): 19-28.

DeMott, Deborah A. "Irrevocable Proxies." *Australian Law Journal* (2008).

DesJardine, Mark R. "How Activist Investors Influence Corporate Social Responsibility." *Academy of Management Proceedings* (2019).

Dewing, Arthur Stone. *The Financial Policy of Corporations.* Vol. 1: Ronald Press, 1920.

Dey, Aiyesha, Austin Starkweather, e Joshua T White. "Proxy Advisory Firms and Corporate Shareholder Engagement." *Harvard Business School Accounting & Management Unit*, no. 21-137 (2021).

Dias, Cristiano. *Os Direitos Especiais Dos Sócios.* Almedina, 2021.

Dias, Cristiano. "Os Direitos Especiais Dos Sócios Nas Sociedades Anónimas: As "Golden Shares"." *RDS* (2011).

Dias, Gabriela Figueiredo. *Prefácio a "20 Anos Do Código Dos Valores Mobiliários".* CMVM/Almedina, 2021.

Dias, Gabriela Figueiredo. "Regulação E Supervisão De Hedge Funds: Percurso, Oportunidade E Tendências." In *Dvm*: Almedina, 2008.

Dias, Rui Pereira, e Mafalda de Sá. "Transações Com Partes Relacionadas, Remunerações, Sustentabilidade: A Transposição Da Diretiva Dos Direitos Dos Acionistas II E a Revisão De 2020 Do Código De Governo Das Sociedades Do Ipcg." *DSR* (2020): 57-78.

Diekmann, Hans. "Acting in Concert." In *Gesellschaftsrecht in Der Diskussion 2005*: Dr. Otto Schmidt, 2006.

Dignam, Alan, e John Lowry. *Company Law.* Oxford UP, 2020.

Dittmann, Ingolf, e Niels Ulbricht. "Timing and Wealth Effects of German Dual Class Stock Unifications." *European Financial Management* 14, no. 1 (2008): 163-96.

Djama, Constant, Isabelle Martinez, e Stéphanie Serve. "What Do We Know About Delistings? A Survey of the Literature." *https://hal.archives-ouvertes.fr/hal-00937899* (2012).

Doidge, Craig. "Us Cross-Listings and the Private Benefits of Control: Evidence from Dual-Class Firms." *Journal of Financial Economics* 72, no. 3 (2004): 519-53.

Doidge, Craig, Kathleen M Kahle, G Andrew Karolyi, e René M Stulz. "Eclipse of the Public Corporation or Eclipse of the Public Markets?". *JoACF* 30, no. 1 (2018): 8-16.

Domingues, Paulo de Tarso. "As Acções Sem Valor Nominal." *DSR* (2010).

Domingues, Paulo de Tarso. "O Aumento Do Capital Social Gratuito Ou Por Incorporação De Reservas." *DSR* (2009).

Domingues, Paulo de Tarso. *O Financiamento Societário Pelos Sócios (E O Seu Reverso).* Almedina, 2021.

Domingues, Paulo de Tarso. *Variações Sobre O Capital Social.* Coimbra Editora, 2009.

Drago, Diogo. "Loyalty Shares: Um Meio De Controlo Ou O Acentuar De Conflitos No Seio Societário?". *RDC* (2017).

Drygala, Tim, Marco Staake, e Stephan Szalai. *Kapitalgesellschaftsrecht: Mit Grundzügen Des Konzern Und Umwandlungsrechts.* Leipzig: Springer, 2012.

Duarte, Rui Pinto. "Considerações Sobre Níveis De Regulação E Conceitos Legais a Propósito Das Sociedades Comerciais." *CadMVM, Ensaios de homenagem a Amadeu Ferreira* (2015).

Duarte, Rui Pinto. "A Evolução Do Direito Das Sociedades Português." In *Escritos Sobre Direito Das Sociedades*: Coimbra, 2008.

Duarte, Rui Pinto. "O Código Comercial De 1833." *DSR* (2019).

Duarte, Rui Pinto. "O Impacto Do 25 De Abril No Direito Das Sociedades." *DSR* (2015).

Duarte, Rui Pinto. "O Quadro Legal Das Sociedades Comerciais Ao Tempo Da Alves & C.ª." In *Estudos Comemorativos Dos 10 Anos Da FDUNL II*: Almedina, 2008.

Duarte, Rui Pinto. "(Uma) Introdução Ao Direito Das Sociedades." In *Escritos Sobre Direito Das Sociedades*: Coimbra, 2008.

Dunlavy, Colleen A. "Social Conceptions of the Corporation: Insights from the History of Shareholder Voting Rights." *Wash. & Lee LR* 63 (2006): 1347.

Duque Domínguez, Justino F. "Introducción a La Protección De Los Derechos Del Accionista Frente a Los Acuerdos De La Mayoría." In *Derecho De Sociedades Anonimas II*: Facultad de Derecho, 1994.

Dyck, Alexander, e Luigi Zingales. "Private Benefits of Control: An International Comparison." *Journal of Finance* 59, no. 2 (2004): 537-600.

Easterbrook, Frank H, e Daniel R Fischel. "The Corporate Contract." *Columbia L.R* 89 (1989): 1416.

Easterbrook, Frank H, e Daniel R Fischel. "Corporate Control Transactions." *Yale LJ* 91 (1981): 698.

Easterbrook, Frank H, e Daniel R Fischel. *The Economic Structure of Corporate Law.* Harvard UP, 1996.

Easterbrook, Frank H, e Daniel R Fischel. "Voting in Corporate Law." *JLE* 26, no. 2 (1983): 395-427.

Edelman, Paul H. "On Legal Interpretations of the Condorcet Jury Theorem." *The Journal of Legal Studies*, no. 2 (2002): 327-49.

Edelman, Paul H, Randall S Thomas, e Robert B Thompson. "Shareholder Voting in an Age of Intermediary Capitalism." *S. Cal. LR* 87 (2013): 1359.

Edmans, Alex. "Blockholders and Corporate Governance." *Annual Review of Financial Economics* (2014): 23-50.

Edmans, Alex, e CG Holderness. "Blockholders: A Survey of Theory and Evidence." *ECGI* (2016).

Edmans, Alex, Doron Levit, e Devin Reilly. "Governance under Common Ownership." *RFS* 32, no. 7 (2019): 2673-719.

Ehrhardt, Olaf, e Eric Nowak. "Private Benefits and Minority Shareholder Expropriation: Empirical Evidence from Ipos of German Family-Owned Firms." (2001).

Einaudi, Luigi. "A Favore Delle Azioni Privilegiate (Ma Non Di Quelle a Voto Plurimo)." *La Riforma Sociale* (1932).

Eizirik, Nelson. *A Lei Das S/A Comentada.* Vol. III: Quartier Latin, 2011.

Eldar, Ofer, e Lorenzo Magnolfi. "Regulatory Competition and the Market for Corporate Law." *American Economic Journal* (2020): 60-98.

Elder, John, e Peter Westra. "The Reaction of Security Prices to Tracking Stock Announcements." *Journal of Economics and Finance* 24, no. 1 (2000): 36-55.

Elena, Nicolò. *Le Azioni Con Voto Plurimo O Con Voto Altrimenti Privilegiato Nelle Società Commerciali Italiane.* Bocca, 1927.

Embid Irujo, José Miguel. "El Voto Plural De La Sociedad Anónima." *La Ley* 2 (1991): 3.

Enriques, Luca, Henry Hansmann, e Reinier Kraakman. "The Basic Governance Structure: The Interests of Shareholders as a Class." In *The Anatomy of Corporate Law*: Oxford UP, 2009.

Enriques, Luca, e Marco Pagano. "Emergency Measures for Equity Trading: The Case against Short-Selling Bans and Stock Exchange Shutdowns." *http://dx.doi.org/10.2139/ssrn.3598151* (2020).

Enriques, Luca, e Alessandro Romano. "Rewiring Corporate Law for an Interconnected World." *Ariz. L. Rev.* 64 (2022): 51.

Enriques, Luca, e Paolo Volpin. "Corporate Governance Reforms in Continental Europe." *Journal of economic perspectives* 21, no. 1 (2007): 117-40.

Ereio, Joana Torres. "One Share, One Vote – Os Tetos De Voto E as Alterações Introduzidas Pelo Decreto-Lei Nº 20/2016." *Actualidad Juridica* (2016).

Escarra, Jean, Edouard Escarra, e Jean Rault. *Traité Théorique Et Pratique De Droit Commercial.* Vol. 2: Sirey, 1951.

Estaca, José Marques. "O Destaque Dos Direitos De Voto Em Face Do Código Dos Valores Mobiliários." In *Estudos Em Homenagem Ao Prof. Doutor Oliveira Ascensão*: Almedina, 2008.

Evans, Richard B, Oğuzhan Karakaş, Rabih Moussawi, e Michael Young. "Phantom of the Opera: Etfs and Shareholder Voting." *Available at SSRN 3303149* (2018).

Evans, Richard, Miguel A Ferreira, e Melissa Porras Prado. "Fund Performance and Equity Lending: Why Lend What You Can Sell?". *Review of Finance*, no. 3 (2017): 1093-121.

Ewens, Michael, e Nadya Malenko. *Board Dynamics over the Startup Life Cycle.* NBER (2020).

Faber, Joachim. "Institutionelle Investoren (Einschließlich Hedgefonds Und Private Equity)." In *Handbuch Corporate Governance*, 219-30. Leipzig: Springer, 2009.

Fajardo, Gemma, Antonio Fici, Hagen Henrÿ, David Hiez, Hans-Hermann Münkner, e Ian Snaith. "New Study Group on European Cooperative Law: 'Principles' Project." *Euricse* (2012).

Fama, Eugene F. "Efficient Capital Markets: A Review of Theory and Empirical Work." *JoF* 25, no. 2 (1970): 383-417.

Fama, Eugene F, e Michael C Jensen. "Separation of Ownership and Control." *JLE* 26, no. 2 (1983): 301-25.

Faria, Nuno Serrão. "Dual-Class Shares: A Governance Battle between Stock Exchanges/the Case of the Uk." *RDS* (2019).

Faure, Anna. *Verantwortung Institutioneller Aktionäre Im Deutschen Aktienrecht.* Nomos Verlag, 2019.

Feito-Ruiz, Isabel, Luc Renneboog, e Cara Vansteenkiste. "Elective Stock and Scrip Dividends." *Journal of Corporate Finance* 64 (2020).

Fernandes, António Monteiro. "Problemas Da Sociedade Anónima." *Estudos Sociais e Corporativos* (1965).

Fernandes, Luís Alberto de Carvalho. "A Admissibilidade Do Negócio Fiduciário No Direito Português." In *Estudos Sobre Simulação*: Quid Juris, 2004.

Fernandez, Pablo. "Conceptos Básicos Sobre Derivados: Opciones, Forwards Y Futuros." *http://dx.doi.org/10.2139/ssrn.2464077* (2018).

Fernandez Torres, Isabel. "El Voto Adicional Por Lealtad: A Propósito Del Anteproyecto De Reforma De La Ley De Sociedades De Capital." *Revista de derecho del mercado de valores*, no. 25 (2019): 2.

Fernández Torres, Isabel. "El Voto Adicional Por Lealtad, Una Aproximación Crítica a La Propuesta De Reforma De La Ley De Sociedades De Capital." *Revista de Derecho bancario y bursátil* (2021): 11-53.

Fernández Torres, Isabel. *Las Loyalty Shares: Cortoplacismo Contra Activismo Accionarial.* Marcial Pons, 2017.

Ferran, Eilís. *Building an Eu Securities Market.* Cambridge University Press, 2004.

Ferran, Eilís, e Look Chan Ho. *Principles of Corporate Finance Law.* Oxford UP, 2014.

Ferrarini, Guido. "One Share–One Vote: A European Rule?". *European Company and Financial Law Review* 3, no. 2 (2006): 147-77.

Ferraz, José Manuel. "O Desenvolvimento Socieconómico Durante a Primeira República (1910-26)." *Análise Social* (1975): 454-71.

Ferreira, Abel Sequeira, José Pedro Fazenda Martins, e Orlando Vogler Guiné. "Breve Nótula Sobre Duas Propostas Da Aem Em Matéria De Voto Dos Acionistas." In *Acionistas E Governação Das Sociedades*: Almedina, 2019.

Ferreira, Bruno. "Influência Dominante, Articulação Acionista E Designação De Administradores." *RDS* (2014).

Ferreira, Bruno. "A Transposição Da Diretiva Da Transparência II." In *O Novo Direito Dos Valores Mobiliários*, 43-50: Almedina, 2017.

Ferreira, Juliano. "A Imputação De Direitos De Voto No Cruzamento Entre a Transparência E Oferta Pública De Aquisição." In *Estudos Em Honra De João Soares Da Silva*: Almedina, 2021.

Ferreira, Juliano. "Sociedade Com O Capital Aberto Ao Investimento Do Público: Relevância Da Lei Pessoal Na Aquisição E Perda Da Qualidade De Sociedade Aberta." *RDS* (2017).

Ferreira, Miguel A, e Pedro Matos. "The Colors of Investors' Money: The Role of Institutional Investors around the World." *Journal of Financial Economics* 88, no. 3 (2008): 499-533.

Festas, David Oliveira. *Das Inibições De Voto Dos Sócios Por Conflito De Interesses Com a Sociedade Nas Sociedades Anónimas E Por Quotas*. Tese de Doutoramento não publicada: UL, 2017.

Fichtner, Jan, Eelke M Heemskerk, e Javier Garcia-Bernardo. "Hidden Power of the Big Three? Passive Index Funds, Re-Concentration of Corporate Ownership, and New Financial Risk." *Business and Politics* 19, no. 2 (2017): 298-326.

Figueiredo, André. "Notas Sobre O Exercício De Direitos De Voto Nas Sociedades Cotadas: Breve Balanço Da Vigência Da Diretiva 2007/36/CE E Perspetivas De Revisão." *III Congresso Direito das Sociedades em Revista* (2014).

Figueiredo, André. *O Negócio Fiduciário Perante Terceiros: Com Aplicação Especial Na Gestão De Valores Mobiliários*. Almedina, 2012.

Figueiredo, André. "Titularidade Indirecta De Ações E Exercício De Direitos De Voto." *RDS* (2012).

Fisch, Jill E. "The Long Road Back: Business Roundtable and the Future of Sec Rulemaking." *Seattle ULR* 36 (2012): 695.

Fischel, Daniel R. "Organized Exchanges and the Regulation of Dual Class Common Stock." *U. Chi. LR* 54 (1987): 119.

Fleischer, Holger. "Shareholders Vs. Stakeholders: Aktienrechtliche Fragen." In *Handbuch Corporate Governance: Leitung Und Überwachung Börsennotierter Unternehmen in Der Rechts Und Wirtschaftspraxis*, 185-218: Schäffer-Poeschel, 2009.

Fong, Kingsley, David R Gallagher, e Aaron Ng. "The Use of Derivatives by Investment Managers and Implications for Portfolio Performance and Risk." *International Review of Finance* 5, no. 1-2 (2005): 1-29.

Frada, Manuel A Carneiro da. "A Responsabilidade Dos Administradores Perante Os Credores Entre O Direito Das Sociedades E O Direito Da Insolvência." *IV Congresso de Direito da Insolvência* (2017): 193-202.

Frada, Manuel A Carneiro da. "Sobre a Responsabilidade Do Sócio Por Actos De Administrador Indicado Ao Abrigo De Um Acordo Parassocial." In *V Congresso Direito das Sociedades em Revista*: Almedina, 2018.

Frada, Manuel A Carneiro da. "A Business Judgement Rule No Quadro Dos Deveres Gerais Dos Administradores." *ROA* (2007).

Frada, Manuel A Carneiro da, e Diogo Costa Gonçalves. "Perda Da Qualidade De Sociedade Aberta (Delisting De Ações) E Tutela Dos Acionistas Minoritários." *RDS* (2015).

França, Erasmo Valladão Novaes, Azevedo e, e Marcelo Vieira von Adamek. "O Crédito Por Dividendos Declarados E a Sua Intangibilidade Intrassocietária Na Lei De Sociedades Por Ações Brasileira." In *Diálogos Com Coutinho De Abreu*: Almedina, 2020.

França, Maria Augusta. *Direito À Exoneração, Novas Perspectivas Do Direito Comercial.* Almedina, 1988.

Franco, António de Sousa. "Nota Sobre O Princípio Da Liberdade Económica." *BMJ* 355 (1986): 11-40.

Freeman, R Edward, e David L Reed. "Stockholders and Stakeholders: A New Perspective on Corporate Governance." *California management review* 25, no. 3 (1983): 88-106.

Freitas, José de, e Jéssica Rodrigues Ferreira. "Revisitando O Usufruto De Ações." *DSR* (2018).

Freitas, José Lebre de. "Contrato De Swap Meramente Especulativo; Regimes De Validade E De Alteração De Circunstâncias." *ROA* 72, no. IV (2012): 943-70.

French, Derek, Christopher L Ryan, e Stephen W Mayson. *Mayson, French & Ryan on Company Law.* Oxford UP, 2019.

Frey, Rüdiger. "Perfect Option Hedging for a Large Trader." *Finance and Stochastics* 2, no. 2 (1998): 115-41.

Friedman, Milton. "The Social Responsibility of Business Is to Increase Its Profits." In *Corporate Ethics and Corporate Governance*, 173-78. Leipzig: Springer, 2007.

Fukuyama, Francis. "What Is Governance?". *Center for Global Development* 26, no. 3 (2013): 347-68.

Furtado, Jorge Pinto. *Curso De Direito Das Sociedades.* Almedina, 2004.

Furtado, Jorge Pinto. "O Voto Nas Deliberações De Sociedades." In *Estudos Em Homenagem Ao Prof. Doutor Raúl Ventura*: Coimbra, 2003.

Galacho Abolafio, Antonio. *Transmisión Y Ejercicio Separado De Derechos Del Socio.* Marcial Pons, 2020.

Galán Lopes, Carmen. "Sociedades De Capital: Acciones Y Participaciones." In *Derecho De Sociedades*: Atelier, 2015.

Gameiro, Isabel Marques, e Nuno Gonçalo Ribeiro. *Financing Costs of Portuguese Companies.* www.bportugal.pt, 2007.

Ganor, Mira. "Why Do Managers Dismantle Staggered Boards." *Delaware Journal of Corporate Law* (2008).

Gantchev, Nickolay. "The Costs of Shareholder Activism: Evidence from a Sequential Decision Model." *Journal of Financial Economics* 107, no. 3 (2013): 610-31.

Gao, Xiaohui, Jay R Ritter, e Zhongyan Zhu. "Where Have All the Ipos Gone?". *Journal of Financial and Quantitative Analysis* 48, no. 6 (2013): 1663-92.

Gaydarska, Nadia. "The Legality of the 'Golden Share' under Ec Law." *Maastricht Faculty of Law* 5 (2009).

Gelter, Martin, e Julia M Puaschunder. "Covid-19 and Comparative Corporate Governance." *Journal of Corporate Law* 46 (2020): 557.

Germain, Michel, Véronique Magnier, Georges Ripert, e René Roblot. *Traité De Droit Des Affaires: Les Sociétés Commerciales*. LGDJ Lextenso, 2014.

Ghezzi, Federico Cesare Guido, Chiara Mosca, e Maria Lucia Passador. "Rereading the "One Share One Vote Principle": Is It Also a Matter of Competition?". *Available at SSRN 4067796* (2022).

Gillan, Stuart L, e Laura T Starks. "Corporate Governance Proposals and Shareholder Activism: The Role of Institutional Investors." *Journal of Financial Economics* 57, no. 2 (2000): 275-305.

Gilson, Ronald J. "Controlling Shareholders and Corporate Governance: Complicating the Comparative Taxonomy." *HLR* 119 (2005): 1641.

Gilson, Ronald J. "Evaluating Dual Class Common Stock: The Relevance of Substitutes." *Virginia LR* (1987): 807-44.

Gilson, Ronald J. "Regulating the Equity Component of Capital Structure: The Sec's Response to the Oneshare, One Vote Controversy." In *Modernizing United States Securities Regulation*: K. Lehn & R. Kamphuis, 1993.

Gilson, Ronald J, e Jeffrey N Gordon. "The Agency Costs of Agency Capitalism: Activist Investors and the Revaluation of Governance Rights." *Columbia LR* (2013): 863-927.

Gilson, Ronald J, e Jeffrey N Gordon. "Controlling Controlling Shareholders." *University of Pennsylvania Law Review* 152, no. 2 (2003): 785-843.

Gilson, Ronald J, Henry Hansmann, e Mariana Pargendler. "Regulatory Dualism as a Development Strategy: Corporate Reform in Brazil, the United States, and the European Union." *Stanford Law Journal* 63 (2010): 475.

Gilson, Ronald J, e Charles K Whitehead. "Deconstructing Equity: Public Ownership, Agency Costs, and Complete Capital Markets." *Columbia LR* 108 (2008): 231.

Goitein, Hugh. *Company Law*. HeinOnline, 1960.

Goktan, M Sinan, Robert Kieschnick, e Rabih Moussawi. "Corporate Governance and Firm Survival." *Financial Review* 53, no. 2 (2018): 209-53.

Gomes, Fátima. "As "Tracking Stocks" Como Categoria De Acções E a Sua Compatibilidade Com O Ordenamento Jurídico Português." *DSR* (2010).

Gomes, Fátima. "Dividendo De Lealdade." *II Congresso Direito das Sociedades em Revista* (2012).

Gomes, Fátima. *O Direito Aos Lucros E O Dever De Participar Nas Perdas Da Sociedade Anónima*. Almedina, 2011.

Gomes, Fátima. *O Direito Aos Lucros E O Dever De Participar Nas Perdas Nas Sociedades Anónimas*. Almedina, 2011.

Gomes, José Ferreira. *Da Administração À Fiscalização Das Sociedades*. Almedina, 2017.

Gomes, José Ferreira. "A Discricionariedade Empresarial, a Business Judgment Rule E a Celebração De Contratos De Swap (E Outros Derivados)." *CadMVM* (2017).

Gomes, José Ferreira. "Voto Plural Nas Sociedades Por Quotas E Anónimas: Reflexões De Política Legislativa." *Revista de Direito Comercial* (2022).

Gomes, José Ferreira, e Carlos Osório de Castro. "A Compatibilidade Do Art. 20.º/1 Cvm Com a Diretriz Da Transparência: A Reforma De 2021 Como Oportunidade Perdida." *RDFMC* (2022): 89-121.

Gomes, José Ferreira, e Diogo Costa Gonçalves. *Manual De Sociedades Abertas E De Sociedades Cotadas.* AAFDL Editora, 2018.

Gomes, José Ferreira, e Nádia Reis. "O Decreto-Lei N.º 20/2016 E a Desblindagem Dos Estatutos Das Instituições De Crédito: Um Diploma À Prova De Bala?". *RDS* (2017).

Gómez-Acebo, Alejandro Fernández. "Reflexiones Acerca Del Papel De Los Controles Externos Sobre Gobierno Corporativo De La Sociedad Cotizada Y El Derecho Preventivo De Las Crisis Empresariales." In *Gobierno Corporativo Y Crisis Empresariales*: Marcial Pons, 2006.

Gompers, Paul A, Joy Ishii, e Andrew Metrick. "Extreme Governance: An Analysis of Dual-Class Firms in the United States." *RFS* 23, no. 3 (2010): 1051-88.

Gompers, Paul A, e Andrew Metrick. "Institutional Investors and Equity Prices." *The QJE* 116, no. 1 (2001): 229-59.

Gompers, Paul, Joy Ishii, e Andrew Metrick. "Corporate Governance and Equity Prices." *The QJE* (2003).

Gonçalves, Luiz da Cunha. *Comentário Ao Código Comercial Português I.* Lisboa: Empreza Editora JB, 1914.

Gong, Bo. *Understanding Institutional Shareholder Activism: A Comparative Study of the Uk and China.* Routledge, 2013.

Gordon, Jeffrey N. "Ties That Bond: Duel Class Common Stock and the Problem of Shareholder Choice." *Calif. L. Rev.* 76 (1988): 1.

Gorris, Jeffrey M, Lawrence A Hamermesh, e Leo E Strine. "Delaware Corporate Law and the Model Business Corporation Act: A Study in Symbiosis." *Law and Contemporary Problems* 74, no. 1 (2011): 107-20.

Goshen, Zohar. "Voting (Sincerely) in Corporate Law." *Theoretical inquiries in law* 2 (2001): 815.

Goshen, Zohar, e Assaf Hamdani. "Corporate Control and Idiosyncratic Vision." *Yale LJ* 125 (2015): 560.

Goshen, Zohar, e Sharon Hannes. "The Death of Corporate Law." *NYUL Rev* (2019): 263.

Governance, OECD Steering Group on Corporate. *Lack of Proportionality between Ownership and Control: Overview and Issues for Discussion.* OECD Paris, 2007.

Graham, Benjamin, e David L Dodd. *Security Analysis.* Mc Graw Hill, 1934.

Graham, Benjamin, e Bill McGowan. *The Intelligent Investor.* Harper Collins, 2005.

Gramlich, Jacob, e Serafin Grundl. "Testing for Competitive Effects of Common Ownership." *Finance and Economics Discussion Series* 29 (2017).

Graziani, Alessandro. *Diritto Delle Società.* A. Morano, 1963.

Greenspan, Ross. "Money for Nothing, Shares for Free: A Brief History of the Spac." *Available at SSRN: https://ssrn.com/abstract=1947049* (2021).

Griffin, Caleb N. "We Three Kings: Disintermediating Voting at the Index Fund Giants." *Maryland Law Review* (2020).

Grigoleit, e Herrler. "Aktg § 134 Rn. 4, 5." (2020).

Gröntgen, Florian. *Operativer Shareholder Activism: Eine Rechtliche Analyse Des Zusammenspiels Von Aktivistischen Aktionären Und Verwaltungsorganen Unter Einbeziehung Von Aktionärsrechterichtline Und Arug II (Rege).* Carl Heymanns Verlag, 2020.

Grossman, Sanford. *The Informational Role of Prices.* Mit Press Books. Vol. 1, 1989.

Grossman, Sanford J, e Oliver D Hart. *One Share/One Vote and the Market for Corporate Control.* MIT, 1987.

Grossman, Sanford J, e Oliver D Hart. "Takeover Bids, the Free-Rider Problem, and the Theory of the Corporation." *The Bell Journal of Economics* (1980): 42-64.

Grossman, Sanford J, e Joseph E Stiglitz. "On the Impossibility of Informationally Efficient Markets." *The American economic review* (1980): 393-408.

Grossman, Sanford J, e Joseph E Stiglitz. "On the Impossibility of Informationally Efficient Markets." *AER* 70, no. 3 (1980): 393-408.

Grund, Sebastian. "Exchange-Traded Funds (Etfs) and Systemic Risk." *Available at SSRN 3583028* (2020).

Grundmann, Stefan, e Florian Möslein. "Golden Shares-State Control in Privatised Companies: Comparative Law, European Law and Policy Aspects." *European Law and Policy Aspects* (2003).

Grunewald, Barbara. *Gesellschaftsrecht.* Mohr Siebeck, 2017.

Guerra Martín, Guillermo. "Las Limitaciones Al Número Máximo De Votos En Las Sociedades Cotizadas." *Revista de Derecho del Mercado de Valores* (2010).

Guerrero, Alexander A. "Against Elections: The Lottocratic Alternative." *Philosophy & Public Affairs* 42, no. 2 (2014): 135-78.

Gullifer, Louise, e Jennifer Payne. *Intermediated Securities: Legal Problems and Practical Issues.* Bloomsbury Publishing, 2010.

Gurrib, Ikhlaas, Qian Long Kweh, Davide Contu, e Firuz Kamalov. "Covid-19, Short-Selling Ban and Energy Stock Prices." *Energy Research Letters* (2021).

Haan, Ed de, David F Larcker, e Charles McClure. "Long-Term Economic Consequences of Hedge Fund Activist Interventions." *Rock Center for Corporate Governance at Stanford University Closer* (2018): 18-47.

Haas, Steven M. "Toward a Controlling Shareholder Safe Harbor." *Virginia LR* (2004): 2245-304.

Haiss, Peter R, e Bernhard Sammer. "The Impact of Derivatives Markets on Financial Integration, Risk, and Economic Growth." (2010).

Halpern, Paul, Michael Trebilcock, e Stuart Turnbull. "An Economic Analysis of Limited Liability in Corporation Law." *The University of Toronto Law Journal* 30, no. 2 (1980): 117-50.

Hannigan, Brenda M. *Company Law*. Oxford UP, 2018.

Hanouna, Paul, Atulya Sarin, e Alan C Shapiro. "Value of Corporate Control: Some International Evidence." *Journal of investment management* (2001): 78-99.

Hansmann, Henry, e Reinier Kraakman. "Agency Problems and Legal Strategies." (2004).

Hansmann, Henry, e Reinier Kraakman. *The End of History for Corporate Law*. Yale School of Management (2001).

Hansmann, Henry, e Mariana Pargendler. "The Evolution of Shareholder Voting Rights: Separation of Ownership and Consumption." *Yale Law Journal* (2013): 948.

Hansmann, Henry, e Mariana Pargendler. "Voting Restrictions in 19th Century Corporations: Investor Protection or Consumer Protection?". *Yale Law Journal* (2010).

Harris, Milton, e Artur Raviv. "Corporate Control Contests and Capital Structure." *Journal of Financial Economics* 20 (1988): 55-86.

Harris, Ron. "The Formation of the East India Company as a Cooperation-Enhancing Institution." *Available at SSRN 874406* (2005).

Harris, Ron. "The Formation of the East India Company as a Deal between Entrepreneurs and Outside Investors." *Available at SSRN 567941* (2004).

Hasen, Richard L. "Vote Buying." *Calif. L. Rev.* 88 (2000): 1323.

Hawes, Colin. "Why Is Huawei's Ownership So Strange? A Case Study of the Chinese Corporate and Socio-Political Ecosystem." *Journal of Corporate Law Studies* 21, no. 1 (2021): 1-38.

Heider, Karsten. "Kommentierung Des §12, Rn.1-5." In *Münchener Kommentar Zum Aktiengesetz*. München, 2019.

Heider, Karsten. "Kommentierung Des § 9 Rn. 19,20." In *Münchener Kommentar Zum Aktiengesetz*. München, 2019.

Heider, Karsten. "Kommentierung Des § 11 Aktg." In *Münchener Kommentar Zum Aktiengesetz*. München, 2016.

Heinen, Vanda. *Die Rolle Institutioneller Investoren Und Stimmrechtsberater in Der Deutschen Corporate Governance*. Leipzig: Springer, 2019.

Helmes, Uwe, Julia Henker, e Thomas Henker. "The Effect of the Ban on Short Selling on Market Efficiency and Volatility." *Available at SSRN 1688135* (2010).

Henssler, Martin, e Lutz Strohn. *Gesellschaftsrecht – Aktg § 11.* Henssler/Strohn. München, 2019.

Henssler, Martin, e Lutz Strohn. "Gesellschaftsrecht – Aktg § 212 Rn. 4-6." (2019).

Henssler, Martin, e Lutz Strohn. "Lange Aktg § 12." (2019).

Héritier, Adrienne, e Magnus G Schoeller. *Governing Finance in Europe.* Edward Elgar Publishing, 2020.

Herrero Morant, Rebeca. *Los Inversores Institucionales En Las Sociedades Cotizadas Españolas: Caracterización Y Activismo Accionarial.* Marcial Pons, 2019.

Hessen, Robert. "The Modern Corporation and Private Property: A Reappraisal." *JLE* 26, no. 2 (1983): 273-89.

Hill, Jennifer G. "The Trajectory of American Corporate Governance: Shareholder Empowerment and Private Ordering Combat." *U. Ill. L. Rev.* (2019): 507.

Hilt, Eric. "History of American Corporate Governance: Law, Institutions, and Politics." *Annu. Rev. Financ. Econ.* 6, no. 1 (2014): 1-21.

Hilt, Eric. "Shareholder Voting Rights in Early American Corporations." *Business History* 55, no. 4 (2013): 620-35.

Hilt, Eric. "When Did Ownership Separate from Control? Corporate Governance in the Early Nineteenth Century." *The Journal of Economic History* 68, no. 3 (2008): 645-85.

Hirschman, Albert O. *Exit, Voice, and Loyalty: Responses to Decline in Firms, Organizations, and States.* Vol. 25: Harvard UP, 1970.

Hirte, Heribert. "The Takeover Directive – a Mini-Directive on the Structure of the Corporation: Is It a Trojan Horse?". *European Company and Financial Law Review* 2, no. 1 (2005): 1-19.

Hoffmann-Becking, Michael. *Münchener Handbuch Des Gesellschaftsrechts 4.* München: CH Beck, 2020.

Holderness, Clifford G, e Dennis P Sheehan. "The Role of Majority Shareholders in Publicly Held Corporations: An Exploratory Analysis." *Journal of Financial Economics* 20 (1988): 317-46.

Hollington, Robin. *Hollington on Shareholders' Rights.* Sweet & Maxwell, 2017.

Holmstrom, Bengt, e Steven N Kaplan. "The State of Us Corporate Governance: What's Right and What's Wrong?". *JoACF* 15, no. 3 (2003): 8-20.

Honkanen, Pekka. "Securities Lending and Trading by Active and Passive Funds." (2020).

Hopt, Klaus J. "Corporate Governance in Europe: A Critical Review of the European Commission's Initiatives on Corporate Law and Corporate Governance." *NYUJL & Bus.* 12 (2015): 139.

Hopt, Klaus J. "Corporate Governance of Banks and Financial Institutions: Economic Theory, Supervisory Practice, Evidence and Policy." *EBOR* 22, no. 1 (2021): 13-37.

Hopt, Klaus J. "Die Internationalen Und Europarechtlichen Rahmenbedingungen Der Corporate Governance." In *Handbuch Corporate Governance*, 2009.

Hopt, Klaus J. "European Company Law and Corporate Governance: Where Does the Action Plan of the European Commission Lead?". *ECGI-Law*, no. 52 (2005).

Hopt, Klaus J. "Insiderrecht–Grundlagen Internationale Entwicklung, Ökonomischer Hintergrund, Offene Fragen." In *Festschrift 25 Jahre Wphg*, 503-22: De Gruyter, 2019.

Horn, Daniel. "Income Inequality and Voter Turnout." *GINI Discussion Papers* 16 (2011).

Hossain, Ashrafee Tanvir, e Lawrence Kryzanowski. "A Review of the Literature on Dual-Class Firms." *Managerial Finance* (2019).

Howell, Elizabeth. "Short Selling Restrictions in the Eu and the Us: A Comparative Analysis." *Journal of Corporate Law Studies* 16, no. 2 (2016): 333-72.

Howell, Jason W. "The Survival of the Us Dual Class Share Structure." *JCF* 44 (2017): 440-50.

Hu, Henry TC. "Financial Innovation and Governance Mechanisms: The Evolution of Decoupling and Transparency." *The Business Lawyer* (2015): 347-405.

Hu, Henry TC, e Bernard Black. "Debt, Equity and Hybrid Decoupling: Governance and Systemic Risk Implications." *European Financial Management* (2008).

Hu, Henry TC, e Bernard Black. "Empty Voting and Hidden (Morphable) Ownership: Taxonomy, Implications, and Reforms." *The Business Lawyer* (2006): 1011-70.

Hu, Henry TC, e Bernard Black. "Hedge Funds, Insiders, and the Decoupling of Economic and Voting Ownership: Empty Voting and Hidden (Morphable) Ownership." *JoACF* (2007): 343-67.

Hu, Henry TC, e Bernard Black. "The New Vote Buying: Empty Voting and Hidden (Morphable) Ownership." *S. Cal. LR* (2005).

Huang, Flora. "Dual Class Shares around the Top Global Financial Centres." *Journal of Business Law* (2017): 137-54.

Huang, Robin Hui, Wei Zhang, e Kelvin Siu Cheung Lee. "The (Re) Introduction of Dual-Class Share Structures in Hong Kong: A Historical and Comparative Analysis." *Journal of Corporate Law Studies* (2019): 1-35.

Hudson, Alastair. *The Law on Financial Derivatives*. Sweet and Maxwell Ltd., 2018.

Hüffer, Uwe, e Jens Koch. "Kommentar § 11, 3." In *Aktiengesetz*: München, 2020.

Hüffer, Uwe, e Jens Koch. "Kommentar, § 11, 6." In *Aktiengesetz*: München, 2020.

Imanalin, Ali. "Rethinking Limited Liability." *Cambridge St. LR* 7 (2011): 89.

Inci, Serdar. *Shareholder Engagement: Chancen, Risiken Und Kompatibilität Mit Der Deutschen Corporate Governance*. Nomos Verlag, 2018.

Ip, John. "Sunset Clauses and Counterterrorism Legislation." *Public Law* (2012).

Israeli, Doron, Charles MC Lee, e Suhas A Sridharan. "Is There a Dark Side to Exchange Traded Funds? An Information Perspective." *Review of Accounting Studies* 22, no. 3 (2017): 1048-83.

Jackson, R. "Perpetual Dual-Class Stock: The Case against Corporate Royalty." *Securities and Exchange commissioner speech transcript* (2018).

Jaeger, Sarah. *Kapitalstrukturpolitik Deutscher Börsennotierter Aktiengesellschaften: Eine Empirische Analyse Von Kapitalstrukturdeterminanten.* Leipzig: Springer, 2012.

Jahnke, Patrick. "Voice Versus Exit: The Causes and Consequence of Increasing Shareholder Concentration." *Available at SSRN 3027058* (2017).

James, Simon. *The Law of Derivatives.* LLP, 1999.

Javaras, George B. "Equal Opportunity in the Sale of Controlling Shares: A Reply to Professor Andrews." *U. Chi. LR* 32 (1964): 420.

Jensen, Michael C. "Value Maximization, Stakeholder Theory, and the Corporate Objective Function." *JoACF* (2010).

Jensen, Michael C, e William H Meckling. "Theory of the Firm: Managerial Behavior, Agency Costs, and Ownership Structure." *Economics social institutions* (1979): 163-231.

Jensen, Michael C, e Richard S Ruback. "The Market for Corporate Control: The Scientific Evidence." *Journal of Financial Economics* 11, no. 1-4 (1983): 5-50.

Jensen, Michael C, e Clifford W Smith. "The Theory of Corporate Finance: A Historical Overview." In *The Modern Theory of Corporate Finance.* New York: McGraw-Hill, 1984.

Jiménez Sánchez, Guillermo Jesús, e Francisco Javier Lasarte Álvarez. "La Acción En Las Compañías Privilegiadas (Siglo Xviii)." *Anales de la Universidad Hispalense, 2, 1-59.* (1963).

Jones, Charles M. "A Century of Stock Market Liquidity and Trading Costs." *Available at SSRN 313681* (2002).

Jones, Charles M, Adam V Reed, e William Waller. "Revealing Shorts an Examination of Large Short Position Disclosures." *RFS* 29, no. 12 (2016): 3278-320.

Jongh, Matthijs de. "Shareholder Activism at the Dutch East India Company 1622--1625." In *Origins of Shareholder Advocacy*: Palgrave Macmillan, 2011.

Jorge, Fernando Pessoa. *O Mandato Sem Representação.* Almedina, 1961; reimpressão 2001.

Jovanovic, Franck. "A Comparison between Qualitative and Quantitative Histories: The Example of the Efficient Market Hypothesis." *Journal of Economic Methodology* (2018): 291-310.

Juglart, Michel de, e Benjamin Ippolito. *Cours De Droit Commercial.* Montchrestien, 1968.

Kahan, Marcel, e Edward Rock. "The Hanging Chads of Corporate Voting." *Georgetown Law Journal* 96 (2007): 1227.

Kahan, Marcel, e Edward Rock. "Hedge Funds in Corporate Governance and Corporate Control." *University of Pennsylvania Law Review* (2007): 1021-93.

Kalay, Avner, e Shagun Pant. "Time Varying Voting Rights and the Private Benefits of Control." *Available at SSRN 1556688* (2009).

Karmel, Roberta S. "Voting Power without Responsibility or Risk: How Should Proxy Reform Address the Decoupling of Economic and Voting Rights." *Vill. L. Rev.* 55 (2010): 93.

Katelouzou, Dionysia, e Mathias Siems. "The Global Diffusion of Stewardship Codes." In *Global Shareholder Stewardship: Complexities, Challenges and Possibilities*: Cambridge University Press, 2020.

Kerry, Liu. "The Effect of Private Benefits of Control on Minority Shareholders: A Theoretical Model and Empirical Evidence from State Ownership." *International Journal of Business and Economic Sciences Applied Research* (2017): 26-34.

Kettunen, Maiju, e Wolf-Georg Ringe. "Disclosure Regulation of Cash-Settled Equity Derivatives-an Intentions-Based Approach." *Lloyd's Maritime and Commercial Law Quarterly*, no. 36 (2011).

Khachaturyan, Arman. *The One-Share-One-Vote Controversy in the Eu.* Vol. 1: CEPS, 2006.

King, Robert G, e Ross Levine. "Finance and Growth: Schumpeter Might Be Right." *The QJE* 108, no. 3 (1993): 717-37.

Klausner, Michael, e Michael Ohlrogge. "A Sober Look at Spacs." *ECGI* (2020).

Klein, April, e Emanuel Zur. "Entrepreneurial Shareholder Activism: Hedge Funds and Other Private Investors." *JoF* 64, no. 1 (2009): 187-229.

Klein, Tony. "A Note on Gamestop, Short Squeezes, and Autodidactic Herding: An Evolution in Financial Literacy?". *Finance Research Letters* (2021): 102229.

Koa, Kenny. *Gläubiger Ohne Risiko: Der Empty Creditor Im Deutschen Insolvenzrecht.* Vol. 17: Nomos Verlag, 2020.

Koch, U. Hüffer and J. "Kommentierung Des § 123 Aktg Rn. 12, 12a." In *Aktiengesetz.* München, 2021.

Koller, Tim, Marc Goedhart, e David Wessels. *Valuation: Measuring and Managing the Value of Companies.* John Wiley, 2010.

Korajczyk, Robert A, e Amnon Levy. "Capital Structure Choice: Macroeconomic Conditions and Financial Constraints." *Journal of Financial Economics* (2003).

Kornhauser, Lewis A. "The Nexus of Contracts Approach to Corporations: A Comment on Easterbrook and Fischel." *Columbia LR* 89, no. 7 (1989): 1449-60.

Kroszner, Randall S, e Philip E Strahan. "Bankers on Boards: Monitoring, Conflicts of Interest, and Lender Liability." *Journal of Financial Economics* 62, no. 3 (2001): 415-52.

Kruse, Gereon. "Stämme Oder Vorzüge? So Nutzen Sie Die Spreads – Boersengefluester." (2014). http://boersengefluester.de/staemme-oder-vorzuege-so-nutzen-sie-die-spreads/.

Kubis. "Kommentierung Des § 123 Aktg Rn. 34." In *Münchener Kommentar Zum Aktiengesetz*. München, 2018.

Kyle, Albert S. "Continuous Auctions and Insider Trading." *Econometrica: Journal of the Econometric Society* (1985): 1315-35.

La Porta, Rafael, Florencio Lopez-de-Silanes, e Andrei Shleifer. "Corporate Ownership around the World." *Journal of Finance* 54, no. 2 (1999): 471-517.

Labareda, João. *Das Acções Das Sociedades Anónimas*. AAFDL, 1988.

Labareda, João. "Sobre Os Direitos De Participação E De Voto Nas Assembleias Gerais De Sociedades Cotadas." *DSR* (2011).

Lan, Luh Luh, e Loizos Heracleous. "Negotiating the Minefields of Corporate Vote--Buying." *Corporate Governance: An International Review* 15, no. 5 (2007): 969-78.

Landemore, Hélène, e Isabelle Ferreras. "In Defense of Workplace Democracy: Towards a Justification of the Firm–State Analogy." *Political Theory* 44, no. 1 (2016): 53-81.

Langenbucher, Katja. *Aktien Und Kapitalmarktrecht*. Verlag CH Beck, 2019.

Langevoort, Donald C. "Taming the Animal Spirits of the Stock Markets: A Behavioral Approach to Securities Regulation." *Nw. UL Rev.* 97 (2002): 135.

Lanusse, Georges. "Statistique Des Actions À Vote Plural." *Journal de la société française de statistique* 72 (1931): 217-19.

Larcker, David F, e Brian Tayan. "Do Iss Voting Recommendations Create Shareholder Value?". *Rock Center for Corporate Governance at Stanford University Closer* (2011).

Le Maux, Julien. "Les Bénéfices Privés: Une Rupture De L'égalité Entre Actionnaires." *Revue Finance, Contrôle, Stratégie: FCS* (2003).

Leal, Miguel Rodrigues, e Miguel Stokes. "A Prova Negativa De Domínio No Regime Português Da Opa Obrigatória." *DSR* (2018).

Lease, Ronald C, John J McConnell, e Wayne H Mikkelson. "The Market Value of Control in Publicly-Traded Corporations." *Journal of Financial Economics* 11, no. 1-4 (1983): 439-71.

Lee, Paul. "Protecting Public Shareholders: The Case of Google's Recapitalization." *HBLR* (2015).

Leitão, Adelaide Menezes, e José Alves de Brito. "Comentário Ao Art. 277º." In *Código Das Sociedades Comerciais Anotado*: Almedina, 2020.

Leitão, Luís Manuel Teles de Menezes. "As Medidas Defensivas Contra Uma Oferta Pública De Aquisição Hostil." *O Direito* (2007).

Leitão, Luís Manuel Teles de Menezes. "A Responsabilidade Civil No Âmbito Da Opa." In *Estudos Em Homenagem Ao Prof. Doutor Raúl Ventura, II*: Coimbra, 1992.

Leone, Michele. "Il Voto Plurimo Nel Mercato Finanziario." (2015).

Leslie, Roberts Kosmin. *Company Meetings and Resolutions: Law, Practice, and Procedure*. Oxford UP, 2020.

Levine, Ross, e Sergio L Schmukler. "Internationalization and Stock Market Liquidity." *Review of Finance* 10, no. 1 (2006): 153-87.

Levine, Ross, e Sara Zervos. "Stock Markets, Banks, and Economic Growth." *AER* (1998): 537-58.

Levit, Doron, e Anton Tsoy. "A Theory of One-Size-Fits-All Recommendations." *Available at SSRN 3251742* (2020).

Lidman, Erik, e Rolf Skog. "London Allowing Dual Class Premium Listings: A Swedish Comment." *Journal of Corporate Law Studies* (2021): 1-32.

Lieberam-Schmidt, Sabine. "Die Stimmrechtsvertretung Im Aktien-Und Gmbh-Recht." (2010).

Liefke, Johannes. *Verträge Unter Aktionären – Eine Rechtstatsächliche, Rechtsökonomische Und Rechtsdogmatische Untersuchung Von Abstimmungsvereinbarungen in Börsennotierten Gesellschaften*. Duncker & Humblot, 2021.

Lima, Osmar Brina Correa. "Voto Múltiplo Na Sociedade Anonima: Acertos E Desacertos." *Revista da Faculdade Direito Universidade Federal Minas Gerais* 30 (1987): 137.

Lin, Yu-Hsin. "Controlling Controlling-Minority Shareholders: Corporate Governance and Leveraged Corporate Control." *Colum. Bus. L.R* (2017): 453.

Lin, Yu-Hsin, e Thomas Mehaffy. "Open Sesame: The Myth of Alibaba's Extreme Corporate Governance and Control." *Brook. J. Corp. Fin. & Com. L.* 10 (2015): 437.

Linciano, Nadia. "Azioni Di Risparmio E Valore Del Controllo: Gli Effetti Della Regolamentazione." *Quaderni di Finanza* (2002).

Lipton, Martin, e Morris Panner. "Takeover Bids and United States Corporate Governance." In *Contemporary Issues in Corporate Governance*: Clarendon Press Oxford, 1993.

Lipton, Phillip. *The Evolution of the Joint Stock Company to 1800: A Study of Institutional Change*. Monash University, 2009.

Liu, Wai-Man Raymond, e Phong TH Ngo. "Voting with Your Feet: Political Competition and Internal Migration in the United States." *European Journal of Political Economy* (2020).

Loderer, Claudio, e Plus Zgraggen. "When Shareholders Choose Not to Maximize Value: The Union Bank of Switzerland's 1994 Proxy Fight." *JoACF* 12, no. 3 (1999): 91-102.

Lourenço, Nuno Calaim. *Os Deveres De Administração E a Business Judgment Rule*. Almedina, 2011.

Lowenstein, Louis. "Shareholder Voting Rights: A Response to Sec Rule 19c-4 and to Professor Gilson." *Columbia LR* 89 (1989): 979.

Luca, Nicola de. "On Record Date, Empty Voting, and Hidden Ownership – Some Remarks on Eu Directive 2007/36/Ce from a European Perspective." *Rivista di diritto societario* 2 (2010): 311-39.

Luca, Nicola de. "Titolarità Vs. Legittimazione: A Proposito Di Record Date, Empty Voting E "Proprietà Nascosta" Di Azioni." *Rivista di Diritto Societario* (2010).

Lund, Dorothy S. "The Case against Passive Shareholder Voting." *J. Corp. L.* 43 (2017): 493.

Lyon-Caen, Charles Léon, e Louis Renault. *Manuel De Droit Commercial.* LGDJ, 1928.

MacCormick, Neil. *Legal Reasoning and Legal Theory.* Clarendon Press, 1994.

Machado, Francisco Soares. "Ações Sem Valor Nominal: A Sua Emissão a Um Valor De Emissão Inferior Ao Das Acções Anteriormente Emitidas." *CadMVM* (2012).

Machado, J Baptista. *Introdução Ao Direito E Ao Discurso Legitimador.* Almedina, 1989.

Magalhães, Barbosa de. "Usufruto De Acções, De Partes E De Quotas Sociais." *Revista da Faculdade de Direito da Universidade de São Paulo* (1950): 107-59.

Magalhães, Pedro Jorge. *Governo Societário E Sustentabilidade Da Empresa: Stakeholder Model Vs Shareholders Model.* Almedina, 2018.

Magina, Joana. "Tracking Stocks: Uma Ausência Motivada Pelo Esquecimento Ou Pela Rejeição?". *DSR* (2016).

Maia, Pedro. "Corporate Governance Em Portugal." In *Questões De Direito Societário Em Portugal E No Brasil*, 43-86: Almedina, 2012.

Maia, Pedro. "Deliberações Dos Sócios E Respetiva Documentação – Algumas Reflexões." In *Nos 20 Anos Do Código Das Sociedades Comerciais – Homenagem Aos Profs. Doutores A. Ferrer Correia, Orlando De Carvalho E Vasco Lobo Xavier*: Coimbra, 2007.

Maia, Pedro. "Direito Das Sociedades Bancárias." *RLJ* (2020).

Maia, Pedro. *Função E Funcionamento Do Conselho De Administração Da Sociedade Anónima.* Coimbra Editora, 2002.

Maia, Pedro. "Os Poderes Da Assembleia Geral Sobre a Delegação De Poderes Pelo Conselho De Administração: Em Especial, O Caso Das Sociedades Bancárias." In *Estudos Em Honra De João Soares Da Silva*: Almedina, 2021.

Maia, Pedro. *Voto E Corporate Governance.* Um Novo Paradigma Para a Sociedade Anónima. Coimbra: Almedina, 2020.

Malecot, Emmanuel. "Du Vote Plural Dans Les Sociétés Par Actions.", Université de Poitiers, 1923.

Malenko, Andrey, Nadya Malenko, e Chester S Spatt. "Creating Controversy in Proxy Voting Advice." *Available at SSRN 3843674* (2021).

Malenko, Nadya, e Yao Shen. "The Role of Proxy Advisory Firms: Evidence from a Regression-Discontinuity Design." *RFS* 29, no. 12 (2016): 3394-427.

Manne, Henry G. "Corporate Governance. Getting Back to Market Basics." *Seminario Consob* (2008).

Marasà, Nicoletta Ciocca e Giorgio. *I Diritti Degli Azionisti Nelle Società Quotate.* Giappichelli, 2015.

Marchetti, Piergaetano. "Osservazioni E Materiali Sul Voto Maggiorato." *RivSoc* (2015).

Marchisio, Emiliano. "La Maggiorazione Del Voto." In *I Diritti Degli Azionisti Nelle Società Quotate*, 215-52: G. Giappichelli Editore, 2015.

Marcos, Rui Manuel de Figueiredo. "Apontamento Histórico Sobre a Aquisição De Acções Próprias Em Portugal – Da Fantasia Prática À Magia Do Legislador." In *Estudos Em Homenagem Ao Prof. Doutor Raúl Ventura*: Coimbra, 2003.

Marcos, Rui Manuel de Figueiredo. *As Companhias Pombalinas: Contributo Para a História Das Sociedades Por Acções Em Portugal.* Almedina, 1997.

Maria Rodrigues, José. "O Novo Regime Jurídico Da Supervisão De Auditoria Aprovado Pela Lei Nº 148/2015, De 9 De Novembro." *Actualidad Jurídica Uría Menéndez*, no. 43 (2016).

Markowitz, Harry. *Portfolio Selection: Efficient Diversification of Investments.* Vol. 16: John Wiley New York, 1959.

Marques, Elda. "As Recentes Alterações Ao Regime Das Ações Preferenciais: O Decreto-Lei N.º 26/2015, De 6 De Fevereiro." *DSR* (2015).

Marques, Elda. "Comentário Ao Art. 389º." *Código das Sociedades Comerciais em comentário* (2019).

Marques, Elda. "Os Direitos Dos Sócios." In *Diálogos Com Coutinho De Abreu*: Almedina, 2020.

Marques, JP. "Locação Financeira Restitutiva (Sale and Lease-Back) E a Proibição Dos Pactos Comissórios – Negócio Fiduciário, Mútuo E Acção Executiva." *Boletim da FDUC* (2001).

Marques, Rui, e Joaquim Miranda Sarmento. "As Entidades De Interesse Público E as Novas Regras De Supervisão De Auditoria Nas Sociedades." *RDS* (2016): 577-93.

Marris, Robin. *The Economic Theory of Managerial Capitalism.* Macmillan, 1964.

Martin, Shaun, e Frank Partnoy. "Encumbered Shares." *U. Ill. L. Rev.* (2005): 775.

Martínez, Inmaculada Buendía. "La Participación Democrática:¿ Un Valor En Extinción En Las Sociedades Cooperativas?". *Revista de economía pública, social y cooperativa*, no. 34 (2000): 7-21.

Martins, Alexandre de Soveral. "Ajustar O Delta. A Imputação De Direitos De Voto, Os Instrumentos Financeiros E a Ocultação De Titularidade." In *20 Anos Do Código Dos Valores Mobiliários*: CMVM/Almedina, 2021.

Martins, Alexandre de Soveral. "Dgfia, Hedge Funds E Governação Das Sociedades Anónimas." *DSR* (2017).

Martins, Alexandre de Soveral. "A Qualidade De Acionista: Acionista, Não Acionista, Acionista Assim-Assim." *RLJ* (2020).

Martins, Alexandre de Soveral. *Sobre a Fiscalização Das Sociedades Anónimas.* Almedina, 2020.

Martins, Alexandre de Soveral. "Sustentabilidade Das Empresas, «Gafanhotos» E «Alcateias De Lobos»." In *Diálogos Com Coutinho De Abreu*: Almedina, 2020.

Martins, Alexandre de Soveral. *Administração De Sociedades Anónimas E Responsabilidade Dos Administradores*. Almedina, 2020.

Martins, João Zenha. "Das Associações Sem Personalidade Jurídica." *Almedina*, no. 3 (2016).

Martins, José Pedro Fazenda. "Operações Sobre Instrumentos Derivados, Imputação De Direitos De Voto E Contrapartida Da Oferta Pública De Aquisição." In *Direito Comercial E Das Sociedades: Estudos Em Memória Do Professor Doutor Paulo M. Sendin*, 133-66: UC, 2012.

Massari, Mario, Vittorio Monge, e Laura Zanetti. "Control Premium in Legally Constrained Markets for Corporate Control: The Italian Case (1993–2003)." *Journal of Management & Governance* 10, no. 1 (2006): 77-110.

Massari, Mario, Vittorio Monge, e Laura Zanetti. "Control Premium in the Presence of Rules Imposing Mandatory Tender Offers: Can It Be Measured?". (2004).

Massonaud, Adrien. *Les Actions À Vote Privilégié En France Et à L'étranger: Les Avantages De Leur Réglementation*. Librairie Arthur Rousseau, 1930.

Mata, Maria Eugénia. "Sociedades Anónimas: Regulação E Economia." *Boletim Ciencias Economicas* 41 (1998): 347.

Mathew, Sudha, e Sheeja Sivaprasad. "Corporate Governance Practices in the Context of the Pandemic Crisis." *http://dx.doi.org/10.2139/ssrn.3590253* (2020).

Matos, Inês Serrano. "Debt Finance: As Obrigações Como Engodo Do Investidor E a Informação Externa Como Um Meio De Tutela Daquele." *Revista de Concorrência e Regulação* (2015).

Matos, Inês Serrano. "Debt Governance – O Papel Do Credor Activista." *DSR* (2015).

Matos, Pedro. "An Assessment of Dual-Class Shares in Brazil: Evidence from the Novo Mercado Reform." *CFA Institute* (2017).

Matsubayashi, Tetsuya, e Shiro Sakaiya. "Income Inequality and Voter Turnout." *Available at SSRN 3126657* (2018).

Maug, Ernst. "Large Shareholders as Monitors: Is There a Trade-Off between Liquidity and Control?". *JoF* 53, no. 1 (1998): 65-98.

Maugeri, Marco. *Governo Delle Società Quotate E Attivismo Degli Investitori Istituzionali: Università Europea Di Roma-13 Dicembre 2013*. Giuffrè, 2015.

McDaniel, Morey W. "Bondholders and Corporate Governance." *The Business Lawyer* (1986): 413-60.

McNulty, James E. "Finance Theory, Lender Liability, and the Value of Banking Relationships: A Survey and Interpretation." *QJE* (2002): 83-94.

Meira, Deolinda. "A Relevância Do Cooperador Na Governação Das Cooperativas." *Cooperativismo e economia social*, no. 35 (2013).

Meira, Deolinda, e Maria Elisabete Ramos. *Comentário Aos Artigos 40º E 41º*. Código Cooperativo Anotado. Almedina, 2018.

Meira, Deolinda, e Maria Elisabete Ramos. *Governação E Regime Económico Das Cooperativas*. Vida Economica, 2014.

Melis, Andrea. *Creazione Di Valore E Meccanismi Di Corporate Governance*. Milano: Giuffrè, 2002.

Meloni, Sara. "Shares and Other Participatory Financial Instruments in Italian Law." *SSRN 2258451* (2013).

Mendes, Evaristo. "Ações Sem Valor Nominal. Breve Apontamento." *RDS* (2021).

Mendes, Manuel Fragoso. "Entre O Temerário E O Diligente – a Business Judgement Rule E Os Deveres Dos Administradores. Da Sua Origem À Implementação No Ordenamento Juridico Português.". *RDS* (2014).

Menezes, Eduardo Augusto Caixeta. *Swaps: Uma Análise Jurídica*. Almedina, 2018.

Merle, Philippe, e Anne Fauchon. *Droit Commercial. Sociétés Commerciales. Édition 2017*. Dalloz, 2016.

Metten, Michael. *Corporate Governance*. Leipzig: Springer, 2010.

Millet, Pierre. *Les Avantages Particuliers Dans Les Sociétés Par Actions.*: Rousseau, 1931.

Mitchell, Lawrence E. "The Puzzling Paradox of Preferred Stock (and Why We Should Care About It)." *The Business Lawyer* (1996): 443-77.

Mittermeier, Martin. *Empty Voting – Risikoentleerte Stimmrechtsausübung Im Recht Der Börsennotierten Aktiengesellschaft*. De Gruyter, 2014.

Modigliani, Franco, e Enrico Perotti. "Protection of Minority Interest and the Development of Security Markets." *Managerial and Decision Economics* 18, no. 7-8 (1997): 519-28.

Monduzzi, Bárbara Menezes. "O Princípio Do One Share/One Vote E O Desprestígio Das Ações Preferenciais: As Experiências Europeia E Brasileira." *Revista Eletrônica do Curso de Direito das Faculdades OPET* (2016).

Montalenti, Paolo. "Il Diritto Societario Europeo Tra Armonizzazione E Concorrenza Regolatoria." *Imprese, società di capitali, mercati finanziari* (2016).

Monteiro, Manuel. "O Regime Europeu Do Short Selling." *CadMVM, Ensaios de Homenagem a Amadeu Ferreira* (2015).

Morck, Randall. "Why Some Double Taxation Might Make Sense: The Special Case of Inter-Corporate Dividends." (2003).

Morck, Randall, e Bernard Yeung. "Dividend Taxation and Corporate Governance." *Journal of Economic Perspectives* 19, no. 3 (2005): 163-80.

Morse, Geoffrey, e Sarah Worthington. *Palmer's Company Law: Annotated Guide to the Companies Act 2006*. Sweet & Maxwell, 2009.

Mosca, Chiara. "Should Shareholders Be Rewarded for Loyalty: European Experiments on the Wedge between Tenured Voting and Takeover Law." *Mich. Bus. & Entrepreneurial L. Rev.* 8 (2018): 245.

Mourato, Helder M. "Swap De Taxa De Juro: A Primeira Jurisprudência." *CadMVM* (2013).

Murphy, Austin. "An Analysis of the Financial Crisis of 2008: Causes and Solutions." *http://dx.doi.org/10.2139/ssrn.1295344* (2008).

Namorado, Rui. "Abrir Os Princípios Cooperativos Sem Os Esquecer." *Revista Crítica de Ciências Sociais*, no. 12 (1983): 149-59.

Namorado, Rui. *Cooperatividade E Direito Cooperativo: Estudos E Pareceres*. Almedina, 2005.

Nenova, T. "The Value of Corporate Votes and Control Benefits: A Cross-Country Analysis. Harvard University." *Economics, working paper* (2000).

Neves, Inês. "Por Uma Gestão Democrática Indireta Das Cooperativas: Comentário Ao Acórdão Do Tribunal Da Relação De Guimarães De 18 De Outubro De 2018." *Cooperativismo e economia social* (2018).

Neves, Vítor Pereira. "A Natureza Transitiva Dos Critérios De Imputação De Direitos De Voto No Código Dos Valores Mobiliários." *Estudos comemorativos dos 10 anos da Faculdade de Direito da Universidade Nova de Lisboa* (2008).

Nolte, Alexander F. *Tracking Stock Strukturen Im Us-Amerikanischen Und Deutschen Aktienrecht*. Duncker & Humblot, 2004.

North, Gill, e Ross Buckley. "The Dodd-Frank Wall Street Reform and Consumer Protection Act: Unresolved Issues of Regulatory Culture and Mindset." *Melbourne University Law Review* 35 (2011): 479.

Nowak, Eric. "Investor Protection and Capital Market Regulation in Germany." In *The German Financial System*: Oxford, 2004.

Nunes, António Avelãs. *O Direito De Exclusão De Sócios Nas Sociedades Comerciais*. Almedina, 1968.

Nunes, Pedro Caetano. "Jurisprudência Sobre O Dever De Lealdade Dos Administradores." *RDSVM* (2012): 173-222.

O'Brien, Martha. "Case C-326/07 Commission of the European Communities V. Italian Republic, Judgment of the Court of Justice (Third Chamber) of 26 March 2009, Not yet Reported." *Common Market L. Rev.* 47 (2010): 245.

O'Neil, Timothy K. "Rule 19c-4: The Sec Goes Too Far in Adopting a One Share, One Vote Rule." *Northwestern ULR* 83 (1988): 1057.

Oliveira, Ana Perestrelo de. "Dos Fundamentos Dos Deveres De Lealdade Dos Acionistas." In *Acionistas E Governação Das Sociedades*: Almedina, 2019.

Oliveira, Ana Perestrelo de. *Grupos De Sociedades E Deveres De Lealdade: Por Um Critério Unitário De Solução Do «Conflito Do Grupo»*. Almedina, 2010.

Oliveira, Ana Perestrelo de. *Manual De Corporate Finance*. Almedina, 2021.

Oliveira, Ana Perestrelo de. *Manual De Direito Das Sociedades*. Almedina, 2018.

Oliveira, Ana Perestrelo de. *Manual De Governo Das Sociedades*. Almedina, 2017.

Oliveira, Ana Perestrelo de. "Os Credores E O Governo Societário: Deveres De Lealdade Para Os Credores Controladores." *RDS* (2009).

Oliveira, Ana Perestrelo de. "Responsabilidade, Imputação De Participações Sociais E Domínio Total Indireto." In *Estudos Em Honra De João Soares Da Silva*: Almedina, 2021.

Oliveira, Ana Perestrelo de, e Madalena Perestrelo de Oliveira. "Derivados Financeiros E Governo Societário: A Propósito Da Nova Regulação Mobiliária Europeia E Da Consulta Pública Da Esma Sobre Empy Voting." *RDS* (2012).

Oliveira, Madalena Perestrelo de. "Direito De Voto Nas Sociedades Cotadas: Da Admissibilidade De Categorias De Ações Com Direito De Voto Plural Às L-Shares." *DSR* (2015).

Oliveira, Madalena Perestrelo de. "Instrumentos Financeiros Com Fins De Garantia E Exercício De Direitos Sociais." *RDS* (2013).

Oliveira, Madalena Perestrelo de. *Tutela Do Investidor Perante O Emitente No Mercado De Capitais: Um Modelo Dinâmico De Proteção*. Almedina, 2021.

Olson, Mancur. *The Rise and Decline of Nations: Economic Growth, Stagflation, and Social Rigidities*. Yale University Press, 2008 (primeira edição de 1982).

Osório, José Diogo Horta. *Da Tomada Do Controlo De Sociedades (Takeovers) Por Leveraged Buy-out E Sua Harmonização Com O Direito Português*. Almedina, 2001.

Osório, Luís. *Jorge Jardim Gonçalves: O Poder Do Silêncio*. Leya, 2014.

Ozkan, Aydin, Jannine Poletti-Hughes, e Agnieszka Trzeciakiewicz. "Directors' Share Dealings and Corporate Insolvencies: Evidence from the Uk." *The European journal of finance* 23, no. 5 (2017): 427-55.

Pacces, Alessio M. "Changing Perspectives on Corporate Law and Economics: An Introduction." In *Changing Perspectives on Corporate Law and Economics*: Elgar, 2010.

Pacces, Alessio M. "Comment–Corporate Governance and Coase's Legacy: A Reply to Henry Manne." In *The Law and Economics of Corporate Governance: Changing Perspectives*, 202-12: Elgar, 2010.

Pacces, Alessio M. "Control Matters: Law and Economics of Private Benefits of Control." *RILE* (2009).

Padrón Villalba, Andrea. "Claroescuros De Los *Robo-Advisors:* Inclusión Financiera, Regulación Y Consumidores." *Revista de Derecho bancario y bursátil* (2021): 155-80.

Palá Laguna, Reyes "Anteproyecto De Ley De 24 De Mayo Del 2019 Por El Que Se Adapta El Derecho Español a La Directiva (Ue) 2017/828 Respecto Al Fomento De La Implicación a Largo Plazo De Los Accionistas De La Sociedad Cotizada." *Análisis* (2019).

Palmiter, Alan R. *Corporations: Examples and Explanations*. Aspen Publishers Online, 2018.

Paredes, Troy A. "Blinded by the Light: Information Overload and Its Consequences for Securities Regulation." *Wash. ULQ* 81 (2003): 417.

Pargendler, Mariana. "Cinco Mitos Sobre a História Das Sociedades Anônimas No Brasil." *Harvard Law Review* 119, no. 5 (2006): 1333-403.

Passow, Richard. *Die Aktiengesellschaft: Eine Wirtschaftswissenschaftliche Studie.* Vol. 5: G. Fischer, 1922.

Pavelich, Joe. "The Shareholder Judgment Rule: Delaware's Permissive Response to Corporate Vote-Buying." *J. Corp. L.* 31 (2005): 247.

Pedrol Rius, Antonio. "Defensa De Las Acciones De Voto Plural." *Revista de derecho mercantil*, no. 15 (1948): 353-88.

Penna, Paulo Eduardo. *Alienação De Controle De Companhia Aberta.* Editora Quartier Latin do Brasil, 2012.

Pennington, Robert R. *Company Law.* Butterworths, 1990.

Pennington, Robert R. *The Investor and the Law.* MacGibbon & Kee, 1968.

Penrose, Edith. *The Theory of the Growth of the Firm.* Oxford UP, 2009.

Pereira, Jorge Brito. "O Decreto-Lei Nº 20/2016, De 20 De Abril." In *O Novo Direito Dos Valores Mobiliários*: Almedina, 2017.

Pereira, Jorge Brito. "Ofertas Públicas De Aquisição Concorrentes." *RDS* (2021).

Pereira, Jorge Brito. *A Opa Obrigatória.* Almedina, 1998.

Pereira, Jorge Brito. "Voting Caps E Opa Obrigatória." In *Estudos Em Honra De João Soares Da Silva*, edited by Almedina, 2021.

Pereira, Jorge Brito, e Frederico Romano Colaço. "A Caução Dos Administradores Das Sa Após a Entrada Em Vigor Do Regime Jurídico Da Supervisão De Auditoria (Lei Nº 148/2015, De 9 De Setembro)." *Actualidad Juridica*, no. 43 (2016).

Pereira, Jorge Brito. *A Opa Obrigatória.* Almedina, 1998.

Pereira, Maria de Lurdes. "O Regime Societário Do Estado Enquanto Accionista." In *A Reforma Do Código Das Sociedades Comerciais*: Almedina, 2007.

Pessoa, Diogo. "Das Ações Preferenciais Sem Direito De Voto: Os Aspetos Críticos De Um Regime Imperativo-Rígido." *CadMVM* (2020).

Petit-Konczyk, Muriel. "Big Changes in Ownership Structures-Multiple Voting Shares in Interwar in France." *Available at SSRN 944808* (2006).

Pi, Shaoting. "Speaking with One Voice: Shareholder Collaboration on Activism." *Available at SSRN 3599237* (2020).

Pic, Paul, Emile Bouvier, e Jean Kréher. *Des Sociétés Commerciales.* Rousseau & cie, 1925.

Pinho, Catarina Romão. "Os Fundos De Investimento Mobiliário No Direito Português." *RDS* IV (2012): 111-45.

Pinto, Alexandre Mota. "Capital Social E Tutela Dos Credores. Para Acabar De Vez Com O Capital Social Mínimo Nas Sociedades Por Quotas." *Nos 20 Anos do Código das Sociedades Comerciais* (2007).

Pinto, Gabriela M Engler. "Why They Persist? An Analysis of Dual Class Structures and the Unification Process in the Us and Brazil." *Revista Direito GV* 10 (2014): 23-52.

Pinto, Paulo Mota. "Contrato De Swap De Taxas De Juro, Jogo E Aposta E Alteração Das Circunstâncias Que Fundaram a Decisão De Contratar." *RDCC* 5 (2015): 161-257.

Pinto, Rita Oliveira. "A Extinção Do Estatuto Da Sociedade Aberta." In *20 Anos Do Código Dos Valores Mobiliários*: CMVM/Almedina, 2021.

Porter, Michael E. "Capital Choices: Changing the Way America Invests in Industry." *JoACF* 5, no. 2 (1992): 4-16.

Posner, Eric A, Fiona M Scott Morton, e E Glen Weyl. "A Proposal to Limit the Anti-Competitive Power of Institutional Investors." *Antitrust Law Journal* (2017).

Priest, George L. *The Rise of Law and Economics: An Intellectual History*. Routledge, 2020.

Ragazzo, Robert A. "Toward a Delaware Common Law of Closely Held Corporations." *Wash. ULQ* 77 (1999): 1099.

Raiser, Thomas, e Rüdiger Veil. *Recht Der Kapitalgesellschaften*. Verlag München, 2015.

Ramirez, Juan. *Handbook of Corporate Equity Derivatives and Equity Capital Markets*. Vol. 605: John Wiley & Sons, 2011.

Ramos, Maria Elisabete. "*Corporate Purpose*, Sustentabilidade E Gestão Societária." *VI Congresso Direito das Sociedades em Revista* (2022).

Ranade, Siddharth. "Separation of Voting Rights from Cash-Flow Rights in Corporate Law: In Search of the Optimal." *Warwick School of Law*, no. 2013/07 (2013).

Rappaport, Alfred. "Selecting Strategies That Create Shareholder Value." *HBR* (1981).

Ravà, Renzo, e Giuseppe Valeri. *Il Voto Plurimo Nelle Società Per Azioni*. Zanichelli, 1929.

Reddy, Bobby V. "Finding the British Google: Relaxing the Prohibition of Dual-Class Stock from the Premium-Tier of the London Stock Exchange." *The Cambridge Law Journal* 79, no. 2 (2020): 315-48.

Reed, Adam V. "Costly Short-Selling and Stock Price Adjustment to Earnings Announcements." Citeseer, 2002.

Reis, Nuno Trigo dos. "As Obrigações De Votar Segundo Instruções De Terceiros No Direito Das Sociedades." *RDS* (2011): 403-572.

Requixa, Manuel. "Administradores Nomeados Por Minorias." In *Administração E Governação Das Sociedades*: Almedina, 2020.

Resende, João Mattamouros. *A Imputação De Direitos De Voto No Mercado De Capitais*. UC, 2010.

Ribeiro, Beatriz Queirós. *Da Alienação Fiduciária Em Garantia: Estudo Para a Sua Positivação No Ordenamento Jurídico Português*. Tese não publicada (Faculdade de Direto do Porto), 2018.

Ribeiro, Maria de Fátima. "Desconsideração Da Personalidade Jurídica E Tutela De Credores." In *Questões De Direito Societário Em Portugal E No Brasil*: Almedina, 2012.
Ribeiro, Maria de Fátima. "Responsabilidade Dos Sócios Pelo Voto." In *II Congresso de Direito das Sociedades em Revista*: Almedina, 2012.
Ribeiro, Maria de Fátima. *Sociedades Desportivas*. UC, 2015.
Ribeiro, Pedro Batalha. *Das Companhias Pombalinas Às Sociedades Anónimas*. Dissertação De Mestrado (Não Publicada). UL, 2016.
Rieder, Markus S. "(Kein) Rechtsmissbrauch Beim Squeeze-Out." In *Zeitschrift Für Unternehmens-Und Gesellschaftsrecht*, 981-1006, 2009.
Ringe, Wolf-Georg. *The Deconstruction of Equity: Activist Shareholders, Decoupled Risk, and Corporate Governance*. Oxford UP, 2016.
Ringe, Wolf-Georg. "Hedge Funds and Risk Decoupling: The Empty Voting Problem in the European Union." *Seattle ULR* (2012).
Ringe, Wolf-Georg, e Christopher Ruof. "A Regulatory Sandbox for Robo Advice." *European Banking Institute Working Paper Series 2018* (2018).
Ripert, Georges. *Aspects Juridiques Du Capitalisme Moderne*. LGDJ, 1951.
Ripert, Georges, e René Roblot. *Traité De Droit Commercial: Commerçants, Actes De Commerce*. LGDJ, 1989.
Ripley, William Zebina. *Main Street and Wall Street*. Scholars Book, 1927.
Ritter, Jay R. "Initial Public Offerings: Technology Stock Ipos." *Warrington College of Business, The University of Florida* 3 (2021).
Rocha, Filipe Afonso. "Da Atuação Concertada Como Fundamento De Imputação De Direitos De Voto À [Re]Equação Dos Direitos Potestativos De Aquisição Como Critério Legitimador De Imputação." *RDS* (2021).
Rocha, Rafaela. "As Deliberações Sociais De Aumento De Capital Social Nas Sociedades Abertas." *CadMVM* (2001).
Rock, Edward, e Marcel Kahan. "Index Funds and Corporate Governance: Let Shareholders Be Shareholders." *NYU Law and Economics*, no. 18-39 (2019).
Rodrigues, Maria João. "Ações Sem Valor Nominal E Direitos Dos Sócios." *RDS* (2012): 439-92.
Rodrigues, Nuno Cunha. *Golden-Shares. As Empresas Participadas E Os Privilégios Do Estado Enquanto Accionista Minoritário*. Coimbra, 2004.
Rodrigues, Ricardo Alexandre Cardoso, e João Luz Soares. "Business Judgement Rule: Enquadramento, Apresentação, Análise E Reflexões." *RDS* (2017).
Rodrigues, Sofia Nascimento. "Os Contratos De Reporte E De Empréstimo No Código Dos Valores Mobiliários." *CadMVM*, no. 7 (2000).
Rodrigues, Usha. "Corporate Governance in an Age of Separation of Ownership from Ownership." *Minn. L. Rev.* 95 (2010): 1822.
Rodriguez Artigas, Fernando. "Notas Sobre El Concepto De Inversor Institucional En La Directiva (Ue) 20147/828." In *Derecho De Sociedades Y De Los Mercados Financieros: Libro Homenaje a Carmen Alonso Ledesma*, 1263-82: Iustel, 2018.

Roe, Mark J. "Political Preconditions to Separating Ownership from Corporate Control." *Stan. LR* 53 (2000): 539.

Roe, Mark J. "Regulatory Competition in Making Corporate Law in the United States—and Its Limits." *Oxford Review of Economic Policy* (2005): 232-42.

Roe, Mark J, e Federico Cenzi Venezze. "Will Loyalty Shares Do Much for Corporate Short-Termism?". *Revue Trimestrielle de Droit Financier* (2021): 99-119.

Rolo, António Garcia. "As Alterações À Diretiva Dos Direitos Dos Acionistas Das Sociedades Cotadas: Novidades E Perspetivas De Transposição." *RDS* (2017).

Romano, Roberta. "After the Revolution in Corporate Law." *Journal of Legal Education* (2005): 342-59.

Romano, Roberta. "Empowering Investors: A Market Approach to Securities Regulation." *Yale LJ* 107, no. 8 (1998): 2359-430.

Romano, Roberta. "Law as a Product: Some Pieces of the Incorporation Puzzle." *Journal of Law, Economics, & Organization* 1, no. 2 (1985): 225-83.

Roncero Sánchez, Antonio "La Implicación De Los Inversores Institucionales Y De Los Gestores De Activos En Las Sociedades Cotizadas Como Opción De Política Jurídica." In *Derecho De Sociedades Y De Los Mercados Financieros: Libro Homenaje a Carmen Alonso Ledesma*, 745-76: Iustel, 2018.

Rose, Paul. "The Corporate Governance Industry." *J. Corp. L.* 32 (2006): 887.

Rose, Paul. "Robovoting and Proxy Vote Disclosure." *Available at SSRN* (2019).

Rose, Paul, e Christopher J Walker. "Examining the Sec's Proxy Advisor Rule." *Report for US Chamber of Commerce, November* (2020).

Ross, Stephen A. "The Economic Theory of Agency: The Principal's Problem." *AER* (1973): 134-39.

Rubach, Michael J. *Institutional Shareholder Activism: The Changing Face of Corporate Ownership*. Taylor & Francis, 1999.

Rubinstein, Mark. "Markowitz's "Portfolio Selection": A Fifty-Year Retrospective." *JoF* 57, no. 3 (2002): 1041-45.

Rühmkorf, Andreas, Felix Spindler, e Navajyoti Samanta. "Evolution of German Corporate Governance (1995-2014): An Empirical Analysis." *Corporate Governance: The International Journal of Business in Society* (2019).

Ruiz, José María Lasalle. *John Locke Y Los Fundamentos Modernos De La Propiedad.* Librería-Editorial Dykinson, 2001.

Russo, Marta. *Le Azioni a Voto Plurimo.* Tese de doutoramento, Università degli Studi di Napoli Federico II, 2017.

Rydqvist, Kristian. "Takeover Bids and the Relative Prices of Shares That Differ in Their Voting Rights." *Journal of Banking & Finance* 20, no. 8 (1996): 1407-25.

Sadar, Guido. *Les Privilèges De Vote Dans Les Sociétés Anonymes.* JSTOR, 1930.

Sáez Lacave, Maria Isabel. "Control Enhancing Mechanisms, Minority Control, and One-Share-One Rule (Blindajes, Control Minoritario Y La Regla Una Acción-Un Voto)." *InDret* 1 (2011).

Saffi, Pedro AC, e Kari Sigurdsson. "Price Efficiency and Short Selling." *RFS* 24, no. 3 (2011): 821-52.

Sánchez Andrés, Aníbal. "La Acción Y Los Derechos De Los Accionistas." In *Comentario Al Régimen Legal De Las Sociedades Mercantiles*: Civitas, 1994.

Sánchez Linde, Mario. *El Principio De Mayoría En Los Acuerdos De La Junta General De Accionistas De La Sociedad Anónima*. Universidad Complutense de Madrid, 2008.

Sandrelli, Giulio. *Innovazione Finanziaria Ed Esercizio Del Voto*. EGEA, 2017.

Sandrelli, Giulio, e Marco Ventoruzzo. "Classes of Shares and Voting Rights in the History of Italian Corporate Law." In *Research Handbook on the History of Corporate and Company Law*: Edward Elgar, 2018.

Santo, João Espírito. *Exoneração Do Sócio No Direito Societário–Mercantil Português*. Coimbra: Almedina. 2014.

Santos, Filipe Cassiano dos. *Estrutura Associativa E Participação Societária Capitalística*. Coimbra, 2006.

Santos, Hugo Luz dos. "A Perda Da Qualidade De Sociedade Aberta (Delisting De Participações Sociais): A Tutela Dos Sócios Minoritários, O Direito De Propriedade, E O Dever De Lealdade Dos Administradores Das Sociedades Comerciais (Com Uma Breve Paragem Em Macau E Em Hong Kong)." *RDS* (2016).

Santos, Hugo Moredo. *Transparência, Opa Obrigatoria E Imputação De Direitos De Voto*. Coimbra Editora, 2011.

Santos, Mário Raúl Leite. *Contratos Parassociais E Acordos De Voto Nas Sociedades Anónimas*. Cosmos, 1996.

Santos, Pedro Barrambana. "O Direito Do Accionista À Informação Nas Sociedades Em Relação De Domínio Total." *RDS* (2014).

Schuster, Edmund. "Efficiency in Private Control Sales – the Case for Mandatory Bids." *LSE Legal Studies Working Paper* (2010).

Schwarcz, Steven L. "The Governance Structure of Shadow Banking: Rethinking Assumptions About Limited Liability." *Notre Dame Law Review* 90 (2014): 1.

Schwarcz, Steven L, e Joanna Benjamin. "Intermediary Risk in the Indirect Holding System for Securities." *Duke Journal of Comparative & International Law* 12 (2002): 309.

Schwarz, Philip. *Institutionelle Stimmrechtsberatung*. Rechtstatsachen, Rechtsökonomik, Rechtliche Rahmenbedingungen Und Regulierungsstrategien. Duncker & Humblot, 2013.

Seligman, Joel. "Equal Protection in Shareholder Voting Rights: The One Common Share, One Vote Controversy." *Geo. Wash. LR* 54 (1985): 687.

Sepe, Simone M. "Private Sale of Corporate Control: Why the European Mandatory Bid Rule Is Inefficient." *Arizona Legal Studies Discussion Paper*, no. 10-29 (2010).

Sercu, Piet, e Tom Vinaimont. "Deviations from "One Share, One Vote" Can Be Optimal: An Entrepreneur's Point of View." In *Afa 2004 San Diego Meetings*, 2004.

Serens, Manuel Nogueira. "Direito De Preferência Dos Accionistas Em Aumentos De Capital – Apontamento Sobre O Modo Do Seu Exercício." *DSR* (2009).

Serens, Manuel Nogueira. "Disciplina Das Sociedades Comerciais (Mormente, Das Sociedades Anónimas) Nos Começos De Oitocentos." *DSR* (2015).

Serens, Manuel Nogueira. *Notas Sobre a Sociedade Anónima*. Boletim Da Fduc. Coimbra, 1995.

Serra, Adriano Vaz. "Acórdão De 14 De Dezembro De 1978." *RLJ* (1979-1980).

Serra, Adriano Vaz. "Assembleia Geral." *BMJ* (1970).

Serra, Catarina. "O Dever De Prevenção Da Insolvência Na Perspetiva Dos Deveres Fundamentais Dos Administradores (a Crescente Encruzilhada Do Direito Das Sociedades E Do Direito Da Insolvência)." In *Diálogos Com Coutinho De Abreu*: Almedina, 2020.

Seuffert, Nan. "Taming the Wild Beast: The Regulation of Equity Derivatives in New Zealand." *Law and society association annual meeting* (2010).

Shachmurove, Yochanan, e Milos Vulanovic. "Spac Ipos." *EDHEC* (2017).

Sharfman, Bernard S. "Comment Letter to the Sec: Release No. Ia-5325 and the Fiduciary Duties of Proxy Advisors." *Available at SSRN: https://ssrn.com/abstract=3470374* (2019).

Sharfman, Bernard S. "Now Is the Time to Designate Proxy Advisors as Fiduciaries under Erisa." *Stan. JL Bus. & Fin.* 25 (2020): 1.

Sharfman, Bernard S. "Now Is the Time to Designate Proxy Advisors as Fiduciaries under Erisa." *Available at SSRN 3446291* (2019).

Sharfman, Bernard S. "A Private Ordering Defense of a Company's Right to Use Dual Class Share Structures in Ipos." *Vill. L. Rev.* 63 (2018): 1.

Shiller, Robert J. "Alternative Tests of Rational Expectations Models: The Case of the Term Structure." *Journal of Econometrics* 16, no. 1 (1981): 71-87.

Shiller, Robert J. "From Efficient Markets Theory to Behavioral Finance." *Journal of economic perspectives* (2003): 83-104.

Shleifer, Andrei. *Inefficient Markets: An Introduction to Behavioural Finance*. Oxford UP, 2000.

Shleifer, Andrei, e Robert W Vishny. "Large Shareholders and Corporate Control." *JPE* 94, no. 3, Part 1 (1986): 461-88.

Shleifer, Andrei, e Robert W Vishny. "A Survey of Corporate Governance." *JoF* 52, no. 2 (1997): 737-83.

Shleifer, Andrei, e Daniel Wolfenzon. "Investor Protection and Equity Markets." *Journal of Financial Economics* 66, no. 1 (2002): 3-27.

Short, Helen, Kevin Keasey, Mike Wright, e Alison Hull. "Corporate Governance: From Accountability to Enterprise." *Accounting and Business Research* 29, no. 4 (1999): 337-52.

Shu, Chong. "The Proxy Advisory Industry: Influencing and Being Influenced." *USC Marshall School of Business* (2021).

Shuangge, W. "Shareholder Primacy and Corporate Governance: Legal Aspects, Practices and Future Direction." (2013).

Silva, João Soares. "Algumas Observações Em Torno Da Tripla Funcionalidade Da Técnica De Imputação De Votos No Código Dos Valores Mobiliários." In *A Propósito De Corporate Governance E De Direito Das Sociedades E Dos Valores Mobiliários*: Almedina, 2018.

Silva, João Soares. *A Propósito De Corporate Governance E De Direito Das Sociedades E Dos Valores Mobiliários*. Almedina, 2018.

Silva, João Soares. "*Voting Caps* Em Sociedades Cotadas: Algumas Reflexões." In *A Propósito De Corporate Governance E De Direito Das Sociedades E Dos Valores Mobiliários*: Almedina, 2018.

Silva, João Soares da. "Algumas Observações Em Torno Da Tripla Funcionalidade Da Técnica De Imputação De Votos No Código Dos Valores Mobiliários." *CadMVM*, no. 26 (2007).

Silva, Mariana Leite. *O Direito De Exoneração Do Acionista Por Justos Motivos*. Almedina, 2021.

Silva, Paula Costa e. *As Operações De Venda a Descoberto De Valores Mobiliários*. Coimbra, 2009.

Silva, Paula Costa e. "A Constituição Do Dever De Lançamento De Oferta Pública De Aquisição No Direito Português: A Inequívoca Opção Por Um Novo Paradigma." *RDFMC* (2022): 51-87.

Silva, Paula Costa e. *Direito Dos Valores Mobiliários: Relatório*. Coimbra, 2005.

Silva, Paula Costa e. "A Imputação De Direitos De Voto Na Oferta Pública De Aquisição." In *Jornadas Abertas, Valores Mobiliários E Intermediação Financeira*: Almedina, 2007.

Silva, Paula Costa e. "O Conceito De Accionista E O Sistema De *Record Date*." In *Dvm*, 447-60: Coimbra, 2008.

Silva, Paula Costa e. "Sociedade Aberta, Domínio E Influência Dominantes." In *Dvm*: Almedina, 2007.

Singer, Abraham, e Amit Ron. "Models of Shareholder Democracy: A Transnational Approach." *Global Constitutionalism* 7, no. 3 (2018): 422-46.

Soares, Antonio. "Direitos Inerentes a Valores Mobiliários." In *Dvm*: Coimbra, 1999.

Solá Cañizares, Felipe de, e Carlos E Masareñas. *Tratado De Derecho Comercial Comparado*. Vol. 3: Montaner y Simón, 1963.

Solus, Henry. *La Réforme Du Droit Des Sociétés Par Les Décrets-Lois De 1935 Et 1937: Constitution. Publicité. Nullités. Administration Et Contrôle. Bilans Et Comptes. Actionnaires. Obligataires*. Sirey, 1938.

Somin, Ilya. "Foot Voting, Decentralization, and Development." *Minn. LR* 102 (2017): 1649.

Spindler, Gerald. "Stimmrecht Und Teilnahme an Der Hauptversammlung. Entwicklungen Und Perspektiven in Der Eu Und in Deutschland." In *Gesellschaftsrecht in Der Diskussion 2005*: Dr. Otto Schmidt, 2006.

Spolidoro, Marco Saverio. "Il Voto Plurimo: I Sistemi Europei." *RivSoc* 60 (2015): 134-63.

Stanković, Danijel. "Use of Cash-Settled Derivatives in Public Takeovers: A Challenge for Legislators, Regulators and Courts." *Regulators and Courts* (2012).

Sterling-ECGI, ISS-Shearman. *Report on the Proportionality Principle in the European Union*. Ref. Ares, 2007.

Stevens, William Harrison Spring. "Stockholders' Voting Rights and the Centralization of Voting Control." *The QJE* 40, no. 3 (1926): 353-92.

Stokes, Miguel. "Admissibilidade De Ações Com Voto Plural Nas Sociedades Cotadas – Permissão Normativa Tácita Das Ações De Lealdade?". *RDFMC* (2022).

Stout, Lynn A. "Derivatives and the Legal Origin of the 2008 Credit Crisis." *HBLR* 1 (2011): 1.

Stout, Lynn A. "How Deregulating Derivatives Led to Disaster, and Why Re-Regulating Them Can Prevent Another." *Lombard Street* 1, no. 7 (2009): 09-13.

Strampelli, Giovanni. "Are Passive Index Funds Active Owners: Corporate Governance Consequences of Passive Investing." *San Diego LR* 55 (2018): 803.

Surowiecki, James. *The Wisdom of Crowds*. Anchor, 2005.

Sushko, Vladyslav, e Grant Turner. "The Implications of Passive Investing for Securities Markets." *BIS Quarterly Review* (2018).

Taleb, Nassim Nicholas. *The Black Swan: The Impact of the Highly Improbable*. Random House, 2007.

Taleska, Ana. "Settlements with Activist Hedge Funds: A European Perspective on an American Phenomenon." *Delaware Journal of Corporate Law* 45 (2020): 49.

Talner, Lauren. *The Origins of Shareholder Activism*. Investor Responsibility, 1983.

Teixeira, Catarina Isabel da Silva. *Tracking Stocks Enquanto Mecanismo De Reestruturação Societária Através Da Criação De Uma Nova Categoria De Ações*. Universidade do Porto (tese não publicada), 2014.

Teixeira, Maria Emília. *Contrato De Swap: O Credit Default Swap E O Seguro De Crédito*. Coimbra: Almedina, 2017.

Teixeira, Maria Emília. "Swap Especulativo: Ofensivo Da Ordem Pública Ou Dinamizador Dos Mercados?". *Diálogos Possíveis* (2016): 99-114.

Telles, Inocêncio Galvão. "Acções Privilegiadas." *O Direito* (1955): 301-11.

Telles, Inocêncio Galvão. "Modificação Ou Supressão De Vantagens Especiais Nas Sociedades Por Quotas." *Revista da Faculdade de Direito da UL* (1948): 88 e ss.

Telles, Miguel Galvão. "Fungibilidade De Valores Mobiliários E Situações Jurídicas Meramente Categoriais." In *Estudos Em Homenagem Ao Professor Doutor Inocêncio Galvão Telles*, 2013.

Thompson, Robert B, e Paul H Edelman. "Corporate Voting." *Vand. LR* 62 (2009): 127.

Tombari, Umberto. "Corporate Purpose E Diritto Societario: Dalla "Supremazia Dell'interesse Dei Soci" Alla Libertà Di Scelta Dello "Scopo Sociale"?". *Riv Soc* 1 (2021).

Tombari, Umberto. "Le Azioni a Voto Plurimo." *Rivista del diritto commerciale e del diritto generale delle obbligazioni* (2016).

Tombari, Umberto. *" Potere" E "Interessi" Nella Grande Impresa Azionaria.* Giuffrè Francis Lefebvre, 2019.

Tong, Ling. *"Unerwünschte" Aktionäre Im Kontext Von Übernahmen Börsennotierter Aktiengesellschaften: Eine Untersuchung Zum Deutschen Aktien-Und Kapitalmarktrecht.* JWV, 2015.

Tracy, John Evarts. "The Problem of Granting Voting Rights to Bondholders." *U. Chi. LR* 2, no. 2 (1935): 208-31.

Trigo, Maria da Graça. *Os Acordos Parassociais Sobre O Exercício Do Direito De Voto.* UC, 2011.

Triunfante, Armando Manuel. "A Proteção Do Sócio Minoritário No Código Das Sociedades Português." In *Questões De Direito Societário Em Portugal E No Brasil*: Almedina, 2012.

Triunfante, Armando Manuel. *A Tutela Das Minorias Nas Sociedades Anónimas: Direitos Individuais.* Coimbra Editora, 2004.

Triunfante, Armando Manuel, e Luis de Lemos Triunfante. "Desconsideração Da Personalidade Jurídica–Sinopse Doutrinária E Jurisprudencial." *Julgar* (2009).

Usher, Dan. *The Economics of Voting: Studies of Self-Interest, Bargaining, Duty and Rights.* Routledge, 2015.

Valério, Mathilde. "A Dmif E a Crise Financeira De 2007-2010. Necessidade De Um Novo Rumo." *RDS* (2010).

Vasconcelos, Pedro Pais de. "Concertação De Accionistas, Exoneração E Opa Obrigatória Em Sociedades Abertas." (2010).

Vasconcelos, Pedro Pais de. "Direitos Destacáveis – O Problema Da Unidade E Pluralidade Do Direito Social." In *Dvm*: Coimbra, 1999.

Vasconcelos, Pedro Pais de. *A Participação Social Nas Sociedades Comerciais.* 2006.

Vasconcelos, Pedro Pais de. *Teoria Geral Do Direito Civil.* 9ª edição ed., 2019.

Vaz, João Cortez. "Controlo Prévio De Negócios Entre a Sociedade Anónima E O Accionista Controlador, No Código Das Sociedades Comerciais." *RDS* (2021).

Vaz, João Cunha. *As Opa Na União Europeia Face Ao Novo Código Dos Valores Mobiliários.* Almedina, 2000.

Veiga, Alexandre Brandão da. "Direitos Destacados E Warrants Autónomos." In *Dvm*: Coimbra, 2001.

Velasco Alonso, Angel. *La Ley De Sociedades Anónimas: Anotaciones Y Concordancias.* Editorial de Derecho Financiero, 1974.

Ventoruzzo, Marco. "The Disappearing Taboo of Multiple Voting Shares: Regulatory Responses to the Migration of Chrysler-Fiat." *Bocconi Legal Studies* (2015).

Ventura, Raúl. "Acordos De Voto: Algumas Questões Depois Do Código Das Sociedades Comerciais." *O Direito* (1992).

Ventura, Raúl. "Adaptação Do Direito Português À Segunda Directiva Do Conselho Da Comunidade Económica Europeia Sobre O Direito Das Sociedades." *Separata do BMJ* (1980).

Ventura, Raúl. "Direitos Especiais Dos Sócios." *O Direito* (1989).

Ventura, Raúl. *Estudos Vários Sobre Sociedades Anónimas: Comentário Ao Código Das Sociedades Comerciais.* Almedina, 1992.

Ventura, Raúl. "Limitações De Voto Em Sociedades Por Quotas Com Sede Ou Actividade No Ultramar." *Revista dos Tribunais* (1966).

Ventura, Raúl. *Novos Estudos Sobre Sociedades Anónimas E Sociedades Em Nome Colectivo: Comentário Ao Código Das Sociedades Comerciais.* Almedina, 1994.

Ventura, Raúl. *Sociedade Por Quotas, Vol. III.* Coimbra, Almedina, 2006.

Viandier, Alain, Jean Hilaire, Aristide Lévi, e Claudine Alexandre. *La Société En Commandite Entre Son Passé Et Son Avenir: Étude Du Centre De Recherche Sur Le Droit Des Affaires.* Librairies techniques, 1983.

Viguera Revuelta, Rodrigo. "Algunas Cuestiones En Relación Con El Derecho De Voto. Especial Atención Al Voto Plural En Las Sociedades Capitalistas Y Cooperativas." *Revista Jurídica de Economía Social y Cooperativa* (2019): 169.

Vittorio, Damiano di. *Le Azioni a Voto Potenziato: Dinamiche Societarie E Analisi D'impatto Della Maggiorazione Del Voto Sui Corsi Azionari Di Società Quotate.* Luiss. 2018.

Vo, Duc Hong, Son Van Huynh, e Dao Thi-Thieu Ha. "The Importance of the Financial Derivatives Markets to Economic Development in the World's Four Major Economies." *Journal of Risk and Financial Management* 12, no. 1 (2019): 35.

Vollertsen, Malte. *Corporate Governance Der Börsennotierten Kgaa – Die Anwendbarkeit Des Deutschen Corporate Governance Kodex Auf Die Kommanditgesellschaft Auf Aktien.* Nomos, 2019.

Waddell, Chris W, Kendrick Nguyen, Evan Epstein, Francis Daniel Siciliano, e Joseph Grundfest. "Identifying the Legal Contours of the Separation of Economic Rights and Voting Rights in Publicly Held Corporations." *Rock Center for Corporate Governance at Stanford University*, no. 90 (2010).

Wansleben, Till. "Derivative Finanzinstrumente Und Meldepflichten Nach Dem Wphg." *Studentische Zeitschrift für Rechtswissenschaft (StudZR)* (2009): 465-89.

Weiberg, M, e M Blank. *Weinberg and Blank on Takeovers and Mergers.* Sweet & Maxwell, 1979.

Weiner, Joseph L. "The Berle-Dodd Dialogue on the Concept of the Corporation." *Columbia LR* 64, no. 8 (1964): 1458-67.

Werder, Axel von. "Ökonomische Grundfragen Der Corporate Governance." In *Handbuch Corporate Governance*. Stuttgart: Schäffer-Poeschel, 2009.

White, Lucy, Benjamin C Esty, e Lisa Mazzanti. "The Telus Share Conversion Proposal." *HBS* (2013).

Whitehead, Charles K. "Creditors and Debt Governance." In *Research Handbook on the Economics of Corporate Law*: Edward Elgar Publishing, 2012.

Wijesinghe, Prasadi. "Criminal and Civil Offences of Insider Dealing: Uk Perspective." *Available at SSRN 3167197* (2018).

Williamson, Oliver E. "Corporate Finance and Corporate Governance." *JoF* 43, no. 3 (1988): 567-91.

Williamson, Oliver E. "Corporate Governance." *Yale LJ* 93 (1984): 1197.

Williamson, Oliver E. *The Economics of Discretionary Behavior: Managerial Objectives in a Theory of the Firm*. Prentice-Hall, 1964.

Winden, Andrew William. "Sunrise, Sunset: An Empirical and Theoretical Assessment of Dual-Class Stock Structures." *Colum. Bus. LR* (2018).

Winter, Jaap W. "Shareholder Engagement and Stewardship: The Realities and Illusions of Institutional Share Ownership." *Available at SSRN 1867564* (2011).

Winter Jr, Ralph K. "State Law, Shareholder Protection, and the Theory of the Corporation." *The Journal of Legal Studies* 6, no. 2 (1977): 251-92.

Wouters, Jan, Paul Van Hooghten, e Mattias Bruyneel. "The European Takeover Directive: A Commentary." In *The European Takeover Directive and Its Implementation*: Oxford, 2009.

Wymeersch, Eddy. "The Corporate Governance Discussion in Some European States." In *Contemporary Issues in Corporate Governance*: Clarendon Press Oxford, 1993.

Wymeersch, Eddy. "The Takeover Bid Directive – Light and Darkness." *Financial Law Institute* (2008).

Xavier, Vasco da Gama Lobo. *Anulação De Deliberação Social E Deliberações Conexas*. Atlântida, 1976.

Yan, Min. "A Control-Accountability Analysis of Dual Class Share (Dcs) Structures." *Delaware Journal of Corporate Law* 45 (2020): 1.

Yan, Min. "Differentiated Voting Rights Arrangement under Dual-Class Share Structures in China: Expectation, Reality, and Future." *Asia Pacific Law Review* (2021): 1-23.

Yan, Xuemin, e Zhe Zhang. "Institutional Investors and Equity Returns: Are Short-Term Institutions Better Informed?". *RFS* 22, no. 2 (2009): 893-924.

You, Chuanman. "Equal Treatment of Shareholders under the Dual Class Share Structure: Recent Development of Takeover Rules in Singapore." *The Company Lawyer* (2019).

Zanchi, Marco. *La Tutela Degli Azionisti Di Minoranza Nelle Società Quotate*. Giuffrè Editore, 2009.

Zetzsche, Dirk A. "Against Mandatory Disclosure of Economic-Only Positions Referenced to Shares of European Issuers–Twenty Arguments against the Cesr Proposal." *EBOR* 11, no. 2 (2010): 231-52.

Zetzsche, Dirk A. "Hidden Ownership in Europe: Bafin's Decision in Schaeffler V. Continental." *EBOR* (2009): 115-47.

Zimmermann, Martin. *Das Aktiendarlehen: Die Zuordnung Von Aktionärsrechten Im Spannungsfeld Von Zivil, Gesellschafts Und Kapitalmarktrecht*. Mohr Siebeck, 2014.

Zingales, Luigi. "Quel Voto Plurimo Così Opaco." *Il Sole* (2014).

Zingales, Luigi. "The Value of the Voting Right: A Study of the Milan Stock Exchange Experience." *The Review of Financial Studies* 7, no. 1 (1994): 125-48.

REGRAS DE CITAÇÃO E ORGANIZAÇÃO DA BIBLIOGRAFIA

As citações em nota de rodapé do texto e, no final, a organização da bibliografia seguem as regras do *The Chicago Manual of Style* (17.ª edição), disponível em https://www.chicagomanualofstyle.org/home.html, com as seguintes adaptações:

a) As citações são separadas por ponto e vírgula.
b) Os artigos/*papers* de publicações periódicas, quando se trate de publicações com mais que uma citação, identificam (para além dos demais elementos de identificação, de acordo com as regras) a publicação em causa apenas pela abreviatura.
c) Nos contributos com dois ou mais autores, é identificado apenas o primeiro autor, seguido de *et al.* (constando na bibliografia a identificação completa dos autores).
d) As notas de rodapé são organizadas por numeração sucessiva.
e) Os autores são identificados pelo último nome, com exceção dos autores de língua espanhola que, como é hábito, são identificados pelo penúltimo nome.
f) As iniciais de nomes de autores são apresentadas sem ponto.
g) Tratando-se de publicações ou obras recolhidas da internet, refere-se, sempre que possível, o sítio da internet onde a obra foi consultada; tratando-se notícias ou artigos de opinião, considerando a volatilidade desses endereços, essas publicações ou obras não foram incluídas na bibliografia.
h) Com a exceção referida na alínea anterior, a bibliografia corresponde aos contributos citados no texto.

i) As transcrições em língua estrangeira – sobretudo, mas não somente, as transcrições de regras – são feitas na língua original; apenas não é assim em casos em que a manutenção da língua original não tem valor expressivo ou em casos (excecionais) em que exista uma razão justificativa para a tradução.
j) Com exceção da informação que foi entregue numa *pen* (facultada num ficheiro *Excel* em duas versões, que correspondem a separadores próprios: em bruto, tal como foi recebida; e em versão tratada), e que agora não é reproduzida por razões de confidencialidade, todos os factos e casos referidos na dissertação têm por fonte informação disponível publicamente (para a qual, sendo o caso, remetemos expressamente).
k) Salvo casos em que o contrário resulta do contexto, são do CSC (versão em vigor) todas as disposições legais citadas sem indicação especial (as quais poderão também, sem especial critério, ter a referência CSC).
l) Os arts. são apresentados pelo seu número ordinal quando não tenham referência a nº (por exemplo, "art. 384º") ou quando o respetivo n.º os preceda (por exemplo, "n.º 5 do art. 384º") e são apresentados pelo seu número cardinal, numa fórmula abreviada, quando o respetivo número lhes suceda (por exemplo, "art. 384.5");
m) As referências bibliográficas têm por limite temporal o final de outubro de 2021, momento em que esta dissertação foi terminada (muito embora, tendo a primeira versão da tese sido terminada em março de 2021, é por referência a essa data que foi feito o esforço central de investigação).
n) Esta dissertação é redigida segundo as regras do Acordo Ortográfico de 1990, aprovado pela Resolução da Assembleia da República n.º 26/91 (e, entretanto, retificado e objeto de dois protocolos modificativos), em vigor em Portugal desde 13 de maio de 2009, de acordo com o Aviso n.º 255/2010.

ABREVIATURAS

AAFDL	Associação Académica da Faculdade de Direito da Universidade de Lisboa
ABA	American Bar Association
AdC	Autoridade da Concorrência
ADHGB	*Allgemeines Deutsches Handelsgesetzbuch* (1861)
AEM	Associação de Empresas Emitentes de Valores Cotados em Mercado
AER	*American Economic Review*
AFA	American Finance Association
AIFM	*Alternative Investment Fund Managers*
AktG	*Aktiengesetz* (1965)
AktG 1937	*Gesetz über Aktiengesellschaften und Kommanditgesellschaften auf Aktien* (1937)
Al., Als.	Alínea, alíneas
AMEX	American Stock Exchange
AMF	Autorité des Marchés Financiers
Art., arts.	Artigo, artigos
BaFin	Bundesanstalt für Finanzdienstleistungsaufsicht
BMJ	*Boletim do Ministério da Justiça*
CadMVM	*Cadernos do Mercado de Valores Mobiliários*
Cambridge St. LR	*Cambridge Student Law Review*
Cambridge UP	*Cambridge University Press*
Cardozo LR	*Cardozo Law Review*
CDS	*Credit Default Swap*
CE	Comunidade Europeia

CEM	*Control-Enhancing Mechanism(s)*
CfD	*Contract for Differences*
CIRE	Código da Insolvência e da Recuperação de Empresas
CMVM	Comissão do Mercado de Valores Mobiliários
CNMV	Comisión Nacional de los Mercados de Valores
Cód.Civ	Código Civil (1966)
Cód.Coop	Código Cooperativo
Cód.MVM	Código do Mercado de Valores Mobiliários (1991)
Columbia LR	*Columbia Law Review*
CRP	Constituição da República Portuguesa
Consob	Commissione Nazionale per le Società e la Borsa
CPC	Código de Processo Civil
CSC	Código das Sociedades Comerciais
CVM	Código dos Valores Mobiliários
DL	Decreto-Lei
DMIF	Diretiva dos Mercados de Instrumentos Financeiros (Diretiva 2004/39/CE, de 21 de abril de 2004)
DMIF II	Diretiva dos Mercados de Instrumentos Financeiros (Diretiva 2014/65/EU, de 15 de maio de 2014)
Dodd-Frank Act	*Dodd-Frank Wall Street Reform and Consumer Protection Act* (2010)
DSI	Diretiva dos Serviços de Investimento (Diretiva n.º 2004/39/CE, de 21 de abril de 2004)
DSR	*Direito das Sociedades em Revista*
DVM	*Direito dos Valores Mobiliários*
EBOR	*European Business Organization Law Review*
ECGI	European Corporate Governance Institute
ECJ	Tribunal Europeu de Justiça
EEE	Espaço Económico Europeu
EMIR	*European Market Infrastructure Regulation*
ERISA	*Employee Retirement Income Security Act*
ESMA	European Securities and Markets Authority
Et al.	E outro/outra/outros/outras
ETF	*Exchange-traded fund*
EUA	Estados Unidos da América
FDUP	Faculdade de Direito da Universidade do Porto
Giur. Comm.	*Giurisprudenza Commerciale*
GMSLA	*Global Master Securities Lending Agreement*

Harvard UP	*Harvard University Press*
HBLR	*Harvard Business Law Review*
HLR	*Harvard Law Review*
IAS	International Accounting Standard
IOSCO	International Organization of Securities Commissions
INE	Instituto Nacional de Estatística
IPCG	Instituto Português de Corporate Governance
IPO	*Initial Public Offering*
ISDA	International Swaps and Derivatives Association
ISLA	International Securities Lending Association
ISS	Institute for Shareholder Services
JB&F	*Journal of Banking & Finance*
JFE	*Journal of Financial Economics*
JLE	*Journal of Law and Economics*
JoACF	*Journal of Applied Corporate Finance*
JoF	*The Journal of Finance*
KAGB	*Kapitalanlagegesetzbuch* (2013)
KGaA	Kommanditgesellschaft Auf Aktien
KfW	Kreditanstalovert für Wiederaufbau
KonTraG	*Gesetz zur Kontrolle und Transparenz im Unternehmensbereich* (1998)
LSC	*Ley de Sociedades de Capital*
MBCA	*Model Business Corporation Act*
MTF	*Multilateral Trading Facility*
N.º, n.os	Número, números
NBER	National Bureau of Economic Research
Northwestern ULR	*Northwestern University Law Review*
NYSE	New York Stock Exchange
OCDE/OECD	Organização para a Cooperação e Desenvolvimento Económico
OIC	Organismo de Investimento Coletivo
OPA	Oferta Pública de Aquisição
OPS	Oferta Pública de Subscrição
OPV	Oferta Pública de Venda
OTC	*Over the Counter*
OTF	*Organized Trading Facility*
Oxford UP	*Oxford University Press*
PIB/GDP	Produto Interno Bruto

P., pp. Página, páginas
PT Portugal Telecom
QJE *Quarterly Journal of Business and Economics*
RDC *Revista de Direito Comercial*
RDCC *Revista de Direito Civil Contemporâneo*
RDES *Revista de Direito e Estudos Sociais*
RDS *Revista de Direito das Sociedades*
RDSVM *Revista de Direito das Sociedades e dos Valores Mobiliários*
RFS *Review of Financial Studies*
RGIC Regime Geral das Instituições de Crédito e Sociedades Financeiras
RILE Rotterdam Institute of Law and Economics
RivSoc *Rivista delle Società*
RJAES Regime Jurídico de Acesso e Exercício da Atividade Seguradora e Resseguradora
RJSA Regime Jurídico da Supervisão de Auditoria
RLJ *Revista de Legislação e Jurisprudência*
ROA *Revista da Ordem dos Advogados*
S. Cal. LR *Southern California Law Review*
SAD Sociedade(s) Anónima(s) Desportiva(s)
San Diego LR *San Diego Law Review*
Seattle ULR *Seattle University Law Review*
SEC United States Securities and Exchange Commission
SGX Singapore Exchange
SNC Sistema de Normalização Contabilística
SSRN *Social Science Research Network*
Stan. LR *Stanford Law Review*
StGB *Strafgesetzbuch*
TJUE Tribunal de Justiça da União Europeia
TSR *Total Shareholder Return*
TUF *Testo Unico della Finanza*
UC *Universidade Católica Editora*
U. Chi. LR *University of Chicago Law Review*
UCLA University of California Los Angeles
UE União Europeia
UL Universidade de Lisboa
UMAG *Gesetz zur Unternehmensintegrität und Modernisierung des Anfechtungsrechts* (2005)

Vand LR	*Vanderbilt Law Review*
Virginia LR	*Virginia Law Review*
Vol., vols.	Volume, volumes
Wash. & Lee LR	*Washington and Lee Law Review*
Wash. ULQ	*Washington University Law Quarterly*
WpÜG	*Wertpapiererwerbs und Übernahmegesetz*
Yale LJ	*The Yale Law Journal*

ÍNDICE GERAL